BÁSICO PARA CONCURSOS

ÁREA DE EDUCAÇÃO

EDITORA

Proteção de direitos

Todos os direitos autorais desta obra são reservados e protegidos pela Lei nº 9.610/1998. É proibida a reprodução de qualquer parte deste material didático, sem autorização prévia expressa por escrito do autor e da editora, por quaisquer meios empregados, sejam eletrônicos, mecânicos, videográficos, fonográficos, reprográficos, microfílmicos, fotográficos, gráficos ou quaisquer outros que possam vir a ser criados. Essas proibições também se aplicam à editoração da obra, bem como às suas características gráficas.

Diretor Geral: Evandro Guedes
Diretor de TI: Jadson Siqueira
Diretor Editorial: Javert Falco
Gerente Editorial: Mariana Passos
Editor(a): Mateus Ruhmke Vazzoller
Gerente de Editoração: Alexandre Rossa
Diagramador(a): Emilly Lazarotto

Língua Portuguesa
Adriano Paccielo, Giancarla Bombonato, Glaucia Cansian, Pablo Jamilk, Priscila Conte

Direito Constitucional
Daniel Sena, Gustavo Muzy

Matemática
André Arruda, Daniel Lustosa

Informática
João Paulo, Kátia Quadros e Luiz Rezende

Estatuto da Criança e do Adolescente
Fabyanne Cavaggioni

Base Nacional Comum Curricular
Ana Lucia Mendes Vital

Conhecimentos Pedagógicos
Ana Lucia Mendes Vital

Lei De Diretrizes e Bases da Educação Nacional
Ana Lucia Mendes Vital

Questões Comentadas
Livian Cristina de Carvalho, Alessandra Karl Rodrigues da Silva, Francisco Tulio Mendes Queiroz, Jefferson de Oliveira da Costa Teixeira, Alexandre Rocha de Freitas, Ellen Roberta Braga Bosso

Dados Internacionais de Catalogação na Publicação (CIP)
Jéssica de Oliveira Molinari CRB-8/9852

B317
  Básico para educação : professor/ Equipe de professores Alfacon. -- Cascavel, PR : AlfaCon, 2023.
  438 p.

  Bibliografia
  ISBN 978-65-5918-622-8

  1. Concursos - Brasil 2. Língua portuguesa 3. Matemática 4. Direito 5. Base Nacional Comum Curricular 6. Pedagogia

23-2760   CDD 351.81076

Índices para catálogo sistemático:
1. Serviço público - Brasil - Concursos

Dúvidas?
Acesse: www.alfaconcursos.com.br/atendimento

Núcleo Editorial:
Rua: Paraná, nº 3193, Centro - Cascavel/PR
CEP: 85810-010

Núcleo Comercial/Centro de Distribuição:
Rua: Dias Leme, nº 489, Mooca - São Paulo/SP
CEP: 03118-040

SAC: (45) 3037-8888

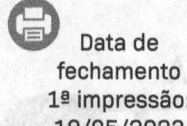
Data de fechamento
1ª impressão:
19/05/2023

www.alfaconcursos.com.br/apostilas

Atualizações e erratas
Esta obra é vendida como se apresenta. Atualizações - definidas a critério exclusivo da Editora AlfaCon, mediante análise pedagógica – e erratas serão disponibilizadas no site www.alfaconcursos.com.br/codigo, por meio do código disponível no final do material didático. Ressaltamos que há a preocupação de oferecer ao leitor uma obra com a melhor qualidade possível, sem a incidência de erros técnicos e/ou de conteúdo. Caso ocorra alguma incorreção, solicitamos que o leitor, atenciosamente, colabore com sugestões, por meio do setor de atendimento do AlfaCon Concursos Públicos.

APRESENTAÇÃO

A sua chance de fazer parte do Serviço Público chegou, e a oportunidade está com a obra para **Básico para Concursos – Área de Educação**. Neste universo dos concursos públicos, estar bem-preparado faz toda a diferença e para ingressar nesta carreira, é fundamental que esteja preparado com os conteúdos que o AlfaCon julga mais importante cobrados na prova:

Aqui, você encontrará os conteúdos básicos de

- Língua Portuguesa
- Direito Constitucional
- Matemática
- Informática
- Estatuto da Criança e do Adolescente
- Base Nacional Comum Curricular
- Conhecimentos Pedagógicos
- Lei de Diretrizes e Bases da Educação Nacional

O AlfaCon preparou todo o material com explicações, reunindo os principais conteúdos relacionados a prova, dando ênfase aos tópicos mais cobrados. ESTEJA ATENTO AO CONTEÚDO ONLINE POR MEIO DO CÓDIGO DE RESGATE, para que você tenha acesso a todo conteúdo do solicitado pelo edital.

Desfrute de seu material o máximo possível, estamos juntos nessa conquista!

Bons estudos e rumo à sua aprovação!

APRESENTAÇÃO

A sua chance de fazer parte do Serviço Público chegou, e a oportunidade está com a obra para **Básico para Concursos – Área de Educação**. Neste universo dos concursos públicos, estar bem preparado faz toda a diferença e para ingressar nesta carreira, é fundamental que esteja preparado com os conteúdos que o AlfaCon julga mais importante cobrados na prova.

Aqui você encontrará os conteúdos básicos de:

> Língua Portuguesa
> Direito Constitucional
> Matemática
> Informática
> Estatuto da Criança e do Adolescente
> Base Nacional Comum Curricular
> Conhecimentos Pedagógicos
> Lei de Diretrizes e Bases da Educação Nacional

O AlfaCon preparou todo o material com explicações, reunindo os principais conteúdos relacionados a prova, dando ênfase aos tópicos mais cobrados. ESTEJA ATENTO AO CONTEÚDO ONLINE POR MEIO DO CÓDIGO DE RESGATE, para que você tenha acesso a todo conteúdo do solicitado pelo edital.

Desfrute de seu material o máximo possível, estamos juntos nessa conquista!

Bons estudos a rumo à sua aprovação!

EDITORA

COMO ESTUDAR PARA UM CONCURSO PÚBLICO!

Para se preparar para um concurso público, não basta somente estudar o conteúdo. É preciso adotar metodologias e ferramentas, como plano de estudo, que ajudem o concurseiro em sua organização.

As informações disponibilizadas são resultado de anos de experiência nesta área e apontam que estudar de forma direcionada traz ótimos resultados ao aluno.

Curso on-line GRATUITO

- Como montar caderno
- Como estudar
- Como e quando fazer simulados
- O que fazer antes, durante e depois de uma prova!

Ou pelo link: alfaconcursos.com.br/cursos/material-didatico-como-estudar

ORGANIZAÇÃO

Organização é o primeiro passo para quem deseja se preparar para um concurso público.

Conhecer o conteúdo programático é fundamental para um estudo eficiente, pois os concursos seguem uma tendência e as matérias são previsíveis. Usar o edital anterior - que apresenta pouca variação de um para outro - como base é uma boa opção.

Quem estuda a partir desse núcleo comum precisa somente ajustar os estudos quando os editais são publicados.

PLANO DE ESTUDO

Depois de verificar as disciplinas apresentadas no edital, as regras determinadas para o concurso e as características da banca examinadora, é hora de construir uma tabela com seus horários de estudo, na qual todas as matérias e atividades desenvolvidas na fase preparatória estejam dispostas.

PASSO A PASSO

VEJA AS ETAPAS FUNDAMENTAIS PARA ORGANIZAR SEUS ESTUDOS

PASSO 1 — Selecionar as disciplinas que serão estudadas.

PASSO 2 — Organizar sua rotina diária: marcar pontualmente tudo o que é feito durante 24 horas, inclusive o tempo que é destinado para dormir, por exemplo.

PASSO 3 — Organizar a tabela semanal: dividir o horário para que você estude 2 matérias por dia e também destine um tempo para a resolução de exercícios e/ou revisão de conteúdos.

PASSO 4 — Seguir rigorosamente o que está na tabela, ou seja, destinar o mesmo tempo de estudo para cada matéria. Por exemplo: 2h/dia para cada disciplina.

PASSO 5 — Reservar um dia por semana para fazer exercícios, redação e também simulados.

Esta tabela é uma sugestão de como você pode organizar seu plano de estudo. Para cada dia, você deve reservar um tempo para duas disciplinas e também para a resolução de exercícios e/ou revisão de conteúdos. Fique atento ao fato de que o horário precisa ser determinado por você, ou seja, a duração e o momento do dia em que será feito o estudo é você quem escolhe.

TABELA SEMANAL

SEMANA	SEGUNDA	TERÇA	QUARTA	QUINTA	SEXTA	SÁBADO	DOMINGO
1							
2							
3							
4							

SUMÁRIO

LÍNGUA PORTUGUESA **21**
   1 FONOLOGIA **22**
      1.1 Partição silábica 22
   2 ACENTUAÇÃO GRÁFICA **23**
      2.1 Padrões de tonicidade 23
      2.2 Encontros vocálicos 23
      2.3 Regras gerais 23
   3 ACORDO ORTOGRÁFICO DA LÍNGUA PORTUGUESA **24**
      3.1 Trema 24
      3.2 Regras de acentuação 24
      3.3 Hífen com compostos 24
      3.4 Uso do hífen com palavras formadas por prefixos 25
   4 ORTOGRAFIA **28**
      4.1 Alfabeto 28
      4.2 Emprego da letra H 28
      4.3 Emprego de E e I 28
      4.4 Emprego de O e U 28
      4.5 Emprego de G e J 29
      4.6 Orientações sobre a grafia do fonema /s/ 29
      4.7 Emprego da letra Z 30
      4.8 Emprego do X e do CH 30
      4.9 Escreveremos com X 30
      4.10 Escreveremos com CH 30
   5 NÍVEIS DE ANÁLISE DA LÍNGUA **31**
   6 ESTRUTURA E FORMAÇÃO DE PALAVRAS **32**
      6.1 Estrutura das palavras 32
      6.2 Radicais gregos e latinos 32
      6.3 Origem das palavras de Língua Portuguesa ... 32
      6.4 Processos de formação de palavras 33
      6.5 Acrônimo ou sigla 33
      6.6 Onomatopeia ou reduplicação 33
   7 MORFOLOGIA **34**
      7.1 Substantivos 34
      7.2 Artigo 34
      7.3 Pronome 35
      7.4 Verbo 39
      7.5 Adjetivo 44
      7.6 Advérbio 46
      7.7 Conjunção 46

Sumário

- 7.8 Interjeição 47
- 7.9 Numeral 47
- 7.10 Preposição 49
- **8 SINTAXE BÁSICA** 50
  - 8.1 Período simples (oração) 50
  - 8.2 Termos integrantes da oração 51
  - 8.3 Termos acessórios da oração 51
  - 8.4 Período composto 51
- **9 FUNÇÕES DO "SE"** 54
  - 9.1 Partícula apassivadora 54
  - 9.2 Pronome reflexivo 54
  - 9.3 Pronome recíproco 54
  - 9.4 Partícula expletiva (de realce) 54
  - 9.5 Pronome indeterminador do sujeito 54
  - 9.6 Parte do verbo pronominal 54
  - 9.7 Conjunção 54
- **10 FUNÇÕES DO "QUE"** 55
  - 10.1 Substantivo 55
  - 10.2 Pronome 55
  - 10.3 Interjeição 55
  - 10.4 Preposição 55
  - 10.5 Advérbio 55
  - 10.6 Conjunção 55
  - 10.7 Conjunção subordinativa 55
  - 10.8 Partícula expletiva (de realce) 55
- **11 CONCORDÂNCIA VERBAL E NOMINAL** 56
  - 11.1 Concordância verbal 56
  - 11.2 Concordância nominal 57
- **12 REGÊNCIA VERBAL E NOMINAL** 58
  - 12.1 Regência verbal 58
  - 12.2 Regência nominal 59
- **13 PARALELISMO** 60
  - 13.1 Paralelismo sintático 60
  - 13.2 Paralelismo semântico 60
- **14 COLOCAÇÃO PRONOMINAL** 61
  - 14.1 Regras de próclise 61
  - 14.2 Regras de mesóclise 61
  - 14.3 Regras de ênclise 61
  - 14.4 Casos facultativos 61

15 CRASE 62
15.1 Crase proibitiva 62
15.2 Crase obrigatória 62
15.3 Crase facultativa 62
16 PONTUAÇÃO 63
16.1 Principais sinais e usos 63
17 PARÁFRASE 65
17.1 Passos da paráfrase 65
18 REESCRITURA DE FRASES 66
18.1 Substituição de palavras ou de trechos de texto 66
18.2 Conectores de mesmo valor semântico 66
18.3 Retextualização de diferentes gêneros e níveis de formalidade 66
19 FIGURAS DE LINGUAGEM 69
19.1 Vícios de linguagem 70
19.2 Funções da linguagem 70
20 TIPOLOGIA TEXTUAL 71
20.1 Texto narrativo 71
20.2 Texto dissertativo 71
20.3 Texto descritivo 72
20.4 Conotação × denotação 72
21 GÊNEROS TEXTUAIS 73
21.1 Gêneros textuais e esferas de circulação 73
21.2 Exemplos de gêneros textuais 73
22 COMPREENSÃO E INTERPRETAÇÃO DE TEXTOS 75
22.1 Ideias preliminares sobre o assunto 75
22.2 Semântica ou pragmática? 75
22.3 Questão de interpretação 75
22.4 Dicas para interpretação 75
22.5 Dicas para organização 76
23 INTERPRETAÇÃO DE TEXTO POÉTICO 78
23.1 Tradução de sentido 78
23.2 Organização de texto 78
23.3 Significação das palavras 79
23.4 Inferência 79
24 TIPOS DE DISCURSO 81
24.1 Discurso direto 81
24.2 Discurso indireto 81
24.3 Discurso indireto livre 81

Sumário

DIREITO CONSTITUCIONAL **82**
   1 INTRODUÇÃO AO DIREITO CONSTITUCIONAL **83**
      1.1 Noções gerais 83
   2 DIREITOS FUNDAMENTAIS – REGRAS GERAIS **84**
      2.1 Conceito 84
      2.2 Classificação 84
      2.3 Características 84
      2.4 Dimensões dos direitos fundamentais 84
      2.5 Titulares dos direitos fundamentais 85
      2.6 Cláusulas pétreas fundamentais 85
      2.7 Eficácia dos direitos fundamentais 85
      2.8 Força normativa dos tratados internacionais 86
      2.9 Tribunal Penal Internacional (TPI) 86
      2.10 Direitos e garantias 86
   3 DIREITOS E DEVERES INDIVIDUAIS E COLETIVOS **87**
      3.1 Direito à vida 87
      3.2 Direito à igualdade 87
      3.3 Direito à liberdade 88
      3.4 Direito à propriedade 90
      3.5 Direito à segurança 91
      3.6 Remédios constitucionais 96
   4 DIREITOS SOCIAIS E NACIONALIDADE **99**
      4.1 Direitos sociais 99
      4.2 Direitos de nacionalidade 101
   5 DIREITOS POLÍTICOS E PARTIDOS POLÍTICOS **104**
      5.1 Direitos políticos 104
      5.2 Partidos políticos 106
   6 ORGANIZAÇÃO POLÍTICO-ADMINISTRATIVA **107**
      6.1 Princípio federativo: entes federativos 107
      6.2 Intervenção 114
   7 ADMINISTRAÇÃO PÚBLICA **117**
      7.1 Conceito 117
      7.2 Princípios expressos da Administração Pública 117
      7.3 Princípios implícitos da Administração Pública 118
      7.4 Regras aplicáveis aos servidores públicos 119
      7.5 Direitos sociais dos servidores públicos 121
      7.6 Regras para servidores em exercício de mandato eletivo 123
      7.7 Regras de remuneração dos servidores públicos 123
      7.8 Regras de aposentadoria 124
      7.9 Militares dos estados, Distrito Federal e territórios 125

8 ORGANIZAÇÃO DOS PODERES DO ESTADO **126**
    8.1 Princípio da tripartição dos poderes 126
    8.2 Princípio federativo 126

9 PODER LEGISLATIVO **127**
    9.1 Funções típicas do Legislativo 127
    9.2 Processo legislativo 129
    9.3 Função fiscalizadora 133

10 PODER EXECUTIVO **135**
    10.1 Princípios constitucionais 135
    10.2 Presidencialismo 135

11 PODER JUDICIÁRIO **140**
    11.1 Disposições gerais 140
    11.2 Composição dos órgãos do Poder Judiciário 141
    11.3 Análise das competências dos órgãos do Poder Judiciário 146

12 ORDEM SOCIAL **150**
    12.1 Seguridade social 150
    12.2 Saúde 150
    12.3 Previdência social 151
    12.4 Educação, cultura e desporto 151
    12.5 Ciência e tecnologia 153
    12.6 Meio ambiente 154
    12.7 Família, criança, adolescente, jovem e idoso 154

MATEMÁTICA **157**

1 CONJUNTOS **158**
    1.1 Definição 158
    1.2 Subconjuntos 158
    1.3 Operações com conjuntos 158

2 CONJUNTOS NUMÉRICOS **160**
    2.1 Números naturais 160
    2.2 Números inteiros 160
    2.3 Números racionais 160
    2.4 Números irracionais 162
    2.5 Números reais 162
    2.6 Intervalos 162
    2.7 Múltiplos e divisores 162
    2.8 Números primos 162
    2.9 MMC e MDC 162
    2.10 Divisibilidade 163
    2.11 Expressões numéricas 163

Sumário

Sumário

3 SISTEMA LEGAL DE MEDIDAS **164**
    3.1 Medidas de tempo 164
    3.2 Sistema métrico decimal 164

4 PROPORCIONALIDADE **165**
    4.1 Grandeza 165
    4.2 Razão 165
    4.3 Proporção 165
    4.4 Divisão em partes proporcionais 165
    4.5 Regra das torneiras 166
    4.6 Regra de três 166

5 FUNÇÕES **167**
    5.1 Definições 167
    5.2 Plano cartesiano 167
    5.3 Funções injetoras, sobrejetoras e bijetoras 167
    5.4 Funções crescentes, decrescentes e constantes 167
    5.5 Funções inversas e compostas 167
    5.6 Função afim 168
    5.7 Equação e função exponencial 170
    5.8 Equação e função logarítmica 170

6 SEQUÊNCIAS NUMÉRICAS **172**
    6.1 Definições 172
    6.2 Lei de formação de uma sequência 172
    6.3 Progressão aritmética (P.A.) 172
    6.4 Progressão geométrica (P.G.) 173

7 MATRIZES **174**
    7.1 Representação de uma matriz 174
    7.2 Lei de formação de uma matriz 174
    7.3 Tipos de matrizes 174
    7.4 Operações com matrizes 175
    7.5 Multiplicação de matrizes 175

8 DETERMINANTES **177**
    8.1 Cálculo dos determinantes 177
    8.2 Propriedades dos determinantes 178

9 SISTEMAS LINEARES **180**
    9.1 Representação de um sistema linear em forma de matriz 180
    9.2 Resolução de um sistema linear 180

10 TRIGONOMETRIA **181**
    10.1 Triângulos 181
    10.2 Trigonometria no triângulo retângulo 181
    10.3 Trigonometria em um triângulo qualquer 181

10.4 Medidas dos ângulos 181
10.5 Ciclo trigonométrico 182
10.6 Funções trigonométricas 183
10.7 Identidades e operações trigonométricas 183
10.8 Bissecção de arcos ou arco metade 184
11 GEOMETRIA PLANA 185
11.1 Semelhanças de figuras 185
11.2 Relações métricas nos triângulos 185
11.3 Quadriláteros 186
11.4 Polígonos regulares 187
11.5 Círculos e circunferências 188
11.6 Polígonos regulares inscritos e circunscritos 188
11.7 Perímetros e áreas dos polígonos e círculos 190
12 GEOMETRIA ESPACIAL 191
12.1 Retas e planos 191
12.2 Prismas 192
12.3 Cilindro 196
12.4 Cone circular 197
12.5 Pirâmides 198
12.6 Troncos 199
12.7 Esfera 200
13 ANÁLISE COMBINATÓRIA 202
13.1 Definição 202
13.2 Fatorial 202
13.3 Princípio fundamental da contagem (pfc) 202
13.4 Arranjo e combinação 202
13.5 Permutação 203
14 PROBABILIDADE 204
14.1 Definições 204
14.2 Fórmula da probabilidade 204
14.3 Eventos complementares 204
14.4 Casos especiais de probabilidade 204
15 NOÇÕES DE MATEMÁTICA FINANCEIRA 206
15.1 Porcentagem 206
15.2 Lucro e prejuízo 206
15.3 Juros simples 206
15.4 Juros compostos 206
15.5 Capitalização 206

Sumário

16 PROPOSIÇÕES **207**
    16.1 Definições 207
    16.2 Tabela verdade e valores lógicos das proposições compostas 207
    16.3 Tautologias, contradições e contingências 209
    16.4 Equivalências lógicas 209
    16.5 Relação entre todo, algum e nenhum 211

17 ARGUMENTOS **213**
    17.1 Definições 213
    17.2 Métodos para classificar os argumentos 213

18 PSICOTÉCNICOS **215**

19 ESTATÍSTICA DESCRITIVA **217**
    19.1 Conceitos 217
    19.2 Apresentação dos dados 217
    19.3 Distribuição de frequências 219
    19.4 Medidas de tendência central ou de posição 220

INFORMÁTICA **228**

1 SOFTWARE **229**
    1.1 Licenças de software 229
    1.2 Tipos de software 230

2 HARDWARE **235**
    2.1 Classificação dos dispositivos quanto à finalidade 235
    2.2 Classificação dos dispositivos quanto ao tipo de tecnologia 235
    2.3 Arquitetura 235
    2.4 Processador 235
    2.5 Unidades de medida 236

3 MANUSEIO DE EQUIPAMENTOS DE PROJEÇÃO **237**
    3.1 Principais características dos projetores de vídeo 237
    3.2 Periféricos 237

4 LINUX **240**
    4.1 Dual boot 240
    4.2 Distribuições 240
    4.3 Estrutura de diretórios 240
    4.4 Gerenciadores de arquivos 240
    4.5 Terminal Linux 241
    4.6 Comandos Linux 241

5 WINDOWS 10 .... **242**
    5.1 Requisitos mínimos 242
    5.2 Diferenças em relação à versão anterior 242
    5.3 Estrutura de diretórios 250

5.4 Ferramentas administrativas 250
5.5 Configurações 253
5.6 Sistema 253
5.7 Dispositivos 253
5.8 Rede e internet 254
5.9 Personalização 254
5.10 Facilidade de acesso 255
5.11 Atualização e segurança 256
5.12 Backup no Windows 10 257
5.13 Explorador de arquivos 259

6 WORD 365 ....**260**
6.1 Extensões 260
6.2 Selecionando texto 262
6.3 Guia página inicial 262
6.4 Inserir 266
6.5 Guia Design 269
6.6 Guia Layout 269
6.7 Guia Referências 270
6.8 Guia Correspondências 271
6.9 Revisão 271
6.10 Exibir 271
6.11 Barra de Status 272
6.12 Visualização do Documento 272
6.13 Atalhos 272

7 EXCEL 365 ....**274**
7.1 Características do Excel 274
7.2 Interface 274
7.3 Seleção de células 275
7.4 Página Inicial 275
7.5 Formatação condicional 276
7.6 Validação de dados – Guia dados 276
7.7 Funções 280
7.8 Aninhar uma função dentro de outra função 286
7.9 Recursos automatizados do Excel 292
7.10 Endereço absoluto e endereço relativo 292
7.11 Erros do Excel 293

8 POWERPOINT 365 ....**294**
8.1 Arquivo 294
8.2 Imprimir 294
8.3 Página Inicial 294

Sumário

    8.4 Inserir 295
    8.5 Transições 296
    8.6 Animações 296
    8.7 Apresentação de slides 296
    8.8 Guia Exibir 296
9 REDES DE COMPUTADORES 298
    9.1 Paradigma de comunicação 298
    9.2 Dispositivos de rede 298
    9.3 Topologia de rede 298
    9.4 Firewall 299
    9.5 Tipos de redes 300
    9.6 Padrões de infraestrutura 300
    9.7 Correio eletrônico 300
    9.8 URL (Uniform Resource Locator) 301
    9.9 Navegadores 301
    9.10 Conceitos relacionados à internet 302
10 CLOUD COMPUTING 303
    10.1 Características 303
11 SEGURANÇA DA INFORMAÇÃO 305
    11.1 Princípios básicos da segurança da informação 305
    11.2 Criptografia 306
    11.3 Ataques 307
12 G SUITE 308
    12.1 Funcionamento do Google 308
    12.2 Gerenciamento do G Suite 308
    12.3 Motor de pesquisa ou ferramenta de busca 309
    12.4 Tipos de motores de pesquisa 309

ESTATUTO DA CRIANÇA E DO ADOLESCENTE 310
    1 LEI Nº 8.069/1990 - ESTATUTO DA CRIANÇA E DO ADOLESCENTE 311
        1.1 Direito da criança e do adolescente 311
        1.2 Fases do direito da criança e do adolescente 311
        1.3 Conceito de criança e de adolescente 311
    2 DIREITOS FUNDAMENTAIS 312
        2.1 Direito à vida e à saúde 312
        2.2 Direito à liberdade, ao respeito e à dignidade 312
        2.3 Direito à convivência familiar 313
        2.4 Direito à educação, à cultura, ao esporte e ao lazer 315
        2.5 Direito à profissionalização e à proteção no trabalho 315

3 DA PREVENÇÃO **316**
    3.1 Prevenção especial referente à informação, à cultura, ao lazer, aos esportes, às diversões e aos espetáculos 316
    3.2 Prevenção à venda de produtos e serviços 317
    3.3 Autorização para viajar 317

4 POLÍTICA DE ATENDIMENTO E ENTIDADES DE ATENDIMENTO **318**
    4.1 Entidades de atendimento 318
    4.2 Fiscalização das entidades 319

5 MEDIDAS DE PROTEÇÃO **320**
    5.1 Conceito e princípio 320
    5.2 Medidas pertinentes aos pais e responsáveis 320
    5.3 Ato Infracional 320
    5.4 Garantias processuais 320
    5.5 Medidas socioeducativas 321
    5.6 Remissão 321

6 CONSELHO TUTELAR **322**

7 JUSTIÇA DA INFÂNCIA E DA JUVENTUDE **323**
    7.1 Competência da justiça da infância e da juventude 323
    7.2 Procedimentos 323

8 RECURSOS NO ECA **325**

9 MINISTÉRIO PÚBLICO, ADVOCACIA E TUTELA DE DIREITOS **326**
    9.1 Ministério público 326
    9.2 Advocacia 326
    9.3 Tutela de direitos individuais, difusos e coletivos 326
    9.4 Legitimidade 327
    9.5 Competência 327

10 CRIMES E INFRAÇÕES ADMINISTRATIVAS **328**
    10.1 Crimes em espécie 328
    10.2 Infrações administrativas 330

11 SISTEMA NACIONAL DE ATENDIMENTO SOCIOEDUCATIVO **332**
    11.1 Programas de atendimento 332
    11.2 Programas de meio aberto 332
    11.3 Programas em meio fechado 332
    11.4 Execução das medidas socioeducativas 332
    11.5 Plano individual de atendimento 333
    11.6 Direito de visita a adolescente em unidade de internação 333
    11.7 Extinção de medida socioeducativa 333
    11.8 Regimes disciplinares 334

Sumário

BASE NACIONAL COMUM CURRICULAR 335
1 BNCC – BASE NACIONAL COMUM CURRICULAR 336
1.1 Introdução 336
1.2 Competências gerais na BNCC 336
1.3 Marcos legais 337
1.4 Foco no desenvolvimento de competências 337
1.5 Educação integral 337
1.6 Pacto interfederativo e a implementação da BNCC 337
1.7 Forma transversal e integrada 338
1.8 Estrutura da BNCC 338
1.9 Contextos 341
1.10 Ensino fundamental 342
1.11 Ensino médio no contexto da educação básica 370
1.12 A área de linguagens e suas tecnologias 374
1.13 A área de matemática e suas tecnologias 376
1.14 A área de ciências da natureza e suas tecnologias 377
1.15 A área de ciências humanas e sociais aplicadas 378

CONHECIMENTOS PEDAGÓGICOS 380
1 CONHECIMENTOS PEDAGÓGICOS 381
1.1 Conhecimento pedagógico do conteúdo 381
2 LIBERALISMO E PENSAMENTO PROGRESSISTA 382
2.1 Pensamento liberal 382
2.2 Pensamento progressista 384
3 SOCIALISMO E ESCOLA NOVISTA 385
3.1 Educação na revolução russa 385
3.2 Experiência do leste europeu 385
3.3 Revolução cubana 385
3.4 Experiências no Brasil 385
3.5 Socialismo e educação 385
4 FENOMENOLÓGICO-EXISTENCIALISTA, ANTIAUTORITÁRIO, CRÍTICO 387
4.1 Fenomenologia 387
4.2 Existencialismo 387
4.3 Educadores existencialistas 387
4.4 Bases do pensamento antiautoritário – crítico 387
4.5 Teste base 387
5 CORRENTES E TENDÊNCIAS NA PRÁTICA ESCOLAR 389
5.1 Corrente pedagógica tradicional 389
5.2 Corrente pedagógica moderna 389

6 EDUCAÇÃO COMO PROCESSO SOCIAL **391**
    6.1 Características apresentadas pelos fatos sociais 391

7 BASES SOCIOLÓGICAS **392**
    7.1 Instituições sociais 392
    7.2 Pesquisa IBGE mostra que educação brasileira ainda não é para todos
    392

8 EDUCAÇÃO E SOCIEDADE NO BRASIL **393**
    8.1 Educação e transformação da sociedade 393

9 RELAÇÃO DESENVOLVIMENTO/APRENDIZAGEM **395**
    9.1 Teoria de Piaget sobre a linguagem e o pensamento 395
    9.2 Fases do aprendizado 395

10 CRESCIMENTO E DESENVOLVIMENTO **397**
    10.1 A fome e as consequências no desenvolvimento 397
    10.2 Desenvolvimento 397
    10.3 Fatores que influenciam o desenvolvimento 397
    10.4 A teoria de Stern sobre o desenvolvimento da linguagem 398

11 O BIOLÓGICO, O PSICOLÓGICO E O SOCIAL **399**
    11.1 Concepções de desenvolvimento 399
    11.2 Teoria psicossocial de Erik Erikson 399

12 O DESENVOLVIMENTO COGNITIVO E AFETIVO **400**
    12.1 Motivação e qualidade de vida 400
    12.2 A afetividade e a cognição na psicanálise e na teoria piagetiana 400

13 A FORMAÇÃO DO PROFESSOR; A AVALIAÇÃO COMO PROCESSO **401**
    13.1 Currículo 401
    13.2 Avaliação 401
    13.3 Formação do professor 401
    13.4 Metodologia 401

14 OS OBJETIVOS EDUCACIONAIS, OS CONTEÚDOS DE APRENDIZAGEM **403**
    14.1 Objetivos gerais da educação infantil 403
    14.2 Objetivos educacionais e resultados mensuráveis 403

15 O PAPEL DOS PROFESSORES E DOS ALUNOS **404**
    15.1 Missão de professor 404
    15.2 A escola na berlinda 404

16 A SALA DE AULA E SUA PLURALIDADE **406**
    16.1 Pluralidade cultural na sala de aula: da formação do brasil à valorização das múltiplas culturas no contexto educacional 406
    16.2 Pluralidade cultural no âmbito legal 406
    16.3 Pluralidade cultural e ensino 406

Sumário

LEI DE DIRETRIZES E BASES DA EDUCAÇÃO NACIONAL 408
   1 LEI DE DIRETRIZES E BASES DA EDUCAÇÃO NACIONAL 409
      1.1 Breve histórico... 409
      1.2 Educação.. 409
      1.3 Princípios e fins da educação nacional......................... 409
      1.4 Direito à educação e do dever de educar..................... 409
      1.5 A liberdade e a liberdade de crença no texto constitucional............... 410
      1.6 Organização nacional 410
      1.7 Educação infantil 410
      1.8 Educação profissional técnica de nível médio............. 411
      1.9 Educação profissional e tecnológica 412
      1.10 Profissionais da educação.. 412
      1.11 Educação especial.. 413
      1.12 Recursos financeiros.. 414
QUESTÕES COMENTADAS.. 415

LÍNGUA PORTUGUESA

1 FONOLOGIA

Para escrever corretamente, dentro das normas aplicadas pela gramática, é preciso estudar o menor elemento sonoro de uma palavra: o fonema. A fonologia, então, é o estudo feito dos fonemas.

Os fonemas podem ser classificados em vogais, semivogais e consoantes. Esta qualificação ocorre de acordo com a forma como o ar passa pela boca e/ou nariz e como as cordas vocais vibram para produzir o som deles.

Cuidado para não confundir fonema com letra! A letra é a representação gráfica do fonema. Uma palavra pode ter quantidades diferentes de letras e fonemas.

Por exemplo:

Manhã: 5 letras

m/ /a/ /nh/ /ã/: 4 fonemas

- **Vogais:** existem **vogais nasais**, quando ocorre o movimento do ar saindo pela boca e pelo nariz. Tais vogais acompanham as letras m e n, ou também podem estar marcadas pelo til (~). No caso das **vogais orais**, o som passa apenas pela boca.

    Por exemplo:

    Mãe, lindo, tromba → vogais nasais

    Flor, calor, festa → vogais orais

- **Semivogais:** os fonemas /i/ e /u/ acompanhados por uma vogal na mesma sílaba da palavra constituem as semivogais. O som das semivogais é mais fraco do que o das vogais.

    Por exemplo: automóvel, história.

- **Consoantes:** quando o ar que sai pela boca sofre uma quebra formada por uma barreira como a língua, os lábios ou os dentes. São elas: b, c, d, f, g, j, k, l, lh, m, n, nh, p, rr, r, s, t, v, ch, z.

Lembre-se de que estamos tratando de fonemas, e não de letras. Por isso, os dígrafos também são citados como consoantes: os dígrafos são os encontros de duas consoantes, também chamados de encontros consonantais.

O encontro de dois sons vocálicos, ou seja, vogais ou semivogais, chama-se encontro vocálico. Eles são divididos em: ditongo, tritongo e hiato.

- **Ditongo:** na mesma sílaba, estão uma vogal e uma semivogal.

    Por exemplo: p**ai** (A → vogal, I → semivogal).

- **Tritongo:** na mesma sílaba, estão juntas uma semivogal, uma vogal e outra semivogal.

    Por exemplo: Urug**uai** (U → semivogal, A → vogal, I → semivogal).

- **Hiato:** são duas vogais juntas na mesma palavra, mas em sílabas diferentes.

    Por exemplo: juíza (ju-í-za).

1.1 Partição silábica

Quando um fonema é falado em uma só expiração, ou seja, em uma única saída de ar, ele recebe o nome de sílaba. As palavras podem ser classificadas de diferentes formas, de acordo com a quantidade de sílabas ou quanto à sílaba tônica.

Pela quantidade de sílabas, as palavras podem ser:

- Monossílaba: 1 sílaba.

    Por exemplo: céu (monossílaba).

- Dissílaba: 2 sílabas.

    Por exemplo: jovem (jo-vem).

- Trissílaba: 3 sílabas.

    Por exemplo: palhaço (pa-lha-ço).

- Polissílaba: 4 ou mais sílabas.

    Por exemplo: dignidade (dig-ni-da-de,), particularmente (par-ti-cu-lar-men-te).

Pela tonicidade, ou seja, pela força com que a sílaba é falada e sua posição na palavra:

- **Oxítona:** a última sílaba é a tônica.
- **Paroxítona:** a penúltima sílaba é a tônica.
- **Proparoxítona:** a antepenúltima sílaba é a tônica.

A identificação da posição da sílaba tônica de uma palavra é feita de trás para frente. Desta forma, uma palavra oxítona possui como sílaba tônica a sílaba final da palavra.

Para realizar uma correta divisão silábica, é preciso ficar atento às regras.

- Não separe ditongos e tritongos.

    Por exemplo: sau-da-de, sa-guão.

- Não separe os dígrafos **CH, LH, NH, GU, QU**.

    Por exemplo: ca-**ch**o, a-be-**lh**a, ga-li-**nh**a, Gui-**lh**er-me, **qu**e-ri-do.

- Não separe encontros consonantais que iniciam sílaba.

    Por exemplo: **ps**i-có-lo-go, a-**gl**u-ti-nar.

- Separe as vogais que formam um hiato.

    Por exemplo: pa-**ra**-í-so, sa-ú-de.

- Separe os dígrafos **RR, SS, SC, SÇ, XC**.

    Por exemplo: ba**r-r**i-ga, a**s-s**a-do, pi**s-c**i-na, cre**s-ç**o, e**x-c**e-der.

- Separe as consoantes que estejam em sílabas diferentes.

    Por exemplo: a**d-j**un-to, sub**s-t**an-ti-vo, pra**g-m**á-ti-co.

2 ACENTUAÇÃO GRÁFICA

Antes de começar o estudo, é importante que você entenda quais são os padrões de tonicidade da Língua Portuguesa e quais são os encontros vocálicos presentes na Língua. Assim, fica mais fácil entender quais são as regras e como elas surgem.

2.1 Padrões de tonicidade

- **Palavras oxítonas:** última sílaba tônica (so-**fá**, ca-**fé**, ji-**ló**).
- **Palavras paroxítonas:** penúltima sílaba tônica (fer-**ru**-gem, a-**du**-bo, sa-**ú**-de).
- **Palavras proparoxítonas:** antepenúltima sílaba tônica (**â**-ni-mo, **ví**-ti-ma, **ó**-ti-mo).

2.2 Encontros vocálicos

- **Hiato:** encontro vocálico que se separa (pi-a-no, sa-ú-de).
- **Ditongo:** encontro vocálico que permanece unido na sílaba (cha-péu, to-néis).
- **Tritongo:** encontro vocálico que permanece unido na sílaba (sa-guão, U-ru-guai).

2.3 Regras gerais

2.3.1 Quanto às proparoxítonas

Acentuam-se todas as palavras proparoxítonas:
- Por exemplo: **ví**-ti-ma, **â**-ni-mo, hi-per-**bó**-li-co.

2.3.2 Quanto às paroxítonas

Não se acentuam as paroxítonas terminadas em **A, E, O** (seguidas ou não de **S**) **M** e **ENS**.
- Por exemplo: cas**te**lo, gra**na**da, pa**ne**la, pe**pi**no, **pa**jem, i**ma**gens etc.

Acentuam-se as terminadas em **R, N, L, X, I** ou **IS, US, UM, UNS, PS, Ã** ou **ÃS** e ditongos.
- Por exemplo: sus**ten**tável, **tó**rax, **hí**fen, **tá**xi, **ál**bum, **bí**ceps, prin**cí**pio etc.

Fique de olho em alguns casos particulares, como as palavras terminadas em **OM, ON, ONS**:
- Por exemplo: i**ân**dom; **pró**ton, **nêu**trons etc.

Com a reforma ortográfica, deixam de se acentuar as paroxítonas com **OO** e **EE**:
- Por exemplo: voo, enjoo, perdoo, magoo, leem, veem, deem, creem etc.

2.3.3 Quanto às oxítonas

São acentuadas as terminadas em:
- **A** ou **AS:** sofá, Pará.
- **E** ou **ES:** rapé, café.
- **O** ou **OS:** avô, cipó.
- **EM** ou **ENS:** também, parabéns.

2.3.4 Acentuação de monossílabos

Acentuam-se os monossílabos tônicos terminados em **A, E O**, seguidos ou não de **S**.
- Por exemplo: pá, pó, pé, já, lá, fé, só.

2.3.5 Acentuação dos hiatos

Acentuam-se os hiatos quando forem formados pelas letras **I** ou **U**, sozinhas ou seguidas de **S**:
- Por exemplo: saúva, baú, balaústre, país.

Exceções:
- Seguidas de **NH**: tainha.
- Paroxítonas antecedidas de ditongo: feiura.
- Com o **I** duplicado: xiita.

2.3.6 Ditongos abertos

Serão acentuados os ditongos abertos **ÉU, ÉI e ÓI**, com ou sem **S**, quando forem oxítonos ou monossílabos.
- Por exemplo: chap**éu**, r**éu**, ton**éis**, her**ói**, past**éis**, hot**éis**, lenç**óis** etc.

Com a reforma ortográfica, caiu o acento do ditongo aberto em posição de paroxítona.
- Por exemplo: ideia, onomatopeia, jiboia, paranoia, heroico etc.

2.3.7 Formas verbais com hífen

Para saber se há acento em uma forma verbal com hífen, deve-se analisar o padrão de tonicidade de cada bloco da palavra:
- Aju**dá**-lo (oxítona terminada em "a" → monossílabo átono).
- Con**tar**-lhe (oxítona terminada em "r" → monossílabo átono).
- Convi**dá**-la-íamos (oxítona terminada em "a" → proparoxítona).

2.3.8 Verbos "ter" e "vir"

Quando escritos na 3ª pessoa do singular, não serão acentuados:
- Ele tem/vem.

Quando escritos na **3ª pessoa do plural**, receberão o **acento circunflexo**:
- Eles têm/vêm.

Nos verbos derivados das formas apresentadas anteriormente:
- Acento agudo para singular: contém, convém.
- Acento circunflexo para o plural: contêm, convêm.

2.3.9 Acentos diferenciais

Alguns permanecem:
- Pôde/pode (pretérito perfeito/presente simples).
- Pôr/por (verbo/preposição).
- Fôrma/forma (substantivo/verbo ou ainda substantivo).

Caiu o acento diferencial de:
- Para/pára (preposição/verbo).
- Pelo/pêlo (preposição + artigo/substantivo).
- Polo/pólo (preposição + artigo/substantivo).
- Pera/pêra (preposição + artigo/substantivo).

ACORDO ORTOGRÁFICO DA LÍNGUA PORTUGUESA

3 ACORDO ORTOGRÁFICO DA LÍNGUA PORTUGUESA

O Acordo Ortográfico busca simplificar as regras ortográficas da Língua Portuguesa e unificar a nossa escrita e a das demais nações de língua portuguesa: Portugal, Angola, Moçambique, Cabo Verde, Guiné-Bissau, São Tomé e Príncipe e Timor-Leste.

Sua implementação no Brasil passou por algumas etapas:

- **2009:** vigência ainda não obrigatória.
- **2010-2015:** adaptação completa às novas regras.
- **A partir de 1º de janeiro de 2016:** emprego obrigatório. O acordo ortográfico passa a ser o único formato da língua reconhecido no Brasil.

Entre as mudanças na língua portuguesa decorrentes da reforma ortográfica, podemos citar o fim do trema, alterações na forma de acentuar palavras com ditongos abertos e que sejam hiatos, supressão dos acentos diferenciais e dos acentos tônicos, novas regras para o emprego do hífen e inclusão das letras w, k e y ao idioma.

3.1 Trema

Não se usa mais o trema (¨), sinal colocado sobre a letra u para indicar que ela deve ser pronunciada nos grupos **gue, gui, que, qui**.

- Por exemplo: aguentar, bilíngue, cinquenta, delinquente, eloquente, ensanguentado, frequente, linguiça, quinquênio, sequência, sequestro, tranquilo etc.

Obs.: o trema permanece apenas nas palavras estrangeiras e em suas derivadas. Exemplos: Müller, mülleriano.

3.2 Regras de acentuação

3.2.1 Ditongos abertos em paroxítonas

Não se usa mais o acento dos ditongos abertos **EI** e **OI** das palavras paroxítonas (palavras que têm acento tônico na penúltima sílaba).

- Por exemplo: alcateia, androide, apoia, apoio (verbo), asteroide, boia, celuloide, claraboia, colmeia, Coreia, debiloide, epopeia, estoico, estreia, geleia, heroico, ideia, jiboia, joia, odisseia, paranoia, paranoico, plateia, tramoia etc.

Obs.: a regra vale somente para palavras paroxítonas. Assim, continuam a ser acentuadas as palavras oxítonas e os monossílabos tônicos terminados em ÉI(S), ÓI(S).

- Por exemplo: papéis, herói, heróis, dói (verbo doer), sóis etc.

A palavra **ideia** não leva mais acento, assim como **heroico**, mas o termo **herói** é acentuado.

3.2.2 I e U tônicos depois de um ditongo

Nas palavras paroxítonas, não se usa mais o acento no **I** e no **U** tônicos quando vierem depois de um ditongo.

- Por exemplo: baiuca, bocaiuva (tipo de palmeira), cauila (avarento).

Obs.:

- Se a palavra for oxítona e o I ou o U estiverem em posição final (ou seguidos de S), o acento permanece. Exemplos: tuiuiú, tuiuiús, Piauí.
- Se o I ou o U forem precedidos de ditongo crescente, o acento permanece. Exemplos: guaíba, Guaíra.

3.2.3 Hiatos EE e OO

Não se usa mais acento em palavras terminadas em **EEM** e **OO(S)**.

- Abençoo, creem, deem, doo, enjoo, leem, magoo, perdoo, povoo, veem, voos, zoo.

3.2.4 Acento diferencial

Não se usa mais o acento que diferenciava os pares pára/para, péla(s)/pela(s), pêlo(s)/pelo(s), pólo(s)/polo(s) e pêra/pera. Por exemplo:

Ele para o carro.
Ele foi ao polo Norte.
Ele gosta de jogar polo.
Esse gato tem pelos brancos.
Comi uma pera.

Obs.:

- Permanece o acento diferencial em **pôde/pode**. Pôde é a forma do passado do verbo poder (pretérito perfeito do indicativo), na 3ª pessoa do singular. **Pode** é a forma do presente do indicativo, na 3ª pessoa do singular.
    - Por exemplo: Ontem, ele não **pôde** sair mais cedo, mas hoje ele **pode**.
- Permanece o acento diferencial em **pôr/por**. Pôr é verbo. Por é preposição.
    - Por exemplo: Vou **pôr** o livro na estante que foi feita **por** mim.
- Permanecem os acentos que diferenciam o singular do plural dos verbos ter e vir, assim como de seus derivados (manter, deter, reter, conter, convir, intervir, advir etc.). Por exemplo:

Ele **tem** dois carros. Eles **têm** dois carros.
Ele **vem** de Sorocaba. Eles **vêm** de Sorocaba.
Ele **mantém** a palavra. Eles **mantêm** a palavra.
Ele **convém** aos estudantes. Eles **convêm** aos estudantes.
Ele **detém** o poder. Eles **detêm** o poder.
Ele **intervém** em todas as aulas. Eles **intervêm** em todas as aulas.

- É facultativo o uso do acento circunflexo para diferenciar as palavras **forma/fôrma**. Em alguns casos, o uso do acento deixa a frase mais clara. Por exemplo: Qual é a forma da fôrma do bolo?

3.2.5 Acento agudo no U tônico

Não se usa mais o acento agudo no **U** tônico das formas (tu) arguis, (ele) argui, (eles) arguem, do presente do indicativo dos verbos **arguir** e **redarguir**.

3.3 Hífen com compostos

3.3.1 Palavras compostas sem elementos de ligação

Usa-se o hífen nas palavras compostas que não apresentam elementos de ligação.

- Por exemplo: guarda-chuva, arco-íris, boa-fé, segunda-feira, mesa-redonda, vaga-lume, joão-ninguém, porta-malas, porta-bandeira, pão-duro, bate-boca etc.

Exceções: não se usa o hífen em certas palavras que perderam a noção de composição, como girassol, madressilva, mandachuva, pontapé, paraquedas, paraquedista, paraquedismo.

3.3.2 Compostos com palavras iguais

Usa-se o hífen em compostos que têm palavras iguais ou quase iguais, sem elementos de ligação.

- Por exemplo: reco-reco, blá-blá-blá, zum-zum, tico-tico, tique-taque, cri-cri, glu-glu, rom-rom, pingue-pongue, zigue-zague, esconde-esconde, pega-pega, corre-corre.

3.3.3 Compostos com elementos de ligação

Não se usa o hífen em compostos que apresentam elementos de ligação.

- Por exemplo: pé de moleque, pé de vento, pai de todos, dia a dia, fim de semana, cor de vinho, ponto e vírgula, camisa de força, cara de pau, olho de sogra.

Obs.: incluem-se nesse caso os compostos de base oracional.

- Por exemplo: Maria vai com as outras, leva e traz, diz que diz que, Deus me livre, Deus nos acuda, cor de burro quando foge, bicho de sete cabeças, faz de conta.

Exceções: água-de-colônia, arco-da-velha, cor-de-rosa, mais-que-perfeito, pé-de-meia, ao deus-dará, à queima-roupa.

3.3.4 Topônimos

Usa-se o hífen nas palavras compostas derivadas de topônimos (nomes próprios de lugares), com ou sem elementos de ligação. Por exemplo:

- Belo Horizonte: belo-horizontino.
- Porto Alegre: porto-alegrense.
- Mato Grosso do Sul: mato-grossense-do-sul.
- Rio Grande do Norte: rio-grandense-do-norte.
- África do Sul: sul-africano.

3.4 Uso do hífen com palavras formadas por prefixos

3.4.1 Casos gerais

Antes de H

Usa-se o hífen diante de palavra iniciada por **H**.

- Por exemplo: anti-higiênico, anti-histórico, macro-história, mini-hotel, proto-história, sobre-humano, super-homem, ultra-humano.

Letras iguais

Usa-se o hífen se o prefixo terminar com a mesma letra com que se inicia a outra palavra.

- Por exemplo: micro-ondas, anti-inflacionário, sub-bibliotecário, inter-regional.

Letras diferentes

Não se usa o hífen se o prefixo terminar com letra diferente daquela com que se inicia a outra palavra.

- Por exemplo: aeroespacial agroindustrial autoescola, antiaéreo, intermunicipal, supersônico, superinteressante, semicírculo.

Obs.: se o prefixo terminar por vogal e a outra palavra começar por **R** ou **S**, dobram-se essas letras.

- Por exemplo: minissaia, antirracismo, ultrassom, semirreta.

3.4.2 Casos particulares

Prefixos SUB- e SOB-

Com os prefixos **SUB-** e **SOB-**, usa-se o hífen também diante de palavra iniciada por **R**.

- Por exemplo: sub-região, sub-reitor, sub-regional, sob-roda.

Prefixos CIRCUM- e PAN-

Com os prefixos **CIRCUM-** e **PAN-**, usa-se o hífen diante de palavra iniciada por **M, N** e vogal.

- Por exemplo: circum-murado, circum-navegação, pan-americano.

Outros prefixos

Usa-se o hífen com os prefixos **EX-, SEM-, ALÉM-, AQUÉM-, RECÉM-, PÓS-, PRÉ-, PRÓ-, VICE-**.

- Por exemplo: além-mar, além-túmulo, aquém-mar, ex-aluno, ex-diretor, ex-hospedeiro, pós-graduação, pré-história, pré-vestibular, pró-europeu, recém-casado, recém-nascido, sem-terra, vice-rei.

Prefixo CO

O prefixo **CO** junta-se com o segundo elemento, mesmo quando este se inicia por **O** ou **H**. Neste último caso, corta-se o **H**. Se a palavra seguinte começar com **R** ou **S**, dobram-se essas letras.

- Por exemplo: coobrigação, coedição, coeducar, cofundador, coabitação, coerdeiro, corréu, corresponsável, cosseno.

Prefixos PRE- e RE-

Com os prefixos **PRE-** e **RE-**, não se usa o hífen, mesmo diante de palavras começadas por **E**.

- Por exemplo: preexistente, reescrever, reedição.

Prefixos AB-, OB- e AD-

Na formação de palavras com **AB-, OB-** e **AD-**, usa-se o hífen diante de palavra começada por **B, D** ou **R**.

- Por exemplo: ad-digital, ad-renal, ob-rogar, ab-rogar.

3.4.3 Outros casos do uso do hífen

NÃO e QUASE

Não se usa o hífen na formação de palavras com **não** e **quase**.

- Por exemplo: (acordo de) não agressão, (isto é, um) quase delito.

MAL

Com **mal**, usa-se o hífen quando a palavra seguinte começar por vogal, **H** ou **L**.

- Por exemplo: mal-entendido, mal-estar, mal-humorado, mal-limpo.

Obs.: quando **mal** significa doença, usa-se o hífen se não houver elemento de ligação.

- Por exemplo: mal-francês.

Se houver elemento de ligação, escreve-se sem o hífen.

- Por exemplo: mal de Lázaro, mal de sete dias.

Tupi-guarani

Usa-se o hífen com sufixos de origem tupi-guarani que representam formas adjetivas: **açu, guaçu, mirim**:

- Por exemplo: capim-açu, amoré-guaçu, anajá-mirim.

ACORDO ORTOGRÁFICO DA LÍNGUA PORTUGUESA

Combinação ocasional

Usa-se o hífen para ligar duas ou mais palavras que ocasionalmente se combinam, formando não propriamente vocábulos, mas encadeamentos vocabulares.

- Por exemplo: ponte Rio-Niterói, eixo Rio-São Paulo.

Hífen e translineação

Para clareza gráfica, se no final da linha a partição de uma palavra ou combinação de palavras coincidir com o hífen, ele deve ser repetido na linha seguinte.

- Por exemplo: O diretor foi receber os ex-
-alunos.

3.4.4 Síntese das principais regras do hífen

	Síntese do hífen	Exemplos
Letras diferentes	Não use hífen	Infraestrutura, extraoficial, supermercado
Letras iguais	Use hífen	Anti-inflamatório, contra-argumento, inter-racial, hiper-realista
Vogal + R ou S	Não use hífen (duplique R ou S)	Corréu, cosseno, minissaia, autorretrato
Bem	Use hífen	Bem-vindo, bem-humorado

3.4.5 Quadro resumo do emprego do hífen com prefixos

Prefixos	Letra que inicia a palavra seguinte
Ante-, anti-, contra-, entre-, extra-, infra-, intra-, sobre-, supra-, ultra-	H/VOGAL IDÊNTICA À QUE TERMINA O PREFIXO Exemplos com H: ante-hipófise, anti-higiênico, anti-herói, contra-hospitalar, entre-hostil, extra-humano, infra-hepático, sobre-humano, supra-hepático, ultra-hiperbólico. Exemplos com vogal idêntica: anti-inflamatório, contra-ataque, infra-axilar, sobre-estimar, supra-auricular, ultra-aquecido.
Ab-, ad-, ob-, sob-	B/R/D (Apenas com o prefixo "Ad") Exemplos: ab-rogar (pôr em desuso), ad-rogar (adotar), ob-reptício (astucioso), sob-roda, ad-digital
Circum-, pan-	H/M/N/VOGAL Exemplos: circum-meridiano, circum-navegação, circum-oral, pan-americano, pan-mágico, pan-negritude.
Ex- (no sentido de estado anterior), sota-, soto-, vice-, vizo-	DIANTE DE QUALQUER PALAVRA Exemplos: ex-namorada, sota-soberania (não total), soto-mestre (substituto), vice-reitor, vizo-rei.
Hiper-, inter-, super-	H/R Exemplos: hiper-hidrose, hiper-raivoso, inter-humano, inter-racial, super-homem, super-resistente.
Pós-, pré-, pró- (tônicos e com significados próprios)	DIANTE DE QUALQUER PALAVRA Exemplos: pós-graduação, pré-escolar, pró-democracia. Obs.: se os prefixos não forem autônomos, não haverá hífen. Exemplos: predeterminado, pressupor, pospor, propor.
Sub-	B /H/R Exemplos: sub-bloco, sub-hepático, sub-humano, sub-região. Obs.: "subumano" e "subepático" também são aceitas.
Pseudoprefixos (diferem-se dos prefixos por apresentarem elevado grau de independência e possuírem uma significação mais ou menos delimitada, presente à consciência dos falantes.) Aero-, agro-, arqui-, auto-, bio-, eletro-, geo-, hidro-, macro-, maxi-, mega-, micro-, mini-, multi-, neo-, pluri-, proto-, pseudo-, retro-, semi-, tele-	H/VOGAL IDÊNTICA À QUE TERMINA O PREFIXO Exemplos com H: geo-histórico, mini-hospital, neo-helênico, proto-história, semi-hospitalar. Exemplos com vogal idêntica: arqui-inimigo, auto-observação, eletro-ótica, micro-ondas, micro-ônibus, neo-ortodoxia, semi-interno, tele-educação.

Não se utilizará o hífen:
- Em palavras iniciadas pelo prefixo **CO-**.
  - Por exemplo: Coadministrar, coautor, coexistência, cooptar, coerdeiro corresponsável, cosseno.
- Em palavras iniciadas pelos prefixos **DES-** ou **IN-** seguidos de elementos sem o "h" inicial.
  - Por exemplo: desarmonia, desumano, desumidificar, inábil, inumano etc.
- Com a palavra não.
  - Por exemplo: Não violência, não agressão, não comparecimento.
- Em palavras que possuem os elementos **BI, TRI, TETRA, PENTA, HEXA** etc.
  - Por exemplo: bicampeão, bimensal, bimestral, bienal, tridimensional, trimestral, triênio, tetracampeão, tetraplégico, pentacampeão, pentágono etc.
- Em relação ao prefixo **HIDRO-**, em alguns casos pode haver duas formas de grafia.
  - Por exemplo: hidroelétrica e hidrelétrica.
- No caso do elemento **SOCIO**, o hífen será utilizado apenas quando houver função de substantivo (= de associado).
  - Por exemplo: sócio-gerente / socioeconômico.

4 ORTOGRAFIA

A ortografia é a parte da Gramática que estuda a escrita correta das palavras. O próprio nome da disciplina já designa tal função. É oriunda das palavras gregas *ortho* que significa "correto" e *graphos* que significa "escrita".

4.1 Alfabeto

As letras **K**, **W** e **Y** foram inseridas no alfabeto devido a uma grande quantidade de palavras que são grafadas com tais letras e não podem mais figurar como termos exóticos em relação ao português. Eis alguns exemplos de seu emprego:

- Em abreviaturas e em símbolos de uso internacional: **kg** - quilograma / **w** - watt.
- Em palavras estrangeiras de uso internacional, nomes próprios estrangeiros e seus derivados: Kremlin, Kepler, Darwin, Byron, byroniano.

O alfabeto, também conhecido como abecedário, é formado (a partir do novo acordo ortográfico) por 26 letras.

FORMA MAIÚSCULA	FORMA MINÚSCULA	FORMA MAIÚSCULA	FORMA MINÚSCULA
A	a	N	n
B	b	O	o
C	c	P	p
D	d	Q	q
E	e	R	r
F	f	S	s
G	g	T	t
H	h	U	u
I	i	V	v
J	j	W	w
K	k	X	x
L	l	Y	y
M	m	Z	z

4.2 Emprego da letra H

A letra **H** demanda um pouco de atenção. Apesar de não possuir verdadeiramente sonoridade, ainda a utilizamos por convenção histórica. Seu emprego, basicamente, está relacionado às seguintes regras:

- No início de algumas palavras, por sua origem: hoje, hodierno, haver, Helena, helênico.
- No fim de algumas interjeições: Ah! Oh! Ih! Uh!
- No interior de palavra compostas que preservam o hífen, nas quais o segundo elemento se liga ao primeiro: super-homem, pré-história, sobre-humano.
- Nos dígrafos **NH**, **LH** e **CH**: tainha, lhama, chuveiro.

4.3 Emprego de E e I

Existe uma curiosidade a respeito do emprego dessas letras nas palavras que escrevemos: o fato de o "e", no final da palavra, ser pronunciado como uma semivogal faz com que muitos falantes pensem ser correto grafar a palavra com **I**.

Aqui, veremos quais são os principais aspectos do emprego dessas letras.

- Escreveremos com "e" palavras formadas com o prefixo **ANTE-** (que significa antes, anterior).
  - Por exemplo: antebraço, antevéspera, antecipar, antediluviano etc.
- A sílaba final de formas conjugadas dos verbos terminados em **-OAR** e **-UAR** (quando estiverem no subjuntivo).
  - Por exemplo: abençoe (abençoar), continue (continuar), pontue (pontuar).
- Algumas palavras, por sua origem.
  - Por exemplo: arrepiar, cadeado, creolina, desperdiçar, desperdício, destilar, disenteria, empecilho, indígena, irrequieto, mexerico, mimeógrafo, orquídea, quase, sequer, seringa, umedecer etc.
- Escreveremos com "i" palavras formadas com o prefixo **ANTI-** (que significa contra).
  - Por exemplo: antiaéreo, anticristo, antitetânico, anti-inflamatório.
- A sílaba final de formas conjugadas dos verbos terminados em **-AIR**, **-OER** e **-UIR**.
  - Por exemplo: cai (cair), sai (sair), diminui (diminuir), dói (doer).
- Os ditongos AI, OI, ÓI, UI.
  - Por exemplo: pai, foi, herói, influi.
- As seguintes palavras: aborígine, chefiar, crânio, criar, digladiar, displicência, escárnio, implicante, impertinente, impedimento, inigualável, lampião, pátio, penicilina, privilégio, requisito etc.

Vejamos alguns casos em que o emprego das letras **E** e **I** pode causar uma alteração semântica:

- Escrito com **E**:

  Arrear = pôr arreios.
  Área = extensão de terra, local.
  Delatar = denunciar.
  Descrição = ação de descrever.
  Descriminação = absolver.
  Emergir = vir à tona.
  Emigrar = sair do país ou do local de origem.
  Eminente = importante.

- Escrito com **I**:

  Arriar = abaixar, desistir.
  Ária = peça musical.
  Dilatar = alargar, aumentar.
  Discrição = separar, estabelecer diferença.
  Imergir = mergulhar.
  Imigrar = entrar em um país estrangeiro.
  Iminente = próximo, prestes a ocorrer.

O Novo Acordo Ortográfico explica que, agora, escreve-se com **I** antes de sílaba tônica. Veja alguns exemplos: acriano (admite-se, por ora, acreano, de Acre), rosiano (de Guimarães Rosa), camoniano (de Camões), nietzschiano (de Nietzsche) etc.

4.4 Emprego de O e U

Apenas por exceção, palavras em português com sílabas finais átonas (fracas) terminam por **US**; o comum é que se escreva com **O** ou **OS**. Por exemplo: carro, aluno, abandono, abono, chimango etc.

Exemplos das exceções a que aludimos: bônus, vírus, ônibus etc.

Em palavras proparoxítonas ou paroxítonas com terminação em ditongo, são comuns as terminações em **-UA**, **-ULA**, **-ULO**: tábua, rábula, crápula, coágulo.

As terminações em **-AO**, **-OLA**, **-OLO** só aparecem em algumas palavras: mágoa, névoa, nódoa, agrícola, vinícola, varíola etc.

Fique de olho na grafia destes termos:
- **Com a letra O:** abolir, boate, botequim, bússola, costume, engolir, goela, moela, moleque, mosquito etc.
- **Com a letra U:** bulício, buliçoso, bulir, camundongo, curtume, cutucar, jabuti, jabuticaba, rebuliço, urtiga, urticante etc.

4.5 Emprego de G e J

Essas letras, por apresentarem o mesmo som, eventualmente, costumam causar problemas de ortografia. A letra **G** só apresenta o som de **J** diante das letras **E** e **I**: gesso, gelo, agitar, agitador, agir, gíria.

4.5.1 Escreveremos com G

- Palavras terminadas em **-AGEM**, **-IGEM**, **-UGEM**. Por exemplo: garagem, vertigem, rabugem, ferrugem, fuligem etc.
    Exceções: pajem, lambujem (doce ou gorjeta), lajem (pedra da sepultura).
- Palavras terminadas em **-ÁGIO**, **-ÉGIO**, **-ÍGIO**, **-ÓGIO**, **-ÚGIO**: contágio, régio, prodígio, relógio, refúgio.
- Palavras derivadas de outras que já possuem a letra **G**. Por exemplo: **viagem** – viageiro; **ferrugem** – ferrugento; **vertigem** – vertiginoso; **regime** – regimental; **selvagem** – selvageria; **regional** – regionalismo.
- Em geral, após a letra "r". Por exemplo: aspergir, divergir, submergir, imergir etc.
- Palavras:
    De origem latina: agir, gente, proteger, surgir, gengiva, gesto etc.
    De origem árabe: álgebra, algema, ginete, girafa, giz etc.
    De origem francesa: estrangeiro, agiotagem, geleia, sargento etc.
    De origem italiana: gelosia, ágio etc.
    Do castelhano: gitano.
    Do inglês: gim.

4.5.2 Escreveremos com J

- Os verbos terminados em **-JAR** ou **-JEAR** e suas formas conjugadas:
    Gorjear: gorjeia (lembre-se das "aves"), gorjeiam, gorjearão.
    Viajar: viajei, viaje, viajemos, viajante.

> Cuidado para não confundir os termos **viagem** (substantivo) com **viajem** (verbo "viajar"). Vejamos o emprego:
> Ele fez uma bela viagem.
> Tomara que eles viajem amanhã.

- Palavras derivadas de outras terminadas em **-JA**. Por exemplo: **granja:** granjeiro, granjear; **loja:** lojista, lojinha; **laranja:** laranjal, laranjeira; **lisonja:** lisonjeiro, lisonjeador; **sarja:** sarjeta.
- Palavras cognatas (raiz em comum) ou derivadas de outras que possuem o J. Por exemplo:
    Laje: lajense, lajedo.
    Nojo: nojento, nojeira.
    Jeito: jeitoso, ajeitar, desajeitado.
- Palavras de origem ameríndia (geralmente tupi-guarani) ou africana: canjerê, canjica, jenipapo, jequitibá, jerimum, jia, jiboia, jiló, jirau, Moji, pajé.

- Palavras: conjetura, ejetar, injeção, interjeição, objeção, objeto, objetivo, projeção, projeto, rejeição, sujeitar, sujeito, trajeto, trajetória, trejeito, berinjela, cafajeste, jeca, jegue, Jeremias, jerico, jérsei, majestade, manjedoura, ojeriza, pegajento, rijeza, sujeira, traje, ultraje, varejista.

4.6 Orientações sobre a grafia do fonema /s/

Podemos representar o fonema /s/ por:
- S: ânsia, cansar, diversão, farsa.
- SS: acesso, assar, carrossel, discussão.
- C, Ç: acetinado, cimento, açoite, açúcar.
- SC, SÇ: acréscimo, adolescente, ascensão, consciência, nasço, desça.
- X: aproximar, auxiliar, auxílio, sintaxe.
- XC: exceção, exceder, excelência, excepcional.

4.6.1 Escreveremos com S

- A correlação **ND – NS**:
    Pretender – pretensão, pretenso.
    Expandir – expansão, expansivo.
- A correlação **RG – RS**:
    Aspergir – aspersão.
    Imergir – imersão.
    Emergir – emersão.
- A correlação **RT – RS**:
    Divertir – diversão.
    Inverter – inversão.
- O sufixo **-ENSE**:
    Paranaense.
    Cearense.
    Londrinense.

4.6.2 Escreveremos com SS

- A correlação **CED – CESS**:
    Ceder – cessão.
    Interceder – intercessão.
    Retroceder – retrocesso.
- A correlação **GRED – GRESS**:
    Agredir – agressão, agressivo.
    Progredir – progressão, progresso.
- A correlação **PRIM – PRESS**:
    Imprimir – impressão, impresso.
    Oprimir – opressão, opressor.
    Reprimir – repressão, repressivo.
- A correlação **METER – MISS**:
    Submeter – submissão.
    Intrometer – intromissão.

4.6.3 Escreveremos com C ou com Ç

- Palavras de origem tupi ou africana. Por exemplo: açaí, araçá, Iguaçu, Juçara, muçurana, Paraguaçu, caçula, cacimba.
- **O Ç só será usado antes das vogais A, O e U.**
- Com os sufixos:
    -AÇA: barcaça.
    -AÇÃO: armação.
    -ÇAR: aguçar.
    -ECER: esmaecer.

ORTOGRAFIA

-**IÇA**: carniça.
-**NÇA**: criança.
-**UÇA**: dentuça.

- Palavras derivadas de verbos terminados em **-TER** (não confundir com a regra do **–METER – -MISS**):
    Abster: abstenção.
    Reter: retenção.
    Deter: detenção.
- Depois de ditongos:
    Feição; louça; traição.
- Palavras de origem árabe:
    Açúcar; açucena; cetim; muçulmano.

4.6.4 Emprego do SC

Escreveremos com **SC** palavras que são termos emprestados do latim. Por exemplo: adolescência; ascendente; consciente; crescer; descer; fascinar; fescenino.

4.6.5 Grafia da letra S com som de /z/

Escreveremos com **S**:

- Terminações em **-ÊS**, **-ESA** e **-ISA**, que indicam nacionalidade, título ou origem:
    Japonês – japonesa.
    Marquês – marquesa.
    Camponês – camponesa.
- Após ditongos: causa; coisa; lousa; Sousa.
- As formas dos verbos **pôr** e **querer** e de seus compostos:
    Eu pus, nós pusemos, pusésseis etc.
    Eu quis, nós quisemos, quisésseis etc.
- Terminações **-OSO** e **-OSA**, que indicam qualidade. Por exemplo: gostoso; garboso; fervorosa; talentosa.
- Prefixo **TRANS-**: transe; transação; transoceânico.
- Em diminutivos cujo radical termine em **S**:
    Rosa – rosinha.
    Teresa – Teresinha.
    Lápis – lapisinho.
- Na correlação **D – S**:
    Aludir – alusão, alusivo.
    Decidir – decisão, decisivo.
    Defender – defesa, defensivo.
- Verbos derivados de palavras cujo radical termina em **S**:
    Análise – analisar.
    Presa – apresar.
    Êxtase – extasiar.
    Português – aportuguesar.
- Substantivos com os sufixos gregos **-ESE**, **-ISA** e **-OSE**: catequese, diocese, poetisa, virose, (obs.: "catequizar" com **Z**).
- Nomes próprios: Baltasar, Heloísa, Isabel, Isaura, Luísa, Sousa, Teresa.
- Palavras: análise, cortesia, hesitar, reses, vaselina, avisar, defesa, obséquio, revés, vigésimo, besouro, fusível, pesquisa, tesoura, colisão, heresia, querosene, vasilha.

4.7 Emprego da letra Z

Escreveremos com **Z**:

- Terminações **-EZ** e **-EZA** de substantivos abstratos derivados de adjetivos:
    Belo – beleza.
    Rico – riqueza.
    Altivo – altivez.
    Sensato – sensatez.
- Verbos formados com o sufixo **-IZAR** e palavras cognatas: balizar, inicializar, civilizar.
- As palavras derivadas em:
    -ZAL: cafezal, abacaxizal.
    -ZEIRO: cajazeiro, açaizeiro.
    -ZITO: avezita.
    -ZINHO: cãozinho, pãozinho, pezinho
- Derivadas de palavras cujo radical termina em **Z**: cruzeiro, esvaziar.
- Palavras: azar, aprazível, baliza, buzina, bazar, cicatriz, ojeriza, prezar, proeza, vazamento, vizinho, xadrez, xerez.

4.8 Emprego do X e do CH

A letra X pode representar os seguintes fonemas:
    /**ch**/: xarope.
    /**cx**/: sexo, tóxico.
    /**z**/: exame.
    /**ss**/: máximo.
    /**s**/: sexto.

4.9 Escreveremos com X

- Em geral, após um ditongo. Por exemplo: caixa, peixe, ameixa, rouxinol, caixeiro. **Exceções**: recauchutar e guache.
- Geralmente, depois de sílaba iniciada por **EN-**: enxada; enxerido; enxugar; enxurrada.
- Encher (e seus derivados); palavras que iniciam por **CH** e recebem o prefixo **EN-**. Por exemplo: encharcar, enchumaçar, enchiqueirar, enchumbar, enchova.
- Palavras de origem indígena ou africana: abacaxi, xavante, xará, orixá, xinxim.
- Após a sílaba **ME** no início da palavra. Por exemplo: mexerica, mexerico, mexer, mexida. **Exceção**: mecha de cabelo.
- Palavras: bexiga, bruxa, coaxar, faxina, graxa, lagartixa, lixa, praxe, vexame, xícara, xale, xingar, xampu.

4.10 Escreveremos com CH

- As seguintes palavras, em razão de sua origem: chave, cheirar, chuva, chapéu, chalé, charlatão, salsicha, espadachim, chope, sanduíche, chuchu, cochilo, fachada, flecha, mecha, mochila, pechincha.
- **Atente para a divergência de sentido com os seguintes elementos:**
    Bucho – estômago.
    Buxo – espécie de arbusto.
    Cheque – ordem de pagamento.
    Xeque – lance do jogo de xadrez.
    Tacha – pequeno prego.
    Taxa – imposto.

5 NÍVEIS DE ANÁLISE DA LÍNGUA

A Língua Portuguesa possui quatro níveis de análise. Veja cada um deles:

▷ **Nível fonético/fonológico:** estuda a produção e articulação dos sons da língua.
▷ **Nível morfológico:** estuda a estrutura e a classificação das palavras.
▷ **Nível sintático:** estuda a função das palavras dentro de uma sentença.
▷ **Nível semântico:** estuda as relações de sentido construídas entre as palavras.

Na **Semântica**, entre outras coisas, estuda-se a diferença entre linguagem de sentido denotativo (ou literal, do dicionário) e linguagem de sentido conotativo (ou figurado).

▷ Rosa é uma flor.

- **Morfologia:**
    Rosa: substantivo;
    É: verbo ser;
    Uma: artigo;
    Flor: substantivo

- **Sintaxe:**
    Rosa: sujeito;
    É uma flor: predicado;
    Uma flor: predicativo do sujeito.

- **Semântica:**
    Rosa pode ser entendida como uma pessoa ou como uma planta, depende do sentido.

6 ESTRUTURA E FORMAÇÃO DE PALAVRAS

6.1 Estrutura das palavras

Para compreender os termos da Língua Portuguesa, deve-se observar, nos vocábulos, a presença de algumas estruturas como **raiz**, **desinências** e **afixos**:

- **Raiz ou radical (morfema lexical):** parte que guarda o sentido da palavra.

    Pedreiro.
    Pedrada.
    Em**pedr**ado.
    Pedregulho.

- **Desinências:** fazem a flexão dos termos.

    Nominais:
    Gênero: jogador/jogadora.
    Número: aluno/alunos.
    Grau: cadeira/cadeirinha.
    Verbais:
    Modo-tempo: cantá**va**mos, vendê**ra**mos.
    Número-pessoa: fize**mos**, compra**stes**.

- **Afixos:** conectam-se às raízes dos termos.

    Prefixos: colocados antes da raiz.
    Infeliz, **des**fazer, **re**tocar.
    Sufixos: colocados após a raiz.
    Feliz**mente**, capac**idade**, igual**dade**.

Também é importante atentar aos termos de ligação. São eles:

- **Vogal de ligação:**

    Gas**ô**metro, bar**ô**metro, café**i**cultura, carn**í**voro.

- **Consoante de ligação:**

    Gira**s**sol, café**t**eira, pau**l**ada, cha**l**eira.

6.2 Radicais gregos e latinos

O conhecimento sobre a origem dos radicais é, muitas vezes, importante para a compreensão e memorização de inúmeras palavras.

6.2.1 Radicais gregos

Os radicais gregos têm uma importância expressiva para a compreensão e fácil memorização de diversas palavras que foram criadas e vulgarizadas pela linguagem científica.

Podemos observar que esses radicais se unem, geralmente, a outros elementos de origem grega e, frequentemente, sofrem alterações fonéticas e gráficas para formarem palavras compostas.

Seguem alguns radicais gregos, seus respectivos significados e algumas palavras de exemplo:

- *Ácros* **(alto):** acrópole, acrobacia, acrofobia.
- *Álgos* **(dor):** algofilia, analgésico, nevralgia.
- *Ánthropos* **(homem):** antropologia, antropófago, filantropo.
- *Astér, astéros* **(estrela):** asteroide, asterisco.
- *Ástron* **(astro):** astronomia, astronauta.
- *Biblíon* **(livro):** biblioteca, bibliografia, bibliófilo.
- *Chéir, cheirós* **(mão – cir-, quiro):** cirurgia, cirurgião, quiromante.
- *Chlorós*, **(verde):** cloro, clorofila, clorídrico.
- *Chróma, chrómatos*, **(cor):** cromático, policromia.
- *Dáktylos* **(dedo):** datilografia, datilografar.
- *Déka* **(dez):** decálogo, decâmetro, decassílabo.
- *Gámos*, **(casamento):** poligamia, polígamo, monogamia.
- *Gastér, gastrós*, **(estômago):** gastrite, gastrônomo, gástrico.
- *Glótta, glóssa*, **(língua):** poliglota, epiglote, glossário.
- *Grámma* **(letra, escrito):** gramática, anagrama, telegrama.
- *Grápho* **(escrevo):** grafia, ortografia, caligrafia.
- *Heméra* **(dia):** hernerotéca, hernerologia, efêmero.
- *Híppos* **(cavalo):** hipódromo, hipismo, hipopótamo.
- *Kardía* **(coração):** cardíaco, cardiologia, taquicardia.
- *Mésos*, **(meio, do meio):** mesocarpo, mesóclise, mesopotâmia.
- *Mnéme* **(memória, lembrança):** mnemônico, amnésia, mnemoteste.
- *Morphé* **(forma):** morfologia, amorfo, metamorfose.
- *Nekrós* **(morto):** necrotério, necropsia, necrológio.
- *Páis, paidós* **(criança):** pedagogia, pediatria, pediatra.
- *Pyr, pyrós* **(fogo):** pirosfera, pirotécnico, antipirético.
- *Rhis, rhinós* **(nariz):** rinite, rinofonia, otorrino.
- *Theós* **(deus):** teologia, teólogo, apoteose.
- *Zóon* **(animal):** zoologia, zoológico, zoonose.

6.2.2 Radicais latinos

Outras palavras da língua portuguesa possuem radicais latinos. A maioria delas entrou na língua entre os séculos XVIII e XX. Seguem algumas das que vieram por via científica ou literária:

- *Ager, agri* **(campo):** agrícola, agricultura.
- *Ambi* **(de ambo, ambos):** ambidestro, ambíguo.
- *Argentum, argenti* **(prata):** argênteo, argentífero, argentino.
- *Capillus, capilli* **(cabelo):** capilar, capiliforme, capilaridade.
- *Caput, capitis* **(cabeça):** capital, decapitar, capitoso.
- *Cola-, colere* **(habitar, cultivar):** arborícola, vitícola.
- *Cuprum, cupri* **(cobre):** cúpreo, cúprico, cuprífero.
- *Ego* **(eu):** egocêntrico, egoísmo,ególatra.
- *Equi-, aequus* **(igual):** equivalente, equinócio, equiângulo.
- *-fero, ferre* **(levar, conter):** aurífero, lactífero, carbonífero.
- *Fluvius* **(rio):** fluvial, fluviômetro.
- *Frigus, frigoris* **(frio):** frigorífico, frigomóvel.
- *Lapis, lapidis* **(pedra):** lápide, lapidificar, lapidar.
- *Lex, legis* **(lei):** legislativo, legislar, legista.
- *Noceo, nocere* **(prejudicar, causar mal):** nocivo, inocente, inócuo.
- *Pauper, pauperis* **(pobre):** pauperismo, depauperar.
- *Pecus* **(rebanho):** pecuária, pecuarista, pecúnia.
- *Pluvia* **(chuva):** pluvial, pluviômetro.
- *Radix, radieis* **(raiz):** radical, radicar, erradicar.
- *Sidus, sideris* **(astro):** sideral, sidéreo, siderar.
- *Stella* **(estrela):** estelar, constelação.
- *Triticum, tritici* **(trigo):** triticultura, triticultor, tritícola.
- *Vinum, vini* **(vinho):** vinicultura, vinícola.
- *Vitis* **(videira):** viticultura, viticultor, vitícola.
- *Volo, volare* **(voar):** volátil, noctívolo.
- *Vox, vocis* **(voz):** vocal, vociferar.

6.3 Origem das palavras de Língua Portuguesa

As palavras da Língua Portuguesa têm múltiplas origens, mas a maioria delas veio do latim vulgar, ou seja, o latim que era falado pelo povo duzentos anos antes de Cristo.

No geral, as palavras que formam o nosso léxico podem ser de origem latina, de formação vernácula ou de importação estrangeira.

Quanto às palavras de origem latina, sabe-se que algumas datam dos séculos VI e XI, aproximadamente, e outras foram introduzidas na língua por escritores e letrados ao longo do tempo, sobretudo no período áureo, o século XVI, e de forma ainda mais abundante durante os séculos que o seguiram, por meios literário e científico. As primeiras, as formas populares, foram grandemente alteradas na fala do povo rude, mas as formas eruditas tiveram leves alterações.

Houve, ao longo desses séculos, com incentivo do povo luso-brasileiro, a criação de palavras que colaboraram para enriquecer o vocabulário. Essas palavras são chamadas criações vernáculas.

Desde os primórdios da língua, diversos termos estrangeiros entraram em uso, posteriormente enriquecendo definitivamente o patrimônio léxico, porque é inevitável que palavras de outros idiomas adentrem na língua por meio das relações estabelecidas entre os povos e suas culturas.

Devido a isso, encontramos, no vocabulário português, palavras provenientes:

- Do grego: por influência do cristianismo e do latim literário: anjo, bíblia, clímax. E por criação de sábios e cientistas: nostalgia, microscópio.
- Do hebraico: veiculadas pela Bíblia: aleluia, Jesus, Maria, sábado.
- Do alemão: guerra, realengo, interlândia.
- Do árabe: algodão, alfaiate, algema.
- Do japonês: biombo, micado, samurai.
- Do francês: greve, detalhe, pose.
- Do inglês: bife, futebol, tênis.
- Do turco: lacaio, algoz.
- Do italiano: piano, maestro, lasanha.
- Do russo: vodca, esputinique.
- Do tupi: tatu, saci, jiboia, pitanga.
- Do espanhol: cavalheiro, ninharia, castanhola.
- De línguas africanas: macumba, maxixe, marimbondo.

Atualmente, o francês e o inglês são os idiomas com maior influência sobre a língua portuguesa.

6.4 Processos de formação de palavras

Há dois processos mais fortes (presentes) na formação de palavras em Língua Portuguesa: a composição e a derivação. Vejamos suas principais características.

6.4.1 Composição

É uma criação de vocábulo. Pode ocorrer por:

- **Justaposição:** sem perda de elementos.
    Guarda-chuva, girassol, arranha-céu etc.
- **Aglutinação:** com perda de elementos.
    Embora, fidalgo, aguardente, planalto, boquiaberto etc.
- **Hibridismo:** união de radicais oriundos de línguas distintas.
    Automóvel (latim e grego); sambódromo (tupi e grego).

6.4.2 Derivação

É uma transformação no vocábulo. Pode ocorrer das seguintes maneiras:

- **Prefixal (prefixação):** reforma, anfiteatro, cooperação.
- **Sufixal (sufixação):** pedreiro, engenharia, florista.
- **Prefixal – sufixal:** infelizmente, ateísmo, desordenamento.
- **Parassintética:** prefixo e sufixo simultaneamente, sem a possibilidade de remover umas das partes.
    Avermelhado, anoitecer, emudecer, amanhecer.
- **Regressão (regressiva) ou deverbal:** advinda de um verbo.
    Abalo (abalar), luta (lutar), fuga (fugir).
- **Imprópria (conversão):** mudança de classe gramatical.
    O jantar, um não, o seu sim, o pobre.

6.4.3 Estrangeirismo

Pode-se entender como um empréstimo linguístico.

- **Com aportuguesamento:** abajur (do francês *abat-jour*), algodão (do árabe *al-qutun*), lanche (do inglês *lunch*) etc.
- **Sem aportuguesamento:** networking, software, pizza, show, shopping etc.

6.5 Acrônimo ou sigla

- **Silabáveis:** podem ser separados em sílabas.
    Infraero (Infraestrutura Aeroportuária), **Petrobras** (Petróleo Brasileiro) etc.
- **Não-silabáveis:** não podem ser separados em sílabas.
    FMI, MST, SPC, PT, INSS, MPU etc.

6.6 Onomatopeia ou reduplicação

- **Onomatopeia:** tentativa de representar um som da natureza.
    Pow, paf, tum, psiu, argh.
- **Reduplicação:** repetição de palavra com fim onomatopaico.
    Reco-reco, tique-taque, pingue-pongue.
- **Redução ou abreviação:** eliminação do segmento de alguma palavra.
    Fone (telefone), cinema (cinematógrafo), pneu (pneumático) etc.

7 MORFOLOGIA

Antes de adentrar nas conceituações, veja a lista a seguir para facilitar o estudo. Nela, temos uma classe de palavra seguida de um exemplo.

Artigo: o, a, os, as, um, uma, uns, umas.
Adjetivo: legal, interessante, capaz, brasileiro, francês.
Advérbio: muito, pouco, bem, mal, ontem, certamente.
Conjunção: que, caso, embora.
Interjeição: Ai! Ui! Ufa! Eita!
Numeral: sétimo, vigésimo, terço.
Preposição: a, ante, até, após, com, contra, de, desde, em, entre.
Pronome: cujo, o qual, quem, eu, lhe.
Substantivo: mesa, bicho, concursando, Pablo, José.
Verbo: estudar, passar, ganhar, gastar.

7.1 Substantivos

É a palavra variável que designa qualidades, sentimentos, sensações, ações etc.

Quanto à sua classificação, o substantivo pode ser:
- **Primitivo** (sem afixos): pedra.
- **Derivado** (com afixos): pedreiro/empedrado.
- **Simples** (1 núcleo): guarda.
- **Composto** (mais de 1 núcleo): guarda-roupas.
- **Comum** (designa ser genérico): copo, colher.
- **Próprio** (designa ser específico): Maria, Portugal.
- **Concreto** (existência própria): cadeira, lápis.
- **Abstrato** (existência dependente): glória, amizade.

7.1.1 Substantivos concretos

Designam seres de existência própria, como: padre, político, carro e árvore.

7.1.2 Substantivos abstratos

Nomeiam qualidades ou conceitos de existência dependente, como: beleza, fricção, tristeza e amor.

7.1.3 Substantivos próprios

São sempre concretos e devem ser grafados com iniciais maiúsculas. Alguns substantivos próprios, no entanto, podem vir a se tornar comuns pelo processo de derivação imprópria que, geralmente, ocorre pela anteposição de um artigo e a grafia do substantivo com letra minúscula (um judas = traidor/um panamá = chapéu). As flexões dos substantivos podem se dar em gênero, número e grau.

7.1.4 Gênero dos substantivos

Quanto à distinção entre masculino e feminino, os substantivos podem ser:
- **Biformes:** quando apresentam uma forma para o masculino e outra para o feminino. Por exemplo: gato, gata, homem, mulher.
- **Uniformes:** quando apresentam uma única forma para ambos os gêneros. Nesse caso, eles estão divididos em:
    - **Epicenos:** usados para animais de ambos os sexos (macho e fêmea). Por exemplo: besouro, jacaré, albatroz.
    - **Comum de dois gêneros:** aqueles que designam pessoas. Nesse caso, a distinção é feita por um elemento ladeador (artigo, pronome). Por exemplo: o/a terrícola, o/a estudante, o/a dentista, o/a motorista.
    - **Sobrecomuns:** apresentam um só gênero gramatical para designar seres de ambos os sexos. Por exemplo: o indivíduo, a vítima, o algoz.

Em algumas situações, a mudança de gênero altera também o sentido do substantivo:
- O cabeça (líder).
- A cabeça (parte do corpo).

7.1.5 Número dos substantivos

Tentemos resumir as principais regras de formação do plural nos substantivos.

TERMINAÇÃO	VARIAÇÃO	EXEMPLO
vogal ou ditongo	acréscimo do S	barco – barcos
M	NS	pudim – pudins
ÃO (primeiro caso)	ÕES	ladrão – ladrões
ÃO (segundo caso)	ÃES	pão – pães
ÃO (terceiro caso)	S	cidadão – cidadãos
R	ES	mulher – mulheres
Z	ES	cartaz – cartazes
N	ES	abdômen – abdômenes
S (oxítonos)	ES	inglês – ingleses
AL, EL, OL, UL	IS	tribunal – tribunais
IL (oxítonos)	S	barril – barris
IL (paroxítonos)	EIS	fóssil – fósseis
ZINHO, ZITO	S	anelzinho – aneizinhos

Alguns substantivos são grafados apenas no plural: alvíssaras, anais, antolhos, arredores, belas-artes, calendas, cãs, condolências, esponsais, exéquias, fastos, férias, fezes, núpcias, óculos, pêsames.

7.1.6 Grau do substantivo

Aumentativo/diminutivo

Analítico: quando se associam os adjetivos ao substantivo. Por exemplo: carro grande, pé pequeno.

Sintético: quando se adiciona ao substantivo sufixos indicadores de grau, carrão, pezinho.
- **Sufixos:**
    - **Aumentativos:** -ÁZIO, -ORRA, -OLA, -AZ, -ÃO, -EIRÃO, -ALHÃO, -ARÃO, -ARRÃO, -ZARRÃO.
    - **Diminutivos:** -ITO, -ULO-, -CULO, -OTE, -OLA, -IM, -ELHO, -INHO, -ZINHO. O sufixo -ZINHO é obrigatório quando o substantivo terminar em vogal tônica ou ditongo: cafezinho, paizinho etc.

O aumentativo pode exprimir tamanho (casarão), desprezo (sabichão, ministraço, poetastro) ou intimidade (amigão); enquanto o diminutivo pode indicar carinho (filhinho) ou ter valor pejorativo (livreco, casebre), além das noções de tamanho (bolinha).

7.2 Artigo

O artigo é a palavra variável que tem por função individualizar algo, ou seja, possui como função primordial indicar um elemento, por meio de definição ou indefinição da palavra que, pela anteposição do artigo, passa a ser substantivada. Os artigos se subdividem em:

- **Artigos definidos (O, A, OS, AS):** definem o substantivo a que se referem. Por exemplo:

    Hoje à tarde, falaremos sobre **a** aula da semana passada.
    Na última aula, falamos **do** conteúdo programático.

- **Artigos indefinidos (um, uma, uns, umas):** indefinem o substantivo a que se referem. Por exemplo:

    Assim que eu passar no concurso, eu irei comprar **um** carro.
    Pela manhã, papai, apareceu **um** homem da loja aqui.

É importante ressaltar que os artigos podem ser contraídos com algumas preposições essenciais, como demonstrado na tabela a seguir:

PREPOSIÇÕES	ARTIGO							
	DEFINIDO				INDEFINIDO			
	O	A	OS	AS	UM	UMA	UNS	UMAS
A	ao	à	aos	às	-	-	-	-
De	do	da	dos	das	dum	duma	duns	dumas
Em	no	na	nos	nas	num	numa	nuns	numas
Per	pelo	pela	pelos	pelas	-	-	-	-
Por	polo	pola	polos	polas	-	-	-	-

O artigo é utilizado para substantivar um termo. Ou seja, quer transformar algo em um substantivo? Coloque um artigo em sua frente.

Cantar alivia a alma. (Verbo)
O **cantar** alivia a alma. (Substantivo)

7.2.1 Emprego do artigo com a palavra "todo"

Quando inserimos artigos ao lado da palavra "todo", em geral, o sentido da expressão passa a designar totalidade. Como no exemplo abaixo:

Pobreza é um problema que acomete **todo país**. (todos os países)
Pobreza é um problema que acomete **todo o país**. (o país em sua totalidade).

7.3 Pronome

Em uma definição breve, podemos dizer que pronome é o termo que substitui um substantivo, desempenhando, na sentença em que aparece, uma função coesiva. Podemos dividir os pronomes em sete categorias, são elas: pessoais, tratamento, demonstrativos, relativos, indefinidos, interrogativos, possessivos.

Antes de partir para o estudo pormenorizado dos pronomes, vamos fazer uma classificação funcional deles quando empregados em uma sentença:

- **Pronomes substantivos:** são aqueles que ocupam o lugar do substantivo na sentença. Por exemplo:

    Alguém apareceu na sala ontem.
    Nós faremos todo o trabalho.

- **Pronomes adjetivos:** são aqueles que acompanham um substantivo na sentença. Por exemplo:

    Meus alunos são os mais preparados.
    Pessoa **alguma** fará tal serviço por **esse** valor.

7.3.1 Pronomes substantivos e adjetivos

É chamado **pronome substantivo** quando um pronome substitui um substantivo.

É chamado **pronome adjetivo** quando determina o substantivo com o qual se encontra.

7.3.2 Pronomes pessoais

Referem-se às pessoas do discurso, veja:

- Quem fala (1ª pessoa).
- Com quem se fala (2ª pessoa).
- De quem se fala (3ª pessoa).

Classificação dos pronomes pessoais (caso **reto** × caso **oblíquo**):

PESSOA GRAMATICAL	RETOS	OBLÍQUOS	
		ÁTONOS	TÔNICOS
1ª – Singular	eu	me	mim, comigo
2ª – Singular	tu	te	ti, contigo
3ª – Singular	ele, ela	o, a, lhe, se	si, consigo
1ª – Plural	nós	nos	nós, conosco
2ª – Plural	vós	vos	vós, convosco
3ª – Plural	eles, elas	os, as, lhes, se	si, consigo
Função	Sujeito	Complemento/Adjunto	

Veja a seguir o emprego de alguns pronomes (**certo** × **errado**).

Eu e tu × mim e ti

1ª regra: depois de preposição essencial, usa-se pronome oblíquo. Observe:

Entre mim e ti, não há acordo.
Sobre Manoel e ti, nada se pode falar.
Devo **a** ti esta conquista.
O presente é **para** mim.
Não saia **sem** mim.
Comprei um livro **para** ti.

Observe a preposição essencial destacada nas sentenças.

2ª regra: se o pronome utilizado na sentença for sujeito de um verbo, deve-se empregar os do caso reto.

Não saia sem **eu** deixar.
Comprei um livro para **tu** leres.
O presente é para **eu** desfrutar.

Observe que o pronome desempenha a função de sujeito do verbo destacado. Ou seja: "mim" não faz nada!

Não se confunda com as sentenças em que a ordem frasal está alterada. Deve-se, nesses casos, tentar colocar a sentença na ordem direta.

Para mim, fazer exercícios é muito bom. → Fazer exercícios é muito bom para mim.
Não é tarefa para mim realizar esta revisão. → Realizar esta revisão não é para mim.

Com causativos e sensitivos

Regra com verbos causativos (mandar, fazer, deixar) ou sensitivos (ver, ouvir, sentir): quando os pronomes oblíquos átonos são empregados com verbos causativos ou sensitivos, pode haver a possibilidade de desempenharem a função de sujeito de uma forma verbal próxima. Veja os exemplos:

Fiz **Juliana** chorar. (Sentença original).
Fi-**la** chorar. (Sentença reescrita com a substituição do termo Juliana pelo pronome oblíquo).

MORFOLOGIA

Em ambas as situações, a "Juliana é a chorona". Isso quer dizer que o termo feminino que está na sentença é sujeito do verbo "chorar". Pensando dessa maneira, entenderemos a primeira função da forma pronominal "la" que aparece na sentença reescrita.

Outro fator a ser considerado é que o verbo "fazer" necessita de um complemento, portanto, é um verbo transitivo. Ocorre que o complemento do verbo "fazer" não pode ter outro referente senão "Juliana". Então, entendemos que, na reescrita da frase, a forma pronominal "la" funciona como complemento do verbo "fazer" e sujeito do verbo "chorar".

Si e consigo

Esses pronomes somente podem ser empregados se se referirem ao sujeito da oração, pois possuem função reflexiva. Observe:

Alberto só pensa em si. ("Si" refere-se a "Alberto": sujeito do verbo "pensar").

O aluno levou as apostilas consigo. ("consigo" refere-se ao termo "aluno").

Estão erradas, portanto, frases como estas:

Creio muito em si, meu amigo.

Quero falar consigo.

Corrigindo:

Creio muito em você, meu amigo.

Quero falar contigo.

Conosco e convosco

As formas **"conosco"** e **"convosco"** são substituídas por **"com nós"** e **"com vós"** quando os pronomes pessoais são reforçados por palavras como **outros, mesmos, próprios, todos, ambos** ou **algum numeral**. Por exemplo:

Ele disse que iria com nós três.

Ele(s), ela(s) × o(s), a(s)

É muito comum ouvirmos frases como: "vi **ela** na esquina", "não queremos **eles** aqui". De acordo com as normas da Língua Portuguesa, é errado falar ou escrever assim, pois o pronome em questão está sendo utilizado fora de seu emprego original, ou seja, como um complemento (ao passo que deveria ser apenas sujeito). O certo é: "vi-**a** na esquina", "não **os** queremos aqui".

"O" e "a"

São complementos diretos, ou seja, são utilizados juntamente aos verbos transitivos diretos, ou nos bitransitivos, como no exemplo a seguir:

Comprei **um carro** para minha namorada = Comprei-**o** para ela. (Ocorreu a substituição do objeto direto)

É importante lembrar que há uma especificidade em relação à colocação dos pronomes "o" e "a" depois de algumas palavras:

- Se a palavra terminar em **R, S** ou **Z**: tais letras devem ser suprimidas e o pronome será empregado como **lo, la, los, las**.

    Fazer as tarefas = fazê-**las**.

    Querer o dinheiro = querê-**lo**.

- Se a palavra terminar com **ÃO, ÕE** ou **M**: tais letras devem ser mantidas e o pronome há de ser empregado como **no, na, nos, nas**.

    Compraram a casa = compraram-**na**.

    Compõe a canção = compõe-**na**.

Lhe

É um complemento indireto, equivalente a "a ele" ou "a ela". Ou seja, é empregado juntamente a um verbo transitivo indireto ou a um verbo bitransitivo, como no exemplo:

- Comprei um carro **para minha namorada** = comprei-**lhe** um carro. (Ocorreu a substituição do objeto indireto).

Muitas bancas gostam de trocar as formas "o" e "a" por "lhe", o que não pode ser feito sem que a sentença seja totalmente reelaborada.

7.3.3 Pronomes de tratamento

São pronomes de tratamento **você, senhor, senhora, senhorita, fulano, sicrano, beltrano** e as expressões que integram o quadro seguinte:

PRONOME	ABREVIATURA SINGULAR	ABREVIATURA PLURAL
Vossa Excelência(s)	V. Ex.ª	V. Ex.ªs
USA-SE PARA:		
Presidente (sem abreviatura), ministro, embaixador, governador, secretário de Estado, prefeito, senador, deputado federal e estadual, juiz, general, almirante, brigadeiro e presidente de câmara de vereadores.		
PRONOME	ABREVIATURA SINGULAR	ABREVIATURA PLURAL
Vossa(s) Magnificência(s)	V. Mag.ª	V. Mag.ªs
USA-SE PARA:		
Reitor de universidade para o qual também se pode usar V. Ex.ª.		

LÍNGUA PORTUGUESA

PRONOME	ABREVIATURA SINGULAR	ABREVIATURA PLURAL
Vossa(s) Senhoria(s)	V. Sª	V. S.ªs
USA-SE PARA:		
Qualquer autoridade ou pessoa civil não citada acima.		

PRONOME	ABREVIATURA SINGULAR	ABREVIATURA PLURAL
Vossa(s) Santidade(s)	V. S	VV. SS.
USA-SE PARA:		
Papa.		

PRONOME	ABREVIATURA SINGULAR	ABREVIATURA PLURAL
Vossa(s) Eminência(s)	V. Em.ª	V.Em.ªs
USA-SE PARA:		
Cardeal.		

PRONOME	ABREVIATURA SINGULAR	ABREVIATURA PLURAL
Vossa(s) Excelência(s) Reverendíssima(s)	V. Exª. Rev.ma	V. Ex.ªs. Rev.mas
USA-SE PARA:		
Arcebispo e bispo.		

PRONOME	ABREVIATURA SINGULAR	ABREVIATURA PLURAL
Vossa(s) Reverendíssima(s)	V. Rev.ma	V.Rev.mas
Usa-se para:		
Autoridade religiosa inferior às acima citadas.		

PRONOME	ABREVIATURA SINGULAR	ABREVIATURA PLURAL
Vossa(s) Reverência(s)	V. Rev.ª	V. Rev.mas
USA-SE PARA:		
Religioso sem graduação.		

PRONOME	ABREVIATURA SINGULAR	ABREVIATURA PLURAL
Vossa(s) Majestade(s)	V. M.	VV. MM.
USA-SE PARA:		
Rei e imperador.		

PRONOME	ABREVIATURA SINGULAR	ABREVIATURA PLURAL
Vossa(s) Alteza(s)	V. A.	VV. AA.
USA-SE PARA:		
Príncipe, arquiduque e duque.		

Todas essas expressões se apresentam também com "Sua" para cujas abreviaturas basta substituir o "V" por "S".

Emprego dos pronomes de tratamento

- **Vossa Excelência** etc. × **Sua Excelência** etc.

Os pronomes de tratamento iniciados com "Vossa(s)" empregam-se em uma relação direta, ou seja, indicam o nosso interlocutor, pessoa com quem falamos:

Soube que V. Ex.ª, Senhor Ministro, falou que não estava interessado no assunto da reunião.

Empregaremos o pronome com a forma "sua" quando a relação não é direta, ou seja, quando falamos sobre a pessoa:

A notícia divulgada é de que Sua Excelência, o Presidente da República, foi flagrado em uma boate.

Utilização da 3ª pessoa

Os pronomes de tratamento são de 3ª pessoa; portanto, todos os elementos relacionados a eles devem ser empregados também na 3ª pessoa, para que se mantenha a uniformidade:

É preciso que V. Ex.ª **diga** qual será o **seu** procedimento no caso em questão, a fim de que seus assessores possam agir a tempo.

MORFOLOGIA

Uniformidade de tratamento

No momento da escrita ou da fala, não é possível ficar fazendo "dança das pessoas" com os pronomes. Isso quer dizer que se deve manter a uniformidade de tratamento. Para tanto, se for utilizada 3ª pessoa no início de uma sentença, ela deve permanecer ao longo de todo o texto. Preste atenção para ver como ficou estranha a construção abaixo:

Quando **você** chegar, eu **te** darei o presente.

"Você" é de 3ª pessoa e "te" é de 2ª pessoa. Não há motivo para cometer tal engano. Tome cuidado, portanto. Podemos corrigir a sentença:

Quando tu chegares, eu te darei o presente.
Quando você chegar, eu lhe darei o presente.

7.3.4 Pronomes possessivos

São os pronomes que atribuem posse de algo às pessoas do discurso. Eles podem estar em:

- **1ª pessoa do singular:** meu, minha, meus, minhas.
- **2ª pessoa do singular:** teu, tua, teus, tuas.
- **3ª pessoa do singular:** seu, sua, seus, suas.
- **1ª pessoa do plural:** nosso, nossa, nossos, nossas.
- **2ª pessoa do plural:** vosso, vossa, vossos, vossas.
- **3ª pessoa do plural:** seu, sua, seus, suas.

Emprego

- Ambiguidade: "seu", "sua", "seus" e "suas" são os reis da ambiguidade (duplicidade de sentido).

    O policial prendeu o maconheiro em **sua** casa. (casa de quem?).
    Meu pai levou meu tio para casa em **seu** carro. (no carro de quem?).

- Corrigindo:

    O policial prendeu o maconheiro na casa **deste**.
    Meu pai, em **seu** carro, levou meu tio para casa.

- Emprego especial: não se usam os possessivos em relação às partes do corpo ou às faculdades do espírito. Devemos, pois, dizer:

    Machuquei a mão. (E não "a minha mão").
    Ele bateu a cabeça. (E não "a sua cabeça").
    Perdeste a razão? (E não "a tua razão").

7.3.5 Pronomes demonstrativos

São os que localizam ou identificam o substantivo ou uma expressão no espaço, no tempo ou no texto.

- **1ª pessoa:**

    Masculino: este(s).
    Feminino: esta(s).
    Neutro: isto.
    No espaço: com o falante.
    No tempo: presente.
    No texto: o que se pretende dizer ou o imediatamente retomado.

- **2ª pessoa**

    Masculino: esse(s).
    Feminino: essa(s).
    Neutro: isso.
    No espaço: pouco afastado.
    No tempo: passado ou futuro próximos.
    No texto: o que se disse anteriormente.

- **3ª pessoa**

    Masculino: aquele(s).
    Feminino: aquela(s).
    Neutro: aquilo.
    No espaço: muito afastado.
    No tempo: passado ou futuro distantes.
    No texto: o que se disse há muito ou o que se pretende dizer.

Quando o pronome retoma algo já mencionado no texto, dizemos que ele possui função **anafórica**. Quando aponta para algo que será dito, dizemos que possui função **catafórica**. Essa nomenclatura começou a ser cobrada em algumas questões de concurso público, portanto, é importante ter esses conceitos na ponta da língua.

Exemplos de emprego dos demonstrativos:

Veja **este** livro que eu trouxe, é muito bom.
Você deve estudar mais! **Isso** é o que eu queria dizer.
Vê **aquele** mendigo lá na rua? Terrível futuro o aguarda.

Há outros pronomes demonstrativos: **o, a, os, as**, quando antecedem o relativo que e podem ser permutados por **aquele(s)**, **aquela(s)**, **aquilo**. Veja os exemplos:

Não entendi o que disseste. (Não entendi aquilo que disseste.).
Esta rua não é a que te indiquei. (Esta rua não é aquela que te indiquei.).

Tal: quando puder ser permutado por qualquer demonstrativo:

Não acredito que você disse **tal** coisa. (Aquela coisa).

Semelhante: quando puder ser permutado por qualquer demonstrativo:

Jamais me prestarei a **semelhante** canalhice. (Esta canalhice).

Mesmo: quando modificar os pronomes eu, tu, nós e vós:

Eu **mesmo** investiguei o caso.

De modo análogo, classificamos o termo "**próprio**" (eu próprio, ela própria).

O termo "**mesmo**" pode ainda funcionar como pronome neutro em frases como: "é o mesmo", "vem a ser o mesmo".

Vejamos mais alguns exemplos:

José e **João** são alunos do ensino médio. Este gosta de matemática, **aquele** gosta de português.

Veja que a verdadeira relação estabelecida pelos pronomes demonstrativos focaliza, por meio do "este" o elemento mais próximo, por meio do "aquele" o elemento mais afastado.

Esta sala precisa de bons professores.
Gostaria de que esse órgão pudesse resolver meu problema.

Este(s), esta(s), isto indicam o local de onde escrevemos. **Esse(s), essa(s), isso** indicam o local em que se encontra o nosso interlocutor.

7.3.6 Pronomes relativos

São termos que relacionam palavras em um encadeamento. Os relativos da Língua Portuguesa são:

- **Que:** quando puder ser permutado por "o qual" ou um de seus termos derivados. Utiliza-se o pronome "que" para referências a pessoas ou coisas.

    O peão a **que** me refiro é Jonas.

- **O qual:** empregado para referência a coisas ou pessoas.

    A casa **na qual** houve o tiroteio foi interditada.

- **Quem:** é equivalente a dois pronomes: "aquele" e "que".

    O homem para **quem** se enviou a correspondência é Alberto.

- **Quanto:** será relativo quando seu antecedente for o termo "tudo".

   Não gastes tudo **quanto** tens.

- **Onde:** é utilizado para estabelecer referência a lugares, sendo permutável por "em que" ou "no qual" e seus derivados.

   O estado para **onde** vou é Minas Gerais.

- **Cujo:** possui um sentido possessivo. Não permite permuta por outro relativo. Também é preciso lembrar que o pronome "cujo" não admite artigo, pois já é variável (cujo/cuja, jamais "cujo o", "cuja a").

   Cara, o pedreiro em **cujo** serviço podemos confiar é Marcelino.

> A preposição que está relacionada ao pronome é, em grande parte dos casos, oriunda do verbo que aparece posteriormente na sentença.

7.3.7 Pronomes indefinidos

São os pronomes que se referem, de forma imprecisa e vaga, à 3ª pessoa do discurso.

Eles podem ser:

- **Pronomes indefinidos substantivos:** têm função de substantivo: alguém, algo, nada, tudo, ninguém.
- **Pronomes indefinidos adjetivos:** têm função de adjetivo: cada, certo(s), certa (s).
- **Que variam entre pronomes adjetivos e substantivos:** variam de acordo com o contexto: algum, alguma, bastante, demais, mais, qual etc.

VARIÁVEIS				INVARIÁVEIS
MASCULINO		FEMININO		
SINGULAR	PLURAL	SINGULAR	PLURAL	
Algum	Alguns	Alguma	Algumas	Alguém
Certo	Certos	Certa	Certas	Algo
Muito	Muitos	Muita	Muitas	Nada
Nenhum	Nenhuns	Nenhuma	Nenhumas	Ninguém
Outro	Outros	Outra	Outras	Outrem
Qualquer	Quaisquer	Qualquer	Quaisquer	Cada
Quando	Quantos	Quanta	Quantas	-
Tanto	Tantos	Tanta	Tantas	-
Todo	Todos	Toda	Todas	Tudo
Vário	Vários	Vária	Várias	-
Pouco	Poucos	Pouca	Poucas	-

Fique bem atento para as alterações de sentido relacionadas às mudanças de posição dos pronomes indefinidos.

   Alguma pessoa passou por aqui ontem. (Alguma pessoa = ao menos uma pessoa).

   Pessoa alguma passou por aqui ontem. (Pessoa alguma = ninguém).

Locuções pronominais indefinidas

"Cada qual", "cada um", "seja qual for", "tal qual", "um ou outro" etc.

7.3.8 Pronomes interrogativos

Chamam-se interrogativos os pronomes **que, quem, qual** e **quanto**, empregados para formular uma pergunta direta ou indireta:

   Que conteúdo estão estudando?

   Diga-me **que** conteúdo estão estudando.

   Quem vai passar no concurso?

   Gostaria de saber **quem** vai passar no concurso.

   Qual dos livros preferes?

   Não sei **qual** dos livros preferes.

   Quantos de coragem você tem?

   Pergunte **quanto** de coragem você tem.

7.4 Verbo

É a palavra com que se expressa uma ação (cantar, vender), um estado (ser, estar), mudança de estado (tornar-se) ou fenômeno da natureza (chover).

Quanto à noção que expressam, os verbos podem ser classificados da seguinte maneira:

- **Verbos relacionais:** exprimem estado ou mudança de estado. São os chamados verbos de ligação.
- **Verbos de ligação: ser, estar, continuar, andar, parecer, permanecer, ficar, tornar-se** etc.
- **Verbos nocionais:** exprimem ação ou fenômeno da natureza. São os chamados verbos significativos.

Os verbos nocionais podem ser classificados da seguinte maneira:

- **Verbo Intransitivo (VI):** diz-se daquele que não necessita de um complemento para que se compreenda a ação verbal. Por exemplo: "morrer", "cantar", "sorrir", "nascer", "viver".
- **Verbo Transitivo (VT):** diz-se daquele que necessita de um complemento para expressar o afetado pela ação verbal. Divide-se em três tipos:
  - **Diretos (VTD):** não possuem preposição para ligar o complemento verbal ao verbo. São exemplos os verbos "querer", "comprar", "ler", "falar" etc.
  - **Indiretos (VTI):** possuem preposição para ligar o complemento verbal ao verbo. São exemplos os verbos "gostar", "necessitar", "precisar", "acreditar" etc.
  - **Diretos e Indiretos (VTDI) ou bitransitivos:** possuem dois complementos, um não preposicionado, outro com preposição. São exemplos os verbos "pagar", "perdoar", "implicar" etc.

Preste atenção na dica que segue:

   João morreu. (Quem morre, morre. Não é preciso um complemento para entender o verbo).

   Eu quero um aumento. (Quem quer, quer alguma coisa. É preciso um complemento para entender o sentido do verbo).

   Eu preciso de um emprego. (Quem precisa, precisa "de" alguma coisa. Deve haver uma preposição para ligar o complemento ao seu verbo).

   Mário pagou a conta ao padeiro. (Quem paga, paga algo a alguém. Há um complemento com preposição e um complemento sem preposição).

MORFOLOGIA

7.4.1 Estrutura e conjugação dos verbos

Os verbos possuem:
- **Raiz:** o que lhes guarda o sentido (**cant**ar, **corr**er, **sorr**ir).
- **Vogal temática:** o que lhes garante a família conjugacional (AR, ER, IR).
- **Desinências:** o que ajuda a conjugar ou nominalizar o verbo (cant**ando**, cant**ávamos**).

Os verbos apresentam três conjugações, ou seja, três famílias conjugacionais. Em função da vogal temática, podem-se criar três paradigmas verbais. De acordo com a relação dos verbos com esses paradigmas, obtém-se a seguinte classificação:

- **Regulares:** seguem o paradigma verbal de sua conjugação sem alterar suas raízes (amar, vender, partir).
- **Irregulares:** não seguem o paradigma verbal da conjugação a que pertencem. As irregularidades podem aparecer na raiz ou nas desinências (ouvir – ouço/ouve, estar – estou/estão).
- **Anômalos:** apresentam profundas irregularidades. São classificados como anômalos em todas as gramáticas os verbos "ser" e "ir".
- **Defectivos:** não são conjugados em determinadas pessoas, tempo ou modo, portanto, apresentam algum tipo de "defeito" ("falir", no presente do indicativo, só apresenta a 1ª e a 2ª pessoa do plural). Os defectivos distribuem-se em grupos:
  - Impessoais.
  - Unipessoais: vozes ou ruídos de animais, só conjugados nas terceiras pessoas.
  - Antieufônicos: a sonoridade permite confusão com outros verbos – "demolir"; "falir", "abolir" etc.
- **Abundantes:** apresentam mais de uma forma para uma mesma conjugação.

Existe abundância **conjugacional** e **participial**. A primeira ocorre na conjugação de algumas formas verbais, como o verbo "haver", que admite "nós havemos/hemos", "vós haveis/heis". A segunda ocorre com as formas nominais de particípio.

A seguir segue uma lista dos principais abundantes na forma participial.

VERBOS	PARTICÍPIO REGULAR – EMPREGADO COM OS AUXILIARES "TER" E "HAVER"	PARTICÍPIO IRREGULAR – EMPREGADO COM OS AUXILIARES "SER", "ESTAR" E "FICAR"
aceitar	aceitado	aceito
acender	acendido	aceso
benzer	benzido	bento
eleger	elegido	eleito
entregar	entregado	entregue
enxugar	enxugado	enxuto
expressar	expressado	expresso
expulsar	expulsado	expulso
extinguir	extinguido	extinto
matar	matado	morto
prender	prendido	preso
romper	rompido	roto
salvar	salvado	salvo
soltar	soltado	solto
suspender	suspendido	suspenso
tingir	tingido	tinto

7.4.2 Flexão verbal

Relativamente à flexão verbal, anotamos:
- **Número:** singular ou plural.
- **Pessoa gramatical:** 1ª, 2ª ou 3ª.

Tempo: referência ao momento em que se fala (pretérito, presente ou futuro). O modo imperativo só tem um tempo, o presente.
- **Voz:** ativa, passiva, reflexiva e recíproca (que trabalharemos mais tarde).
- **Modo:** indicativo (certeza de um fato ou estado), subjuntivo (possibilidade ou desejo de realização de um fato ou incerteza do estado) e imperativo (expressa ordem, advertência ou pedido).

7.4.3 Formas nominais do verbo

As três formas nominais do verbo (infinitivo, gerúndio e particípio) não possuem função exclusivamente verbal.
- **Infinitivo:** assemelha-se ao substantivo, indica algo atemporal – o nome do verbo, sua desinência característica é a letra R: ama**r**, realça**r**, ungi**r** etc.
- **Gerúndio:** equipara-se ao adjetivo ou advérbio pelas circunstâncias que exprime de ação em processo. Sua desinência característica é **-NDO**: am**ando**, realç**ando**, ung**indo** etc.
- **Particípio:** tem valor e forma de adjetivo – pode também indicar ação concluída, sua desinência característica é **-ADO** ou **-IDO** para as formas regulares: am**ado**, realç**ado**, ung**ido** etc.

7.4.4 Tempos verbais

Dentro do **modo indicativo**, anotamos os seguintes tempos:
- **Presente do indicativo:** indica um fato situado no momento ou época em que se fala.

  Eu amo, eu vendo, eu parto.
- **Pretérito perfeito do indicativo:** indica um fato cuja ação foi iniciada e concluída no passado.

  Eu amei, eu vendi, eu parti.
- **Pretérito imperfeito do indicativo:** indica um fato cuja ação foi iniciada no passado, mas não foi concluída ou era uma ação costumeira no passado.

  Eu amava, eu vendia, eu partia.
- **Pretérito mais-que-perfeito do indicativo:** indica um fato cuja ação é anterior a outra ação já passada.

  Eu amara, eu vendera, eu partira.
- **Futuro do presente do indicativo:** indica um fato situado em momento ou época vindoura.

  Eu amarei, eu venderei, eu partirei.
- **Futuro do pretérito do indicativo:** indica um fato possível, hipotético, situado num momento futuro, mas ligado a um momento passado.

  Eu amaria, eu venderia, eu partiria.

Dentro do **modo subjuntivo**, anotamos os seguintes tempos:
- Presente do subjuntivo: indica um fato provável, duvidoso ou hipotético, situado no momento ou época em que se fala. Para facilitar a conjugação, utilize a conjunção "que".

    Que eu ame, que eu venda, que eu parta.
- Pretérito imperfeito do subjuntivo: indica um fato provável, duvidoso ou hipotético, cuja ação foi iniciada, mas não concluída no passado. Para facilitar a conjugação, utilize a conjunção "se".

    Se eu amasse, se eu vendesse, se eu partisse.
- Futuro do subjuntivo: indica um fato provável, duvidoso, hipotético, situado num momento ou época futura. Para facilitar a conjugação, utilize a conjunção "quando".

    Quando eu amar, quando eu vender, quando eu partir.

7.4.5 Tempos compostos da voz ativa

Constituem-se pelos verbos auxiliares **"ter"** ou **"haver"** + particípio do verbo que se quer conjugar, dito principal.

No **modo indicativo**, os tempos compostos são formados da seguinte maneira:
- **Pretérito perfeito:** presente do indicativo do auxiliar + particípio do verbo principal (tenho amado).
- **Pretérito mais-que-perfeito:** pretérito imperfeito do indicativo do auxiliar + particípio do verbo principal (tinha amado).
- **Futuro do presente:** futuro do presente do indicativo do auxiliar + particípio do verbo principal (terei amado).
- **Futuro do pretérito:** futuro do pretérito indicativo do auxiliar + particípio do verbo principal (teria amado).

No **modo subjuntivo**, a formação se dá da seguinte maneira:
- **Pretérito perfeito:** presente do subjuntivo do auxiliar + particípio do verbo principal (tenha amado).
- **Pretérito mais-que-perfeito:** imperfeito do subjuntivo do auxiliar + particípio do verbo principal (tivesse amado).
- **Futuro composto:** futuro do subjuntivo do auxiliar + particípio do verbo principal (tiver amado).

Quanto às **formas nominais**, elas são formadas da seguinte maneira:
- **Infinitivo composto:** infinitivo pessoal ou impessoal do auxiliar + particípio do verbo principal (ter vendido/teres vendido).
- **Gerúndio composto:** gerúndio do auxiliar + particípio do verbo principal (tendo partido).

7.4.6 Vozes verbais

Quanto às vozes, os verbos apresentam voz:
- **Ativa:** o sujeito é agente da ação verbal.

    O corretor vende casas.
- **Passiva:** o sujeito é paciente da ação verbal.

    Casas são vendidas **pelo corretor**.
- **Reflexiva:** o sujeito é agente e paciente da ação verbal.

    A garota feriu-**se** ao cair da escada.
- **Recíproca:** há uma ação mútua descrita na sentença.

    Os amigos entreolh**aram-se**.

Voz passiva: sua característica é possuir um sujeito paciente, ou seja, que é afetado pela ação do verbo.
- **Analítica:** verbo auxiliar + particípio do verbo principal. Isso significa que há uma locução verbal de voz passiva.

    Casas **são *vendidas*** pelo corretor.

    Ele fez o trabalho – O trabalho **foi feito** por ele (mantido o pretérito perfeito do indicativo).

    O vento ia levando as folhas – As folhas iam **sendo levadas** pelo vento (mantido o gerúndio do verbo principal em um dos auxiliares).

    Vereadores entregarão um prêmio ao gari – Um prêmio **será entregue** ao gari por vereadores (veja como a flexão do futuro se mantém na locução).
- **Sintética:** verbo apassivado pelo termo "se" (partícula apassivadora) + sujeito paciente.

    Roubou-se **o dinheiro do povo**.

    Fez-se **o trabalho** com pressa.

É comum observar, em provas de concurso público, questões que mostram uma voz passiva sintética como aquela que é proveniente de uma ativa com sujeito indeterminado.

Alguns verbos da língua portuguesa apresentam **problemas de conjugação**:

Compraram um carro novo (ativa).

Comprou-se um carro novo (passiva sintética).

7.4.7 Verbos com a conjugação irregular

Abolir: defectivo – não possui a 1ª pessoa do singular do presente do indicativo, por isso não possui presente do subjuntivo e o imperativo negativo. (= banir, carpir, colorir, delinquir, demolir, descomedir-se, emergir, exaurir, fremir, fulgir, haurir, retorquir, urgir).

Acudir: alternância vocálica O/U no presente do indicativo – acudo, acodes etc. Pretérito perfeito do indicativo com U. (= bulir, consumir, cuspir, engolir, fugir).

Adequar: defectivo – só possui a 1ª e a 2ª pessoa do plural no presente do indicativo.

Aderir: alternância vocálica E/I no presente do indicativo – adiro, adere etc. (= advertir, cerzir, despir, diferir, digerir, divergir, ferir, sugerir).

Agir: acomodação gráfica G/J no presente do indicativo – ajo, ages etc. (= afligir, coagir, erigir, espargir, refulgir, restringir, transigir, urgir).

Agredir: alternância vocálica E/I no presente do indicativo – agrido, agrides, agride, agredimos, agredis, agridem. (= prevenir, progredir, regredir, transgredir).

Aguar: regular. Presente do indicativo – águo, águas etc. Pretérito perfeito do indicativo – aguei, aguaste, aguou, aguamos, aguastes, aguaram. (= desaguar, enxaguar, minguar).

Aprazer: irregular. Presente do indicativo – aprazo, aprazes, apraz etc. Pretérito perfeito do indicativo – aprouve, aprouveste, aprouve, aprouvemos, aprouvestes, aprouveram.

Arguir: irregular com alternância vocálica O/U no presente do indicativo – arguo (ú), arguis, argui, arguimos, arguis, arguem. Pretérito perfeito – argui, arguiste etc.

Atrair: irregular. Presente do indicativo – atraio, atrais etc. Pretérito perfeito – atraí, atraíste etc. (= abstrair, cair, distrair, sair, subtrair).

Atribuir: irregular. Presente do indicativo – atribuo, atribuis, atribui, atribuímos, atribuís, atribuem. Pretérito perfeito – atribuí, atribuíste, atribuiu etc. (= afluir, concluir, destituir, excluir, instruir, possuir, usufruir).

Averiguar: alternância vocálica O/U no presente do indicativo – averiguo (ú), averiguas (ú), averigua (ú), averiguamos, averiguais, averiguam (ú). Pretérito perfeito – averiguei, averiguaste etc. Presente do subjuntivo – averigue, averigues, averigue etc. (= apaziguar).

Cear: irregular. Presente do indicativo – ceio, ceias, ceia, ceamos, ceais, ceiam. Pretérito perfeito indicativo – ceei, ceaste, ceou, ceamos, ceastes, cearam. (= verbos terminados em -ear: falsear, passear... - alguns apresentam pronúncia aberta: estreio, estreia...).

Coar: irregular. Presente do indicativo – coo, côas, côa, coamos, coais, coam. Pretérito perfeito – coei, coaste, coou etc. (= abençoar, magoar, perdoar).

Comerciar: regular. Presente do indicativo – comercio, comerciais etc. Pretérito perfeito – comerciei etc. (= verbos em -iar, exceto os seguintes verbos: mediar, ansiar, remediar, incendiar, odiar).

Compelir: alternância vocálica E/I. Presente do indicativo – compilo, compeles etc. Pretérito perfeito indicativo – compeli, compeliste.

Compilar: regular. Presente do indicativo – compilo, compilas, compila etc. Pretérito perfeito indicativo – compilei, compilaste etc.

Construir: irregular e abundante. Presente do indicativo – construo, constróis, constrói, construímos, construís, constroem. Pretérito perfeito indicativo – construí, construíste etc.

Crer: irregular. Presente do indicativo – creio, crês, crê, cremos, credes, creem. Pretérito perfeito indicativo – cri, creste, creu, cremos, crestes, creram. Imperfeito indicativo – cria, crias, cria, críamos, críeis, criam.

Falir: defectivo. Presente do indicativo – falimos, falis. Pretérito perfeito indicativo – fali, faliste etc. (= aguerrir, combalir, foragir-se, remir, renhir).

Frigir: acomodação gráfica G/J e alternância vocálica E/I. Presente do indicativo – frijo, freges, frege, frigimos, frigis, fregem. Pretérito perfeito indicativo – frigi, frigiste etc.

Ir: irregular. Presente do indicativo – vou, vais, vai, vamos, ides, vão. Pretérito perfeito indicativo – fui, foste etc. Presente subjuntivo – vá, vás, vá, vamos, vades, vão.

Jazer: irregular. Presente do indicativo – jazo, jazes etc. Pretérito perfeito indicativo – jázi, jazeste, jazeu etc.

Mobiliar: irregular. Presente do indicativo – mobílio, mobílias, mobília, mobiliamos, mobiliais, mobíliam. Pretérito perfeito indicativo – mobiliei, mobiliaste.

Obstar: regular. Presente do indicativo – obsto, obstas etc. Pretérito perfeito indicativo – obtei, obstaste etc.

Pedir: irregular. Presente do indicativo – peço, pedes, pede, pedimos, pedis, pedem. Pretérito perfeito indicativo – pedi, pediste etc. (= despedir, expedir, medir).

Polir: alternância vocálica E/I. Presente do indicativo – pulo, pules, pule, polimos, polis, pulem. Pretérito perfeito indicativo – poli, poliste etc.

Precaver-se: defectivo e pronominal. Presente do indicativo – precavemo-nos, precaveis-vos. Pretérito perfeito indicativo – precavi-me, precaveste-te etc.

Prover: irregular. Presente do indicativo – provejo, provês, provê, provemos, provedes, proveem. Pretérito perfeito indicativo – provi, proveste, proveu etc.

Reaver: defectivo. Presente do indicativo – reavemos, reaveis. Pretérito perfeito indicativo – reouve, reouveste, reouve etc. (verbo derivado do haver, mas só é conjugado nas formas verbais com a letra v).

Remir: defectivo. Presente do indicativo – remimos, remis. Pretérito perfeito indicativo – remi, remiste etc.

Requerer: irregular. Presente do indicativo – requeiro, requeres etc. Pretérito perfeito indicativo – requeri, requereste, requereu etc. (Derivado do querer, diferindo dele na 1ª pessoa do singular do presente do indicativo e no pretérito perfeito do indicativo e derivados, sendo regular).

Rir: irregular. Presente do indicativo – rio, ris, ri, rimos, rides, riem. Pretérito perfeito indicativo – ri, riste. (= sorrir).

Saudar: alternância vocálica. Presente do indicativo – saúdo, saúdas etc. Pretérito perfeito indicativo – saudei, saudaste etc.

Suar: regular. Presente do indicativo – suo, suas, sua etc. Pretérito perfeito indicativo – suei, suaste, sou etc. (= atuar, continuar, habituar, individuar, recuar, situar).

Valer: irregular. Presente do indicativo – valho, vales, vale etc. Pretérito perfeito indicativo – vali, valeste, valeu etc.

Também merecem atenção os seguintes verbos irregulares:

▷ **Pronominais:** apiedar-se, dignar-se, persignar-se, precaver-se.

- **Caber**

    Presente do indicativo: caibo, cabes, cabe, cabemos, cabeis, cabem.
    Presente do subjuntivo: caiba, caibas, caiba, caibamos, caibais, caibam.
    Pretérito perfeito do indicativo: coube, coubeste, coube, coubemos, coubestes, couberam.
    Pretérito mais-que-perfeito do indicativo: coubera, couberas, coubera, coubéramos, coubéreis, couberam.
    Pretérito imperfeito do subjuntivo: coubesse, coubesses, coubesse, coubéssemos, coubésseis, coubessem.
    Futuro do subjuntivo: couber, couberes, couber, coubermos, couberdes, couberem.

- **Dar**

    Presente do indicativo: dou, dás, dá, damos, dais, dão.
    Presente do subjuntivo: dê, dês, dê, demos, deis, deem.
    Pretérito perfeito do indicativo: dei, deste, deu, demos, destes, deram.
    Pretérito mais-que-perfeito do indicativo: dera, deras, dera, déramos, déreis, deram.
    Pretérito imperfeito do subjuntivo: desse, desses, desse, déssemos, désseis, dessem.
    Futuro do subjuntivo: der, deres, der, dermos, derdes, derem.

- **Dizer**

    Presente do indicativo: digo, dizes, diz, dizemos, dizeis, dizem.
    Presente do subjuntivo: diga, digas, diga, digamos, digais, digam.
    Pretérito perfeito do indicativo: disse, disseste, disse, dissemos, dissestes, disseram.
    Pretérito mais-que-perfeito do indicativo: dissera, disseras, dissera, disséramos, disséreis, disseram.
    Futuro do presente: direi, dirás, dirá etc.
    Futuro do pretérito: diria, dirias, diria etc.
    Pretérito imperfeito do subjuntivo: dissesse, dissesses, dissesse, disséssemos, dissésseis, dissessem.
    Futuro do subjuntivo: disser, disseres, disser, dissermos, disserdes, disserem.

- **Estar**

    Presente do indicativo: estou, estás, está, estamos, estais, estão.
    Presente do subjuntivo: esteja, estejas, esteja, estejamos, estejais, estejam.
    Pretérito perfeito do indicativo: estive, estiveste, esteve, estivemos, estivestes, estiveram.
    Pretérito mais-que-perfeito do indicativo: estivera, estiveras, estivera, estivéramos, estivéreis, estiveram.

LÍNGUA PORTUGUESA

Pretérito imperfeito do subjuntivo: estivesse, estivesses, estivesse, estivéssemos, estivésseis, estivessem.

Futuro do subjuntivo: estiver, estiveres, estiver, estivermos, estiverdes, estiverem.

- **Fazer**

    Presente do indicativo: faço, fazes, faz, fazemos, fazeis, fazem.

    Presente do subjuntivo: faça, faças, faça, façamos, façais, façam.

    Pretérito perfeito do indicativo: fiz, fizeste, fez, fizemos, fizestes, fizeram.

    Pretérito mais-que-perfeito do indicativo: fizera, fizeras, fizera, fizéramos, fizéreis, fizeram.

    Pretérito imperfeito do subjuntivo: fizesse, fizesses, fizesse, fizéssemos, fizésseis, fizessem.

    Futuro do subjuntivo: fizer, fizeres, fizer, fizermos, fizerdes, fizerem.

Seguem esse modelo os verbos: desfazer, liquefazer e satisfazer.

Os particípios destes verbos e seus derivados são irregulares: feito, desfeito, liquefeito, satisfeito etc.

- **Haver**

    Presente do indicativo: hei, hás, há, havemos, haveis, hão.

    Presente do subjuntivo: haja, hajas, haja, hajamos, hajais, hajam.

    Pretérito perfeito do indicativo: houve, houveste, houve, houvemos, houvestes, houveram.

    Pretérito mais-que-perfeito do indicativo: houvera, houveras, houvera, houvéramos, houvéreis, houveram.

    Pretérito imperfeito do subjuntivo: houvesse, houvesses, houvesse, houvéssemos, houvésseis, houvessem.

    Futuro do subjuntivo: houver, houveres, houver, houvermos, houverdes, houverem.

- **Ir**

    Presente do indicativo: vou, vais, vai, vamos, ides, vão.

    Presente do subjuntivo: vá, vás, vá, vamos, vades, vão.

    Pretérito imperfeito do indicativo: ia, ias, ia, íamos, íeis, iam.

    Pretérito perfeito do indicativo: fui, foste, foi, fomos, fostes, foram.

    Pretérito mais-que-perfeito do indicativo: fora, foras, fora, fôramos, fôreis, foram.

    Pretérito imperfeito do subjuntivo: fosse, fosses, fosse, fôssemos, fôsseis, fossem.

    Futuro do subjuntivo: for, fores, for, formos, fordes, forem.

- **Poder**

    Presente do indicativo: posso, podes, pode, podemos, podeis, podem.

    Presente do subjuntivo: possa, possas, possa, possamos, possais, possam.

    Pretérito perfeito do indicativo: pude, pudeste, pôde, pudemos, pudestes, puderam.

    Pretérito mais-que-perfeito do indicativo: pudera, puderas, pudera, pudéramos, pudéreis, puderam.

    Pretérito imperfeito do subjuntivo: pudesse, pudesses, pudesse, pudéssemos, pudésseis, pudessem.

    Futuro do subjuntivo: puder, puderes, puder, pudermos, puderdes, puderem.

- **Pôr**

    Presente do indicativo: ponho, pões, põe, pomos, pondes, põem.

    Presente do subjuntivo: ponha, ponhas, ponha, ponhamos, ponhais, ponham.

    Pretérito imperfeito do indicativo: punha, punhas, punha, púnhamos, púnheis, punham.

    Pretérito perfeito do indicativo: pus, puseste, pôs, pusemos, pusestes, puseram.

    Pretérito mais-que-perfeito do indicativo: pusera, puseras, pusera, puséramos, puséreis, puseram.

    Pretérito imperfeito do subjuntivo: pusesse, pusesses, pusesse, puséssemos, pusésseis, pusessem.

    Futuro do subjuntivo: puser, puseres, puser, pusermos, puserdes, puserem.

Todos os derivados do verbo pôr seguem exatamente este modelo: antepor, compor, contrapor, decompor, depor, descompor, dispor, expor, impor, indispor, interpor, opor, pospor, predispor, pressupor, propor, recompor, repor, sobrepor, supor, transpor são alguns deles.

- **Querer**

    Presente do indicativo: quero, queres, quer, queremos, quereis, querem.

    Presente do subjuntivo: queira, queiras, queira, queiramos, queirais, queiram.

    Pretérito perfeito do indicativo: quis, quiseste, quis, quisemos, quisestes, quiseram.

    Pretérito mais-que-perfeito do indicativo: quisera, quiseras, quisera, quiséramos, quiséreis, quiseram.

    Pretérito imperfeito do subjuntivo: quisesse, quisesses, quisesse, quiséssemos, quisésseis, quisessem.

    Futuro do subjuntivo: quiser, quiseres, quiser, quisermos, quiserdes, quiserem.

- **Saber**

    Presente do indicativo: sei, sabes, sabe, sabemos, sabeis, sabem.

    Presente do subjuntivo: saiba, saibas, saiba, saibamos, saibais, saibam.

    Pretérito perfeito do indicativo: soube, soubeste, soube, soubemos, soubestes, souberam.

    Pretérito mais-que-perfeito do indicativo: soubera, souberas, soubera, soubéramos, soubéreis, souberam.

    Pretérito imperfeito do subjuntivo: soubesse, soubesses, soubesse, soubéssemos, soubésseis, soubessem.

    Futuro do subjuntivo: souber, souberes, souber, soubermos, souberdes, souberem.

- **Ser**

    Presente do indicativo: sou, és, é, somos, sois, são.

    Presente do subjuntivo: seja, sejas, seja, sejamos, sejais, sejam.

    Pretérito imperfeito do indicativo: era, eras, era, éramos, éreis, eram.

    Pretérito perfeito do indicativo: fui, foste, foi, fomos, fostes, foram.

    Pretérito mais-que-perfeito do indicativo: fora, foras, fora, fôramos, fôreis, foram.

    Pretérito imperfeito do subjuntivo: fosse, fosses, fosse, fôssemos, fôsseis, fossem.

    Futuro do subjuntivo: for, fores, for, formos, fordes, forem.

As segundas pessoas do imperativo afirmativo são: sê (tu) e sede (vós).

- **Ter**

    Presente do indicativo: tenho, tens, tem, temos, tendes, têm.
    Presente do subjuntivo: tenha, tenhas, tenha, tenhamos, tenhais, tenham.
    Pretérito imperfeito do indicativo: tinha, tinhas, tinha, tínhamos, tínheis, tinham.
    Pretérito perfeito do indicativo: tive, tiveste, teve, tivemos, tivestes, tiveram.
    Pretérito mais-que-perfeito do indicativo: tivera, tiveras, tivera, tivéramos, tivéreis, tiveram.
    Pretérito imperfeito do subjuntivo: tivesse, tivesses, tivesse, tivéssemos, tivésseis, tivessem.
    Futuro do subjuntivo: tiver, tiveres, tiver, tivermos, tiverdes, tiverem.

Seguem esse modelo os verbos: ater, conter, deter, entreter, manter, reter.

- **Trazer**

    Presente do indicativo: trago, trazes, traz, trazemos, trazeis, trazem.
    Presente do subjuntivo: traga, tragas, traga, tragamos, tragais, tragam.
    Pretérito perfeito do indicativo: trouxe, trouxeste, trouxe, trouxemos, trouxestes, trouxeram.
    Pretérito mais-que-perfeito do indicativo: trouxera, trouxeras, trouxera, trouxéramos, trouxéreis, trouxeram.
    Futuro do presente: trarei, trarás, trará etc.
    Futuro do pretérito: traria, trarias, traria etc.
    Pretérito imperfeito do subjuntivo: trouxesse, trouxesses, trouxesse, trouxéssemos, trouxésseis, trouxessem.
    Futuro do subjuntivo: trouxer, trouxeres, trouxer, trouxermos, trouxerdes, trouxerem.

- **Ver**

    Presente do indicativo: vejo, vês, vê, vemos, vedes, veem.
    Presente do subjuntivo: veja, vejas, veja, vejamos, vejais, vejam.
    Pretérito perfeito do indicativo: vi, viste, viu, vimos, vistes, viram.
    Pretérito mais-que-perfeito do indicativo: vira, viras, vira, víramos, víreis, viram.
    Pretérito imperfeito do subjuntivo: visse, visses, visse, víssemos, vísseis, vissem.
    Futuro do subjuntivo: vir, vires, vir, virmos, virdes, virem.

Seguem esse modelo os derivados antever, entrever, prever, rever. Prover segue o modelo acima apenas no presente do indicativo e seus tempos derivados; nos demais tempos, comporta-se como um verbo regular da segunda conjugação.

- **Vir**

    Presente do indicativo: venho, vens, vem, vimos, vindes, vêm.
    Presente do subjuntivo: venha, venhas, venha, venhamos, venhais, venham.
    Pretérito imperfeito do indicativo: vinha, vinhas, vinha, vínhamos, vínheis, vinham.
    Pretérito perfeito do indicativo: vim, vieste, veio, viemos, viestes, vieram.
    Pretérito mais-que-perfeito do indicativo: viera, vieras, viera, viéramos, viéreis, vieram.
    Pretérito imperfeito do subjuntivo: viesse, viesses, viesse, viéssemos, viésseis, viessem.
    Futuro do subjuntivo: vier, vieres, vier, viermos, vierdes, vierem.
    Particípio e gerúndio: vindo.

7.4.8 Emprego do infinitivo

Apesar de não haver regras bem definidas, podemos anotar as seguintes ocorrências:

▷ Usa-se o **impessoal**:
- Sem referência a nenhum sujeito:
    É proibido **estacionar** na calçada.
- Nas locuções verbais:
    Devemos **pensar** sobre a sua situação.
- Se o infinitivo exercer a função de complemento de adjetivos:
    É uma questão fácil de **resolver**.
- Se o infinitivo possuir valor de imperativo:
    O comandante gritou: "**marchar!**"

▷ Usa-se o **pessoal**:
- Quando o sujeito do infinitivo é diferente do sujeito da oração principal:
    Eu não te culpo por **seres** um imbecil.
- Quando, por meio de flexão, se quer realçar ou identificar a pessoa do sujeito:
    Não foi bom **agires** dessa forma.

7.5 Adjetivo

É a palavra variável que expressa uma qualidade, característica ou origem de algum substantivo ao qual se relaciona.

- Meu terno é azul, elegante e italiano.

    Analisando, entendemos assim:
    Azul: característica.
    Elegante: qualidade.
    Italiano: origem.

7.5.1 Estrutura e a classificação dos adjetivos

Com relação à sua formação, eles podem ser:

- **Explicativos:** quando a característica é comum ao substantivo referido.
    Fogo **quente**, homem **mortal**. (Todo fogo é quente, todo homem é mortal).
- **Restritivos:** quando a característica não é comum ao substantivo, ou seja, nem todo substantivo é assim caracterizado.
    Terno **azul**, casa **grande**. (Nem todo terno é azul, nem toda casa é grande).
- **Simples:** quando possui apenas uma raiz.
    Amarelo, brasileiro, competente, sagaz, loquaz, inteligente, grande, forte etc.
- **Composto:** quando possui mais de uma raiz.
    Amarelo-canário, luso-brasileiro, verde-escuro, vermelho-sangue etc.
- **Primitivo:** quando pode dar origem a outra palavra, não tendo sofrido derivação alguma.
    Bom, legal, grande, rápido, belo etc.
- **Derivado:** quando resultado de um processo de derivação, ou seja, oriundo de outra palavra.
    Bondoso (de bom), grandioso (de grande), maléfico (de mal), esplendoroso (de esplendor) etc.

Os adjetivos que designam origem de algum termo são denominados adjetivos pátrios ou gentílicos.

Adjetivos pátrios de estados:
  Acre: acriano.
  Alagoas: alagoano.
  Amapá: amapaense.
  Aracaju: aracajuano ou aracajuense.
  Amazonas: amazonense ou baré.
  Belém (PA): belenense.
  Belo Horizonte: belo-horizontino.
  Boa Vista: boa-vistense.
  Brasília: brasiliense.
  Cabo Frio: cabo-friense.
  Campinas: campineiro ou campinense.
  Curitiba: curitibano.
  Espírito Santo: espírito-santense ou capixaba.
  Fernando de Noronha: noronhense.
  Florianópolis: florianopolitano.
  Fortaleza: fortalezense.
  Goiânia: goianiense.
  João Pessoa: pessoense.
  Macapá: macapaense.
  Maceió: maceioense.
  Manaus: manauense.
  Maranhão: maranhense.
  Marajó: marajoara.
  Natal: natalense ou papa-jerimum.
  Porto Alegre: porto alegrense.
  Ribeirão Preto: ribeiropretense.
  Rio de Janeiro (estado): fluminense.
  Rio de Janeiro (cidade): carioca.
  Rio Branco: rio-branquense.
  Rio Grande do Norte: rio-grandense-do-norte, norte-riograndense ou potiguar.
  Rio Grande do Sul: rio-grandense-do-sul, sul-rio-grandense ou gaúcho.
  Rondônia: rondoniano.
  Roraima: roraimense.
  Salvador: salvadorense ou soteropolitano.
  Santa Catarina: catarinense ou barriga verde.
  Santarém: santarense.
  São Paulo (estado): paulista.
  São Paulo (cidade): paulistano.
  Sergipe: sergipano.
  Teresina: teresinense.
  Tocantins: tocantinense.

Adjetivos pátrios de países:
  Croácia: croata.
  Costa Rica: costarriquense.
  Curdistão: curdo.
  Estados Unidos: estadunidense, norte-americano ou ianque.
  El Salvador: salvadorenho.
  Guatemala: guatemalteco.
  Índia: indiano ou hindu (os que professam o hinduísmo).
  Israel: israelense ou israelita.
  Irã: iraniano.
  Moçambique: moçambicano.
  Mongólia: mongol ou mongólico.
  Panamá: panamenho.
  Porto Rico: porto-riquenho.
  Somália: somali.

Na formação de adjetivos pátrios compostos, o primeiro elemento aparece na forma reduzida e, normalmente, erudita.

Observe alguns exemplos de adjetivos pátrios compostos:
  África: afro-americana.
  Alemanha: germano- ou teuto-: competições teutoinglesas.
  América: Américo-: companhia américo-africana.
  Ásia: ásio-: encontros ásio-europeus.
  Áustria: austro-: peças austro-búlgaras.
  Bélgica: belgo-: acampamentos belgo-franceses.
  China: sino-: acordos sino-japoneses.
  Espanha: hispano- + mercado: hispano-português.
  Europa: euro + negociações euro-americanas.
  França: franco- ou galo-: reuniões franco-italianas.
  Grécia: greco-: filmes greco-romanos.
  Índia: indo-: guerras indo-paquistanas.
  Inglaterra: anglo-: letras anglo-portuguesas.
  Itália: ítalo-: sociedade ítalo-portuguesa.
  Japão: nipo-: associações nipo-brasileiras.
  Portugal: luso-: acordos luso-brasileiros.

7.5.2 Locução adjetiva

Expressão que tem valor adjetival, mas que é formada por mais de uma palavra. Geralmente, concorrem para sua formação uma preposição e um substantivo. Veja alguns exemplos de locução adjetiva seguida de adjetivo:
  De águia: aquilino.
  De aluno: discente.
  De anjo: angelical.
  De bispo: episcopal.
  De cabelo: capilar.
  De cão: canino.
  De dedo: digital.
  De estômago: estomacal ou gástrico.
  De fera: ferino.
  De gelo: glacial.
  De homem: viril ou humano.
  De ilha: insular.
  De lago: lacustre.
  De madeira: lígneo.
  De neve: níveo ou nival.
  De orelha: auricular.
  De paixão: passional.
  De quadris: ciático.
  De rio: fluvial.
  De serpente: viperino.
  De trigo: tritício.
  De urso: ursino.
  De velho: senil.

7.5.3 Flexão do adjetivo

O adjetivo pode ser flexionado em gênero, número e grau.

Flexão de gênero (masculino/feminino)

Com relação ao gênero, os adjetivos podem ser classificados de duas formas:

- Biformes: quando possuem uma forma para cada gênero.
  Homem **belo**/mulher **bela**.
  Contexto **complicado**/questão **complicada**.

- Uniformes: quando possuem apenas uma forma, como se fossem elementos neutros.

  Homem **fiel**/mulher **fiel**.

  Contexto **interessante**/questão **interessante**.

Flexão de número (singular/plural)

Os adjetivos simples seguem a mesma regra de flexão que os substantivos simples. Serão, por regra, flexionados os adjetivos compostos que, em sua formação, possuírem dois adjetivos. A flexão ocorrerá apenas no segundo elemento da composição.

Guerra greco-**romana** – Guerras greco-**romanas**.
Conflito **socioeconômico** – Análises **socioeconômicas**.

Por outro lado, se houver um substantivo como elemento da composição, o adjetivo fica invariável.

Blusa **amarelo-canário** – Blusas **amarelo-canário**.
Mesa **verde-musgo** – Mesas **verde-musgo**.

O caso em questão também pode ocorrer quando um substantivo passa a ser, por derivação imprópria, um adjetivo, ou seja, também serão invariáveis os "substantivos adjetivados".

Terno cinza – Ternos cinza.
Vestido rosa – Vestidos rosa.

E também:

Surdo mudo – surdos mudos.
Pele vermelha – peles vermelhas.

> Azul-marinho e azul-celeste são invariáveis.

7.5.4 Flexão de grau (comparativo e superlativo)

Há duas maneiras de se estabelecer o grau do adjetivo: por meio do **grau comparativo** e por meio do **grau superlativo**.

Grau comparativo: estabelece um tipo de comparação de características, sendo estabelecido de três maneiras:

- **Inferioridade:** o açúcar é **menos** doce (do) **que** os teus olhos.
- **Igualdade:** o meu primo é **tão** estudioso **quanto** o meu irmão.
- **Superioridade:** gramática **é mais legal** (do) **que** matemática.

Grau superlativo: reforça determinada qualidade em relação a um referente. Pode-se estabelecer o grau superlativo de duas maneiras:

▷ **Relativo:** em relação a um grupo.
  - **De superioridade:** José é o **mais** inteligente dos alunos.
  - **De inferioridade:** o presidente foi o **menos** prestigiado da festa.
▷ **Absoluto:** sem relações, apenas reforçando as características:
  - **Analítico:** com auxílio de algum termo:
    Pedro é muito magro.
    Pedro é magro, magro, magro.
  - **Sintético** (com o acréscimo de -íssimo ou -érrimo):
    Pedro é macérrimo.
    Somos todos estudiosíssimos.

Veja, agora, alguns exemplos de superlativos sintéticos:

Ágil: agilíssimo.
Bom: ótimo ou boníssimo.
Capaz: capacíssimo.
Difícil: dificílimo.
Eficaz: eficacíssimo.
Fiel: fidelíssimo.
Geral: generalíssimo.
Horrível: horribilíssimo.
Inimigo: inimicíssimo.
Jovem: juveníssimo.
Louvável: laudabilíssimo.
Mísero: misérrimo.
Notável: notabilíssimo.
Pequeno: mínimo ou pequeníssimo.
Sério: seríssimo.
Terrível: terribilíssimo.
Vão: vaníssimo.

Atente à mudança de sentido provocada pela alteração de posição do adjetivo.

Homem **grande** (alto, corpulento).
Grande homem (célebre).

Mas isso nem sempre ocorre. Se você analisar a construção "giz azul" e "azul giz", perceberá que não há diferença semântica.

7.6 Advérbio

É a palavra invariável que se relaciona ao verbo, ao adjetivo ou a outro advérbio para atribuir-lhes uma circunstância. Veja os exemplos:

Os alunos saíram **apressadamente**.
O caso era muito **interessante**.
Resolvemos **muito bem** o problema.

7.6.1 Classificação do advérbio

- **Afirmação:** sim, certamente, efetivamente etc.
- **Negação:** não, nunca, jamais.
- **Intensidade:** muito, pouco, assaz, bastante, mais, menos, tão, tanto, quão etc.
- **Lugar:** aqui, ali, aí, aquém, acima, abaixo, atrás, dentro, junto, defronte, perto, longe, algures, alhures, nenhures etc.
- **Tempo:** agora, já, depois, anteontem, ontem, hoje, jamais, sempre, outrora, breve etc.
- **Modo:** assim, bem, mal, depressa, devagar, melhor, pior e a maior parte das palavras formadas de um adjetivo, mais a terminação "mente" (leve + mente = levemente; calma + mente = calmamente).
- **Inclusão:** também, inclusive.
- **Designação:** eis.
- **Interrogação:** onde, como, quando, por que.

Também existem as chamadas locuções adverbiais que vêm quase sempre introduzidas por uma preposição: à farta (= fartamente), às pressas (= apressadamente), à toa, às cegas, às escuras, às tontas, às vezes, de quando em quando, de vez em quando etc.

Existem casos em que utilizamos um adjetivo como forma de advérbio. É o que chamamos de adjetivo adverbializado. Veja os exemplos:

Aquele orador fala **belamente**. (Advérbio de modo).
Aquele orador fala **bonito**. (Adjetivo adverbializado que tenta designar modo).

7.7 Conjunção

É a palavra invariável que conecta elementos em algum encadeamento frasal. A relação em questão pode ser de natureza lógico-semântica (relação de sentido) ou apenas indicar uma conexão exigida pela sintaxe da frase.

7.7.1 Coordenativas

São as conjunções que conectam elementos que não possuem dependência sintática, ou seja, as sentenças que são conectadas por meio desses elementos já estão com suas estruturas sintáticas (sujeito / predicado / complemento) completas.

- **Aditivas:** e, nem (= e não), também, que, não só..., mas também, não só... como, tanto ... como, assim... como etc.

    José não foi à aula **nem** fez os exercícios.

    Devemos estudar **e** apreender os conteúdos.

- **Adversativas:** mas, porém, contudo, todavia, no entanto, entretanto, senão, não obstante, aliás, ainda assim.

    Os países assinaram o acordo, **mas** não o cumpriram.

    A menina cantou bem, **contudo** não agradou ao público.

- **Alternativas:** ou... ou, já ... já, seja... seja, quer... quer, ora... ora, agora... agora.

    Ora diz sim, **ora** diz não.

    Ou está feliz, **ou** está no ludibriando.

- **Conclusivas:** logo, pois (depois do verbo), então, portanto, assim, enfim, por fim, por conseguinte, conseguintemente, consequentemente, donde, por onde, por isso.

    O **concursando** estudou muito, **logo**, deverá conseguir seu cargo.

    É professor, **por conseguinte** deve saber explicar o conteúdo.

- **Explicativas:** isto é, por exemplo, a saber, ou seja, verbi gratia, pois (antes do verbo), pois bem, ora, na verdade, depois, além disso, com efeito, que, porque, ademais, outrossim, porquanto etc.

    Deve ter chovido, **pois** o chão está molhado.

    O homem é um animal racional, **porque** é capaz de raciocinar.

    Não converse agora, **que** eu estou explicando.

7.7.2 Subordinativas

São as conjunções que denotam uma relação de subordinação entre orações, ou seja, a conjunção subordinativa evidencia que uma oração possui dependência sintática em relação a outra. O que se pretende dizer com isso é que uma das orações envolvidas nesse conjunto desempenha uma função sintática para com sua oração principal.

Integrantes

- Que, se:

    Sei **que** o dia do pagamento é hoje.

    Vejamos **se** você consegue estudar sem interrupções.

Adverbiais

▷ **Causais:** indicam a causa de algo.
- Já que, porque, que, pois que, uma vez que, sendo que, como, visto que, visto como, como etc.

    Não teve medo do perigo, **já que** estava protegido.

    Passou no concurso, **porque** estudou muito.

▷ **Comparativas:** estabelecem relação de comparação:
- Como, mais... (do) que, menos... (do) que, tão como, assim como, tanto quanto etc.

    Tal **como** procederes, receberás o castigo.

    Alberto é aplicado **como** quem quer passar.

▷ **Concessivas (concessão):** estabelecem relação de quebra de expectativa com respeito à sentença à qual se relacionam.
- Embora, ainda que, dado que, posto que, conquanto, em que, quando mesmo, mesmo que, por menos que, por pouco que, apesar de (que).

    Embora tivesse estudado pouco, conseguiu passar.

    Conquanto estudasse, não conseguiu aprender.

▷ **Condicionais:** estabelecem relação de condição.
- Se, salvo se, caso, exceto se, contanto que, com tal que, caso, a não ser que, a menos que, sem que etc.

    Se tudo der certo, estaremos em Portugal amanhã.

    Caso você tenha dúvidas, pergunte a seu professor.

▷ **Consecutivas:** estabelecem relação de consequência.
- Tanto que, de modo que, de sorte que, tão...que, sem que etc.

    O aluno estudou **tanto que** morreu.

    Timeto Amon era **tão** feio **que** não se olhava no espelho.

▷ **Conformativas:** estabelecem relação de conformidade.
- Conforme, consoante, segundo, da mesma maneira que, assim como, como que etc.

    Faça a prova **conforme** teu pai disse.

    Todos agem **consoante** se vê na televisão.

▷ **Finais:** estabelecem relação de finalidade.
- Para que, a fim de que, que, porque.

    Estudou muito **para que** pudesse ter uma vida confortável.

    Trabalhei **a fim de que** o resultado seja satisfatório.

▷ **Proporcionais:** estabelecem relação de proporção.
- À proporção que, à medida que, quanto mais... tanto mais, quanto menos... tanto menos, ao passo que etc.

    À medida que o momento de realizar a prova chegava, a ansiedade de todos aumentava.

    Quanto mais você estudar, **tanto mais** terá a chance de ser bem-sucedido.

▷ **Temporais:** estabelecem relação de tempo.
- Quando, enquanto, apenas, mal, desde que, logo que, até que, antes que, depois que, assim que, sempre que, senão quando, ao tempo que, apenas que, antes que, depois que, sempre que etc.

    Quando todos disserem para você parar, continue.

    Depois que terminar toda a lição, poderá descansar um pouco.

    Mal chegou, já quis sair.

7.8 Interjeição

É o termo que exprime, de modo enérgico, um estado súbito de alma. Sem muita importância para a análise a que nos propomos, vale apenas lembrar que elas possuem uma classificação semântica:

- **Dor:** ai! ui!
- **Alegria:** ah! eh! oh!
- **Desejo:** oxalá! tomara!
- **Admiração:** puxa! cáspite! safa! quê!
- **Animação:** eia! sus! coragem!
- **Aplauso:** bravo! apoiado!
- **Aversão:** ih! chi! irra! apre!
- **Apelo:** ó, olá! psit! pitsiu! alô! socorro!
- **Silêncio:** psit! psiu! caluda!
- **Interrogação, espanto:** hem!

Há, também, locuções interjeitivas: **minha nossa! Meu Deus!**

A despeito da classificação acima, o que determina o sentido da interjeição é o seu uso.

7.9 Numeral

É a palavra que indica uma quantidade, multiplicação, fração ou um lugar em uma série. Os numerais podem ser divididos em:

MORFOLOGIA

- **Cardinais:** quando indicam um número básico: um, dois, três, cem mil etc.
- **Ordinais:** quando indicam um lugar numa série: primeiro, segundo, terceiro, centésimo, milésimo etc.
- **Multiplicativos:** quando indicam uma quantidade multiplicativa: dobro, triplo, quádruplo etc.
- **Fracionários:** quando indicam parte de um inteiro: meio, metade, dois terços etc.

ALGARISMO		CARDINAIS	ORDINAIS
ROMANOS	ARÁBICOS		
I	1	um	primeiro
II	2	dois	segundo
III	3	três	terceiro
IV	4	quatro	quarto
V	5	cinco	quinto
VI	6	seis	sexto
VII	7	sete	sétimo
VIII	8	oito	oitavo
IX	9	nove	nono
X	10	dez	décimo
XI	11	onze	undécimo ou décimo primeiro
XII	12	doze	duodécimo ou décimo segundo
XIII	13	treze	décimo terceiro
XIV	14	quatorze ou catorze	décimo quarto
XV	15	quinze	décimo quinto
XVI	16	dezesseis	décimo sexto
XVII	17	dezessete	décimo sétimo
XVIII	18	dezoito	décimo oitavo
XIX	19	dezenove	décimo nono
XX	20	vinte	vigésimo
XXI	21	vinte e um	vigésimo primeiro
XXX	30	trinta	trigésimo
XXXL	40	quarenta	quadragésimo
L	50	cinquenta	quinquagésimo
LX	60	sessenta	sexagésimo
LXX	70	setenta	septuagésimo ou setuagésimo
LXXX	80	oitenta	octogésimo
XC	90	noventa	nonagésimo
C	100	cem	centésimo
CC	200	duzentos	ducentésimo
CCC	300	trezentos	trecentésimo
CD	400	quatrocentos	quadringentésimo
D	500	quinhentos	quingentésimo
DC	600	seiscentos	seiscentésimo ou sexcentésimo
DCC	700	setecentos	septingentésimo
DCCC	800	oitocentos	octingentésimo
CM	900	novecentos	nongentésimo ou noningentésimo
M	1.000	mil	milésimo
X'	10.000	dez mil	dez milésimos
C'	100.000	cem mil	cem milésimos
M'	1.000.000	um milhão	milionésimo
M''	1.000.000.000	um bilhão	bilionésimo

Lista de numerais multiplicativos e fracionários:

Algarismos	Multiplicativos	Fracionários
2	duplo, dobro, dúplice	meio ou metade
3	triplo, tríplice	terço
4	quádruplo	quarto
5	quíntuplo	quinto
6	sêxtuplo	sexto
7	sétuplo	sétimo
8	óctuplo	oitavo
9	nônuplo	nono
10	décuplo	décimo
11	undécuplo	onze avos
12	duodécuplo	doze avos
100	cêntuplo	centésimo

7.9.1 Cardinais

Para realizar a leitura dos cardinais, é necessário colocar a conjunção "e" entre as centenas e dezenas, assim como entre as dezenas e a unidade.

Exemplo: 3.068.724 = três milhões, sessenta **e** oito mil, setecentos **e** vinte **e** quatro.

7.9.2 Ordinais

Quanto à leitura do numeral ordinal, há duas possibilidades: quando é inferior a 2.000, lê-se inteiramente segundo a forma ordinal.

- 1.766º = milésimo septingentésimo sexagésimo sexto.

Acima de 2.000, lê-se o primeiro algarismo como cardinal e os demais como ordinais. Hodiernamente, entretanto, tem-se observado a tendência a ler os números redondos segundo a forma ordinal.

- 2.536º = dois milésimos quingentésimo trigésimo sexto.
- 8 000º = oitavo milésimo.

7.9.3 Fracionários

O numerador de um numeral fracionário é sempre lido como cardinal. Quanto ao denominador, há dois casos:
- Primeiro: se for inferior ou igual a 10, ou ainda for um número redondo, será lido como ordinal 2/6 = dois sextos; 9/10 = nove décimos; centésimos (se houver). São exceções: 1/2 = meio; 1/3 = um terço.
- Segundo: se for superior a 10 e não constituir número redondo, é lido como cardinal, seguido da palavra "avos". 1/12 = um doze avos; 4/25 = quatro vinte e cinco avos.

Ao se fazer indicação de reis, papas, séculos, partes de uma obra, usam-se os numerais ordinais até décimo. A partir daí, devem-se empregar os cardinais. Século V (século quinto), século XX (vinte), João Paulo II (segundo), Bento XVI (dezesseis).

7.10 Preposição

É a palavra invariável que serve de ligação entre dois termos de uma oração ou, às vezes, entre duas orações. Costuma-se denominar "regente" o termo que exige a preposição e "regido" aquele que recebe a preposição:

Ele comprou um livro **de** poesia.

Ele tinha medo **de** ficar solitário.

Como se vê, a preposição "de", no primeiro caso, liga termos de uma mesma oração; no segundo, liga orações.

7.10.1 Preposições essenciais

São aquelas que têm como função primordial a conexão das palavras:
- a, ante, até, após, com contra, de, desde, em, entre, para, per, perante, por, sem, sob, sobre, trás.

Veja o emprego de algumas preposições:

Os manifestantes lutaram **contra** a polícia.

O aluno chegou **ao** salão rapidamente.

Aguardo sua decisão **desde** ontem.

Entre mim e ti, não há qualquer problema.

7.10.2 Preposições acidentais

São palavras que pertencem a outras classes, empregadas, porém, eventualmente como preposições: conforme, consoante, durante, exceto, fora, agora, mediante, menos, salvante, salvo, segundo, tirante.

O emprego das preposições acidentais é mais comum do que parece, veja os exemplos:

Todos saíram da sala, **exceto** eu.

Tirante as mulheres, o grupo que estava na sala parou de falar.

Escreveu o livro **conforme** o original.

7.10.3 Locuções prepositivas

Além das preposições simples, existem também as chamadas locuções prepositivas, que terminam sempre por uma preposição simples:
- abaixo de, acerca de, acima de, a despeito de, adiante de, a fim de, além de, antes de, ao lado de, a par de, apesar de, a respeito de, atrás de, através de, de acordo com, debaixo de, de cima de, defronte de, dentro de, depois de, diante de, embaixo de, em cima de, em frente de(a), em lugar de, em redor de, em torno de, em vez de, graças a, junto a (de), para baixo de, para cima de, para com, perto de, por baixo de, por causa de, por cima de, por detrás de, por diante de, por entre, por trás de.

7.10.4 Conectivos

Os conectivos têm a função de ligar palavras ou orações. Eles podem ser coordenativos (ligam orações coordenadas) ou subordinativos (ligam orações subordinadas).

Coordenativos
- Conjunções coordenativas que iniciam as orações coordenadas:
    Aditivas: e.
    Adversativas: mas.
    Alternativas: ou.
    Conclusivas: logo.
    Explicativas: pois.

Subordinativos
- Pronomes relativos que iniciam as orações adjetivas:
    Que.
    Quem.
    Cujo/cuja.
    O qual/a qual.
- Conjunções subordinativas que iniciam as orações adverbiais:
    Causais: porque.
    Comparativas: como.
    Concessivas: embora.
    Condicionais: se.
    Conformativas: conforme.
    Consecutivas: (tão) que.
    Finais: para que.
    Proporcionais: à medida que.
    Temporais: quando.
- **Conjunções subordinativas que iniciam as orações substantivas:**
    Integrantes: que, se.

7.10.5 Formas variantes

Algumas palavras possuem mais de uma forma, ou seja, junto à forma padrão existem outras formas variantes.

Em algumas situações, é irrelevante a variação utilizada, mas em outros deve-se escolher a variação mais generalizada.

Exemplos:
Assobiar, assoviar.
Coisa, cousa.
Louro, loiro.
Lacrimejar, lagrimejar.
Infarto, enfarte.
Diabete, diabetes.
Transpassar, traspassar, trespassar.

8 SINTAXE BÁSICA

Sintaxe é a parte da Gramática que estuda a função das palavras ou das expressões em uma oração ou em um período.

Antes de iniciar o estudo da sintaxe, faz-se necessário definir alguns conceitos, tais como: frase, oração e período (conceitos essenciais).

- **Frase**: qualquer sentença dotada de sentido.
  Eu adoro estudar português!
  Fogo! Socorro!
- **Oração**: frase organizada em torno de uma forma verbal.
  Os alunos farão a prova amanhã!
- **Período**: conjunto de orações.
  - Período simples: 1 oração.
    Ex.: **Estudarei** português.
  - Período composto: mais de 1 oração.
    Ex.: **Estudarei** português e **farei** a prova.

8.1 Período simples (oração)

A oração é dividida em termos. Assim, o estudo fica organizado e impossibilita a confusão. São os termos da oração:
- Essenciais.
- Integrantes.
- Acessórios.

8.1.1 Termos essenciais da oração

Sujeito e predicado: são chamados de essenciais, porque são os elementos que dão vida à oração. Quer dizer, sem um deles (o predicado, ao menos) não se pode formar oração.

- O **Brasil** caminha para uma profunda transformação social.
  O Brasil: sujeito.
  Para uma profunda transformação social: predicado.

Sujeito

Sujeito é o termo sintático sobre o qual se declara ou se constata algo. Deve-se observar que há uma profunda relação entre o verbo que comporá o predicado e o sujeito da oração. Usualmente, o sujeito é formado por um substantivo ou por uma expressão substantivada.

O sujeito pode ser: simples; composto; oculto, elíptico ou desinencial; indeterminado; inexistente ou oracional.

- **Sujeito simples:** aquele que possui apenas um núcleo.
  O **país** deverá enfrentar difíceis rivais na competição.
  A **perda de fôlego de algumas das grandes economias** também já foi notada por outras gigantes do setor.
- **Sujeito composto:** é aquele que possui mais de um núcleo.
  João e **Maria** são amigos inseparáveis.
  Eu, meus **amigos** e todo o **resto** dos alunos faremos a prova.
- **Sujeito oculto, elíptico ou desinencial:** aquele que não se encontra expresso na oração, porém é facilmente subentendido pelo verbo apresentado.
  Acord**amos** cedo naquele dia. (Nós)
  Abri o blusão, tirei o 38, e perguntei com tanta raiva que uma gota de meu cuspe bateu na cara dele. (R. Fonseca) (eu)
  Vanderlei caminh**ou** pela manhã. À tarde pass**eou** pelo lago municipal, onde encont**rou** a Anaconda da cidade. (Ele, Vanderlei)

Perceba que o sujeito não está grafado na sentença, mas é facilmente recuperável por meio da terminação do verbo.

▷ **Sujeito indeterminado:** ocorre quando o verbo não se refere a um núcleo determinado. São situações de indeterminação do sujeito:
- Terceira pessoa do plural sem um referente:
  Nunca lhe **deram** nada.
  Fizeram comentários maldosos a seu respeito.
- Com verbos transitivos indiretos, intransitivo e relacionais (de ligação) acompanhados da partícula "se" que, no caso, será classificada como índice de indeterminação de sujeito:
  Vive-**se** muito bem.
  Precisa-**se** de força e coragem na vida de estudante.
  Nem sempre **se está** feliz na riqueza.

▷ **Sujeito inexistente ou oração sem sujeito:** ocorre em algumas situações específicas.
- Com verbos impessoais (principalmente os que denotam fenômeno da natureza).
  Em setembro **chove** muito.
  Nevava em Palotina.
- Com o verbo haver, desde que empregado nos sentidos de existir, acontecer ou ocorrer.
  Há poemas perfeitos, não **há** poetas perfeitos.
  Deveria haver soluções para tais problemas.
- Com os verbos ir, haver e fazer, desde que empregado fazendo alusão a tempo transcorrido.
  Faz um ano que não viajo. (verbo "fazer" no sentido de "tempo transcorrido")
  Há muito tempo que você não aparece. (verbo "haver" no sentido de "tempo")
  Vai para dois meses que não recebo salário. (verbo "ir" no sentido de "tempo")
- Com os verbos ser ou estar indicando tempo.
  Era noite fechada.
  É tarde, eles não vêm!
- Com os verbos bastar e chegar indicando cessamento.
  Basta de tanta corrupção no Senado!
  Chega de ficar calado quando a situação aperta!
- Com o verbo ser indicando data ou horas.
  São dez horas no relógio da torre.
  Amanhã **serão** dez de dezembro.

▷ **Sujeito oracional:** ocorre nas análises do período composto, quando se verifica que o sujeito de um verbo é uma oração.
  É preciso **que você estude Língua Portuguesa**.

Predicado

É o termo que designa aquilo que se declara acerca do sujeito. É mais simples e mais prudente para o aluno buscar identificar o predicado antes do sujeito, pois, se assim o fizer, terá mais concretude na identificação do sujeito.

O predicado pode ser nominal, verbal ou verbo-nominal.

- **Predicado Nominal:** o predicado nominal é formado por um verbo relacional (de ligação) + predicativo.

Principais verbos de ligação: ser, estar, permanecer, continuar, ficar, parecer, andar e torna-se.
  A economia da Ásia parecia derrotada após a crise.
  O deputado, de repente, virou patriota.
  Português é legal.

- **Predicado Verbal:** o predicado verbal tem como núcleo um verbo nocional.

    Empresários **investirão R$ 250 milhões em novo berço para o Porto de Paranaguá**.

- **Predicado Verbo-nominal:** ocorre quando há um verbo significativo (nocional) + um predicativo do sujeito.

    O trem chegou atrasado. ("atrasado" é uma qualidade do sujeito que aparece após o verbo, portanto, é um predicativo do sujeito).

    Pedro Paladino já nasceu rico.

    Acompanhei a indignação de meus alunos preocupado.

Predicativo

O predicativo é um termo componente do predicado. Qualifica sujeito ou objeto.

   Josefina era **maldosa, ruim, sem valor**. (predicativo do sujeito)

   Leila deixou o garoto **louco**. (predicativo do objeto)

   O diretor nomeou João **chefe da repartição**. (predicativo do objeto)

8.2 Termos integrantes da oração

Os termos integrantes da oração são: objeto direto (complemento verbal); objeto indireto (complemento verbal); complemento nominal e agente da passiva.

- **Objeto Direto:** é o complemento de um verbo transitivo direto.

    Os bons cidadãos cumprem **as leis**. (quem cumpre, cumpre algo)

    Em resumo: ele queria **uma mulher**. (quem quer, quer algo)

- **Objeto Indireto:** é o complemento de um verbo transitivo indireto.

    Os bons cidadãos obedecem **às leis**. (quem obedece, obedece a algo)

    Necessitamos **de manuais mais práticos** nos dias de hoje. (quem necessita, necessita de algo)

- **Complemento Nominal:** é o complemento, sempre preposicionado, de adjetivos, advérbios e substantivos que, em determinadas circunstâncias, pedem complemento, assim como os verbos transitivos indiretos.

    O filme era impróprio para crianças.

    Finalizou-se a construção do prédio.

    Agiu favoravelmente ao réu.

- **Agente da Passiva:** é o complemento que, na voz passiva, designa o ser praticante da ação sofrida ou recebida pelo sujeito. Veja os exemplos:

    Voz ativa: o zagueiro executou a jogada.

    Voz passiva: a jogada foi executada **pelo zagueiro**. (**Agente da passiva**)

    Conversas foram interceptadas pela **Polícia Federal**. (Agente da passiva)

8.3 Termos acessórios da oração

Os termos acessórios da oração são: adjunto adnominal; adjunto adverbial; aposto e vocativo.

▷ **Adjunto Adnominal:** a função do adjunto adnominal é desempenhada por qualquer palavra ou expressão que, junto de um substantivo ou de uma expressão substantivada, modifica o seu sentido. Vejamos algumas palavras que desempenham tal função.

- **Artigos: as** alunas serão aprovadas.
- **Pronomes adjetivos: aquela** aluna será aprovada.
- **Numerais adjetivos: duas** alunas serão aprovadas.
- **Adjetivos:** aluno **estudioso** é aprovado.
- **Locuções adjetivas:** aluno **de gramática** passa no concurso.

▷ **Adjunto Adverbial:** o adjunto adverbial é o termo acessório (que não é exigido por elemento algum da sentença) que exprime circunstância ao verbo e, às vezes, ao adjetivo ou mesmo ao advérbio.

- **Advérbios:** os povos antigos trabalhavam mais.
- **Locuções Adverbiais:** li vários livros **durante as férias**.
- **Alguns tipos de adjuntos adverbiais:**

    Tempo: ontem, choveu muito.

    Lugar: gostaria de que me encontrasse **na esquina da padaria**.

    Modo: Alfredo executou a aria **fantasticamente**.

    Meio: fui para a escola **a pé**.

    Causa: por amor, cometem-se loucuras.

    Instrumento: quebrou a **vidraça com uma pedra**.

    Condição: se estudar muito, será aprovado.

    Companhia: faremos sucesso **com essa banda**.

▷ **Aposto:** o aposto é o termo sintático que, possuindo equivalência semântica, esclarece seu referente. Tipos de aposto:

   Explicativo: Alencar, **escritor romântico**, possui uma obra vastíssima.

   Resumitivo ou recapitulativo: estudo, esporte, cinema, **tudo** o chateava.

   Enumerativo: preciso de duas coisas: **saúde e dinheiro**.

   Especificativo: a notícia foi publicada na revista **Veja**.

   Distributivo: havia grupos interessados: **o da direita e o da esquerda**.

   Oracional: desejo só uma coisa: **que vocês passem no concurso**.

   Vocativo: é uma interpelação, é um chamamento. Normalmente, indica com quem se fala.

▷ Ó mar, por que não me levas contigo?

- Vem, **minha amiga**, abraçar um vitorioso.

8.4 Período composto

O período composto possui dois processos: coordenação e subordinação.

- **Coordenação:** ocorre quando são unidas orações independentes sintaticamente. Ou seja, são autônomas do ponto de vista estrutural. Vamos a um exemplo:

    - Altamiro pratica esportes e estuda muito.

- **Subordinação:** ocorre quando são unidas orações que possuem dependência sintática. Ou seja, não estão completas em sua estrutura. O processo de subordinação ocorre de três maneiras:

    - **Substantiva:** quando a oração desempenhar a função de um substantivo na sentença (**sujeito, predicativo, objeto direto, objeto indireto, complemento nominal ou aposto**).

    - **Adjetiva:** quando a oração desempenhar a função de adjunto adnominal na sentença.

    - **Adverbial:** quando a oração desempenhar a função de adjunto adverbial na sentença.

        Eu quero **que vocês passem no concurso**. (Oração subordinada substantiva objetiva direta – a função de objeto direto está sendo desempenhada pela oração)

        O Brasil, **que é um belíssimo país**, possui vegetação exuberante. (Oração subordinada adjetiva explicativa)

        Quando José entrou na sala, Manoel saiu. (Oração subordinada adverbial temporal)

8.4.1 Processo de coordenação

Há dois tipos de orações coordenadas: **assindéticas** e **sindéticas**.

- **Assindéticas:**

O nome vem da palavra grega *sýndetos*, que significa conjunção, união. Ou seja, oração que não possui conjunção quando está colocada ao lado de outra.

> Valdevino **correu (oração coordenada assindética), correu (oração coordenada assindética), correu (oração coordenada assindética)** o dia todo.

Perceba que não há conjunções para ligar os verbos, ou seja, as orações estão colocadas uma ao lado da outra sem síndeto, portanto, são **orações coordenadas assindéticas**.

- **Sindéticas:**

Contrariamente às assindéticas, as sindéticas possuem conjunção para exprimir uma relação lógico-semântica. Cada oração recebe o nome da conjunção que a introduz. Por isso é necessário decorar as conjunções.

- **Aditivas:** são introduzidas pelas conjunções e, nem, mas também, também, como (após "não só"), como ou quanto (após "tanto"), mais etc., dando a ideia de adição à oração anterior.

> A seleção brasileira venceu a Dinamarca / **e empatou com a Inglaterra.** (Oração coordenada assindética / **oração coordenada sindética aditiva**)

- **Adversativas:** são introduzidas pelas conjunções: mas, porém, todavia, contudo, entretanto, no entanto, não obstante, senão, apesar disso, embora etc., indicando uma relação de oposição à sentença anterior.

> O time batalhou muito, / **mas não venceu o adversário.** (Oração coordenada assindética / **oração coordenada sindética adversativa**)

- **Alternativas:** são introduzidas pelas conjunções ou... ou, ora... ora, já... já, quer... quer, seja... seja, nem... nem etc., indicando uma relação de alternância entre as sentenças.

> Ora estuda, / ora trabalha. (**Oração coordenada sindética alternativa / oração coordenada sindética alternativa**)

- **Conclusivas:** são introduzidas pelas conjunções: pois (posposto ao verbo), logo, portanto, então, por conseguinte, por consequência, assim, desse modo, destarte, com isso, por isto, consequentemente, de modo que, indicando uma relação de conclusão do período anterior.

> Comprei a carne e o carvão, / **portanto podemos fazer o churrasco.** (Oração coordenada assindética / **oração coordenada sindética conclusiva**)

> Estou muito doente, / **não posso, pois, ir à aula.** (Oração coordenada assindética / **oração coordenada sindética conclusiva**)

- **Explicativas:** são introduzidas pelas conjunções que, porque, porquanto, por, portanto, como, pois (anteposta ao verbo), ou seja, isto é, indicando uma relação de explicação para com a sentença anterior.

> Não converse, / **pois estou estudando.** (Oração coordenada assindética / **oração coordenada sindética explicativa**)

8.4.2 Processo de subordinação

As orações subordinadas substantivas se dividem em seis tipos, introduzidas, geralmente, pelas conjunções **"que"** e **"se"**.

- **Subjetiva:** exerce função de sujeito do verbo da oração principal.

> É interessante / **que todos joguem na loteria.** (Oração principal / **oração subordinada substantiva subjetiva**)

- **Objetiva direta:** exerce função de objeto direto.

> Eu quero / **que você entenda a matéria.** Quem quer, quer algo ou alguma coisa. (Oração principal / **oração subordinada substantiva objetiva direta**)

- **Objetiva indireta:** exerce função de objeto indireto.

> Os alunos necessitam / **de que as explicações fiquem claras.** Quem necessita, necessita de algo. (Oração principal / **oração subordinada substantiva objetiva indireta**)

- **Predicativa:** exerce função de predicativo.

> O bom é / **que você faça exercícios todos os dias.** (Oração principal / **oração subordinada substantiva predicativa**)

- **Completiva nominal:** exerce função de complemento nominal de um nome da oração principal.

> Jonas tem vontade / **de que alguém o mande calar a boca.** (Oração principal / **oração subordinada substantiva completiva nominal**)

- **Apositivas:** possuem a função de aposto da sentença principal, geralmente são introduzidas por dois-pontos (:).

> Eu quero apenas isto: / **que você passe no concurso.** (Oração principal / **oração subordinada substantiva apositiva**)

- **Orações subordinadas adjetivas:** dividem-se em dois tipos. Quando desenvolvidas, são introduzidas por um pronome relativo.

O nome oração subordinada adjetiva se deve ao fato de ela desempenhar a mesma função de um adjetivo na oração, ou seja, a função de adjunto adnominal. Na Gramática de Portugal, são chamadas de orações relativas pelo fato de serem introduzidas por pronome relativo.

- **Restritivas:** restringem a informação da oração principal. Não possuem vírgulas.

> O homem / **que mora ao lado** / é mal-humorado. (Oração principal / **oração subordinada adjetiva restritiva** / oração principal)

Para entender basta perguntar: qualquer homem é mal-humorado? Não. Só o que mora ao lado.

- **Explicativas:** explicam ou dão algum esclarecimento sobre a oração principal.

> João, / **que é o ex-integrante da comissão,** / chegou para auxiliar os novos contratados. (Oração principal / **oração subordinada adjetiva explicativa** / oração principal)

- **Orações subordinadas adverbiais:** dividem-se em nove tipos. Recebem o nome da conjunção que as introduz. Nesse caso, teremos uma principal (que não está negritada) e uma subordinada adverbial (que está em negrito).

Essas orações desempenham a função de adjunto adverbial da oração principal.

- **Causais:** exprimem a causa do fato que ocorreu na oração principal. Introduzidas, principalmente, pelas conjunções porque, visto que, já que, uma vez que, como que, como.

> **Já que precisamos de dinheiro**, vamos trabalhar.

- **Comparativas:** representam o segundo termo de uma comparação. Introduzidas, na maior parte dos casos, pelas conjunções que, do que, como, assim como, (tanto) quanto.

> Tiburcina fala **como uma gralha** (fala - o verbo está elíptico).

- **Concessivas:** indica uma concessão entre as orações. Introduzidas, principalmente, pelas conjunções embora, a menos que, ainda que, posto que, conquanto, mesmo que, se bem que, por mais que, apesar de que. Fique de olho na relação da conjunção com o verbo.

    Embora não tivesse tempo disponível, consegui estudar.

- **Condicionais:** expressa ideia de condição. Introduzidas, principalmente, pelas conjunções se, salvo se, desde que, exceto, caso, desde, contanto que, sem que, a menos que.

    Se ele não se defender, acabará como "boi-de-piranha" no caso.

- **Conformativas:** exprimem acordo, concordância entre fatos ou ideias. Introduzidas, principalmente, pelas conjunções como, consoante, segundo, conforme, de acordo com etc.

    Realize as atividades **conforme eu expliquei**.

- **Consecutivas:** indicam a consequência ou o efeito daquilo que se diz na oração principal. Introduzidas, principalmente, pelas conjunções que (precedida de tal, tão, tanto, tamanho), de sorte que, de modo que.

    Estudei tanto, **que saiu sangue dos olhos**.

- **Finais:** exprimem finalidade da ação primeira. Introduzidas, em grande parte dos casos, pelas conjunções para que, a fim de que, que e porque.

    Estudei muito **para que pudesse fazer a prova**.

- **Proporcionais:** expressa uma relação de proporção entre as orações. Introduzidas, principalmente, pelas conjunções (locuções conjuntivas) à medida que, quanto mais... mais, à proporção que, ao passo que, quanto mais.

    - José piorava, **à medida que abandonava seu tratamento**.

- **Temporais:** indicam circunstância de tempo. Introduzidas, principalmente, pelas conjunções quando, antes que, assim que, logo que, até que, depois que, mal, apenas, enquanto etc.

    Logo que iniciamos o trabalho os alunos ficaram mais tranquilos.

9 FUNÇÕES DO "SE"

A palavra "se", assim como o "que", possui diversas funções e costuma gerar muitas dúvidas. Por isso, para entender cada função e identificá-las, observe os exemplos a seguir.

9.1 Partícula apassivadora

Vendem-**se** plantas. (É possível passar a oração para a voz passiva analítica: plantas são vendidas).

Neste caso, o "se" nunca será seguido por preposição.

9.2 Pronome reflexivo

Nesse caso, o pronome expressa a igualdade entre o sujeito e o objeto da ação, exercendo a função de complemento verbal.

Penteou-**se** com capricho.

9.3 Pronome recíproco

Denota a ocorrência de que houve uma ação trocada entre os elementos do sujeito.

Amaram-**se** durante anos.

9.4 Partícula expletiva (de realce)

Tem o papel de realçar ou enfatizar um vocábulo ou um segmento da frase. Pode ser retirada da frase sem prejuízo sintático ou semântico.

Foi-**se** o tempo em que confiávamos nos políticos. (Não possui função na oração, apenas realça o que foi dito).

9.5 Pronome indeterminador do sujeito

O pronome "se" serve como índice de indeterminação do sujeito. O sujeito indeterminado é o sujeito que não quer ou não se pode identificar.

Precisa-**se** de secretária. (Não se pode passar a oração para a voz passiva analítica).

Nessa casa, come-**se** muito.

9.6 Parte do verbo pronominal

Alguns verbos exigem a presença da partícula "se" para indicar que a ação é referente ao sujeito que a pratica. Veja os exemplos:

Arrependeu-**se** de ter ligado.

Outros exemplos de verbos pronominais: lembrar-**se**, queixar-**se**, enganar-**se**, suicidar-**se**.

9.7 Conjunção

A conjunção "se" pode assumir várias funções, veja alguns exemplos:

Vou chegar no horário **se** não chover. (Conjunção condicional).

Não sei **se** dormirei em casa hoje. (Conjunção integrante).

Se vai ficar aqui, então fale comigo. (Conjunção adverbial causal).

Se queria ser mãe, nunca demonstrou amor pelas crianças. (Conjunção concessiva).

10 FUNÇÕES DO "QUE"

A palavra "que" possui diversas funções e costuma gerar muitas dúvidas. Por isso, para entender cada função e identificá-las, observe os exemplos a seguir:

10.1 Substantivo

Senti um **quê** de falsidade naquela fala.

Neste caso, o que está precedido por um determinante – um artigo –, e é acentuado, pois assume o papel de um substantivo. Poderia ser substituído por outro substantivo:

Senti um **ar** de falsidade naquela fala.

Quanto atua como substantivo, o quê será sempre acentuado e precedido por um artigo, pronome ou numeral.

10.2 Pronome

Exemplos:

Que beleza de festa! (Pronome exclamativo)
O livro **que** comprei estava em promoção. (Pronome relativo)
Que dia é a prova? (Pronome interrogativo)

10.3 Interjeição

Exemplos:

Quê? Não entendi.
Quê! Ela sabe sim!

10.4 Preposição

Temos **que** chegar cedo.

Observe que a regência do verbo ter exige a preposição "de": *temos de chegar cedo*. No entanto, na fala coloquial, já é aceito o uso do "que" como preposição.

10.5 Advérbio

Que bela está a casa!

Neste caso, antecede um adjetivo, modificando-o: **como** a casa está bela!

Que longe estava da cidade!

Neste caso, antecede um advérbio, intensificando-o: Estava **muito longe** da cidade.

10.6 Conjunção

Exemplos:

Que gostem ou **que** não gostem, tomei minha decisão. (Conjunção alternativa).
Pode entrar na fila **que** não será atendida. (Conjunção adversativa).
Não falte à aula **que** o conteúdo é importante. (Conjunção explicativa).

10.7 Conjunção subordinativa

Exemplos:

Estava tão cansada **que** não quis recebê-lo. (Conjunção subordinativa consecutiva).
Gostei da viagem, cara **que** tenha sido. (Conjunção subordinativa concessiva).
Não corra **que** o chão está molhado! (Conjunção subordinativa causal).

10.8 Partícula expletiva (de realce)

Que bonito **que** está o seu cabelo! (Não tem função na oração, apenas realça o que está sendo falado)

11 CONCORDÂNCIA VERBAL E NOMINAL

Trata-se do processo de flexão dos termos a fim de se relacionarem harmoniosamente na frase. Quando se pensa sobre a relação do verbo com os demais termos da oração, o estudo focaliza a concordância verbal. Quando a análise se volta para a relação entre pronomes, substantivos, adjetivos e demais termos do grupo nominal, diz-se que o foco é concordância nominal.

11.1 Concordância verbal

11.1.1 Regra geral

O verbo concorda com o sujeito em número e pessoa.

O **primeiro-ministro** russo **acusou** seus inimigos.
Dois **parlamentares rebateram** a acusação.
Contaram-se mentiras no telejornal.
Vós sois os responsáveis por vosso destino.

Regras para sujeito composto

▷ Anteposto se colocado antes do verbo, o verbo vai para o plural:

Eu e meus irmãos vamos à praia.

▷ Posposto se colocado após o verbo, o verbo concorda com o mais próximo ou vai para o plural:

Morreu (morreram), no acidente, **o prefeito e o vereador**.

▷ Formado por pessoas (gramaticais) diferentes: plural da predominante.

Eu, você e os alunos **estudaremos** para o concurso. (a primeira pessoa é a predominante, por isso, o verbo fica na primeira pessoa do plural).

▷ Com núcleos em correlação, a concordância se dá com o mais próximo ou fica no plural:

O professor assim como o monitor **auxilia(m)** os estudantes.

▷ **Ligado por NEM o verbo concordará:**
  - No singular: se houver exclusão.
    Nem Josias nem Josué **percebeu** o perigo iminente.
  - No singular: quando se pretende individualizar a ação, aludindo a um termo em específico.
    Nem os esportes nem a leitura **o entretém**.
  - No plural: quando não houver exclusão, ou seja, quando a intenção for aludir ao sujeito em sua totalidade.
    Nem a minha rainha nem o meu mentor **serão** tão convincentes a ponto de me fazerem mudar de ideia.

▷ **Ligado por COM o verbo concorda com o antecedente do COM ou vai para o plural:**

O vocalista com os demais integrantes da banda **realizaram (realizou)** o show.

▷ **Ligado por OU o verbo fica no singular (se houver exclusão) ou no plural (se não houver exclusão):**

Ou Pedro Amorim ou Jurandir Leitão **será** eleito vereador da cidade.
O aviso ou o ofício **deveriam** ser expedidos antes da data prevista.

▷ **Se o sujeito for construído com os termos:** um e outro, nem um nem outro, o verbo fica no singular ou plural, dependendo do sentido pretendido.

Um e outro **passou (passaram)** no concurso.
Um ou outro: verbo no singular.
Um ou outro fez a lição.

▷ **Expressões partitivas seguidas de nome plural:** verbo no singular ou plural.

A maior parte das pessoas **fez (fizeram)** o exercício recomendado.

▷ **Coletivo geral:** verbo no singular.

O cardume **nadou** rio acima.

▷ **Expressões que indicam quantidade aproximada seguida de numeral:** o verbo concorda com o substantivo.

Aproximadamente 20% dos eleitores **compareceram** às urnas.
Aproximadamente 20% do eleitorado **compareceu** às urnas.

▷ **Pronomes (indefinidos ou interrogativos) seguidos dos pronomes "nós" e/ou "vós":** o verbo fica no singular ou plural.

Quem de nós **fará (faremos)** a diferença?

▷ **Palavra QUE (pronome relativo):** o verbo concorda com o antecedente do pronome "que".

Fui eu que **fiz** a diferença.

▷ **Palavra QUEM:** verbo na 3ª pessoa do singular.

Fui eu *quem* **fez** a diferença.

Pela repetida utilização errônea, algumas gramáticas já toleram a concordância do verbo com a pessoa gramatical distinta da terceira, no caso de se utilizar um pronome pessoal como antecedente do "quem".

▷ **Um dos que:** verbo no singular ou plural.

Ele foi *um dos que* **fez (fizeram)** a diferença.

▷ **Palavras sinônimas:** verbo concorda com o mais próximo ou fica no plural.

A ruindade, a maldade, a vileza **habita (habitam)** a alma do ser humano.

▷ **Quando os verbos estiverem acompanhados da palavra "SE":** fique atento à função da palavra "SE".
  - **SE na função de pronome apassivador:** o verbo concorda com o sujeito paciente.
    Vendem-se casas e sobrados em Alta Vista.
    Presenteou-se o aluno aplicado com uma gramática.
  - **SE na função de índice de indeterminação do sujeito:** o verbo fica sempre na 3ª pessoa do singular.
    Precisa-se de empregados com capacidade de aprender.
    Vive-se muito bem na riqueza.

A dica é ficar de olho na transitividade do verbo. Se o verbo for VTI, VI ou VL, o termo "SE" será índice de indeterminação do sujeito.

▷ **Casos de concordância com o verbo "ser":**
  - **Quando indicar tempo ou distância:** concorda com o predicativo.
    Amanhã **serão** 7 de fevereiro.
    São 890 quilômetros daqui até Florianópolis.
  - **Quando houver sujeito que indica quantidade e predicativo que indica suficiência ou excesso:** concorda com o predicativo.
    Vinte milhões **era** muito por aquela casa.
    Sessenta centavos **é** pouco por aquele lápis.
  - **O verbo "dar", no sentido de "bater" ou "soar", acompanhado do termo "hora(s)":** concorda com o sujeito.
    Deram cinco horas no relógio do juiz.
    Deu cinco horas o relógio juiz.
  - **Verbo "parecer" somado a infinitivo:** flexiona-se um dos dois.
    Os alunos **pareciam** estudar novos conteúdos.
    Os alunos **pareciam estudarem** novos conteúdos.

- **Quando houver sujeito construído com nome no plural,** com artigo no singular ou sem artigo: o verbo fica no singular.

    Memórias Póstumas de Brás Cubas **continua** sendo lido por jovens estudantes.

    Minas Gerais **é** um lindo lugar.

- Com artigo plural: o verbo fica no plural.

    Os Estados Unidos **aceitaram** os termos do acordo assinado.

11.2 Concordância nominal

A concordância nominal está relacionada aos termos do grupo nominal. Ou seja, relaciona-se com o substantivo, o pronome, o artigo, o numeral e o adjetivo. Vamos à regra geral para a concordância.

11.2.1 Regra geral

O artigo, o numeral, o adjetivo e o pronome adjetivo devem concordar com o substantivo a que se referem em gênero e número.

Meu belíssimo e **antigo** carro **amarelo** quebrou, ontem, em **uma** rua **estreita.**

Os termos destacados acima, mantém uma relação harmoniosa com o núcleo de cada expressão. Relação essa que se estabelece em questões de gênero e de número.

A despeito de a regra geral dar conta de grande parte dos casos de concordância, devemos considerar a existência de casos particulares, que merecem atenção.

11.2.2 Casos que devem ser estudados

Dependendo da intencionalidade de quem escreve, pode-se realizar a concordância atrativa, primando por concordar com apenas um termo de uma sequência ou com toda a sequência. Vejamos:

Vi um carro e uma **moto** *vermelha*. (concordância apenas com o termo "moto")

Vi um carro e uma **moto** *vermelhos*. (concordância com ambos os elementos)

A palavra "**bastante**", por exemplo, varia de acordo com o contexto. Se "bastante" é pronome adjetivo, será variável; se for advérbio (modificando o verbo), será invariável, ou seja, não vai para o plural.

Há *bastantes* **motivos** para sua ausência. (adjetivo)

Os alunos **falam** *bastante*. (advérbio)

Troque a palavra "bastante" por "muito". Se "muito" for para o plural, "bastante" também irá.

Anexo, incluso, apenso, obrigado, mesmo, próprio: são adjetivos que devem concordar com o substantivo a que se referem.

O *relatório* segue **anexo** ao documento.

Os *documentos* irão **apensos** ao relatório.

A expressão "em anexo" é invariável (não vai para plural nem para o feminino).

As planilhas irão **em anexo.**

É bom, é necessário, é proibido, é permitido: variam somente se o sujeito vier antecedido de um artigo ou outro termo determinante.

Maçã **é bom** para a voz. / A maçã **é boa** para a voz.

É necessário **aparecer** na sala. / É necessária **sua aparição** na sala.

"**Menos**" e "**alerta**" são sempre invariáveis, contanto que respeitem sua classe de origem - advérbio: se forem derivadas para substantivo, elas poderão variar.

Encontramos **menos** alunos na escola. / Encontramos **menos** alunas na escola.

O policial ficou **alerta.** / Os policiais ficaram **alerta.**

"**Só**" e "**sós**" variam apenas quando forem adjetivos: quando forem advérbios, serão invariáveis.

Pedro apareceu **só** (sozinho) na sala. / Os meninos apareceram **sós** (sozinhos) na sala. (adjetivo)

Estamos **só** (somente) esperando sua decisão. (advérbio)

- A expressão "a sós" é invariável.

    A menina ficou **a sós** com seus pensamentos.

Troque "só" por "sozinho" (vai para o plural) ou "somente" (fica no singular).

12 REGÊNCIA VERBAL E NOMINAL

Regência é a parte da Gramática Normativa que estuda a relação entre dois termos, verificando se um termo serve de complemento a outro e se nessa complementação há uma preposição.

Dividimos a regência em:
- Regência verbal (ligada aos verbos).
- Regência nominal (ligada aos substantivos, adjetivos ou advérbios).

12.1 Regência verbal

Deve-se analisar, nesse caso, a necessidade de complementação, a presença ou ausência da preposição e a possibilidade de mudança de sentido do texto.

Vamos aos casos:

- **Agradar e desagradar:** são transitivos indiretos (com preposição a) nos sentidos de satisfazer, contentar.

    A biografia de Aníbal Machado **agradou/desagradou** à maioria dos leitores.

    A criança **agradava** ao pai por ser muito comportada.

- **Agradar:** pode ser transitivo direto (sem preposição) se significar acariciar, afagar.

    Agradar a esposa.

    Pedro passava o dia todo **agradando** os seus gatos.

- **Agradecer:** transitivo direto e indireto, com a preposição a, no sentido de demonstrar gratidão a alguém.

    Agradecemos a Santo Antônio o milagre alcançado.

    Agradecemos-lhes a benesse concedida.

O verbo em questão também pode ser transitivo direto no sentido de mostrar gratidão por alguma coisa:

    Agradeço a dedicação de todos os estudantes.

    Os pais **agradecem** a dedicação dos professores para com os alunos.

- **Aspirar:** é transitivo indireto (preposição "a") nos sentidos de desejar, pretender ou almejar.

    Sempre **aspirei** a um cargo público.

    Manoel **aspirava** a ver novamente a família na Holanda.

- **Aspirar:** é transitivo direto na acepção de inalar, sorver, tragar, ou seja, mandar para dentro.

    Aspiramos o perfume das flores.

    Vimos a empregada **aspirando** a poeira do sofá.

- **Assistir:** é transitivo direto no sentido de ajudar, socorrer etc.

    O professor **assistia** o aluno.

    Devemos **assistir** os mais necessitados.

- **Assistir:** é transitivo indireto (complemento regido pela preposição "a") no sentido de ver ou presenciar.

    Assisti ao comentário da palestra anterior.

    Você deve **assistir** às aulas do professor!

- **Assistir:** é transitivo indireto (complemento regido pela preposição "a") no sentido de "ser próprio de", "pertencer a".

    O direito à vida **assiste** ao ser humano.

    Esse comportamento **assiste** às pessoas vitoriosas.

- **Assistir:** é intransitivo no sentido de morar ou residir.

    Maneco **assistira** em Salvador.

- **Chegar:** é verbo intransitivo e possui os adjuntos adverbiais de lugar introduzidos pela preposição "a".

    Chegamos a Cascavel pela manhã.

    Este é o ponto a que pretendia **chegar**.

Caso a expressão indique posição em um deslocamento, admite-se a preposição em:

    Cheguei no trem à estação.

Os verbos ir e vir têm a mesma regência de chegar:

    Nós **iremos** à praia amanhã.

    Eles **vieram** ao cursinho para estudar.

- **Custar no sentido de** ter valor ou preço: verbo transitivo direto.

    O avião **custa** 100 mil reais.

- **Custar no sentido de** ter como resultado certa perda ou revés é verbo transitivo direto e indireto:

    Essa atitude **custou**-lhe a vida.

- **Custar no sentido de** ser difícil ou trabalhoso é intransitivo:

    Custa muito entender esse raciocínio.

- **Custar no sentido de** levar tempo ou demorar é intransitivo:

    Custa a vida para aprender a viver.

- **Esquecer/lembrar:** possuem a seguinte regra – se forem pronominais, terão complemento regido pela preposição "de"; se não forem, não haverá preposição.

    Lembrei-**me de** seu nome.

    Esqueci-**me de** seu nome.

    Lembrei seu nome.

    Esqueci seu nome.

- **Gostar:** é transitivo indireto no sentido de apreciar (complemento introduzido pela preposição "de").

    Gosto de estudar.

    Gosto muito de minha mãe.

- **Gostar:** como sinônimo de experimentar ou provar é transitivo direto.

    Gostei a sobremesa apenas uma vez e já adorei.

    Gostei o chimarrão uma vez e não mais o abandonei.

- **Implicar** pode ser:
    - **Transitivo direto** (sentido de acarretar):

        Cada escolha **implica** uma renúncia.

    - **Transitivo direto e indireto** (sentido de envolver alguém em algo):

        Implicou a irmã no crime.

    - **Transitivo indireto** (sentido de rivalizar):

        Joana estava **implicando** com o irmão menor.

- **Informar:** é bitransitivo, ou seja, é transitivo direto e indireto. Quem informa, informa:

    Algo a alguém: **informei** o acontecido para Jonas.

    Alguém de algo: **informei**-o do acontecido.

    Alguém sobre algo: **informei**-o sobre o acontecido.

- **Morar/residir:** verbos intransitivos (ou, como preconizam alguns dicionários, transitivo adverbiado), cujos adjuntos adverbiais de lugar são introduzidos pela preposição "em".

    José **mora** em Alagoas.

    Há boas pessoas **residindo** em todos os estados do Brasil.

- **Obedecer:** é um verbo transitivo indireto.

    Os filhos **obedecem** aos pais.

    Obedeça às leis de trânsito.

Embora transitivo indireto, admite forma passiva:

    Os pais são obedecidos pelos filhos.

O antônimo "desobedecer" também segue a mesma regra.

- **Perdoar:** é transitivo direto e indireto, com objeto direto de coisa e indireto de pessoa.
  > Jesus **perdoou** os pecados aos pecadores.
  > **Perdoava**-lhe a desconsideração.

  Perdoar admite a voz passiva:
  > Os pecadores foram perdoados por Deus.

- **Precisar:** é transitivo indireto (complemento regido pela preposição de) no sentido de "necessitar".
  > **Precisaremos** de uma nova Gramática.

- **Precisar:** é transitivo direto no sentido de indicar com precisão.
  > Magali não soube **precisar** quando o marido voltaria da viagem.

- **Preferir:** é um verbo bitransitivo, ou seja, é transitivo direto e indireto, sempre exigindo a preposição a (preferir alguma coisa à outra).
  > Adelaide **preferiu** o filé ao risoto.
  > **Prefiro** estudar a ficar em casa descansando.
  > **Prefiro** o sacrifício à desistência.

É incorreto reforçar o verbo "preferir" ou utilizar a locução "do que".

- **Proceder:** é intransitivo na acepção de "ter cabimento":
  > Suas críticas são vazias, não **procedem**.

- **Proceder:** é também intransitivo na acepção de "portar-se":

  Todas as crianças **procederam** bem ao lavarem as mãos antes do lanche.

- **Proceder:** no sentido de "ter procedência" é utilizado com a preposição de:
  > Acredito que a dúvida **proceda** do coração dos curiosos.

- **Proceder:** é transitivo indireto exigindo a preposição a no sentido de "dar início":
  > Os investigadores **procederam** ao inquérito rapidamente.

- **Querer:** é transitivo direto no sentido de "desejar":
  > Eu **quero** um carro novo.

- **Querer:** é transitivo indireto (com o complemento de pessoa) no sentido de "ter afeto":
  > **Quero** muito a meus alunos que são dedicados.

- **Solicitar:** é utilizado, na maior parte dos casos, como transitivo direto e indireto. Nada impede, entretanto, que se construa como transitivo direto.
  > O juiz **solicitou** as provas ao advogado.
  > **Solicito** seus documentos para a investidura no cargo.

- **Visar:** é transitivo direto na acepção de mirar.
  > O atirador **visou** o alvo e disparou um tiro certeiro.

- **Visar:** é transitivo direto também no sentido de "dar visto", "assinar".
  > O gerente havia **visado** o relatório do estagiário.

- **Visar:** é transitivo indireto, exigindo a preposição a, na acepção de "ter em vista", "pretender", "almejar".
  > Pedro **visava** ao amor de Mariana.
  > As regras gramaticais **visam** à uniformidade da expressão linguística.

12.2 Regência nominal

Alguns nomes (substantivos, adjetivos e advérbios) são comparáveis aos verbos transitivos indiretos: precisam de um complemento introduzido por uma preposição.

Acompanhemos os principais termos que exigem regência especial.

SUBSTANTIVO

Admiração a, por	Devoção a, para, com, por	Medo a, de
Aversão a, para, por	Doutor em	Obediência a
Atentado a, contra	Dúvida acerca de, em, sobre	Ojeriza a, por
Bacharel em	Horror a	Proeminência sobre
Capacidade de, para	Impaciência com	Respeito a, com, para com, por
Exceção a	Excelência em	Exatidão de, em
Dissonância entre	Divergência com, de, em, entre, sobre	Referência a
Alusão a	Acesso a	Menção a

ADJETIVOS

Acessível a	Diferente de	Necessário a
Acostumado a, com	Entendido em	Nocivo a
Afável com, para com	Equivalente a	Paralelo a
Agradável a	Escasso de	Parco em, de
Alheio a, de	Essencial a, para	Passível de
Análogo a	Fácil de	Preferível a
Ansioso de, para, por	Fanático por	Prejudicial a
Apto a, para	Favorável a	Prestes a
Ávido de	Generoso com	Propício a
Benéfico a	Grato a, por	Próximo a
Capaz de, para	Hábil em	Relacionado com
Compatível com	Habituado a	Relativo a
Contemporâneo a, de	Idêntico a	Satisfeito com, de, em, por
Contíguo a	Impróprio para	Semelhante a
Contrário a	Indeciso em	Sensível a
Curioso de, por	Insensível a	Sito em
Descontente com	Liberal com	Suspeito de
Desejoso de	Natural de	Vazio de
Distinto de, em, por	Dissonante a, de, entre	Distante de, para

ADVÉRBIOS

Longe de	Perto de	Relativamente a
Contemporaneamente a	Impropriamente a	Contrariamente a

É provável que você encontre muitas listas com palavras e suas regências, porém a maneira mais eficaz de se descobrir a regência de um termo é fazer uma pergunta para ele e verificar se, na pergunta, há uma preposição. Havendo, descobre-se a regência.

- A descoberta era **acessível** a todos.

Faz-se a pergunta: algo que é acessível é acessível? (a algo ou a alguém). Descobre-se, assim, a regência de acessível.

PARALELISMO

13 PARALELISMO

Ocorre quando há uma sequência de expressões com estrutura idêntica.

13.1 Paralelismo sintático

O paralelismo sintático é possível quando a estrutura de termos coordenados entre si é idêntica. Nesse caso, entende-se que "termos coordenados entre si" são aqueles que desempenham a mesma função sintática em um período ou trecho.

> João comprou **balas** e **biscoitos**.

Perceba que "balas" e "biscoitos" têm a mesma função sintática (objeto direto). Além disso, ambas são expressões nominais. Assim, apresentam, na sentença, uma estrutura sintática idêntica.

> Os formandos **estão pensando na carreira, isto é, no futuro.**

Tanto "na carreira" quanto "no futuro" são complementos do verbo pensar. Ademais, as duas expressões são formadas por preposição e substantivo.

13.2 Paralelismo semântico

Estrutura-se pela coerência entre as informações.

> Lucélia **gosta de maçã e de pera**.

Percebe-se que há uma relação semântica entre maçã e pera, pois ambas são frutas.

> Lucélia **gosta de livros de ação e de pizza**.

Observa-se que os termos "livros de ação" e "pizza" não possuem sentidos semelhantes que garantam a sequência lógica esperada no período.

14 COLOCAÇÃO PRONOMINAL

Esta parte do conteúdo é relativa ao estudo da posição dos pronomes oblíquos átonos em relação ao verbo. Antes de iniciar o estudo, memorize os pronomes em questão.

PRONOMES OBLÍQUOS ÁTONOS
me
te
o, a, lhe, se
nos
vos
os, as, lhes, se

Quatro casos de colocação:
- **Próclise** (anteposto ao verbo):
    Nunca **o** vi.
- **Mesóclise** (medial em relação ao verbo):
    Dir-**te**-ei algo.
- **Ênclise** (posposto ao verbo):
    Passa-**me** a resposta.
- **Apossínclise** (intercalação de uma ou mais palavras entre o pronome e o verbo):
    - Talvez tu **me** já não creias.

14.1 Regras de próclise

- Palavras ou expressões negativas:
    Não **me** deixe aqui neste lugar!
    Ninguém **lhe** disse que seria fácil.
- Pronomes relativos:
    O material de que **me** falaste é muito bom.
    Eis o conteúdo que **me** causa nojo.
- Pronomes indefinidos:
    Alguém **me** disse que você vai ser transferido.
    Tudo **me** parece estranho.
- Conjunções subordinativas:
    Confiei neles, assim que **os** conheci.
    Disse que **me** faltavam palavras.
- Advérbios:
    Sempre **lhe** disse a verdade.
    Talvez **nos** apareça a resposta para essa questão.
- Pronomes interrogativos:
    Quem **te** contou a novidade?
    Que **te** parece essa situação?
- "Em + gerúndio":
    Em **se** tratando de Gramática, eu gosto muito!
    Nesta terra, em **se** plantando, tudo há de nascer.
- Particípio
    Ele havia avisado-**me**. (errado)
    Ele **me** havia avisado. (certo)
- Sentenças optativas:
    Deus **lhe** pague!
    Deus **o** acompanhe!

14.2 Regras de mesóclise

Emprega-se o pronome oblíquo átono no meio da forma verbal, quando ela estiver no futuro do presente ou no futuro simples do pretérito do indicativo.

Chamar-**te**-ei, quando ele chegar.
Se houver tempo, contar-**vos**-emos nossa aventura.
Contar-**te**-ia a novidade.

14.3 Regras de ênclise

Não se inicia sentença, em Língua Portuguesa, por pronome oblíquo átono. Ou seja, o pronome átono não deve ficar no início da frase.

Formas verbais:
- Do **infinitivo impessoal** (precedido ou não da preposição "a");
- Do **gerúndio**;
- Do **imperativo afirmativo**:

    Alcança-**me** o prato de salada, por favor!
    Urge obedecer-**se** às leis.
    O garoto saiu da sala desculpando-**se**.
    Tratando-**se** desse assunto, não gosto de pensar.
    Dá-**me** motivos para estudar.

Se o gerúndio vier precedido da preposição "em", deve-se empregar a próclise.

Em **se** tratando de Gramática, eu gosto muito.

14.4 Casos facultativos

Sujeito expresso, próximo ao verbo.
    O menino se machucou (-**se**).
    Eu **me** refiro (-**me**) ao fato de ele ser idiota.

Infinitivo antecedido de "não" ou de preposição.
    Sabemos que não se habituar (-**se**) ao meio causa problemas.
    O público o incentivou a se jogar (-**se**) do prédio.

15 CRASE

O acento grave é solicitado nas palavras quando há a união da preposição "a" com o artigo (ou a vogal dependendo do caso) feminino "a" ou com os pronomes demonstrativos (aquele, aquela, aquilo e "a").

- Mário foi à festa ontem.
  > Tem-se o "a" preposição e o "a" artigo feminino.
  > Quem vai, vai a algum lugar. "Festa" é palavra feminina, portanto, admite o artigo "a".
- Chegamos àquele assunto (a + aquele).
- A gravata que eu comprei é semelhante à que você comprou (a + a).

Decore os casos em que não ocorre crase, pois a tendência da prova é perguntar se há crase ou não. Sabendo os casos proibitivos, fica muito fácil.

15.1 Crase proibitiva

Não se pode usar acento grave indicativo de crase:

- Antes de palavras masculinas.
  > Fez uma pergunta a Mário.
- Antes de palavras de sentido indefinido.
  > Não vai a festas, a reuniões, a lugar algum.
- Antes de verbos.
  > Todos estão dispostos a colaborar.
- Antes de pronomes pessoais.
  > Darei um presente a ela.
- Antes de nomes de cidade, estado ou país que não utilizam o artigo feminino.
  > Fui a Cascavel.
  > Vou a Pequim.
- Antes da palavra "casa" quando tem significado de próprio lar, ou seja, quando ela aparecer indeterminada na sentença.
  > Voltei a casa, pois precisava comer algo.

> Quando houver determinação da palavra casa, ocorrerá crase.
> "Voltei à casa de meus pais."

- Da palavra "terra" quando tem sentido de solo.
  > Os tripulantes vieram a terra.

> A mesma regra da palavra "casa" se aplica à palavra terra.

- De expressões com palavras repetidas.
  > Dia a dia, mano a mano, face a face, cara a cara etc.
- Diante de numerais cardinais referentes a substantivos que não estão determinados pelo artigo.
  > Assistirei a duas aulas de Língua Portuguesa.

> No caso de locuções adverbiais que exprimem hora determinada e nos casos em que o numeral estiver precedido de artigo, acentua-se:
> "Chegamos às oito horas da noite."
> "Assisti às duas sessões de ontem."

> No caso dos numerais, há uma dica para facilitar o entendimento dos casos de crase. Se houver o "a" no singular e a palavra posterior no plural, não ocorrerá o acento grave. Do contrário, ocorrerá.

15.2 Crase obrigatória

Deve-se usar acento grave indicativo de crase:

- Antes de locução adverbial feminina.
  > À noite, à tarde, às pressas, às vezes, à farta, à vista, à hora certa, à esquerda, à direita, à toa, às sete horas, à custa de, à força de, à espera de, à vontade, à toa.
- Antes de termos femininos ou masculinos com sentido da expressão "à moda de" ou "ao estilo de".
  > Filé à milanesa, servir à francesa, brigar à portuguesa, gol à Pelé, conto à Machado de Assis, discurso à Rui Barbosa etc.
- Antes de locuções conjuntivas proporcionais.
  > À medida que, à proporção que.
- Antes de locuções prepositivas.
  > À procura de, à vista de, à margem de, à beira de, à custa de, à razão de, à mercê de, à maneira de etc.
- Para evitar ambiguidade: receberá o acento o termo afetado pela ação do verbo (objeto direto preposicionado).
  > Derrubou a menina à panela.
  > Matou a vaca à cobra.
  > Diante da palavra distância quando houver determinação da distância em questão:
  > Achava-se à distância de cem (ou de alguns) metros.
- Antes das formas de tratamento "senhora", "senhorita" e "madame" = não há consenso entre os gramáticos, no entanto, opta-se pelo uso.
  > Enviei lindas flores à senhorita.
  > Josias remeteu uma carta à senhora.

15.3 Crase facultativa

- Após a preposição até.
  > As crianças foram até à escola.
- Antes de pronomes possessivos femininos.
  > Ele fez referência à nossa causa!
- Antes de nomes próprios femininos.
  > Mandei um SMS à Joaquina.
- Antes da palavra "Dona".
  > Remeti uma carta à Dona Benta.
  > Não se usa crase antes de nomes históricos ou sagrados.
  > O padre fez alusão a Nossa Senhora.
  > Quando o professor fez menção a Joana D'Arc, todos ficaram entusiasmados.

16 PONTUAÇÃO

A pontuação assinala a melodia de nossa fala, ou seja, as pausas, a ênfase etc.

16.1 Principais sinais e usos

16.1.1 Vírgula

É o sinal mais importante para concurso público.

Usa-se a vírgula para:

- Separar termos que possuem mesma função sintática no período.
    José, **Maria**, **Antônio** e **Joana** foram ao mercado. (Função de núcleo do sujeito).
- Isolar o vocativo.
    Então, **minha cara**, não há mais o que se dizer!
- Isolar um aposto explicativo (cuidado com essa regra, veja que não há verbo no aposto explicativo).
    O João, **ex-integrante da comissão**, veio fazer parte da reunião.
- Isolar termos antecipados, como: complemento, adjunto ou predicativo.
    Na semana passada, comemos camarão no restaurante português. (Antecipação de adjunto adverbial).
- Separar expressões explicativas, conjunções e conectivos.
    Isto é, ou seja, por exemplo, além disso, pois, porém, mas, no entanto, assim etc.
- Separar os nomes dos locais de datas.
    Cascavel, 2 de maio de 2012.
- Isolar orações adjetivas explicativas (pronome relativo + verbo + vírgula).
    O Brasil, **que é um belíssimo país**, possui ótimas praias.
- Separar termos de uma enumeração.
    Vá ao mercado e traga **cebola**, **alho**, **sal**, **pimenta e coentro**.
- Separar orações coordenadas.
    Esforçou-se muito, **mas não venceu o desafio**. (Oração coordenada sindética adversativa).
    Roubou todo o dinheiro, **e ainda apareceu na casa**. (Oração coordenada sindética aditiva).

A vírgula pode ser utilizada antes da conjunção aditiva "e" caso se queira enfatizar a oração por ela introduzida.

- Omitir um termo, elipse (no caso da elipse verbal, chamaremos "zeugma").
    - De dia era um anjo, de noite um **demônio**. (Omissão do verbo "ser").
- Separar termos de natureza adverbial deslocados dentro da sentença.
    Na semana passada, trinta alunos foram aprovados no concurso. (Locução adverbial temporal)
    Se estudar muito, você será aprovado no concurso. (Oração subordinada adverbial condicional)

16.1.2 Ponto final

Usa-se o ponto final:

- Ao final de frases para indicar uma pausa total; é o que marca o fim de um período.
    Depois de passar no concurso, comprarei um carro.

Em abreviaturas:
    Sr., a. C., Ltda., num., adj., obs., máx., *bat.*, *brit. etc.*

16.1.3 Ponto e vírgula

Usam-se ponto e vírgula para:

- Separar itens que aparecem enumerados.
    - Uma boa dissertação apresenta:
    Coesão;
    Coerência;
    Progressão lógica;
    Riqueza lexical;
    Concisão;
    Objetividade;
    Aprofundamento.
- Separar um período que já se encontra dividido por vírgulas.
    Não gostava de trabalhar; queria, no entanto, muito dinheiro no bolso.
- Separar partes do texto que se equilibram em importância.
    Os pobres dão pelo pão o trabalho; os ricos dão pelo pão a fazenda; os de espíritos generosos dão pelo pão a vida; os de nenhum espírito dão pelo pão a alma. (Vieira)
    O capitalismo é a exploração do homem pelo homem; o socialismo é exatamente o contrário.

16.1.4 Dois pontos

São usados dois pontos quando:

- Se vai fazer uma citação ou introduzir uma fala.
    José respondeu:
    – Não, muito obrigado!
- Se quer indicar uma enumeração.
    Quero apenas uma coisa: que vocês sejam aprovados no concurso!

16.1.5 Aspas

São usadas aspas para indicar:

- Citação presente no texto.
    "Há distinção entre categorias do pensamento" – disse o filósofo.
- Expressões estrangeiras, neologismos, gírias.
    Na parede, haviam pintado a palavra "love". (Expressão estrangeira).
    Ficava "bailarinando", como diria Guimarães. (Neologismo).
    "Velho", esconde o "cano" aí e "deixa baixo". (Gíria).

16.1.6 Reticências

São usadas para indicar supressão de um trecho, interrupção na fala, ou dar ideia de continuidade ao que se estava falando.
    [...] Profundissimamente hipocondríaco. Este ambiente me causa repugnância. Sobe-me à boca uma ânsia análoga à ânsia. Que se escapa pela boca de um cardíaco [...]
    Eu estava andando pela rua quando...
    Eu gostei da nova casa, mas da garagem...

16.1.7 Parênteses

- São usados quando se quer explicar melhor algo que foi dito ou para fazer simples indicações.
    Foi o homem que cometeu o crime (o assassinato do irmão).

PONTUAÇÃO

16.1.8 Travessão

- Indica a fala de um personagem.
    Ademar falou.
    Amigo, preciso contar algo para você.
- Isola um comentário no texto.
    O estudo bem realizado – **diga-se de passagem, que quase ninguém faz** – é o primeiro passo para a aprovação.
- Isola um aposto na sentença.
    A Semântica – **estudo sobre as relações de sentido** – é importantíssima para o entendimento da Língua.
- Reforçar a parte final de um enunciado.
    Para passar no concurso, é preciso estudar muito – **muito mesmo**.

16.1.9 Trocas

A banca, eventualmente, costuma perguntar sobre a possibilidade de troca de termos, portanto, atenção!

Vírgulas, travessões e parênteses, quando isolarem um aposto, podem ser trocados sem prejuízo para a sentença.

Travessões podem ser trocados por dois pontos, a fim de enfatizar um enunciado.

16.1.10 Regra de ouro

Na ordem natural de uma sentença, é proibido:

- Separar sujeito e predicado com vírgulas:
    Aqueles maravilhosos velhos ensinamentos de meu pai foram de grande utilidade. (Certo)
    Aqueles maravilhosos velhos ensinamentos de meu pai, foram de grande utilidade. (Errado)
- Separar verbo de objeto:
    "O presidente do maravilhoso país chamado Brasil assinou uma lei importante. (Certo)
    O presidente do maravilhoso país chamado Brasil assinou, uma lei importante. (Errado)

17 PARÁFRASE

Parafrasear, em sentido lato, significa reescrever uma sequência de texto sem alterar suas informações originais. Isso quer dizer que o texto resultante deve apresentar o mesmo sentido do texto original, modificando, evidentemente, apenas a ordem frasal ou o vocabulário. Há algumas exigências para uma paráfrase competente. São elas:

- Usar a mesma ordem das ideias que aparecem no texto original.
- Em hipótese alguma é possível omitir informações essenciais.
- Não tecer comentários acerca do texto original, apenas parafrasear, sem frescura.
- Usar construções sintáticas e vocabulares que, apesar de manterem o sentido original, sejam distintas das do texto base.

17.1 Passos da paráfrase

Há alguns recursos para parafrasear um texto:

- Utilização de termos sinônimos.

    O presidente assinou o documento, **mas** esqueceu-se de pegar sua caneta.

    O presidente assinou o documento, **contudo** esqueceu-se de pegar sua caneta.

- Uso de palavras antônimas, valendo-se de palavra negativa.

    José era um **covarde.**

    José **não** era um **valente.**

- Emprego de termos anafóricos.

    São Paulo e Palmeiras são dois times brasileiros. O São Paulo venceu o Palmeiras na semana passada.

    São Paulo e Palmeiras são dois times brasileiros. **Aquele** (São Paulo) venceu **este** (Palmeiras) na semana passada.

- Permuta de termo verbal por nominal, e vice-versa.

    É importante que chegue cedo.

    Sua chegada é importante.

- Deixar termos elípticos.

    Eu preciso da colaboração de todos.

    Preciso da colaboração de todos.

- Alteração da ordem frasal.

    Adalberto venceu o último desafio de sua vida ontem.

    Ontem, Adalberto venceu o último desafio de sua vida.

- Transposição de voz verbal.

    Joel cortou a seringueira centenária. A seringueira centenária foi cortada por Joel.

- Troca de discurso.

    Naquela manhã, Oséas dirigiu-se ao pai dizendo: "Cortarei a grama sozinho." (Discurso direto).

    Naquela manhã, Oséas dirigiu-se ao pai dizendo que cortaria a grama sozinho. (Discurso indireto).

- Troca de palavras por expressões perifrásticas.

    O Rei do Futebol esteve presente durante as celebrações.

    Pelé esteve presente durante as celebrações.

- Troca de locuções por palavras de mesmo sentido.

    A turma **da noite** está comprometida com os estudos.

    A turma **noturna** está mais comprometida com os estudos.

18 REESCRITURA DE FRASES

A reescrita de frases é uma paráfrase que visa à mudança da forma de um texto. Para que o novo período esteja correto, é preciso que sejam respeitadas a correção gramatical e o sentido do texto original. Desse modo, quando há qualquer inadequação do ponto de vista gramatical e/ou semântico, o trecho reescrito deve ser considerado incorreto.

Assim, para resolver uma questão que envolve reescrita de trechos ou períodos, é necessário verificar os aspectos gramaticais (principalmente, pontuação, elementos coesivos, ortografia, concordância, emprego de pronomes, colocação pronominal, regência etc.) e aspectos semânticos (significação de palavras, alteração de sentido etc.).

Existem diversas maneiras de se parafrasear uma frase, por isso cada banca examinadora pode formular questões a partir de muitas formas. Nesse sentido, é essencial conhecer e dominar as variadas estruturas que uma sentença pode assumir quando ela é reescrita.

18.1 Substituição de palavras ou de trechos de texto

No processo de reescrita, pode haver a substituição de palavras ou trechos. Ao se comparar o texto original e o que foi reestruturado, é necessário verificar se essa substituição mantém ou altera o sentido e a coerência do primeiro texto.

18.1.1 Locuções × palavras

Em muitos casos, há locuções (expressões formadas por mais de uma palavra) que podem ser substituídas por uma palavra, sem alterar o sentido e a correção gramatical. Isso é muito comum com verbos.

Os alunos **têm buscado** formação profissional. (Locução: têm buscado).

Os alunos **buscam** formação profissional. (Uma palavra: buscam).

Ambas as frases têm sentido atemporal, ou seja, expressam ações constantes, que não têm fim.

18.1.2 Significação das palavras

Ao avaliarmos a significação das palavras, devemos ficar atentos a alguns aspectos: sinônimos, antônimos, polissemia, homônimos e parônimos.

Sinônimos

Palavras que possuem significados próximos, mas não são totalmente equivalentes.

Casa – lar – moradia – residência.

Carro – automóvel.

Para verificar a validade da substituição, deve-se também ficar atento ao significado contextual. Por exemplo, na frase "as fronteiras entre o bem e o mal", não há menção a limites geográficos, pois a palavra "fronteira" está em sentido conotativo (figurado).

Além disso, nem toda substituição é coerente. Por exemplo, na frase "eu comprei uma casa", fica incoerente reescrever "eu comprei um lar".

Antônimos

Palavras que possuem significados diferentes, opostos, contrários.

Mal – bem.

Ausência – presença.

Subir – descer.

Cheio – vazio.

Possível – impossível.

Polissemia

Ocorre quando uma palavra apresenta mais de um significado em diferentes contextos.

Banco (instituição comercial financeira; assento).

Manga (parte da roupa; fruta).

A polissemia está relacionada ao significado contextual, ou seja, uma palavra tem um sentido específico apenas no contexto em que está inserida. Por exemplo:

A eleição foi marcada por debates explosivos (ou seja: debates acalorados, e não com sentido de explodir algo).

Homônimos

Palavras com a mesma pronúncia (algumas vezes, a mesma grafia), mas com significados diferentes.

Acender: colocar fogo. **A**scender: subir.

Con**c**erto: sessão musical. Con**s**erto: reparo.

Homônimos perfeitos

Palavras com a mesma grafia e o mesmo som.

Eu **cedo** este lugar você. (**Cedo** = verbo).

Cheguei **cedo** para jantar. (**Cedo** = advérbio de tempo).

Percebe-se que o significado depende do contexto em que a palavra aparece. Portanto, deve-se ficar atento à ortografia quando a questão é de reescrita.

Parônimos

Palavras que possuem significados diferentes, mas são muito parecidas na pronúncia e na escrita.

Ab**s**olver: perdoar, inocentar. Ab**s**orver: aspirar.

Comprimento: extensão. **C**umprimento: saudação.

18.2 Conectores de mesmo valor semântico

Há palavras, principalmente as conjunções, que possuem valores semânticos específicos, os quais devem ser levados em conta no momento de fazer uma substituição.

Logo, pode-se reescrever um período, alterando a conjunção. Para tanto, é preciso que a outra conjunção tenha o mesmo valor semântico. Além disso, é importante verificar como ficam os tempos verbais após a substituição.

Embora fosse tarde, fomos visitá-lo. (Conjunção subordinativa concessiva).

Apesar de ser tarde, fomos visitá-lo. (Conjunção subordinativa concessiva).

No exemplo anterior, o verbo também sofreu alteração.

Toque o sinal **para que** todos entrem na sala. (Conjunção subordinativa final).

Toque o sinal **a fim de que** todos entrem na sala. (Conjunção subordinativa final).

No exemplo anterior, o verbo permaneceu da mesma maneira.

18.3 Retextualização de diferentes gêneros e níveis de formalidade

Na retextualização, pode-se alterar o nível de linguagem do texto, dependendo de qual é a finalidade da transformação proposta. Nesse caso, são possíveis as seguintes alterações: linguagem informal para a formal; tipos de discurso; vozes verbais; oração reduzida para desenvolvida; inversão sintática; dupla regência.

18.3.1 Linguagem formal × linguagem informal

Um texto pode estar escrito em linguagem coloquial (informal) ou formal (norma padrão). A proposta de reescrita pode mudar de uma linguagem para outra. Veja o exemplo:

Pra que serve a política? (Informalidade)
Para que serve a política? (Formalidade)

A oralidade, geralmente, é mais informal. Portanto, fique atento: a fala e a escrita são diferentes, ou seja, a escrita não reproduz a fala e vice-versa.

18.3.2 Tipos de discurso

Discurso está relacionado à construção de textos, tanto orais quanto escritos, portanto, ele é considerado uma prática social.

Em um texto, podem ser encontrados três tipos de discurso: o discurso direto, o indireto e o indireto livre.

Discurso direto

São as falas das personagens. Esse discurso pode aparecer em forma de diálogos e citações, e vêm marcados com alguma pontuação (travessão, dois pontos, aspas etc.). Ou seja, o discurso direto reproduz fielmente a fala de alguém.

O médico disse à paciente:
Você precisa fazer exercícios físicos regularmente.

Discurso indireto

É a reprodução da fala de alguém, a qual é feita pelo narrador. Normalmente, esse discurso é escrito em terceira pessoa.

O médico disse à paciente que ela precisava fazer exercícios regulamente.

Discurso indireto livre

É a ocorrência do discurso direto e indireto ao mesmo tempo. Ou seja, o narrador conta a história, mas as personagens também têm voz própria.

No exemplo a seguir, há um discurso direto: "que raiva", que mostra a fala da personagem.

Retirou as asas e estraçalhou-a. Só tinham beleza. Entretanto, qualquer urubu... que raiva...

(Ana Maria Machado)

No trecho a seguir, há uma fala da personagem, mesclada com a narração: "Para que estar catando defeitos no próximo?".

D. Aurora sacudiu a cabeça e afastou o juízo temerário. Para que estar catando defeitos no próximo? Eram todos irmãos. Irmãos.

(Graciliano Ramos)

Exemplo de uma transposição de discurso direto para indireto:
Ana perguntou:
– Qual é a resposta correta?
Ana perguntou qual era a resposta correta.

Nas questões de reescrita que tratam da transposição de discursos, é mais frequente a substituição do direto pelo indireto. Nesse caso, deve-se ficar atento aos tempos verbais.

18.3.3 Voz verbal

Um verbo pode apresentar-se na voz ativa, passiva ou reflexiva.

Ativa

Ocorre quando o sujeito é agente, ou seja, pratica a ação expressa pelo verbo.

O aluno resolveu o exercício.

Passiva

Ocorre quando o sujeito é paciente, ou seja, recebe a ação expressa pelo verbo.

O exercício foi resolvido pelo aluno.

Reflexiva

Ocorre quando o sujeito é agente e paciente ao mesmo tempo, ou seja, pratica e recebe a ação.

A criança feriu-se com a faca.

Não confunda o emprego reflexivo do verbo com a reciprocidade. Por exemplo:

Os lutadores de MMA feriram-se. (Um ao outro)

Formação da voz passiva

A voz passiva pode ocorrer de forma analítica ou sintética.

- **Voz passiva analítica:** verbo SER + particípio do verbo principal.

   A academia de polícia **será pintada**.
   O relatório é **feito** por ele.

- A variação de tempo é determinada pelo verbo auxiliar (SER), pois o particípio é invariável.

   João **fez** a tarefa. (Pretérito perfeito do indicativo)
   A tarefa **foi** feita por João. (Pretérito perfeito do indicativo)
   João **faz** a tarefa. (Presente do indicativo)
   A tarefa **é** feita por João. (Presente do indicativo)
   João **fará** a tarefa. (Futuro do presente)
   A tarefa **será** feita por João. (Futuro do presente)

- **Voz passiva sintética:** verbo na 3ª pessoa, seguido do pronome apassivador SE.

   Abriram-se as inscrições para o concurso.

Transposição da voz ativa para a voz passiva

Pode-se mudar de uma voz para outra sem alterar o sentido da frase.

Os médicos brasileiros **lançaram** um tratamento para o câncer.
Um tratamento para o câncer **foi lançado** pelos médicos brasileiros.

Nas questões de concursos, costuma-se cobrar a transposição da voz ativa para a passiva, e da voz passiva sintética para a analítica.

Veja os exemplos:
A fiscalização exige o passaporte.
O passaporte é exigido pela fiscalização.
Exige-se comprovante de pagamento.
É exigido comprovante de pagamento.

18.3.4 Oração reduzida × oração desenvolvida

As orações subordinadas podem ser reduzidas ou desenvolvidas. Não há mudança de sentido se houver a substituição de uma pela outra. Veja os exemplos:

Ao terminar a aula, todos podem sair. (Reduzida de infinitivo)
Quando terminarem a prova, todos podem sair. (Desenvolvida)
Os vizinhos ouviram uma criança chorando na rua. (Reduzida de gerúndio)
Os vizinhos ouviram uma criança que chorava na rua. (Desenvolvida)
Terminada a reforma, a família mudou-se para a nova casa. (Reduzida de particípio)
Assim que terminou a reforma, a família mudou-se para a nova casa. (Desenvolvida)

REESCRITURA DE FRASES

18.3.5 Inversão sintática

Um período pode ser escrito na ordem direta ou indireta. Nesse caso, quando ocorre a inversão sintática, a correção gramatical é mantida. Apenas é necessário ficar atento ao sentido do período.

- Ordem direta: sujeito – verbo – complementos/adjuntos adverbiais.

> Os documentos foram levados para o gerente. (Direta)
> Foram levados os documentos para o gerente. (Indireta)

18.3.6 Dupla regência

Há verbos que exigem a presença da preposição e outros não. Deve-se ficar atento ao fato de que a regência pode influenciar no significado de um verbo.

Verbos transitivos diretos ou indiretos

Sem alterar o sentido, alguns verbos admitem duas construções: uma transitiva direta e outra indireta. Portanto, a ocorrência ou não da preposição mantém um trecho com o mesmo sentido.

- Almejar

> Almejamos **a** paz entre os países que estão em guerra.
> Almejamos **pela** paz entre os países que estão em guerra.

- Atender

> O gerente atendeu **os** meus pedidos.
> O gerente atendeu **aos** meus pedidos.

- Necessitar

> Necessitamos algumas horas para organizar o evento.
> Necessitamos **de** algumas horas para organizar o evento.

Transitividade e mudança de significado

Existem alguns verbos que, conforme a mudança de transitividade, têm o sentido alterado.

- **Aspirar:** é **transitivo direto** no sentido de sorver, inspirar (o ar), inalar.

> Aspirava o suave perfume. (Aspirava-o.)

- **Aspirar:** é **transitivo indireto** no sentido de desejar, ter como ambição.

> Aspirávamos ao cargo de diretor.

19 FIGURAS DE LINGUAGEM

As figuras de linguagem (também chamadas de figuras de pensamento) são construções que se relacionam com a função **poética da linguagem**, ou seja, estão articuladas em razão de modificar o código linguístico para dar ênfase no sentido de uma frase.

É comum vermos exemplos de figuras de linguagem em propagandas publicitárias, poemas, músicas etc. Essas figuras estão presentes em nossa fala cotidiana, principalmente na fala de registro **informal**.

O registro dito informal é aquele que não possui grande preocupação com a situação comunicativa, uma vez que não há tensão para a comunicação entre os falantes. Gírias, erros de concordância e subtração de termos da frase são comuns nesse baixo nível de formalidade comunicativa. Até grandes poetas já escreveram textos sobre esse assunto, veja o exemplo do escritor Oswald de Andrade, que discute a norma gramatical em relação à fala popular do brasileiro:

> *Pronominais*
> *Dê-me um cigarro*
> *Diz a gramática*
> *Do professor e do aluno*
> *E do mulato sabido*
> *Mas o bom negro e o bom branco*
> *Da Nação Brasileira*
> *Dizem todos os dias*
> *Deixa disso camarada*
> *Me dá um cigarro*

ANDRADE, Oswald de Andrade. **Os Cem Melhores Poemas Brasileiros do Século** - Seleção e Organização de Ítalo Moriconi. Rio de Janeiro: Editora Objetiva, 2001.

Vejamos agora algumas das principais figuras de linguagem que costumam ser cobradas em provas de concursos públicos:

- **Metáfora:** uma figura de linguagem, que consiste na comparação de dois termos sem o uso de um conectivo.

    Rosa **é uma flor**. (A pessoa é como uma flor: perfumada, delicada, bela etc.).
    Seus olhos **são dois oceanos**. (Os olhos possuem a profundidade do oceano, a cor do oceano etc.).
    João **é fera**. (João é perito em alguma coisa, desempenha determinada tarefa muito bem etc.).

- **Metonímia:** figura de linguagem que consiste em utilização de uma expressão por outra, dada a semelhança de sentido ou a possibilidade de associação lógica entre elas.

    Há vários tipos de metonímia, vejamos alguns deles:
    Efeito pela causa: O carrasco ergueu **a morte**. (O efeito é a morte, a causa é o machado)
    Marca pelo produto: Vá ao mercado e traga um **Nescau**. (Achocolatado em pó)
    Autor pela obra: Li **Camões** com entusiasmo. (Quem leu, leu a obra, não o autor)
    Continente pelo conteúdo: Comi dois pratos de feijão. (Comeu o feijão, ou seja, o conteúdo do prato)
    Parte pelo todo: Peço sua **mão** em casamento. (Pede-se, na verdade, o corpo todo)
    Possuidor pelo possuído: Mulher, vou **ao médico**. (Vai-se ao consultório que pertence ao médico, não ao médico em si)

- **Antítese:** figura de linguagem que consiste na exposição de ideias opostas.

    *Nasce o **Sol** e não dura mais que um dia*
    *Depois da **Luz** se segue à **noite** escura*
    *Em **tristes sombras** morre a formosura,*
    *Em contínuas **tristezas** e **alegrias**.*

    (Gregório de Matos)

Os termos em negrito evidenciam relações semânticas de distinção (oposição). Nascer é o contrário de morrer, assim como sombra é o contrário de luz. Essa figura foi muito utilizada na poesia brasileira, em especial pelo autor dos versos citados anteriormente: Gregório de Matos Guerra.

- **Paradoxo:** expressão que contraria o senso comum. Ilógica.

    *Amor é fogo que **arde sem se ver**;*
    *É ferida que **dói e não se sente**;*
    *É um **contentamento descontente**;*
    *É dor que **desatina sem doer**.*

    (Luís de Camões)

A construção semântica apresentada é totalmente ilógica, pois é impossível uma ferida doer e não ser sentida, assim como não é possível o contentamento ser descontente.

- **Perífrase:** expressão que tem por função substituir semanticamente um termo:

    A última flor do Lácio anda muito judiada. (Português é a última flor do Lácio)
    O país do futebol é uma grande nação. (Brasil)
    O Bruxo do Cosme Velho foi um grande escritor. (Machado de Assis era conhecido como o Bruxo do Cosme Velho)
    O anjo de pernas tortas foi o melhor jogador do mundo. (Garrincha)

- **Eufemismo:** figura que consiste em atenuar uma expressão desagradável:

    José **pegou emprestado sem avisar**. (Roubou)
    Maurício **entregou a alma a Deus**. (Morreu)
    Coitado, só porque **é desprovido de beleza**. (Feio)

- **Disfemismo:** contrário ao eufemismo, é a figura de linguagem que consiste em tornar uma expressão desagradável em algo ainda pior.

    O homem **abotoou o paletó de madeira**. (Morreu)
    Está chupando cana pela raiz. (Morreu)
    Sentou no colo do capeta. (Morreu)

- **Prosopopeia:** atribuição de características animadas a seres inanimados.

    O vento **sussurrou em meus ouvidos**.
    Parecia que a **agulha odiava o homem**.

- **Hipérbole:** exagero proposital de alguma característica.

    Estou morrendo de rir.
    Chorou rios de lágrimas.

- **Hipérbato:** inversão sintática de efeito expressivo.

    Ouviram do Ipiranga as margens plácidas. / De um povo heroico o brado e retumbante.

    - **Colocando na ordem direta:**

        As margens plácidas do Ipiranga ouviram o brado retumbante de um povo heroico.

- **Gradação:** figura que consiste na construção de uma escala de termo que fazem parte do mesmo campo semântico.

    Plantou **a semente**, zelou pelo **broto**, regou a **planta** e colheu o **fruto**. (A gradação pode ser do campo semântico da palavra semente – broto, planta e fruto – ou da palavra plantar – zelar, regar, colher)

- **Ironia:** figura que consiste em dizer o contrário do que se pensa.

    Lamento por ter sido eu o vencedor dessa prova. (Evidentemente a pessoa não lamenta ser o vencedor de alguma coisa)

- **Onomatopeia:** tentativa de representar um som da natureza. Figura muito comum em histórias em quadrinhos.

    Pof, tic-tac, click, bum, vrum!

FIGURAS DE LINGUAGEM

- **Sinestesia:** confusão dos sentidos do corpo humano para produzir efeitos expressivos.

    Ouvi uma **voz suave** saindo do quarto.

    O seu **perfume doce** é extremamente inebriante.

19.1 Vícios de linguagem

Em âmbito geral, vício de linguagem é toda expressão contrária à lógica da norma gramatical. Vejamos quais são os principais deslizes que se transformam em vícios.

- **Pleonasmo vicioso:** consiste na repetição desnecessária de ideias.

    Subir para cima.
    Descer para baixo.
    Entrar para dentro.
    Cardume de peixes.
    Enxame de abelhas.
    Elo de ligação.
    Fato real.

> **OBSERVAÇÃO**
>
> Pode existir o plágio expressivo em um texto poético. Na frase "ele penetrou na escura treva" há pleonasmo, mas não é vicioso.

- **Ambiguidade:** ocorre quando a construção frasal permite que a sentença possua dois sentidos.

    Tenho de buscar **a cadela da sua irmã**.

    A empregada disse para o chefe que o cheque estava sobre **sua mesa**.

- **Cacofonia:** ocorre quando a pronúncia de determinadas palavras permite a construção de outra palavra.

    Dei um beijo na bo**ca dela**. (Cadela)
    Nos**so hino** é belo. (Suíno)
    Na **vez passada**, esca**pei de** uma. (Vespa assada)

- **Barbarismo:** é um desvio na forma de falar ou grafar determinada palavra.

    Mortandela (em vez de mortadela).
    Poblema (em vez de problema).
    Mindingo (em vez de mendigo).
    Salchicha (em vez de salsicha).

Esse conteúdo costuma ser simples para quem pratica a leitura de textos poéticos, portanto, devemos sempre ler poesia.

19.2 Funções da linguagem

Deve-se a Roman Jakobson a discriminação das seis funções da linguagem na expressão e na comunicação humanas, conforme o realce particular que cada um dos componentes do processo de comunicação recebe no enunciado. Por isso mesmo, é raro encontrar em uma única mensagem apenas uma dessas funções, ou todas reunidas em um mesmo texto. O mais frequente é elas se superporem, apresentando-se uma ou outra como predominante.

Em que pese tal fato, é preciso considerar que há particularidades com relação às funções da linguagem, ou seja, cada função descreve algo em particular. Com isso, pretendo dizer que, antes de o estudante se ater às funções em si, é preciso que ele conheça o sistema que é um pouco mais amplo, ou seja, o ato comunicativo. Afinal, a teoria de Roman Jakobson se volta à descrição do ato comunicativo em si.

Na obra *Linguística e comunicação*, o linguista Roman Jakobson, pensando sobre o ato comunicativo e seus elementos, identifica seis funções da linguagem.

- Nesse esquema, identificamos:
- **Emissor:** quem enuncia.
- **Mensagem:** aquilo que é transmitido pelo emissor.
- **Receptor:** quem recebe a mensagem.
- **Código:** o sistema em que a mensagem é codificada. O código deve ser comum aos polos da comunicação.
- **Canal:** meio físico porque ocorre a comunicação.

Pensando sobre esses elementos, Jakobson percebeu que cada função da linguagem está centrada em um elemento específico do ato comunicativo. É o que veremos agora.

As funções da linguagem são:

- **Referencial:** centrada na mensagem, ou seja, na transmissão do conteúdo. Como possui esse caráter, a objetividade é uma constante para a função referencial. É comum que se busque a imparcialidade quando dela se faz uso. É também conhecida como função denotativa. Como a terceira pessoa do singular é predominante, podem-se encontrar exemplos de tal função em textos científicos, livros didáticos, textos de cunho apenas informativo etc.

- **Emotiva:** centrada no emissor, ou seja, em quem enuncia a mensagem. Basicamente, a primeira pessoa predomina quando o texto se apoia sobre a função emotiva. É muito comum a observarmos em depoimentos, discursos, em textos sentimentais, e mesmo em textos líricos.

- **Apelativa:** centrada no receptor, ou seja, em quem recebe a mensagem. As características comuns a manifestações dessa função da linguagem são os verbos no modo imperativo, a tentativa de persuadir o receptor, a utilização dos pronomes de tratamento que tangenciem o interlocutor. É comum observar a função apelativa em propaganda, em discursos motivacionais etc.

- **Poética:** centrada na transformação da mensagem, ou seja, em como modificar o conteúdo da mensagem a fim de torná-lo mais expressivo. As figuras de linguagem são abundantes nessa função e, por sua presença, convencionou-se chamar, também, função poética de função conotativa. Textos literários, poemas e brincadeiras com a mensagem são fontes em que se pode verificar a presença da função poética da linguagem.

- **Fática:** centrada no canal comunicativo. Basicamente, busca testar o canal para saber se a comunicação está ocorrendo. Expressões como "olá", "psiu" e "alô você" são exemplos dessa função.

- **Metalinguística:** centrada no código. Quando o emissor se vale do código para explicar o próprio código, ou seja, num tipo de comunicação autorreferente. Como exemplo, podemos citar um livro de gramática, que se vale da língua para explicar a própria língua; uma aula de didática (sobre como dar aula); ou mesmo um poema que se refere ao processo de escrita de um poema. O poema a seguir é um ótimo exemplo de função metalinguística.

Catar feijão

Catar feijão se limita com escrever:
jogam-se os grãos na água do alguidar
e as palavras na da folha de papel;
e depois, joga-se fora o que boiar.
Certo, toda palavra boiará no papel,
água congelada, por chumbo seu verbo:
pois para catar esse feijão, soprar nele,
e jogar fora o leve e oco, palha e eco.
Ora, nesse catar feijão entra um risco:
o de que entre os grãos pesados entre
um grão qualquer, pedra ou indigesto,
um grão imastigável, de quebrar dente.
Certo não, quando ao catar palavras:
a pedra dá à frase seu grão mais vivo:
obstrui a leitura fluviante, flutual,
açula a atenção, isca-a com risco.

MELO NETO, João Cabral de. **Obra completa**. Rio de Janeiro: Nova Aguilar, 1995.

20 TIPOLOGIA TEXTUAL

O primeiro item que se deve ter em mente na hora de analisar um texto segundo sua tipologia é o caráter da predominância. Isso quer dizer que um mesmo agrupamento textual pode possuir características de diversas tipologias distintas, porém as questões costumam focalizar qual é o "tipo" predominante, o que mais está evidente no texto. Um pouco de bom-senso e uma pequena dose de conhecimento relativo ao assunto são necessários para obter sucesso nesse conteúdo.

Trabalharemos com três tipologias básicas: **narração, dissertação e descrição**.

20.1 Texto narrativo

Facilmente identificável, a tipologia narrativa guarda uma característica básica: contar algo, transmitir a ocorrência de fatos e/ou ações que possuam um registro espacial e temporal. Quer dizer, a narração necessita, também, de um espaço bem-marcado e de um tempo em que as ações narradas ocorram. Discorramos sobre cada aspecto separadamente.

São elementos de uma narração:
- **Personagem:** quem pratica ação dentro da narrativa, é claro. Deve-se observar que os personagens podem possuir características físicas (altura, aparência, cor do cabelo etc.) e psicológicas (temperamento, sentimentos, emoções etc.), as quais podem ser descritas ao longo do texto.
- **Espaço:** trata-se do local em que a ação narrativa ocorre.
- **Tempo:** é o lapso temporal em que a ação é descrita. O tempo pode ser enunciado por um simples "era uma vez".
- **Ação:** não existe narração sem ação! Ou seja, os personagens precisam fazer algo, ou sofrer algo para que haja ação narrativa.
- **Narrador:** afinal, como será contada uma estória sem uma voz que a narre? Portanto, este é outro elemento estruturante da tipologia narrativa. O narrador pode estar inserido na narrativa ou apenas "observar" e narrar os acontecimentos.

Note-se que, na tipologia narrativa, os verbos flexionados no pretérito são mais evidentes.

Eis um exemplo de narração, tente observar os elementos descritos anteriormente, no texto a seguir:

Um apólogo
Era uma vez uma agulha, que disse a um novelo de linha:
— Por que está você com esse ar, toda cheia de si, toda enrolada, para fingir que vale alguma cousa neste mundo?
— Deixe-me, senhora.
— Que a deixe? Que a deixe, por quê? Por que lhe digo que está com um ar insuportável? Repito que sim, e falarei sempre que me der na cabeça.
— Que cabeça, senhora? A senhora não é alfinete, é agulha. Agulha não tem cabeça. Que lhe importa o meu ar? Cada qual tem o ar que Deus lhe deu. Importe-se com a sua vida e deixe a dos outros.
— Mas você é orgulhosa.
— Decerto que sou.
— Mas por quê?
— É boa! Porque coso. Então os vestidos e enfeites de nossa ama, quem é que os cose, senão eu?
— Você? Esta agora é melhor. Você é que os cose? Você ignora que quem os cose sou eu e muito eu? – Você fura o pano, nada mais; eu é que coso, prendo um pedaço ao outro, dou feição aos babados...
— Sim, mas que vale isso? Eu é que furo o pano, vou adiante, puxando por você, que vem atrás obedecendo ao que eu faço e mando...
— Também os batedores vão adiante do imperador.
— Você é imperador?
— Não digo isso. Mas a verdade é que você faz um papel subalterno, indo adiante; vai só mostrando o caminho, vai fazendo o trabalho obscuro e ínfimo. Eu é que prendo, ligo, ajunto...

Estavam nisto, quando a costureira chegou à casa da baronesa. Não sei se disse que isto se passava em casa de uma baronesa, que tinha a modista ao pé de si, para não andar atrás dela. Chegou à costureira, pegou do pano, pegou da agulha, pegou da linha, enfiou a linha na agulha, e entrou a coser. Uma e outra iam andando orgulhosas, pelo pano adiante, que era a melhor das sedas, entre os dedos da costureira, ágeis como os galgos de Diana – para dar a isto uma cor poética. E dizia a agulha:
— Então, senhora linha, ainda teima no que dizia há pouco? Não repara que esta distinta costureira só se importa comigo; eu é que vou aqui entre os dedos dela, unidinha a eles, furando abaixo e acima...
A linha não respondia; ia andando. Buraco aberto pela agulha era logo enchido por ela, silenciosa e ativa, como quem sabe o que faz, e não está para ouvir palavras loucas. A agulha, vendo que ela não lhe dava resposta, calou-se também, e foi andando. E era tudo silêncio na saleta de costura; não se ouvia mais que o plic-plic-plic-plic da agulha no pano. Caindo o sol, a costureira dobrou a costura, para o dia seguinte. Continuou ainda nessa e no outro, até que no quarto acabou a obra, e ficou esperando o baile.
Veio a noite do baile, e a baronesa vestiu-se. A costureira, que a ajudou a vestir-se, levava a agulha espetada no corpinho, para dar algum ponto necessário. E enquanto compunha o vestido da bela dama, e puxava de um lado ou outro, arregaçava daqui ou dali, alisando, abotoando, acolchetando, a linha para mofar da agulha, perguntou-lhe:
— Ora, agora, diga-me, quem é que vai ao baile, no corpo da baronesa, fazendo parte do vestido e da elegância? Quem é que vai dançar com ministros e diplomatas, enquanto você volta para a caixinha da costureira, antes de ir para o balaio das mucamas? Vamos, diga lá.
Parece que a agulha não disse nada; mas um alfinete, de cabeça grande e não menor experiência, murmurou à pobre agulha:
— Anda, aprende, tola. Cansas-te em abrir caminho para ela e ela é que vai gozar da vida, enquanto aí ficas na caixinha de costura. Faze como eu, que não abro caminho para ninguém. Onde me espetam, fico. Contei esta história a um professor de melancolia, que me disse, abanando a cabeça:
— Também eu tenho servido de agulha a muita linha ordinária!

ASSIS, Machado de. Um apólogo. In: **Para Gostar de Ler**. v. 9, Contos. São Paulo: Ática, 1984, p. 59.

20.2 Texto dissertativo

O texto dissertativo, também chamado por alguns de informativo, possui a finalidade de discorrer sobre determinado assunto, apresentando fatos, opiniões de especialistas, dados quantitativos ou mesmo informações sobre o assunto da dissertação. É preciso entender que nem sempre a dissertação busca persuadir o seu interlocutor, ela pode simplesmente transmitir informações pertinentes ao assunto dissertado.

Quando a persuasão é objetivada, o texto passa a ter também características argumentativas. A rigor, as questões de concurso público focalizam a tipologia, não seus interstícios, portanto, não precisa ficar desesperado com o fato de haver diferença entre texto dissertativo-expositivo e texto dissertativo-argumentativo. Importa saber que ele é dissertativo.

Ressalta-se que toda boa dissertação possui a **introdução** do tema, o **desenvolvimento** coeso e coerente, que está vinculado ao que se diz na introdução, e uma **conclusão** lógica do texto, evidenciando o que se permite compreender por meio da exposição dos parágrafos de desenvolvimento.

A tipologia dissertativa pode ser facilmente encontrada em editoriais, textos de divulgação acadêmica, ou seja, com caráter científico, ensaios, resenhas, artigos científicos e textos pedagógicos.

Exemplo de dissertação:

Japão foi avisado sobre problemas em usinas dois anos antes, diz Wikileaks
O Wikileaks, site de divulgação de informações consideradas sigilosas, vazou um documento que denuncia que o governo japonês já havia sido avisado pela vigilância nuclear internacional que suas usinas poderiam não ser capazes de resistir a terremotos. O relatório, assinado pelo embaixador Thomas Schieffer obtido pelo WikiLeaks foi publicado hoje pelo jornal britânico, The Guardian.

TIPOLOGIA TEXTUAL

O documento revela uma conversa de dezembro de 2008 entre o então deputado japonês, Taro Kono, e um grupo diplomático norte-americano durante um jantar. Segundo o relatório, um membro da Agência Internacional de Energia Atômica (AIEA) disse que as normas de segurança estavam obsoletas para aguentar os fortes terremotos, o que significaria "um problema grave para as centrais nucleares". O texto diz ainda que o governo do Japão encobria custos e problemas associados a esse ramo da indústria.

Diante da recomendação da AIEA, o Japão criou um centro de resposta de emergência em Fukushima, capaz de suportar, apenas, tremores até magnitude 7,0.

Como visto anteriormente, conceituar, polemizar, questionar a lógica de algum tema, explicar ou mesmo comentar uma notícia são estratégias dissertativas. Vamos dividir essa tipologia textual em dois tipos essencialmente diferentes: o **dissertativo-expositivo** e o **dissertativo-argumentativo**.

Padrão dissertativo-expositivo

A característica fundamental do padrão expositivo da dissertação é utilizar a estrutura da prosa não para convencer alguém de alguma coisa, e sim para apresentar uma ideia, apresentar um conceito. O princípio do texto expositivo não é a persuasão, é a informação e, justamente por tal fato, ficou conhecido como informativo. Para garantir uma boa interpretação desse padrão textual, é importante buscar a ideia principal (que deve estar presente na introdução do texto) e, depois, entender quais serão os aspectos que farão o texto progredir.

- **Onde posso encontrar esse tipo de texto?** Jornais revistas, sites sobre o mundo de economia e finanças. Diz-se que esse tipo de texto focaliza a função referencial da linguagem.
- **Como costuma ser o tipo de questão relacionada ao texto dissertativo-expositivo?** Geralmente, os elaboradores questionam sobre as informações veiculadas pelo texto. A tendência é que o elaborador inverta as informações contidas no texto.
- **Como resolver mais facilmente?** Toda frase que mencionar o conceito ou a quantidade de alguma coisa deve ser destacada para facilitar a consulta.

Padrão dissertativo-argumentativo

No texto do padrão dissertativo-argumentativo, existe uma opinião sendo defendida e existe uma posição ideológica por detrás de quem escreve o texto. Se analisarmos a divisão dos parágrafos de um texto com características argumentativas, perceberemos que a introdução apresenta sempre uma tese (ou hipótese) que é defendida ao longo dos parágrafos.

Uma vez feito isso, o candidato deve entender qual é a estratégia utilizada pelo produtor do texto para defender seu ponto de vista. Na verdade, agora é o momento de colocar "a mão na massa" para valer, uma vez que aqueles enunciados que iniciam com "infere-se da argumentação do texto", "depreende-se dos argumentos do autor" serão vencidos caso se observem os fatores de interpretação corretos:

- Conexão entre as ideias do texto (atenção para as conjunções).
- Articulação entre as ideias do texto (atenção para a combinação de argumentos).
- Progressão do texto.

Recursos argumentativos

Quando o leitor interage com uma fonte textual, deve observar – tratando-se de um texto com o padrão dissertativo-argumentativo – que o autor se vale de recursos argumentativos para construir seu raciocínio dentro do texto. Vejamos alguns recursos importantes:

- **Argumento de autoridade:** baseado na exposição do pensamento de algum especialista ou alguma autoridade no assunto. Citações, paráfrases e menções ao indivíduo podem ser tomadas ao longo do texto. É importante saber diferenciar se a opinião colocada em foco é a do autor ou se é a do indivíduo que ele cita ao longo do texto.
- **Argumento com base em consenso:** parte de uma ideia tomada como consensual, o que leva o leitor a entender apenas aquilo que o elaborador mostra. Sentenças do tipo "todo mundo sabe que", "é de conhecimento geral que" identificam esse tipo de argumentação.
- **Argumento com fundamentação concreta:** basear aquilo que se diz em algum tipo de pesquisa ou fato que ocorre com certa frequência.
- **Argumento silogístico (com base em um raciocínio lógico):** do tipo hipotético – "Se ... então".
- **Argumento de competência linguística:** consiste em adequar o discurso ao panorama linguístico de quem é tido como possível leitor do texto.
- **Argumento de exemplificação:** utilizar casos ou pequenos relatos para ilustrar a argumentação do texto.

20.3 Texto descritivo

Em um texto descritivo, faz-se um tipo de retrato por escrito de um lugar, uma pessoa, um animal ou um objeto. Os adjetivos são abundantes nessa tipologia, uma vez que a sua função de caracterizar os substantivos é extremamente exigida nesse contexto. É possível existir um texto descritivo que enuncie características de sensações ou sentimentos, porém não é muito comum em provas de concurso público. Não há relação temporal na descrição. Os verbos relacionais são mais presentes para poder evidenciar aspectos e características. Significa "criar" com palavras uma imagem.

Exemplo de texto descritivo:

Texto extraído da prova do BRB (2010) – Banca CESPE/UnB

Nome científico: Ginkgo biloba L.
Nome popular: Nogueira-do-japão
Origem: Extremo Oriente
Aspecto: as folhas dispõem-se em leque e são semelhantes ao trevo; a altura da árvore pode chegar a 40 metros; o fruto lembra uma ameixa e contém uma noz que pode ser assada e comida

20.4 Conotação × denotação

É interessante, quando se estuda o conteúdo de tipologia textual, ressaltar a distinção conceitual entre o sentido conotativo e o sentido denotativo da linguagem. Vejamos como se opera essa distinção:

Sentido conotativo: figurado, ou abstrato. Relaciona-se com as figuras de linguagem.

- Adalberto **entregou sua alma a Deus**.

A ideia de entregar a alma a Deus é figurada, ou seja, não ocorre literalmente, pois não há um serviço de entrega de almas. Essa é uma figura que convencionamos chamar de **metáfora**.

Sentido denotativo: literal, ou do dicionário. Relaciona-se com a função **referencial** da linguagem.

- Adalberto **morreu**.

Quando dizemos função referencial, entende-se que o falante está preocupado em transmitir precisamente o fato ocorrido, sem apelar para figuras de pensamento. Essa frase do exemplo serviu para mostrar o sinônimo da figura de linguagem anterior.

21 GÊNEROS TEXTUAIS

Os gêneros textuais podem ser textos orais ou escritos, formais ou informais. Eles possuem características em comum, como a intenção comunicativa, mas há algumas características que os distinguem uns dos outros.

21.1 Gêneros textuais e esferas de circulação

Cada gênero textual está vinculado a uma esfera de circulação, ou seja, um lugar comum em que ele pode ser encontrado.

Cotidiana: adivinhas, diário, álbum de família exposição oral, anedotas, fotos, bilhetes, músicas, cantigas de roda, parlendas, carta pessoal, piadas, cartão, provérbios, cartão postal, quadrinhas, causos, receitas, comunicado, relatos de experiências vividas, convites, trava-línguas, *curriculum vitae*.

Literária/artística: autobiografia, letras de músicas, biografias, narrativas de aventura, contos, narrativas de enigma, contos de fadas, narrativas de ficção, contos de fadas contemporâneos, narrativas de humor, crônicas de ficção, narrativas de terror, escultura, narrativas fantásticas, fábulas, narrativas míticas, fábulas contemporâneas, paródias, haicais, pinturas, histórias em quadrinhos, poemas, lendas, romances, literatura de cordel, tankas, memórias, textos dramáticos.

Científica: artigos, relatos históricos, conferências, relatórios, debates, palestras, verbetes, pesquisas.

Escolar: atas, relatos históricos, cartazes, relatórios, debates, regrados, relatos de experiências, diálogos/discussões argumentativas científicas, exposições orais, resenhas, júris simulados, resumos, mapas, seminários, palestras, textos argumentativos, pesquisas, textos de opinião, verbetes de enciclopédias.

Jornalística: imprensas, agendas culturais, fotos, anúncios de emprego, horóscopos, artigos de opinião, infográficos, caricaturas, manchetes, cartas ao leitor, mapas, mesas redondas, cartuns, notícias, charges, reportagens, classificados, resenhas críticas, crônicas jornalísticas, sinopses de filmes, editoriais, tiras, entrevistas (orais e escritas).

Publicidade: anúncios, músicas, caricaturas, **paródias**, cartazes, placas, comerciais para televisão, publicidades comerciais, *e-mails*, publicidades institucionais, *folders*, publicidades oficiais, fotos, textos políticos, *slogans*.

Política: abaixo-assinados, debates regrados, assembleias, discursos políticos, cartas de emprego, fóruns, cartas de reclamação, manifestos, cartas de solicitação, mesas redondas, debates, panfletos.

Jurídica: boletins de ocorrência, estatutos, constituição brasileira, leis, contratos, ofícios, declaração de direitos, procurações, depoimentos, regimentos, discursos de acusação, regulamentos, discursos de defesa, requerimentos.

Social: bulas, relatos históricos, manuais técnicos, relatórios, placas, relatos de experiências científicas, resenhas, resumos, seminários, textos argumentativos, textos de opinião, verbetes de enciclopédias.

Midiática: *blogs, realities show, chats, talks show*, desenhos animados, telejornais, e-mails, telenovelas, entrevistas, torpedos, filmes, vídeos clip, fotoblogs, videoconferências, *home page*.

21.2 Exemplos de gêneros textuais

Artigo: o artigo de opinião é um gênero textual que faz parte da esfera jornalística e tem por finalidade a exposição do ponto de vista sobre um determinado assunto. Assim como a dissertação, ele também se compõe de um título, uma introdução, um desenvolvimento e uma conclusão.

Ata: a ata tem como finalidade registrar ocorrências, resoluções e decisões de reuniões, sessões realizadas por algum órgão, setor, entidade etc.

Estrutura da ata:
- Dia, mês, ano e hora (por extenso);
- Local da reunião;
- Pessoas presentes, devidamente qualificadas;
- Ordem do dia (pauta);
- Fecho.

Observações:
- Não há disposição quanto à quantidade de pessoas que deve assinar a ata; pode ser assinada apenas pelo presidente e pelo secretário.
- A ata deve ser redigida de modo que não sejam possíveis alterações posteriores à assinatura (há o emprego de expressões "digo" e "em tempo").
- Não há parágrafos ou alíneas.
- A ata é o registro fiel.

Atestado: atestado é o documento mediante o qual a autoridade comprova um fato ou situação de que tenha conhecimento em razão do cargo que ocupa ou da função que exerce. Destina-se à comprovação de fatos ou situações passíveis de modificações frequentes. É uma mera declaração, ao passo que a certidão é uma transcrição. Ato administrativo enunciativo, o atestado é, em síntese, afirmação oficial de fatos.

Partes:
- **Título ou epígrafe:** denominação do ato (atestado).
- **Texto:** exposição do objeto da atestação. Pode-se declarar, embora não seja obrigatório, a pedido de quem e com que finalidade o documento é emitido.
- **Local e data:** cidade, dia, mês e ano da emissão do ato, podendo também citar, preferentemente sob forma de sigla, o nome do órgão em que a autoridade signatária do atestado exerce suas funções.
- **Assinatura:** nome e cargo ou função da autoridade que atesta.

Apostila: apostila é a averbação, feita abaixo dos textos ou no verso de decretos e portarias pessoais (nomeação, promoção, ascensão, transferência, readaptação, reversão, aproveitamento, reintegração, recondução, remoção, exoneração, demissão, dispensa, disponibilidade e aposentadoria), para que seja corrigida flagrante inexatidão material do texto original (erro na grafia de nomes próprios, lapso na especificação de datas etc.), desde que essa correção não venha a alterar a substância do ato já publicado.

Tratando-se de erro material em decreto pessoal, a apostila deve ser feita pelo Ministro de Estado que o propôs. Se o lapso houver ocorrido em portaria pessoal, a correção por apostilamento estará a cargo do ministro ou secretário signatário da portaria. Nos dois casos, a apostila deve sempre ser publicada no Boletim de Serviço ou Boletim Interno correspondente e, quando se tratar de ato referente a ministro de Estado, também no Diário Oficial da União.

A finalidade da correção de inexatidões materiais por meio de apostila é evitar que se sobrecarregue o Presidente da República com a assinatura de atos repetidos, e que se onere a Imprensa Nacional com a republicação de atos.

Forma e estrutura:
- Título, em maiúsculas e centralizado sobre o texto.
- Texto, no qual deve constar a correção que está sendo feita, a ser iniciada com a remissão ao decreto que autoriza esse procedimento.
- Local e data, por extenso:
  - Por exemplo: Brasília, em 12 de novembro de 1990.
- Identificação do signatário, abaixo da assinatura:
  - Por exemplo: NOME (em maiúsculas)
  Secretário da Administração Federal

No original do ato normativo, próximo à apostila, deverá ser mencionada a data de publicação da apostila no Boletim de Serviço ou no Boletim Interno.

Carta: pode ter caráter argumentativo quando se trata de uma carta aberta ou carta do leitor. Quando se trata de carta pessoal, há a presença de aspectos narrativos ou descritivos.

GÊNEROS TEXTUAIS

Charge: é um gênero textual em que é feita uma ilustração cômica, irônica, por meio de caricaturas, com o objetivo de satirizar, criticar ou fazer um comentário sobre algum acontecimento, que é atual, em sua grande maioria.

A charge é um dos gêneros textuais mais cobrados em questões de concurso. Deve-se dar atenção à crítica feita pelo autor, a qual pode ser percebida pela relação texto verbal e não verbal (palavras e imagens).

Certidão: certidão é o ato pelo qual se procede à publicidade de algo relativo à atividade Cartorária, a fim de que não haja dúvidas. Possui formato padrão próprio, termos essenciais que lhe dão suas características. Exige linguagem formal, objetiva e concisão.

Termos essenciais da certidão:
- **Afirmação:** certidão e dou fé que.
- **Identificação do motivo de sua expedição:** a pedido da parte interessada.
- **Ato a que se refere:** revendo os assentamentos constantes deste cartório, não lograi encontrar ação movida contra (nome).
- **Data:** de sua expedição.
- **Assinatura:** do escrivão.

Circular: é utilizada para transmitir avisos, ordens, pedidos ou instruções, dar ciência de leis, decretos, portarias etc.
- Destina-se a uma ou mais de uma pessoa/órgão/empresa. No caso de mais de um destinatário, todas as vias distribuídas devem ser iguais.
- A paragrafação pode seguir o estilo americano (sem entradas de parágrafo), ou estilo tradicional. No caso de estilo americano, todo o texto, a data e a assinatura devem ser alinhados à margem esquerda. No estilo tradicional, devem ser centralizados.
- **Partes:**
- **Timbre:** impresso no alto do papel.
- **Título e número:** cerca de três linhas do timbre e no centro da folha. O número pode vir seguido do ano.
- **Data:** deve estar próxima do título e número, ao lado ou abaixo, podendo se apresentar de várias formas:
  - Por exemplo:
  - CIRCULAR Nº 01, DE 2 MARÇO DE 2002
  - CIRCULAR Nº 01
  - De 2 de março de 2002
  - CIRCULAR Nº 01/02
  - Rio de Janeiro, 2 de março de 2002
- **Ementa (opcional):** deve vir abaixo do título e data, cerca de três linhas.
  - Ementa: Material de consumo.
  - Ref.: Material de consumo.
- **Invocação:** cerca de quatro linhas do título. Dependendo do assunto e destinatários, a invocação é dispensável.
  - Excelentíssimo Senhor:
  - Senhor Prefeito:
  - Senhores Pais:
- **Texto:** cerca de três linhas do título. Deve conter:
  - Exposição do assunto, desenvolvida a partir dos objetivos.
  - A sensibilização do receptor/destinatário;
  - Convite a agir.
  - Cumprimento final:
    - Respeitosamente,
    - Atenciosamente,

- **Assinatura:** cerca de quatro linhas do cumprimento final. É composta do nome do emissor (só as iniciais maiúsculas) e cargo ou função (todo em maiúscula):
  - Por exemplo:
    - Herivelto Nascimento
    - DIRETOR
- **Anexos:** quando houver documentos a anexar, escreve-se a palavra anexo à margem esquerda, seguida da relação do que está anexado:
  - Por exemplo:
    - Anexo: quadro de horários.
    - Anexa: cópia do documento.
    - Anexas: tabela de horários e cópia dos documentos.
- **Iniciais:** na última linha útil do papel, à esquerda, devemos escrever as iniciais de quem elaborou o texto (redator), seguidas das iniciais de quem a datilografou/digitou (em maiúscula ou minúscula, tanto faz). Quando o redator e o datilógrafo forem a mesma pessoa, basta colocar a barra seguida das iniciais:
  - PPS/AZ
  - Pps/az
  - /pps
  - /PPS
- **Declaração:** a declaração deve ser fornecida por pessoa credenciada ou idônea que nele assume a responsabilidade sobre uma situação ou a concorrência de um fato. Portanto, é uma comprovação escrita com caráter de documento. A declaração pode ser manuscrita em papel almaço simples ou digitada. Quanto ao aspecto formal, divide-se nas seguintes etapas:
  - **Timbre:** impresso com cabeçalho, contendo o nome do órgão ou empresa. Nas declarações particulares, usa-se papel sem timbre.
  - **Título:** no centro da folha, em caixa alta.
  - **Texto:**
    - Identificação do emissor.
    - O verbo atestar ou declarar deve aparecer no presente do indicativo, terceira pessoa do singular ou do plural.
    - Finalidade do documento: em geral, costuma-se usar o termo "para os devidos fins". Também se pode especificar: "para fins de trabalho", "para fins escolares" etc.
    - Nome e dados de identificação do interessado.
    - Citação do fato a ser atestado.
  - **Local e data:** deve-se escrevê-lo acerca de três linhas do texto.

Editorial: é um gênero textual dissertativo-argumentativo que apresenta o posicionamento de uma empresa, revista, jornal sobre determinado assunto.

Entrevista: é um gênero textual em que aparece o diálogo entre o entrevistador e o(s) entrevistado(s), para obter informações sobre o entrevistado ou algum assunto. Podem aparecer elementos expositivos, argumentativos e narrativos.

Edital: é um documento em que são apresentados avisos, citações, determinações.

São diversos os tipos de editais, de acordo com o objetivo: pode comunicar uma citação, um proclame, um contrato, uma exoneração, uma licitação de obras, serviços, tomada de preço etc.

Entre eles, os editais mais comuns são os de concursos públicos, que determinam as etapas dos processos seletivos e as competências necessárias para a sua execução.

22 COMPREENSÃO E INTERPRETAÇÃO DE TEXTOS

22.1 Ideias preliminares sobre o assunto

Para interpretar um texto, o indivíduo precisa de muita atenção e de muito treino. Interpretar pode ser comparado com o disparar de uma arma: apenas temos chance de acertar o alvo se treinarmos muito e soubermos combinar todos os elementos externos ao disparo: velocidade do ar, direção, distância etc.

Quando o assunto é texto, o primordial é estabelecer uma relação contextual com aquilo que estamos lendo. Montar o contexto significa associar o que está escrito no texto-base com o que está disposto nas questões. Lembre-se de que as questões são elaboradas com a intenção de testar os concursandos, ou seja, deve ficar atento para todas as palavras e para todas as possibilidades de mudança de sentido que possa haver nas questões.

É preciso, para entender as questões de interpretação de qualquer banca, buscar o raciocínio que o elaborador da questão emprega na redação da questão. Usualmente, objetiva-se a depreensão dos sentidos do texto. Para tanto, destaque os itens fundamentais (as ideias principais contidas nos parágrafos) para poder refletir sobre tais itens dentro das questões.

22.2 Semântica ou pragmática?

Existe uma discussão acadêmica sobre o que possa ser considerado como semântica e como pragmática. Em que pese o fato de os universitários divergirem a respeito do assunto, vamos estabelecer uma distinção simples, apenas para clarear nossos estudos.

- **Semântica:** disciplina que estuda o **significado** dos termos. Para as questões relacionadas a essa área, o comum é que se questione acerca da troca de algum termo e a manutenção do sentido original da sentença.
- **Pragmática:** disciplina que estuda o **sentido** que um termo assume dentro de determinado contexto. Isso quer dizer que a identificação desse sentido depende do entorno linguístico e da intenção de quem exprime a sentença.

Para exemplificar essa situação, vejamos o exemplo a seguir:

- **Pedro está na geladeira.**

Nesse caso, é possível que uma questão avalie a capacidade de o leitor compreender que há, no mínimo, dois sentidos possíveis para essa sentença: um deles diz respeito ao fato de a expressão "na geladeira" poder significar algo como "ele foi até a geladeira buscar algo", o que – coloquialmente – significaria uma expressão indicativa de lugar.

O outro sentido diz respeito ao fato de "na geladeira" significar que "foi apartado de alguma coisa para receber algum tipo de punição".

A questão sobre **semântica** exigiria que o candidato percebesse a possibilidade de trocar a palavra "geladeira" por "refrigerador" – havendo, nesse caso, uma relação de sinonímia.

A questão de **pragmática** exigiria que o candidato percebesse a relação contextualmente estabelecida, ou seja, a criação de uma figura de linguagem (um tipo de metáfora) para veicular um sentido particular.

22.3 Questão de interpretação

Como se faz para saber que uma questão de interpretação é uma questão de interpretação?

Respondendo a essa pergunta, entende-se que há pistas que identificam a questão como pertencente ao rol de questões para interpretação. Os indícios mais precisos que costumam aparecer nas questões são:

- Reconhecimento da intenção do autor.
- Ponto de vista defendido.
- Argumentação do autor.
- Sentido da sentença.

Apesar disso, não são apenas esses os indícios de que uma questão é de intepretação. Dependendo da banca, podemos ter a natureza interpretativa distinta, principalmente porque o critério de interpretação é mais subjetivo que objetivo. Algumas bancas podem restringir o entendimento do texto; outras podem extrapolá-lo.

22.4 Dicas para interpretação

Há três elementos fundamentais para boa interpretação:

- Eliminação dos vícios de leitura.
- Organização.
- Sagacidade.

22.4.1 Vícios de leitura

A pior coisa que pode acontecer com o concursando, quando recebe um texto complexo para ler e interpretar, é cair num vício de leitura. Veja se você possui algum deles. Caso possua, tente eliminar o quanto antes.

Movimento

Como tudo inicia. O indivíduo pega o texto para ler e não para quieto. Troca a maneira de sentar, troca a posição do texto, nada está bom, nada está confortável. Em casa, senta para estudar e o que acontece? Fome. Depois? Sede. Então, a pessoa fica se mexendo para pegar comida, para tomar água, para ficar mais sossegado e o fluxo de leitura vai para o espaço. Fique quieto! O conceito é militar! Sente-se e permaneça assim até acabar a leitura, do contrário, vai acabar com a possibilidade de entender o que está escrito. Estudar com televisão, rádio, redes sociais e qualquer coisa dispersiva desse gênero só vai atrapalhar você.

Apoio

Não é aconselhável utilizar apoios para a leitura, tais como: réguas, acompanhar a linha com a caneta, ler em voz baixa, passar o dedo pelo papel etc. Basta pensar que seus olhos são muito mais rápidos que qualquer movimento ou leitura em voz alta.

"Garoto da borboleta"

Se você possui os vícios anteriores, certamente é um "garoto da borboleta" também. Isso quer dizer que é desatento e fica facilmente (fatalmente) disperso. Tudo chama sua atenção: caneta batendo na mesa, o concorrente barulhento, a pessoa estranha que está em sua frente, o tempo passando etc. Você vai querer ficar voltando ao início do texto porque não conseguiu compreender nada e, finalmente, vai perder as questões de interpretação.

22.4.2 Organização da leitura

Para que ocorra organização, é necessário compreender que todo texto possui:

- **Posto:** aquilo que é dito no texto. O conteúdo expresso.
- **Pressuposto:** aquilo que não está dito, mas que é facilmente compreendido.
- **Subentendido:** o que se pode interpretar por uma soma de dito com não-dito.

COMPREENSÃO E INTERPRETAÇÃO DE TEXTOS

Veja um exemplo:

Alguém diz: "felizmente, meu tio parou de beber." É certo que o dito se compõe pelo conteúdo da mensagem: o homem parou de beber. O não-dito, ou pressuposto, fica a cargo da ideia de que o homem bebia e, agora, não bebe mais. Por sua vez, o subentendido pode ser abstraído como "meu tio possuía problemas com a bebida e eu assumo isso por meio da sentença que profiro". Não é difícil! É necessário, no entanto, possuir uma certa "malandragem linguística" para perceber isso de início.

22.5 Dicas para organização

As dicas de organização não são novas, mas são eficazes, vamos lá:

- **Ler mais de uma vez o texto (quando for curto, é lógico)**

A primeira leitura é para tomar contato com o assunto, a segunda, para observar como o texto está articulado.

Ao lado de cada parágrafo, escreva a principal ideia (tópico frasal) ou argumento mais forte do trecho. Isso ajuda você a ter clareza da temática e como ela está sendo desenvolvida.

Se o texto for muito longo, recomenda-se ler primeiro a questão de interpretação, para, então, buscá-la na leitura.

- **Observar as relações entre parágrafos**

Observar que há relações de exemplificação, oposição e causalidade entre os parágrafos do texto, por isso, tente compreender as relações intratextuais nos parágrafos.

Ficar de olho aberto para as conjunções adversativas: *no entanto, contudo, entretanto* etc.

- **Atentar para o comando da questão**

Responda àquilo que foi pedido.

- **Dica:** entenda que modificar e prejudicar o sentido não são a mesma coisa.

- **Palavras de alerta (polarizadoras)**

Sublinhar palavras como: *erro, incorreto, correto* e *exceto*, para não se confundir no momento de responder à questão.

Inaceitável, incompatível e *incongruente* também podem aparecer.

- **Limitar os horizontes**

Não imaginar que você sabe o que o autor quis dizer, mas sim entender o que ele disse: o que ele escreveu. Não extrapolar a significação do texto. Para isso, é importante prestar atenção ao significado das palavras.

Pode até ser coerente o que você concluiu, mas se não há base textual, descarte.

O homem **pode** morrer de infarto. / O homem **deve** morrer de infarto.

- **Busque o tema central do texto**

Geralmente aparece no primeiro parágrafo do texto.

- **Desenvolvimento**

Se o enunciado mencionar a argumentação do texto, você deve buscar entender o que ocorre com o desenvolvimento dos parágrafos.

Verificar se o desenvolvimento ocorre por:

- Causa e consequência.
- Enumeração de fatos.
- Retrospectiva histórica.
- Fala de especialista.
- Resposta a um questionamento.
- Sequência de dados.
- Estudo de caso.
- Exemplificação.

- **Relatores**

Atentar para os pronomes relativos e demonstrativos no texto. Eles auxiliam o leitor a entender como se estabelece a coesão textual.

Alguns deles: *que, cujo, o qual, onde, esse, este, isso, isto* etc.

- **Entender se a questão é de interpretação ou de compreensão**
  - Interpretação

Parte do texto para uma conclusão. As questões que solicitam uma inferência costumam apresentar as seguintes estruturas:

"É possível entender que..."
"O texto possibilita o entendimento de que..."
"O texto encaminha o leitor para..."
"O texto possibilita deduzir que..."
"Depreende-se do texto que..."
"Com apoio no texto, infere-se que..."
"Entende-se que..."
"Compreende-se que..."
"Compreensão"

Buscam-se as informações solicitadas pela questão no texto. As questões dessa natureza possuem as seguintes estruturas:

"De acordo com o texto, é possível afirmar..."
"Segundo o texto..."
"Conforme o autor..."
"No texto..."
"Conforme o texto..."

- **Tome cuidado com as generalizações**

Na maior parte das vezes, o elaborador da prova utiliza a generalização para tornar a questão incorreta.

Atenção para as palavras: *sempre, nunca, exclusivamente, unicamente, somente*.

O que você não deve fazer!
"Viajar" no texto: interpretar algo para além do que o texto permite.
Interpretar apenas um trecho do texto.
Entender o contrário: fique atento a palavras como "pode", "não", "deve" etc.

22.5.1 Astúcia da banca

Talvez seja essa a característica mais difícil de se desenvolver no concursando, pois ela envolve o conhecimento do tipo de interpretação e dos limites estabelecidos pelas bancas. Só há uma maneira de ficar esperto estudando para concurso público: realizando provas! Pode parecer estranho, mas depois de resolver 200 questões da mesma banca, você já consegue prever como será a próxima questão. Prever é garantir o acerto! Então, faça exercícios até cansar e, quando cansar, faça mais um pouco.

Vamos trabalhar com alguns exemplos agora:

- **Exemplo I**

Entre os maiores obstáculos ao pleno desenvolvimento do Brasil, está a educação. Este é o próximo grande desafio que deve ser enfrentado com paciência, mas sem rodeios. É a bola da vez dentro das políticas públicas prioritárias do Estado. Nos anos 1990 do século passado, o país derrotou a inflação – que corroía salários, causava instabilidade política e irracionalidade econômica. Na primeira década deste século, os avanços deram-se em direção a uma agenda social, voltada para a redução da pobreza e da desigualdade estrutural. Nos próximos anos, a questão da melhoria da qualidade do ensino deve ser uma obrigação dos governantes, sejam quais forem os ungidos pelas decisões das urnas.

Jornal do Brasil, Editorial, 21/1/2010 (com adaptações).

Agora o mesmo texto, devidamente marcado.

> Entre **os maiores obstáculos** ao pleno desenvolvimento do Brasil, está a educação. Este é o **próximo grande desafio** que deve ser enfrentado com paciência, mas sem rodeios. É a **bola da vez** dentro das políticas públicas prioritárias do Estado. **Nos anos 90 do século passado**, o país derrotou a inflação – que corroía salários, causava instabilidade política e irracionalidade econômica. **Na primeira década deste século**, os avanços deram-se em direção a uma agenda social, voltada para a redução da pobreza e da desigualdade estrutural. **Nos próximos anos**, a questão da melhoria da qualidade do ensino deve ser uma **OBRIGAÇÃO DOS GOVERNANTES**, sejam quais forem os ungidos pelas decisões das urnas.

Observe que destacamos para você elementos que podem surgir, posteriormente como questões. O texto inicia falando que há mais obstáculos além da educação. Também argumenta, posteriormente, que já houve outros desafios além desse que ele chama de "próximo grande desafio". Utilizando uma expressão de sentido **conotativo** (bola da vez), o escritor anuncia que a educação ocupa posição de destaque quando o assunto se volta para as políticas públicas prioritárias do Estado.

No decorrer do texto, que se desenvolve por um tipo de retrospectiva histórica (veja o que está destacado), o redator traça um panorama dessas políticas públicas ao longo da história do país, fazendo uma previsão para os anos vindouros (o que foi destacado em caixa alta).

- **Exemplo II**

> Um passo fundamental para que não nos enganemos quanto à **natureza do capitalismo contemporâneo** e o significado das políticas empreendidas pelos países centrais para enfrentar a recente **crise econômica** é problematizarmos, com cuidado, o termo **neoliberalismo**: "começar pelas palavras talvez não seja coisa vã", escreve Alfredo Bosi em Dialética da Colonização.
>
> **A partir da década de 1980**, buscando exprimir a natureza do capitalismo contemporâneo, muitos, principalmente os críticos, utilizaram esta palavra que, por fim, se generalizou. Mas o que, de fato, significa? O prefixo neo quer dizer novo; portanto, novo liberalismo. Ora, durante o século **XIX deu-se a construção de um liberalismo** que viria encontrar a sua crise definitiva na I Guerra Mundial em 1914 e na crise de 1929. Mas desde o período entre guerras e, sobretudo, depois, com o término da II Guerra Mundial, em 1945, tomou corpo um novo modelo, principalmente na Europa, que de certa forma se contrapunha ao velho liberalismo: era **o mundo da socialdemocracia**, da presença do Estado na vida econômica, das ações políticas inspiradas na reflexão teórica do economista britânico John Keynes, um crítico do liberalismo econômico clássico que viveu na primeira metade do século XX. Quando esse modelo também entrou em crise, no princípio da década de 1970, surgiu a perspectiva de **reconstrução da ordem liberal**. Por isso, novo liberalismo, neoliberalismo.

Grupo de São Paulo, disponível em: http://www.correiocidadania.com.br/content/view/5158/9/. Acesso em: 28/10/2010. (Adaptado)

- **Exemplo III**

Em Defesa do Voto Obrigatório

> O voto, direito duramente conquistado, **deve ser considerado um dever** cívico, sem o exercício do qual o **direito se descaracteriza ou se perde**, afinal liberdade e democracia são fins e não apenas meios. Quem vive em uma comunidade política não pode estar **desobrigado** de opinar sobre os rumos dela. Nada contra a desobediência civil, recurso legítimo para o protesto cidadão, que, no caso eleitoral, se pode expressar no voto nulo (cuja tecla deveria constar na máquina utilizada para votação). Com o **voto facultativo**, o direito de votar e o de não votar ficam inscritos, em pé de igualdade, no corpo legal. Uma parte do eleitorado deixará voluntariamente de opinar sobre a constituição do poder político. O desinteresse pela política e a descrença no voto são registrados como mera "escolha", sequer como desobediência civil ou protesto. **A consagração da alienação política** como um direito legal interessa aos conservadores, reduz o peso da soberania popular e desconstitui o sufrágio como universal.
>
> Para o **cidadão ativo**, que, além de votar, se organiza para garantir os direitos civis, políticos e sociais, o enfoque é inteiramente outro. O tempo e o **trabalho dedicados ao acompanhamento continuado da política não se apresentam como restritivos da liberdade individual**. Pelo contrário, são obrigações auto assumidas no esforço de construção e aprofundamento da democracia e de vigília na defesa das liberdades individuais e públicas. A ideia de que a democracia se constrói nas lutas do dia a dia se contrapõe, na essência, ao modelo liberal. O cidadão escolado na disputa política sabe que a liberdade de não ir votar é uma armadilha. Para que o sufrágio continue universal, para que todo poder emane do povo e não, dos donos do poder econômico, o voto, além de ser um direito, **deve conservar a sua condição de dever cívico**.

23 INTERPRETAÇÃO DE TEXTO POÉTICO

Cada vez mais comum em provas de concursos públicos, o texto poético possui suas particularidades. Nem todas as pessoas possuem a capacidade de ler um texto poético, quanto mais interpretá-lo. Justamente por esse fato, ele tem sido o predileto dos examinadores que querem dificultar a vida dos candidatos.

Antes de passar à interpretação propriamente dita, é preciso identificar a nomenclatura das partes de um poema. Cada "linha" do poema é chamada de "**verso**", o conjunto de versos é chamado de "**estrofe**". A primeira sugestão para quem pretende interpretar um poema é segmentar a interpretação por estrofe e anotar o sentido trazido ao lado e cada trecho.

Geralmente, as bancas pecam ao diferenciar **autor** de **eu-lírico**. O primeiro é realmente a pessoa por detrás da caneta, ou seja, é quem efetivamente escreve o texto; o segundo é a "voz" do poema, a "pessoa" fictícia, abstrata que figura como quem traz o poema para o leitor.

Outra dificuldade muito comum é a leitura do texto. Como o texto está em uma disposição que não é mais tão usual, as pessoas têm dificuldade para realizar a leitura. Eis uma dica fundamental: só interrompa a leitura quando chegar a um ponto ou a uma vírgula, porque é dessa maneira que se lê um texto poético. Além disso, é preciso que, mesmo mentalmente, o indivíduo tente dar ênfase na leitura, pois isso pode ajudar na interpretação.

Comumente, o vocabulário do texto poético não é acessível e, em razão disso, costuma haver notas explicativas com o significado das palavras, jamais ignore essa informação! Pode ser a salvação para a interpretação do texto lido.

Veja um exemplo:

Nel mezzo del camin
Cheguei. Chegaste. Vinhas fatigada
E triste, e triste e fatigado eu vinha.
Tinhas a alma de sonhos povoada,
E a alma de sonhos povoada eu tinha...

E paramos de súbito na estrada
Da vida: longos anos, presa à minha
A tua mão, a vista deslumbrada
Tive da luz que teu olhar continha.

Hoje, segues de novo... Na partida
Nem o pranto os teus olhos umedece,
Nem te comove a dor da despedida.
E eu, solitário, volto a face, e tremo,
Vendo o teu vulto que desaparece
Na extrema curva do caminho extremo.

(Olavo Bilac)

Existe outro fator extremamente importante na hora de tentar entender o conteúdo de um texto poético: o **título**! Nem todo poema possui um título, é claro, mas os que possuem ajudam, e muito, na compreensão do "assunto" do poema.

É claro que ter conhecimento do autor e do estilo de escrita por ele adotado é a ferramenta mais importante para que o candidato compreenda com profundidade o que está sendo veiculado pelo texto, porém, como grande parte das bancas ainda não chegou a esse nível de aprofundamento interpretativo, apenas o reconhecimento da superfície do texto já é suficiente para responder às questões.

Vejamos alguns textos para explanar melhor:

Bem no fundo
No fundo, no fundo,
Bem lá no fundo,
A gente gostaria
De ver nossos problemas
Resolvidos por decreto

A partir desta data,
Aquela mágoa sem remédio
É considerada nula
E sobre ela – silêncio perpétuo

Extinto por lei todo o remorso,
Maldito seja quem olhar pra trás,
Lá pra trás não há nada,
E nada mais

Mas problemas não se resolvem,
Problemas têm família grande,
E aos domingos saem todos passear
O problema, sua senhora
E outros pequenos probleminhas

(Paulo Leminski)

Interpretação: por mais que trabalhemos para resolvermos nossos problemas, a única certeza é a de que eles continuarão existindo, pois é isso o que nos move.

23.1 Tradução de sentido

As questões de tradução de sentido costumam ser o "calcanhar de Aquiles" dos candidatos. A maneira mais eficaz de resolvê-las é buscar relações de sinonímia em ambos os lados da sentença. Com isso, fica mais fácil acertar a questão.

Consideremos a relação de sinonímia presente entre "alegria" e "felicidade". Esses dois substantivos não significam, rigorosamente, a mesma coisa, mas são considerados sinônimos contextuais, se considerarmos um texto. Disso, entende-se que o sinônimo é identificado contextualmente e não depende, necessariamente, do conhecimento do sentido de todas as palavras.

Seria bom se fosse sempre dessa maneira. Ocorre que algumas bancas tentam selecionar de maneira não rigorosa os candidatos, cobrando deles o chamado "conhecimento que não é básico". O melhor exemplo é pedir o significado da palavra "adrede", o qual pouquíssimas pessoas conhecem.

23.2 Organização de texto

Em algumas bancas, é comum haver questões que apresentam um texto desordenado, para que o candidato o reordene, garantido a **coesão** e a **coerência**. Além disso, não é raro haver trecho de texto com lacunas para preencher com alguns parágrafos. Para que isso ocorra, é mister saber o que significa coesão e coerência. Vamos a algumas definições simples.

23.2.1 Coesão

Coesão é o conjunto de procedimentos e mecanismos que estabelecem conexão dentro do texto, o que busca garantir a progressão daquilo que se escreve nas sentenças. Pronomes, perífrases e sinônimos estão entre os mecanismos de coesão que podem ser empregados na sentença.

23.2.2 Coerência

Coerência diz respeito à organização de significância do texto, ou seja, o sentido daquilo que se escreve. A sequência temporal e o princípio de não contradição são os dispostos mais emergentes da coerência.

Em questões dessa natureza, busque analisar as sequências de entrada e saída dos textos. Veja se há definições e conectivos que encerram ideias, ou se há pronomes que buscam sequenciar as sentenças. Desse modo, fica mais fácil acertar a questão.

23.3 Significação das palavras

23.3.1 Compreensão, interpretação e intelecção

O candidato que é concurseiro de longa data sabe que, dentre as questões de interpretação de texto, é muito comum surgirem nomenclaturas distintas para fenômenos não tão distintos assim. Quer dizer que, se no seu edital há elementos como leitura, compreensão, intelecção ou interpretação de texto, no fundo, o conceito é o mesmo. Ocorre que, dentro desse processo de interpretação, há elementos importantes para a resolução dos certames.

O que se diz e o que se pode ter dito

Sempre que há um momento de enunciação, o material linguístico serve de base para que os interlocutores negociem o sentido daquilo que está na comunicação. Isso ocorre por meio de vários processos. É possível destacar alguns mais relevantes:

- **Dito:** consiste na superfície do enunciado. O próprio material linguístico que se enuncia.
- **Não-dito:** consiste naquilo que se identifica imediatamente, quando se trabalha com o que está posto (o dito).
- **Subentendido:** consiste nos sentidos ativados por um processo inferencial de análise e síntese do material linguístico somado ao não-dito.

Vejamos isso em uma sentença para compreendermos a teoria.

- "A eleição de Barack Obama não é um evento apenas americano."

    Dito: é o próprio conteúdo da sentença – o fato de a eleição em questão não ser um evento apenas americano.
    Não-dito: alguém poderia pensar que a eleição teria importância apenas para os americanos.
    Subentendido: pode-se concluir que a eleição em questão terá grandes repercussões, a um nível global.

23.4 Inferência

Para a finalidade dos concursos públicos, vamos considerar que a inferência é o resultado do processamento na leitura, ou seja, é aquilo que se pode "concluir" ou "depreender" da leitura de um texto.

No momento de responder a uma questão dessa natureza, recomenda-se prudência. Existe um conceito que parece fundamental para facilitar a resolução dessas questões. Ele se chama **ancoragem lexical.** Basicamente, entende-se como ancoragem lexical a inserção de algum elemento que dispara pressuposições e fomenta inferências, ou seja, se alguma questão pedir se é possível inferir algo, o candidato só poderá responder afirmativamente, se houver uma palavra ou uma expressão (âncora lexical) que permita associar diretamente esses elementos.

Semântica (sentido)

Evidentemente, o conteúdo relativo à significação das palavras deve muito a uma boa leitura do dicionário. Na verdade, o vocabulário faz parte do histórico de leitura de qualquer pessoa: quanto mais você lê, maior é o número de palavras que você vai possuir em seu vocabulário. Como é impossível receitar a leitura de um dicionário, podemos arrolar uma lista com palavras que possuem peculiaridades na hora de seu emprego. Falo especificamente de **sinônimos, antônimos, homônimos e parônimos**. Mãos à obra!

▷ **Sinônimos:**
- Sentido aproximado: não existem sinônimos perfeitos:
    Feliz – alegre – contente.
    Palavra – vocábulo.
    Professor – docente.
    O professor Mário chegou à escola. O **docente** leciona matemática.

▷ **Antônimos:**
- Oposição de sentido:
    Bem – mal.
    Bom – mau.
    Igual – diferente.

▷ **Homônimos:** são palavras com escrita ou pronúncia iguais (semelhantes), porém com significado (sentido) diferente.
    Adoro comer **manga** com sal.
    Derrubei vinho na **manga** da camisa.

Há três tipos de homônimos: homógrafos, homófonos e homônimos perfeitos.

- **Homógrafos** – palavras que possuem a mesma grafia, mas o som é diferente.
    O meu **olho** está doendo.
    Quando eu **olho** para você, dói.
- **Homófonos** – apresentam grafia diferente, mas o som é semelhante.
    A **cela** do presídio foi incendiada.
    A **sela** do cavalo é novinha.
- **Homônimos perfeitos** – possuem a mesma grafia e o mesmo som.
    O **banco** foi assaltado.
    O **banco** da praça foi restaurado ontem.
    Ele não **para** de estudar.
    Ele olhou **para** a prova.
- **Parônimos:** são palavras que possuem escrita e pronúncia semelhantes, mas com significado distinto.
    O professor fez a **descrição** do conteúdo.
    Haja com muita **discrição**, Marivaldo.

Aqui vai uma lista para você se precaver quanto aos sentidos desses termos:

- **Ascender** (subir) e **acender** (pôr fogo, alumiar).
    Quando Nero **ascendeu** em Roma, ele **acendeu** Roma.
- **Acento** (sinal gráfico) e **assento** (lugar de sentar-se).
    O **acento** grave indica crase.
    O **assento** 43 está danificado.
- **Acerca de** (a respeito de) e **cerca de** (aproximadamente).
    Há cerca de (faz aproximadamente).
    Falamos **acerca de** Português ontem.
    José mora **cerca de** mim.
    Há **cerca de** 10 anos, leciono Português.
- **Afim** (semelhante a) e **a fim de** (com a finalidade de).
    Nós possuímos ideias **afins**.
    Nós estamos estudando **a fim** de passar.

INTERPRETAÇÃO DE TEXTO POÉTICO

- **Aprender** (instruir-se) e **apreender** (assimilar).
    Quando você **apreender** o conteúdo, saberá que **aprendeu** o conteúdo.
- Área (superfície) e **ária** (melodia, cantiga).
    O tenor executou a **ária**.
    A polícia cercou a **área**.
- **Arrear** (pôr arreios) e **arriar** (abaixar, descer).
    Precisamos **arrear** o cavalo.
    Joaquim **arriou** as calças.
- **Caçar** (apanhar animais) e **cassar** (anular).
    O veado foi **caçado**.
    O deputado teve sua candidatura **cassada**.
- **Censo** (recenseamento) e **senso** (raciocínio).
    Finalizou-se o **censo** no Brasil.
    Argumentou com bom-**senso**.
- **Cerração** (nevoeiro) **serração** (ato de serrar).
    Nos dias de chuva, pode haver **cerração**.
    Rolou a maior **serração** na madeireira ontem.
- **Cerrar** (fechar) e **serrar** (cortar).
    Cerrou os olhos para a verdade.
    Marina **serrou**, acidentalmente, o nariz na serra.
- **Cessão** (ato de ceder), **seção** (divisão), **secção** (corte) e **sessão** (reunião).
    O órgão pediu a **cessão** do espaço.
    Compareça à **seção** de materiais.
    Fez-se uma **secção** no azulejo.
    Assisti à **sessão** de cinema ontem. Passava "A Lagoa Azul".
- **Concerto** (sessão musical) e **conserto** (reparo).
    Vamos ao **concerto** hoje.
    Fizeram o **conserto** do carro.
- **Mal** (antônimo de bem) e **mau** (antônimo de bom).
    O homem **mau** vai para o inferno.
    O **mal** nunca prevalece sobre o bem.
- **Ratificar** (confirmar) e **retificar** (corrigir).
    O documento **ratificou** a decisão.
    O documento **retificou** a decisão.
- **Tacha** (pequeno prego, mancha) e **taxa** (imposto, percentagem).
    Comprei uma **tacha**.
    Paguei outra **taxa**.
    Bucho (estômago) e **buxo** (arbusto)
- **Calda** (xarope) e **cauda** (rabo)
- **Cela** (pequeno quarto) e **sela** (arreio)
- **Chá** (bebida) e **xá** (título do soberano da Pérsia, atual Irã, antes da revolução islâmica)
- **Cheque** (ordem de pagamento) e **xeque** (lance do jogo de xadrez)
- **Comprimento** (extensão) e **cumprimento** (saudação)
- **Conjetura** (hipótese) e **conjuntura** (situação)
- **Coser** (costurar) e **cozer** (cozinhar)
- **Deferir** (costurar) e **diferir** (distinguir-se)
- **Degredado** (desterrado, exilado) e **degradado** (rebaixado, estragado)
- **Descrição** (ato de descrever) e **discrição** (reserva, qualidade de discreto)
- **Descriminar** (inocentar) e **discriminar** (distinguir)

- **Despensa** (lugar de guardar mantimentos) e **dispensa** (isenção, licença)
- **Despercebido** (não notado) e **desapercebido** (desprovido, despreparado)
- **Emergir** (vir à tona) e **imergir** (mergulhar)
- **Eminente** (notável, célebre) e **iminente** (prestes a acontecer)
- **Esbaforido** (ofegante, cansado) e **espavorido** (apavorado)
- **Esperto** (inteligente) e **experto** (perito)
- **Espiar** (observar) e **expiar** (sofrer castigo)
- **Estada** (ato de estar, permanecer) e **estadia** (permanência, estada por tempo limitado)
- **Estático** (imóvel) e **extático** (pasmo)
- **Estrato** (tipo de nuvem) e **extrato** (resumo)
- **Flagrante** (evidente) e **fragrante** (perfumado)
- **Fluir** (correr) e **fruir** (gozar, desfrutar)
- **Incidente** (episódio) e **acidente** (acontecimento grave)
- **Incipiente** (principiante) e **insipiente** (ignorante)
- **Inflação** (desvalorização do dinheiro) e **infração** (violação, transgressão)
- **Infligir** (aplicar castigo) e **infringir** (transgredir)
- **Intercessão** (ato de interceder) e **interseção ou intersecção** (ato de cortar)
- **Laço** (nó) e **lasso** (frouxo)
- **Mandado** (ordem judicial) e **mandato** (período político)
- **Ótico** (relativo ao ouvido) e **óptico** (relativo à visão)
- **Paço** (palácio) e **passo** (passada)
- **Peão** (empregado/peça de xadrez) e **pião** (brinquedo)
- **Pequenez** (pequeno) e **pequinês** (ração de cão, de Pequim)
- **Pleito** (disputa) e **preito** (homenagem)
- **Proeminente** (saliente) e **preeminente** (nobre, distinto)
- **Prescrição** (ordem expressa) e **proscrição** (eliminação, expulsão)
- **Prostrar-se** (humilhar-se) e **postar-se** (permanecer por muito tempo)
- **Ruço** (grisalho, desbotado) e **russo** (da Rússia)
- **Sexta** (numeral cardinal), **cesta** (utensílio) e **sesta** (descanso depois do almoço)
- **Sortido** (abastecido) e **surtido** (produzido, causado)
- **Sortir** (abastecer) e **surtir** (efeito ou resultado)
- **Sustar** (suspender) e **suster** (sustentar)
- **Tilintar** (soar) e **tiritar** (tremer)
- **Tráfego** (trânsito) e **tráfico** (comércio ilícito)
- **Vadear** (passa a pé ou a cavalo, atravessar o rio) e **vadiar** (vagabundear)
- **Viagem** (substantivo) e **viajem** (verbo)
- **Vultoso** (volumoso, grande vulto) e **vultuoso** (inchado)

24 TIPOS DE DISCURSO

Discurso está relacionado à construção de textos, tanto orais quanto escritos, portanto, ele é considerado uma prática social.

Em um texto, podem ser encontrados três tipos de discurso: o discurso **direto**, o **indireto** e o **indireto livre**.

24.1 Discurso direto

São as falas das personagens. Esse discurso pode aparecer em forma de diálogos e citações, e vem marcado com alguma pontuação (travessão, dois pontos, aspas etc.). Ou seja, o discurso direto reproduz fielmente a fala de alguém.

- Por exemplo:
    O médico disse à paciente:
    Você precisa fazer exercícios físicos regularmente.

24.2 Discurso indireto

É a reprodução da fala de alguém, a qual é feita pelo narrador. Normalmente, esse discurso é escrito em terceira pessoa.

- Por exemplo:
    O médico disse à paciente que ela precisava fazer exercícios regulamente.

24.3 Discurso indireto livre

É a ocorrência do discurso direto e indireto ao mesmo tempo. Ou seja, o narrador conta a história, mas as personagens também têm voz própria.

No exemplo a seguir, há um discurso direto: "que raiva", que mostra a fala da personagem.

"Retirou as asas e estraçalhou-a. Só tinham beleza. Entretanto, qualquer urubu... que raiva..." (Ana Maria Machado)

No trecho a seguir, há uma fala da personagem, mesclada com a narração: "Para que estar catando defeitos no próximo?".

"D. Aurora sacudiu a cabeça e afastou o juízo temerário. Para que estar catando defeitos no próximo? Eram todos irmãos. Irmãos." (Graciliano Ramos)

Exemplo de uma transposição de discurso direto para indireto:

Ana perguntou:
– Qual a resposta correta?
Ana perguntou qual era a resposta correta.

Ressalta-se que nas questões de reescrita que tratam da transposição de discursos, é mais frequente a substituição do direto pelo indireto.

DIREITO CONSTITUCIONAL

DIREITO CONSTITUCIONAL

1 INTRODUÇÃO AO DIREITO CONSTITUCIONAL

1.1 Noções gerais

Para iniciarmos o estudo do Direito Constitucional, alguns conceitos precisam ser esclarecidos.

Primeiramente, faz-se necessário conhecer qual será o objeto de estudo desta disciplina jurídica: **Constituição Federal**.

A Constituição Federal é a norma mais importante de todo o ordenamento jurídico brasileiro. Ela é a norma principal, a norma fundamental.

Se pudéssemos posicionar as espécies normativas na forma de uma pirâmide hierárquica, a Constituição Federal apareceria no topo desta pirâmide, ao passo que as outras espécies normativas estariam todas abaixo dela, como na ilustração:

```
        CF/1988
       LEI, MP
      DECRETO
    PRESIDENCIAL
      PORTARIA
```

Para que sua preparação seja adequada, é necessário ter em vista uma Constituição atualizada. Isso por conta de que a Constituição Federal atual foi promulgada em 1988, mas já sofreu diversas alterações. Significa dizer, numa linguagem mais jurídica, que ela foi **emendada**.

As emendas constitucionais são a única forma de alteração do texto constitucional. Portanto, uma lei ou outra espécie normativa hierarquicamente inferior à Constituição jamais poderá alterar o seu texto.

Neste ponto, caberia a seguinte pergunta: o que torna a Constituição Federal a norma mais importante do direito brasileiro? A resposta é muito simples: a Constituição possui alguns elementos que a distinguem das outras espécies normativas, por exemplo:

- **Princípios constitucionais;**
- **Direitos fundamentais;**
- **Organização do Estado;**
- **Organização dos Poderes.**

De nada adiantaria possuir uma Constituição Federal com tantos elementos essenciais ao Estado se não existisse alguém para protegê-la. O próprio texto constitucional previu um Guardião para a Constituição: o **Supremo Tribunal Federal (STF)**.

O STF é o órgão de cúpula do Poder Judiciário e possui como atribuição principal a guarda da Constituição. Ele é tão poderoso que, se alguém editar uma norma que contrarie o disposto no texto constitucional, o STF a declarará inconstitucional. Uma norma declarada inconstitucional pelo STF não produzirá efeitos na sociedade.

Além de guardião da Constituição Federal, o STF possui outra atribuição: a de intérprete do texto fundamental. É o STF quem define a melhor interpretação para esta ou aquela norma constitucional. Quando um Tribunal manifesta sua interpretação, dizemos que ele revelou sua **jurisprudência** (o pensamento dos tribunais), sendo a do STF a que mais interessa para o estudo do Direito Constitucional.

É exatamente neste ponto que se encontra a maior importância do STF para o objetivo que se tem em vista: é essencial conhecer sua jurisprudência, pois costuma cair em prova. Para se ter ideia da importância dessa matéria, é possível que alguma jurisprudência do STF seja contrária ao próprio texto constitucional. Dessa forma, o aluno precisa ter uma dupla percepção: conhecer o texto da Constituição e conhecer a jurisprudência do STF.

Contudo, ainda existe outra fonte de conhecimento essencial para o aprendizado em Direito Constitucional: a **doutrina**. A doutrina é o pensamento produzido pelos estudiosos do Direito Constitucional. Conhecer a doutrina também faz parte de sua preparação.

Em suma, para estudar Direito Constitucional é necessário estudar:

- **A Constituição Federal;**
- **A jurisprudência do Supremo Tribunal Federal;**
- **A doutrina do Direito Constitucional.**

Neste estudo, apresentaremos o conteúdo de Direito Constitucional atualizado, objetivo e necessário para prova, de forma que se tenha à mão um material suficiente ao estudo para concurso público.

> **Atenção**
>
> **Metodologia de Estudo**
> A preparação em Direito Constitucional precisa observar três passos:
> 1. Leitura da Constituição Federal;
> 2. Leitura de material teórico;
> 3. Resolução de exercícios.
> O aluno que seguir esses passos certamente chegará à aprovação em concurso público. Essa é a melhor orientação para quem está iniciando os estudos.

1.1.1 Classificações

A partir de algumas **características** que possuem as constituições, é possível classificá-las, agrupá-las. As classificações a seguir não são as únicas possíveis, realçando apenas aqueles elementos mais comumente cobrados nos concursos públicos.

- **Quanto à origem:** a Constituição Federal pode ser promulgada ou outorgada. A **promulgada** é aquela decorrente de um verdadeiro processo democrático para a sua elaboração, fruto de uma Assembleia Nacional Constituinte. A **outorgada** é aquela imposta, unilateralmente, por um governante ou por um grupo de pessoas, ao povo.
- **Quanto à possibilidade de alteração, mutação:** podem ser **flexíveis**, **rígidas** ou **semirrígidas**. As **flexíveis** não exigem, para a sua alteração, qualquer processo legislativo especial. As **rígidas**, contudo, dependem de um processo legislativo de alteração mais difícil do que aquele utilizado para as normas ordinárias. Já as constituições **semirrígidas** são aquelas cuja parte de seu texto só pode ser alterada por um processo mais difícil, sendo que outra parte pode ser mudada sem qualquer processo especial.
- **Quanto à forma adotada:** podem ser **escritas/dogmáticas** e **costumeiras**. As **dogmáticas** são aquelas que apresentam um único texto, no qual encontramos sistematizadas e organizadas todas as disposições essenciais do Estado. As **costumeiras** são aquelas formadas pela reunião de diversos textos esparsos, reconhecidos pelo povo como fundamentais, essenciais.
- **Quanto à extensão:** podem ser **sintéticas** ou **analíticas**. As **sintéticas** são aquelas concisas, enxutas e que só trazem as disposições políticas essenciais a respeito da forma, organização, fundamentos e objetivos do Estado. As analíticas são aquelas que abordam diversos assuntos, não necessariamente relacionados com a organização do Estado e dos poderes.

A partir das classificações apresentadas acima, temos que a Constituição Federal de 1988 pode ser considerada por **promulgada, rígida, escrita** e **analítica**.

2 DIREITOS FUNDAMENTAIS – REGRAS GERAIS

2.1 Conceito

Os direitos e garantias fundamentais são institutos jurídicos que foram criados no decorrer do desenvolvimento da humanidade e se constituem de normas protetivas que formam um núcleo mínimo de prerrogativas inerentes à condição humana.

2.1.1 Amplitude horizontal e amplitude vertical

Possuem como objetivo principal a proteção do indivíduo diante do poder do Estado. Mas não só do Estado. Os direitos e garantias fundamentais também constituem normas de proteção do indivíduo em relação aos outros indivíduos da sociedade.

E é exatamente nesse ponto que surgem os conceitos de **amplitude vertical e amplitude horizontal.**

- **Amplitude vertical:** é o efeito protetor que as normas definidoras de direitos e garantias fundamentais produzem para um indivíduo diante do Estado.
- **Amplitude horizontal:** é o efeito protetor que as normas definidoras de direitos e garantias fundamentais produzem para um indivíduo diante dos outros indivíduos.

2.2 Classificação

A Constituição Federal, quando se refere aos direitos fundamentais, classifica-os em cinco grupos:
- Direitos e deveres individuais e coletivos;
- Direitos sociais;
- Direitos de nacionalidade;
- Direitos políticos;
- Partidos políticos.

Essa classificação encontra-se distribuída entre os arts. 5º e 17 do texto constitucional e é normalmente chamada pela doutrina de Conceito Formal dos Direitos Fundamentais. O Conceito Formal é o que a Constituição Federal resolveu classificar como sendo Direito Fundamental. É o rol de direitos fundamentais previstos expressamente no texto constitucional.

Costuma-se perguntar nas provas: "O rol de direitos fundamentais é um rol exaustivo? Ou melhor, taxativo?" O que se quer saber é se o rol de direitos fundamentais é só aquele que está expresso na Constituição ou não.

Responde-se a essa questão com o § 2º do art. 5º, que diz:

> *§ 2º Os direitos e garantias expressos nesta Constituição não excluem outros decorrentes do regime e dos princípios por ela adotados, ou dos tratados internacionais em que a República Federativa do Brasil seja parte.*

Isso significa que o rol não é taxativo, mas exemplificativo. A doutrina costuma chamar esse parágrafo de cláusula de abertura material, que é exatamente a possibilidade de existirem outros direitos fundamentais, ainda que fora do texto constitucional. Esse seria o conceito material dos direitos fundamentais, ou seja, todos os direitos fundamentais que possuem a essência fundamental, ainda que não estejam expressos no texto constitucional.

2.3 Características

O elemento jurídico acima abordado, além de explicar a possibilidade de se inserirem novos direitos fundamentais no rol dos que já existem expressamente na Constituição Federal, também constitui uma das características que serão abordadas a seguir:

- **Historicidade:** essa característica revela que os direitos fundamentais são frutos da evolução histórica da humanidade. Significa que eles evoluem com o passar do tempo.
- **Inalienabilidade:** os direitos fundamentais não podem ser alienados, não podem ser negociados, não podem ser transigidos.
- **Irrenunciabilidade:** os direitos fundamentais não podem ser renunciados.
- **Imprescritibilidade:** os direitos fundamentais não se sujeitam aos prazos prescricionais. Não se perde um direito fundamental pelo decorrer do tempo.
- **Universalidade:** os direitos fundamentais pertencem a todas as pessoas, independentemente da sua condição.
- **Máxima Efetividade:** essa característica é mais uma imposição ao Estado, que está coagido a garantir a máxima efetividade dos direitos fundamentais. Esses direitos não podem ser ofertados de qualquer forma. É necessário que eles sejam garantidos da melhor forma possível.
- **Concorrência:** os direitos fundamentais podem ser utilizados em conjunto com outros direitos. Não é necessário abandonar um para usufruir outro direito.
- **Complementariedade:** um direito fundamental não pode ser interpretado sozinho. Cada direito deve ser analisado juntamente com outros direitos fundamentais, bem como com outros institutos jurídicos.
- **Proibição do retrocesso:** essa característica proíbe que os direitos já conquistados sejam perdidos.
- **Limitabilidade:** não existe direito fundamental absoluto. São direitos relativos.
- **Não Taxatividade:** essa característica, já tratada anteriormente, diz que o rol de direitos fundamentais é apenas exemplificativo, tendo em vista a possibilidade de inserção de novos direitos.

2.4 Dimensões dos direitos fundamentais

As dimensões, também conhecidas por gerações de direitos fundamentais, são uma classificação adotada pela doutrina que leva em conta a ordem cronológica de reconhecimento desses direitos. São cinco as dimensões atualmente reconhecidas:

- **1ª dimensão:** foram os primeiros direitos conquistados pela humanidade. São direitos relacionados à liberdade, em todas as suas formas. Possuem um caráter negativo diante do Estado, tendo em vista ser utilizado como uma verdadeira limitação ao poder estatal, ou seja, o Estado, diante dos direitos de primeira dimensão, fica impedido de agir ou interferir na sociedade. São verdadeiros direitos de defesa com caráter individual. Estão entre estes direitos as liberdades públicas, civis e políticas.
- **2ª dimensão:** estes direitos surgem na tentativa de reduzirem as desigualdades sociais provocadas pela primeira dimensão. Por isso, são conhecidos como direitos de igualdade. Para reduzir as diferenças sociais, o Estado precisa interferir na sociedade: essa interferência reflete a conduta positiva adotada por meio de prestações sociais. São exemplos de direitos de segunda dimensão: os direitos sociais, econômicos e culturais.
- **3ª dimensão:** aqui estão os conhecidos direitos de fraternidade. São direitos que refletem um sentimento de solidariedade entre os povos na tentativa de preservarem os direitos de toda a coletividade. São de terceira geração o direito ao meio ambiente saudável, o direito ao progresso da humanidade, ao patrimônio comum, entre outros.

DIREITO CONSTITUCIONAL

- **4ª dimensão:** esses direitos ainda não possuem um posicionamento pacífico na doutrina, mas costuma-se dizer que nesta dimensão ocorre a chamada globalização dos direitos fundamentais. São direitos que rompem com as fronteiras entre os Estados. São direitos de todos os seres humanos, independentemente de sua condição, como o direito à democracia, ao pluralismo político. São também considerados direitos de 4ª geração os direitos mais novos, que estão em construção, como o direito genético ou espacial.
- **5ª dimensão:** essa é a mais nova dimensão defendida por alguns doutrinadores. É formado basicamente pelo direito à paz. Esse seria o direito mais almejado pelo homem e que consubstancia a reunião de todos os outros direitos.

Deve-se ressaltar que esses direitos, à medida que foram sendo conquistados, complementavam os direitos anteriores, de forma que não se pode falar em substituição ou superação de uma geração sobre a outra, mas em cumulação, de forma que hoje podemos usufruir de todos os direitos pertencentes a todas as dimensões.

Para não se esquecer das três primeiras dimensões é só lembrar-se do lema da Revolução Francesa: Liberdade (1ª dimensão), Igualdade (2ª dimensão) e Fraternidade (3ª dimensão).

2.5 Titulares dos direitos fundamentais

2.5.1 Quem são os titulares dos direitos fundamentais?

A própria Constituição Federal responde a essa pergunta quando diz no *caput* do art. 5º que são titulares "os brasileiros e estrangeiros residentes no país". Mas será que é necessário residir no país para que o estrangeiro tenha direitos fundamentais?

Imaginemos um avião cheio de alemães que está fazendo uma escala no Aeroporto Municipal de Cascavel-PR.

Nenhum dos alemães reside no país. Seria possível entrar no avião e matar todas aquelas pessoas, haja vista não serem titulares de direitos fundamentais por não residirem no país? É claro que não. Para melhor se compreender o termo "residente", o STF o tem interpretado de forma mais ampla no sentido de abarcar todos aqueles que estão no país. Ou seja, todos os que estão no território brasileiro, independentemente de residirem no país, são titulares de direitos fundamentais.

Mas será que, para ser titular de direitos fundamentais, é necessário ter a condição humana? Ao contrário do que parece, não é necessário. Tem-se reconhecido como titulares de direitos fundamentais as pessoas jurídicas. Ressalta-se que não só as pessoas jurídicas de direito privado, mas também as pessoas jurídicas de direito público.

Os animais não são considerados titulares de direitos fundamentais, mas isso não significa que seja possível maltratá-los. Na prática, a Constituição Federal de 1988 os protege contra situações de maus-tratos. O STF já se pronunciou sobre a "briga de galo" e a "farra do boi", declarando-as inconstitucionais. Quanto à "vaquejada", o Supremo se manifestou acerca da admissibilidade parcial, desde que não figure flagelação do animal. Por fim, o tema de "rodeios" ainda não foi pleiteado. De outro lado, mortos podem ser titulares de direitos fundamentais, desde que o direito seja compatível (por exemplo: honra).

2.6 Cláusulas pétreas fundamentais

O art. 60, § 4º da Constituição Federal de 1988, traz o rol das chamadas **Cláusulas Pétreas:**

> § 4º Não será objeto de deliberação a proposta de emenda tendente a abolir:
>
> I – A forma federativa de Estado;
> II – O voto direto, secreto, universal e periódico;
> III – A separação dos Poderes;
> IV – Os direitos e garantias individuais.

As Cláusulas Pétreas são núcleos temáticos formados por institutos jurídicos de grande importância, os quais não podem ser retirados da Constituição. Observe-se que o texto proíbe a abolição desses princípios, mas não impede que eles sejam modificados, no caso, para melhor. Isso já foi cobrado em prova. É importante notar que o texto constitucional prevê no inciso IV como sendo Cláusulas Pétreas apenas os direitos e garantias individuais. Pela literalidade da Constituição, não são todos os direitos fundamentais que são protegidos por esse instituto, mas apenas os de caráter individual. Parte da doutrina e da jurisprudência entende que essa proteção deve ser ampliada, abrangendo os demais direitos fundamentais. Deve-se ter atenção com esse tema em prova, pois já foram cobrados os dois posicionamentos.

2.7 Eficácia dos direitos fundamentais

O § 1º do art. 5º da Constituição Federal de 1988 prevê que:

> § 1º As normas definidoras dos direitos e garantias fundamentais têm aplicação imediata.

Quando a Constituição Federal de 1988 se refere à aplicação de uma norma, na verdade está falando da sua eficácia.

Esse tema é sempre cobrado em provas de concurso. Com o intuito de obter uma melhor compreensão, é necessário conceituar, classificar e diferenciar os vários níveis de eficácia das normas constitucionais.

Para que uma norma constitucional seja aplicada é indispensável que a ela possua eficácia, a qual é a capacidade que uma norma jurídica tem de produzir efeitos.

Se os efeitos produzidos se restringem ao âmbito normativo, tem-se a chamada **eficácia jurídica**, ao passo que, se os efeitos são concretos, reais, tem-se a chamada **eficácia social**. Eficácia jurídica, portanto, é a capacidade que uma norma constitucional tem de revogar todas as outras normas que com ela apresentem divergência. Já a eficácia social, também conhecida como efetividade, é a aplicabilidade na prática, concreta, da norma. Todas as normas constitucionais possuem eficácia jurídica, mas nem todas possuem eficácia social. Logo, é possível afirmar que todas as normas constitucionais possuem eficácia. O problema surge quando uma norma constitucional não pode ser aplicada na prática, ou seja, não possui eficácia social.

Para explicar esse fenômeno, foram desenvolvidas várias classificações acerca do grau de eficácia de uma norma constitucional. A classificação mais adotada pela doutrina e mais cobrada em prova é a adotada pelo professor José Afonso da Silva, na obra *Curso de Direito Constitucional Positivo*. Para esse estudioso, a eficácia social se classifica em:

- **Eficácia plena:** são aquelas **autoaplicáveis.** São normas que possuem aplicabilidade direta, imediata e integral. Seus efeitos práticos são plenos. É uma norma que não depende de complementação legislativa para produzir efeitos. Veja os exemplos: art. 1º; art. 5º, *caput* e incisos XXXV e XXXVI; art. 19; art. 21; art. 53; art. 60, § 1º e 4º; art. 69; art. 128, § 5º, incisos I e II; art. 145, § 2º; entre outros.
- **Eficácia contida:** também são **autoaplicáveis.** Assim como as normas de eficácia plena, elas possuem **aplicabilidade direta e imediata**. Contudo, sua aplicação não é integral. É neste ponto que a eficácia contida se diferencia da eficácia plena. A norma de eficácia contida nasce plena, mas pode ser restringida por outra norma.

- Daí a doutrina chamá-la de norma contível, restringível ou redutível. Essas espécies permitem que outra norma reduza a sua aplicabilidade. São normas que produzem efeitos imediatos, mas esses efeitos podem ser restringidos. Por exemplo: art. 5º, incisos VII, XII, XIII, XV, XXVII e XXXIII; art. 9º; art. 37, inciso I; art. 170, parágrafo único; entre outros.
- **Eficácia limitada:** são desprovidas de eficácia social. Diz-se que as normas de eficácia limitada não são autoaplicáveis, possuem aplicabilidade indireta, mediata e reduzida ou diferida.
- São normas que dependem de outra para produzirem efeitos. O que as difere das normas de eficácia contida é a dependência de outra norma para que produza efeitos sociais. Enquanto as de eficácia contida produzem efeitos imediatos, os quais poderão ser restringidos posteriormente, as de eficácia limitada dependem de outra norma para produzirem efeitos. Deve-se ter cuidado para não pensar que essas espécies normativas não possuem eficácia. Como se afirmou anteriormente, elas possuem eficácia jurídica, mas não possuem eficácia social. As normas de eficácia limitada são classificadas, ainda, em:
- **Normas de eficácia limitada de princípio institutivo:** são aquelas que dependem de outra norma para organizar ou instituir estruturas, entidades ou órgãos. Por exemplo: art. 18, § 2º; art. 22, parágrafo único; art. 25, § 3º; art. 33; art. 88; art. 90, § 2º; art. 102, § 1º; art. 107, § 1º; art. 113; art. 121; art. 125, § 3º; art. 128, § 5º; art. 131; entre outros.
- **Normas de eficácia limitada de princípio programático:** são aquelas que apresentam verdadeiros objetivos a serem perseguidos pelo Estado, programas a serem implementados. Em regra, possuem fins sociais. Por exemplo: art. 7º, incisos XI, XX e XXVII; art. 173, § 4º; arts. 196; 205; 215; 218; 227; entre outros.

O Supremo Tribunal Federal (STF) possui algumas decisões que conferiram o grau de eficácia limitada aos seguintes dispositivos: art. 5º, inciso LI; art. 37, inciso I; art. 37, inciso VII; art. 40, § 4º; art. 18, § 4º.

Feitas as considerações iniciais sobre esse tema, resta saber o que o § 1º do art. 5º da Constituição Federal de 1988 quis dizer com "aplicação imediata". Para traduzir essa expressão, basta analisar a explicação apresentada anteriormente. Segundo a doutrina, as normas que possuem aplicação imediata ou são de eficácia plena ou contida. Ao que parece, o texto constitucional quis restringir a eficácia dos direitos fundamentais em plena ou contida, não existindo, em regra, normas definidoras de direitos fundamentais com eficácia limitada. Entretanto, pelos próprios exemplos aqui apresentados, não é essa a realidade do texto constitucional. Certamente, existem normas de eficácia limitada entre os direitos fundamentais (art. 7º, incisos XI, XX e XXVII). A dúvida que surge então é: como responder na prova?

A doutrina e o STF têm entendido que, apesar do texto expresso na Constituição Federal, existem normas definidoras de direitos fundamentais que não possuem aplicabilidade imediata, as quais são de eficácia limitada. Diante dessa contradição, a doutrina tem orientado no sentido de se conferir a maior eficácia possível aos direitos fundamentais. Em prova, pode ser cobrada tanto uma questão abordando o texto puro da Constituição Federal quanto o posicionamento da doutrina. Deve-se responder conforme for perguntado.

A Constituição previu dois instrumentos para garantir a efetividade das normas de eficácia limitada: **Ação Direta de Inconstitucionalidade por Omissão** e o **Mandado de Injunção**.

2.8 Força normativa dos tratados internacionais

Uma regra muito importante para a prova é a que está prevista no § 3º do art. 5º da Constituição Federal de 1988:

> § 3º Os tratados e convenções internacionais sobre direitos humanos que forem aprovados, em cada Casa do Congresso Nacional, em dois turnos, por três quintos dos votos dos respectivos membros, serão equivalentes às emendas constitucionais.

Esse dispositivo constitucional apresenta a chamada força normativa dos tratados internacionais.

Segundo o texto constitucional, é possível que um tratado internacional possua força normativa de emenda constitucional, desde que preencha os seguintes requisitos:
- Deve falar de direitos humanos;
- Deve ser aprovado nas duas casas legislativas do Congresso Nacional, ou seja, na Câmara dos Deputados e no Senado Federal;
- Deve ser aprovado em dois turnos em cada casa;
- Deve ser aprovado por 3/5 dos membros em cada turno de votação, em cada casa.

Preenchidos esses requisitos, o Tratado Internacional terá força normativa de **Emenda à Constituição**.

Mas surge a seguinte questão: e se o Tratado Internacional for de Direitos Humanos e não preencher os requisitos constitucionais previstos no § 3º do art. 5º da Constituição? Qual será sua força normativa? Segundo o STF, caso o Tratado Internacional fale de direitos humanos, mas não preencha os requisitos do § 3º do art. 5º da CF/1988/1988, ele terá força normativa de **norma supralegal**.

Ainda há os tratados internacionais que não falam de direitos humanos. São tratados que falam de outros temas, por exemplo, o comércio. Esses tratados possuem força normativa de **lei ordinária**.

Em suma, são três as forças normativas dos Tratados Internacionais:
- Emenda à Constituição;
- Norma supralegal;
- Lei ordinária.

2.9 Tribunal Penal Internacional (TPI)

Há outra regra muito interessante prevista no § 4º do art. 5º da Constituição Federal de 1988:

> § 4º O Brasil se submete à jurisdição de Tribunal Penal Internacional a cuja criação tenha manifestado adesão.

É o chamado **Tribunal Penal Internacional**. Mas o que é o Tribunal Penal Internacional? É uma corte permanente, localizada em Haia, na Holanda, com competência de julgamento dos crimes contra a humanidade.

É um Tribunal, pois tem função jurisdicional; é penal porque só julga crimes; é internacional, haja vista sua competência não estar restrita à fronteira de um só Estado.

Mas uma coisa deve ser esclarecida. O TPI não julga qualquer tipo de crime. Só os crimes que tenham repercussão para toda a humanidade. Geralmente, são crimes de guerra, agressão estrangeira, genocídio, dentre outros.

Apesar de ser um tribunal com atribuições jurisdicionais, o TPI não faz parte do Poder Judiciário brasileiro. Sua competência é complementar à jurisdição nacional, não ofendendo, portanto, a soberania do Estado brasileiro. Isso significa que o TPI só age quando a Justiça Brasileira se omite ou é ineficaz.

2.10 Direitos e garantias

Muitos questionam se direitos e garantias são a mesma coisa, mas a melhor doutrina tem diferenciado esses dois institutos.

Os direitos são os próprios direitos previstos na Constituição Federal de 1988. São os bens jurídicos tutelados pela Constituição. Eles representam por si só esses bens.

As garantias são instrumentos de proteção dos direitos. São ferramentas disponibilizadas pela Constituição para a fruição dos direitos.

Apesar da diferença entre os dois institutos é possível afirmar que **toda garantia é um direito**.

3 DIREITOS E DEVERES INDIVIDUAIS E COLETIVOS

A Constituição Federal, ao disciplinar os direitos individuais, os coloca basicamente no art. 5º. Logo no *caput* desse artigo, já aparece uma classificação didática dos direitos ali previstos:

> *Art. 5º Todos são iguais perante a lei, sem distinção de qualquer natureza, garantindo-se aos brasileiros e aos estrangeiros residentes no País a inviolabilidade do direito à vida, à liberdade, à igualdade, à segurança e à propriedade, nos termos seguintes:*

Para estudarmos os direitos individuais, utilizaremos os cinco grupos de direitos previstos no *caput* do art. 5º:

- Direito à vida;
- Direito à igualdade;
- Direito à liberdade;
- Direito à propriedade;
- Direito à segurança.

Percebe-se que os 78 incisos do art. 5º, de certa forma, decorrem de um desses direitos que podem ser chamados de **"direitos raízes"**. Utilizando essa divisão, a seguir serão abordados os incisos mais importantes desse artigo, tendo em vista a preparação para a prova. Logicamente, não conseguiremos abordar todos os incisos, o que não tira a responsabilidade de lê-los.

3.1 Direito à vida

Ao falar desse direito, que é considerado pela doutrina como o **direito mais fundamental de todos**, por ser um pressuposto para o exercício dos demais direitos, enfrenta-se um primeiro desafio: esse direito é absoluto?

Assim como os demais direitos, o direito à vida não é absoluto. São várias as justificativas existentes para considerá-lo um direito passível de flexibilização.

3.1.1 Pena de morte

Existe pena de morte no Brasil? A resposta é sim. A alínea "a" do inciso XLVII do art. 5º traz essa previsão expressamente:

> *XLVII – Não haverá penas:*
> *a) de morte, salvo em caso de guerra declarada, nos termos do art. 84, XIX;*

Todas as vezes que a Constituição traz uma negação acompanhada de uma exceção, estamos diante de uma possibilidade.

3.1.2 Aborto

A prática de aborto no Brasil é permitida? O art. 128 do Código Penal Brasileiro apresenta duas possibilidades de prática de aborto que são verdadeiras excludentes de ilicitude:

> *Art. 128 Não se pune o aborto praticado por médico:*
> *Aborto necessário*
> *I – Se não há outro meio de salvar a vida da gestante;*
> *Aborto sentimental*
> *II – Se a gravidez resulta de estupro e o aborto é precedido de consentimento da gestante ou, quando incapaz, de seu representante legal.*

São os **abortos necessário e sentimental**. Aborto necessário é aquele praticado para salvar a vida da gestante e o aborto sentimental é utilizado nos casos de estupro. Essas duas exceções à prática do crime de aborto são hipóteses em que se permite a sua prática no direito brasileiro. Além dessas duas hipóteses previstas expressamente na legislação brasileira, o STF também reconhece a possibilidade da prática de aborto do feto anencéfalo (feto sem cérebro). Mais uma vez, o direito à vida encontra-se flexibilizado.

3.1.3 Legítima defesa e estado de necessidade

Esses dois institutos, também excludentes de ilicitude do crime, são outras possibilidades de limitação do direito à vida, conforme disposto no art. 23 do Código Penal Brasileiro:

> *Art. 23 Não há crime quando o agente pratica o fato:*
> *I – Em estado de necessidade;*
> *II – Em legítima defesa;*

Em linhas gerais e de forma exemplificativa, o estado de necessidade permite que, diante de uma situação de perigo, uma pessoa possa, para salvar uma vida, tirar a vida de outra pessoa. Na legítima defesa, caso sua vida seja ameaçada por alguém, existe legitimidade em retirar a vida de quem o ameaçou.

Outro ponto que deve ser ressaltado é que o direito à vida não está subordinado apenas ao fato de se estar vivo. Quando a constituição protege o direito à vida, a faz em suas diversas acepções. Existem dispositivos constitucionais que protegem o direito à vida no que tange a sua preservação da integridade física e moral (art. 5º, incisos III, V, XLVII e XLIX; art. 199, § 4º). A Constituição também protege o direito à vida no que tange à garantia de uma vida com qualidade (arts. 6º; 7º, inciso IV; 196; 205; 215).

3.2 Direito à igualdade

3.2.1 Igualdade formal e igualdade material

Possui como sinônimo o termo Isonomia. A doutrina classifica esse direito em:

- **Igualdade formal:** traduz-se no termo "todos são iguais perante a lei, sem distinção de qualquer natureza". É o previsto no *caput* do art. 5º. É uma igualdade jurídica, que não se preocupa com a realidade, mas apenas evita que alguém seja tratado de forma discriminatória.
- **Igualdade material:** também chamada de igualdade efetiva ou substancial. É a igualdade que se preocupa com a realidade. Traduz-se na seguinte expressão: "tratar os iguais com igualdade e os desiguais com desigualdade, na medida das suas desigualdades". Esse tipo de igualdade confere um tratamento com justiça para aqueles que não a possuem.

A igualdade formal é a regra utilizada pelo Estado para conferir um tratamento isonômico entre as pessoas. Contudo, por diversas vezes, um tratamento igualitário não consegue atender a todas as necessidades práticas. Faz-se necessária a utilização da igualdade em seu aspecto material para que se consiga produzir um verdadeiro tratamento isonômico.

Imaginemos as relações entre homens e mulheres. A regra é que homem e mulher são tratados da mesma forma conforme previsto no inciso I do art. 5º:

> *I – Homens e mulheres são iguais em direitos e obrigações, nos termos desta Constituição;*

Contudo, em diversas situações, homens e mulheres serão tratados de forma diferente:

- **Licença-maternidade:** tem duração de 120 dias para a mulher. Para o homem, apenas 5 dias de licença-paternidade;
- **Aposentadoria:** a mulher se aposenta 5 anos mais cedo que o homem;
- **Serviço militar obrigatório:** só o homem está obrigado.

Essas são algumas das situações em que são permitidos tratamentos desiguais entre as pessoas. As razões que justificam essa discriminação são as diferenças efetivas que existem entre os homens e as mulheres em cada uma das hipóteses. Exemplificando, a mulher tem mais tempo para se recuperar em razão da nítida distinção do desgaste feminino para o masculino no que tange ao parto. É indiscutível que, por mais desgastante que seja o nascimento de um filho para o pai, nada se compara ao sofrimento suportado pela mãe. Por essa razão, a licença-maternidade é maior que a licença-paternidade.

3.2.2 Igualdade nos concursos públicos

O tema diz respeito à igualdade nos concursos públicos. Seria possível restringir o acesso a um cargo público em razão do sexo de uma pessoa? Ou por causa de sua altura? Ou ainda, pela idade que possui?

Essas questões encontram a mesma resposta: sim! É possível, desde que os critérios discriminatórios preencham alguns requisitos:

- **Deve ser fixado em lei:** não basta que os critérios estejam previstos no edital, precisam estar previstos em lei, no seu sentido formal.
- **Deve ser necessário ao exercício do cargo:** o critério discriminatório deve ser necessário ao exercício do cargo. A título de exemplo: seria razoável exigir para um cargo de policial militar, altura mínima ou mesmo, idade máxima, que representam vigor físico, tendo em vista a natureza do cargo que exige tal condição. As mesmas condições não poderiam ser exigidas para um cargo de técnico judiciário, por não serem necessárias ao exercício do cargo.

Em suma, podem ser exigidos critérios discriminatórios desde que previstos em lei e que sejam necessários ao exercício do cargo, observados os critérios de proporcionalidade e razoabilidade.

Esse tema sempre tem sido alvo de questões em prova, principalmente sob o aspecto jurisprudencial.

3.2.3 Ações afirmativas

Como formas de concretização da igualdade material foram desenvolvidas políticas públicas de compensação dirigidas às minorias sociais chamadas de **ações afirmativas ou discriminações positivas**. São verdadeiras ações de cunho social que visam a compensar possíveis perdas que determinados grupos sociais tiveram ao longo da história de suas vidas. Quem nunca ouviu falar nas "quotas para os pobres nas Universidades" ou ainda, "reserva de vagas para deficientes em concursos públicos"? Essas são algumas das espécies de ações afirmativas desenvolvidas no Brasil.

Mas por que reservar vagas para deficientes em concursos públicos? O deficiente, qualquer que seja sua deficiência, quando se prepara para um concurso público possui muito mais dificuldade que uma pessoa que tem a plenitude de seu vigor físico. Em razão dessa diferença, o Estado, na tentativa de reduzir a desigualdade existente entre os concorrentes, resolveu compensar a limitação de um portador de necessidades especiais reservando-lhe vagas especiais.

Perceba que, ao contrário do que parece, quando se reservam vagas num concurso público para deficientes estamos diante de um nítido tratamento discriminatório, que nesse caso é justificável pelas diferenças naturais entre o concorrente sadio e o concorrente deficiente. Lembre-se de que igualdade material é tratar iguais com igualdade e desiguais com desigualdade. O que se faz por meio dessas políticas de compensação é tratar os desiguais com desigualdade, na medida de suas desigualdades. Só dessa forma é possível alcançar um verdadeiro tratamento isonômico entre os candidatos.

Por fim, destaca-se o fato de o STF ter declarado constitucional a política de cotas étnico-raciais para seleção de estudantes em universidades públicas pacificando uma discussão antiga sobre esse tipo de ação afirmativa.

3.3 Direito à liberdade

O direito à liberdade pertence à primeira geração de direitos fundamentais por expressarem os direitos mais ansiados pelos indivíduos como forma de defesa diante do Estado. O que se verá a seguir são algumas das acepções desse direito que podem ser cobradas em prova.

3.3.1 Liberdade de ação

O inciso II do art. 5º apresenta aquilo que a doutrina chama de liberdade de ação:

> II – Ninguém será obrigado a fazer ou deixar de fazer alguma coisa senão em virtude de lei;

Essa é a liberdade por excelência. Segundo o texto constitucional, a liberdade só pode ser restringida por lei. Por isso, dizemos que esse inciso também apresenta o **princípio da legalidade.**

A liberdade pode ser entendida de duas formas, a depender do destinatário da mensagem:

- **Para o particular:** liberdade significa "fazer tudo que não for proibido".
- **Para o agente público:** liberdade significa "poder fazer tudo o que for determinado ou permitido pela lei".

3.3.2 Liberdade de locomoção

Uma das liberdades mais almejadas pelos indivíduos durante as lutas sociais é o grande carro-chefe na limitação dos poderes do Estado. O inciso XV do art. 5º já diz:

> XV – É livre a locomoção no território nacional em tempo de paz, podendo qualquer pessoa, nos termos da lei, nele entrar, permanecer ou dele sair com seus bens;

Perceba-se que o direito explanado nesse inciso não possui caráter absoluto, haja vista ter sido garantido em tempo de paz. Isso significa que em momentos sem paz seriam possíveis restrições às liberdades de locomoção. Destaca-se o Estado de Sítio que pode ser decretado nos casos previstos no art. 137 da Constituição Federal de 1988. Nessas circunstâncias, seriam possíveis maiores restrições à chamada liberdade de locomoção por meio de medidas autorizadas pela própria Constituição Federal:

> Art. 137 O Presidente da República pode, ouvidos o Conselho da República e o Conselho de Defesa Nacional, solicitar ao Congresso Nacional autorização para decretar o estado de sítio nos casos de:
> I – Comoção grave de repercussão nacional ou ocorrência de fatos que comprovem a ineficácia de medida tomada durante o estado de defesa;
> II – Declaração de estado de guerra ou resposta a agressão armada estrangeira.
>
> Art. 139 Na vigência do estado de sítio decretado com fundamento no art. 137, I, só poderão ser tomadas contra as pessoas as seguintes medidas:
> I – Obrigação de permanência em localidade determinada;
> II – Detenção em edifício não destinado a acusados ou condenados por crimes comuns;

Outro ponto interessante refere-se à possibilidade de qualquer pessoa entrar, permanecer ou sair do país com seus bens. Esse direito também não pode ser encarado de forma absoluta, haja vista a possibilidade de se exigir declaração de bens ou pagamento de imposto quando da entrada no país com bens. Nesse caso, liberdade de locomoção não se confunde com imunidade tributária.

Caso a liberdade de locomoção seja restringida por ilegalidade ou abuso de poder, a Constituição reservou um poderoso instrumento garantidor, o chamado *Habeas corpus*.

> Art. 5º [...]
> LXVIII – conceder-se-á "Habeas corpus" sempre que alguém sofrer ou se achar ameaçado de sofrer violência ou coação em sua liberdade de locomoção, por ilegalidade ou abuso de poder;

3.3.3 Liberdade de pensamento

Essa liberdade serve de amparo para uma série de possibilidades no que tange ao pensamento. Assim como os demais direitos fundamentais, a manifestação do pensamento não possui caráter absoluto, sendo restringido pela própria Constituição Federal, que proíbe seu exercício de forma anônima:

> Art. 5º [...]
> IV – É livre a manifestação do pensamento, sendo vedado o anonimato;

A vedação ao anonimato, além de ser uma garantia ao exercício da manifestação do pensamento, possibilita o exercício do direito de resposta caso alguém seja ofendido.

DIREITO CONSTITUCIONAL

Sobre Denúncia Anônima, é importante fazer uma observação. Diante da vedação constitucional ao anonimato, poder-se-ia imaginar que essa ferramenta de combate ao crime fosse considerada inconstitucional. Contudo, não tem sido esse o entendimento do STF. A denúncia anônima pode até ser utilizada como ferramenta de comunicação do crime, mas não pode servir como amparo para a instauração do Inquérito Policial, muito menos como fundamento para condenação de quem quer que seja.

3.3.4 Liberdade de consciência e crença religiosa

Uma primeira pergunta deve ser feita acerca da liberdade religiosa em nosso país: qual a religião oficial do Brasil? A única resposta possível: é nenhuma. A liberdade religiosa do Estado brasileiro é incompatível com a existência de uma religião oficial. É o que apresenta o inciso VI do art. 5º:

> *VI – É inviolável a liberdade de consciência e de crença, sendo assegurado o livre exercício dos cultos religiosos e garantida, na forma da lei, a proteção aos locais de culto e a suas liturgias;*

Esse inciso marca a liberdade religiosa existente no Brasil. Por esse motivo, dizemos que o Brasil é um Estado laico, leigo ou não confessional. Isso significa, basicamente, que no Brasil existe uma relação de separação entre Estado e Igreja. Essa relação entre o Estado e a Igreja encontra, inclusive, vedação expressa no texto constitucional:

> *Art. 19 É vedado à União, aos Estados, ao Distrito Federal e aos Municípios:*
> *I – Estabelecer cultos religiosos ou igrejas, subvencioná-los, embaraçar-lhes o funcionamento ou manter com eles ou seus representantes relações de dependência ou aliança, ressalvada, na forma da lei, a colaboração de interesse público;*

Por causa da liberdade religiosa, é possível exercer qualquer tipo de crença no país. É possível ser católico, protestante, mulçumano, ateu ou satanista. Isso é liberdade de crença ou consciência. Liberdade de crer ou não crer. Perceba que o inciso VI, além de proteger as crenças e cultos, também protege as suas liturgias. Apesar do amparo constitucional, não se pode utilizar esse direito para praticar atos contrários às demais normas do direito brasileiro como, por exemplo, sacrificar seres humanos como forma de prestar culto a determinada divindade. Isso a liberdade religiosa não ampara.

Outro dispositivo importante é o previsto no inciso VII:

> *Art. 5º [...]*
> *VII – É assegurada, nos termos da lei, a prestação de assistência religiosa nas entidades civis e militares de internação coletiva;*

Nesse inciso, a Constituição Federal de 1988 garantiu a assistência religiosa nas entidades de internação coletivas, sejam elas civis ou militares. Entidades de internação coletivas são quartéis, hospitais ou hospícios. Em razão dessa garantia constitucional, é comum encontrarmos nesses estabelecimentos capelas para que o direito seja exercido.

Apesar da importância dos dispositivos analisados anteriormente, nenhum é mais cobrado em prova que o inciso VIII:

> *Art. 5º [...]*
> *VIII – Ninguém será privado de direitos por motivo de crença religiosa ou de convicção filosófica ou política, salvo se as invocar para eximir-se de obrigação legal a todos imposta e recusar-se a cumprir prestação alternativa, fixada em lei;*

Estamos diante do instituto da Escusa de Consciência. Esse direito permite a qualquer pessoa que, em razão de sua crença ou consciência, deixe de cumprir uma obrigação imposta sem que com isso sofra alguma consequência em seus direitos. Tal permissivo constitucional encontra uma limitação prevista expressamente no texto em análise. No caso de uma obrigação imposta a todos, se o indivíduo se recusar ao seu cumprimento, ser-lhe-á oferecida uma prestação alternativa. Não a cumprindo também, a Constituição permite que direitos sejam restringidos. O art. 15 prescreve que os direitos restringidos serão os direitos políticos:

> *Art. 15 É vedada a cassação de direitos políticos, cuja perda ou suspensão só se dará nos casos de: [...]*
> *IV – Recusa de cumprir obrigação a todos imposta ou prestação alternativa, nos termos do art. 5º, VIII;*

3.3.5 Liberdade de reunião

Acerca dessa liberdade, é importante ressaltar as condições estabelecidas pelo texto constitucional:

> *Art. 5º [...]*
> *XVI – Todos podem reunir-se pacificamente, sem armas, em locais abertos ao público, independentemente de autorização, desde que não frustrem outra reunião anteriormente convocada para o mesmo local, sendo apenas exigido prévio aviso à autoridade competente;*

Enumerando-as, de forma a facilitar o estudo, tem-se que as condições estabelecidas para o exercício do direito à reunião são:

- **Reunião pacífica:** não se legitima uma reunião que tenha fins não pacíficos.
- **Sem armas:** para evitar a violência ou coação por meio de armas.
- **Locais abertos ao público:** encontra-se subentendida a reunião em local fechado.
- **Independente de autorização:** não precisa de autorização.
- **Necessidade de prévio aviso.**
- **Não frustrar outra reunião convocada anteriormente para o mesmo local:** garantia de isonomia no exercício do direito prevalecendo o de quem exerceu primeiro.

Sobre o exercício da liberdade de reunião é importante saber que ele não depende de autorização, mas necessita de prévio aviso.

Outro ponto que já foi alvo de questão de prova é a possibilidade de restrição desse direito no Estado de Sítio e no Estado de Defesa. O problema está na distinção entre as limitações que podem ser adotadas em cada uma das medidas:

> *Art. 136 [...]*
> *§ 1º O decreto que instituir o estado de defesa determinará o tempo de sua duração, especificará as áreas a serem abrangidas e indicará, nos termos e limites da lei, as medidas coercitivas a vigorarem, dentre as seguintes:*
> *I – Restrições aos direitos de:*
> *a) reunião, ainda que exercida no seio das associações;*
> *Art. 139. Na vigência do estado de sítio decretado com fundamento no art. 137, I, só poderão ser tomadas contra as pessoas as seguintes medidas: [...]*
> *IV – Suspensão da liberdade de reunião;*

Ao passo que no **estado de defesa** ocorrerão **restrições** ao direito de reunião, no **estado de sítio** ocorrerá a **suspensão** desse direito.

3.3.6 Liberdade de associação

São vários os dispositivos constitucionais que regulam a liberdade de associação:

> *Art. 5º [...]*
> *XVII – É plena a liberdade de associação para fins lícitos, vedada a de caráter paramilitar;*
> *XVIII – A criação de associações e, na forma da lei, a de cooperativas independem de autorização, sendo vedada a interferência estatal em seu funcionamento;*
> *XIX – As associações só poderão ser compulsoriamente dissolvidas ou ter suas atividades suspensas por decisão judicial, exigindo-se, no primeiro caso, o trânsito em julgado;*
> *XX – Ninguém poderá ser compelido a associar-se ou a permanecer associado;*
> *XXI – As entidades associativas, quando expressamente autorizadas, têm legitimidade para representar seus filiados judicial ou extrajudicialmente;*

O primeiro ponto que dever ser lembrado é que a liberdade de associação só poderá ser usufruída para fins lícitos sendo proibida a criação de associação paramilitar.

Entende-se como associação de caráter paramilitar toda organização paralela ao Estado, sem legitimidade, com estrutura e organização tipicamente militar. São as facções criminosas, milícias ou qualquer outra organização que possua fins ilícitos e alheios aos do Estado.

Destaca-se, com a mesma importância, a dispensa de autorização e interferência estatal no funcionamento e criação das associações.

Maior destaque deve ser dado ao inciso XIX, que condiciona qualquer limitação às atividades associativas a uma decisão judicial. As associações podem ter suas atividades **suspensas** ou **dissolvidas**. Em qualquer um dos casos deve haver **decisão judicial**. No caso da **dissolução**, por ser uma medida mais grave, não basta qualquer decisão judicial, tem que ser **transitada em julgado**. Isso significa uma decisão definitiva, à qual não caiba mais recurso.

O inciso XX tutela a chamada liberdade associativa, pela qual ninguém será obrigado a se associar ou mesmo a permanecer associado a qualquer entidade associativa.

Por fim, temos o inciso XXI, que permite às associações que representem seus associados tanto na esfera judicial quanto na administrativa desde que possuam expressa autorização. Expressa autorização significa por escrito, por meio de instrumento legal que comprove a autorização.

Vale destacar que, para suspender as atividades de uma associação, basta qualquer decisão judicial; para dissolver, tem que haver decisão judicial transitada em julgado.

3.4 Direito à propriedade

Quando se fala em direito à propriedade, alguns atributos que lhe são inerentes aparecem imediatamente. Propriedade é a faculdade que uma pessoa tem de usar, gozar dispor de um bem. O texto constitucional garante esse direito de forma expressa:

Art. 5º [...]

XXII – É garantido o direito de propriedade.

Apesar de esse direito aparentar possuir um caráter absoluto, quando se investiga mais a fundo esse tema, percebe-se que ele possui vários limitadores no próprio texto constitucional. E é isso que se passa a analisar agora.

3.4.1 Limitações

Dentre as limitações existentes na Constituição, estão: função social, requisição administrativa, desapropriação, bem de família, propriedade imaterial e direito à herança.

3.4.2 Função social

A Constituição Federal de 1988 exige, em seu art. 5º, que a propriedade atenda a sua função social:

XXIII – A propriedade atenderá a sua função social;

Isso significa que a propriedade não é tão individual quanto pensamos. A necessidade de observância da função social demonstra que a propriedade é muito mais que uma titularidade privada. Esse direito possui reflexos em toda a sociedade. É só imaginar uma propriedade imóvel, um terreno urbano, que, apesar de possuir um proprietário, fica abandonado. Cresce o mato, as pessoas começam a jogar lixo naquele lugar, alguns criminosos começam a utilizar aquele ambiente para prática de atividades ilícitas. Veja quantas coisas podem acontecer numa propriedade e que importarão em consequências gravosas para o meio social mais próximo. É por isso que a propriedade tem que atender a sua função social.

3.4.3 Requisição administrativa

Consta no inciso XXV do art. 5º:

XXV – No caso de iminente perigo público, a autoridade competente poderá usar de propriedade particular, assegurada ao proprietário indenização ulterior, se houver dano;

Essa é a chamada Requisição Administrativa. Esse instituto permite que a propriedade seja limitada pela necessidade de se solucionar situação de perigo público. Não se trata de uma forma de desapropriação, pois o dono da propriedade requisitada não a perde, apenas a empresta para uso público, sendo garantido, posteriormente, havendo dano, direito a indenização. Esse instituto limita o caráter absoluto da propriedade.

3.4.4 Desapropriação

É a perda da propriedade. Esse é o limitador por excelência do direito, restringindo o caráter perpétuo da propriedade. A seguir, estão exemplificadas as três modalidades de desapropriação.

- **Desapropriação pelo mero interesse público:** essa modalidade é utilizada pelo Estado quando o interesse social ou a utilidade pública prevalecem sobre o direito individual. Nesse tipo de desapropriação, destaca-se que o proprietário nada fez para merecê-la, contudo, o interesse público exige que determinada área seja desapropriada. É o caso de construção de uma rodovia que exige a desapropriação de várias propriedades para o asfaltamento da via.
- Deve ser destacado que essa modalidade de desapropriação gera direito à indenização, que deve ser paga em dinheiro, previamente e com valor justo.
- Conforme o texto da Constituição Federal de 1988:

    Art. 5º [...]

    XXIV – A lei estabelecerá o procedimento para desapropriação por necessidade ou utilidade pública, ou por interesse social, mediante justa e prévia indenização em dinheiro, ressalvados os casos previstos nesta Constituição;

- **Desapropriação-sanção:** nesta modalidade, o proprietário, por algum motivo, não observou a função social da propriedade. Por esse motivo, é chamada de Desapropriação-sanção, haja vista ser uma verdadeira punição. Segundo a Constituição Federal de 1988, essa desapropriação gera direito à indenização, que deverá ser paga em títulos da dívida pública ou agrária. Segundo os arts. 182, § 4º, inciso III e 184 da Constituição Federal de 1988:

    Art. 182 [...]

    § 4º É facultado ao Poder Público municipal, mediante lei específica para área incluída no plano diretor, exigir, nos termos da lei federal, do proprietário do solo urbano não edificado, subutilizado ou não utilizado, que promova seu adequado aproveitamento, sob pena, sucessivamente, de:

    I – Parcelamento ou edificação compulsórios;

    II – Imposto sobre a propriedade predial e territorial urbana progressivo no tempo;

    III – Desapropriação com pagamento mediante títulos da dívida pública de emissão previamente aprovada pelo Senado Federal, com prazo de resgate de até dez anos, em parcelas anuais, iguais e sucessivas, assegurados o valor real da indenização e os juros legais.

    Art. 184 Compete à União desapropriar por interesse social, para fins de reforma agrária, o imóvel rural que não esteja cumprindo sua função social, mediante prévia e justa indenização em títulos da dívida agrária, com cláusula de preservação do valor real, resgatáveis no prazo de até vinte anos, a partir do segundo ano de sua emissão, e cuja utilização será definida em lei.

- **Desapropriação confiscatória:** *é a desapropriação que ocorre com a propriedade utilizada para cultivo de plantas psicotrópicas. Nesse caso, não haverá indenização, mas o proprietário poderá ser processado pela prática de ilícito penal.*

    Art. 243 As propriedades rurais e urbanas de qualquer região do País onde forem localizadas culturas ilegais de plantas psicotrópicas ou a exploração de trabalho escravo na forma da lei serão expropriadas e destinadas à reforma agrária e a programas de habitação popular, sem qualquer indenização ao proprietário e sem prejuízo de outras sanções previstas em lei, observado, no que couber, o disposto no art. 5º.

    Parágrafo único. Todo e qualquer bem de valor econômico apreendido em decorrência do tráfico ilícito de entorpecentes e drogas afins e da exploração de trabalho escravo será confiscado e reverterá a fundo especial com destinação específica, na forma da lei.

DIREITO CONSTITUCIONAL

> **Atenção!**
> **Desapropriação por interesse público** → indenizada em dinheiro.
> **Desapropriação-sanção** → indenizada em títulos da Dívida Pública.
> **Desapropriação confiscatória** → não tem direito à indenização.

3.4.5 Bem de família

A Constituição consagra uma forma de proteção às pequenas propriedades rurais chamada de bem de família:

> *Art. 5º [...]*
> *XXVI – A pequena propriedade rural, assim definida em lei, desde que trabalhada pela família, não será objeto de penhora para pagamento de débitos decorrentes de sua atividade produtiva, dispondo a lei sobre os meios de financiar o seu desenvolvimento; =*

O mais importante para prova é atentar para os requisitos estabelecidos no inciso, quais sejam:

- **Pequena propriedade rural:** não se trata de qualquer propriedade.
- **Definida em lei:** não em outra espécie normativa.
- **Trabalhada pela família:** não por qualquer pessoa.
- **Débitos decorrentes da atividade produtiva:** não por qualquer débito.

3.4.6 Propriedade imaterial

Além das propriedades sobre bens materiais, a Constituição também consagra normas de proteção sobre a propriedade de bens imateriais. São duas as propriedades consagradas: autoral e industrial.

- **Propriedade autoral:** encontra-se protegida nos incisos XXVII e XXVIII do art. 5º:

> *XXVII – Aos autores pertence o direito exclusivo de utilização, publicação ou reprodução de suas obras, transmissível aos herdeiros pelo tempo que a lei fixar;*
> *XXVIII – São assegurados, nos termos da lei:*
> *a) a proteção às participações individuais em obras coletivas e à reprodução da imagem e voz humanas, inclusive nas atividades desportivas;*
> *b) o direito de fiscalização do aproveitamento econômico das obras que criarem ou de que participarem aos criadores, aos intérpretes e às respectivas representações sindicais e associativas;*

- **Propriedade industrial:** encontra-se protegida no inciso XXIX:

> *XXIX – A lei assegurará aos autores de inventos industriais privilégio temporário para sua utilização, bem como proteção às criações industriais, à propriedade das marcas, aos nomes de empresas e a outros signos distintivos, tendo em vista o interesse social e o desenvolvimento tecnológico e econômico do País;*

Uma relação muito interessante entre a propriedade autoral e a industrial está no tempo de proteção previsto na Constituição Federal de 1988. Observe-se que na propriedade autoral o direito do autor é vitalício, tendo em vista a previsão de possibilidade de transmissão desses direitos aos herdeiros. Contudo, quando nas mãos dos sucessores, a proteção será pelo tempo que a lei fixar, ou seja, temporário.

Já na propriedade industrial, a proteção do próprio autor já possui caráter temporário.

3.4.7 Direito à herança

De nada adiantaria tanta proteção à propriedade se esse bem jurídico não pudesse ser transmitido por meio da sucessão de bens aos herdeiros após a morte. O direito à herança, consagrado expressamente na Constituição, traduz-se no coroamento do direito de propriedade. É a grande força motriz desse direito. Só faz sentido ter direito à propriedade se esse direito possa ser transferido aos herdeiros.

> *Art. 5º [...]*
> *XXX – É garantido o direito de herança;*
> *XXXI – A sucessão de bens de estrangeiros situados no País será regulada pela lei brasileira em benefício do cônjuge ou dos filhos brasileiros, sempre que não lhes seja mais favorável a lei pessoal do de cujus;*

Destaque especial deve ser dado ao inciso XXXI, que prevê a possibilidade de aplicação de lei estrangeira no país em casos de sucessão de bens de pessoa estrangeira desde que esses bens estejam situados no Brasil. A Constituição Federal permite que seja aplicada a legislação mais favorável aos herdeiros, quer seja a lei brasileira, quer seja a lei estrangeira.

3.5 Direito à segurança

Ao se referir à segurança como direito individual, o art. 5º pretende significar "segurança jurídica" que trata de normas de pacificação social e que produzem uma maior segurança nas relações sociais. Esse é o ponto alto dos direitos individuais. Sem dúvida, aqui está a maior quantidade de questões cobradas em prova.

3.5.1 Princípio da segurança nas relações jurídicas

Este princípio tem como objetivo garantir a estabilidade das relações jurídicas. Veja o que diz a Constituição:

> *Art. 5º [...]*
> *XXXVI – A lei não prejudicará o direito adquirido, o ato jurídico perfeito e a coisa julgada;*

Os três institutos aqui protegidos encontram seu conceito formalizado na **Lei de Introdução às Normas do Direito brasileiro**.

> *Art. 6º [...]*
> *§ 1º Reputa-se ato jurídico perfeito o já consumado segundo a lei vigente ao tempo em que se efetuou.*
> *§ 2º Consideram-se adquiridos assim os direitos que o seu titular, ou alguém por ele, possa exercer, como aqueles cujo começo do exercício tenha termo pré-fixo, ou condição pré-estabelecida inalterável, a arbítrio de outrem.*
> *§ 3º Chama-se coisa julgada ou caso julgado a decisão judicial de que já não caiba recurso.*

Em linhas gerais, pode-se assim conceituá-los:

- **Direito adquirido:** direito já incorporado ao patrimônio do titular.
- **Ato jurídico perfeito:** ato jurídico que já atingiu seu fim. Ato jurídico acabado, aperfeiçoado, consumado.
- **Coisa julgada:** sentença judicial transitada em julgado. Aquela sentença em relação à qual não cabe mais recurso.

De uma coisa não se pode esquecer: a proibição de retroatividade da lei nos casos aqui estudados não se aplica às leis mais benéficas, ou seja, uma lei mais benéfica poderá produzir efeitos em relação ao direito adquirido, ao ato jurídico perfeito e à coisa julgada.

3.5.2 Devido processo legal

O devido processo legal possui como objetivo principal limitar o poder do Estado. Esse princípio condiciona a restrição da liberdade ou dos bens de um indivíduo à existência de um procedimento estatal que respeite todos os direitos e garantias processuais previstos na lei. É o que diz o inciso LIV do art. 5º:

> *LIV – Ninguém será privado da liberdade ou de seus bens sem o devido processo legal;*

A exigência constitucional de existência de processo aplica-se tanto aos processos judiciais quanto aos procedimentos administrativos.

Desse princípio, surge a garantia constitucional à **proporcionalidade e razoabilidade**. Da mesma forma, é durante o devido processo legal que poderão ser exercidos os direitos ao contraditório e à ampla defesa, que serão analisados a seguir.

3.5.3 Contraditório e ampla defesa

Essas garantias constitucionais, conforme já salientado, decorrem do devido processo legal. São utilizadas como ferramenta de defesa diante das acusações impostas pelo Estado ou por um particular nos processos judiciais e administrativos:

DIREITOS E DEVERES INDIVIDUAIS E COLETIVOS

Art. 5º [...]
LV – Aos litigantes, em processo judicial ou administrativo, e aos acusados em geral são assegurados o contraditório e ampla defesa, com os meios e recursos a ela inerentes;

Mas o que significam o contraditório e a ampla defesa?

Contraditório é o direito de contradizer, contrariar, contraditar. Se alguém diz que você é ou fez alguma coisa, o contraditório lhe permite dizer que não é e que não fez o que lhe foi imputado. É simplesmente o direito de contrariar. Já a **ampla defesa** é a possibilidade de utilização de todos os meios admitidos em direito para se defender de uma acusação.

Em regra, o contraditório e a ampla defesa são garantidos em todos os processos judiciais ou administrativos, contudo, a legislação brasileira previu alguns procedimentos administrativos incompatíveis com o exercício desse direito:

- Inquérito policial.
- Sindicância investigativa.
- Inquérito civil.

Em suma, nos procedimentos investigatórios que não possuem o condão de punir o investigado não serão garantidos o contraditório e a ampla defesa.

Observem-se as Súmulas Vinculantes do Supremo Tribunal Federal que versam sobre esse tema:

> **Súmula Vinculante nº 3 – STF** *Nos processos perante o Tribunal de Contas da União asseguram-se o contraditório e a ampla defesa quando da decisão puder resultar anulação ou revogação de ato administrativo que beneficie o interessado, excetuada a apreciação da legalidade do ato de concessão inicial de aposentadoria, reforma e pensão.*
>
> **Súmula Vinculante nº 5 – STF** *A falta de defesa técnica por advogado no processo administrativo disciplinar não ofende a Constituição.*
>
> **Súmula Vinculante nº 14 – STF** *É direito do defensor, no interesse do representado, ter acesso amplo aos elementos de prova que, já documentados em procedimento investigatório realizado por órgão com competência de polícia judiciária, digam respeito ao exercício do direito de defesa.*
>
> **Súmula Vinculante nº 21 – STF** *É inconstitucional a exigência de depósito ou arrolamento prévios de dinheiro ou bens para admissibilidade de recurso administrativo.*

3.5.4 Proporcionalidade e razoabilidade

Eis uma garantia fundamental que não está expressa no texto constitucional apesar de ser um dos institutos mais utilizados pelo Supremo em suas decisões atuais. Trata-se de um princípio implícito, cuja fonte é o princípio do devido processo legal. Esses dois institutos jurídicos são utilizados como parâmetro de ponderação quando adotadas medidas pelo Estado, principalmente no que tange à restrição de bens e direitos dos indivíduos. Duas palavras esclarecem o sentido dessas garantias: necessidade e adequação.

Para saber se um ato administrativo observou os critérios de proporcionalidade e razoabilidade, deve-se questionar se o ato foi necessário e se foi adequado à situação.

Para exemplificar, imaginemos que um determinado fiscal sanitário, ao inspecionar um supermercado, depara-se com um pote de iogurte com a data de validade vencida há um dia. Imediatamente, ele prende o dono do mercado, dá dois tiros para cima, realiza revista manual em todos os clientes e funcionários do mercado e aplica uma multa de dois bilhões de reais. Pergunta-se: será que a medida adotada pelo fiscal foi necessária? Foi adequada? Certamente que não. Logo, a medida não observou os princípios da razoabilidade e proporcionalidade.

É importante deixar claro que os princípios da proporcionalidade e da razoabilidade estão implícitos no texto constitucional, ou seja, não estão previstos expressamente.

3.5.5 Inadmissibilidade das provas ilícitas

Uma das garantias mais importantes do direito brasileiro é a inadmissibilidade das provas ilícitas. Encontra-se previsto expressamente no inciso LVI do art. 5º:

> *LVI – São inadmissíveis, no processo, as provas obtidas por meios ilícitos.*

Em razão dessa garantia, é proibida a produção de provas ilícitas num processo sob pena de nulidade processual. Em regra, a prova ilícita produz nulidade de tudo o que a ela estiver relacionado. Esse efeito decorre da chamada **Teoria dos Frutos da Árvore Envenenada**. Segundo a teoria, se a árvore está envenenada, os frutos também o serão. Se uma prova foi produzida de forma ilícita, as demais provas dela decorrentes também serão ilícitas (ilicitude por derivação). Contudo, deve-se ressaltar que essa teoria é aplicada de forma restrita no direito brasileiro, ou seja, encontrada uma prova ilícita num processo, não significa que todo o processo será anulado, mas apenas os atos e demais provas que decorreram direta ou indiretamente daquela produzida de forma ilícita.

Caso existam provas autônomas produzidas em conformidade com a lei, o processo deve prosseguir ainda que tenham sido encontradas e retiradas as provas ilícitas. Logo, é possível afirmar que a existência de uma prova ilícita no processo não anula de pronto todo o processo.

Deve-se destacar, ainda, a única possibilidade já admitida de prova ilícita nos tribunais brasileiros: a produzida em legítima defesa.

3.5.6 Inviolabilidade domiciliar

Essa garantia protege o indivíduo em seu recinto mais íntimo: a casa. A Constituição dispõe que:

> *Art. 5º [...]*
> *XI – A casa é asilo inviolável do indivíduo, ninguém nela podendo penetrar sem consentimento do morador, salvo em caso de flagrante delito ou desastre, ou para prestar socorro, ou, durante o dia, por determinação judicial.*

Como regra, só se pode entrar na casa de uma pessoa com o seu consentimento. Excepcionalmente, a Constituição Federal admite a entrada sem consentimento do morador nos casos de:

- Flagrante delito.
- Desastre.
- Prestar socorro.
- Determinação Judicial – só durante o dia.

No caso de determinação judicial, a entrada se dará apenas durante o dia. Nos demais casos, a entrada será permitida a qualquer hora.

Alguns conceitos importantes: o que é casa? O que pode ser entendido como casa para efeito de inviolabilidade? A jurisprudência tem interpretado o conceito de casa de forma ampla, em consonância com o disposto nos arts. 245 e 246 do Código de Processo Penal:

> *Art. 245 As buscas domiciliares serão executadas de dia, salvo se o morador consentir que se realizem à noite, e, antes de penetrarem na casa, os executores mostrarão e lerão o mandado ao morador, ou a quem o represente, intimando-o, em seguida, a abrir a porta.*
>
> *Art. 246 Aplicar-se-á também o disposto no artigo anterior, quando se tiver de proceder a busca em compartimento habitado ou em aposento ocupado de habitação coletiva ou em compartimento não aberto ao público, onde alguém exercer profissão ou atividade.*

O STF já considerou como casa, para efeitos de inviolabilidade, oficina mecânica, quarto de hotel ou escritório profissional.

Outra questão relevante é saber o que é dia? Dois são os posicionamentos adotados na doutrina:

- Das 6 h às 18 h.
- Da aurora ao crepúsculo.

Segundo a jurisprudência, isso deve ser resolvido no caso concreto, tendo em vista variação de fusos horários existentes em nosso país, bem como a ocorrência do horário de verão. Na prática, é possível entrar na casa independentemente do horário, desde que seja durante o dia.

Em caso de flagrante delito, desastre ou para prestar socorro, pode-se entrar a qualquer momento

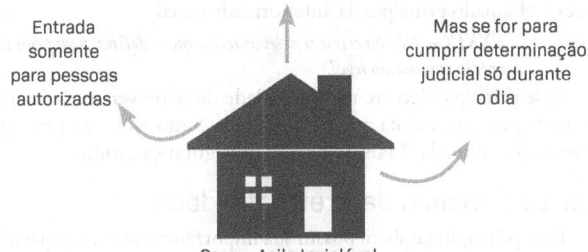

Entrada somente para pessoas autorizadas

Mas se for para cumprir determinação judicial só durante o dia

Casa – Asilo Inviolável

3.5.7 Princípio da inafastabilidade da jurisdição

Esse princípio, também conhecido como princípio do livre acesso ao poder judiciário ou direito de ação, garante, nos casos de necessidade, o acesso direto ao Poder Judiciário. Também, decorre desse princípio a ideia de que não é necessário o esgotamento das vias administrativas para ingressar com uma demanda no Poder Judiciário. Assim prevê a Constituição Federal:

> *Art. 5º [...]*
> *XXXV – A lei não excluirá da apreciação do Poder Judiciário lesão ou ameaça a direito;*

Perceba que a proteção possui sentido duplo: lesão ou ameaça à lesão. Significa dizer que a garantia pode ser utilizada tanto de forma preventiva como de forma repressiva. Tanto para prevenir a ofensa a direito como para reprimir a ofensa já cometida.

Quanto ao acesso ao Judiciário independentemente do esgotamento das vias administrativas, há algumas peculiaridades previstas na legislação brasileira:

- **Justiça desportiva:** a Constituição Federal de 1988 prevê no art. 217 que o acesso ao Poder Judiciário está condicionado ao esgotamento das vias administrativas.

  > *Art. 217 [...]*
  > *§ 1º O Poder Judiciário só admitirá ações relativas à disciplina e às competições desportivas após esgotarem-se as instâncias da justiça desportiva, regulada em lei.*

- **Compromisso arbitral:** a Lei nº 9.307/1996 prevê que as partes, quando em discussão patrimonial, poderão optar pela arbitragem como forma de resolução de conflito. Não se trata de uma instância administrativa de curso forçado, mas de uma opção facultada às partes.

- *Habeas data:* o art. 8º da Lei nº 9.507/1997 exige, para impetração do *habeas data*, a comprovação da recusa ao acesso à informação. Parte da doutrina não considera isso como exigência de prévio esgotamento da via administrativa, mas condição da ação. Veja-se a súmula nº 2 do STJ:

  > *Súmula nº 2 – STJ Não cabe "Habeas Data" se não houve recusa de informações por parte da autoridade administrativa.*

- **Reclamação Constitucional:** o art. 7º, § 1º da Lei nº 11.417/2006, que regula a edição de Súmulas Vinculantes, prevê que só será possível a Reclamação Constitucional nos casos de omissão ou ato da Administração Pública que contrarie ou negue vigência à Súmula Vinculante, após o esgotamento das vias administrativas.

3.5.8 Gratuidade das certidões de nascimento e de óbito

A Constituição Federal de 1988 traz expressamente que:

> *Art. 5º, LXXVI. São gratuitos para os reconhecidamente pobres, na forma da lei:*
> *a) o registro civil de nascimento;*
> *b) a certidão de óbito;*

Observe-se que o texto constitucional condiciona o benefício da gratuidade do registro de nascimento e da certidão de óbito apenas para os reconhecidamente pobres. Entretanto, a Lei nº 6.015/1973 prevê que:

> *Art. 30 Não serão cobrados emolumentos pelo registro civil de nascimento e pelo assento de óbito, bem como pela primeira certidão respectiva.*
> *§ 1º Os reconhecidamente pobres estão isentos de pagamento de emolumentos pelas demais certidões extraídas pelo cartório de registro civil.*

Perceba que essa lei amplia o benefício garantido na Constituição para todas as pessoas no que tange ao registro e à aquisição da primeira certidão de nascimento e de óbito. Quanto às demais vias, só serão garantidas aos reconhecidamente pobres. Deve-se ter cuidado com essa questão em prova, pois deve ser levado em conta se a pergunta tem como referência a Constituição ou não.

3.5.9 Celeridade processual

Traz o texto constitucional:

> *Art. 5º [...]*
> *LXXVIII – A todos, no âmbito judicial e administrativo, são assegurados a razoável duração do processo e os meios que garantam a celeridade de sua tramitação.*

Essa é a garantia da celeridade processual. Decorre do princípio da eficiência que obriga o Estado a prestar assistência em tempo razoável. Celeridade quer dizer rapidez, mas uma rapidez com qualidade. Esse princípio é aplicável nos processos judiciais e administrativos, visa dar maior efetividade a prestação estatal. Deve-se garantir o direito antes que o seu beneficiário deixe de precisar. Após a inclusão desse dispositivo entre os direitos fundamentais, várias medidas para acelerar a prestação jurisdicional foram adotadas, dentre as quais destacam-se:

- Juizados especiais;
- Súmula vinculante;
- Realização de inventários e partilhas por vias administrativas;
- Informatização do processo.

Essas são algumas das medidas que foram adotadas para trazer mais celeridade ao processo.

3.5.10 Erro judiciário

Dispositivo de grande utilidade social que funciona como limitador da arbitrariedade estatal. O Estado, no que tange à liberdade do indivíduo, não pode cometer erros sob pena de ter que indenizar o injustiçado. Isso é o que prevê o inciso LXXV do art. 5º:

> *LXXV – O Estado indenizará o condenado por erro judiciário, assim como o que ficar preso além do tempo fixado na sentença;*

3.5.11 Publicidade dos atos processuais

Em regra, os atos processuais são públicos. Essa publicidade visa a garantir maior transparência aos atos administrativos bem como permite a fiscalização popular. Além disso, atos públicos possibilitam um exercício efetivo do contraditório e da ampla defesa. Entretanto, essa publicidade comporta algumas exceções:

> *Art. 5º [...]*
> *LX – A lei só poderá restringir a publicidade dos atos processuais quando a defesa da intimidade ou o interesse social o exigirem;*

Nos casos em que a intimidade ou o interesse social exigirem, a publicidade poderá ser restringida apenas aos interessados. Imaginemos uma audiência em que estejam envolvidas crianças; nesse caso, como forma de preservação da intimidade, o juiz poderá restringir a participação na audiência apenas aos membros da família e demais interessados.

DIREITOS E DEVERES INDIVIDUAIS E COLETIVOS

3.5.12 Sigilo das comunicações

Uma das normas mais importantes da Constituição Federal que versa sobre segurança jurídica é esta:

Art. 5º [...]

XII – É inviolável o sigilo da correspondência e das comunicações telegráficas, de dados e das comunicações telefônicas, salvo, no último caso, por ordem judicial, nas hipóteses e na forma que a lei estabelecer para fins de investigação criminal ou instrução processual penal;

Esse dispositivo prevê quatro formas de comunicação que possuem proteção constitucional:

- Sigilo da correspondência;
- Comunicação telegráfica;
- Comunicação de dados;
- Comunicações telefônicas.

Dessas quatro formas de comunicação, apenas uma obteve autorização de violação do sigilo pelo texto constitucional: as comunicações telefônicas. Deve-se tomar cuidado com esse tema em prova. Segundo o texto expresso, só as comunicações telefônicas poderão ter o seu sigilo violado. E só o juiz poderá fazê-lo, com fins definidos também pela Constituição, os quais são para investigação criminal e instrução processual penal.

Entretanto, considerando a inexistência de direito fundamental absoluto, a jurisprudência tem considerado a possibilidade de quebra dos demais sigilos, desde que seja determinada por ordem judicial.

No que tange ao sigilo dos dados bancários, fiscais, informáticos e telefônicos, a jurisprudência tem permitido sua quebra por determinação judicial, determinação de Comissão Parlamentar de Inquérito, requisição do Ministério Público, solicitação da autoridade fazendária.

3.5.13 Tribunal do Júri

O Tribunal do Júri é uma instituição pertencente ao Poder Judiciário, que possui competência específica para julgar determinados tipos de crime. O Júri é formado pelo Conselho de Sentença, que é presidido por um Juiz Togado e por sete jurados que efetivamente farão o julgamento do acusado. A ideia do Tribunal do Júri é que o acusado seja julgado por seus pares.

A Constituição Federal apresenta alguns princípios que regem esse tribunal:

Art. 5º [...]

XXXVIII – É reconhecida a instituição do júri, com a organização que lhe der a lei, assegurados:

a) a plenitude de defesa;

b) o sigilo das votações;

c) a soberania dos veredictos;

d) a competência para o julgamento dos crimes dolosos contra a vida.

Segundo esse texto, o Tribunal do Júri é regido pelos seguintes princípios:

- **Plenitude de defesa:** esse princípio permite que no júri sejam utilizadas todas as provas permitidas em direito. Aqui, o momento probatório é bastante explorado haja vista a necessidade de se convencer os jurados que são pessoas comuns da sociedade.
- **Sigilo das votações:** o voto é sigiloso. Durante o julgamento não é permitido que um jurado converse com o outro sobre o julgamento sob pena de nulidade;
- **Soberania dos veredictos:** o que for decidido pelos jurados será considerado soberano. Nem o Juiz presidente poderá modificar o julgamento. Aqui quem decide são os jurados;
- **Competência para julgar os crimes dolosos contra a vida:** o júri não julga qualquer tipo de crime, mas apenas os dolosos contra a vida. Crimes dolosos, em simples palavras, são aqueles praticados com intenção, com vontade. São diferentes dos crimes culposos, os quais são praticados sem intenção.

3.5.14 Princípio da anterioridade

O inciso XXXIX do art. 5º da Constituição Federal de 1988 apresenta o chamado princípio da anterioridade penal:

XXXIX – Não há crime sem lei anterior que o defina, nem pena sem prévia cominação legal.

Esse princípio decorre na necessidade de se prever antes da aplicação da pena, a conduta que é considerada como crime e a pena que deverá ser cominada. Mais uma regra de segurança jurídica.

3.5.15 Princípio da irretroatividade

Esse princípio também possui sua importância ao prever que a lei penal não poderá retroagir, salvo se for para beneficiar o réu.

Art. 5º [...]

XL – A lei penal não retroagirá, salvo para beneficiar o réu.

3.5.16 Crimes imprescritíveis, inafiançáveis e insuscetíveis de graça e anistia

Os dispositivos a seguir estão entre os mais cobrados em prova. O ideal é que sejam memorizados na ordem proposta no quadro abaixo:

Art. 5º [...]

XLII – A prática do racismo constitui crime inafiançável e imprescritível, sujeito à pena de reclusão, nos termos da lei;

XLIII – A lei considerará crimes inafiançáveis e insuscetíveis de graça ou anistia a prática da tortura, o tráfico ilícito de entorpecentes e drogas afins, o terrorismo e os definidos como crimes hediondos, por eles respondendo os mandantes, os executores e os que, podendo evitá-los, se omitirem;

XLIV – Constitui crime inafiançável e imprescritível a ação de grupos armados, civis ou militares, contra a ordem constitucional e o Estado Democrático.

> **Atenção**
>
> **Crimes imprescritíveis** → racismo; ação de grupos armados.
> **Crimes inafiançáveis** → racismo; ação de grupos armados; tráfico; terrorismo; tortura; crimes hediondos.
> **Crimes insuscetíveis de graça e anistia** → tráfico; terrorismo; tortura; crimes hediondos.

Os crimes inafiançáveis englobam todos os crimes previstos no art. 5º, incisos XLII, XLIII e XLIV.

Os crimes que são insuscetíveis de graça e anistia não são imprescritíveis, e vice e versa. Dessa forma, nunca pode existir, na prova, uma questão que trabalhe com as duas classificações ao mesmo tempo.

Nunca, na prova, pode haver uma questão em que se apresentem as três classificações ao mesmo tempo.

3.5.17 Princípio da personalidade da pena

Assim diz o inciso XLV, do art. 5º da Constituição Federal de 1988:

XLV – Nenhuma pena passará da pessoa do condenado, podendo a obrigação de reparar o dano e a decretação do perdimento de bens ser, nos termos da lei, estendidas aos sucessores e contra eles executadas, até o limite do valor do patrimônio transferido.

Esse inciso diz que a pena é pessoal, quem comete o crime responde pelo crime, de forma que não é possível que uma pessoa cometa um crime e outra responda pelo crime em seu lugar, porque a pena é pessoal.

É necessário prestar atenção ao tema, pois já apareceu em prova tanto na forma de um problema quanto com a modificação do próprio texto constitucional. Esse princípio da personalidade da pena diz que a pena é pessoal, isto é, a pena não pode passar para outra pessoa, mas permite que a responsabilidade pelos danos civis possa passar para seus herdeiros. Para exemplificar, imaginemos que uma determinada pessoa assalta uma padaria e consegue roubar uns R$ 50.000,00.

DIREITO CONSTITUCIONAL

Em seguida, a polícia prende o ladrão por ter roubado a padaria. Em regra, todo crime cometido gera uma responsabilidade penal prevista no Código Penal brasileiro. Ainda, deve-se ressarcir os danos causados à vítima. Se ele roubou R$50.000,00, tem que devolver, no mínimo, esse valor à vítima.

É muito difícil conseguir o montante voluntariamente, por isso, é necessário entrar com uma ação civil *ex delicto* para reaver o dinheiro referente ao crime cometido. O dono da padaria entra com a ação contra o bandido pedindo os R$ 50.000,00 acrescidos juros e danos morais. Enquanto ele cumpre a pena, a ação está tramitando. Ocorre que o preso se envolve numa confusão dentro da penitenciária e acaba morrendo.

O preso possui alguns filhos, os quais são seus herdeiros. Quando os bens passam aos herdeiros, chamamos isso de sucessão. Quando foram contabilizar os bens que o bandido tinha, perceberam que sobraram apenas R$ 30.000,00, valor que deve ser dividido entre os herdeiros. Pergunta:

O homem que cometeu o crime estava cumprindo pena, mas ele morreu. Qual filho assume o lugar dele? O mais velho ou o mais novo?

Nenhum dos dois, porque a pena é personalíssima. Só cumpre a pena quem praticou o crime.

É possível que a responsabilidade de reparar os danos materiais exigidos pelo dono da padaria recaia sobre seus herdeiros?

Sim. A Constituição diz que os herdeiros respondem com o valor do montante recebido, até o limite da herança recebida.

O dono da padaria pediu R$ 50.000,00, mas só sobraram R$ 30.000,00. Os filhos terão que inteirar esse valor até completar os R$ 50.000,00?

Não, pois a Constituição diz que os sucessores respondem até o limite do patrimônio transferido. Ou seja, se só são transferidos R$ 30.000,00, então os herdeiros só vão responder pela indenização com esses R$ 30.000,00. E o os outros R$ 20.000,00, quem vai pagar? Ninguém. O dono da padaria fica com esse prejuízo.

3.5.18 Penas proibidas e permitidas

Vejamos agora dois incisos do art. 5º da Constituição Federal de 1988, que sempre caem em prova juntos: incisos XLVI e XLVII. Há no inciso XLVI as penas permitidas e no XLVII as penas proibidas. Mas como isso cai em prova? O examinador pega uma pena permitida e diz que é proibida ou pega uma proibida e diz que é permitida. Conforme os incisos:

> *Art. 5º [...]*
> *XLVI – A lei regulará a individualização da pena e adotará, entre outras, as seguintes:*
> *a) privação ou restrição da liberdade;*
> *b) perda de bens;*
> *c) multa;*
> *d) prestação social alternativa;*
> *e) suspensão ou interdição de direitos.*

Aqui há o rol de penas permitidas. Memorize essa lista para lembrar quais são as penas permitidas. Atenção para uma pena que é pouco comum e que geralmente em prova é colocada como pena proibida, que é a pena de perda de bens.

Veja o próximo inciso com o rol de penas proibidas:

> *XLVII – Não haverá penas:*
> *a) de morte, salvo em caso de guerra declarada, nos termos do art. 84, XIX;*
> *b) de caráter perpétuo;*
> *c) de trabalhos forçados;*
> *d) de banimento;*
> *e) cruéis.*

Essas são as penas que não podem ser aplicadas no Brasil. E, na prova, é cobrado da seguinte forma: existe pena de morte no Brasil? Deve-se ter muita atenção com esse tema, pois apesar de a Constituição ter dito que é proibida, existe uma exceção: no caso de guerra declarada. Essa exceção é uma verdadeira possibilidade, de forma que se deve afirmar que existe pena de morte no Brasil. Apesar de a regra ser a proibição, existe a possibilidade de sua aplicação. Só como curiosidade, a pena de morte no Brasil é regulada pelo Código Penal Militar, a qual será executada por meio de fuzilamento.

A próxima pena proibida é a de caráter perpétuo. Não existe esse tipo de pena no Brasil, pois as penas aqui são temporárias. No Brasil, uma pessoa só fica presa por, no máximo, 40 anos.

A outra pena é a de trabalhos forçados. É aquela pena em que o sujeito é obrigado a trabalhar de forma a denegrir a sua condição como ser humano. Esse tipo de pena não é permitido no Brasil.

Há ainda a pena de banimento, que é a expulsão do brasileiro, tanto nato como naturalizado.

Por fim, a Constituição veda a aplicação de penas cruéis. Pena cruel é aquela que denigre a condição humana, expõe o indivíduo a situações desumanas, vexatórias, que provoquem intenso sofrimento.

3.5.19 Princípio da individualização da pena

Nos termos do art. 5º, inciso XLVIII, da Constituição Federal de 1988:

> *XLVIII – A pena será cumprida em estabelecimentos distintos, de acordo com a natureza do delito, a idade e o sexo do apenado;*

Esse dispositivo traz uma regra muito interessante, o princípio da individualização da pena. Significa que a pessoa, quando cumprir sua pena, deve cumpri-la em estabelecimento e condições compatíveis com a sua situação. Se mulher, deve cumprir com mulheres; se homem, cumprirá com homens; se reincidente, com reincidentes; se réu primário, com réus primários; e assim por diante. O ideal é que cada situação possua um cumprimento de pena adequado que propicie um melhor acompanhamento do poder público e melhores condições para a ressocialização.

3.5.20 Regras sobre prisões

São vários os dispositivos constitucionais previstos no art. 5º, da Constituição Federal de 1988, que se referem às prisões:

> *LXI – Ninguém será preso senão em flagrante delito ou por ordem escrita e fundamentada de autoridade judiciária competente, salvo nos casos de transgressão militar ou crime propriamente militar, definidos em lei;*
>
> *LXII – A prisão de qualquer pessoa e o local onde se encontre serão comunicados imediatamente ao juiz competente e à família do preso ou à pessoa por ele indicada;*
>
> *LXIII – O preso será informado de seus direitos, entre os quais o de permanecer calado, sendo-lhe assegurada a assistência da família e de advogado;*
>
> *LXIV – O preso tem direito à identificação dos responsáveis por sua prisão ou por seu interrogatório policial;*
>
> *LXV – A prisão ilegal será imediatamente relaxada pela autoridade judiciária;*
>
> *LXVI – Ninguém será levado à prisão ou nela mantido, quando a lei admitir a liberdade provisória, com ou sem fiança;*
>
> *LXVII – Não haverá prisão civil por dívida, salvo a do responsável pelo inadimplemento voluntário e inescusável de obrigação alimentícia e a do depositário infiel.*

Como destaque para provas, é importante enfatizar o disposto no inciso LXVII, o qual prevê duas formas de prisão civil por dívida:

- **Devedor de pensão alimentícia;**
- **Depositário infiel.**

Apesar de a Constituição Federal de 1988 apresentar essas duas possibilidades de prisão civil por dívida, o STF tem entendido que só existe uma: a prisão do devedor de pensão alimentícia. Isso significa que o depositário infiel não poderá ser preso. Essa é a inteligência da Súmula Vinculante nº 25:

> *Súmula Vinculante nº 25 É ilícita a prisão civil de depositário infiel, qualquer que seja a modalidade do depósito.*

DIREITOS E DEVERES INDIVIDUAIS E COLETIVOS

Em relação a esse assunto, deve-se ter muita atenção ao resolver a questão. Se a Banca perguntar conforme a Constituição Federal, responde-se segundo a Constituição Federal. Mas se perguntar à luz da jurisprudência, responde-se conforme o entendimento do STF.

> **Atenção**
>
> **Constituição Federal** → duas formas de prisão civil → depositário infiel e devedor de pensão alimentícia.
> **STF** → uma forma de prisão civil → devedor de pensão alimentícia.

3.5.21 Extradição

Fruto de acordo internacional de cooperação, a extradição permite que determinada pessoa seja entregue a outro país para que seja responsabilizada pelo cometimento de algum crime. Existem duas formas de extradição:

- **Extradição ativa:** quando o Brasil pede para outro país a extradição de alguém.
- **Extradição passiva:** quando algum país pede para o Brasil a extradição de alguém.

A Constituição Federal preocupou-se em regular apenas a extradição passiva por meios dos incisos LI e LII do art. 5º:

> *LI – Nenhum brasileiro será extraditado, salvo o naturalizado, em caso de crime comum, praticado antes da naturalização, ou de comprovado envolvimento em tráfico ilícito de entorpecentes e drogas afins, na forma da lei;*
>
> *LII – Não será concedida extradição de estrangeiro por crime político ou de opinião.*

De acordo com a inteligência desses dispositivos, três regras podem ser adotadas em relação à extradição passiva:

- **Brasileiro nato:** nunca será extraditado.
- **Brasileiro naturalizado:** será extraditado em duas hipóteses: crime comum cometido antes da naturalização comprovado envolvimento com o tráfico ilícito de drogas, antes ou depois da naturalização.
- **Estrangeiro:** poderá ser extraditado salvo em dois casos: **crime político e crime de opinião.**

Na **extradição ativa**, qualquer pessoa pode ser extraditada, inclusive o brasileiro nato. Deve-se ter muito cuidado com essa questão em prova. Lembre-se de que a extradição ativa ocorre quando o Brasil pede a extradição de um criminoso para outro país. Isso pode ser feito pedindo a extradição de qualquer pessoa que o Brasil queira punir.

Quais princípios que regem a extradição no país?

- **Princípio da reciprocidade:** o Brasil só extradita ao país que extradita para o Brasil. Deve haver acordo ou tratado de extradição entre o país requerente e o Brasil.
- **Princípio da especialidade:** o extraditando só poderá ser processado e julgado pelo crime informado no pedido de extradição.
- **Comutação da pena:** o país requerente deverá firmar um compromisso de comutar a pena prevista em seu país quando a pena a ser aplicada for proibida no Brasil.
- **Dupla tipicidade ou dupla incriminação:** só se extradita se a conduta praticada for considerada crime no Brasil e no país requerente.

Deve-se ter muito cuidado para não confundir extradição com entrega, deportação, expulsão ou banimento.

- **Extradição:** a extradição, como se viu, é instituto de cooperação internacional entre países soberanos para a punição de criminosos. Pela extradição, um país entrega o criminoso a outro país para que ele seja punido pelo crime praticado.
- **Entrega:** é o ato por meio do qual o país entrega uma pessoa para ser julgada no Tribunal Penal Internacional.
- **Deportação:** é a retirada do estrangeiro que tenha entrado de forma irregular no território nacional.
- **Expulsão:** é a retirada do estrangeiro que tenha praticado um ato ofensivo ao interesse nacional conforme as regras estabelecidas no Estatuto do Estrangeiro (art. 65, Lei nº 6.815/1980).
- **Banimento:** é uma das penas proibidas no direito brasileiro que consiste na expulsão de brasileiros para fora do território nacional.

3.5.22 Princípio da presunção da inocência

Também conhecido como princípio da não culpabilidade, essa regra de segurança jurídica garante que ninguém poderá ser condenado sem antes haver uma sentença penal condenatória transitada em julgado. Ou seja, uma sentença judicial condenatória definitiva:

> *Art. 5º [...]*
>
> *LVII – Ninguém será considerado culpado até o trânsito em julgado de sentença penal condenatória.*

3.5.23 Identificação criminal

> *Art. 5º [...]*
>
> *LVIII – O civilmente identificado não será submetido a identificação criminal, salvo nas hipóteses previstas em lei.*

A Constituição garante que não será identificado criminalmente quem possuir identificação pública capaz de identificá-lo. Contudo, a Lei nº 12.037/2009 prevê hipóteses nas quais será possível a identificação criminal mesmo de quem apresentar outra identificação:

> *Art. 3º Embora apresentado documento de identificação, poderá ocorrer identificação criminal quando:*
>
> *I – O documento apresentar rasura ou tiver indício de falsificação;*
>
> *II – O documento apresentado for insuficiente para identificar cabalmente o indiciado;*
>
> *III – O indiciado portar documentos de identidade distintos, com informações conflitantes entre si;*
>
> *IV – A identificação criminal for essencial às investigações policiais, segundo despacho da autoridade judiciária competente, que decidirá de ofício ou mediante representação da autoridade policial, do Ministério Público ou da defesa;*
>
> *V – Constar de registros policiais o uso de outros nomes ou diferentes qualificações;*
>
> *VI – O estado de conservação ou a distância temporal ou da localidade da expedição do documento apresentado impossibilite a completa identificação dos caracteres essenciais.*

3.5.24 Ação penal privada subsidiária da pública

> *Art. 5º [...]*
>
> *LIX – Será admitida ação privada nos crimes de ação pública, se esta não for intentada no prazo legal.*

Em regra, nos crimes de ação penal pública, o titular da ação penal é o Ministério Público. Contudo, havendo omissão ou mesmo desídia por parte do órgão ministerial, o ofendido poderá promover a chamada ação penal privada subsidiária da pública. Esse tema encontra-se disciplinado no art. 29 do Código de Processo Penal:

> *Art. 29 Será admitida ação privada nos crimes de ação pública, se esta não for intentada no prazo legal, cabendo ao Ministério Público aditar a queixa, repudiá-la e oferecer denúncia substitutiva, intervir em todos os termos do processo, fornecer elementos de prova, interpor recurso e, a todo tempo, no caso de negligência do querelante, retomar a ação como parte principal.*

3.6 Remédios constitucionais

Os remédios constitucionais são espécies de garantias constitucionais que visam a proteger determinados direitos e até outras garantias fundamentais. São poderosas ações constitucionais que estão disciplinadas no texto da Constituição.

DIREITO CONSTITUCIONAL

3.6.1 Habeas corpus

Sem dúvida, esse remédio constitucional é o mais importante para prova, haja vista a sua utilização para proteger um dos direitos mais ameaçados do indivíduo: a liberdade de locomoção. Vejamos o que diz o texto constitucional:

> *Art. 5º [...]*
> *LXVIII – Conceder-se-á "Habeas corpus" sempre que alguém sofrer ou se achar ameaçado de sofrer violência ou coação em sua liberdade de locomoção, por ilegalidade ou abuso de poder.*

É essencial, conhecer os elementos necessários para a utilização dessa ferramenta.

Deve-se compreender que o *Habeas corpus* é utilizado para proteger a liberdade de locomoção. Em relação a isso, é preciso estar atento, pois ele não tutela qualquer liberdade, mas apenas a liberdade de locomoção.

Outro ponto fundamental é que ele poderá ser utilizado tanto de forma preventiva quanto de forma repressiva.

- *Habeas corpus* **preventivo**: é aquele utilizado para prevenir a violência ou coação à liberdade de locomoção.
- *Habeas corpus* **repressivo**: é utilizado para reprimir à violência ou coação a liberdade de locomoção, ou seja, é utilizado quando a restrição da liberdade de locomoção já ocorreu.

Percebe-se que não é a qualquer tipo de restrição à liberdade de locomoção que caberá o remédio, mas apenas àquelas cometidas com ilegalidade ou abuso de poder.

Nas relações processuais que envolvem a utilização do *Habeas corpus*, é possível identificar a participação de três figurantes: o impetrante, o paciente e a autoridade coatora.

- **Impetrante:** o impetrante é a pessoa que impetra a ação. Quem entra com a ação. A titularidade dessa ferramenta é Universal, pois qualquer pessoa pode impetrar o HC. Não precisa sequer de advogado. Sua possibilidade é tão ampla que não precisa possuir capacidade civil ou mesmo qualquer formalidade. Esse remédio é desprovido de condições que impeçam sua utilização da forma mais ampla possível. Poderá impetrar essa ação tanto uma pessoa física quanto jurídica.
- **Paciente:** o paciente é quem teve a liberdade de locomoção restringida. Ele será o beneficiário do *Habeas corpus*. Pessoa jurídica não pode ser paciente de *Habeas corpus*, pois a liberdade de locomoção é um direito incompatível com sua natureza jurídica.
- **Autoridade coatora:** é quem restringiu a liberdade de locomoção com ilegalidade ou abuso de poder. Poderá ser tanto uma autoridade privada quanto uma autoridade pública.

Outra questão interessante que está prevista na Constituição é a gratuidade dessa ação:

> *Art. 5º [...]*
> *LXXVII – São gratuitas as ações de Habeas corpus e Habeas Data, e, na forma da lei, os atos necessários ao exercício da cidadania.*

A Constituição Federal de 1988 proíbe a utilização desse remédio constitucional em relação às punições disciplinares militares. É o que prevê o art. 142, § 2º:

> *§ 2º Não caberá "Habeas corpus" em relação a punições disciplinares militares.*

Contudo, o STF tem admitido o remédio quando impetrado por razões de ilegalidade da prisão militar. Quanto ao mérito da prisão, deve-se aceitar a vedação Constitucional, mas em relação às legalidades da prisão, prevalece o entendimento de que o remédio seria possível.

Também não cabe *Habeas corpus* em relação às penas pecuniárias, multas, advertências ou, ainda, nos processos administrativos disciplinares e no processo de *Impeachment*. Nesses casos, o não cabimento deve-se ao fato de que as medidas não visam restringir a liberdade de locomoção.

Por outro lado, a jurisprudência tem admitido o cabimento para impugnar inserção de provas ilícitas no processo ou quando houver excesso de prazo na instrução processual penal.

Por último, cabe ressaltar que o magistrado poderá concedê-lo de ofício.

3.6.2 Habeas data

O *habeas data* cuja previsão está no inciso LXXII do art. 5º tem como objetivo proteger a liberdade de informação:

> *LXXII – conceder-se-á "Habeas Data":*
> *a) para assegurar o conhecimento de informações relativas à pessoa do impetrante, constantes de registros ou bancos de dados de entidades governamentais ou de caráter público;*
> *b) para a retificação de dados, quando não se prefira fazê-lo por processo sigiloso, judicial ou administrativo.*

Duas são as formas previstas na Constituição para utilização desse remédio:

- **Para conhecer a informação.**
- **Para retificar a informação.**

É importante ressaltar que só caberá o remédio em relação às informações do próprio impetrante.

As informações precisam estar em um banco de dados governamental ou de caráter público, o que significa que seria possível entrar com um *habeas data* contra um banco de dados privado desde que tenha caráter público.

Da mesma forma que o *habeas corpus*, o *habeas data* também é gratuito:

> *Art. 5º [...]*
> *LXXVII – São gratuitas as ações de "Habeas corpus" e "Habeas Data", e, na forma da lei, os atos necessários ao exercício da cidadania.*

3.6.3 Mandado de segurança

O mandado de segurança é um remédio muito cobrado em prova em razão dos seus requisitos:

> *Art. 5º, CF/1988/1988 [...]*
> *LXIX – Conceder-se-á mandado de segurança para proteger direito líquido e certo, não amparado por "Habeas corpus" ou "Habeas Data", quando o responsável pela ilegalidade ou abuso de poder for autoridade pública ou agente de pessoa jurídica no exercício de atribuições do Poder Público.*

Como se pode ver, o mandado de segurança será cabível proteger direito líquido e certo desde que não amparado por *Habeas corpus* ou *habeas data*. O que significa dizer que será cabível desde que não seja para proteger a liberdade de locomoção e a liberdade de informação. Esse é o chamado caráter subsidiário do mandado de segurança.

O texto constitucional exigiu também para a utilização dessa ferramenta a ilegalidade e o abuso de poder praticado por autoridade pública ou privada, desde que esteja no exercício de atribuições do poder público.

O mandado de segurança possui prazo decadencial para ser utilizado: 120 dias.

Existe também o mandado de segurança coletivo:

> *Art. 5º [...]*
> *LXX – O mandado de segurança coletivo pode ser impetrado por:*
> *a) partido político com representação no Congresso Nacional;*
> *b) organização sindical, entidade de classe ou associação legalmente constituída e em funcionamento há pelo menos um ano, em defesa dos interesses de seus membros ou associados.*

Observadas as regras do mandado de segurança individual, o mandado de segurança coletivo possui alguns requisitos que lhe são peculiares: os legitimados para propositura.

São legitimados para propor o mandado de segurança coletivo:

- **Partidos políticos com representação no Congresso Nacional:** para se ter representação no Congresso Nacional, basta um membro em qualquer uma das casas.
- **Organização sindical.**
- **Entidade de classe.**

DIREITOS E DEVERES INDIVIDUAIS E COLETIVOS

- **Associação.**

Desde que legalmente constituída e em funcionamento há, pelo menos, um ano. Segundo o STF, a necessidade de estar constituída e em funcionamento há pelo menos um ano só se aplica às associações. A Banca FCC entende que esse requisito se aplica a todas as entidades.

3.6.4 Mandado de injunção

O mandado de injunção é uma ferramenta mais complexa para se entender. Vejamos o que diz a Constituição Federal de 1988:

> *Art. 5º [...]*
>
> *LXXI – Conceder-se-á mandado de injunção sempre que a falta de norma regulamentadora torne inviável o exercício dos direitos e liberdades constitucionais e das prerrogativas inerentes à nacionalidade, à soberania e à cidadania.*

O seu objetivo é suprir a omissão legislativa que impede o exercício de direitos fundamentais. Algumas normas constitucionais para que produzam efeitos dependem da edição de outras normas infraconstitucionais. Essas normas são conhecidas por sua eficácia como normas de eficácia limitada. O mandado de injunção visa a corrigir a ineficácia das normas com eficácia limitada.

Todas as vezes que um direito deixar de ser exercido pela ausência de norma regulamentadora, será cabível esse remédio.

No que tange à efetividade da decisão, deve-se esclarecer a possibilidade de adoção por parte do STF de duas correntes doutrinárias:

- **Teoria concretista geral:** o Poder Judiciário concretiza o direito no caso concreto aplicando seu dispositivo com efeito *erga omnes*, para todos os casos iguais;
- **Teoria concretista individual:** o Poder Judiciário concretiza o direito no caso concreto aplicando seu dispositivo com efeito *inter partes*, ou seja, apenas com efeito entre as partes.

3.6.5 Ação popular

A ação popular é uma ferramenta fiscalizadora utilizada como espécie de exercício direto dos direitos políticos. Por isso, só poderá ser utilizada por cidadãos. Segundo o inciso LXXIII do art. 5º da Constituição Federal de 1988:

> *LXXIII – Qualquer cidadão é parte legítima para propor ação popular que vise a anular ato lesivo ao patrimônio público ou de entidade de que o Estado participe, à moralidade administrativa, ao meio ambiente e ao patrimônio histórico e cultural, ficando o autor, salvo comprovada má-fé, isento de custas judiciais e do ônus da sucumbência.*

Além da previsão constitucional, essa ação encontra-se regulamentada pela Lei nº 4.717/1965. Percebe-se que seu objetivo consiste em proteger o patrimônio público, a moralidade administrativa, o meio ambiente e o patrimônio histórico e cultural.

O autor não precisa pagar custas judiciais ou ônus de sucumbência, salvo se houver má-fé.

4 DIREITOS SOCIAIS E NACIONALIDADE

4.1 Direitos sociais

4.1.1 Prestações positivas

Os direitos sociais encontram-se previstos a partir do art. 6º até o art. 11 da Constituição Federal de 1988. São normas que se concretizam por meio de prestações positivas por parte do Estado, haja vista objetivarem reduzir as desigualdades sociais.

Deve-se dar destaque para o art. 6º, que foi alterado pela Emenda Constitucional nº 90/2015 e que possivelmente será objeto de questionamento em concurso público:

> *Art. 6º São direitos sociais a educação, a saúde, a alimentação, o trabalho, a moradia, o transporte, o lazer, a segurança, a previdência social, a proteção à maternidade e à infância, a assistência aos desamparados, na forma desta Constituição.*
>
> *Parágrafo único. Todo brasileiro em situação de vulnerabilidade social terá direito a uma renda básica familiar, garantida pelo poder público em programa permanente de transferência de renda, cujas normas e requisitos de acesso serão determinados em lei, observada a legislação fiscal e orçamentária. (Incluído pela EC nº 114/2021)*

Boa parte dos direitos aqui previstos necessita de recursos financeiros para serem implementados, o que acaba por dificultar sua plena eficácia.

No entanto, antes de avançar nessa parte do conteúdo, faz-se necessário dizer que costumam ser cobradas questões de provas que abordam apenas o texto puro da Constituição Federal de 1988. A principal orientação, portanto, é que se dedique tempo à leitura da Constituição Federal, mais precisamente, do art. 7º, que possui vários dispositivos que podem ser trabalhados em prova.

4.1.2 Reserva do possível

Seria possível exigir do Estado a concessão de um direito social quando tal direito não fosse assegurado de forma condizente com sua previsão constitucional? A título de exemplo, veremos um dispositivo dos direitos sociais dos trabalhadores:

> *Art. 7º [...]*
>
> *IV – Salário-mínimo, fixado em lei, nacionalmente unificado, capaz de atender a suas necessidades vitais básicas e às de sua família com moradia, alimentação, educação, saúde, lazer, vestuário, higiene, transporte e previdência social, com reajustes periódicos que lhe preservem o poder aquisitivo, sendo vedada sua vinculação para qualquer fim.*

Observe-se que a Constituição Federal de 1988 garante que o salário-mínimo deve atender às necessidades vitais básicas do trabalhador e de sua família com moradia, alimentação, educação, saúde, lazer, vestuário, higiene, transporte e previdência social. Entendendo que os direitos sociais são espécies de direitos fundamentais e, analisando-os sob o dispositivo previsto no § 1º do art. 5º, segundo o qual "as normas definidoras de direitos e garantias fundamentais têm aplicação imediata", pergunta-se: seria possível entrar com uma ação visando a garantir o disposto no inciso IV, que está sendo analisado?

Certamente não. Para se garantir tudo o que está previsto no referido inciso, seria necessário que o salário-mínimo valesse, em média, por volta de R$ 3.000,00. Agora, imagine se algum trabalhador conseguisse esse benefício por meio de uma decisão judicial, o que não fariam todos os demais trabalhadores do país.

Se o Estado fosse obrigado a pagar esse valor para todos os trabalhadores, os cofres públicos rapidamente quebrariam. Para se garantir essa estabilidade, foi desenvolvida a **Teoria da Reserva do Possível**, por meio da qual o Estado pode alegar essa impossibilidade financeira para atender algumas demandas, como o aumento do salário-mínimo. Quando o poder público for demandado para garantir algum benefício de ordem social, poderá ser alegada, previamente, a impossibilidade financeira para concretização do direito sob o argumento da reserva do possível.

4.1.3 Mínimo existencial

Por causa da Reserva do Possível, o Estado passou a se esconder atrás dessa teoria, eximindo-se da sua obrigação social de garantia dos direitos tutelados na Constituição Federal. Tudo o que era pedido para o Estado era negado sob o argumento de que "não era possível". Para trazer um pouco de equilíbrio a essa relação, foi desenvolvida outra teoria chamada de Mínimo Existencial. Essa teoria permite que os poderes públicos deixem de atender algumas demandas em razão da reserva do possível, mas exige que seja garantido o mínimo existencial.

4.1.4 Princípio da proibição ou retrocesso ou efeito cliquet

Uma regra que funciona com caráter de segurança jurídica é a proibição do retrocesso. Esse dispositivo proíbe que os direitos sociais já conquistados sejam esvaziados ou perdidos sob pena de desestruturação social do país.

4.1.5 Salário-mínimo

Feitas algumas considerações iniciais sobre a doutrina social, segue-se à análise de alguns dispositivos que se encontram no art. 7º da Constituição Federal de 1988:

> *IV – Salário-mínimo, fixado em lei, nacionalmente unificado, capaz de atender a suas necessidades vitais básicas e às de sua família com moradia, alimentação, educação, saúde, lazer, vestuário, higiene, transporte e previdência social, com reajustes periódicos que lhe preservem o poder aquisitivo, sendo vedada sua vinculação para qualquer fim.*

Vários pontos são relevantes nesse inciso. Primeiramente, é importante comentar o trecho "fixado em lei". Segundo o texto constitucional, o salário-mínimo só poderá ser fixado em Lei; entretanto, no dia 25 de fevereiro de 2011 foi publicada a Lei nº 12.382, que prevê a possibilidade de fixação do salário-mínimo por meio de Decreto do Poder Executivo. Questionado no STF, o guardião da Constituição considerou constitucional a fixação de salário-mínimo por meio de Decreto Presidencial.

Outro ponto interessante diz respeito ao salário-mínimo ser nacionalmente unificado. Muitos acham que alguns estados da federação fixam valores referentes ao salário-mínimo maiores do que o fixado nacionalmente. O STF já afirmou que os Estados não podem fixar salário-mínimo diferente do nacionalmente unificado. O que cada Estado pode fixar é o piso salarial da categoria de trabalhadores com valor maior que o salário-mínimo.

Algumas súmulas vinculantes do STF são importantes, pois se referem ao salário-mínimo:

> **Súmula Vinculante nº 4** *Salvo nos casos previstos na Constituição, o salário-mínimo não pode ser usado como indexador de base de cálculo de vantagem de servidor público ou de empregado, nem ser substituído por decisão judicial.*
>
> **Súmula Vinculante nº 6** *Não viola a Constituição o estabelecimento de remuneração inferior ao salário-mínimo para as praças prestadoras de serviço militar inicial.*
>
> **Súmula Vinculante nº 15** *O cálculo de gratificações e outras vantagens do servidor público não incide sobre o abono utilizado para se atingir o salário-mínimo.*

DIREITOS SOCIAIS E NACIONALIDADE

Súmula Vinculante 16: *Os Arts. 7º, IV, e 39, § 3º (redação da EC nº 19/1998) da Constituição referem-se ao total da remuneração percebida pelo servidor público.*

4.1.6 Prescrição trabalhista

Um dos dispositivos previstos no art. 7º da Constituição Federal de 1988 mais cobrados em prova é o inciso XXIX:

XXIX – Ação, quanto aos créditos resultantes das relações de trabalho, com prazo prescricional de cinco anos para os trabalhadores urbanos e rurais, até o limite de dois anos após a extinção do contrato de trabalho.

Imaginemos, por exemplo, uma pessoa que tenha exercido sua função no período noturno, em uma empresa, durante 20 anos. Contudo, em todos esses anos de trabalho, ela não recebeu nenhum adicional noturno. Ao ter seu contrato de trabalho rescindido, ela poderá ingressar em juízo pleiteando as verbas trabalhistas não pagas. Tendo em vista a existência de prazo prescricional para reaver seus direitos, o trabalhador terá o prazo de 2 anos para entrar com a ação, e só terá direito aos últimos 5 anos de adicional noturno.

Ressalta-se que esses 5 anos são contados a partir do dia em que se entrou com a ação. Se ele entrar com a ação no último dia do prazo de 2 anos, só terá direito a 3 anos de adicional noturno.

Nesse exemplo, se o trabalhador entrar com a ação no dia 01/01/2021, receberá os últimos 5 anos de adicional noturno, ou seja, até o dia 01/01/2016. Mas se o trabalhador entrar com a ação no dia 01/01/2023, último dia do prazo prescricional de 2 anos, ele terá direito aos últimos 5 anos de adicional noturno a contar do dia em que entrou com a ação. Isso significa que se depare o adicional noturno até o dia 01/01/2018. Perceba que, se o trabalhador demorar a entrar com a ação, ele perde os direitos trabalhistas anteriores ao prazo dos últimos 5 anos.

4.1.7 Proibição do trabalho noturno, perigoso e insalubre

Este inciso também é muito cotado para ser cobrado em prova. É importante lê-lo para que, em seguida, se possa responder a uma pergunta que fará entender o motivo de ele ser tão abordado em testes:

Art. 7º [...]
XXXIII – Proibição de trabalho noturno, perigoso ou insalubre a menores de dezoito e de qualquer trabalho a menores de dezesseis anos, salvo na condição de aprendiz, a partir de quatorze anos.

A pergunta é muito simples: a partir de qual idade pode trabalhar no Brasil? Você deve estar em dúvida: entre 16 e 14 anos. Isso é o que acontece com a maioria dos candidatos. Por isso, nunca esqueça: se temos uma regra e essa regra está acompanhada de uma exceção; temos, então, uma possibilidade.

Se a Constituição diz que é proibido o trabalho para os menores de 16 e, em seguida, excepciona essa regra dizendo que é possível a partir dos 14, na condição de aprendiz, ela quis dizer que o trabalho no Brasil se inicia aos 14 anos. Esse entendimento se fortalece à luz do art. 227, § 3º, inciso I:

Art. 227 [...]
§ 3º O direito a proteção especial abrangerá os seguintes aspectos:
I – Idade mínima de quatorze anos para admissão ao trabalho, observado o disposto no art. 7º, XXXIII.

4.1.8 Direitos dos empregados domésticos

O parágrafo único, do art. 7º, da Constituição Federal de 1988 assegurava ao trabalhador doméstico um número reduzido de direitos, se comparado com os demais empregados, urbanos ou rurais.

Nos termos da CF/1988/1988, estariam garantidos à categoria dos trabalhadores domésticos apenas os direitos previstos nos incisos IV, VI, VIII, XV, XVII, XVIII, XIX, XXI e XXIV, do art. 7º, bem como a sua integração à previdência social.

Com a promulgação da Emenda Constitucional nº 72, de 2 de abril de 2013, aquele parágrafo foi alterado para estender aos empregados domésticos praticamente todos os demais direitos constantes nos incisos, do art. 7º, da CF/1988.

A nova redação do parágrafo único, do art. 7º, da CF/1988 dispõe:

Art. 7º [...]
Parágrafo único. São assegurados à categoria dos trabalhadores domésticos os direitos previstos nos incisos IV, VI, VII, VIII, X, XIII, XV, XVI, XVII, XVIII, XIX, XXI, XXII, XXIV, XXVI, XXX, XXXI e XXXIII e, atendidas as condições estabelecidas em lei e observada a simplificação do cumprimento das obrigações tributárias, principais e acessórias, decorrentes da relação de trabalho e suas peculiaridades, os previstos nos incisos I, II, III, IX, XII, XXV e XXVIII, bem como a sua integração à previdência social.

4.1.9 Direitos coletivos dos trabalhadores

São basicamente os direitos relacionados à criação e organização das associações e sindicatos que estão previstos no art. 8º.

- **Princípio da unicidade sindical**

O primeiro direito coletivo refere-se ao princípio da unicidade sindical. Esse dispositivo proíbe a criação de mais de uma organização sindical, representativa de categoria profissional ou econômica, em uma mesma base territorial:

Art. 8º [...]
II – É vedada a criação de mais de uma organização sindical, em qualquer grau, representativa de categoria profissional ou econômica, na mesma base territorial, que será definida pelos trabalhadores ou empregadores interessados, não podendo ser inferior à área de um Município.

Em cada base territorial (federal, estadual, municipal ou distrital) só pode existir um sindicato representante da mesma categoria, lembrando que a base territorial mínima se refere à área de um município.

Exemplificando: só pode existir **um** sindicato municipal de pescadores no município de Cascavel. Só pode existir **um** sindicato estadual de pescadores no estado do Paraná. Só pode existir **um** sindicato federal de pescadores no Brasil. Contudo, é possível existirem vários sindicatos municipais de pescadores no Estado do Paraná.

- **Contribuição confederativa e sindical**

Essa questão costuma enganar até mesmo os mais preparados. Vejamos o que diz a Constituição Federal de 1988 no art. 8º, inciso IV:

IV – A assembleia geral fixará a contribuição que, em se tratando de categoria profissional, será descontada em folha, para custeio do sistema confederativo da representação sindical respectiva, independentemente da contribuição prevista em lei.

A primeira coisa que se deve perceber é a existência de duas contribuições nesse inciso. Uma chamada de **contribuição confederativa** a outra de **contribuição sindical**.

A **contribuição confederativa** é a prevista nesse inciso, fixada pela assembleia geral, descontada em folha para custear o sistema confederativo. Essa contribuição é aquela paga às organizações sindicais e que só é obrigada aos filiados e aos sindicatos. Não possui natureza tributária, por isso obriga apenas as pessoas que voluntariamente se filiam a uma entidade sindical.

A **contribuição sindical**, que é a contribuição prevista em lei, mais precisamente na Consolidação das Leis Trabalhistas (Decreto-Lei nº 5.452/1943), deve ser paga por todos os trabalhadores ainda que profissionais liberais. Sua natureza é tributária, não possuindo caráter facultativo.

CONTRIBUIÇÃO	
Confederativa	**Sindical**
Fixada pela Assembleia	Fixada pela CLT
Natureza não tributária	Natureza tributária
Obrigada apenas aos filiados a sindicatos	Obrigada a todos os trabalhadores

- **Liberdade de associação**

Esse inciso costuma ser cobrado em prova devido às inúmeras possibilidades de se modificar o seu texto:

> Art. 8º [...]
> V – Ninguém será obrigado a filiar-se ou a manter-se filiado a sindicato.

É a liberdade de associação que permite aos trabalhadores escolherem se desejam ou não se filiar a um determinado sindicato. Ninguém será obrigado a filiar-se ou a manter-se filiado.

- **Participação do aposentado no sindicato**

Esse inciso também possui aplicação semelhante ao anterior, portanto, deve haver uma leitura atenta aos detalhes que podem ser modificados em prova:

> Art. 8º [...]
> VII – O aposentado filiado tem direito a votar e ser votado nas organizações sindicais.

- **Estabilidade sindical**

A estabilidade sindical constitui norma de proteção aos dirigentes sindicais que possui grande utilidade ao evitar o cometimento de arbitrariedades por partes das empresas em retaliação aos representantes dos empregados:

> Art 8º [...]
> VIII – É vedada a dispensa do empregado sindicalizado a partir do registro da candidatura a cargo de direção ou representação sindical e, se eleito, ainda que suplente, até um ano após o final do mandato, salvo se cometer falta grave nos termos da lei.

O importante aqui é entender o período de proteção que a Constituição Federal de 1988 garantiu aos dirigentes sindicais. A estabilidade se inicia com o registro da candidatura e permanece, com o candidato eleito, até um ano após o término do seu mandato. Ressalte-se que essa proteção contra despedida arbitrária não prospera diante do cometimento de falta grave.

4.2 Direitos de nacionalidade

A nacionalidade é um vínculo jurídico existente entre um indivíduo e um Estado. Esse vínculo jurídico é a ligação existente capaz de gerar direitos e obrigações entre a pessoa e o Estado.

A aquisição da nacionalidade decorre do nascimento ou da manifestação de vontade. Quando a nacionalidade é adquirida pelo nascimento, estamos diante da chamada **nacionalidade originária**. Mas, se for adquirida por meio da manifestação de vontade, estamos diante de uma **nacionalidade secundária**.

A **nacionalidade originária**, também chamada de aquisição de nacionalidade primária, é aquela involuntária. Decorre do nascimento desde que preenchidos os requisitos previstos na legislação. Um brasileiro que adquire nacionalidade originária é chamado de nato.

Dois critérios foram utilizados em nossa Constituição para se conferir a nacionalidade originária: *jus solis* e *jus sanguinis*.

- **Jus solis:** esse é critério do solo, critério territorial. Serão considerados brasileiros natos as pessoas que nascerem no território nacional. Esse é o critério adotado como regra no texto constitucional.
- **Jus sanguinis:** esse é o critério do sangue. Serão considerados brasileiros natos os descendentes de brasileiros, ou seja, aqueles que possuem o sangue brasileiro.

A **nacionalidade secundária** ou adquirida é a aquisição que depende de uma manifestação de vontade. É voluntária e, quem a adquire, possui a qualificação de naturalizado.

4.2.1 Conflito de nacionalidade

Alguns países adotavam apenas o critério *jus sanguinis*, outros somente o critério *jus solis*, e isso gerou alguns problemas que a doutrina nominou de conflito de nacionalidade. O conflito de nacionalidade pode ser de duas formas: positivo e negativo.

- **Conflito positivo:** ocorre quando o indivíduo adquire várias nacionalidades. Ele será chamado de polipátrida.
- **Conflito negativo:** ocorre quando o indivíduo não adquire qualquer nacionalidade. Esse será chamado de apátrida (*heimatlos*).

Para evitar a ocorrência desses tipos de conflito, os países têm adotado critérios mistos de aquisição de nacionalidade originária, a exemplo do próprio Brasil.

A seguir, serão analisadas várias hipóteses previstas no art. 12 da Constituição Federal de aquisição de nacionalidade tanto originária quanto secundária.

4.2.2 Nacionalidade originária

As hipóteses de aquisição da nacionalidade originária estão previstas no art. 12, I da Constituição Federal, e são:

> Art. 12 São brasileiros:
> I – Natos:
> a) os nascidos na República Federativa do Brasil, ainda que de pais estrangeiros, desde que estes não estejam a serviço de seu país;
> b) os nascidos no estrangeiro, de pai brasileiro ou mãe brasileira, desde que qualquer deles esteja a serviço da República Federativa do Brasil;
> c) os nascidos no estrangeiro de pai brasileiro ou de mãe brasileira, desde que sejam registrados em repartição brasileira competente ou venham a residir na República Federativa do Brasil e optem, em qualquer tempo, depois de atingida a maioridade, pela nacionalidade brasileira.

A primeira hipótese, prevista na alínea "a", adotou para aquisição o critério *jus solis*, ou seja, serão considerados brasileiros natos aqueles que nascerem no país ainda que de pais estrangeiros, desde que, os pais não estejam a serviço do seu país. Para que os filhos de pais estrangeiros fiquem impedidos de adquirirem a nacionalidade brasileira, é preciso que ambos os pais sejam estrangeiros, mas basta que apenas um deles esteja a serviço do seu país. Se os pais estrangeiros estiverem a serviço de outro país, a doutrina tem entendido que não se aplicará a vedação.

Já a segunda hipótese, adotada na alínea "b", utilizou o critério *jus sanguinis* para fixação da nacionalidade originária. Serão brasileiros natos os nascidos fora do país, filho de pai ou mãe brasileira, desde que qualquer deles esteja a serviço da República Federativa do Brasil. Estar a serviço do país significa estar a serviço de qualquer ente federativo (União, estados, Distrito Federal ou municípios) incluídos os órgãos e entidades da administração indireta (fundações, autarquias, empresas públicas e sociedades de economia mista).

A terceira hipótese, prevista na alínea "c", apresenta, na verdade, duas possibilidades: uma depende do registro a outra depende da opção confirmativa.

Primeiro, temos a regra aplicada aos nascidos no estrangeiro, filho de pai brasileiro ou mãe brasileira, condicionada à aquisição da nacionalidade ao registro em repartição brasileira competente. Nessa hipótese, adota-se o critério *jus sanguinis* acompanhado do registro em repartição brasileira.

Em seguida, temos a segunda possibilidade destinada aos nascidos no estrangeiro de pai brasileiro ou de mãe brasileira, que venham a residir na República Federativa do Brasil e optem (opção confirmativa), em qualquer tempo, depois de atingida a maioridade, pela nacionalidade brasileira.

Essa é a chamada nacionalidade protestativa, pois depende da manifestação de vontade por parte do interessado. Deve-se ter cuidado com a condição para a manifestação da vontade que só pode ser exercida depois de atingida a maioridade, apesar de não existir tempo limite para o exercício desse direito.

4.2.3 Nacionalidade secundária

A seguir, serão apresentadas as hipóteses de aquisição de nacionalidade secundária:

Art. 12 [...]
II – Naturalizados:
a) Os que, na forma da lei, adquiram a nacionalidade brasileira, exigidas aos originários de países de língua portuguesa apenas residência por um ano ininterrupto e idoneidade moral;
b) os estrangeiros de qualquer nacionalidade, residentes na República Federativa do Brasil há mais de quinze anos ininterruptos e sem condenação penal, desde que requeiram a nacionalidade brasileira.

A primeira hipótese de naturalização, prevista na alínea "a" do inciso II, é a chamada naturalização ordinária. Essa naturalização apresenta uma forma de aquisição prevista em lei. Esta Lei é a nº 6.815/1980, que traz algumas regras para aquisição de nacionalidade, as quais não serão estudadas neste momento. O que interessa agora para a prova é a segunda parte da alínea, que confere um tratamento diferenciado para os originários de países de língua portuguesa, para quem será exigida apenas residência por um ano ininterrupto e idoneidade moral. Entende-se país de língua portuguesa qualquer país que possua a língua portuguesa como língua oficial (Angola, Portugal, Timor Leste, entre outros). Essa forma de naturalização não gera direito subjetivo ao estrangeiro, o que significa que ele poderá pleitear sua naturalização e essa poderá ser indeferida pelo Chefe do Poder Executivo, haja vista se tratar de um ato discricionário.

A alínea "b" do inciso II apresenta a chamada naturalização extraordinária ou quinzenária. Essa hipótese é destinada a qualquer estrangeiro e será exigida residência ininterrupta pelo prazo de 15 anos e não existência de condenação penal. Nessa espécie, não há discricionariedade em conceder a naturalização, pois ela gera direito subjetivo ao estrangeiro que tenha preenchido os requisitos.

O melhor é não esquecer que a ausência temporária da residência não quebra o vínculo ininterrupto exigido para a naturalização no país. Também deve ser ressaltado que não existe naturalização tácita ou automática, sendo exigido requerimento de quem desejar se naturalizar no Brasil.

4.2.4 Português equiparado

Art. 12 [...]
§ 1º Aos portugueses com residência permanente no País, se houver reciprocidade em favor de brasileiros, serão atribuídos os direitos inerentes ao brasileiro, salvo os casos previstos nesta Constituição.

Trata-se do chamado português equiparado ou quase nacional. Segundo o dispositivo, a Constituição assegura aos portugueses tratamento diferenciado, como se fossem brasileiros. Não se trata de uma hipótese de naturalização, nesse caso são atribuídos os mesmos direitos inerentes ao brasileiro.

Essa condição depende de reciprocidade por parte de Portugal. O Brasil possui um acordo internacional com Portugal por meio do Decreto nº 3.927/2001 que promulgou o Tratado de Cooperação, Amizade e Consulta Brasil/Portugal. Havendo o mesmo tratamento a um brasileiro quando estiver no país português, serão garantidos tratamentos diferenciados aos portugueses que aqui estiverem desde que manifestem interesse no recebimento desse tratamento diferenciado. Ressalta-se que para requerer esse tipo de tratamento será necessária, além do requerimento, a constituição de residência permanente no Brasil.

Por fim, não se pode esquecer de que o tratamento dado aos portugueses os equipara aos brasileiros naturalizados.

4.2.5 Tratamento diferenciado entre brasileiros

O § 2º do art. 12 proíbe o tratamento diferenciado entre brasileiros natos e naturalizados:

§ 2º A lei não poderá estabelecer distinção entre brasileiros natos e naturalizados, salvo nos casos previstos nesta Constituição.

O próprio dispositivo excepciona a regra permitindo que a Constituição Federal estabeleça tratamento diferenciado entre brasileiros natos e naturalizados. São quatro os tratamentos diferenciados estabelecidos pelo texto constitucional:

- **Cargos privativos de brasileiros natos;**
- **Funções privativas de brasileiros natos;**
- **Regras de extradição;**
- **Propriedade de empresas de jornalística ou de radiodifusão.**

O § 3º apresenta a primeira hipótese de distinção dentre brasileiros natos e naturalizados:

§ 3º São privativos de brasileiro nato os cargos:
I – De Presidente e Vice-Presidente da República;
II – De Presidente da Câmara dos Deputados;
III – De Presidente do Senado Federal;
IV – De Ministro do Supremo Tribunal Federal;
V – Da carreira diplomática;
VI – de oficial das Forças Armadas;
VII – De Ministro de Estado da Defesa.

Os cargos privativos aos brasileiros natos são muito incidentes em provas. Por esse motivo, sugere-se que sejam memorizados. Dois critérios foram utilizados para escolha desses cargos. O primeiro está relacionado com os cargos que sucedem o Presidente da República (presidente e vice-Presidente da República, presidente da Câmara dos Deputados, presidente do Senado Federal e ministro do Supremo Tribunal Federal). O segundo critério diz respeito à segurança nacional (carreira diplomática, oficial das forças armadas e ministro do Estado da Defesa).

As funções privativas de brasileiros natos estão previstas no art. 89, inciso VII da Constituição Federal de 1988:

Art. 89 O Conselho da República é órgão superior de consulta do Presidente da República, e dele participam:

I – O Vice-Presidente da República;

II – O Presidente da Câmara dos Deputados;

III – O Presidente do Senado Federal;

IV – Os líderes da maioria e da minoria na Câmara dos Deputados;

V – Os líderes da maioria e da minoria no Senado Federal;

VI – O Ministro da Justiça;

VII – Seis cidadãos brasileiros natos, com mais de trinta e cinco anos de idade, sendo dois nomeados pelo Presidente da República, dois eleitos pelo Senado Federal e dois eleitos pela Câmara dos Deputados, todos com mandato de três anos, vedada a recondução.

A terceira possibilidade de tratamento diferenciado diz respeito às regras de extradição previstas no inciso LI do art. 5º da Constituição Federal de 1988:

LI – Nenhum brasileiro será extraditado, salvo o naturalizado, em caso de crime comum, praticado antes da naturalização, ou de comprovado envolvimento em tráfico ilícito de entorpecentes e drogas afins, na forma da lei.

A quarta previsão está no art. 222 da Constituição Federal de 1988:

Art. 222 A propriedade de empresa jornalística e de radiodifusão sonora e de sons e imagens é privativa de brasileiros natos ou naturalizados há mais de dez anos, ou de pessoas jurídicas constituídas sob as leis brasileiras e que tenham sede no País.

4.2.6 Perda da nacionalidade

A seguir serão trabalhadas as hipóteses de perda da nacionalidade. Uma pergunta: brasileiro nato pode perder a nacionalidade?

Vejamos o que diz a Constituição Federal:

Art. 12, § 4º Será declarada a perda da nacionalidade do brasileiro que:

I – Tiver cancelada sua naturalização, por sentença judicial, em virtude de atividade nociva ao interesse nacional;

II – Adquirir outra nacionalidade, salvo nos casos:

a) de reconhecimento de nacionalidade originária pela lei estrangeira;

b) de imposição de naturalização, pela norma estrangeira, ao brasileiro residente em estado estrangeiro, como condição para permanência em seu território ou para o exercício de direitos civis.

Ao se analisar o dispositivo do *caput* desse parágrafo, é possível concluir que as regras são para os brasileiros natos ou naturalizados.

Mas vale a pena verificar cada hipótese:

- O inciso I deixa claro que é uma hipótese aplicada apenas aos brasileiros naturalizados (cancelamento de naturalização). Se o indivíduo tem seu vínculo com o Estado cancelado por decisão judicial, não há que se falar em permanência da nacionalidade brasileira;
- O inciso II já não permite a mesma conclusão, haja vista ter considerado qualquer brasileiro. Logo, ao brasileiro, seja ele nato ou naturalizado, que adquirir outra nacionalidade, será declarada a perda da nacionalidade, pelo menos em regra. Essa regra possui duas exceções: nos casos de reconhecimento de nacionalidade originária estrangeira ou de imposição de naturalização, não será declarada a perda da nacionalidade brasileira. É nestas hipóteses que se encontram permitidas as situações de dupla nacionalidade que conhecemos.

Uma questão interessante surge: seria possível a reaquisição da nacionalidade brasileira?

Uma vez perdida a nacionalidade, tem-se entendido que é possível a sua reaquisição dependo da forma que foi perdida.

Se o indivíduo perde a nacionalidade com fundamento no inciso I, por cancelamento de naturalização, só seria possível a reaquisição por meio de ação rescisória.

Caso o indivíduo perca a nacionalidade por ter adquirido outra, que revela a hipótese do inciso II, também será possível a reaquisição por decreto presidencial (art. 36, Lei nº 818/1949).

Apesar da divergência doutrinária, prevalece o entendimento de que o brasileiro, após a reaquisição, volta à condição anterior, ou seja, se era brasileiro nato, volta a ser nato, se era naturalizado, volta como naturalizado.

5 DIREITOS POLÍTICOS E PARTIDOS POLÍTICOS

5.1 Direitos políticos

Os direitos políticos são um conjunto de direitos fundamentais que permitem ao indivíduo participar da vontade política do Estado. Para se falar de direitos políticos, alguns conceitos são indispensáveis.

5.1.1 Cidadania, democracia e soberania popular

A Cidadania é a condição conferida ao indivíduo que possui direito político. É o exercício desse direito. Essa condição só é possível em nosso país por causa do regime de governo adotado, a Democracia. A democracia parte do pressuposto de que o poder do Estado decorre da vontade popular, da Soberania Popular. Conforme o parágrafo único do art. 1º da Constituição:

> *Art. 1º [...]*
> *Parágrafo único. Todo o poder emana do povo, que o exerce por meio de representantes eleitos ou diretamente, nos termos desta Constituição.*

A democracia brasileira é classificada como semidireta ou participativa, haja vista poder ser exercida tanto de forma direta como de forma indireta. Como forma de exercício direto temos o previsto no art. 14 da CF/1988/1988:

> *Art. 14 A soberania popular será exercida pelo sufrágio universal e pelo voto direto e secreto, com valor igual para todos, e, nos termos da lei, mediante:*
> *I – Plebiscito;*
> *II – Referendo;*
> *III – Iniciativa popular.*

Mas ainda há a ação popular que também é forma de exercício direto dos direitos políticos:

> *Art. 5º [...]*
> *LXXIII – Qualquer cidadão é parte legítima para propor ação popular que vise a anular ato lesivo ao patrimônio público ou de entidade de que o Estado participe, à moralidade administrativa, ao meio ambiente e ao patrimônio histórico e cultural, ficando o autor, salvo comprovada má-fé, isento de custas judiciais e do ônus da sucumbência.*

Entendamos o que significa cada uma das formas de exercício direto dos direitos políticos.

- **Plebiscito:** consulta popular realizada antes da tomada de decisão. O representante do poder público quer tomar uma decisão, mas, antes de tomá-la, ele pergunta para os cidadãos quem concorda. O que os cidadãos decidirem será feito.
- **Referendo:** consulta popular realizada depois da tomada de decisão. O representante do poder público toma uma decisão e depois pergunta o que os cidadãos acharam.
- **Iniciativa Popular:** essa é uma das formas de se iniciar o processo legislativo no Brasil. A legitimidade para propor criação de lei pelo eleitorado encontra amparo no art. 61, § 2º da CF/1988:

> *Art. 61 [...]*
> *§ 2º A iniciativa popular pode ser exercida pela apresentação à Câmara dos Deputados de projeto de lei subscrito por, no mínimo, um por cento do eleitorado nacional, distribuído pelo menos por cinco Estados, com não menos de três décimos por cento dos eleitores de cada um deles.*

- **Ação popular:** remédio constitucional previsto no inciso LXXIII que funciona como instrumento de fiscalização dos poderes públicos nos termos do inciso citado.

Quando se fala em exercício indireto, significa exercício por meio dos representantes eleitos que representarão a vontade popular.

Todas essas ferramentas disponibilizadas acima constituem formas de exercício dos direitos políticos no Brasil.

5.1.2 Classificação dos direitos políticos

A doutrina costuma classificar os direitos políticos em **direitos políticos positivos e direitos políticos negativos**.

- **Direitos políticos positivos**

Os direitos políticos positivos se mostram pela possibilidade de participação na vontade política do Estado. Esses direitos políticos se materializam por meio da Capacidade Eleitoral Ativa e da Capacidade Eleitoral Passiva. O primeiro é a possibilidade de votar. O segundo, de ser votado.

Para que se possa exercer a capacidade eleitoral ativa, faz-se necessário o chamado alistamento eleitoral. É, simplesmente, inscrever-se como eleitor, o que acontece quando obtemos o título de eleitor. A Constituição apresenta três regras para o alistamento e o voto:

- **Voto Obrigatório:** maiores de 18 anos.
- **Voto Facultativo:** maiores de 16 e menores de 18; analfabetos e maiores de 70 anos.
- **Voto Proibido:** estrangeiros e conscritos.

Vejamos estas regras previstas no texto constitucional:

> *Art. 14. [...]*
> *§ 1º O alistamento eleitoral e o voto são:*
> *I – Obrigatórios para os maiores de dezoito anos;*
> *II – Facultativos para:*
> *a) os analfabetos;*
> *b) os maiores de setenta anos;*
> *c) os maiores de dezesseis e menores de dezoito anos.*
> *§ 2º Não podem alistar-se como eleitores os estrangeiros e, durante o período do serviço militar obrigatório, os conscritos.*

A capacidade eleitoral passiva é a capacidade de ser eleito. É uma das formas de participação política em que o cidadão aceita a incumbência de representar os interesses dos seus eleitores. Para que alguém possa ser eleito se faz necessário o preenchimento das condições de elegibilidade. São condições de elegibilidade as previstas no art. 14, § 3º da Constituição Federal de 1988:

> *Art. 14 [...]*
> *§ 3º São condições de elegibilidade, na forma da lei:*
> *I – a nacionalidade brasileira;*
> *II – o pleno exercício dos direitos políticos;*
> *III – o alistamento eleitoral;*
> *IV – o domicílio eleitoral na circunscrição;*
> *V – a filiação partidária;*
> *VI – a idade mínima de:*
> *a) trinta e cinco anos para Presidente e Vice-Presidente da República e Senador;*
> *b) trinta anos para Governador e Vice-Governador de Estado e do Distrito Federal;*
> *c) vinte e um anos para Deputado Federal, Deputado Estadual ou Distrital, Prefeito, Vice-Prefeito e juiz de paz;*
> *d) dezoito anos para Vereador.*

- **Direitos políticos negativos**

Os direitos políticos negativos são verdadeiras vedações ao exercício da cidadania. São inelegibilidades, hipóteses de perda ou suspensão dos direitos políticos que se encontram previstos expressamente no texto constitucional. Só não se pode esquecer a possibilidade prevista no § 9º do art. 14 da Constituição, que admite que sejam criadas outras inelegibilidades por Lei Complementar, desde possuam caráter relativo. Inelegibilidade absoluta, segundo a doutrina, só na Constituição Federal de 1988.

A primeira inelegibilidade está prevista no art. 14, § 4º:

> *Art. 14 [...]*
> *§ 4º São inelegíveis os inalistáveis e os analfabetos.*

Trata-se de uma inelegibilidade absoluta que impede os inalistáveis e analfabetos a concorrerem a qualquer cargo eletivo. Nota-se primeiramente que a Constituição se refere aos inalistáveis como "inelegíveis". Todas as vezes que se encontrar o termo inalistável, deve-se pensar automaticamente em estrangeiros e conscritos. Logo, são inelegíveis os estrangeiros, conscritos e analfabetos.

Quanto aos analfabetos, uma questão merece atenção: os analfabetos podem votar, mas não podem receber votos.

Em seguida, tem-se o § 5º, que traz a chamada regra da reeleição. Trata-se de uma espécie de inelegibilidade relativa por meio do qual alguns titulares de cargos políticos ficam impedidos de se reelegerem por mais de duas eleições consecutivas, ou seja, é permitida apenas uma reeleição:

> *Art. 14 [...]*
> *§ 5º O Presidente da República, os Governadores de Estado e do Distrito Federal, os Prefeitos e quem os houver sucedido, ou substituído no curso dos mandatos poderão ser reeleitos para um único período subsequente.*

O primeiro ponto interessante desse parágrafo está na restrição que só ocorre para os membros do Poder Executivo (presidente, governador e prefeito). Logo, um membro do Poder Legislativo poderá se reeleger quantas vezes ele quiser, enquanto o membro do Poder Executivo só poderá se reeleger uma única vez. Ressalte-se que o impedimento se aplica também a quem suceder ou substituir o titular dos cargos supracitados.

Mais uma regra de inelegibilidade relativa encontra-se no § 6º:

> *Art. 14 [...]*
> *§ 6º Para concorrerem a outros cargos, o Presidente da República, os Governadores de Estado e do Distrito Federal e os Prefeitos devem renunciar aos respectivos mandatos até seis meses antes do pleito.*

Estamos diante da chamada regra de **desincompatibilização**. Da mesma forma que o dispositivo anterior só se aplica aos membros do Poder Executivo, e essa norma exige que os representantes desse Poder, para que possam concorrer a outro cargo, devem renunciar os respectivos mandatos até seis meses antes do pleito.

Ainda há a chamada inelegibilidade reflexa, ou em razão do parentesco. Essa hipótese gera um impedimento, não ao titular do cargo político, mas aos seus parentes até segundo grau. Também se aplica apenas aos membros do Poder Executivo:

> *Art. 14 [...]*
> *§ 7º São inelegíveis, no território de jurisdição do titular, o cônjuge e os parentes consanguíneos ou afins, até o segundo grau ou por adoção, do Presidente da República, de Governador de Estado ou Território, do Distrito Federal, de Prefeito ou de quem os haja substituído dentro dos seis meses anteriores ao pleito, salvo se já titular de mandato eletivo e candidato à reeleição.*

O impedimento gerado está relacionado ao território de jurisdição do titular da seguinte forma:

- O prefeito gera inelegibilidade aos cargos de Prefeito e vereador do mesmo município;
- O governador gera inelegibilidade aos cargos de prefeito, vereador, deputado estadual, deputado federal, senador da República e governador do mesmo Estado Federativo;
- O Presidente gera inelegibilidade a todos os cargos eletivos do país.

São parentes de 1º grau: pai, mãe, filho, sogro. São parentes de 2º grau: avô, irmão, neto, cunhado.

O STF editou a Súmula Vinculante nº 18, que diz:

> **Súmula Vinculante nº 18** *A dissolução da sociedade ou do vínculo conjugal, no curso do mandato, não afasta a inelegibilidade prevista no § 7º do art. 14 da Constituição Federal.*

Lei complementar pode estabelecer novas hipóteses de inelegibilidade relativa. É o que dispõe o § 9º do art. 14:

> *Art. 14 [...]*
> *§ 9º Lei complementar estabelecerá outros casos de inelegibilidade e os prazos de sua cessação, a fim de proteger a probidade administrativa, a moralidade para exercício de mandato considerada vida pregressa do candidato, e a normalidade e legitimidade das eleições contra a influência do poder econômico ou o abuso do exercício de função, cargo ou emprego na administração direta ou indireta.*

Com base no texto, é possível concluir que o rol de inelegibilidades relativas previstas na Constituição Federal de 1988 é meramente exemplificativo. Há ainda a Lei Complementar nº 64/1990 que traz várias hipóteses de inelegibilidade.

5.1.3 Condições para eleição do militar

O militar pode se candidatar a cargo político eletivo desde que observadas as regras estabelecidas no § 8º do art. 14:

> *Art. 14 [...]*
> *§ 8º O militar alistável é elegível, atendidas as seguintes condições:*
> *I – se contar menos de dez anos de serviço, deverá afastar-se da atividade;*
> *II – se contar mais de dez anos de serviço, será agregado pela autoridade superior e, se eleito, passará automaticamente, no ato da diplomação, para a inatividade.*

Primeiramente, deve-se ressaltar que a Constituição veda a filiação partidária aos militares:

> *Art. 142 [...]*
> *§ 3º [...]*
> *V – O militar, enquanto em serviço ativo, não pode estar filiado a partidos políticos.*

Recordando as condições de elegibilidade, tem-se que é necessária a filiação partidária para ser elegível, contudo, no caso do militar, o TSE tem entendido que o registro da candidatura supre a falta de prévia filiação partidária.

Um segundo ponto interessante decorre da própria interpretação do § 8º, que prevê duas regras para eleição dos militares em razão do tempo de serviço:

- **Militar com menos de dez anos:** deve se afastar da atividade;
- **Militar com mais de dez anos:** deve ficar agregado pela autoridade superior e se eleito, passado para inatividade.

Esse prazo de dez anos escolhido pela Constituição decorre da garantia de estabilidade para os militares.

5.1.4 Impugnação de mandato eletivo

Estes parágrafos dispensam explicação e, quando aparecem em prova, costumam cobrar o próprio texto constitucional. Deve-se ter cuidado com o prazo de 15 dias para impugnação:

> *Art. 14 [...]*
> *§ 10 O mandato eletivo poderá ser impugnado ante a Justiça Eleitoral no prazo de quinze dias contados da diplomação, instruída a ação com provas de abuso do poder econômico, corrupção ou fraude.*
> *§ 11 A ação de impugnação de mandato tramitará em segredo de justiça, respondendo o autor, na forma da lei, se temerária ou de manifesta má-fé.*

5.1.5 Cassação, suspensão e perda dos direitos políticos

Uma coisa é certa: não existe cassação de direitos políticos no Brasil. Isso não pode ser esquecido, pois sempre é cobrado em prova. Apesar dessa norma protetiva, são permitidas a perda e a suspensão desses direitos, conforme disposto no art. 15 da Constituição:

> *Art. 15 É vedada a cassação de direitos políticos, cuja perda ou suspensão só se dará nos casos de:*
> *I – Cancelamento da naturalização por sentença transitada em julgado;*
> *II – Incapacidade civil absoluta;*
> *III – Condenação criminal transitada em julgado, enquanto durarem seus efeitos;*
> *IV – Recusa de cumprir obrigação a todos imposta ou prestação alternativa, nos termos do art. 5º, VIII;*
> *V – Improbidade administrativa, nos termos do art. 37, § 4º.*

Observe-se que o texto constitucional não esclareceu muito bem quais são as hipóteses de perda ou suspensão, trabalho esse que ficou a cargo da doutrina fazer. Seguem abaixo as hipóteses de perda ou suspensão:

- **Cancelamento da naturalização por sentença transitada em julgado:** trata-se de perda dos direitos políticos. Ora, se o indivíduo teve cancelado seu vínculo com o Estado Brasileiro, não há sentido em lhe garantir os direitos políticos.
- **Incapacidade civil absoluta:** apesar de ser absoluta, essa incapacidade civil pode cessar dependendo da situação. Logo, é hipótese de suspensão dos direitos políticos.
- **Condenação criminal transitada em julgado, enquanto durarem seus efeitos:** condenação criminal é suspensão, pois dura enquanto durar a pena. Deve-se ter cuidado com essa questão em prova. O efeito da suspensão sobre os direitos políticos independe do tipo de pena aplicada ao cidadão.
- **Recusa de cumprir obrigação a todos imposta ou prestação alternativa, nos termos do art. 5º, inciso VIII:** essa é a famosa hipótese da escusa de consciência. Em relação a esse tema, existe divergência na doutrina. Parte da doutrina Constitucional entende que é hipótese de perda, outra parte da doutrina, principalmente eleitoral, entende que seja hipótese de suspensão.
- **Improbidade administrativa, nos termos do art. 37, § 4º, CF/1988/1988:** essa é mais uma hipótese de suspensão dos direitos políticos.

5.1.6 Princípio da anterioridade eleitoral

Este princípio exige o prazo de um ano para aplicação de lei que altere processo eleitoral. Isso visa a evitar que os candidatos sejam pegos de surpresa com as regras eleitorais. O art. 16 da Constituição Federal de 1988 diz:

> *Art. 16 A lei que alterar o processo eleitoral entrará em vigor na data de sua publicação, não se aplicando à eleição que ocorra até um ano da data de sua vigência.*

5.2 Partidos políticos

5.2.1 Natureza jurídica dos partidos políticos

Os partidos políticos, segundo previsão expressa da Constituição Federal de 1988, possuem natureza jurídica de direito privado. Segundo o disposto no art. 17, § 2º:

> *§ 2º Os partidos políticos, após adquirirem personalidade jurídica, na forma da lei civil, registrarão seus estatutos no Tribunal Superior Eleitoral.*

Quando a Constituição determina que os partidos devem adquirir sua personalidade jurídica na forma da lei civil, praticamente, afirma que é uma pessoa jurídica de direito privado apesar de ser exigido seu registro no TSE.

5.2.2 Direitos dos partidos

Os partidos possuem vários direitos previstos expressamente na Constituição Federal de 1988, dentre os quais destacam-se:

- **Recursos do fundo partidário;**
- **Acesso gratuito ao rádio e à televisão (Lei nº 9.096/1995).**

5.2.3 Limitações aos partidos

Apesar da liberdade estampada no *caput* do art. 17 da CF/1988/1988, é possível perceber que a criação dos partidos políticos possui algumas limitações:

> *Art. 17 É livre a criação, fusão, incorporação e extinção de partidos políticos, resguardados a soberania nacional, o regime democrático, o pluripartidarismo, os direitos fundamentais da pessoa humana e observados os seguintes preceitos:*
>
> *I – Caráter nacional;*
>
> *II – Proibição de recebimento de recursos financeiros de entidade ou governo estrangeiros ou de subordinação a estes;*
>
> *III – Prestação de contas à Justiça Eleitoral;*
>
> *IV – Funcionamento parlamentar de acordo com a lei. [...]*
>
> *§ 4º É vedada a utilização pelos partidos políticos de organização paramilitar.*

5.2.4 Verticalização

Antes da Emenda Constitucional nº 52/2006, era utilizada a chamada Verticalização, que significava a necessidade de vinculação das candidaturas do nível nacional, estadual, distrital ou municipal. Vejamos como está escrito agora:

> *§ 1º É assegurada aos partidos políticos autonomia para definir sua estrutura interna e estabelecer regras sobre escolha, formação e duração de seus órgãos permanentes e provisórios e sobre sua organização e funcionamento e para adotar os critérios de escolha e o regime de suas coligações nas eleições majoritárias, vedada a sua celebração nas eleições proporcionais, sem obrigatoriedade de vinculação entre as candidaturas em âmbito nacional, estadual, distrital ou municipal, devendo seus estatutos estabelecer normas de disciplina e fidelidade partidária.*

Significa dizer que não é mais preciso haver vinculação das candidaturas nos diversos níveis federativos (União, Estados, Distrito Federal e Municípios).

DIREITO CONSTITUCIONAL

6 ORGANIZAÇÃO POLÍTICO-ADMINISTRATIVA

Para que se possa compreender a organização político-administrativa do Estado brasileiro, faz-se necessário, primeiramente, entender como se deu essa formação. Para isso, será abordado o princípio federativo.

6.1 Princípio federativo: entes federativos

A forma de Estado adotada no Brasil é a federativa. Quando se afirma que o nosso Estado é uma Federação, quer-se dizer como se dá o exercício do poder político em função do território. Em um Estado Federal, existe pluralidade de poderes políticos internos, os quais se organizam de forma descentralizada. No Brasil, são quatro poderes políticos, também chamados de entes federativos:

- União;
- Estados;
- Distrito Federal;
- Municípios.

Essa organização é baseada na autonomia política de cada ente federativo. Deve-se estar atento a esse tema em prova, pois as bancas gostam de trocar autonomia por soberania. Cada ente possui sua própria autonomia, enquanto o Estado Federal possui a soberania. A autonomia de cada ente federativo se dá no âmbito político, financeiro, orçamentário, administrativo e em qualquer outra área permitida pela Constituição Federal:

> *Art. 18 A organização político-administrativa da República Federativa do Brasil compreende a União, os Estados, o Distrito Federal e os Municípios, todos autônomos, nos termos desta Constituição.*

Deve-se destacar, inclusive, que o pacto federativo sobrevive em torno da Constituição Federal, que impede sua dissolução sob pena de se decretar Intervenção Federal:

> *Art. 34 A União não intervirá nos Estados nem no Distrito Federal, exceto para:*
> *I – Manter a integridade nacional.*

A proibição de secessão, que impede a separação de um ente federativo, também é conhecida como princípio da indissolubilidade.

Outro ponto muito cobrado em prova diz respeito à inexistência de hierarquia entre os entes federativos. O que distingue um ente federativo do outro não é a superioridade, mas a distribuição de competências feita pela própria Constituição Federal de 1988. Não se deve esquecer também que as Unidades da Federação possuem representação junto ao Poder Legislativo da União, mais precisamente, no Senado Federal.

Em razão dessa organização completamente diferenciada, a doutrina classifica a federação brasileira de várias formas:

- **Tricotômica:** federação constituída em três níveis: federal, estadual e municipal. O Distrito Federal não é considerado nessa classificação, haja vista possuir competência híbrida, agindo tanto como um Estado quanto como Município.
- **Centrífuga:** característica que reflete a formação da federação brasileira. É a formação "de dentro para fora". O movimento é de centrifugadora. A força de criação do estado federal brasileiro surgiu a partir de um Estado Unitário para a criação de um estado federado, ou seja, o poder centralizado que se torna descentralizado. O poder político era concentrado nas mãos de um só ente e depois passa a fazer parte de vários entes federativos.
- **Por desagregação:** ocorre quando um Estado Unitário resolve se descentralizar politicamente, desagregando o poder central em favor de vários entes titulares de poder político.

Mais uma característica que não pode ser ignorada em prova: a forma Federativa de Estado é uma **cláusula pétrea**, conforme dispõe o art. 60, § 4º, inciso I:

> *Art. 60 [...]*
> *§ 4º Não será objeto de deliberação a proposta de emenda tendente a abolir:*
> *I – A forma federativa de Estado.*

Cumpre lembrar de que a capital do Brasil é Brasília. Deve-se ter cuidado: há questão de prova que diz que a capital é o Distrito Federal. O Distrito Federal é um ente federativo, ao passo que Brasília é uma região administrativa dentro do Distrito Federal:

> *Art. 18 [...]*
> *§ 1º Brasília é a Capital Federal.*

Outra coisa com a qual se deve ter cuidado diz respeito aos territórios federais:

> *Art. 18 [...]*
> *§ 2º Os Territórios Federais integram a União, e sua criação, transformação em Estado ou reintegração ao Estado de origem serão reguladas em lei complementar.*

Esses não são entes federativos, pois não possuem autonomia política. São pessoas jurídicas de direito público que possuem apenas capacidade administrativa. Sua natureza jurídica é de autarquia federal e só podem ser criados por lei federal. Para sua criação se faz necessária a aprovação das populações diretamente envolvidas, por meio de plebiscito, parecer da Assembleia Legislativa e lei complementar federal. Os territórios são administrados por governadores escolhidos pelo Presidente da República e podem ser divididos em municípios. Cada território elegerá quatro deputados federais, mas não poderá eleger Senador da República. Seguem abaixo vários dispositivos da Constituição Federal de 1988 que regulamentam os territórios:

> *Art. 18 [...]*
> *§ 3º Os Estados podem incorporar-se entre si, subdividir-se ou desmembrar-se para se anexarem a outros, ou formarem novos Estados ou Territórios Federais, mediante aprovação da população diretamente interessada, através de plebiscito, e do Congresso Nacional, por lei complementar.*
> *Art. 45 [...]*
> *§ 2º Cada Território elegerá quatro Deputados.*
> *Art. 48 Cabe ao Congresso Nacional, com a sanção do Presidente da República, não exigida esta para o especificado nos Arts. 49, 51 e 52, dispor sobre todas as matérias de competência da União, especialmente sobre:[...]*
> *VI – Incorporação, subdivisão ou desmembramento de áreas de Territórios ou Estados, ouvidas as respectivas Assembleias Legislativas.*
> *Art. 84 Compete privativamente ao Presidente da República: [...]*
> *XIV – Nomear, após aprovação pelo Senado Federal, os Ministros do Supremo Tribunal Federal e dos Tribunais Superiores, os Governadores de Territórios, o Procurador-geral da República, o presidente e os diretores do banco central e outros servidores, quando determinado em lei.*

A Constituição Federal autoriza a divisão dos Territórios em Municípios. Os Territórios com mais de 100.000 habitantes possuirão Poder Judiciário próprio, bem como membros do Ministério Público e Defensores Públicos Federais. Poderão ainda eleger membros para Câmara Territorial:

> *Art. 33 [...]*
> *§ 1º Os Territórios poderão ser divididos em Municípios, aos quais se aplicará, no que couber, o disposto no Capítulo IV deste Título. [...]*
> *§ 3º Nos Territórios Federais com mais de cem mil habitantes, além do Governador nomeado na forma desta Constituição, haverá órgãos judiciários de primeira e segunda instância, membros do Ministério Público e defensores públicos federais; a lei disporá sobre as eleições para a Câmara Territorial e sua competência deliberativa.*

ORGANIZAÇÃO POLÍTICO-ADMINISTRATIVA

6.1.1 Vedações constitucionais

A Constituição Federal de 1988 fez questão de estabelecer algumas vedações expressas aos entes federativos, as quais estão previstas no art. 19:

> **Art. 19** É vedado à União, aos Estados, ao Distrito Federal e aos Municípios:
> I – Estabelecer cultos religiosos ou igrejas, subvencioná-los, embaraçar-lhes o funcionamento ou manter com eles ou seus representantes relações de dependência ou aliança, ressalvada, na forma da lei, a colaboração de interesse público;
> II – Recusar fé aos documentos públicos;
> III – Criar distinções entre brasileiros ou preferências entre si.

A primeira vedação decorre da laicidade do Estado brasileiro, ou seja, não possuímos religião oficial no Brasil, em razão da situação de separação entre Estado e Igreja. A segunda vedação decorre da presunção de veracidade dos documentos públicos. E, por último, contemplando o princípio da isonomia, o qual será tratado em momento oportuno, fica vedado estabelecer distinções entre brasileiros ou preferências entre si. Atente-se a esta questão.

6.1.2 Características dos entes federativos

- **União**

Muitos sentem dificuldade em visualizar a União, tendo em vista ser um ente meio abstrato. O que se precisa saber é que a União é uma pessoa jurídica de direito público interno ao mesmo tempo em que é pessoa jurídica de direito público externo. É o Poder Central responsável por assuntos de interesse geral do Estado e que representa os demais entes federativos. Apesar de não possuir o atributo de soberania, a União exerce essa soberania em nome do Estado Federal. É só pensar na representação internacional do Estado. Quem celebra tratados internacionais? É o chefe do executivo da União, o Presidente da República.

Um dos temas mais cobrados em prova são os Bens da União. Os bens da União estão previstos no art. 20 da Constituição Federal:

> **Art. 20** São bens da União:
> I – Os que atualmente lhe pertencem e os que lhe vierem a ser atribuídos;
> II – As terras devolutas indispensáveis à defesa das fronteiras, das fortificações e construções militares, das vias federais de comunicação e à preservação ambiental, definidas em lei;
> III – Os lagos, rios e quaisquer correntes de água em terrenos de seu domínio, ou que banhem mais de um Estado, sirvam de limites com outros países, ou se estendam a território estrangeiro ou dele provenham, bem como os terrenos marginais e as praias fluviais;
> IV – As ilhas fluviais e lacustres nas zonas limítrofes com outros países; as praias marítimas; as ilhas oceânicas e as costeiras, excluídas, destas, as que contenham a sede de Municípios, exceto aquelas áreas afetadas ao serviço público e a unidade ambiental federal, e as referidas no art. 26, II;
> V – Os recursos naturais da plataforma continental e da zona econômica exclusiva;
> VI – O mar territorial;
> VII – Os terrenos de marinha e seus acrescidos;
> VIII – os potenciais de energia hidráulica;
> IX – Os recursos minerais, inclusive os do subsolo;
> X – As cavidades naturais subterrâneas e os sítios arqueológicos e pré-históricos;
> XI – As terras tradicionalmente ocupadas pelos índios.
> § 1º É assegurada, nos termos da lei, à União, aos Estados, ao Distrito Federal e aos Municípios a participação no resultado da exploração de petróleo ou gás natural, de recursos hídricos para fins de geração de energia elétrica e de outros recursos minerais no respectivo território, plataforma continental, mar territorial ou zona econômica exclusiva, ou compensação financeira por essa exploração. (Redação dada pela Emenda Constitucional nº 102/2019)
> § 2º A faixa de até cento e cinquenta quilômetros de largura, ao longo das fronteiras terrestres, designada como faixa de fronteira, é considerada fundamental para defesa do território nacional, e sua ocupação e utilização serão reguladas em lei.

Esse artigo, quando cobrado em prova, costuma ser trabalhado apenas com o texto literal da Constituição. A dica de estudo é a memorização dos bens que são considerados da União. Contudo, alguns bens necessitam de uma explicação maior para que sejam compreendidos.

- **Terras devolutas**

O inciso II fala das chamadas terras devolutas, mas o que significa terras devolutas? São terras que estão sob o domínio da União sem qualquer destinação, nem pública nem privada. Serão da União apenas as terras devolutas indispensáveis à defesa das fronteiras, das fortificações e construções militares, das vias federais de comunicação e à preservação ambiental, conforme definição em lei. As demais terras devolutas serão de propriedade dos Estados Membros nos termos do art. 26, incisos IV:

> **Art. 26** Incluem-se entre os bens dos Estados: [...]
> IV – As terras devolutas não compreendidas entre as da União.

- **Mar Territorial, Plataforma Continental e Zona Econômica Exclusiva (ZEE)**

Os incisos IV e V apresentam três bens que são muito interessantes e que se confundem nas cabeças dos alunos: mar territorial, plataforma continental e Zona Econômica Exclusiva. A Lei nº 8.617/1993 esclarece as diferenças entre esses institutos.

O mar territorial é formado por uma faixa de água marítima ao longo da costa brasileira, com uma dimensão de 12 milhas marítimas, contadas a partir da linha base. A plataforma continental é o prolongamento natural do território terrestre, compreendidos o leito e o subsolo do mar até a distância de 200 milhas marítimas ou até o bordo exterior da margem continental.

A ZEE é a extensão situada além do mar territorial até o limite das 200 milhas marítimas.

Acerca desse tema sempre há confusão. O mar territorial é extensão do território nacional sobre qual o Estado exerce sua soberania. Já a plataforma continental e a zona econômica exclusiva são águas internacionais onde o direito à soberania do Estado se limita à exploração e ao aproveitamento, à conservação e a gestão dos recursos naturais, vivos ou não vivos, das águas sobrejacentes ao leito do mar, do leito do mar e seu subsolo, e no que se refere a outras atividades com vistas à exploração e ao aproveitamento da zona para fins econômicos.

- **Estados**

Os estados são pessoas jurídicas de direito público interno, entes federativos detentores de autonomia própria. Essa autonomia se percebe pela sua capacidade de auto-organização, autogoverno, autoadministração. Destaca-se, ainda, o seu poder de criação da própria Constituição Estadual, bem como das demais normas de sua competência:

> **Art. 25** Os Estados organizam-se e regem-se pelas Constituições e leis que adotarem, observados os princípios desta Constituição.

Percebe-se, ainda, o seu autogoverno à medida que cada Estado organiza seus próprios Poderes: Poder Legislativo (Assembleia Legislativa), Poder Executivo (Governador) e Poder Judiciário (Tribunal de Justiça). Destacam-se também suas autonomias administrativa, tributária e financeira.

DIREITO CONSTITUCIONAL

Segundo o art. 18, § 3º, da Constituição Federal de 1988:

> *Art. 18 [...]*
>
> *§ 3º Os Estados podem incorporar-se entre si, subdividir-se ou desmembrar-se para se anexarem a outros, ou formarem novos Estados ou Territórios Federais, mediante aprovação da população diretamente interessada, através de plebiscito, e do Congresso Nacional, por lei complementar.*

O que se precisa lembrar para a prova é que, para se criar outro Estado, faz-se necessária a aprovação da população diretamente interessada por meio de plebiscito e que essa criação depende de lei complementar federal. A Constituição Federal de 1988 prevê ainda a oitiva das Assembleias Legislativas envolvidas na modificação:

> *Art. 48 Cabe ao Congresso Nacional, com a sanção do Presidente da República, não exigida esta para o especificado nos Arts. 49, 51 e 52, dispor sobre todas as matérias de competência da União, especialmente sobre: [...]*
>
> *IV – Incorporação, subdivisão ou desmembramento de áreas de Territórios ou Estados, ouvidas as respectivas Assembleias Legislativas.*

Em razão de sua autonomia, a Constituição Federal de 1988 apresentou um rol de bens que pertencem aos Estados:

> *Art. 26 Incluem-se entre os bens dos Estados:*
>
> *I – As águas superficiais ou subterrâneas, fluentes, emergentes e em depósito, ressalvadas, neste caso, na forma da lei, as decorrentes de obras da União;*
>
> *II – As áreas, nas ilhas oceânicas e costeiras, que estiverem no seu domínio, excluídas aquelas sob domínio da União, Municípios ou terceiros;*
>
> *III – As ilhas fluviais e lacustres não pertencentes à União;*
>
> *IV – As terras devolutas não compreendidas entre as da União.*

Algumas regras em relação à Organização dos Poderes Legislativo e Executivo no âmbito dos Estados também aparecem na Constituição Federal de 1988. Quando cobradas em prova, a leitura e memorização dos artigos abaixo se tornam essenciais:

> *Art. 27 O número de Deputados à Assembleia Legislativa corresponderá ao triplo da representação do Estado na Câmara dos Deputados e, atingido o número de trinta e seis, será acrescido de tantos quantos forem os Deputados Federais acima de doze.*
>
> *§ 1º Será de quatro anos o mandato dos Deputados Estaduais, aplicando-se-lhes as regras desta Constituição sobre sistema eleitoral, inviolabilidade, imunidades, remuneração, perda de mandato, licença, impedimentos e incorporação às Forças Armadas.*
>
> *§ 2º O subsídio dos Deputados Estaduais será fixado por lei de iniciativa da Assembleia Legislativa, na razão de, no máximo, setenta e cinco por cento daquele estabelecido, em espécie, para os Deputados Federais, observado o que dispõem os Arts. 39, § 4º, 57, § 7º, 150, II, 153, III, e 153, § 2º, I.*
>
> *§ 3º Compete às Assembleias Legislativas dispor sobre seu regimento interno, polícia e serviços administrativos de sua secretaria, e prover os respectivos cargos.*
>
> *§ 4º A lei disporá sobre a iniciativa popular no processo legislativo estadual.*
>
> *Art. 28 A eleição do Governador e do Vice-Governador de Estado, para mandato de quatro anos, realizar-se-á no primeiro domingo de outubro, em primeiro turno, e no último domingo de outubro, em segundo turno, se houver, do ano anterior ao do término do mandato de seus antecessores, e a posse ocorrerá em primeiro de janeiro do ano subsequente, observado, quanto ao mais, o disposto no art. 77.*
>
> *§ 1º Perderá o mandato o Governador que assumir outro cargo ou função na Administração Pública direta ou indireta, ressalvada a posse em virtude de concurso público e observado o disposto no art. 38, I, IV e V.*
>
> *§ 2º Os subsídios do Governador, do Vice-Governador e dos Secretários de Estado serão fixados por lei de iniciativa da Assembleia Legislativa, observado o que dispõem os Arts. 37, XI, 39, § 4º, 150, II, 153, III, e 153, § 2º, I.*

- **Municípios**

Os municípios são elencados pela Constituição Federal de 1988 como entes federativos dotados de autonomia, a qual se percebe pela sua capacidade de auto-organização, autogoverno e autoadministração. São regidos por lei orgânica e possui Executivo e Legislativo próprio, os quais são representados, respectivamente, pela Prefeitura e pela Câmara Municipal e que são regulamentados pelos arts. 29 e 29-A da Constituição Federal de 1988. O examinador pode explorar, em prova de concurso público, questões que requeiram a memorização desses artigos. Para entender por que ele faria isso, recomenda-se a leitura:

> *Art. 29 O Município reger-se-á por lei orgânica, votada em dois turnos, com o interstício mínimo de dez dias, e aprovada por dois terços dos membros da Câmara Municipal, que a promulgará, atendidos os princípios estabelecidos nesta Constituição, na Constituição do respectivo Estado e os seguintes preceitos:*
>
> *I – Eleição do Prefeito, do Vice-Prefeito e dos Vereadores, para mandato de quatro anos, mediante pleito direto e simultâneo realizado em todo o País;*
>
> *II – Eleição do Prefeito e do Vice-Prefeito realizada no primeiro domingo de outubro do ano anterior ao término do mandato dos que devam suceder, aplicadas as regras do art. 77, no caso de Municípios com mais de duzentos mil eleitores;*
>
> *III – Posse do Prefeito e do Vice-Prefeito no dia 1º de janeiro do ano subsequente ao da eleição;*
>
> *IV – Para a composição das Câmaras Municipais, será observado o limite máximo de:*
>
> *a) 9 (nove) Vereadores, nos Municípios de até 15.000 (quinze mil) habitantes;*
>
> *b) 11 (onze) Vereadores, nos Municípios de mais de 15.000 (quinze mil) habitantes e de até 30.000 (trinta mil) habitantes;*
>
> *c) 13 (treze) Vereadores, nos Municípios com mais de 30.000 (trinta mil) habitantes e de até 50.000 (cinquenta mil) habitantes;*
>
> *d) 15 (quinze) Vereadores, nos Municípios de mais de 50.000 (cinquenta mil) habitantes e de até 80.000 (oitenta mil) habitantes;*
>
> *e) 17 (dezessete) Vereadores, nos Municípios de mais de 80.000 (oitenta mil) habitantes e de até 120.000 (cento e vinte mil) habitantes;*
>
> *f) 19 (dezenove) Vereadores, nos Municípios de mais de 120.000 (cento e vinte mil) habitantes e de até 160.000 (cento sessenta mil) habitantes;*
>
> *g) 21 (vinte e um) Vereadores, nos Municípios de mais de 160.000 (cento e sessenta mil) habitantes e de até 300.000 (trezentos mil) habitantes;*
>
> *h) 23 (vinte e três) Vereadores, nos Municípios de mais de 300.000 (trezentos mil) habitantes e de até 450.000 (quatrocentos e cinquenta mil) habitantes;*
>
> *i) 25 (vinte e cinco) Vereadores, nos Municípios de mais de 450.000 (quatrocentos e cinquenta mil) habitantes e de até 600.000 (seiscentos mil) habitantes;*
>
> *j) 27 (vinte e sete) Vereadores, nos Municípios de mais de 600.000 (seiscentos mil) habitantes e de até 750.000 (setecentos cinquenta mil) habitantes;*
>
> *k) 29 (vinte e nove) Vereadores, nos Municípios de mais de 750.000 (setecentos e cinquenta mil) habitantes e de até 900.000 (novecentos mil) habitantes;*
>
> *l) 31 (trinta e um) Vereadores, nos Municípios de mais de 900.000 (novecentos mil) habitantes e de até 1.050.000 (um milhão e cinquenta mil) habitantes;*
>
> *m) 33 (trinta e três) Vereadores, nos Municípios de mais de 1.050.000 (um milhão e cinquenta mil) habitantes e de até 1.200.000 (um milhão e duzentos mil) habitantes;*
>
> *n) 35 (trinta e cinco) Vereadores, nos Municípios de mais de 1.200.000 (um milhão e duzentos mil) habitantes e de até 1.350.000 (um milhão e trezentos e cinquenta mil) habitantes;*

ORGANIZAÇÃO POLÍTICO-ADMINISTRATIVA

o) 37 (trinta e sete) Vereadores, nos Municípios de 1.350.000 (um milhão e trezentos e cinquenta mil) habitantes e de até 1.500.000 (um milhão e quinhentos mil) habitantes;

p) 39 (trinta e nove) Vereadores, nos Municípios de mais de 1.500.000 (um milhão e quinhentos mil) habitantes e de até 1.800.000 (um milhão e oitocentos mil) habitantes;

q) 41 (quarenta e um) Vereadores, nos Municípios de mais de 1.800.000 (um milhão e oitocentos mil) habitantes e de até 2.400.000 (dois milhões e quatrocentos mil) habitantes;

r) 43 (quarenta e três) Vereadores, nos Municípios de mais de 2.400.000 (dois milhões e quatrocentos mil) habitantes e de até 3.000.000 (três milhões) de habitantes;

s) 45 (quarenta e cinco) Vereadores, nos Municípios de mais de 3.000.000 (três milhões) de habitantes e de até 4.000.000 (quatro milhões) de habitantes;

t) 47 (quarenta e sete) Vereadores, nos Municípios de mais de 4.000.000 (quatro milhões) de habitantes e de até 5.000.000 (cinco milhões) de habitantes;

u) 49 (quarenta e nove) Vereadores, nos Municípios de mais de 5.000.000 (cinco milhões) de habitantes e de até 6.000.000 (seis milhões) de habitantes;

v) 51 (cinquenta e um) Vereadores, nos Municípios de mais de 6.000.000 (seis milhões) de habitantes e de até 7.000.000 (sete milhões) de habitantes;

w) 53 (cinquenta e três) Vereadores, nos Municípios de mais de 7.000.000 (sete milhões) de habitantes e de até 8.000.000 (oito milhões) de habitantes; e

x) 55 (cinquenta e cinco) Vereadores, nos Municípios de mais de 8.000.000 (oito milhões) de habitantes.

V – Subsídios do Prefeito, do Vice-Prefeito e dos Secretários Municipais fixados por lei de iniciativa da Câmara Municipal, observado o que dispõem os Arts. 37, XI, 39, § 4º, 150, II, 153, III, e 153, § 2º, I;

VI – O subsídio dos Vereadores será fixado pelas respectivas Câmaras Municipais em cada legislatura para a subsequente, observado o que dispõe esta Constituição, observados os critérios estabelecidos na respectiva Lei Orgânica e os seguintes limites máximos:

a) em Municípios de até dez mil habitantes, o subsídio máximo dos Vereadores corresponderá a vinte por cento do subsídio dos Deputados Estaduais;

b) em Municípios de dez mil e um a cinquenta mil habitantes, o subsídio máximo dos Vereadores corresponderá a trinta por cento do subsídio dos Deputados Estaduais;

c) em Municípios de cinquenta mil e um a cem mil habitantes, o subsídio máximo dos Vereadores corresponderá a quarenta por cento do subsídio dos Deputados Estaduais;

d) em Municípios de cem mil e um a trezentos mil habitantes, o subsídio máximo dos Vereadores corresponderá a cinquenta por cento do subsídio dos Deputados Estaduais;

e) em Municípios de trezentos mil e um a quinhentos mil habitantes, o subsídio máximo dos Vereadores corresponderá a sessenta por cento do subsídio dos Deputados Estaduais;

f) em Municípios de mais de quinhentos mil habitantes, o subsídio máximo dos Vereadores corresponderá a setenta e cinco por cento do subsídio dos Deputados Estaduais;

VII – O total da despesa com a remuneração dos Vereadores não poderá ultrapassar o montante de cinco por cento da receita do Município;

VIII – Inviolabilidade dos Vereadores por suas opiniões, palavras e votos no exercício do mandato e na circunscrição do Município;

IX – Proibições e incompatibilidades, no exercício da vereança, similares, no que couber, ao disposto nesta Constituição para os membros do Congresso Nacional e na Constituição do respectivo Estado para os membros da Assembleia Legislativa;

X – Julgamento do Prefeito perante o Tribunal de Justiça;

XI – Organização das funções legislativas e fiscalizadoras da Câmara Municipal;

XII – Cooperação das associações representativas no planejamento municipal;

XIII – Iniciativa popular de projetos de lei de interesse específico do Município, da cidade ou de bairros, através de manifestação de, pelo menos, cinco por cento do eleitorado;

XIV – Perda do mandato do Prefeito, nos termos do art. 28, parágrafo único.

Art. 29-A O total da despesa do Poder Legislativo Municipal, incluídos os subsídios dos Vereadores e excluídos os gastos com inativos, não poderá ultrapassar os seguintes percentuais, relativos ao somatório da receita tributária e das transferências previstas no § 5º do art. 153 e nos arts. 158 e 159, efetivamente realizado no exercício anterior: (Conforme Emenda Constitucional nº 109/2021) [...]

I – 7% (sete por cento) para Municípios com população de até 100.000 (cem mil) habitantes;

II – 6% (seis por cento) para Municípios com população entre 100.000 (cem mil) e 300.000 (trezentos mil) habitantes;

III – 5% (cinco por cento) para Municípios com população entre 300.001 (trezentos mil e um) e 500.000 (quinhentos mil) habitantes;

IV – 4,5% (quatro inteiros e cinco décimos por cento) para Municípios com população entre 500.001 (quinhentos mil e um) e 3.000.000 (três milhões) de habitantes;

V – 4% (quatro por cento) para Municípios com população entre 3.000.001 (três milhões e um) e 8.000.000 (oito milhões) de habitantes;

VI – 3,5% (três inteiros e cinco décimos por cento) para Municípios com população acima de 8.000.001 (oito milhões e um) habitantes.

§ 1º A Câmara Municipal não gastará mais de setenta por cento de sua receita com folha de pagamento, incluído o gasto com o subsídio de seus Vereadores.

§ 2º Constitui crime de responsabilidade do Prefeito Municipal:

I – Efetuar repasse que supere os limites definidos neste artigo;

II – Não enviar o repasse até o dia vinte de cada mês; ou

III – Enviá-lo a menor em relação à proporção fixada na Lei Orçamentária.

§ 3º. Constitui crime de responsabilidade do Presidente da Câmara Municipal o desrespeito ao § 1º deste artigo.

Mesmo sendo dotada de autonomia federativa, sua organização possui algumas limitações impostas pela própria Constituição. Entre essas limitações, deve-se destacar a ausência de Poder Judiciário no âmbito municipal, cuja função jurisdicional é exercida pelos órgãos do Judiciário federal e estadual. É importante lembrar que não existe representante municipal no Congresso Nacional.

A Constituição Federal de 1988 permite que sejam criados novos municípios, conforme as regras estabelecidas no art. 18, § 4º:

Art. 18 [...]

§ 4º A criação, a incorporação, a fusão e o desmembramento de Municípios, far-se-ão por lei estadual, dentro do período determinado por Lei Complementar Federal, e dependerão de consulta prévia, mediante plebiscito, às populações dos Municípios envolvidos, após divulgação dos Estudos de Viabilidade Municipal, apresentados e publicados na forma da lei.

Perceba que as regras são um pouco diferentes das necessárias para a criação de Estados. A primeira coisa que deve ser lembrada é que a criação será por lei ordinária estadual, desde que haja autorização emanada de lei complementar federal. As populações diretamente envolvidas na modificação devem ser consultadas por meio de plebiscito. E, por último, não se pode esquecer a exigência de Estudo de Viabilidade Municipal. Para prova, memorize essas condições.

Um fato curioso é que apesar de não existir ainda uma Lei Complementar Federal autorizando o período de criação de Municípios, vários Municípios foram criados na vigência de Constituição Federal, o que obrigou o Congresso Nacional a aprovar a Emenda Constitucional nº

57/2008, que acrescentou o art. 96 ao Ato das Disposições Constitucionais Transitórias (ADCT), convalidando a criação dos Municípios até 31 de dezembro de 2006:

> **Art. 96** *Ficam convalidados os atos de criação, fusão, incorporação e desmembramento de Municípios, cuja lei tenha sido publicada até 31 de dezembro de 2006, atendidos os requisitos estabelecidos na legislação do respectivo Estado à época de sua criação.*

- **Distrito Federal**

Se questionarem se o Distrito Federal é um Estado ou é um Município, a resposta será: "O Distrito Federal não é Estado nem Município, é Distrito Federal."

A Constituição Federal afirma que o Distrito Federal é ente federativo assim como a União, os Estados e os Municípios. Esse ente federativo é conhecido pela sua autonomia e por sua competência híbrida. Quando se fala em competência híbrida, quer-se dizer que o DF pode exercer competências tanto de Estado quanto de Município:

> **Art. 32** *[...]*
> *§ 1º Ao Distrito Federal são atribuídas as competências legislativas reservadas aos Estados e Municípios.*

Caracteriza a sua autonomia o fato de poder criar a sua própria lei orgânica, bem como a existência do Poder Executivo (governador), Legislativo (Câmara Legislativa) e Judiciário (Tribunal de Justiça do Distrito Federal e Territórios):

> **Art. 32** *O Distrito Federal, vedada sua divisão em Municípios, reger-se-á por lei orgânica, votada em dois turnos com interstício mínimo de dez dias, e aprovada por dois terços da Câmara Legislativa, que a promulgará, atendidos os princípios estabelecidos nesta Constituição.*
> *§ 2º A eleição do Governador e do Vice-Governador, observadas as regras do art. 77, e dos Deputados Distritais coincidirá com a dos Governadores e Deputados Estaduais, para mandato de igual duração.*
> *§ 3º Aos Deputados Distritais e à Câmara Legislativa aplica-se o disposto no art. 27.*

Como se pode depreender da leitura do artigo, a autonomia do DF possui algumas limitações, por exemplo, a vedação da sua divisão em Municípios. Nesse mesmo sentido, deve-se lembrar que o Distrito Federal não possui competência para organizar e manter as Polícias Civil e Militar, o Corpo de Bombeiros Militar, o Poder Judiciário, o Ministério Público e a Defensoria Pública. Nesses casos, a competência foi conferida à União:

> **Art. 32** *[...]*
> *§ 4º Lei federal disporá sobre a utilização, pelo Governo do Distrito Federal, da polícia civil, da polícia penal, da polícia militar e do corpo de bombeiros militar. (Redação dada pela Emenda Constitucional nº 104/2019)*
> **Art. 21** *Compete à União:[...]*
> *XIII – organizar e manter o Poder Judiciário, o Ministério Público do Distrito Federal e dos Territórios e a Defensoria Pública dos Territórios;*
> *XIV – organizar e manter a polícia civil, a polícia penal, a polícia militar e o corpo de bombeiros militar do Distrito Federal, bem como prestar assistência financeira ao Distrito Federal para a execução de serviços públicos, por meio de fundo próprio; (Redação dada pela Emenda Constitucional nº 104/2019)*

Por fim, é importante lembrar que o Distrito Federal não se confunde com Brasília. Isso é facilmente percebido pela leitura do art. 18:

> **Art. 18** *A organização político-administrativa da República Federativa do Brasil compreende a União, os Estados, o Distrito Federal e os Municípios, todos autônomos, nos termos desta Constituição.*
> *§ 1º Brasília é a Capital Federal.*

O Distrito Federal é ente federativo, ao passo que Brasília é a capital federal. Sob a ótica da organização administrativa do DF, pode-se afirmar que Brasília é uma das regiões administrativas do Distrito Federal, haja vista não poder o DF ser dividido em municípios.

6.1.3 Competências dos entes federativos

Como já foi visto, entre os entes federativos não existe hierarquia. Mas o que diferencia um ente federativo do outro? A diferença está na distribuição das competências pela Constituição. Cada ente federativo possui sua parcela de responsabilidades estabelecidas dentro da Constituição Federal de 1988.

Para a fixação dessas competências, a Constituição fez uso do princípio da predominância de interesse. Esse princípio define a abrangência das competências de cada ente com base na predominância de interesse. Para a União, em regra, foram previstas competências de interesse geral, de toda a coletividade. Para os Estados, a Constituição reservou competências de interesse regional. Aos municípios, competências de interesse local. E, por fim, ao Distrito Federal, foram reservadas competências de interesse local e regional, razão pela qual a doutrina chama de competência híbrida.

As competências são classificadas em dois tipos:

- **Competências materiais ou administrativas:** são aquelas que preveem ações a serem desempenhadas pelos entes federativos.
- **Competências legislativas:** estão relacionadas com a capacidade que um ente federativo possui de criar leis, inovar o ordenamento jurídico. Primeiramente, serão analisadas as competências administrativas de todos os entes federativos. De início, será abordada a União.

6.1.4 Competências administrativas

A União possui duas formas de competências materiais: exclusiva e comum. As competências exclusivas estão previstas no art. 21 da Constituição Federal de 1988:

> **Art. 21** *Compete à União:*
> *I – Manter relações com Estados estrangeiros e participar de organizações internacionais;*
> *II – Declarar a guerra e celebrar a paz;*
> *III – Assegurar a defesa nacional;*
> *IV – Permitir, nos casos previstos em lei complementar, que forças estrangeiras transitem pelo território nacional ou nele permaneçam temporariamente;*
> *V – Decretar o estado de sítio, o estado de defesa e a intervenção federal;*
> *VI – Autorizar e fiscalizar a produção e o comércio de material bélico;*
> *VII – Emitir moeda;*
> *VIII – Administrar as reservas cambiais do País e fiscalizar as operações de natureza financeira, especialmente as de crédito, câmbio e capitalização, bem como as de seguros e de previdência privada;*
> *IX – Elaborar e executar planos nacionais e regionais de ordenação do território e de desenvolvimento econômico e social;*
> *X – Manter o serviço postal e o correio aéreo nacional;*
> *XI – Explorar, diretamente ou mediante autorização, concessão ou permissão, os serviços de telecomunicações, nos termos da lei, que disporá sobre a organização dos serviços, a criação de um órgão regulador e outros aspectos institucionais;*
> *XII – Explorar, diretamente ou mediante autorização, concessão ou permissão:*
> *a) os serviços de radiodifusão sonora, e de sons e imagens;*
> *b) os serviços e instalações de energia elétrica e o aproveitamento energético dos cursos de água, em articulação com os Estados onde se situam os potenciais hidroenergéticos;*
> *c) a navegação aérea, aeroespacial e a infraestrutura aeroportuária;*

ORGANIZAÇÃO POLÍTICO-ADMINISTRATIVA

d) os serviços de transporte ferroviário e aquaviário entre portos brasileiros e fronteiras nacionais, ou que transponham os limites de Estado ou Território;

e) os serviços de transporte rodoviário interestadual e internacional de passageiros;

f) os portos marítimos, fluviais e lacustres;

XIII – organizar e manter o Poder Judiciário, o Ministério Público do Distrito Federal e dos Territórios e a Defensoria Pública dos Territórios;

XIV – organizar e manter a polícia civil, a polícia penal, a polícia militar e o corpo de bombeiros militar do Distrito Federal, bem como prestar assistência financeira ao Distrito Federal para a execução de serviços públicos, por meio de fundo próprio; (Redação dada pela Emenda Constitucional nº 104/2019)

XV – Organizar e manter os serviços oficiais de estatística, geografia, geologia e cartografia de âmbito nacional;

XVI – Exercer a classificação, para efeito indicativo, de diversões públicas e de programas de rádio e televisão;

XVII – Conceder anistia;

XVIII – Planejar e promover a defesa permanente contra as calamidades públicas, especialmente as secas e as inundações;

XIX – Instituir sistema nacional de gerenciamento de recursos hídricos e definir critérios de outorga de direitos de seu uso;

XX – Instituir diretrizes para o desenvolvimento urbano, inclusive habitação, saneamento básico e transportes urbanos;

XXI – Estabelecer princípios e diretrizes para o sistema nacional de viação;

XXII – Executar os serviços de polícia marítima, aeroportuária e de fronteiras;

XXIII – Explorar os serviços e instalações nucleares de qualquer natureza e exercer monopólio estatal sobre a pesquisa, a lavra, o enriquecimento e reprocessamento, a industrialização e o comércio de minérios nucleares e seus derivados, atendidos os seguintes princípios e condições:

a) toda atividade nuclear em território nacional somente será admitida para fins pacíficos e mediante aprovação do Congresso Nacional;

b) sob regime de permissão, são autorizadas a comercialização e a utilização de radioisótopos para pesquisa e uso agrícolas e industriais; (Redação dada pela Emenda Constitucional nº 118, de 2022)

c) sob regime de permissão, são autorizadas a produção, a comercialização e a utilização de radioisótopos para pesquisa e uso médicos; (Redação dada pela Emenda Constitucional nº 118, de 2022)

d) a responsabilidade civil por danos nucleares independe da existência de culpa;

XXIV – organizar, manter e executar a inspeção do trabalho;

XXV – estabelecer as áreas e as condições para o exercício da atividade de garimpagem, em forma associativa.

XXVI – organizar e fiscalizar a proteção e o tratamento de dados pessoais, nos termos da lei. (Incluído pela Emenda Constitucional nº 115/2022)

Essas competências são exclusivas, pois a União exclui a possibilidade de outro ente federativo realizá-la. Por isso, diz-se que são indelegáveis. Só a União pode fazer.

A outra competência material da União é a comum. Ela é comum a todos os entes federativos, União, estados, Distrito Federal e municípios. Vejamos o que diz o art. 23 da Constituição Federal de 1988:

Art. 23 É competência comum da União, dos Estados, do Distrito Federal e dos Municípios:

I – Zelar pela guarda da Constituição, das leis e das instituições democráticas e conservar o patrimônio público;

II – Cuidar da saúde e assistência pública, da proteção e garantia das pessoas portadoras de deficiência;

III – Proteger os documentos, as obras e outros bens de valor histórico, artístico e cultural, os monumentos, as paisagens naturais notáveis e os sítios arqueológicos;

IV – Impedir a evasão, a destruição e a descaracterização de obras de arte e de outros bens de valor histórico, artístico ou cultural;

V – Proporcionar os meios de acesso à cultura, à educação, à ciência, à tecnologia, à pesquisa e à inovação;

VI – Proteger o meio ambiente e combater a poluição em qualquer de suas formas;

VII – Preservar as florestas, a fauna e a flora;

VIII – Fomentar a produção agropecuária e organizar o abastecimento alimentar;

IX – Promover programas de construção de moradias e a melhoria das condições habitacionais e de saneamento básico;

X – Combater as causas da pobreza e os fatores de marginalização, promovendo a integração social dos setores desfavorecidos;

XI – Registrar, acompanhar e fiscalizar as concessões de direitos de pesquisa e exploração de recursos hídricos e minerais em seus territórios;

XII – Estabelecer e implantar política de educação para a segurança do trânsito.

Parágrafo único. *Leis complementares fixarão normas para a cooperação entre a União e os Estados, o Distrito Federal e os Municípios, tendo em vista o equilíbrio do desenvolvimento e do bem-estar em âmbito nacional.*

Agora vejamos as competências materiais dos Estados. A primeira de que já se falou, é a competência comum prevista no art. 23, analisada anteriormente.

Os Estados também possuem a chamada competência residual, reservada ou remanescente. Está prevista no art. 25, § 1º, o qual cita que estão reservadas aos Estados as competências que não lhe sejam vedadas pela Constituição. Significa dizer que os Estados poderão fazer tudo aquilo que não for competência da União ou do Município:

Art. 25 [...]

§ 1º São reservadas aos Estados as competências que não lhes sejam vedadas por esta Constituição.

Em relação às competências administrativas dos Municípios, a Constituição previu duas espécies: Comum e Exclusiva. A competência comum está prevista no art. 23 e já foi vista anteriormente. A competência exclusiva está no art. 30, incisos III a IX da Constituição Federal de 1988:

Art. 30 Compete aos Municípios:[...]

III – Instituir e arrecadar os tributos de sua competência, bem como aplicar suas rendas, sem prejuízo da obrigatoriedade de prestar contas e publicar balancetes nos prazos fixados em lei;

IV – Criar, organizar e suprimir distritos, observada a legislação estadual;

V – Organizar e prestar, diretamente ou sob regime de concessão ou permissão, os serviços públicos de interesse local, incluído o de transporte coletivo, que tem caráter essencial;

VI – Manter, com a cooperação técnica e financeira da União e do Estado, programas de educação infantil e de ensino fundamental;

VII – Prestar, com a cooperação técnica e financeira da União e do Estado, serviços de atendimento à saúde da população;

VIII – Promover, no que couber, adequado ordenamento territorial, mediante planejamento e controle do uso, do parcelamento e da ocupação do solo urbano;

IX – Promover a proteção do patrimônio histórico-cultural local, observada a legislação e a ação fiscalizadora federal e estadual.

No âmbito das competências administrativas, temos as competências do Distrito Federal que são chamadas de híbridas. O Distrito Federal pode fazer tudo o que for de competência dos Estados ou dos Municípios.

6.1.5 Competências legislativas

Vejamos agora as competências legislativas de cada ente federativo. Primeiramente, no que diz respeito às competências legislativas da União, elas podem ser privativas ou concorrentes.

As competências privativas da União estão previstas no art. 22 da Constituição Federal de 1988 e possuem como característica principal a possibilidade de delegação mediante Lei Complementar aos Estados:

>**Art. 22** Compete privativamente à União legislar sobre:
>I – Direito civil, comercial, penal, processual, eleitoral, agrário, marítimo, aeronáutico, espacial e do trabalho;
>II – Desapropriação;
>III – Requisições civis e militares, em caso de iminente perigo e em tempo de guerra;
>IV – Águas, energia, informática, telecomunicações e radiodifusão;
>V – Serviço postal;
>VI – Sistema monetário e de medidas, títulos e garantias dos metais;
>VII – Política de crédito, câmbio, seguros e transferência de valores;
>VIII – Comércio exterior e interestadual;
>IX – Diretrizes da política nacional de transportes;
>X – Regime dos portos, navegação lacustre, fluvial, marítima, aérea e aeroespacial;
>XI – Trânsito e transporte;
>XII – Jazidas, minas, outros recursos minerais e metalurgia;
>XIII – Nacionalidade, cidadania e naturalização;
>XIV – Populações indígenas;
>XV – Emigração e imigração, entrada, extradição e expulsão de estrangeiros;
>XVI – Organização do sistema nacional de emprego e condições para o exercício de profissões;
>XVII – Organização judiciária, do Ministério Público do Distrito Federal e dos Territórios e da Defensoria Pública dos Territórios, bem como organização administrativa destes;
>XVIII – Sistema estatístico, sistema cartográfico e de geologia nacionais;
>XIX – Sistemas de poupança, captação e garantia da poupança popular;
>XX – Sistemas de consórcios e sorteios;
>XXI – normas gerais de organização, efetivos, material bélico, garantias, convocação, mobilização, inatividades e pensões das polícias militares e dos corpos de bombeiros militares; (Redação dada pela Emenda Constitucional nº 103/2019)
>XXII – Competência da polícia federal e das polícias rodoviária e ferroviária federais;
>XXIII – Seguridade social;
>XXIV – Diretrizes e bases da educação nacional;
>XXV – Registros públicos;
>XXVI – Atividades nucleares de qualquer natureza;
>XXVII – Normas gerais de licitação e contratação, em todas as modalidades, para as administrações públicas diretas, autárquicas e fundacionais da União, Estados, Distrito Federal e Municípios, obedecido o disposto no art. 37, XXI, e para as empresas públicas e sociedades de economia mista, nos termos do art. 173, § 1º, III;
>XXVIII – Defesa territorial, defesa aeroespacial, defesa marítima, defesa civil e mobilização nacional;
>XXIX – Propaganda comercial.
>XXX – proteção e tratamento de dados pessoais. (Incluído pela Emenda Constitucional nº 115/2022)
>**Parágrafo único.** Lei complementar poderá autorizar os Estados a legislar sobre questões específicas das matérias relacionadas neste artigo.

As competências concorrentes, previstas no art. 24 da Constituição, podem ser exercidas de forma concorrentes pela União, pelos Estados e pelo Distrito Federal. Atenção: Município não possui competência concorrente. Vejamos o que diz o citado artigo:

>**Art. 24** Compete à União, aos Estados e ao Distrito Federal legislar concorrentemente sobre:
>I – Direito tributário, financeiro, penitenciário, econômico e urbanístico;
>II – Orçamento;
>III – Juntas comerciais;
>IV – Custas dos serviços forenses;
>V – Produção e consumo;
>VI – Florestas, caça, pesca, fauna, conservação da natureza, defesa do solo e dos recursos naturais, proteção do meio ambiente e controle da poluição;
>VII – Proteção ao patrimônio histórico, cultural, artístico, turístico e paisagístico;
>VIII – Responsabilidade por dano ao meio ambiente, ao consumidor, a bens e direitos de valor artístico, estético, histórico, turístico e paisagístico;
>IX – Educação, cultura, ensino, desporto, ciência, tecnologia, pesquisa, desenvolvimento e inovação;
>X – Criação, funcionamento e processo do juizado de pequenas causas;
>XI – Procedimentos em matéria processual;
>XII – Previdência social, proteção e defesa da saúde;
>XIII – Assistência jurídica e Defensoria pública;
>XIV – Proteção e integração social das pessoas portadoras de deficiência;
>XV – Proteção à infância e à juventude;
>XVI – Organização, garantias, direitos e deveres das polícias civis.
>§ 1º No âmbito da legislação concorrente, a competência da União limitar-se-á a estabelecer normas gerais.
>§ 2º A competência da União para legislar sobre normas gerais não exclui a competência suplementar dos Estados.
>§ 3º Inexistindo lei federal sobre normas gerais, os Estados exercerão a competência legislativa plena, para atender a suas peculiaridades.
>§ 4º A superveniência de lei federal sobre normas gerais suspende a eficácia da lei estadual, no que lhe for contrário.

No âmbito das competências concorrentes, algumas regras são fundamentais para a prova. Aqui, a participação da União é no sentido de fixar normas gerais, ficando os Estados com a competência de suplementar a legislação federal. Caso a União não legisle sobre determinada matéria de competência concorrente, nasce para o Estado o direito de legislar de forma plena sobre a matéria. Contudo, resolvendo a União legislar sobre matéria já regulada pelo Estado, a lei estadual ficará com sua eficácia suspensa pela lei federal nos pontos discordantes. Deve-se ter cuidado com esse último ponto. Não ocorre revogação da lei estadual pela lei federal, haja vista não existir hierarquia entre leis de entes federativos distintos. O que ocorre, como bem explicitou a Constituição Federal, é a suspensão da eficácia.

Quanto às competências dos Estados, há as seguintes espécies: residual, por delegação da União, concorrente suplementar e expressa.

A competência residual dos Estados é também chamada de competência remanescente ou reservada. Está prevista no art. 25, § 1º, que prevê que aos estados serão reservadas todas as competências que não sejam previstas a União ou aos municípios. Deve-se lembrar que esse dispositivo fundamenta tanto as competências materiais quanto as legislativas:

>**Art. 25** [...]
>§ 1º São reservadas aos Estados as competências que não lhes sejam vedadas por esta Constituição.

Outra competência dos Estados é a por delegação da União, que decorre da possibilidade de serem delegadas as competências privativas

ORGANIZAÇÃO POLÍTICO-ADMINISTRATIVA

da União mediante Lei Complementar. Encontra-se prevista no art. 22, parágrafo único:

> **Art. 22** [...]
> **Parágrafo único.** Lei complementar poderá autorizar os Estados a legislar sobre questões específicas das matérias relacionadas neste artigo.

Temos ainda as competências concorrentes suplementares previstas no art. 24, § 2º da Constituição Federal de 1988. Essas suplementam a competência legislativa da União no âmbito das competências concorrentes permitindo, inclusive, que os Estados legislem de forma plena quando não existir lei federal sobre o assunto:

> **Art. 24** [...]
> § 2º A competência da União para legislar sobre normas gerais não exclui a competência suplementar dos Estados.
> § 3º Inexistindo lei federal sobre normas gerais, os Estados exercerão a competência legislativa plena, para atender a suas peculiaridades.

Há também as competências expressas dos Estados, as quais podem ser encontradas nos art. 18, § 4º e 25, §§ 2º e 3º da Constituição Federal:

> **Art. 18** [...]
> § 4º A criação, a incorporação, a fusão e o desmembramento de Municípios, far-se-ão por lei estadual, dentro do período determinado por Lei Complementar Federal, e dependerão de consulta prévia, mediante plebiscito, às populações dos Municípios envolvidos, após divulgação dos Estudos de Viabilidade Municipal, apresentados e publicados na forma da lei.
> **Art. 25,** § 2º Cabe aos Estados explorar diretamente, ou mediante concessão, os serviços locais de gás canalizado, na forma da lei, vedada a edição de medida provisória para a sua regulamentação.
> § 3º Os Estados poderão, mediante lei complementar, instituir regiões metropolitanas, aglomerações urbanas e microrregiões, constituídas por agrupamentos de municípios limítrofes, para integrar a organização, o planejamento e a execução de funções públicas de interesse comum.

Para os Municípios, a Constituição previu dois tipos de competência legislativa: exclusiva e suplementar. A legislativa exclusiva dos Municípios está prevista no art. 30, I, o qual menciona que os Municípios possuem competência para legislar sobre assuntos de interesse local:

> **Art. 30** Compete aos Municípios:
> I – Legislar sobre assuntos de interesse local.

A competência legislativa suplementar está prevista no art. 30, II, que permite aos Municípios legislar de forma suplementar a Legislação Federal e Estadual:

> **Art. 30** Compete aos Municípios: [...]
> II – Suplementar a legislação federal e a estadual no que couber.

Por fim, nós há a competência legislativa do Distrito Federal que, conforme já dito, é híbrida, permitindo ao Distrito Federal legislar sobre as matérias de competência dos estados e dos municípios. Apesar dessa competência ampla, a Constituição resolveu estabelecer algumas limitações a sua autonomia legislativa excluindo algumas matérias de sua competência. Segundo o art. 21, incisos XIII e XIV da Constituição Federal de 1988, o Distrito Federal não possui competência para organizar e legislar sobre alguns dos seus órgãos: Poder Judiciário, Polícia Militar, Corpo de Bombeiros Militar e Polícia Civil.

> **Art. 21** Compete à União:[...]
> XIII – Organizar e manter o Poder Judiciário, o Ministério Público do Distrito Federal e dos Territórios e a Defensoria Pública dos Territórios.
> XIV – organizar e manter a polícia civil, a polícia penal, a polícia militar e o corpo de bombeiros militar do Distrito Federal, bem como prestar assistência financeira ao Distrito Federal para a execução de serviços públicos, por meio de fundo próprio;

> **Dicas para os concursos**
>
> Não se deve confundir as competências exclusivas com as privativas da União. **Competência exclusiva** é administrativa e indelegável. **Competência privativa** é legislativa e delegável. Não se deve confundir as **competências comuns** com as **concorrentes**. **Competência comum** é comum a todos os entes e é administrativa. **Competência concorrente** é só para União, estados e o Distrito Federal além de ser legislativa. Município tem competência comum, mas não tem concorrente.

Competências administrativas
- União
  - Exclusiva (art. 21)
  - Comum (art. 23)
- Estados
  - Comum (art. 23)
  - Residual, reservada, remanescente (art. 25, §1º)
- Municípios
  - Comum (art. 23)
  - Exclusiva (art. 30, III-IX)
- Distrito Federal
  - Competência híbrida

Competências legislativas
- União
  - Privativa (art. 22)
  - Concorrente (art. 24)
- Estados
  - Concorrente suplementar (art. 24)
  - Residual reservada remanescente (art. 25, §1º)
  - Por delegação da União (art. 22, parágrafo único)
  - Expressos (art. 25, §§2º e 3º)
- Municípios
  - Exclusiva (art. 30, I)
  - Suplementar ao Estado (art. 30, II)
- Distrito Federal
  - Competência híbrida (Estados e Municípios)

6.2 Intervenção

A Constituição Federal de 1988 está assentada no princípio federativo como forma de Estado adotada no Brasil. O fato de sermos uma federação reflete inúmeras características, dentre as quais se destaca a autonomia de cada ente federativo. A autonomia é atributo inerente aos entes federativos que exclui a possibilidade de hierarquia entre eles bem como a possibilidade de intervenção de um ente federativo no outro.

A regra constitucional é a da não intervenção. Contudo, excepcionalmente, a Constituição Federal de 1988 previu hipóteses taxativas que permitem a um ente federativo intervir em outro ente em situações que visem à preservação da unidade do pacto federativo, a garantia da soberania nacional e de princípios fundamentais.

A União poderá intervir nos estados e no Distrito Federal e os estados poderão intervir em seus Municípios. A União não pode intervir em município, salvo se for um município pertencente a Território Federal. Destaca-se, novamente, que a possibilidade de intervenção é uma exceção e só poderá ocorrer nas hipóteses taxativamente elencadas na Constituição Federal de 1988.

Outra regra comum às intervenções é que a competência para as decretar é exclusiva do chefe do Poder Executivo. Se a intervenção é federal, a competência para decretar é do Presidente da República. Se a intervenção é estadual, a competência é do Governador de Estado.

A seguir serão abordadas as espécies de intervenção.

6.2.1 Intervenção federal

A intervenção federal é a intervenção da União nos Estados ou nos Municípios pertencentes aos Territórios Federais e será decretada pelo Presidente da República.

Como dito anteriormente, a possibilidade de intervenção federal constitui exceção prevista em rol taxativo, conforme disposto no art. 34:

> *Art. 34 A União não intervirá nos Estados nem no Distrito Federal, exceto para:*
> *I – Manter a integridade nacional;*
> *II – Repelir invasão estrangeira ou de uma unidade da Federação em outra;*
> *III – Pôr termo a grave comprometimento da ordem pública;*
> *IV – Garantir o livre exercício de qualquer dos Poderes nas unidades da Federação;*
> *V – Reorganizar as finanças da unidade da Federação que:*
> *a) suspender o pagamento da dívida fundada por mais de dois anos consecutivos, salvo motivo de força maior;*
> *b) deixar de entregar aos Municípios receitas tributárias fixadas nesta Constituição, dentro dos prazos estabelecidos em lei;*
> *VI – Prover a execução de lei federal, ordem ou decisão judicial;*
> *VII – Assegurar a observância dos seguintes princípios constitucionais:*
> *a) forma republicana, sistema representativo e regime democrático;*
> *b) direitos da pessoa humana;*
> *c) autonomia municipal;*
> *d) prestação de contas da Administração Pública, direta e indireta;*
> *e) aplicação do mínimo exigido da receita resultante de impostos estaduais, compreendida a proveniente de transferências, na manutenção e desenvolvimento do ensino e nas ações e serviços públicos de saúde.*

A partir desse artigo, a doutrina classificou a intervenção federal em dois tipos:

- **Intervenção federal espontânea:** ou de ofício, é aquela em que o Chefe do Poder Executivo, de forma discricionária, decreta a intervenção independentemente de provocação de outros órgãos. A decretação de ofício ocorrerá nas hipóteses previstas nos incisos I, II, III do art. 34:

  > *Art. 34 A União não intervirá nos Estados nem no Distrito Federal, exceto para:*
  > *I – Manter a integridade nacional;*
  > *II – Repelir invasão estrangeira ou de uma unidade da Federação em outra;*
  > *III – Pôr termo a grave comprometimento da ordem pública.*

- **Intervenção federal provocada:** é aquela que depende da provocação dos órgãos legitimados pela Constituição Federal de 1988, conforme o art. 36:

  > *Art. 36 A decretação da intervenção dependerá:*
  > *I – No caso do art. 34, IV, de solicitação do Poder Legislativo ou do Poder Executivo coacto ou impedido, ou de requisição do Supremo Tribunal Federal, se a coação for exercida contra o Poder Judiciário;*
  > *II – No caso de desobediência a ordem ou decisão judiciária, de requisição do Supremo Tribunal Federal, do Superior Tribunal de Justiça ou do Tribunal Superior Eleitoral;*
  > *III – De provimento, pelo Supremo Tribunal Federal, de representação do Procurador-geral da República, na hipótese do art. 34, VII, e no caso de recusa à execução de lei federal.*

A provocação se dá por meio de solicitação ou requisição. A solicitação não obriga o Presidente da República a decretar a medida, ao contrário da requisição, que está revestida de obrigatoriedade na qual caberá ao presidente apenas executá-la.

A decretação de intervenção federal por solicitação ocorrerá na hipótese do art. 34, inciso IV, a qual compete ao Poder Executivo ou Legislativo das Unidades da Federação solicitar a execução da medida quando se acharem coagidos ou impedidos de executarem suas atribuições constitucionais.

A decretação de intervenção federal por requisição ocorrerá nas hipóteses previstas no art. 34, incisos IV, VI e VII. No inciso IV, a requisição caberá ao Supremo Tribunal Federal quando a coação for exercida contra o Poder Judiciário. No inciso VI, a requisição virá do STF, STJ ou do TSE quando houver desobediência de ordem judicial. Nos incisos VI e VII, a requisição será do Supremo quando houver representação interventiva feita pelo Procurador Geral da República nos casos de recusa de execução de lei federal ou ofensa aos princípios sensíveis.

O decreto interventivo especificará todas as condições em que ocorrerá a medida e terá eficácia imediata após a sua decretação pelo Presidente da República. Após sua decretação, a medida será submetida a apreciação do Congresso Nacional no prazo de 24 horas:

> *Art. 36 [...]*
> *§ 1º O decreto de intervenção, que especificará a amplitude, o prazo e as condições de execução e que, se couber, nomeará o interventor, será submetido à apreciação do Congresso Nacional ou da Assembleia Legislativa do Estado, no prazo de vinte e quatro horas.*
> *§ 2º Se não estiver funcionando o Congresso Nacional ou a Assembleia Legislativa, far-se-á convocação extraordinária, no mesmo prazo de vinte e quatro horas.*

Caberá ao Congresso Nacional aprovar ou suspender a execução da Intervenção:

> *Art. 49 É da competência exclusiva do Congresso Nacional:[...]*
> *IV – Aprovar o estado de defesa e a intervenção federal, autorizar o estado de sítio, ou suspender qualquer uma dessas medidas.*

Nas hipóteses de intervenção decretada por requisição do Poder Judiciário previstas no art. 34, VI e VII, a Constituição dispensou a necessidade e apreciação do Congresso Nacional, destacando que, nesses casos, o decreto limitar-se-á a suspensão do ato impugnado, caso essa medida seja suficiente para conter a crise. Se a mera suspensão do ato não restabelecer a normalidade, poderão ser adotadas outras medidas com o mesmo objetivo:

> *Art. 36 [...]*
> *§ 3º Nos casos do art. 34, VI e VII, ou do art. 35, IV, dispensada a apreciação pelo Congresso Nacional ou pela Assembleia Legislativa, o decreto limitar-se-á a suspender a execução do ato impugnado, se essa medida bastar ao restabelecimento da normalidade.*

Não podemos esquecer que nos casos de intervenção espontânea ou provocada por solicitação, o Presidente deverá consultar, antes da decretação, o Conselho da República e o Conselho da Defesa Nacional que emitirão parecer opinativo sobre a situação:

> *Art. 90 Compete ao Conselho da República pronunciar-se sobre:*
> *I – Intervenção federal, estado de defesa e estado de sítio;*

Art. 91 [...]

§ 1º Compete ao Conselho de Defesa Nacional:[...]

II – Opinar sobre a decretação do estado de defesa, do estado de sítio e da intervenção federal.

Cessando a crise, a ordem será restabelecida, inclusive com o retorno das autoridades públicas afastadas, caso não possuam outra incompatibilidade:

Art. 36 [...]

§ 4º Cessados os motivos da intervenção, as autoridades afastadas de seus cargos a estes voltarão, salvo impedimento legal.

Apesar de a Constituição Federal não mencionar sobre a possibilidade de controle judicial da intervenção, seria possível que ocorresse este controle caso os limites constitucionais estabelecidos fossem desrespeitados. Ressalta-se que contra a intervenção em si não cabe atuação do Poder Judiciário, considerando ser essa uma medida de natureza política.

6.2.2 Intervenção estadual

A intervenção estadual poderá ocorrer nos Municípios localizados em seu território mediante decreto do Governador do Estado nas hipóteses previstas no art. 35:

Art. 35 O Estado não intervirá em seus Municípios, nem a União nos Municípios localizados em Território Federal, exceto quando:

I – Deixar de ser paga, sem motivo de força maior, por dois anos consecutivos, a dívida fundada;

II – Não forem prestadas contas devidas, na forma da lei;

III – Não tiver sido aplicado o mínimo exigido da receita municipal na manutenção e desenvolvimento do ensino e nas ações e serviços públicos de saúde;

IV – O Tribunal de Justiça der provimento a representação para assegurar a observância de princípios indicados na Constituição Estadual, ou para prover a execução de lei, de ordem ou de decisão judicial.

Devem ser atendidos os mesmos requisitos da intervenção federal: temporariedade, controle político pelo legislativo e decreto do Chefe do Executivo.

Na hipótese do inciso IV, a intervenção dependerá de representação interventiva do Procurador-geral de Justiça, sendo dispensada a apreciação da Assembleia Legislativa. Segundo o STF, essa decisão do Tribunal de Justiça que autoriza a intervenção do Estado no Município possui natureza político-administrativa e tem caráter definitivo, sendo insuscetível de recurso extraordinário para o STF.

7 ADMINISTRAÇÃO PÚBLICA

7.1 Conceito

Primeiramente, faz-se necessário conceituar a Administração Pública, remetendo ao *caput* do art. 37, Constituição Federal de 1988.

> *Art. 37 A Administração Pública direta e indireta de qualquer dos Poderes da União, dos Estados, do Distrito Federal e dos Municípios obedecerá aos princípios de legalidade, impessoalidade, moralidade, publicidade e eficiência e, também, ao seguinte:*

Neste primeiro momento, deve-se entender que alguns termos que aparecem no art. 37. O conceito da Administração Pública deve ser visto sob dois aspectos. Sob a perspectiva objetiva, a Administração Pública constitui a atividade desenvolvida pelo poder público, que tem como função a satisfação do interesse público. Sob a perspectiva subjetiva, Administração Pública é o conjunto de órgãos e pessoas jurídicas que desempenham a atividade administrativa. Interessa aqui conhecer a Administração Pública sob essa última perspectiva, a qual se classifica em Administração Direta e Indireta.

- **Administração Pública Direta**: é formada por pessoas jurídicas de direito público, ou pessoas políticas, entes que possuem personalidade jurídica e autonomia própria. São entes da Administração Pública Direta a União, os Estados, o Distrito Federal e os municípios. Esses entes são pessoas jurídicas de Direito Público que exercem as atividades administrativas por meio dos órgãos e agentes pertencentes aos Poderes Executivo, Legislativo e Judiciário. Os órgãos não são dotados de personalidade jurídica própria, pois agem em nome da pessoa jurídica a qual estão vinculados.
- **Administração Pública Indireta**: é formada por pessoas jurídicas próprias, de direito público ou privado, que executam atividades do Estado por meio da descentralização administrativa. São os entes da Administração Indireta as Autarquias, Fundações Públicas, Sociedades de Economia Mista e Empresas Públicas.

Segundo a Constituição Federal de 1988, a Administração Pública, seja ela direta ou indireta, pertencente a qualquer dos Poderes, deverá obedecer aos Princípios da legalidade, impessoalidade, moralidade, publicidade e eficiência, os quais serão estudados agora.

7.2 Princípios expressos da Administração Pública

Os princípios que regem a Administração Pública são verdadeiros parâmetros que orientam o desenvolvimento da atividade administrativa, os quais são de observância obrigatória. A Administração é regida por princípios expressos e princípios implícitos. Primeiramente vamos analisar os princípios expressos no texto constitucional, que são: legalidade, impessoalidade, moralidade, publicidade e eficiência.

7.2.1 Legalidade

Esse é o primeiro princípio expresso na Constituição Federal para a Administração Pública. Para se entender o princípio da legalidade, é preciso analisar suas duas acepções: a legalidade em relação aos particulares e a legalidade em relação à Administração Pública.

Para os particulares, a legalidade remete ao art. 5º da Constituição: significa que ele poderá fazer tudo o que não for proibido por lei, conforme já previa o art. 5º, inciso II da Constituição Federal de 1988:

> *II – ninguém será obrigado a fazer ou deixar de fazer alguma coisa senão em virtude de lei.*

Já em relação à Administração Pública, a legalidade impõe uma conduta mais rigorosa exigindo que se faça apenas o que estiver determinado por lei ou que seja permitido pela lei: quando se fala em lei, trata-se daquela em sentido estrito, ou em sentido formal, porque há exceções à aplicação do princípio da legalidade que já apareceram em prova, como a medida provisória, o estado de defesa e o estado de sítio; por isso, esse princípio não deve ser encarado de forma absoluta.

A medida provisória é exceção, pois é ato emitido pelo chefe do Poder Executivo, porque com sua publicação já produz efeitos na sociedade; em seguida, temos os sistemas constitucionais de crises, sendo exceções, porque o decreto que rege essas medidas prevê algumas situações excepcionais, com amparo constitucional, então são exceções à legalidade, mas com fundamento constitucional. O agente público, ao agir, deverá pautar sua conduta segundo a lei.

7.2.2 Impessoalidade

Esse princípio exige do administrador uma postura isenta de interesses pessoais. Ele não poderá agir com o fim de atender suas próprias vontades. Agir de forma impessoal é agir visando a atender o interesse público. A impessoalidade deve ser enxergada sob duas perspectivas: finalidade da atuação administrativa e proibição da promoção pessoal. A impessoalidade deve ser vista sob duas perspectivas: primeiro, a impessoalidade se confunde com o interesse público; segundo, a impessoalidade é a proibição da autopromoção, ou seja, vedação à promoção pessoal.

A título exemplificativo, para a finalidade da atuação administrativa, que será sempre a satisfação do interesse público em benefício da coletividade, é que se realizam os concursos públicos para contratação de pessoal e licitação para contratação dos serviços pela Administração Pública, são formas exigidas por lei que garantem o referido princípio. Isso impede que o administrador atue satisfazendo seus interesses pessoais.

Nesse sentido, fica proibida a vinculação da imagem do administrador a obras e propagandas não se permitindo também a vinculação da sigla do partido. Ressalte-se ainda o teor da Súmula Vinculante nº 13 do STF, que veda a prática de nepotismo:

> *Súmula Vinculante nº 13 A nomeação de cônjuge, companheiro ou parente em linha reta, colateral ou por afinidade, até o terceiro grau, inclusive, da autoridade nomeante ou de servidor da mesma pessoa jurídica, investido em cargo de direção, chefia ou assessoramento, para o exercício de cargo em comissão ou de confiança, ou, ainda, de função gratificada na Administração Pública direta e indireta, em qualquer dos Poderes da União, dos Estados, do Distrito Federal e dos municípios, compreendido o ajuste mediante designações recíprocas, viola a Constituição Federal.*

A impessoalidade também proíbe a promoção pessoal. O administrador público não poderá se utilizar da máquina administrativa para promover sua própria imagem. Veja o que diz o art. 37, § 1º diz:

> *§1º A publicidade dos atos, programas, obras, serviços e campanhas dos órgãos públicos deverá ter caráter educativo, informativo ou de orientação social, dela não podendo constar nomes, símbolos ou imagens que caracterizem promoção pessoal de autoridades ou servidores públicos.*

Notemos que esse parágrafo tem como objetivo trazer de forma expressa a proibição da vinculação da imagem do agente público com as obras e serviços realizadas durante seu mandato, nesse sentido, já existe proibição da utilização inclusive da sigla do partido.

7.2.3 Moralidade

Não é possível se definir o que é, mas é possível compreender por meio da interpretação das normas. Esse princípio prevê que o administrador deve agir conforme os fins públicos. Por esse princípio, ao administrador não basta fazer tudo conforme a lei. É importante o faça de boa-fé, respeitando os preceitos éticos, com probidade e justiça. E aqui não se fala em moral comum, mas em uma moral jurídica ou política.

A não observância do referido princípio poderá ser combatida por meio da Ação Popular, conforme prevê o art. 5º, inciso LXXIII da Constituição Federal de 1988:

> *LXXIII – Qualquer cidadão é parte legítima para propor ação popular que vise a anular ato lesivo ao patrimônio público ou de entidade de que o Estado participe, à moralidade administrativa, ao meio ambiente e ao patrimônio histórico e cultural, ficando o autor, salvo comprovada má-fé, isento de custas judiciais e do ônus da sucumbência.*

ADMINISTRAÇÃO PÚBLICA

Ressalte-se também que, se o agente público agir em desconformidade com o princípio de moralidade, sua conduta poderá ensejar a ação de improbidade administrativa, a qual é punida nos termos do art. 37, § 4º:

> § 4º Os atos de improbidade administrativa importarão a suspensão dos direitos políticos, a perda da função pública, a indisponibilidade dos bens e o ressarcimento ao erário, na forma e gradação previstas em lei, sem prejuízo da ação penal cabível.

7.2.4 Publicidade

A publicidade como princípio também poderá ser analisada sob duas acepções: a primeira delas é a publicidade como condição de eficácia do ato administrativo; a segunda, como forma de se garantir a transparência destes mesmos atos.

Como condição de eficácia do ato administrativo, a publicidade muito aparece em prova; o examinador costuma dizer que a publicidade é requisito de validade do ato administrativo, mas isso é errado, porque validade e eficácia são diferentes. A publicidade é necessária, pois é a forma de tornar conhecido o conteúdo do ato, principalmente se esse ato for capaz de produzir efeitos externos ou que ensejem ônus para o patrimônio público. Em regra, a publicidade se dá pelos meios de comunicação oficiais, como o Diário Oficial da União.

A publicidade também tem a função de garantir a transparência do ato administrativo. É uma forma dos administrados fiscalizarem a atuação do poder público. Apesar de sua importância, nesse aspecto a publicidade encontra limitação na própria Constituição que prevê a possibilidade de sigilo dos atos administrativos todas as vezes que for necessário para preservar a segurança da sociedade e do Estado:

> Art. 5º [...]
> XXXIII – Todos têm direito a receber dos órgãos públicos informações de seu interesse particular, ou de interesse coletivo ou geral, que serão prestadas no prazo da lei, sob pena de responsabilidade, ressalvadas aquelas cujo sigilo seja imprescindível à segurança da sociedade e do Estado.

7.2.5 Eficiência

O princípio da eficiência foi o último incluído no rol dos princípios, em razão da reforma administrativa promovida pela Emenda Constitucional nº 19/1998. A sua inserção como princípio expresso está relacionada a necessidade de produção de resultados satisfatórios a sociedade. A Administração Pública deve ter produtividade em suas atividades como se fosse iniciativa privada.

Como forma de garantir uma nova postura na prestação dos seus serviços, esse princípio exige que as ações sejam praticadas com celeridade, perfeição, visando a atingir ótimos resultados, sempre tendo como destinatário o bem-estar do administrado. A celeridade dos processos encontra-se prevista no art. 5º, inciso LXXVIII da Constituição Federal de 1988:

> LXXVIII – A todos, no âmbito judicial e administrativo, são assegurados a razoável duração do processo e os meios que garantam a celeridade de sua tramitação.

Em respeito ao princípio da eficiência, a Constituição Federal previu formas de participação do administrado como fiscal da Administração Pública:

> Art. 37 [...]
> § 3º A lei disciplinará as formas de participação do usuário na Administração Pública direta e indireta, regulando especialmente:
> I – As reclamações relativas à prestação dos serviços públicos em geral, asseguradas a manutenção de serviços de atendimento ao usuário e a avaliação periódica, externa e interna, da qualidade dos serviços;
> II – O acesso dos usuários a registros administrativos e a informações sobre atos de governo, observado o disposto no art. 5º, X e XXXIII;
> III – A disciplina da representação contra o exercício negligente ou abusivo de cargo, emprego ou função na Administração Pública.

Decorre desse princípio, ainda, a necessidade de avaliação de desempenho para concessão da estabilidade ao servidor público em estágio probatório, bem como a existência da avaliação periódica de desempenho como uma das condições para perda do cargo nos termos do art. 41 da Constituição Federal de 1988:

> Art. 41 São estáveis após três anos de efetivo exercício os servidores nomeados para cargo de provimento efetivo em virtude de concurso público.
> § 1º O servidor público estável só perderá o cargo:
> I – Em virtude de sentença judicial transitada em julgado;
> II – Mediante processo administrativo em que lhe seja assegurada ampla defesa;
> III – Mediante procedimento de avaliação periódica de desempenho, na forma de lei complementar, assegurada ampla defesa.
> § 2º Invalidada por sentença judicial a demissão do servidor estável, será ele reintegrado, e o eventual ocupante da vaga, se estável, reconduzido ao cargo de origem, sem direito a indenização, aproveitado em outro cargo ou posto em disponibilidade com remuneração proporcional ao tempo de serviço.
> § 3º Extinto o cargo ou declarada a sua desnecessidade, o servidor estável ficará em disponibilidade, com remuneração proporcional ao tempo de serviço, até seu adequado aproveitamento em outro cargo.
> § 4º Como condição para a aquisição da estabilidade, é obrigatória a avaliação especial de desempenho por comissão instituída para essa finalidade.

Princípios expressos

Legalidade → fazer aquilo que a lei determina.
Impessoalidade → agir conforme fins públicos/vedação à promoção pessoal.
Moralidade → agir conforme a ética, a probidade e a justiça.
Publicidade → condição de eficácia dos atos/garantia da transparência.
Eficiência → gestão de bons resultados.

7.3 Princípios implícitos da Administração Pública

Além dos princípios expressamente previstos no *caput* do art. 37 da Constituição Federal de 1988 (legalidade, impessoalidade, moralidade, publicidade e eficiência), a doutrina elenca outros como princípios gerais de direito que decorrem da interpretação constitucional. Vejamos a seguir.

7.3.1 Supremacia do interesse público

Esse princípio é tido pela doutrina como um dos pilares do regime jurídico administrativo. Nesse sentido, o Estado representa o interesse público ou da coletividade, e a coletividade, em regra, deve prevalecer sobre o interesse privado. A Administração Pública, em sua relação com os administrados tem prevalência sobre o interesse privado.

O Regime Democrático adotado no Estado brasileiro confere à Administração Pública o poder de representar os interesses da sociedade, é nessa relação que vamos desenvolver a supremacia do interesse público, que decorre da relação de verticalidade entre o Estado e os particulares.

Esse princípio não goza de caráter absoluto, pois o Estado também age como se fosse particular em suas relações jurídicas, geralmente econômicas, por exemplo, o Estado não pode abusar da autoridade estatal sobre os direitos e princípios fundamentais dos administrados, já que esses são os limites da supremacia do interesse público.

Decorre desse princípio o poder de império exercido pela Administração Pública, a qual poderá impor sua vontade ao particular de forma coercitiva, podendo inclusive restringir seus direitos e impor obrigações, como ocorre no caso da desapropriação e requisição administrativa. Logicamente, esse princípio não goza de caráter absoluto, não tendo aplicabilidade nos atos praticados de mera gestão administrativa ou quando o poder público atua como particular nas relações econômicas.

7.3.2 Indisponibilidade do interesse público

Juntamente com a Supremacia do interesse público, o Princípio da indisponibilidade do interesse público forma a base do regime jurídico-administrativo. Por esse princípio, a Administração Pública não pode ser vista como dona da coisa pública, mas apenas gestora. A coisa pública pertence ao povo, e o Estado é o responsável pelo cuidado ou gestão da coisa pública.

Como limitação a esse princípio, existe o princípio da legalidade, que determina os passos e em que condições a Administração Pública pode se utilizar dos bens públicos, sempre respeitando a indisponibilidade do interesse público. Destaca-se ainda o papel que esse princípio exerce como limitador do princípio da supremacia do interesse público.

Um ponto importante a respeito desse princípio é que os bens públicos são indisponíveis, não pertencendo aos seus administradores ou aos seus agentes os quais estão proibidos, inclusive de renunciar a qualquer direito ou prerrogativa inerente ao Poder Público.

Na desapropriação, a Administração Pública pode retirar o bem de uma pessoa pelo fundamento da Supremacia do interesse público, por outro lado, em razão da Indisponibilidade do interesse público, há vedação à Administração Pública no sentido de não se apropriar de tal bem sem que o particular seja indenizado.

7.3.3 Razoabilidade e proporcionalidade

Esses princípios são, por vezes, vistos em separado pela doutrina; eles servem para a limitação da atuação administrativa, e devem ser vistos em conjunto, como unidade. A razoabilidade e a proporcionalidade decorrem do princípio do devido processo legal e são utilizados, principalmente, como limitador da discricionariedade administrativa, ainda mais quando o ato limitado restringe os direitos do administrado. Trata-se, portanto, de uma ferramenta para controle de legalidade que pode gerar a nulidade do ato administrativo. Ao pensar em razoabilidade e proporcionalidade, deve-se pensar em dois elementos que os identificam: adequação e necessidade.

A melhor forma de verificar a sua utilização prática é no caso concreto. Imagine uma fiscalização sanitária realizada pelo poder público em que o administrado é flagrado cometendo um ilícito sanitário, ou seja, encontra um produto com o prazo de validade vencido. Dependendo da infração cometida, será aplicada uma penalidade administrativa maior ou não. Com a aplicação dos princípios em tela, a penalidade deve ser necessária, adequada e equivalente à infração cometida. Os princípios garantem que a sanção aplicada não seja maior que a necessária para atingir o fim proposto pelo poder público. O que se busca é uma adequação entre os meios e os fins necessários, proibindo o excesso na aplicação das medidas.

Sem dúvida, esses princípios gerais de direito estão entre os mais utilizados atualmente nas decisões do Supremo Tribunal Federal, pois esses princípios são utilizados nas decisões para se adequar à lei ao caso concreto.

Em suma, esses princípios são a adequação dos meios com a finalidade proposta pela Administração Pública, com o fim de evitar os excessos cometidos pelo agente público. Em razão disso, também são conhecidos como a proibição do excesso, por isso, deve-se trabalhar a razoabilidade e a proporcionalidade como unidade.

7.3.4 Continuidade dos serviços públicos

Esse princípio se traduz pelo próprio nome. Ele exige que a atividade administrativa seja contínua, não sofra interrupções e seja adequada, com qualidade, para que não ocorram prejuízos tanto para a Administração quanto para os administrados. Apesar disso, há situações excepcionais, em que se permite a interrupção do serviço público. Existem limitações a esse princípio, tanto para a Administração, quanto para o particular que está incumbido de executar o serviço público, e sua atuação pode ser percebida no próprio direito de greve do servidor público que se encontra condicionada à observância da lei para ser exercido.

O poder de vinculação desse princípio é tão grande que o particular, ao prestar o serviço público por delegação, não poderá interrompê-lo ainda que a Administração Pública não cumpra sua parte no contrato. Significa dizer que o particular prejudicado no contrato administrativo **não poderá opor a exceção do contrato não cumprido**, ficando desobrigado apenas por decisão judicial transitada em julgado, ou seja, o particular não pode deixar de cumprir sua obrigação pelo não cumprimento por parte da administração, mas o particular pode deixar de prestar o serviço público quando determinado por decisão judicial.

O responsável pela prestação do serviço público só ficaria desobrigado da sua prestação em caso de emergência e desde que haja aviso prévio em situações de **segurança**, de **ordem técnica** ou mesmo por **inadimplência do usuário**.

7.3.5 Autotutela

Esse princípio permite que a Administração avalie e reveja seus próprios atos, tanto em relação à legalidade do ato, quanto ao aspecto do mérito. Essa possibilidade não impede o ato de ser apreciado pelo Poder Judiciário, limitando a verificação da legalidade, nunca o mérito. Quando o ato for revisto em razão de vício de legalidade, ocorre a anulação do ato, se a questão é de mérito (discricionariedade e oportunidade), a administração revoga seus atos.

Este princípio foi consagrado pelo Supremo por meio da Súmula Vinculante nº 473:

> *Súmula Vinculante nº 473, STF A administração pode anular seus próprios atos, quando eivados de vícios que os tornam ilegais, porque deles não se originam direitos; ou revogá-los, por motivo de conveniência ou oportunidade, respeitados os direitos adquiridos, e ressalvada, em todos os casos, a apreciação judicial.*

A autotutela dos atos administrativos não depende de provocação, podendo a administração analisar de ofício seus próprios atos. Essa é a ideia primordial da autotutela.

7.3.6 Segurança jurídica

Esse princípio tem fundamento inicial já no art. 5º da Constituição Federal de 1988, que decorre da própria garantia fundamental à Segurança Jurídica; no que tange a sua aplicabilidade na Administração Pública, esse princípio evoca a impossibilidade de a lei nova prejudicar o direito adquirido, o ato jurídico perfeito e a coisa julgada, ou seja, esse princípio veda a aplicação retroativa de nova interpretação da norma administrativa, para que o administrado não seja surpreendido com inovações jurídicas.

Por se tratar de um direito fundamental, a Administração Pública fica obrigada a assegurar o seu cumprimento sob pena de ser responsabilizada.

7.4 Regras aplicáveis aos servidores públicos

Passamos agora a analisar as regras aplicáveis aos servidores públicos, as quais estão previstas nos arts. 37 a 41 da Constituição Federal de 1988.

7.4.1 Cargos, empregos e funções

Os primeiros dispositivos relacionados aos servidores públicos e que foram apresentados pela Constituição Federal regulamentam o acesso a cargos, empregos e funções públicas. Vejamos o que diz o art. 37, I e II da Constituição Federal de 1988:

> *I – Os cargos, empregos e funções públicas são acessíveis aos brasileiros que preencham os requisitos estabelecidos em lei, assim como aos estrangeiros, na forma da lei;*
>
> *II – A investidura em cargo ou emprego público depende de aprovação prévia em concurso público de provas ou de provas e títulos, de acordo com a natureza e a complexidade do cargo ou emprego, na forma prevista em lei, ressalvadas as nomeações para cargo em comissão declarado em lei de livre nomeação e exoneração.*

Ao iniciarmos este estudo, uma distinção se faz necessária: qual a diferença entre cargo, emprego e função pública?

ADMINISTRAÇÃO PÚBLICA

- **Cargo público** é a unidade de competência ofertada por uma pessoa jurídica de direito público e ocupada por um agente público que tenha sido criado por lei com denominação específica e quantidade certa. Quem ocupa um cargo público fez concurso público e é submetido a um regime estatutário e pode ser de provimento efetivo ou em comissão.
- **Emprego público**, por sua vez, é a unidade de competência desempenhada por agentes contratados sob regime celetista, ou seja, quem ocupa um emprego público possui uma relação trabalhista com a Administração Pública.
- **Função pública** é a atribuição ocupada por quem não possui cargo ou emprego público. Ocorre em duas situações: nas contratações temporárias e nas atividades de confiança.

Os cargos, empregos e funções são acessíveis a todos os brasileiros e estrangeiros que preencherem os requisitos previstos em lei. Aos estrangeiros, o acesso é limitado, essa é norma de eficácia limitada, pois depende de regulamentação, como professores ou pesquisadores em universidades e instituições de pesquisa científica e tecnológica. Destaca-se ainda que existem cargos privativos de brasileiros natos, os quais estão previstos no art. 12, § 3º da Constituição Federal de 1988: presidente e vice-Presidente da República, presidente da Câmara dos Deputados, Presidente do Senado Federal, ministro do STF, oficial das forças armadas, carreira diplomática e ministro do estado da defesa.

O acesso aos cargos e empregos públicos depende de aprovação em concurso público de provas ou de provas e títulos dependendo do cargo a ser ocupado. A realização do concurso não será necessária para o preenchimento de cargos em comissão, haja vista serem de livre nomeação e exoneração. Estão obrigados a contratar por meio de concurso toda a Administração Pública direta e indireta, seja do Poder Executivo, Legislativo, ou Judiciário, seja da União, estados, Distrito Federal e municípios.

É importante ressaltar, neste momento, que a função pública aqui tratada não pode ser confundida com a função que todo agente da Administração Pública detém, que é aquele conjunto de atribuições inerentes ao cargo ou emprego; neste momento a função pública foi tratada como diferenciação do cargo e do emprego públicos. Em seguida, é necessário ressaltar que os cargos em comissão dispensam o concurso público, que é meio exigido para que se ocupe um cargo ou empregos públicos.

7.4.2 Validade do concurso público

A Constituição Federal de 1988 previu prazo de validade para os concursos públicos. Vejamos o que diz o art. 37, incisos III e IV:

Art. 37 [...]

III – O prazo de validade do concurso público será de até dois anos, prorrogável uma vez, por igual período;

IV – Durante o prazo improrrogável previsto no edital de convocação, aquele aprovado em concurso público de provas ou de provas e títulos será convocado com prioridade sobre novos concursados para assumir cargo ou emprego, na carreira.

O prazo de validade será de **até dois anos**, podendo ser prorrogado apenas uma vez, por igual período. O prazo de validade passa a ser contado a partir da homologação do resultado. Este é o prazo que a Administração Pública terá para contratar ou nomear os aprovados para o preenchimento do emprego ou do cargo público, respectivamente.

Segundo posicionamento do STF, quem é aprovado dentro do número de vagas previstas no edital possui direito subjetivo à nomeação durante o prazo de validade do concurso. Uma forma de burlar esse sistema encontrado pela Administração Pública tem sido a publicação de edital com cadastro de reserva, que gera apenas uma expectativa de direito para quem foi classificado no concurso público.

Segundo a Constituição Federal de 1988, durante o prazo improrrogável do concurso, os aprovados terão prioridade na convocação diante dos novos concursados, o que não impede a abertura de novos certames apesar de a Lei nº 8.112/1990 proibir a abertura de novo concurso enquanto houver candidato aprovado no concurso anterior e desde que esteja dentro do prazo de validade. Na prova, deve-se responder conforme for perguntado. Se for segundo a Constituição Federal, não há proibição de realização de novo concurso enquanto existir outro com prazo de validade aberto. Se perguntar segundo a Lei nº 8.112/1990, não se abrirá novo concurso enquanto houver candidato aprovado em concurso anterior com prazo de validade não expirado.

7.4.3 Reserva de vaga para deficiente

Essa regra sobre concurso público é uma das mais importantes de inclusão social previstas no texto constitucional; é regra de ação afirmativa que visa à inserção social dos portadores de necessidades especiais, e compensar a perda social que alguns grupos têm. Possuindo valor social relevante, diz respeito à reserva de vagas para pessoas com necessidades especiais, que não podem ser tratados da mesma forma que as pessoas que estão em pleno vigor físico. Aqui, a isonomia deve ser material observando a nítida diferença entre os deficientes e os que não são. Vejamos o que dispõe a Constituição a respeito desse tema:

Art. 37 [...]

VIII – A lei reservará percentual dos cargos e empregos públicos para as pessoas portadoras de deficiência e definirá os critérios de sua admissão.

Por se tratar de norma de eficácia limitada, a Constituição exigiu regulamentação para este dispositivo o que foi feito, no âmbito federal, pela Lei nº 8.112/1990:

Art. 5 [...]

§ 2º Às pessoas portadoras de deficiência é assegurado o direito de se inscrever em concurso público para provimento de cargo cujas atribuições sejam compatíveis com a deficiência de que são portadoras; para tais pessoas serão reservadas até 20% (vinte por cento) das vagas oferecidas no concurso.

Esse dispositivo garante a reserva de até 20% das vagas oferecidas no concurso para os deficientes. Complementando esta norma, foi publicado o Decreto Federal nº 3.298/1999 que fixou o mínimo de 5% das vagas para deficientes, exigindo nos casos em que esse percentual gerasse número fracionado, que fosse arredondado para o próximo número inteiro. Essa proteção gerou um inconveniente nos concursos com poucas vagas, fazendo com que o STF interviesse e decidisse no sentido de que se a observância do mínimo de 5% ultrapassar o máximo de 20% não será necessário fazer a reserva da vaga. Isso é perfeitamente visível em concursos com duas vagas. Se fosse reservado o mínimo, ter-se-ia pelo menos 1 vaga para deficiente, o que corresponderia a 50% das vagas, ultrapassando assim o limite de 20% estabelecido em lei.

7.4.4 Funções de confiança e cargos em comissão

A Constituição Federal de 1988 prevê a existência das funções de confiança e os cargos em comissão:

Art. 37 [...]

V – As funções de confiança, exercidas exclusivamente por servidores ocupantes de cargo efetivo, e os cargos em comissão, a serem preenchidos por servidores de carreira nos casos, condições e percentuais mínimos previstos em lei, destinam-se apenas às atribuições de direção, chefia e assessoramento.

Existem algumas peculiaridades entre esses dois institutos que sempre são cobrados em prova. As funções de confiança são privativas de ocupantes de cargo efetivo, ou seja, para aquele que fez concurso público; já os cargos em comissão podem ser ocupados por qualquer pessoa, apesar de a Constituição estabelecer que deve se reservar um percentual mínimo para os ocupantes de cargo efetivo. Tanto as funções de confiança como os cargos em comissão destinam-se às atribuições de **direção**, **chefia** e **assessoramento**.

- **Funções de confiança:** livres designação e livres dispensa – são apenas para servidores públicos ocupantes de cargos efetivos, os quais serão designados para seu exercício podendo ser dispensados a critério da Administração Pública.

- **Cargos em comissão:** são de livre nomeação e livre exoneração, podendo ser ocupados por qualquer pessoa, servidor público ou não. A ocupação de um cargo em comissão por pessoa não detentora de cargo de provimento efetivo não gera direito de ser efetivado, muito menos de adquirir a estabilidade.

7.4.5 Contratação por tempo determinado

Outra forma de ingresso no serviço público é por meio de contratação por tempo determinado. A Constituição prevê:

> *Art. 37, IX. A lei estabelecerá os casos de contratação por tempo determinado para atender a necessidade temporária de excepcional interesse público.*

Nesse caso, temos uma norma de eficácia limitada, pois a Constituição não regulamenta, apenas prevê que uma lei vai regulamentar. Na contratação por tempo determinado, o contratado não ocupa cargo público nem possui vínculo trabalhista. Ele exercerá função pública de caráter temporário. Essa contratação tem que ser embasada em excepcional interesse público, questão emergencial. Em regra, faz-se o processo seletivo simplificado, podendo ser feito por meio de provas, entrevista ou até mesmo entrega de currículo; esse processo simplificado não pode ser confundido com o concurso público.

O seu contrato com a Administração Pública é regido por norma específica de regime especial que, no caso da esfera federal, será a Lei nº 8.745/1993. A referida lei traz várias hipóteses de contratação temporária para atender a essa necessidade excepcional.

7.5 Direitos sociais dos servidores públicos

Quando se fala em direitos sociais aplicáveis aos servidores públicos, significa dizer uma parcela dos direitos de natureza trabalhista prevista no art. 7º da Constituição Federal de 1988. Vejamos quais direitos sociais trabalhistas foram destinados a esses trabalhadores ocupantes de cargos públicos.

7.5.1 Direitos trabalhistas

A Constituição Federal não concedeu todos os direitos trabalhistas aos servidores públicos, mas apenas os previstos expressamente no texto constitucional no art. 39, § 3º:

> *Art. 39 [...]*
>
> *§ 3º Aplica-se aos servidores ocupantes de cargo público o disposto no art. 7º, IV, VII, VIII, IX, XII, XIII, XV, XVI, XVII, XVIII, XIX, XX, XXII e XXX, podendo a lei estabelecer requisitos diferenciados de admissão quando a natureza do cargo o exigir.*

Segundo esse dispositivo, foram garantidos os seguintes direitos sociais aos servidores públicos:

> *IV – Salário-mínimo, fixado em lei, nacionalmente unificado, capaz de atender a suas necessidades vitais básicas e às de sua família com moradia, alimentação, educação, saúde, lazer, vestuário, higiene, transporte e previdência social, com reajustes periódicos que lhe preservem o poder aquisitivo, sendo vedada sua vinculação para qualquer fim;*
>
> *VII – Garantia de salário, nunca inferior ao mínimo, para os que percebem remuneração variável;*
>
> *VIII – Décimo terceiro salário com base na remuneração integral ou no valor da aposentadoria;*
>
> *IX – Remuneração do trabalho noturno superior à do diurno;*
>
> *XII – Salário-família pago em razão do dependente do trabalhador de baixa renda nos termos da lei;*
>
> *XIII – Duração do trabalho normal não superior a oito horas diárias e quarenta e quatro semanais, facultada a compensação de horários e a redução da jornada, mediante acordo ou convenção coletiva de trabalho;*
>
> *XV – Repouso semanal remunerado, preferencialmente aos domingos;*
>
> *XVI – Remuneração do serviço extraordinário superior, no mínimo, em cinquenta por cento à do normal;*
>
> *XVII – Gozo de férias anuais remuneradas com, pelo menos, um terço a mais do que o salário normal;*
>
> *XVIII – Licença à gestante, sem prejuízo do emprego e do salário, com a duração de cento e vinte dias;*
>
> *XIX – Licença-paternidade, nos termos fixados em lei;*
>
> *XX – Proteção do mercado de trabalho da mulher, mediante incentivos específicos, nos termos da lei;*
>
> *XXII – Redução dos riscos inerentes ao trabalho, por meio de normas de saúde, higiene e segurança;*
>
> *XXX – Proibição de diferença de salários, de exercício de funções e de critério de admissão por motivo de sexo, idade, cor ou estado civil.*

A experiência de ler os incisos destinados aos servidores públicos é muito importante para que você acerte em prova. O fato de outros direitos trabalhistas do art. 7º não terem sido previstos no art. 39 não significa que tais direitos não sejam concedidos aos servidores públicos. Ocorre que alguns direitos trabalhistas conferidos aos servidores públicos estão disciplinados em outros lugares na própria Constituição ou em leis esparsas. A título de exemplo, pode-se citar o direito à aposentadoria, que apesar de não ter sido referido no art. 39, § 3º, encontra-se previsto expressamente no art. 40 da Constituição Federal de 1988.

7.5.2 Liberdade de associação sindical

A Constituição Federal garante aos servidores públicos o direito à associação sindical:

> *Art. 37 [...]*
>
> *VI – É garantido ao servidor público civil o direito à livre associação sindical.*

A Constituição Federal de 1988 concede ao servidor público civil o direito à associação sindical. Dessa forma, a livre associação profissional ou sindical não é garantida aos militares em razão da peculiaridade do seu regime jurídico, cuja vedação está prevista na própria Constituição Federal:

> *Art. 142 [...]*
>
> *IV – Ao militar são proibidas a sindicalização e a greve.*

Segundo a doutrina, trata-se de uma norma autoaplicável, a qual não depende de regulamentação para ser exercida, pois o servidor pode prontamente usufruir desse direito.

7.5.3 Direito de greve

Segundo o art. 37, inciso VII, da Constituição Federal de 1988:

> *VII – O direito de greve será exercido nos termos e nos limites definidos em lei específica;*

O direito de greve, previsto na Constituição Federal aos servidores públicos, condiciona o seu exercício a uma norma regulamentadora, por isso é uma norma de eficácia limitada.

Como até o presente momento a necessária lei não foi publicada, o Supremo Tribunal Federal adotou a Teoria Concretista Geral, a partir da análise do Mandado de Injunção, e fez com que o direito de greve tivesse efetividade e conferiu efeito *erga omnes* à decisão, ou seja, os seus efeitos atingem todos os servidores públicos, ainda que aquele não tenha ingressado com ação judicial para exercer seu direito de greve.

A partir disso, segundo o STF, os servidores públicos de todo o país poderão se utilizar do seu direito de greve nos termos da Lei nº 7.783/1989, a qual regulamenta o direito de greve dos trabalhadores da iniciativa privada.

Ressalte-se que o direito de greve, juntamente com o de associação sindical, não se aplica aos militares pelos mesmos motivos já apresentados ao analisarmos o direito de liberdade de associação sindical.

7.5.4 Vedação à acumulação de cargos, empregos e funções públicas

A Constituição achou por bem regular a acumulação de cargos públicos no art. 37, incisos XVI e XVII:

> *XVI – É vedada a acumulação remunerada de cargos públicos, exceto, quando houver compatibilidade de horários, observado em qualquer caso o disposto no inciso XI:*
>
> *a) a de dois cargos de professor;*

b) a de um cargo de professor com outro técnico ou científico;

c) a de dois cargos ou empregos privativos de profissionais de saúde, com profissões regulamentadas;

XVII – A proibição de acumular estende-se a empregos e funções e abrange autarquias, fundações, empresas públicas, sociedades de economia mista, suas subsidiárias, e sociedades controladas, direta ou indiretamente, pelo poder público;

Segundo o texto constitucional, em regra, é vedada a acumulação de cargos públicos, ressalvadas as hipóteses previstas na própria Constituição Federal de 1988 e quando houver compatibilidade de horário.

Além dessas hipóteses, a CF/1988/1988 também previu a acumulação lícita em outros casos, observemos:

- **Magistrado + magistério:** é permitida a acumulação de um cargo de juiz com um de professor:

  Art. 95 [...]
  Parágrafo único. Aos juízes é vedado:
  I – Exercer, ainda que em disponibilidade, outro cargo ou função, salvo uma de magistério.

- **Membro do Ministério Público + Magistério:** é permitida a acumulação de um cargo de Membro do Ministério Público com um de professor:

  Art. 128 [...]
  § 5º. Leis complementares da União e dos Estados, cuja iniciativa é facultada aos respectivos Procuradores-Gerais, estabelecerão a organização, as atribuições e o estatuto de cada Ministério Público, observadas, relativamente a seus membros: [...]
  II – As seguintes vedações:
  d) exercer, ainda que em disponibilidade, qualquer outra função pública, salvo uma de magistério.

- **Cargo Eletivo + cargo, emprego ou função pública:** é permitida a acumulação de um cargo eletivo com um cargo emprego ou função pública:

  Art. 38 Ao servidor público da administração direta, autárquica e fundacional, no exercício de mandato eletivo, aplicam-se as seguintes disposições:
  I – Tratando-se de mandato eletivo federal, estadual ou distrital, ficará afastado de seu cargo, emprego ou função;
  II – Investido no mandato de Prefeito, será afastado do cargo, emprego ou função, sendo-lhe facultado optar pela sua remuneração;
  III – Investido no mandato de Vereador, havendo compatibilidade de horários, perceberá as vantagens de seu cargo, emprego ou função, sem prejuízo da remuneração do cargo eletivo, e, não havendo compatibilidade, será aplicada a norma do inciso anterior;
  IV – Em qualquer caso que exija o afastamento para o exercício de mandato eletivo, seu tempo de serviço será contado para todos os efeitos legais, exceto para promoção por merecimento;
  V – Na hipótese de ser segurado de regime próprio de previdência social, permanecerá filiado a esse regime, no ente federativo de origem.

A proibição de acumular se estende à percepção de remuneração e aposentadoria. Vejamos o que diz o §10º do art. 37:

§ 10 É vedada a percepção simultânea de proventos de aposentadoria decorrentes do art. 40 ou dos Arts. 42 e 142 com a remuneração de cargo, emprego ou função pública, ressalvados os cargos acumuláveis na forma desta Constituição, os cargos eletivos e os cargos em comissão declarados em lei de livre nomeação e exoneração.

Aqui, a acumulação dos proventos da aposentadoria com a remuneração será permitida nos casos em que são autorizadas a acumulação dos cargos, ou, ainda, quando acumular com cargo em comissão e cargo eletivo. Significa dizer ser possível a acumulação dos proventos da aposentadoria de um cargo, emprego ou função pública com a remuneração de cargo, emprego ou função pública.

A Constituição Federal de 1988 também vedou a percepção de mais de uma aposentadoria, ressalvados os casos de acumulação de cargos permitida, ou seja, o indivíduo pode acumular as aposentadorias dos cargos que podem ser acumulados:

Art. 40 [...]
§ 6º Ressalvadas as aposentadorias decorrentes dos cargos acumuláveis na forma desta Constituição, é vedada a percepção de mais de uma aposentadoria à conta de regime próprio de previdência social, aplicando-se outras vedações, regras e condições para a acumulação de benefícios previdenciários estabelecidas no Regime Geral de Previdência Social.

7.5.5 Estabilidade

Um dos maiores desejos de quem faz concurso público é alcançar a Estabilidade. Essa é a garantia que se dá aos titulares de cargo público, ou seja, ao servidor público. Essa garantia faz que o servidor tenha certa tranquilidade para usufruir do seu cargo com maior tranquilidade; o servidor passa exercer suas atividades sem a preocupação de perder seu cargo por qualquer simples motivo. Vejamos o que diz a Constituição Federal:

Art. 41 São estáveis após três anos de efetivo exercício os servidores nomeados para cargo de provimento efetivo em virtude de concurso público.
§ 1º. O servidor público estável só perderá o cargo:
I – Em virtude de sentença judicial transitada em julgado;
II – Mediante processo administrativo em que lhe seja assegurada ampla defesa;
III – Mediante procedimento de avaliação periódica de desempenho, na forma de lei complementar, assegurada ampla defesa.
§ 2º Invalidada por sentença judicial a demissão do servidor estável, será ele reintegrado, e o eventual ocupante da vaga, se estável, reconduzido ao cargo de origem, sem direito a indenização, aproveitado em outro cargo ou posto em disponibilidade com remuneração proporcional ao tempo de serviço.
§ 3º Extinto o cargo ou declarada a sua desnecessidade, o servidor estável ficará em disponibilidade, com remuneração proporcional ao tempo de serviço, até seu adequado aproveitamento em outro cargo.
§ 4º Como condição para a aquisição da estabilidade, é obrigatória a avaliação especial de desempenho por comissão instituída para essa finalidade.

O primeiro ponto relevante é que a estabilidade se adquire após três anos de efetivo exercício. Só adquire estabilidade quem ocupa um cargo público de provimento efetivo, após a aprovação em concurso público. Essa garantia não se estende aos titulares de emprego público nem aos que ocupam cargos em comissão de livre nomeação e exoneração.

Não confunda a estabilidade com estágio probatório. Esse é o período de avaliação inicial dentro do novo cargo a que o servidor concursado se sujeita antes de adquirir sua estabilidade. A Constituição Federal de 1988 não fala nada de estágio probatório, mas, para os servidores públicos federais, aplica-se o prazo previsto na Lei nº 8.112/1990. Aqui temos um problema. O referido estatuto dos servidores públicos federais prevê o prazo de 24 meses para o estágio probatório.

Contudo, tem prevalecido, na doutrina e na jurisprudência, o entendimento de que não tem como se dissociar o prazo do estágio probatório da aquisição da estabilidade, de forma que até o próprio STF e o STJ reconhecem que o prazo do estágio probatório foi revogado tacitamente pela Emenda Constitucional nº 19/1998 que alterou o prazo de aquisição da estabilidade para 3 anos. Reforça esse entendimento o fato de que a Advocacia-Geral da União já emitiu parecer vinculante determinando a aplicação do prazo de **três anos para o estágio probatório** em todo o Poder Executivo Federal, o que de fato acontece. Dessa forma, para prova o prazo do estágio probatório é de 3 anos.

Segundo o texto constitucional, é condição para a aquisição da estabilidade a avaliação especial de desempenhos aplicada por comissão instituída para essa finalidade.

O servidor estável só perderá o cargo nas hipóteses previstas na Constituição, as quais são:

- **Sentença judicial transitada em julgado.**
- **Procedimento administrativo disciplinar.**

DIREITO CONSTITUCIONAL

- **Insuficiência de desempenho comprovada na avaliação periódica.**
- **Excesso de despesas com pessoal nos termos do art. 169, § 3º.**

7.6 Regras para servidores em exercício de mandato eletivo

Para os servidores públicos que estão no exercício de mandato eletivo, aplicam-se as seguintes regras:

> *Art. 38 Ao servidor público da administração direta, autárquica e fundacional, no exercício de mandato eletivo, aplicam-se as seguintes disposições:*
> *I – Tratando-se de mandato eletivo federal, estadual ou distrital, ficará afastado de seu cargo, emprego ou função;*
> *II – Investido no mandato de Prefeito, será afastado do cargo, emprego ou função, sendo-lhe facultado optar pela sua remuneração;*
> *III – Investido no mandato de Vereador, havendo compatibilidade de horários, perceberá as vantagens de seu cargo, emprego ou função, sem prejuízo da remuneração do cargo eletivo, e, não havendo compatibilidade, será aplicada a norma do inciso anterior;*
> *IV – Em qualquer caso que exija o afastamento para o exercício de mandato eletivo, seu tempo de serviço será contado para todos os efeitos legais, exceto para promoção por merecimento;*
> *V – Na hipótese de ser segurado de regime próprio de previdência social, permanecerá filiado a esse regime, no ente federativo de origem.*

Em suma:

- **Mandato Eletivo Federal, Estadual ou Distrital:** afasta-se do cargo, emprego ou função;
- **Mandato Eletivo Municipal**
  - **Prefeito:** Afasta-se do cargo, mas pode optar pela remuneração;
  - **Vereador:** Havendo compatibilidade de horário, pode exercer os dois cargos e cumular as duas remunerações respeitando os limites legais. Não havendo compatibilidade de horário, deverá afastar-se do cargo podendo optar pela remuneração de um dos dois.

Havendo o afastamento, a Constituição Federal de 1988 determina ainda que esse período seja contabilizado como tempo de serviço gerando todos seus efeitos legais, com exceção da promoção de merecimento, além de ser contabilizado para efeito de benefício previdenciário.

7.7 Regras de remuneração dos servidores públicos

A Constituição Federal de 1988 previu várias regras referentes a remuneração dos servidores públicos, que consta no art. 37, da CF/1988/1988, as quais são bem interessantes para serem cobradas em sua prova:

> *X – A remuneração dos servidores públicos e o subsídio de que trata o § 4º do art. 39 somente poderão ser fixados ou alterados por lei específica, observada a iniciativa privativa em cada caso, assegurada revisão geral anual, sempre na mesma data e sem distinção de índices;*

O primeiro ponto importante sobre a remuneração dos servidores é que ela só pode ser fixada por meio de lei específica, se a Constituição Federal de 1988 não estabelece qualquer outro critério, essa lei é ordinária. Além disso, a iniciativa da lei também é específica, ou seja, cada poder tem competência para propor a lei que altere o quadro remuneratório dos seus servidores. Por exemplo, no âmbito do Poder Executivo Federal o Presidente da República é quem tem a iniciativa para propor o projeto de lei.

Ainda há que se fazer a revisão geral anual, sem distinção de índices e sempre na mesma data, que serve para suprir as perdas inflacionárias que ocorrem com a remuneração dos servidores. No que tange à revisão geral anual, o STF entende que a competência para a iniciativa é privativa do Presidente da República, com base no art. 61, § 1º, II, "a" da CF/1988:

> *§ 1º São de iniciativa privativa do Presidente da República as leis que: [...]*
> *II – Disponham sobre:*
> *a) criação de cargos, funções ou empregos públicos na administração direta e autárquica ou aumento de sua remuneração.*

Outro ponto importante é o **teto constitucional**, que é o limite imposto para fixação das tabelas remuneratórias dos servidores; conforme o inciso XI do art. 37 da Constituição Federal de 1988:

> *XI – A remuneração e o subsídio dos ocupantes de cargos, funções e empregos públicos da administração direta, autárquica e fundacional, dos membros de qualquer dos Poderes da União, dos Estados, do Distrito Federal e dos Municípios, dos detentores de mandato eletivo e dos demais agentes políticos e os proventos, pensões ou outra espécie remuneratória, percebidos cumulativamente ou não, incluídas as vantagens pessoais ou de qualquer outra natureza, não poderão exceder o subsídio mensal, em espécie, dos Ministros do Supremo Tribunal Federal, aplicando-se como limite, nos Municípios, o subsídio do Prefeito, e nos Estados e no Distrito Federal, o subsídio mensal do Governador no âmbito do Poder Executivo, o subsídio dos Deputados Estaduais e Distritais no âmbito do Poder Legislativo e o subsídio dos Desembargadores do Tribunal de Justiça, limitado a noventa inteiros e vinte e cinco centésimos por cento do subsídio mensal, em espécie, dos Ministros do Supremo Tribunal Federal, no âmbito do Poder Judiciário, aplicável este limite aos membros do Ministério Público, aos Procuradores e aos Defensores Públicos.*

Vamos entender essa regra, analisando os diversos tipos de limites previstos no texto constitucional.

O primeiro limite é o Teto Geral, que, segundo a Constituição, corresponde ao subsídio do Ministro do Supremo Tribunal Federal. Isso significa que nenhum servidor público no Brasil pode receber remuneração maior que o subsídio do Ministro do Supremo Tribunal Federal. Esse limite se aplica a todos os poderes em todos os entes federativos. Ressalte-se que a iniciativa de proposta legislativa para fixação da remuneração dos Ministros pertence aos próprios membros do STF.

Em seguida, nós temos os subtetos, que são limites aplicáveis a cada poder e em cada ente federativo. Vejamos de forma sistematizada as regras previstas na Constituição Federal:

7.7.1 Estados e DF

Poder Executivo: subsídio do governador.

Poder Legislativo: subsídio do deputado estadual ou distrital.

Poder Judiciário: subsídio do desembargador do Tribunal de Justiça. Aplica-se este limite aos membros do Ministério Público e da Defensoria Pública dos Estados e Distrito Federal.

7.7.2 Municípios

Poder Executivo: subsídio do prefeito.

A Constituição Federal de 1988 permite que os estados e o Distrito Federal poderão, por iniciativa do governador, adotar limite único nos termos do art. 37, § 12, mediante emenda à Constituição Estadual ou a lei orgânica do Distrito Federal, o qual não poderá ultrapassar 90,25% do subsídio do ministro do STF. Ressalte-se que, se porventura for criado este limite único, ele não será aplicado a alguns membros do Poder Legislativo, como aos deputados distritais e vereadores.

A seguir, são abordados alguns limites específicos que também estão previstos no texto constitucional, mas em outros artigos, pois são determinados a algumas autoridades:

- **Governador e Prefeito:** subsídio do ministro do STF;
- **Deputado Estadual e Distrital:** 75% do subsídio do Deputado Federal;
- **Vereador:** 75% do subsídio do Deputado Estadual para os municípios com mais de 500.000 habitantes. Nos municípios com menos habitantes, aplica-se a regra proporcional a população conforme o art. 29, VI da Constituição Federal.

ADMINISTRAÇÃO PÚBLICA

- **Magistrados dos Tribunais Superiores:** 95% do subsídio dos ministros do STF. Dos demais magistrados, o subteto é 95% do subsídio dos ministros dos Tribunais Superiores.

> *Art. 93 [...]*
> *V – O subsídio dos Ministros dos Tribunais Superiores corresponderá a noventa e cinco por cento do subsídio mensal fixado para os Ministros do Supremo Tribunal Federal e os subsídios dos demais magistrados serão fixados em lei e escalonados, em nível federal e estadual, conforme as respectivas categorias da estrutura judiciária nacional, não podendo a diferença entre uma e outra ser superior a dez por cento ou inferior a cinco por cento, nem exceder a noventa e cinco por cento do subsídio mensal dos Ministros dos Tribunais Superiores, obedecido, em qualquer caso, o disposto nos Arts. 37, XI, e 39, § 4º.*

Tetos específicos

Governador e prefeito → subsídio do Ministro do STF.
Deputado estadual e distrital → 75% do subsídio do Deputado Federal.
Vereador → 75% do subsídio do Deputado Estadual (municípios + de 500 mil habitantes).
Magistrados dos Tribunais Superiores → 95% do subsídio dos ministros do STF.

Lembre-se de que esses limites se aplicam quando for possível a acumulação de cargos prevista no texto constitucional, ressalvados os seguintes casos:

- **Magistratura + magistério:** a resolução nº 14/2006 do Conselho Nacional de Justiça prevê que não se sujeita ao teto a remuneração oriunda no magistério exercido pelos juízes;
- Exercício cumulativo de funções no Supremo Tribunal Federal e Tribunal Superior Eleitoral.

Os limites aplicam-se as empresas públicas e sociedades de economia mista desde que recebam recursos da União dos Estados e do Distrito Federal para pagamento do pessoal e custeio em geral:

> *Art. 37 [...]*
> *§ 9º O disposto no inciso XI aplica-se às empresas públicas e às sociedades de economia mista, e suas subsidiárias, que receberem recursos da União, dos Estados, do Distrito Federal ou dos Municípios para pagamento de despesas de pessoal ou de custeio em geral.*

A Constituição Federal também trouxe previsão expressa vedando qualquer equiparação ou vinculação de remuneração de servidor público:

> *Art. 37, XIII. É vedada a vinculação ou equiparação de quaisquer espécies remuneratórias para o efeito de remuneração de pessoal do serviço público.*

Antes da Emenda Constitucional nº 19/1998, muitos servidores incorporavam vantagens pecuniárias calculadas sobre outras vantagens, gerando aumento desproporcional da remuneração. Isso acabou com a alteração do texto constitucional:

> *Art. 37 [...]*
> *XIV – Os acréscimos pecuniários percebidos por servidor público não serão computados nem acumulados para fins de concessão de acréscimos ulteriores.*

Destaque-se, ainda, a regra constitucional que prevê a irredutibilidade da remuneração dos servidores públicos:

> *Art. 37 [...]*
> *XV – O subsídio e os vencimentos dos ocupantes de cargos e empregos públicos são irredutíveis, ressalvado o disposto nos incisos XI e XIV deste artigo e nos Arts. 39, § 4º, 150, II, 153, III, e 153, § 2º, I.*

A irredutibilidade aqui é meramente nominal, não existindo direito à preservação do valor real em proteção a perda do poder aquisitivo. A irredutibilidade também não impede a alteração da composição remuneratória; significa dizer que podem ser retiradas as gratificações, mantendo-se o valor nominal da remuneração, nem mesmo a supressão de parcelas ou gratificações; é preciso considerar que o STF entende não haver direito adquirido a regime jurídico.

7.8 Regras de aposentadoria

Esse tema costuma ser trabalhado em Direito Previdenciário devido às inúmeras regras de transição que foram editadas, além das previstas no texto constitucional. Para as provas de Direito Constitucional, é importante a leitura atenta dos dispositivos abaixo:

> *Art. 40 O regime próprio de previdência social dos servidores titulares de cargos efetivos terá caráter contributivo e solidário, mediante contribuição do respectivo ente federativo, de servidores ativos, de aposentados e de pensionistas, observados critérios que preservem o equilíbrio financeiro e atuarial.*
>
> *§ 1º O servidor abrangido por regime próprio de previdência social será aposentado:*
>
> *I – por incapacidade permanente para o trabalho, no cargo em que estiver investido, quando insuscetível de readaptação, hipótese em que será obrigatória a realização de avaliações periódicas para verificação da continuidade das condições que ensejaram a concessão da aposentadoria, na forma de lei do respectivo ente federativo;*
>
> *II – compulsoriamente, com proventos proporcionais ao tempo de contribuição, aos 70 (setenta) anos de idade, ou aos 75 (setenta e cinco) anos de idade, na forma de lei complementar;*
>
> *III – no âmbito da União, aos 62 (sessenta e dois) anos de idade, se mulher, e aos 65 (sessenta e cinco) anos de idade, se homem, e, no âmbito dos Estados, do Distrito Federal e dos Municípios, na idade mínima estabelecida mediante emenda às respectivas Constituições e Leis Orgânicas, observados o tempo de contribuição e os demais requisitos estabelecidos em lei complementar do respectivo ente federativo.*
>
> *§ 2º Os proventos de aposentadoria não poderão ser inferiores ao valor mínimo a que se refere o § 2º do art. 201 ou superiores ao limite máximo estabelecido para o Regime Geral de Previdência Social, observado o disposto nos §§ 14 a 16.*
>
> *§ 3º As regras para cálculo de proventos de aposentadoria serão disciplinadas em lei do respectivo ente federativo.*
>
> *§ 4º É vedada a adoção de requisitos ou critérios diferenciados para concessão de benefícios em regime próprio de previdência social, ressalvado o disposto nos §§ 4º-A, 4º-B, 4º-C e 5º.*
>
> *§ 4º-A Poderão ser estabelecidos por lei complementar do respectivo ente federativo idade e tempo de contribuição diferenciados para aposentadoria de servidores com deficiência, previamente submetidos à avaliação biopsicossocial realizada por equipe multiprofissional e interdisciplinar.*
>
> *§ 4º-B Poderão ser estabelecidos por lei complementar do respectivo ente federativo idade e tempo de contribuição diferenciados para aposentadoria de ocupantes do cargo de agente penitenciário, de agente socioeducativo ou de policial dos órgãos de que tratam o inciso IV do caput do art. 51, o inciso XIII do caput do art. 52 e os incisos I a IV do caput do art. 144.*
>
> *§ 4º-C Poderão ser estabelecidos por lei complementar do respectivo ente federativo idade e tempo de contribuição diferenciados para aposentadoria de servidores cujas atividades sejam exercidas com efetiva exposição a agentes químicos, físicos e biológicos prejudiciais à saúde, ou associação desses agentes, vedada a caracterização por categoria profissional ou ocupação.*
>
> *§ 5º Os ocupantes do cargo de professor terão idade mínima reduzida em 5 (cinco) anos em relação às idades decorrentes da aplicação do disposto no inciso III do § 1º, desde que comprovem tempo de efetivo exercício das funções de magistério na educação infantil e no ensino fundamental e médio fixado em lei complementar do respectivo ente federativo.*
>
> *§ 6º Ressalvadas as aposentadorias decorrentes dos cargos acumuláveis na forma desta Constituição, é vedada a percepção de mais de uma aposentadoria à conta de regime próprio de previdência social, aplicando-se outras vedações, regras e condições para a acumulação de benefícios previdenciários estabelecidas no Regime Geral de Previdência Social.*
>
> *§ 7º Observado o disposto no § 2º do art. 201, quando se tratar da única fonte de renda formal auferida pelo dependente, o benefício de pensão por morte será concedido nos termos de lei do respectivo ente federativo, a qual tratará de forma diferenciada a hipótese de morte dos servidores de que trata o § 4º-B decorrente de agressão sofrida no exercício ou em razão da função.*

§ 8º É assegurado o reajustamento dos benefícios para preservar-lhes, em caráter permanente, o valor real, conforme critérios estabelecidos em lei.

§ 9º O tempo de contribuição federal, estadual, distrital ou municipal será contado para fins de aposentadoria, observado o disposto nos §§ 9º e 9º-A do art. 201, e o tempo de serviço correspondente será contado para fins de disponibilidade.

§ 10 A lei não poderá estabelecer qualquer forma de contagem de tempo de contribuição fictício.

§ 11 Aplica-se o limite fixado no art. 37, XI, à soma total dos proventos de inatividade, inclusive quando decorrentes da acumulação de cargos ou empregos públicos, bem como de outras atividades sujeitas a contribuição para o regime geral de previdência social, e ao montante resultante da adição de proventos de inatividade com remuneração de cargo acumulável na forma desta Constituição, cargo em comissão declarado em lei de livre nomeação e exoneração, e de cargo eletivo.

§ 12 Além do disposto neste artigo, serão observados, em regime próprio de previdência social, no que couber, os requisitos e critérios fixados para o Regime Geral de Previdência Social.

§ 13 Aplica-se ao agente público ocupante, exclusivamente, de cargo em comissão declarado em lei de livre nomeação e exoneração, de outro cargo temporário, inclusive mandato eletivo, ou de emprego público, o Regime Geral de Previdência Social.

§ 14 A União, os Estados, o Distrito Federal e os Municípios instituirão, por lei de iniciativa do respectivo Poder Executivo, regime de previdência complementar para servidores públicos ocupantes de cargo efetivo, observado o limite máximo dos benefícios do Regime Geral de Previdência Social para o valor das aposentadorias e das pensões em regime próprio de previdência social, ressalvado o disposto no § 16.

§ 15 O regime de previdência complementar de que trata o § 14 oferecerá plano de benefícios somente na modalidade contribuição definida, observará o disposto no art. 202 e será efetivado por intermédio de entidade fechada de previdência complementar ou de entidade aberta de previdência complementar.

§ 16 Somente mediante sua prévia e expressa opção, o disposto nos §§ 14 e 15 poderá ser aplicado ao servidor que tiver ingressado no serviço público até a data da publicação do ato de instituição do correspondente regime de previdência complementar.

§ 17 Todos os valores de remuneração considerados para o cálculo do benefício previsto no § 3º serão devidamente atualizados, na forma da lei.

§ 18 Incidirá contribuição sobre os proventos de aposentadorias e pensões concedidas pelo regime de que trata este artigo que superem o limite máximo estabelecido para os benefícios do regime geral de previdência social de que trata o art. 201, com percentual igual ao estabelecido para os servidores titulares de cargos efetivos.

§ 19 Observados critérios a serem estabelecidos em lei do respectivo ente federativo, o servidor titular de cargo efetivo que tenha completado as exigências para a aposentadoria voluntária e que opte por permanecer em atividade poderá fazer jus a um abono de permanência equivalente, no máximo, ao valor da sua contribuição previdenciária, até completar a idade para aposentadoria compulsória.

§ 20 É vedada a existência de mais de um regime próprio de previdência social e de mais de um órgão ou entidade gestora desse regime em cada ente federativo, abrangidos todos os poderes, órgãos e entidades autárquicas e fundacionais, que serão responsáveis pelo seu financiamento, observados os critérios, os parâmetros e a natureza jurídica definidos na lei complementar de que trata o § 22.

§ 21 (Revogado)

§ 22 Vedada a instituição de novos regimes próprios de previdência social, lei complementar federal estabelecerá, para os que já existem, normas gerais de organização, de funcionamento e de responsabilidade em sua gestão, dispondo, entre outros aspectos, sobre:

I – requisitos para sua extinção e consequente migração para o Regime Geral de Previdência Social;

II – modelo de arrecadação, de aplicação e de utilização dos recursos;

III – fiscalização pela União e controle externo e social;

IV – definição de equilíbrio financeiro e atuarial;

V – condições para instituição do fundo com finalidade previdenciária de que trata o art. 249 e para vinculação a ele dos recursos provenientes de contribuições e dos bens, direitos e ativos de qualquer natureza;

VI – mecanismos de equacionamento do déficit atuarial;

VII – estruturação do órgão ou entidade gestora do regime, observados os princípios relacionados com governança, controle interno e transparência;

VIII – condições e hipóteses para responsabilização daqueles que desempenhem atribuições relacionadas, direta ou indiretamente, com a gestão do regime;

IX – condições para adesão a consórcio público;

X – parâmetros para apuração da base de cálculo e definição de alíquota de contribuições ordinárias e extraordinárias.

7.9 Militares dos estados, Distrito Federal e territórios

A Constituição Federal distingue duas espécies de servidores, os civis e os militares, sendo que a estes reserva um regime jurídico diferenciado, previsto especialmente no art. 42 (Polícias Militares e Corpos de Bombeiros Militares) e no art. 142, § 3º (Forças Armadas – Exército, Marinha e Aeronáutica).

As Polícias Militares, os Corpos de Bombeiros Militares e as Forças Armadas são instituições organizadas com base na **hierarquia** e na **disciplina**.

Tomando de empréstimo o conceito constante do art. 14, § 1º e 2º, da Lei nº 6.880/1980 (Estatuto dos Militares das Forças Armadas), temos que a **hierarquia** militar é a ordenação da autoridade, em níveis diferentes, dentro da estrutura militar e a **disciplina** é a rigorosa observância e o acatamento integral das leis, regulamentos, normas e disposições que fundamentam o organismo militar e coordenam seu funcionamento regular e harmônico, traduzindo-se pelo perfeito cumprimento do dever por parte de todos e de cada um dos componentes desses organismos.

A hierarquia e a disciplina estão presentes em todo o serviço público. No entanto, no seio militar, elas são muito mais rígidas, objetivando garantir pronta e irrestrita obediência de seus membros, o que é imprescindível para o exercício das suas atividades.

As Polícias Militares e os Corpos de Bombeiros Militares são **órgãos de segurança pública** (art. 144, da Constituição Federal de 1988), organizados e mantidos pelos Estados.

Às Polícias Militares cabem as atribuições de polícia administrativa, ostensiva e a preservação da ordem pública. Aos Corpos de Bombeiros Militares cabe, além das atribuições definidas em lei (atividades de combate a incêndio, busca e resgate de pessoas etc.), a execução de atividades de defesa civil (art. 144, § 5º, da CF/1988/1988).

Segundo o § 6º, do art. 144, da CF/1988/1988, as Polícias Militares e os Corpos de Bombeiros Militares são forças auxiliares e reserva do Exército e subordinam-se aos governadores dos estados, do Distrito Federal e dos territórios.

Apesar de estarem subordinadas ao Governador do Distrito Federal, a organização e a manutenção da Polícia Militar e do Corpo de Bombeiros Militares do Distrito Federal são de competência da União (art. 21, inciso XIV, da CF/1988/1988).

No art. 42, a Constituição Federal estende aos policiais militares e aos bombeiros militares praticamente as mesmas **disposições** aplicáveis aos integrantes das Forças Armadas, militares da União, previstas no art. 142, § 2º e 3º, da Constituição Federal de 1988. Assim, entre outros:

- **O militar que seja alistável é elegível.** No entanto, se contar menos de dez anos de serviço, deverá afastar-se da atividade; se contar mais de dez anos de serviço será agregado pela autoridade superior e, se eleito, passará automaticamente, no ato da diplomação, para a inatividade.
- **Não cabe** *Habeas corpus* em relação a punições disciplinares militares.
- **Ao militar são proibidas** a sindicalização e a greve.
- O militar, **enquanto em serviço ativo,** não pode estar filiado a partidos políticos.

8 ORGANIZAÇÃO DOS PODERES DO ESTADO

Com o objetivo de limitar o poder do Estado, alguns filósofos desenvolveram a tese de que, se o poder estivesse nas mãos de várias pessoas, seria possível controlá-lo de uma forma melhor. Essa necessidade se deu em razão dos grandes abusos cometidos pelos imperadores que agiam arbitrariamente com seus súditos. A partir de então, surgiu a **Teoria da Separação dos Poderes**, também chamada de Tripartição dos Poderes. Antes de analisar cada um dos Poderes do Estado, são explorados a seguir dois princípios constitucionais essenciais para entender essa organização: **Tripartição dos Poderes** e **Federativo**.

8.1 Princípio da tripartição dos poderes

O primeiro princípio constitucional importante para o estudo da organização dos poderes é o princípio da tripartição dos poderes, também chamado de princípio da separação dos poderes. Sua origem histórica tem como fundamento a necessidade de se limitar os poderes do Estado. Alguns filósofos perceberam que se o Poder do Estado estivesse dividido entre três entidades diferentes, seria possível que a sociedade exercesse um maior controle sobre sua utilização.

Foi aí que surgiu a ideia de se dividir o Poder do Estado em três poderes, cada qual responsável pelo desenvolvimento de uma função principal do Estado:

- **Poder Executivo:** função principal (típica) de administrar o Estado.
- **Poder Legislativo:** função principal (típica) de legislar e fiscalizar as contas públicas.
- **Poder Judiciário:** função principal (típica) jurisdicional.

Além da sua própria função, a Constituição Federal de 1988 criou uma sistemática que permite a cada um dos poderes o exercício da função do outro poder. É a função atípica:

- **Poder Executivo:** função atípica de legislar e julgar.
- **Poder Legislativo:** função atípica de administrar e julgar.
- **Poder Judiciário:** função atípica de administrar e legislar.

Dessa forma, pode-se dizer que, além da própria função, cada poder exercerá de forma acessória a função do outro poder.

Uma pergunta sempre surge na cabeça dos estudantes e poderá aparecer em prova: qual dos três poderes é mais importante?

A única resposta possível é a inexistência de poder mais importante. Cada poder possui sua própria função de forma que não se pode afirmar que exista hierarquia entre os poderes do Estado. Como diz a Constituição no art. 2º:

> *Art. 2º São Poderes da União, independentes e harmônicos entre si, o Legislativo, o Executivo e o Judiciário.*

8.2 Princípio federativo

Quando se fala em Federação, fala-se da Forma de Estado adotada no Brasil. A forma de Estado reflete o modo de exercício do poder político em função do território, ou seja, como o poder político está distribuído dentro do território. Para compreender esta forma de Estado precisa-se ter em mente sua principal característica: descentralização política. Dizemos então que, numa federação, o poder político está distribuído entre os vários entes federativos, ou melhor, entre quatro entes federativos:

- **União;**
- **Estados;**
- **Distrito Federal;**
- **Municípios.**

Cada um dos entes federativos possui sua própria autonomia política, a qual pode ser percebida pela capacidade de auto-organização, de criação de leis e, inclusive, de criação da sua própria Constituição. Apesar de cada ente federativo possuir essa independência, não se pode esquecer que a existência do pacto federativo pressupõe a existência de uma Constituição Federal e da impossibilidade de separação.

Uma coisa deve ficar bem clara: não existe hierarquia entre os entes federativos. O que os diferencia é a competência que cada um recebeu da Constituição Federal.

Após analisar estes dois princípios constitucionais, será feita a junção entre eles para se ver como se estruturam dentro da República Federativa do Brasil. Dessa forma, como foi visto na imagem anterior.

Agora que ficou esclarecido como o Estado Brasileiro está organizado, serão estudados os três Poderes em espécie. Começaremos pelo Poder Legislativo, sempre muito cobrado em prova.

9 PODER LEGISLATIVO

9.1 Funções típicas do Legislativo

O Poder Legislativo possui como função típica duas atribuições: legislar e fiscalizar.
- **Legislar:** significa criar leis, inovar o ordenamento jurídico.
- **Fiscalizar:** diz respeito ao controle externo das contas públicas. É a fiscalização financeira, contábil e orçamentária.

9.1.1 Informações gerais

O Poder Legislativo da União é representado pelo Congresso Nacional, cuja estrutura é bicameral, ou seja, é formado pela Câmara dos Deputados e pelo Senado Federal. Essa previsão encontra-se na Constituição Federal:

> *Art. 44 O Poder Legislativo é exercido pelo Congresso Nacional, que se compõe da Câmara dos Deputados e do Senado Federal.*

A Câmara dos Deputados é composta pelos Deputados Federais que são representantes do povo eleitos segundo o sistema proporcional, devendo cada ente (Estado e Distrito Federal) eleger no mínimo 8 e no máximo 70 deputados federais. A proporcionalidade está relacionada com a quantidade da população dos entes federativos. Quanto maior for a população, mais deputados serão eleitos. Os territórios podem eleger quatro deputados. O mandato do Deputado é de quatro anos. Atualmente, existem na Câmara 513 membros. Sua organização é assim expressa na Constituição:

> *Art. 45 A Câmara dos Deputados compõe-se de representantes do povo, eleitos, pelo sistema proporcional, em cada Estado, em cada Território e no Distrito Federal.*
>
> *§ 1º. O número total de Deputados, bem como a representação por Estado e pelo Distrito Federal, será estabelecido por lei complementar, proporcionalmente à população, procedendo-se aos ajustes necessários, no ano anterior às eleições, para que nenhuma daquelas unidades da Federação tenha menos de oito ou mais de setenta Deputados.*
>
> *§ 2º. Cada Território elegerá quatro Deputados.*

O **Senado Federal** é composto por senadores da República que são **representantes dos Estados e do Distrito Federal** eleitos segundo o **sistema majoritário simples ou puro**, devendo cada ente eleger três senadores. Aqui o sistema é majoritário, haja vista serem eleitos os candidatos mais votados.

O mandato do Senador é de oito anos cuja eleição de quatro em quatro anos ocorre de forma alternada. Numa eleição, elegem-se 2 e na outra 1. Cada Senador será eleito com dois suplentes. Atualmente, existem 81 Senadores. Conforme o art. 46 da Constituição Federal de 1988:

> *Art. 46 O Senado Federal compõe-se de representantes dos Estados e do Distrito Federal, eleitos segundo o princípio majoritário.*
>
> *§ 1º Cada Estado e o Distrito Federal elegerão três Senadores, com mandato de oito anos.*
>
> *§ 2º A representação de cada Estado e do Distrito Federal será renovada de quatro em quatro anos, alternadamente, por um e dois terços.*
>
> *§ 3º Cada Senador será eleito com dois suplentes.*

9.1.2 Competências

Este é um dos temas mais cobrados em prova, razão pela qual precisa ser estudado com estratégia para que no momento em que o candidato enfrentar a questão, consiga resolvê-la. A melhor forma de acertar essas questões é memorizando os artigos sobre as competências, pois é dessa forma que será cobrado em prova. Uma sugestão para facilitar a memorização é fazer muitos exercícios sobre o tema.

A seguir apresentam-se as competências de cada órgão.

- **Competência do Congresso Nacional**

Uma coisa que se deve entender é que o Congresso Nacional, apesar de ser formado pela Câmara e pelo Senado, possui suas próprias competências, as quais estão previstas nos arts. 48 e 49. Um detalhe que sempre cai em prova diz respeito à diferença entre as competências desses dois artigos.

No art. 48, encontram-se as competências do Congresso que dependem de sanção presidencial, as quais serão desempenhadas mediante lei (lei ordinária ou complementar) que disponham sobre matérias de competência da União. Segue abaixo o rol dessas competências:

> *Art. 48 Cabe ao Congresso Nacional, com a sanção do Presidente da República, não exigida esta para o especificado nos Arts. 49, 51 e 52, dispor sobre todas as matérias de competência da União, especialmente sobre:*
>
> *I – Sistema tributário, arrecadação e distribuição de rendas;*
>
> *II – Plano plurianual, diretrizes orçamentárias, orçamento anual, operações de crédito, dívida pública e emissões de curso forçado;*
>
> *III – Fixação e modificação do efetivo das Forças Armadas;*
>
> *IV – Planos e programas nacionais, regionais e setoriais de desenvolvimento;*
>
> *V – Limites do território nacional, espaço aéreo e marítimo e bens do domínio da União;*
>
> *VI – Incorporação, subdivisão ou desmembramento de áreas de Territórios ou Estados, ouvidas as respectivas Assembleias Legislativas;*
>
> *VII – Transferência temporária da sede do Governo Federal;*
>
> *VIII – Concessão de anistia;*
>
> *IX – organização administrativa, judiciária, do Ministério Público e da Defensoria Pública da União e dos Territórios e organização judiciária e do Ministério Público do Distrito Federal;*
>
> *X – Criação, transformação e extinção de cargos, empregos e funções públicas, observado o que estabelece o art. 84, VI, b;*
>
> *XI – Criação e extinção de Ministérios e órgãos da Administração Pública;*
>
> *XII – Telecomunicações e radiodifusão;*
>
> *XIII – Matéria financeira, cambial e monetária, instituições financeiras e suas operações;*
>
> *XIV – Moeda, seus limites de emissão, e montante da dívida mobiliária federal;*
>
> *XV – Fixação do subsídio dos Ministros do Supremo Tribunal Federal, observado o que dispõem os Arts. 39, § 4º; 150, II; 153, III; e 153, § 2º, I.*

No art. 49, têm-se as competências exclusivas do Congresso Nacional. Essas não dependem de sanção presidencial e serão formalizadas por meio de decreto legislativo:

> *Art. 49 É da competência exclusiva do Congresso Nacional:*
>
> *I – Resolver definitivamente sobre tratados, acordos ou atos internacionais que acarretem encargos ou compromissos gravosos ao patrimônio nacional;*
>
> *II – Autorizar o Presidente da República a declarar guerra, a celebrar a paz, a permitir que forças estrangeiras transitem pelo território nacional ou nele permaneçam temporariamente, ressalvados os casos previstos em lei complementar;*
>
> *III – Autorizar o Presidente e o Vice-Presidente da República a se ausentarem do País, quando a ausência exceder a quinze dias;*
>
> *IV – Aprovar o estado de defesa e a intervenção federal, autorizar o estado de sítio, ou suspender qualquer uma dessas medidas;*
>
> *V – Sustar os atos normativos do Poder Executivo que exorbitem do poder regulamentar ou dos limites de delegação legislativa;*
>
> *VI – Mudar temporariamente sua sede;*
>
> *VII – Fixar idêntico subsídio para os Deputados Federais e os Senadores, observado o que dispõem os Arts. 37, XI, 39, § 4º, 150, II, 153, III, e 153, § 2º, I;*
>
> *VIII – Fixar os subsídios do Presidente e do Vice-Presidente da República e dos Ministros de Estado, observado o que dispõem os Arts. 37, XI, 39, § 4º, 150, II, 153, III, e 153, § 2º, I;*
>
> *IX – Julgar anualmente as contas prestadas pelo Presidente da República e apreciar os relatórios sobre a execução dos planos de governo;*
>
> *X – Fiscalizar e controlar, diretamente, ou por qualquer suas Casas, os atos do Poder Executivo, incluídos os da administração indireta;*

PODER LEGISLATIVO

XI – Zelar pela preservação de sua competência legislativa em face da atribuição normativa dos outros Poderes;

XII – Apreciar os atos de concessão e renovação de concessão de emissoras de rádio e televisão;

XIII – Escolher dois terços dos membros do Tribunal de Contas da União;

XIV – Aprovar iniciativas do Poder Executivo referentes a atividades nucleares;

XV – Autorizar referendo e convocar plebiscito;

XVI – Autorizar, em terras indígenas, a exploração e o aproveitamento de recursos hídricos e a pesquisa e lavra de riquezas minerais;

XVII – Aprovar, previamente, a alienação ou concessão de terras públicas com área superior a dois mil e quinhentos hectares.

XVIII – Decretar o estado de calamidade pública de âmbito nacional previsto nos arts. 167-B, 167-C, 167-D, 167-E, 167-F e 167-G desta Constituição. (Incluído pela EC nº 109/2021)

- **Competência da Câmara de Deputados**

As competências da Câmara dos Deputados estão previstas no art. 51, as quais serão exercidas, em regra, por meio de Resolução da Câmara. Apesar de o texto constitucional prever essas competências como privativas, elas não podem ser delegadas:

Art. 51 *Compete privativamente à Câmara dos Deputados:*

I – Autorizar, por dois terços de seus membros, a instauração de processo contra o Presidente e o Vice-Presidente da República e os Ministros de Estado;

II – Proceder à tomada de contas do Presidente da República, quando não apresentadas ao Congresso Nacional dentro de sessenta dias após a abertura da sessão legislativa;

III – Elaborar seu regimento interno;

IV – Dispor sobre sua organização, funcionamento, polícia, criação, transformação ou extinção dos cargos, empregos e funções de seus serviços, e a iniciativa de lei para fixação da respectiva remuneração, observados os parâmetros estabelecidos na lei de diretrizes orçamentárias;

V – Eleger membros do Conselho da República, nos termos do art. 89, VII.

- **Competência do Senado Federal**

As competências do Senado Federal estão previstas no art. 52, as quais serão exercidas, em regra, por meio de Resolução do Senado. Apesar de o texto constitucional prever essas competências como privativas, elas não podem ser delegadas:

Art. 52 *Compete privativamente ao Senado Federal:*

I – Processar e julgar o Presidente e o Vice-Presidente da República nos crimes de responsabilidade, bem como os Ministros de Estado e os Comandantes da Marinha, do Exército e da Aeronáutica nos crimes da mesma natureza conexos com aqueles;

II – Processar e julgar os Ministros do Supremo Tribunal Federal, os membros do Conselho Nacional de Justiça e do Conselho Nacional do Ministério Público, o Procurador-geral da República e o Advogado-Geral da União nos crimes de responsabilidade;

III – Aprovar previamente, por voto secreto, após arguição pública, a escolha de:

a) Magistrados, nos casos estabelecidos nesta Constituição;

b) Ministros do Tribunal de Contas da União indicados pelo Presidente da República;

c) Governador de Território;

d) Presidente e diretores do banco central;

e) Procurador-geral da República;

f) Titulares de outros cargos que a lei determinar;

IV – Aprovar previamente, por voto secreto, após arguição em sessão secreta, a escolha dos chefes de missão diplomática de caráter permanente;

V – Autorizar operações externas de natureza financeira, de interesse da União, dos Estados, do Distrito Federal, dos Territórios e dos Municípios;

VI – Fixar, por proposta do Presidente da República, limites globais para o montante da dívida consolidada da União, dos Estados, do Distrito Federal e dos Municípios;

VII – Dispor sobre limites globais e condições para as operações de crédito externo e interno da União, dos Estados, do Distrito Federal e dos Municípios, de suas autarquias e demais entidades controladas pelo Poder Público federal;

VIII – Dispor sobre limites e condições para a concessão de garantia da União em operações de crédito externo e interno;

IX – Estabelecer limites globais e condições para o montante da dívida mobiliária dos Estados, do Distrito Federal e dos Municípios;

X – Suspender a execução, no todo ou em parte, de lei declarada inconstitucional por decisão definitiva do Supremo Tribunal Federal;

XI – Aprovar, por maioria absoluta e por voto secreto, a exoneração, de ofício, do Procurador-geral da República antes do término de seu mandato;

XII – Elaborar seu regimento interno;

XIII – Dispor sobre sua organização, funcionamento, polícia, criação, transformação ou extinção dos cargos, empregos e funções de seus serviços, e a iniciativa de lei para fixação da respectiva remuneração, observados os parâmetros estabelecidos na lei de diretrizes orçamentárias;

XIV – Eleger membros do Conselho da República, nos termos do art. 89, VII;

XV – Avaliar periodicamente a funcionalidade do Sistema Tributário Nacional, em sua estrutura e seus componentes, e o desempenho das administrações tributárias da União, dos Estados e do Distrito Federal e dos Municípios.

Parágrafo único. Nos casos previstos nos incisos I e II, funcionará como Presidente o do Supremo Tribunal Federal, limitando-se a condenação, que somente será proferida por dois terços dos votos do Senado Federal, à perda do cargo, com inabilitação, por oito anos, para o exercício de função pública, sem prejuízo das demais sanções judiciais cabíveis.

9.1.3 Imunidade parlamentar

Os parlamentares, por ocuparem uma função essencial na organização política do Estado, possuem Imunidades. As imunidades são prerrogativas inerentes à sua função que têm como objetivo garantir a sua independência durante o exercício do seu mandato. Um ponto que deve ser lembrado é que a imunidade não pertence à pessoa, e sim ao cargo, motivo pelo qual é irrenunciável. Isso significa que o parlamentar só a detém enquanto estiver no exercício de sua função.

São dois os tipos de imunidade:

- **Imunidade material:** é uma verdadeira irresponsabilidade absoluta. Também conhecida como inviolabilidade parlamentar, ela isenta o seu titular de qualquer responsabilidade civil, penal, administrativa ou mesmo política, no que tange às suas opiniões, palavras e votos. Vejamos o que diz o *caput* do art. 53:

Art. 53 *Os Deputados e Senadores são invioláveis, civil e penalmente, por quaisquer de suas opiniões, palavras e votos.*

> **Atenção!**
>
> Esta prerrogativa diz respeito apenas às opiniões, palavras e votos proferidos no exercício da função parlamentar durante o seu mandato, ainda que a busca pela responsabilização ocorra após o término do seu mandato. Não importa se está dentro do recinto parlamentar ou fora dele. O que importa é que seja praticado na função ou em razão da função parlamentar.

- **Imunidades formais:** são prerrogativas de ordem processual e ocorrem em relação ao **foro de julgamento, à prisão ao processo.**

Julgamento: a **prerrogativa de foro** decorre do previsto no art. 53, § 1º da CF/1988, que prevê:

§ 1º Os Deputados e Senadores, desde a expedição do diploma, serão submetidos a julgamento perante o Supremo Tribunal Federal.

Como pode se depreender do texto constitucional, a partir da expedição do diploma o parlamentar será julgado perante o STF nas ações de natureza penal sem necessidade de autorização da Casa legislativa à qual pertence. Ressalte-se que o parlamentar será julgado no STF por infrações cometidas antes ou depois da diplomação, contudo, finalizado o seu mandato, perde-se com ele a imunidade, fazendo com que os seus processos saiam da competência do STF e passem para os demais órgãos do Judiciário, a depender da matéria em questão. Não estão incluídas nessa prerrogativa as ações de natureza cível.

Prisão: o parlamentar só poderá ser preso em flagrante delito de crime inafiançável conforme previsão do § 2º do art. 53:

> § 2º Desde a expedição do diploma, os membros do Congresso Nacional não poderão ser presos, salvo em flagrante de crime inafiançável. Nesse caso, os autos serão remetidos dentro de vinte e quatro horas à Casa respectiva, para que, pelo voto da maioria de seus membros, resolva sobre a prisão.

Essa prerrogativa inicia sua abrangência a partir da diplomação e alcança qualquer forma de prisão, seja de natureza penal ou civil. A manutenção dessa prisão depende de manifestação da maioria absoluta dos membros da Casa.

Apesar de o texto constitucional não prever, interpreta-se de forma lógica que o parlamentar será preso no caso de uma sentença penal condenatória transitada em julgado.

Há também a imunidade em relação ao processo prevista no art. 53, §§ 3º ao 5º:

> § 3º Recebida a denúncia contra o Senador ou Deputado, por crime ocorrido após a diplomação, o Supremo Tribunal Federal dará ciência à Casa respectiva, que, por iniciativa de partido político nela representado e pelo voto da maioria de seus membros, poderá, até a decisão final, sustar o andamento da ação.
>
> § 4º O pedido de sustação será apreciado pela Casa respectiva no prazo improrrogável de quarenta e cinco dias do seu recebimento pela Mesa Diretora.
>
> § 5º A sustação do processo suspende a prescrição, enquanto durar o mandato.

Processo: possibilita à Casa a qual pertence o parlamentar, pelo voto da maioria absoluta, sustar o andamento da ação penal desde que a faça antes da decisão definitiva e desde que seja em relação aos crimes cometidos após a diplomação. Não é necessária autorização da respectiva casa para processar o parlamentar.

A Casa Legislativa possui 45 dias para apreciar o pedido que, se aprovado, suspenderá o prazo prescricional da infração até o final do mandato.

9.2 Processo legislativo

O Processo Legislativo é a primeira das funções típicas do Poder Legislativo e é um conjunto de procedimentos necessários para criação das normas. A Constituição, no art. 59, apresenta algumas normas que podem ser criadas segundo essas regras:

> **Art. 59** O processo legislativo compreende a elaboração de:
> I – Emendas à Constituição;
> II – Leis complementares;
> III – Leis ordinárias;
> IV – Leis delegadas;
> V – Medidas provisórias;
> VI – Decretos legislativos;
> VII – Resoluções.
> **Parágrafo único.** Lei complementar disporá sobre a elaboração, redação, alteração e consolidação das leis.

Essas são as chamadas normas primárias, pois a sua fonte de validade é a própria constituição. Nem de longe são as únicas normas existentes no direito brasileiro. O candidato deve ter ouvido falar em uma portaria ou instrução normativa. Essas outras normas que não estão no art. 59, mas que também regulam nossas vidas, são chamadas de normas secundárias as quais, retiram a validade das normas primárias.

Uma pergunta que sempre é feita em prova: existe hierarquia entre as normas primárias previstas no art. 59?

Em um primeiro momento, é possível verificar hierarquia entre essas normas, haja vista as emendas constitucionais possuírem o mesmo *status* da Constituição Federal. Fora as emendas que são hierarquicamente superiores às demais, pode-se afirmar, com amparo no próprio STF, que não existe hierarquia entre demais normas primárias. Isso significa dizer que as leis complementares, leis ordinárias, leis delegadas, medidas provisórias, decretos legislativos e resoluções estão na mesma posição jurídica. O que as distingue é a competência para edição e para a utilização. Cada uma dessas normas possui uma utilização específica prevista na própria Constituição e é isso que será estudado a partir de agora. Inicia-se com o chamado **processo legislativo ordinário**.

9.2.1 Processo legislativo ordinário

Esse é o processo legislativo destinado a elaboração das leis ordinárias e complementares. É composto por três fases: **introdutória**, **constitutiva** e **complementar**.

- **Fase introdutória**

A fase introdutória é composta basicamente pela iniciativa, ou seja, pela deflagração do processo de criação de uma lei.

Mas quem pode iniciar esse processo legislativo?

Qualquer membro ou comissão do Congresso Nacional, da Câmara ou do Senado; o Presidente da República; o Supremo Tribunal Federal; os Tribunais Superiores; o procurador-geral da República; e os cidadãos. Isso está previsto no *caput* do art. 61:

> **Art. 61** A iniciativa das leis complementares e ordinárias cabe a qualquer membro ou Comissão da Câmara dos Deputados, do Senado Federal ou do Congresso Nacional, ao Presidente da República, ao Supremo Tribunal Federal, aos Tribunais Superiores, ao Procurador-geral da República e aos cidadãos, na forma e nos casos previstos nesta Constituição.

Algumas considerações precisam ser feitas acerca da iniciativa. Primeiramente, no que tange à iniciativa do Presidente da República: existem algumas matérias em que a iniciativa da lei é privativa do Presidente, as quais estão previstas no § 1º do art. 61:

> § 1º São de iniciativa privativa do Presidente da República as leis que:
> I – Fixem ou modifiquem os efetivos das Forças Armadas;
> II – Disponham sobre:
> a) criação de cargos, funções ou empregos públicos na administração direta e autárquica ou aumento de sua remuneração;
> b) organização administrativa e judiciária, matéria tributária e orçamentária, serviços públicos e pessoal da administração dos Territórios;
> c) servidores públicos da União e Territórios, seu regime jurídico, provimento de cargos, estabilidade e aposentadoria;
> d) organização do Ministério Público e da Defensoria Pública da União, bem como normas gerais para a organização do Ministério Público e da Defensoria Pública dos Estados, do Distrito Federal e dos Territórios;
> e) criação e extinção de Ministérios e órgãos da Administração Pública, observado o disposto no art. 84, VI;
> f) militares das Forças Armadas, seu regime jurídico, provimento de cargos, promoções, estabilidade, remuneração, reforma e transferência para a reserva.

O dispositivo acima diz que só o Presidente da República tem iniciativa para propor projetos de lei sobre esses temas.

Outra consideração importante se refere à iniciativa popular, ou seja, os projetos de lei propostos por cidadãos. A Constituição no § 2º do art. 61 condiciona o exercício desta iniciativa ao preenchimento de alguns requisitos:

> § 2º A iniciativa popular pode ser exercida pela apresentação à Câmara dos Deputados de projeto de lei subscrito por, no mínimo, um por cento do eleitorado nacional, distribuído pelo menos por cinco Estados, com não menos de três décimos por cento dos eleitores de cada um deles.

PODER LEGISLATIVO

Também é relevante anotar a competência do STF e dos Tribunais Superiores que estão previstos no art. 93 e 96, II:

> *Art. 93 Lei complementar, de iniciativa do Supremo Tribunal Federal, disporá sobre o Estatuto da Magistratura, observados os seguintes princípios.*
>
> *Art. 96 Compete privativamente: [...]*
>
> *II – Ao Supremo Tribunal Federal, aos Tribunais Superiores e aos Tribunais de Justiça propor ao Poder Legislativo respectivo, observado o disposto no art. 169.*

E ainda há a iniciativa do procurador geral da República, chefe do Ministério Público da União, e que está prevista no art. 127, § 2º:

> *Art. 127 [...]*
>
> *§ 2º Ao Ministério Público é assegurada autonomia funcional e administrativa, podendo, observado o disposto no art. 169, propor ao Poder Legislativo a criação e extinção de seus cargos e serviços auxiliares, provendo-os por concurso público de provas ou de provas e títulos, a política remuneratória e os planos de carreira; a lei disporá sobre sua organização e funcionamento.*

Todo processo legislativo precisa ser iniciado em uma das Casas do Poder Legislativo da União, as quais possuem atribuição principal para legislar. A Casa Legislativa, onde o projeto de lei é apresentado inicialmente, é chamada de Casa Iniciadora. Sempre o projeto se inicia em uma Casa, enquanto a outra fica responsável pela revisão. Quem revisa é chamada de Casa Revisora. Se o projeto se iniciar na Câmara dos Deputados, essa será a Casa Iniciadora, enquanto o Senado Federal será a Casa Revisora. Se ao contrário, o projeto se inicia no Senado, a Câmara será a Casa Revisora.

Em regra, a Casa Iniciadora será a Câmara dos Deputados, ou seja, é nessa casa que os processos legislativos costumam ser iniciados. Excepcionalmente, o processo legislativo se iniciará no Senado Federal. O Senado só será Casa Iniciadora quando a iniciativa for de um membro ou de uma comissão do Senado bem como nos casos em que for proposta por comissão mista do Congresso Nacional. No último caso, o processo se iniciará alternadamente em cada casa, iniciando-se uma vez na Câmara outra vez no Senado.

- **Fase Constitutiva**

Apresentado o projeto de lei à Casa Iniciadora, iniciar-se-á a Fase Constitutiva. Essa fase é formada por três momentos: discussão, votação e sanção.

9.2.2 Discussão

A discussão, também chamada de debate, é o momento destinado à discussão dos projetos de lei. A discussão ocorre em três locais: na Comissão de Constituição e Justiça (CCJ), nas Comissões Temáticas (CT) e no Plenário.

A CCJ realiza uma análise formal do projeto e emite um parecer terminativo quanto à constitucionalidade. Isso significa dizer que aquilo que for decidido por essa comissão definirá o rumo do projeto de lei analisado.

Já as Comissões Temáticas realizam um exame material e emitem pareceres meramente opinativos, ou seja, essas comissões emitem apenas uma opinião que poderá ser seguida ou não.

Após o debate nas comissões, o projeto de lei é enviado ao plenário, onde ocorre a **votação**.

Neste momento se faz necessário compreender os quóruns necessários para votação. Existem três tipos de *quórum*:

Quórum para deliberação: para a deliberação em plenário de qualquer projeto de lei é necessária a presença da maioria absoluta dos membros, conforme disposto no art. 47:

> *Art. 47 Salvo disposição constitucional em contrário, as deliberações de cada Casa e de suas Comissões serão tomadas por maioria dos votos, presente a maioria absoluta de seus membros.*

Quórum para aprovação de lei ordinária: para aprovação de lei ordinária, é necessário o voto de maioria simples ou relativa dos presentes com fundamento no art. 47 acima apresentado.

Quórum para aprovação de lei complementar: para aprovação de lei complementar é necessário o voto da maioria absoluta dos membros. Vejamos o art. 69 da Constituição Federal de 1988:

> *Art. 69 As leis complementares serão aprovadas por maioria absoluta.*

Mas o que é **maioria absoluta?** Calcula-se a maioria absoluta de forma muito simples. É o primeiro número inteiro após a metade.

Por exemplo: No caso do Senado Federal, que possui 81 membros, para se calcular a maioria absoluta primeiramente se busca a metade, que é 40,5. O primeiro número inteiro após a metade é 41. Logo, esse número representa a maioria absoluta do Senado. Esse raciocínio deve ser feito também com a Câmara para se chegar a sua maioria absoluta, que é 257. Lembre-se de que a maioria absoluta é um número fixo. Sempre será a mesma quantidade. Lembre-se também de que esse quórum serve tanto para iniciar as deliberações nas Casas quanto para aprovar a lei complementar.

A **maioria relativa** é a maioria dos presentes. Sua lógica é parecida com a utilizada para descobrir a maioria absoluta, com apenas uma distinção: o parâmetro aqui é a quantidade de presentes. Logo, para se calcular a maioria relativa, deve-se contar os presentes, descobrir quanto é a metade e chegar ao primeiro número inteiro após a metade. Supondo que estejam presentes 41 Senadores, o que já bastaria para se iniciar qualquer deliberação, a maioria relativa dos presentes estaria representada por 21 membros. Essa quantidade já seria suficiente para aprovar uma lei ordinária.

Entendidos esses *quóruns*, pode-se votar o projeto de lei. Duas são as consequências possíveis de um projeto de lei na Casa Iniciadora:

Rejeição: projeto de lei rejeitado deve ser arquivado.

Aprovação: projeto de lei aprovado segue para Casa Revisora.

Após a aprovação do projeto de lei na Casa Iniciadora, o projeto será encaminhado para a Casa Revisora conforme disposição do art. 65:

> *Art. 65 O projeto de lei aprovado por uma Casa será revisto pela outra, em um só turno de discussão e votação, e enviado à sanção ou promulgação, se a Casa revisora o aprovar, ou arquivado, se o rejeitar.*
>
> *Parágrafo único. Sendo o projeto emendado, voltará à Casa iniciadora.*

Na Casa Revisora o projeto também precisa passar pelas mesmas comissões que passou na Casa Iniciadora até chegar ao plenário. A partir da votação, o projeto pode ter três destinos:

Rejeição: caso o projeto seja rejeitado, ele será arquivado.

Aprovação sem emenda: se aprovado sem emendas, o projeto segue para o Presidente da República sancionar ou vetar.

Aprovação com emendas: se aprovado com emendas, o projeto retorna à Casa Iniciadora, que analisará as emendas. Caso aprove as emendas, encaminhará o projeto para sanção do Presidente. Se as emendas não forem aprovadas, a Casa Iniciadora retira as emendas e, do mesmo jeito, encaminha o Projeto de Lei para sanção. Essa situação revela uma nítida prevalência da Casa Iniciadora sobre a Casa Revisora.

Uma observação deve ser feita nos casos dos Projetos de Lei rejeitados: segundo o art. 67, projeto de lei rejeitado só poderá ser apresentado novamente na mesma sessão legislativa se for apresentado pelo voto de maioria absoluta dos membros de qualquer das casas (**princípio da irrepetibilidade relativa**):

> *Art. 67 A matéria constante de projeto de lei rejeitado somente poderá constituir objeto de novo projeto, na mesma sessão legislativa, mediante proposta da maioria absoluta dos membros de qualquer das Casas do Congresso Nacional.*

Fique ligado

Esse tema sempre é cobrado em prova, bem como os aspectos relacionados aos *quóruns* exigidos para as deliberações no parlamento. Memorize as regras e tenha cuidado para não as confundir.

Sanção ou veto: inicia-se agora o terceiro momento da fase constitutiva: a sanção ou veto. A sanção é a concordância do presidente com o projeto de lei, enquanto o veto é a sua discordância. Tanto a sanção quanto o veto estão regulados no art. 66:

> Art. 66 A Casa na qual tenha sido concluída a votação enviará o projeto de lei ao Presidente da República, que, aquiescendo, o sancionará.
>
> § 1º Se o Presidente da República considerar o projeto, no todo ou em parte, inconstitucional ou contrário ao interesse público, vetá-lo-á total ou parcialmente, no prazo de quinze dias úteis, contados da data do recebimento, e comunicará, dentro de quarenta e oito horas, ao Presidente do Senado Federal os motivos do veto.

Primeiramente, serão analisados alguns aspectos importantes da sanção. O § 1º do art. 66 afirma que o Presidente possui 15 dias úteis para manifestar-se sobre o projeto de lei. Esse parágrafo apresenta a modalidade de Sanção Expressa. Sanção Expressa é aquela em que o Presidente expressamente manifesta sua concordância com o projeto de lei. Ele deixa clara sua opinião a favor do projeto de lei.

Outra forma de sanção é a chamada sanção tácita. Vejamos o § 3º do mesmo artigo:

> Art. 66 [...]
>
> § 3º Decorrido o prazo de quinze dias, o silêncio do Presidente da República importará sanção.

A sanção tácita ocorre quando o Presidente, durante o prazo que possui de 15 dias, não manifesta sua vontade quanto ao projeto de lei. Simplesmente fica em silêncio.

O silêncio do Presidente significa concordância com o projeto de lei. Note que com a sanção o projeto de lei se transforma em lei.

Quanto ao veto, algumas considerações também precisam ser feitas. Utilizando a mesma fundamentação do art. 66, pode-se afirmar que o Presidente possui o prazo de 15 dias úteis para concordar ou discordar do projeto de lei. Agora, havendo discordância de forma expressa tem-se o chamado **veto expresso**. Uma pergunta surge diante dessa afirmação: será que existe veto tácito?

Se durante o prazo de 15 dias úteis, o presidente não falar nada, tem-se a sanção tácita. Seria possível o silêncio do presidente provocar duas consequências jurídicas diferentes? Não. Logo, pode-se afirmar que não existe veto tácito. O veto será sempre expresso.

O veto pode ser jurídico ou político. O veto jurídico ocorre quando o Presidente considera o projeto de lei inconstitucional. É uma espécie de controle de constitucionalidade prévio, pois ocorre antes da criação da lei. Já o veto político ocorre quando o presidente veta o projeto de lei por considerá-lo contrário ao interesse público.

A doutrina afirma ainda que o veto poderá ser total ou parcial. O **veto total** ocorre quando o presidente veta todo o projeto de lei. O **veto parcial** é aquele em que o presidente veta parte do projeto de lei. No que tange ao veto parcial, a Constituição estabeleceu alguns limites no § 2º:

> Art. 66 [...]
>
> § 2º O veto parcial somente abrangerá texto integral de artigo, de parágrafo, de inciso ou de alínea.

Ou seja, não existe veto de palavras ou letras isoladas. O veto só pode abranger o texto integral de um artigo, parágrafo, inciso ou de alínea.

O veto tem que ser motivado, pois, conforme prevê o § 1º do art. 61 o presidente deverá informar a sua justificativa ao presidente do Senado Federal em 48 horas. Isso se faz necessário em razão do veto ser superável, ou seja, o Congresso, em 30 dias, analisará o veto e poderá, pelo voto de maioria absoluta dos deputados e senadores, rejeitá-lo. É o que dispõe o § 4º do art. 66:

> § 4º O veto será apreciado em sessão conjunta, dentro de trinta dias a contar de seu recebimento, só podendo ser rejeitado pelo voto da maioria absoluta dos Deputados e Senadores.

Derrubado o veto, o projeto será enviado ao Presidente da República para que o promulgue:

> § 5º Se o veto não for mantido, será o projeto enviado, para promulgação, ao Presidente da República.

Finalizado o terceiro momento da fase constitutiva, inicia-se agora a fase complementar.

- **Fase complementar**

A fase complementar consiste em dois momentos: a promulgação e a publicação.

A promulgação é um atestado de que a lei existe. Em regra, é feita pelo Presidente da República; contudo, nos casos de sanção tácita ou rejeição do veto, em que o Presidente não promulgue a lei em 48 horas, a competência para fazê-la será do presidente do Senado Federal e, se esse não a fizer, será competente o Vice-Presidente do Senado. A publicação marca o início da exigência da lei.

> § 7º Se a lei não for promulgada dentro de quarenta e oito horas pelo Presidente da República, nos casos dos § 3º e § 5º, o Presidente do Senado a promulgará, e, se este não o fizer em igual prazo, caberá ao Vice-Presidente do Senado fazê-lo.

Após a promulgação, há a **publicação**. A publicação marca o momento em que a norma se torna conhecida da sociedade, pois passa a ser pública. Essa publicidade é feita em jornais oficiais como o Diário Oficial da União. A partir da publicação, se não houver outro prazo para o início da vigência, a lei poderá ser exigida.

Esse é o processo legislativo das leis ordinárias e complementares. A diferença entre o processo legislativo das leis ordinárias e o das leis complementares está no quórum de aprovação. Além dessa diferença, a doutrina tem salientado que, para uma matéria ser regulada por lei complementar, deve haver exigência expressa do texto constitucional.

Passa-se para outra espécie de processo legislativo: o Processo Legislativo Sumário.

9.2.3 Processo legislativo sumário

O processo legislativo sumário é o processo legislativo ordinário com prazo. Regulado no art. 64, o processo legislativo sumário é caracterizado pelo pedido de urgência solicitado pelo Presidente da República nos projetos de Lei de sua iniciativa, ainda que não seja de iniciativa privativa.

> Art. 64, § 1º O Presidente da República poderá solicitar urgência para apreciação de projetos de sua iniciativa.

Pedida a urgência, o Congresso Nacional deverá analisar o projeto de lei no prazo de 100 dias os quais são destinados:

- **45 dias para análise da Câmara dos Deputados (Casa Iniciadora);**
- **45 dias para análise do Senado (Casa Revisora);**
- **10 dias para a Casa Iniciadora analisar as emendas se existirem.**

Esta é a leitura dos § 2º e 3º do art. 64:

> § 2º Se, no caso do § 1º, a Câmara dos Deputados e o Senado Federal não se manifestarem sobre a proposição, cada qual sucessivamente, em até quarenta e cinco dias, sobrestar-se-ão todas as demais deliberações legislativas da respectiva Casa, com exceção das que tenham prazo constitucional determinado, até que se ultime a votação.
>
> § 3º A apreciação das emendas do Senado Federal pela Câmara dos Deputados far-se-á no prazo de dez dias, observado quanto ao mais o disposto no parágrafo anterior.

O § 2º apresentado também prevê que se qualquer uma das Casas Legislativas não votar o Projeto de Lei no prazo de 45 dias, a votação das demais proposituras ficará sobrestada até que se realize a votação. É o chamado sobrestamento ou trancamento de pauta.

A Constituição também deixou clara sua vedação de pedido de urgência para projetos de códigos bem como a suspensão do prazo nos recessos parlamentares:

> § 4º Os prazos do § 2º não correm nos períodos de recesso do Congresso Nacional, nem se aplicam aos projetos de código.

É possível afirmar que todos os processos legislativos em regime de urgência se iniciam na Câmara dos Deputados?

Certamente que sim, visto que só pode ser pedido pelo Presidente da República e este, quando inicia o processo legislativo, o faz na Câmara dos Deputados conforme disposição expressa no *caput* do art. 64:

PODER LEGISLATIVO

Art. 64 A discussão e votação dos projetos de lei de iniciativa do Presidente da República, do Supremo Tribunal Federal e dos Tribunais Superiores terão início na Câmara dos Deputados.

9.2.4 Processo legislativo especial

O processo legislativo especial é o processo de criação das demais espécies normativas previstas no art. 59: emendas constitucionais, medidas provisórias, leis delegadas, decretos legislativos e resoluções. As leis ordinárias e complementares são criadas segundo o processo legislativo ordinário. Nesta apostila não serão estudados todos os processos legislativos especiais. Focalizam-se as duas principais, mais cobradas em prova: emendas constitucionais e medidas provisórias.

9.2.5 Emendas à Constituição

A aprovação de emendas à Constituição decorre do poder constituinte derivado reformador, que é o único legitimado para alterar o texto constitucional. As emendas são as únicas espécies normativas responsáveis pela alteração da Constituição Federal.

O processo legislativo das emendas é diferenciado, tendo em vista seu poder normativo ser muito grande, pois é o da própria Constituição Federal de 1988. Logo, é um processo mais dificultado, mais rigoroso. A CF/1988/1988 regula esse processo no seu art. 60.

Primeiramente, será analisada a iniciativa, que é o rol de legitimados para propor a alteração do Texto Constitucional. Vejamos o *caput* do art. 60, que possui um rol de legitimados para propor emendas, o qual é diferente do rol de legitimados para propor projetos de lei:

Art. 60 A Constituição poderá ser emendada mediante proposta:
I – De um terço, no mínimo, dos membros da Câmara dos Deputados ou do Senado Federal;
II – Do Presidente da República;
III – De mais da metade das Assembleias Legislativas das unidades da Federação, manifestando-se, cada uma delas, pela maioria relativa de seus membros.

Atente-se para alguns detalhes que são muito importantes. Um deputado ou senador não pode propor emenda à Constituição, só se estiverem representados por 1/3, no mínimo, dos membros. Outro ponto relevante é saber que o Presidente da República é legitimado para propor tanto lei quanto emenda. E, por último, deve-se ter cuidado com o último legitimado, que é um pouco diferente: mais da metade das Assembleias legislativas das unidades da federação, manifestando-se, cada uma delas, pela maioria relativa de seus membros. Deve-se ter muito cuidado, principalmente, com o *quórum* exigido aqui, que é a maioria relativa dos membros, e não maioria absoluta.

A aprovação de Emendas depende de um *quórum* bem qualificado: aprovação nas duas Casas, em dois turnos em cada Casa, por 3/5 dos membros em cada votação. É o que prevê o § 2º do art. 60:

§ 2º A proposta será discutida e votada em cada Casa do Congresso Nacional, em dois turnos, considerando-se aprovada se obtiver, em ambos, três quintos dos votos dos respectivos membros.

Não depende de sanção presidencial que, após aprovada, vai direto para promulgação, que fica a cargo das Mesas da Câmara e do Senado. Caso a proposta seja rejeitada por qualquer uma das Casas, deverá ser arquivada aplicando-se o princípio da irrepetibilidade absoluta, o qual significa que a mesma proposta, uma vez rejeitada, não pode ser reapresentada na mesma sessão legislativa, conforme estabelecido no art. 60:

§ 3º A emenda à Constituição será promulgada pelas Mesas da Câmara dos Deputados e do Senado Federal, com o respectivo número de ordem. [...]
§ 5º A matéria constante de proposta de emenda rejeitada ou havida por prejudicada não pode ser objeto de nova proposta na mesma sessão legislativa.

A edição de Emendas Constitucionais obedece a alguns limites constitucionais chamados de limites circunstanciais e limites materiais.

Os limites circunstanciais são momentos em que não se podem apresentar propostas de emendas constitucionais. São três os momentos: intervenção federal, estado de defesa e estado de sítio. Assim, dispõe o § 1º do art. 60:

§ 1º. A Constituição não poderá ser emendada na vigência de intervenção federal, de estado de defesa ou de estado de sítio.

Os **limites materiais** são temas que não podem ser retirados da Constituição Federal, pois compõem seu núcleo imutável. São as chamadas cláusulas pétreas previstas no § 4º do art. 60:

§ 4º Não será objeto de deliberação a proposta de emenda tendente a abolir:
I – A forma federativa de Estado;
II – O voto direto, secreto, universal e periódico;
III – A separação dos Poderes;
IV – Os direitos e garantias individuais.

9.2.6 Medidas provisórias

O art. 62 é destinado à regulação das medidas provisórias. A edição dessa espécie normativa é de competência privativa do Presidente da República e só pode ser elaborada em situação de relevância e urgência. É uma função atípica desempenhada pelo Chefe do Executivo. Veja o *caput* do art. 62:

Art. 62 Em caso de relevância e urgência, o Presidente da República poderá adotar medidas provisórias, com força de lei, devendo submetê-las de imediato ao Congresso Nacional.

A medida provisória não é uma lei, mas tem força de lei. Depois de editada, produz efeitos imediatos, mas precisa ser submetida à apreciação do Congresso Nacional.

Primeiramente, passa por uma comissão mista do Congresso para verificação dos requisitos constitucionais, seguindo posteriormente para o plenário de cada Casa Legislativa. A Casa Iniciadora obrigatória é a Câmara dos Deputados, tendo em vista a competência ser do Presidente da República:

§ 5º A deliberação de cada uma das Casas do Congresso Nacional sobre o mérito das medidas provisórias dependerá de juízo prévio sobre o atendimento de seus pressupostos constitucionais. [...]
§ 8º As medidas provisórias terão sua votação iniciada na Câmara dos Deputados.
§ 9º Caberá à comissão mista de Deputados e Senadores examinar as medidas provisórias e sobre elas emitir parecer, antes de serem apreciadas, em sessão separada, pelo plenário de cada uma das Casas do Congresso Nacional.

O Congresso tem um prazo de 60 dias para manifestar-se sobre a Medida Provisória, o qual poderá ser prorrogado por mais 60 dias se necessário. Esse prazo ficará suspenso durante os recessos parlamentares. Se, porventura, nos primeiros 45 dias a MP não for analisada, a pauta da Casa onde se encontrar entrará em regime de urgência sobrestando as demais deliberações. O sobrestamento da pauta, também conhecido como trancamento de pauta, impede a Casa Legislativa de votar outra proposição que não possua prazo enquanto a Medida Provisória não for votada:

§ 3º As medidas provisórias, ressalvado o disposto nos §§ 11 e 12 perderão eficácia, desde a edição, se não forem convertidas em lei no prazo de sessenta dias, prorrogável, nos termos do § 7º, uma vez por igual período, devendo o Congresso Nacional disciplinar, por decreto legislativo, as relações jurídicas delas decorrentes.
§ 4º O prazo a que se refere o § 3º contar-se-á da publicação da medida provisória, suspendendo-se durante os períodos de recesso do Congresso Nacional.
§ 6º Se a medida provisória não for apreciada em até quarenta e cinco dias contados de sua publicação, entrará em regime de urgência, subsequentemente, em cada uma das Casas do Congresso Nacional, ficando sobrestadas, até que se ultime a votação, todas as demais deliberações legislativas da Casa em que estiver tramitando.
§ 7º Prorrogar-se-á uma única vez por igual período a vigência de medida provisória que, no prazo de sessenta dias, contado de sua publicação, não tiver a sua votação encerrada nas duas Casas do Congresso Nacional.

A apreciação da Medida Provisória pelo Congresso Nacional pode gerar três consequências:
- **Conversão em lei sem emendas:** havendo conversão integral da MP em lei, ela seguirá para promulgação pelo presidente da mesa do Congresso Nacional.
- **Conversão em lei com emendas:** havendo conversão parcial a MP se transformará em projeto de lei, seguindo todos os trâmites normais, inclusive em relação a sanção presidencial:

    § 12 Aprovado projeto de lei de conversão alterando o texto original da medida provisória, esta manter-se-á integralmente em vigor até que seja sancionado ou vetado o projeto.

- **Rejeição:** a rejeição pode ser tácita ou expressa. Em ambos os casos, se rejeitada, a MP perde sua eficácia desde a origem (*ex tunc*). Nesse caso o Congresso Nacional terá 60 dias para disciplinar as relações jurídicas decorrentes do período em que estava em vigor mediante Decreto Legislativo. Caso não o faça, os atos praticados durante a vigência da MP permanecerão regulados pela própria Medida Provisória:

    § 11 Não editado o decreto legislativo a que se refere o § 3º até sessenta dias após a rejeição ou perda de eficácia de medida provisória, as relações jurídicas constituídas e decorrentes de atos praticados durante sua vigência conservar-se-ão por ela regidas.

- A medida provisória rejeitada ou que tenha perdido a eficácia não poderá ser reeditada na mesma sessão legislativa aplicando-se nesse caso o princípio da irrepetibilidade absoluta:

    § 10 É vedada a reedição, na mesma sessão legislativa, de medida provisória que tenha sido rejeitada ou que tenha perdido sua eficácia por decurso de prazo.

É importante destacar que **não poderão ser editadas** medidas provisórias que versem sobre os **limites materiais** estabelecidos no art. 62, § 1º e no art. 25, § 2º da Constituição Federal de 1988:

Art. 61 [...]

§ 1º É vedada a edição de medidas provisórias sobre matéria:

I – Relativa a:

a) nacionalidade, cidadania, direitos políticos, partidos políticos e direito eleitoral;

b) direito penal, processual penal e processual civil;

c) organização do Poder Judiciário e do Ministério Público, a carreira e a garantia de seus membros;

d) planos plurianuais, diretrizes orçamentárias, orçamento e créditos adicionais e suplementares, ressalvado o previsto no art. 167, § 3º;

I – Que vise a detenção ou sequestro de bens, de poupança popular ou qualquer outro ativo financeiro;

II – Reservada a lei complementar;

III – Já disciplinada em projeto de lei aprovado pelo Congresso Nacional e pendente de sanção ou veto do Presidente da República.

Art. 25 Os Estados organizam-se e regem-se pelas Constituições e leis que adotarem, observados os princípios desta Constituição. [...]

§ 2º Cabe aos Estados explorar diretamente, ou mediante concessão, os serviços locais de gás canalizado, na forma da lei, vedada a edição de medida provisória para a sua regulamentação.

9.3 Função fiscalizadora

Essa é a segunda função típica do Poder Legislativo. Além de criar normas, o Congresso Nacional também possui como função principal a fiscalização contábil, financeira e orçamentária da União e de suas Entidades da Administração direta e Indireta. Vejamos o art. 70 da Constituição Federal de 1988:

Art. 70 A fiscalização contábil, financeira, orçamentária, operacional e patrimonial da União e das entidades da administração direta e indireta, quanto à legalidade, legitimidade, economicidade, aplicação das subvenções e renúncia de receitas, será exercida pelo Congresso Nacional, mediante controle externo, e pelo sistema de controle interno de cada Poder.

Parágrafo único. Prestará contas qualquer pessoa física ou jurídica, pública ou privada, que utilize, arrecade, guarde, gerencie ou administre dinheiros, bens e valores públicos ou pelos quais a União responda, ou que, em nome desta, assuma obrigações de natureza pecuniária.

Veja que o art. 70 fala em **controle externo** e **controle interno**. São as duas formas de fiscalização vislumbrada pelo texto constitucional. O **controle interno** é aquele realizado por cada Poder. Cada um fiscaliza suas próprias contas. Já o **controle externo** é o realizado pelo Congresso Nacional, com apoio do Tribunal de Contas da União.

O art. 71 ainda apresenta as atribuições do Tribunal de Contas da União (TCU) no que tange à fiscalização exercida:

Art. 71 O controle externo, a cargo do Congresso Nacional, será exercido com o auxílio do Tribunal de Contas da União, ao qual compete:

I – Apreciar as contas prestadas anualmente pelo Presidente da República, mediante parecer prévio que deverá ser elaborado em sessenta dias a contar de seu recebimento;

II – Julgar as contas dos administradores e demais responsáveis por dinheiros, bens e valores públicos da administração direta e indireta, incluídas as fundações e sociedades instituídas e mantidas pelo Poder Público federal, e as contas daqueles que derem causa a perda, extravio ou outra irregularidade de que resulte prejuízo ao erário público;

III – Apreciar, para fins de registro, a legalidade dos atos de admissão de pessoal, a qualquer título, na administração direta e indireta, incluídas as fundações instituídas e mantidas pelo Poder Público, excetuadas as nomeações para cargo de provimento em comissão, bem como a das concessões de aposentadorias, reformas e pensões, ressalvadas as melhorias posteriores que não alterem o fundamento legal do ato concessório;

IV – Realizar, por iniciativa própria, da Câmara dos Deputados, do Senado Federal, de Comissão técnica ou de inquérito, inspeções e auditorias de natureza contábil, financeira, orçamentária, operacional e patrimonial, nas unidades administrativas dos Poderes Legislativo, Executivo e Judiciário, e demais entidades referidas no inciso II;

V – Fiscalizar as contas nacionais das empresas supranacionais de cujo capital social a União participe, de forma direta ou indireta, nos termos do tratado constitutivo;

VI – Fiscalizar a aplicação de quaisquer recursos repassados pela União mediante convênio, acordo, ajuste ou outros instrumentos congêneres, a Estado, ao Distrito Federal ou a Município;

VII – Prestar as informações solicitadas pelo Congresso Nacional, por qualquer de suas Casas, ou por qualquer das respectivas Comissões, sobre a fiscalização contábil, financeira, orçamentária, operacional e patrimonial e sobre resultados de auditorias e inspeções realizadas;

VIII – Aplicar aos responsáveis, em caso de ilegalidade de despesa ou irregularidade de contas, as sanções previstas em lei, que estabelecerá, entre outras cominações, multa proporcional ao dano causado ao erário;

IX – Assinar prazo para que o órgão ou entidade adote as providências necessárias ao exato cumprimento da lei, se verificada ilegalidade;

X – Sustar, se não atendido, a execução do ato impugnado, comunicando a decisão à Câmara dos Deputados e ao Senado Federal;

XI – Representar ao Poder competente sobre irregularidades ou abusos apurados.

Uma questão sempre cobrada em prova diz respeito às regras do Tribunal de Contas da União. A primeira coisa a ser estabelecida é a situação jurídica do TCU. A qual dos três poderes pertence o TCU?

A única resposta possível: o TCU não está subordinado a nenhum Poder. Ele é um órgão autônomo que está vinculado funcionalmente ao Poder Legislativo. Não se trata de subordinação, mas de ligação funcional. Apesar da previsão de função jurisdicional, o TCU também não pertence ao Poder Judiciário. O termo utilizado no art. 73 é equivocado quando comparado à natureza do órgão:

Art. 73 O Tribunal de Contas da União, integrado por nove Ministros, tem sede no Distrito Federal, quadro próprio de pessoal e jurisdição em todo o território nacional, exercendo, no que couber, as atribuições previstas no art. 96.

PODER LEGISLATIVO

Apesar de ser chamado de "tribunal" e de a Constituição Federal de 1988 ter dito que possuía "jurisdição", o TCU não é órgão do Poder Judiciário. As suas ações possuem natureza meramente administrativa.

Vencido esse tema, passa-se à análise da composição do TCU:

§ 1º Os Ministros do Tribunal de Contas da União serão nomeados dentre brasileiros que satisfaçam os seguintes requisitos:

I – Mais de trinta e cinco e menos de sessenta e cinco anos de idade;

II – Idoneidade moral e reputação ilibada;

III – Notórios conhecimentos jurídicos, contábeis, econômicos e financeiros ou de Administração Pública;

IV – Mais de dez anos de exercício de função ou de efetiva atividade profissional que exija os conhecimentos mencionados no inciso anterior.

§ 2º Os Ministros do Tribunal de Contas da União serão escolhidos:

I – Um terço pelo Presidente da República, com aprovação do Senado Federal, sendo dois alternadamente dentre auditores e membros do Ministério Público junto ao Tribunal, indicados em lista tríplice pelo Tribunal, segundo os critérios de antiguidade e merecimento;

II – Dois terços pelo Congresso Nacional.

Como se pode perceber, ser Ministro do TCU não é para qualquer pessoa. Faz-se necessário o preenchimento dos seguintes requisitos:

- Ser brasileiro;
- Possuir mais de trinta e cinco e menos de sessenta e cinco anos de idade;
- Possuir idoneidade moral e reputação ilibada;
- Possuir notórios conhecimentos jurídicos, contábeis, econômicos e financeiros ou de Administração Pública;
- Ter mais de dez anos de exercício de função ou de efetiva atividade profissional que exija os conhecimentos mencionados no inciso anterior.

A Constituição também regulou a forma de escolha desses membros por meio das seguintes regras:

- Um terço será escolhido pelo Presidente da República, com aprovação do Senado Federal, sendo dois alternadamente dentre auditores e membros do Ministério Público junto ao Tribunal, indicados em lista tríplice pelo Tribunal, segundo os critérios de antiguidade e merecimento;
- Dois terços pelo Congresso Nacional.

Quanto à escolha feita pelo presidente uma observação é pertinente. Dos três membros que poderão ser escolhidos pelo Presidente dois serão, obrigatoriamente, auditores e membros do Ministério Público junto ao Tribunal de Contas da União. Já o terceiro membro escolhido pelo Presidente, será de sua livre escolha desde que preenchidos os demais requisitos já mencionados.

Outra observação importantíssima e sempre cobrada em prova: a Constituição equipara os Ministros do TCU aos ministros do STJ ao passo que os auditores estão equiparados aos Juízes do TRF. Logicamente, se o auditor estiver substituindo o Ministro, a ele serão asseguradas as garantias próprias dos Ministros. Esta é a leitura dos § 3º e 4º:

§ 3º Os Ministros do Tribunal de Contas da União terão as mesmas garantias, prerrogativas, impedimentos, vencimentos e vantagens dos Ministros do Superior Tribunal de Justiça, aplicando-se-lhes, quanto à aposentadoria e pensão, as normas constantes do art. 40.

§ 4º O auditor, quando em substituição a Ministro, terá as mesmas garantias e impedimentos do titular e, quando no exercício das demais atribuições da judicatura, as de juiz de Tribunal Regional Federal.

DIREITO CONSTITUCIONAL

10 PODER EXECUTIVO

O Poder Executivo, tem como função principal administrar o Estado. Para entender como o Poder Executivo brasileiro está organizado, a seguir serão analisados alguns princípios constitucionais que o influenciam.

10.1 Princípios constitucionais

10.1.1 Princípio republicano

O primeiro princípio que será estudado é o Republicano que representa a forma de governo adotada no Brasil. A forma de governo reflete o modo de aquisição e exercício do poder político, além de medir a relação existente entre o governante e o governado.

A melhor forma de entender esse instituto é conhecendo suas características. A primeira característica decorre da análise etimológica da expressão *res publica*. Essa expressão, que dá origem ao princípio ora estudado, significa coisa pública, ou seja, em um Estado republicano o governante governa a coisa pública, governa para o povo.

Na república, o governante é escolhido pelo povo. Essa é a chamada eletividade. O poder político é adquirido pelas eleições, cuja vontade popular se concretiza nas urnas.

Outra característica importante é a temporariedade. Esse atributo revela o caráter temporário do exercício do poder político. Por causa desse princípio, em nosso Estado, o governante permanece por quatro anos no poder, sendo permitida apenas uma reeleição.

Por fim, num Estado Republicano, o governante pode ser responsabilizado por seus atos.

Quando se fala dessas características da forma de governo republicana, remete-se imediatamente ao regime político adotado no Brasil, que permite a participação popular nas decisões estatais: **democracia.**

10.1.2 Princípio democrático

Esse princípio revela o **regime de governo** adotado no Brasil, também chamado de **regime político**. Caracteriza-se por um governo do povo, pelo povo e para o povo.

10.2 Presidencialismo

O **presidencialismo** é o **sistema de governo** adotado no Brasil. O sistema de governo rege a relação entre o Poder Executivo e o Legislativo, medindo o grau de dependência entre eles. No Presidencialismo, prevalece a separação entre os Poderes Executivo e Legislativo os quais são independentes e harmônicos entre si.

A Constituição declara que o Poder Executivo da União é exercido pelo Presidente da República, auxiliado por seus Ministros de Estado:

> *Art. 76 O Poder Executivo é exercido pelo Presidente da República, auxiliado pelos Ministros de Estado.*

O presidencialismo possui uma característica muito importante para prova: o presidente, que é eleito pelo povo, exerce ao mesmo tempo três funções: chefe de Estado, chefe de governo e chefe da Administração Pública.

A função de chefe de Estado diz respeito a todas as atribuições do Presidente nas relações externas do País. Como chefe de governo, o presidente possui inúmeras atribuições internas, no que tange à governabilidade do país. Já como chefe da Administração Pública, o presidente exercerá as funções relacionadas com a chefia da Administração Pública Federal, ou seja, apenas da União.

Esses princípios que regem o Poder Executivo e costumam ser cobrados em prova.

Sistema de Governo →	Presidencialismo.
Chefe de Estado →	Relações externas do Brasil com outros Estados.
Chefe da Administração Pública →	Chefe da Administração Pública Federal.
Chefe de Governo →	Ações Internas de Governabilidade.

Partindo de discussões sobre o presidencialismo, que caracteriza as funções exercidas pelo Presidente da República, a seguir serão estudadas suas atribuições, que aparecem praticamente em todos os editais que contêm o Poder Executivo.

10.2.1 Atribuições do Presidente

As atribuições do Presidente da República encontram-se arroladas no art. 84 da Constituição Federal de 1988:

> *Art. 84 Compete privativamente ao Presidente da República:*
>
> *I – Nomear e exonerar os Ministros de Estado;*
>
> *II – Exercer, com o auxílio dos Ministros de Estado, a direção superior da administração federal;*
>
> *III – Iniciar o processo legislativo, na forma e nos casos previstos nesta Constituição;*
>
> *IV – Sancionar, promulgar e fazer publicar as leis, bem como expedir decretos e regulamentos para sua fiel execução;*
>
> *V – Vetar projetos de lei, total ou parcialmente;*
>
> *VI – Dispor, mediante decreto, sobre:*
>
> *a) Organização e funcionamento da administração federal, quando não implicar aumento de despesa nem criação ou extinção de órgãos públicos;*
>
> *b) Extinção de funções ou cargos públicos, quando vagos;*
>
> *VII – Manter relações com Estados estrangeiros e acreditar seus representantes diplomáticos;*
>
> *VIII – Celebrar tratados, convenções e atos internacionais, sujeitos a referendo do Congresso Nacional;*
>
> *IX – Decretar o estado de defesa e o estado de sítio;*
>
> *X – Decretar e executar a intervenção federal;*
>
> *XI – Remeter mensagem e plano de governo ao Congresso Nacional por ocasião da abertura da sessão legislativa, expondo a situação do País e solicitando as providências que julgar necessárias;*
>
> *XII – Conceder indulto e comutar penas, com audiência, se necessário, dos órgãos instituídos em lei;*
>
> *XIII – Exercer o comando supremo das Forças Armadas, nomear os Comandantes da Marinha, do Exército e da Aeronáutica, promover seus oficiais-generais e nomeá-los para os cargos que lhes são privativos;*
>
> *XIV – Nomear, após aprovação pelo Senado Federal, os Ministros do Supremo Tribunal Federal e dos Tribunais Superiores, os Governadores de Territórios, o Procurador-geral da República, o presidente e os diretores do banco central e outros servidores, quando determinado em lei;*
>
> *XV – Nomear, observado o disposto no art. 73, os Ministros do Tribunal de Contas da União;*
>
> *XVI – Nomear os magistrados, nos casos previstos nesta Constituição, e o Advogado-Geral da União;*
>
> *XVII – Nomear membros do Conselho da República, nos termos do art. 89, VII;*
>
> *XVIII – Convocar e presidir o Conselho da República e o Conselho de Defesa Nacional;*
>
> *XIX – Declarar guerra, no caso de agressão estrangeira, autorizado pelo Congresso Nacional ou referendado por ele, quando ocorrida no intervalo das sessões legislativas, e, nas mesmas condições, decretar, total ou parcialmente, a mobilização nacional;*

XX – Celebrar a paz, autorizado ou com o referendo do Congresso Nacional;
XXI – Conferir condecorações e distinções honoríficas;
XXII – Permitir, nos casos previstos em lei complementar, que forças estrangeiras transitem pelo território nacional ou nele permaneçam temporariamente;
XXIII – Enviar ao Congresso Nacional o plano plurianual, o projeto de lei de diretrizes orçamentárias e as propostas de orçamento previstos nesta Constituição;
XXIV – Prestar, anualmente, ao Congresso Nacional, dentro de sessenta dias após a abertura da sessão legislativa, as contas referentes ao exercício anterior;
XXV – Prover e extinguir os cargos públicos federais, na forma da lei;
XXVI – Editar medidas provisórias com força de lei, nos termos do art. 62;
XXVII – Exercer outras atribuições previstas nesta Constituição.
XXVIII – propor ao Congresso Nacional a decretação do estado de calamidade pública de âmbito nacional previsto nos arts. 167-B, 167-C, 167-D, 167-E, 167-F e 167-G desta Constituição. (Incluído pela Emenda Constitucional nº 109/2021)
Parágrafo único: O Presidente da República poderá delegar as atribuições mencionadas nos incisos VI, XII e XXV, primeira parte, aos Ministros de Estado, ao Procurador-geral da República ou ao Advogado-Geral da União, que observarão os limites traçados nas respectivas delegações.

Atenção!

Esse tema, quando cobrado em prova, costuma trabalhar com a memorização do texto constitucional. A dica é memorizar o art. 84 da Constituição Federal de 1988.

As atribuições do presidente são de chefe de Estado, chefe de governo ou chefe da Administração Pública. Procurou-se, abaixo, adequar, conforme a melhor doutrina, as atribuições do art. 84 às funções desenvolvidas pelo Presidente no exercício de seu mandato:

- **Como chefe de Estado:** o Presidente representa o Estado nas suas relações internacionais. São funções de Chefe de Estado as previstas nos incisos VII, VIII, XIX, XX, XXII e XXVII do art. 84.
- **Como chefe de governo:** o Presidente exerce sua liderança política representando e gerindo os negócios internos nacionais. São funções de Chefe de Governo as previstas nos incisos I, III, IV, V, IX, X, XI, XII, XIII, XIV, XV, XVI, XVII, XVIII, XXI, XXIII, XXIV, XXVI e XXVII.
- **Como chefe da Administração Pública:** o Presidente gerencia os negócios internos administrativos da Administração Pública federal. São funções de Chefe da Administração Pública as previstas nos incisos II, VI, XXV e XXVII.

Uma característica interessante é que esse rol de competências é meramente exemplificativo, por força do inciso XXVII, que abre a possibilidade de o Presidente exercer outras atribuições além das previstas expressamente no texto constitucional.

Outra questão amplamente trabalhada em prova é a possibilidade de delegação de algumas de suas atribuições, conforme prescrição do parágrafo único do art. 84. Nem todas as atribuições do presidente são delegáveis, apenas as previstas nos incisos **VI, XII e XXV, primeira parte**:

VI – Dispor, mediante decreto, sobre:
a) Organização e funcionamento da administração federal, quando não implicar aumento de despesa nem criação ou extinção de órgãos públicos;
b) Extinção de funções ou cargos públicos, quando vagos; [...]
XII – Conceder indulto e comutar penas, com audiência, se necessário, dos órgãos instituídos em lei; [...]
XXV – Prover os cargos públicos federais, na forma da lei.

São três competências que podem ser delegadas para três pessoas: ministro de Estado, procurador-geral da República e advogado-geral da União.

Ministro de Estado é qualquer ministro que auxilie o Presidente da República na administração do Estado. São exemplos: ministro da Justiça, ministro da Fazenda e ministro da Agricultura.

10.2.2 Processo eleitoral

O processo de eleição do Presidente da República também encontra regulação expressa no texto constitucional:

Art. 77 A eleição do Presidente e do Vice-Presidente da República realizar-se-á, simultaneamente, no primeiro domingo de outubro, em primeiro turno, e no último domingo de outubro, em segundo turno, se houver, do ano anterior ao do término do mandato presidencial vigente.
§ 1º A eleição do Presidente da República importará a do Vice-Presidente com ele registrado.
§ 2º Será considerado eleito Presidente o candidato que, registrado por partido político, obtiver a maioria absoluta de votos, não computados os em branco e os nulos.
§ 3º Se nenhum candidato alcançar maioria absoluta na primeira votação, far-se-á nova eleição em até vinte dias após a proclamação do resultado, concorrendo os dois candidatos mais votados e considerando-se eleito aquele que obtiver a maioria dos votos válidos.
§ 4º Se, antes de realizado o segundo turno, ocorrer morte, desistência ou impedimento legal de candidato, convocar-se-á, dentre os remanescentes, o de maior votação.
§ 5º Se, na hipótese dos parágrafos anteriores, remanescer, em segundo lugar, mais de um candidato com a mesma votação, qualificar-se-á o mais idoso.

Algumas considerações são importantes acerca desse tema. Primeiramente, deve-se registrar que a Constituição Federal de 1988 regulou até o dia em que deve ocorrer a eleição:

- Primeiro turno: **primeiro domingo de outubro**.
- Segundo turno: **último domingo de outubro**.

Uma coisa chama a atenção no *caput* do art. 77. A Constituição Federal de 1988 diz que as eleições ocorrem no ano anterior ao do término do mandato presidencial vigente. Pergunta-se: será que essa regra é aplicável no direito brasileiro?

É claro que esse dispositivo é aplicado nos dias de hoje. A eleição ocorre no ano anterior ao do término do mandato presidencial vigente, pois o mandato acaba no dia 1º de janeiro, conforme dispõe o art. 82:

Art. 82 O mandato do Presidente da República é de 4 (quatro) anos e terá início em 5 de janeiro do ano seguinte ao de sua eleição. (Redação dada pela Emenda Constitucional nº 111/2021)

Se o novo mandato tem início no dia cinco de janeiro, significa que o mandato antigo acaba neste dia. Logo, está correto afirmar que as eleições ocorrem no ano anterior ao do término do mandato presidencial vigente.

Quando votamos para presidente, só votamos no presidente. O vice é eleito como consequência da eleição do presidente. Esse será eleito se tiver a maioria absoluta dos votos, não computados os votos brancos e nulos, ou seja, será eleito aquele que possuir a maioria absoluta dos votos válidos. Maioria absoluta dos votos significa dizer que o eleito obteve o primeiro número inteiro após a metade dos votos válidos. Se ninguém obtiver maioria absoluta, deve-se convocar nova eleição – segundo turno. Para o segundo turno, são chamados os dois candidatos mais votados. Se, porventura, ocorrer empate no segundo lugar, a Constituição determina que seja convocado o mais idoso.

O critério de idade é para a situação de desempate. Ocorrendo morte, desistência ou impedimento de algum candidato do segundo turno, deverá ser convocado o próximo mais votado.

Finalizada a eleição, o presidente e o vice terão prazo de dez dias a contar da posse, para assumir o cargo. Caso não seja assumido, o cargo será declarado vago. Se o presidente assume e o vice não, o cargo do vice é declarado vago, ficando o presidente sem vice até o fim do mandato. Caso o vice assuma e o presidente não, o cargo de presidente será declarado vago, assumindo o vice a função de presidente e permanecendo durante o seu mandato sem vice.

Art. 78 O Presidente e o Vice-Presidente da República tomarão posse em sessão do Congresso Nacional, prestando o compromisso de manter, defender e cumprir a Constituição, observar as leis, promover o bem geral do povo brasileiro, sustentar a união, a integridade e a independência do Brasil.

Parágrafo único. Se, decorridos dez dias da data fixada para a posse, o Presidente ou o Vice-Presidente, salvo motivo de força maior, não tiver assumido o cargo, este será declarado vago.

10.2.3 Impedimento e vacância

O impedimento e a vacância são espécies de ausência do Presidente da República. São circunstâncias em que o presidente não está no exercício de sua função. A diferença entre os dois institutos está no fato de que, na vacância a ausência é definitiva, enquanto no impedimento a ausência é temporária. São exemplos de vacância: morte, perda do cargo, renúncia. São exemplos de impedimento: doença, viagem, férias. Na vacância, ocorre sucessão; no impedimento, ocorre substituição. Tanto no caso de impedimento como no de vacância, a Constituição Federal determina que o vice-presidente ficará no lugar do Presidente, pois essa é a sua função precípua:

Art. 79 Substituirá o Presidente, no caso de impedimento, e suceder-lhe-á, no de vaga, o Vice-Presidente.

Parágrafo único. O Vice-Presidente da República, além de outras atribuições que lhe forem conferidas por lei complementar, auxiliará o Presidente, sempre que por ele convocado para missões especiais.

O problema maior surge quando o Presidente e o Vice se ausentam ao mesmo tempo. Nesse caso, a Constituição determina que se convoquem outros sucessores: Presidente da Câmara dos Deputados, Presidente do Senado Federal e Presidente do Supremo Tribunal Federal. Esses são os legitimados a sucederem o Presidente da República e o vice-presidente de forma sucessiva e temporária quando ocorrer a ausência dos dois ao mesmo tempo:

Art. 80 Em caso de impedimento do Presidente e do Vice-Presidente, ou vacância dos respectivos cargos, serão sucessivamente chamados ao exercício da Presidência o Presidente da Câmara dos Deputados, o do Senado Federal e o do Supremo Tribunal Federal.

Uma coisa deve ser observada: o vice-presidente é o único legitimado a suceder o presidente de forma definitiva. O presidente da Câmara, do Senado e do STF só substituem o presidente em caráter temporário. Isso significa que, se o presidente morrer, quem assume o cargo é o vice.

Agora, se ocorrer vacância dos cargos de presidente e de vice ao mesmo tempo, a Constituição determina que sejam realizadas novas eleições:

Art. 81 Vagando os cargos de Presidente e Vice-Presidente da República, far-se-á eleição noventa dias depois de aberta a última vaga.

§ 1º Ocorrendo a vacância nos últimos dois anos do período presidencial, a eleição para ambos os cargos será feita trinta dias depois da última vaga, pelo Congresso Nacional, na forma da lei.

§ 2º Em qualquer dos casos, os eleitos deverão completar o período de seus antecessores.

Caso a vacância se dê nos dois primeiros anos de mandato, a eleição será direta, ou seja, com a participação do povo e deverá ocorrer no prazo de 90 dias a contar da última vacância. Mas, se a vacância se der nos dois últimos anos do mandato, a eleição será indireta (realizada pelo Congresso Nacional) no prazo de 30 dias a contar da última vacância. Quem for eleito permanecerá no cargo até o fim do mandato de quem ele sucedeu. Não se inicia um novo mandato. Esse mandato é chamado pela doutrina de Mandato-Tampão.

Em qualquer uma das duas situações, enquanto não forem eleitos os novos presidente e vice-presidente, quem permanece no cargo é um dos sucessores temporários: presidente da Câmara, do Senado ou do STF.

10.2.4 Perda do cargo no caso de saída do país sem autorização do Congresso Nacional

Esse artigo prevê a possibilidade de perda do cargo do Presidente e Vice-Presidente nos casos de ausência do País por período superior a 15 dias sem licença do Congresso Nacional:

Art. 83 O Presidente e o Vice-Presidente da República não poderão, sem licença do Congresso Nacional, ausentar-se do País por período superior a quinze dias, sob pena de perda do cargo.

Vejamos que a Constituição Federal de 1988 não proíbe que o Presidente ou o Vice se ausentem do país sem licença do Congresso Nacional. Mas se a ausência se der por mais de 15 dias, nesse caso será indispensável a autorização da Casa Legislativa.

10.2.5 Órgãos auxiliares do Presidente da República

A Constituição nos apresenta três órgãos auxiliares do Presidente da República: ministros de Estado, Conselho da República e Conselho de Defesa Nacional. Os ministros de Estados são os auxiliares diretos do Presidente da República. Os arts. 87 e 88 trazem várias regras que podem ser trabalhadas em prova:

Art. 87 Os Ministros de Estado serão escolhidos dentre brasileiros maiores de vinte e um anos e no exercício dos direitos políticos.

Parágrafo único. Compete ao Ministro de Estado, além de outras atribuições estabelecidas nesta Constituição e na lei:

I – Exercer a orientação, coordenação e supervisão dos órgãos e entidades da administração federal na área de sua competência e referendar os atos e decretos assinados pelo Presidente da República;

II – Expedir instruções para a execução das leis, decretos e regulamentos;

III – Apresentar ao Presidente da República relatório anual de sua gestão no Ministério;

IV – Praticar os atos pertinentes às atribuições que lhe forem outorgadas ou delegadas pelo Presidente da República.

Art. 88 A lei disporá sobre a criação e extinção de Ministérios e órgãos da Administração Pública.

O Conselho da República e o Conselho de Defesa Nacional também são órgãos auxiliares do Presidente da República, mas que possuem atribuição consultiva. Em situações determinadas pela Constituição, o presidente, antes de tomar alguma decisão, precisa consultar esses dois órgãos.

PODER EXECUTIVO

Seguem os arts. 89, 90 e 91, cujas regras também podem ser cobradas em prova. Destacam-se as composições e as competências desses órgãos:

Art. 89 O Conselho da República é órgão superior de consulta do Presidente da República, e dele participam:

I – O Vice-Presidente da República;

II – O Presidente da Câmara dos Deputados;

III – O Presidente do Senado Federal;

IV – Os líderes da maioria e da minoria na Câmara dos Deputados;

V – Os líderes da maioria e da minoria no Senado Federal;

VI – O Ministro da Justiça;

VII – Seis cidadãos brasileiros natos, com mais de trinta e cinco anos de idade, sendo dois nomeados pelo Presidente da República, dois eleitos pelo Senado Federal e dois eleitos pela Câmara dos Deputados, todos com mandato de três anos, vedada a recondução.

Art. 90 Compete ao Conselho da República pronunciar-se sobre:

I – Intervenção federal, estado de defesa e estado de sítio;

II – As questões relevantes para a estabilidade das instituições democráticas.

§ 1º O Presidente da República poderá convocar Ministro de Estado para participar da reunião do Conselho, quando constar da pauta questão relacionada com o respectivo Ministério.

§ 2º A lei regulará a organização e o funcionamento do Conselho da República.

Art. 91 O Conselho de Defesa Nacional é órgão de consulta do Presidente da República nos assuntos relacionados com a soberania nacional e a defesa do Estado democrático, e dele participam como membros natos:

I – O Vice-Presidente da República;

II – O Presidente da Câmara dos Deputados;

III – O Presidente do Senado Federal;

IV – Ministro da Justiça;

V – O Ministro de Estado da Defesa;

VI – O Ministro das Relações Exteriores;

VII – O Ministro do Planejamento;

VIII – Os Comandantes da Marinha, do Exército e da Aeronáutica.

§ 1º Compete ao Conselho de Defesa Nacional:

I – Opinar nas hipóteses de declaração de guerra e de celebração da paz, nos termos desta Constituição;

II – Opinar sobre a decretação do estado de defesa, do estado de sítio e da intervenção federal;

III – Propor os critérios e condições de utilização de áreas indispensáveis à segurança do território nacional e opinar sobre seu efetivo uso, especialmente na faixa de fronteira e nas relacionadas com a preservação e a exploração dos recursos naturais de qualquer tipo;

IV – Estudar, propor e acompanhar o desenvolvimento de iniciativas necessárias a garantir a independência nacional e a defesa do Estado democrático.

§ 2º A lei regulará a organização e o funcionamento do Conselho de Defesa Nacional.

10.2.6 Responsabilidades do Presidente

A forma de governo adotada no país é a República e, por essa razão, é possível responsabilizar o Presidente da República por seus atos. A Constituição Federal de 1988 tratou de regular a responsabilização por crime de responsabilidade e por infrações penais comuns.

Antes de trabalhar com cada uma das responsabilidades, serão analisadas as chamadas imunidades.

Imunidades são prerrogativas inerentes aos cargos mais importantes do Estado. Cargos que são estratégicos e essenciais à manutenção da ordem constitucional. Entre vários, se destaca o de Presidente da República.

A imunidade pode ser:

- **Material:** é a conhecida irresponsabilidade penal absoluta. Essa imunidade protege o titular contra a responsabilização penal.
- **Formal:** são prerrogativas de cunho processual.

Um primeiro ponto essencial que precisa ser estabelecido: o presidente não possui imunidade material, contudo, em razão da importância do seu cargo, possui imunidades formais. Apesar de o Presidente não possuir imunidade material, outros cargos a possuem, por exemplo, os parlamentares.

Ao todo, pode-se elencar **quatro prerrogativas processuais** garantidas pela Constituição Federal ao Chefe do Executivo da União:

10.2.7 Prerrogativas processuais garantidas ao Presidente

- **Processo**

A Constituição exige juízo de admissibilidade emitido pela Câmara para que o presidente possa ser processado durante o seu mandato. Isso significa que o Presidente da República só poderá ser processado se a Câmara dos Deputados autorizar pelo voto de 2/3 dos membros:

Art. 86 Admitida a acusação contra o Presidente da República, por dois terços da Câmara dos Deputados, será ele submetido a julgamento perante o Supremo Tribunal Federal, nas infrações penais comuns, ou perante o Senado Federal, nos crimes de responsabilidade.

- **Prerrogativa de Foro**

O presidente não pode ser julgado por qualquer juiz, haja vista a importância da função que exerce no Estado.

Diante disso, a Constituição estabeleceu dois foros competentes para julgar o Presidente:

Supremo Tribunal Federal: será julgado pelas infrações penais comuns.

Senado Federal: será julgado pelos crimes de responsabilidade.

Analisando essas duas primeiras prerrogativas, não se pode esquecer o previsto no art. 86, § 1º:

§ 1º O Presidente ficará suspenso de suas funções:

I – Nas infrações penais comuns, se recebida a denúncia ou queixa-crime pelo Supremo Tribunal Federal;

II – Nos crimes de responsabilidade, após a instauração do processo pelo Senado Federal.

§ 2º Se, decorrido o prazo de cento e oitenta dias, o julgamento não estiver concluído, cessará o afastamento do Presidente, sem prejuízo do regular prosseguimento do processo.

A Constituição determina que, após iniciado o processo, tanto por infração penal comum quanto por crime de responsabilidade, o Presidente fique suspenso de suas funções pelo prazo de 180 dias, tempo necessário para que se finalize o processo. Caso o Presidente não seja julgado nesse período, ele poderá retornar ao exercício de suas funções sem prejuízo de continuidade do processo. Deve-se ter muito cuidado em prova com o início do prazo de suspensão:

- **Infração penal comum:** o prazo de suspensão inicia-se **a partir do recebimento da denúncia ou queixa**.
- **crime de responsabilidade:** o prazo de suspensão inicia-se **a partir da instauração do processo**.

Caso a Câmara autorize o processo do Presidente por crime de responsabilidade, o Senado deverá processá-lo, pois não assiste discricionariedade ao Senado em processar ou não. Sua decisão é vinculada à decisão da Câmara, pelo fato de as duas Casas serem políticas. Contudo, nos casos de infração penal comum, o STF não está obrigado a processar o Presidente em respeito à Separação dos Poderes.

DIREITO CONSTITUCIONAL

Vamos aproveitar o momento para entender o que são infração penal comum e crime de responsabilidade.

> **Infração penal comum:** é qualquer crime ou contravenção penal cometida pelo Presidente da República na função ou em razão da sua função de Presidente. Seu processamento se dará no Supremo Tribunal Federal.

> **crime de responsabilidade:** a primeira coisa que se precisa saber sobre o crime de responsabilidade é que ele não é um crime. O crime de responsabilidade é uma infração de natureza **político-administrativa.** O nome crime é impróprio para esse instituto. O processo que visa a esse tipo de responsabilização é o *impeachment*.

O presidente responderá por esse tipo de infração caso sua conduta se amolde ao previsto no art. 85 da Constituição Federal de 1988:

> *Art. 85 São crimes de responsabilidade os atos do Presidente da República que atentem contra a Constituição Federal e, especialmente, contra:*
>
> *I – A existência da União;*
>
> *II – O livre exercício do Poder Legislativo, do Poder Judiciário, do Ministério Público e dos Poderes constitucionais das unidades da Federação;*
>
> *III – O exercício dos direitos políticos, individuais e sociais;*
>
> *IV – A segurança interna do País;*
>
> *V – A probidade na administração;*
>
> *VI – A lei orçamentária;*
>
> *VII – O cumprimento das leis e das decisões judiciais.*
>
> *Parágrafo único. Esses crimes serão definidos em lei especial, que estabelecerá as normas de processo e julgamento.*

Esse rol de condutas, consideradas como crime de responsabilidade estabelecido na Constituição Federal de 1988, é meramente exemplificativo, já que é a Lei nº 1.079/1950 o dispositivo regulador do crime de responsabilidade. Deve-se destacar sua relevância na fixação de outras autoridades que respondem por esse crime, novos crimes além dos procedimentos adotados nesse processo, principalmente na competência exclusiva do cidadão para denunciar o Presidente. Destaca-se ainda que, para haver condenação, o Senado deve proferi-la pelo voto de 2/3 dos seus membros.

Considerando que não se trata de um crime, essa infração não pode resultar numa pena privativa de liberdade. Quem pratica crime de responsabilidade não pode ser preso. A consequência estabelecida no art. 52, parágrafo único da Constituição Federal de 1988, é a perda do cargo e a inabilitação para o exercício de qualquer função pública pelo prazo de oito anos:

> *Art. 52 [...]*
>
> *Parágrafo único. Nos casos previstos nos incisos I e II, funcionará como Presidente o do Supremo Tribunal Federal, limitando-se a condenação, que somente será proferida por dois terços dos votos do Senado Federal, à perda do cargo, com inabilitação, por oito anos, para o exercício de função pública, sem prejuízo das demais sanções judiciais cabíveis.*

- **Prisão**

O presidente só pode ser preso pela prática de infração penal comum e somente se sobrevier sentença condenatória:

> *Art. 86 [...]*
>
> *§ 3º Enquanto não sobrevier sentença condenatória, nas infrações comuns, o Presidente da República não estará sujeito a prisão.*

- **Irresponsabilidade penal relativa**

Também conhecida na doutrina como **Imunidade Formal Temporária**, essa prerrogativa afirma que o Presidente não poderá ser responsabilizado por atos alheios aos exercícios de suas funções:

> *Art. 86 [...]*
>
> *§ 4º O Presidente da República, na vigência de seu mandato, não pode ser responsabilizado por atos estranhos ao exercício de suas funções.*

Para melhor compreender as imunidades conferidas ao Presidente da República, analisemos as seguintes situações hipotéticas:

Suponhamos que o Presidente da República seja flagrado após ter cometido o assassinado de duas pessoas por motivos particulares.

Poderia ele, no momento em que é flagrado, ser preso pelo crime? Não. O presidente só pode ser preso se tiver uma sentença condenatória.

Poderia o presidente ser processado pelo crime de duplo homicídio durante o se mandato? O presidente não pode ser responsabilizado por atos alheios aos exercícios de suas funções. Ao matar duas pessoas, ele não comete o crime na condição de presidente, ou seja, esse crime não possui relação com sua função de presidente. Por esse motivo, ele não pode ser processado durante o seu mandato. Não significa que ficará impune pelo crime cometido, apenas será responsabilizado normalmente após o mandato, nesse caso, sem nenhuma prerrogativa. Apesar de não haver previsão legal, a jurisprudência entende que o prazo prescricional, nesse caso, ficará suspenso, não prejudicando a responsabilização do presidente.

Suponhamos agora que, em reunião com os Ministros, o presidente tenha discutido com um deles. Em meio à confusão, o presidente mata o ministro. Poderia ele ser preso por esse crime? O presidente não pode ser preso enquanto não sobrevier sentença condenatória. É a imunidade em relação às prisões.

O presidente poderá ser processado por esse crime enquanto estiver no seu mandato? Nesse caso sim. Perceba que o crime cometido foi em razão da função de presidente, visto que não estaria na reunião com Ministros se não fosse o Presidente da República. Dessa forma, ele será processado por essa infração penal comum no Supremo Tribunal Federal, caso a Câmara dos Deputados autorize o processo. Havendo sentença condenatória, ele poderá ser preso. A possibilidade de responsabilização do Presidente da República por infração penal comum só ocorre se o crime cometido estiver ligado à sua função de presidente.

Já em relação a outras esferas do direito, como cíveis, administrativas, trabalhistas ou qualquer outra área, o presidente não possui prerrogativa. Isso significa que o presidente responderá normalmente, sem nenhum privilégio, nas outras esferas do Direito. O tema das responsabilidades do Presidente tem sido alvo de inúmeras questões de prova. As questões podem ser trabalhadas a partir da literalidade do texto constitucional ou mesmo invocando caso concreto para verificação das regras e prerrogativas do presidente.

Imunidade Formal
Processo → autorização da câmara dos deputados = 2/3 dos votos.
Prerrogativa de foro → STF: crime comum/Senado: crime de responsabilidade.
Prisão → só depois da sentença penal condenatória.
Responsabilidade penal relativa → não responde por ato alheio a sua função.

11 PODER JUDICIÁRIO

11.1 Disposições gerais

O Poder Judiciário é o titular da chamada função jurisdicional. Ele possui a atribuição principal de "dizer o direito", "aplicar o direito ao caso concreto". Além de desempenhar esta função típica, o Judiciário também exerce de forma atípica a função dos demais poderes. Quando realiza concursos públicos ou contrata uma empresa prestadora de serviços, ele o faz no exercício da função administrativa (Poder Executivo). O Judiciário também exerce de forma atípica a função do Poder Legislativo quando edita instrumentos normativos que regulam as atividades dos tribunais.

Para desempenhar suas funções, o Poder Judiciário se utiliza de diversos órgãos os quais estão previstos no art. 92:

Art. 92 São órgãos do Poder Judiciário:
I – O Supremo Tribunal Federal;
I-A. O Conselho Nacional de Justiça;
II – O Superior Tribunal de Justiça;
II-A. O Tribunal Superior do Trabalho;
III – Os Tribunais Regionais Federais e Juízes Federais;
IV – Os Tribunais e Juízes do Trabalho;
V – Os Tribunais e Juízes Eleitorais;
VI – Os Tribunais e Juízes Militares;
VII – Os Tribunais e Juízes dos Estados e do Distrito Federal e Territórios.

§ 1º O Supremo Tribunal Federal, o Conselho Nacional de Justiça e os Tribunais Superiores têm sede na Capital Federal.

§ 2º O Supremo Tribunal Federal e os Tribunais Superiores têm jurisdição em todo o território nacional.

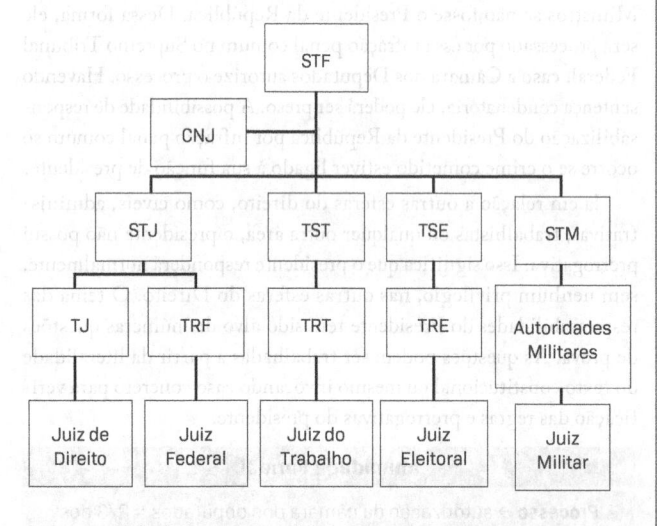

11.1.1 Critérios para ingresso na carreira

Conforme o que diz o art. 93, inciso I, da Constituição Federal de 1988:

Art. 93 Lei complementar, de iniciativa do Supremo Tribunal Federal, disporá sobre o Estatuto da Magistratura, observados os seguintes princípios:

I – Ingresso na carreira, cujo cargo inicial será o de juiz substituto, mediante concurso público de provas e títulos, com a participação da Ordem dos Advogados do Brasil em todas as fases, exigindo-se do bacharel em direito, no mínimo, três anos de atividade jurídica e obedecendo-se, nas nomeações, à ordem de classificação.

Esse inciso apresenta regras para o ingresso na carreira da Magistratura. O ingresso dar-se-á no cargo de juiz substituto e depende de aprovação em concurso público de provas e títulos.

Como foi possível perceber, é um tipo de concurso que é bem seletivo, sendo que aprovação depende de intensa dedicação do candidato. Além de a prova ser dificílima, o candidato precisa comprovar no mínimo três anos de atividade jurídica, que só pode ser realizada após a conclusão do curso. Deve-se estar atento a esse prazo de atividade jurídica exigido, as bancas costumam trocar o três por outro numeral.

O conceito de atividade jurídica é definido na Resolução nº 75/2009 do Conselho Nacional de Justiça que prevê, entre outros, o exercício da advocacia ou de cargo público privativo de bacharel em direito como forma de se comprovar o tempo exigido.

11.1.2 Quinto constitucional

O quinto permite que uma pessoa se torne magistrado sem necessidade de realização de concurso público para a magistratura. É uma porta de entrada destinada a quem não é membro do Poder Judiciário. A regra do quinto decorre do fato de que 1/5 das vagas em alguns tribunais são destinadas aos membros do Ministério Público ou da Advocacia. Vejamos o que dispõe o art. 94 da Constituição Federal:

Art. 94 Um quinto dos lugares dos Tribunais Regionais Federais, dos Tribunais dos Estados, e do Distrito Federal e Territórios será composto de membros, do Ministério Público, com mais de dez anos de carreira, e de advogados de notório saber jurídico e de reputação ilibada, com mais de dez anos de efetiva atividade profissional, indicados em lista sêxtupla pelos órgãos de representação das respectivas classes.

Parágrafo único. Recebidas as indicações, o tribunal formará lista tríplice, enviando-a ao Poder Executivo, que, nos vinte dias subsequentes, escolherá um de seus integrantes para nomeação.

Um detalhe que não pode ser esquecido é: para concorrer às vagas pelo quinto constitucional, faz-se necessário que os membros do Ministério Público e da Advocacia possuam mais de dez anos de experiência.

Outra questão muito importante é saber quais são os tribunais que permitem o ingresso pelo quinto. Segundo o art. 94, podem ingressar pelo quinto os membros dos tribunais regionais federais, dos tribunais dos estados, e do Distrito Federal e territórios.

Ainda possuem um quinto das vagas para os membros do Ministério Público e da Advocacia os Tribunais Regionais do Trabalho e o Tribunal Superior do Trabalho. Assim preveem os arts. 111-A e 115 da Constituição Federal de 1988:

Art. 111-A O Tribunal Superior do Trabalho compor-se-á de vinte e sete Ministros, escolhidos dentre brasileiros com mais de trinta e cinco anos e menos de sessenta e cinco anos, de notável saber jurídico e reputação ilibada, nomeados pelo Presidente da República após aprovação pela maioria absoluta do Senado Federal, sendo:

I – Um quinto dentre advogados com mais de dez anos de efetiva atividade profissional e membros do Ministério Público do Trabalho com mais de dez anos de efetivo exercício, observado o disposto no art. 94.

Art. 115 Os Tribunais Regionais do Trabalho compõem-se de, no mínimo, sete juízes, recrutados, quando possível, na respectiva região, e nomeados pelo Presidente da República dentre brasileiros com mais de trinta e menos de sessenta e cinco anos, sendo:

I – Um quinto dentre advogados com mais de dez anos de efetiva atividade profissional e membros do Ministério Público do Trabalho com mais de dez anos de efetivo exercício, observado o disposto no art. 94.

O Superior Tribunal de Justiça também permite que membros do Ministério Público ou da advocacia nele ingressem, contudo, não são destinadas 1/5 das vagas, mas 1/3 das vagas:

Art. 104 O Superior Tribunal de Justiça compõe-se de, no mínimo, trinta e três Ministros.

Parágrafo único. Os Ministros do Superior Tribunal de Justiça serão nomeados pelo Presidente da República, dentre brasileiros com mais de trinta e cinco e menos de sessenta e cinco anos, de notável saber jurídico e reputação ilibada, depois de aprovada a escolha pela maioria absoluta do Senado Federal, sendo:

I – Um terço dentre juízes dos Tribunais Regionais Federais e um terço dentre desembargadores dos Tribunais de Justiça, indicados em lista tríplice elaborada pelo próprio Tribunal;

II – Um terço, em partes iguais, dentre advogados e membros do Ministério Público Federal, Estadual, do Distrito Federal e Territórios, alternadamente, indicados na forma do art. 94.

11.1.3 Garantias dos membros

As garantias são um conjunto de proteções que os membros do Poder Judiciário possuem e que são inerentes ao exercício de suas funções. Uma observação se faz necessária: quando se fala "membro do Poder Judiciário", refere-se ao titular da função jurisdicional, ou seja, ao magistrado, ao juiz. Os demais servidores auxiliares do Poder Judiciário não possuem as mesmas garantias dos juízes.

A doutrina classifica as garantias dos magistrados em duas espécies:

- **Garantias de independência:**

São proteções que garantem ao magistrado uma maior tranquilidade para desempenhar suas funções. O objetivo é permitir ao juiz segurança no desempenhar de suas funções. Elas estão previstas no art. 95 da Constituição Federal de 1988, as quais são:

Art. 95 Os juízes gozam das seguintes garantias:
I – Vitaliciedade, que, no primeiro grau, só será adquirida após dois anos de exercício, dependendo a perda do cargo, nesse período, de deliberação do tribunal a que o juiz estiver vinculado, e, nos demais casos, de sentença judicial transitada em julgado;
II – Inamovibilidade, salvo por motivo de interesse público, na forma do art. 93, VIII;
III – Irredutibilidade de subsídio, ressalvado o disposto nos Arts. 37, X e XI, 39, § 4º, 150, II, 153, III, e 153, § 2º, I.

A **vitaliciedade** é como se fosse a estabilidade do servidor público, com uma diferença: ela é bem mais vantajosa que a simples estabilidade. A vitaliciedade garante ao magistrado perder o seu cargo apenas por sentença judicial transitada em julgado. Como se pode ver, é bem mais vantajosa que a estabilidade. Atente-se para alguns detalhes: a vitaliciedade só será adquirida após dois anos de exercício no cargo; durante o estágio probatório do juiz, que dura dois anos, ele poderá perder o cargo por deliberação do próprio tribunal do qual faz parte.

Um detalhe quase nunca percebido é que a exigência dos dois anos de exercício para se adquirir a vitaliciedade só se aplica aos juízes do primeiro grau, ou seja, aos juízes que ingressaram na carreira por meio de concurso público. Os juízes que ingressam diretamente no Tribunal, por meio do quinto constitucional, ou mesmo no STJ pelo 1/3 das vagas, não precisam esperar os dois anos para adquirir a garantia. Para estes, a vitaliciedade é imediata, sendo adquirida quando ele pisa no Tribunal.

A **inamovibilidade** prevê que o magistrado não poderá ser removido do local onde exerce a sua função sem sua vontade. Ele poderá julgar qualquer pessoa, conforme sua convicção, sem medo de ser obrigado a deixar o local onde exerce sua jurisdição. Essa garantia não é absoluta, pois poderá ser removido de ofício por interesse público conforme preleciona o art. 93, inciso VIII, da Constituição Federal de 1988:

Art. 93 [...]
VIII – O ato de remoção ou de disponibilidade do magistrado, por interesse público, fundar-se-á em decisão por voto da maioria absoluta do respectivo tribunal ou do Conselho Nacional de Justiça, assegurada ampla defesa.

A **irredutibilidade dos subsídios** representa a garantia de que o magistrado não poderá ter redução em sua remuneração. A forma de retribuição pecuniária do magistrado é por meio de subsídio, que equivale a uma parcela única. Por isso, fala-se em irredutibilidade dos subsídios.

- **Garantias de imparcialidade**

Essas normas são verdadeiras vedações aplicadas aos magistrados. São impedimentos que visam a garantir um julgamento imparcial, sem vícios ou privilégios. Por isso, são chamadas de garantias de imparcialidade. São elas:

Art. 95 [...]
Parágrafo único. Aos juízes é vedado:
I – Exercer, ainda que em disponibilidade, outro cargo ou função, salvo uma de magistério;
II – Receber, a qualquer título ou pretexto, custas ou participação em processo;
III – Dedicar-se à atividade político-partidária.
IV – Receber, a qualquer título ou pretexto, auxílios ou contribuições de pessoas físicas, entidades públicas ou privadas, ressalvadas as exceções previstas em lei;
V – Exercer a advocacia no juízo ou tribunal do qual se afastou, antes de decorridos três anos do afastamento do cargo por aposentadoria ou exoneração.

Geralmente as bancas cobram a memorização dessas vedações. O **inciso I** é bem cobrado em razão da exceção prevista na Constituição para a acumulação de cargos ou funções. Segundo esse inciso, o magistrado, além de exercer sua função de juiz, também pode exercer uma função no magistério.

O **inciso II** proíbe o magistrado de receber custas ou participação em processos. O juiz já recebe sua remuneração para desempenhar sua função independente dos valores que estão em jogo nos processos.

O **inciso III** proíbe o juiz de se dedicar à atividade político-partidária exatamente para evitar que seus julgamentos sejam influenciados por correntes políticas ou convicções partidárias. O juiz precisa ficar alheio a tais situações.

O **inciso IV** proíbe o magistrado de receber ajudas financeiras de terceiros ressalvados os casos previstos em lei. Por exemplo, um juiz não pode receber um carro como agradecimento por um julgamento favorável, mas poderia receber os valores decorrentes da venda de livros que tenha escrito ou mesmo, receber valores pela ministração de palestras.

11.2 Composição dos órgãos do Poder Judiciário

A composição dos tribunais é tema recorrente em prova e requer um alto poder de memorização do candidato, principalmente pela composição diferenciada entre um e outro tribunal. A seguir descreve-se, então, a composição de cada um dos órgãos do Poder Judiciário.

11.2.1 Supremo Tribunal Federal

Art. 101 O Supremo Tribunal Federal compõe-se de onze Ministros, escolhidos dentre cidadãos com mais de trinta e cinco e menos de sessenta e cinco anos de idade, de notável saber jurídico e reputação.
Parágrafo único. Os Ministros do Supremo Tribunal Federal serão nomeados pelo Presidente da República, depois de aprovada a escolha pela maioria absoluta do Senado Federal.

O Supremo Tribunal Federal é o órgão de cúpula do Poder Judiciário e é formado por 11 ministros escolhidos pelo Presidente da República depois de aprovada a escolha pela maioria absoluta do Senado Federal, dentre os cidadãos com mais de trinta e cinco e menos de sessenta e cinco anos de idade, de notável saber jurídico e reputação ilibada.

Existe mais um requisito que não está escrito nesse artigo, mas está previsto no art. 12, § 3º, IV, da Constituição. Para ser Ministro do STF deve ser brasileiro nato:

Art. 12 [...]
§ 3º São privativos de brasileiro nato os cargos: [...]
IV – De Ministro do Supremo Tribunal Federal.

A Constituição não exige do candidato a ministro do STF que tenha formação superior em Direito, apesar de exigir notório saber jurídico.

11.2.2 Conselho Nacional de Justiça

Vejamos agora a composição do Conselho Nacional de Justiça (CNJ):

Art. 103-B O Conselho Nacional de Justiça compõe-se de 15 (quinze) membros com mandato de 2 (dois) anos, admitida 1 (uma) recondução, sendo:
I – O Presidente do Supremo Tribunal Federal;

II – Um Ministro do Superior Tribunal de Justiça, indicado pelo respectivo tribunal;

III – Um Ministro do Tribunal Superior do Trabalho, indicado pelo respectivo tribunal;

IV – Um desembargador de Tribunal de Justiça, indicado pelo Supremo Tribunal Federal;

V – Um juiz estadual, indicado pelo Supremo Tribunal Federal;

VI – Um juiz de Tribunal Regional Federal, indicado pelo Superior Tribunal de Justiça;

VII – Um juiz federal, indicado pelo Superior Tribunal de Justiça;

VIII – Um juiz de Tribunal Regional do Trabalho, indicado pelo Tribunal Superior do Trabalho;

IX – Um juiz do trabalho, indicado pelo Tribunal Superior do Trabalho;

X – Um membro do Ministério Público da União, indicado pelo Procurador-geral da República;

XI – Um membro do Ministério Público estadual, escolhido pelo Procurador-geral da República dentre os nomes indicados pelo órgão competente de cada instituição estadual;

XII – Dois advogados, indicados pelo Conselho Federal da Ordem dos Advogados do Brasil;

XIII – Dois cidadãos, de notável saber jurídico e reputação ilibada, indicados um pela Câmara dos Deputados e outro pelo Senado Federal.

§ 1º O Conselho será presidido pelo Presidente do Supremo Tribunal Federal e, nas suas ausências e impedimentos, pelo Vice-Presidente do Supremo Tribunal Federal.

§ 2º Os demais membros do Conselho serão nomeados pelo Presidente da República, depois de aprovada a escolha pela maioria absoluta do Senado Federal.

§ 3º Não efetuadas, no prazo legal, as indicações previstas neste artigo, caberá a escolha ao Supremo Tribunal Federal.

§ 4º Compete ao Conselho o controle da atuação administrativa e financeira do Poder Judiciário e do cumprimento dos deveres funcionais dos juízes, cabendo-lhe, além de outras atribuições que lhe forem conferidas pelo Estatuto da Magistratura:

I – zelar pela autonomia do Poder Judiciário e pelo cumprimento do Estatuto da Magistratura, podendo expedir atos regulamentares, no âmbito de sua competência, ou recomendar providências;

II – zelar pela observância do art. 37 e apreciar, de ofício ou mediante provocação, a legalidade dos atos administrativos praticados por membros ou órgãos do Poder Judiciário, podendo desconstituí-los, revê-los ou fixar prazo para que se adotem as providências necessárias ao exato cumprimento da lei, sem prejuízo da competência do Tribunal de Contas da União;

III – receber e conhecer das reclamações contra membros ou órgãos do Poder Judiciário, inclusive contra seus serviços auxiliares, serventias e órgãos prestadores de serviços notariais e de registro que atuem por delegação do poder público ou oficializados, sem prejuízo da competência disciplinar e correicional dos tribunais, podendo avocar processos disciplinares em curso, determinar a remoção ou a disponibilidade e aplicar outras sanções administrativas, assegurada ampla defesa;

IV – representar ao Ministério Público, no caso de crime contra a Administração Pública ou de abuso de autoridade;

V – rever, de ofício ou mediante provocação, os processos disciplinares de juízes e membros de tribunais julgados há menos de um ano;

VI – elaborar semestralmente relatório estatístico sobre processos e sentenças prolatadas, por unidade da Federação, nos diferentes órgãos do Poder Judiciário;

VII – elaborar relatório anual, propondo as providências que julgar necessárias, sobre a situação do Poder Judiciário no País e as atividades do Conselho, o qual deve integrar mensagem do Presidente do Supremo Tribunal Federal a ser remetida ao Congresso Nacional, por ocasião da abertura da sessão legislativa.

A composição do CNJ possui uma dificuldade peculiar para a memorização. Perceba na leitura do artigo, que os membros do Conselho são indicados por algum órgão. Além de memorizar os membros, o candidato tem de memorizar o órgão que indicou o membro. Para isso, deve-se fazer uma análise lógica na construção dessa composição:

A primeira coisa que se tem que fazer é identificar os órgãos que escolhem:
- **Supremo Tribunal Federal (STF);**
- **Superior Tribunal de Justiça (STJ);**
- **Tribunal Superior do Trabalho (TST);**
- **Programa de Gerenciamento de Riscos (PGR);**
- **Conselho Federal da Ordem dos Advogados do Brasil (CF/1988OAB);**
- **Câmara dos Deputados;**
- **Senado Federal.**

A partir dessa primeira análise, parte-se para a identificação dos membros que são indicados por cada um dos órgãos, que deve ser construída de forma lógica.

Entre os membros do CNJ existem dois advogados: quem poderia indicar dois advogados? O STF, o STJ, o TST ou o **Conselho Federal dos Advogados do Brasil**? Que quem indica os dois advogados é o CF/1988OAB. Entre os membros do CNJ, existe um membro do Ministério Público da União e um membro do Ministério Público estadual. Quem indica esses dois membros do Ministério Público? Será o STF? Ou seria o STJ? Não é mais lógico que a escolha dos membros do Ministério Público seja do **Procurador Geral da República,** que é o chefe do Ministério Público da União? Certamente.

Com base nessa lógica, fica fácil identificar os membros do CNJ. Continuemos a análise. Agora existem membros da justiça trabalhista: um Ministro do TST, um Juiz do TRT e um Juiz do Trabalho. Quem escolhe esses juízes é o **Tribunal Superior do Trabalho** o responsável pela escolha desses três membros pertencentes à justiça trabalhista.

Ainda há alguns membros a serem escolhidos. Quem escolhe os membros da Justiça Federal (Juiz do TRF e Juiz Federal)? Tem de ser o Tribunal guardião da Legislação Federal: **Superior Tribunal de Justiça**. Ele também escolherá um membro do seu próprio tribunal para fazer parte do CNJ.

Ao **Supremo Tribunal Federal,** fica a responsabilidade pela escolha dos membros da Justiça Estadual, ou seja, um Juiz Estadual e um Desembargador de Tribunal de Justiça. Aqui cabe uma observação importantíssima. O STF não escolhe um de seus ministros para fazer parte do CNJ, pois o Presidente do STF é membro nato. Ele não é escolhido, ele faz parte do CNJ desde sua nomeação como Presidente do STF. Ao mesmo tempo em que é indicado como Presidente do STF, ele também cumulará a função de Presidente do CNJ.

Por último, resta saber quem o **Senado Federal** e a **Câmara dos Deputados** indicarão para ser membro do CNJ. Cada um deles indicará um cidadão de notável saber jurídico e reputação ilibada.

Como se pode perceber, nem todos os membros do Conselho Nacional de Justiça são membros do Poder Judiciário. Essa é uma característica já cobrada em prova, com exceção do Presidente do STF, que é membro nato do CNJ; os demais serão nomeados pelo Presidente da República depois de aprovada a escolha pela maioria do Senado Federal. Caso as indicações acima listadas não sejam efetuadas, caberá ao Supremo Tribunal Federal fazê-las. Lembre-se de que os membros do CNJ exercem um mandato de dois anos, sendo admitida uma recondução.

11.2.3 Superior Tribunal de Justiça

O texto constitucional prevê no art. 104 da Constituição Federal de 1988:

> **Art. 104** *O Superior Tribunal de Justiça compõe-se de, no mínimo, trinta e três Ministros.*
>
> **Parágrafo único.** *Os Ministros do Superior Tribunal de Justiça serão nomeados pelo Presidente da República, dentre brasileiros com mais de trinta e cinco e menos de sessenta e cinco anos, de notável saber jurídico e reputação ilibada, depois de aprovada a escolha pela maioria absoluta do Senado Federal, sendo:*
>
> *I – Um terço dentre juízes dos Tribunais Regionais Federais e um terço dentre desembargadores dos Tribunais de Justiça, indicados em lista tríplice elaborada pelo próprio Tribunal;*

II – Um terço, em partes iguais, dentre advogados e membros do Ministério Público Federal, Estadual, do Distrito Federal e Territórios, alternadamente, indicados na forma do art. 94.

O Superior Tribunal de Justiça é composto por, no mínimo, 33 ministros. Deve-se ter cuidado com isso em prova: não são 33, mas, no mínimo 33. Esse dispositivo permite que o Tribunal possua mais de 33 membros.

Seus membros serão nomeados pelo Presidente da República depois de aprovada a escolha pelo Senado Federal. Aqui se aplica uma regra comum nos tribunais superiores: nomeação pelo Presidente mediante aprovação do Senado. Outro requisito é a idade: no mínimo 35 e no máximo 65 anos.

Questão sempre cobrada em prova é a composição. A escolha dos Ministros não é livre, estando vinculada ao texto constitucional que prevê:

- 1/3 das vagas para os membros dos Tribunais Regionais Federais;
- 1/3 das vagas para os Desembargadores dos Tribunais de Justiça;
- 1/3 das vagas, dividida em partes iguais, para membros do Ministério Público Federal, Estadual e do Distrito Federal e advogados com mais de 10 anos de experiência.

No que tange às vagas para os membros do Ministério Público e advogados, uma coisa chama a atenção: a divisão em partes iguais. Se houver isso em uma prova, é muito provável que o candidato marque essa afirmação como sendo incorreta, tendo em vista 1/3 de 33 ser igual a 11, valor esse impossível de se dividir em partes iguais, quando a divisão se trata de pessoas. Contudo, essa é a previsão expressa da Constituição, que não é de toda absurda. Considerando que o STJ pode ser composto por mais de 33 membros, havendo, por exemplo, 36, seria possível efetivar essa divisão em partes iguais. Enquanto o órgão for formado por 33 membros, a vaga remanescente é alternada entre membros do MPF e MPDFT e da advocacia.

11.2.4 Tribunal Regional Federal

O art. 107 apresenta as regras de composição dos Tribunais Regionais Federais:

Art. 107 Os Tribunais Regionais Federais compõem-se de, no mínimo, sete juízes, recrutados, quando possível, na respectiva região e nomeados pelo Presidente da República dentre brasileiros com mais de trinta e menos de sessenta e cinco anos, sendo:

I – Um quinto dentre advogados com mais de dez anos de efetiva atividade profissional e membros do Ministério Público Federal com mais de dez anos de carreira;

II – Os demais, mediante promoção de juízes federais com mais de cinco anos de exercício, por antiguidade e merecimento, alternadamente.

Os TRF's possuem a mesma peculiaridade do STJ no que diz respeito à composição baseada em um mínimo, sendo, nesse caso, no mínimo sete juízes, recrutados, quando possível, na respectiva região. Atualmente, são cinco regiões jurisdicionais, cada uma sob a responsabilidade de um TRF.

Para fazer parte dos TRFs o juiz precisa ter no mínimo 30 e no máximo 65 anos de idade. Quando comparada aos Tribunais Superiores, a idade mínima sofre uma atenuação de 35 para 30 anos; deve-se ter atenção em relação a isso.

Os membros dos TRFs são nomeados pelo Presidente da República sem necessidade de aprovação do Senado Federal. Essa é outra distinção importante.

Nos TRFs adota-se a regra do quinto constitucional, por meio do qual, 1/5 das vagas são destinadas a advogados e membros do Ministério Público Federal com mais de 10 anos de experiência. As demais vagas são destinadas a promoção de juízes federais com mais de cinco anos de exercício, que pode ocorrer ou por merecimento ou por antiguidade, de forma alternada.

11.2.5 Justiça do Trabalho

A Justiça do Trabalho encontra-se prevista no art. 111 da Constituição, sendo competente para julgar as causas cuja matéria possua natureza trabalhista. São órgãos da Justiça do Trabalho:

Art. 111. São órgãos da Justiça do Trabalho:
I – O Tribunal Superior do Trabalho;
II – Os Tribunais Regionais do Trabalho;
III – Juízes do Trabalho.

11.2.6 Tribunal Superior de Trabalho

O Tribunal Superior do Trabalho é o órgão de cúpula da Justiça do Trabalho. Segundo a Constituição Federal de 1988, o TST é composto por 27 membros, conforme previsão do art. 111-A:

Art. 111-A O Tribunal Superior do Trabalho compor-se-á de vinte e sete Ministros, escolhidos dentre brasileiros com mais de trinta e cinco anos e menos de sessenta e cinco anos, de notável saber jurídico e reputação ilibada, nomeados pelo Presidente da República após aprovação pela maioria absoluta do Senado Federal, sendo:

I – Um quinto dentre advogados com mais de dez anos de efetiva atividade profissional e membros do Ministério Público do Trabalho com mais de dez anos de efetivo exercício, observado o disposto no art. 94;

II – Os demais dentre juízes dos Tribunais Regionais do Trabalho, oriundos da magistratura da carreira, indicados pelo próprio Tribunal Superior.

O Texto Constitucional exige para ser ministro do TST a condição de brasileiro, maior de 35 anos e menor de 65 anos. A nomeação dos ministros se dá por ato do Presidente da República após a aprovação do Senado Federal pelo voto da maioria absoluta dos seus membros. Os 27 ministros são divididos da seguinte forma:

- **1/5:** advogados com mais de dez anos de efetiva atividade profissional e membros do Ministério Público do Trabalho com mais de dez anos de efetivo exercício;
- **4/5:** juízes dos TRT's, oriundos da magistratura de carreira, indicados pelo próprio tribunal.

Como se pode perceber, no TST adota-se o critério de ingresso pela regra do quinto constitucional. Além disso, é importante ressaltar a exigência de que juiz do TRT que deseje concorrer a uma vaga no TST seja membro do Poder Judiciário de carreira, isto é, que tenha ingressado nos quadros do tribunal por meio de concurso público nos termos do art. 93, I da CF/1988. Essa última regra exclui a possibilidade daqueles que são oriundos do quinto constitucional nos TRTs de ingressarem no TST na vaga destinada aos membros da magistratura trabalhista (4/5 das vagas).

A Constituição Federal de 1988 prevê, ainda, o funcionamento junto ao TST da Escola Nacional de Formação e Aperfeiçoamento de Magistrados do Trabalho e o Conselho Superior da Justiça do Trabalho, conforme o art. 111-A, § 2º:

Art. 111-A [...]

§ 2º Funcionarão junto ao Tribunal Superior do Trabalho:

I – A Escola Nacional de Formação e Aperfeiçoamento de Magistrados do Trabalho, cabendo-lhe, dentre outras funções, regulamentar os cursos oficiais para o ingresso e promoção na carreira;

II – O Conselho Superior da Justiça do Trabalho, cabendo-lhe exercer, na forma da lei, a supervisão administrativa, orçamentária, financeira e patrimonial da Justiça do Trabalho de primeiro e segundo graus, como órgão central do sistema, cujas decisões terão efeito vinculante.

§ 3º Compete ao Tribunal Superior do Trabalho processar e julgar, originariamente, a reclamação para a preservação de sua competência e garantia da autoridade de suas decisões.

11.2.7 Tribunal Regional do Trabalho

O ingresso no Tribunal Regional do Trabalho se dá conforme as regras previstas no art. 115 da Constituição Federal de 1988:

Art. 115 Os Tribunais Regionais do Trabalho compõem-se de, no mínimo, sete juízes, recrutados, quando possível, na respectiva região, e nomeados pelo Presidente da República dentre brasileiros com mais de trinta e menos de sessenta e cinco anos, sendo:

PODER JUDICIÁRIO

I – Um quinto dentre advogados com mais de dez anos de efetiva atividade profissional e membros do Ministério Público do Trabalho com mais de dez anos de efetivo exercício, observado o disposto no art. 94;

II – Os demais, mediante promoção de juízes do trabalho por antiguidade e merecimento, alternadamente.

§ 1º. Os Tribunais Regionais do Trabalho instalarão a justiça itinerante, com a realização de audiências e demais funções de atividade jurisdicional, nos limites territoriais da respectiva jurisdição, servindo-se de equipamentos públicos e comunitários.

§ 2º. Os Tribunais Regionais do Trabalho poderão funcionar descentralizadamente, constituindo Câmaras regionais, a fim de assegurar o pleno acesso do jurisdicionado à justiça em todas as fases do processo.

Art. 116. Nas Varas do Trabalho, a jurisdição será exercida por um juiz singular.

São no mínimo sete juízes recrutados, quando possível, na respectiva região os quais serão nomeados pelo Presidente da República entre brasileiros com mais de 30 e menos de 65 anos de idade. Para ser um juiz do TRT, é necessária a observação dos seguintes critérios:

- **1/5:** advogados com mais de 10 anos de efetiva atividade profissional e membros do Ministério Público do Trabalho com mais de 10 anos de efetivo exercício;
- **4/5:** juízes do trabalho promovidos por antiguidade e merecimento, alternadamente.

A Constituição prevê, dentro da estrutura dos TRTs, como forma de democratizar o acesso à Justiça do Trabalho, a possibilidade de instalação da justiça itinerante, com a realização de audiências e demais funções de atividade jurisdicional, nos limites territoriais da respectiva jurisdição, servindo-se de equipamentos públicos e comunitários. Não se deve esquecer de que os TRTs poderão funcionar descentralizadamente, constituindo câmaras regionais, a fim de assegurar o pleno acesso do jurisdicionado à justiça em todas as fases do processo, garantindo-se, dessa forma, uma maior celeridade processual. Ainda dentro da estrutura da Justiça do Trabalho, a Constituição Federal de 1988 prevê a possibilidade de juízes de direito exercerem as atribuições da jurisdição trabalhista nas comarcas não abrangidas pela Justiça do Trabalho, garantindo, nesse caso, recurso para o TRT:

Art. 112 A lei criará varas da Justiça do Trabalho, podendo, nas comarcas não abrangidas por sua jurisdição, atribuí-la aos juízes de direito, com recurso para o respectivo Tribunal Regional do Trabalho.

Por fim, a Constituição determinou que a jurisdição nas Varas do Trabalho seja exercida por um juiz singular:

Art. 116 Nas Varas do Trabalho, a jurisdição será exercida por um juiz singular.

Quanto às competências da Justiça do Trabalho, a Constituição encarregou-se de defini-las expressamente no art. 114 da Constituição Federal de 1988:

Art. 114 Compete à Justiça do Trabalho processar e julgar:

I – As ações oriundas da relação de trabalho, abrangidos os entes de direito público externo e da Administração Pública direta e indireta da União, dos Estados, do Distrito Federal e dos Municípios;

II – As ações que envolvam exercício do direito de greve;

III – As ações sobre representação sindical, entre sindicatos, entre sindicatos e trabalhadores, e entre sindicatos e empregadores;

IV – Os mandados de segurança, "Habeas corpus" e "Habeas Data", quando o ato questionado envolver matéria sujeita à sua jurisdição;

V – Os conflitos de competência entre órgãos com jurisdição trabalhista, ressalvado o disposto no art. 102, I, o;

VI – As ações de indenização por dano moral ou patrimonial, decorrentes da relação de trabalho;

VII – As ações relativas às penalidades administrativas impostas aos empregadores pelos órgãos de fiscalização das relações de trabalho;

VIII – A execução, de ofício, das contribuições sociais previstas no art. 195, I, a, e II, e seus acréscimos legais, decorrentes das sentenças que proferir;

IX – Outras controvérsias decorrentes da relação de trabalho, na forma da lei.

§ 1º Frustrada a negociação coletiva, as partes poderão eleger árbitros.

§ 2º Recusando-se qualquer das partes à negociação coletiva ou à arbitragem, é facultado às mesmas, de comum acordo, ajuizar dissídio coletivo de natureza econômica, podendo a Justiça do Trabalho decidir o conflito, respeitadas as disposições mínimas legais de proteção ao trabalho, bem como as convencionadas anteriormente.

§ 3º Em caso de greve em atividade essencial, com possibilidade de lesão do interesse público, o Ministério Público do Trabalho poderá ajuizar dissídio coletivo, competindo à Justiça do Trabalho decidir o conflito.

11.2.8 Justiça Eleitoral

A Justiça Eleitoral é a justiça especializada em questões de natureza eleitoral. Seus órgãos estão previstos no art. 118 da Constituição Federal de 1988:

Art. 118 São órgãos da Justiça Eleitoral:
I – O Tribunal Superior Eleitoral;
II – Os Tribunais Regionais Eleitorais;
III – Os Juízes Eleitorais;
IV – As Juntas Eleitorais.

Uma peculiaridade distingue os órgãos da Justiça Eleitoral dos demais órgãos do Poder Judiciário. Apesar de seus membros possuírem as mesmas garantias dos demais membros do Poder Judiciário, eles não possuem a vitaliciedade, haja vista serem eleitos para um mandato de dois anos, no mínimo, não podendo exercê-lo por mais de dois biênios consecutivos:

Art. 121 Lei complementar disporá sobre a organização e competência dos tribunais, dos juízes de direito e das juntas eleitorais.

§ 1º Os membros dos tribunais, os juízes de direito e os integrantes das juntas eleitorais, no exercício de suas funções, e no que lhes for aplicável, gozarão de plenas garantias e serão inamovíveis.

§ 2º Os juízes dos tribunais eleitorais, salvo motivo justificado, servirão por dois anos, no mínimo, e nunca por mais de dois biênios consecutivos, sendo os substitutos escolhidos na mesma ocasião e pelo mesmo processo, em número igual para cada categoria.

Analisa-se, a seguir, a composição de cada um dos órgãos da Justiça Eleitoral.

11.2.9 Tribunal Superior Eleitoral

O Tribunal Superior Eleitoral é o tribunal superior da Justiça Eleitoral. Sua composição está prevista no art. 119 da Constituição Federal:

Art. 119 O Tribunal Superior Eleitoral compor-se-á, no mínimo, de sete membros, escolhidos:

I – Mediante eleição, pelo voto secreto:
a) Três juízes dentre os Ministros do Supremo Tribunal Federal;
b) Dois juízes dentre os Ministros do Superior Tribunal de Justiça;

II – Por nomeação do Presidente da República, dois juízes dentre seis advogados de notável saber jurídico e idoneidade moral, indicados pelo Supremo Tribunal Federal.

Parágrafo único. O Tribunal Superior Eleitoral elegerá seu Presidente e o Vice-Presidente dentre os Ministros do Supremo Tribunal Federal, e o Corregedor Eleitoral dentre os Ministros do Superior Tribunal de Justiça.

Como se pode depreender do texto constitucional, o TSE é composto de no mínimo sete membros os quais serão eleitos ou nomeados segundo as seguintes regras:

- Escolhidos mediante eleição: **três** juízes dentre os Ministros STF e **dois** juízes dentre os Ministros do STJ;
- Por nomeação do Presidente da República: dois juízes dentre seis **advogados** de notável saber jurídico e idoneidade moral, indicados pelo Supremo Tribunal Federal.

O presidente e o vice-presidente do TSE serão escolhidos dentre os Ministros do STF e o Corregedor Eleitoral será escolhido dentre os Ministros do STJ.

11.2.10 Tribunal Regional Eleitoral

Os Tribunais Regionais Eleitorais serão distribuídos em todo território nacional sendo um em cada Capital de cada Estado e no Distrito Federal os quais se comporão de **sete membros**, conforme dispõe o art. 120 da Constituição Federal de 1988:

> *Art. 120 Haverá um Tribunal Regional Eleitoral na Capital de cada Estado e no Distrito Federal.*
>
> *§ 1º Os Tribunais Regionais Eleitorais compor-se-ão:*
>
> *I – Mediante eleição, pelo voto secreto:*
>
> *a) De dois juízes dentre os desembargadores do Tribunal de Justiça;*
>
> *b) De dois juízes, dentre juízes de direito, escolhidos pelo Tribunal de Justiça;*
>
> *II – De um juiz do Tribunal Regional Federal com sede na Capital do Estado ou no Distrito Federal, ou, não havendo, de juiz federal, escolhido, em qualquer caso, pelo Tribunal Regional Federal respectivo;*
>
> *III – Por nomeação, pelo Presidente da República, de dois juízes dentre seis advogados de notável saber jurídico e idoneidade moral, indicados pelo Tribunal de Justiça.*
>
> *§ 2º O Tribunal Regional Eleitoral elegerá seu Presidente e o Vice-Presidente dentre os desembargadores.*

Os membros do TRE serão escolhidos conforme os seguintes critérios:

- **Mediante eleição: dois** juízes dentre os desembargadores do Tribunal de Justiça e **dois** juízes, dentre juízes de direito, escolhidos pelo Tribunal de Justiça.
- **Por nomeação do Presidente da República:** de **dois** juízes dentre seis advogados de notável saber jurídico e idoneidade moral, indicados pelo Tribunal de Justiça.

Cada TRE elegerá seu presidente e o vice-presidente entre os seus desembargadores.

- **Juízes e Juntas Eleitorais**

No que tange aos juízes e juntas eleitorais previstos no art. 121 da Constituição Federal de 1988, sua regulação está prevista no Código Eleitoral entre os arts. 32 e 41, a qual deve ser analisada em disciplina oportuna. Isto é o que prevê o texto constitucional:

> *Art. 121 Lei complementar disporá sobre a organização e competência dos tribunais, dos juízes de direito e das juntas eleitorais.*
>
> *§ 1º Os membros dos tribunais, os juízes de direito e os integrantes das juntas eleitorais, no exercício de suas funções, e no que lhes for aplicável, gozarão de plenas garantias e serão inamovíveis.*

- **Competência**

Quanto às atribuições da Justiça Eleitoral, não existe dúvida sobre a sua competência especializada em matéria eleitoral. O art. 121, em seu § 3º, estabelece algumas regras que podem ser cobradas em prova:

> *Art. 121 [...]*
>
> *§ 3º São irrecorríveis as decisões do Tribunal Superior Eleitoral, salvo as que contrariarem esta Constituição e as denegatórias de Habeas corpus ou mandado de segurança.*
>
> *§ 4º Das decisões dos Tribunais Regionais Eleitorais somente caberá recurso quando:*
>
> *I – Forem proferidas contra disposição expressa desta Constituição ou de lei;*
>
> *II – Ocorrer divergência na interpretação de lei entre dois ou mais tribunais eleitorais;*
>
> *III – Versarem sobre inelegibilidade ou expedição de diplomas nas eleições federais ou estaduais;*
>
> *IV – Anularem diplomas ou decretarem a perda de mandatos eletivos federais ou estaduais;*
>
> *V – Denegarem Habeas corpus, mandado de segurança, Habeas Data ou mandado de injunção.*

11.2.11 Justiça Militar

A Justiça Militar compõe a chamada justiça especializada, nesse caso, em direito militar. A sua existência se deve à subordinação dos militares a um regime especial com direitos e deveres distintos quando comparados aos servidores civis.

A Constituição Federal definiu como órgãos da Justiça Militar os seguintes:

> *Art. 122 São órgãos da Justiça Militar:*
>
> *I – O Superior Tribunal Militar;*
>
> *II – Os Tribunais e Juízes Militares instituídos por lei.*

Na sequência, pode-se ver a composição de cada um dos órgãos.

- **Superior Tribunal Militar**

O Superior Tribunal Militar é o órgão de cúpula da Justiça Militar, o qual é composto segundo as regras estabelecidas no art. 123 da Constituição Federal de 1988:

> *Art. 123 O Superior Tribunal Militar compor-se-á de quinze Ministros vitalícios, nomeados pelo Presidente da República, depois de aprovada a indicação pelo Senado Federal, sendo três dentre oficiais-generais da Marinha, quatro dentre oficiais-generais do Exército, três dentre oficiais-generais da Aeronáutica, todos da ativa e do posto mais elevado da carreira, e cinco dentre civis.*
>
> *Parágrafo único. Os Ministros civis serão escolhidos pelo Presidente da República dentre brasileiros maiores de trinta e cinco anos, sendo:*
>
> *I – Três dentre advogados de notório saber jurídico e conduta ilibada, com mais de dez anos de efetiva atividade profissional;*
>
> *II – Dois, por escolha paritária, dentre juízes auditores e membros do Ministério Público da Justiça Militar.*

O STM é composto por quinze ministros nomeados pelo Presidente da República, depois de aprovada a indicação pelo Senado Federal. Esses ministros ocuparão os cargos de forma vitalícia e serão escolhidos entre militares da ativa e do posto mais elevado da carreira, bem como entre civis escolhidos pelo Presidente da República com mais de 35 anos de idade, observadas as seguintes regras:

10 Militares:
- Três – oficiais-generais da Marinha;
- Quatro – oficiais-generais do Exército;
- Três – oficiais-generais da Aeronáutica.
5 Civis:
- Três – civis entre advogados de notório saber jurídico e conduta ilibada, com mais de dez anos de efetiva atividade profissional;
- Dois – civis escolhidos de forma paritária, entre juízes auditores e membros do Ministério Público da Justiça Militar.

- **Competências**

Segundo a Constituição Federal, a Justiça Militar é competente para processar e julgar os crimes militares definidos em lei:

> *Art. 124 À Justiça Militar compete processar e julgar os crimes militares definidos em lei.*
>
> *Parágrafo único. A lei disporá sobre a organização, o funcionamento e a competência da Justiça Militar.*

É importante lembrar que essa competência é da Justiça Militar da União, a qual só julgará crimes militares praticados por militares das Forças Armadas. A Constituição Federal de 1988 também previu a criação da Justiça Militar nos Estados com competência para julgar os militares dos estados (policiais e bombeiros militares) em seu art. 125, § 3º ao 5º:

> *Art. 125 Os Estados organizarão sua Justiça, observados os princípios estabelecidos nesta Constituição.*
>
> *§ 3º A lei estadual poderá criar, mediante proposta do Tribunal de Justiça, a Justiça Militar estadual, constituída, em primeiro grau, pelos juízes de direito e pelos Conselhos de Justiça e, em segundo grau, pelo próprio Tribunal de Justiça, ou por Tribunal de Justiça Militar nos Estados em que o efetivo militar seja superior a vinte mil integrantes.*

PODER JUDICIÁRIO

§ 4º Compete à Justiça Militar estadual processar e julgar os militares dos Estados, nos crimes militares definidos em lei e as ações judiciais contra atos disciplinares militares, ressalvada a competência do júri quando a vítima for civil, cabendo ao tribunal competente decidir sobre a perda do posto e da patente dos oficiais e da graduação das praças.

§ 5º Compete aos juízes de direito do juízo militar processar e julgar, singularmente, os crimes militares cometidos contra civis e as ações judiciais contra atos disciplinares militares, cabendo ao Conselho de Justiça, sob a presidência de juiz de direito, processar e julgar os demais crimes militares.

11.2.12 Tribunais e juízes estaduais

Em relação aos tribunais e juízes estaduais, a Constituição Federal fixou regras gerais e deixou a cargo de cada Estado organizar a sua justiça, observados os princípios estabelecidos na Constituição Federal:

Art. 125 Os Estados organizarão sua Justiça, observados os princípios estabelecidos nesta Constituição.

§ 1º A competência dos tribunais será definida na Constituição do Estado, sendo a lei de organização judiciária de iniciativa do Tribunal de Justiça.

§ 2º Cabe aos Estados a instituição de representação de inconstitucionalidade de leis ou atos normativos estaduais ou municipais em face da Constituição Estadual, vedada a atribuição da legitimação para agir a um único órgão.

§ 3º A lei estadual poderá criar, mediante proposta do Tribunal de Justiça, a Justiça Militar estadual, constituída, em primeiro grau, pelos juízes de direito e pelos Conselhos de Justiça e, em segundo grau, pelo próprio Tribunal de Justiça, ou por Tribunal de Justiça Militar nos Estados em que o efetivo militar seja superior a vinte mil integrantes.

§ 4º Compete à Justiça Militar estadual processar e julgar os militares dos Estados, nos crimes militares definidos em lei e as ações judiciais contra atos disciplinares militares, ressalvada a competência do júri quando a vítima for civil, cabendo ao tribunal competente decidir sobre a perda do posto e da patente dos oficiais e da graduação das praças.

§ 5º Compete aos juízes de direito do juízo militar processar e julgar, singularmente, os crimes militares cometidos contra civis e as ações judiciais contra atos disciplinares militares, cabendo ao Conselho de Justiça, sob a presidência de juiz de direito, processar e julgar os demais crimes militares.

§ 6º O Tribunal de Justiça poderá funcionar descentralizadamente, constituindo Câmaras regionais, a fim de assegurar o pleno acesso do jurisdicionado à justiça em todas as fases do processo.

§ 7º O Tribunal de Justiça instalará a justiça itinerante, com a realização de audiências e demais funções da atividade jurisdicional, nos limites territoriais da respectiva jurisdição, servindo-se de equipamentos públicos e comunitários.

Art. 126 Para dirimir conflitos fundiários, o Tribunal de Justiça proporá a criação de varas especializadas, com competência exclusiva para questões agrárias.

Parágrafo único. Sempre que necessário à eficiente prestação jurisdicional, o juiz far-se-á presente no local do litígio.

- **STF – 11 membros – entre 35 e 65 anos**
  Composição: brasileiros natos. Notável saber jurídico e reputação ilibada. Nomeados pelo Presidente da República mediante aprovação do Senado pela maioria absoluta.

- **CNJ – 15 membros**
  Composição: presidente do STF. Indicados pelo STF: 1 desembargador do TJ, 1 juiz estadual. Indicados pelo STJ: 1 ministro do STJ, 1 juiz do TRF, 1 juiz federal. Indicados pelo TST: 1 ministro do TST, 1 juiz do TRT, 1 juiz do trabalho. Indicados pelo PGR: 1 membro do MPE, 1 membro do MPU. Indicados pelo CF/1988OAB: 2 advogados. Indicado pela Câmara: 1 cidadão. Indicado pelo Senado: 1 cidadão.

- **STJ – mínimo de 33 membros – entre 35 e 65 anos**
  Composição: Brasileiro. Notável saber jurídico e reputação ilibada. Nomeado pelo Presidente da República mediante aprovação do Senado. 1/3 juízes do TRF. 1/3 desembargadores do TJ. 1/3 advogados e membros do MPF, MPE e MPDFT.

- **TRF – mínimo de 7 membros – entre 30 e 65 anos**
  Composição: Nomeados pelo Presidente da República. 1/5 advogados e membros do MPF (os advogados e membros do Ministério Público quando são nomeados para algum cargo do Poder Judiciário pelo Quinto Constitucional precisam comprovar 10 anos de experiência). 4/5 juízes federais.

- **TST – 27 membros – entre 35 e 65 anos**
  Composição: Nomeado pelo Presidente da República mediante aprovação do Senado. 1/5 advogados e membros do MPT. 4/5 juízes do TRT da magistratura de carreira.

- **TRT – mínimo de 7 membros**
  Composição: Eleição: 3 ministros do STF; 2 ministros do STJ. Nomeação pelo Presidente da República: 2 advogados de notável saber jurídico e idoneidade moral indicados pelo STF.

- **TRE – 7 membros**
  Composição: Eleição: 2 desembargadores do TJ, 2 juízes de direito do TJ. 1 juiz do TRF ou juiz federal. Nomeação pelo Presidente da República: 2 advogados de notável saber jurídico e idoneidade moral indicados pelo TJ.

- **STM – 15 membros**
  Composição: Ministros vitalícios. Nomeados pelo Presidente da República mediante aprovação do Senado. 3 oficiais-generais da Marinha. 4 oficiais-generais do Exército. 3 oficiais-generais da Aeronáutica. 5 civis escolhidos pelo Presidente entre brasileiros com mais de trinta e cinco anos sendo três dentre advogados com mais de dez anos de efetiva atividade profissional e dois entre juízes auditores e membros do Ministério Público Militar.

11.3 Análise das competências dos órgãos do Poder Judiciário

O sucesso nesta parte da matéria depende de intensa leitura e memorização das competências que serão cobradas em prova. As mais cobradas são, sem dúvida, as do STF e do STJ. Também há grande ocorrência de questões sobre o CNJ. Passa-se à análise de cada um dos órgãos do Poder Judiciário.

11.3.1 Supremo Tribunal Federal

O Supremo Tribunal Federal é o órgão de cúpula do Poder Judiciário. Também é conhecido como Tribunal Constitucional, pois possui como atribuição precípua a guarda da Constituição Federal. Como protetor do texto constitucional, ele realiza o chamado Controle de Constitucionalidade Concentrado. Nota-se que as competências do STF compõem um rol taxativo e estão distribuídas em três espécies: originária, recursal ordinária e recursal extraordinária.

- **Originárias:** as causas previstas no inciso I do art. 102 têm início no próprio STF, a quem compete julgar originariamente.

Art. 102 Compete ao Supremo Tribunal Federal, precipuamente, a guarda da Constituição, cabendo-lhe:

I – Processar e julgar, originariamente:

a) A ação direta de inconstitucionalidade de lei ou ato normativo federal ou estadual e a ação declaratória de constitucionalidade de lei ou ato normativo federal;

DIREITO CONSTITUCIONAL

b) Nas infrações penais comuns, o Presidente da República, o Vice-Presidente, os membros do Congresso Nacional, seus próprios Ministros e o Procurador-geral da República;

c) Nas infrações penais comuns e nos crimes de responsabilidade, os Ministros de Estado e os Comandantes da Marinha, do Exército e da Aeronáutica, ressalvado o disposto no art. 52, I, os membros dos Tribunais Superiores, os do Tribunal de Contas da União e os chefes de missão diplomática de caráter permanente;

d) O Habeas corpus, sendo paciente qualquer das pessoas referidas nas alíneas anteriores; o mandado de segurança e o Habeas Data contra atos do Presidente da República, das Mesas da Câmara dos Deputados e do Senado Federal, do Tribunal de Contas da União, do Procurador-geral da República e do próprio Supremo Tribunal Federal;

e) O litígio entre Estado estrangeiro ou organismo internacional e a União, o Estado, o Distrito Federal ou o Território;

f) As causas e os conflitos entre a União e os Estados, a União e o Distrito Federal, ou entre uns e outros, inclusive as respectivas entidades da administração indireta;

g) A extradição solicitada por Estado estrangeiro;

h) (Revogado Emenda Constitucional nº 45, de 2004);

i) O Habeas corpus, quando o coator for Tribunal Superior ou quando o coator ou o paciente for autoridade ou funcionário cujos atos estejam sujeitos diretamente à jurisdição do Supremo Tribunal Federal, ou se trate de crime sujeito à mesma jurisdição em uma única instância;

j) A revisão criminal e a ação rescisória de seus julgados;

l) A reclamação para a preservação de sua competência e garantia da autoridade de suas decisões;

m) A execução de sentença nas causas de sua competência originária, facultada a delegação de atribuições para a prática de atos processuais;

n) A ação em que todos os membros da magistratura sejam direta ou indiretamente interessados, e aquela em que mais da metade dos membros do tribunal de origem estejam impedidos ou sejam direta ou indiretamente interessados;

o) Os conflitos de competência entre o Superior Tribunal de Justiça e quaisquer tribunais, entre Tribunais Superiores, ou entre estes e qualquer outro tribunal;

p) O pedido de medida cautelar das ações diretas de inconstitucionalidade;

q) O mandado de injunção, quando a elaboração da norma regulamentadora for atribuição do Presidente da República, do Congresso Nacional, da Câmara dos Deputados, do Senado Federal, das Mesas de uma dessas Casas Legislativas, do Tribunal de Contas da União, de um dos Tribunais Superiores, ou do próprio Supremo Tribunal Federal;

r) As ações contra o Conselho Nacional de Justiça e contra o Conselho Nacional do Ministério Público.

- **Recurso ordinário:** analisa matéria já debatida em instância anterior atuando como tribunal de 2º grau de jurisdição. O art. 102, II prevê como competência em sede de recurso ordinário:

II – Julgar, em recurso ordinário:

a) O Habeas corpus, o mandado de segurança, o Habeas Data e o mandado de injunção decididos em única instância pelos Tribunais Superiores, se denegatória a decisão;

b) O crime político.

- **Recurso extraordinário:** atua na defesa da norma constitucional. O art. 102, inciso III, prevê que compete ao STF o julgamento das causas decididas em única ou última instância quando a decisão recorrida:

III – Julgar, mediante recurso extraordinário, as causas decididas em única ou última instância, quando a decisão recorrida:

a) Contrariar dispositivo desta Constituição;

b) Declarar a inconstitucionalidade de tratado ou lei federal;

c) Julgar válida lei ou ato de governo local contestado em face desta Constituição;

d) Julgar válida lei local contestada em face de lei federal.

As questões sobre competências costumam ser bem complicadas, pois exigem do candidato a memorização de vários dispositivos, sem contar que se costuma complicar colocando a competência de um tribunal como se fosse de outro tribunal. Vejamos este exemplo:

Controle de constitucionalidade: o STF, em sede de controle de constitucionalidade concentrado, tem competência para apreciar originariamente a Ação Direta de Inconstitucionalidade e a Ação Declaratória de Constitucionalidade. Essas ações têm como objetivo questionar a constitucionalidade de uma lei ou ato normativo diante da Constituição. Quando esse questionamento se dá diretamente no STF, é necessário que seja apresentado por um dos legitimados que estão previstos no art. 103 da Constituição Federal de 1988:

Art. 103 Podem propor a ação direta de inconstitucionalidade e a ação declaratória de constitucionalidade:

I – O Presidente da República;

II – A Mesa do Senado Federal;

III – A Mesa da Câmara dos Deputados;

IV – A Mesa de Assembleia Legislativa ou da Câmara Legislativa do Distrito Federal;

V – O Governador de Estado ou do Distrito Federal;

VI – O Procurador-geral da República;

VII – O Conselho Federal da Ordem dos Advogados do Brasil;

VIII – Partido político com representação no Congresso Nacional;

IX – Confederação sindical ou entidade de classe de âmbito nacional.

§1º O Procurador-geral da República deverá ser previamente ouvido nas ações de inconstitucionalidade e em todos os processos de competência do Supremo Tribunal Federal.

§2º Declarada a inconstitucionalidade por omissão de medida para tornar efetiva norma constitucional, será dada ciência ao Poder competente para a adoção das providências necessárias e, em se tratando de órgão administrativo, para fazê-lo em trinta dias.

§ 3º Quando o Supremo Tribunal Federal apreciar a inconstitucionalidade, em tese, de norma legal ou ato normativo, citará, previamente, o Advogado-Geral da União, que defenderá o ato ou texto impugnado.

Deve-se memorizar o rol de legitimados. Observe que os membros do Poder Executivo e Legislativo da União, dos estados e do Distrito Federal possuem legitimidade para ingressar com essas ações de Controle de Constitucionalidade, contudo as mesmas autoridades no âmbito dos Municípios não possuem tal poder, e isso aparece muito em prova. Prefeito e mesa da Câmara de Vereadores não possuem legitimidade para propor as ações de controle de constitucionalidade citadas acima.

Observam-se também outros detalhes. No que tange às Casas Legislativas, a competência é da Mesa e não do membro. Mesa da Câmara ou da Assembleia é órgão de direção em que encontram o Presidente da Casa, os Secretários e demais membros de direção.

Quanto aos partidos políticos, não é qualquer partido político que tem legitimidade; tem de ser partido com representação no Congresso Nacional. E representação no Congresso Nacional significa pelo menos um membro em qualquer uma das Casas.

Em relação à confederação sindical ou entidade de classe, não será qualquer uma que possui legitimidade. Deve ser de âmbito nacional.

Súmulas vinculantes: as súmulas vinculantes são ferramentas jurídicas criadas para garantir maior efetividade ao inciso LXXVIII do art. 5º da Constituição Federal de 1988 (celeridade processual). Introduzida no direito brasileiro por meio da Emenda Constitucional nº 45/2004, essas súmulas refletem o pensamento do Supremo Tribunal Federal acerca da validade, interpretação e eficácia de algumas normas que já foram analisadas em reiteradas decisões.

A competência para edição dessas súmulas é exclusiva do STF. Após a edição da súmula, ela produz efeitos vinculantes para todos os órgãos do Poder Judiciário e para a Administração Pública Direta e Indireta, nas esferas federal, estadual e municipal. É importante ressaltar que os efeitos das súmulas vinculantes não atingem o STF nem o Poder Legislativo: o STF, por poder rever ou cancelar a súmula conforme a evolução jurisprudencial; e o Legislativo, por ser o Poder responsável pela inovação legislativa no Brasil.

PODER JUDICIÁRIO

O seu principal objetivo é diminuir a quantidade de processos com temas idênticos que se acumulam nas diversas instâncias do Judiciário. Ao editar uma súmula vinculante, o STF produz segurança jurídica e evita a multiplicação de processos sobre as questões sumuladas. Esse tema está regulado pelo art. 103-A da Constituição Federal e pela Lei nº 11.417/2006.

Art. 103-A O Supremo Tribunal Federal poderá, de ofício ou por provocação, mediante decisão de dois terços dos seus membros, após reiteradas decisões sobre matéria constitucional, aprovar súmula que, a partir de sua publicação na imprensa oficial, terá efeito vinculante em relação aos demais órgãos do Poder Judiciário e à Administração Pública direta e indireta, nas esferas federal, estadual e municipal, bem como proceder à sua revisão ou cancelamento, na forma estabelecida em lei.

§ 1º A súmula terá por objetivo a validade, a interpretação e a eficácia de normas determinadas, acerca das quais haja controvérsia atual entre órgãos judiciários ou entre esses e a Administração Pública que acarrete grave insegurança jurídica e relevante multiplicação de processos sobre questão idêntica.

§ 2º Sem prejuízo do que vier a ser estabelecido em lei, a aprovação, revisão ou cancelamento de súmula poderá ser provocada por aqueles que podem propor a ação direta de inconstitucionalidade.

§ 3º Do ato administrativo ou decisão judicial que contrariar a súmula aplicável ou que indevidamente a aplicar, caberá reclamação ao Supremo Tribunal Federal que, julgando-a procedente, anulará o ato administrativo ou cassará a decisão judicial reclamada, e determinará que outra seja proferida com ou sem a aplicação da súmula, conforme o caso.

11.3.2 Superior Tribunal de Justiça

O Superior Tribunal de Justiça é o conhecido protetor da legislação federal. Suas competências estão arroladas no art. 105 da Constituição Federal de 1988 e estão divididas em: originária, recursal ordinária e recursal especial.

- **Originária:** as causas previstas no inciso I do art. 105 têm início no próprio STJ, a quem compete julgar originariamente:

  a) Nos crimes comuns, os Governadores dos Estados e do Distrito Federal, e, nestes e nos de responsabilidade, os desembargadores dos Tribunais de Justiça dos Estados e do Distrito Federal, os membros dos Tribunais de Contas dos Estados e do Distrito Federal, os dos Tribunais Regionais Federais, dos Tribunais Regionais Eleitorais e do Trabalho, os membros dos Conselhos ou Tribunais de Contas dos Municípios e os do Ministério Público da União que oficiem perante tribunais;

  b) Os mandados de segurança e os Habeas Data contra ato de Ministro de Estado, dos Comandantes da Marinha, do Exército e da Aeronáutica ou do próprio Tribunal;

  c) Os Habeas corpus, quando o coator ou paciente for qualquer das pessoas mencionadas na alínea "a", ou quando o coator for tribunal sujeito à sua jurisdição, Ministro de Estado ou Comandante da Marinha, do Exército ou da Aeronáutica, ressalvada a competência da Justiça Eleitoral;

  d) Os conflitos de competência entre quaisquer tribunais, ressalvado o disposto no art. 102, I, "o", bem como entre tribunal e juízes a ele não vinculados e entre juízes vinculados a tribunais diversos;

  e) As revisões criminais e as ações rescisórias de seus julgados;

  f) A reclamação para a preservação de sua competência e garantia da autoridade de suas decisões;

  g) Os conflitos de atribuições entre autoridades administrativas e judiciárias da União, ou entre autoridades judiciárias de um Estado e administrativas de outro ou do Distrito Federal, ou entre as deste e da União;

  h) O mandado de injunção, quando a elaboração da norma regulamentadora for atribuição de órgão, entidade ou autoridade federal, da administração direta ou indireta, excetuados os casos de competência do Supremo Tribunal Federal e dos órgãos da Justiça Militar, da Justiça Eleitoral, da Justiça do Trabalho e da Justiça Federal;

  i) A homologação de sentenças estrangeiras e a concessão de exequatur às cartas rogatórias.

- **Recurso Ordinário:** analisa matéria já debatida em instância anterior atuando como tribunal de 2º grau de jurisdição. O art. 105, II prevê como competência em sede de recurso ordinário:

  a) Os "Habeas corpus" decididos em única ou última instância pelos Tribunais Regionais Federais ou pelos tribunais dos Estados, do Distrito Federal e Territórios, quando a decisão for denegatória;

  b) Os mandados de segurança decididos em única instância pelos Tribunais Regionais Federais ou pelos tribunais dos Estados, do Distrito Federal e Territórios, quando denegatória a decisão;

  c) As causas em que forem partes Estado estrangeiro ou organismo internacional, de um lado, e, do outro, Município ou pessoa residente ou domiciliada no País.

- **Recurso Especial:** atua na defesa das normas infraconstitucionais federais. O art. 105, inciso III prevê que compete ao STJ o julgamento das causas decididas em única ou última instância pelos TRF's e TJ's que:

  a) Contrariar tratado ou lei federal, ou negar-lhe vigência;

  b) Julgar válido ato de governo local contestado em face de lei federal;

  c) Der a lei federal interpretação divergente da que lhe haja atribuído outro tribunal.

11.3.3 Conselho Nacional de Justiça

O Conselho Nacional de Justiça é órgão do Poder Judiciário, mas não possui função jurisdicional. Sua função é de caráter administrativo.

O CNJ é responsável pela fiscalização administrativa e financeira do Poder Judiciário. Possui também atribuição para fiscalizar os seus membros quanto a observância dos deveres funcionais.

Por fim, deve-se lembrar que o CNJ não possui competência sobre o STF, haja vista este ser o órgão de cúpula de todo o Poder Judiciário.

Art. 103-B [...]

§ 4º Compete ao Conselho o controle da atuação administrativa e financeira do Poder Judiciário e do cumprimento dos deveres funcionais dos juízes, cabendo-lhe, além de outras atribuições que lhe forem conferidas pelo Estatuto da Magistratura:

I – Zelar pela autonomia do Poder Judiciário e pelo cumprimento do Estatuto da Magistratura, podendo expedir atos regulamentares, no âmbito de sua competência, ou recomendar providências;

II – Zelar pela observância do art. 37 e apreciar, de ofício ou mediante provocação, a legalidade dos atos administrativos praticados por membros ou órgãos do Poder Judiciário, podendo desconstituí-los, revê-los ou fixar prazo para que se adotem as providências necessárias ao exato cumprimento da lei, sem prejuízo da competência do Tribunal de Contas da União;

III – Receber e conhecer das reclamações contra membros ou órgãos do Poder Judiciário, inclusive contra seus serviços auxiliares, serventias e órgãos prestadores de serviços notariais e de registro que atuem por delegação do poder público ou oficializados, sem prejuízo da competência disciplinar e correicional dos tribunais, podendo avocar processos disciplinares em curso e determinar a remoção, a disponibilidade ou a aposentadoria com subsídios ou proventos proporcionais ao tempo de serviço e aplicar outras sanções administrativas, assegurada ampla defesa;

IV – Representar ao Ministério Público, no caso de crime contra a Administração Pública ou de abuso de autoridade;

V – Rever, de ofício ou mediante provocação, os processos disciplinares de juízes e membros de tribunais julgados há menos de um ano;

VI – Elaborar semestralmente relatório estatístico sobre processos e sentenças prolatadas, por unidade da Federação, nos diferentes órgãos do Poder Judiciário;

VII – Elaborar relatório anual, propondo as providências que julgar necessárias, sobre a situação do Poder Judiciário no País e as atividades do Conselho, o qual deve integrar mensagem do Presidente do Supremo Tribunal Federal a ser remetida ao Congresso Nacional, por ocasião da abertura da sessão legislativa.

§ 5º O Ministro do Superior Tribunal de Justiça exercerá a função de Ministro-Corregedor e ficará excluído da distribuição de processos no Tribunal, competindo-lhe, além das atribuições que lhe forem conferidas pelo Estatuto da Magistratura, as seguintes:

I – Receber as reclamações e denúncias, de qualquer interessado, relativas aos magistrados e aos serviços judiciários;

II – Exercer funções executivas do Conselho, de inspeção e de correição geral;

III – Requisitar e designar magistrados, delegando-lhes atribuições, e requisitar servidores de juízos ou tribunais, inclusive nos Estados, Distrito Federal e Territórios.

§ 6º Junto ao Conselho oficiarão o Procurador-geral da República e o Presidente do Conselho Federal da Ordem dos Advogados do Brasil.

§ 7º A União, inclusive no Distrito Federal e nos Territórios, criará ouvidorias de justiça, competentes para receber reclamações e denúncias de qualquer interessado contra membros ou órgãos do Poder Judiciário, ou contra seus serviços auxiliares, representando diretamente ao Conselho Nacional de Justiça.

11.3.4 Justiça Federal

Estes são os órgãos da chamada Justiça Federal:

Art. 106 São órgãos da Justiça Federal:

I – Os Tribunais Regionais Federais;

II – Os Juízes Federais.

- **Tribunal Regional Federal e Juízes Federais**

As competências da Justiça Federal, em regra, estão relacionadas com causas de interesse da União. Atente para esse tema, pois há competências que são dos Tribunais Regionais Federais e outras que são dos Juízes Federais. As provas costumam trocar essas competências umas pelas outras. As primeiras encontram-se definidas na Constituição Federal no art. 108 e as dos Juízes Federais estão previstas no art. 109:

Art. 108 Compete aos Tribunais Regionais Federais:

I – Processar e julgar, originariamente:

a) Os juízes federais da área de sua jurisdição, incluídos os da Justiça Militar e da Justiça do Trabalho, nos crimes comuns e de responsabilidade, e os membros do Ministério Público da União, ressalvada a competência da Justiça Eleitoral;

b) As revisões criminais e as ações rescisórias de julgados seus ou dos juízes federais da região;

c) Os mandados de segurança e os Habeas Data contra ato do próprio Tribunal ou de juiz federal;

d) Os Habeas corpus, quando a autoridade coatora for juiz federal;

e) Os conflitos de competência entre juízes federais vinculados ao Tribunal;

II – Julgar, em grau de recurso, as causas decididas pelos juízes federais e pelos juízes estaduais no exercício da competência federal da área de sua jurisdição.

Art. 109 Aos juízes federais compete processar e julgar:

I – As causas em que a União, entidade autárquica ou empresa pública federal forem interessadas na condição de autoras, rés, assistentes ou oponentes, exceto as de falência, as de acidentes de trabalho e as sujeitas à Justiça Eleitoral e à Justiça do Trabalho;

II – As causas entre Estado estrangeiro ou organismo internacional e Município ou pessoa domiciliada ou residente no País;

III – As causas fundadas em tratado ou contrato da União com Estado estrangeiro ou organismo internacional;

IV – Os crimes políticos e as infrações penais praticadas em detrimento de bens, serviços ou interesse da União ou de suas entidades autárquicas ou empresas públicas, excluídas as contravenções e ressalvada a competência da Justiça Militar e da Justiça Eleitoral;

V – Os crimes previstos em tratado ou convenção internacional, quando, iniciada a execução no País, o resultado tenha ou devesse ter ocorrido no estrangeiro, ou reciprocamente;

V-A. As causas relativas a direitos humanos a que se refere o § 5º deste artigo;

VI – Os crimes contra a organização do trabalho e, nos casos determinados por lei, contra o sistema financeiro e a ordem econômico-financeira;

VII – Os Habeas corpus, em matéria criminal de sua competência ou quando o constrangimento provier de autoridade cujos atos não estejam diretamente sujeitos a outra jurisdição;

VIII – Os mandados de segurança e os Habeas Data contra ato de autoridade federal, excetuados os casos de competência dos tribunais federais;

IX – Os crimes cometidos a bordo de navios ou aeronaves, ressalvada a competência da Justiça Militar;

X – Os crimes de ingresso ou permanência irregular de estrangeiro, a execução de carta rogatória, após o "exequatur", e de sentença estrangeira, após a homologação, as causas referentes à nacionalidade, inclusive a respectiva opção, e à naturalização;

XI – A disputa sobre direitos indígenas.

ORDEM SOCIAL

12 ORDEM SOCIAL

A ordem social é um conjunto de ações desencadeadas por meio de prestações positivas do Estado que visam a reduzir as desigualdades sociais e a garantir um tratamento mínimo, com o fim de tornar efetivo o fundamento constitucional da dignidade da pessoa humana. Perceba este sentimento expresso no art. 193 da Constituição Federal de 1988:

> *Art. 193 A ordem social tem como base o primado do trabalho, e como objetivo o bem-estar e a justiça sociais.*

O trabalho é considerado como a base de toda a teia social. É ele que garante a dignidade para as pessoas. Além disso, o citado artigo deixa claro o objetivo da Ordem Social, qual seja, garantir o bem-estar e a justiça sociais.

Esses direitos decorrem dos direitos sociais trabalhados anteriormente no art. 6º da Constituição. São direitos implementados por meio de políticas públicas.

A Constituição Federal de 1988 estabeleceu alguns grupos de direitos que são trabalhados na ordem social:

- Seguridade social;
- Educação, cultura e desporto;
- Ciência e tecnologia;
- Comunicação social;
- Meio ambiente;
- Família, criança, adolescente, jovem e idoso; e
- Indígena.

Esse tema, quando cobrado em prova, costuma ter uma abordagem próxima da literalidade da Constituição. Significa dizer que, para o candidato acertar questões sobre Ordem Social, será necessária a leitura repetida dos artigos que compõem essa parte da Constituição Federal. Apesar de o mais cobrado ser o próprio texto, tratar-se-á de cada um desses temas sob uma abordagem doutrinária e jurisprudencial.

12.1 Seguridade social

A Seguridade Social está prevista no art. 194 e constitui um conjunto de ações que visam a garantir o mínimo existencial para a população, objetivando melhores condições de vida. É composta de três ações: a saúde, a Previdência Social e a Assistência Social.

A implementação dessas ações são obrigação não só do Estado, mas também da sociedade, conforme estabelece o art. 194 da Constituição Federal de 1988:

> *Art. 194 A seguridade social compreende um conjunto integrado de ações de iniciativa dos Poderes Públicos e da sociedade, destinadas a assegurar os direitos relativos à saúde, à previdência e à assistência social.*

Apesar da ação conjunta, a obrigação de organizar a seguridade social é do Estado, que deve fazer amparada nos seguintes objetivos:

- Universalidade da cobertura e do atendimento;
- Uniformidade e equivalência dos benefícios e serviços às populações urbanas e rurais;
- Seletividade e distributividade na prestação dos benefícios e serviços;
- Irredutibilidade do valor dos benefícios;
- Equidade na forma de participação no custeio;
- Diversidade da base de financiamento, identificando-se, em rubricas contábeis específicas para cada área, as receitas e as despesas vinculadas a ações de saúde, previdência e assistência social, preservado o caráter contributivo da previdência social;
- Caráter democrático e descentralizado da administração, mediante gestão quadripartite, com participação dos trabalhadores, dos empregadores, dos aposentados e do Governo nos órgãos colegiados.

A universalidade de cobertura representa a cobertura sobre qualquer situação de risco social enquanto a universalidade de atendimento está relacionada com a cobertura para todos os que necessitarem.

A uniformidade e equivalência de benefícios e serviços às populações urbanas e rurais deixa claro que não existe tratamento diferenciado entre os trabalhadores urbanos e rurais. Ambos são tratados da mesma forma.

A seletividade e a distributividade visam a redistribuir os benefícios sociais na tentativa de atender a quem mais dele necessitar. Em tese, esses princípios permitem um tratamento desigual sob o enfoque da igualdade material.

A Irredutibilidade do valor dos benefícios garante ao beneficiário a manutenção do valor nominal dos benefícios.

A equidade na forma de participação no custeio apresenta a ideia de distribuição justa levando em consideração a capacidade de contribuição e a isonomia entre os contribuintes. A ideia aqui para a manutenção da seguridade é que o custeio seja distribuído de forma justa entre os vários agentes contributivos. Esse princípio nos conduz ao seguinte, que é a **diversidade da base de financiamento**, o qual conta com a participação de vários agentes responsáveis pela manutenção financeira da Seguridade Social, especialmente, os trabalhadores, as empresas e os entes estatais.

Por fim, há o último objetivo, que é o **caráter democrático e descentralizado da administração, mediante gestão quadripartite,** com participação dos trabalhadores, dos empregadores, dos aposentados e do Governo nos órgãos colegiados. Aqui, há uma questão que já apareceu várias vezes em prova, principalmente por causa da palavra quadripartite, que significa a participação na gestão de forma democrática, envolvendo quatro atores sociais: trabalhadores, empregadores, aposentados e Governo.

Agora serão analisados os três serviços que compõem a seguridade social: saúde, previdência social e assistência social. Aqui se propõe analisar apenas os pontos mais importantes, envolvendo esses temas. Como já sinalizado anteriormente, na ordem social o mais cobrado em prova é o próprio texto constitucional.

12.2 Saúde

12.2.1 Caráter não contributivo

O direito à saúde é uma norma de proteção do direito à vida destinada a todas as pessoas, independentemente de contribuição à Previdência Social. Por isso, dizemos que não possui caráter contributivo, ou seja, quem quiser ser beneficiado pela saúde pública poderá utilizar dos seus serviços independentemente de filiação ou contribuição à previdência social. Observando a leitura do *caput* do art. 196, percebe-se que esse direito de caráter social é garantido a todos:

> *Art. 196 A saúde é direito de todos e dever do Estado, garantido mediante políticas sociais e econômicas que visem à redução do risco de doença e de outros agravos e ao acesso universal e igualitário às ações e serviços para sua promoção, proteção e recuperação.*

12.2.2 Vinculação ao direito à vida

O direito à saúde decorre do próprio direito à vida, como forma de garantir qualidade à vida em sua modalidade de existência humana. De nada adianta garantir ao indivíduo o direito de viver se essa vida não possuir o mínimo de dignidade. Garantir saúde é cumprir os ditames constitucionais que protegem o indivíduo em sua existência, em perfeita consonância com o princípio da dignidade da pessoa humana.

12.2.3 Remoção de órgãos, tecidos e substâncias humanas

Outra norma muito interessante e que pode cair em prova é a proteção constitucional à remoção de órgãos, tecidos e substâncias humanas. A Constituição Federal de 1988, em seu art. 199, § 4º, traz expressamente a vedação para a comercialização de órgãos, apesar de não regulamentar as formas de remoção, pesquisa, coleta e processamento de sangue. A falta de regulamentação ocorre porque a Constituição deixou para a legislação infraconstitucional o dever de fazê-la.

O dispositivo em questão é um exemplo de norma de eficácia limitada, o qual foi regulamentado pelas Leis nºs 10.205/2001, 9.434/1997 e 11.105/2005:

> **Art. 199** [...]
> *§ 4º A lei disporá sobre as condições e os requisitos que facilitem a remoção de órgãos, tecidos e substâncias humanas para fins de transplante, pesquisa e tratamento, bem como a coleta, processamento e transfusão de sangue e seus derivados, sendo vedado todo tipo de comercialização.*

12.3 Previdência social

- Caráter contributivo e filiação obrigatória.

Sem dúvida, uma das questões mais cobradas em prova está no próprio *caput* do art. 201, que afirma ser a previdência social de caráter contributivo e filiação obrigatória:

> **Art. 201** *A previdência social será organizada sob a forma do Regime Geral de Previdência Social, de caráter contributivo e de filiação obrigatória, observados critérios que preservem o equilíbrio financeiro e atuarial, e atenderá, na forma da lei, a:*
>
> *I – cobertura dos eventos de incapacidade temporária ou permanente para o trabalho e idade avançada;*
>
> *II – proteção à maternidade, especialmente à gestante;*
>
> *III – proteção ao trabalhador em situação de desemprego involuntário;*
>
> *IV – salário-família e auxílio-reclusão para os dependentes dos segurados de baixa renda;*
>
> *V – pensão por morte do segurado, homem ou mulher, ao cônjuge ou companheiro e dependentes, observado o disposto no § 2º.*

Ter caráter contributivo significa dizer que só poderá ser beneficiado pela previdência social quem contribuir previamente com o sistema de previdência público. Além da contribuição, a Constituição exige a filiação ao sistema, na qualidade de segurado. Esse tema está regulamentado na Lei nº 8.213/1991.

12.3.1 Regras para aposentadoria

As regras de aposentadoria são o ponto forte desse tema; e deve ser aprofundado na disciplina de Direito Previdenciário.

> **Art. 201** [...]
> *§ 7º É assegurada aposentadoria no regime geral de previdência social, nos termos da lei, obedecidas as seguintes condições:*
>
> *I – 65 (sessenta e cinco) anos de idade, se homem, e 62 (sessenta e dois) anos de idade, se mulher, observado tempo mínimo de contribuição;*
>
> *II – 60 (sessenta) anos de idade, se homem, e 55 (cinquenta e cinco) anos de idade, se mulher, para os trabalhadores rurais e para os que exerçam suas atividades em regime de economia familiar, nestes incluídos o produtor rural, o garimpeiro e o pescador artesanal.*
>
> *§ 8º O requisito de idade a que se refere o inciso I do § 7º será reduzido em 5 (cinco) anos, para o professor que comprove tempo de efetivo exercício das funções de magistério na educação infantil e no ensino fundamental e médio fixado em lei complementar.*

O destaque fica para a redução do período de contribuição para quem exerce a função de magistério. Observe-se que a Constituição Federal de 1988 reduziu em cinco anos o tempo de contribuição necessário para aposentadoria para o professor que comprove o tempo de efetivo exercício previsto em lei complementar nas funções de magistério na educação infantil e no ensino fundamental e médio. Anteriormente, o texto constitucional exigia tempo exclusivo de dedicação a essas atividades.

12.3.2 Previdência privada

Outra regra que já foi cobrada em prova diz respeito à possibilidade de o regime de previdência ser organizado pela iniciativa privada. Algumas palavras-chave definem essa relação de previdência privada: complementar, autonomia e facultativo. Vejamos o que diz o art. 202 da CF/1988/1988:

> **Art. 202** *O regime de previdência privada, de caráter complementar e organizado de forma autônoma em relação ao regime geral de previdência social, será facultativo, baseado na constituição de reservas que garantam o benefício contratado, e regulado por lei complementar.*
>
> *§ 1º A lei complementar de que trata este artigo assegurará ao participante de planos de benefícios de entidades de previdência privada o pleno acesso às informações relativas à gestão de seus respectivos planos.*
>
> *§ 2º As contribuições do empregador, os benefícios e as condições contratuais previstas nos estatutos, regulamentos e planos de benefícios das entidades de previdência privada não integram o contrato de trabalho dos participantes, assim como, à exceção dos benefícios concedidos, não integram a remuneração dos participantes, nos termos da lei.*
>
> *§ 3º É vedado o aporte de recursos a entidade de previdência privada pela União, Estados, Distrito Federal e Municípios, suas autarquias, fundações, empresas públicas, sociedades de economia mista e outras entidades públicas, salvo na qualidade de patrocinador, situação na qual, em hipótese alguma, sua contribuição normal poderá exceder a do segurado.*
>
> *§ 4º Lei complementar disciplinará a relação entre a União, Estados, Distrito Federal ou Municípios, inclusive suas autarquias, fundações, sociedades de economia mista e empresas controladas direta ou indiretamente, enquanto patrocinadores de planos de benefícios previdenciários, e as entidades de previdência complementar.*
>
> *§ 5º A lei complementar de que trata o § 4º aplicar-se-á, no que couber, às empresas privadas permissionárias ou concessionárias de prestação de serviços públicos, quando patrocinadoras de planos de benefícios em entidades de previdência complementar.*
>
> *§ 6º Lei complementar estabelecerá os requisitos para a designação dos membros das diretorias das entidades fechadas de previdência complementar instituídas pelos patrocinadores de que trata o § 4º e disciplinará a inserção dos participantes nos colegiados e instâncias de decisão em que seus interesses sejam objeto de discussão e deliberação.*

Quando se diz complementar, quer se dizer que complementa o regime geral de previdência. A autonomia representa a não vinculação do regime privado ao público. E, por fim, a faculdade de se aderir, haja vista não constituir obrigação a nenhum trabalhador.

12.3.3 Assistência social

O art. 203 prevê os benefícios e serviços da Assistência Social. São várias as prestações oferecidas a quem precisa de assistência, geralmente aos hipossuficientes. A Assistência Social não depende de contribuição à previdência social:

> **Art. 203** *A assistência social será prestada a quem dela necessitar, independentemente de contribuição à seguridade social, e tem por objetivos:*
>
> *I – a proteção à família, à maternidade, à infância, à adolescência e à velhice;*
>
> *II – o amparo às crianças e adolescentes carentes;*
>
> *III – a promoção da integração ao mercado de trabalho;*
>
> *IV – a habilitação e reabilitação das pessoas portadoras de deficiência e a promoção de sua integração à vida comunitária;*
>
> *V – a garantia de um salário mínimo de benefício mensal à pessoa portadora de deficiência e ao idoso que comprovem não possuir meios de prover à própria manutenção ou de tê-la provida por sua família, conforme dispuser a lei.*
>
> *VI – a redução da vulnerabilidade socioeconômica de famílias em situação de pobreza ou de extrema pobreza. (Incluído pela Emenda Constitucional nº 114/2021)*

12.4 Educação, cultura e desporto

12.4.1 Educação

O acesso à educação é um dos grandes serviços de ordem social e deverá ser garantido segundo os princípios previstos no art. 206, que costuma ser muito cobrado em prova:

> **Art. 206** *O ensino será ministrado com base nos seguintes princípios:*
>
> *I – igualdade de condições para o acesso e permanência na escola;*
>
> *II – liberdade de aprender, ensinar, pesquisar e divulgar o pensamento, a arte e o saber;*
>
> *III – pluralismo de ideias e de concepções pedagógicas, e coexistência de instituições públicas e privadas de ensino;*
>
> *IV – gratuidade do ensino público em estabelecimentos oficiais;*

ORDEM SOCIAL

V – valorização dos profissionais da educação escolar, garantidos, na forma da lei, planos de carreira, com ingresso exclusivamente por concurso público de provas e títulos, aos das redes públicas;

VI – gestão democrática do ensino público, na forma da lei;

VII – garantia de padrão de qualidade;

VIII – piso salarial profissional nacional para os profissionais da educação escolar pública, nos termos de lei federal.

IX – garantia do direito à educação e à aprendizagem ao longo da vida.

- **Gratuidade do ensino público**

Como consequência da regra constitucional, que prevê gratuidade do ensino público, o STF editou a Súmula Vinculante nº 12, proibindo a cobrança de taxa de matrícula nas universidades públicas:

Súmula Vinculante nº 12 A cobrança de taxa de matrícula nas universidades públicas viola o disposto no art. 206, IV, da Constituição Federal.

- **Igualdade de condições e acesso meritocrático**

Outros dois princípios que se destacam nos Arts. 206 e 208, da CF/1988, são a igualdade de condições de acesso e permanência na escola e o acesso meritocrático aos níveis mais elevados de ensino:

Art. 206 [...]

I – igualdade de condições para o acesso e permanência na escola;

Art. 208 [...]

V – acesso aos níveis mais elevados do ensino, da pesquisa e da criação artística, segundo a capacidade de cada um;

Entende-se por acesso meritocrático aquele que privilegia o mérito de cada estudante na obtenção da vaga para universidades e demais cursos de pós-graduação, o que justifica a utilização de vestibulares para seleção dos candidatos.

O STF entende que, quando o servidor é removido *ex-officio* de uma localidade de trabalho, o direito a transferências de uma universidade para outra só vale se a transferência for para universidade congênere. Ou seja, de privada para privada e de pública para pública. Segundo esse entendimento, o direito à matrícula na universidade não contempla a transferência de um aluno de universidade privada para a pública.

- **Direito público subjetivo à educação**

Quando a Constituição prevê que o acesso ao ensino obrigatório é gratuito como Direito Público Subjetivo, ela quer dizer que se você precisar, poderá exigir na Justiça o fornecimento desse direito social sob pena de responsabilização do Poder Público pelo descaso, se houver. Vejamos os *parágrafos* 1º e 2º do art. 208:

Art. 208 [...]

§ 1º O acesso ao ensino obrigatório e gratuito é direito público subjetivo.

§ 2º. O não oferecimento do ensino obrigatório pelo Poder Público, ou sua oferta irregular, importa responsabilidade da autoridade competente.

- **Estrangeiro**

Um tema bastante cobrado em prova é a possibilidade de contratação de servidores estrangeiros por universidades e instituições de pesquisa científica e tecnológica em decorrência da sua autonomia:

Art. 207 As universidades gozam de autonomia didático-científica, administrativa e de gestão financeira e patrimonial, e obedecerão ao princípio de indissociabilidade entre ensino, pesquisa e extensão.

§ 1º É facultado às universidades admitir professores, técnicos e cientistas estrangeiros, na forma da lei.

§ 2º O disposto neste artigo aplica-se às instituições de pesquisa científica e tecnológica.

- **Ensino religioso**

Este tema invoca a laicidade do Estado, isto é, a relação de separação entre Estado e Igreja. Diante dessa separação, a Constituição considerou a matrícula na matéria de Ensino Religioso como sendo facultativa:

Art. 210 [...]

§ 1º O ensino religioso, de matrícula facultativa, constituirá disciplina dos horários normais das escolas públicas de ensino fundamental.

12.4.2 Cultura

Um dos direitos de Ordem Social com maior impacto sobre a sociedade é o direito cultural. Historicamente, o acesso à cultura sempre se mostrou uma grande ferramenta de satisfação social e a garantia do seu acesso a todos os grupos sociais é um dos grandes desafios do Estado:

Art. 215 O Estado garantirá a todos o pleno exercício dos direitos culturais e acesso às fontes da cultura nacional, e apoiará e incentivará a valorização e a difusão das manifestações culturais.

- **Direito à manifestação popular**

Um dos princípios constitucionais que protegem esse direito social é a pluralidade política. Pluralidade política é pluralidade de ideias, multiplicidade de percepções. Esse princípio garante à sociedade o acesso a diversas manifestações culturais de todos os grupos participantes da formação cultural nacional:

Art. 215 [...]

§ 1º O Estado protegerá as manifestações das culturas populares, indígenas e afro-brasileiras, e das de outros grupos participantes do processo civilizatório nacional.

- **Datas comemorativas**

Esse dispositivo constitui uma justificativa para a existência de feriados religiosos no Brasil. Apesar de o Estado viver uma relação de separação com a Religião, tem-se permitido a criação, por meio de lei, dos feriados religiosos sob o argumento de garantia das manifestações culturais:

Art. 215 [...]

§ 2º A lei disporá sobre a fixação de datas comemorativas de alta significação para os diferentes segmentos étnicos nacionais.

- **Patrimônio cultural brasileiro**

Questão para prova é o rol de elementos culturais que constituem o patrimônio cultural brasileiro, o qual abrange a manifestação cultural sob várias perspectivas:

Art. 216 Constituem patrimônio cultural brasileiro os bens de natureza material e imaterial, tomados individualmente ou em conjunto, portadores de referência à identidade, à ação, à memória dos diferentes grupos formadores da sociedade brasileira, nos quais se incluem:

I – as formas de expressão;

II – os modos de criar, fazer e viver;

III – as criações científicas, artísticas e tecnológicas;

IV – as obras, objetos, documentos, edificações e demais espaços destinados às manifestações artístico-culturais;

V – os conjuntos urbanos e sítios de valor histórico, paisagístico, artístico, arqueológico, paleontológico, ecológico e científico.

12.4.3 Desportos

Aqui também existem algumas questões que podem ser trabalhadas em prova. Por exemplo, a diferença entre práticas desportivas formais e não formais. Práticas desportivas formais são aqueles esportes clássicos, olímpicos, como o futebol, vôlei, basquete, atletismo, entre outros. Já os esportes não formais são aqueles que crianças praticam, como pique-esconde, pique-bandeirinha, queimada, entre outros que, na prática, possuem o mesmo fim dos esportes formais: o desenvolvimento físico e mental do indivíduo. Ambas as atividades desportivas são amparadas pela Constituição:

Art. 217 É dever do Estado fomentar práticas desportivas formais e não formais, como direito de cada um, observados:

Outra questão importantíssima está no regramento da chamada Justiça Desportiva. Apesar do nome "justiça", trata-se de uma instância de natureza jurídico-administrativa. A Constituição Federal de 1988 exige o esgotamento dessa instância quando houver questões desportivas a serem resolvidas. Aqui temos uma exceção ao princípio da Inafastabilidade da Jurisdição, sendo que o esgotamento das vias administrativas é de curso forçado:

Art. 217 [...]

§ 1º O Poder Judiciário só admitirá ações relativas à disciplina e às competições desportivas após esgotarem-se as instâncias da justiça desportiva, regulada em lei.

É preciso ressaltar ainda que, segundo o STF, os membros do Poder Judiciário não podem exercer suas funções na Justiça Desportiva. E, ainda, segundo o Tribunal Superior do Trabalho, a Justiça Desportiva não tem competência para processar e julgar questões trabalhistas envolvendo os atletas e suas entidades profissionais desportivas.

12.5 Ciência e tecnologia

Acerca desse tema, é importante ressaltar a diferença apresentada pela Constituição para Pesquisa Científica Básica e a Pesquisa Tecnológica, conforme se depreende dos §§1º e §2º do art. 218 da Constituição Federal de 1988:

Art. 218 O Estado promoverá e incentivará o desenvolvimento científico, a pesquisa, a capacitação científica e tecnológica e a inovação.

§ 1º A pesquisa científica básica e tecnológica receberá tratamento prioritário do Estado, tendo em vista o bem público e o progresso da ciência, tecnologia e inovação.

§ 2º A pesquisa tecnológica voltar-se-á preponderantemente para a solução dos problemas brasileiros e para o desenvolvimento do sistema produtivo nacional e regional.

Destaca-se no art. 218, da CF/1988/1988, também, o apoio que deve ser fornecido pelo Estado na formação e capacitação de recursos humanos nas áreas de ciência, pesquisa e tecnologia, bem como no estímulo às empresas para que invistam nessas áreas:

§ 3º O Estado apoiará a formação de recursos humanos nas áreas de ciência, pesquisa, tecnologia e inovação, inclusive por meio do apoio às atividades de extensão tecnológica, e concederá aos que delas se ocupem meios e condições especiais de trabalho;

§ 4º A lei apoiará e estimulará as empresas que invistam em pesquisa, criação de tecnologia adequada ao País, formação e aperfeiçoamento de seus recursos humanos e que pratiquem sistemas de remuneração que assegurem ao empregado, desvinculada do salário, participação nos ganhos econômicos resultantes da produtividade de seu trabalho.

12.5.1 Vinculação da receita dos estados e do Distrito Federal

Há aqui tema pertinente à prova. O previsto no § 5º do art. 218, da CF/1988/1988, que faculta aos Estados e ao Distrito Federal a possibilidade de vinculação de parte de sua receita orçamentária a entidades públicas de pesquisa científica e tecnológica. Não estão incluídos nessa possibilidade a União e os municípios:

§ 5º É facultado aos Estados e ao Distrito Federal vincular parcela de sua receita orçamentária a entidades públicas de fomento ao ensino e à pesquisa científica e tecnológica.

12.5.2 Patrimônio nacional

E, ainda, não se deve esquecer que o Mercado Interno integra o chamado patrimônio nacional:

Art. 219 O mercado interno integra o patrimônio nacional e será incentivado de modo a viabilizar o desenvolvimento cultural e sócio-econômico, o bem-estar da população e a autonomia tecnológica do País, nos termos de lei federal.

12.5.3 Comunicação social

A comunicação social decorre do direito fundamental à liberdade e acaba por concretizar o princípio da pluralidade, ao prever a manifestação do pensamento como um direito não sujeito a restrições abusivas por parte do Estado. O art. 220 trata desse direito, aparentemente, de forma absoluta, entretanto, não é demais relembrar que não existe direito fundamental absoluto. Caso a manifestação ao pensamento ofenda outro direito fundamental, é possível a sua restrição diante de um conflito de interesses. Não se pode esquecer também que a Constituição foi promulgada em 1988, momento histórico de transição da ditadura para o regime democrático. Era de se esperar que a Constituição Federal de 1988 se preocupasse demasiadamente com a garantia da manifestação do pensamento:

Art. 220 A manifestação do pensamento, a criação, a expressão e a informação, sob qualquer forma, processo ou veículo não sofrerão qualquer restrição, observado o disposto nesta Constituição.

§ 1º Nenhuma lei conterá dispositivo que possa constituir embaraço à plena liberdade de informação jornalística em qualquer veículo de comunicação social, observado o disposto no art. 5º, IV, V, X, XIII e XIV.

§ 2º É vedada toda e qualquer censura de natureza política, ideológica e artística.

Com base nessa liberdade de informação, o STF entendeu que para a profissão de jornalista não seria necessária a obtenção de grau superior de Jornalismo, sob pena de limitar-se esse direito que, como dito, não é absoluto, mas goza de ampla proteção constitucional.

12.5.4 Competência legislativa

Segundo o § 3º e o art. 21, inciso XVI, a competência para legislar sobre esta matéria é da União, questão essa já cobrada em prova:

§ 3º Compete à lei federal:

I – regular as diversões e espetáculos públicos, cabendo ao Poder Público informar sobre a natureza deles, as faixas etárias a que não se recomendem, locais e horários em que sua apresentação se mostre inadequada;

II – estabelecer os meios legais que garantam à pessoa e à família a possibilidade de se defenderem de programas ou programações de rádio e televisão que contrariem o disposto no art. 221, bem como da propaganda de produtos, práticas e serviços que possam ser nocivos à saúde e ao meio ambiente.

Art. 21 Compete à União:[...]

XVI – exercer a classificação, para efeito indicativo, de diversões públicas e de programas de rádio e televisão.

Propriedade de empresa jornalística, radiodifusão sonora e de sons e imagens. Aqui tem-se uma questão que eventualmente aparece em provas:

Art. 222 A propriedade de empresa jornalística e de radiodifusão sonora e de sons e imagens é privativa de brasileiros natos ou naturalizados há mais de dez anos, ou de pessoas jurídicas constituídas sob as leis brasileiras e que tenham sede no País.

§ 1º Em qualquer caso, pelo menos setenta por cento do capital total e do capital votante das empresas jornalísticas e de radiodifusão sonora e de sons e imagens deverá pertencer, direta ou indiretamente, a brasileiros natos ou naturalizados há mais de dez anos, que exercerão obrigatoriamente a gestão das atividades e estabelecerão o conteúdo da programação.

§ 2º A responsabilidade editorial e as atividades de seleção e direção da programação veiculada são privativas de brasileiros natos ou naturalizados há mais de dez anos, em qualquer meio de comunicação social.

§ 3º Os meios de comunicação social eletrônica, independentemente da tecnologia utilizada para a prestação do serviço, deverão observar os princípios enunciados no art. 221, na forma de lei específica, que também garantirá a prioridade de profissionais brasileiros na execução de produções nacionais.

§ 4º Lei disciplinará a participação de capital estrangeiro nas empresas de que trata o § 1º.

§ 5º As alterações de controle societário das empresas de que trata o § 1º serão comunicadas ao Congresso Nacional.

O art. 222 da Constituição Federal exige, para ser proprietário de empresa jornalística, que o titular seja brasileiro nato ou naturalizado há mais de 10 anos. Essa regra não impede que estrangeiros sejam proprietários de empresas de comunicação no Brasil, haja vista a possibilidade desses estrangeiros integrarem uma pessoa jurídica desde que a administração seja feita por brasileiros natos ou naturalizados há mais de dez anos e a pessoa jurídica seja constituída sobre as leis brasileiras.

A Constituição limita em 30 % a possibilidade de capital votante estrangeiro.

ORDEM SOCIAL

Seguem abaixo alguns outros artigos que já foram alvos de questões de prova:

> **Art. 223** Compete ao Poder Executivo outorgar e renovar concessão, permissão e autorização para o serviço de radiodifusão sonora e de sons e imagens, observado o princípio da complementaridade dos sistemas privado, público e estatal.
>
> § 1º O Congresso Nacional apreciará o ato no prazo do art. 64, § 2º e § 4º, a contar do recebimento da mensagem.
>
> § 2º A não renovação da concessão ou permissão dependerá de aprovação de, no mínimo, dois quintos do Congresso Nacional, em votação nominal.
>
> § 3º O ato de outorga ou renovação somente produzirá efeitos legais após deliberação do Congresso Nacional, na forma dos parágrafos anteriores.
>
> § 4º O cancelamento da concessão ou permissão, antes de vencido o prazo, depende de decisão judicial.
>
> § 5º O prazo da concessão ou permissão será de dez anos para as emissoras de rádio e de quinze para as de televisão.
>
> **Art. 224** Para os efeitos do disposto neste capítulo, o Congresso Nacional instituirá, como seu órgão auxiliar, o Conselho de Comunicação Social, na forma da lei.

12.6 Meio ambiente

Nossa Constituição é uma das normas mais garantistas do Meio Ambiente. Essa postura tem colocado o país à frente de muitos outros nas questões de preservação ambiental. É muito interessante a forma como esse direito social é apresentado sendo bem de uso comum do povo cuja preservação visa a garantir um meio ambiente sadio para as presentes e futuras gerações:

> **Art. 225** Todos têm direito ao meio ambiente ecologicamente equilibrado, bem de uso comum do povo e essencial à sadia qualidade de vida, impondo-se ao Poder Público e à coletividade o dever de defendê-lo e preservá-lo para as presentes e futuras gerações.

12.6.1 Atribuições do Poder Público

Para que esse ideal de preservação seja garantido, a Constituição exigiu uma série de condutas dos Poderes Públicos, as quais estão previstas no § 1º do art. 225 da CF/1988/1988:

> § 1º Para assegurar a efetividade desse direito, incumbe ao Poder Público:
>
> I – preservar e restaurar os processos ecológicos essenciais e prover o manejo ecológico das espécies e ecossistemas;
>
> II – preservar a diversidade e a integridade do patrimônio genético do País e fiscalizar as entidades dedicadas à pesquisa e manipulação de material genético;
>
> III – definir, em todas as unidades da Federação, espaços territoriais e seus componentes a serem especialmente protegidos, sendo a alteração e a supressão permitidas somente através de lei, vedada qualquer utilização que comprometa a integridade dos atributos que justifiquem sua proteção;
>
> IV – exigir, na forma da lei, para instalação de obra ou atividade potencialmente causadora de significativa degradação do meio ambiente, estudo prévio de impacto ambiental, a que se dará publicidade;
>
> V – controlar a produção, a comercialização e o emprego de técnicas, métodos e substâncias que comportem risco para a vida, a qualidade de vida e o meio ambiente;
>
> VI – promover a educação ambiental em todos os níveis de ensino e a conscientização pública para a preservação do meio ambiente;
>
> VII – proteger a fauna e a flora, vedadas, na forma da lei, as práticas que coloquem em risco sua função ecológica, provoquem a extinção de espécies ou submetam os animais a crueldade.

12.6.2 Responsabilização pela atividade lesiva ao meio ambiente

Os dois parágrafos que se seguem, ambos do art. 225 da Constituição Federal de 1988, são muito importantes, pois trazem a possibilidade de responsabilização pelo dano ambiental tanto na esfera administrativa quanto na esfera penal. Ou seja, quem polui o meio ambiente pode ser responsabilizado penalmente, incluindo a pessoa jurídica. Aqui fica claro que pessoa jurídica pode praticar crime:

> § 2º Aquele que explorar recursos minerais fica obrigado a recuperar o meio ambiente degradado, de acordo com solução técnica exigida pelo órgão público competente, na forma da lei.
>
> § 3º As condutas e atividades consideradas lesivas ao meio ambiente sujeitarão os infratores, pessoas físicas ou jurídicas, a sanções penais e administrativas, independentemente da obrigação de reparar os danos causados.

Se uma pessoa jurídica praticar crime ambiental ela será punida com uma sanção compatível com sua natureza jurídica.

12.6.3 Patrimônio nacional

Esse parágrafo já foi abordado várias vezes em prova e requer a memorização do candidato dos ecossistemas que são considerados patrimônio nacional. Os examinadores costumam incluir outro tipo de ecossistema não previsto nesse parágrafo. Por exemplo, em 2010 afirmou-se numa prova da banca CESPE/CEBRASPE que os "pampas gaúchos" também integravam o patrimônio nacional. Estes elementos devem ser memorizados:

> **Art. 225** [...]
>
> § 4º A Floresta Amazônica brasileira, a Mata Atlântica, a Serra do Mar, o Pantanal Mato-Grossense e a Zona Costeira são patrimônio nacional, e sua utilização far-se-á, na forma da lei, dentro de condições que assegurem a preservação do meio ambiente, inclusive quanto ao uso dos recursos naturais.

12.6.4 Limitação para utilização do meio ambiente

Como forma de limitar a utilização do Meio Ambiente, a Constituição instituiu algumas restrições à utilização das terras devolutas ou arrecadadas. Essas terras são consideradas bens dos Estados e, por esse motivo, indisponíveis:

> **Art. 225** [...]
>
> § 5º São indisponíveis as terras devolutas ou arrecadadas pelos Estados, por ações discriminatórias, necessárias à proteção dos ecossistemas naturais.

Outro dispositivo limitador é o § 6º, que restringe a instalação de reatores nucleares, os quais, antes de serem instalados, terão sua localização definida em legislação federal:

> **Art. 225** [...]
>
> § 6º As usinas que operem com reator nuclear deverão ter sua localização definida em lei federal, sem o que não poderão ser instaladas.

Patrimônio Nacional
Floresta Amazônica Brasileira;
Pantanal Mato-Grossense;
Zona Costeira;
Serra do Mar;
Mata Atlântica.

12.7 Família, criança, adolescente, jovem e idoso

12.7.1 Família

Esse é um dos temas sobre a Ordem Social que aparecem em abundância em provas, veja-se:

> **Art. 226** A família, base da sociedade, tem especial proteção do Estado.
>
> § 1º. O casamento é civil e gratuita a celebração.
>
> § 2º. O casamento religioso tem efeito civil, nos termos da lei.
>
> § 3º Para efeito da proteção do Estado, é reconhecida a união estável entre o homem e a mulher como entidade familiar, devendo a lei facilitar sua conversão em casamento.

§ 4º Entende-se, também, como entidade familiar a comunidade formada por qualquer dos pais e seus descendentes.

§ 5º Os direitos e deveres referentes à sociedade conjugal são exercidos igualmente pelo homem e pela mulher.

§ 6º O casamento civil pode ser dissolvido pelo divórcio.

§ 7º Fundado nos princípios da dignidade da pessoa humana e da paternidade responsável, o planejamento familiar é livre decisão do casal, competindo ao Estado propiciar recursos educacionais e científicos para o exercício desse direito, vedada qualquer forma coercitiva por parte de instituições oficiais ou privadas.

§ 8º O Estado assegurará a assistência à família na pessoa de cada um dos que a integram, criando mecanismos para coibir a violência no âmbito de suas relações.

O primeiro destaque é o fim da separação judicial. De acordo com a nova redação do § 6º, a partir de agora o casamento se dissolve com o divórcio, sem a necessidade de efetivar-se primeiro a separação judicial.

Outro destaque é a recente decisão do Supremo Tribunal Federal (STF) que reconheceu a possibilidade de União Estável entre casais homoafetivos, ampliando a compreensão do § 3º. Sobre esse tema deve-se ter muito cuidado. A Constituição Federal entende que União Estável ocorre entre homem e mulher, enquanto o STF entende que pode ocorrer entre casais do mesmo sexo. Diante dessa pluralidade de entendimentos, caso em prova haja uma pergunta que tenha como base a Constituição Federal, deve-se responder que é só entre homem e mulher. Mas se a questão perguntar segundo o STF, nesse caso a União Estável poderá ocorrer entre pessoas do mesmo sexo. É bom lembrar também das entidades familiares reconhecidas pela Constituição Federal:

- **Casamento civil ou religioso:** quando ocorre a formalização da união entre um homem e mulher segundo as leis civis ou religiosas;
- **União estável:** união informal entre pessoas (do mesmo sexo ou não) com efeitos jurídicos iguais aos do casamento;
- **Monoparental:** quando a família é formada por qualquer um dos pais e seus descendentes.

Embora ainda não seja assegurado por lei, o STF, em 2011, reconheceu a união estável entre casais homoafetivos, e em 2013 uma resolução do Conselho Nacional de Justiça garantiu o casamento homoafetivo no Brasil.

12.7.2 Criança, adolescente e jovem

O art. 227 possui várias normas de proteção para a criança, o adolescente e jovem, que podem ser cobradas em prova. A Constituição também sofreu alterações nesse artigo por meio da Emenda Constitucional nº 65, que inseriu o Jovem entre os indivíduos que possuem proteção especial da Constituição Federal. Merece destaque especial no § 3º, I, que prevê como idade mínima para o trabalho da criança 14 anos:

Art. 227 É dever da família, da sociedade e do Estado assegurar à criança, ao adolescente e ao jovem, com absoluta prioridade, o direito à vida, à saúde, à alimentação, à educação, ao lazer, à profissionalização, à cultura, à dignidade, ao respeito, à liberdade e à convivência familiar e comunitária, além de colocá-los a salvo de toda forma de negligência, discriminação, exploração, violência, crueldade e opressão.

§ 1º O Estado promoverá programas de assistência integral à saúde da criança, do adolescente e do jovem, admitida a participação de entidades não governamentais, mediante políticas específicas e obedecendo aos seguintes preceitos:

I – aplicação de percentual dos recursos públicos destinados à saúde na assistência materno-infantil;

II – criação de programas de prevenção e atendimento especializado para as pessoas portadoras de deficiência física, sensorial ou mental, bem como de integração social do adolescente e do jovem portador de deficiência, mediante o treinamento para o trabalho e a convivência, e a facilitação do acesso aos bens e serviços coletivos, com a eliminação de obstáculos arquitetônicos e de todas as formas de discriminação.

§ 2º A lei disporá sobre normas de construção dos logradouros e dos edifícios de uso público e de fabricação de veículos de transporte coletivo, a fim de garantir acesso adequado às pessoas portadoras de deficiência.

§ 3º O direito a proteção especial abrangerá os seguintes aspectos:

I – idade mínima de quatorze anos para admissão ao trabalho, observado o disposto no art. 7º, XXXIII;

II – garantia de direitos previdenciários e trabalhistas;

III – garantia de acesso do trabalhador adolescente e jovem à escola;

IV – garantia de pleno e formal conhecimento da atribuição de ato infracional, igualdade na relação processual e defesa técnica por profissional habilitado, segundo dispuser a legislação tutelar específica;

V – obediência aos princípios de brevidade, excepcionalidade e respeito à condição peculiar de pessoa em desenvolvimento, quando da aplicação de qualquer medida privativa da liberdade;

VI – estímulo do Poder Público, através de assistência jurídica, incentivos fiscais e subsídios, nos termos da lei, ao acolhimento, sob a forma de guarda, de criança ou adolescente órfão ou abandonado;

VII – programas de prevenção e atendimento especializado à criança, ao adolescente e ao jovem dependente de entorpecentes e drogas afins.

§ 4º A lei punirá severamente o abuso, a violência e a exploração sexual da criança e do adolescente.

§ 5º A adoção será assistida pelo Poder Público, na forma da lei, que estabelecerá casos e condições de sua efetivação por parte de estrangeiros.

§ 6º Os filhos, havidos ou não da relação do casamento, ou por adoção, terão os mesmos direitos e qualificações, proibidas quaisquer designações discriminatórias relativas à filiação.

§ 7º. No atendimento dos direitos da criança e do adolescente levar-se-á em consideração o disposto no art. 204.

§ 8º A lei estabelecerá:

I – o estatuto da juventude, destinado a regular os direitos dos jovens;

II – o plano nacional de juventude, de duração decenal, visando à articulação das várias esferas do poder público para a execução de políticas públicas.

- **Imputabilidade penal**

    Art. 228 São penalmente inimputáveis os menores de dezoito anos, sujeitos às normas da legislação especial.

Dizer que são inimputáveis os menores de 18 anos significam dizer que a eles não podem ser imputada a prática de crime e nem podem ser punidos segundo o Código Penal. Por isso, o próprio dispositivo determina que a conduta ilícita dos menores de 18 anos seja regulada por legislação especial, a qual já existe: Lei nº 8.069/1990, Estatuto da Criança e do Adolescente.

- **Responsabilidade dos pais para com os filhos e dos filhos para com os pais**

    Art. 229 Os pais têm o dever de assistir, criar e educar os filhos menores, e os filhos maiores têm o dever de ajudar e amparar os pais na velhice, carência ou enfermidade.

Atente-se nesse dispositivo para o dever recíproco de cuidado que a Constituição impõe tanto aos pais quanto aos filhos. Uma verdadeira lição de moral que não necessitaria sequer estar prevista na Constituição Federal. Contudo, as práticas abusivas de violência e desrespeito registradas em nosso país são tantas que o Legislador Originário não se excedeu em prever tais normas de proteção.

12.7.3 Idoso

Quanto à proteção constitucional ao idoso, veja-se o disposto no art. 230, o qual contém várias informações que podem se tornar questões de prova:

Art. 230 A família, a sociedade e o Estado têm o dever de amparar as pessoas idosas, assegurando sua participação na comunidade, defendendo sua dignidade e bem-estar e garantindo-lhes o direito à vida.

§ 1º Os programas de amparo aos idosos serão executados preferencialmente em seus lares.

§ 2º Aos maiores de sessenta e cinco anos é garantida a gratuidade dos transportes coletivos urbanos.

Chama-se a atenção para a realização de programas de amparo aos idosos que se realizarão preferencialmente em seus lares. Preferencialmente, não é obrigatoriamente!

Outra questão que sempre aparece em prova é acerca da idade para a concessão de transporte gratuito: maior de 65 anos de idade. É muito comum as bancas tentarem confundir o candidato colocando a idade de 60 ou 70 anos. Apesar de todas as idades se referirem ao idoso, cada uma tem uma consequência jurídica diferente.

12.7.4 Indígenas

Os artigos que falam sobre os indígenas estão entre os mais cobrados da ordem social. Primeiramente, serão abordadas as Terras tradicionalmente ocupadas. É importante que memorize os elementos que caracterizam as terras tradicionalmente ocupadas, que estão previstas no § 1º do art. 231 da Constituição Federal de 1988:

> *Art. 231 São reconhecidos aos índios sua organização social, costumes, línguas, crenças e tradições, e os direitos originários sobre as terras que tradicionalmente ocupam, competindo à União demarcá-las, proteger e fazer respeitar todos os seus bens.*
>
> *§ 1º São terras tradicionalmente ocupadas pelos índios as por eles habitadas em caráter permanente, as utilizadas para suas atividades produtivas, as imprescindíveis à preservação dos recursos ambientais necessários a seu bem-estar e as necessárias a sua reprodução física e cultural, segundo seus usos, costumes e tradições.*

Não se deve esquecer de que os indígenas não possuem a propriedade das terras tradicionalmente por eles habitadas, mas apenas a posse, conforme o § 2º do art. 231. Não se confunde a propriedade com a posse. A propriedade dessas terras é da União, conforme previsto no art. 20, inciso XI, da Constituição Federal de 1988:

> *Art. 231, § 2º As terras tradicionalmente ocupadas pelos índios destinam-se a sua posse permanente, cabendo-lhes o usufruto exclusivo das riquezas do solo, dos rios e dos lagos nelas existentes.*
>
> *Art. 20 São bens da União:[...]*
>
> *XI as terras tradicionalmente ocupadas pelos índios.*

Várias regras constitucionais objetivam a proteção dessas terras:

> *Art. 231, § 3º O aproveitamento dos recursos hídricos, incluídos os potenciais energéticos, a pesquisa e a lavra das riquezas minerais em terras indígenas só podem ser efetivados com autorização do Congresso Nacional, ouvidas as comunidades afetadas, ficando-lhes assegurada participação nos resultados da lavra, na forma da lei.*
>
> *§ 4º As terras de que trata este artigo são inalienáveis e indisponíveis, e os direitos sobre elas, imprescritíveis.*
>
> *[...]*
>
> *§ 6º São nulos e extintos, não produzindo efeitos jurídicos, os atos que tenham por objeto a ocupação, o domínio e a posse das terras a que se refere este artigo, ou a exploração das riquezas naturais do solo, dos rios e dos lagos nelas existentes, ressalvado relevante interesse público da União, segundo o que dispuser lei complementar, não gerando a nulidade e a extinção direito a indenização ou a ações contra a União, salvo, na forma da lei, quanto às benfeitorias derivadas da ocupação de boa fé.*
>
> *§ 7º Não se aplica às terras indígenas o disposto no art. 174, § 3º e § 4º.*

- **Remoção dos indígenas**

Uma norma de proteção e que demonstra a preocupação do constituinte originário com a preservação da cultura indígena é a que proíbe a remoção obrigatória dos indígenas sem que seja referendada pelo Congresso Nacional. O STF, em uma interpretação ampliativa desse instituto, entende que o indígena não pode ser intimado por comissão parlamentar de inquérito na condição de testemunha para prestar depoimento fora do seu habitat:

> *Art. 231, § 5º É vedada a remoção dos grupos indígenas de suas terras, salvo, ad referendum do Congresso Nacional, em caso de catástrofe ou epidemia que ponha em risco sua população, ou no interesse da soberania do País, após deliberação do Congresso Nacional, garantido, em qualquer hipótese, o retorno imediato logo que cesse o risco.*

- **Defesa dos Direitos Indígenas**

O art. 232 delega ao Ministério Público como função institucional o dever de acompanhar os processos que tenham como partes os indígenas, suas comunidades e organização, os quais possuem legitimidade para ingressar em juízo em defesa dos seus direitos e interesses. A atribuição Ministerial encontra reforço no art. 129, inciso V da CF/1988/1988:

> *Art. 232 Os índios, suas comunidades e organizações são partes legítimas para ingressar em juízo em defesa de seus direitos e interesses, intervindo o Ministério Público em todos os atos do processo.*
>
> *Art. 129 São funções institucionais do Ministério Público: [...]*
>
> *V – defender judicialmente os direitos e interesses das populações indígenas.*

MATEMÁTICA

1 CONJUNTOS

1.1 Definição

Os conjuntos numéricos são advindos da necessidade de contar ou quantificar as coisas ou os objetos, adquirindo características próprias que os diferem. Os componentes de um conjunto são chamados de elementos. Costuma-se representar um conjunto nomeando os elementos um a um, colocando-os entre chaves e separando-os por vírgula, o que chamamos de representação por extensão. Para nomear um conjunto, usa-se geralmente uma letra maiúscula.

$$A = \{1,2,3,4,5\} \rightarrow \text{conjunto finito}$$

$$B = \{1,2,3,4,5,\ldots\} \rightarrow \text{conjunto infinito}$$

Ao montar o conjunto das vogais do alfabeto, os **elementos** serão a, e, i, o, u.

A nomenclatura dos conjuntos é formada pelas letras maiúsculas do alfabeto.

Conjunto dos estados da região Sul do Brasil:
A = {Paraná, Santa Catarina, Rio Grande do Sul}.

1.1.1 Representação dos conjuntos

Os conjuntos podem ser representados em **chaves** ou em **diagramas**.

> **Fique ligado**
>
> Quando é dada uma característica dos elementos de um conjunto, diz-se que ele está representado por compreensão.
> A = {x | x é um múltiplo de dois maior que zero}

▷ **Representação em chaves**

Conjunto dos estados brasileiros que fazem fronteira com o Paraguai:
B = {Paraná, Mato Grosso do Sul}.

▷ **Representação em diagramas**

Conjunto das cores da bandeira do Brasil:

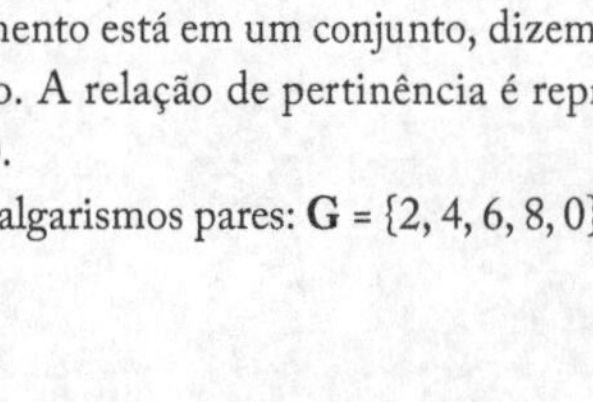

D
Verde
Amarelo
Azul
Branco

1.1.2 Elementos e relação de pertinência

Quando um elemento está em um conjunto, dizemos que ele pertence a esse conjunto. A relação de pertinência é representada pelo símbolo ∈ (pertence).

Conjunto dos algarismos pares: **G** = {2, 4, 6, 8, 0}.
Observe que:
4 ∈ G
7 ∉ G

1.1.3 Conjuntos unitário, vazio e universo

Conjunto unitário: possui um só elemento.
Conjunto da capital do Brasil: K = {Brasília}

Conjunto vazio: simbolizado por ∅ ou {}, é o conjunto que não possui elemento.

Conjunto dos estados brasileiros que fazem fronteira com o Chile:
M = ∅.

Conjunto universo: em inúmeras situações é importante estabelecer o conjunto U ao qual pertencem os elementos de todos os conjuntos considerados. Esse conjunto é chamado de conjunto universo. Assim:

- Quando se estuda as letras, o conjunto universo das letras é o alfabeto.
- Quando se estuda a população humana, o conjunto universo é constituído de todos os seres humanos.

Para descrever um conjunto A por meio de uma propriedade característica p de seus elementos, deve-se mencionar, de modo explícito ou não, o conjunto universo U no qual se está trabalhando.

A = {x ∈ R | x>2}, onde U = R → forma explícita.
A = {x | x > 2} → forma implícita.

1.2 Subconjuntos

Diz-se que B é um subconjunto de A se todos os elementos de B pertencem a A.

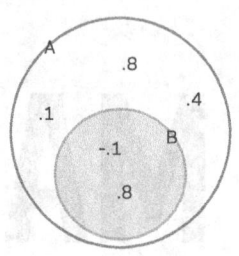

Deve-se notar que A = {-1, 0, 1, 4, 8} e B = {-1, 8}, ou seja, todos os elementos de B também são elementos do conjunto **A**.

- Os símbolos ⊂ (contido), ⊃ (contém), ⊄ (não está contido) e ⊅ (não contém) são utilizados para relacionar conjuntos.

Nesse caso, diz-se que B está contido em A ou B é subconjunto de A (B ⊂ A). Pode-se dizer também que A contém B (A ⊃ B).

Observações:

- Se A ⊂ B e B ⊂ A, então A = B.
- Para todo conjunto A, tem-se A ⊂ A.
- Para todo conjunto A, tem-se ∅ ⊂ A, onde ∅ representa o conjunto vazio.
- Todo conjunto é subconjunto de si próprio (D ⊂ D).
- O conjunto vazio é subconjunto de qualquer conjunto (∅ ⊂ D).
- Se um conjunto A possui p elementos, então ele possui 2p subconjuntos.
- O conjunto formado por todos os subconjuntos de um conjunto A, é denominado conjunto das partes de A. Assim, se A = {4, 7}, o conjunto das partes de A, é dado por {∅, {4}, {7}, {4, 7}}.

1.3 Operações com conjuntos

União de conjuntos: a união de dois conjuntos quaisquer será representada por A ∪ B e terá os elementos que pertencem a A ou a B, ou seja, todos os elementos.

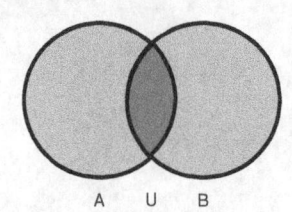

Interseção de conjuntos: a interseção de dois conjuntos quaisquer será representada por A ∩ B. Os elementos que fazem parte do conjunto interseção são os elementos comuns aos dois conjuntos.

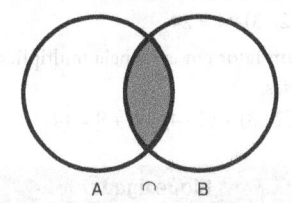

Conjuntos disjuntos: se dois conjuntos não possuem elementos em comum, diz-se que eles são disjuntos. Simbolicamente, escreve-se A ∩ B = ∅. Nesse caso, a união dos conjuntos A e B é denominada união disjunta. O número de elementos A ∩ B nesse caso é igual a zero.

$$n(A \cap B) = 0$$

Seja A = {1, 2, 3, 4, 5}, B = {1, 5, 6, 3}, C = {2, 4, 7, 8, 9} e D = {10, 20}. Tem-se:
A ∪ B = {1, 2, 3, 4, 5, 6}
B ∪ A = {1, 2, 3, 4, 5, 6}
A ∩ B = {1, 3, 5}
B ∩ A = {1, 3, 5}
A ∪ B ∪ C = {1, 2, 3, 4, 5, 6, 7, 8, 9} e
A ∩ D = ∅
É possível notar que A, B e C são todos disjuntos com D, mas A, B e C não são dois a dois disjuntos.

Diferença de conjuntos: a diferença de dois conjuntos quaisquer será representada por A – B e terá os elementos que pertencem somente a A, mas não pertencem a B, ou seja, que são exclusivos de A.

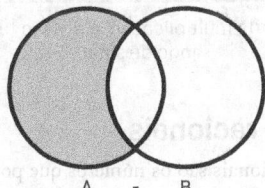

Complementar de um conjunto: se A está contido no conjunto universo U, o complementar de A é a diferença entre o conjunto universo e o conjunto A, será representado por CU(A) = U - A e terá todos os elementos que pertencem ao conjunto universo, menos os que pertencem ao conjunto A.

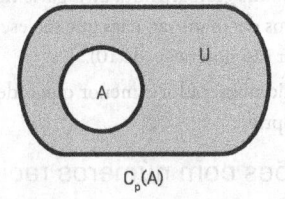

2 CONJUNTOS NUMÉRICOS

Os números surgiram da necessidade de contar ou quantificar coisas ou objetos. Com o passar do tempo, foram adquirindo características próprias.

2.1 Números naturais

É o primeiro dos conjuntos numéricos. Representado pelo símbolo $\mathbb{N}$ e formado pelos seguintes elementos:

$\mathbb{N} = \{0, 1, 2, 3, 4, 5, 6, 7, 8, 9, 10, 11, 12, 13, ... +\infty\}$

O símbolo ∞ significa infinito, o + quer dizer positivo, então $+\infty$ quer dizer infinito positivo.

2.2 Números inteiros

Esse conjunto surgiu da necessidade de alguns cálculos não possuírem resultados, pois esses resultados eram negativos. Representado pelo símbolo $\mathbb{Z}$ e formado pelos seguintes elementos:

$\mathbb{Z} = \{-\infty, ..., -3, -2, -1, 0, 1, 2, 3, ..., +\infty\}$

2.2.1 Operações e propriedades dos números naturais e inteiros

As principais operações com os números naturais e inteiros são: adição, subtração, multiplicação, divisão, potenciação e radiciação (as quatro primeiras são também chamadas operações fundamentais).

Adição

Na adição, a soma dos termos ou das parcelas resulta naquilo que se chama **total**.

| $2 + 2 = 4$

As propriedades da adição são:

- **Elemento neutro:** qualquer número somado ao zero tem como total o próprio número.
  | $2 + 0 = 2$
- **Comutativa:** a ordem dos termos não altera o total.
  | $2 + 3 = 3 + 2 = 5$
- **Associativa:** o ajuntamento de parcelas não altera o total.
  | $(2 + 3) + 5 = 2 + (3 + 5) = 10$

Subtração

Operação contrária à adição é conhecida como diferença.

Os termos ou parcelas da subtração, assim como o total, têm nomes próprios:

M – N = P; em que M = minuendo, N = subtraendo e P = diferença ou resto.

| $7 - 2 = 5$

Quando o subtraendo for maior que o minuendo, a diferença será negativa.

Multiplicação

É a soma de uma quantidade de parcelas fixas. O resultado da multiplicação chama-se produto. Os sinais que indicam a multiplicação são o × e o ·.

| $4 \times 7 = 7 + 7 + 7 + 7 = 28$
| $7 \cdot 4 = 4 + 4 + 4 + 4 + 4 + 4 + 4 = 28$

As propriedades da multiplicação são:

Elemento neutro: qualquer número multiplicado por 1 terá como produto o próprio número.

| $5 \cdot 1 = 5$

Comutativa: ordem dos fatores não altera o produto.
| $3 \cdot 4 = 4 \cdot 3 = 12$

Associativa: o ajuntamento dos fatores não altera o resultado.
| $2 \cdot (3 \cdot 4) = (2 \cdot 3) \cdot 4 = 24$

Distributiva: um fator em evidência multiplica todas as parcelas dentro dos parênteses.
| $2 \cdot (3 + 4) = (2 \cdot 3) + (2 \cdot 4) = 6 + 8 = 14$

Fique ligado

Na multiplicação existe jogo de sinais. Veja a seguir:

Parcela	Parcela	Produto
+	+	+
+	−	−
−	+	−
−	−	+

| $2 \cdot (-3) = -6$
| $-3 \cdot (-7) = 21$

Divisão

É o inverso da multiplicação. Os sinais que indicam a divisão são: ÷, :, /.

| $14 \div 7 = 2$
| $25 : 5 = 5$
| $36/12 = 3$

Fique ligado

Por ser o inverso da multiplicação, a divisão também possui o jogo de sinal.

2.3 Números racionais

Os números racionais são os números que podem ser escritos na forma de fração, são representados pela letra $\mathbb{Q}$ e podem ser escritos em forma de frações.

| $\mathbb{Q} = \dfrac{a}{b}$ (com b diferente de zero → b ≠ 0); em que a é o numerador e b é o denominador.

Pertencem também a este conjunto as dízimas periódicas (números que apresentam uma série infinita de algarismos decimais, após a vírgula) e os números decimais (aqueles que são escritos com a vírgula e cujo denominador são potências de 10).

Toda fração cujo numerador é menor que o denominador é chamada de fração própria.

2.3.1 Operações com números racionais

Adição e subtração

Para somar frações deve estar atento se os denominadores das frações são os mesmos. Caso sejam iguais, basta repetir o denominador e somar (ou subtrair) os numeradores, porém se os denominadores forem diferentes é preciso fazer o MMC (mínimo múltiplo comum) dos denominadores, constituindo novas frações equivalentes às frações originais e proceder com o cálculo.

$$\frac{2}{7}+\frac{4}{7}=\frac{6}{7}$$

$$\frac{2}{3}+\frac{4}{5}=\frac{10}{15}+\frac{12}{15}=\frac{22}{15}$$

Multiplicação

Multiplicar numerador com numerador e denominador com denominador das frações.

$$\frac{3}{4}\cdot\frac{5}{7}=\frac{15}{28}$$

Divisão

Para dividir frações, multiplicar a primeira fração com o inverso da segunda fração.

$$\frac{2}{3}\div\frac{4}{5}=\frac{2}{3}\cdot\frac{5}{4}=\frac{10}{12}=\frac{5}{6}$$
(Simplificado por 2)

Toda vez, que for possível, deve simplificar a fração até sua fração irredutível (aquela que não pode mais ser simplificada).

Potenciação

Se a multiplicação é a soma de uma quantidade de parcelas fixas, a potenciação é a multiplicação de uma quantidade de fatores fixos, tal quantidade indicada no expoente que acompanha a base da potência.

A potenciação é expressa por: a^n, cujo **a** é a base da potência e o **n** é o expoente.

| $4^3 = 4 \cdot 4 \cdot 4 = 64$

Propriedades das potências:

$a^0 = 1$
| $3^0 = 1$

$a^1 = a$
| $5^1 = 5$

$a^{-n} = 1/a^n$
| $2^{-3} = 1/2^3 = 1/8$

$a^m \cdot a^n = a^{(m+n)}$
| $3^2 \cdot 3^3 = 3^{(2+3)} = 3^5 = 243$

$a^m : a^n = a^{(m-n)}$
| $4^5 : 4^3 = 4^{(5-3)} = 4^2 = 16$

$(a^m)^n = a^{m \cdot n}$
| $(2^2)^4 = 2^{2 \cdot 4} = 2^8 = 256$

$a^{m/n} = \sqrt[n]{a^m}$
| $7^{2/3} = \sqrt[3]{7^2}$

Não confunda: $(a^m)^n \neq a^{m^n}$

Não confunda também: $(-a)^n \neq -a^n$

Radiciação

É a expressão da potenciação com expoente fracionário.

A representação genérica da radiciação é: $\sqrt[n]{a}$; cujo **n** é o índice da raiz, o **a** é o radicando e $\sqrt{}$ é o radical.

Quando o índice da raiz for o 2 ele não precisa aparecer e essa raiz será uma raiz quadrada.

Propriedades das raízes:

$\sqrt[n]{a^m} = (\sqrt[n]{a})^m = a^{m/n}$

$\sqrt[m]{\sqrt[n]{a}} = \sqrt[m \cdot n]{a}$

$\sqrt[m]{a^m} = a = a^{m/m} = a^1 = a$

Racionalização: se uma fração tem em seu denominador um radical, faz-se o seguinte:

$$\frac{1}{\sqrt{a}}=\frac{1}{\sqrt{a}}\cdot\frac{\sqrt{a}}{\sqrt{a}}=\frac{\sqrt{a}}{\sqrt{a^2}}=\frac{\sqrt{a}}{a}$$

2.3.2 Transformação de dízima periódica em fração

Para transformar dízimas periódicas em fração, é preciso atentar-se para algumas situações:
- Verifique se depois da vírgula só há a parte periódica, ou se há uma parte não periódica e uma periódica.
- Observe quantas são as casas periódicas e, caso haja, as não periódicas. Lembre-se sempre que essa observação só será para os números que estão depois da vírgula.
- Em relação à fração, o denominador será tantos 9 quantos forem as casas do período, seguido de tantos 0 quantos forem as casas não periódicas (caso haja e depois da vírgula). Já o numerador será o número sem a vírgula até o primeiro período menos toda a parte não periódica (caso haja).

$$0,6666... = \frac{6}{9}$$

$$0,36363636... = \frac{36}{99}$$

$$0,123333... = \frac{123-12}{900} = \frac{111}{900}$$

$$2,8888... = \frac{28-2}{9} = \frac{26}{9}$$

$$3,754545454... = \frac{3754-37}{990} = \frac{3717}{990}$$

2.3.3 Transformação de número decimal em fração

Para transformar número decimal em fração, basta contar quantas casas existem depois da vírgula; então o denominador da fração será o número 1 acompanhado de tantos zeros quantos forem o número de casas, já o numerador será o número sem a vírgula.

$$0,3 = \frac{3}{10}$$

$$2,45 = \frac{245}{100}$$

$$49,586 = \frac{49586}{1000}$$

CONJUNTOS NUMÉRICOS

2.4 Números irracionais

São os números que não podem ser escritos na forma de fração.

O conjunto é representado pela letra $\mathbb{I}$ e tem como elementos as dízimas não periódicas e as raízes não exatas.

2.5 Números reais

Simbolizado pela letra $\mathbb{R}$, é a união do conjunto dos números racionais com o conjunto dos irracionais.

Representado, temos:

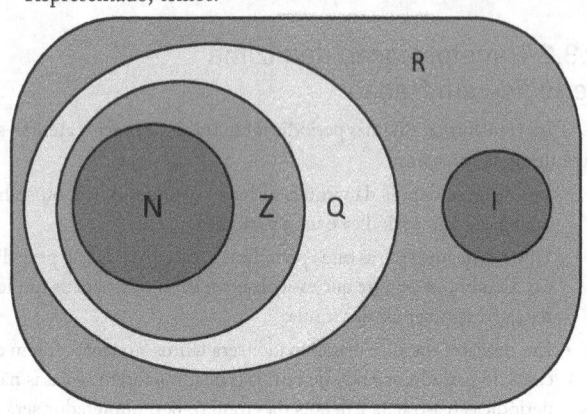

Colocando todos os números em uma reta, temos:

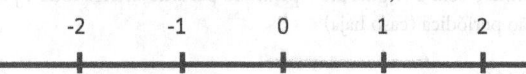

As desigualdades ocorrem em razão de os números serem maiores ou menores uns dos outros.

Os símbolos das desigualdades são:

≥ maior ou igual a.

≤ menor ou igual a.

\> maior que.

< menor que.

Dessas desigualdades surgem os intervalos, que nada mais são do que um espaço dessa reta, entre dois números.

Os intervalos podem ser abertos ou fechados, depende dos símbolos de desigualdade utilizados.

Intervalo aberto ocorre quando os números não fazem parte do intervalo e os sinais de desigualdade são:

\> maior que.

< menor que.

Intervalo fechado ocorre quando os números fazem parte do intervalo e os sinais de desigualdade são:

≥ maior ou igual a.

≤ menor ou igual a.

2.6 Intervalos

Os intervalos numéricos podem ser representados das seguintes formas:

2.6.1 Com os símbolos <, >, ≤, ≥

Quando usar os símbolos < ou >, os números que os acompanham não fazem parte do intervalo real. Quando usar os símbolos ≤ ou ≥, os números farão parte do intervalo real.

| 2 < x < 5: o 2 e o 5 não fazem parte do intervalo.
| 2 ≤ x < 5: o 2 faz parte do intervalo, mas o 5 não.
| 2 ≤ x ≤ 5: o 2 e o 5 fazem parte do intervalo.

2.6.2 Com os colchetes [ ]

Quando os colchetes estiverem voltados para os números, significa que farão parte do intervalo. Quando os colchetes estiverem invertidos, significa que os números não farão parte do intervalo.

|]2;5[: o 2 e o 5 não fazem parte do intervalo.
| [2;5[: o 2 faz parte do intervalo, mas o 5 não faz.
| [2;5]: o 2 e o 5 fazem parte do intervalo.

2.6.3 Sobre uma reta numérica

▷ **Intervalo aberto**

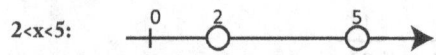

2<x<5:

Em que 2 e 5 não fazem parte do intervalo numérico, representado pela marcação aberta (sem preenchimento - O).

▷ **Intervalo fechado e aberto**

2≤x<5:

Em que 2 faz parte do intervalo, representado pela marcação fechada (preenchida ●) em que 5 não faz parte do intervalo, representado pela marcação aberta (O).

▷ **Intervalo fechado**

2≤x≤5:

Em que 2 e 5 fazem parte do intervalo numérico, representado pela marcação fechada (●).

2.7 Múltiplos e divisores

Os múltiplos são resultados de uma multiplicação de dois números naturais.

| Os múltiplos de 3 são: 0, 3, 6, 9, 12, 15, 18, 21, 24, 27, 30... (os múltiplos são infinitos).

Os divisores de um número são os números, cuja divisão desse número por eles será exata.

| Os divisores de 12 são: 1, 2, 3, 4, 6, 12.

Fique ligado

Números quadrados perfeitos são aqueles que resultam da multiplicação de um número por ele mesmo.
| $4 = 2 \cdot 2$
| $25 = 5 \cdot 5$

2.8 Números primos

São os números que têm apenas dois divisores, o 1 e ele mesmo. (Alguns autores consideram os números primos aqueles que tem 4 divisores, sendo o 1, o -1, ele mesmo e o seu oposto – simétrico.)

| 2 (único primo par), 3, 5, 7, 11, 13, 17, 19, 23, 29, 31, 37, 41, 43, 47, 53, 59, ...

Os números primos servem para decompor outros números.

A decomposição de um número em fatores primos serve para fazer o MMC e o MDC (máximo divisor comum).

2.9 MMC e MDC

O MMC de um, dois ou mais números é o menor número que, ao mesmo tempo, é múltiplo de todos esses números.

O MDC de dois ou mais números é o maior número que pode dividir todos esses números ao mesmo tempo.

Para calcular, após decompor os números, o MMC de dois ou mais números será o produto de todos os fatores primos, comuns e não comuns, elevados aos maiores expoentes. Já o MDC será apenas os fatores comuns a todos os números elevados aos menores expoentes.

$6 = 2 \cdot 3$
$18 = 2 \cdot 3 \cdot 3 = 2 \cdot 3^2$
$35 = 5 \cdot 7$
$144 = 2 \cdot 2 \cdot 2 \cdot 2 \cdot 3 \cdot 3 = 2^4 \cdot 3^2$
$225 = 3 \cdot 3 \cdot 5 \cdot 5 = 3^2 \cdot 5^2$
$490 = 2 \cdot 5 \cdot 7 \cdot 7 = 2 \cdot 5 \cdot 7^2$
$640 = 2 \cdot 2 \cdot 2 \cdot 2 \cdot 2 \cdot 2 \cdot 2 \cdot 5 = 2^7 \cdot 5$
MMC de 18 e 225 = $2 \cdot 3^2 \cdot 5^2 = 2 \cdot 9 \cdot 25 = 450$
MDC de 225 e 490 = 5

Para saber a quantidade de divisores de um número basta, depois da decomposição do número, pegar os expoentes dos fatores primos, somar +1 e multiplicar os valores obtidos.

$225 = 3^2 \cdot 5^2 = 3^{2+1} \cdot 5^{2+1} = 3 \cdot 3 = 9$

Nº de divisores = $(2 + 1) \cdot (2 + 1) = 3 \cdot 3 = 9$ divisores. Que são: 1, 3, 5, 9, 15, 25, 45, 75, 225.

2.10 Divisibilidade

As regras de divisibilidade servem para facilitar a resolução de contas, para ajudar a descobrir se um número é ou não divisível por outro. Veja algumas dessas regras.

Divisibilidade por 2: para um número ser divisível por 2, ele tem de ser par.

14 é divisível por 2.
17 não é divisível por 2.

Divisibilidade por 3: para um número ser divisível por 3, a soma dos seus algarismos tem de ser divisível por 3.

174 é divisível por 3, pois 1 + 7 + 4 = 12.
188 não é divisível por 3, pois 1 + 8 + 8 = 17.

Divisibilidade por 4: para um número ser divisível por 4, ele tem de terminar em 00 ou os seus dois últimos números devem ser múltiplos de 4.

300 é divisível por 4.
532 é divisível por 4.
766 não é divisível por 4.

Divisibilidade por 5: para um número ser divisível por 5, ele deve terminar em 0 ou em 5.

35 é divisível por 5.
370 é divisível por 5.
548 não é divisível por 5.

Divisibilidade por 6: para um número ser divisível por 6, ele deve ser divisível por 2 e por 3 ao mesmo tempo.

78 é divisível por 6.
576 é divisível por 6.
652 não é divisível por 6.

Divisibilidade por 9: para um número ser divisível por 9, a soma dos seus algarismos deve ser divisível por 9.

75 é não divisível por 9.
684 é divisível por 9.

Divisibilidade por 10: para um número ser divisível por 10, ele tem de terminar em 0.

90 é divisível por 10.
364 não é divisível por 10.

2.11 Expressões numéricas

Para resolver expressões numéricas, deve-se seguir a ordem:
- Resolva os parênteses ( ), depois os colchetes [ ], depois as chaves { }, sempre nessa ordem.
- Dentre as operações, resolva primeiro as potenciações e raízes (o que vier primeiro), depois as multiplicações e divisões (o que vier primeiro) e, por último, as somas e subtrações (o que vier primeiro).

Calcule o valor da expressão:
$8 - \{5 - [10 - (7 - 3 \cdot 2)] \div 3\}$
$8 - \{5 - [10 - (7 - 6)] \div 3\}$
$8 - \{5 - [10 - (1)] \div 3\}$
$8 - \{5 - [9] \div 3\}$
$8 - \{5 - 3\}$
$8 - \{2\}$
6

3 SISTEMA LEGAL DE MEDIDAS

3.1 Medidas de tempo

A unidade padrão do tempo é o segundo (s), mas devemos saber as seguintes relações:

1min = 60s
1h = 60min = 3.600s
1 dia = 24h = 1.440min = 86.400s
30 dias = 1 mês
2 meses = 1 bimestre
6 meses = 1 semestre
12 meses = 1 ano
10 anos = 1 década
100 anos = 1 século

> 15h47min18s + 11h39min59s = 26h86min77s = 26h87min17s = 27h27min17s= 1 dia 3h27min17s.
> 8h23min − 3h49min51s = 7h83min − 3h49min51s = 7h82min60s − 3h49min51s = 4h33min9s.

Cuidado com as transformações de tempo, pois elas não seguem o mesmo padrão das outras medidas.

3.2 Sistema métrico decimal

Serve para medir comprimentos, distâncias, áreas e volumes. Tem como unidade padrão o metro (m). Veja a seguir seus múltiplos, variações e algumas transformações.

Metro (m):

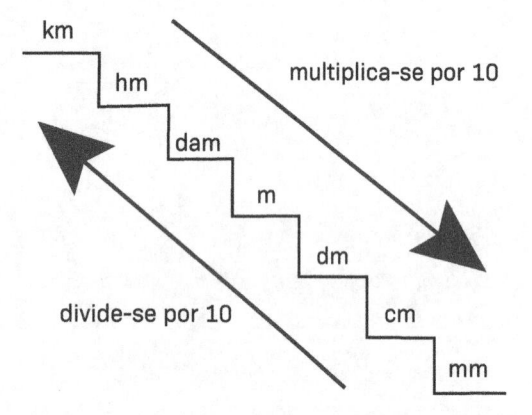

(escada: km, hm, dam, m, dm, cm, mm — multiplica-se por 10 ao descer; divide-se por 10 ao subir)

Ao descer um degrau da escada, multiplica-se por 10, e ao subir um degrau, divide-se por 10.

> Transformar 2,98km em cm = 2,98 · 100.000 = 298.000cm (na multiplicação por 10 ou suas potências, basta deslocar a vírgula para a direita).
> Transformar 74m em km = 74 ÷ 1.000 = 0,074km (na divisão por 10 ou suas potências, basta deslocar a vírgula para a esquerda).

> **Fique ligado**
> O grama (g) e o litro (l) seguem o mesmo padrão do metro (m).

Metro quadrado (m^2):

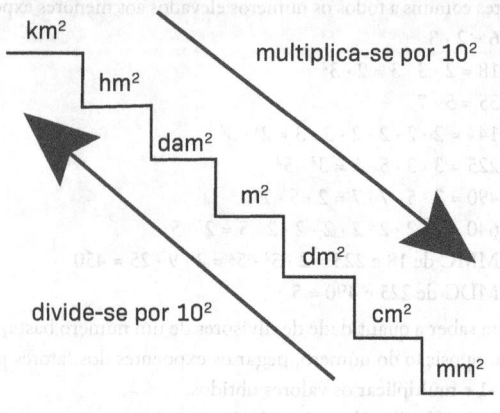

(escada: km^2, hm^2, dam^2, m^2, dm^2, cm^2, mm^2 — multiplica-se por 10^2 ao descer; divide-se por 10^2 ao subir)

Ao descer um degrau da escada, multiplica por 10^2 ou 100, e ao descer um degrau, divide por 10^2 ou 100.

> Transformar $79,11m^2$ em cm^2 = 79,11 · 10.000 = $791.100cm^2$.
> Transformar $135m^2$ em km^2 = 135 ÷ 1.000.000 = $0,000135km^2$.

Metro cúbico (m^3):

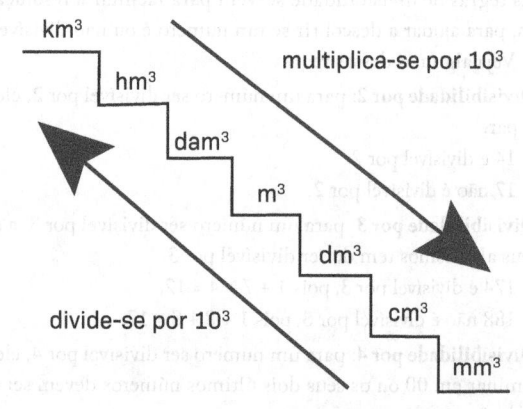

(escada: km^3, hm^3, dam^3, m^3, dm^3, cm^3, mm^3 — multiplica-se por 10^3 ao descer; divide-se por 10^3 ao subir)

Ao descer um degrau da escada, multiplica-se por 10^3 ou 1.000, e ao subir um degrau, divide-se por 10^3 ou 1.000.

> Transformar $269dm^3$ em cm^3 = 269 · 1.000 = $269.000cm^3$.
> Transformar $4.831cm^3$ em m^3 = 4.831 ÷ 1.000.000 = $0,004831m^3$.

O metro cúbico, por ser uma medida de volume, tem relação com o litro (l), e essa relação é:

$1m^3$ = 1.000 litros.
$1dm^3$ = 1 litro.
$1cm^3$ = 1 mililitro.

4 PROPORCIONALIDADE

Os conceitos de razão e proporção estão ligados ao quociente. Esse conteúdo é muito solicitado pelas bancas de concursos.

Primeiramente, vamos compreender o que é grandeza, em seguida, razão e proporção.

4.1 Grandeza

É tudo aquilo que pode ser contado, medido ou enumerado.

| Comprimento (distância), tempo, quantidade de pessoas e/ou coisas etc.

Grandezas diretamente proporcionais: são aquelas em que o aumento de uma implica o aumento da outra.

| Quantidade e preço.

Grandezas inversamente proporcionais: são aquelas em que o aumento de uma implica a diminuição da outra.

| Velocidade e tempo.

4.2 Razão

É a comparação de duas grandezas. Essas grandezas podem ser da mesma espécie (unidades iguais) ou de espécies diferentes (unidades diferentes). Nada mais é do que uma fração do tipo $\frac{a}{b}$, com $b \neq 0$.

Nas razões, os numeradores são também chamados de antecedentes e os denominadores de consequentes.

Escala: comprimento no desenho comparado ao tamanho real.

Velocidade: distância comparada ao tempo.

4.3 Proporção

É determinada pela igualdade entre duas razões.

$$\frac{a}{b} = \frac{c}{d}$$

Dessa igualdade, tiramos a propriedade fundamental das proporções: o produto dos meios igual ao produto dos extremos (a chamada multiplicação cruzada).

$$\boxed{b \cdot c = a \cdot d}$$

É basicamente essa propriedade que ajuda resolver a maioria das questões desse assunto.

Dados três números racionais a, b e c, não nulos, denomina **quarta proporcional** desses números um número x tal que:

$$\frac{a}{b} = \frac{c}{x}$$

Proporção contínua é a que apresenta os meios iguais.

De um modo geral, uma proporção contínua pode ser representada por:

$$\frac{a}{b} = \frac{b}{c}$$

As outras propriedades das proporções são:

Numa proporção, a soma dos dois primeiros termos está para o 2º (ou 1º) termo, assim como a soma dos dois últimos está para o 4º (ou 3º).

$$\frac{a+b}{b} = \frac{c+d}{d} \quad \text{ou} \quad \frac{a+b}{a} = \frac{c+d}{c}$$

Numa proporção, a diferença dos dois primeiros termos está para o 2º (ou 1º) termo, assim como a diferença dos dois últimos está para o 4º (ou 3º).

$$\frac{a-b}{b} = \frac{c-d}{d} \quad \text{ou} \quad \frac{a-b}{a} = \frac{c-d}{c}$$

Numa proporção, a soma dos antecedentes está para a soma dos consequentes, assim como cada antecedente está para o seu consequente.

$$\frac{a+c}{b+d} = \frac{c}{d} = \frac{a}{b}$$

Numa proporção, a diferença dos antecedentes está para a diferença dos consequentes, assim como cada antecedente está para o seu consequente.

$$\frac{a-c}{b-d} = \frac{c}{d} = \frac{a}{b}$$

Numa proporção, o produto dos antecedentes está para o produto dos consequentes, assim como o quadrado de cada antecedente está para quadrado do seu consequente.

$$\frac{a \cdot c}{b \cdot d} = \frac{a^2}{b^2} = \frac{c^2}{d^2}$$

A última propriedade pode ser estendida para qualquer número de razões.

$$\frac{a \cdot c \cdot e}{b \cdot d \cdot f} = \frac{a^3}{b^3} = \frac{c^3}{d^3} = \frac{e^3}{f^3}$$

4.4 Divisão em partes proporcionais

Para dividir um número em partes direta ou inversamente proporcionais, devem-se seguir algumas regras.

▷ **Divisão em partes diretamente proporcionais**

| Divida o número 50 em partes diretamente proporcionais a 4 e a 6.
4x + 6x = 50
10x = 50
$x = \frac{50}{10}$
x = 5
x = constante proporcional
Então, 4x = 4 · 5 = 20 e 6x = 6 · 5 = 30
Logo, a parte proporcional a 4 é o 20 e a parte proporcional ao 6 é o 30.

PROPORCIONALIDADE

▷ **Divisão em partes inversamente proporcionais**

Divida o número 60 em partes inversamente proporcionais a 2 e a 3.

$$\frac{x}{2} = \frac{x}{3} = 60$$

$$\frac{3x}{6} + \frac{2x}{6} = 60$$

$5x = 60 \cdot 6$

$5x = 360$

$x = \frac{360}{5}$

$x = 72$

x = constante proporcional

Então, $\frac{x}{2} = \frac{72}{2} = 36$ e $\frac{x}{3} = \frac{72}{3} = 24$

Logo, a parte proporcional a 2 é o 36 e a parte proporcional ao 3 é o 24.

Perceba que, na divisão diretamente proporcional, quem tiver a maior parte ficará com o maior valor. Já na divisão inversamente proporcional, quem tiver a maior parte ficará com o menor valor.

4.5 Regra das torneiras

Sempre que uma questão envolver uma situação que pode ser feita de um jeito em determinado tempo (ou por uma pessoa) e, em outro tempo, de outro jeito (ou por outra pessoa), e quiser saber em quanto tempo seria se fosse feito tudo ao mesmo tempo, usa-se a regra da torneira, que consiste na aplicação da seguinte fórmula:

$$t_T = \frac{t_1 \cdot t_2}{t_1 + t_2}$$

Em que **T** é o tempo.

Quando houver mais de duas situações, é melhor usar a fórmula:

$$\frac{1}{t_T} = \frac{1}{t_1} + \frac{1}{t_2} + ... + \frac{1}{t_n}$$

Em que **n** é a quantidade de situações.

Uma torneira enche um tanque em 6h. Uma segunda torneira enche o mesmo tanque em 8h. Se as duas torneiras forem abertas juntas quanto tempo vão levar para encher o mesmo tanque?

$$t_T = \frac{6 \cdot 8}{6 + 8} = \frac{48}{14} = 3h25min43s$$

4.6 Regra de três

Mecanismo prático e/ou método utilizado para resolver questões que envolvem razão e proporção (grandezas).

4.6.1 Regra de três simples

Aquela que só envolve duas grandezas.

Durante uma viagem, um carro consome 20 litros de combustível para percorrer 240km, quantos litros são necessários para percorrer 450km?

Primeiro, verifique se as grandezas envolvidas na questão são direta ou inversamente proporcionais, e monte uma estrutura para visualizar melhor a questão.

Distância	Litro
240	20
450	x

Ao aumentar a distância, a quantidade de litros de combustível necessária para percorrer essa distância também vai aumentar, então, as grandezas são diretamente proporcionais.

$$\frac{20}{x} = \frac{240}{450}$$

Aplicando a propriedade fundamental das proporções:

$240x = 9.000$

$x = \frac{9.000}{240} = 37,5$ litros

4.6.2 Regra de três composta

Aquela que envolve mais de duas grandezas.

Dois pedreiros levam nove dias para construir um muro com 2m de altura. Trabalhando três pedreiros e aumentando a altura para 4m, qual será o tempo necessário para completar esse muro?

Neste caso, deve-se comparar uma grandeza de cada vez com a variável.

Dias	Pedreiros	Altura
9	2	2
x	3	4

Note que, ao aumentar a quantidade de pedreiros, o número de dias necessários para construir um muro diminui, então as grandezas pedreiros e dias são inversamente proporcionais. No entanto, se aumentar a altura do muro, será necessário mais dias para construí-lo. Dessa forma, as grandezas muro e dias são diretamente proporcionais. Para finalizar, monte a proporção e resolva. Lembre-se que quando uma grandeza for inversamente proporcional à variável sua fração será invertida.

$$\frac{9}{x} = \frac{3}{2} \cdot \frac{2}{4}$$

$$\frac{9}{x} = \frac{6}{8}$$

Aplicar a propriedade fundamental das proporções:

$6x = 72$

$x = \frac{72}{6} = 12$ dias

5 FUNÇÕES

5.1 Definições

A função é uma relação estabelecida entre dois conjuntos A e B, em que exista uma associação entre cada elemento de A com um único de B por meio de uma lei de formação.

Podemos dizer que a função é uma relação de dois valores, por exemplo: $f(x) = y$, sendo que x e y são valores, nos quais x é o domínio da função (a função está dependendo dele) e y é um valor que depende do valor de x, sendo a imagem da função.

As funções possuem um conjunto chamado domínio e outro, imagem da função, além do contradomínio. No plano cartesiano, que o eixo x representa o **domínio** da função, enquanto no eixo y apresentam-se os valores obtidos em função de x, constituindo a imagem da função (o eixo y seria o **contradomínio** da função).

Com os conjuntos A = {1, 4, 7} e B = {1, 4, 6, 7, 8, 9, 12} cria-se a função f: A → B definida por $f(x) = x + 5$, que também pode ser representada por $y = x + 5$. A representação, utilizando conjuntos, desta função é:

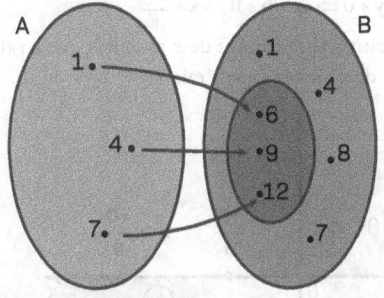

O conjunto A é o conjunto de saída e o B é o conjunto de chegada. Domínio é um sinônimo para conjunto de saída, ou seja, para esta função o domínio é o próprio conjunto A = {1, 4, 7}.

Como, em uma função, o conjunto de saída (domínio) deve ter todos os seus elementos relacionados, não precisa ter subdivisões para o domínio.

O domínio de uma função é chamado de campo de definição ou campo de existência da função, e é representado pela letra D.

O conjunto de chegada B, também possui um sinônimo, é chamado de contradomínio, representado por CD.

Note que é possível fazer uma subdivisão dentro do contradomínio e ter elementos do contradomínio que não são relacionados com algum elemento do domínio e outros que são. Por isso, deve-se levar em consideração esta subdivisão.

Este subconjunto é chamado de conjunto **imagem**, e é composto por todos os elementos em que as flechas de relacionamento chegam.

O conjunto imagem é representado por Im, e cada ponto que a flecha chega é chamado de imagem.

5.2 Plano cartesiano

Criado por René Descartes, o plano cartesiano consiste em dois eixos perpendiculares, sendo o horizontal chamado de eixo das abscissas e o vertical de eixo das ordenadas. O plano cartesiano foi desenvolvido por Descartes no intuito de localizar pontos em determinado espaço.

As disposições dos eixos no plano formam quatro quadrantes, mostrados na figura a seguir:

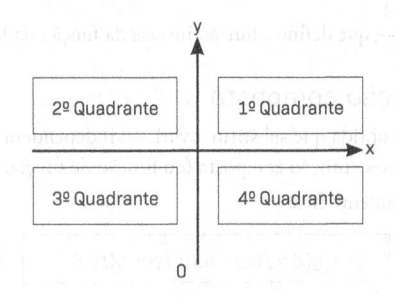

O encontro dos eixos é chamado de origem. Cada ponto do plano cartesiano é formado por um par ordenado (x, y), em que x: abscissa e y: ordenada.

5.2.1 Raízes

Em matemática, uma raiz ou zero da função consiste em determinar os pontos de interseção da função com o eixo das abscissas no plano cartesiano. A função f é um elemento no domínio de f tal que $f(x) = 0$.

Considere a função:
$f(x) = x^2 - 6x + 9$
3 é uma raiz de f, porque:
$f(3) = 3^2 - 6 \cdot 3 + 9 = 0$

5.3 Funções injetoras, sobrejetoras e bijetoras

Função injetora: é a função em que cada x encontra um único y, ou seja, os elementos distintos têm imagens distintas.

Função sobrejetora: a função em que o conjunto imagem é exatamente igual ao contradomínio (y).

Função bijetora: a função que for injetora e sobrejetora ao mesmo tempo.

5.4 Funções crescentes, decrescentes e constantes

Função crescente: à medida que x aumenta, as imagens vão aumentando.

Com $x_1 > x_2$ a função é crescente para $f(x_1) > f(x_2)$, isto é, aumentando valor de x, aumenta o valor de y.

Função decrescente: à medida que x aumenta, as imagens vão diminuindo (decrescente).

Com $x_1 > x_2$ a função é crescente para $f(x_1) < f(x_2)$, isto é, aumentando x, diminui o valor de y.

Função constante: em uma função constante qualquer que seja o elemento do domínio, eles sempre terão a mesma imagem, ao variar x encontra sempre o mesmo valor y.

5.5 Funções inversas e compostas

5.5.1 Função inversa

Dada uma função $f: A \to B$, se f é bijetora, se define a função inversa f^{-1} como sendo a função de B em A, tal que $f^{-1}(y) = x$.

Determine a inversa da função definida por:
$y = 2x + 3$
Trocando as variáveis x e y:
$x = 2y + 3$

FUNÇÕES

Colocando y em função de x:
$2y = x - 3$
$y = \dfrac{x-3}{2}$, que define a função inversa da função dada.

5.5.2 Função composta

A função obtida que substitui a variável independente x por uma função, chama-se função composta (ou função de função).

Simbolicamente fica:

$$f_o g(x) = f(g(x)) \text{ ou } g_o f(x) = g(f(x))$$

Dadas as funções $f(x) = 2x + 3$ e $g(x) = 5x$, determine $g_o f(x)$ e $f_o g(x)$.
$g_o f(x) = g[f(x)] = g(2x + 3) = 5(2x + 3) = 10x + 15$
$f_o g(x) = f[g(x)] = f(5x) = 2(5x) + 3 = 10x + 3$

5.6 Função afim

Chama-se função polinomial do 1º grau, ou função afim, qualquer função f dada por uma lei da forma $f(x) = ax + b$, cujo a e b são números reais dados e $a \neq 0$.

Na função $f(x) = ax + b$, o número a é chamado de coeficiente de x e o número b é chamado termo constante.

5.6.1 Gráfico

O gráfico de uma função polinomial do 1º grau, $y = ax + b$, com $a \neq 0$, é uma reta oblíqua aos eixos x e y.

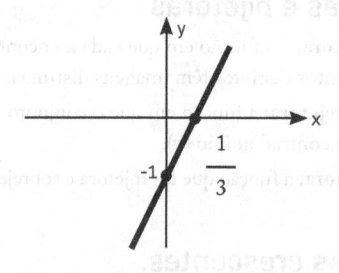

5.6.2 Zero e equação do 1º grau

Chama-se zero ou raiz da função polinomial do 1º grau $f(x) = ax + b$, $a \neq 0$, o número real x tal que $f(x) = 0$.

Assim: $f(x) = 0 \Rightarrow ax + b = 0 \Rightarrow x = \dfrac{-b}{a}$

5.6.3 Crescimento e decrescimento

A função do 1º grau $f(x) = ax + b$ é crescente, quando o coeficiente de x é positivo ($a > 0$).

A função do 1º grau $f(x) = ax + b$ é decrescente, quando o coeficiente de x é negativo ($a < 0$).

5.6.4 Sinal

Estudar o sinal de qualquer $y = f(x)$ é determinar o valor de x para os quais y é positivo, os valores de x para os quais y é zero e os valores de x para os quais y é negativo.

Considere uma função afim $y = f(x) = ax + b$, essa função se anula para a raiz $x = \dfrac{-b}{a}$.

Há dois casos possíveis:

a > 0 (a função é crescente)

$y > 0 \Rightarrow ax + b > 0 \Rightarrow x > \dfrac{-b}{a}$

$y < 0 \Rightarrow ax + b < 0 \Rightarrow x < \dfrac{-b}{a}$

Logo, y é positivo para valores de x maiores que a raiz; y é negativo para valores de x menores que a raiz.

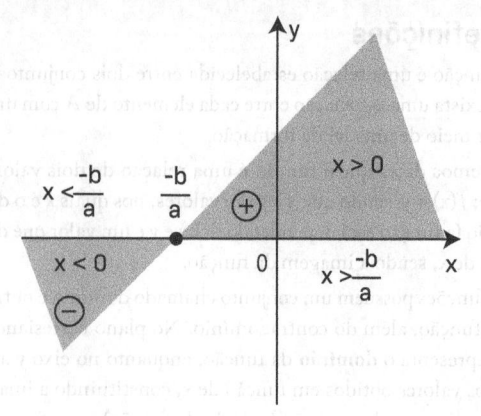

a < 0 (a função é decrescente)

$y > 0 \Rightarrow ax + b > 0 \Rightarrow x < \dfrac{-b}{a}$

$y < 0 \Rightarrow ax + b < 0 \Rightarrow x < \dfrac{-b}{a}$

Portanto, y é positivo para valores de x menores que a raiz; y é negativo para valores de x maiores que a raiz.

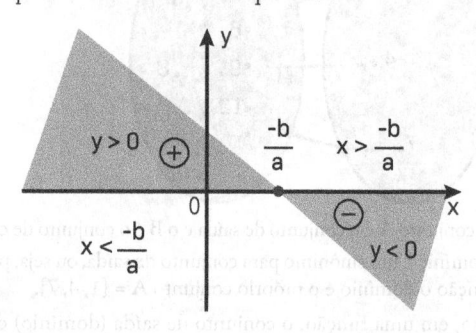

5.6.5 Equações e inequações do 1º grau

Equação

Uma equação do 1º grau na incógnita x é qualquer expressão do 1º grau que pode ser escrita em uma das seguintes formas:

$$ax + b = 0$$

Para resolver uma equação, basta achar o valor de x.

▷ **Sistema de equação**

Um sistema de equação de 1º grau com duas incógnitas é formado por duas equações de 1º grau com duas incógnitas diferentes em cada equação.

$\begin{cases} x + y = 20 \\ 3x - 4y = 72 \end{cases}$

Para encontrar o par ordenado desse sistema, é preciso utilizar dois métodos para a sua solução, são eles: substituição e adição.

▷ **Método da substituição**

Esse método consiste em escolher uma das duas equações, isolar uma das incógnitas e substituir na outra equação.

MATEMÁTICA

Dado o sistema $\begin{cases} x + y = 20 \\ 3x - 4y = 72 \end{cases}$ enumeramos as equações.

$\begin{cases} x + y = 20 \quad \boxed{1} \\ 3x - 4y = 72 \quad \boxed{2} \end{cases}$

Escolhemos a equação 1 e isolamos o x:
x + y = 20
x = 20 - y
Na equação 2, substituímos o valor de x = 20 - y.
3x + 4y = 72
3(20 - y) + 4y = 72
60 - 3y + 4y = 72
- 3y + 4y = 72 - 60
y = 12
Para descobrir o valor de x, substituir y por 12 na equação:
x = 20 - y.
x = 20 - y
x = 20 - 12
x = 8
Portanto, a solução do sistema é S = (8, 12)

▷ **Método da adição**

Este método consiste em adicionar as duas equações de tal forma que a soma de uma das incógnitas seja zero. Para que isso aconteça, será preciso que multipliquemos as duas equações ou apenas uma equação por números inteiros para que a soma de uma das incógnitas seja zero.

Dado o sistema:
$\begin{cases} x + y = 20 \\ 3x - 4y = 72 \end{cases}$

Para adicionar as duas equações e a soma de uma das incógnitas de zero, teremos que multiplicar a primeira equação por –3.

$\begin{cases} x + y = 20 \quad \boxed{(-3)} \\ 3x - 4y = 72 \end{cases}$

Agora, o sistema fica assim:
$\begin{cases} -3x - 3y = -60 \\ 3x + 4y = 72 \end{cases}$

Adicionando as duas equações:
- 3x - 3y = - 60
+ 3x + 4y = 72
y = 12
Para descobrir o valor de x, escolher uma das duas equações e substituir o valor de y encontrado:
x + y = 20
x + 12 = 20
x = 20 - 12
x = 8
Portanto, a solução desse sistema é: S = (8, 12)

Inequação

Uma inequação do 1º grau na incógnita x é qualquer expressão do 1º grau que pode ser escrita em uma das seguintes formas:

$$\begin{array}{c} ax + b > 0 \\ ax + b < 0 \\ ax + b \geq 0 \\ ax + b \leq 0 \end{array}$$

Sendo **a**, **b** são números reais com a ≠ 0.
$\begin{cases} -2x + 7 > 0 \\ x - 10 \leq 0 \\ 2x + 5 \leq 0 \\ 12 - x < 0 \end{cases}$

▷ **Resolvendo uma inequação de 1º grau**

Uma maneira simples de resolver uma inequação do 1º grau é isolar a incógnita x em um dos membros da desigualdade.

Resolva a inequação –2x + 7 > 0:
-2x > -7 · (-1)
2x < 7
$x < \frac{7}{2}$
Logo, a solução da inequação é $x < \frac{7}{2}$.

Resolva a inequação 2x – 6 < 0:
2x < 6
$x < \frac{6}{2}$
x < 3
Portanto, a solução da inequação é x < 3.

Pode-se resolver qualquer inequação do 1º grau por meio do estudo do sinal de uma função do 1º grau, com o seguinte procedimento:
- Iguala-se a expressão ax + b a zero.
- Localiza-se a raiz no eixo x.
- Estuda-se o sinal conforme o caso.

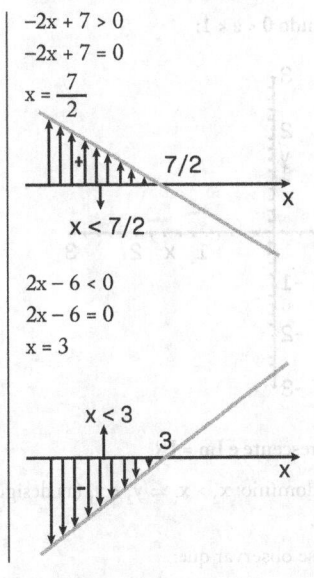

-2x + 7 > 0
-2x + 7 = 0
$x = \frac{7}{2}$

x < 7/2

2x - 6 < 0
2x - 6 = 0
x = 3

x < 3

FUNÇÕES

5.7 Equação e função exponencial

Equação exponencial é toda equação na qual a incógnita aparece em expoente.

Para resolver equações exponenciais, devem-se realizar dois passos importantes:
- Redução dos dois membros da equação a potências de mesma base.
- Aplicação da propriedade:

$a^m = a^n \Rightarrow m = n$ ($a \neq 1$ e $a > 0$)

5.7.1 Função exponencial

Funções exponenciais são aquelas nas quais temos a variável aparecendo em expoente.

A função $f: \mathbb{R} \to \mathbb{R}_+$, definida por $f(x) = a^x$, com $a \in \mathbb{R}_+$ e $a \neq 1$, é chamada função exponencial de base a. O domínio dessa função é o conjunto $\mathbb{R}$ (reais) e o contradomínio é $\mathbb{R}_+$ (reais positivos, maiores que zero).

5.7.2 Gráfico cartesiano da função exponencial

Há dois casos a considerar:

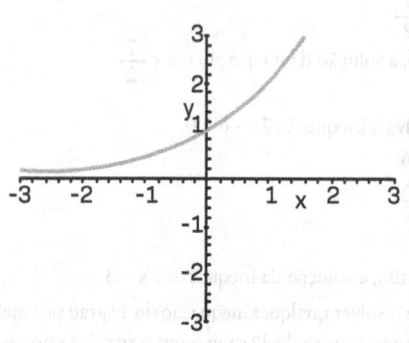

Quando a > 1:

$f(x)$ é crescente e $\text{Im} = \mathbb{R}_+$

Para quaisquer x_1 e x_2 do domínio: $x_2 > x_1 \Rightarrow y_2 > y_1$ (as desigualdades têm mesmo sentido).

Quando 0 < a < 1:

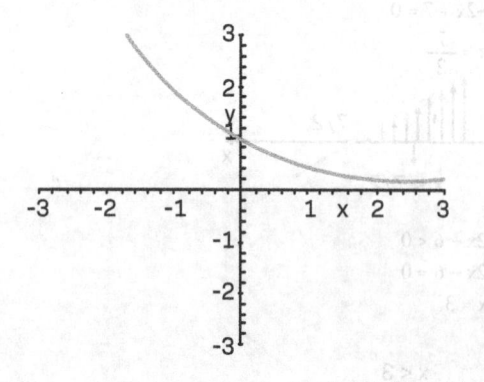

$f(x)$ é decrescente e $\text{Im} = \mathbb{R}_+$

Para quaisquer x_1 e x_2 do domínio: $x_2 > x_1 \Rightarrow y_2 < y_1$ (as desigualdades têm sentidos diferentes).

Nas duas situações, pode-se observar que:
- O gráfico nunca intercepta o eixo horizontal.
- A função não tem raízes; o gráfico corta o eixo vertical no ponto (0,1).
- Os valores de y são sempre positivos (potência de base positiva é positiva), portanto, o conjunto imagem é $\text{Im} = \mathbb{R}_+$.

5.7.3 Inequações exponenciais

Inequação exponencial é toda inequação na qual a incógnita aparece em expoente.

Para resolver inequações exponenciais, devem-se realizar dois passos:
- Redução dos dois membros da inequação a potências de mesma base.
- Aplicação da propriedade:

a > 1

$a^m > a^n \Rightarrow m > n$

(as desigualdades têm mesmo sentido)

0 < a < 1

$a^m > a^n \Rightarrow m < n$

(as desigualdades têm sentidos diferentes)

5.8 Equação e função logarítmica

5.8.1 Logaritmo

$$a^x = b \Leftrightarrow \log_a b = x$$

Sendo $b > 0$, $a > 0$ e $a \neq 1$

Na igualdade $x = \log_a b$ tem:

a = base do logaritmo

b = logaritmando ou antilogaritmo

x = logaritmo

Consequências da definição

Sendo $b > 0$, $a > 0$ e $a \neq 1$ e m um número real qualquer, em seguida, algumas consequências da definição de logaritmo:

$\log_a 1 = 0$

$\log_a a = 1$

$\log_a a^m = m$

$a^{\log_a b} = b$

$\log_a b = \log_a c \Leftrightarrow b = c$

Propriedades operatórias dos logaritmos

$\log_a (x \cdot y) = \log_a x + \log_a y$

$\log_a \left[\dfrac{x}{y}\right] = \log_a x - \log_a y$

$\log_a x^m = m \cdot \log_a x$

$\log_a \sqrt[n]{x^m} = \log_a x^{\frac{m}{n}} = \dfrac{m}{n} \cdot \log_a x$

Cologaritmo

$\text{colog}_a b = \log_a \dfrac{1}{b}$

$\text{colog}_a b = -\log_a b$

MATEMÁTICA

Mudança de base

$$\log_a x = \frac{\log_b x}{\log_b a}$$

5.8.2 Função logarítmica

A função $f: \mathbb{R}_+ \to \mathbb{R}$, definida por $f(x) = \log_a x$, com $a \neq 1$ e $a > 0$, é chamada função logarítmica de base a. O domínio dessa função é o conjunto $\mathbb{R}_+$ (reais positivos, maiores que zero) e o contradomínio é $\mathbb{R}$ (reais).

Gráfico cartesiano da função logarítmica

Há dois casos a se considerar:

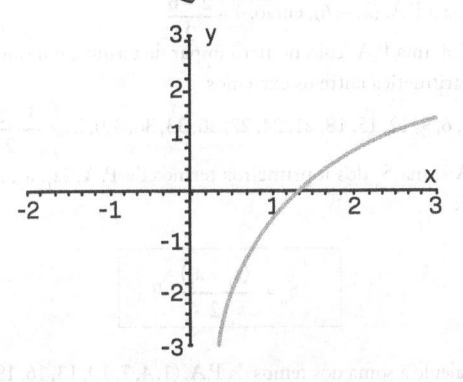

Quando a>1:

$f(x)$ é crescente e $\text{Im} = \mathbb{R}$

Para quaisquer x_1 e x_2 do domínio: $x_2 > x_1 \Rightarrow y_2 < y_1$ (as desigualdades têm mesmo sentido).

Quando 0<a<1:

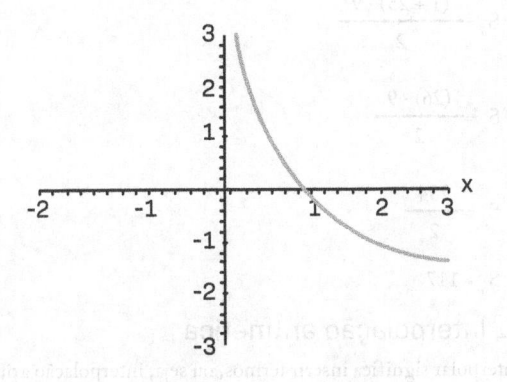

$f(x)$ é decrescente e $\text{Im} = \mathbb{R}$

Para quaisquer x_1 e x_2 do domínio: $x_1 > x_2 \Rightarrow y_1 < y_2$ (as desigualdades têm sentidos diferentes).

Nas duas situações, pode-se observar que:
- O gráfico nunca intercepta o eixo vertical.
- O gráfico corta o eixo horizontal no ponto (1, 0).
- A raiz da função é $x = 1$.
- Y assume todos os valores reais, portanto, o conjunto imagem é $\text{Im} = \mathbb{R}$.

5.8.3 Equações logarítmicas

Equações logarítmicas são toda equação que envolve logaritmos com a incógnita aparecendo no logaritmando, na base ou em ambos.

5.8.4 Inequações logarítmicas

Inequações logarítmicas são toda inequação que envolve logaritmos com a incógnita aparecendo no logaritmando, na base ou em ambos.

Para resolver inequações logarítmicas, devem-se realizar dois passos:
- Redução dos dois membros da inequação a logaritmos de mesma base.
- Aplicação da propriedade:

a > 1

$\log_a m > \log_a n \Rightarrow m > n > 0$

(as desigualdades têm mesmo sentido)

0 < a < 1

$\log_a m > \log_a n \Rightarrow 0 < m < n$

(as desigualdades têm sentidos diferentes)

6 SEQUÊNCIAS NUMÉRICAS

Neste capítulo, conheceremos a formação de uma sequência e também do que trata a P.A. (Progressão Aritmética) e a P.G. (Progressão Geométrica).

6.1 Definições

Sequências: conjunto de elementos organizados de acordo com certo padrão, ou seguindo determinada regra. O conhecimento das sequências é fundamental para a compreensão das progressões.

Progressões: são sequências numéricas com algumas características exclusivas.

Cada elemento das sequências e/ou progressões são denominados termos.

Sequência dos números quadrados perfeitos: (1, 4, 9, 16, 25, 36, 49, 64, 81, 100...).

Sequência dos números primos: (2, 3, 5, 7, 11, 13, 17, 19, 23, 29, 31, 37, 41, 43, 47, 53...).

O que determina a formação na sequência dos números é: $a_n = n^2$.

6.2 Lei de formação de uma sequência

Para determinar uma sequência numérica é preciso uma lei de formação. A lei que define a sequência pode ser a mais variada possível.

> A sequência definida pela lei $a_n = n^2 + 1$, com $n \in N$, cujo a_n é o termo que ocupa a n-ésima posição na sequência é: 0, 2, 5, 10, 17, 26... Por esse motivo, a_n é chamado de termo geral da sequência.

6.3 Progressão aritmética (P.A.)

Progressão aritmética é uma sequência numérica em que cada termo, a partir do segundo, é igual ao anterior adicionado a um número fixo, chamado razão da progressão (r).

Quando $r > 0$, a progressão aritmética é crescente; quando $r < 0$, decrescente e quando $r = 0$, constante ou estacionária.

- (2, 5, 8, 11, ...), temos r = 3. Logo, a P.A. é crescente.
- (20, 18, 16, 14, ...), temos r = -2. Logo, a P.A. é decrescente.
- (5, 5, 5, 5, ...), temos r = 0. Logo, a P.A. é constante.

A representação matemática de uma progressão aritmética é: $(a_1, a_2, a_3, ..., a_n, a_{n+1}, ...)$ na qual:

$$\begin{cases} a_2 = a_1 + r \\ a_3 = a_2 + r \\ a_4 = a_3 + r \\ \vdots \end{cases}$$

Se a razão de uma P.A. é a quantidade que acrescentamos a cada termo para obter o seguinte, podemos dizer que ela é igual à diferença entre qualquer termo, a partir do segundo, e o anterior. Assim, de modo geral, temos:

$$r = a_2 - a_1 = a_3 - a_2 = ... = a_{n+1} - a_n$$

Para encontrar um termo específico, a quantidade de termos ou até mesmo a razão de uma P.A., dispomos de uma relação chamada termo geral de uma P.A.: $a_n = a_1 + (n-1)r$, onde:

- a_n é o termo geral.
- a_1 é o primeiro termo.
- n é o número de termos.
- r é a razão da P.A.

Propriedades:

P_1. Em toda P.A. finita, a soma de dois termos equidistantes dos extremos é igual à soma dos extremos.

```
1    3    5    7    9    11
          5 + 7 = 12
     3 + 9 = 12
1 + 11 = 12
```

Dois termos são equidistantes quando a distância entre um deles para o primeiro termo da P.A. é igual a distância do outro para o último termo da P.A.

P_2. Uma sequência de três termos é P.A. se o termo médio é igual à média aritmética entre os outros dois, isto é, (a, b, c) é P.A. $\Leftrightarrow b = \dfrac{a + c}{2}$

| Seja a P.A. (2, 4, 6), então, $4 = \dfrac{2 + 6}{2}$

P_3. Em uma P.A. com número ímpar de termos, o termo médio é a média aritmética entre os extremos.

| (3, 6, 9, 12, 15, 18, 21, 24, 27, 30, 33, 36, 39), $21 = \dfrac{3 + 39}{2}$

P_4. A soma S_n dos n primeiros termos da P.A. $(a_1, a_2, a_3, ... a_n)$ é dada por:

$$S_n = \dfrac{(a_1 + a_n) \cdot n}{2}$$

Calcule a soma dos termos da P.A. (1, 4, 7, 10, 13, 16, 19, 22, 25).

$a_1 = 1$; $a_n = 25$; $n = 9$

$S_n = \dfrac{(a_1 + a^n) \cdot n}{2}$

$S_n = \dfrac{(1 + 25) \cdot 9}{2}$

$S_n = \dfrac{(26) \cdot 9}{2}$

$S_n = \dfrac{234}{2}$

$S_n = 117$

6.3.1 Interpolação aritmética

Interpolar significa inserir termos, ou seja, interpolação aritmética é a colocação de termos entre os extremos de uma P.A. Consiste basicamente em descobrir o valor da razão da P.A. e inserir esses termos.

Utiliza-se a fórmula do termo geral para a resolução das questões, em que **n** será igual a **k + 2**, cujo **k** é a quantidade de termos que se quer interpolar.

| Insira 5 termos em uma P.A. que começa com 3 e termina com 15.

$a_1 = 3$; $a_n = 15$; $k = 5$ e
$n = 5 + 2 = 7$

$a_n = a_1 + (n - 1) \cdot r$
$15 = 3 + (7 - 1) \cdot r$
$15 = 3 + 6r$
$6r = 15 - 3$
$6r = 12$
$r = \dfrac{12}{6}$

$r = 2$
Então, P.A.
(3, 5, 7, 9, 11, 13, 15)

MATEMÁTICA

6.4 Progressão geométrica (P.G.)

Progressão geométrica é uma sequência de números não nulos em que cada termo, a partir do segundo, é igual ao anterior multiplicado por um número fixo, chamado razão da progressão (q).

A representação matemática de uma progressão geométrica é $(a_1, a_2, a_3,...,a_{n-1}, a_n)$, na qual $a_2 = a_1 \cdot q$, $a_3 = a_2 \cdot q$,... etc. De modo geral, escrevemos: $a_{n+1} = a_n \cdot q$, $\forall n \in \mathbb{N}^*$ e $q \in \mathbb{R}$.

Em uma P.G., a razão q é igual ao quociente entre qualquer termo, a partir do segundo, e o anterior.

$$(4, 8, 16, 32, 64)$$
$$q = \frac{8}{4} = \frac{16}{8} = \frac{32}{16} = \frac{64}{32} = 2$$
$$(6, -18, 54, -162)$$
$$q = \frac{186}{6} = \frac{54}{-18} = \frac{-162}{54} = -3$$

Assim, podemos escrever:

$$\frac{a_2}{a_1} = \frac{a_3}{a_2} = ... = \frac{a_{n+1}}{a_n} = q, \text{ sendo q a razão da P.G.}$$

Podemos classificar uma P.G. como:

Crescente:

Quando $a_1 > 0$ e $q > 1$

| $(2, 6, 18, 54, ...)$ é uma P.G. crescente com $a_1 = 2$ e $q = 3$

Quando $a_1 < 0$ e $0 < q < 1$

| $(-40, -20, -10, ...)$ é uma P.G. crescente com $a_1 = -40$ e $q = 1/2$

Decrescente:

Quando $a_1 > 0$ e $0 < q < 1$

| $(256, 64, 16, ...)$ é uma P.G. decrescente com $a_1 = 256$ e $q = 1/4$

Quando $a_1 < 0$ e $q > 1$

| $(-2, -10, -50, ...)$ é uma P.G. decrescente com $a_1 = -2$ e $q = 5$

Constante:

Quando $q = 1$

| $(3, 3, 3, 3, ...)$ é uma P.G. constante com $a_1 = 3$ e $q = 1$

Alternada:

Quando $q < 0$

| $(2, -6, 18, -54)$ é uma P.G. alternada com $a_1 = 2$ e $q = -3$

A fórmula do termo geral de uma P.G. nos permite encontrar qualquer termo da progressão.

$$a_n = a_1 \cdot q^{n-1}$$

Propriedades:

P_1. Em toda P.G. finita, o produto de dois termos equidistantes dos extremos é igual ao produto dos extremos.

| 1   3   9   27   81   243
| $9 \cdot 27 = 243$
| $3 \cdot 81 = 243$
| $1 \cdot 243 = 243$

Dois termos são equidistantes quando a distância de um deles para o primeiro termo P.G. é igual a distância do outro para o último termo da P.G.

P_2. Uma sequência de três termos, em que o primeiro é diferente de zero, é uma P.G., e sendo o quadrado do termo médio igual ao produto dos outros dois, isto é, $a \neq 0$.

| (a, b, c) é P.G. $\Leftrightarrow b^2 = ac$
| $(2, 4, 8) \Leftrightarrow 4^2 = 2 \cdot 8 = 16$

P_3. Em uma P.G. com número ímpar de termos, o quadrado do termo médio é igual ao produto dos extremos.

| $(2, 4, 8, 16, 32, 64, 128, 256, 512)$, temos que $32^2 = 2 \cdot 512 = 1.024$.

P_4. Soma dos n primeiros termos de uma P.G.: $S_n = \dfrac{a_1(q^n - 1)}{q - 1}$

P_5. Soma dos termos de uma P.G. infinita:

$$\left| \begin{array}{l} S_\infty = \dfrac{a_1}{q-1}, \text{ se } -1 < q < 1 \\ 1 - q \end{array} \right.$$

- $S_\infty = +\infty$, se $q > 1$ e $a_1 > 0$
- $S_\infty = -\infty$, se $q > 1$ e $a_1 < 0$

6.4.1 Interpolação geométrica

Interpolar significa inserir termos, ou seja, interpolação geométrica é a colocação de termos entre os extremos de uma P.G. Consiste basicamente em descobrir o valor da razão da P.G. e inserir esses termos.

Utiliza-se a fórmula do termo geral para a resolução das questões, em que **n** será igual a **p + 2**, cujo **p** é a quantidade de termos que se quer interpolar.

Insira 4 termos em uma P.G. que começa com 2 e termina com 2.048.

$a_1 = 2$; $a_n = 2.048$; $p = 4$ e $n = 4 + 2 = 6$
$a_n = a_1 \cdot q^{(n-1)}$
$2.048 = 2 \cdot q^{(6-1)}$
$2.048 = 2 \cdot q^5$
$q^5 = \dfrac{2.048}{2}$
$q^5 = 1.024$ $(1.024 = 4^5)$
$q^5 = 4^5$
$q = 4$
P.G. $(2, \mathbf{8, 32, 128, 512}, 2.048)$.

6.4.2 Produto dos termos de uma P.G.

Para o cálculo do produto dos termos de uma P.G., usar a seguinte fórmula:

$$P_n = \sqrt{(a_1 \cdot a_n)^n}$$

Qual o produto dos termos da P.G. $(5, 10, 20, 40, 80, 160)$?

$a_1 = 5$; $a_n = 160$; $n = 6$
$P_n = \sqrt{(a_1 \cdot a_n)^n}$
$P_n = \sqrt{(5 \cdot 160)^6}$
$P_n = (5 \cdot 160)^3$
$P_n = (800)^3$
$P_n = 512.000.000$

7 MATRIZES

Matriz: é uma tabela que serve para organizar dados numéricos em linhas e colunas.

Nas matrizes, cada número é chamado de elemento da matriz, as filas horizontais são chamadas **linhas** e as filas verticais são chamadas **colunas**.

$$\begin{bmatrix} 1 & 4 & 7 \\ 13 & -1 & 18 \end{bmatrix} \rightarrow \text{Linha}$$
$$\downarrow$$
$$\text{Coluna}$$

No exemplo, a matriz apresenta 2 linhas e 3 colunas. Dizemos que essa matriz é do tipo 2x3 (2 linhas e 3 colunas). Lê-se dois por três.

7.1 Representação de uma matriz

Uma matriz pode ser representada por parênteses ( ) ou colchetes [ ], com seus dados numéricos inseridos dentro desses símbolos matemáticos. Cada um desses dados, ocupam uma posição definida por uma linha e coluna.

A nomenclatura da matriz se dá por uma letra maiúscula. De modo geral, uma matriz A de m linhas e n colunas (m x n) pode ser representada da seguinte forma:

$$A = \begin{bmatrix} a_{11} & a_{12} & a_{13} & \dots & a_{1n} \\ a_{21} & a_{22} & a_{23} & \dots & a_{2n} \\ a_{31} & a_{32} & a_{33} & \dots & a_{3n} \\ \dots & \dots & \dots & \dots & \dots \\ a_{m1} & a_{m2} & a_{m3} & & a_{mn} \end{bmatrix}_{m \times n} \text{com } m, n \in \mathbb{N}^*$$

Abreviadamente:

$$A_{m \times n} = [a_{ij}]_{m \times n}$$

Com: $i \in \{1, 2, 3, ..., m\}$ e $j \in \{1, 2, 3, ..., n\}$

No qual, a_{ij} é o elemento da i linha com a j coluna.

$$B_{3 \times 2} = \begin{pmatrix} 4 & 7 \\ 6 & 8 \\ 18 & 10 \end{pmatrix} \text{ matriz de ordem 3 x 2}$$

$$C_{2 \times 2} = \begin{pmatrix} 2 & 13 \\ 18 & 28 \end{pmatrix} \text{ matriz quadrada de ordem 2 x 2 ou somente 2}$$

7.2 Lei de formação de uma matriz

As matrizes possuem uma lei de formação que define seus elementos a partir da posição (linha e coluna) de cada um deles na matriz, e podemos assim representar:

$D = (d_{ij})_{3 \times 3}$ em que $d_{ij} = 2i - j$

$$D = \begin{pmatrix} d_{11} = 2 \cdot (1) - 1 = 1 & d_{12} = 2 \cdot (1) - 2 = 0 & d_{13} = 2 \cdot (1) - 3 = -1 \\ d_{21} = 2 \cdot (2) - 1 = 3 & d_{22} = 2 \cdot (2) - 2 = 2 & d_{23} = 2 \cdot (2) - 3 = 1 \\ d_{31} = 2 \cdot (3) - 1 = 5 & d_{32} = 2 \cdot (3) - 2 = 4 & d_{33} = 2 \cdot (3) - 3 = 3 \end{pmatrix}$$

$$= \begin{pmatrix} 1 & 0 & -1 \\ 3 & 2 & 1 \\ 5 & 4 & 3 \end{pmatrix}$$

Logo: $D = \begin{pmatrix} 1 & 0 & -1 \\ 3 & 2 & 1 \\ 5 & 4 & 3 \end{pmatrix}$

7.3 Tipos de matrizes

Existem alguns tipos de matrizes mais comuns e usados nas questões de concursos são eles:

▷ **Matriz linha:** é aquela que possui somente uma linha.

$$A_{1 \times 3} = \begin{bmatrix} 4 & 7 & 10 \end{bmatrix}$$

▷ **Matriz coluna:** é aquela que possui somente uma coluna.

$$B_{3 \times 1} = \begin{bmatrix} 6 \\ 13 \\ 22 \end{bmatrix}$$

▷ **Matriz nula:** é aquela que possui todos os elementos nulos ou zero.

$$C_{2 \times 3} = \begin{bmatrix} 0 & 0 & 0 \\ 0 & 0 & 0 \end{bmatrix}$$

▷ **Matriz quadrada:** é aquela que possui o número de linhas igual ao número de colunas.

$$D_{3 \times 3} = \begin{bmatrix} 2 & 4 & 7 \\ 13 & 10 & 18 \\ 32 & 29 & 1 \end{bmatrix}$$

- **Características das matrizes quadradas:** possuem diagonal principal e secundária.

$$A_{3 \times 3} = \begin{bmatrix} 1 & 2 & 3 \\ 2 & 4 & 6 \\ 3 & 6 & 9 \end{bmatrix} \text{ diagonal principal}$$

$$A_{3 \times 3} = \begin{bmatrix} 1 & 2 & 3 \\ 2 & 4 & 6 \\ 3 & 6 & 9 \end{bmatrix} \text{ diagonal secundária}$$

▷ **Matriz identidade:** é toda a matriz quadrada que os elementos da diagonal principal são iguais a um e os demais são zeros.

$$A_{3 \times 3} = \begin{bmatrix} 1 & 0 & 0 \\ 0 & 1 & 0 \\ 0 & 0 & 1 \end{bmatrix}$$

▷ **Matriz diagonal:** é toda a matriz quadrada que os elementos da diagonal principal são diferentes de zero e os demais são zeros.

$$A_{3 \times 3} = \begin{bmatrix} 1 & 0 & 0 \\ 0 & 4 & 0 \\ 0 & 0 & 7 \end{bmatrix}$$

▷ **Matriz triangular:** é aquela cujos elementos de um dos triângulos formados pela diagonal principal são zeros.

$$A_{3 \times 3} = \begin{bmatrix} 2 & 5 & 8 \\ 0 & 6 & 3 \\ 0 & 0 & 9 \end{bmatrix}$$

▷ **Matriz transposta (a^t):** é aquela em que ocorre a troca ordenada das linhas por colunas.

$$A = [a_{ij}]_{m \times n} = A^t = [a^t_{ji}]_{n \times m}$$

$$A_{2\times3} = \begin{bmatrix} 1 & 4 & 7 \\ 6 & 8 & 9 \end{bmatrix} \to A^t_{3\times2} = \begin{bmatrix} 1 & 6 \\ 4 & 8 \\ 7 & 9 \end{bmatrix}$$

Perceba que a linha 1 de A corresponde à coluna 1 de A^t e a coluna 2 de A corresponde à coluna 2 de A^t.

▷ **Matriz oposta:** é toda matriz obtida trocando o sinal de cada um dos elementos de uma matriz dada.

$$A_{2\times2} = \begin{bmatrix} 4 & -1 \\ -6 & 7 \end{bmatrix} \to -A_{2\times2} = \begin{bmatrix} -4 & 1 \\ 6 & -7 \end{bmatrix}$$

▷ **Matriz simétrica:** é toda matriz cuja matriz transposta é igual à própria matriz, ou seja, $A = A^t$.

$$\left.\begin{matrix} A = \begin{bmatrix} 1 & 3 \\ 3 & 2 \end{bmatrix} \\ A_t = \begin{bmatrix} 1 & 3 \\ 3 & 2 \end{bmatrix} \end{matrix}\right\} A = A^t$$

7.4 Operações com matrizes

Vamos estudar as principais operações com as matrizes. Atente-se para a multiplicação de duas matrizes.

▷ **Igualdade de matrizes:** duas matrizes são iguais quando possuem o mesmo número de linhas e colunas (mesma ordem) e os elementos correspondentes são iguais.

$$X = Y \to X_{2\times2} = \begin{bmatrix} 1 & 0 \\ 3 & 2 \end{bmatrix} e\, Y_{2\times2} = \begin{bmatrix} 1 & 0 \\ 3 & 2 \end{bmatrix}$$

▷ **Soma de matrizes:** só é possível somar matrizes de mesma ordem. Para fazer o cálculo, somar os elementos correspondentes.

$$S = X + Y\ (S = \text{matriz soma de X e Y})$$

$$X_{2\times3} = \begin{bmatrix} 6 & 8 & 9 \\ 10 & 13 & 4 \end{bmatrix} e\, Y_{2\times3} = \begin{bmatrix} 18 & 22 & 30 \\ 9 & 14 & 28 \end{bmatrix}$$

$$S = \begin{bmatrix} 6+18 & 8+22 & 9+30 \\ 10+9 & 13+14 & 4+28 \end{bmatrix}$$

$$S_{2\times3} = \begin{bmatrix} 24 & 30 & 39 \\ 19 & 27 & 32 \end{bmatrix}$$

▷ **Produto de uma constante por uma matriz:** multiplicar a constante por todos os elementos da matriz.

$$P = 2Y$$

$$Y_{2\times2} = \begin{bmatrix} 7 & 4 \\ 13 & 25 \end{bmatrix}$$

$$P = \begin{bmatrix} 2\cdot7 & 2\cdot4 \\ 2\cdot13 & 2\cdot25 \end{bmatrix}$$

$$P_{2\times2} = \begin{bmatrix} 14 & 8 \\ 26 & 50 \end{bmatrix}$$

7.5 Multiplicação de matrizes

Para multiplicar matrizes, devemos multiplicar linhas por colunas, ou seja, multiplica o 1º número da linha pelo 1º número da coluna, o 2º número da linha pelo 2º número da coluna e, assim sucessivamente, para todos os elementos das linhas e colunas.

Esse procedimento de cálculo só poderá ser feito se o número de colunas da 1ª matriz for igual ao número de linhas da 2ª matriz.

$$\boxed{(A_{m\times n}) \cdot (B_{n\times p}) = C_{m\times p}}$$

$$M = A_{2\times3} \cdot B_{3\times2}$$

$$A_{2\times3} = \begin{bmatrix} 1 & 2 & 4 \\ 5 & 7 & 6 \end{bmatrix} e\, B_{3\times2} = \begin{bmatrix} 2 & 3 \\ 8 & 1 \\ 4 & 9 \end{bmatrix}$$

$$M_{2\times3} = \begin{bmatrix} m_{11} & m_{12} \\ m_{21} & m_{22} \end{bmatrix}$$

$$M_{2\times2} = \begin{bmatrix} m_{11} = (1\cdot2 + 2\cdot8 + 4\cdot4) & m_{12} = (1\cdot3 + 2\cdot1 + 4\cdot9) \\ m_{21} = (5\cdot2 + 7\cdot8 + 6\cdot4) & m_{22} = (5\cdot3 + 7\cdot1 + 6\cdot9) \end{bmatrix}$$

$$M_{2\times2} = \begin{bmatrix} m_{11} = 34 & m_{12} = 41 \\ m_{21} = 90 & m_{22} = 76 \end{bmatrix}$$

$$M_{2\times2} = \begin{bmatrix} 34 & 41 \\ 90 & 76 \end{bmatrix}$$

7.5.1 Matriz inversa (a^{-1})

Se existe uma matriz B, quadrada de ordem n, tal que $A \cdot B = B \cdot A = I_n$, dizemos que a matriz B é a inversa de A. Costumamos indicar a matriz inversa por A^{-1}. Assim $B = A^{-1}$.

Logo: $A \cdot A^{-1} = A^{-1} \cdot A = I_n$

$$A \cdot A^{-1} = I_n$$

$$A_{2\times2} = \begin{bmatrix} 1 & -2 \\ 3 & 1 \end{bmatrix} e\, A^{-1}_{2\times2} = \begin{bmatrix} a & b \\ c & d \end{bmatrix}$$

$$\begin{bmatrix} 1 & -2 \\ 3 & 1 \end{bmatrix} \cdot \begin{bmatrix} a & b \\ c & d \end{bmatrix} = \begin{bmatrix} 1 & 0 \\ 0 & 1 \end{bmatrix}$$

$$\begin{bmatrix} 1a - 2c & 1b - 2d \\ 3a + 1c & 3b + 1d \end{bmatrix} = \begin{bmatrix} 1 & 0 \\ 0 & 1 \end{bmatrix}$$

$$\begin{cases} 1a - 2c = 1 \\ 1b - 2d = 0 \\ 3a + 1c = 0 \\ 3b + 1d = 1 \end{cases} \quad I \begin{cases} 1a - 2c = 1 \\ 3a + 1c = 0 \end{cases}$$

$$II \begin{cases} 1b - 2d = 0 \\ 3b + 1d = 1 \end{cases}$$

Resolvendo o sistema I:

$$I \begin{cases} 1a - 2c = 1 \\ 3a + 1c = 0\ (\cdot 2) \end{cases}$$

$$I \begin{cases} 1a - 2c = 1 \\ 6a + 2c = 0 \end{cases} + \text{(somando as equações)}$$

$$7a = 1$$
$$a = \frac{1}{7}$$

Substituindo-se a em uma das duas equações, temos:

$$3\left(\frac{1}{7}\right) + 1c = 0$$

$$\frac{3}{7} + 1c = 0$$

$c = \dfrac{-3}{7}$

Resolvendo o sistema II:

$$\text{II} \begin{cases} 1b - 2d = 0 \; (\cdot -3) \\ 3b + 1d = 1 \end{cases}$$

$$\text{II} \begin{cases} -3b + 6d = 0 \\ 3b + 1d = 1 \end{cases} + \text{(somando as equações)}$$

$7d = 1$

$d = \dfrac{1}{7}$

Substituindo-se d em uma das duas equações, temos:

$1b - 2\left(\dfrac{1}{7}\right) = 0$

$b - \dfrac{2}{7} = 0$

$b = \dfrac{2}{7}$

$a = \dfrac{1}{7}; \; b = \dfrac{2}{7}; \; c = \dfrac{-3}{7}; \; d = \dfrac{1}{7}$

Logo:

$$A^{-1}_{2 \times 2} = \begin{bmatrix} \dfrac{1}{7} & \dfrac{2}{7} \\ \dfrac{-3}{7} & \dfrac{1}{7} \end{bmatrix}$$

8 DETERMINANTES

Determinante é um número real associado à matriz.

Só há determinante de matriz quadrada. Cada matriz apresenta um único determinante.

8.1 Cálculo dos determinantes

▷ **Determinante de uma matriz de ordem 1 ou de 1ª ordem:** se a matriz é de 1ª ordem, significa que ela tem apenas uma linha e uma coluna, portanto, só um elemento, que é o próprio determinante da matriz.

$A_{1 \times 1} = [13]$
Det A = 13
$B_{1 \times 1} = [-7]$
Det B = -7

▷ **Determinante de uma matriz de ordem 2 ou de 2ª ordem:** será calculado pela **subtração** do produto dos elementos da diagonal principal pelo produto dos elementos da diagonal secundária.

$A_{2 \times 2} = \begin{bmatrix} 2 & 4 \\ 3 & 7 \end{bmatrix}$

Det A = (2 · 7) – (4 · 3)
Det A = (14) – (12)
Det A = 2

$B_{2 \times 2} = \begin{bmatrix} 6 & -4 \\ 8 & 9 \end{bmatrix}$

Det B = (6 · 9) – (–1 · 8)
Det B = (54) – (–8)
Det B = 54 + 8
Det B = 62

▷ **Determinante de uma matriz de ordem 3 ou de 3ª ordem:** será calculado pela **Regra de Sarrus**, que consiste em:

1º passo: repetir as duas primeiras colunas ao lado da matriz.

2º passo: multiplicar os elementos da diagonal principal e das outras duas diagonais que seguem a mesma direção, e somá-los.

3º passo: multiplicar os elementos da diagonal secundária e das outras duas diagonais que seguem a mesma direção, e somá-los.

4º passo: o valor do determinante será dado pela subtração do resultado do 2º com o 3º passo.

$A_{3 \times 3} = \begin{bmatrix} 2 & 4 & 7 \\ 3 & 5 & 8 \\ 1 & 9 & 6 \end{bmatrix} \begin{matrix} 2 & 4 \\ 3 & 5 \\ 1 & 9 \end{matrix}$ $A_{3 \times 3} = \begin{bmatrix} 2 & 4 & 7 \\ 3 & 5 & 8 \\ 1 & 9 & 6 \end{bmatrix} \begin{matrix} 2 & 4 \\ 3 & 5 \\ 1 & 9 \end{matrix}$

Det A = (2 · 5 · 6 + 4 · 8 · 1 + 7 · 3 · 9) – (7 · 5 · 1 + 2 · 8 · 9 + 4 · 3 · 6)
Det A = (60 + 32 + 189) – (35 + 144 + 72)
Det A = (281) – (251)
Det A = 30

Se estiver diante de uma matriz triangular ou matriz diagonal, o seu determinante será calculado pelo produto dos elementos da diagonal principal.

▷ **Matriz triangular**

$A_{3 \times 3} = \begin{bmatrix} 2 & 4 & 7 \\ 0 & 5 & 8 \\ 0 & 0 & 6 \end{bmatrix} \begin{matrix} 2 & 4 \\ 0 & 5 \\ 0 & 0 \end{matrix}$ $A_{3 \times 3} = \begin{bmatrix} 2 & 4 & 7 \\ 0 & 5 & 8 \\ 0 & 0 & 6 \end{bmatrix} \begin{matrix} 2 & 4 \\ 0 & 5 \\ 0 & 0 \end{matrix}$

Det A = (2 · 5 · 6 + 4 · 8 · 0 + 7 · 0 · 0) – (7 · 5 · 0 + 2 · 8 · 0 + 4 · 0 · 6)
Det A = (60 + 0 + 0) – (0 + 0 + 0)
Det A = 60 (produto da diagonal principal = 2 · 5 · 6)

▷ **Matriz diagonal**

$B_{3 \times 3} = \begin{bmatrix} 2 & 0 & 0 \\ 0 & 5 & 0 \\ 0 & 0 & 6 \end{bmatrix} \begin{matrix} 2 & 0 \\ 0 & 5 \\ 0 & 0 \end{matrix}$ $B_{3 \times 3} = \begin{bmatrix} 2 & 0 & 0 \\ 0 & 5 & 0 \\ 0 & 0 & 6 \end{bmatrix} \begin{matrix} 2 & 0 \\ 0 & 5 \\ 0 & 0 \end{matrix}$

Det B = (2 · 5 · 6 + 0 · 0 · 0 + 0 · 0 · 0) – (0 · 5 · 0 + 2 · 0 · 0 + 0 · 0 · 6)
Det B = (60 + 0 + 0) – (0 + 0 + 0)
Det B = 60 (produto da diagonal principal = 2 · 5 · 6)

▷ **Determinante de uma matriz de ordem superior a 3:** será calculado pela **Regra de Chió** ou pelo **Teorema de Laplace**.

- **Regra de Chió**

Escolha um elemento $a_{ij} = 1$.

Retire a linha (i) e a coluna (j) do elemento $a_{ij} = 1$, obtenha o menor complementar (D_{ij}) do referido elemento – uma nova matriz com uma ordem a menos.

Subtraia de cada elemento dessa nova matriz menor complementar (D_{ij}) o produto dos elementos que pertenciam a sua linha e coluna e que foram retirados, formando outra matriz.

Calcule o determinante dessa última matriz e multiplique por: (-1) i + j, sendo que i e j pertencem ao elemento $a_{ij} = 1$.

$A_{3 \times 3} = \begin{bmatrix} 2 & 4 & 7 \\ 3 & 5 & 8 \\ 1 & 9 & 6 \end{bmatrix}$ (I)

Det. $A_{3 \times 3} = \begin{bmatrix} 2 & 4 & 7 \\ 3 & 5 & 8 \\ 1 & 9 & 6 \end{bmatrix} = \begin{bmatrix} 4 & 7 \\ 5 & 8 \end{bmatrix}$ (II)

Det. $A_{3 \times 3} = \begin{bmatrix} 2 & 4 & 7 \\ 3 & 5 & 8 \\ 1 & 9 & 6 \end{bmatrix} = \begin{bmatrix} 4 & 7 \\ 5 & 8 \end{bmatrix}$ (II)

Det. $A_{3 \times 3} = \begin{bmatrix} 2 & 4 & 7 \\ 3 & 5 & 8 \\ 1 & 9 & 6 \end{bmatrix} = \begin{bmatrix} 4 - (2 \cdot 9) & 7 - (2 \cdot 6) \\ 5 - (3 \cdot 9) & 8 - (3 \cdot 6) \end{bmatrix}$ (III)

Det. $A_{3 \times 3} = (-1)^{3+1} \cdot \begin{bmatrix} -14 & -5 \\ -22 & -10 \end{bmatrix}$ (IV)

Det. $A_{3 \times 3} = (-1)^{3+1} \cdot (1) \cdot (140 - 110)$

Det. A = 30

- **Teorema de Laplace**

Primeiramente, precisamos saber o que é um cofator. O cofator de um elemento a_{ij} de uma matriz é: $A_{ij} = (-1)i + j \cdot D_{ij}$.

DETERMINANTES

No teorema, deve-se escolher uma linha ou coluna do determinante, calcular o cofator de cada elemento da fila e multiplicar cada elemento pelo seu respectivo cofator, sendo a soma dos produtos o determinante da matriz.

Escolha uma linha ou coluna qualquer do determinante:

$$A_{3 \times 3} = \begin{bmatrix} 2 & 4 & 7 \\ 3 & 5 & 8 \\ 1 & 9 & 6 \end{bmatrix}$$

Calcule o cofator de cada elemento dessa fila:

$a_{11} = A_{11} = (-1)^{1+1} \cdot \begin{bmatrix} 5 & 8 \\ 9 & 6 \end{bmatrix} = (1) \cdot (-42) = -42$

$a_{21} = A_{21} = (-1)^{2+1} \cdot \begin{bmatrix} 4 & 7 \\ 9 & 6 \end{bmatrix} = (1) \cdot (-39) = 39$

$a_{31} = A_{31} = (-1)^{3+1} \cdot \begin{bmatrix} 4 & 7 \\ 5 & 8 \end{bmatrix} = (1) \cdot (-3) = -3$

Multiplique cada elemento da fila selecionada pelo seu respectivo cofator. O determinante da matriz será a soma desses produtos.

Det. $A_{3 \times 3} = a_{11} \cdot A_{11} + a_{21} \cdot A_{21} + a_{31} \cdot A_{31}$
Det. $A_{3 \times 3} = 2 \cdot (-42) + 3 \cdot 39 + 1 \cdot (-3)$
Det. $A_{3 \times 3} = (-84) + 117 + (-3)$
Det. $A_{3 \times 3} = 117 - 87$
Det $A = 30$

8.2 Propriedades dos determinantes

As propriedades dos determinantes servem para facilitar o cálculo do determinante, uma vez que, com elas, diminuímos nosso trabalho nas resoluções das questões de concursos.

▷ **Determinante de matriz transposta:** se A é uma matriz de ordem n e A^t sua transposta, então: Det. A^t = Det. A.

$$A_{2 \times 2} = \begin{bmatrix} 2 & 3 \\ 1 & 4 \end{bmatrix}$$

Det. $A = 2 \cdot 4 - 3 \cdot 1$
Det. $A = 8 - 3$
Det. $A = 5$

$$A^t_{2 \times 2} = \begin{bmatrix} 2 & 1 \\ 3 & 4 \end{bmatrix}$$

Det. $A^t = 2 \cdot 4 - 1 \cdot 3$
Det. $A^t = 8 - 3$
Det. $A^t = 5$

▷ **Determinante de uma matriz com fila nula:** se uma das filas (linha ou coluna) da matriz A for toda nula, então, Det. $A = 0$.

$$A_{2 \times 2} = \begin{bmatrix} 2 & 3 \\ 0 & 0 \end{bmatrix}$$

Det. $A = 2 \cdot 0 - 3 \cdot 0$
Det. $A = 0 - 0$
Det. $A = 0$

▷ **Determinante de uma matriz cuja fila foi multiplicada por uma constante:** se multiplicarmos uma fila (linha ou coluna) qualquer da matriz A por um número k, o determinante da nova matriz será k vezes o determinante de A.

Det. A' (k vezes uma fila de A) = k · Det. A

$$A_{2 \times 2} = \begin{bmatrix} 2 & 1 \\ 3 & 2 \end{bmatrix}$$

Det. $A = 2 \cdot 2 = 1 \cdot 3$
Det. $A = 4 - 3$
Det. $A = 1$

$$A'_{2 \times 2} = \begin{bmatrix} 4 & 2 \\ 3 & 2 \end{bmatrix} \cdot 2 \, (k = 2)$$

Det. $A' = 4 \cdot 2 - 2 \cdot 3$
Det. $A' = 8 - 6$
Det. $A' = 2$
Det. $A' = k \cdot$ Det. A
Det. $A' = 2 \cdot 1$
Det. $A' = 2$

▷ **Determinante de uma matriz multiplicada por uma constante:** se multiplicarmos toda uma matriz A de ordem n por um número k, o determinante da nova matriz será o produto (multiplicação) de k^n pelo determinante de A.

Det (k · A) = k^n · Det. A

$$A_{2 \times 2} = \begin{bmatrix} 2 & 1 \\ 4 & 3 \end{bmatrix}$$

Det. $A = 2 \cdot 3 = 1 \cdot 4$
Det. $A = 6 - 4$
Det. $A = 2$

$$3 \cdot A_{2 \times 2} = \begin{bmatrix} 6 & 3 \\ 12 & 9 \end{bmatrix}$$

Det. $3A = 6 \cdot 9 - 3 \cdot 12$
Det. $3A = 54 - 36$
Det. $3A = 18$
Det (k · A) = kn · Det. A
Det (3 · A) = $3^2 \cdot 2$
Det (3 · A) = $9 \cdot 2$
Det (3 · A) = 18

▷ **Determinante de uma matriz com filas paralelas iguais:** se uma matriz A de ordem n ≥ 2 tem duas filas paralelas com os elementos respectivamente iguais, então: Det. $A = 0$.

$$A_{2 \times 2} = \begin{bmatrix} 2 & 3 \\ 2 & 3 \end{bmatrix}$$

Det. $A = 2 \cdot 3 - 3 \cdot 2$
Det. $A = 6 - 6$
Det. $A = 0$

▷ **Determinante de uma matriz com filas paralelas proporcionais:** se uma matriz A de ordem n ≥ 2 tem duas filas paralelas com os elementos respectivamente proporcionais, então, Det. $A = 0$.

$$A_{2 \times 2} = \begin{bmatrix} 3 & 6 \\ 4 & 8 \end{bmatrix}$$

Det. $A = 3 \cdot 8 - 6 \cdot 4$
Det. $A = 24 - 24$
Det. $A = 0$

▷ **Determinante de uma matriz com troca de filas paralelas:** se em uma matriz A de ordem n ≥ 2 trocarmos de posição duas filas paralelas, obteremos uma nova matriz B, tal que: **Det. A = - Det. B.**

$$A_{2 \times 2} = \begin{bmatrix} 5 & 4 \\ 2 & 3 \end{bmatrix}$$
Det. A = 5 · 3 − 2 · 4
Det. A = 15 − 8
Det. A = 7
$$B_{2 \times 2} = \begin{bmatrix} 4 & 5 \\ 3 & 2 \end{bmatrix}$$
Det. B = 4 · 2 − 5 · 3
Det. B = 8 − 15
Det. B = −7
Det. A = − Det. B
Det. A = − (−7)
Det. A = 7

▷ **Determinante do produto de matrizes:** se A e B são matrizes quadradas de ordem n, então: Det. (A · B) = Det. A · Det. B.

$$A_{2 \times 2} = \begin{bmatrix} 1 & 2 \\ 2 & 3 \end{bmatrix}$$
Det. A = 1 · 3 − 2 · 2
Det. A = 3 − 4
Det. A = −1
$$A_{2 \times 2} = \begin{bmatrix} 2 & 5 \\ 3 & 4 \end{bmatrix}$$
Det. B = 2 · 4 − 5 · 3
Det. B = 8 − 15
Det. B = −7
$$A \cdot B_{2 \times 2} = \begin{bmatrix} 8 & 13 \\ 13 & 22 \end{bmatrix}$$
Det. (A · B) = 8 · 22 − 13 · 13
Det. (A · B) = 176 − 169
Det. (A · B) = 7
Det. (A · B) = Det. A · Det. B
Det. (A · B) = (−1) · (−7)
Det. (A · B) = 7

▷ **Determinante de uma matriz triangular:** o determinante é igual ao produto dos elementos da diagonal principal.

▷ **Determinante de uma matriz inversa:** seja B a matriz inversa de A, então, a relação entre os determinantes de B e A é dado por:

$$\text{Det}(B) = \frac{1}{\text{Det}(A)}$$

$$A_{2 \times 2} = \begin{bmatrix} 1 & -2 \\ 3 & 1 \end{bmatrix}$$
Det. A = 1 · 1 − (−2 · 3)
Det. A = 1 + 6
Det. A = 7

$$B = A^{-1}_{2 \times 2} = \begin{bmatrix} \frac{1}{7} & \frac{2}{7} \\ -\frac{3}{7} & \frac{1}{7} \end{bmatrix}$$

Det. B = $(\frac{1}{7} \cdot \frac{1}{7}) - (\frac{2}{7} \cdot -\frac{3}{7})$

Det. B = $\frac{1}{49} + \frac{6}{49}$

Det. B = $\frac{7}{49}$

Det. B = $\frac{1}{7}$

Det. B = $\frac{1}{\text{Det (A)}}$

Det. B = $\frac{1}{7}$

9 SISTEMAS LINEARES

Equação linear: é toda equação do 1º grau com uma ou mais incógnitas.

Sistema linear: é o conjunto de equações lineares.

Equação: $2x + 3y = 7$

Sistema: $\begin{cases} 2x + 3y = 7 \\ 4x - 5y = 3 \end{cases}$

Equação: $x + 2y + z = 8$

Sistema: $\begin{cases} x + y - z = 4 \\ 2x - y = z = 5 \\ x + 2y + z = 8 \end{cases}$

9.1 Representação de um sistema linear em forma de matriz

Todo sistema linear pode ser escrito na forma de uma matriz.

Esse conteúdo será importante mais adiante para a resolução dos sistemas.

$\begin{cases} 2x + 3y = 7 \\ 4x - 5y = 3 \end{cases}$

Forma de matriz

$\begin{bmatrix} 2 \text{ (coeficiente de x)} & 3 \text{ (coeficiente de y)} \\ 4 \text{ (coeficiente de x)} & -5 \text{ (coeficiente de y)} \end{bmatrix} \cdot \begin{bmatrix} x \\ y \end{bmatrix} = \begin{bmatrix} 7 \\ 3 \end{bmatrix}$

$\downarrow$ Termos independentes

Matriz incompleta

$\begin{bmatrix} 2 & 3 \\ 4 & -5 \end{bmatrix}$

Matriz de x

$\begin{bmatrix} 7 & 3 \\ 3 & -5 \end{bmatrix}$

Substituem-se os coeficientes de x pelos termos independentes.

Matriz de y

$\begin{bmatrix} 2 & 7 \\ 4 & 3 \end{bmatrix}$

Substituem-se os coeficientes de y pelos termos independentes.

9.2 Resolução de um sistema linear

Resolvem-se os sistemas pelo método dos determinantes, também conhecido como **Regra de Cramer.**

Fique ligado

A Regra de Cramer só é possível quando o número de variáveis for igual ao número de equações.

Na regra, o valor das variáveis será calculado dividindo o **determinante da matriz da variável** pelo **determinante da matriz incompleta**, do sistema.

Então:

O valor de x é dado por:

$x = \dfrac{\text{determinante de matriz de x}}{\text{determinante da matriz incompleta}}$

O valor de y é dado por:

$y = \dfrac{\text{determinante de matriz de y}}{\text{determinante da matriz incompleta}}$

O valor de z é dado por:

$z = \dfrac{\text{determinante de matriz de z}}{\text{determinante da matriz incompleta}}$

Se o determinante da matriz incompleta for diferente de zero (Det. In. ≠ 0), teremos sempre um sistema possível e determinado.

Se o determinante da matriz incompleta for igual a zero (Det. In. = 0), temos duas situações:

- 1ª: se os determinantes de todas as matrizes das variáveis também forem iguais a zero (Det. X = 0 e Det. Y = 0 e Det. Z = 0), teremos um sistema possível e indeterminado.
- 2ª: se o determinante de, pelo menos, uma das matrizes das variáveis for diferente de zero (Det. · ≠ 0 ou Det. Y ≠ 0 ou Det. Z ≠ 0), teremos um sistema impossível.

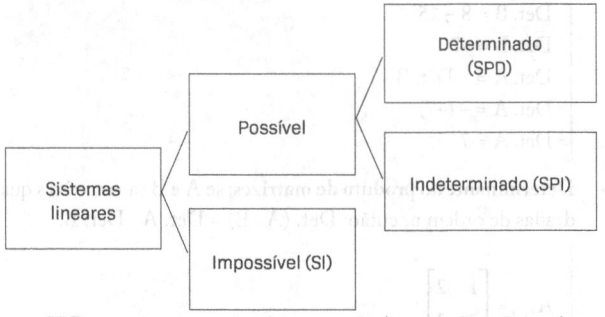

```
                          ┌─ Determinado (SPD)
              ┌─ Possível ─┤
Sistemas ─────┤            └─ Indeterminado (SPI)
lineares      │
              └─ Impossível (SI)
```

- **SPD:** sistema possível e determinado (quando Det. In. ≠ 0).
- **SPI:** sistema possível e indeterminado (quando Det. In. = 0, e Det. X = 0 e Det. Y = 0 e Det. Z = 0).
- **SI:** sistema impossível (quando Det. In. = 0, e Det. X ≠ 0 ou Det. Y ≠ 0 ou Det. Z ≠ 0).

$\begin{cases} x + y - z = 4 \\ 2x - y + z = 5 \\ x + 2y + z = 8 \end{cases}$

Matriz incompleta: $\begin{bmatrix} 1 & 1 & -1 \\ 2 & -1 & 1 \\ 1 & 2 & 1 \end{bmatrix}$ det. In. = -9

Matriz de X: $\begin{bmatrix} 4 & 1 & -1 \\ 5 & -1 & 1 \\ 8 & 2 & 1 \end{bmatrix}$ det. X = -27

Matriz de Y: $\begin{bmatrix} 1 & 4 & -1 \\ 2 & 5 & 1 \\ 1 & 8 & 1 \end{bmatrix}$ det. Y = -18

Matriz de Z: $\begin{bmatrix} 1 & 1 & 4 \\ 2 & -1 & 5 \\ 1 & 2 & 8 \end{bmatrix}$ det. Z = -9

Valor de x é: $x = \dfrac{-27}{-9} = 3$

Valor de y é: $y = \dfrac{-18}{-9} = 2$

Valor de z é: $z = \dfrac{-9}{-9} = 1$

Solução: x = 3, y = 2 e z = 1

10 TRIGONOMETRIA

Neste capítulo, estudaremos os triângulos e as relações que os envolvem.

10.1 Triângulos

O triângulo é uma das figuras mais simples e também uma das mais importantes da Geometria. O triângulo possui propriedades e definições de acordo com o tamanho de seus lados e medida dos ângulos internos.

▷ Quanto aos lados, o triângulo pode ser classificado em:
- **Equilátero**: possui todos os lados com medidas iguais.
- **Isósceles**: possui dois lados com medidas iguais.
- **Escaleno**: possui todos os lados com medidas diferentes.

▷ Quanto aos ângulos, os triângulos podem ser denominados:
- **Acutângulo**: possui os ângulos internos com medidas menores que 90°.
- **Obtusângulo**: possui um dos ângulos com medida maior que 90°.
- **Retângulo**: possui um ângulo com medida de 90°, chamado ângulo reto.

No triângulo retângulo existem importantes relações, uma delas é o **Teorema de Pitágoras**, que diz o seguinte: "A soma dos quadrados dos catetos é igual ao quadrado da hipotenusa".

$$a^2 = b^2 + c^2$$

A condição de existência de um triângulo é: um lado do triângulo ser menor do que a soma dos outros dois lados e também maior do que a diferença desses dois lados.

10.2 Trigonometria no triângulo retângulo

As razões trigonométricas básicas são relações entre as medidas dos lados do triângulo retângulo e seus ângulos. As três funções básicas da trigonometria são: seno, cosseno e tangente. O ângulo é indicado pela letra x.

Função	Notação	Definição
seno	sen(x)	medida do cateto oposto a x / medida da hipotenusa
cosseno	cos(x)	medida do cateto adjacente a x / medida da hipotenusa
tangente	tg(x)	medida do cateto oposto a x / medida do cateto adjacente a x

Relação fundamental: para todo ângulo x (medido em radianos), vale a importante relação:

$$\cos^2(x) + \sen^2(x) = 1$$

10.3 Trigonometria em um triângulo qualquer

Os problemas envolvendo trigonometria são resolvidos em sua maioria por meio da comparação com triângulos retângulos. No cotidiano, algumas situações envolvem triângulos acutângulos ou triângulos obtusângulos. Nesses casos, necessitamos da Lei dos Senos ou dos Cossenos.

10.3.1 Lei dos senos

A Lei dos Senos estabelece relações entre as medidas dos lados com os senos dos ângulos opostos aos lados. Observe:

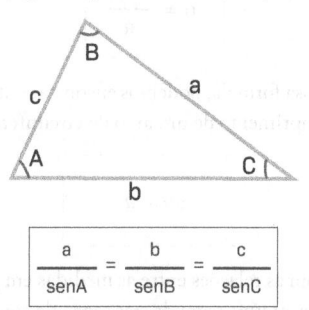

$$\frac{a}{\sen A} = \frac{b}{\sen B} = \frac{c}{\sen C}$$

10.3.2 Lei dos cossenos

Nos casos em que não pode aplicar a Lei dos Senos, existe o recurso da Lei dos Cossenos. Ela permite trabalhar com a medida de dois segmentos e a medida de um ângulo. Dessa forma, dado um triângulo ABC de lados medindo a, b e c, temos:

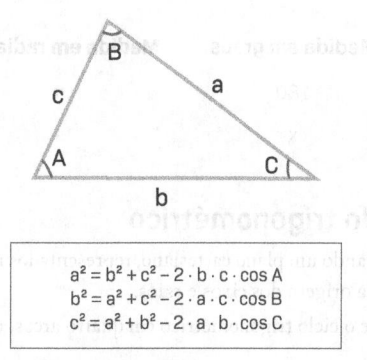

$$a^2 = b^2 + c^2 - 2 \cdot b \cdot c \cdot \cos A$$
$$b^2 = a^2 + c^2 - 2 \cdot a \cdot c \cdot \cos B$$
$$c^2 = a^2 + b^2 - 2 \cdot a \cdot b \cdot \cos C$$

10.4 Medidas dos ângulos

10.4.1 Medidas em grau

Sabe-se que uma volta completa na circunferência corresponde a 360°; se dividir em 360 arcos, haverá arcos unitários medindo 1° grau. Dessa forma, a circunferência é simplesmente um arco de 360° com o ângulo central medindo uma volta completa ou 360°.

É possível dividir o arco de 1° grau em 60 arcos de medidas unitárias iguais a 1' (arco de um minuto). Da mesma forma, podemos dividir o arco de 1' em 60 arcos de medidas unitárias iguais a 1" (arco de um segundo).

10.4.2 Medidas em radianos

Dada uma circunferência de centro O e raio R, com um arco de comprimento s e α o ângulo central do arco, vamos determinar a medida do arco em radianos de acordo com a figura a seguir:

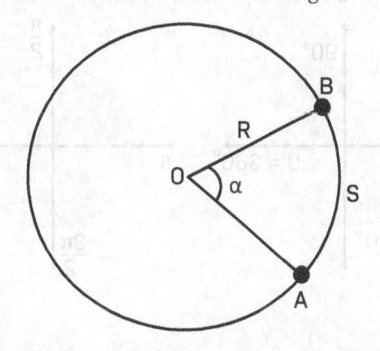

TRIGONOMETRIA

Diz-se que o arco mede um radiano se o comprimento do arco for igual à medida do raio da circunferência. Assim, para saber a medida de um arco em radianos, deve-se calcular quantos raios da circunferência são precisos para obter o comprimento do arco. Portanto:

$$\alpha = \frac{S}{R}$$

Com base nessa fórmula, podemos encontrar outra expressão para determinar o comprimento de um arco de circunferência:

$$S = \alpha \cdot R$$

De acordo com as relações entre as medidas em grau e radiano de arcos, vamos destacar uma regra de três capaz de converter as medidas dos arcos.

360° → 2π radianos (aproximadamente 6,28)
180° → π radiano (aproximadamente 3,14)
90° → π/2 radiano (aproximadamente 1,57)
45° → π/4 radiano (aproximadamente 0,785)

Medida em graus	Medida em radianos
180	π
x	a

10.5 Ciclo trigonométrico

Considerando um plano cartesiano, representados nele um círculo com centro na origem dos eixos e raios.

Divide-se o ciclo trigonométrico em quatro arcos, obtendo quatro quadrantes.

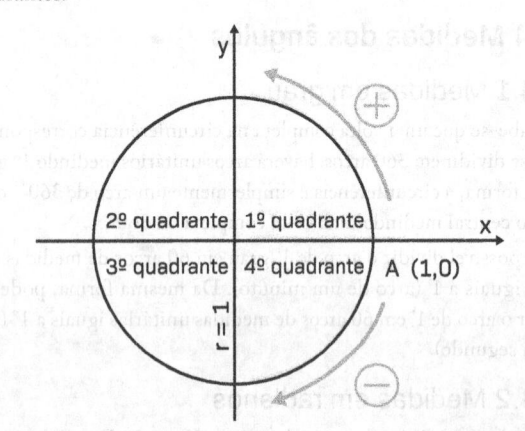

Dessa forma, obtêm-se as relações:

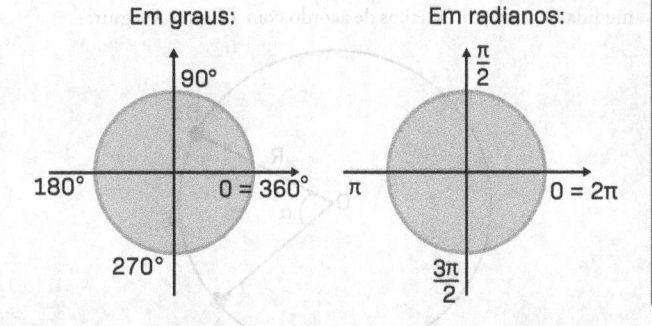

Em graus: Em radianos:

10.5.1 Razões trigonométricas

As principais razões trigonométricas são:

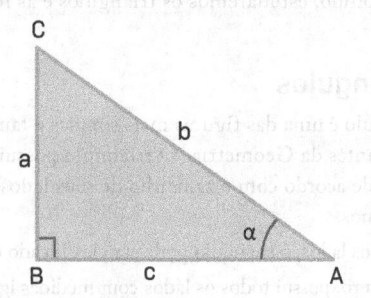

$$\text{sen}\,\alpha = \frac{\text{comprimento do cateto oposto}}{\text{comprimento da hipotenusa}} = \frac{a}{b}$$

$$\cos \alpha = \frac{\text{comprimento do cateto adjacente}}{\text{comprimento da hipotenusa}} = \frac{c}{b}$$

$$\text{tg}\,\alpha = \frac{\text{comprimento do cateto oposto}}{\text{comprimento do cateto adjacente}} = \frac{a}{b}$$

Outras razões decorrentes dessas são:

$$\text{tg}\,x = \frac{\text{sen}\,x}{\cos x}$$

$$\text{cotg}\,x = \frac{1}{\text{tg}\,x} = \frac{\cos x}{\text{sen}\,x}$$

$$\sec x = \frac{1}{\cos x}$$

$$\text{cossec}\,x = \frac{1}{\sec x}$$

A partir da relação fundamental, encontram as seguintes relações:
$(\text{sen}\,x)^2 + (\cos x)^2 = 1$ = [relação fundamental da trigonometria]
$1 + (\text{cotg}\,x)^2 = (\text{cossec}\,x)^2$
$1 + (\text{tg}\,x)^2 = (\sec x)^2$

10.5.2 Redução ao 1° quadrante

$\text{sen}(90° - \alpha) = \cos \alpha$
$\cos(90° - \alpha) = \text{sen}\,\alpha$
$\text{sen}(90° + \alpha) = \cos \alpha$
$\cos(90° + \alpha) = -\text{sen}\,\alpha$
$\text{sen}(180° - \alpha) = \text{sen}\,\alpha$
$\cos(180° - \alpha) = -\cos \alpha$
$\text{tg}(180° - \alpha) = -\text{tg}\,\alpha$
$\text{sen}(180° + \alpha) = -\text{sen}\,\alpha$
$\cos(180° + \alpha) = -\cos \alpha$
$\text{sen}(270° - \alpha) = -\cos \alpha$
$\cos(270° - \alpha) = -\text{sen}\,\alpha$
$\text{sen}(270° + \alpha) = -\cos \alpha$
$\cos(270° + \alpha) = \text{sen}\,\alpha$
$\text{sen}(-\alpha) = -\text{sen}\,\alpha$
$\cos(-\alpha) = \cos \alpha$
$\text{tg}(-\alpha) = -\text{tg}\,\alpha$

MATEMÁTICA

10.6 Funções trigonométricas

10.6.1 Função seno

Função seno é a função $f(x) = \operatorname{sen} x$.

O domínio dessa função é R e a imagem é Im [−1,1], visto que, na circunferência trigonométrica, o raio é unitário.

Então:
- Domínio de $f(x) = \operatorname{sen} x$; $D(\operatorname{sen} x) = R$.
- Imagem de $f(x) = \operatorname{sen} x$; $\operatorname{Im}(\operatorname{sen} x) = [-1,1]$.

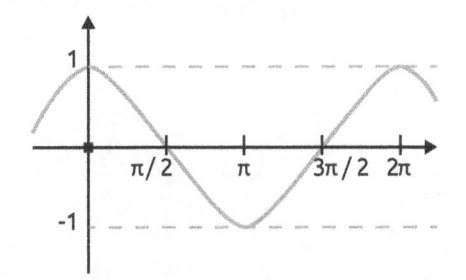

Sinal da função

$f(x) = \operatorname{sen} x$ é positiva no 1º e 2º quadrantes (ordenada positiva).

$f(x) = \operatorname{sen} x$ é negativa no 3º e 4º quadrantes (ordenada negativa).

- Quando $x \in \left[0, \dfrac{\pi}{2}\right]$: 1º quadrante, o valor de sen x cresce de 0 a 1.
- Quando $x \in \left[\dfrac{\pi}{2}, \pi\right]$: 2º quadrante, o valor de sen x decresce de 1 a 0.
- Quando $x \in \left[\pi, \dfrac{3\pi}{2}\right]$: 3º quadrante, o valor de sen x decresce de 0 a −1.
- Quando $x \in \left[\dfrac{3\pi}{2}, 2\pi\right]$: 4º quadrante, o valor de sen x cresce de −1 a 0.

10.6.2 Função cosseno

Função cosseno é a função $f(x) = \cos x$

O domínio dessa função também é R e a imagem é Im [−1,1]; visto que, na circunferência trigonométrica, o raio é unitário.

Então:
- Domínio de $f(x) = \cos x$; $D(\cos x) = R$.
- Imagem de $f(x) = \cos x$; $\operatorname{Im}(\cos x) = [-1,1]$.

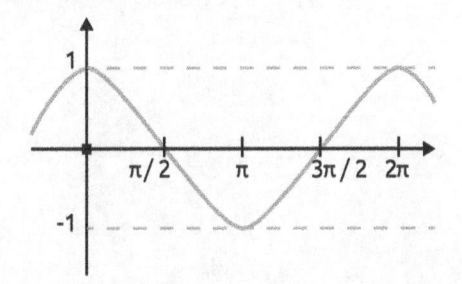

10.6.3 Sinal da função

$f(x) = \cos x$ é positiva no 1º e 4º quadrantes (abscissa positiva).

$f(x) = \cos x$ é negativa no 2º e 3º quadrantes (abscissa negativa).

- Quando $x \in \left[0, \dfrac{\pi}{2}\right]$: 1º quadrante, o valor de cos x cresce de 0 a 1.
- Quando $x \in \left[\dfrac{\pi}{2}, \pi\right]$: 2º quadrante, o valor de cos x decresce de 1 a 0.
- Quando $x \in \left[\pi, \dfrac{3\pi}{2}\right]$: 3º quadrante, o valor de cos x decresce de 0 a −1.
- Quando $x \in \left[\dfrac{3\pi}{2}, 2\pi\right]$: 4º quadrante, o valor de cos x cresce de −1 a 0.

10.6.4 Função tangente

Função tangente é a função $f(x) = \operatorname{tg} x$.

Então:
- Domínio de $f(x)$: o domínio dessa função são todos os números reais, exceto os que zeram o cosseno, pois não existe cos x = 0
- Imagem de $f(x) = \operatorname{Im} = \,]-\infty, \infty[$

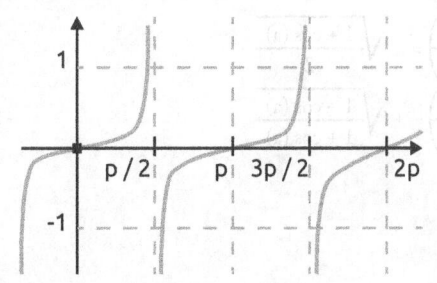

Sinal da função

$f(x) = \operatorname{tg} x$ é positiva no 1º e 3º quadrantes (produto da ordenada pela abscissa positiva).

$f(x) = \operatorname{tg} x$ é negativa no 2º e 4º quadrantes (produto da ordenada pela abscissa negativa).

10.6.5 Outras funções

Função secante

Denomina-se função secante a função: $f(x) = \dfrac{1}{\cos x}$

Função cossecante

Denomina-se função cossecante a função: $f(x) = \dfrac{1}{\operatorname{sen} x}$

Função cotangente

Denomina-se função cotangente a função: $f(x) = \dfrac{1}{\operatorname{tg} x}$

10.7 Identidades e operações trigonométricas

As mais comuns são:

$\operatorname{sen}(a + b) = \operatorname{sen} a \cdot \cos b + \operatorname{sen} b \cdot \cos a$

$\operatorname{sen}(a - b) = \operatorname{sen} a \cdot \cos b - \operatorname{sen} b \cdot \cos a$

$\cos(a + b) = \cos a \cdot \cos b - \operatorname{sen} a \cdot \cos b$

$\cos(a - b) = \cos a \cdot \cos b + \operatorname{sen} a \cdot \cos b$

$\operatorname{tg}(a + b) = \dfrac{\operatorname{tg} a + \operatorname{tg} b}{1 - \operatorname{tg} a \cdot \operatorname{tg} b}$

$\operatorname{tg}(a - b) = \dfrac{\operatorname{tg} a - \operatorname{tg} b}{1 + \operatorname{tg} a \cdot \operatorname{tg} b}$

TRIGONOMETRIA

$\text{sen}(2x) = 2 \cdot \text{sen}(x) \cdot \cos(x)$

$\cos(2x) = \cos^2(x) - \text{sen}^2(x)$

$\text{tg}(2x) = \left(\dfrac{2 \cdot \text{tg}(x)}{1 - \text{tg}^2(x)}\right)$

$\text{sen}(x) + \text{sen}(y) = 2 \cdot \text{sen}\left(\dfrac{x+y}{2}\right) \cdot \cos\left(\dfrac{x-y}{2}\right)$

$\text{sen}(x) - \text{sen}(y) = 2 \cdot \text{sen}\left(\dfrac{x-y}{2}\right) \cdot \cos\left(\dfrac{x+y}{2}\right)$

$\cos(x) + \cos(y) = 2 \cdot \cos\left(\dfrac{x+y}{2}\right) \cdot \cos\left(\dfrac{x-y}{2}\right)$

$\cos(x) - \cos(y) = 2 \cdot \text{sen}\left(\dfrac{x+y}{2}\right) \cdot \text{sen}\left(\dfrac{x-y}{2}\right)$

10.8 Bissecção de arcos ou arco metade

Também temos a fórmula do arco metade para senos, cossenos e tangentes:

$\sin\left(\dfrac{a}{2}\right) = \pm\sqrt{\dfrac{1 - \cos(a)}{2}}$

$\cos\left(\dfrac{a}{2}\right) = \pm\sqrt{\dfrac{1 + \cos(a)}{2}}$

$\tan\left(\dfrac{a}{2}\right) = \pm\sqrt{\dfrac{1 - \cos(a)}{1 + \cos(a)}}$

11 GEOMETRIA PLANA

- **Ceviana:** são segmentos de reta que partem do vértice do triângulo para o lado oposto.
- **Mediana:** é o segmento de reta que liga um vértice deste triângulo ao ponto médio do lado oposto a este vértice. As medianas se encontram em um ponto chamado de baricentro.
- **Altura:** altura de um triângulo é um segmento de reta perpendicular a um lado do triângulo ou ao seu prolongamento, traçado pelo vértice oposto. As alturas se encontram em um ponto chamado ortocentro.
- **Bissetriz:** é o lugar geométrico dos pontos que equidistam de duas retas concorrentes e, por consequência, divide um ângulo em dois ângulos congruentes. As bissetrizes se encontram em um ponto chamado incentro.
- **Mediatrizes:** são retas perpendiculares a cada um dos lados de um triângulo. As mediatrizes se encontram em um ponto chamado circuncentro.

11.1 Semelhanças de figuras

Duas figuras (formas geométricas) são semelhantes quando satisfazem a duas condições: os seus ângulos têm o mesmo tamanho e os lados correspondentes são proporcionais.

Nos triângulos existem alguns casos de semelhanças bem conhecidos:

- **1º caso:** LAL (lado, ângulo, lado): dois lados congruentes e o ângulo entre esses lados também congruentes.

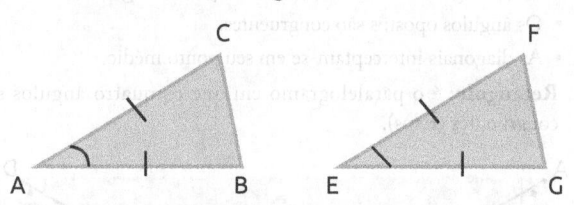

- **2º caso:** LLL (lado, lado, lado): os três lados congruentes.

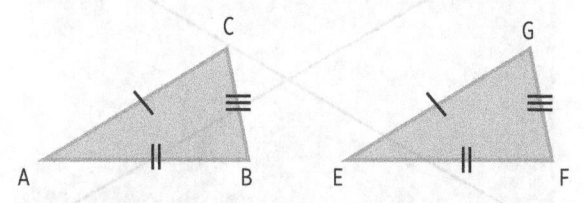

- **3º caso:** ALA (ângulo, lado, ângulo): dois ângulos congruentes e o lado entre esses ângulos também congruentes.

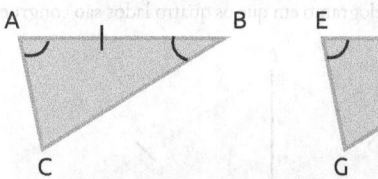

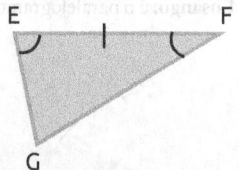

- **4º caso:** LAAo (lado, ângulo, ângulo oposto): congruência do ângulo adjacente ao lado, e congruência do ângulo oposto ao lado.

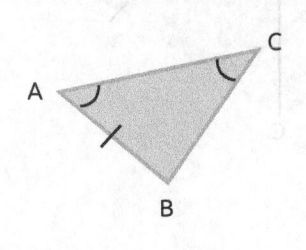

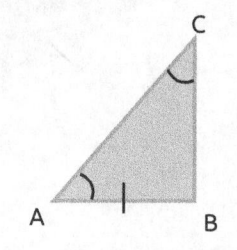

11.2 Relações métricas nos triângulos

11.2.1 Triângulo retângulo e suas relações métricas

Denomina-se triângulo retângulo o triângulo que tem um de seus ângulos retos, ou seja, um de seus ângulos mede 90°. O triângulo retângulo é formado por uma hipotenusa e dois catetos, a hipotenusa é o lado maior, o lado aposto ao ângulo de 90°, e os outros dois lados são os catetos.

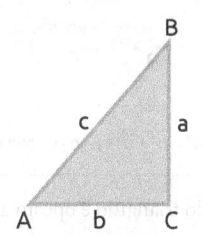

Na figura, podemos observar o triângulo retângulo de vértices A, B e C, e lados a, b e c. Como o ângulo de 90° está no vértice C, então a hipotenusa do triângulo é o lado c, e os catetos são os lados a e b.

Assim, podemos separar um triângulo em dois triângulos semelhantes:

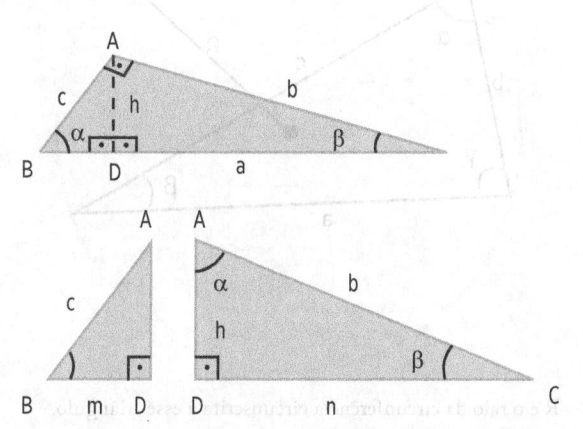

Neste segundo triângulo, podemos observar uma perpendicular à hipotenusa até o vértice A; essa é a altura h do triângulo, separando a hipotenusa em dois segmentos, o segmento m e o segmento n, separando esses dois triângulos obtemos dois triângulos retângulos, o triângulo $\triangle ABD$ e $\triangle ADC$. Como os ângulos dos três triângulos são congruentes, então podemos dizer que os triângulos são semelhantes.

Com essa semelhança, ganhamos algumas relações métricas entre os triângulos:

$$\frac{c}{a} = \frac{m}{c} \Rightarrow c^2 = am$$

$$\frac{c}{a} = \frac{h}{b} \Rightarrow cb = ah$$

$$\frac{b}{a} = \frac{n}{b} \Rightarrow b^2 = an$$

$$\frac{h}{m} = \frac{n}{h} \Rightarrow h^2 = mn$$

Da primeira e da terceira equação, obtemos:
$c^2 + b^2 = am + an = a(m+n)$.

Como vimos na figura que m+n=a, então temos:
$c^2 + b^2 = aa = a^2$

ou seja, trata-se do Teorema de Pitágoras.

11.2.2 Lei dos cossenos

Para um triângulo qualquer demonstra-se que:

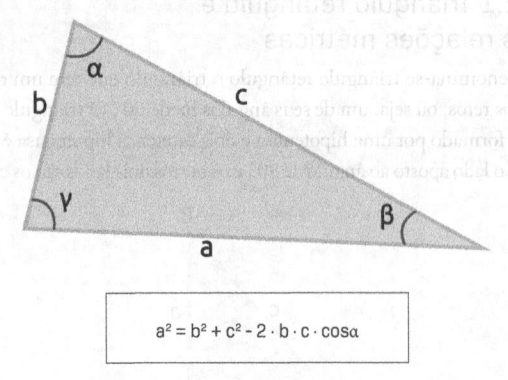

$$a^2 = b^2 + c^2 - 2 \cdot b \cdot c \cdot \cos\alpha$$

Note que o lado a do triângulo é oposto ao cosseno do ângulo α.

11.2.3 Lei dos senos

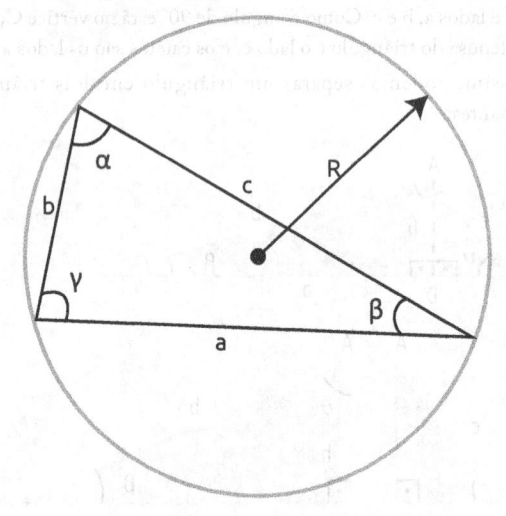

R é o raio da circunferência circunscrita a esse triângulo.

Neste caso, valem as seguintes relações, conforme a lei dos senos:

$$\frac{a}{\operatorname{sen}\alpha} = \frac{b}{\operatorname{sen}\beta} = \frac{c}{\operatorname{sen}\gamma} = 2R$$

11.3 Quadriláteros

Quadrilátero é um polígono de quatro lados. Eles possuem os seguintes elementos:

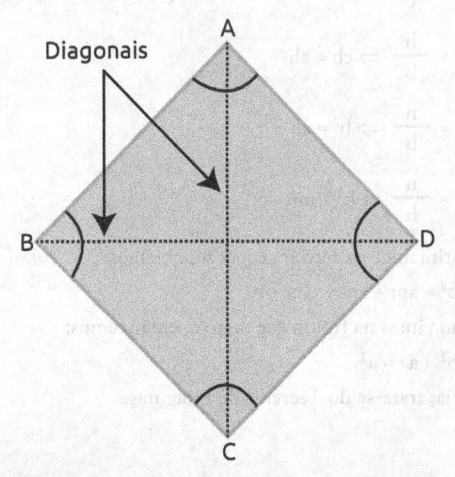

Vértices: A, B, C, e D.
Lados: AB, BC, CD, DA.
Diagonais: AC e BD.
Ângulos internos ou ângulos do quadrilátero ABCD: $\hat{A}, \hat{B}, \hat{C}, \hat{D}$.
Todo quadrilátero tem duas diagonais.

O perímetro de um quadrilátero ABCD é a soma das medidas de seus lados, ou seja, AB + BC + CD + DA.

11.3.1 Quadriláteros importantes

▷ **Paralelogramo:** é o quadrilátero que tem os lados opostos paralelos.

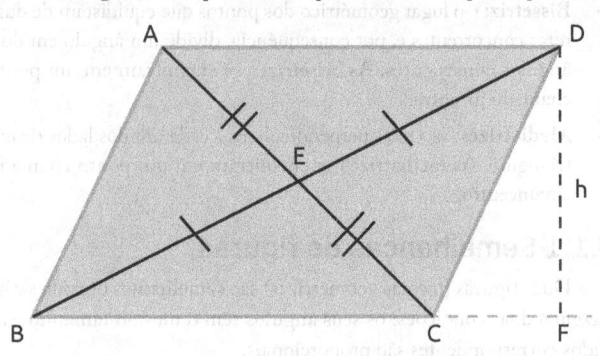

h é a altura do paralelogramo.

Em um paralelogramo:
- Os lados opostos são congruentes.
- Cada diagonal o divide em dois triângulos congruentes.
- Os ângulos opostos são congruentes.
- As diagonais interceptam-se em seu ponto médio.

▷ **Retângulo:** é o paralelogramo em que os quatro ângulos são congruentes (retos).

▷ **Losango:** é o paralelogramo em que os quatro lados são congruentes.

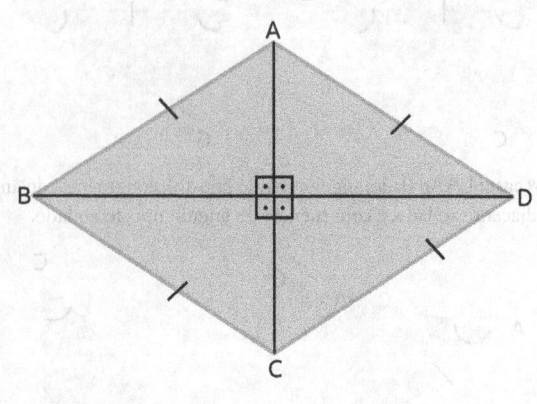

▷ **Quadrado:** é o paralelogramo em que os quatro lados e os quatro ângulos são congruentes.

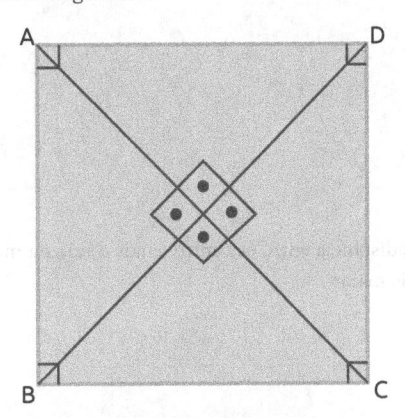

▷ **Trapézio:** é o quadrilátero que apresenta somente dois lados paralelos chamados bases.

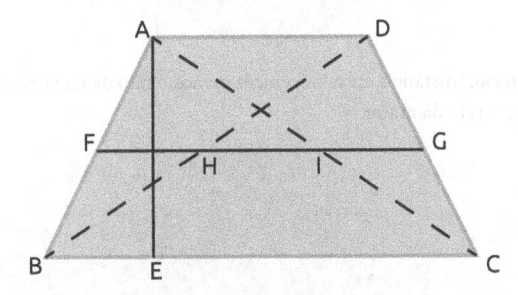

- **Trapézio retângulo:** é aquele que apresenta dois ângulos retos.

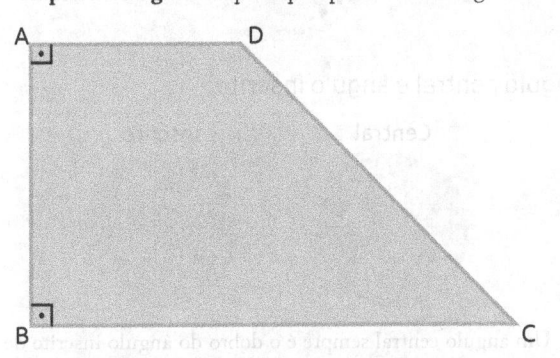

- **Trapézio isósceles:** é aquele em que os lados não paralelos são congruentes.

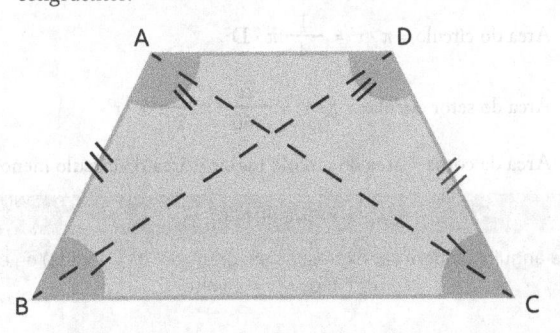

11.4 Polígonos regulares

Um polígono é regular se todos os seus lados e todos os seus ângulos forem congruentes.

Os nomes dos polígonos dependem do critério que se utiliza para classificá-los. Usando **o número de ângulos** ou o **número de lados**, tem-se a seguinte nomenclatura:

Número de lados (ou ângulos)	Nome do Polígono	
	Em função do número de ângulos	Em função do número de lados
3	triângulo	trilátero
4	quadrângulo	quadrilátero
5	pentágono	pentalátero
6	hexágono	hexalátero
7	heptágono	heptalátero
8	octógono	octolátero
9	eneágono	enealátero
10	decágono	decalátero
11	undecágono	undecalátero
12	dodecágono	dodecalátero
15	pentadecágono	pentadecalátero
20	icoságono	icosalátero

Nos polígonos regulares cada ângulo externo é dado por:

$$e = \frac{360°}{n}$$

A soma dos ângulos internos é dada por:

$$S_i = 180 \cdot (n-2)$$

E cada ângulo interno é dado por:

$$i = \frac{180(n-2)}{n}$$

11.4.1 Diagonais de um polígono

O segmento que liga dois vértices não consecutivos de polígono é chamado de diagonal.

O número de diagonais de um polígono é dado pela fórmula:

$$d = \frac{n \cdot (n-3)}{2}$$

GEOMETRIA PLANA

11.5 Círculos e circunferências

11.5.1 Círculo

É a área interna a uma circunferência.

11.5.2 Circunferência

É o contorno do círculo. Por definição, é o lugar geométrico dos pontos equidistantes ao centro.

A distância entre o centro e o lado é o raio.

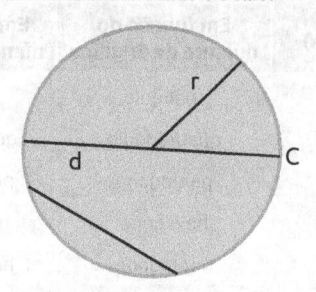

Corda

É o seguimento que liga dois pontos da circunferência.

A maior corda, ou corda maior de uma circunferência, é o diâmetro. Também dizemos que a corda que passa pelo centro é o diâmetro.

Posição relativa entre reta e circunferência

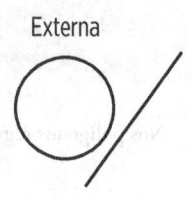

Uma reta é:
- **Secante:** distância entre a reta e o centro da circunferência é menor que o raio.
- **Tangente:** a distância entre a reta e o centro da circunferência é igual ao raio.
- **Externa:** a distância entre a reta e o centro da circunferência é maior que o raio.

Posição relativa entre circunferência

As posições relativas entre circunferência são basicamente 5:

▷ **Circunferência secante:** a distância entre os centros é menor que a soma dos raios das duas, porém, é maior que o raio de cada uma.

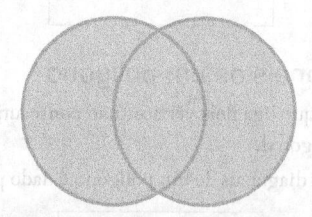

▷ **Externo:** a distância entre os centros é maior que a soma do raio.

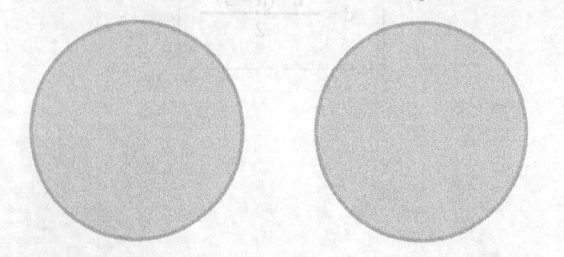

▷ **Tangente:** distância entre os centros é igual à soma dos raios.

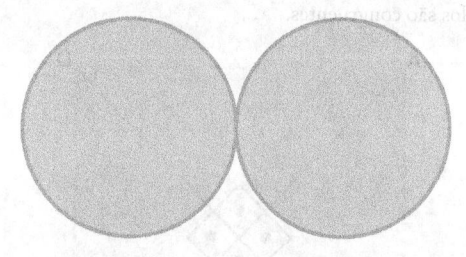

▷ **Interna:** distância entre os centros mais o raio da menor é igual ao raio da maior.

▷ **Interior:** distância entre os centros menos o raio da menor é menor que o raio da maior.

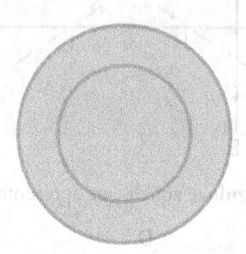

Ângulo central e ângulo inscrito

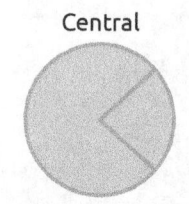

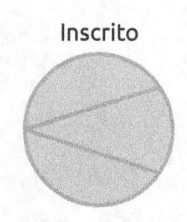

Um ângulo central sempre é o dobro do ângulo inscrito de um mesmo arco.

As áreas de círculos e partes do círculo são:

Área do círculo = $\pi \cdot r^2 = \dfrac{1}{4} \pi \cdot D^2$

Área do setor circular = $\pi \cdot r^2 = \dfrac{\alpha}{360°} = \dfrac{1}{2} \alpha \cdot r^2$

Área da coroa = área do círculo maior − área do círculo menor

Fique ligado

Os ângulos podem ser expressos em graus (360° = 1 volta) ou em radianos (2π = 1 volta)

11.6 Polígonos regulares inscritos e circunscritos

As principais relações entre a circunferência e os polígonos são:
- Qualquer polígono regular é inscritível em uma circunferência.

MATEMÁTICA

- Qualquer polígono regular e circunscritível a uma circunferência.

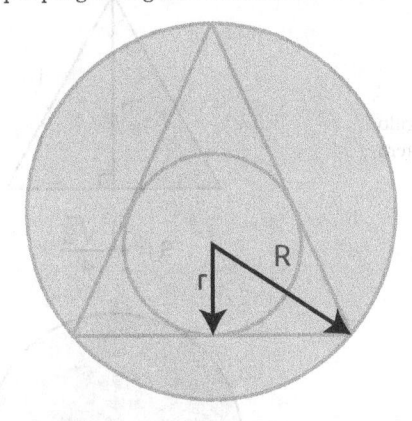

Polígono circunscrito a uma circunferência é o que possui seus lados tangentes à circunferência. Ao mesmo tempo, dizemos que esta circunferência está inscrita no polígono.

Um polígono é inscrito em uma circunferência se cada vértice do polígono for um ponto da circunferência, e neste caso dizemos que a circunferência é circunscrita ao polígono.

Da inscrição e circunscrição dos polígonos nas circunferências podem-se ter as seguintes relações:

Apótema de um polígono regular é a distância do centro a qualquer lado. Ele é sempre perpendicular ao lado.

Nos polígonos inscritos:

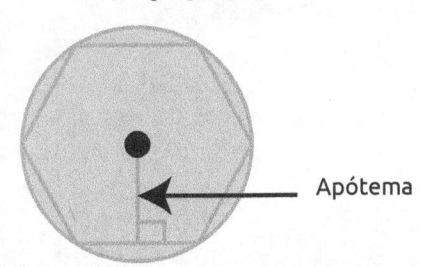

11.6.1 No quadrado

Cálculo da medida do lado (L):

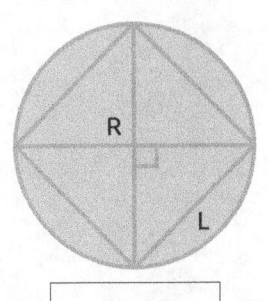

$$L = R\sqrt{2}$$

Cálculo da medida do apótema (a):

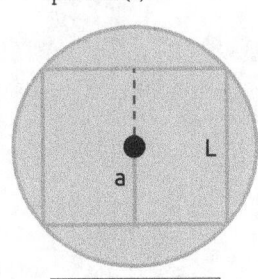

$$a = \frac{R\sqrt{2}}{2}$$

11.6.2 No hexágono

Cálculo da medida do lado (L):

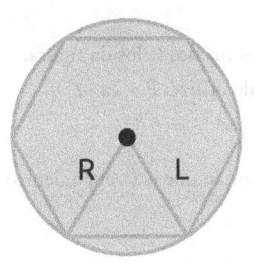

$$L = R$$

Cálculo da medida do apótema (a):

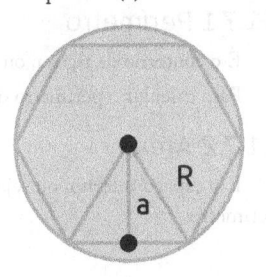

$$a = \frac{R\sqrt{3}}{2}$$

11.6.3 No triângulo equilátero

Cálculo da medida do lado (L):

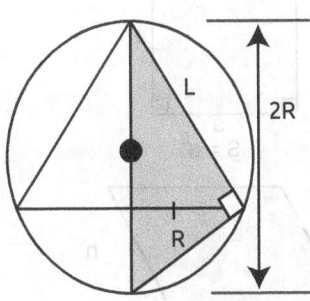

$$L = R\sqrt{3}$$

Cálculo da medida do apótema (a):

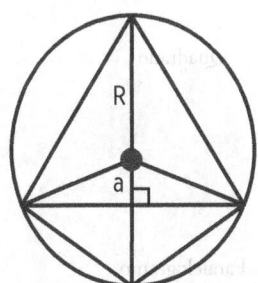

$$a = \frac{R}{2}$$

Nos polígonos circunscritos:

11.6.4 No quadrado

Cálculo da medida do lado (L):

$$L = 2R$$

Cálculo da medida do apótema (a):

$$a = R$$

11.6.5 No hexágono

Cálculo da medida do lado (L):

$$L = \frac{2R\sqrt{3}}{3}$$

Cálculo da medida do apótema (a):

$$a = R$$

11.6.6 No triângulo equilátero

Cálculo da medida do lado (L):

$$L = 2R\sqrt{3}$$

Cálculo da medida do apótema (a):

$$a = R$$

GEOMETRIA PLANA

11.7 Perímetros e áreas dos polígonos e círculos

11.7.1 Perímetro

É o contorno da figura, ou seja, a soma dos lados da figura.
Para calcular o perímetro do círculo utilize: $P = 2\pi \cdot r$

11.7.2 Área

É o espaço interno, ou seja, a extensão que ela ocupa dentro do perímetro.

Principais áreas (S) de polígonos

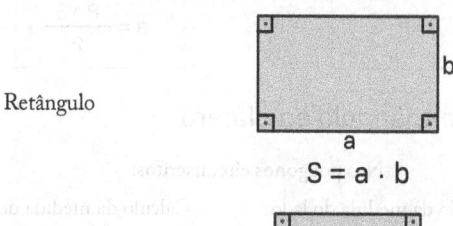

Retângulo
$S = a \cdot b$

Quadrado 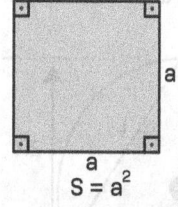
$S = a^2$

Paralelogramo 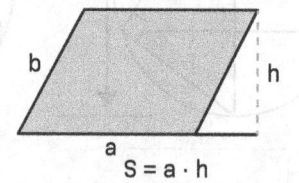
$S = a \cdot h$

Losango 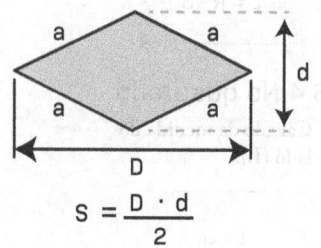
$S = \dfrac{D \cdot d}{2}$

Trapézio 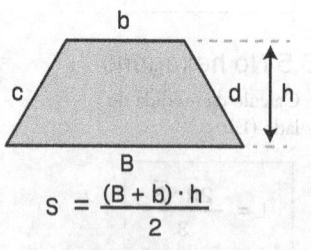
$S = \dfrac{(B + b) \cdot h}{2}$

Triângulo 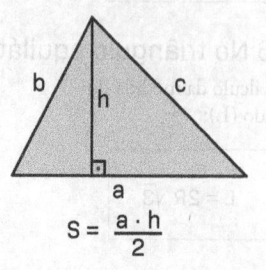
$S = \dfrac{a \cdot h}{2}$

Triângulo equilátero 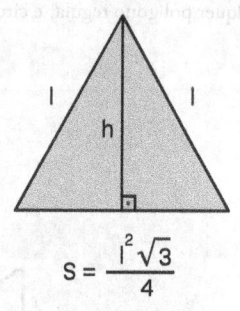
$S = \dfrac{l^2 \sqrt{3}}{4}$

Círculo 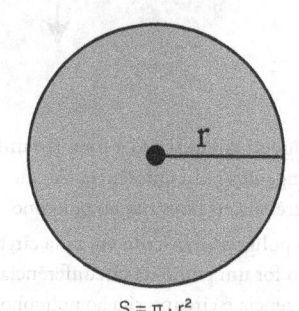
$S = \pi \cdot r^2$

12 GEOMETRIA ESPACIAL

Neste capítulo, serão abordados os principais conceitos de geometria espacial e suas aplicações.

12.1 Retas e planos

A reta é infinita, ou seja, contém infinitos pontos.

Por um ponto, podem ser traçadas infinitas retas.

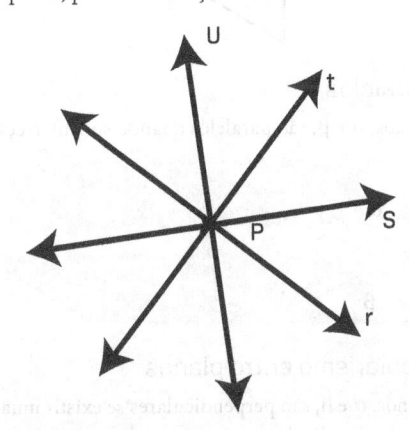

Por dois pontos distintos, passa uma única reta.

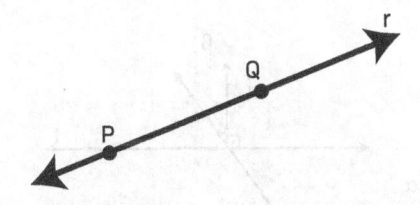

Um ponto qualquer de uma reta divide-a em duas semirretas.

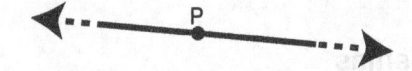

Por três pontos não colineares, passa um único plano.

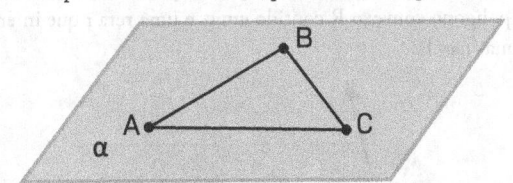

Por uma reta, pode ser traçada uma infinidade de planos.

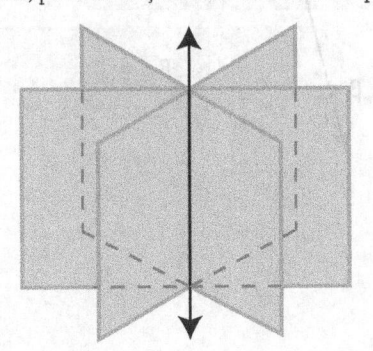

12.1.1 Posições relativas de duas retas

No espaço, duas retas distintas podem ser concorrentes, paralelas ou reversas:

Concorrentes

$r \cap s = \{P\}$
$r \subset \alpha$
$s \subset \alpha$

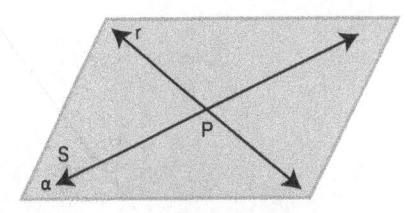

Paralelas

$r \cap s = \{\ \}$
$r \subset \alpha$
$s \subset \alpha$

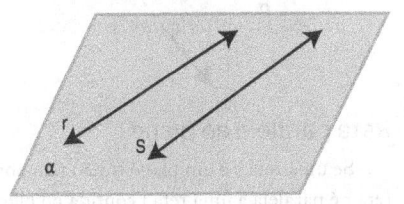

Concorrentes

$r \cap s = \{\ \}$

Não existe plano que contenha r e s simultaneamente

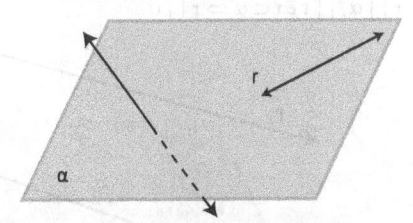

Em particular nas retas concorrentes, há aquelas que são perpendiculares.

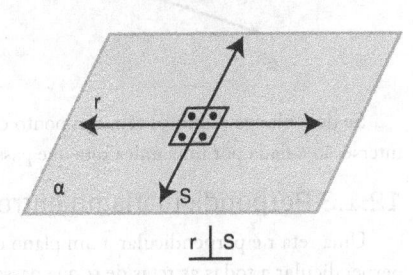

$r \mid s$

12.1.2 Posições relativas entre reta e plano

Reta contida no plano

Se uma reta r tem dois pontos distintos num plano α, então, r está contida nesse plano:

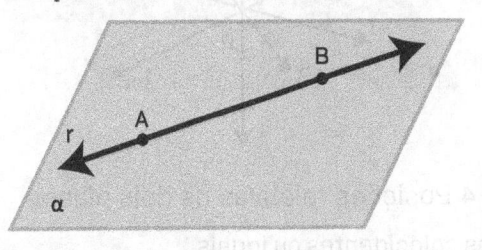

$A \in \alpha \text{ e } B \in \alpha$
$A \in r \text{ e } B \in r$ $\Rightarrow r \subset \alpha$

GEOMETRIA ESPACIAL

Reta concorrente ou incidente ao plano

Dizemos que a reta r fura o plano α ou que r e α são concorrentes em P quando r ∩ α = { P }.

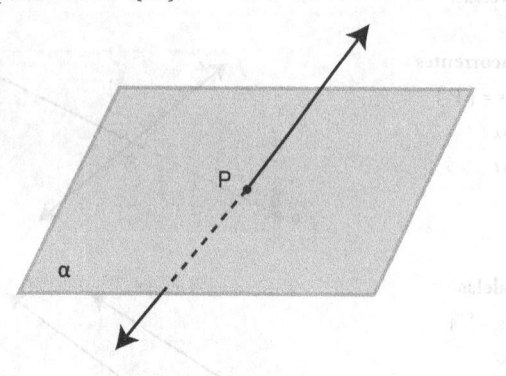

Reta paralela ao plano

Se uma reta r e um plano α não tem ponto em comum, então, a reta r é paralela a uma reta t contida no plano α; portanto, r || α, || t e t ⊂ α ⇒ r || α

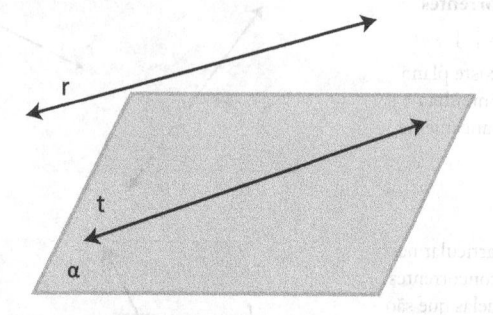

Se dois planos distintos têm um ponto em comum, então, a sua interseção é dada por uma única reta que passa por esse ponto.

12.1.3 Perpendicularismo entre reta e plano

Uma reta r é perpendicular a um plano α se, e somente se, r for perpendicular a todas as retas de α que passam pelo ponto de interseção de r e α.

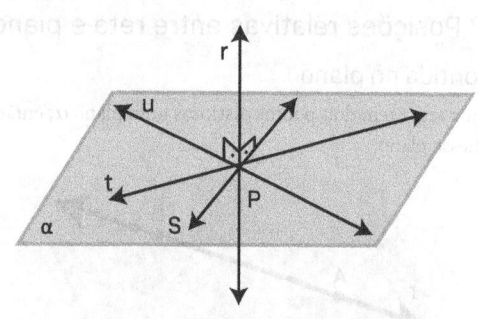

12.1.4 Posições relativas de dois planos

Planos coincidentes ou iguais

Planos concorrentes ou secantes

Dois planos, α e β, são concorrentes quando sua interseção é uma única reta:

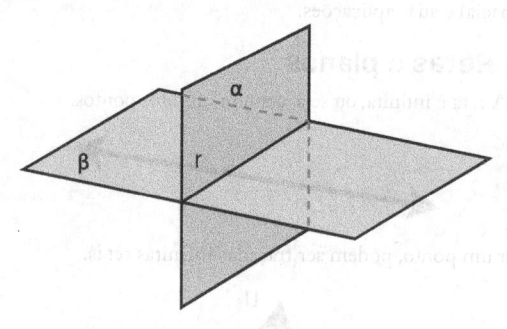

Planos paralelos

Dois planos, α e β, são paralelos quando sua interseção é vazia:

Perpendicularismo entre planos

Dois planos, α e β, são perpendiculares se existir uma reta de um deles que seja perpendicular ao outro:

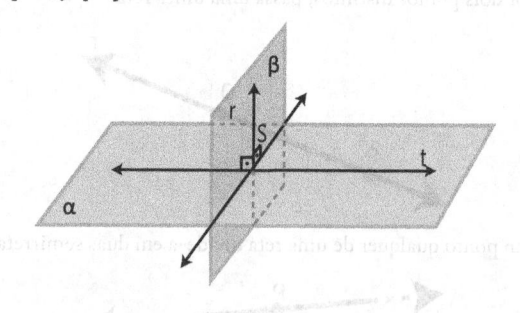

12.2 Prismas

Na figura a seguir, temos dois planos paralelos e distintos, α e β, um polígono convexo R contido em α e uma reta r que intercepta α e β, mas não R:

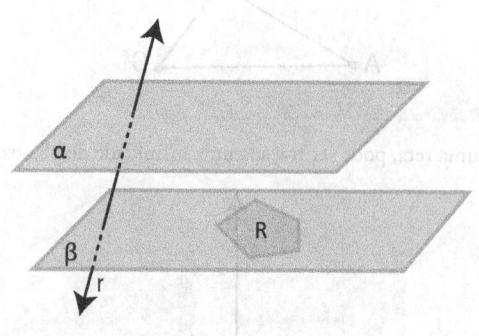

MATEMÁTICA

Para cada ponto P da região R, vamos considerar o segmento $\overline{P'P}$, paralelo à reta r (P linha, pertence a Beta).

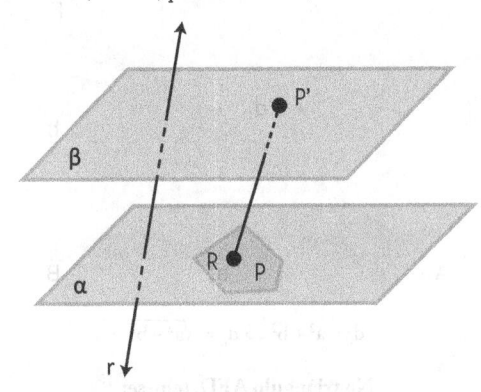

Assim, temos:

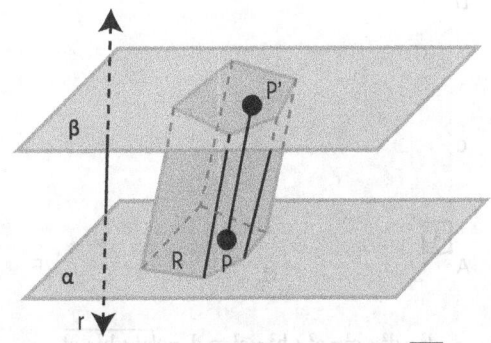

O conjunto de todos os segmentos congruentes $\overline{P'P}$ paralelos a r, é conhecido por prisma ou prisma limitado.

12.2.1 Elementos do prisma

Dado o prisma a seguir, considere os seguintes elementos:

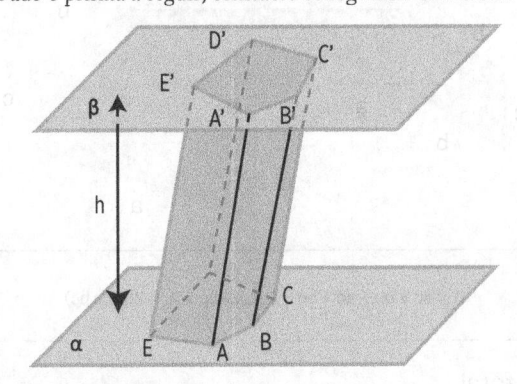

Bases: as regiões poligonais R e S
Altura: a distância h entre os planos α e β
Arestas das bases:
Lados AB, BC, CD, DE, EA, A'B', B'C', D'E', E'A' (dos polígonos)
Arestas laterais:
Os segmentos AA', BB', CC', DD', EE'
Faces laterais: os paralelogramos AA'BB', BB'C'C, CC'D'D, DD'E'E, EE'A'A

12.2.2 Classificação

Um prisma pode ser:

Reto: quando as arestas laterais são perpendiculares aos planos das bases.

Oblíquo: quando as arestas laterais são oblíquas aos planos das bases.

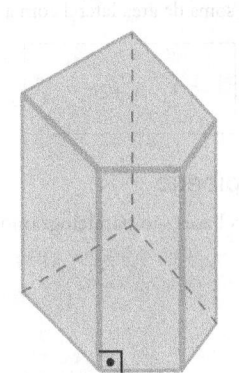

Prisma reto

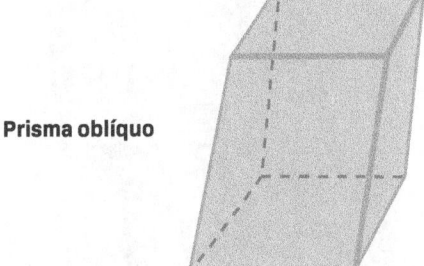

Prisma oblíquo

Prisma regular triangular
Chama-se de prisma regular todo prisma reto, cujas bases são polígonos regulares.

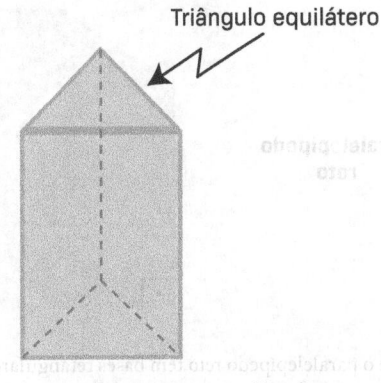

Triângulo equilátero

Prisma regular hexagonal

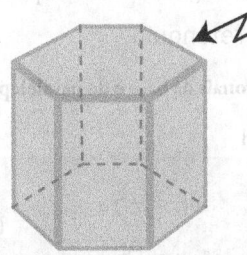

Hexágono regular

Fique ligado
As faces de um prisma regular são retângulos congruentes.

12.2.3 Áreas

Em um prisma distinguimos dois tipos de superfície: as faces e as bases. Assim, temos de considerar as seguintes áreas:

AL = n · AF (n = número de lados do polígono da base).

- **Área de uma face (AF):** área de um dos paralelogramos que constituem as faces.
- **Área lateral (AL):** soma das áreas dos paralelogramos que formam as faces do prisma.

GEOMETRIA ESPACIAL

- **Área da base (AB):** área de um dos polígonos das bases.
- **Área total (AT):** soma da área lateral com a área das bases:

$$A_T = A_L + 2A_B$$

12.2.4 Paralelepípedo

Todo prisma cujas bases são paralelogramos recebe o nome de paralelepípedo.

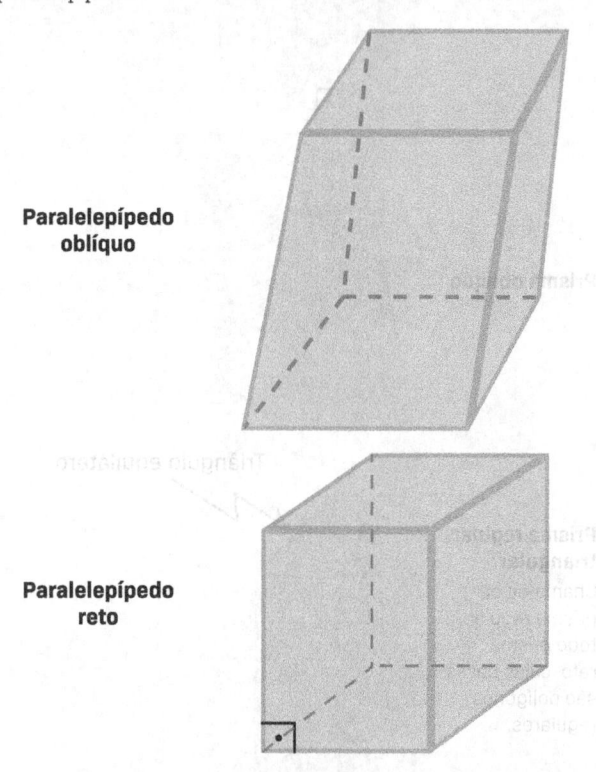

Paralelepípedo oblíquo

Paralelepípedo reto

Se o paralelepípedo reto tem bases retangulares, ele é chamado de paralelepípedo reto-retângulo, ortoedro ou paralelepípedo retângulo.

Paralelepípedo retângulo

Diagonais da base e do paralelepípedo

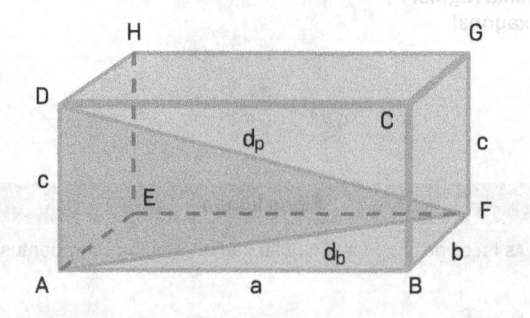

db = diagonal da base
dp = diagonal do paralelepípedo

Na base, ABFE, tem-se:

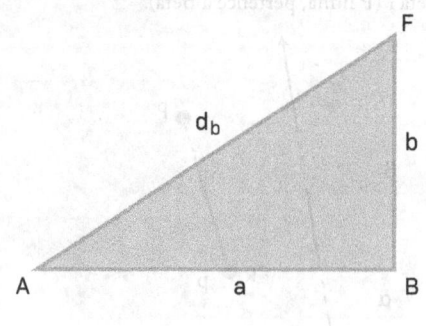

$$d_b^2 = a^2 + b^2 \Rightarrow d_b = \sqrt{a^2 + b^2}$$

No triângulo AFD, tem-se:

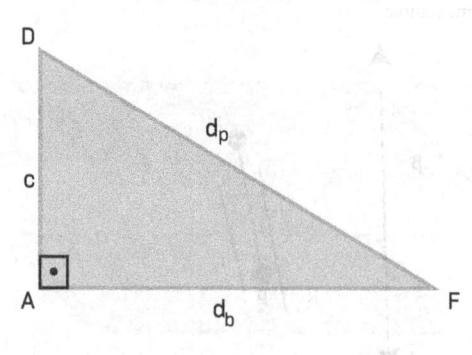

$$d_p^2 = d_b^2 + c^2 = a^2 + b^2 + c^2 \Rightarrow d_p = \sqrt{a^2 + b^2 + c^2}$$

Área lateral

Sendo AL a área lateral de um paralelepípedo retângulo, tem-se:

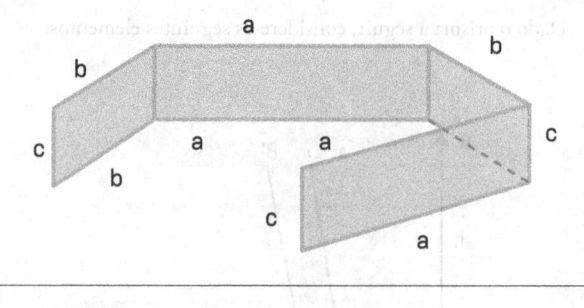

$$A_L = ac + bc + ac + bc = 2ac + 2bc = A_L = 2(ac + bc)$$

Área total

Planificando o paralelepípedo, verificamos que a área total é a soma das áreas de cada par de faces opostas:

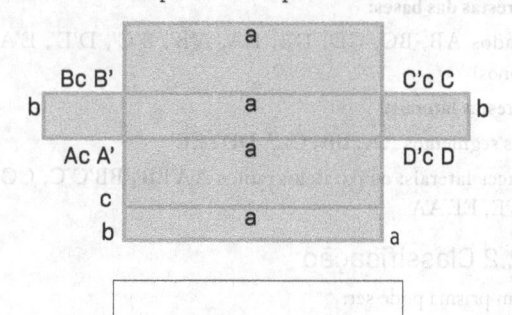

$$A_T = 2(ab + ac + bc)$$

MATEMÁTICA

Volume

O volume de um paralelepípedo retângulo de dimensões a, b e c é dado por:

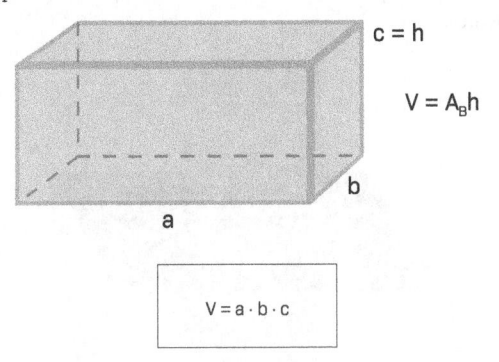

$$V = A_B h$$

$$V = a \cdot b \cdot c$$

12.2.5 Cubo

Um paralelepípedo retângulo com todas as arestas congruentes (a = b = c) recebe o nome de cubo. Dessa forma, cada face é um quadrado.

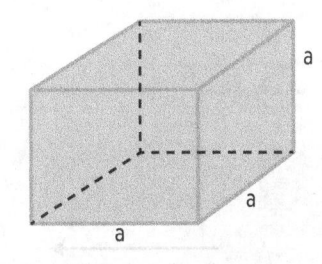

Diagonais da base e do cubo

Considere a figura a seguir:

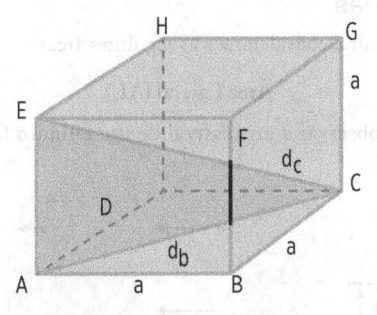

dc = diagonal do cubo
db = diagonal da base

Na base ABCD, tem-se:

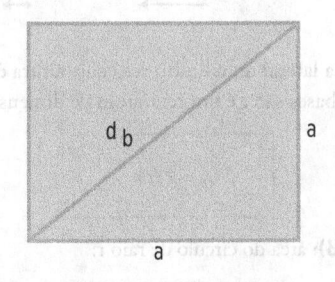

$$d_c^2 = a^2 + a^2 = 2a^2 \Rightarrow d_b = a\sqrt{2}$$

No triângulo ACE, tem-se:

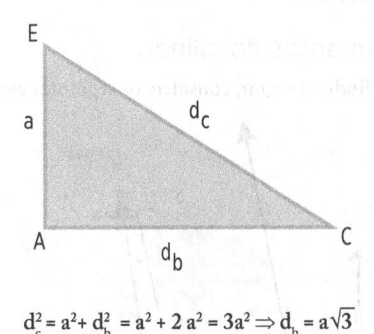

$$d_c^2 = a^2 + d_b^2 = a^2 + 2a^2 = 3a^2 \Rightarrow d_b = a\sqrt{3}$$

Área lateral

A área lateral AL é dada pela área dos quadrados de lado a:

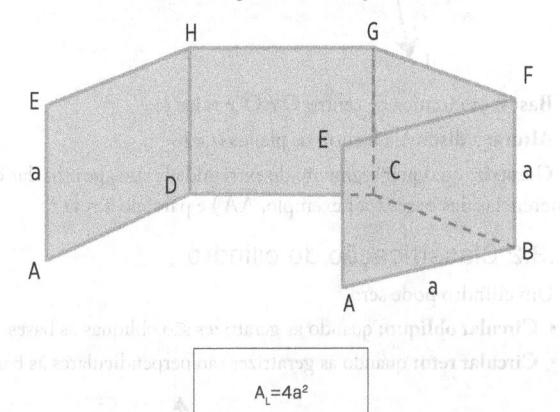

$$A_L = 4a^2$$

Área total

A área total AT é dada pela área dos seis quadrados de lado a:

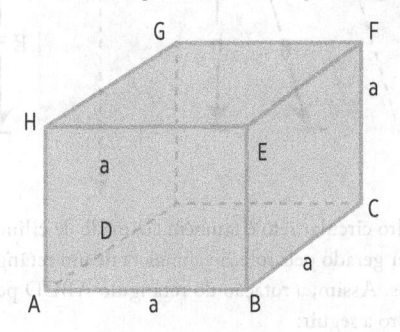

$$A_T = 6a^2$$

Volume

De forma semelhante ao paralelepípedo retângulo, o volume de um cubo de aresta a é dado por:

$$V = a \cdot a \cdot a = a^3$$

Generalização do volume de um prisma:
Vprisma = AB · h

GEOMETRIA ESPACIAL

12.3 Cilindro

12.3.1 Elementos do cilindro

Dado o cilindro a seguir, considere os seguintes elementos:

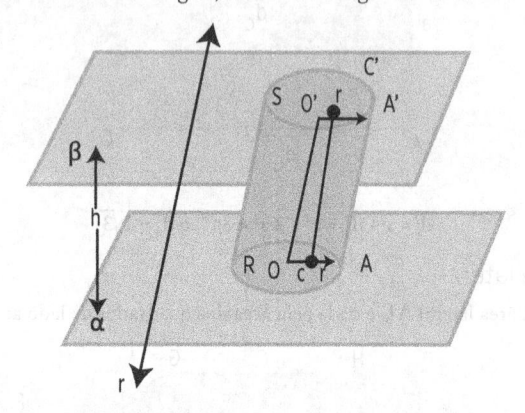

Bases: os círculos de centro O e O' e raios r.
Altura: a distância h entre os planos α e β.
Geratriz: qualquer segmento de extremidades nos pontos das circunferências das bases (por exemplo, $\overline{AA'}$) e paralelo à reta r.

12.3.2 Classificação do cilindro

Um cilindro pode ser:
- **Circular oblíquo:** quando as geratrizes são oblíquas às bases.
- **Circular reto:** quando as geratrizes são perpendiculares às bases.

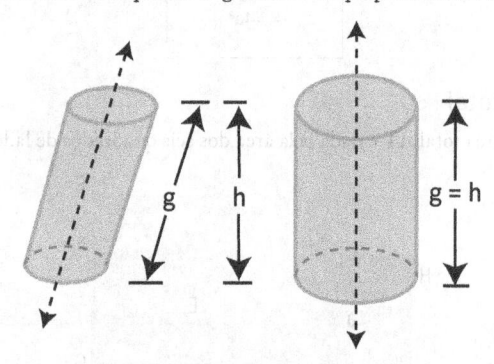

O cilindro circular reto é também chamado de cilindro de revolução, por ser gerado pela rotação completa de um retângulo por um de seus lados. Assim, a rotação do retângulo ABCD pelo lado $\overline{BC}$ gera o cilindro a seguir:

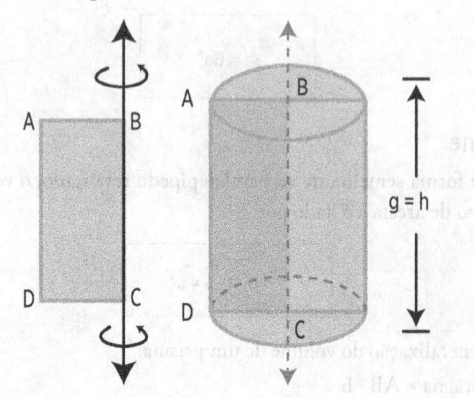

A reta $\overline{BC}$ contém os centros das bases e é o eixo do cilindro.

12.3.3 Seção

Seção transversal é a região determinada pela interseção do cilindro com um plano paralelo às bases. Todas as seções transversais são congruentes.

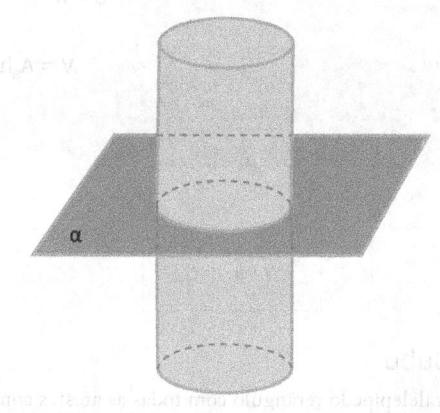

Seção meridiana é a região determinada pela interseção do cilindro com um plano que contém o eixo.

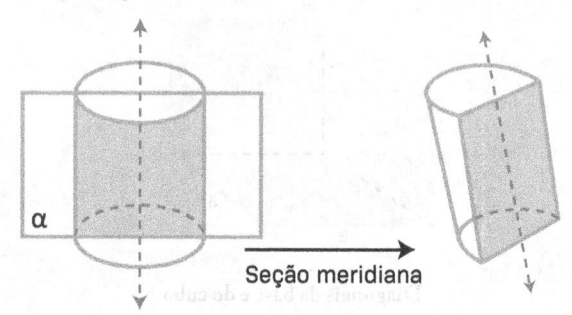

Seção meridiana

12.3.4 Áreas

Num cilindro, consideramos as seguintes áreas:

Área Lateral (AL)

Pode-se observar a área lateral de um cilindro fazendo a sua planificação:

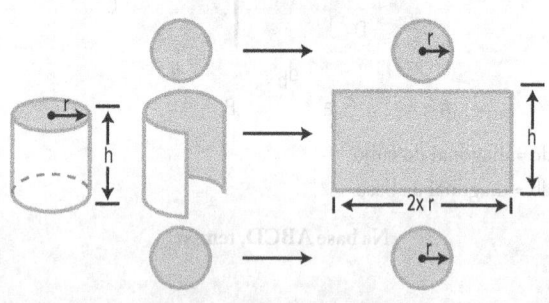

Assim, a área lateral do cilindro reto cuja altura é h e cujos raios dos círculos das bases são r é um retângulo de dimensões $2\pi r$ e h:

$$A_L = 2\pi r h$$

Área da base (AB): área do círculo de raio r:

$$A_B = 2\pi r^2$$

Área total (AT): soma da área lateral com as áreas das bases:

$$A_T = A_L + 2A_B = 2\pi r h + 2\pi r^2 = 2\pi r(h + r)$$

12.3.5 Volume

O volume de todo paralelepípedo retângulo e de todo cilindro é o produto da área da base pela medida de sua altura:

$$V_{cilindro} = A_B \cdot h$$

No caso do cilindro circular reto, a área da base é a área do círculo de raio r, $AB = \pi r^1 h$; portanto, seu volume é:

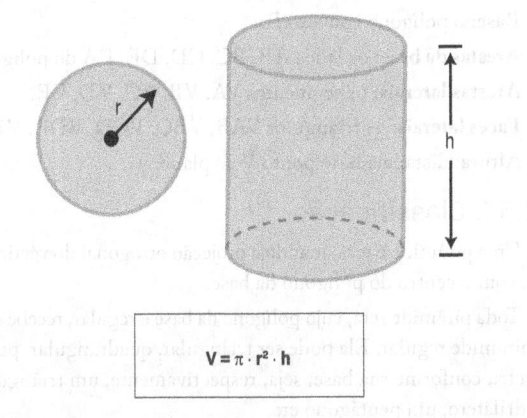

$$V = \pi \cdot r^2 \cdot h$$

12.3.6 Cilindro equilátero

Todo cilindro cuja seção meridiana é um quadrado (altura igual ao diâmetro da base) é chamado cilindro equilátero.

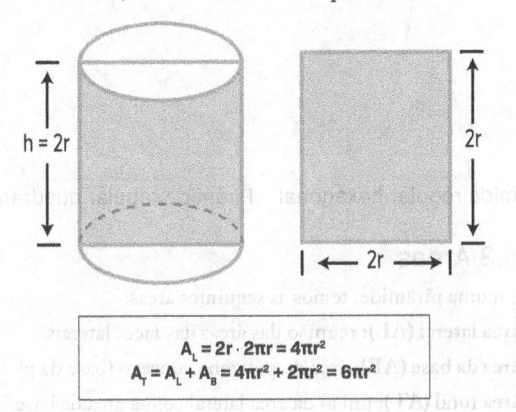

$$A_L = 2r \cdot 2\pi r = 4\pi r^2$$
$$A_T = A_L + A_B = 4\pi r^2 + 2\pi r^2 = 6\pi r^2$$

12.4 Cone circular

Dado um círculo C, contido num plano α, e um ponto V (vértice) fora de α, chamamos de cone circular o conjunto de todos os segmentos $\overline{VP}$, $P \in C$.

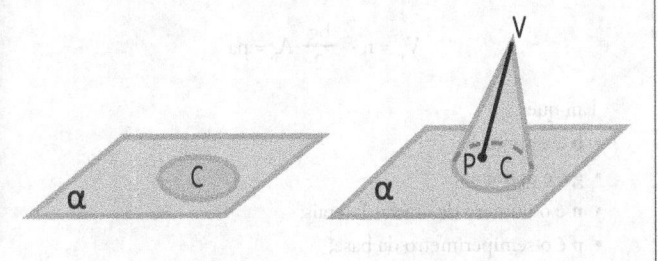

12.4.1 Elementos do cone circular

Dado o cone a seguir, consideramos os seguintes elementos:

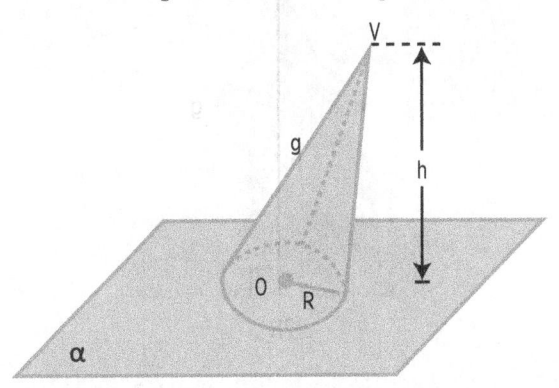

Altura: distância h do vértice V ao plano α.
Geratriz (g): segmento com uma extremidade no ponto V e outra em um ponto da circunferência.
Raio da base: raio R do círculo.
Eixo de rotação: reta $\overline{VO}$ determinada pelo centro do círculo e pelo vértice do cone.

12.4.2 Cone reto

Todo cone cujo eixo de rotação é perpendicular à base é chamado cone reto, também denominado cone de revolução. Ele pode ser gerado pela rotação completa de um triângulo retângulo em torno de um de seus catetos.

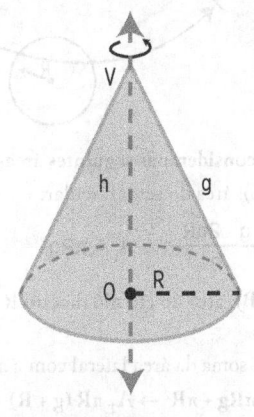

Da figura, e pelo Teorema de Pitágoras, temos a seguinte relação:

$$g^2 = h^2 + R^2$$

12.4.3 Seção meridiana

A seção determinada, em um cone de revolução, por um plano que contém o eixo de rotação é chamada seção meridiana.

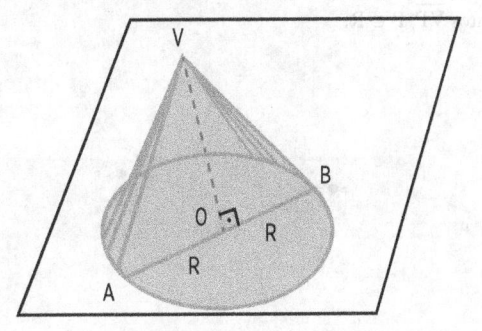

GEOMETRIA ESPACIAL

Se o triângulo AVB for equilátero, o cone também será equilátero:

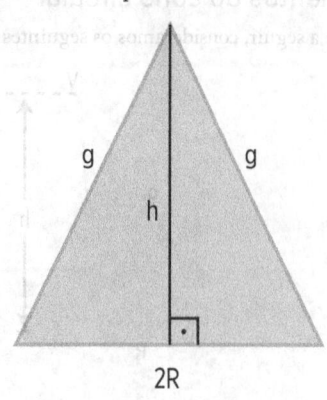

$$g = 2R$$
$$h = R\sqrt{3}$$

12.4.4 Áreas

Desenvolvendo a superfície lateral de um cone circular reto, obtemos um setor circular de raio g e comprimento $L = 2\pi R$.

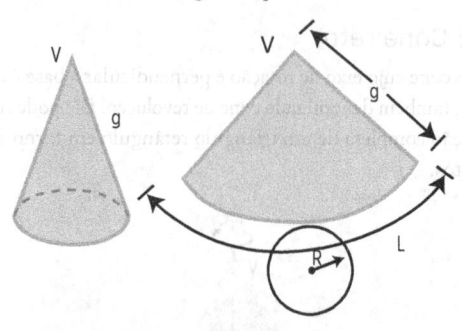

▷ **Assim, há de se considerar as seguintes áreas:**
Área lateral (AL): área do setor circular:

$$A_L = \frac{gl}{2} = \frac{g \cdot 2\pi R}{2} \Rightarrow A_L = \pi R g$$

Área da base (AB): área do círculo do raio R:
$$A_B = \pi R^2$$
Área total (AT): soma da área lateral com a área da base:
$$A_T = A_L + A_B = \pi R g + \pi R^2 \rightarrow A_T \pi R (g + R)$$

12.4.5 Volume

$$V_{cone} = 2\pi dS = 2\pi \cdot \frac{r}{3} \cdot \frac{rh}{2} \Rightarrow V_{cone} \frac{1}{3} \cdot \pi r^2 h$$

12.5 Pirâmides

Dado um polígono convexo R, contido em um plano α, e um ponto V (vértice) fora de α, chamamos de pirâmide o conjunto de todos os segmentos $\overline{VP}$, $P \in R$.

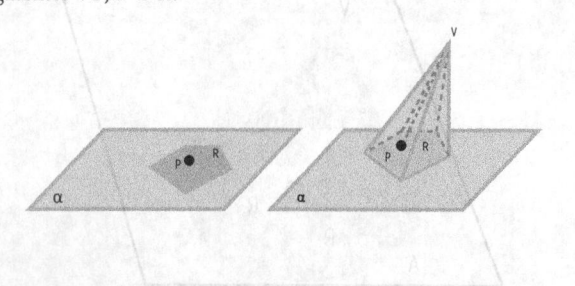

12.5.1 Elementos da pirâmide

Dada a pirâmide a seguir, tem-se os seguintes elementos:

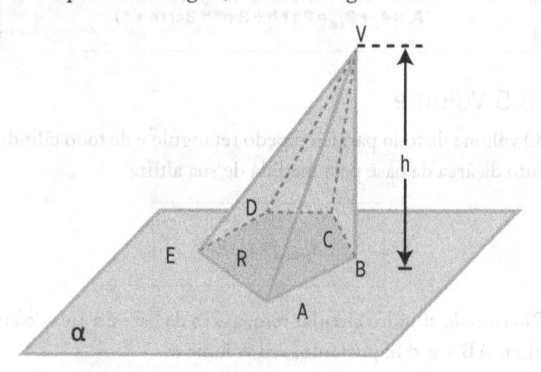

Base: o polígono convexo R.
Arestas da base: os lados AB, BC, CD, DE, EA do polígono.
Arestas laterais: os segmentos VA, VB, VC, VD, VE.
Faces laterais: os triângulos VAB, VBC, VCD, VDE, VEA.
Altura: distância h do ponto V ao plano.

12.5.2 Classificação

Uma pirâmide é reta quando a projeção ortogonal do vértice coincide com o centro do polígono da base.

Toda pirâmide reta, cujo polígono da base é regular, recebe o nome de pirâmide regular. Ela pode ser triangular, quadrangular, pentagonal etc., conforme sua base, seja, respectivamente, um triângulo, um quadrilátero, um pentágono etc.

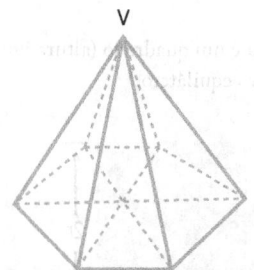

Pirâmide regular hexagonal   Pirâmide regular quadrangular

12.5.3 Áreas

Em uma pirâmide, temos as seguintes áreas:
Área lateral (AL): reunião das áreas das faces laterais.
Área da base (AB): área do polígono convexo (base da pirâmide).
Área total (AT): união da área lateral com a área da base.

$$A_T = A_L + A_B$$

Para uma pirâmide regular, temos:

$$V_L = n \cdot \frac{bg}{2} \quad A_b = pa$$

Em que:
- **b** é a aresta;
- **g** é o apótema;
- **n** é o número de arestas laterais;
- **p** é o semiperímetro da base;
- **a** é o apótema do polígono da base.

12.5.4 Volume

$$V_{cone} = \frac{1}{3} \cdot \pi \cdot R^2 h \rightarrow \boxed{V_{pirâmide} = \frac{1}{3} \cdot ABh}$$

→ Área de base

12.6 Troncos

Se um plano interceptar todas as arestas de uma pirâmide ou de um cone, paralelamente às suas bases, o plano dividirá cada um desses sólidos em dois outros: uma nova pirâmide e um tronco de pirâmide; e um novo cone e um tronco de cone.

12.6.1 Tronco da pirâmide

Dado o tronco de pirâmide regular a seguir, tem-se:

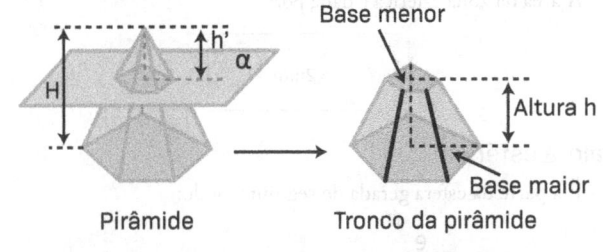

As bases são polígonos regulares paralelos e semelhantes.
As faces laterais são trapézios isósceles congruentes.

Áreas

Área lateral (AL): soma das áreas dos trapézios isósceles congruentes que formam as faces laterais.

Área total (AT): soma da área lateral com a soma das áreas da base menor (Ab) e maior (AB).

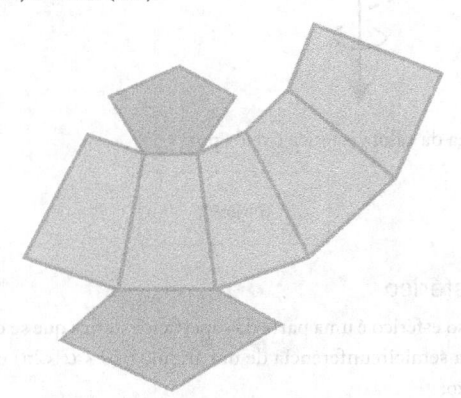

$$A_T = A_L + A_B + A_b$$

Volume

O volume de um tronco de pirâmide regular é dado por:

$$V_r = \frac{h}{3}(A_B + A_b + \sqrt{A_B A_b})$$

Sendo V o volume da pirâmide e V' o volume da pirâmide obtido pela seção, é válida a relação:

$$\frac{V'}{V} = \left(\frac{h'}{H}\right)^3$$

12.6.2 Tronco do cone

Sendo o tronco do cone circular regular a seguir, tem-se:

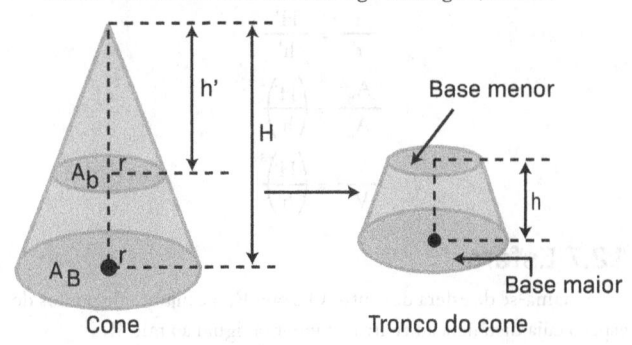

As bases maior e menor são paralelas.
A altura do tronco é dada pela distância entre os planos que contêm as bases.

Áreas

Área lateral

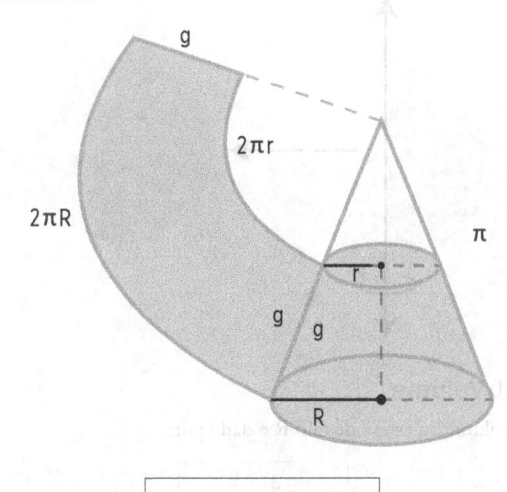

$$A_L = \pi(R + r)g$$

Área total

$$A_T = A_L + A_B + A_b = \pi(R + r)g + \pi R^2 + \pi r^2$$
$$\downarrow$$
$$A_T = [(R + r)g + R^2 + r^2]$$

Volume

$$V_r = \frac{h}{3}(A_B + A_b + \sqrt{A_B A_b}) \; \frac{h}{3}(\pi R^2 + \pi r^2 + \sqrt{\pi R^2 \cdot \pi r^2})$$
$$\downarrow$$
$$V = \frac{\pi h}{3}(R^2 + r^2 + Rr)$$

GEOMETRIA ESPACIAL

Sendo V o volume do cone e V' o volume do cone obtido pela seção, são válidas as relações:

$$\frac{r}{r'} = \frac{H'}{h'}$$

$$\frac{A_B}{A_b} = \left(\frac{H'}{h'}\right)^2$$

$$\frac{V}{V'} = \left(\frac{H'}{h'}\right)^3$$

12.7 Esfera

Chama-se de esfera de centro O e raio R, o conjunto de pontos do espaço cuja distância ao centro é menor ou igual ao raio R.

Considerando a rotação completa de um semicírculo em torno de um eixo, a esfera é o sólido gerado por essa rotação. Assim, ela é limitada por uma superfície esférica e formada por todos os pontos pertencentes a essa superfície e ao seu interior.

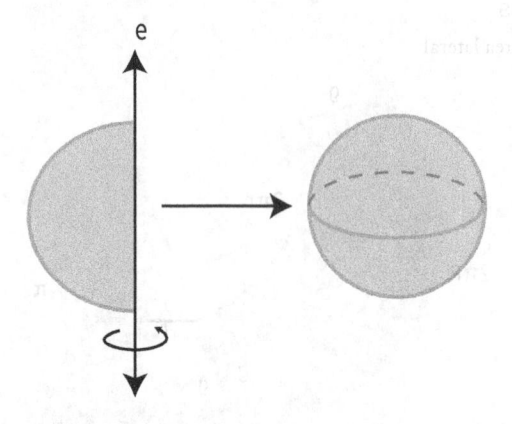

12.7.1 Volume

O volume da esfera de raio R é dado por:

$$V_e = \frac{4}{3} \cdot \pi R^3$$

12.7.2 Partes da esfera

Superfície esférica

A superfície esférica de centro O e raio R é o conjunto de pontos do espaço cuja distância ao ponto O é igual ao raio R.

Se considerar a rotação completa de uma semicircunferência em torno de seu diâmetro, a superfície esférica é o resultado dessa rotação.

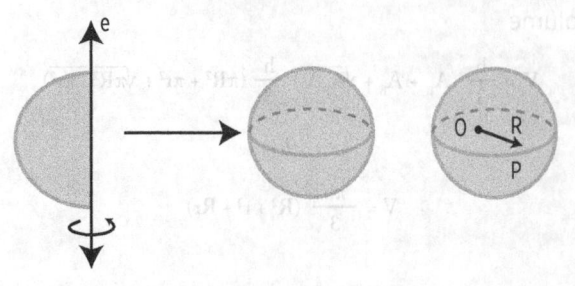

A área da superfície esférica é dada por:

$$A_s = 4\pi R^2$$

Zona esférica

É a parte da esfera gerada do seguinte modo:

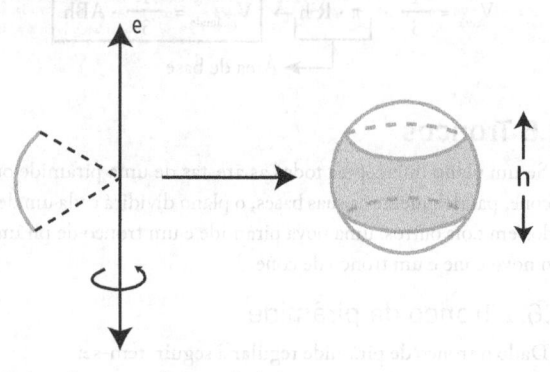

A área da zona esférica é dada por:

$$S = 2\pi Rh$$

Calota esférica

É a parte da esfera gerada do seguinte modo:

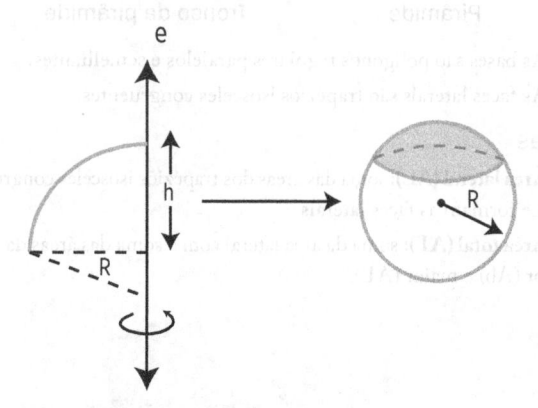

A área da calota esférica é dada por:

$$S = 2\pi Rh$$

Fuso esférico

O fuso esférico é uma parte da superfície esférica que se obtém ao girar uma semicircunferência de um ângulo $\alpha(0 < \alpha < 2\pi)$ em torno de seu eixo:

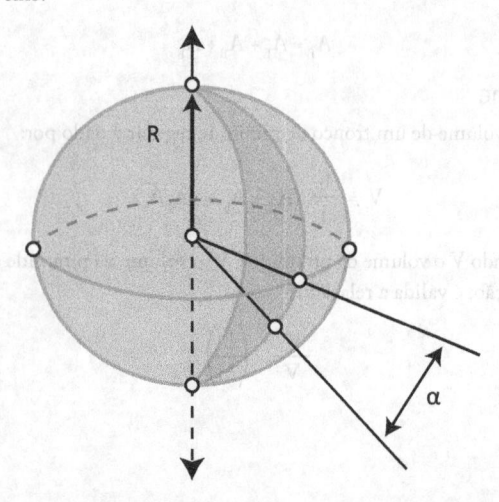

A área do fuso esférico pode ser obtida por uma regra de três simples:

$$\left.\begin{array}{l} A_S - 2\pi \\ A_F - \alpha \end{array}\right] A_F = \dfrac{4\pi R^2 \alpha}{2\pi} \Rightarrow A_F = 2R^2\alpha \ (\alpha \text{ em radianos})$$

$$\left.\begin{array}{l} A_S - 360° \\ A_F - \alpha \end{array}\right] A_F = \dfrac{4\pi R^2 \alpha}{360°} \Rightarrow A_F = \dfrac{\pi R^2 \alpha}{90°} \ (\alpha \text{ em graus})$$

Cunha esférica

Parte da esfera que se obtém ao girar um semicírculo em torno de seu eixo de um ângulo $\alpha (0 < \alpha < 2\pi)$:

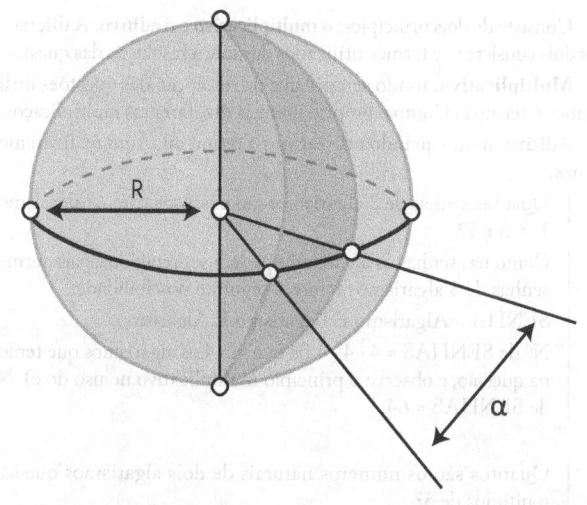

O volume da cunha pode ser obtido por uma regra de três simples:

$$\left.\begin{array}{l} V_e - 2\pi \\ V_c - \alpha \end{array}\right] V_c = \dfrac{\frac{4}{3}\pi R^3 \alpha}{2\pi} \quad V_c = \dfrac{2}{3} R^3 \alpha \ (\alpha \text{ em radianos})$$

$$\left.\begin{array}{l} V_e - 360° \\ V_c - \alpha \end{array}\right] V_c = \dfrac{\frac{4}{3}\pi R^3 \alpha}{360°} \quad V_c = \dfrac{\pi R^3 \alpha}{270°} \ (\alpha \text{ em graus})$$

13 ANÁLISE COMBINATÓRIA

As primeiras atividades matemáticas estavam ligadas à contagem de objetos de um conjunto, enumerando seus elementos.

Vamos estudar algumas técnicas para a descrição e contagem de casos possíveis de um acontecimento.

13.1 Definição

A análise combinatória é utilizada para descobrir o **número de maneiras possíveis** para realizar determinado evento, sem que seja necessário demonstrar essas maneiras.

> Quantos são os pares formados pelo lançamento de dois **dados** simultaneamente?
>
> No primeiro dado, temos 6 possibilidades – do 1 ao 6 – e, no segundo dado, também temos 6 possibilidades – do 1 ao 6. Juntando todos os pares formados, temos 36 pares (6 · 6 = 36).
>
> (1,1), (1,2), (1,3), (1,4), (1,5), (1,6),
> (2,1), (2,2), (2,3), (2,4), (2,5), (2,6),
> (3,1), (3,2), (3,3), (3,4), (3,5), (3,6),
> (4,1), (4,2), (4,3), (4,4), (4,5), (4,6),
> (5,1), (5,2), (5,3), (5,4), (5,5), (5,6),
> (6,1), (6,2), (6,3), (6,4), (6,5), (6,6).
>
> Logo, temos **36 pares**.

Não há necessidade de expor todos os pares formados, basta que saibamos quantos pares existem.

Imagine se fossem 4 dados e quiséssemos saber todas as quadras possíveis, o resultado seria 1.296 quadras. Um número inviável de ser representado. Por isso utilizamos a análise combinatória.

Para resolver as questões de análise combinatória, utilizamos algumas técnicas, que veremos a seguir.

13.2 Fatorial

É comum, nos problemas de contagem, calcularmos o produto de uma multiplicação cujos fatores são números naturais consecutivos. Fatorial de um número (natural) é a multiplicação deste número por todos os seus antecessores, em ordem, até o número 1 ·

$$n! = n(n-1)(n-2)...3.2.1, \text{ sendo } n \in \mathbb{N} \text{ e } n > 1.$$

Por definição, temos:
- $0! = 1$
- $1! = 1$
- $4! = 4 \cdot 3 \cdot 2 \cdot 1 = 24$
- $6! = 6 \cdot 5 \cdot 4 \cdot 3 \cdot 2 \cdot 1 = 720$
- $8! = 8 \cdot 7 \cdot 6 \cdot 5 \cdot 4 \cdot 3 \cdot 2 \cdot 1 = 40.320$

Observe que:
- $6! = 6 \cdot 5 \cdot 4!$
- $8! = 8 \cdot 7 \cdot 6!$

Para n = 0, teremos: 0! = 1.
Para n = 1, teremos: 1! = 1.

> Qual deve ser o valor numérico de n para que a equação $(n + 2)! = 20 \cdot n!$ seja verdadeira?
>
> O primeiro passo na resolução deste problema consiste em escrevermos **(n + 2)!** em função de **n!**, em busca de uma equação que não mais contenha fatoriais:
>
> (n+2)(n+1) n! = 20n!, dividindo por n!, temos:
>
> (n+2)(n+1) = 20, fazendo a distributiva.
>
> $n^2 + 3n + 2 = 20 \Rightarrow n^2 + 3n - 18 = 0$
>
> Conclui-se que as raízes procuradas são **-6** e **3**, mas como não existe fatorial de números negativos, já que eles não pertencem ao conjunto dos números naturais, ficamos apenas com a raiz igual a **3**.
>
> Portanto:
> O valor numérico de n, para que a equação seja verdadeira, é igual a 3.

13.3 Princípio fundamental da contagem (PFC)

O PFC é utilizado nas questões em que os elementos podem ser repetidos **ou** quando a ordem dos elementos fizer diferença no resultado.

É uma das técnicas mais importantes e uma das mais utilizadas nas questões de análise combinatória.

> **Fique ligado**
>
> Esses elementos são os dados das questões, os valores envolvidos.

Consiste de dois princípios: o **multiplicativo** e o **aditivo**. A diferença dos dois consiste nos termos utilizados durante a resolução das questões.

Multiplicativo: usado sempre que na resolução das questões utilizarmos o termo e. Como o próprio nome já diz, faremos multiplicações.

Aditivo: usado quando utilizarmos o termo ou. Aqui realizaremos somas.

> Quantas senhas de 3 algarismos são possíveis com os algarismos 1, 3, 5 e 7?
>
> Como nas senhas os algarismos podem ser repetidos, para formar senhas de 3 algarismos temos a seguinte possibilidade:
>
> SENHA = Algarismo E Algarismo E Algarismo
>
> Nº de SENHAS = 4 · 4 · 4 (já que são 4 os algarismos que temos na questão, e observe o princípio multiplicativo no uso do e). Nº de SENHAS = 64.

> Quantos são os números naturais de dois algarismos que são múltiplos de 5?
>
> Como o zero à esquerda de um número não é significativo, para que tenhamos um número natural com dois algarismos, ele deve começar com um dígito de 1 a 9. Temos, portanto, 9 possibilidades.
>
> Para que o número seja um múltiplo de 5, ele deve terminar em 0 ou 5, portanto, temos apenas 2 possibilidades. A multiplicação de 9 por 2 nos dará o resultado desejado. Logo: são 18 os números naturais de dois algarismos e múltiplos de 5.

13.4 Arranjo e combinação

Duas outras técnicas usadas para resolução de problemas de análise combinatória, sendo importante saber quando usa cada uma delas.

Arranjo: usado quando os elementos (envolvidos no cálculo) não podem ser repetidos E quando a ordem dos elementos faz diferença no resultado.

A fórmula do arranjo é:

$$A_{n,p} = \frac{n!}{(n \cdot p)!}$$

Sendo:
- **n** = todos os elementos do conjunto.
- **p** = os elementos utilizados.
- pódio de competição

Combinação: usado quando os elementos (envolvidos no cálculo) não podem ser repetidos E quando a ordem dos elementos não faz diferença no resultado.

A fórmula da combinação é:

$$C_{n,p} = \frac{n!}{p! \cdot (n-p)!}$$

Sendo:

n = a todos os elementos do conjunto.

p = os elementos utilizados.

salada de fruta.

13.5 Permutação

13.5.1 Permutação simples

Seja **E** um conjunto com **n** elementos. Chama-se permutação simples dos **n** elementos, qualquer agrupamento (sequência) de **n** elementos distintos de **E** em outras palavras. Permutação é a **organização** de **todos** os elementos

Podemos, também, interpretar cada permutação de **n** elementos como um arranjo simples de **n** elementos tomados **n** a **n**, ou seja, p = n.

Nada mais é do que um caso particular de arranjo cujo p = n.

Logo:

Assim, a fórmula da permutação é:

$$P_n = n!$$

Quantos anagramas tem a palavra prova?

A palavra **prova** tem 5 letras, e nenhuma repetida, sendo assim n = 5, é:

P5 = 5!

P5 = 5 · 4 · 3 · 2 · 1

P5 = 120 anagramas

Fique ligado

As permutações são muito usadas nas questões de anagramas. Anagramas são palavras formadas com todas as letras de uma palavra, desde que essas novas palavras tenham sentido ou não na linguagem comum.

13.5.2 Permutação com elementos repetidos

Na permutação com elementos repetidos, usa-se a seguinte fórmula:

$$P_n^{k,y,\ldots,w} = \frac{n!}{k! \cdot y! \cdot \ldots \cdot w!}$$

Sendo:

n = o número total de elementos do conjunto.

k, y, w = as quantidades de elementos repetidos.

Quantos anagramas tem a palavra concurso?

Observe que na palavra **concurso** existem duas letras repetidas, C e O, e cada uma duas vezes, portanto, n = 8, k = 2 e y = 2, sendo:

$$P_8^{2,2} = \frac{8!}{2! \cdot 2!}$$

$$P_8^{2,2} = \frac{8 \cdot 7 \cdot 6 \cdot 5 \cdot 4 \cdot 3 \cdot 2!}{2 \cdot 1 \cdot 2!} \text{ (Simplificando o 2!)}$$

$$P_8^{2,2} = \frac{20.160}{2}$$

$$P_8^{2,2} = 10.080 \text{ anagramas}$$

Resumo:

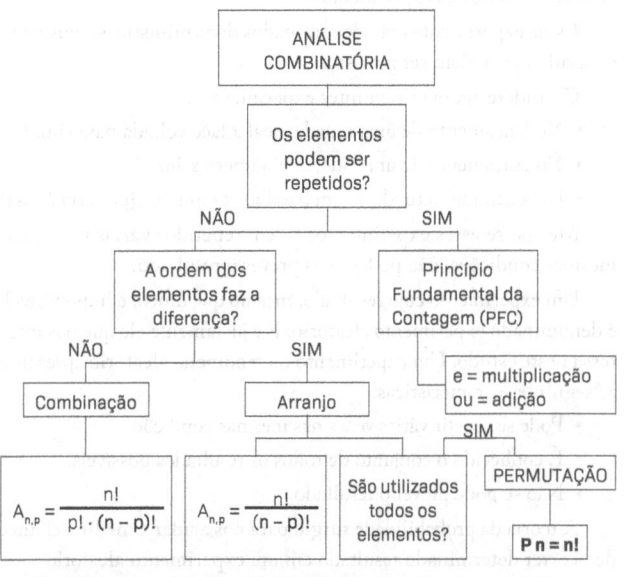

```
ANÁLISE COMBINATÓRIA
        │
Os elementos podem ser repetidos?
   NÃO ─────────── SIM
    │               │
A ordem dos     Princípio
elementos faz   Fundamental da
a diferença?    Contagem (PFC)
 NÃO    SIM         │
  │      │      e = multiplicação
Combinação Arranjo  ou = adição
                    │
                   SIM
                    │
              São utilizados    PERMUTAÇÃO
              todos os          
              elementos?        Pn = n!
```

$$A_{n,p} = \frac{n!}{p! \cdot (n-p)!} \quad A_{n,p} = \frac{n!}{(n-p)!}$$

Para saber qual das técnicas utilizar, faça duas, no máximo, três perguntas para a questão, como segue:

Os elementos podem ser repetidos?

Se a resposta for sim, deve-se trabalhar com o PFC; se a resposta for não, passe para a próxima pergunta.

A ordem dos elementos faz diferença no resultado da questão?

Se a resposta for sim, trabalha-se com arranjo; se a resposta for não, trabalha-se com as combinações (todas as questões de arranjo podem ser feitas por PFC).

Vou utilizar todos os elementos para resolver a questão? (opcional)

Para fazer a 3ª pergunta, dependerá se a resposta da 1ª for não e a 2ª for sim; se a resposta da 3ª for sim, trabalha-se com as permutações.

13.5.3 Permutações circulares e combinações com repetição

Casos especiais dentro da análise combinatória

Permutação circular: usada quando houver giro horário ou anti-horário. Na permutação circular o que importa são as posições, não os lugares.

$$PC_n = (n-1)!$$

Sendo:

n = o número total de elementos do conjunto.

Pc = permutação circular.

Combinação com repetição: usada quando p > n ou quando a questão deixar subentendido que pode haver repetição.

$$A_{n,p} = C_{(n+p-1,p)} = \frac{(n+p-1)!}{p! \cdot (n-1)!}$$

Sendo:

n = o número total de elementos do conjunto.

p = o número de elementos utilizados.

Cr = combinação com repetição.

14 PROBABILIDADE

A que temperatura a água entra em ebulição? Ao soltar uma bola, com que velocidade ela atinge o chão? Ao conhecer certas condições, é perfeitamente possível responder a essas duas perguntas, antes mesmo da realização desses experimentos.

Esses experimentos são denominados determinísticos, pois neles os resultados podem ser previstos.

Considere agora os seguintes experimentos:
- No lançamento de uma moeda, qual a face voltada para cima?
- No lançamento de um dado, que número saiu?
- Uma carta foi retirada de um baralho completo. Que carta é essa?

Mesmo se esses experimentos forem repetidos várias vezes, nas mesmas condições, não poderemos prever o resultado.

Um experimento cujo resultado, mesmo que único, é imprevisível, é denominado experimento aleatório. E é justamente ele que nos interessa neste estudo. Um experimento ou fenômeno aleatório apresenta as seguintes características:
- Pode se repetir várias vezes nas mesmas condições.
- É conhecido o conjunto de todos os resultados possíveis.
- Não se pode prever o resultado.

A teoria da probabilidade surgiu para nos ajudar a medir a chance de ocorrer determinado resultado em um experimento aleatório.

14.1 Definições

Para o cálculo das probabilidades, temos que saber primeiro os três conceitos básicos acerca do tema:

Fique ligado
Maneiras possíveis de se realizar determinado evento (análise combinatória).
≠ (diferente)
Chance de determinado evento ocorrer (probabilidade).

Experimento aleatório: é o experimento em que não é possível garantir o resultado, mesmo que esse seja feito diversas vezes nas mesmas condições.

Lançamento de uma moeda: ao lançar uma moeda os resultados possíveis são cara ou coroa, mas não tem como garantir qual será o resultado desse lançamento.

Lançamento de um dado: da mesma forma que a moeda, não temos como garantir qual é o resultado (1, 2, 3, 4, 5 e 6) desse lançamento.

Espaço amostral (Ω) ou (U): é o conjunto de todos os resultados possíveis para um experimento aleatório.

Na moeda: o espaço amostral na moeda é Ω = 2, pois só temos dois resultados possíveis para esse experimento, que é ou cara ou coroa.

No dado: o espaço amostral no dado é U = 6, pois temos do 1 ao 6, como resultados possíveis para esse experimento.

Evento: qualquer subconjunto do espaço amostral é chamado evento.

No lançamento de um dado, por exemplo, em relação à face voltada para cima, podemos ter os eventos:
O número par: {2, 4, 6}.
O número ímpar: {1, 3, 5}.
Múltiplo de 8: { }.

14.2 Fórmula da probabilidade

Considere um experimento aleatório em que para cada um dos n eventos simples, do espaço amostral U, a chance de ocorrência é a mesma. Nesse caso, o cálculo da probabilidade de um evento qualquer dado pela fórmula:

$$P(A) = \frac{n(A)}{n(U)}$$

Na expressão acima, **n(U)** é o número de elementos do espaço amostral **U** e **n(A)**, o número de elementos do evento **A**.

$$P = \frac{\text{evento}}{\text{espaço amostral}}$$

Os valores da probabilidade variam de 0 (0%) a 1 (100%).

Quando a probabilidade é de 0 (0%), diz-se que o evento é impossível.
| Chance de você não passar num concurso.

Quando a probabilidade é de 1 (100%), diz-se que o evento é certo.
| Chance de você passar num concurso.

Qualquer outro valor entre 0 e 1, caracteriza-se como a probabilidade de um evento.

Na probabilidade também se usa o PFC, ou seja, sempre que houver duas ou mais probabilidades ligadas pelo conectivo e elas serão multiplicadas, e quando for pelo ou, elas serão somadas.

14.3 Eventos complementares

Dois eventos são **complementares** quando a chance do evento ocorrer somado à chance de ele não ocorrer sempre dá 1.

$$P(A) + P(\bar{A}) = 1$$

Sendo:
- **P(A)** = a probabilidade do evento ocorrer.
- **P(Ā)** = a probabilidade do evento não ocorrer.

14.4 Casos especiais de probabilidade

A partir de agora, veremos algumas situações típicas da probabilidade, que servem para não perdermos tempo na resolução das questões.

14.4.1 Eventos independentes

Dois ou mais eventos são independentes quando não dependem uns dos outros para acontecer, porém ocorrem simultaneamente. Para calcular a probabilidade de dois ou mais eventos independentes, multiplicar a probabilidade de cada um deles.

Uma urna tem 30 bolas, sendo 10 vermelhas e 20 azuis. Se sortear 2 bolas, 1 de cada vez e repondo a sorteada na urna, qual será a probabilidade de a primeira ser vermelha e a segunda ser azul?

Sortear uma bola vermelha da urna não depende de uma bola azul ser sorteada e vice-versa, então a probabilidade da bola ser vermelha é $\frac{10}{30}$, e para a bola ser azul a probabilidade é $\frac{20}{30}$. Dessa forma, a probabilidade de a primeira bola ser vermelha e a segunda azul é:

$$P = \frac{20}{30} \cdot \frac{10}{30}$$

$$P = \frac{200}{900}$$

$$P = \frac{2}{9}$$

14.4.2 Probabilidade condicional

É a probabilidade de um evento ocorrer, sabendo que já ocorreu outro, relacionado a esse.

A fórmula para o cálculo dessa probabilidade é:

$$P_{A/B} = \frac{P(A \cap B)}{P_B}$$

$$P = \frac{\text{probabilidade dos eventos simultâneos}}{\text{probabilidade do evento condicional}}$$

14.4.3 Probabilidade da união de dois eventos

Assim como na teoria de conjuntos, faremos a relação com a fórmula do número de elementos da união de dois conjuntos. É importante lembrar o que significa união.

A fórmula para o cálculo dessa probabilidade é:

$$P(A \cup B) = P(A) + P(B) - P(A \cap B)$$

Ao lançar um dado, qual é a probabilidade de obter um número primo ou um número ímpar?

Os números primos no dado são 2, 3 e 5, já os números ímpares no dado são 1, 3 e 5, então os números primos e ímpares são 3 e 5. Ao aplicar a fórmula para o cálculo da probabilidade fica:

$$P_{(A \cup B)} = \frac{3}{6} + \frac{3}{6} - \frac{2}{6}$$

$$P_{(A \cup B)} = \frac{4}{6}$$

$$P_{(A \cup B)} = \frac{2}{3}$$

14.4.4 Probabilidade binomial

Essa probabilidade é a chamada probabilidade estatística e será tratada aqui de forma direta e com o uso da fórmula.

A fórmula para o cálculo dessa probabilidade é:

$$P = C_{n,s} \cdot P^s_{sucesso} \cdot P^f_{fracasso}$$

Sendo:
- **C** = o combinação.
- **n** = o número de repetições do evento.
- **s** = o número de sucessos desejados.
- **f** = o número de fracassos.

15 NOÇÕES DE MATEMÁTICA FINANCEIRA

Porcentagem e juros fazem parte da matemática financeira e são assuntos amplamente difundidos em variados segmentos.

15.1 Porcentagem

É a aplicação da taxa percentual a determinado valor.

Taxa percentual: é o valor que vem acompanhado do símbolo %.

Para fins de cálculo, usa-se a taxa percentual em forma de fração ou em números decimais.

> 3% = 3/100 = 0,03
> 15% = 15/100 = 0,15
> 34% de 1.200 = 34/100 · 1.200 = 40.800/100 = 408
> 65% de 140 = 0,65 · 140 = 91

15.2 Lucro e prejuízo

Lucro e prejuízo são resultados de movimentações financeiras.

Custo (C): gasto.

Venda (V): ganho.

Lucro (L): quando se ganha mais do que se gasta.

$$L = V - C$$

Prejuízo (P): quando se gasta mais do que se ganha.

$$P = C - V$$

Basta substituir no lucro ou no prejuízo o valor da porcentagem, no custo ou na venda.

> Um computador foi comprado por R$ 3.000,00 e revendido com lucro de 25% sobre a venda. Qual o preço de venda?
> Como o lucro foi na venda, então L = 0,25V:
> L = V − C
> 0,25V = V − 3.000
> 0,25V − V = −3.000
> −0,75V = −3.000 (−1)
> 0,75V = 3.000
> $V = \dfrac{3.000}{0,75} = \dfrac{300.000}{75} = 4.000$
> Logo, a venda se deu por R$ 4.000,00.

15.3 Juros simples

Juros: atributos (ganhos) de uma operação financeira.

Juros simples: os valores são somados ao capital apenas no final da aplicação. Somente o capital rende juros.

Para o cálculo de juros simples, usa-se a seguinte fórmula:

$$J = C \cdot i \cdot t$$

> **Fique ligado**
>
> Nas questões de juros, as taxas de juros e os tempos devem estar expressos pela mesma unidade.

- J = juros.
- C = capital.
- i = taxa de juros.
- t = tempo da aplicação.

> Um capital de R$ 2.500,00 foi aplicado a juros de 2% ao trimestre durante um ano. Quais os juros produzidos?
> Em 1 ano há exatamente 4 trimestres, como a taxa está em trimestre, agora é só calcular:
> J = C · i · t
> J = 2.500 · 0,02 · 4
> J = 200

15.4 Juros compostos

Os valores são somados ao capital no final de cada período de aplicação, formando um novo capital, para incidência dos juros novamente. É o famoso caso de juros sobre juros.

Para o cálculo de juros compostos, usa-se a seguinte fórmula:

$$M = C \cdot (1 + i)^t$$

- M = montante.
- C = capital.
- i = taxa de juros.
- t = tempo da aplicação.

> Um investidor aplicou a quantia de R$ 10.000,00 à taxa de juros de 2% a.m. durante 4 meses. Qual o montante desse investimento?
> Aplique a fórmula, porque a taxa e o tempo estão na mesma unidade:
> $M = C \cdot (1 + i)^t$
> $M = 10.000 \cdot (1 + 0,02)^4$
> $M = 10.000 \cdot (1,02)^4$
> M = 10.000 · 1,08243216
> M = 10.824,32

15.5 Capitalização

Capitalização: acúmulo de capitais (capital + juros).

Nos juros simples, calcula-se por: M = C + J.

Nos juros compostos, calcula-se por: J = M − C.

Em algumas questões terão de ser calculados os montantes dos juros simples ou dos juros compostos.

16 PROPOSIÇÕES

16.1 Definições

Proposição é uma sentença declarativa que admite apenas um dos dois valores lógicos (verdadeiro ou falso). As sentenças podem ser classificadas em abertas – que são as expressões que não podemos identificar como verdadeiras ou falsas – ou fechadas – que são as expressões que podemos identificar como verdadeiras ou falsas.

A seguir exemplos de algumas sentenças:

> **p:** Danilo tem duas empresas.
> **Q:** Susana comprou um carro novo.
> **a:** Beatriz é inteligente.
> **B:** 2 + 7 = 10

Nos exemplos acima, as letras do alfabeto servem para representar (simbolizar) as proposições.

16.1.1 Valores lógicos das proposições

Uma proposição só pode ser classificada em dois valores lógicos, que são: **Verdadeiro (V)** ou **Falso (F)**, não admitindo outro valor.

As proposições têm três princípios básicos, no entanto, o princípio fundamental é:

▷ **Princípio da não contradição:** diz que uma proposição não pode ser verdadeira e falsa ao mesmo tempo.

▷ Os outros dois são:

▷ **Princípio da identidade:** diz que uma proposição verdadeira sempre será verdadeira e uma falsa sempre será falsa.

▷ **Princípio do terceiro excluído:** diz que uma proposição só pode ter dois valores lógicos, – verdadeiro ou falso – se **não existir** um terceiro valor.

Interrogações, exclamações, ordens e frase sem verbo não são proposições.

> Que dia é hoje?
> Que maravilha!
> Estudem muito.
> Ótimo dia.

16.1.2 Sentenças abertas e quantificadores lógicos

Existem algumas sentenças abertas com incógnitas (termo desconhecido) ou com sujeito indefinido, como x + 2 = 5, ou seja, não sendo consideradas proposições, porque não se pode classificá-las sem saber o valor de x ou se ter a definição do sujeito. Com o uso dos **quantificadores lógicos**, tornam-se proposições, uma vez que eles passam a dar valor ao x ou definir o sujeito.

Os quantificadores lógicos são:

∀: para todo; qualquer que seja; todo;
∃: existe; existe pelo menos um; algum;
∄: não existe; nenhum.

> x + 2 = 5 (sentença aberta – não é proposição).
> p: ∃ x, x + 2 = 5 (lê-se: existe x tal que, x + 2 =5). Agora é proposição, porque é possível classificar a proposição como verdadeira, já que sabemos que tem um valor de x que somado a dois é igual a cinco.

16.1.3 Negação de proposição (modificador lógico)

Negar uma proposição significa modificar o seu valor lógico, ou seja, se uma proposição é verdadeira, a sua negação será falsa, e se uma proposição for falsa, a sua negação será verdadeira.

Os símbolos da negação são (~) ou (¬) antes da letra que representa a proposição.

> **p:** 3 é ímpar.
> **~p:** 3 **não** é ímpar.
> **¬p:** 3 é **par** (outra forma de negar a proposição).
> **~p: não é verdade** que 3 é ímpar (outra forma de negar a proposição).
> **¬p: é mentira** que 3 é ímpar (outra forma de negar a proposição).

Lei da dupla negação:

~(~p) = p, negar uma proposição duas vezes significa voltar para a própria proposição:

> q: 2 é par;
> ~q: 2 não é par;
> ~(~q): 2 não é ímpar;
> Portanto:
> q: 2 é par.

16.1.4 Tipos de proposição

Simples ou atômica: são únicas, com apenas um verbo (ação), não pode ser dividida/separada (fica sem sentido) e não tem conectivo lógico.

> Na proposição "João é professor", tem-se uma única informação, com apenas um verbo. Não é possível separá-la e não ter um conectivo.

Composta ou molecular: tem mais de uma proposição simples, unidas pelos conectivos lógicos. Podem ser divididas/separadas e ter mais de um verbo (pode ser o mesmo verbo referido mais de uma vez).

> "Pedro é advogado e João é professor". É possível separar em duas proposições simples: "Pedro é advogado" e "João é professor".

Simples (atômicas)	Compostas (moleculares)
Não têm conectivo lógico	Têm conectivo lógico
Não podem ser divididas	Podem ser divididas
1 verbo	+ de 1 verbo

Conectivo lógico

Serve para unir as proposições simples, formando proposições compostas. São eles:

e: conjunção (∧)
ou: disjunção (∨)
ou... ou: disjunção exclusiva (⊻)
se..., então: condicional (→)
se..., e somente se: bicondicional (↔)

Alguns autores consideram a negação (~) como um conectivo, aqui não faremos isso, pois os conectivos servem para formar proposição composta, e a negação faz apenas a mudança do valor das proposições.

O e possui alguns sinônimos, que são: mas, porém, nem (nem = e não) e a vírgula. O condicional também tem alguns sinônimos que são: portanto, quando, como e pois (pois = condicional invertido, como: A, pois B = B → A).

> **a:** Maria foi à praia.
> **b:** João comeu peixe.
> **p:** Se Maria foi a praia, então João comeu peixe.
> **q:** ou 4 + 7 = 11 ou a Terra é redonda.

16.2 Tabela verdade e valores lógicos das proposições compostas

A tabela verdade é um mecanismo usado para dar valor às proposições compostas (podendo ser verdadeiras ou falsas), por meio de seus respectivos conectivos.

PROPOSIÇÕES

A primeira coisa que precisamos saber numa tabela verdade é o seu número de linhas, e que esse depende do número de proposições simples que compõem a proposição composta.

Número de linhas = 2^n

Em que **n** é o número de proposições simples que compõem a proposição composta. Portanto, se houver 3 proposições simples formando a proposição composta, então, a tabela dessa proposição terá 8 linhas ($2^3 = 8$). Esse número de linhas da tabela serve para que tenhamos as possíveis relações entre V e F das proposições simples. Veja:

P	Q	R
V	V	V
V	V	F
V	F	V
V	F	F
F	V	V
F	V	F
F	F	V
F	F	F

Observe que temos as relações entre os valores lógicos das proposições, que são três verdadeiras (1ª linha), três falsas (última linha), duas verdadeiras e uma falsa (2ª, 3ª e 5ª linhas), e duas falsas e uma verdadeira (4ª, 6ª e 7ª linhas). Nessa demonstração, observamos uma forma prática de como organizar a tabela, sem se preocupar se foram feitas todas relações entre as proposições.

Para o correto preenchimento da tabela, devemos seguir algumas regras:

- Comece sempre pelas proposições simples e suas negações, se houver.
- Resolva os parênteses, colchetes e chaves, respectivamente (igual à expressão numérica), se houver.
- Faça primeiro as conjunções e disjunções, depois os condicionais e, por último, os bicondicionais.
- Em uma proposição composta, com mais de um conectivo, o conectivo principal será o que for resolvido por último (importante saber o conectivo principal).
- A última coluna da tabela deverá ser sempre a da proposição toda, conforme as demonstrações a seguir.

O valor lógico de uma proposição composta depende dos valores lógicos das proposições simples que a compõem e do conectivo utilizado. Veja a seguir.

Valor lógico de uma proposição composta por conjunção (e) = tabela verdade da conjunção ($\wedge$)

Conjunção e: p e q são proposições, sua conjunção é denotada por $p \wedge q$. Essas proposições só são verdadeiras simultaneamente (se p ou q for falso, então $p \wedge q$ será falso).

| $P \wedge Q$

P	Q	P∧Q
V	V	V
V	F	F
F	V	F
F	F	F

| Representado por meio de conjuntos, temos: $P \wedge Q$

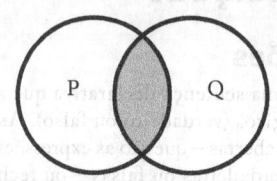

Valor lógico de uma proposição composta por disjunção (ou) = tabela verdade da disjunção ($\vee$)

Disjunção "ou": sejam p e q proposições, a disjunção é denotada por $p \vee q$. Essas proposições só são falsas simultaneamente (se p ou q for verdadeiro, então $p \vee q$ será verdadeiro).

| $P \vee Q$

P	Q	P∨Q
V	V	V
V	F	V
F	V	V
F	F	F

| Representado por meio de conjuntos, temos: $P \vee Q$

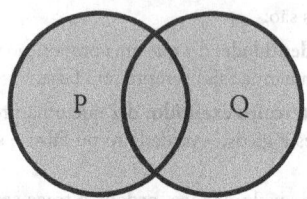

Valor lógico de uma proposição composta por disjunção exclusiva (ou, ou) = tabela verdade da disjunção exclusiva ($\underline{\vee}$)

Disjunção Exclusiva ou ..., ou ...: p e q são proposições, sua disjunção exclusiva é denotada por $p \underline{\vee} q$. Essas proposições só são verdadeiras quando p e q tiverem valores diferentes/contrários (se p e q tiverem valores iguais, então $p \underline{\vee} q$ será falso).

| $P \underline{\vee} Q$

P	Q	P⊻Q
V	V	F
V	F	V
F	V	V
F	F	F

| Representado por meio de conjuntos, temos: $P \underline{\vee} Q$

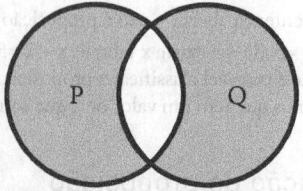

Valor lógico de uma proposição composta por condicional (se, então) = tabela verdade do condicional ($\rightarrow$)

Condicional Se p, e ntão q: p e q são proposições, sua condicional é denotada por $p \rightarrow q$, onde se lê p condiciona q ou se p, então q. A proposição assume o valor falso somente quando p for verdadeira e q for falsa. A seguir, a tabela para a condicional de p e q.

MATEMÁTICA

| $P \to Q$

P	Q	P→Q
V	V	V
V	F	F
F	V	V
F	F	V

Dicas:

P é antecedente e Q é consequente = $P \to Q$
P é consequente e Q é antecedente = $Q \to P$
P é suficiente e Q é necessário = $P \to Q$
P é necessário e Q é suficiente = $Q \to P$

| Representado por meio de conjuntos, temos: $P \to Q$

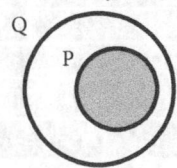

Valor lógico de uma proposição composta por bicondicional (se e somente se) = tabela verdade do bicondicional (↔)

Bicondicional se, e somente se: p e q são proposições, a bicondicional de p e q é denotada por p ↔ q, onde se lê p bicondicional q. Essas proposições só são verdadeias quando tiverem valores iguais (se p e q tiverem valores diferentes, então p ↔ q será falso).

No bicondicional, P e Q são ambos suficientes e necessários ao mesmo tempo.

| $P \leftrightarrow Q$

P	Q	P↔Q
V	V	V
V	F	F
F	V	F
F	F	V

| Representado por meio de conjuntos, temos: $P \leftrightarrow Q$

P = Q

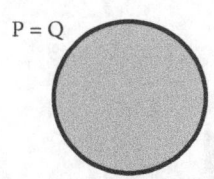

Proposição composta	Verdadeira quando:	Falsa quando:
P∧Q	P e Q são verdadeiras	Pelo menos uma falsa
P∨Q	Pelo menos uma verdadeira	P e Q são falsas
P⊻Q	P e Q têm valores diferentes	P e Q têm valores iguais
P→Q	P = verdadeiro, Q = verdadeiro ou P = falso	P = verdadeiro e Q = falso
P↔Q	P e Q têm valores iguais	P e Q têm valores diferentes

16.3 Tautologias, contradições e contingências

▷ **Tautologia:** proposição composta que é **sempre verdadeira**, independente dos valores lógicos das proposições simples que a compõem.

| $(P \land Q) \to (P \lor Q)$

P	Q	P∧Q	P∨Q	(P∧Q)→(P∨Q)
V	V	V	V	V
V	F	F	V	V
F	V	F	V	V
F	F	F	F	V

▷ **Contradição:** proposição composta que é **sempre falsa**, independente dos valores lógicos das proposições simples que a compõem.

| $\sim(P \lor Q) \land P$

P	Q	P∨Q	~(P∨Q)	~(P∨Q)∧P
V	V	V	F	F
V	F	V	F	F
F	V	V	F	F
F	F	F	V	F

▷ **Contingência:** ocorre quando não é tautologia nem contradição.

| $\sim(P \underline{\lor} Q) \leftrightarrow P$

P	Q	P⊻Q	~(P⊻Q)	~(P⊻Q)↔P
V	V	F	V	V
V	F	V	F	F
F	V	V	F	V
F	F	F	V	F

16.4 Equivalências lógicas

Duas ou mais proposições compostas são equivalentes, quando são formadas pelas mesmas proposições simples, e suas tabelas verdades (resultado) são iguais.

> **Fique Ligado**
> Atente-se para o princípio da equivalência. A tabela verdade está aí só para demonstrar a igualdade.

Seguem algumas demonstrações importantes:

▷ $P \land Q = Q \land P$: trocar as proposições de lugar – chamada de **recíproca**.

P	Q	P∧Q	Q∧P
V	V	V	V
V	F	F	F
F	V	F	F
F	F	F	F

PROPOSIÇÕES

▷ **P ∨ Q = Q ∨ P**: trocar as proposições de lugar – chamada de **recíproca**.

P	Q	P∨Q	Q∨P
V	V	V	V
V	F	V	V
F	V	V	V
F	F	F	F

P ⊻ Q = Q ⊻ P: trocar as proposições de lugar – chamada de **recíproca**.
P ⊻ Q = ~P ⊻ ~Q: negar as proposições – chamada de **contrária**.
P ⊻ Q = ~Q ⊻ ~P: trocar as proposições de lugar e negar – chamada de **contrapositiva**.
P ⊻ Q = (P ∧ ~Q) ∨ (~P ∧ Q): observe a seguir a exclusividade dessa disjunção.

P	Q	~P	~Q	P∧~Q	~P∧Q	P⊻Q	Q⊻P	~P⊻~Q	~Q⊻~P	(P∧~Q)∨(~P∧Q)
V	V	F	F	F	F	F	F	F	F	F
V	F	F	V	V	F	V	V	V	V	V
F	V	V	F	F	V	V	V	V	V	V
F	F	V	V	F	F	F	F	F	F	F

P ↔ Q = Q ↔ P: trocar as proposições de lugar – chamada de **recíproca**.
P ↔ Q = ~P ↔ ~Q: negar as proposições – chamada de **contrária**.
P ↔ Q = ~Q ↔ ~P: trocar as proposições de lugar e negar – chamada de **contrapostiva**.
P ↔ Q = (P → Q) ∧ (Q → P): observe a seguir a condicional para os dois lados, ou seja, bicondicional.

P	Q	~P	~Q	P→Q	Q→P	P↔Q	Q↔P	~P↔~Q	~Q↔~P	(P→Q)∧(Q→P)
V	V	F	F	V	V	V	V	V	V	V
V	F	F	V	F	V	F	F	F	F	F
F	V	V	F	V	F	F	F	F	F	F
F	F	V	V	V	V	V	V	V	V	V

> **Fique Ligado**
> A disjunção exclusiva e o bicondicional são as proposições com o maior número de equivalências.

P → Q = ~Q → ~P: trocar as proposições de lugar e negar – chamada de **contrapositiva**.
P → Q = ~P ∨ Q: negar o antecedente ou manter o consequente.

P	Q	~P	~Q	P→Q	~Q→~P	~P∨Q
V	V	F	F	V	V	V
V	F	F	V	F	F	F
F	V	V	F	V	V	V
F	F	V	V	V	V	V

Equivalências importantes e mais cobradas em concursos.

16.4.1 Negação de proposição composta

São também equivalências lógicas. Veja

▷ **~(P ∧ Q) = ~P ∨ ~Q** (Leis de Morgan)

MATEMÁTICA

Para negar a conjunção, troca-se o conectivo **e** ($\wedge$) por **ou** ($\vee$) e nega-se as proposições que a compõem.

P	Q	~P	~Q	P$\wedge$Q	~(P$\wedge$Q)	~P$\vee$~Q
V	V	F	F	V	F	F
V	F	F	V	F	V	V
F	V	V	F	F	V	V
F	F	V	V	F	V	V

▷ **~(P $\vee$ Q) = ~P $\wedge$ ~Q** (Leis de Morgan)

Para negar a disjunção, troca-se o conectivo **ou** ($\vee$) por **e** ($\wedge$) e negam-se as proposições simples que a compõem.

P	Q	~P	~Q	P$\vee$Q	~(P$\vee$Q)	~P$\wedge$~Q
V	V	F	F	V	F	F
V	F	F	V	V	F	F
F	V	V	F	V	F	F
F	F	V	V	F	V	V

▷ **~(P $\rightarrow$ Q) = P $\wedge$ ~Q**

Para negar o condicional, mantém-se o antecedente e nega-se o consequente.

P	Q	~Q	P$\rightarrow$Q	~(P$\rightarrow$Q)	P$\wedge$~Q
V	V	F	V	F	F
V	F	V	F	V	V
F	V	F	V	F	F
F	F	V	V	F	F

▷ **~(P $\underline{\vee}$ Q) = P $\leftrightarrow$ Q**

Para negar a disjunção exclusiva, faz-se o bicondicional ou nega-se a disjunção exclusiva com a própria disjunção exclusiva, mas negando apenas uma das proposições que a compõe.

P	Q	P$\underline{\vee}$Q	~(P$\underline{\vee}$Q)	P$\leftrightarrow$Q
V	V	F	V	V
V	F	V	F	F
F	V	V	F	F
F	F	F	V	V

▷ **~(P $\leftrightarrow$ Q) = (P $\underline{\vee}$ Q)**

Para negar a bicondicional, faz-se a disjunção exclusiva ou nega-se o bicondicional com o próprio bicondicional, mas negando apenas uma das proposições que a compõe.

P	Q	P$\leftrightarrow$Q	~(P$\leftrightarrow$Q)	P$\underline{\vee}$Q
V	V	V	F	F
V	F	F	V	V
F	V	F	V	V
F	F	V	F	F

16.5 Relação entre todo, algum e nenhum

Têm algumas relações entre si, conhecidas como **quantificadores lógicos**. Veja:

"Todo A é B" equivale a **"nenhum A não é B"**, vice-versa.
| "todo amigo é bom = nenhum amigo não é bom."

"Nenhum A é B" equivale a **"todo A não é B"**, vice-versa.
| "nenhum aluno é burro = todo aluno não é burro."

PROPOSIÇÕES

"Todo A é B" tem como negação **"algum A não é B"**, vice-versa.

> ~(todo estudante tem insônia) = algum estudante não tem insônia.

"Nenhum A é B" tem como negação **"algum A é B"**, vice-versa.

> ~(algum sonho é impossível) = nenhum sonho é impossível.

Representado em forma de conjuntos:

TODO A é B:

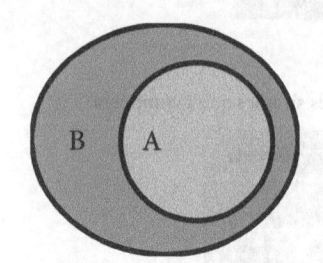

ALGUM A é B:

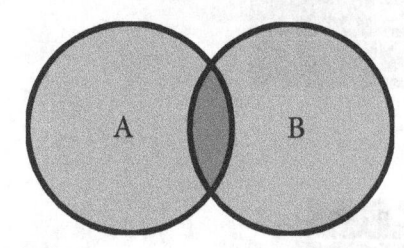

NENHUM A é B:

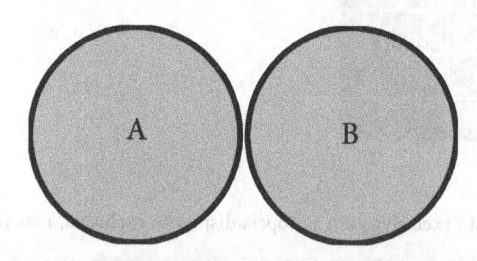

Relação de Equivalência	Relação de Negação
Todo A é B = Nenhum A não é B. *Todo diretor é bom ator. = Nenhum diretor é mau ator.*	Todo A é B = Algum A não é B. *Todo policial é honesto. = Algum policial não é honesto.*
Nenhum A é B = Todo A não é B. *Nenhuma mulher é legal. = Toda mulher não é legal.*	Nenhum A é B = Algum A é B. *Nenhuma ave é mamífera. = Alguma ave é mamífera.*

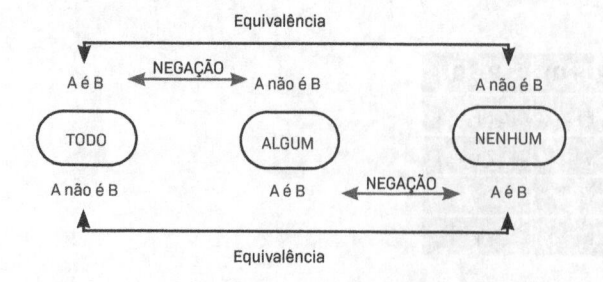

```
                    Equivalência
         ┌──────────────────────────────────┐
         ▼                                  ▼
       A é B    ◄── NEGAÇÃO ──►   A não é B          A não é B
      ┌─────┐                    ┌───────┐          ┌────────┐
      │TODO │                    │ ALGUM │          │ NENHUM │
      └─────┘                    └───────┘          └────────┘
     A não é B                     A é B    ◄── NEGAÇÃO ──►   A é B
         ▲                                                       ▲
         └───────────────────────────────────────────────────────┘
                              Equivalência
```

17 ARGUMENTOS

Os argumentos são uma extensão das proposições, mas com algumas características e regras próprias. Veja:

17.1 Definições

Argumento é um conjunto de proposições, divididas em premissas (proposições iniciais – hipóteses) e conclusões (proposições finais – teses).

p_1: Toda mulher é bonita.
p_2: Toda bonita é charmosa.
p_3: Maria é bonita.
c: Portanto, Maria é charmosa.

p_1: Se é homem, então gosta de futebol.
p_2: Mano gosta de futebol.
c: Logo, Mano é homem.

p1, p2, p3, pn, correspondem às premissas, e c à conclusão.

17.1.1 Representação dos argumentos

Os argumentos podem ser representados das seguintes formas:

$$P_1$$
$$P_2$$
$$P_3$$
$$...$$
$$P_n$$
$$c$$

ou

$$P_1 \wedge P_2 \wedge P_3 \wedge \cdots \wedge P_n \to C$$

ou

$$P_1, P_2, P_3, \cdots, P_n \vdash C$$

17.1.2 Tipos de argumentos

A seguir, conheça os tipos de argumentos.

Dedução

O argumento dedutivo é aquele que procede de proposições gerais para as proposições particulares. Esta forma de argumento é válida quando suas premissas, sendo verdadeiras, fornecem uma conclusão também verdadeira.

p_1: Todo professor é aluno.
p_2: Daniel é professor.
c: Logo, Daniel é aluno.

Indução

O argumento indutivo é o contrário do argumento dedutivo, procede de proposições particulares para proposições gerais. Quanto mais informações nas premissas, maior chance da conclusão estar correta.

p_1: Cerveja embriaga.
p_2: Uísque embriaga.
p_3: Vodca embriaga.
c: Portanto, toda bebida alcoólica embriaga.

Analogia

As analogias são comparações (nem sempre verdadeiras). Neste caso, procede de uma proposição conhecida para outra desconhecida, mas semelhante. Na analogia, não temos certeza.

p_1: No Piauí faz calor.
p_2: No Ceará faz calor.
p_3: No Paraná faz calor.
c: Sendo assim, no Brasil faz calor.

Falácia

As falácias são falsos argumentos, logicamente inconsistentes, inválidos ou que não provam o que dizem.

p_1: Eu passei num concurso público.
p_2: Você passou num concurso público.
c: Logo, todos passaram num concurso público.

Silogismos

Tipo de argumento formado por três proposições, sendo duas premissas e uma conclusão. São em sua maioria dedutivos.

p_1: Todo estudioso passará no concurso.
p_2: Beatriz é estudiosa.
c: Portanto, Beatriz passará no concurso.

17.1.3 Classificação dos argumentos

Os argumentos só podem ser classificados como válidos ou inválidos:

Válidos ou bem construídos

Os argumentos são válidos quando as premissas garantirem a conclusão, ou seja, quando a conclusão for uma consequência obrigatória do seu conjunto de premissas.

p_1: Toda mulher é bonita.
p_2: Toda bonita é charmosa.
p_3: Maria é mulher.
c: Portanto, Maria é bonita e charmosa.

Se Maria é mulher, toda mulher é bonita e toda bonita é charmosa, conclui-se que Maria só pode ser bonita e charmosa.

Inválidos ou mal construídos

Os argumentos são inválidos quando as premissas **não** garantem a conclusão, ou seja, quando a conclusão **não** for uma consequência obrigatória do seu conjunto de premissas.

p_1: Todo professor é aluno.
p_2: Daniel é aluno.
c: Logo, Daniel é professor.

Se Daniel é aluno, nada garante que ele seja professor, pois o que sabemos é que todo professor é aluno, não o contrário.

Alguns argumentos serão classificados apenas por meio desse conceito (da GARANTIA).

17.2 Métodos para classificar os argumentos

Os argumentos nem sempre podem ser classificados da mesma forma, por isso existem os métodos para sua classificação. Veja:

▷ **1º método:** diagramas lógicos (ou método dos conjuntos).

Utilizado sempre que houver as expressões **todo**, **algum** ou **nenhum** e seus respectivos sinônimos.

ARGUMENTOS

> **Fique ligado**
>
> Esse método é muito utilizado pelas bancas de concursos e tende a confundir o concurseiro, principalmente nas questões em que temos mais de uma opção de diagrama para o mesmo enunciado. Lembre-se que quando isso ocorrer, a questão só estará correta se a conclusão estiver presente em todas as representações e se todos os diagramas corresponderem à mesma condição.

Representaremos o que for dito em forma de conjuntos e verificaremos se a conclusão está correta (presente nas representações).

As representações genéricas são:

TODO A é B:

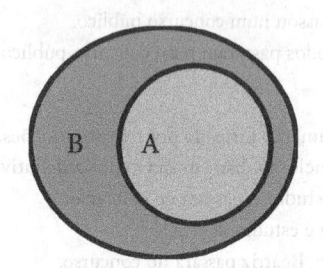

(B ⊃ A)

ALGUM A é B:

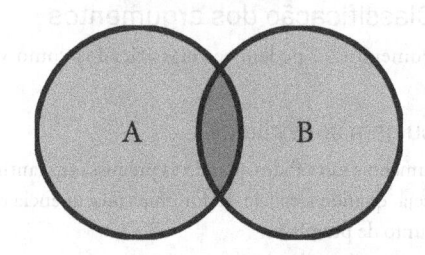

(A ∩ B)

NENHUM A é B:

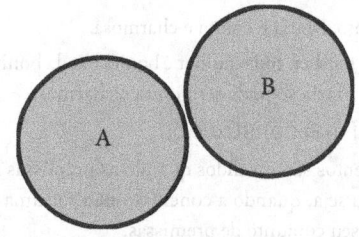

(A | B)

▷ **2º método:** premissas verdadeiras (proposição simples ou conjunção).

Utilizado sempre que não for possível os diagramas lógicos e se houver proposição simples ou conjunção.

A proposição simples ou a conjunção serão os pontos de partida da resolução, já que consideraremos todas as premissas verdadeiras e elas só admitem uma maneira de serem verdadeiras.

O método considera todas as premissas como verdadeiras, dá valor às proposições simples que as compõem e, no final, avalia a conclusão. Se a conclusão for verdadeira o argumento é válido, porém se a conclusão for falsa o argumento é inválido.

Premissas verdadeiras e conclusão verdadeira = argumento válido.

Premissas verdadeiras e conclusão falsa = argumento inválido.

▷ **3º método:** conclusão falsa (proposição simples, disjunção ou condicional).

Utilizado sempre que não for possível um dos dois métodos citados anteriormente e se na conclusão houver proposição simples, disjunção ou condicional.

A proposição simples, a disjunção ou o condicional serão os pontos de partida da resolução, já que consideraremos a conclusão como sendo falsa e elas só admitem um jeito de serem falsas.

O método considera a conclusão como falsa, dá valor às proposições simples que as compõem, pressupondo as premissas como verdadeiras e atribui valor às proposições simples das premissas. Se a conclusão for falsa e as premissas verdadeiras, o argumento será inválido; porém se uma das premissas mudar de valor, então o argumento passa a ser válido.

Conclusão falsa e premissas verdadeiras = argumento inválido.

Conclusão falsa e pelo menos uma premissa falsa = argumento válido.

Para o 2º método e o 3º método, podemos definir a validade dos argumentos da seguinte forma:

Premissas	Conclusão	Argumento
Verdadeiras	Verdadeira	Válido
Verdadeiras	Falsa	Inválido
Pelo menos uma falsa	Falsa	Válido

▷ **4º método:** tabela verdade.

Utilizado em último caso, quando não for possível usar qualquer um dos anteriores.

Depende da quantidade de proposições simples que tiver o argumento, esse método fica inviável, pois temos que desenhar a tabela verdade. No entanto, esse método é um dos mais garantidos nas resoluções das questões de argumentos.

Consiste em desenhar a tabela verdade do argumento em questão e avaliar se as linhas em que as premissas forem todas verdadeiras – ao mesmo tempo – a conclusão também será toda verdadeira. Caso isso ocorra, o argumento será válido, porém se uma das linhas em que as premissas forem todas verdadeiras e a conclusão for falsa, o argumento será inválido.

Linhas da tabela verdade em que as premissas são todas verdadeiras e a conclusão, for verdadeira = argumento válido.

Linhas da tabela verdade em que as premissas são todas verdadeiras e pelo menos uma conclusão for falsa = argumento inválido.

18 PSICOTÉCNICOS

Questões psicotécnicas são as que não precisamos de conhecimento adicional para resolvê-las. As questões podem ser de associações lógicas, verdades e mentiras, sequências lógicas, problemas com datas – calendários, sudoku, entre outras.

Abordar-se-á, agora, as questões mais simples do raciocínio lógico para uma melhor familiarização.

Não existe teoria, somente prática e é com ela que vamos trabalhar e aprender.

01. (FCC) Considere que os dois primeiros pares de palavras foram escritos segundo determinado critério.

Temperamento → totem

Traficante → tetra

Massificar → ?

De acordo com esse mesmo critério, uma palavra que substituiria o ponto de interrogação é:
a) ramas.
b) maras.
c) armas.
d) samar.
e) asmar.

Resposta: C.

Ao analisar os dois primeiros pares de palavras, observamos que a segunda palavra de cada par é formada pela última sílaba + a primeira sílaba da primeira palavra do par, logo, teremos AR + MAS = armas.

02. (FCC) Observe atentamente a disposição das cartas em cada linha do esquema seguinte. A carta que está oculta é:

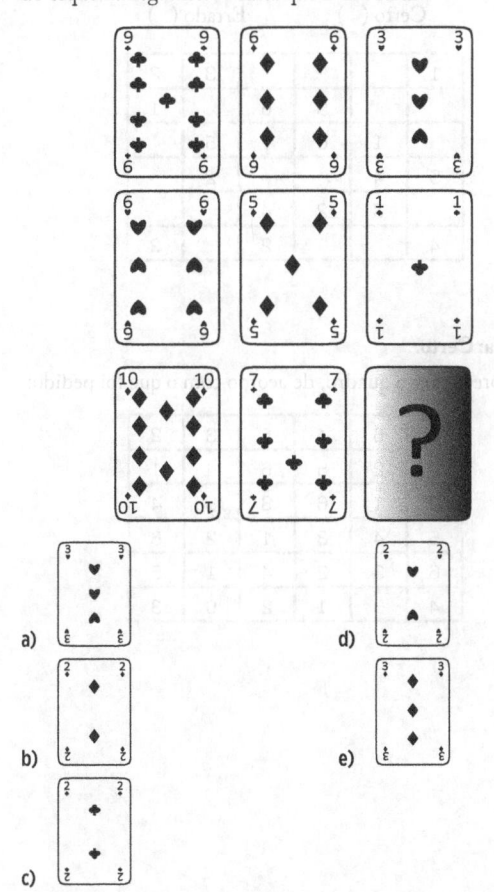

Resposta: A.

Ao observar cada linha (horizontal), temos nas duas primeiras três naipes iguais (copas, paus e ouros, só mudando a ordem). A terceira carta é o resultado da subtração da primeira pela segunda; portanto, a carta que está oculta tem que ser o 3 de copas, pois 10 – 7 = 3 e o naipe que não apareceu na terceira linha foi o de copas.

03. (FCC) Considere a sequência de figuras abaixo. A figura que substitui corretamente a interrogação é:

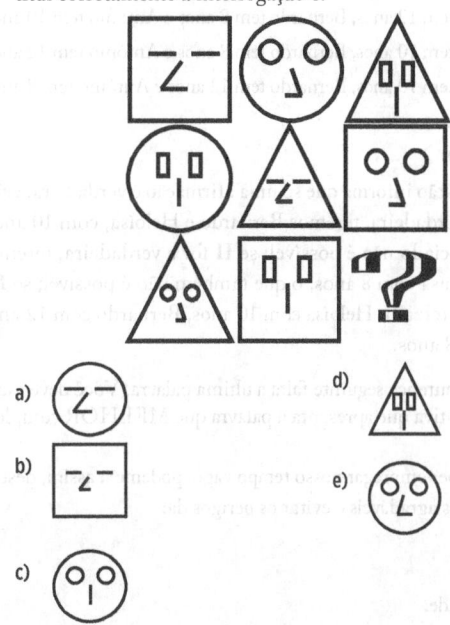

Resposta: A.

Observe que em cada fila (linha ou coluna) temos um círculo, um triângulo e um quadrado, fazendo o contorno da careta. Os olhos são círculos, quadrados ou tiras; o nariz é reto, para direita ou para esquerda; sendo assim, no ponto de interrogação o que está faltando é a carta redonda com os olhos em tiras e o nariz para a esquerda.

04. (FGV) Certo dia, três amigos fizeram, cada um deles, uma afirmação:

Aluísio: Hoje não é terça-feira.

Benedito: Ontem foi domingo.

Camilo: Amanhã será quarta-feira.

Sabe-se que um deles mentiu e que os outros dois falaram a verdade. Assinale a alternativa que indique corretamente o dia em que eles fizeram essas afirmações.
a) Sábado.
b) Domingo.
c) Segunda-feira.
d) Terça-feira.
e) Quarta-feira.

Resposta: C.

Com base no que foi dito na questão, Benedito e Camilo não podem estar falando a verdade, pois teríamos dois dias diferentes. Conclui-se que Aluísio e Benedito falaram a verdade, e que Camilo está mentindo. Logo, o dia em que foi feita a afirmação é uma segunda-feira.

PSICOTÉCNICOS

05. (FUMARC) Heloísa, Bernardo e Antônio são três crianças. Uma delas tem 12 anos a outra tem 10 anos e a outra 8 anos. Sabe-se que apenas uma das seguintes afirmações é verdadeira:
I. Bernardo tem 10 anos.
II. Heloísa não tem 10 anos.
III. Antônio não tem 12 anos.

Considerando estas informações é correto afirmar que:
a) Heloísa tem 12 anos, Bernardo tem 10 anos e Antônio tem 8 anos.
b) Heloísa tem 12 anos, Bernardo tem 8 anos e Antônio tem 10 anos.
c) Heloísa tem 10 anos, Bernardo tem 8 anos e Antônio tem 12 anos.
d) Heloísa tem 10 anos, Bernardo tem 12 anos e Antônio tem 8 anos.

Resposta: D.
Como a questão informa que só uma afirmação é verdadeira, vejamos: se **I** for a verdadeira, teremos Bernardo e Heloísa, com 10 anos, o que pelo enunciado não é possível; se **II** for a verdadeira, teremos Bernardo e Heloísa com 8 anos, o que também não é possível; se **III** for a verdadeira, teremos Heloísa com 10 anos, Bernardo com 12 anos e Antônio com 8 anos.

06. (FCC) Na sentença seguinte falta a última palavra. Você deve escolher a alternativa que apresenta a palavra que MELHOR completa a sentença.

Devemos saber empregar nosso tempo vago; podemos, assim, desenvolver hábitos agradáveis e evitar os perigos da:
a) Desdita.
b) Pobreza.
c) Ociosidade.
d) Bebida.
e) Doença.

Resposta: C.
Qual dessas alternativas tem a palavra que mais se relaciona com tempo vago? A palavra é OCIOSIDADE.

No livro *Alice no País dos Enigmas*, o professor de matemática e lógica Raymond Smullyan apresenta vários desafios ao raciocínio lógico que têm como objetivo distinguir entre verdadeiro e falso. Considere o seguinte desafio inspirado nos enigmas de Smullyan.

Duas pessoas carregam fichas nas cores branca e preta. Quando a primeira pessoa carrega a ficha branca, ela fala somente a verdade, mas, quando carrega a ficha preta, ela fala somente mentiras. Por outro lado, quando a segunda pessoa carrega a ficha branca, ela fala somente mentira, mas, quando carrega a ficha preta, fala somente verdades.

Com base no texto acima, julgue o item a seguir.

07. (CESPE) Se a primeira pessoa diz "Nossas fichas não são da mesma cor" e a segunda pessoa diz "Nossas fichas são da mesma cor", então, pode-se concluir que a segunda pessoa está dizendo a verdade.
Certo ( )   Errado ( )

Resposta: Certo.
Ao analisar, a seguir, linha por linha da tabela, encontramos contradições nas três primeiras linhas, ficando somente a quarta linha como certa, o que garante que a segunda pessoa está falando a verdade.

1ª pessoa: Nossas fichas não são da mesma cor	2ª pessoa: Nossas fichas são da mesma cor
Ficha branca (verdade)	Ficha branca (mentira)
Ficha branca (verdade)	Ficha preta (verdade)
Ficha preta (mentira)	Ficha branca (mentira)
Ficha preta (mentira)	Ficha preta (verdade)

Uma proposição é uma afirmação que pode ser julgada como verdadeira (V) ou falsa (F), mas não como ambas. As proposições são usualmente simbolizadas por letras maiúsculas do alfabeto, como, por exemplo, P, Q, R etc. Se a conexão de duas proposições é feita pela preposição "e", simbolizada usualmente por ∧, então obtém-se a forma P∧Q, lida como "P e Q" e avaliada como V se P e Q forem V, caso contrário, é F. Se a conexão for feita pela preposição "ou", simbolizada usualmente por ∨, então obtém-se a forma P∨Q, lida como "P ou Q" e avaliada como F se P e Q forem F, caso contrário, é V. A negação de uma proposição é simbolizada por ¬P, e avaliada como V, se P for F, e como F, se P for V.

Um argumento é uma sequência de proposições P1, P2, ..., Pn, chamadas premissas, e uma proposição Q, chamada conclusão. Um argumento é válido, se Q é V sempre que P1, P2, ..., Pn forem V, caso contrário, não é argumento válido.

A partir desses conceitos, julgue o próximo item.

08. (CESPE) O quadro abaixo pode ser completamente preenchido com algarismos de 1 a 6, de modo que cada linha e cada coluna tenham sempre algarismos diferentes.
Certo ( )   Errado ( )

1				3	2
		5	6		1
	1	6		5	
5	4			2	
	3	2	4		
4			2		3

Resposta: Certo.
Vamos preencher o quadro, de acordo com o que foi pedido:

1	6	4	5	3	2
3	2	5	6	4	1
2	1	6	3	5	4
5	4	3	1	2	6
6	3	2	4	1	5
4	5	1	2	6	3

19 ESTATÍSTICA DESCRITIVA

19.1 Conceitos

19.1.1 Estatística
Compreende os métodos científicos utilizados para coleta, organização, resumo, apresentação e análise, ou descrição, de dados de observação. Também abrange métodos utilizados para tomadas de decisões sob condições de incerteza.

19.1.2 Estatística descritiva
Inclui as técnicas empregadas para coleta e descrição de dados. Também é empregada na análise exploratória de dados.

19.1.3 Estatística inferencial
Utiliza informações incompletas para tomar decisões e tirar conclusões satisfatórias. O alicerce das técnicas de estatística inferencial está no cálculo de probabilidades. As duas técnicas de estatística inferencial são: estimação e teste de hipóteses.

19.1.4 População
Emprega-se para designar um conjunto de indivíduos que possuem pelo menos uma característica, ou atributo, em comum.

19.1.5 Amostra
Refere-se a qualquer subconjunto de uma população. A amostragem é uma das etapas mais importantes na aplicação de métodos estatísticos e envolve aspectos como determinação do tamanho da amostra, metodologia de formação e representatividade da amostra com relação à população.

19.1.6 Variável
É usada para atribuição dos valores correspondentes aos dados observados. É importante ressaltar que os dados em questão não são necessariamente numéricos, uma vez que podem dizer respeito a atributos qualitativos observados na população.

19.1.7 Censo
É um conjunto de dados obtidos de todos os membros da população.

19.1.8 Experimento aleatório
Fenômeno que, quando repetido inúmeras vezes em processos semelhantes, possui resultados imprevisíveis. As variáveis podem ser quantitativas (discreta ou contínua) ou qualitativas (nominal ou ordinal).

Quantitativa discreta: pode assumir apenas alguns valores.
| Número de filhos.

Quantitativa contínua: pode assumir infinitos valores.
| Peso, altura.

Qualitativa nominal: apenas identifica as categorias.
| Gênero (feminino e masculino).

Qualitativa ordinal: podem-se ordenar as categorias.
| Grau de instrução.

```
                Variáveis
                /        \
        Qualitativas   Quantitativas
         /      \         /       \
    Nominais  Ordinais  Discretas  Contínuas
```

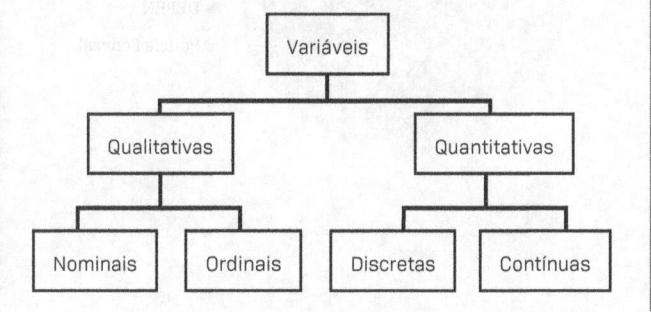

19.2 Apresentação dos dados
A apresentação dos dados pode ocorrer basicamente de três maneiras:
- Isolados.
- Ponderados.
- Agrupados.

Dados Isolados: representam os dados na forma bruta.
| 2, 2, 3, 5, 7, 8, 8, 9

Dados Ponderados: consistem em uma tabela que contém, para cada valor observado, o número de vezes que ele ocorre (frequência), mas não se pode saber a quem corresponde cada valor.

Nota	Frequência
0	2
1	1
1,5	1
2	2
2,5	1
3,5	2
4	3
4,5	3
5	5
5,5	2
6	3
6,5	2
7	3
8	1
8,5	1
Total	32

Dados agrupados: apenas para dados quantitativos. É uma tabela que contém divisões da variável em estudo (intervalos), em que é observado o número de vezes que ocorrem os valores contidos nestes intervalos.

Intervalo de Nota	Frequência
0 ⊢ 2	4
2 ⊢ 4	5
4 ⊢ 6	13
6 ⊢ 8	8
8 ⊢ 10	2
Total	32

19.2.1 Dados brutos
Trata-se da designação para um conjunto de dados não ordenados.
| 42, 41, 58, 50, 41, 42, 41, 60, 43, 44, 46, 45, 57, 46, 50, 51, 52, 60, 54, 58.

19.2.2 Rol
É um conjunto de dados ordenados.
| 41, 41, 41, 42, 42, 43, 44, 45, 46, 46, 50, 50, 51, 52, 54, 57, 58, 58, 60, 60.

ESTATÍSTICA DESCRITIVA

19.2.3 Tabelas

Servem para organizar e apresentar os dados coletados, por meio das variáveis, no sentido de facilitar a sua interpretação. Os dados obtidos por meio das variáveis também podem ser organizados no ROL, que consiste em colocar os dados em ordem crescente, mesmo que estes sejam ou estejam repetidos.

| Quantidade de alunos matriculados no Empresa X.

Tabela 1	
Quantidade de alunos matriculados por curso na Empresa X	
Curso	Número de Alunos
Polícia Federal	250
DEPEN	150
INSS	350
Receita Federal	250

Obs.: ROL: 150, 250, 250, 350.

19.2.4 Tabela de frequência

A tabela de frequência serve para organizar dados. A frequência absoluta (F.A) é o valor real do dado e a frequência relativa (F.R) é o valor em porcentagem quando comparado ao total.

| As idades dos alunos de uma sala são: 12, 13, 13, 14, 11, 12, 15, 14, 13, 14, 15, 11, 12, 13, 13, 13, 15, 12, 12, 13. Ao organizar no ROL e na tabela de frequência, como fica?

No ROL fica: 11, 11, 12, 12, 12, 12, 12, 13, 13, 13, 13, 13, 13, 13, 14, 14, 14, 15, 15, 15.

Na tabela, fica:

Tabela 2			
Idade	F.A	F.R (%)	Frequência acumulada
11	2	10	2
12	5	25	7
13	7	35	14
14	3	15	17
15	3	15	20
Total	20	100	

19.2.5 Tipos de Frequência

Geralmente, dados isolados são agrupados na forma de tabelas de frequência, que consistem em dados ponderados ou agrupados. Existem quatro tipos de frequência:

- Frequência Absoluta Simples (f_i);
- Frequência Relativa Simples (f_{ri});
- Frequência Acumulada (F_i);
- Frequência Acumulada Relativa (F_{ri}).

| 0, 2, 1, 2, 3, 1, 2, 2, 3, 4

x	f_i	f_{ri}	F_i	F_{ri}
0	1	1/10 = 10%	1	10%
1	2	2/10 = 20%	3	30%
2	4	4/10 = 40%	7	70%
3	2	2/10 = 20%	9	90%
4	1	1/10 = 10%	10	100%
Σ	10	1 = 100%	-	-

19.2.6 Gráficos

Servem para representar e apresentar os dados coletados. Os gráficos podem ser em barra, coluna, setores (pizzas), linhas, dentre outros.

Barras

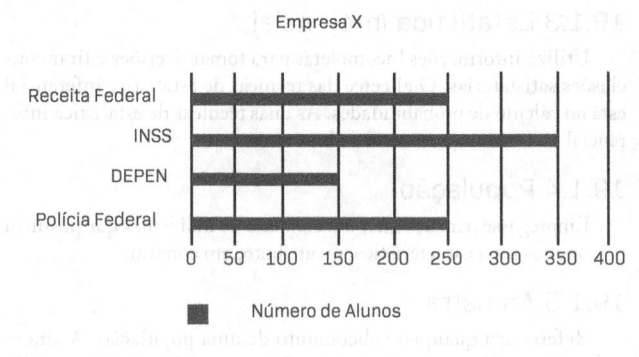

Colunas

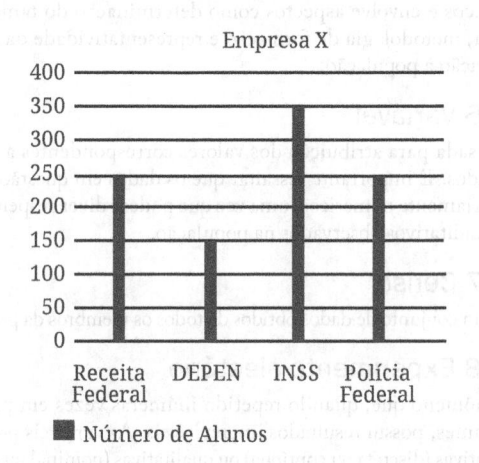

Setores

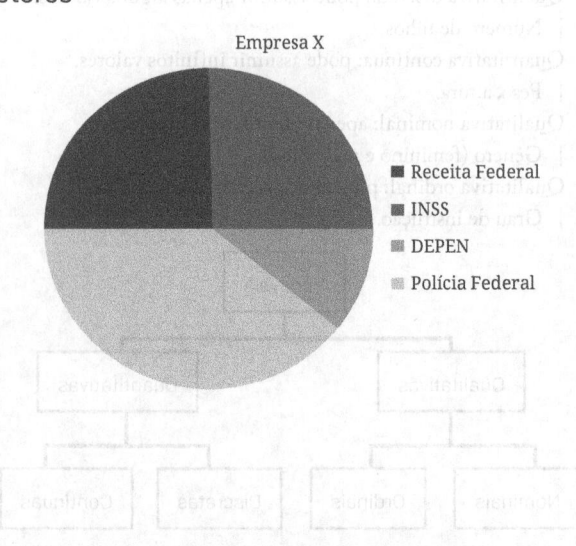

Linhas

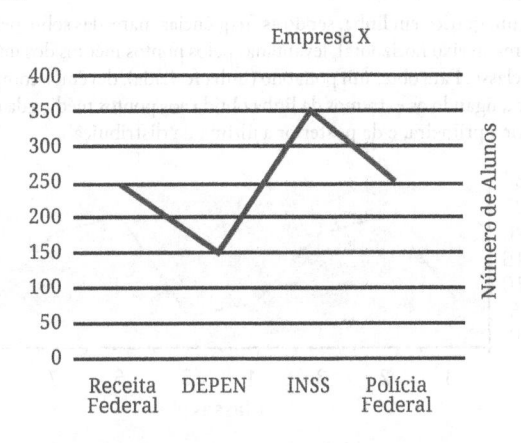

Empresa X

(Gráfico de linhas: Número de Alunos vs Receita Federal, DEPEN, INSS, Polícia Federal; eixo y de 0 a 400)

19.2.7 Diagrama de ramos e folhas

Há outra forma de apresentação de dados que tem sido explorada frequentemente em provas: o diagrama de ramos e folhas.

Em um diagrama de ramos e folhas cada número é separado em um ramo e uma folha.

Vejamos alguns exemplos:

| 1. Considere a tabela de dados a seguir:

155	159	144	129	105	145	126	116	130	114	122	112	142	126
118	118	108	122	121	109	140	126	119	113	117	118	109	119
139	139	122	78	133	126	123	145	121	134	119	132	133	124
129	112	126	148	147

Representação dos dados no diagrama de ramos e folhas:

Ramo	Folhas
7	8 — **Ponto discrepante**
8	
9	
10	5 8 9 9 9
11	2 2 2 3 4 6 7 8 8 8 9 9 9
12	1 1 2 2 2 3 4 4 6 6 6 6 6 9 9
13	0 2 3 3 4 9 9
14	0 2 4 5 5 7 8
15	5 9

Chave: 15|5 = 155

2. Construir o diagrama de ramos e folhas dos seguintes dados: 56, 62, 63, 65, 65, 65, 68, 70, 72

Unidade das Folhas - 1

Ramos	Folhas
5	6
6	235558
7	02

As folhas contêm o último dígito, e os ramos contêm os restantes em sequência (mesmo que alguns ramos fiquem sem folhas).

19.3 Distribuição de frequências

Uma distribuição de frequência é um método de agrupar dados em classes de modo a fornecer a quantidade (e/ou a percentagem) de dados em cada classe.

Uma distribuição de frequência (absoluta ou relativa) pode ser apresentada em tabelas ou gráficos.

19.3.1 Intervalo de classe

Os limites de cada classe podem ser definidos de quatro modos distintos, mostrados a seguir:
- Intervalo "exclusive – exclusive": _____
- Intervalo "inclusive – exclusive": |_____
- Intervalo "inclusive – inclusive": |_____|
- Intervalo "exclusive – inclusive": _____|

19.3.2 Distribuição de frequência (sem intervalos de classe)

É a simples condensação dos dados conforme as repetições de seus valores.

Dados	Frequência
41	3
42	2
43	1
44	1
45	1
46	2
50	2
51	1
52	1
54	1
57	1
58	2
60	2
Total	20

19.3.3 Distribuição de frequência (com intervalos de classe)

Quando o tamanho da amostra é elevado, é racional efetuar o agrupamento dos valores em vários intervalos de classe.

Classes	Frequências
41 ⊢ 45	7
45 ⊢ 49	3
49 ⊢ 53	4
53 ⊢ 57	1
57 ⊢ 61	5
Total	20

ESTATÍSTICA DESCRITIVA

19.3.4 Elementos de uma distribuição de frequência (com intervalos de classe)

Classe: corresponde aos intervalos de variação da variável e é simbolizada por i; e o número total de classes é simbolizado por k.

| Na tabela anterior k = 5 e 49 ⊢ 53 é a 3ª classe, em que i = 3.

Limites de classe: são os extremos de cada classe. O menor número é o limite inferior de classe (li) e o maior número, limite superior de classe (Li).

| Em 49 ⊢ 53... l3 = 49 e L3 = 53

Amplitude do intervalo de classe: é obtida por meio da diferença entre o limite superior e inferior da classe e é simbolizada por

$$hi = Li - li$$

| Tabela anterior hi = 53 - 49 = 4.

Obs.: Na distribuição de frequência com classe o hi será igual em todas as classes.

Amplitude total da distribuição (AT): é a diferença entre o limite superior da última classe e o limite inferior da primeira classe.

$$AT = L_{(max)} - l_{(min)}$$

| Na tabela anterior AT = 61 - 41 = 20.

Amplitude total da amostra (AA): é a diferença entre o valor máximo e o valor mínimo da amostra (ROL). em que AA = Xmáx - Xmín. Em nosso exemplo, AA = 60 - 41 = 19.

Obs.: AT sempre será maior que AA.

Ponto médio de classe (Xi): é o ponto que divide o intervalo de classe em duas partes iguais. ...

$$Xi = \frac{Li + LI}{2}$$

Sendo:
Li: limite inferior da classe
LI: limite superior da classe
X3: Ponto médio da 3ª classe

| Em 49 ⊢ 53 o ponto médio x3 = (53 + 49)/2 = 51

19.3.5 Representações gráficas

As distribuições de frequências podem ser representadas por meio de três tipos de gráficos, não mutuamente exclusivos.

Histograma

É formado por um conjunto de retângulos justapostos, cujas bases se localizam sobre o eixo horizontal, de tal modo que seus pontos médios coincidam com os pontos médios dos intervalos de classe. A área de um histograma é proporcional à soma das frequências simples ou absolutas.

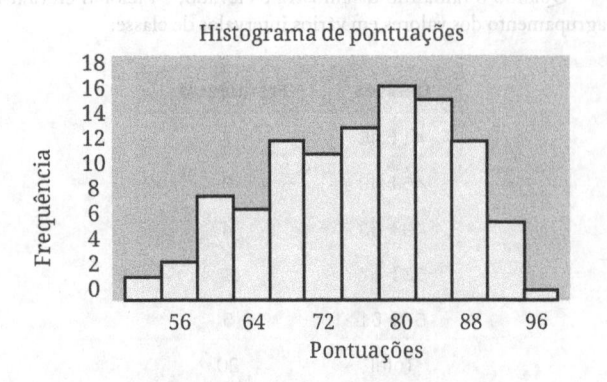

Polígono de frequências

É um gráfico em linha, sendo as frequências marcadas sobre perpendiculares ao eixo horizontal, levantadas pelos pontos médios dos intervalos de classe. Para obter um polígono (linha fechada), devemos completar a figura, ligando os extremos da linha obtida aos pontos médios da classe anterior à primeira, e da posterior à última da distribuição.

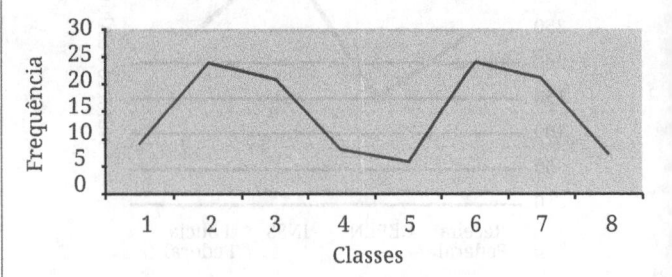

Obs.: é importante notar que tanto o histograma quanto o polígono de frequência indicam a frequência absoluta de cada classe.

Curva de frequências

Enquanto o polígono de frequência nos dá a imagem real do fenômeno estudado, a curva de frequência nos dá a imagem tendencial. O polimento (geometricamente, corresponde à eliminação dos vértices da linha poligonal) de um polígono de frequência nos mostra o que seria tal polígono com um número maior de dados em amostras mais amplas.

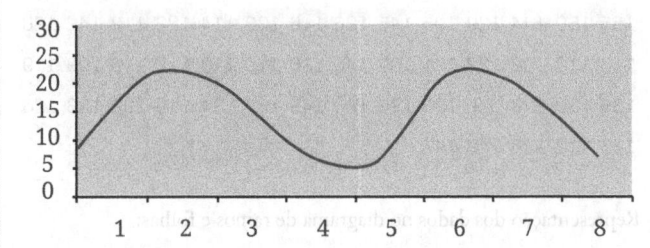

19.4 Medidas de tendência central ou de posição

São medidas utilizadas principalmente para a descrição de dados. As principais medidas de posição são a média aritmética, a mediana e a moda.

O esquema a seguir resume a classificação das Medidas de Tendência Central ou de Posição:

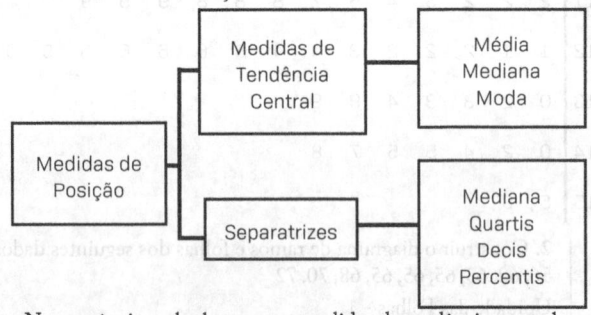

```
                    ┌─ Medidas de ──── Média
                    │  Tendência      Mediana
Medidas de ─────────┤  Central        Moda
Posição             │
                    │                 Mediana
                    └─ Separatrizes ─ Quartis
                                      Decis
                                      Percentis
```

Na sequência, calcularemos as medidas de tendência central ou de posição para três possibilidades a seguir:
- para dados não agrupados;
- para dados agrupados sem intervalos de classes;
- para dados agrupados com intervalos de classes.

19.4.1 Média aritmética (x)

Para Dados Não Agrupados

Seja um conjunto de dados {x1 , x2 , ... , xn }.

MATEMÁTICA

A média aritmética, ou simplesmente média, é dada por:

$$\overline{x} = \frac{\sum_{i=1}^{n} x_i}{n}$$

Seja o conjunto {2, 4, 3, 5, 6, 2, 5}.
Então, a média aritmética é:

$$\overline{x} = \frac{2+4+3+5+6+2+5}{7} = 3{,}8571$$

Obs.: a notação x é empregada para representar a média de uma amostra de valores. A média da população costuma ser representada pela letra grega μ (mi).

Para dados agrupados sem intervalos de classes

Para dados agrupados em distribuições de frequências, calcula-se a média ponderada, sendo que a frequência observada para cada valor é o peso dele, então a média aritmética é dada por:

$$\overline{x} = \frac{\sum_{i=1}^{k} x_i f_i}{\sum_{i=1}^{k} f_i}$$

Considerando a distribuição:

x	f_1
2	1
4	3
5	2

$$\overline{x} = \frac{2 \cdot 1 + 4 \cdot 3 + 5 \cdot 2}{1+3+2} = \frac{2+12+10}{6} = 4$$

Para dados agrupados com intervalos de classes

A seguinte tabela a seguir representa o tempo de utilização de um aparelho de ginástica de uma academia pelos seus usuários:

Tempo de Utilização (em minutos)	Frequência Absoluta
1 ⊢ 4	18
4 ⊢ 7	108
7 ⊢ 10	270
10 ⊢ 13	150
13 ⊢ 16	54
Total	600

Seja x_i o ponto médio de um determinado intervalo.

Tempo de Utilização (em minutos)	Ponto Médio	Frequência Absoluta	Frequência Relativa
1 ⊢ 4	2,5	18	18/600 = 0,03
4 ⊢ 7	5,5	108	108/600 = 0,18
7 ⊢ 10	8,5	207	270/600 = 0,45
10 ⊢ 13	11,5	150	150/600 = 0,25
13 ⊢ 16	14,5	54	54/600 = 0,09

O tempo médio de utilização do aparelho é dado por:

$$\overline{x} = \frac{18 \cdot 2{,}5 + 108 \cdot 5{,}5 + 270 \cdot 11{,}5 + 54 \cdot 14{,}5}{600}$$

$\overline{x}$ = 9,07 minutos (aproximadamente)

Propriedades da média aritmética

P1: se a cada xi (i = 1, 2, ..., n) adicionarmos uma constante real k, a média aritmética fica adicionada de k unidades.

P2: se multiplicarmos cada xi (i = 1, 2, ..., n) por uma constante real k, a média aritmética fica multiplicada por k.

Outros Tipos de Média

Podemos definir outros tipos de média de um conjunto de dados, como:

- Média aritmética ponderada;
- Média geométrica;
- Média harmônica;
- Média das médias.

Média aritmética ponderada

A média aritmética ponderada é calculada por meio do somatório das multiplicações entre valores e as frequências desses valores divididas pelo somatório dessas frequências.

Notas de um aluno.

Nota	Peso
7,0	1
6,0	2
8,0	3
7,5	4

A média ponderada é:

$$\frac{7{,}0 \cdot 1 + 6{,}0 \cdot 2 + 8{,}0 \cdot 3 + 7{,}5 \cdot 4}{1+2+3+4} = \frac{73}{10} = 7{,}3$$

Média geométrica (G)

A média geométrica é definida como n-ésima raiz (em que n é a quantidade de termos) da multiplicação dos termos.

Calcular a média geométrica entre os valores 2 e 8.

$$G = \sqrt{2 \cdot 8} = \sqrt{16} = 4$$

Média harmônica (H)

A média harmônica H dos números reais positivos x1,...,xn > 0 é definida como sendo o número de membros dividido pela soma do inverso dos membros.

Calcular a média harmônica entre os valores 2 e 8.

$$H = \frac{2}{\frac{1}{2}+\frac{1}{8}} = \frac{2}{\frac{5}{8}} = 2 \cdot \frac{8}{5} = \frac{16}{5} = 3{,}2$$

Para um conjunto de observações não negativas, vale a seguinte relação:

$$\overline{X} \geq G \geq H$$

Média das médias (média global)

Sejam os conjuntos A com valores, B com valores, ..., e K com valores. Se A tem média, B tem média , ..., e K tem média, então a

ESTATÍSTICA DESCRITIVA

média do conjunto maior, que é formado pela reunião de todos os elementos dos conjuntos A, B, ..., K em um único conjunto, é dada por:

$$\overline{X} = \frac{n_A \overline{X}_A + n_A \overline{X}_A + \dots n_K X_K}{n_A + n_B + \dots n_K}$$

Em uma empresa, há 400 homens e 100 mulheres. Os salários médios pagos aos empregados dos gêneros masculinos e femininos são de R$ 2.550,00 e 2.480,00, respectivamente. Calcule a média global dos salários.

$$\overline{X} = \frac{n_H \overline{X}_H + n_M \overline{X}_M}{n_H + n_M}$$

$$\overline{X} = \frac{400 \times 2550 + 100 \times 2480}{400 + 100} = 2536$$

19.4.2 Mediana (Me)

É uma medida de tendência central que indica exatamente o valor central de uma amostra de dados.

Obs.:
- os valores da amostra devem ser colocados em ordem crescente;
- se a quantidade de valores da amostra for ímpar, a mediana é o valor central da amostra;
- se a quantidade de valores da amostra for par, é preciso tirar a média dos valores centrais para calcular a mediana.

Para Dados Não Agrupados

1.
3 - 4 - 9 - 6 - 3 - 8 - 2 - 4 - 5 - 6
M_e = 2 - 3 - 3 - 4 - **4 - 5** - 6 - 6 - 8 - 9
$M_e = \frac{4+5}{2} = \frac{9}{2} = $ **4,5**

2.
4 - 5 - 7 - 2 - 9
M_e = 2 - 4 - **5** - 7 - 9
$M_e = $ **5**

Para dados agrupados sem intervalos de classes

O valor que divide a distribuição de frequências em 2 grupos com mesmo número de elementos estará na posição dada por:

$$\frac{\sum f_i}{2}$$

Neste caso é preciso identificar a frequência acumulada imediatamente superior à metade da soma das frequências:

1. Calcule a Mediana da seguinte distribuição:

x_i	f_i	F_i
0	2	2
1	6	8
2	10	18
3	12	30
4	4	34
	$\Sigma = 34$	

Temos que:

$$\frac{\sum f_i}{2} = \frac{34}{2} = 17$$

Neste caso, a frequência acumulada é imediatamente superior à metade da soma das frequências.

X_i	f_i	F_i
0	2	2
1	6	8
2	10	18
3	12	30
4	4	34
	$\Sigma = 34$	

Logo,
$M_e = 2$

2. Calcule a Mediana da seguinte distribuição:

X_i	f_i	F_i
12	1	1
14	2	3
15	1	4
16	2	6
17	1	7
20	1	8
	$\Sigma = 8$	

Temos que:

$$\frac{\sum f_i}{2} = \frac{8}{2} = 4$$

Neste caso, a mediana será a média aritmética entre o valor da variável correspondente a essa frequência acumulada e o seguinte.

X_i	f_i	F_i
12	1	1
14	2	3
15	1	4
16	2	6
17	1	7
20	1	8
	$\Sigma = 8$	

Logo,
$Me = \frac{15 + 16}{2}$

$Me = 15,5$

Para dados agrupados com intervalos de classes

Neste caso, devemos seguir os seguintes passos:
- determinar as frequências acumuladas;
- calcular $\Sigma f_i/2$;
- marcar a classe correspondente à frequência acumulada imediatamente à $\Sigma f_i/2$ (classe mediana) e, em seguida, aplicar a seguinte fórmula:

$$M_e = L_i + h \cdot \frac{\sum f_i/2 - F_{(ant)}}{f}$$

Sendo:
Li: limite inferior da classe mediana;
F(ant): frequência acumulada da classe anterior à classe mediana;
f: frequência acumulada da classe anterior à classe mediana;
h: amplitude do intervalo da classe mediana.
Calcule a Mediana da seguinte distribuição:

Classes	f_i
150 ⊢154	4
154 ⊢158	9
158 ⊢162	11
162 ⊢166	8
166 ⊢170	5
170 ⊢174	3
	$\Sigma = 40$

1º passo: determinar as frequências acumuladas.

Classes	f_i	F_i
150 ⊢154	4	14
154 ⊢158	9	13
158 ⊢162	11	24
162 ⊢166	8	32
166 ⊢170	5	37
170 ⊢174	3	40
	$\Sigma = 40$	

(frequência acumulada)

2º passo: calcular $\dfrac{\Sigma f_i}{2}$

$$\dfrac{\Sigma f_i}{2} = \dfrac{40}{2} = 20$$

3º passo:

h=4, $F_{(ant)}$

Classes	f_i	F_i
150 ⊢154	4	14
154 ⊢158	9	13
158 ⊢162	11	24
162 ⊢166	8	32
166 ⊢170	5	37
170 ⊢174	3	40
	$\Sigma = 40$	

Li, f, classe mediana

Logo,

$$Me = Li + h \cdot \dfrac{\Sigma fi/2 - F_{(ant)}}{f}$$

$$Me = 158 + 4 \cdot \dfrac{20 - 13}{11}$$

$Me = 158 + 2,54$
$Me = 160,54$

Propriedades da mediana

P1: a mediana não depende de todos os valores observados; além disso não sofre influência de valores extremos.

P: não pode ser aplicada a variáveis nominais.

P3: adequado quando os dados apresentam grande variabilidade ou distribuição assimétrica, além de valores extremos indefinidos (Exemplo: maior do que...).

19.4.3 Moda (Mo)

A moda de uma série de valores é o valor de maior frequência absoluta, ou seja, o valor que aparece o maior número de vezes na distribuição.

Para dados não agrupados

1.
6 - 9 - 12 - 9 - 4 - 5 - 9
$M_o = 9$
2.
12 - 13 - 19 - 13 - 14 - 12 – 16
M_o = 12 e 13 (Bimodal)
3.
4 - 29 - 15 - 13 - 18
Mo = Não há moda (Amodal), pois não existe valor mais presente.

> **Fique ligado**
>
> Pode haver mais de uma moda em um conjunto de valores. Se houver apenas uma moda, a distribuição é dita Unimodal; se houver duas, é Bimodal; se houver três é Trimodal, e assim sucessivamente.

Para dados agrupados sem intervalos de classes

Consideremos a seguinte distribuição:

x	f_i
2	1
4	3
5	2

O valor de frequência máxima é o 4.
Logo, $M_o = 4$.

Para dados agrupados com intervalos de classes

Neste caso, a classe que apresenta a maior frequência é denominada classe modal. Se os dados de uma variável quantitativa estão dispostos em uma tabela agrupada em classe, e não há acesso aos dados originais, é possível encontrar a Moda por vários procedimentos. São eles:

- Moda Bruta
- Moda de Pearson
- Moda Czuber
- Moda Kink

ESTATÍSTICA DESCRITIVA

Vejamos os exemplos a seguir.

Cálculo da Moda Bruta: método mais simples; consiste em tomar como Moda o ponto médio da classe modal.

Determine a Moda Bruta da seguinte distribuição:

Altura	f_i
155 ⊢ 165	3
165 ⊢ 175	18
175 ⊢ 185	11
185 ⊢ 195	9

Altura	f_i	X_i
155 ⊢ 165	3	160
165 ⊢ 175	18	170 ← classe modal
175 ⊢ 185	11	180
185 ⊢ 195	9	190

$M_o: \dfrac{165 + 175}{2} = 170$

Cálculo da Moda de Pearson, Czuber e King: para o cálculo da Moda de Pearson, Czuber e King utilizaremos as seguintes fórmulas:

- Moda de Pearson:

$$M_o = 3 \cdot M_e - 2\overline{x}$$

- Moda de Czuber:

$$M_o = L_i + h \cdot \dfrac{F_{max} - F_{ant}}{2F_{max} - (F_{ant} + F_{post})}$$

- Moda King:

$$M_o = L_i + h \cdot \dfrac{F_{post}}{F_{ant} + F_{post}}$$

Sendo:
M_o = Moda
M_e = Mediana
$\overline{x}$ = Média
L_i = Limite inferior da classe modal
h = Intervalo da classe modal
$F_{máx}$ = Frequência da classe modal
F_{ant} = Frequência da classe anterior à classe modal;
F_{post} = Frequência da Classe Posterior à classe modal.

Esses três procedimentos são aproximações; a Moda real seria obtida a partir dos dados brutos.

Calcule a Moda de Pearson, King e Czuber, da tabela a seguir:

Classes	f_i
0 ⊢ 10	1
10 ⊢ 20	3
20 ⊢ 30	6
30 ⊢ 40	2

- **Obs.:** vamos determinar a classe modal:

Classes	f_i
0 ⊢ 10	1
10 ⊢ 20	3
20 ⊢ 30	6 ← classe modal
30 ⊢ 40	2

Moda de Pearson

Classes	f_i
0 ⊢ 10	1
10 ⊢ 20	3
20 ⊢ 30	6
30 ⊢ 40	2

1º passo: determinar a Mediana (Me).

Classes	f_i	F_i ← Freq. Acumulada
0 ⊢ 10	1	1
10 ⊢ 20	3	4
20 ⊢ 30	6	10
30 ⊢ 40	2	12

$M_e = L_i + h \cdot \dfrac{\sum F_i - F_{(ant)}}{f}$

$M_e = 20 + 10 \cdot \dfrac{12/2 - 4}{6}$

$M_e = 23,33$

2º passo: calcular a Média.

Classes	f_i	X_i ← X_i = Ponto médio
0 ⊢ 10	1	5
10 ⊢ 20	3	15
20 ⊢ 30	6	25
30 ⊢ 40	2	35
$\Sigma = 12$		

$\overline{x} = \dfrac{1 \cdot 5 + 3 \cdot 15 + 6 \cdot 25 + 2 \cdot 35}{12} = \dfrac{270}{12} = 22,5$

3º passo: aplicar a fórmula.
$M_e = 3 \cdot M_e - 2\overline{x}$
$M_e = 3 \cdot 23,33 - 2(22,5) = 25$

MATEMÁTICA

Moda King

Classes	f_i
0 ⊢ 10	1
10 ⊢ 20	3
20 ⊢ 30	6
30 ⊢ 40	2

Classes	f_i
0 ⊢ 10	1
10 ⊢ 20	3
20 ⊢ 30	6
30 ⊢ 40	2
	12

Classe modal: 20 ⊢ 30; $h = 10$; F_{ant}, F_{post}, $F_{máx}$

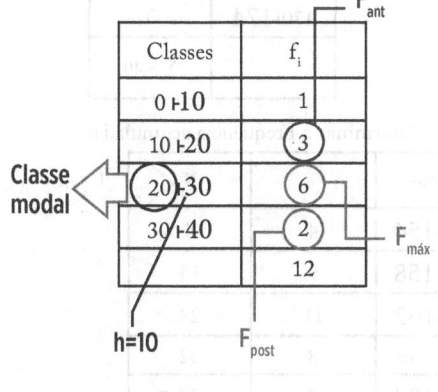

$$M_o = L_i + h \cdot \frac{F_{post}}{F_{ant} + F_{post}}$$

$$M_o = 20 + 10 \cdot \frac{2}{3+2}$$

$$M_o = 24$$

Moda Czuber

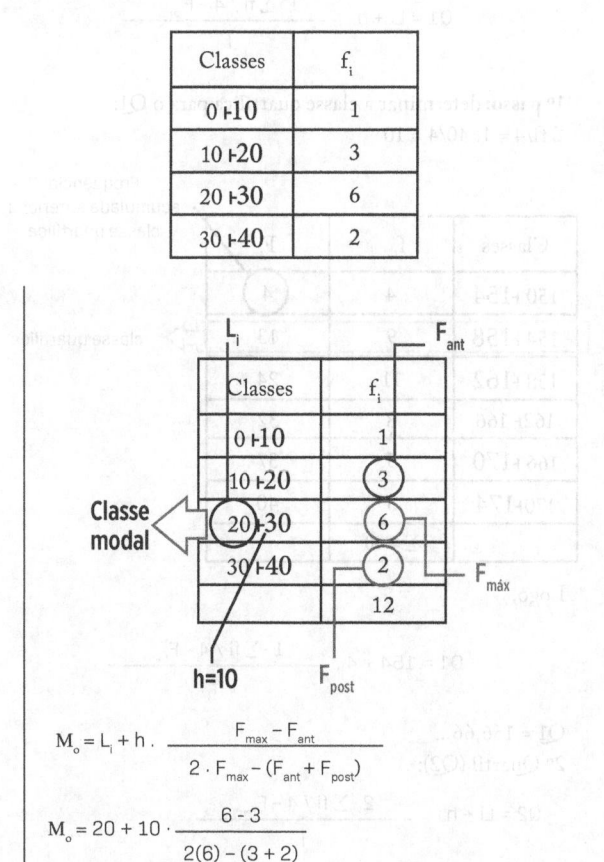

Classes	f_i
0 ⊢ 10	1
10 ⊢ 20	3
20 ⊢ 30	6
30 ⊢ 40	2

Classes	f_i
0 ⊢ 10	1
10 ⊢ 20	3
20 ⊢ 30	6
30 ⊢ 40	2
	12

Classe modal: 20 ⊢ 30; $h = 10$; L_i, F_{ant}, $F_{máx}$, F_{post}

$$M_o = L_i + h \cdot \frac{F_{máx} - F_{ant}}{2 \cdot F_{máx} - (F_{ant} + F_{post})}$$

$$M_o = 20 + 10 \cdot \frac{6 - 3}{2(6) - (3 + 2)}$$

$$M_o = 24{,}29$$

A Moda é o ponto de maior probabilidade. Ao contrário da Média e da Mediana, a Moda tem de ser um valor existente no conjunto de dados.

Quando todos os dados de uma série estatística são iguais, a média, a mediana e a moda coincidirão com este valor e, portanto, qualquer uma delas representará bem a série.

19.4.4 Separatrizes

As separatrizes são os valores que dividem as séries em partes iguais. As principais medidas separatrizes são: a mediana (já estudada) e os quartis, os decis e os percentis.

Quartis

Chamamos de quartis os valores que dividem a distribuição em 4 partes iguais e podem ser obtidos da seguinte maneira:

1º quartil (Q1): valor que tem 25% dos dados à sua esquerda e o restante (75%) à direita.

2º quartil (Q2): valor que tem 50% dos dados de cada lado, coincide com a mediana.

3º quartil (Q3): valor que tem 75% dos dados à sua esquerda e 25% à direita.

Fórmulas

1º quartil	$P = 0{,}25 \cdot (n+1)$
2º quartil	$P = 0{,}50 \cdot (n+1)$
3º quartil	$P = 0{,}75 \cdot (n+1)$

Sendo:
n – nº de dados

1. Calcule os quartis da série: {5, 2, 6, 9, 10, 13, 15}.

O primeiro passo a ser dado é o da ordenação (crescente ou decrescente) dos valores: {2, 5, 6, 9, 10, 13, 15}.

Se n for ímpar, a Mediana é o valor central do rol: 4º número.

O valor que divide a série acima em duas partes iguais é igual a 9, logo a Md = 9 que será = Q2.

Temos agora {2, 5, 6} e {10, 13, 15} como sendo os dois grupos de valores iguais. Para o cálculo do primeiro quartil e do terceiro quartil, basta calcular as medianas de cada uma das partes.

Em {2, 5, 6} a mediana é 5, ou seja: Q1 = 5 e
Em {10, 13, 15 } a mediana é 13, ou seja:
Q3 = 13

2. Encontre os quartis da série:
{1, 1, 2, 3, 5, 5, 6, 7, 9, 9, 10, 13}

$$Q2 = (5+6)/2 = 5{,}5$$

5,5

{1, 1, 2, 3, 5, 5, 6, 7, 9, 9, 10, 13}

{1, 1, 2, 3, 5, 5}   {6, 7, 9, 9, 10, 13}

Q1 = {1, 1, 2, 3, 5, 5}   Q3 = {6, 7, 9, 9, 10, 13}
Q1 = (2+3)/2 = 2,5   Q3 = (9+9)/2 = 9

Portanto, os quartis encontrados foram:

Q1 = 2,5
Q2 = 5,5
Q3 = 9

ESTATÍSTICA DESCRITIVA

Decis

Chamamos de decis os valores que dividem uma série em 10 partes iguais. Portanto, temos nove decis; o primeiro tem 10% dos dados à sua esquerda, e 90% à sua direita; o segundo tem 20% dos dados à sua esquerda, e 80% à sua direita, e assim por diante, até o nono decil, que tem 90% dos dados à sua esquerda, e 10% à sua direita.

Fórmulas

1º decil	$P = 0{,}10 \cdot (n+1)$
2º decil	$P = 0{,}20 \cdot (n+1)$
3º decil	$P = 0{,}30 \cdot (n+1)$
4º decil	$P = 0{,}40 \cdot (n+1)$
5º decil	$P = 0{,}50 \cdot (n+1)$
6º decil	$P = 0{,}60 \cdot (n+1)$
7º decil	$P = 0{,}70 \cdot (n+1)$
8º decil	$P = 0{,}80 \cdot (n+1)$
9º decil	$P = 0{,}90 \cdot (n+1)$

Sendo:
n: nº de dados

Percentis

Chamamos de percentis os 99 valores que separam uma série em 100 partes iguais. O cálculo dos percentis está relacionado com a percentagem. No quadro a seguir são mostrados alguns percentis.

Fórmulas

4º percentil (P_4)	$P = 0{,}04 \cdot (n+1)$
12º percentil (P_{12})	$P = 0{,}12 \cdot (n+1)$
20º percentil (P_{50})	$P = 0{,}20 \cdot (n+1)$

Sendo:
n: nº de dados

Cálculos das separatrizes para dados agrupados com intervalos de classes

Para determinar os quartis, utilizaremos as seguintes fórmulas:

$$Q1 = Li + h \cdot \frac{1 \cdot \Sigma fi / 4 - F_{(ant)}}{f}$$

$$Q2 = Li + h \cdot \frac{2 \cdot \Sigma fi / 4 - F_{(ant)}}{f}$$

$$Q3 = Li + h \cdot \frac{3 \cdot \Sigma fi / 4 - F_{(ant)}}{f}$$

Sendo:
Li = Limite inferior da classe quartílica
h = Intervalo de classe
f = Frequência simples da classe quartílica
F(ant) = Frequência acumulada da classe anterior à classe quartílica
As expressões $\Sigma fi/4$, $fi/4$ e $fi/4$ servem também para determinar a Classe Quartílica.

Consideremos a seguinte distribuição de frequências em classe:

Classes	f_i
150 ⊢ 154	4
154 ⊢ 158	9
158 ⊢ 162	11
162 ⊢ 166	8
166 ⊢ 170	5
170 ⊢ 174	3
	$\Sigma = 40$

Vamos determinar a Frequência acumulada:

Classes	f_i	F_i ⇐ Freq. acumulada
150 ⊢ 154	4	4
154 ⊢ 158	9	13
158 ⊢ 162	11	24
162 ⊢ 166	8	32
166 ⊢ 170	5	37
170 ⊢ 174	3	40
	$\Sigma = 40$	

Vamos calcular o Q1, Q2 e Q3:

1º quartil (Q1):

$$Q1 = Li + h \cdot \frac{1 \cdot \Sigma fi / 4 - F_{(ant)}}{f}$$

1º passo: determinar a classe quartílica para o Q1:
$\Sigma fi/4 = 1 \cdot 40/4 = 10$

Classes	f_i	F_i
150 ⊢ 154	4	4
154 ⊢ 158	9	13
158 ⊢ 162	11	24
162 ⊢ 166	8	32
166 ⊢ 170	5	37
170 ⊢ 174	3	40
	$\Sigma = 40$	

O valor 4 é a Frequência acumulada anterior à classe quartílica; a classe 154 ⊢ 158 é a classe quartílica.

Logo,

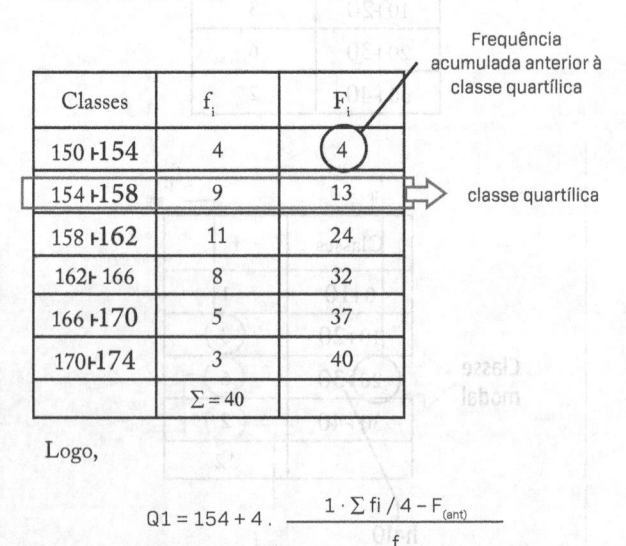

$$Q1 = 154 + 4 \cdot \frac{1 \cdot \Sigma fi / 4 - F_{(ant)}}{f}$$

$Q1 = 156{,}66\ldots$

2º Quartil (Q2):

$$Q2 = Li + h \cdot \frac{2 \cdot \Sigma fi / 4 - F_{(ant)}}{f}$$

1º passo: determinar a classe quartílica para o Q2:
Σ fi/4 = 2 . 40/4 = 20

Classes	f_i	F_i
150 ⊢154	4	4
154 ⊢158	9	13
158 ⊢162	11	24
162 ⊢166	8	32
166 ⊢170	5	37
170 ⊢174	3	40
	Σ = 40	

Frequência acumulada anterior à classe quartílica (13)
classe quartílica (158 ⊢162)

$$Q2 = 158 + 4 \cdot \frac{(20 - 13)}{11}$$

$$Q2 = 160{,}5454\ldots$$

3º Quartil (Q3):

$$Q3 = Li + h \cdot \frac{3 \cdot \Sigma fi / 4 - F_{(ant)}}{f}$$

1º passo: determinar a classe quartílica para o Q3:
Σ fi/4 = 3 . 40/4 = 30

Classes	f_i	F_i
150 ⊢154	4	4
154 ⊢158	9	13
158 ⊢162	11	24
162 ⊢166	8	32
166 ⊢170	5	37
170 ⊢174	3	40
	Σ = 40	

Frequência acumulada anterior à classe quartílica (24)
classe quartílica (162 ⊢166)

$$Q2 = 162 + 4 \cdot \frac{(30 - 24)}{8}$$

$$Q3 = 165$$

Analogamente, para calcular os Decis e os Percentis de uma distribuição, adaptamos as fórmulas utilizadas anteriormente para o cálculo dos Quartis, conforme o disposto a seguir:

Para os Decis:

$$Dn = Li + h \cdot \frac{n \cdot \Sigma fi / 10 - F_{(ant)}}{2}$$

Para os Percentis:

$$P_n = Li + h \cdot \frac{n \cdot \Sigma fi / 100 - F_{(ant)}}{f}$$

Consideremos a seguinte distribuição de frequências em classe:

Classes	f_i
150 ⊢154	4
154 ⊢158	9
158 ⊢162	11
162 ⊢166	8
166 ⊢170	5
170 ⊢174	3
	Σ = 40

Determine o 1º decil (D1) e o 90º percentil (P90).
1º decil (D1):
1º passo: determinar a classe quartílica para o Q1:
Σ fi/10 = 1 . 40/10 = 4

Classes	f_i	F_i
150 ⊢154	4	4
154 ⊢158	9	13
158 ⊢162	11	24
162 ⊢166	8	32
166 ⊢170	5	37
170 ⊢174	3	40
	Σ = 40	

$$D_n = Li + h \cdot \frac{n \cdot \Sigma fi / 10 - F_{(ant)}}{f}$$

$$D_n = 150 + 4 \cdot \frac{[4 - 0]}{4}$$

$$D_n = 154$$

90º percentil (P90):
1º passo: determinar a classe quartílica para o Q1:
Σ fi/100 = 90 . 40/100 = 36

$$P_n = Li + h \cdot \frac{n \cdot \Sigma fi / 100 - F_{(ant)}}{f}$$

$$P_{90} = 166 + 4 \cdot \frac{(90 \cdot 40/100 - 32)}{5}$$

$$D_n = 169{,}2$$

No caso da Mediana, vimos que ela divide o conjunto em duas metades. Já o Quartil, separa o conjunto em quatro partes iguais; o Decil, em dez partes e, finalmente, o Centil (ou Percentil), em cem partes iguais. Observemos esta relação visual entre as separatrizes:

```
!--------------------!--------------------!
                     Md
!---------!---------!---------!---------!
          Q1        Q2        Q3
!---!---!---!---!---!---!---!---!---!
  D1  D2  D3  D4  D5  D6  D7  D8  D9
!---!---!---!---!---!---!---!---!---!
 C10 C20 C30 C40 C50 C60 C70 C80 C90
```

Concluímos que:

$$Md = Q2 = D5 = C50$$

INFORMÁTICA

INFORMÁTICA

1 SOFTWARE

O software é a parte **abstrata** de um computador, também conhecido como a parte **lógica**. É um conjunto de instruções que devem ser seguidas e executadas por um mecanismo, seja ele um computador ou um aparato eletromecânico. É o termo usado para descrever programas, apps, scripts, macros e instruções de código embarcado diretamente (firmware), de modo a ditar o que uma máquina deve fazer.

Já os programas são a aplicação de regras de maneira digital, para que, dada uma situação, ocorra uma reação pré-programada. Assim, temos que um programa é uma representação de tarefas manuais, em que podemos automatizar processos, o que torna as tarefas mais dinâmicas.

1.1 Licenças de software

Uma licença de software define o que um usuário pode ou não fazer com ele e baseia-se essencialmente no direito autoral[1]. Existem vários tipos de licenças de software, mas, no que tange ao concurso público, apenas duas são de valor significativo: a licença de software livre e a licença de software proprietário.

1.1.1 Software proprietário

A licença de software proprietário procura reservar o direito do desenvolvedor. Um software proprietário é também conhecido como software não livre, pois uma de suas principais características é manter o **código-fonte**[1] **fechado**.

Há vários softwares proprietários gratuitos e, também, aqueles que, para o usuário adquirir o direito de uso, exigem a compra de uma licença, a qual não lhe dá direito de propriedade sobre o programa, apenas concede o direito de utilizá-lo, além de impor algumas regras de utilização.

| Windows, Microsoft Office, Mac OS, aplicativos da Adobe, Corel Draw, WinRAR, WinZip, MSN, entre outros.

1.1.2 Software livre

Em contrapartida ao software proprietário, um grupo criou o software livre. Tem, como um de seus princípios, as leis que regem a definição de **liberdades** como forma de protesto em relação ao software proprietário. A principal organização que mantém e promove esse tipo de software é a Free Software Foundation (FSF).

A característica mais importante para que seja considerado "livre" é que tenha o **código-fonte aberto** e deve obedecer a quatro **liberdades de software** do projeto **GNU/GPL** (*General Public License*/Licença Pública Geral), idealizado por Richard Matthew Stallman, ativista e fundador do movimento software livre. São elas:

▷ **Liberdade 0:** liberdade para executar o programa, para qualquer propósito.
▷ **Liberdade 1:** liberdade de estudar como o programa funciona e adaptá-lo às suas necessidades.
▷ **Liberdade 2:** liberdade de redistribuir cópias do programa de modo que você possa ajudar ao seu próximo.
▷ **Liberdade 3:** liberdade de modificar o programa e distribuir essas modificações, de modo que toda a comunidade se beneficie.

A GPL é um reforço a essas quatro liberdades, garantindo que o código-fonte de um software livre não possa ser apropriado por outra pessoa ou empresa, principalmente para que não seja transformado em software proprietário. Tem característica Copyleft, que qualquer um que distribui o software, com ou sem modificações, deve passar adiante a liberdade de copiar e modificar novamente o programa.

O Linux é um dos principais projetos desenvolvidos sob a licença de software livre, assim como o BrOffice, mas o principal responsável por alavancar o software livre, assim como o próprio Linux, foi o projeto Apache,[2] que no início só rodava em servidores Linux e hoje é multiplataforma.

| Apache, Linux, BrOffice, LibreOffice, Mozilla Firefox, Mozilla Thunderbird.

1.1.3 Shareware

A licença do tipo shareware é comumente usada quando se deseja permitir ao usuário uma degustação do programa, oferecendo funcionalidades reduzidas ou mesmo total, porém com prazo determinado, que, depois de encerrado, o programa limita as funcionalidades ou pode deixar de funcionar.

O shareware permite a cópia e redistribuição do software, porém não permite a alteração, pois o código-fonte não é aberto.

Um exemplo de software popular que utiliza essa licença é o WinRAR que, após 40 dias, começa a exibir uma mensagem toda vez que é aberto, contudo, continua funcionando mesmo que o usuário não adquira a licença.

1.1.4 BIOS (basic input/output system)

O BIOS (sistema básico de entrada e saída, em português) é um software embarcado em uma **memória do tipo ROM**[3]; nos computadores atuais é mais comum em memórias do tipo **Flash ROM**[4].

É o primeiro programa que roda quando ligamos o computador. Ele é composto pelo **setup**, que são suas configurações, e pelo **post**, responsável por realizar os testes de hardware.

---

1 Código-fonte: conjunto de instruções feitas em uma linguagem de programação, que definem o funcionamento e o comportamento do programa.
2 Apache: servidor responsável pelo processamento da maior parte das páginas disponibilizadas atualmente na internet, cerca de 51%.
3 Memórias ROM (Read-Only Memory – Memória Somente de Leitura) recebem esse nome porque os dados são gravados nelas apenas uma vez.
4 Memórias Flash ROM: são mais duráveis e podem guardar um volume elevado de dados.

SOFTWARE

Durante o processo de boot[5], o BIOS aciona a memória CMOS[6], onde ficam armazenadas as últimas informações sobre o hardware do computador e sobre a posição de início do sistema operacional no disco. Em posse dessas informações, consegue executar o post, verificando se todos os dispositivos necessários estão conectados e operantes.

Após as verificações de compatibilidade, o BIOS inicia o processo de leitura do disco indicado como primário a partir do ponto onde se encontra o sistema operacional, que é carregado para a memória principal do computador.

Em um mesmo computador podem ser instalados dois ou mais sistemas operacionais diferentes, ou mesmo versões diferentes do mesmo sistema. Quando há apenas um sistema operacional instalado no computador, este é iniciado diretamente pelo BIOS, porém, se houver dois ou mais, é necessário optar por qual dos sistemas se deseja utilizar.

Em uma situação em que existem dois sistemas operacionais atribui-se a caracterização de dual boot. Um computador que possua uma distribuição Linux instalada e uma versão Windows, por exemplo, ao ser concluído o processo do BIOS, inicia um gerenciador de boot. Em geral é citado nas provas ou o **GRUB**[7] ou o **LILO**,[8] que são associados ao Linux.

1.2 Tipos de software

Existem diversos tipos de software, mas somente alguns nos interessam durante a prova. Dessa forma, focaremos o estudo no que nos é pertinente.

Podemos classificar os softwares em: firmwares, sistemas operacionais, escritório, utilitários, entretenimento e malwares.

1.2.1 Firmwares

Um firmware é normalmente um software embarcado, ou seja, ele é um software desenvolvido para operar sobre um hardware específico. De forma geral, um firmware é incorporado ao hardware já no momento de sua fabricação, mas, dependendo do tipo de memória em que é armazenado, ele pode ser atualizado ou não. O software do tipo firmware que interessa ao nosso estudo é o BIOS.

1.2.2 Sistemas operacionais (SO)

O sistema operacional é o **principal programa do computador**. Ele é o responsável por facilitar a interação do usuário com a máquina, além de ter sido criado para realizar as tarefas de controle do hardware, livrando assim os aplicativos de conhecer o funcionamento de cada peça existente para funcionar.

As tarefas de responsabilidade do SO são, principalmente, de níveis gerenciais e é o tem que administrar a entrada e a saída de dados, de forma que quando um usuário seleciona uma janela, ele está trazendo-a para o primeiro plano de execução. Por exemplo: sempre que o usuário digita um texto, o SO tem de gerenciar qual janela, ou seja, qual aplicativo receberá as informações entradas pelo teclado, mas, ao mesmo tempo, o SO receberá uma solicitação do aplicativo para que exiba na tela as informações recebidas.

Também é responsabilidade do SO gerenciar o uso da memória RAM e do processador. Ele dita que programa será executado naquele instante e quais espaços de memória estão sendo usados por ele e pelos demais aplicativos em execução.

Para que o sistema operacional consiga se comunicar com cada dispositivo, precisa saber antes como estes funcionam e, para tanto, é necessário instalar o **driver**[9] do dispositivo. Atualmente, a maioria dos drivers é identificada automaticamente pelo SO, mas o sistema nem sempre possui as informações sobre hardwares recém-lançados. Nesse caso, ao não conseguir o driver específico, o SO solicita ao usuário que informe o local onde ele possa encontrar o driver necessário.

Dentre os sistemas operacionais modernos, o Windows é o que mais se destaca em termos de número de usuários de computadores pessoais (PC). Por outro lado, quando se questiona em relação ao universo de servidores na internet, deparamo-nos com o Linux como mais utilizado e o principal motivo para isso relaciona-se à segurança mais robusta oferecida pelo ele.

| Exemplos de SO para computadores pessoais: Windows, Linux, Mac OS e Chrome OS.

Vale a observação que esses sistemas derivaram de duas vertentes principais o **DOS** e o **UNIX**. É de interesse da prova saber que o DOS foi o precursor do Windows e que a plataforma UNIX foi a base do Linux e do Mac OS.

Contudo, não encontramos SO apenas em PCs. Os celulares, smartphones e tablets também utilizam sistemas operacionais. Atualmente, fala-se muito no sistema do Google para esses tipos dispositivos, o Google Android.

Os sistemas operacionais podem ser divididos em duas partes principais: núcleo e interface. O **núcleo** é chamado **kernel**. Ele é a parte responsável pelo gerenciamento do hardware, como já explicado, enquanto a **interface** é parte de interação com o usuário, seja ela apenas textual ou com recursos gráficos.

Sistema operacional	Kernel
Windows XP	NT 5.2
Windows Vista	NT 6.0

---

5 Boot: processo de inicialização do sistema operacional.
6 CMOS: é uma pequena área de memória volátil, alimentada por uma bateria, que é usada para gravar as configurações do setup da placa mãe.
7 GRUB (Grand Unifield Bootloader): gerenciador de boot disponibilizado como software GNU. Entre seus principais recursos está a capacidade de trabalhar com diversos sistemas operacionais, como o Linux, o Windows e as versões BSD.
8 LILO (LInux Loader): programa que permite o uso de dois ou mais sistemas operacionais no mesmo computador. A ferramenta possui uma série de instruções para gerenciar o setor de boot (inicialização) do HD, permitindo que se inicialize o computador a partir de uma partição que não seja a primeira do disco.
9 Driver: conjunto de informações sobre como funciona um dispositivo de hardware.

Windows 7	NT 6.1
Windows 8	NT 6.2
Linux	Linux 3.10

A interface com recursos gráficos é comumente chamada **GUI (Graphic User Interface/Interface Gráfica do Usuário)**, também citada como gerenciador de interface gráfica. O nome Windows foi baseado, justamente, nessa característica de trabalhar com janelas gráficas como forma de comunicação com o usuário.

Em relação às **GUIs**, cada versão do Windows utiliza e trabalha com apenas uma interface gráfica, que só passou a ter um nome específico a partir do Windows Vista, conforme indicado na tabela a seguir:

Windows	GUI
XP	Sem nomenclatura
Vista	Aero
7	Aero
8	Metro

Por outro lado, existem diversas GUIs para o Linux, algumas distribuições Linux[10] trabalham com apenas um gerenciador de interface gráfica, enquanto outras trabalham com múltiplas. Ao contrário do Windows, o Linux tem suporte a várias Interfaces gráficas e as principais GUIs do Linux são: Gnome, FluxBox, KDE, BlackBox, Unity, Mate, XFCE e Cinnamon.

Características de um sistema operacional

Os sistemas operacionais podem ser classificados de acordo com suas características comportamentais: multitarefa, monotarefa, multiusuário e monousuário.

▷ **Multitarefa:** é o sistema que consegue executar mais de uma tarefa simultânea, como tocar uma música enquanto o usuário navega na internet e escreve um texto no Word.
   | Windows, Linux e Mac OS.
▷ **Monotarefa:** é o sistema que, para executar uma tarefa, deve aguardar a que está em execução terminar ou mesmo forçar o seu término para que possa executar o que precisa. Trabalha com um item de cada vez.
   | DOS e algumas versões UNIX.
▷ **Multiusuário:** é quando o SO permite mais de uma sessão de usuário ativa simultaneamente. Se dois ou mais usuários estiverem com sessões iniciadas, elas são, de certa maneira, tratadas independentemente, ou seja, um usuário não vê o que o outro estava fazendo, como também, em uso normal, não interfere nas atividades que estavam sendo executadas por outro usuário. O sistema multiusuário geralmente possui a opção trocar de usuário, que permite bloquear a sessão ativa e iniciar outra sessão simultânea.
   | Unix, VMS e sistemas operacionais mainframe, como o MVS.
▷ **Monousuário:** em um sistema monousuário, para que outro usuário inicie sessão, é necessário finalizar a do usuário ativo, também conhecido como efetuar logoff.
   | Palm OS.

1.2.3 Softwares de escritório

São aplicativos com utilização mais genérica, os quais possibilitam diversas demandas de um escritório, suprindo, também, muitas necessidades acadêmicas em relação à criação de trabalhos.

A seguir, apresentamos um comparativo entre as suítes de escritório[11] que são cobradas na prova.

Editor	Microsoft Office	BrOffice
Texto	Word	Writer
Planilha	Excel	Calc
Apresentação de slides	PowerPoint	Impress
Desenho	Publisher	Draw
Banco de dados	Access	Base
Fórmula	Equation	Math

---

10 Distribuição Linux: uma cópia do Linux desenvolvida, geralmente, com base em outra cópia, mas com algumas adaptações.
11 Suíte de escritório: expressão que remete ao conjunto integrado de aplicativos voltados para as tarefas de escritório, como editores de texto, editores de planilhas, editores de apresentação, aplicativos, agendas e outros.

SOFTWARE

> **Fique ligado**
>
> Editores de texto, planilha e apresentação são os itens mais cobrados em provas de concursos. Sobre esses programas, podem aparecer perguntas a respeito do seu funcionamento, ainda que sobre editores de apresentação sejam bem menos frequentes.

Outro ponto importante a ser ressaltado é que o **Microsoft Outlook** é componente da suíte de aplicativos Microsoft Office e que não foi destacado na tabela comparativa por não existir programa equivalente no BrOffice.

Por vezes o concursando pode se deparar na prova com o nome **LibreOffice**, o que está correto, pois o BrOffice é utilizado no Brasil apenas, mas ele é baseado no Libre Office. Até a versão 3.2, o BrOffice era fundamentado no OpenOffice e, após a compra da Sun pela Oracle a comunidade decidiu mudar para o Libre por questões burocráticas.

1.2.4 Softwares utilitários

Alguns programas ganharam tamanho espaço no dia a dia do usuário que, sem eles, podemos ficar sem acesso às informações contidas em arquivo, por exemplo.

São classificados como utilitários os programas compactadores de arquivos, como o ZIP, e leitores de PDF, como o Adobe Reader. Esses programas assumiram tal patamar por consolidarem seus formatos de arquivos.

Entre os compactadores temos os responsáveis pelo formato de arquivos ZIP, apesar de que, desde a versão XP, o Windows já dispunha de recurso nativo para compactar e descompactar arquivos nesse formato, muitos aplicativos se destacavam por oferecer o serviço de forma mais eficiente ou prática. Os compactadores mais conhecidos são: WinZip, BraZip e 7-Zip. Outro compactador que ganhou espaço no mercado foi o WinRar com o formato .RAR, que permite maior compactação quando comparado ao ZIP.

1.2.5 Softwares de entretenimento

Aqui entram os aplicativos multimídias como players de áudio e vídeo, assim como Windows Media Player, Winamp, iTunes, VLC player e BS player, dentre outros, e os players de jogos como Campo Minado, Paciência, Pinball e outros tantos de mais alto nível.

1.2.6 Malwares

Os malwares são programas que têm finalidade mal-intencionada e, na maioria das vezes, ilícita. Grande parte das bancas cita-os como pragas cibernéticas que infectam o computador do usuário e trazem algum prejuízo; por outro lado, há bancas que especulam sobre os diferentes tipos de malwares. A seguir são destacados os principais tipos de malwares.

> **Fique ligado**
>
> Para ser um malware tem que ser um software; do contrário, pode ser uma prática maliciosa, mas não um malware.

Vírus

O vírus é apenas um dos tipos de malware, ou seja, nem tudo que ataca o computador é um vírus. Para ser classificado como vírus, tem que ter as seguintes características:

▷ **Infectar** os arquivos do computador do usuário, principalmente arquivos do sistema.
▷ **Depender de ação do usuário**, como executar o arquivo ou programa que está contaminado com o vírus.
▷ Ter finalidades diversas, dentre as quais **danificar** tanto arquivos e o sistema operacional, como também as peças.

Vírus mutante

É um vírus mais evoluído, que tem a capacidade de alterar algumas de suas características a fim de burlar o antivírus.

Vírus de macro

O vírus de macro explora falhas de segurança das suítes de escritório, principalmente da Microsoft. Uma macro, ao ser criada, anexa ao documento uma programação (comandos geralmente em Visual Basic[12]) e o vírus desse tipo pode inserir seu código dentro deste código em VB.

O vírus de macro geralmente danifica a suíte de escritório, inutilizando-a, além de poder apagar documentos do computador. Para que seja executado, é necessário que o usuário execute o arquivo contaminado.

Worm

Ao contrário do vírus, o worm **não depende de ação do usuário** para executar; ele executa automaticamente: quando um pendrive é conectado a um computador, ele é contaminado ou contamina o sistema.

Ele tem como finalidade se replicar, porém, não infecta outros arquivos, apenas **cria cópias de si** em vários locais, o que pode encher o HD do usuário. Outra forma utilizada de se replicar é por meio da exploração de falhas dos programas, principalmente o e-mail, enviando por correio eletrônico cópias de si para os contatos do usuário.

Um worm, muitas vezes, instala no computador do usuário um bot, transformando o computador em um verdadeiro robô controlado à distância. Os indivíduos que criam um worm o fazem com a finalidade de infectar o maior número possível de computadores, para que possam

---

12 Visual Basic (VB): é uma linguagem de programação criada pela Microsoft.

utilizá-los em um ataque de DDoS[13], ou como forma de elevar a estatística de acessos a determinados sites. Também pode ser utilizado para realizar um ataque a algum computador ou servidor na internet a partir do computador infectado.

Trojan Horse (Cavalo de Troia)

O Trojan Horse (Cavalo de Troia) foi batizado com esse nome devido as suas características se assemelharem muito às da guerra da Grécia com Troia. Na História, os gregos deram aos troianos um grande cavalo feito de madeira e coberto de palha para disfarçar que era oco. Porém, dentro do cavalo estavam vários soldados gregos escondidos, que deveriam atacar quando fossem abertos os gigantes e fortes portões da cidade de Troia e, assim, o exército grego poderia invadir a fortaleza.

Um Cavalo de Troia é recebido pelo usuário como um "presente de grego", de modo a levar o usuário a abri-lo, ou seja, ele **depende de ação do usuário**. Esses presentes, geralmente, parecem um cartão virtual, uma mensagem, um álbum de fotos, uma indicação de prêmio, falsas respostas de orçamentos, folhas de pagamento ou qualquer coisa que, de alguma forma, chame a atenção do usuário para que ele abra para ser infectado.

Podemos tratá-lo em essência como um **meio** para que outro malware seja instalado no computador. Da mesma forma como o cavalo da história serviu como meio para infiltrar soldados e abrir os portões da cidade, o malware também pode abrir as portas do computador para que outros malwares o infectem, o que acontece na maioria dos casos, portanto, pode trazer em seu interior qualquer tipo de malware.

Esse malware executa as ações como exibir uma mensagem, ou crackear[14] um programa. Essa tarefa é realizada com o intuito de distrair o usuário enquanto os malwares são instalados.

Spyware

Também conhecido como **software espião**, o spyware tem a finalidade de capturar dados do usuário e enviá-los para terceiros. São de interesse, principalmente os números de cartões de crédito, CPF, RG, nomes, data de nascimento e tudo mais que for pertinente para que transações eletrônicas possam ser realizadas a partir dos dados capturados.

Existem dois tipos de spywares: os **KeyLoggers** e os **ScreenLoggers**.

KeyLogger

O termo key significa chave e log significa registro de ações.

O KeyLogger é um spyware cuja característica é capturar os dados digitados pelo usuário. Na maioria das situações o KeyLogger não captura o que é digitado a todo instante, mas o que é teclado após alguma ação prévia do usuário, como abrir uma página de um banco ou de uma mídia social. Há ainda alguns KeyLoggers são desenvolvidos para capturar conversas em programas de mensagens instantâneas.

ScreenLogger

Screen significa tela e, como mencionado anteriormente, log significa registro de ações.

O ScreenLogger é uma evolução do KeyLogger na tentativa de capturar, principalmente, as senhas de bancos, pois essa modalidade captura fotos avançadas da tela do computador a cada clique do mouse. Essa foto avançada, na verdade, é uma imagem de uma pequena área que circunda o cursor na tela, mas grande o suficiente para que seja possível ver em que número o usuário clicou.

Muitos serviços de internet Banking[15] utilizam um **teclado virtual**, no qual o usuário clica nos dígitos de sua senha ao invés de digitar. Assim, ao forçar que o usuário não utilize o teclado, essa ferramenta de segurança ajuda a evitar roubos de senhas por KeyLoggers. Por outro lado, foi criado o ScreenLogger, que captura imagens e, para combater essa modalidade, como forma de oferecer maior segurança, alguns bancos utilizam um dispositivo chamado **Token**, que é um dispositivo que gera uma chave de segurança aleatória e temporária, a qual uma vez utilizada para acessar a conta, torna-se inválida para novos acessos. Assim, mesmo sendo capturada, ela se torna inútil ao invasor.

> **Fique ligado**
> Cuidado para não confundir: teclado virtual em uma página de internet Banking é um recurso de segurança, enquanto o teclado virtual que faz parte do Windows é um recurso de acessibilidade.

Hijacker

O Hijacker é um malware que tem por finalidade **capturar** o **navegador** do usuário, principalmente o internet Explorer. Esse programa **fixa uma página inicial** no navegador, que pode ser uma página de propaganda ou um site de venda de produtos, ou mesmo um site de pornografia, ou páginas falsas de bancos.

As alterações realizadas por ele no navegador dificilmente são reversíveis. Na maioria dos casos, é necessário reinstalar o navegador várias vezes ou até formatar o computador. Existem, no mercado, alguns programas que tentam restaurar as configurações padrões dos navegadores, são conhecidos por HijackerThis, porém, não são ferramentas de segurança, mas apenas uma tentativa de consertar o estrago feito.

Adware

Adware (advertising software) é um software especializado em apresentar propagandas. Ele é tratado como malware, quando apresenta algumas características de spywares, além de, na maioria dos casos, se instalar no computador explorando falhas do usuário, por exemplo, durante a instalação de um programa em que o indivíduo não nota que em uma das etapas estava instalando outro programa diferente do desejado.

---

13 DDoS: ataque de negação de serviço distribuído.
14 Crackear: é uma quebra de licença de um software para que não seja necessário adquirir a licença de uso, caracterizando pirataria.
15 Internet Banking: acesso à conta bancária pela internet, para realizar algumas movimentações e consultas.

SOFTWARE

Muitos adwares monitoram o comportamento do usuário durante a navegação na internet e vendem essas informações para as empresas interessadas.

Backdoors

Backdoor é uma **porta dos fundos** para um ataque futuro ao computador do usuário. Ele pode ser inserido no computador por meio de Trojan Horse – que engana com falsos links –, como também pode ser um programa adulterado recebido de fonte pouco confiável. Por exemplo, um usuário baixa um programa em um site qualquer, diferente do oficial, e, por isso, nada impede que tenha sido ligeiramente alterado com a inserção de brechas para ataques futuros.

RootKits

Root significa raiz, que, nesse caso, é o administrador do ambiente Linux. Kit, por sua vez, é o conjunto de ferramentas e ações.

Um RootKit altera aplicativos do sistema, como os gerenciadores de arquivos, com o intuito de **esconder arquivos maliciosos** que estejam presentes no computador. Por meio dele, o invasor também pode criar backdoors no computador, para que possa voltar a atacar o equipamento sem se preocupar em ter de contaminá-lo novamente para fazer qualquer processo.

INFORMÁTICA

2 HARDWARE

O hardware consiste na parte física de um computador, ou seja, são as peças que o compõem. As questões comumente cobradas nos concursos relacionam os tipos de periféricos e sua classificação.

2.1 Classificação dos dispositivos quanto à finalidade

Os periféricos do computador são classificados de acordo com sua finalidade e uso. Assim, como classificações principais, temos as que se seguem.

2.1.1 Entrada

Dispositivos de entrada são aqueles por meio dos quais o usuário entra com alguma informação para ser enviada ao computador. Muito cuidado: para ser classificado como de entrada, os dispositivos têm de ser apenas de entrada.

| Dispositivos de entrada de dados: teclado, mouse, webcam, microfone, scanner de mesa, scanner de mão, scanner biométrico, mesa de design, Kinect[1].

2.1.2 Saída

Classificamos como dispositivos de saída aqueles que têm por finalidade informar ao usuário o resultado de algum processamento.

| Dispositivos de saída: monitor, impressora, caixa de som.

2.1.3 Entrada/Saída

Os periféricos classificados nessa categoria são os que devemos tomar mais cuidado durante as provas, porque aqui se encaixam aqueles dispositivos que podemos chamar de dispositivos híbridos devido a sua capacidade de realizar tanto a tarefa de entrada como a de saída de dados.

| Impressoras multifuncionais, telas sensíveis ao toque (touchscreen), kits multimídias[2].

2.1.4 Armazenamento

Os dispositivos de armazenamento são aqueles que nos permitem armazenar os dados e os mantêm armazenados mesmo quando não são alimentados por uma fonte de energia.

| Dispositivos de armazenamento: CD-ROM, DVD-ROM, BD-ROM (BlueRay Disk), HD (Hard Disk – disco rígido), HD externo, pendrive, HD SSD, cartão de memória.

2.2 Classificação dos dispositivos quanto ao tipo de tecnologia

Podemos ainda classificar os dispositivos de acordo com a tecnologia que eles utilizam para ler as informações ou escrevê-las.

2.2.1 Óticos

Um dispositivo ótico é aquele que se utiliza de sinais luminosos para, principalmente, ler informações.

| Scanner, CD, DVD, BD, webcam, alguns mouses.

2.2.2 Magnéticos

Os dispositivos de armazenamento magnético digitais possuem uma cabeça de leitura/escrita, que se move sobre uma superfície magnética. A cabeça modifica a magnetização de partes específicas do material, registrando dados em um código binário (bits), como zeros e uns. Ao mesmo tempo, para ler as informações, a cabeça detecta onde estão as alterações na superfície e, assim, reproduz o código que foi marcado.

Assim, vemos que ainda hoje é muito comum, entre os servidores de backup, o uso de fitas magnéticas, como a fita cassete, para armazenar os dados.

2.2.3 Elétricos

Atualmente, os dispositivos elétricos são os que mais vêm sendo utilizados, principalmente pela sua velocidade de operação e praticidade de uso, como o pendrive e os cartões de memória. É um dispositivo de altíssima velocidade que resolve o maior gargalo dos computadores, ou seja, substitui os HDs convencionais, que são as peças mais lentas das máquinas atuais.

2.3 Arquitetura

Podemos dividir as tecnologias de hardware em x86 de 32 bits e a de 64 bits. Essa divisão se baseia na forma como o sistema processa as informações, quer dizer, a quantidade de informações simultâneas que o processador opera.

2.4 Processador

O termo CPU significa Unidade Central de Processamento – e não o gabinete de peças da máquina, como muitos acreditam. Podemos comparar a CPU como sendo o cérebro do computador, porque ela é responsável por processar as informações e gerar um resultado. É composto

---

1 Kinect: é o dispositivo usado no vídeo game Xbox para entrada de movimentos do usuário, a Microsoft também o disponibilizou para ser utilizado como entrada para o computador.
2 Kit multimídia: é composto em geral por dispositivos de entrada e de saída, por isso é classificado como de Entrada/Saída.

HARDWARE

por vários registradores, que possuem finalidades específicas, sendo os principais a ULA (Unidade Lógico-aritmética), responsável pelos cálculos e comparações lógicas; e a UC (Unidade de Controle), que tem como responsabilidade controlar o que está sendo feito no processador.

Também faz parte do processador a memória cache. Ela é uma memória pequena em relação à principal, porém muito mais rápida, operando quase na mesma velocidade que o processador.

Em um processador, podemos encontrar vários níveis de cache, nos atuais normalmente encontramos 2 níveis (level), sendo que os mais modernos já possuem 3 níveis. Em alguns modelos a cache de nível 3 é interna ao processador, junto às demais, enquanto em outros ela fica externa a ele.

A finalidade da cache é fornecer informações mais rapidamente ao processador, a fim de minimizar o tempo em que ele fica ocioso.

2.4.1 Memórias

Existem diversos tipos de memórias, quando tratamos de um computador. Elas podem ser classificadas de diversas formas de acordo com suas características, conforme a tabela a seguir.

Tipo de memória	Categoria	Mecanismo de apagamento	Mecanismo de escrita	Volatilidade
Memória de acesso aleatório (RAM)	Memória de leitura e escrita	Eletricamente, em nível de bytes	Eletricamente	Volátil
Memória apenas de leitura (ROM)	Memória apenas de leitura	Não é possível	Máscaras	Não volátil
ROM programável (PROM)				
PROM apagável (EPROM)	Memória principalmente de leitura	Luz UV, em nível de pastilha	Elétrico	
Memória flash		Eletricamente, em níveis de blocos		
PROM eletricamente apagável (EEPROM)		Eletricamente, em nível de bytes		

A memória RAM é a principal do computador, também conhecida como memória de trabalho. É uma memória de leitura e escrita, porém possui natureza volátil, ou seja, quando desconectada da energia, perde todas as informações que estavam nela, por isso que, quando não salvamos um documento e o fornecimento de energia acaba, desligando o computador, perdemos parte desse trabalho. Já o HD pode ser chamado memória secundária por ser uma memória de armazenamento não volátil.

A memória ROM (read-only memory ou, em português, memória somente de leitura) é um tipo de memória que, como o próprio nome sugere, permite apenas a leitura de dados e não a escrita. Isso porque suas informações são gravadas pelo fabricante uma única vez e não podem ser alteradas ou apagadas, somente acessadas, sendo classificadas como memória não volátil.

A memória RAM é expansível, ao contrário da memória ROM.

2.5 Unidades de medida

Na Informática, a menor unidade de medida é o bit, que consiste em um sinal verdadeiro ou falso para o computador, que, por questões de facilidade, transcreve-se na forma de 0 (zero) e 1 (um). Porém, o bit apenas é uma informação pequena, então foi criado o conceito de "palavra", que passou a ser chamada Byte. Um Byte é composto por 8 bits.

A partir disso temos as unidades K, M, G, T, P e assim por diante, para designar tamanhos de arquivos e capacidades de armazenamentos. A cada letra multiplicamos por 1.024 a quantidade da anterior. A tabela a seguir ilustra as equivalências de valores.

1 Peta (PB)	1 Tera (TB)	1 Giga (GB)	1 Mega (MB)	1 Kilo (KB)	1 Byte	bit
1.024 (TB)	1.024 GB	1.024 MB	1.024 KB	1.024 Bytes	8 bits	0 ou 1

3 MANUSEIO DE EQUIPAMENTOS DE PROJEÇÃO

Os projetores de vídeo permitem a exibição da tela do computador (ou de outro dispositivo) de maneira ampliada em uma parede ou em um telão apropriado. Dessa forma, é possível a todos os presentes no ambiente assistir a apresentações de slides, sequências de fotos, vídeos etc.

Por ser um aparelho tão útil, os projetores são facilmente encontrados em empresas, escolas e universidades para reuniões, apresentações de trabalhos acadêmicos, entre outros.

3.1 Principais características dos projetores de vídeo

3.1.1 Luminosidade (brilho)

Um projetor de vídeo (também chamado datashow) utiliza um canhão luminoso para exibir as imagens oriundas de um computador (ou de outro dispositivo que gera imagens) em uma parede ou em um telão. Para que as imagens exibidas não fiquem apagadas ou difíceis de serem vistas em ambientes razoavelmente iluminados, é necessário que se tenha uma boa taxa de luminosidade.

Por ser padronizada pela American National Standards Institute (ANSI), a avaliação dessa característica é feita por intermédio de uma medida denominada "ANSI lumens". Evidentemente, quanto maior for essa taxa em um projetor, maior será a luminosidade de seu canhão de luz.

Para obter uma imagem com uma nitidez satisfatória, mesmo em ambientes muito espaçosos (por exemplo, um salão de festas), é recomendável usar um Datashow que tenha 1.500 ANSI lumens ou mais. Essa condição é especialmente válida quando se deseja ter o máximo possível de ampliação da imagem exibida.

Em ambientes pequenos, como uma sala de reuniões ou uma sala de aula, pode-se usar, confortavelmente, um projetor que tenha entre 1.000 e 1.500 ANSI lumens.

Convém frisar que, com a luminosidade, é recomendável checar se o aparelho tem uma boa taxa de contraste. Quanto maior for essa taxa, melhor. São preferíveis projetores que tenham, pelo menos, contraste de 500:1.

As tecnologias mais comuns existentes (até o momento) para projetores são: DLP, LCD e LCOS.

3.1.2 Resolução

Assim como nos monitores de vídeo, a resolução de um projetor pode influenciar na qualidade da imagem. Quanto maior é a resolução, melhor é a definição de certos objetos exibidos.

Para apresentações de slides usando softwares como o PowerPoint ou o Impress, por exemplo, uma resolução de 800 × 600 é suficiente para a maioria dos casos. Já para imagens que exibem muitos detalhes, como uma tabela contendo muitos valores ou mapas com muitas informações, uma resolução de 1.024 × 768 se mostra mais adequada. Uma resolução maior que isso só é recomendada quando há muita informação sendo exibida, como a planta de um prédio, por exemplo.

Para obter melhores resultados de imagem, recomenda-se deixar a resolução da placa de vídeo do computador no mesmo valor da resolução do projetor.

3.1.3 Tamanho da imagem

O tamanho da tela ideal para uma projeção depende do tamanho do ambiente. Quanto maior for o local, maior deve ser o tamanho da imagem, para que as pessoas localizadas ao fundo não tenham dificuldades na visualização.

Uma forma de ajustar essa característica é aumentando ou diminuindo a distância do Datashow da parede ou do telão. Quanto mais distante estiver o aparelho, maior será o tamanho da imagem.

3.1.4 Relação distância × tamanho da imagem

É importante frisar, no entanto, que a luminosidade diminui à medida que o projetor fica mais longe da área de exibição. Se o contrário for feito, a imagem fica com mais brilho. Por essa razão, os projetores geralmente indicam em seus manuais as distâncias máximas e mínimas com as quais trabalham.

Praticamente todos os projetores contam com um botão que permite regular a ampliação da imagem, além de outro que permite ajustar o foco, já que este muda quando há alteração no tamanho da imagem.

3.1.5 Lâmpada

Os projetores de vídeo duram bastante se bem cuidados, mas a lâmpada da fonte luminosa costuma durar menos. Por esse motivo, especialistas recomendam a aquisição de aparelhos de marcas que ofereçam uma rede de assistência técnica razoável para que seja possível encontrar lâmpadas substitutas e, quando necessário, outras peças de reposição.

Para aumentar o tempo de vida útil da lâmpada, é importante seguir rigorosamente as recomendações que o fabricante disponibiliza no manual do aparelho.

3.2 Periféricos

São componentes de hardware da informática (peças e componentes físicos) que não são obrigatórios para o funcionamento do computador, porém são fundamentais para que o usuário possa estabelecer interface com o computador.

MANUSEIO DE EQUIPAMENTOS DE PROJEÇÃO

Existem periféricos em que o usuário envia informações para o computador, denominados periféricos de entrada, ou input. Existem periféricos em que o computador envia as informações para o usuário, denominados periféricos de saída, ou output. Existe ainda um conjunto de periféricos que cumpre as duas funções, e são denominados periféricos de híbridos, ou de Entrada e Saída (E/S) ou ainda Input/Output (I/O).

3.2.1 Periféricos de entrada (input)

Os periféricos de entrada são denominados dessa forma quando têm a função de auxiliar os usuários a enviarem informações para o computador, mas que não são obrigatórios para o seu funcionamento:

- **Mouse:** envia informações de ação para o computador, por meio da interface gráfica, utilizando o cursor visual.
- **Teclado:** envia comandos por intermédio de teclas físicas alfanuméricas, e atalhos ou teclas de atalhos.
- **Microfone:** envia comandos de voz para serem gravados ou executar alguma função no computador.
- **Scanner:** tem como função digitalizar imagens. O scanner padrão digitaliza imagens, transformando fotografias. Caso o scanner tenha o recurso OCR (reconhecimento óptico de caracteres), também terá a capacidade de digitalizar caracteres, transformando em um arquivo de texto que pode ser editado.
- **Leitores:** tanto os leitores de códigos de barras quanto os leitores biométricos enviam para o computador informações capturadas por eles.
- **Webcam:** captura imagens e envia para o computador, que pode servir para envio de imagens em videoconferência ou criação de arquivo de imagem.
- **Mesa digitalizadora:** também denominada tablete gráfico, tem a função de capturar escrita ou desenho em uma base que utiliza uma caneta especial e transformar em um arquivo de texto ou imagem.

3.2.2 Periféricos híbridos (input/output)

Caracterizam-se por cumprirem tanto a função de envio quanto de recebimento de informações:

- **Multifuncionais:** por padrão, são constituídas do periférico de entrada scanner e do periférico de saída impressora, e por esta razão são input/output, ou híbridas.
- **Monitor touchscreen:** os monitores padrão são geralmente componentes exclusivamente de saída, porém os que são sensíveis ao toque ou touchscreen são input/output ou híbridos.

3.2.3 Periféricos de saída (output)

São os componentes de hardware que não são obrigatórios para o funcionamento do computador, mas que têm a função de permitir a interface usuário-computador, e são responsáveis por possibilitar que o computador envie informações para o usuário, em uma interface máquina-homem, sendo considerados de saída, ou output.

Impressoras

As impressoras são periféricos exclusivamente de saída, que enviam documentos impressos e são classificados quanto às suas características de qualidade, velocidade, custo e autonomia de impressão, que é a capacidade da impressora trabalhar de forma contínua sem a necessidade da interferência humana.

- **Impressora matricial:** também é conhecida como impressora "de impacto" e que utiliza fita para impressão e formulário contínuo, tem como características principais baixa qualidade de impressão, baixo custo, baixa velocidade e alta autonomia.
- **Impressora jato de tinta:** é a que tem características mais residenciais e menos corporativas. Funciona com a tinta no estado líquido, utilizando cartuchos para a impressão, e tem como características principais: média qualidade de impressão, alto custo, média velocidade e baixa autonomia.
- **Impressora laser:** é a mais comum na maioria das empresas, pois suas características são as mais apropriadas para o uso em organizações, particularmente em atividades administrativas. Funciona com a tinta no estado sólido, utilizando tonners para a impressão, e tem como características principais: alta qualidade de impressão, médio custo, alta velocidade e média autonomia.
- **Outros tipos de impressoras:** existem ainda outros tipos de impressoras, como térmica, jato de cera, sculp (impressora "3D") e plotter (impressora para impressão de banners, mapas etc.).

Monitores

Os monitores são, por padrão, periféricos exclusivamente de saída. Caso o monitor tenha a característica touchscreen, será um periférico híbrido (input/output).

- **Monitor CRT Mono (de fósforo):** não é mais fabricado e tem a pior qualidade de geração original de imagens. Existem monitores de fósforo verde, cinza e laranja.
- **Monitores CRT Color (de tubo):** durante muito tempo foi o monitor padrão para os computadores de mesa (desktops). Tem um projetor e um amplificador que permitem a visualização das imagens geradas.
- **Monitor LCD (cristal líquido):** é o monitor padrão para computadores de mesa (desktops) ou notebooks e tablets. Existe uma subcategoria de monitores LCD denominada LED e OLED.

INFORMÁTICA

> **Fique ligado**
>
> Tanto o monitor CRT Color quanto o monitor LCD utilizam pixels para a geração de imagens. Um pixel possui três elementos internos, que geram, cada um, uma cor sólida, dentre as possíveis na paleta RGB (vermelho, verde e azul). Quanto maior for a distância entre pixels, pior será a geração original de imagens. Essa distância pode ser denominada DP ou Dot Pitch ou Pixel Pitch.

3.2.4 Periféricos de fornecimento de energia

Existe uma categoria de periféricos que não são nem de entrada de dados nem de saída de dados, mas, sim, para fornecimento de energia aos computadores.

▷ **Filtro de linha:** tem a função de interromper o fornecimento de energia no caso de sobrecarga e eliminar ruídos da rede elétrica.

▷ **Estabilizador:** tem a função de conter sobrecargas de energia, para que não comprometa o desempenho do computador. O estabilizador concentra tanto a sobretensão quanto a subtensão.

▷ **Nobreak:** tem a função de acumular energia da rede elétrica e, na ausência de energia da fonte de alimentação direta, fornece energia para o computador. O nobreak tem sempre autonomia relativa e nunca absoluta.

4 LINUX

Trata-se de um sistema operacional (SO) criado por Linus Torvald, com base na plataforma UNIX. Nesta seção são abordados os conceitos relacionados diretamente a algumas funcionalidades e definições deste sistema.

4.1 Dual boot

É possível instalar em um mesmo computador múltiplos sistemas operacionais, de forma que, ao ligar o computador, o usuário escolhe qual sistema deseja utilizar. A etapa de escolha do sistema é controlada por gerenciadores de boot; quando se instala o Linux, ele instala automaticamente um gerenciador de boot, como o GRUB e o LILO.

4.2 Distribuições

Uma distribuição Linux é uma cópia modificada e compartilhada com a comunidade. Isso se deve ao fato de ele ser um software livre e, assim, é permitido alterar uma distribuição e repassar a outras pessoas que, por sua vez, também podem efetuar as suas alterações.

Há sites, como o https://distrowatch.com/, por exemplo, em que existem mais de 300 distribuições Linux registradas. As principais são:

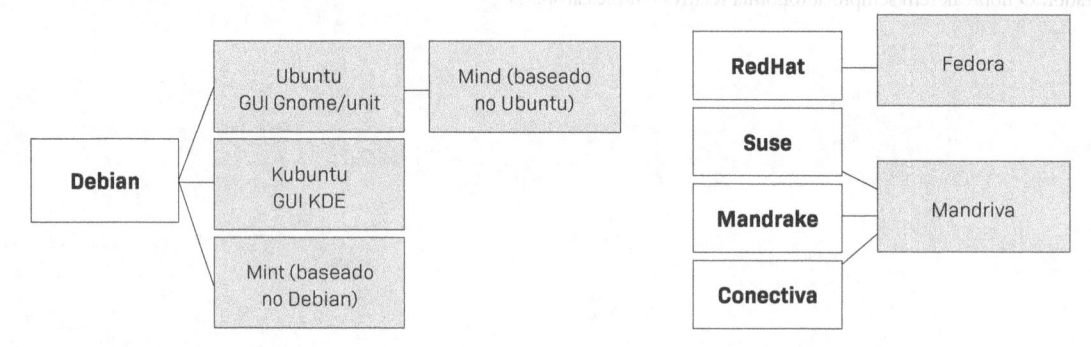

- Debian
  - Ubuntu GUI Gnome/unit
    - Mind (baseado no Ubuntu)
  - Kubuntu GUI KDE
  - Mint (baseado no Debian)
- RedHat
  - Fedora
- Suse
- Mandrake
  - Mandriva
- Conectiva

4.3 Estrutura de diretórios

A estrutura de diretórios define quais são as pastas do sistema e quais são as suas finalidades perante os programas e o próprio SO.

A estrutura de diretório do Linux, assim como a do Windows, possui caráter hierárquico, que toma como partida a raiz do sistema – no caso do Linux, a raiz do SO é o diretório / (barra). O termo raiz é atribuído, pois a estrutura de diretórios observada de forma inversa apresenta características de uma árvore que, a partir da raiz, possui seus galhos, as pastas e, por fim, suas folhas, os arquivos.

Diretórios	Funções
/dev	(devices): armazena os drivers/dev dos dispositivos.
/bin	(binaries): armazena os binários essenciais para o funcionamento do sistema. Como também comandos básicos do SO como rm, pwd, su, tar, entre outros.
/Sbin	(binaries): armazena os binários essenciais para o funcionamento do sistema que sejam vinculados ao Super Usuário (administrador).
/mnt	(Mount): conhecido como ponto de montagem padrão, é o local por meio do qual se tem acesso às unidades de armazenamento conectados no computador.
/etc	Armazena os arquivos de configuração do sistema operacional.
/boot	Arquivos necessários para o boot do sistema.
/tmp	Arquivos temporários.
/home	Armazena as pastas dos usuários.
/root	Diretório do administrador.

4.4 Gerenciadores de arquivos

O gerenciador de arquivo é o programa que permite navegar entre as pastas do computador, como também realizar tarefas do tipo copiar, recortar, colar, renomear e mover arquivos e pastas.

O Nautilus é o gerenciador de arquivos utilizado nas distribuições Linux que trabalham com a interface gráfica Gnome, enquanto as distribuições que utilizam o KDE têm como gerenciador de arquivos o Konqueror, que também pode ser utilizado como navegador de internet (o Nautilus tem essa opção desabilitada por segurança).

4.5 Terminal Linux

O Shell é o aplicativo que permite operar com o sistema operacional Linux por meio de linhas de comandos, ou seja, é o responsável por ler e interpretar um comando do usuário. Ele é similar ao Prompt de comandos no Windows (DOS).

4.6 Comandos Linux

Embora o Linux possua várias interfaces gráficas que podem ser utilizadas, a boa e velha linha de comando ainda é o caminho mais prático e rápido para a execução de muitas tarefas. Para facilitar o entendimento, a tabela a seguir contém os principais comandos suas ações:

Comandos	Funções
cd	Permite navegar entre as pastas.
ls	Lista arquivos e pastas do diretório atual.
clear	Limpa a tela.
exit	Sai do terminal.
cp	Copia um arquivo ou pasta especificado.
rm	Remove um arquivo ou pasta especificado.
init 0	Desliga o computador (é necessário ser administrador para executar este comando).
init 6	Reinicia o computador (é necessário ser administrador para executar este comando).
chmod	Permite alterar as permissões de arquivos e pastas.
mv	Move arquivos e pastas. Também pode ser utilizado para renomear um arquivo ou pasta.
pwd	Mostra o diretório em que você está.
mkdir	Cria um diretório.
reboot	Reinicia o sistema operacional.
tar	Empacota os arquivos e pastas em um único arquivo (não compacta).
gzip	Compacta os arquivos e/ou pastas em um mesmo arquivo.

5 WINDOWS 10

O Microsoft Windows 10 é um sistema operacional lançado em 29 de julho de 2015. Essa versão trouxe inúmeras novidades, principalmente por conta da sua portabilidade para celulares e tablets.

5.1 Requisitos mínimos

Para instalar o Windows 10, o computador deve ter no mínimo 1 GB de memória RAM para computadores com processador 32 bits de 1 GHz, e 2 GB de RAM para processadores de 32 bits de 1 GHz. Todavia, recomenda-se pelo menos 4 GB.

A versão 32 bits do Windows necessita, inicialmente, de 16 GB de espaço livre em disco, enquanto o Windows 64 bits utiliza 20 GB. A resolução mínima recomendada para o monitor é de 1.024 × 768.

5.2 Diferenças em relação à versão anterior

O Windows 10 nasceu com a promessa de ser o último Windows lançado pela Microsoft, o que não significa que não será atualizado. A proposta da fabricante é não lançar mais versões, a fim de tornar as atualizações mais constantes, sem a necessidade de aguardar para atualizar junto com uma versão numerada. Em de outubro de 2021, o Windows 11 foi lançado e conta com um visual mais limpo e minimalista, incluindo ícones remodelados, janelas translúcidas, nova iconografia e um Menu Iniciar centralizado.

O objetivo do projeto do novo Windows foi baseado na interoperabilidade entre os diversos dispositivos como tablets, smartphones e computadores, de modo que a integração seja transparente, sem que o usuário precise, a cada momento, indicar o que deseja sincronizar.

A Charms Bar, presente no Windows 8 e 8.1, foi removida, e a tela inicial foi fundida ao botão (menu) Iniciar. Algumas outras novidades apresentadas pela Microsoft são:

▷ Xbox Live e novo Xbox app proporcionam novas experiências de jogo no Windows 10. No Xbox, é possível que jogadores e desenvolvedores acessem à rede de jogos do Xbox Live, tanto nos computadores quanto no Xbox One. Os jogadores podem capturar, editar e compartilhar seus melhores.
▷ Momentos no jogo com o Game DVR e disputar novos jogos com os amigos nos dispositivos, conectando a outros usuários do mundo todo. Os jogadores também podem disputar jogos no seu computador, transmitidos por stream diretamente do console Xbox One para o tablet ou computador Windows 10, dentro de casa.
▷ Sequential mode: em dispositivos 2 em 1, o Windows 10 alterna facilmente entre teclado, mouse, toque e tablet. À medida que detecta a transição, muda convenientemente para o novo modo.
▷ Novos apps universais: o Windows 10 oferece novos aplicativos de experiência, consistentes na sequência de dispositivos, para fotos, vídeos, música, mapas, pessoas e mensagens, correspondência e calendário. Esses apps integrados têm design atualizado e uniformidade de app para app e de dispositivo para dispositivo. O conteúdo é armazenado e sincronizado por meio do OneDrive, e isso permite iniciar uma tarefa em um dispositivo e continuá-la em outro.

5.2.1 Área de Trabalho

A barra de tarefas apresenta como novidade a busca integrada.

5.2.2 Cortana

Esse recurso opera junto ao campo de pesquisa localizado na barra de tarefas do Windows. É uma ferramenta de execução de comandos por voz, porém, ainda não conta com versão para o português do Brasil.

5.2.3 Continue de onde parou

Esse recurso permite uma troca entre computador, tablet e celular sem que o usuário tenha de salvar os arquivos e os enviar para os aparelhos; o próprio Windows se encarrega da sincronização.

Ao abrir um arquivo em um computador e editá-lo, basta abri-lo em outro dispositivo, de modo que as alterações já estarão acessíveis (a velocidade e disponibilidade dependem da conexão à internet).

5.2.4 Desbloqueio imediato de usuário

Trata-se de um recurso disponível que permite ao usuário que possua webcam usar uma forma de reconhecimento facial para *logar* no sistema, sem a necessidade de digitar senha.

5.2.5 Múltiplas áreas de trabalho

Uma das novidades do Windows 10 é a possibilidade de manipular "múltiplas Áreas de Trabalho", uma característica que já estava há tempos presente no Linux e no MacOS. Ao usar o atalho Windows + Tab, é possível criar uma Área de Trabalho e arrastar as janelas desejadas para ela.

5.2.6 Iniciar

Com essa opção em exibição, ao arrastar o mouse ligeiramente para baixo, são listados os programas abertos pela tela inicial. Programas abertos dentro do desktop não aparecem na lista, conforme ilustrado a seguir.

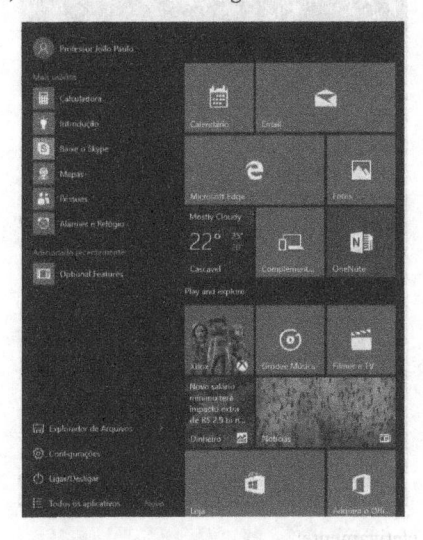

5.2.7 Aplicativos

Os aplicativos podem ser listados clicando-se no botão presente na parte inferior do botão Iniciar, mais à esquerda.

5.2.8 Acessórios

O Windows 10 reorganizou seus acessórios ao remover algumas aplicações para outro grupo (sistema do Windows).

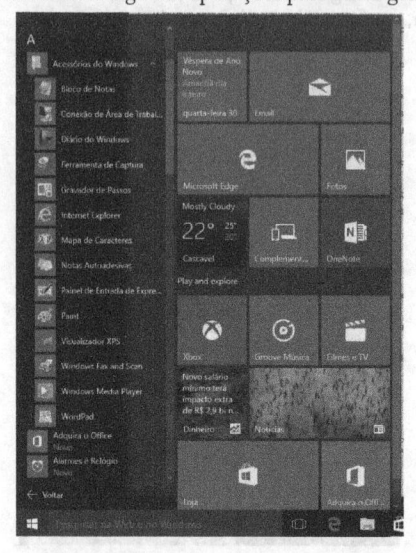

Os aplicativos listados como acessórios são, efetivamente:

- Bloco de notas;
- Conexão de área de trabalho remota;
- Diário do Windows;
- Ferramenta de captura;
- Gravador de passos;
- internet Explorer;
- Mapa de caracteres;
- Notas autoadesivas;
- Painel de entrada de expressões matemática;
- Paint;
- Visualizador XPS;
- Windows Fax and Scan;
- Windows Media Player;
- WordPad.

5.2.9 Bloco de notas

O bloco de notas é um editor de texto simples, e apenas texto, ou seja, não aceita imagens ou formatações muito avançadas e são possíveis apenas algumas formatações de fonte: tipo/nome da fonte, estilo de fonte (negrito, itálico) e tamanho da fonte. A imagem a seguir ilustra a janela do programa.

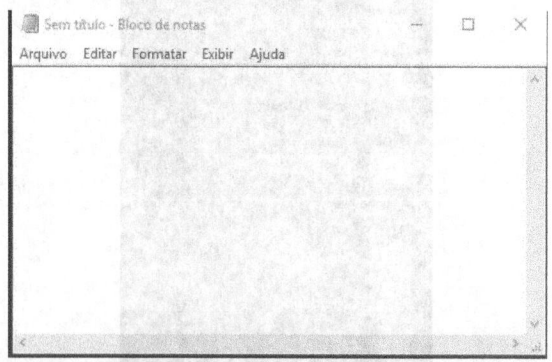

A cor da fonte não é uma opção de formatação presente. A janela a seguir ilustra as opções.

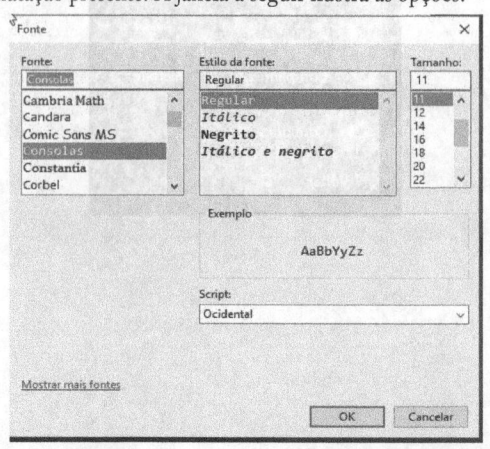

INFORMÁTICA

5.2.10 Conexão de área de trabalho remota

A conexão remota do Windows não fica ativa por padrão, por questões de segurança. Para habilitar a conexão, é necessário abrir a janela de configuração das Propriedades do Sistema, ilustrada a seguir. Essa opção é acessível pela janela Sistema do Windows.

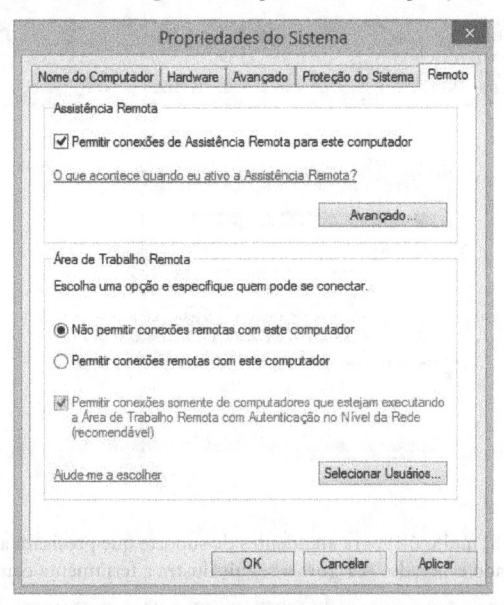

A conexão pode ser limitada à rede por restrição de autenticação em nível de rede, ou pela internet, usando contas de e-mail da Microsoft. A figura a seguir ilustra a janela da Conexão de Área de Trabalho Remota.

5.2.11 Diário do Windows

A ferramenta Diário do Windows é uma novidade no Windows 8. Ela permite que o usuário realize anotações como em um caderno. Os recursos de formatação são limitados, de modo que o usuário pode escrever com fonte manuscrita ou por meio de caixas de texto.

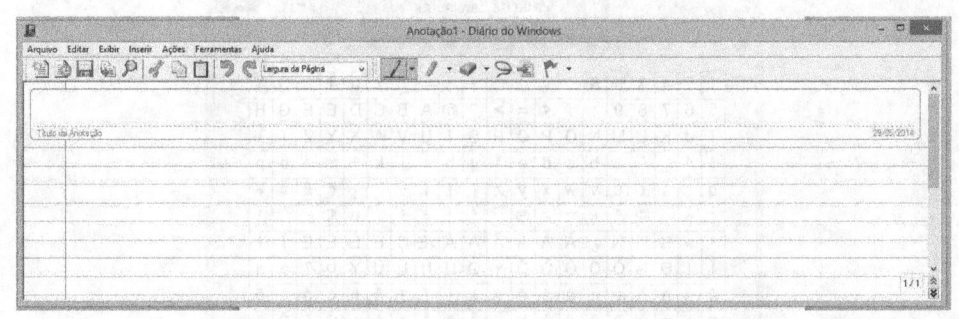

WINDOWS 10

5.2.12 Ferramenta de captura

A ferramenta de captura, presente desde o Windows 7, permite o print de partes da tela do computador. Para tanto, basta selecionar a parte desejada usando o aplicativo.

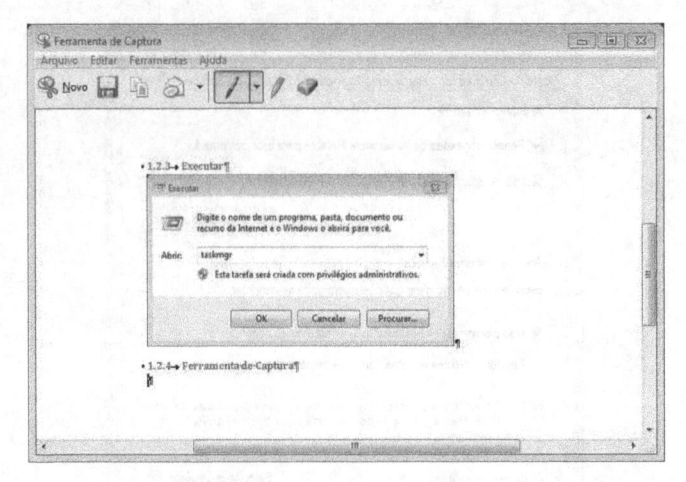

5.2.13 Gravador de passos

É um recurso vindo desde o Windows 8, muito útil para atendentes de suporte que precisam apresentar o passo a passo das ações que um usuário precisa executar para obter o resultado esperado. A figura a seguir ilustra a ferramenta com um passo gravado para exemplificação.

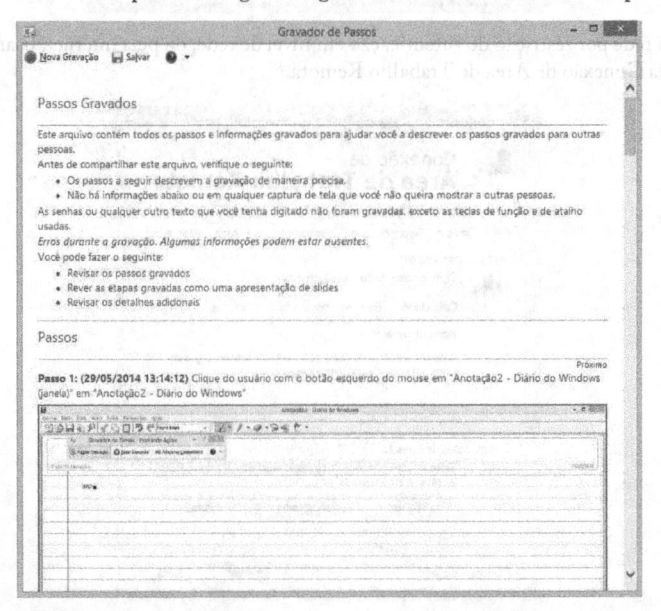

5.2.14 Mapa de caracteres

Frequentemente, faz-se necessário utilizar alguns símbolos diferenciados. Esses símbolos são chamados de caracteres especiais e esse recurso consegue listar os caracteres não presentes no teclado para cada fonte instalada no computador e copiá-los para a área de transferência do Windows.

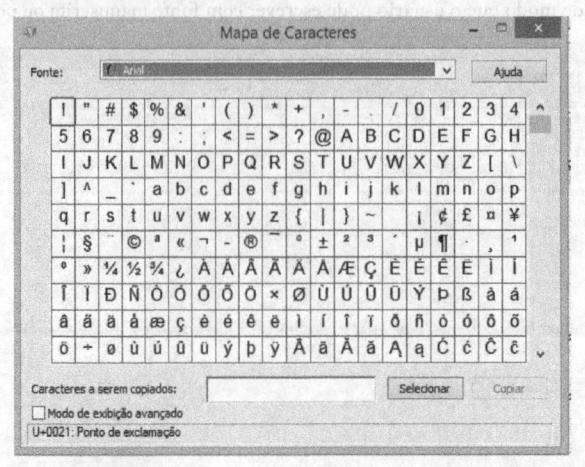

5.2.15 Notas autoadesivas

Por padrão, as notas autoadesivas são visíveis na Área de Trabalho, elas se parecem com post-its.

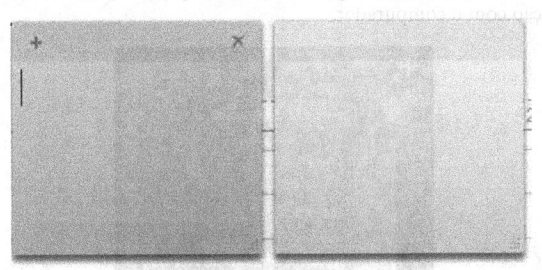

5.2.16 Painel de entrada de expressões matemáticas

Essa ferramenta possibilita o usuário de desenhar fórmulas matemáticas como integrais e somatórios, e ainda colar o resultado produzido em documentos. É possível fazer isso utilizando o mouse ou outro dispositivo de inserção como tablet canetas e mesas digitalizadoras.

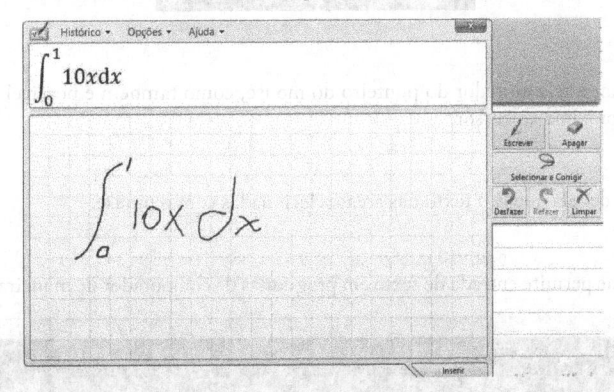

5.2.17 Paint

O tradicional editor de desenho do Windows, que salva seus arquivos no formato PNG, JPEG, JPG, GIF, TIFF e BMP (Bitmap), não sofreu mudanças em comparação com a versão presente no Windows 7.

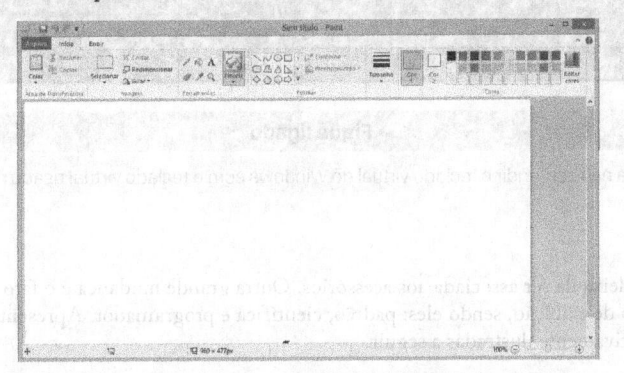

5.2.18 WordPad

É um editor de texto que faz parte do Windows, ao contrário do MS Word, com mais recursos que o Bloco de Notas.

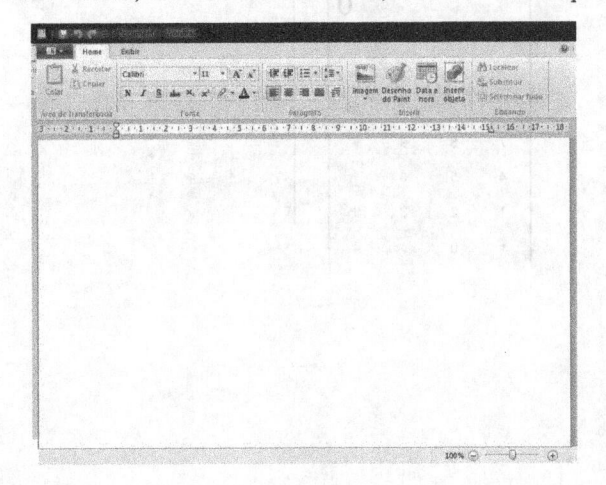

WINDOWS 10

5.2.19 Facilidade de acesso

Anteriormente conhecida como ferramentas de acessibilidade, são recursos que têm por finalidade auxiliar pessoas com dificuldades para utilizar os métodos tradicionais de interação com o computador.

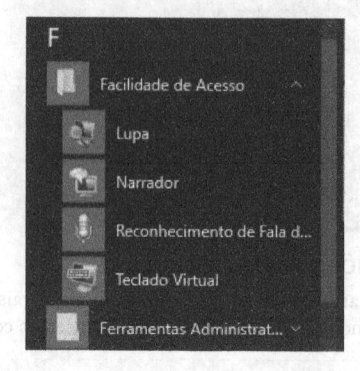

Lupa

Ao utilizar a lupa, pode-se ampliar a tela ao redor do ponteiro do mouse, como também é possível usar metade da tela do computador exibindo a imagem ampliada da área próxima ao cursor.

Narrador

O narrador é uma forma de leitor de tela que lê o texto das áreas selecionadas com o mouse.

Teclado virtual

O teclado virtual é um software que permite entrada de texto em programas de computador de maneira alternativa ao teclado convencional.

Fique ligado

É preciso ter muito cuidado para não confundir o teclado virtual do Windows com o teclado virtual usado nas páginas de internet Banking.

5.2.20 Calculadora

A calculadora do Windows 10 deixa de ser associada aos acessórios. Outra grande mudança é o fato de que sua janela pode ser redimensionada, bem como perde um modo de exibição, sendo eles: padrão, científica e programador. Apresenta inúmeras opções de conversões de medidas, conforme ilustrado respectivamente ilustradas a seguir.

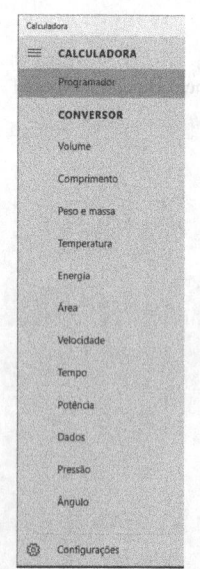

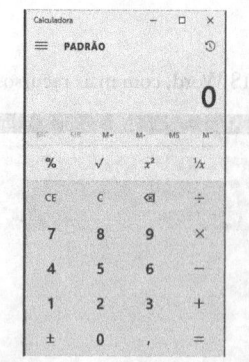

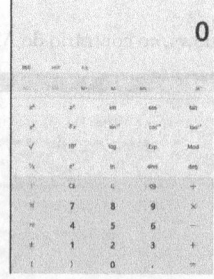

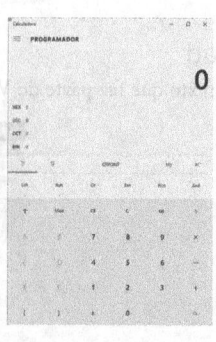

5.2.21 Painel de Controle

É o local onde se encontram as configurações do sistema operacional Windows e pode ser visualizado em dois modos: ícones ou categorias. As imagens a seguir representam, respectivamente, o modo ícones e o modo categorias.

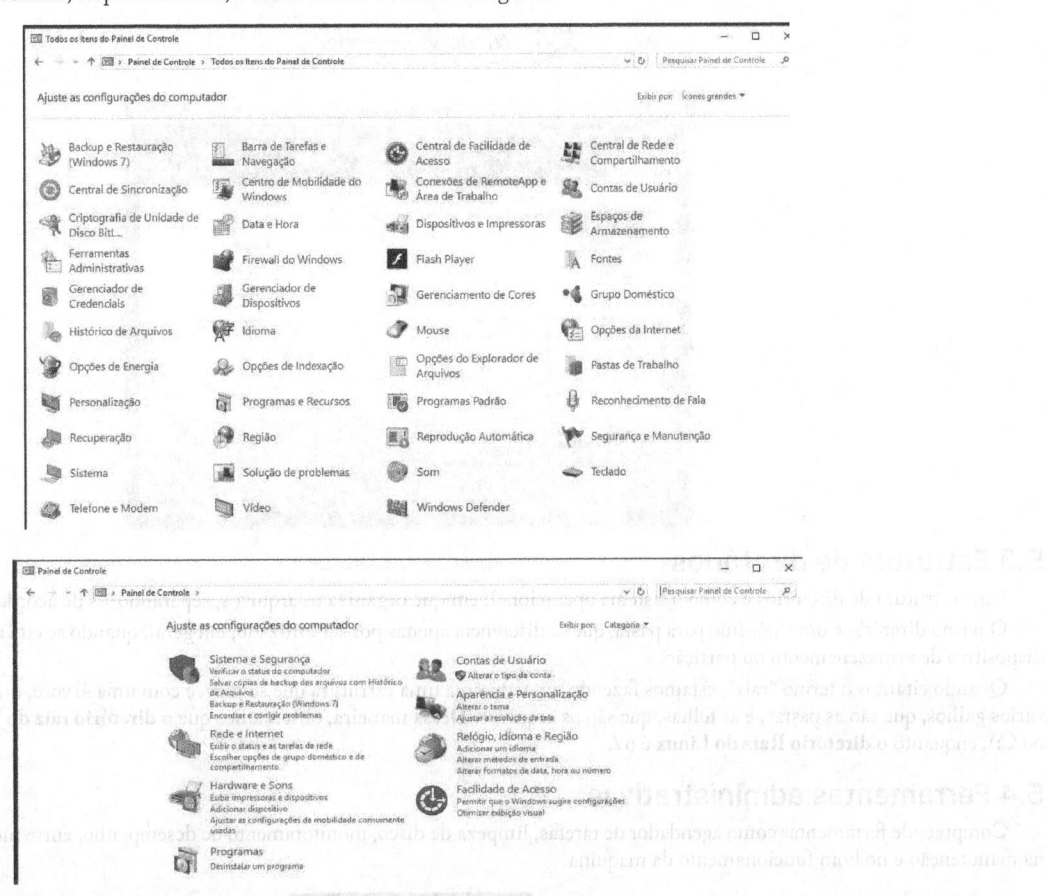

No modo categorias, as ferramentas são agrupadas de acordo com sua similaridade, como "Sistema e segurança", o que envolve o "Histórico de arquivos" e a opção "Corrigir problemas".

A opção para remover um programa possui uma categoria exclusiva chamada "Programas".

Na categoria "Relógio, idioma e região", temos acesso às opções de configuração do idioma padrão do sistema. Por consequência, é possível também o acesso às unidades métricas e monetárias, bem como alterar o layout do teclado ou botões do mouse.

Algumas das configurações também podem ser realizadas pela janela de configurações acessível pelo botão Iniciar.

5.2.22 Segurança e manutenção

Nessa seção, é possível verificar o nível de segurança do computador em relação ao sistema ou à possibilidade de invasão.

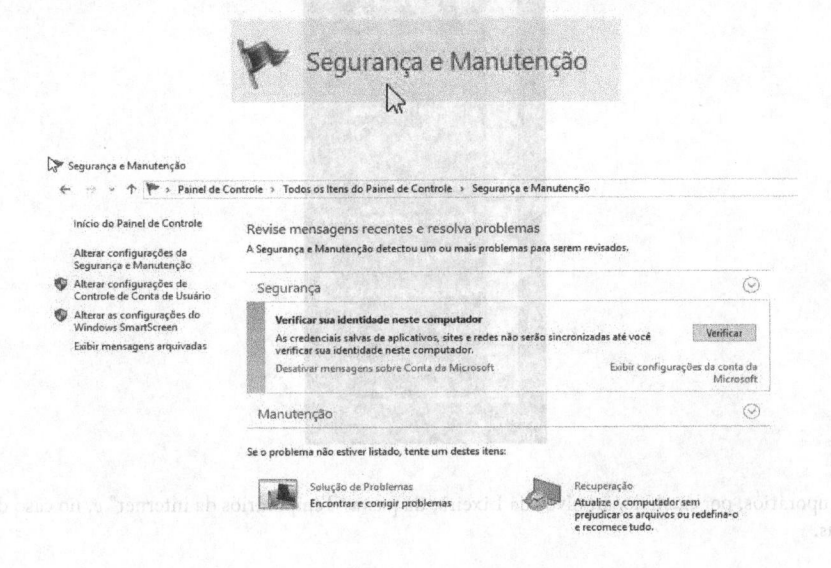

5.2.23 Windows Defender

No Windows 10, o Windows Defender passou a ser antivírus, além de ser antispyware.

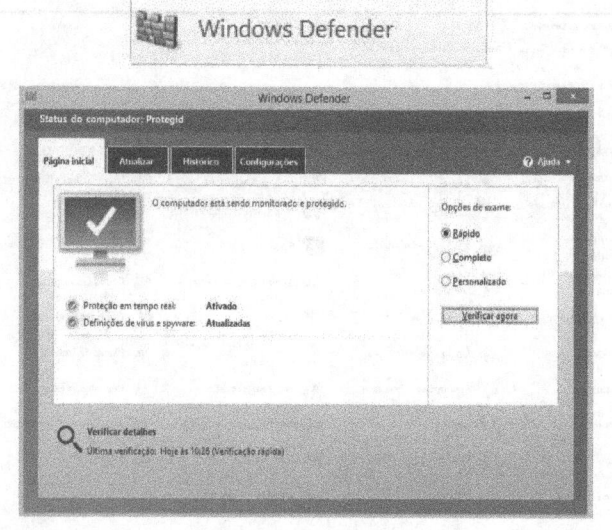

5.3 Estrutura de diretórios

Uma estrutura de diretórios é como o sistema operacional, em que organiza os arquivos, separando-os de acordo com sua finalidade.

O termo diretório é um sinônimo para pasta, que se diferencia apenas por ser utilizado, em geral, quando se cita alguma pasta "raiz" de um dispositivo de armazenamento ou partição.

Quando citamos o termo "raiz", estamos fazendo uma alusão a uma estrutura que se parece com uma árvore, que parte de uma raiz e cria vários galhos, que são as pastas, e as folhas, que são os arquivos. Dessa maneira, observamos que o **diretório raiz do Windows** é o diretório **C:** ou **C:**, enquanto o **diretório Raiz do Linux** é o /.

5.4 Ferramentas administrativas

Compreende ferramentas como agendador de tarefas, limpeza de disco, monitoramento de desempenho, entre muitos outros, que auxiliam na manutenção e no bom funcionamento da máquina.

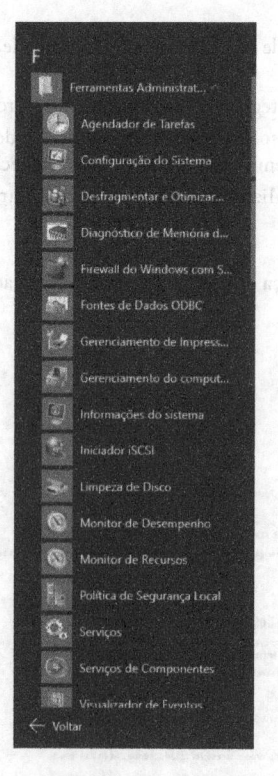

Limpeza de disco

Apaga os arquivos temporários, por exemplo, arquivos da Lixeira, da pasta "Temporários da internet" e, no caso do Windows, a partir da versão Vista, as miniaturas.

INFORMÁTICA

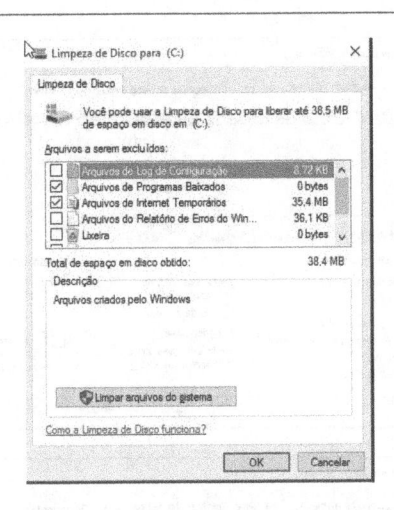

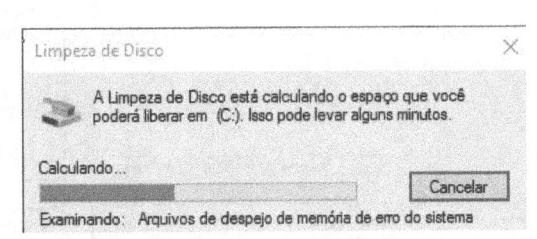

Lixeira

A capacidade da Lixeira do Windows é calculada. Assim, para HDs de até 40 GB, a capacidade é de 10%. Todavia, para discos rígidos maiores que 40 GB, o cálculo não é tão direto. Vamos a um exemplo: caso um HD possua o tamanho de 200 GB, é necessário descontar 40 GB, pois até 40 GB a lixeira possui capacidade de 10%; assim, sobram 160 GB. A partir desse valor, deve-se calcular mais 5%, ou seja, 8 GB. Com isso, a capacidade total da lixeira do HD de 200 GB fica com 4 GB + 8 GB = 12 GB.

> **Fique ligado**
>
> É importante, ainda, destacar que a capacidade da lixeira é calculada para cada unidade de armazenamento. Desse modo, se um HD físico de 500 GB estiver particionado, é necessário calcular separadamente a capacidade da lixeira para cada unidade.

A Lixeira é um local, e não uma pasta. Ela lista os arquivos que foram excluídos, porém nem todos aqueles que foram excluídos vão para a Lixeira. Vejamos a lista de situações em que um arquivo não será movido para a lixeira:

- Arquivos maiores do que a capacidade da Lixeira;
- Arquivos que estão compartilhados na rede;
- Arquivos de unidades removíveis;
- Arquivos que foram removidos de forma permanente pelo usuário.

Desfragmentar e otimizar unidades

É responsabilidade do Desfragmentador organizar os dados dentro do HD de maneira contínua/contígua para que o acesso às informações em disco seja realizado mais rapidamente.

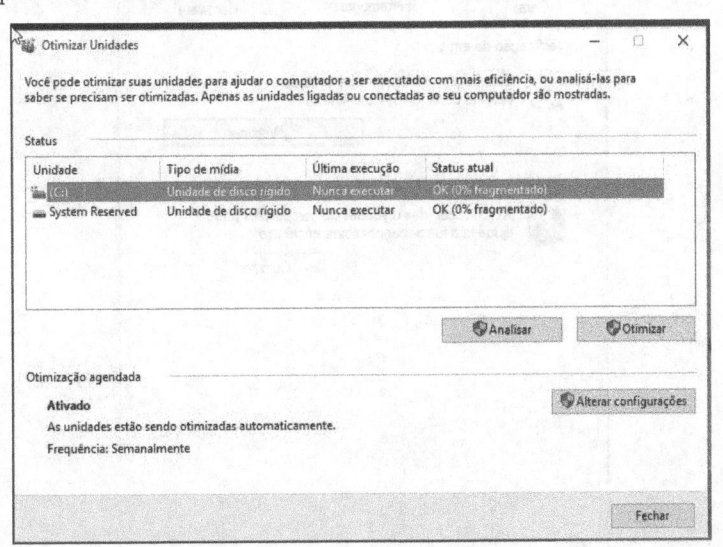

Configuração do sistema

A Configuração do Sistema é também acessível ao ser digitado o comando msconfig na janela "Executar". Essa ação permite configurar quais serviços serão carregados com o Sistema. No entanto, para fazer essa configuração, deve-se proceder ao acesso pelo "Gerenciador de tarefas".

WINDOWS 10

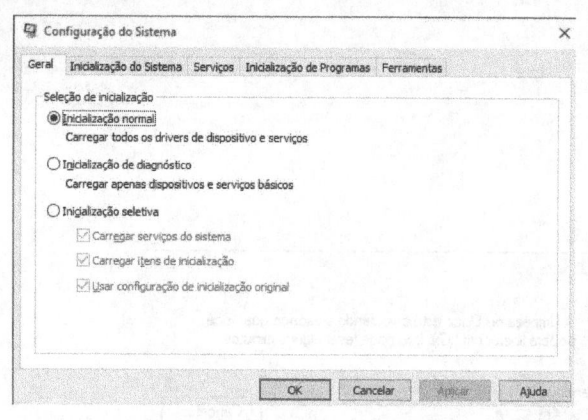

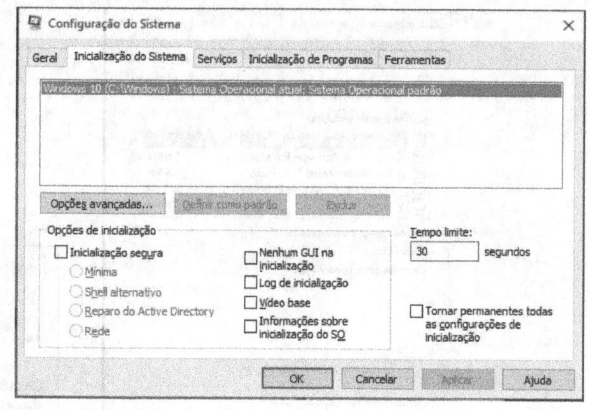

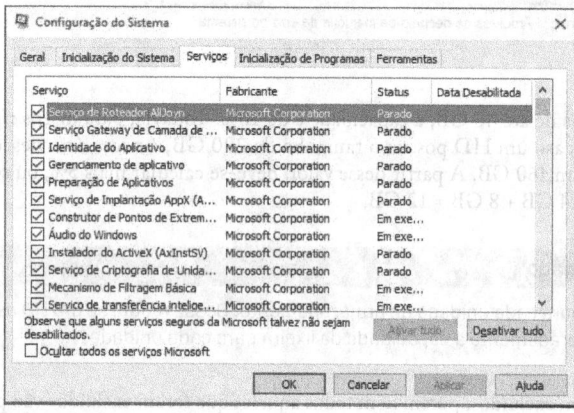

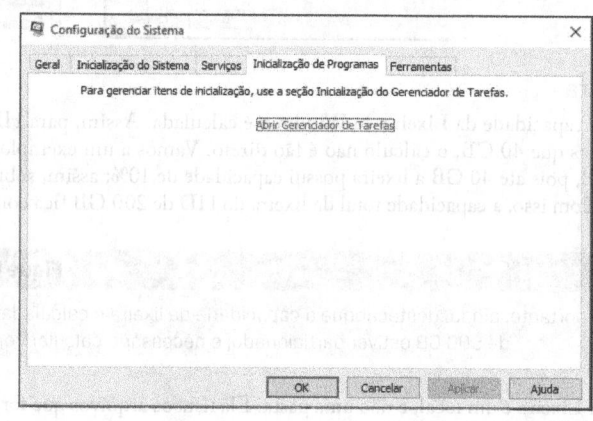

Monitor de recursos

Permite monitorar os recursos do computador e qual o uso que está sendo realizado.

ScanDisk

O ScankDisk é o responsável por verificar o HD em busca de falhas de disco. Muitas vezes, ele consegue corrigi-las.

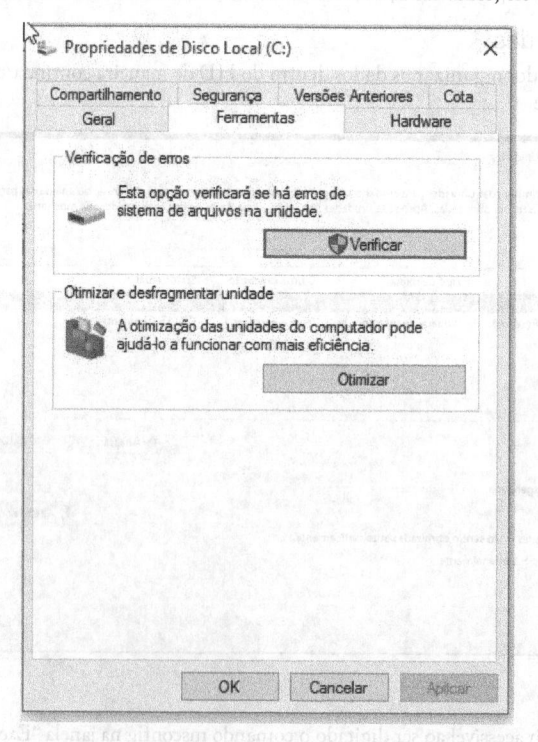

INFORMÁTICA

5.5 Configurações

Uma novidade do Windows 10 é a opção "Configurações", presente no botão Iniciar, que apresenta uma estrutura similar ao Painel de Controle, realizando a separação por categorias de ferramentas, conforme ilustra a figura a seguir.

5.6 Sistema

Nessa opção, são apresentadas as ferramentas de configuração de resolução de tela, definição de monitor principal (caso possua mais de um), modos de gestão de energia (mais utilizados em notebooks).

Também é possível encontrar a opção "Mapas offline", que permite o download de mapas para a pesquisa e o uso por GPS, principalmente usado em dispositivos móveis ou dotados de GPS.

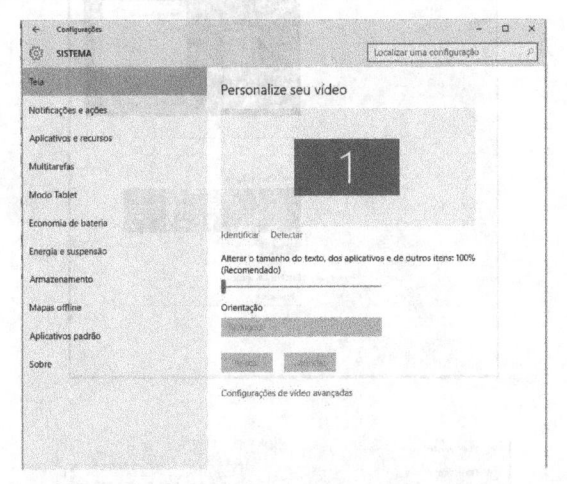

5.7 Dispositivos

Esse recurso lista os dispositivos que foram instalados em algum momento no sistema, como as impressoras.

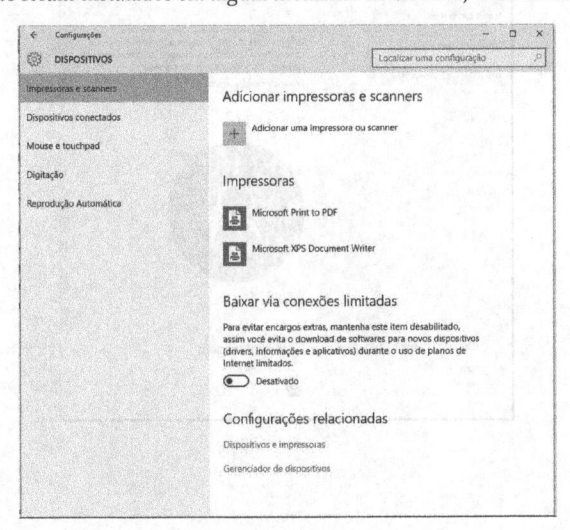

5.8 Rede e internet

Esse recurso serve para configurar rapidamente o proxy de uma rede, ou ativar/desativar a rede wi-fi, incluindo a opção para configurar uma rede VPN.

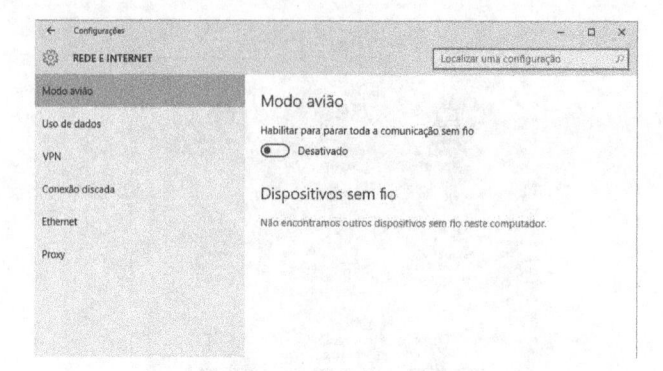

5.9 Personalização

Para personalizar os temas de cores da Área de Trabalho do Windows e os papéis de parede, a opção de personalização pode ser acessada pelas Configurações. Também é possível clicar com o botão direito do mouse sobre uma área vazia da Área de Trabalho e selecionar a opção "Personalizar".

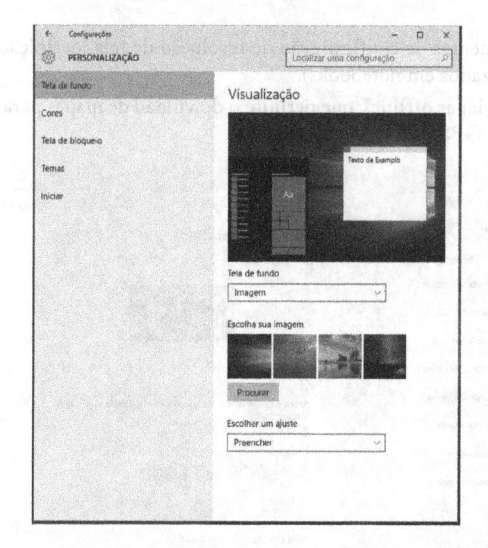

5.9.1 Contas

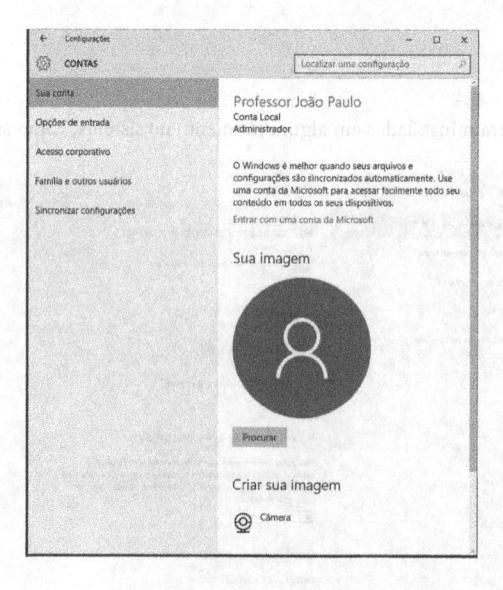

INFORMÁTICA

5.9.2 Hora e idioma

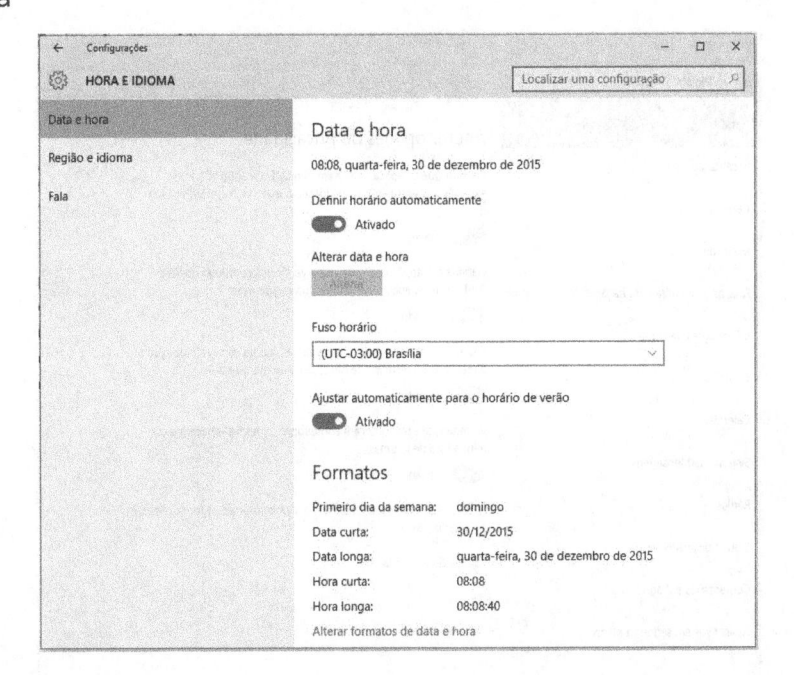

5.10 Facilidade de acesso

Além de contar com as ferramentas para acessibilidade, é possível configurar algumas características com alto contraste para melhorar o acesso ao uso do computador.

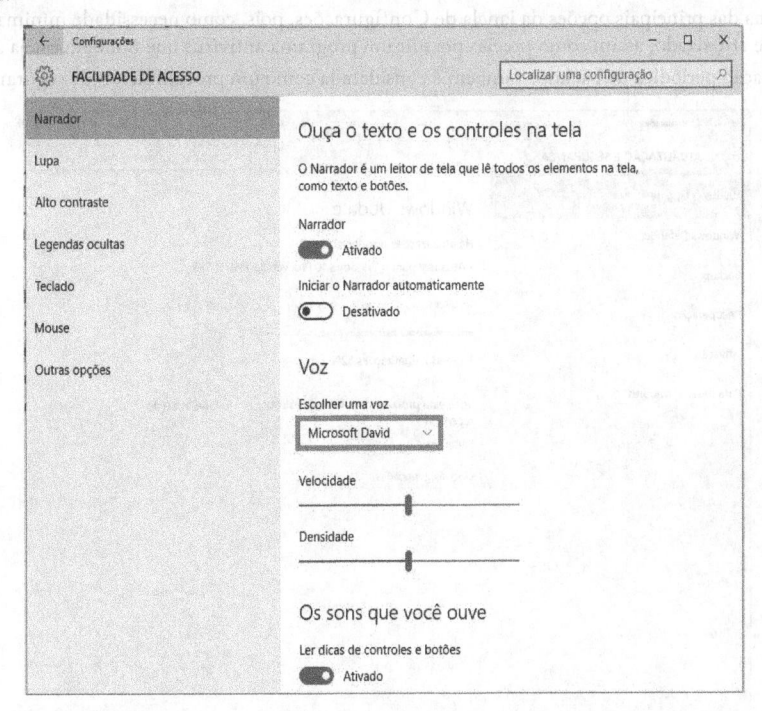

5.10.1 Privacidade

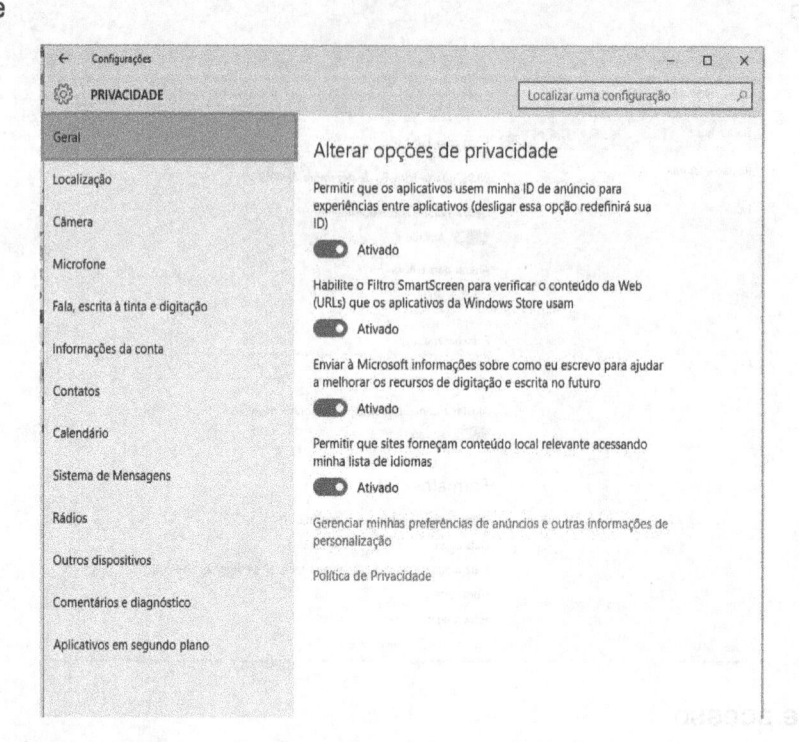

5.11 Atualização e segurança

Essa opção talvez seja uma das principais opções da janela de Configurações, pois, como necessidade mínima para a segurança, o sistema operacional deve estar sempre atualizado, assim como precisa possuir um programa antivírus que também esteja atualizado.

Vale lembrar que a realização periódica de backups também é considerada como um procedimento de segurança.

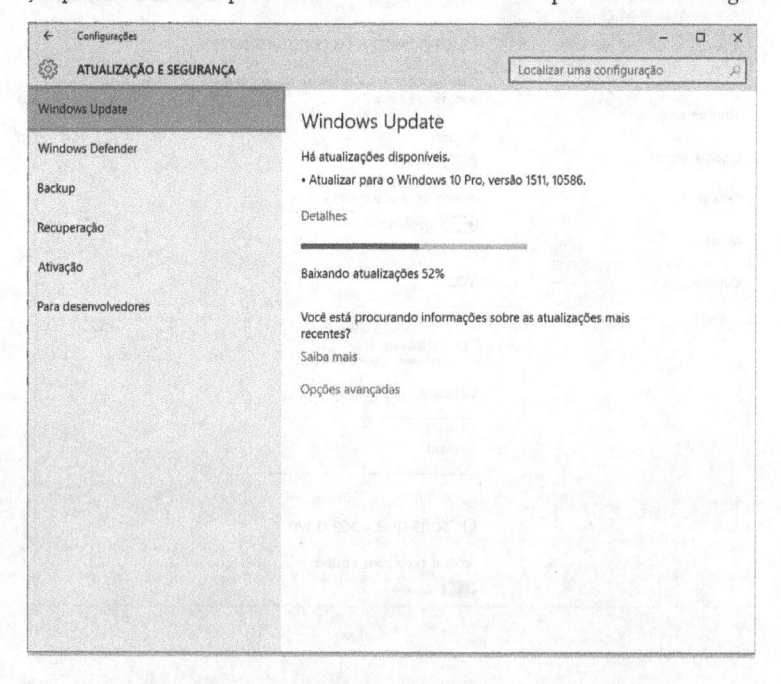

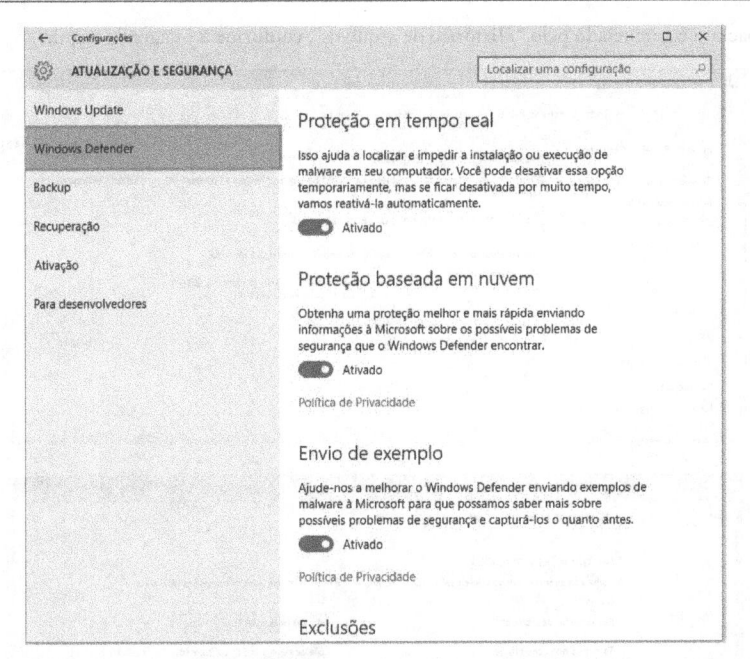

O Windows 10 realiza o backup dos arquivos usando a ferramenta "Histórico de arquivos", embora ainda permita realizar backups como no Windows 7.

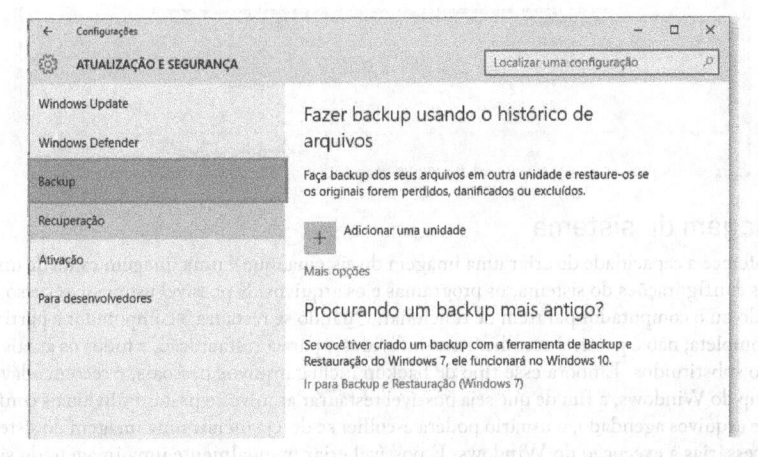

A opção "Para desenvolvedores" é uma novidade do Windows que assusta alguns usuários desavisados, pois, ao tentarem instalar algum aplicativo que não seja originário da loja da Microsoft, não conseguem. Esse impedimento ocorre por segurança. De qualquer forma, para poder instalar aplicativos "externos", basta selecionar a opção "Sideload" ou "Modo desenvolvedor".

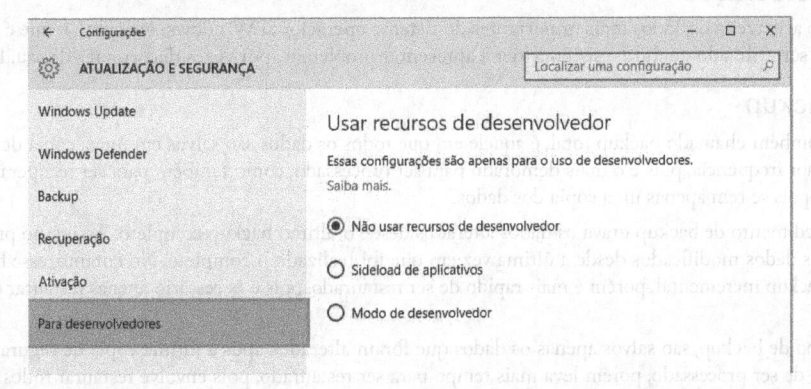

5.12 Backup no Windows 10

Um backup consiste em uma cópia de segurança dos arquivos, que deve ser feita periodicamente, preferencialmente em uma unidade de armazenamento separada do computador.

Apesar do nome cópia de segurança, um backup não impede que os dados sejam acessados por outros usuários. Ele é apenas uma salvaguarda dos dados para amenizar os danos de uma perda.

WINDOWS 10

Nos Windows 8 e 10, o backup é gerenciado pelo "Histórico de arquivos", conforme a imagem a seguir.

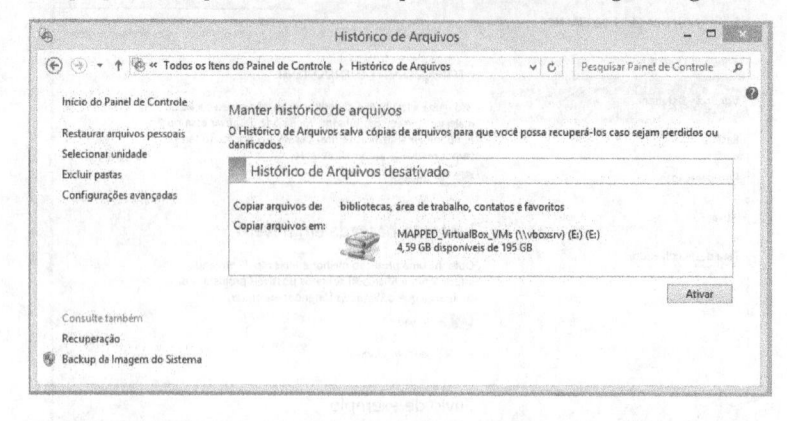

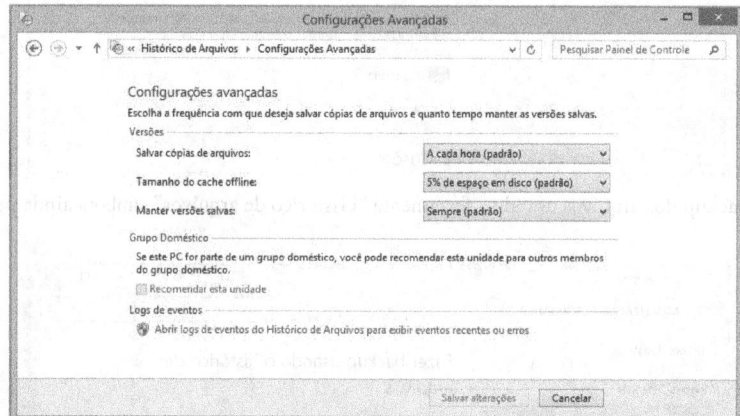

5.12.1 Backup da imagem do sistema

O Backup do Windows oferece a capacidade de criar uma imagem do sistema, que é uma imagem exata de uma unidade. Uma imagem do sistema inclui o Windows e as configurações do sistema, os programas e os arquivos. É possível usar esse recurso para restaurar o conteúdo do computador, caso o disco rígido ou o computador pararem de funcionar. Quando se restaura o computador a partir de uma imagem do sistema, trata-se de uma restauração completa; não é possível escolher itens individuais para a restauração, e todos os atuais programas, as configurações do sistema e os arquivos serão substituídos. Embora esse tipo de backup inclua arquivos pessoais, é recomendável fazer backup dos arquivos regularmente, usando o Backup do Windows, a fim de que seja possível restaurar arquivos e pastas individuais conforme a necessidade. Quando for configurado um backup de arquivos agendado, o usuário poderá escolher se deseja incluir uma imagem do sistema. Essa imagem do sistema inclui apenas as unidades necessárias à execução do Windows. É possível criar manualmente uma imagem do sistema, caso o usuário queira incluir unidades de dados adicionais.

5.12.2 Disco de restauração

O disco de restauração armazena os dados mais importantes do sistema operacional Windows, em geral, o que é essencial para seu funcionamento. Esse disco pode ser utilizado quando o sistema vier a apresentar problemas, por vezes decorrentes de atualizações.

5.12.3 Tipos de backup

▷ **Completo/Normal:** também chamado backup total, é aquele em que todos os dados são salvos em única cópia de segurança. Ele é indicado para ser feito com menor frequência, pois é o mais demorado para ser processado, como também para ser recuperado. Contudo, localizar um arquivo fica mais fácil, pois se tem apenas uma cópia dos dados.

▷ **Diferencial:** esse procedimento de backup grava os dados alterados desde o último backup completo. Assim, no próximo backup diferencial, somente serão salvos os dados modificados desde a última vez em que foi realizado o completo. No entanto, esse backup é mais lento de ser processado do que o backup incremental, porém é mais rápido de ser restaurado, pois é necessário apenas restaurar o último backup completo e o último diferencial.

▷ **Incremental:** nesse tipo de backup, são salvos apenas os dados que foram alterados após a última cópia de segurança realizada. Este procedimento é mais rápido de ser processado, porém leva mais tempo para ser restaurado, pois envolve restaurar todos os backups anteriores. Os arquivos gerados são menores do que os gerados pelo backup diferencial.

▷ **Diário:** um backup diário copia todos os arquivos selecionados que foram modificados no dia de execução do backup diário. Os arquivos não são marcados como aqueles passaram por backup (o atributo de arquivo não é desmarcado).

▷ **De cópia:** um backup de cópia copia todos os arquivos selecionados, mas não os marca como arquivos que passaram por backup (ou seja, o atributo de arquivo não é desmarcado). A cópia é útil caso o usuário queira fazer backup de arquivos entre os backups normal e incremental, pois ela não afeta essas outras operações.

INFORMÁTICA

5.13 Explorador de arquivos

Conhecido até o Windows 7 como Windows Explorer, o gerenciador de arquivos do Windows usa a chamada Interface Ribbon (por faixas) no Windows 8 e 10. Com isso, torna mais acessíveis algumas ferramentas como a opção para exibir as pastas e os arquivos ocultos.

A figura a seguir ilustra a janela "Computador", que apresenta os dispositivos e unidades de armazenamento locais como HDs e Drives de mídias ópticas, bem como as mídias removíveis.

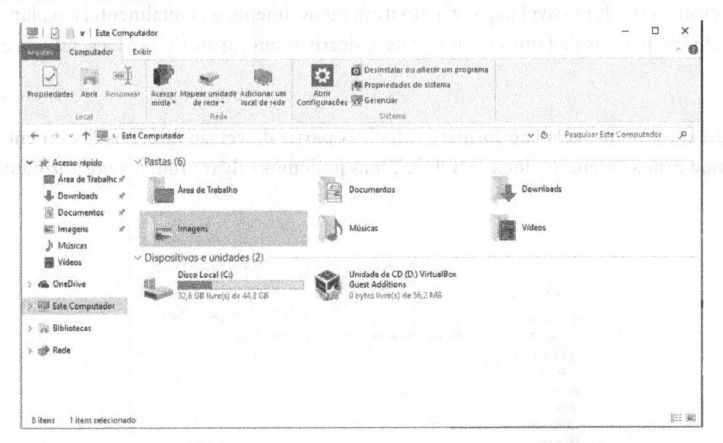

Um detalhe interessante sobre o Windows 10 é que as bibliotecas, conforme é possível verificar na imagem, não estão visíveis por padrão; o usuário precisa ativar sua exibição.

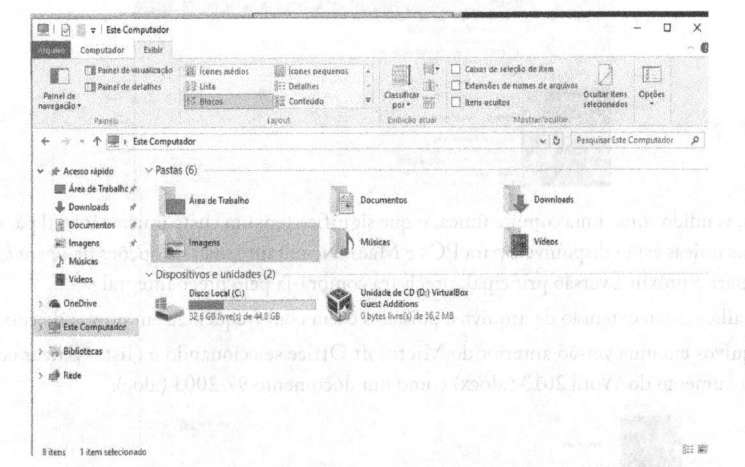

Ao selecionar arquivos ou pastas de determinados tipos, como imagens, algumas guias são exibidas como ilustra a série de figuras a seguir.

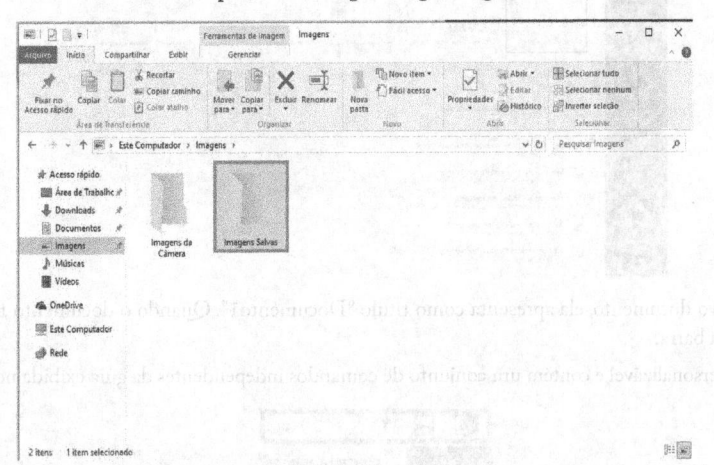

É possível notar que há opções específicas para facilitar o compartilhamento dos arquivos e pastas.

6 WORD 365

O Microsoft 365 é uma assinatura que possui os recursos mais colaborativos e atualizados em uma experiência integrada e perfeita, como os do Office que possui o Word, o PowerPoint e o Excel. Possui ainda armazenamento *on-line* extra e recursos conectados à nuvem que permitem editar arquivos em tempo real entre várias pessoas, além de sempre ter correções e atualizações de segurança mais recentes e suporte técnico contínuo, sem nenhum custo extra. É possível pagar a assinatura mensalmente ou anualmente, e o plano Microsoft 365 *Family* permite compartilhar a assinatura com até seis pessoas da família e usar seus aplicativos em vários PCs, Macs, tablets e telefones.

6.1 Extensões

Até a versão 2003, os documentos eram salvos no formato ".doc". A partir da versão 2007, os documentos são salvos na versão ".docx". O padrão do Word 2019 continua com a extensão .docx "DOCX", mas podemos salvar arquivos nos formatos .odt (Writer), PDF, .doc, .rtf, entre outros.

O Office 2019 é, também, vendido como uma compra única, o que significa tem um custo único e inicial para obter os aplicativos do Office para um computador. Compras únicas estão disponíveis para PCs e Macs. No entanto, não há opções de *upgrade*, o que significa que, caso seja necessário fazer um upgrade para a próxima versão principal, precisará comprá-la pelo preço integral.

Preste atenção a esses detalhes como extensão de arquivos, pois eles caem com frequência em provas de concurso.

Você poderá salvar os arquivos em uma versão anterior do Microsoft Office selecionando na lista "Salvar como", na caixa de diálogo. Por exemplo, é possível salvar o documento do Word 2013 (.docx) como um documento 97-2003 (.doc).

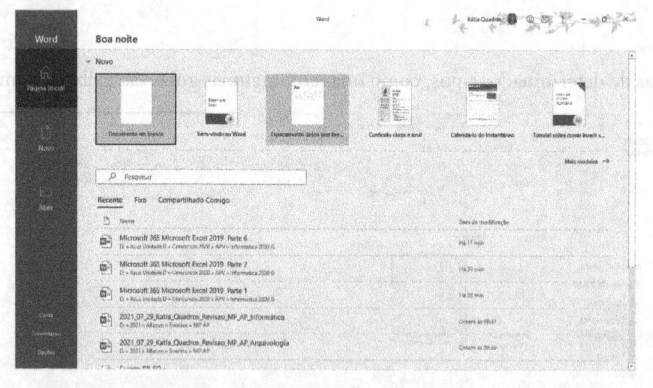

▷ **Barra de título:** em um novo documento, ela apresenta como título "Documento1". Quando o documento for salvo, ele apresentará o nome do documento nesta mesma barra.

▷ **Barra de acesso rápido:** é personalizável e contém um conjunto de comandos independentes da guia exibida no momento na "Faixa de opções".

▷ **Menu arquivo:** possui comandos básicos, que incluem – embora não estejam limitados a – Abrir, Salvar e Imprimir.

Note as entradas da coluna da esquerda, que, na prática, funciona como um painel. Elas prestam os clássicos serviços auxiliares de um menu "Arquivo" convencional, ou seja, Salvar, Salvar como, Abrir e Fechar o arquivo de trabalho.

Outras conhecidas como Novo: cria um arquivo e permite escolher entre centenas de modelos (*templates*) oferecidos.

INFORMÁTICA

▷ **Imprimir:** refere-se à impressão do documento.

Ao clicar em Imprimir, abrirá um menu dropdown, que mostra a impressora selecionada no momento. Um clique na lista suspensa mostrará outras impressoras disponíveis.

É possível imprimir tudo ou parte de um documento. As opções para escolher qual parte imprimir podem ser encontradas na guia "Imprimir", no modo de exibição do Microsoft Office *Backstage*. Em "Configurações", clique em Imprimir "Todas as páginas" para ver essas opções.

Quando há a necessidade de imprimir páginas alternadas no Word, é preciso digitar no formulário o intervalo desejado, como ˜Páginas: 3-6;8˜, em que "-"(aspas) significam "até" e ";" ou "e".

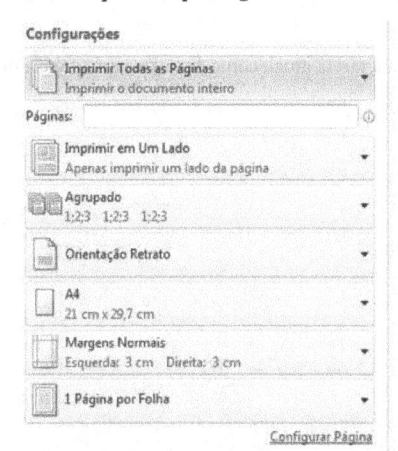

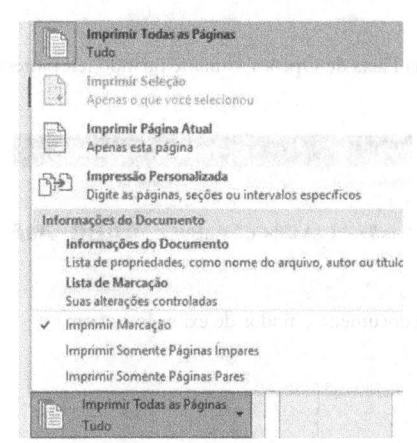

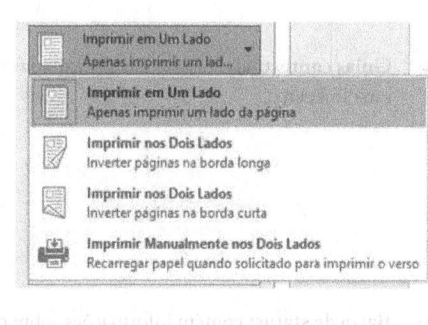

Ainda na opção "Imprimir", é possível visualizar como será feita impressão ao lado da lista de opções.

▷ **Arquivo/Opções:** esse comando traz muitas funcionalidades de configuração que estavam no menu Ferramentas do Word 2003.

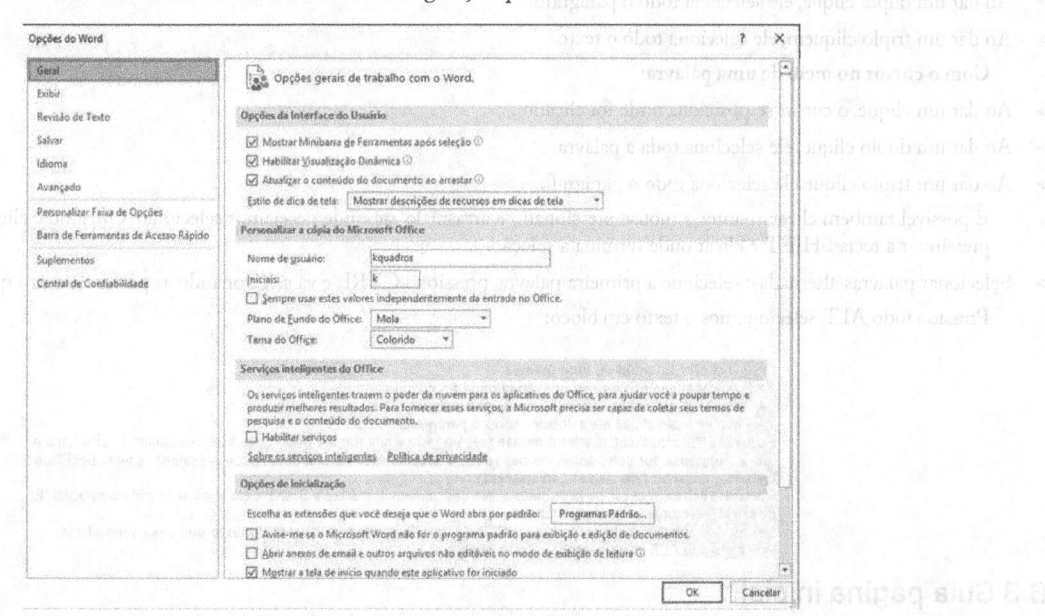

▷ **Autocorreção:** é possível corrigir automaticamente o arquivo, ou seja, o Word faz uma análise do documento e consegue resolver problemas como palavras duplicadas ou sem acento, ou mesmo o uso acidental da tecla Caps Lock.

A diferença trazida na versão 2013 é poder abrir documentos PDF e editá-los. Basta clicar em "Abrir" e escolher o arquivo. A seguinte mensagem é exibida pelo word:

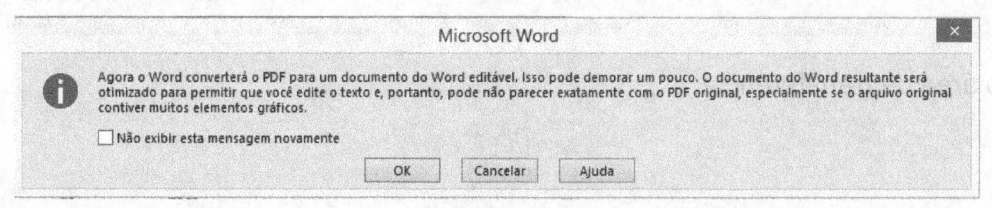

▷ **Abas ou guias:** todos os comandos e funcionalidades do Word 2013 estão dispostos em Guias. As Guias são divididas por Grupos de ferramentas. Alguns grupos possuem um pequeno botão na sua direita inferior que dão acesso a janelas de diálogo.

WORD 365

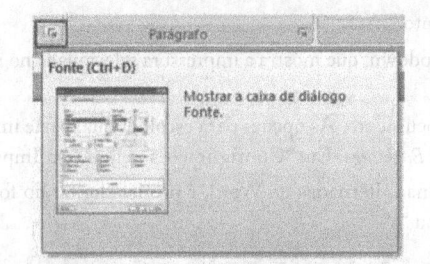

> **Guias contextuais:** essas guias são exibidas na Faixa de Opções somente quando relevantes para a tarefa atual, como formatar uma tabela ou uma imagem.

> **Barra de status:** contém informações sobre o documento, modos de exibição e zoom.

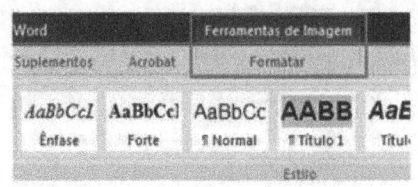

6.2 Selecionando texto

Selecionando pelo mouse: ao posicionar o mouse mais à esquerda do texto, o cursor, em forma de flecha branca, aponta para a direita:

> Ao dar um clique, ele seleciona toda a linha.
> Ao dar um duplo clique, ele seleciona todo o parágrafo.
> Ao dar um triplo cliquem, ele seleciona todo o texto.

Com o cursor no meio de uma palavra:

> Ao dar um clique, o cursor se posiciona onde foi clicado.
> Ao dar um duplo clique, ele seleciona toda a palavra.
> Ao dar um triplo clique ele seleciona todo o parágrafo.

É possível também clicar, manter o mouse pressionado e arrastá-lo até onde desejamos selecionar. Ou, ainda, clicar onde começa a seleção, pressionar a tecla SHIFT e clicar onde termina a seleção.

> Selecionar palavras alternadas: selecione a primeira palavra, pressione CTRL e vá selecionando as partes do texto que deseja modificar.

Pressionando ALT, selecionamos o texto em bloco:

6.3 Guia página inicial

Preste muita atenção nesta guia: é uma das mais cobradas em Word.

6.3.1 Grupo área de transferência

6.3.2 Copiar, Recortar e Colar

Copiar e Recortar enviam um texto ou um objeto selecionado para a área de transferência. Copiar permite que o texto ou objeto selecionado fique no local de origem também, e Recortar faz o contrário: o texto ou objeto selecionado é retirado do local de origem. Colar busca o que está na área de transferência.

Podem-se utilizar as teclas de atalho CTRL + C (copiar), CTRL + X (Recortar) e CTRL + V (Colar), ou o primeiro grupo na Guia Página Inicial.

6.3.3 Opções de colagem

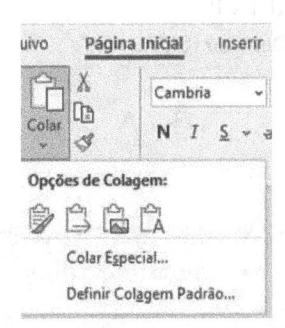

- ▷ **Manter formatação original**: preserva a aparência do texto original.
- ▷ **Mesclar formatação**: altera a formatação para que ela corresponda ao texto ao redor.
- ▷ **Imagem**: cola imagem.
- ▷ **Manter somente texto**: remove toda a formatação original do texto. Se você usar a opção Manter Somente Texto para colar conteúdo que inclui imagens e uma tabela, as imagens serão omitidas do conteúdo colado, e a tabela será convertida em uma série de parágrafos.

6.3.4 Colar especial

- ▷ **CTRL + ALT + V**: cola um texto ou objeto, que esteja na área de transferência, sem formatação, no formato RTF ou no formato HTML.

6.3.5 Área de Transferência

- ▷ **CTRL + CC – Importante**: abre o painel de tarefa Área de Transferência. Você pode armazenar até 24 itens na área de transferência.

Para abrir o painel, clique no botão ou use o atalho CTRL + CC, que deve estar configurado em Opções da Área de Transferência.

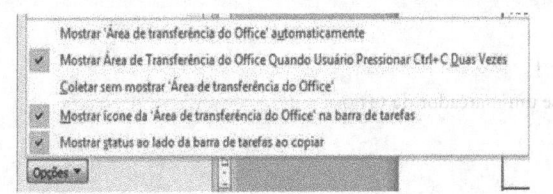

A Área de Transferência é uma área de armazenamento temporário de informações onde o que foi copiado ou movido de um lugar fica armazenado temporariamente. É possível selecionar o texto ou os elementos gráficos e, em seguida, usar os comandos Recortar ou Copiar para mover a seleção para a Área de Transferência, onde ela será armazenada até que o comando Colar seja acionado para inseri-la em algum outro lugar.

Quando são acionados o "Cortar" (CTRL + X) ou o "Copiar" (CTRL + C) de um elemento, este é conservado temporariamente na área de transferência.

6.3.6 Pincel de formatação

Este comando é amplamente cobrado em provas. Ele copia a formatação (fonte, cor, tamanho etc.) de um texto para aplicá-la a outro.

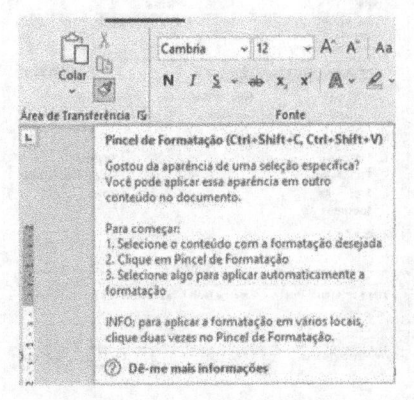

6.3.7 Fonte

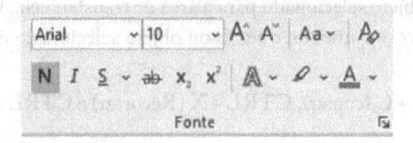

Para usar esse recurso, é possível usar os seguintes atalhos:
- **Abrir caixa de diálogo:** CTRL + D ou CTRL + SHIFT + P
- **Tipo e tamanho da fonte:** aumentar (CTRL + >) e Diminuir (CTRL + <)

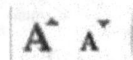

6.3.8 Maiúsculas e minúsculas

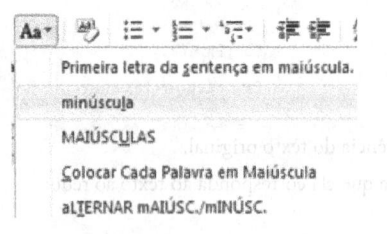

Para usar esse recurso, é possível usar os seguintes atalhos:
- **Abrir caixa de diálogo:** CTRL + SHIFT + A

- **Negrito:** CTRL + N
- **Itálico:** CTRL + I
- **Sublinhado:** CTRL + S (na seta ao lado do botão há opções de sublinhado).
- **Tachado:** efeito de texto com uma linha no meio: TEXTO
- **Subscrito:** H2O – CTRL + =
- **Sobescrito:** 22 – CTRL + SHIFT + +
- **Cor do realce do texto:** como se fosse um marcador de textos.

6.3.9 Cor da fonte

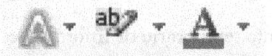

Ao pressionar o atalho CTRL + D, ou atalho CTRL + SHIFT + P ou ainda clicar no botão (Iniciador de caixa de diálogo) na parte inferior da guia, no grupo Fonte, a janela de diálogo FONTE é aberta.

6.3.10 Parágrafo

- **Marcadores**: ativa ou desativa marcadores (bullets points)
- **Numeração**: ativa ou desativa numeração, que pode ser com algarismos romanos, arábicos ou mesmo com letras maiúsculas e minúsculas.
- **Lista de vários níveis**: ativa ou desativa numeração de vários níveis, estilo tópicos e subtópicos.
- **Classificar:** abre caixa de diálogo onde podemos ordenar em ordem crescente ou decrescente os parágrafos do texto.
- **Mostrar tudo**: mostra marcas de parágrafo e outros símbolos de formatação ocultos. Esses símbolos não são imprimíveis.

6.3.11 Botões de alinhamento

É possível usar os seguintes recursos:
- **Alinhamento à esquerda:** CTRL + Q
- **Alinhamento centralizado:** CTRL + E
- **Alinhamento à direita:** CTRL + G
- **Alinhamento justificado:** CTRL + J
- **Botão sombreamento:** para colorir plano de fundo.
- **Botão bordas**: para inserir ou retirar bordas.

Na aba Quebra de linha e de página, temos o controle de linhas órfãs e viúvas.

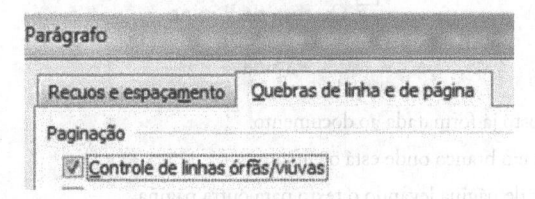

- **Linhas órfãs:** são as primeiras linhas dos parágrafos que têm as linhas subsequentes passadas para outra página.
- **Linhas viúvas:** são as linhas que ficam sozinhas em outra página, com o restante do parágrafo na página anterior.

6.3.12 Estilos

É possível fazer a maioria das alterações no texto pelo grupo Fonte, mas é trabalhoso. Uma maneira de fazer todas as alterações com um único comando é por meio dos estilos. Estilos é um conjunto de formatações predefinido, onde é possível fazer várias formatações em um texto com apenas um clique no botão do estilo escolhido.

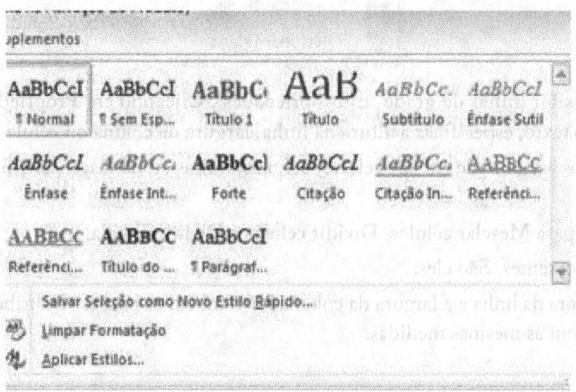

6.3.13 Editando

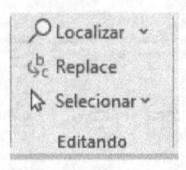

- **Localizar:** abre o painel de navegação para que se digite um texto para ser procurado no Word.
- **Localização avançada:** abre caixa de diálogo com opções avançadas para procurar um texto.
- **Ir Para:** permite ir para determinada página, tabela, gráfico, entre outros.
- **Substituir:** usado para substituir palavras em um texto. Você pode substituir uma palavra ou todas em uma única operação.
- **Selecionar:** seleciona textos ou objetos no documento.

6.4 Inserir

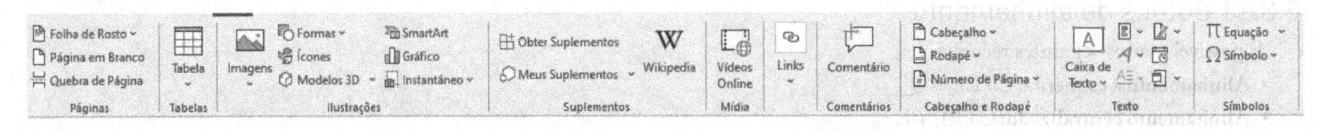

6.4.1 Páginas

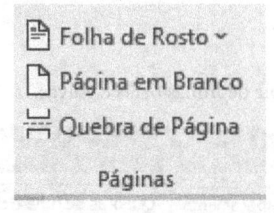

- **Folha de rosto:** insere uma folha de rosto já formatada ao documento.
- **Página em branco:** insere uma página em branco onde está o cursor.
- **Quebra de página:** insere uma quebra de página levando o texto para outra página.

6.4.2 Tabelas

Com o botão "Tabela", temos as funções Inserir Tabela, Desenhar Tabela, Converter Texto em Tabela, Inserir Planilha do Excel e Tabelas Rápidas. Quando o cursor é colocado dentro da tabela ou seleciona alguma área, aparece a guia de ferramentas de tabela, juntamente com o grupo Design e Layout.

Na guia Design é onde terão as opções para tratar as cores de sombreamento, bordas, linhas de cabeçalho da tabela. Na guia Layout, é possível trabalhar com inúmeras funcionalidades, como o botão Selecionar:

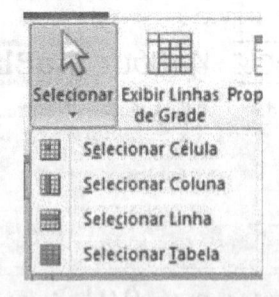

Ainda nesse grupo, há o botão "Exibir linhas de grade" e "Propriedades". Clicando em Propriedades, abrir, uma caixa de diálogo para configurar alinhamento, disposição do texto, especificar a altura da linha, largura da coluna ou célula será disposta na tela.

No grupo "Linhas e colunas", temos as opões de excluir células, colunas, linhas ou tabela, inserir linhas acima e abaixo e colunas esquerda e à direita.

No grupo Mesclar estão os botões para Mesclar células, Dividir células e Dividir Tabela.

Há, ainda alguns outros recursos presentes. São eles:

- **Tamanho da célula:** especifica a altura da linha e a largura da coluna. Há também os botões "Distribuir linhas" e "Distribuir colunas", que faz com que todas as linhas e colunas com as mesmas medidas.

INFORMÁTICA

- **Alinhamento:** alinhar parte superior à esquerda, alinhar parte superior no centro, alinhar parte superior à direita, centralizar à esquerda, centralizar, centralizar à direita, alinhar parte Inferior à esquerda, alinhar parte Inferior no centro, alinhar parte Inferior à direita. Depois, temos o botão de Direção do Texto e Margens da célula.
- **Classificar:** coloca o texto selecionado em ordem alfabética ou classifica dados numéricos.
- **Converter em texto:** muito importante para as provas. Possibilita converter uma tabela em um texto. É possível também converter texto em tabela, mas, para isso, é preciso clicar na Guia Inserir, no botão Tabela/Converter Texto em Tabela.
- **Movimentação na tabela:** movimente-se na tabela por meio das teclas setas, TAB, ou clicando com o mouse. A tecla ENTER não passará o cursor para outra célula da tabela, mas deixará a linha mais larga, logo, não é utilizada para a movimentação. **Contudo, preste atenção:** caso a tabela esteja no início de um documento, sem linha nenhuma anterior a ela (em branco ou não), posicionando o cursor na primeira célula da tabela e teclando ENTER, o Word criará uma linha em branco antes da tabela, movendo-a para baixo.

Dica: ao pressionar a tecla TAB, se o cursor estiver na última célula da tabela, será adicionada uma nova linha na tabela.

6.4.3 Ilustrações

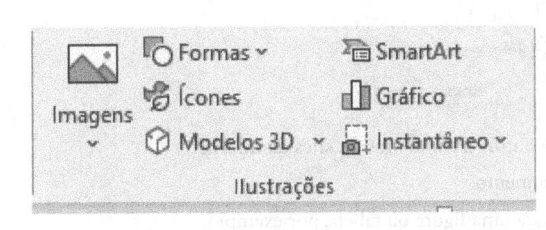

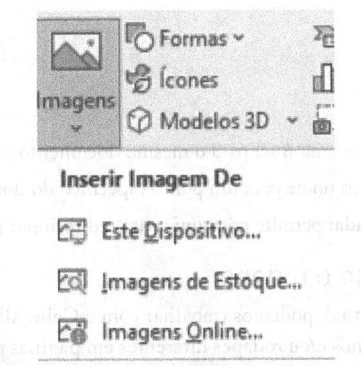

- **Opções de layout de uma imagem:** ao selecionar uma imagem, surge um botão, e, ao clicar nele, abre um menu com opções de Layout, no qual é possível escolher a maneira como seu objeto interage com o texto. Abre, ainda, lista com opção de formas para inserir no documento. Veja exemplos:

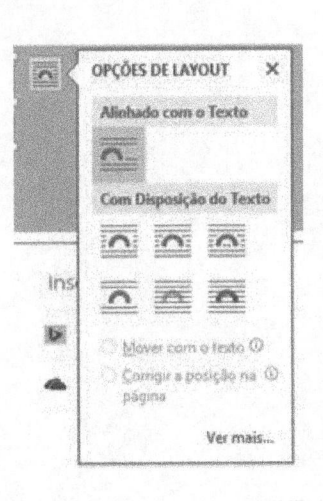

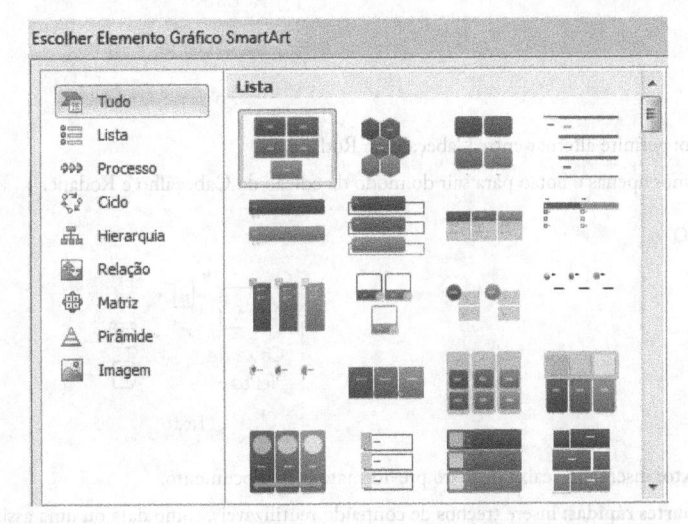

Abre caixa de diálogo para escolher um elemento gráfico como Fluxogramas, Organogramas, entre outros. Veja os tipos na imagem abaixo:
- **Instantâneo:** funciona como um *print screen* e possibilita selecionar a imagem que você quer colar em seu documento.
- **Gráfico:** botão para inserir gráfico com o auxílio do Excel.

6.4.4 Suplementos

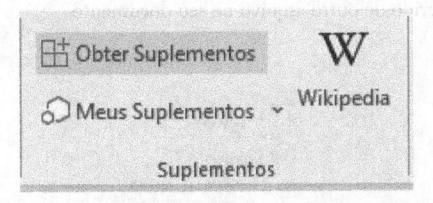

- **Obter suplementos:** é possível adicionar ou comprar aplicativos, como um dicionário, por exemplo. Para começar a usar um novo aplicativo, clique em Meus Suplementos.

6.4.5 Mídia

▷ **Vídeo online:** é possível adicionar vídeos on-line também. Para isso, acesse o grupo Média. Insira vídeos on-line para assistir diretamente no Word sem ter que sair do documento.

6.4.6 Links

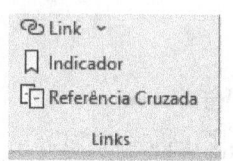

▷ **Hiperlink:** permite criar *links* para o mesmo documento ou outros documentos ou sites da internet.
▷ **Indicador:** cria um nome para um ponto específico do documento.
▷ **Referência cruzada:** permite criar *links* para redirecionar para uma figura ou tabela, por exemplo.

6.4.7 Cabeçalho e rodapé

Na Guia Contextual, podemos trabalhar com o Cabeçalho e Rodapé. Podemos inserir Número de Páginas, Data e Hora, Imagens, assim como inserir cabeçalhos e/ou rodapés diferentes em páginas pares e ímpares ou somente na primeira página.

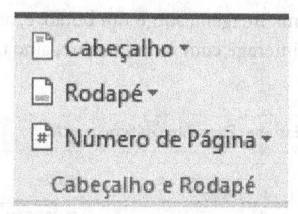

▷ **Navegação:** permite alternar entre Cabeçalho e Rodapé.
▷ **Fechar:** temos apenas o botão para sair do modo de edição do Cabeçalho e Rodapé.

6.4.8 Texto

▷ **Caixa e texto:** insere uma caixa de texto pré-formatada no documento.
▷ **Explorar partes rápidas:** insere trechos de conteúdo reutilizáveis, como data ou uma assinatura.
▷ **WordArt:** insere um texto decorativo no documento.
▷ **Capitular:** cria uma letra maiúscula, grande, no início do parágrafo.
▷ **Adicionar uma linha de assinatura:** insere uma linha de assinatura para identificar quem vai assinar.
▷ **Data e hora:** inserir Data e hora atual no documento.
▷ **Objeto:** para aplicar um objeto ou texto inserido de outro arquivo no seu documento

6.4.9 Grupo símbolos

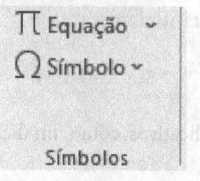

INFORMÁTICA

▷ **Equação:** permite inserir equações matemáticas ou desenvolver suas próprias equações usando uma biblioteca de símbolos matemáticos.
▷ **Símbolo:** utilizado para inserir símbolos que não constam no teclado, como símbolos de copyright, símbolo de marca registrada e outros.

6.5 Guia Design

▷ **Temas:** botões para alterar o design geral do documento inteiro, incluindo cores, fontes e efeitos.

6.6 Guia Layout

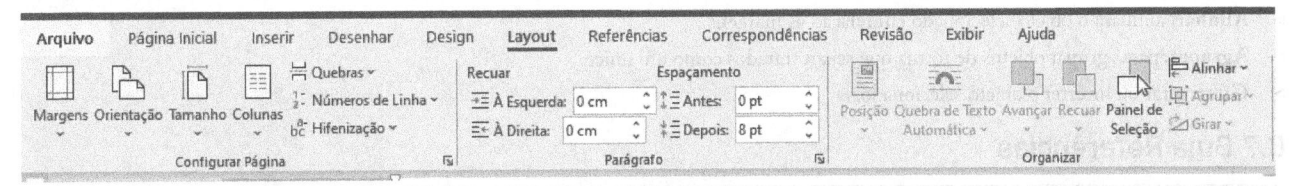

Botões para definir margens, orientação do papel (retrato ou paisagem) e tamanho do papel.

Em Margens personalizadas (acessível ao clicar no botão Margens), há uma caixa de diálogo
"Configurar Página, igual a velha conhecida do Office 2003, lembra? Lá temos configurações como margens, orientação do papel, layout entre outras.

▷ **Colunas:** para formatar o documento em colunas, com ou sem linha entre elas.
▷ **Quebras:** para adicionar páginas, seção ou quebras de colunas ao documento.
▷ **Número de linha:** para adicionar número de linhas à margem lateral de cada linha do documento.
▷ **Hifenização:** permite o word quebrar linhas entre as sílabas das palavras.
▷ **Configuração de página:** esse botão abre a caixa de diálogo Configurar Página.

6.6.1 Grupo Parágrafo

Permite configurações de Recuo do parágrafo e espaçamento entre linhas. Preste atenção aos botões dessas funcionalidades.

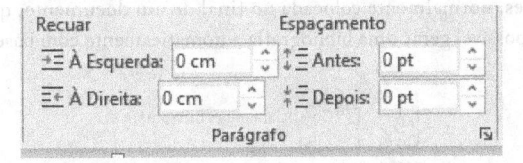

▷ **Parágrafo:** abre a caixa de diálogo parágrafo.

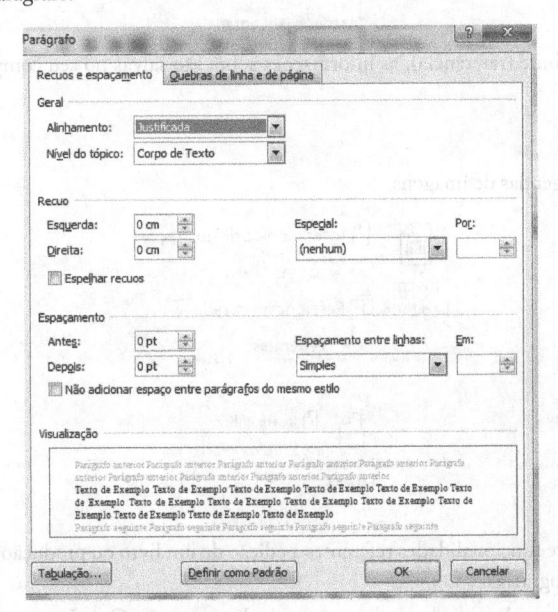

6.6.2 Organizar

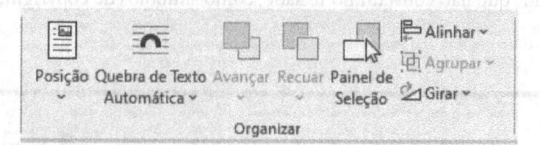

- **Posição:** configura o alinhamento da imagem no documento.
- **Quebra de texto automática:** altera a disposição do texto ao redor do objeto selecionado.
- **Avançar:** trará o objeto selecionado para a frente para que menos objetos fiquem à frente dele.
- **Recuar:** enviará o objeto selecionado para trás para que ele fique oculto atrás dos objetos à frente dele.
- **Painel de seleção:** mostra Painel de Seleção.
- **Alinhar:** alinhará o objeto selecionado em relação às margens.
- **Agrupar:** para agrupar objetos de forma que sejam tratados como um único.
- **Girar:** girar ou inverter o objeto selecionado.

6.7 Guia Referências

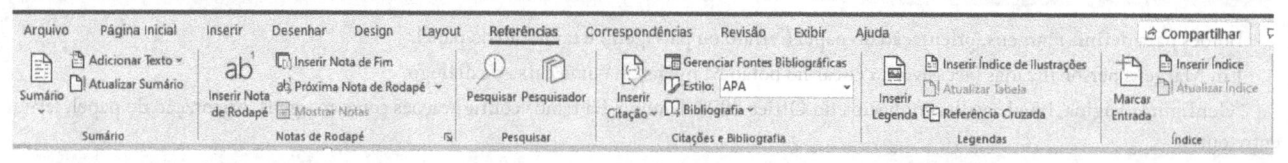

- **Sumário:** permite criar e editar um sumário para o documento ativo. Para isso acesse a guia Referências/Grupo Sumário/ Botão Sumário e escolha o tipo de sumário desejado.
- **Inserir nota de rodapé:** adiciona uma nota de rodapé. Para isso cursor após a palavra ou texto que deseje acrescentar na Nota de rodapé.
- **Inserir nota de fim:** adiciona uma nota de fim ao documento.
- **Próxima nota de rodapé:** útil para navegar até a próxima nota de rodapé do documento.
- **Mostrar notas:** mostra as notas inseridas no documento.

6.7.1 Citações e bibliografia

Uma bibliografia é uma lista de fontes, normalmente colocada no final de um documento, que você consultou ou citou na criação do documento. No Microsoft Word 2019, é possível gerar uma bibliografia automaticamente com base nas informações sobre a fonte fornecidas para o documento.

Toda vez que é criada é uma nova fonte (referência), as informações sobre são salvas no seu computador, para que você possa localizar e usar qualquer fonte que criou.

6.7.2 Legendas

Utilizado para inserir e gerenciar legendas de imagens.

6.7.3 Índice

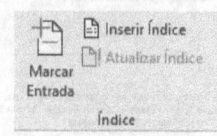

Perceba que Guia Referências oferece funcionalidades referentes a edição de um livro ou produção de uma monografia ou um TCC. Basta dar uma olhada: sumário, citações, bibliografias.

A Guia Página Inicial é utilizada principalmente para a formatação do documento, a Guia Inserir para inserir elementos e assim por diante.

6.8 Guia Correspondências

Essa guia permite a criação de preenchimento envelopes de correspondência, etiquetas de endereçamento e de mala direta.

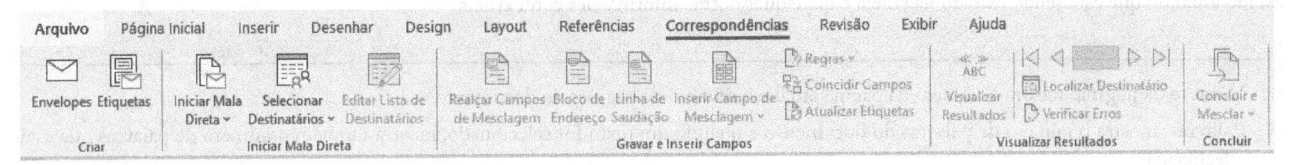

6.9 Revisão

Esta aba é destinada à revisão textual, por exemplo, verificação de ortografia, substituição por sinônimos, ajuste de idioma, tradução, entre outros.

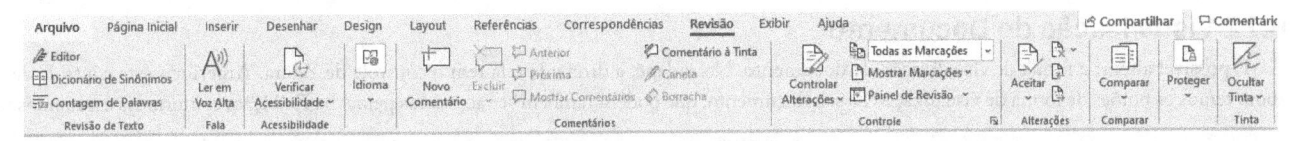

6.9.1 Revisão de texto

▷ **Editor/Ortografia e gramática:** inicia a correção ortográfica e gramatical do documento.
▷ **Dicionário de sinônimos:** sugere outras palavras com significado semelhante ao da palavra selecionada
▷ **Contagem de palavras:** para saber o número de palavras, caracteres, parágrafos e linhas no documento.

6.9.2 Idioma

Você pode traduzir texto escrito em outro idioma, como frases ou parágrafos e palavras individuais (com o Minitradutor), ou pode traduzir o arquivo inteiro.

Se esta for a primeira utilização dos serviços de tradução, é preciso clicar em OK para instalar os dicionários bilíngues e habilitar o serviço de tradução no painel Pesquisa. Também é possível ver quais dicionários bilíngues e serviços de tradução automática foram habilitados, basta clicar no link Opções de tradução no painel Pesquisa.

6.10 Exibir

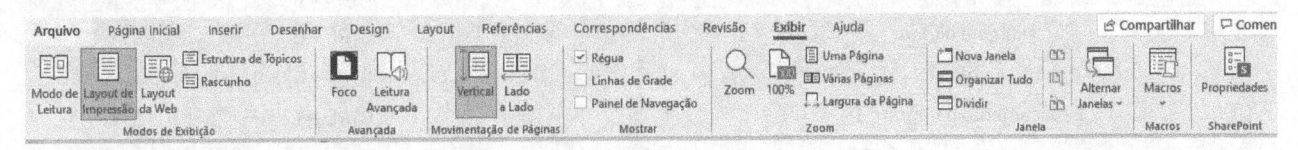

▷ **Modo de Leitura:** oculta as barras do documento, facilitando a leitura em tela.
▷ **Layout de impressão:** formato atual do documento - como ficará na folha impressa-. Esse modo de exibição é útil para editar cabeçalhos e rodapés, para ajustar margens e para trabalhar com colunas e objetos de desenho.
▷ **Layout da web: aproxima** o documento de uma visualização na internet. Esse formato existe, pois muitos usuários postam textos produzidos no Word em sites e blogs.
▷ **Estrutura de tópicos:** permite visualizar seu documento em tópicos, o formato terá melhor compreensão quando trabalharmos com marcadores.
▷ **Rascunho:** é o formato bruto, permite aplicar diversos recursos de produção de texto, porém não visualiza como impressão nem outro tipo de meio.

6.10.1 Janela

▷ **Nova janela:** abre o documento em uma nova janela.
▷ **Organizar tudo:** organiza as janelas abertas.
▷ **Dividir:** divide a janela de modo que fica com dupla barra de rolagem, dupla régua. Ideal para trabalhar com cabeçalhos de textos.

WORD 365

6.11 Barra de Status

A barra de status, que é uma área horizontal na parte inferior da janela do documento no Microsoft Word, fornece informações sobre o estado atual do que está sendo exibido na janela e quaisquer outras informações contextuais.

- **Número da página:** mostra o número da página atual e o número de páginas no documento.
- **Palavras:** mostra o número de palavras do documento e quando um texto for selecionado, mostra também o número de palavras que estão selecionadas.

Esta opção, mostra o status da verificação de ortografia e gramática. Quando o Word faz a verificação de erros, uma caneta animada aparece sobre o livro. Se nenhum erro for encontrado, será exibida uma marca de seleção. Se um erro for encontrado, será exibido um "X". Para corrigir o erro, clique duas vezes nesse ícone.

6.12 Visualização do Documento

É possível alterar a forma de visualização do documento. No rodapé, a direita da tela tem o controle de Zoom. Anterior a este controle de zoom temos os botões de forma de visualização de seu documento, que podem também ser acessados pela Aba Exibição, conforme já estudamos.

6.13 Atalhos

Arquivo	
Recurso	Teclas de atalho
Novo documento	CTRL + O
Abrir	CTRL + A
Salvar	CTRL + B
Salvar como	F12
Imprimir	CTRL + P
Visualizar impressão	CTRL + F2
Fechar	CTRL + W ou CTRL + F4
Sair	ALT + F4
Desfazer	CTRL + Z

Parágrafo	
Recurso	Teclas de atalho
Alinhar à esquerda	CTRL + Q
Centralizar	CTRL + E
Alinhar à direita	CTRL + G
Justificar	CTRL + J
Espaçamento parágrafo 1	CTRL + 1
Espaçamento parágrafo 1,5	CTRL + 5
Espaçamento parágrafo 1,5	CTRL + 2

Fonte	
Recurso	Teclas de atalho
Fonte	CTRL + D ou CTRL + SHIFT + P
Aumentar fonte	CTRL + SHIFT + >
Diminuir fonte	CTRL + SHIFT + <
Negrito	CTRL + N
Itálico	CTRL + I

INFORMÁTICA

Recurso	Teclas de atalho
Sublinhado	CTRL + S
Duplo sublinhado	CTRL + SHIFT + D
Maiúscula e minúscula	SHIFT + F3
Todas maiúsculas	CTRL + SHIFT + A
Realce	CTRL + ALT + H
Sobrescrito	CTRL + SHIFT + +
Subscrito	CTRL + =

Outros	
Recurso	Teclas de atalho
Ajuda	F1
Quebra de página	CTRL + Enter
Dicionário de sinônimos	SHIFT + F7
Verificação ortográfica	F7
Hipelink	CTRL + K

Edição	
Recurso	Teclas de atalho
Localizar	CTRL + L
Ir para	ALT + CTRL + G ou ALT + CTRL + F5

Geral	
Recurso	Teclas de atalho
Substituir	CTRL + U
Selecionar tudo	CTRL + T

7 EXCEL 365

O Microsoft 365 é uma assinatura que inclui os recursos mais colaborativos e atualizados em uma experiência integrada e perfeita, pois inclui os aplicativos robustos de trabalho do Office, como Word, PowerPoint e Excel. Com ele, também é possível também obter armazenamento on-line extra e recursos conectados à nuvem que permitem colaborar com arquivos em tempo real.

O objetivo da assinatura é disponibilizar os recursos, correções e atualizações de segurança mais recentes, além de suporte técnico contínuo, sem nenhum custo extra. É possível optar por pagar a assinatura mensal ou anual, e o plano Microsoft 365 Family permite compartilhar a assinatura com até seis pessoas e usar os aplicativos em vários PCs, Macs, tablets e telefones.

Há também a possibilidade de adquirir o Office 2019 como uma compra única, o que significa pagar um custo único e inicial para obter os aplicativos do Office para um computador. Compras únicas estão disponíveis para PCs e Macs. No entanto, não há opções de upgrade

Segundo a Microsoft, o Excel: é um programa de planilhas do sistema Microsoft Office. Pode ser usado para criar e formatar pastas de trabalho (um conjunto de planilhas), para analisar dados e tomar decisões de negócios mais bem informadas. Especificamente, o Excel é muito utilizado para acompanhar dados, criar modelos de análise de dados, criar fórmulas para fazer cálculos desses dados, organizar dinamicamente de várias maneiras e apresentá-los em diversos tipos de gráficos profissionais.

7.1 Características do Excel

▷ **Planilha eletrônica:** sistema composto de 1.048.576 linhas e 16.384 colunas.
▷ **Pastas de trabalho abertas:** limitado pela memória disponível e pelos recursos do sistema (o padrão é 1 planilha).
▷ **Intervalo de zoom:** 10%a 400% por cento.
▷ **Extensão:** .xlsx
▷ **Trabalhando com pastas de trabalho:** cada pasta de trabalho do MS-Excel **consiste em um documento com uma ou mais planilhas**, ou seja, uma pasta no sentido literal, contendo diversos documentos.

7.2 Interface

A interface do Excel segue o padrão dos aplicativos Office, com ABAS, botão Office, controle de Zoom na direita etc. O que muda são alguns grupos e botões exclusivos do Excel e as guias de planilha no rodapé.

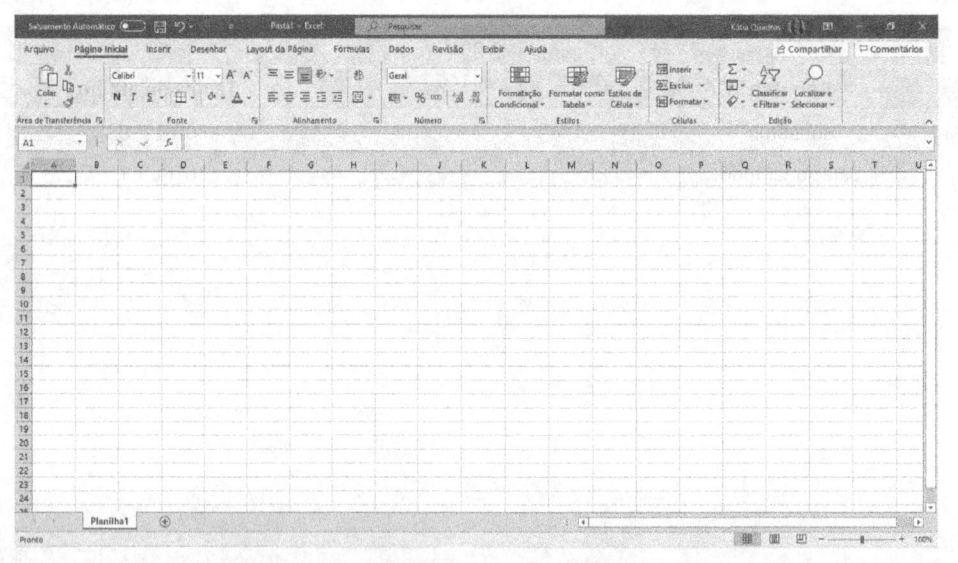

As linhas são identificadas por números e as colunas por letras. Desse modo, a junção de uma coluna e uma linha tem como resultado uma célula.

Na imagem mostrada, temos a célula A1 selecionada e podemos perceber uma caixa logo acima com o endereço da célula. Esta é a Caixa de Nome.

Ao lado temos a Barra de Fórmulas com os botões cancelar, inserir e inserir função.

7.3 Seleção de células

Se caso seja necessário selecionar mais de uma célula, basta manter pressionado o mouse e arrastar selecionando as células em sequência. Também, para selecionar células em sequência, clique na primeira célula, selecionando-a e em seguida pressione a tecla SHIFT e clique na última célula da sequência desejada.

Se precisar selecionar células alternadamente, clique sobre a primeira célula a ser selecionada, pressione CTRL e vá clicando nas que você quer selecionar. É possível também selecionar usando a combinação das setas do teclado com a tecla SHIFT.

7.4 Página Inicial

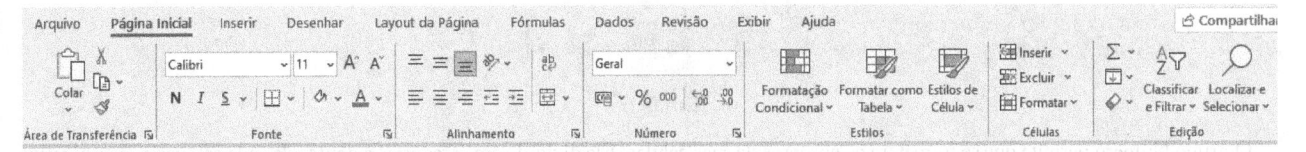

Nessa guia, temos recursos para a formatação das células. Nela é possível encontrar o grupo Fonte, que permite alterar a fonte a ser utilizada, o tamanho, aplicar negrito, itálico e sublinhado, linhas de grade, cor de preenchimento e cor de fonte. Ao clicar na faixa "Fonte", será mostrada a janela, conforme a imagem a seguir:

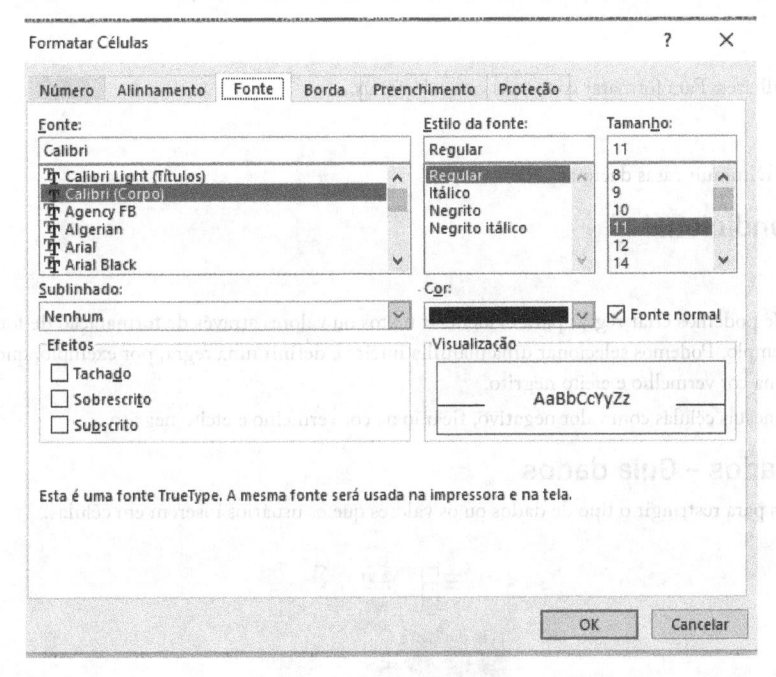

7.4.1 Alinhamento

O grupo Alinhamento permite definir o alinhamento do conteúdo da célula na horizontal e vertical, quebrar texto automaticamente, mesclar e centralizar.

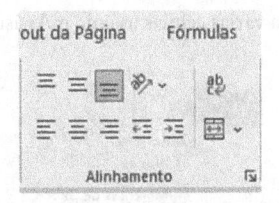

▷ **Botão Orientação:** permite girar o texto.

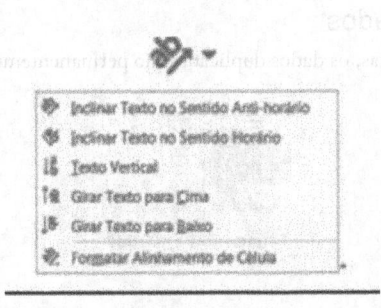

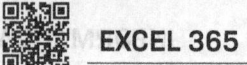

- ▷ **Mesclar e Centralizar:** torna duas ou mais células selecionadas em uma, centralizando o conteúdo da célula.
- ▷ **Mesclar através:** mescla somente em linha.
- ▷ **Mesclar célula:** apenas mescla sem centralizar.
- ▷ **Desfazer mesclagem de células:** desfaz a mesclagem das células.

7.4.2 Número

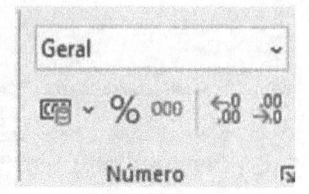

O grupo Número permite que se formatem os números de suas células. Ele dividido em categorias e dentro de cada categoria, possui exemplos de utilização e algumas personalizações, por exemplo, na categoria Moeda em que é possível definir o símbolo a ser usado e o número de casas decimais.

Formato de número de contabilização: Para formatar como moeda. Ex: R$ 40,00.

000 Separador de Milhares: Para formatar com duas casas decimais.

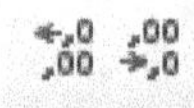

Aumentar e Diminuir casas decimais.

7.5 Formatação condicional

7.5.1 Página Inicial

Com essa funcionalidade podemos criar regras para evidenciar textos ou valores através de formatação de fonte ou preenchimento/sombreamento da célula, por exemplo. Podemos selecionar uma planilha inteira e definir uma regra, por exemplo, que números negativos ficarão automaticamente com fonte na cor vermelho e efeito negrito.

Tudo o que for digitado nestas células com valor negativo, ficarão na cor vermelho e efeito negrito.

7.6 Validação de dados – Guia dados

Use a validação de dados para restringir o tipo de dados ou os valores que os usuários inserem em células.

7.6.1 Texto para Colunas – Guia Dados

Pegue o texto em uma ou mais células e divida-o em várias células usando o Assistente para Converter Texto em Colunas.

7.6.2 Remover Duplicatas – Guia Dados

Quando você usa o recurso Remover Duplicatas, os dados duplicados são permanentemente excluídos.

7.6.3 Obter Dados – Guia Dados

O principal benefício da conexão com dados externos é que você pode analisar periodicamente esses dados no Microsoft Office Excel sem copiar repetidamente os dados, que é uma operação que pode ser demorada e propensa a erros. Depois de se conectar a dados externos, você também pode atualizar automaticamente (ou atualizar) sua Excel de trabalho da fonte de dados original sempre que a fonte de dados for atualizada com novas informações.

7.6.4 Atingir Meta – Guia Dados

Se você conhece o resultado que deseja obter de uma fórmula, mas não tem certeza sobre o valor de entrada necessário para chegar a esse resultado, use o recurso Atingir Meta.

Por exemplo, suponha que você precise pedir algum dinheiro emprestado. Você sabe quanto dinheiro quer, quanto tempo deseja usar para pagar o empréstimo e quanto pode pagar a cada mês. Você pode usar o recurso Atingir Meta para determinar qual taxa de juros você precisará garantir para atingir seu objetivo de empréstimo.

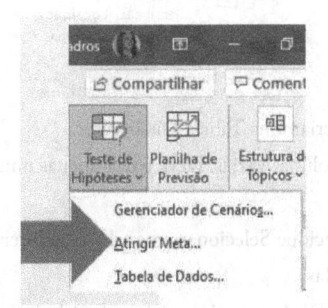

7.6.5 Impressão – Guia Arquivo

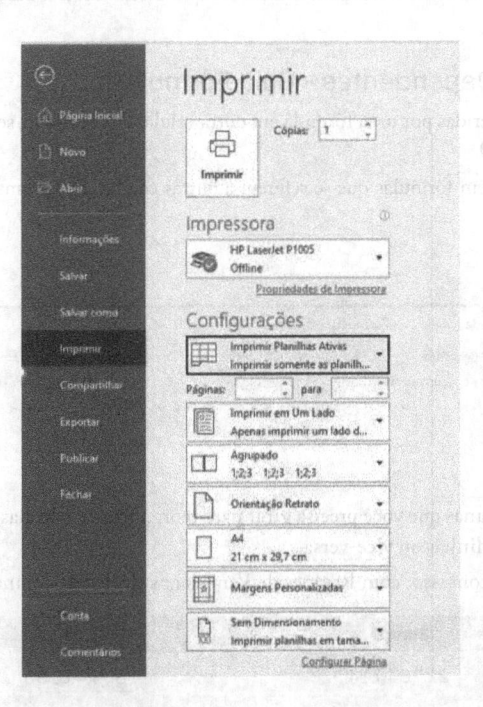

7.6.6 Classificar - Guia Página Inicial e Guia Dados

Permite classificar dados em ordem crescente ou decrescente. Pode ser com texto (alfabeticamente) ou números.

7.6.7 Filtrar – Guia Página Inicial e Guia dados

Organiza os dados para que seja mais fácil analisá-los. Por exemplo: Se tenho uma planilha com Homens e Mulheres, posso filtrar para que apareçam apenas as Mulheres. Perceba que as informações referentes aos Homens não são excluídas, apenas ficam ocultas, facilitando analisar apenas as informações referentes às mulheres.

Também posso filtrar por valores, pedindo para ocultar valores inferiores a R$ 1.000,00, por exemplo.

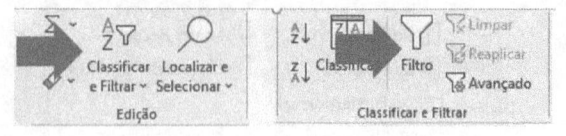

7.6.8 Tabela Dinâmica

Uma Tabela Dinâmica é uma ferramenta poderosa para calcular, resumir e analisar os dados que lhe permitem ver comparações, padrões e tendências nos dados.

Criar uma tabela dinâmica

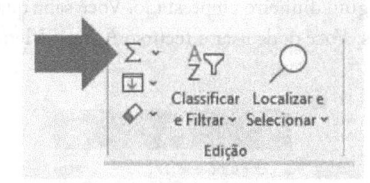

▷ Selecione as células a partir das quais você deseja criar uma Tabela Dinâmica.
▷ Observação: seus dados não devem ter linhas ou colunas vazias. Deve haver apenas uma única linha de título.
▷ Selecione Inserir > Tabela Dinâmica.
▷ Em Escolha os dados que você deseja analisar, selecione Selecionar uma tabela ou intervalo.
▷ Em Tabela/Intervalo, verifique o intervalo de células.
▷ Em Escolha onde deseja que o relatório da Tabela Dinâmica seja posicionado, selecione Nova Planilha para posicionar a Tabela Dinâmica em uma nova planilha, ou escolha Planilha Existente e selecione o local em que deseja exibir a Tabela Dinâmica.
▷ Selecione OK.

7.6.9 Rastrear Precedentes e Dependentes - Guia Fórmulas

▷ **Células precedentes**: células que são referidas por uma fórmula em outra célula. Por exemplo, se a célula D10 contiver a fórmula =B5, a célula B5 será um precedente para a célula D10.
▷ **Células dependentes**: essas células contêm fórmulas que se referem a outras células. Por exemplo, se a célula D10 contiver a fórmula =B5, a célula D10 é dependente da célula B5.

7.6.10 Guia Fórmula

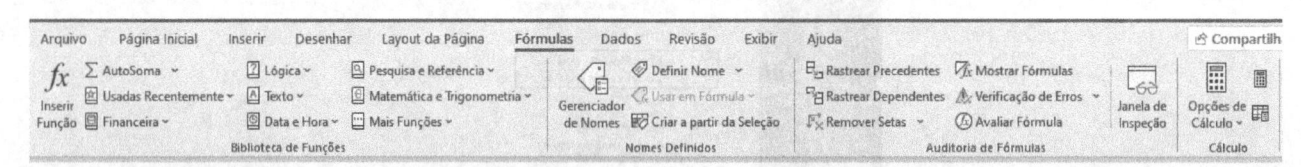

7.6.11 Transpor

Se tiver uma planilha com dados em colunas que você precisa girar para reorganizar em linhas, use o recurso Transpor. Com ele, você pode alternar rapidamente dados de colunas para linhas ou vice-versa.

Por exemplo, se seus dados se parecem com isso, com Regiões de Vendas nos títulos de coluna e Trimestres no lado esquerdo:

Vendas por região	Europa	Ásia	América do Norte
1º trim.	21.704.714	8.774.099	12.094.215
2º trim.	17.987.034	12.214.447	10.873.099
3º trim.	19.485.029	14.356.879	15.689.543
4º trim.	22.567.894	15.763.492	17.456.723

O recurso Transpor reorganizará a tabela de forma que os Trimestres sejam exibidos nos títulos de coluna e as Regiões de Vendas possam ser vistas à esquerda, assim:

INFORMÁTICA

Vendas por região	1º trim.	2º trim.	3º trim.	4º trim.
Europa	21.704.714	17.987.034	19.485.029	22.567.894
Ásia	8.774.099	12.214.447	14.356.879	15.763.492
América do Norte	12.094.215	10.873.099	15.689.543	17.456.723

7.6.12 Congelar Painéis

Quando você congela painéis, o Excel mantém linhas ou colunas específicas visíveis durante a rolagem na planilha. Por exemplo, se a primeira linha da planilha contiver rótulos, será possível congelá-la para garantir que os rótulos das colunas permaneçam visíveis enquanto você rola para baixo na planilha.

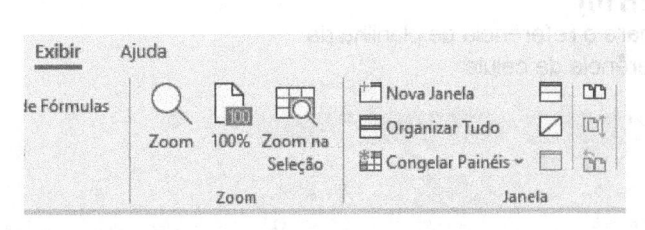

7.6.13 Dividir

▷ **Dividir**: Ao dividir divide painéis, o Excel cria duas ou quatro áreas separadas da planilha que podem ser roladas individualmente, enquanto as linhas e colunas da área não rolada permanecem visíveis.

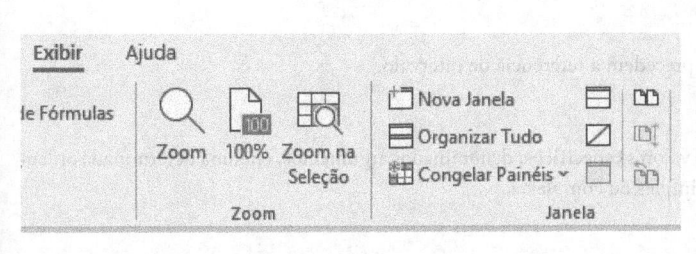

7.6.14 Utilização de fórmulas

A planilha do Excel reconhece um cálculo ou fórmula quando se inicializa a célula com o sinal de igual (=). E, além do sinal de = uma fórmula também pode ser precedida por: + (mais) ou - (menos).

Assim, é possível, por exemplo, somar em uma célula C3, o valor de uma célula A3 mais o valor de uma célula B3, como também, pode-se multiplicar, dividir, subtrair ou inserir outras fórmulas.

7.6.15 Operadores

OPERADOR ARITMÉTICO	SIGNIFICADO	EXEMPLO
+ (sinal de mais)	Adição	3+3
− (sinal de menos)	Subtração	3−1
	Negação	−1
* (asterisco)	Multiplicação	3*3
/ (sinal de divisão)	Divisão	3/3
% (sinal de porcentagem)	Porcentagem	20%
^ (acento circunflexo)	Exponenciação	3^2

OPERADOR DE COMPARAÇÃO	SIGNIFICADO	EXEMPLO
= (sinal de igual)	Igual a	A1=B1
> (sinal de maior que)	Maior que	A1>B1
< (sinal de menor que)	Menor que	A1<B1
>= (sinal de maior ou igual a)	Maior ou igual a	A1>B1
<= (sinal de menor ou igual a)	Menor ou igual a	A1<B1
<> (sinal de diferente de)	Diferente de	A1<>B1

OPERADOR DE TEXTO	SIGNIFICADO	EXEMPLO
& (E comercial)	Conecta, ou concatena, dois valores para produzir um valor de texto contínuo	("North"&"wind")

EXCEL 365

É importante ressaltar que o Excel trabalha com os parênteses, quando se pretende fazer vários cálculos em uma mesma célula, a fim de priorizar aqueles que devem ser realizados primeiramente.

1ª prioridade - % e ^
2ª prioridade - * e /
3ª prioridade - + e -

O valor médio do intervalo B1:B10 na planilha denominada Marketing na mesma pasta de trabalho.

Nome da planilha | Referência à célula ou ao intervalo de células na planilha

=MÉDIA(Marketing!B1:B10)

Separa a referência de planilha da referência de célula

PARA SE REFERIR A	USE
A célula na coluna A e linha 10	A10
O intervalo de células na coluna A e linhas 10 a 20	A10:A20
O intervalo de células na linha 15 e colunas B até E	B15:E15
Todas as células na linha 5	5:5
Todas as células nas linhas 5 a 10	5:10
Todas as células na coluna H	H:H
Todas as células nas colunas H a J	H:J
O intervalo de células nas colunas A a E e linhas 10 a 20	A10:E20

Observe que o nome da planilha e um ponto de exclamação (!) precedem a referência de intervalo.

7.7 Funções

Funções são fórmulas predefinidas que efetuam cálculos usando valores específicos, denominados argumentos, em uma determinada ordem ou estrutura. As funções podem ser usadas para executar cálculos simples ou complexos.

7.7.1 SOMA

=SOMA(arg1;arg2;...;arg30)
=soma(a1:a5)
=soma(a1:a5;5)
=soma(a3;5;c1:c20)

	B6		f_x	=SOMA(B3:B5)	
	A	B	C	D	E
1					
2	Turma	Meninos	Meninas	Total	
3	2504B	16	17		
4	7001A	14	20		
5	3602A	21	19		
6	Total	51			
7					

Fique ligado

Essa função soma dois ou mais números. É importante notar que a referência: (dois pontos) significa "ATÉ" e a referência ; (ponto e vírgula) significa "E". É possível usar os dois sinais numa mesma função.

7.7.2 MÉDIA

=MÉDIA(arg1;arg2;...;arg30)
=média(a1:a5)
=média(a1:a5;6)
=média(a3;2;c1:c10)

INFORMÁTICA

	A	B	C	D	E
1					
2	Turma	Meninos	Meninas	Total	
3	2504B	16	17		
4	7001A	14	20		
5	3602A	21	19		
6	Total	17			

B6 → fx =MÉDIA(B3:B5)

Fique ligado

A função MÉDIA soma os argumentos e divide pelo número de argumentos somados.
Por exemplo: MÉDIA(a1:a5)
A média, nesse exemplo, será a soma de a1, a2, a3, a4 e a5 dividido por 5.

7.7.3 MÁXIMO

Mostra o maior valor no intervalo.
=MÁXIMO(arg1;arg2;...arg30)
=máximo(c1:c10)
=máximo(c1:c10;3)

B6 → fx =MÁXIMO(B3:B5)

	A	B	C	D	E
1					
2	Turma	Meninos	Meninas	Total	
3	2504B	16	17		
4	7001A	14	20		
5	3602A	21	19		
6	Total	21			

7.7.4 MÍNIMO

Mostra o menor valor no intervalo.
=MÍNIMO(arg1;arg2;...arg30)
=mínimo(c1:c10)
=mínimo(c1:c10;3)

B6 → fx =MÍNIMO(B3:B5)

	A	B	C	D	E
1					
2	Turma	Meninos	Meninas	Total	
3	2504B	16	17		
4	7001A	14	20		
5	3602A	21	19		
6	Total	14			

7.7.5 MAIOR

Você pode usar esta função para selecionar um valor de acordo com a sua posição relativa. Por exemplo, você pode usar MAIOR para obter o primeiro, o segundo e o terceiro resultado e assim por diante.

Neste caso, o EXCEL deve mostrar o terceiro maior valor encontrado no intervalo A1:C3. O número 3 após o ";" é que indica essa posição.
| =MAIOR(a1:c3;3)

	A	B	C	D	E
1	2	3	5		
2	4	7	1		
3	6	8	0		
4					
5			6		
6					

C5 fx =MAIOR(A1:C3;3)

7.7.6 MENOR

Você pode usar esta função para selecionar um valor de acordo com a sua posição relativa. Por exemplo, você pode usar MENOR para obter o primeiro, segundo e terceiro resultados para obter o primeiro, o segundo e o terceiro resultado e assim por diante.

| =MENOR(a1:c3;3)

Neste caso quero que o EXCEL mostre o terceiro menor valor encontrado no intervalo A1:C3.

C5 fx =MENOR(A1:C3;3)

	A	B	C	D	E
1	2	3	5		
2	4	7	1		
3	6	8	0		
4					
5			2		
6					

7.7.7 CONT.SE

Realiza a contagem de todas as células de um intervalo que satisfazem uma determinada condição.

| =CONT.SE(intervalo;condição)

=cont.se(c3:c8;">=2")

| =cont.se(c3:c8;a2)

fx =CONT.SE(C3:C8;C4)

C	D	E	F
5			
5			
25			
	2		

Perceba que no exemplo queremos que o Excel conte o número de células que contenham o valor referido em C4 (condição), ou seja, o valor 5. As células que o Excel deve procurar e contar esse valor são as células C3 até C8 (intervalo). Nesse caso temos o resultado 2.

fx =CONT.NÚM(C3:C8)

C	D	E	F
5			
5			
25			
casa			
dia		4	
20/mar			

7.7.8 CONT.NÚM

Conta quantas células contêm números.
| =CONT.NÚM(intervalo)

7.7.9 CONT.VALORES

Conta o número de células que não estão vazias em um intervalo.
| =CONT.VALORES(intervalo)

	C	D	E	F
			=CONT.VALORES(C3:C8)	
	5			
	5,3333			
	casa			
	dia		5	
	20/mar			

7.7.10 CONCATENAR

A função **CONCATENAR** agrupa cadeias de texto. Os itens agrupados podem ser texto, números, referências de células ou uma combinação desses itens. Por exemplo, se sua planilha contiver o nome de uma pessoa na célula A1 e o sobrenome da pessoa na célula B1, você poderá combinar os dois valores em outra célula usando a seguinte fórmula:

=CONCATENAR(A1;" ";B1)

O segundo argumento neste exemplo (" ") é um caractere de espaço. É preciso especificar quaisquer espaços ou pontuação que você deseja que sejam exibidos nos resultados como um argumento entre aspas.

Você também pode usar o caractere **&** para concatenar:

=CONCATENAR(A2&B2&" -"&C2&"anos")

ou

=A2&" "&B2&" - "&C2&" "&"anos"

ou ainda

=CONCATENAR(A2&" ";B2;"-"&C2&"anos")

Todas as formas estão corretas.

No exemplo abaixo, o examinador pediu que na célula C4 aparecesse o nome que está em A2, mais o sobrenome que está em B2 e a idade que está em C3, com devidos espaços e a palavra anos.

Os espaços e a palavra anos estão entre aspas, pois não são conteúdo de nenhuma célula e são textos. Textos devem ficar entre aspas nas fórmulas do Excel.

	C4			fx	=A2&" "&B2&" - "&C2&" "&"anos"		
	A	B	C	D	E	F	
1							
2	antonio	sutir	43				
3							
4	&		antonio sutir - 43 anos				

Podemos usar a função **CONCATENAR**:

	C4			fx	=CONCATENAR(A2;" ";B2;" - "; C2;" anos")		
	A	B	C	D	E	F	G
1							
2	antonio	sutir	43				
3							
4	Concatenar e ;		antonio sutir - 43 anos				
5							

Podemos usar a função **CONCATENAR** e o operador de texto &:

	C4			fx	=CONCATENAR(A2&" "&B2&" - "&C2&" anos")	
	A	B	C	D	E	F	G
1							
2	antonio	sutir	43				
3							
4	& e concatenar		antonio sutir - 43 anos				

Podemos usar a função **CONCATENAR,** o operador de texto & e;.

	C4			fx	=CONCATENAR(A2&" ";B2;" - "&C2&" anos")	
	A	B	C	D	E	F	G
1							
2	antonio	sutir	43				
3							
4	&, Concatenar e ;		antonio sutir - 43 anos				
5							

7.7.11 E

TODOS os argumentos devem ser verdadeiros.

=E(E2>=7;F2>=75)

Então, temos a função E e as condições separadas por ";".

=E(E2>=7;F2>=75)				
C	D	E	F	
		Nota	Freq	
75		7	75	
70		8	70	
80		5	80	
50		5	50	
		VERDADEIRO		
		FALSO		
		FALSO		
		FALSO		

7.7.12 OU

Apenas um dos argumentos precisa ser verdadeiro.

=OU(E2>=7;F2>=75)

Então, temos a função OU e as condições separadas por ";".

=OU(E2>=7;F2>=75)					
C	D	E	F	G	
		Nota	Freq		
75		7	75		
70		8	70		
30		5	80		
50		5	50		
		VERDADEIRO			
		VERDADEIRO			
		VERDADEIRO			
		FALSO			

INFORMÁTICA

7.7.13 SOMASE

=SOMASE(intervalo;condição)
=SOMASE(c1:c10;">5")

Nesse caso, o Excel realizará a soma apenas das células no intervalo C1 até C10 que contenham valores maiores que 5. Outros números são ignorados. Realiza a soma de todos os valores de um intervalo que satisfazem uma determinada condição.

A função SOMASE pode assumir a seguinte sintaxe:

SOMASE(intervalo, critérios, [intervalo_soma])

f_x =SOMASE(C1:C10;">5")

C	D	E
3		
3		
3		
3		
3		
3		
33		
3		
8		
4		
41		

Uma planilha do Microsoft Excel apresenta os valores a seguir.

	A	B
1	23	5
2	12	8
3	32	7
4	17	9
5	11	3

Assinale a alternativa que apresenta, corretamente, o resultado gerado pela fórmula =SOMASE(A1:A5; ">15";B1:B5).

a) 0
b) 21
c) 32
d) 72
e) 95

Veja o resultado diretamente em uma planilha do Excel:

	A	B	C	D	E	F	G
1	23	5					
2	12	8					
3	32	7					
4	17	9					
5	11	3					
6							
7	21						
8							

A7 f_x =SOMASE(A1:A5; ">15";B1:B5)

Agora vamos entender este resultado!

=SOMASE(A1:A5; ">15";B1:B5)

A função Somase, neste caso em que tenho o intervalo da soma definido, irá fazer com que o Excel selecione o intervalo indicado: A1:A5, obedeça a condição que é: >15, mas some os valores que constam nas células correspondentes: B1:B5.

Então o Excel irá somar os valores 5, 7 e 9, pois esses valores estão no intervalo B1:B5 e correspondem aos valores 23, 32 e 17 que estão no intervalo A1:A5 e que obedecem a condição: ser >5.

7.7.14 MÉDIASE

=MÉDIASE(B2:B5;"<23000")

Retorna a média (média aritmética) de todas as células em um intervalo que satisfazem um determinado critério.

7.7.15 SE

Retorna valores diferentes dependendo do resultado de uma expressão.

É usada para testar condições, ou seja, se a condição especificada equivaler à verdadeira e a outra se equivaler a falsa.

=SE(teste_lógico;valor_se_verdadeiro;valor_se_falso)

EXCEL 365

> **Fique ligado**
> O "SE" funciona como todos os "SEs" da nossa vida: SE chover não vou à praia, SE eu tiver dinheiro vou à festa, SE eu tiver média final igual ou maior que 7,0 sou aprovado no colégio. Sim, SE você estudar com certeza vai passar no concurso! É lógica pura!

No exemplo a seguir temos um boletim escolar, em que o aluno que tiver nota igual ou maior a 7,0 será aprovado, senão será reprovado.

	F	G
1	de médi	
6	Média	Situação
7	8,0	Aprovado
8	7,0	Aprovado
9	3,8	Reprovado
10	8,5	Aprovado
11	7,5	Aprovado
12	7,8	Aprovado
13	8,8	Aprovado

G7: =SE(F7>=7;"Aprovado";"Reprovado")

Vamos entender:

=SE -> aqui tenho a função

A função SE é uma pergunta com duas possíveis respostas: SIM ou NÃO:

F7>=7 -> Aqui tenho a pergunta: F7 é igual ou maior a 7?

Ao verificar a célula F7, ela contém a média 8,0. Logo, 8,0 é maior que 7, então, a resposta da pergunta anterior é SIM. Ao responder SIM à pergunta (condição), o Excel mostra a resposta especificada na função que está logo após o ";", neste caso a palavra "Aprovado". Ao responder NÃO à pergunta, o Excel mostra a segunda resposta especificada na função, após o ";", neste caso a palavra "Reprovado".

7.8 Aninhar uma função dentro de outra função

As funções aninhadas usam uma função como um dos argumentos de outra função.

A fórmula a seguir soma um conjunto de números (G2:G5) somente se a média de outro conjunto de números (F2:F5) for maior que 50. Caso contrário, ela retorna 0. Analise também a planilha.

	F	G
1	5	5
2	2	2
3	2	2
4	2	2
5	2	2
6		

=SE(MÉDIA(F2:F5)>50;SOMA(G2:G5);0)

As funções MÉDIA e SOMA são aninhadas na função SE.

Como resolver essa função? **Por partes!**

Primeiro devemos lembrar que a função Se é uma pergunta que pode ter apenas dois tipos de resposta: Ou SIM, ou NÃO. E que a pergunta está antes do primeiro ";". Caso a resposta seja SIM o EXCEL retornará o que estiver entre os dois ";". Caso a resposta seja NÃO o EXCEL retornará o que estiver após o segundo ";".

Vamos em busca da pergunta:

=SE(MÉDIA(F2:F5)>50;SOMA(G2:G5);0)

A pergunta é: MÉDIA(F2:F5)>50

Na planilha fornecida devemos observar os valores e calcular a Média:

Média(F2:F5) => (2 + 2 + 2 + 2)/4 = 2

A média é 2.

A pergunta é: 2>50?

A resposta é NÃO.

Então o EXCEL retornará o que está após o segundo ";" que é 0 (zero).

7.8.1 SE Aninhado

A função SE nos permite definir apenas 2 valores de retorno, porém muitas vezes precisamos de 3, 4 ou mais valores de retorno. Nestes casos utilizamos a função SE Aninhado.

	A	B	C	D
1	Salario	Faltas	Gratificação	Total
2				
3	1280	0	128	1408
4				
5				
6				
7				
8				
9	Gratificação	Faltas		
10	10%	0		
11	5%	1		
12	0%	2 ou mais		

C3: =SE(B3=0;A3*A10;SE(B3=1;A3*A11;SE(B3>=2;0)))

Nesse exemplo temos uma empresa e sua folha de pagamentos. A empresa oferece gratificação aos funcionários que não faltam ou faltam apenas uma vez.

Dessa forma a pergunta que faço para começar a desenvolver a função é: Se o funcionário não faltar quanto ele recebe de gratificação? Basta olhar na célula A10 onde tenho o valor da gratificação que é de 10% sobre o salário. Então veja:

- Se o funcionário não faltar recebe salário acrescido de 10% de gratificação.
- Se o funcionário faltar apenas 1 vez ele recebe salário acrescido de 5% de gratificação.
- Se o funcionário faltar 2 ou mais vezes, recebe apenas o salário.

Agora é colocar essas regras na função. Perceber que o número de faltas está na célula B3, o salário na A3 e as regras para Gratificação nas células A9:B12. Certo?

Feito isso, vamos à função:

=SE(B3=0;A3*A10;SE(B3=1;A3*A11;SE(B3>=2;0)))

Ou seja: SE(B3 {número de faltas) =0;A3 {Salário}) *A10 {Valor da Gratificação}) ;SE {Senão, caso não atenda a condição anterior}(B3 {número de faltas) =1;A3 {Salário}) *A11{Valor da Gratificação});SE(B3 {número de faltas}) >=2;0 {Não recebe nada de gratificação})))

Obs.: O texto em vermelho entre chaves refere-se a comentários sobre dados da função. Não fazem parte da função.

Ainda podemos escrever a função dessa forma:

=SE(B3=0;A3*A10;SE(B3=1;A3*A11;0))

Nesse caso, não desenvolvemos o último SE. Colocamos um ";" que se comporta como um SENÃO. Ou seja, se não forem satisfeitas as condições dos SEs anteriores o Excel fará o que houver após este último ";".

7.8.2 SES

A função SES verifica se uma ou mais condições são satisfeitas e retorna um valor que corresponde à primeira condição VERDADEIRO. A função SES pode ser usada como substituta de várias instruções SE aninhadas, além de ser muito mais fácil de ser lida quando condições múltiplas são usadas.

=SES(F2=1;D2;F2=2;D3;F2=3;D4;F2=4;D5;F2=5;D6;F2=6;D7;F2=7;D8)

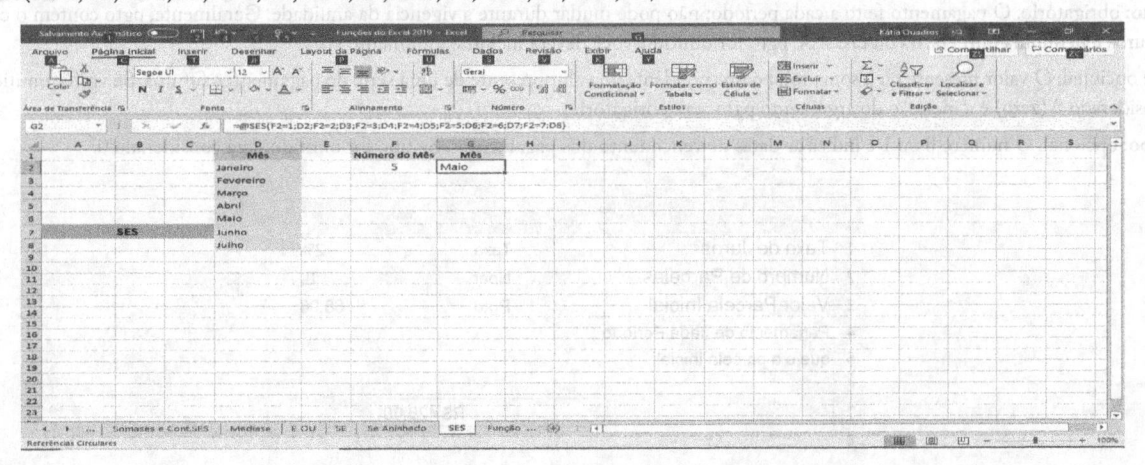

7.8.3 PROCV

Use a função PROCV, uma das funções de pesquisa e referência, quando precisar localizar algo em linhas de uma tabela ou de um intervalo. Por exemplo, para pesquisar o preço de uma peça automotiva pelo número da peça.

=PROCV(Valor que você deseja pesquisar, intervalo no qual você deseja pesquisar o valor, o número da coluna no intervalo contendo o valor de retorno, Correspondência Exata ou Correspondência Aproximada – indicado como 0/FALSO ou 1/VERDADEIRO).

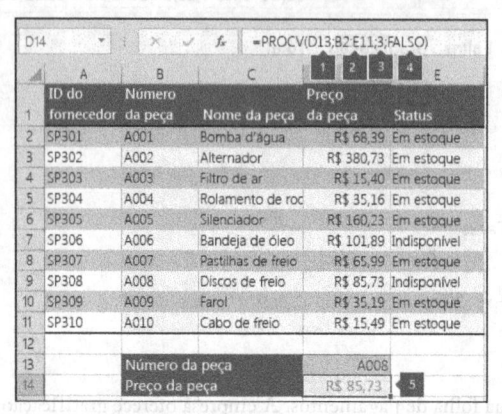

	A	B	C	D	E
1	ID do fornecedor	Número da peça	Nome da peça	Preço da peça	Status
2	SP301	A001	Bomba d'água	R$ 68,39	Em estoque
3	SP302	A002	Alternador	R$ 380,73	Em estoque
4	SP303	A003	Filtro de ar	R$ 15,40	Em estoque
5	SP304	A004	Rolamento de rod	R$ 35,16	Em estoque
6	SP305	A005	Silenciador	R$ 160,23	Em estoque
7	SP306	A006	Bandeja de óleo	R$ 101,89	Indisponível
8	SP307	A007	Pastilhas de freio	R$ 65,99	Em estoque
9	SP308	A008	Discos de freio	R$ 85,73	Indisponível
10	SP309	A009	Farol	R$ 35,19	Em estoque
11	SP310	A010	Cabo de freio	R$ 15,49	Em estoque
12					
13			Número da peça	A008	
14			Preço da peça	R$ 85,73	

Fórmula em D14: =PROCV(D13;B2:E11;3;FALSO)

▷ D13 é o valor_procurado ou o valor que você deseja pesquisar.
▷ B2 a E11 (realçados em amarelo na tabela) é a matriz_tabela ou o intervalo onde o valor de pesquisa está localizado.
▷ 3 é o núm_índice_coluna ou o número de coluna na matriz_tabela que contém o valor de retorno. Neste exemplo, a terceira coluna da matriz de tabela é Preço da Peça, portanto, o resultado da fórmula será um valor da coluna Preço da Peça.
▷ FALSO é o intervalo_pesquisa, portanto, o valor de retorno será uma correspondência exata.
▷ O resultado da fórmula PROCV é 85,73, o preço dos Rotores de freio.

Há quatro informações que serão necessárias para criar a sintaxe da função PROCV:

▷ O valor que você deseja pesquisar, também chamado valor de pesquisa.
▷ O intervalo onde o valor de pesquisa está localizado. Lembre-se de que o valor de pesquisa deve estar sempre na primeira coluna no intervalo para que a função PROCV funcione corretamente. Por exemplo, se o valor de pesquisa estiver na célula C2, o intervalo deve começar com C.
▷ O número da coluna no intervalo que contém o valor de retorno. Por exemplo, se você especificar B2:D11 como o intervalo, deverá contar B como a primeira coluna, C como a segunda e assim por diante.
▷ Se preferir, você pode especificar VERDADEIRO se quiser uma correspondência aproximada ou FALSO se quiser que uma correspondência exata do valor de retorno. Se você não especificar nada, o valor padrão será sempre VERDADEIRO ou correspondência aproximada.

7.8.4 VF

=VF(taxa,nper,pgto,[vp],[tipo])

Retorna o valor futuro de um investimento de acordo com os pagamentos periódicos e constantes e com uma taxa de juros constante.

| =VF(2%;10;38,96)

A sintaxe da função VF tem os seguintes argumentos:

▷ **Taxa**: obrigatório. A taxa de juros por período.
▷ **Nper**: obrigatório. O número total de períodos de pagamento em uma anuidade.
▷ **Pgto**: obrigatório. O pagamento feito a cada período; não pode mudar durante a vigência da anuidade. Geralmente, pgto contém o capital e os juros e nenhuma outra tarifa ou taxas. Se pgto for omitido, você deverá incluir o argumento vp.
▷ **Vp**: opcional. O valor presente ou a soma total correspondente ao valor presente de uma série de pagamentos futuros. Se vp for omitido, será considerado 0 (zero) e a inclusão do argumento pgto será obrigatória.
▷ **Tipo**: opcional. O número 0 ou 1 e indica as datas de vencimento dos pagamentos. Se tipo for omitido, será considerado 0.

	A	B	C
1	Taxa de Juros	Taxa	2%
2	Número de Parcelas	Nper	10
3	Valor Parcela Inicial	Pgto	38,96
4	Pagamento de cada Período		
5	que é a parcela inicial		
6			
7		R$ 426,60	
8			

Fórmula em B7: =VF(2%;10;-38,96)

7.8.5 VP

=VP(taxa, nper, pgto, [vf], [tipo])

Retorna o valor presente de um investimento. O valor presente é o valor total correspondente ao valor atual de uma série de pagamentos futuros. Por exemplo, quando você toma uma quantia de dinheiro emprestada, a quantia do empréstimo é o valor presente para o concessor do empréstimo.

=VP(2%;10;38,96)

A sintaxe da função VP tem os seguintes argumentos:

▷ **Taxa:** necessário. A taxa de juros por período. Por exemplo, se você tiver um empréstimo para um automóvel com taxa de juros de 10% ano e fizer pagamentos mensais, sua taxa de juros mensal será de 10%/12 ou 0,83%. Você deverá inserir 10%/12 ou 0,83%, ou 0,0083, na fórmula como taxa.

▷ **Nper:** necessário. O número total de períodos de pagamento em uma anuidade. Por exemplo, se você fizer um empréstimo de carro de quatro anos e fizer pagamentos mensais, seu empréstimo terá 4*12 (ou 48) períodos. Você deverá inserir 48 na fórmula para nper.

▷ **Pgto:** necessário. O pagamento feito em cada período. Geralmente, pgto inclui o principal e os juros e nenhuma outra taxa ou tributo. Por exemplo, os pagamentos mensais de R$ 10.000 de um empréstimo de quatro anos para um carro serão de R$ 263,33. Você deverá inserir -263,33 na fórmula como pgto. Se pgto for omitido, você deverá incluir o argumento vf.

▷ **Vf:** opcional. O valor futuro, ou o saldo, que você deseja obter depois do último pagamento. Se vf for omitido, será considerado 0 (o valor futuro de um empréstimo, por exemplo, é 0). Por exemplo, se você deseja economizar R$ 50.000 para pagar um projeto em 18 anos, então o valor futuro será de R$ 50.000. Você poderia então fazer uma estimativa na taxa de juros e concluir quanto economizaria por mês. Se vf for omitido, você deverá incluir o argumento pgto.

▷ **Tipo:** opcional. O número 0 ou 1 e indica as datas de vencimento.

	A	B	C
1	Taxa de Juros	Taxa	2%
2	Número de Parcelas	Nper	10
3	Valor Parcela Inicial	Pgto	38,96
4	Pagamento de cada Período		
5	que é a parcela inicial		
6			
7			R$ 426,60
8			

(B7: =VF(2%;10;-38,96))

7.8.6 NPER

=NPER(taxa;pgto;vp;vf;tipo)

Retorna o número de períodos para investimento de acordo com pagamentos constantes e periódicos e uma taxa de juros constante.

=NPER(2%;10;350)

A sintaxe da função NPER tem os seguintes argumentos:

▷ **Taxa:** é a taxa de juros por período.

▷ **Pgto:** é o pagamento feito em cada período; não pode mudar durante a vigência da anuidade. Geralmente, pgto contém o capital e os juros, mas nenhuma outra tarifa ou taxas.

▷ **Vp:** é o valor presente ou atual de uma série de pagamentos futuros.

▷ **Vf:** é o valor futuro, ou o saldo, que você deseja obter depois do último pagamento. Se vf for omitido, será considerado 0 (o valor futuro de um empréstimo, por exemplo, é 0).

▷ **Tipo:** é o número 0 ou 1 e indica as datas de vencimento.

7.8.7 Taxa

=TAXA(nper, pgto, vp, [vf], [tipo], [estimativa])

Retorna a taxa de juros por período de uma anuidade.

=TAXA(10;-38,96;426,65)

A sintaxe da função TAXA tem os seguintes argumentos:

▷ **Nper:** obrigatório. O número total de períodos de pagamento em uma anuidade.

▷ **Pgto:** obrigatório. O pagamento feito em cada período e não pode mudar durante a vigência da anuidade. Geralmente, pgto inclui o principal e os juros e nenhuma outra taxa ou tributo. Se pgto for omitido, você deverá incluir o argumento vf.

▷ **Vp: obrigatório.** O valor presente — o valor total correspondente ao valor atual de uma série de pagamentos futuros.

▷ **Vf:** opcional. O valor futuro, ou o saldo, que você deseja obter depois do último pagamento. Se vf for omitido, será considerado 0 (o valor futuro de um empréstimo, por exemplo, é 0).

Tipo: opcional. O número 0 ou 1 e indica as datas de vencimento.

7.8.8 PGTO

=PGTO(taxa, nper, vp, [fv], [tipo])

Retorna o pagamento periódico de uma anuidade de acordo com pagamentos constantes e com uma taxa de juros constante.

=PGTO(2%;36;350)

A sintaxe da função PGTO tem os seguintes argumentos:

▷ **Taxa**: obrigatório. A taxa de juros para o empréstimo.
▷ **Nper**: obrigatório. O número total de pagamentos pelo empréstimo.
▷ **Vp**: obrigatório. O valor presente, ou a quantia total agora equivalente a uma série de pagamentos futuros; também conhecido como principal.
▷ **Vf**: opcional. O valor futuro, ou o saldo, que você deseja obter após o último pagamento. Se vf for omitido, será considerado 0 (zero), ou seja, o valor futuro de um empréstimo é 0.
▷ **Tipo**: opcional. O número 0 (zero) ou 1 e indica o vencimento dos pagamentos.

7.8.9 ABS

=ABS(núm)

Retorna o valor absoluto de um número.

=ABS(-4)

7.8.10 AGORA

Retorna a data e hora.
=AGORA()

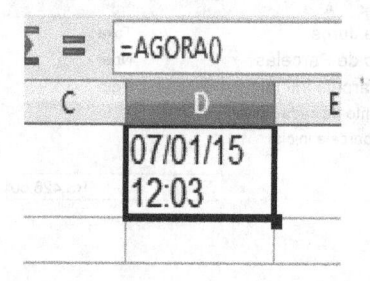

HOJE

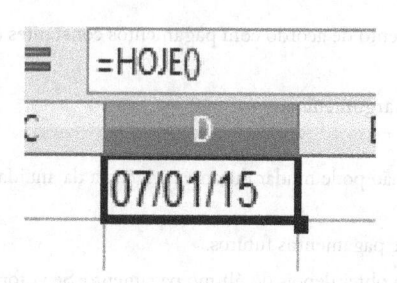

Retorna a data atual.
=HOJE()

7.8.11 DIA DA SEMANA

Fornece o dia da semana a que uma data corresponde. O Excel nos dará como resultado um número que equivale a um dia da semana. Por padrão o n.1 corresponde ao domingo.

=DIA.DA.SEMANA(data ou célula que contém a data)
=DIA.DA.SEMANA("10/11/1975")
=DIA.DA.SEMANA(B6)

7.8.12 DIAS360

Com esta função teremos o número de dias que há entre uma data inicial e uma data final.
=DIAS360(datainicial;datafinal)
=DIAS360("10/11/1975";"10/12/1975")
=DIAS360(A1;A2)

7.8.13 MULT

A função MULT multiplica todos os números especificados como argumentos e retorna o produto. Por exemplo, se as células A1 e A2 contiverem números, você poderá usar a fórmula =MULT(A1;A2) para multiplicar esses dois números juntos. A mesma operação também pode ser realizada usando o operador matemático de multiplicação (*); por exemplo, =A1 * A2.

A função MULT é útil quando você precisa multiplicar várias células ao mesmo tempo. Por exemplo, a fórmula =MULT(A1:A3;C1:C3) equivale a =A1 * A2 * A3 * C1 * C2 * C3.

7.8.14 MOD

Retorna o resto de uma divisão.

Sintaxe: (Valor a ser dividido; divisor)

Exemplo:

=MOD(10;3)

O resultado retornado pelo Excel será 1.

7.8.15 ESCOLHER

Use núm_índice para retornar um valor da lista de argumentos de valor. Use ESCOLHER para selecionar um valor entre 254 valores que se baseie no número de índice.

=ESCOLHER(3;A1;A2;A3;A4;A5;A6;A7)

7.8.16 CORRESP

A função CORRESP procura um item especificado em um intervalo de células e retorna à posição relativa desse item no intervalo. Por exemplo, se o intervalo A1:A3 contiver os valores 5, 25 e 38, a fórmula =CORRESP(25,A1:A3,0) retornará o número 2, porque 25 é o segundo item no intervalo.

=CORRESP(25;A1:A3)

7.8.17 TRUNCAR E INT

TRUNCAR e INT são semelhantes pois ambos retornam inteiros.

TRUNCAR remove a parte fracionária do número.

INT arredonda números para baixo até o inteiro mais próximo com base no valor da parte fracionária do número.

INT e TRUNCAR são diferentes apenas ao usar números negativos: TRUNCAR(-4.3) retorna -4, mas INT(-4.3) retorna -5 pois -5 é o número mais baixo.

7.8.18 ARRED

A função ARRED arredonda um número para um número especificado de dígitos. Por exemplo, se a célula A1 contiver 23,7825 e você quiser arredondar esse valor para duas casas decimais, poderá usar a seguinte fórmula:

=ARRED(A1;2)

O resultado dessa função é 23,78

7.8.19 PRI.MAIUSCULA

Coloca em maiúscula a primeira letra e todas as outras letras que seguem um caractere que não seja uma letra em uma cadeia de texto. Converte todas as outras letras da cadeia de texto em letras minúsculas.

PRI.MAIÚSCULA(texto)

7.8.20 MAIÚSCULA

Converte o texto em maiúsculas.

MAIÚSCULA(texto)

7.9 Recursos automatizados do Excel

7.9.1 Autopreenchimento

Este recurso é utilizado para digitar sequências de texto ou números.

Perceba na imagem abaixo que há uma célula qualquer selecionada e que em seu canto direito inferior existe um pequeno quadradinho. É nele que vamos clicar e manter pressionado o mouse para utilizar este recurso. Esta é a alça de preenchimento.

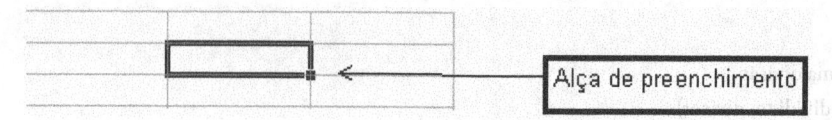

Como exemplo, digite na célula A1 a palavra **Janeiro**. Posicione a seta do mouse sobre a Alça de Preenchimento. Ela irá se transformar em uma cruz. Clique com o botão esquerdo do mouse e arraste a cruz até a célula E1. Ao chegar na coluna E, libere o botão do mouse. O Autopreenchimento reconhece letras maiúsculas e minúsculas, datas, dias de semana, sequências como Mês 1 etc.

	A	B	C	D	E	F
1	JAN	FEV	MAR	ABR		
2						
3						

7.10 Endereço absoluto e endereço relativo

Um recurso presente em qualquer planilha é o endereçamento ou referenciamento relativo. Dá-se o nome de referenciamento relativo ao fato de que quando se atribui, por exemplo, "=A2 + 1", na célula "a5" e se copia a fórmula para a célula "A6", esta irá referenciar o valor "=A3 + 1" (observe o incremento na fórmula). O mesmo pode ser feito através da Alça de Preenchimento, que copia a fórmula, mas a incrementa conforme você arrasta no sentido Linha ou Coluna.

Nem sempre este é o comportamento desejável. Veja o exemplo:

B9   fx =(A9*B3)+A9

	A	B	C
1			
2	Plano	Taxa Juros	
3	12 meses	36%	
4	24 meses	74,40%	
5			
6			
7			
8	Valor do Financiamento	Plano 12 meses	Plano 24 meses
9	1000	1360	
10	2000		
11	3000		
12	4000		
13			
14			

Na imagem, temos uma planilha do Excel com dados de uma empresa que empresta dinheiro, ou seja, trabalha com financiamento.

Se a pessoa emprestar qualquer valor dentre os oferecidos poderá pagar em 12 parcelas sob o juro de 36% ou em 24 parcelas sob o juro de 74,40%.

Então, trabalhamos nessa empresa, criamos a planilha com os dados especificados e que um cliente empresta R$ 1.000,00, então calculamos os juros conforme as especificações: =(A9*B3) + A9. Até aqui tudo certo!

Digamos que um segundo cliente empreste R$ 2.000,00 e para sermos mais rápidos e eficientes, apenas copiamos a fórmula da célula B9 para a B10, ou a arrastamos pela alça de preenchimento. Nesse caso, teremos um erro! Pois ao fazermos isso a função será incrementada e ficará assim: =(A10*B4) + A10, cobrando juros de 74,40% em vez de 36%.

Para lidar com esta situação precisamos fixar, ancorar a fórmula inserindo um $ em frente a especificação de Linha e/ou Coluna que desejamos fixar, que não queremos que seja alterada: =(A9*$B$3) + A9.

Dessa forma, quando copiarmos a função para outras células, a célula B3 não irá incrementar.

Em um endereço, quando se fixa a coluna e a linha simultaneamente, estamos perante um endereço absoluto.

| Se a célula A3 tiver a fórmula =$A$1*A2, ao copiar a fórmula para as células B3 e C3 terão respectivamente as fórmulas: =$A$1*B2 e =$A$1*C2.

7.11 Erros do Excel

	Significado
#DIV/0!	A função ou fórmula está efetuando uma divisão por zero.
#N/DN	Não existe valor disponível.
#NOME?	O Excel não reconhece um dos itens da fórmula. Pode ser: Função digitada incorretamente. Inclusão do texto sem aspas. Omissão de pontos que especifiquem intervalos de valores e outros.
#NULO	Interseção de valores que não se referenciam.
#NUM!	Algum número da fórmula está incorreto.
#REF!	Referência inválida na fórmula.
#VALOR!	Argumento inserido de forma errada na fórmula ou função.

7.11.1 Referência circular

Quando uma fórmula volta a fazer referência à sua própria célula, tanto direta como indiretamente, este processo chama-se referência circular. Ou seja: Você não pode digitar a função =soma(A1:A3) na célula A1, pois ela faz parte da função.

8 POWERPOINT 365

O PowerPoint 365 é um aplicativo visual e gráfico, usado principalmente para criar apresentações. Com ele, você pode criar, visualizar e mostrar apresentações de slides que combinam texto, formas, imagens, gráficos, animações, tabelas e vídeos.

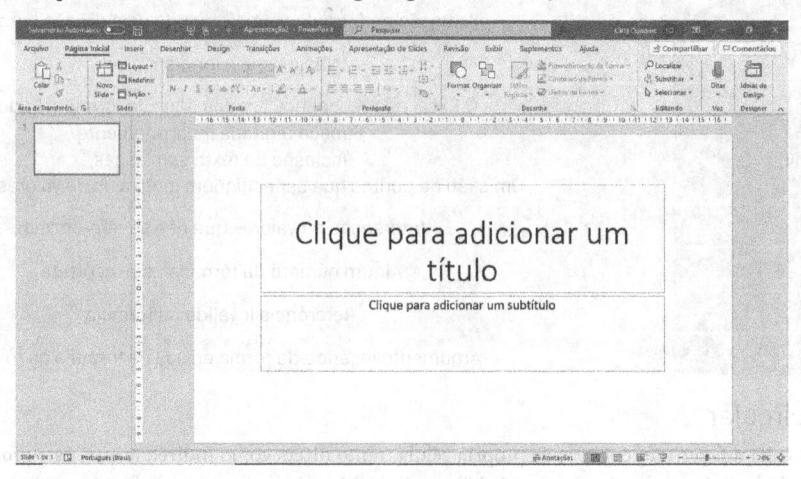

A parte principal do PowerPoint é a janela localizada à direita do aplicativo, em que é exibido o primeiro slide como padrão, perceba que este slide apresenta uma estrutura para inserção de conteúdo por meio de textos, imagens etc.

Principais extensões de arquivos:

▷ .pptx – extensão padrão.
▷ .ppsx – extensão de apresentação de slides.
▷ .potx – extensão modelo de arquivo.
▷ .odp – salva, abre, edita arquivos do LibreOffice Impress.

8.1 Arquivo

A Guia ou Menu Arquivo contém funcionalidades como Salvar, Salvar Como, Abrir, Fechar e que se comportam da mesma maneira conforme estudamos no Editor de Textos Microsoft Word 2019.

8.2 Imprimir

Na opção Imprimir, vamos trabalhar com Slides ao invés de páginas. Vamos escolher entre Imprimir Todos os Slides, Imprimir Seleção, Imprimir Slide Atual ou Imprimir um Intervalo Personalizado de Slides.

Em Folhetos, você poderá escolher o número de Slides em cada página.

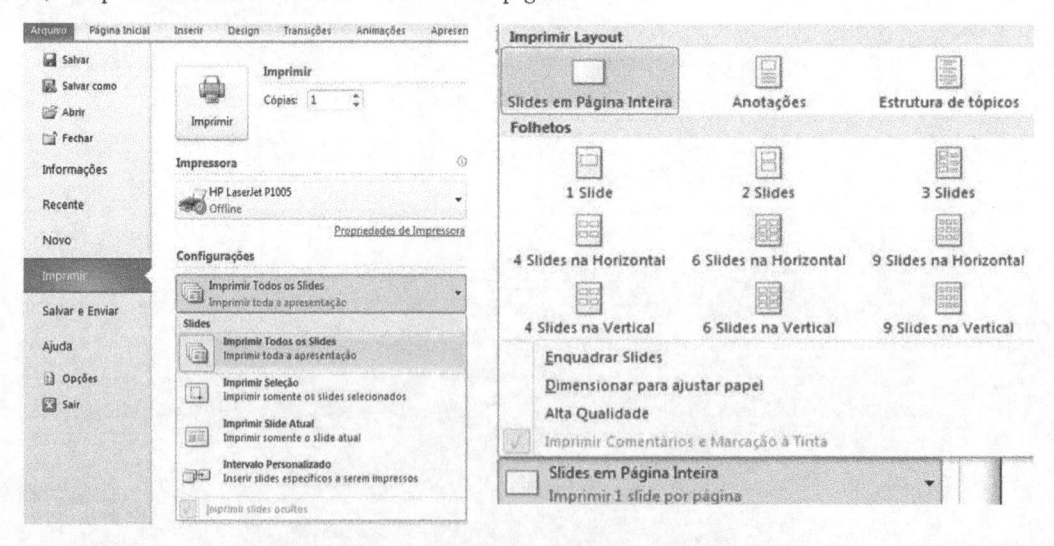

8.3 Página Inicial

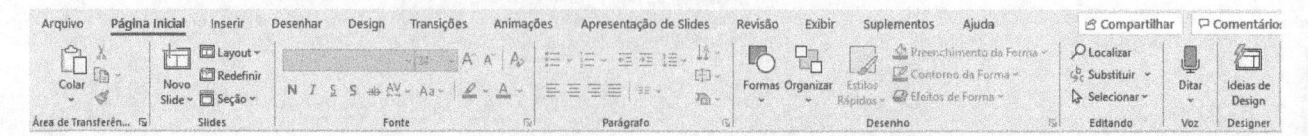

Na Guia Inicial, temos os seguintes grupos de ferramentas: Área de Transferência, Slides, Fonte, Parágrafo, Desenho e Edição.

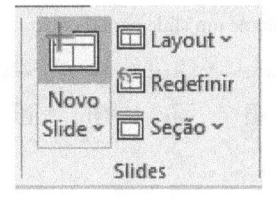

O Grupo **Slides** permite gerenciar o layout das apresentações e a inserção de novos slides personalizados. Com o botão Novo Slide, podemos inserir Novo Slide ou duplicar um slide existente.

8.4 Inserir

Aqui, temos os seguintes grupos de ferramentas: Novo Slide, Tabelas, Imagens, Ilustrações, Aplicativos, Links, Comentários, Texto, Símbolos e Mídia.

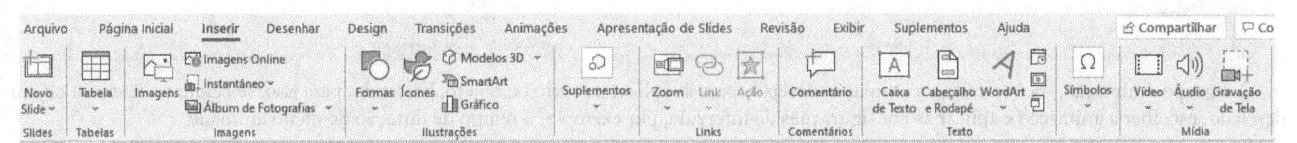

8.4.1 Álbum de Fotografias

No Grupo Imagens, temos Álbum de Fotografias. O Microsoft PowerPoint cria uma apresentação quando você usa o recurso Álbum de Fotografias. Qualquer apresentação que esteja aberta no momento no PowerPoint não será afetada por essa tarefa.

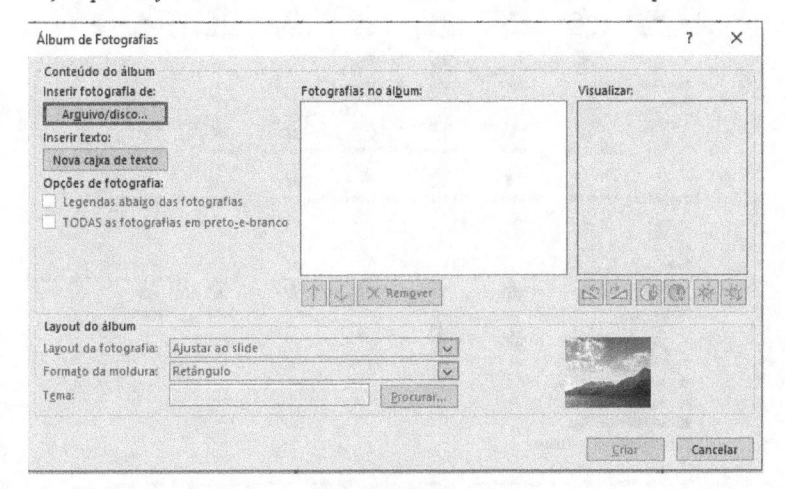

No menu Inserir, aponte para Imagem e clique em Novo álbum de fotografias.

Na caixa de diálogo Álbum de fotografias, adicione as fotos que devem aparecer no seu álbum de fotografias.

No Grupo Ilustrações / Formas temos uma funcionalidade importante: **Botões de Ação.** Um botão de ação consiste em um botão já existente que você pode inserir na sua apresentação e para o qual pode definir hiperlinks. Os botões de ação contêm formas, como setas para direita e para esquerda e símbolos de fácil compreensão referentes às ações de ir para o próximo, anterior, primeiro e último slide, além de executarem filmes ou sons.

Preste atenção ao Botão SmartArt, que permite inserir organogramas, fluxogramas e outros tipos de gráficos, conforme estudamos no Word 2019.

No grupo de ferramentas Texto temos Caixa de Texto, Cabeçalho e Rodapé, WordArt, Data e Hora, Número do Slide e Objetos.

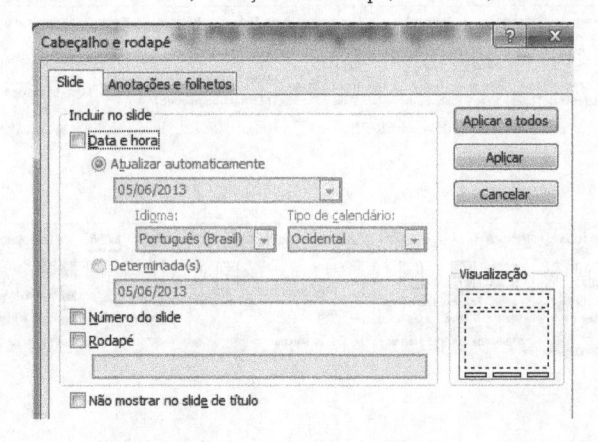

8.5 Transições

Nesta guia, configuramos o efeito durante a transição de um slide para o outro.

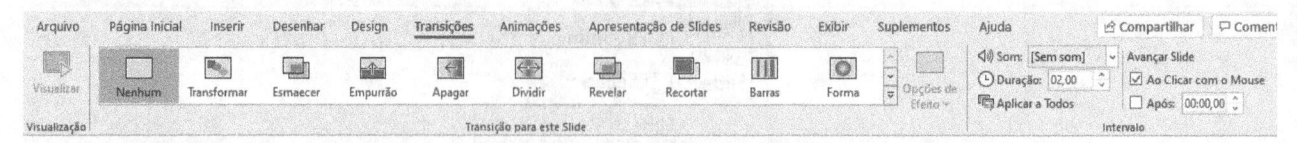

8.6 Animações

Na guia Animações, você irá escolher animações para textos e objetos das apresentações em slides.

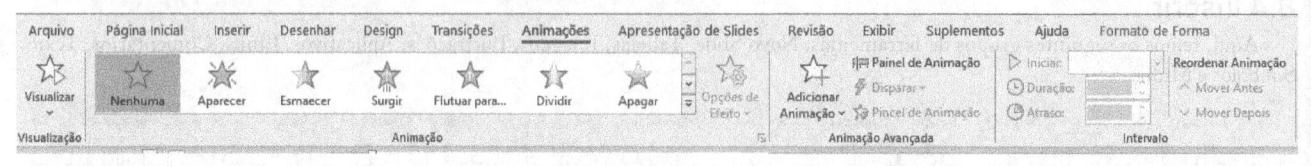

No grupo Animação, você seleciona a animação desejada para se aplicar ao texto ou objeto, bastando, para isso, selecionar o texto ou objeto desejado, escolher a animação e aplicar as configurações de intervalo, por exemplo, o tempo de duração do efeito animado.

No grupo Animação Avançada, temos o botão Adicionar Animação, Painel de Animação, Disparar e Pincel de Animação que copia a animação de um objeto para outro.

No grupo Intervalo, você irá configurar a Duração e Atraso das animações.

8.7 Apresentação de slides

Esta guia contém os seguintes grupos de ferramentas: Iniciar Apresentação de Slides, Configurar e Monitores.

No grupo **Iniciar Apresentação de Slides, você poderá iniciar sua apresentação através do Botão do Começo, ou do Botão do Slide Atual.**

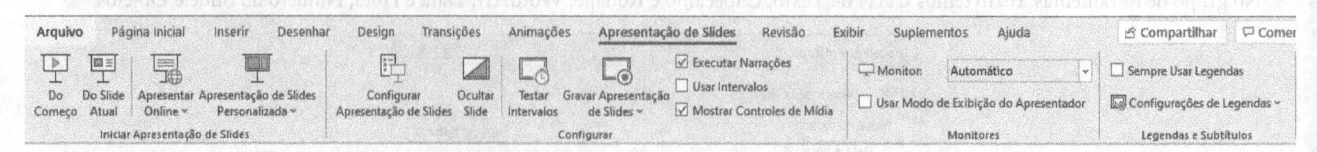

8.8 Guia Exibir

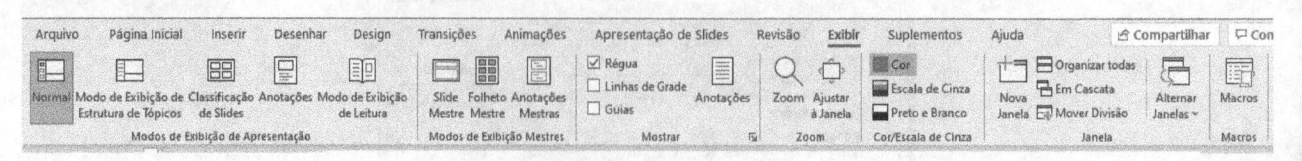

▷ **Modo de exibição normal:** é o principal modo de exibição de edição, no qual você pode escrever e criar sua apresentação. O modo de exibição Normal tem quatro áreas de trabalho:

Área do Modo de Exibição Normal:

▷ **Guia slides:** exiba os slides da sua apresentação na forma de imagens em miniatura enquanto realiza a edição. As miniaturas facilitam a navegação pela apresentação e permitem que você veja os efeitos de qualquer alteração no design. Aqui também é possível reorganizar, adicionar ou excluir slides com facilidade.

▷ **Guia estrutura de tópicos:** a guia Estrutura de Tópicos mostra o texto do slide na forma de uma estrutura de tópicos.

▷ **Painel de slides:** na seção superior direita da janela do PowerPoint, o Painel de Slide exibe uma imagem ampla do slide atual. Com o slide nesse modo de exibição, é possível adicionar texto e inserir imagens, tabelas, elementos gráficos SmartArt, gráficos, objetos de desenho, caixas de texto, filmes, sons, hiperlinks e animações.

▷ **Painel de anotações:** no painel Anotações, abaixo do painel Slide, é possível digitar anotações que se apliquem ao slide atual. Mais tarde, você poderá imprimir suas anotações e consultá-las ao fornecer a apresentação. Você também poderá imprimir as anotações para distribuí-las ao público ou incluir as anotações em uma apresentação que enviar para o público ou publicar em uma página da web.

8.8.1 Classificação de slides

O modo de exibição Classificação de Slides mostra os slides em forma de miniaturas.

▷ **Anotações:** é possível digitar anotações que se apliquem ao slide atual.

▷ **Modos de exibição mestres:** tem a função de alterar o design e layout dos slides por meio dos próprios slides, folhetos ou anotações. Esta guia possui as funções Slide Mestre, Folheto Mestre, Anotações Mestras e podem ser utilizadas separadamente. Um slide mestre é o slide principal em uma hierarquia de slides que armazena informações sobre o tema e os layouts dos slides de uma apresentação, incluindo o plano de fundo, a cor, as fontes, os efeitos, os tamanhos dos espaços reservados e o posicionamento. Como os slides mestres afetam a aparência de toda a apresentação, ao criar e editar um slide mestre ou os layouts correspondentes, você trabalha no modo de exibição Slide Mestre.

▷ **Usar vários slides mestres (cada um com um tema diferente) em uma apresentação:** para que a sua apresentação contenha dois ou mais estilos ou temas diferentes (como planos de fundo, cores, fontes e efeitos), você precisa inserir um slide mestre para cada tema.

▷ **Prática recomendada para criar e trabalhar com slides mestres:** o ideal é criar um slide mestre antes de começar a criar slides individuais, e não depois. Quando você cria o slide mestre primeiro, todos os slides adicionados à apresentação são baseados nesse slide mestre e nos layouts associados. Quando começar a fazer alterações, faça-as no slide mestre.

9 REDES DE COMPUTADORES

Dois computadores conectados entre si já caracterizam uma rede. Contudo, ela normalmente é composta por diversificados dispositivos como: celulares, smartphones, tablets, computadores, servidores, impressoras, roteadores, switches, hubs, modens etc. e, devido à essa grande variedade de dispositivos, o nome genérico HOST é atribuído aos dispositivos conectados na rede.

Todo host possui um endereço que o identifica na rede, que é o endereço IP. Mas também cada peça possui um número único de fábrica que o identifica, o MAC Address.

9.1 Paradigma de comunicação

Paradigma é um padrão a ser seguido e, no caso das redes, é o modelo Cliente/Servidor. Nesse modelo, o usuário é o cliente que envia uma solicitação ao servidor; ao receber a solicitação, o servidor a analisa e, se é de sua competência, provê a informação/dado.

9.2 Dispositivos de rede

Os dispositivos de rede são citados até mesmo em provas cujo conteúdo programático não cita a matéria de hardware. E na maioria das vezes em que aparecem questões sobre o assunto, se questiona em relação à finalidade de cada dispositivo na rede, portanto, nesta seção são descritos alguns dos principais dispositivos de rede:

Dispositivo	Descrição
Modem	Modulador/demulador | Responsável por converter o sinal analógico da linha telefônica em um sinal digital para o computador e vice-versa.
Hub	Conecta vários dispositivos em rede, mas não oferece muita segurança, pois envia as informações para todos na rede.
Switch	É um dispositivo que permite interligar vários dispositivos de forma mais inteligente que o Hub, pois no switch os dados são direcionados aos destinos corretos.
Roteador	Um roteador já trabalha no nível de rede; em um mesmo roteador podemos definir várias redes diferentes. Ele também cria uma rota para os dados.
Access Point	Um Ponto de Acesso opera de forma similar a um Switch, só que em redes sem fio.
Backbone	É a estrutura principal dentro de uma rede, na internet é a espinha dorsal que a suporta, ou seja, as principais ligações internacionais.

9.3 Topologia de rede

Topologia diz respeito à estrutura de organização dos dispositivos em uma rede.

9.3.1 Barramento

Na Topologia de Barramento, todos os dispositivos estão conectados no mesmo canal de comunicação, o que torna o tráfego de dados mais lento e, se o barramento se rompe, pode isolar parte da rede.

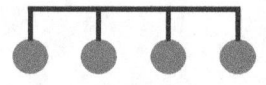

9.3.2 Anel

A estrutura em Anel conecta um dispositivo no outro; para que todos os computadores estejam conectados, é necessário que estejam ligados. Se o anel for simples, ou seja, de única via de dados, um computador desligado já é suficiente para tornar a rede inoperante para algum outro computador; o problema pode ser resolvido em partes, utilizando o anel duplo, trafegando dados em duas direções da rede, porém, se dois pontos forem desconectados, pode-se chegar à situação de duas redes isoladas.

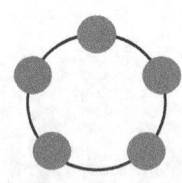

9.3.3 Estrela

Uma rede organizada em forma de estrela possui um nó centralizador. Esse modelo é um dos mais utilizados, pois um nó pode estar desconectado sem interferir no resto da rede, porém, o centro é o ponto crítico.

9.3.4 Estrela estendida

A Estrela Estendida é utilizada em situações como em uma universidade multicampi, em que um nó central é a conexão principal, a partir da qual se conecta com a internet, enquanto os outros *campi* possuem centrais secundárias como conexão entre seus computadores. A estrutura entre o nó principal e as centrais secundárias é o que chamamos de Backbone dessa rede.

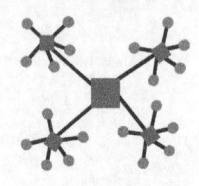

9.3.5 Malha

A conexão em malha é o modelo da internet, em que encontramos vários nós principais, mas também várias ligações entre diversos nós.

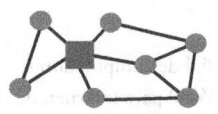

9.3.6 Pilhas de protocolos

Também colocadas pelas bancas examinadoras como modelos, as pilhas de protocolos definem um conjunto de protocolos e em quais camadas de rede devem operar.

Neste tópico temos dois tipos de questões que podem ser associados na prova. Questões que fazem relação com os tipos de redes e questões que tratam da finalidade dos principais protocolos utilizados em uma navegação na internet.

As pilhas de protocolos são:

TCP/IP	OSI

O modelo TCP/IP é o **padrão utilizado nas redes**. Mas, em redes privadas, mesmo o TCP/IP sendo padrão, pode ser implantado o modelo OSI. Como o modelo TCP/IP é o padrão na seção seguinte são destacados os principais protocolos de navegação.

9.3.7 Principais protocolos

Um protocolo é uma regra de comunicação em redes, portanto, a transferência de arquivos, mesmo entre computadores de uma mesma rede, utiliza um protocolo como forma de padronizar o entendimento entre os dois.

HTTP

HTTP (Hyper Text Transport Protocol): é o protocolo de transferência de hipertexto. É o mais utilizado pelo usuário em uma navegação pela internet. Hipertexto consiste em um arquivo no formato HTML (HyperText Markup Language) - Linguagem de Marcação de Hipertexto.

HTML: é um arquivo que pode ser gerado por qualquer editor de texto, pois, quando é aberto no Bloco de Notas ou Wordpad, ele apresenta apenas informações de texto. No entanto, quando é aberto pelo navegador, este interpreta o código em HTML e monta o conteúdo Multimídia na página. Entende-se por conteúdo multimídia: textos, áudio, vídeos e imagens.

HTTPS

HTTPS (Hyper Text Transport Protocol Secure), também conhecido como HTTP Seguro, é um protocolo que tem como diferença entre o HTTP apenas a segurança que oferece, pois, assim como o HTTP, serve para visualizar o conteúdo multimídia.

O que se questiona em relação a sua segurança é como ela é feita. O protocolo HTTPS utiliza o processo de Criptografia para manter sigilo sobre os dados transferidos entre o usuário e o servidor, para isso, são utilizados os protocolos TLS ou SSL.

Um detalhe muito importante é o de saber identificar se a navegação está sendo realizada por meio do protocolo HTTP ou pelo protocolo HTTPS. A forma mais confiável é observar a barra de endereços do navegador:

Firefox 10.02

IE 9

Google Chrome

Logo no início da barra, observamos a indicação do protocolo HTTPS, que, sempre que estiver em uso, deverá aparecer. Porém, deve-se ter muita atenção, pois, quando é utilizado o HTTP, alguns navegadores atuais têm omitido a informação no começo da barra de endereços.

Outra informação que nos ajuda a verificar se o acesso é por meio de uma conexão segura é o símbolo do cadeado fechado.

FTP

FTP (File Transport Protocol) é o protocolo de transferência de arquivos utilizado quando um usuário realiza download ou upload de um arquivo na rede.

O protocolo FTP tem como diferencial o fato de operar sobre duas portas: uma para tráfego dos dados e outra para autenticação e controle.

9.4 Firewall

O firewall pode ser software, hardware ou ambos. Ele é o responsável por **monitorar as portas da rede/computador**, permitindo ou negando a passagem dos dados na rede, seja na entrada ou saída.

É o monitor que fica na porta olhando para uma lista na qual contém as regras que um dado tem de cumprir para passar por ela. Essa lista são os protocolos, por exemplo, o Firewall monitorando a porta 80, relativa ao protocolo HTTP, o qual só trabalha com conteúdo multimídia. Então, se um arquivo .EXE tentar passar pela porta 80, ele deve ser barrado; essa é a função do Firewall.

9.5 Tipos de redes

Podemos classificar as redes de acordo com sua finalidade; neste tópico expõe-se a diferença entre as redes: internet × intranet × extranet.

9.5.1 internet

É a rede das redes, também conhecida como rede mundial de computadores.

Muitas provas citam o sinônimo WWW (World Wide Web) para internet, ou por vezes apenas web. Ela é definida como uma **rede pública** a qual todos com computador e servidor de acesso podem conectar-se.

9.5.2 intranet

É uma rede empresarial, também chamada de rede corporativa. Tem como principal característica ser uma **rede privada**, portanto, possui controle de acesso, o qual é restrito somente a pessoas autorizadas.

Uma intranet geralmente é constituída com o intuito de compartilhar recursos entre os funcionários de uma empresa, de maneira que pessoas externas não tenham acesso a eles. Os recursos compartilhados podem ser: impressoras, arquivos, sistemas, entre outros.

9.5.3 Extranet

É quando parte de uma intranet é disponibilizada por meio da internet. Também dizemos que extranet é quando duas empresas com suas distintas intranets possuem um sistema comum que acessam apenas parte de cada uma das intranets.

9.5.4 VPN

VPN é uma forma de criar uma intranet entre localizações geograficamente distantes, com um custo mais baixo do que ligar cabos entre os pontos. Para isso, emprega-se o processo de criptografia nos dados antes de enviá-los por meio da internet e, quando o dado chega na outra sede, passa pelo processo de descriptografia. Dessa maneira, quem está navegando na internet não tem acesso às informações da empresa, que continuam restritas; esse processo também é chamado tunelamento.

9.6 Padrões de infraestrutura

São padrões que definem como deve ser organizada e quais critérios precisam ser seguidos para montar uma estrutura de rede de acordo com os padrões estabelecidos pelo Instituto de Engenheiros Eletricistas e Eletrônicos (IEEE).

O padrão Ethernet define as regras para uma infraestrutura cabeada, como tipos de cabos que devem ser utilizados, distância máxima, tipos e quantidade de dispositivos, entre outras. Já o padrão 802.11 define as regras para uma estrutura wi-fi, ou seja, para a rede sem fio.

9.7 Correio eletrônico

O serviço de e-mail é outro ponto bastante cobrado nos concursos públicos. Em essência, o que se pede é se o concursando sabe sobre as diferentes formas de se trabalhar com ele.

O e-mail é uma forma de comunicação assíncrona, ou seja, no momento do envio apenas o emissor precisa estar conectado.

9.7.1 Formas de acesso

Podemos ler e escrever e-mail utilizando duas formas diferentes. O webmail ganhou mais espaço no mercado e se tornou majoritário no ramo de e-mails, mas muitas empresas utilizam ainda os clientes de e-mail.

Webmail

O webmail é uma interface de acesso para o e-mail via Browser (navegador de internet), ou seja, uma forma de visualizar o e-mail via uma página de web. Diante disso, é possível destacar que usamos os protocolos HTTP ou HTTPS para visualizar páginas da internet. Dessa forma, ao acessar sites de e-mail como Gmail, Hotmail, Yahoo! e Outlook, fazemos uso desses protocolos, sendo o HTTPS o mais usado atualmente pelos grandes serviços de e-mail, pois confere ao usuário maior segurança no acesso.

Dizemos que o webmail é uma forma de ler e escrever e-mails, dificilmente citado como forma de enviar e receber, uma vez que quem realmente envia é o servidor e não o computador do usuário.

Quando um e-mail é enviado, ele parte diretamente do servidor no qual o remetente possui conta para o servidor do serviço de e-mail do destinatário.

Cliente de e-mail

Um cliente de e-mail é um programa específico para enviar e receber mensagens de e-mail e que é, necessariamente, instalado no computador do usuário. Como exemplo temos: o Microsoft Outlook, o Mozilla Thunderbird, o Outlook Express, e o Windows Live Mail.

Os programas clientes de e-mail usam protocolos específicos para envio e recebimento das mensagens de e-mail.

Protocolos utilizados pelos clientes de e-mail

Para o envio, um cliente de e-mail utiliza o protocolo SMTP (Simple Mail Transport Protocol – Protocolo de transporte de mensagens simples). Como todo protocolo, o SMTP também opera sobre uma porta específica, que pode ser citada como sendo a porta 25, correspondente ao padrão, mas atualmente ela foi bloqueada para uso dos usuários, vindo a ser substituída pela 587.

Com isso, em questões de Certo e Errado, apenas a 587 é a correta, quando abordado sobre o usuário, pois entre servidores a 25 ainda é utilizada. Já nas questões de múltipla escolha, vale o princípio da menos errada, ou seja, se não tiver a 587, a 25 responde à questão.

Mesmo que a mensagem de e-mail possua arquivos anexos a ela, envia-se por SMTP; assim o protocolo FTP não é utilizado.

Já para o recebimento, o usuário pode optar em utilizar o protocolo POP ou o protocolo IMAP, contudo, deve ser observada a diferença entre os dois, pois essa diferença é ponto para muitas questões.

O protocolo POP tem por característica baixar as mensagens de e-mail para o computador do usuário, mas por padrão, ao baixá-las, elas são apagadas do servidor. Portanto, as mensagens que um usuário está lendo estão, necessariamente, em seu computador.

Por outro lado, se o usuário desejar, ele pode configurar o protocolo de forma que sejam mantidas cópias das mensagens no servidor, no entanto, a que o usuário está lendo, efetivamente, está em seu computador. Sobre essa característica são citadas questões relacionando à configuração a uma espécie de backup das mensagens de e-mail.

Atualmente o protocolo POP encontra-se na versão 3; dessa forma ele pode aparecer nos textos de questão como POP3, não afetando a compreensão dela. Uma vez que o usuário necessita conectar na internet apenas para baixar as mensagens, é possível que ele se desconecte da internet e mesmo assim leia seus e-mails. E, uma vez configurado o SMTP, também é possível redigir as respostas off-line, sendo necessário, no entanto, conectar-se novamente para que as mensagens possam ser enviadas.

Ao invés de utilizar o POP, o usuário pode optar em fazer uso do protocolo IMAP, que é para acesso a mensagens de e-mail, as quais, por sua vez, residem no servidor de e-mails. Portanto, se faz necessário estar conectado à internet para poder ler o e-mail por meio do protocolo IMAP.

Spam

Spam é uma prática que tem como finalidade divulgar propagandas por e-mail, ou mesmo utilizar-se de e-mails que chamem a atenção do usuário e o incentivem a encaminhar para inúmeros outros contatos, para que, com isso, levantem uma lista de contatos que pode ser vendida na internet ou mesmo utilizada para encaminhar mais propagandas.

Geralmente um spammer utiliza-se de e-mail com temas como: filantropia, hoax (boatos), lendas urbanas, ou mesmo assuntos polêmicos.

9.8 URL (Uniform Resource Locator)

É um endereço que identifica um site, um serviço, ou mesmo um endereço de e-mail. A seguir, temos um exemplo de URL; observe que podemos dividi-la em várias partes.

http://www.site.com.br
↑   ↑   ↑
Protocolo Pasta   Domínio

9.8.1 Domínio

É o nome registrado de um site para que possa ser acessado por meio da internet. Assim como a URL, um domínio também pode ser dividido em três partes.

site.com.br

O .br indica que esse site está registrado no conjunto de domínios do Brasil, que é administrado e regulamentado pelo Registro.Br, componente do Comitê Gestor de internet no Brasil (CGI).

O Registro.Br define várias normas em relação à criação de um domínio, como o tamanho máximo de 26 caracteres, a limitação para apenas letras e números e recentemente a opção de criar domínios com letras acentuadas e o caractere **ç**.

Também compete ao Registro.Br a normatização da segunda parte do domínio, representado na figura pelo **.com**. Essa informação diz respeito ao ramo de atividade a que se destina o domínio, mas não nos garante qual a real finalidade do site. A última parte, por fim, é o próprio nome do site que se deseja registrar.

9.8.2 Protocolo IP

Cada equipamento na rede ganha o nome genérico de Host, o qual deve possuir um endereço para que seja localizado na rede. Esse é o endereço IP.

O protocolo IP é o responsável por trabalhar com essa informação, para tanto, um endereço IP possui versões: IPv4 e IPv6.

Um IP também é um endereço, portanto, pode ser inserido diretamente na barra de endereços de um navegador.

O IPv4 é composto por até quatro grupos de três dígitos que atingem valor máximo de 255 cada grupo, suportando, no máximo, cerca de 4 bilhões (4.294.967.296) de endereços.

O IPv6 é uma proposta que está gradativamente substituindo o IPv4, justamente pela pouca quantidade de endereço que ele oferece. O IPv6 é organizado em 8 grupos de 4 dígitos hexadecimais, suportando cerca de 3,4 × 1038, aproximadamente 3,6 undecilhões de endereços IP.

| 0123:4567:89AB:CDEF:1011:1314:5B6C:88CC

9.8.3 DNS (Domain Name System)

O Domain Name System (em português, Sistema de Nomes de Domínios) é o responsável por traduzir (resolver por meio de consultas aos servidores Raiz da internet) um domínio para o endereço IP do servidor que hospeda (armazena) o site desejado. Esse processo ocorre em questão de segundos e obedece a uma estrutura hierárquica.

9.9 Navegadores

Navegadores são programas que permitem acesso às páginas da internet, são muitas vezes citados em provas pelo termo em inglês Browser. Como exemplo, temos: internet Explorer, Mozilla Firefox e Google Chrome. Também são cobrados os conceitos dos tipos de dados de navegação que estão relacionados aos navegadores.

9.9.1 Cache

É um armazenamento temporário. No caso dos navegadores, trata-se de uma pasta onde são armazenados os conteúdos multimídias como imagens, vídeos, áudio e inclusive textos, para que, no segundo momento em que o mesmo conteúdo for acessado, ele possa ser mostrado ao usuário mais rapidamente.

9.9.2 Cookies

São pequenas informações que alguns sites armazenam no computador do usuário. Exemplos de informações armazenadas nos cookies: senhas, obviamente que são armazenadas criptografadas; também são muito utilizados em sites de compras, para armazenar o carrinho de compras.

9.9.3 Dados de formulários

Quando preenchemos um formulário, os navegadores oferecem opção para armazenar os dados digitados em cada campo, assim, quando necessário preencher o mesmo formulário ou ainda outro formulário com campos de mesmo nome, o navegador sugere os dados já usados a fim de autocompletar o preenchimento do campo.

9.10 Conceitos relacionados à internet

Nesta seção são apresentados alguns conceitos, tecnologias e ferramentas relacionadas à internet que são cobrados nas provas dos concursos.

9.10.1 Motores de busca

Os Motores de Busca são normalmente conhecidos por buscadores. Dentre os principais estão Google, Bing (MSN) e Yahoo!.

É importante observar que, nos navegadores atuais, os motores de busca são integrados, com isso podemos definir qual se deseja utilizar, por exemplo: o Google Chrome e o Mozilla Firefox utilizam como motor de busca padrão o Google, já o internet Explorer utiliza o Bing. Essa informação é relevante, pois é possível nesses navegadores digitar os termos buscados diretamente na barra de endereços, ao invés de acessar previamente o site do motor de busca.

Busca avançada

Os motores de busca oferecem alguns recursos para otimizar a busca, como operadores lógicos, também conhecidos como operadores booleanos[1]. Dentre eles podemos destacar a negação (-). Ao realizar uma busca na qual se deseja encontrar resultados que sejam relacionados a determinado assunto, porém os termos usados são comuns a outro, podemos utilizar o sinal de menos precedendo o termo do assunto irrelevante, como o exemplo de uma questão que já caiu em prova: realizar a busca por leite e cão, contudo, se for inserido apenas estes termos na busca, muitos resultados serão relacionados a gatos e leite. Para que as páginas que contenham a palavra gato não sejam exibidas na lista de páginas encontradas, basta digitar o sinal de menos (-) antes da palavra gato (sem espaço entre o sinal e a palavra), assim a pesquisa a ser inserida no buscador fica **Cão Leite -Gato**.

Também é possível realizar a busca por uma frase exata, assim, somente serão listados os sites que contenham exatamente a mesma expressão. Para isso, basta digitar a frase desejada entre aspas duplas.

▷ Busca por/em domínio específico: para buscar sites que possuam determinado termo em seu nome de domínio, basta inserir o texto site: seguido da palavra desejada, lembrando que não deve haver espaço entre site: e o termo desejado. De forma similar, também pode-se utilizar **inurl: termo** para buscar sites que possuam o termo na URL.

Quando o domínio já é conhecido, é possível realizar a busca por determinado termo apenas nas páginas do domínio. Para tanto, deve-se digitar **site:Dominiodosite termo**.

▷ **Calculadora**: é possível, ainda, utilizar o Google como uma calculadora, bastando digitar a expressão algébrica que se deseja resolver como 2 + 2 e, como resultado da "pesquisa", é apresentado o resultado da operação.

▷ **Operador**: quando não se sabe exatamente qual é a palavra para completar uma expressão, pode-se completar a lacuna com um asterisco, assim o motor de busca irá entender que naquele espaço pode ser qualquer palavra.

▷ **Busca por tipo de arquivo:** podemos refinar as buscas a resultados que consistam apenas em determinado formato de arquivo. Para tanto, podemos utilizar o operador filetype: assim, para buscar determinado tema, mas que seja em PDF, por exemplo, pode-se digitar **filetype: pdf tema**.

Tipos de busca

Os principais motores de busca permitem realizar as buscas de forma orientada a conteúdos gerais da web, como refinar a busca para exibir apenas imagens, vídeos ou mapas relacionados aos termos digitados.

9.10.2 Chat

Um chat é normalmente citado como um bate-papo em tempo real; é a forma de comunicação em que ambos os interlocutores estão conectados (on-line) simultaneamente. Muitos chats operam com salas de bate-papo. Um chat pode ser em um site específico como o chat do UOL. Conversas pelo MSN ou Facebook podem ser consideradas como chat, desde que ambos os interlocutores estejam conectados.

9.10.3 Fórum

Também conhecidos como Listas de Discussão, os fóruns funcionam como debates sobre determinados assuntos. Em um fórum não é necessário que os envolvidos estejam conectados para receberem os comentários, pois estes ficam disponíveis para acesso futuro pelo usuário ou mesmo por pessoas que não estejam cadastradas no fórum, contudo, existem muitos fóruns fechados, nos quais só se entra por convite ou mediante aquisição. A maioria deles vincula o e-mail dos envolvidos a uma discussão, alertando-os assim, caso um novo comentário seja acrescentado.

9.10.4 Moodle

O Moodle é uma ferramenta fortemente utilizada pelo setor público, e privado, para dar suporte ao Ensino a Distância (EAD).

---

1 Em referência à lógica de Boole, ou seja, a lógica que você estuda para o concurso.

INFORMÁTICA

10 CLOUD COMPUTING

Cloud Computing ou Computação em Nuvem é o nome usual para identificar o paradigma de computação em que as infraestruturas, serviços e aplicações ficam nas redes, principalmente na internet. No entanto, também pode ser empregado para distinguir serviços de processamento dos serviços de armazenamento.

Pode-se dizer que o cloud computing é uma forma de evolução do conceito de **mainframes**, que são supercomputadores usados, normalmente, em redes privadas (intranets) e são responsáveis pelo trabalho pesado de processamento de informações. De forma geral, quando se emprega o uso de mainframes, associa-se o uso de thin clients pelos usuários, ou seja, terminais burros, apenas pontas para interação do usuário, pois os dados coletados e apresentados a ele são processados e armazenados nos mainframes.

O cloud computing é uma ideia similar ao feito com uso de computadores (servidores) localizados na internet, otimizando assim seu uso em vez de manter supercomputadores dentro das empresa.

A figura abaixo ilustra um serviço em que os dados são processados na nuvem e os resultados são exibidos no computador do usuário.

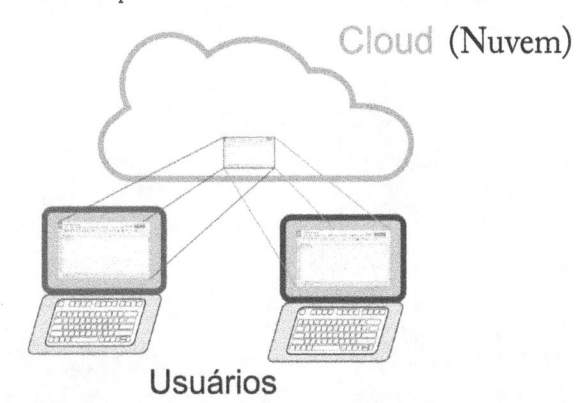

Cloud (Nuvem)

Usuários

10.1 Características

Ao utilizar os serviços da nuvem não é preciso instalar aplicativos, porém, é possível que seja feito também dessa forma.

Com isso, os serviços da nuvem se tornam uma prática alternativa, pois o usuário precisa do básico em seu computador para acessar aos serviços. Assim, basta ter um computador conectado à internet e que seja dotado de um browser para utilizar os serviços da nuvem.

Contudo, uma característica negativa é a dependência dos servidores e provedores de serviço, pois, uma vez que não se tenha acesso à internet ou o serviço esteja fora do ar, o usuário não tem condições de utilizar os serviços da nuvem, salvo exceção do modelo "on premise".

É importante observar que, dentre os pré-requisitos básicos, o sistema operacional não foi citado, porque os serviços da nuvem independem do sistema instalado, pois, normalmente, são serviços que utilizam protocolos de navegação como HTTP e HTTPS, dentre outros.

Assim, como também não dependem de hardware específico para funcionar, podem inclusive ser citadas como multiplataforma, tanto no sentido de diferentes hardwares como no de diferentes sistemas operacionais. É comum usar serviços da nuvem também em tablets e smartphones, além dos computadores pessoais.

Outra característica dos serviços em nuvem diz respeito à segurança dos dados, em que o usuário não precisa se preocupar em fazer backups, controlar a segurança ou ter que realizar manutenção, pois essas são atribuições do fornecedor do serviço contratado.

A cloud computing também oferece praticidade no compartilhamento de informações, além de eximir o usuário de ter conhecimento sobre como funciona o serviço, possibilitando utilizá-lo sem preocupações.

Com todos esses detalhes, pode-se ainda destacar que a nuvem possibilita iniciar um trabalho em um computador e dar continuidade em outro computador.

10.1.1 Processamento na nuvem

É o processamento realmente dito nos termos de Cloud Computing, em que os dados são processados na nuvem.

É bastante comum hoje nos aparelhos celulares, smartphones e tablets, em aplicações como o ~talk to text~ (fale para escrever). Lembre-se de que a instalação não é obrigatória, mas pode ser feita. Nos aparelhos em que o usuário pode simplesmente pronunciar próximo a eles o texto que deseja escrever, o recurso usado precisa que o aparelho esteja conectado à internet para poder funcionar.

Isso ocorre porque os aparelhos atuais, por mais que possuam alta tecnologia e capacidade de processamento, ainda não são suficientes para processar dados como identificação de texto em falas. Com isso, a alternativa é usar servidores localizados na internet (nuvem) que recebem o áudio que os aparelhos gravam e processam a informação, oferecendo ao usuário o resultado na forma de texto.

Outro exemplo são os serviços do Google e da Microsoft, conhecidos, respectivamente, como Google Docs e Microsoft WebApps. Mas atenção às nomenclaturas, pois Google Drive/Disco ou Skydrive/OneDrive são serviços de outra natureza.

No Google Docs WebApps, o usuário encontra recursos como editores de texto, planilhas, apresentação, formulários e desenhos on-line usando a computação em nuvem. Ao utilizar esses serviços, o usuário não precisa possuir em seu computador editores similares, uma vez que basta executar o navegador de internet e nele acessar o site do serviço; ao logar, terá acesso aos recursos.

10.1.2 Armazenamento na nuvem

Já o armazenamento na nuvem, em inglês Cloud Storage, identifica os serviços que têm por característica armazenar os dados do usuário, de modo que, para acessá-los, seja necessário apenas um dispositivo (computador, smartphone ou tablet) conectado à internet e que possua um browser. Com a ascensão desse tipo de serviço, pode-se apostar na queda da venda de dispositivos para transporte de dados como os Pendrives.

CLOUD COMPUTING

São exemplos citados nas provas o Google Drive/Disco, o Microsoft Skydrive, atualmente chamado de OneDrive, o Dropbox, Mega, Minus e Copy. A maioria deles oferece contas gratuitas com limite de armazenamento, a fim de demonstrar seus serviços. Mas, caso o usuário deseje e/ou precise de mais espaço de armazenamento, ele pode adquirir mediante a assinatura.

A grande maioria dos serviços de Storage possui uma aplicação (opcional) que o usuário pode instalar em vários dispositivos, com o intuito de manter seus dados sincronizados. Ao instalar o aplicativo, ele criará uma pasta no dispositivo que estará em sincronia com a pasta on-line do usuário. Desse modo, todo arquivo salvo na referida pasta, automaticamente (quando conectado à internet) será enviado para a pasta on-line.

O Google Drive oferece gratuitamente aos usuários 15 GB de espaço, no entanto, ele é compartilhado com a caixa de entrada de e-mails.
O One Drive também oferece 15 GB, mas inicialmente são 7 GB; para ganhar mais, o usuário deve enviar convites.
O Dropbox inicialmente oferece 2 GB gratuitos, mas, por meio de convites, o usuário pode ter até 18 GB; recebendo um convite, o usuário ganha 500 MB.

Já o Copy oferece inicialmente 20 GB gratuitos e, a cada convite enviado e recebido, o usuário ganha mais 5 GB de espaço.

11 SEGURANÇA DA INFORMAÇÃO

A Segurança da Informação é um ponto crucial para muitas bancas examinadoras de concurso público e, também, de interesse da instituição que irá receber os aprovados. Afinal, ao ser aprovado, o candidato fará parte do quadro de funcionários de uma instituição pública que possui uma intranet e sistemas sobre os quais há necessidade de manter uma boa política de segurança.

Segundo o Comitê Gestor de internet no Brasil (CGI), para um sistema ser classificado como seguro, ele deve atentar a três requisitos básicos: confidencialidade, integridade e disponibilidade.

Faz-se necessário que sejam atendidos alguns requisitos mínimos para uma segurança do microcomputador, que dependem tanto de recursos tecnológicos como de bom senso e discernimento por parte dos usuários.

Para manter um computador com o mínimo de segurança deve-se:

▷ Manter o **sistema operacional sempre atualizado**, pois a maioria dos malwares exploram as vulnerabilidades do SO.
▷ Possuir um sistema **antivírus** e manter tanto o aplicativo quanto as assinaturas de vírus[1] atualizadas.
▷ Manter o Firewall sempre ativo.
▷ Para se proteger contra os spywares também é indicada a instalação de um antispyware. Atualmente, a maioria dos antivírus já possui esse recurso integrado a eles.

11.1 Princípios básicos da segurança da informação

Os Princípios Básicos de Segurança em Tecnologia da Informação (TI) incluem os processos que devem ser garantidos para manter um sistema de informações seguro. Podemos destacar quatro conceitos como principais:

- D • Disponibilidade
- I • Integridade
- C • Confidencialidade
- A • Autenticidade

11.1.1 Disponibilidade

Deve garantir que os serviços ou recursos que forem necessários para uma tarefa, principalmente relacionados ao próprio processo de segurança, estejam sempre disponíveis. Um bom exemplo é na situação de entrega da declaração de imposto de renda, em que o serviço deve suportar a alta demanda que possa surgir sem afetar o usuário.

Podemos estreitar esse princípio sobre a garantia de que as chaves públicas do processo de Certificação Digital (estes conceitos são abordados na seção sobre Certificados Digitais) estejam sempre disponíveis para quem precisar delas.

11.1.2 Integridade

A Integridade garante a **não alteração** de uma informação/dado tanto no armazenamento quanto durante a troca dessas informações por algum meio. Com o princípio da integridade, verificamos se, durante o tráfego de uma informação, ela não foi alterada por alguém ou mesmo por falhas do processo de transmissão. No armazenamento ela garante que o dado não foi corrompido.

O processo que protege a integridade consiste na geração de um código de cerca de 20 caracteres, o **código HASH**, também conhecido como **resumo** de um dado; um exemplo é o MD5. O processo é realizado em uma via única, em que, a partir de um dado, gera-se o resumo dele. Porém, a partir do resumo, não é possível gerar o dado novamente.

Para verificar se houve alteração em um arquivo, deve-se comparar dois códigos HASH: um gerado por quem disponibiliza o dado e outro por quem o recebe. Se uma vírgula for alterada, os códigos gerados ficam completamente diferentes e é possível que dois dados diferentes gerem o mesmo HASH, mas é uma possibilidade ínfima.

11.1.3 Confidencialidade

O princípio da Confidencialidade é a garantia de que há sigilo sobre uma informação, de forma que o processo deve garantir que um dado não seja acessado por pessoas diferentes daquelas às quais ele se destina.

Para garantir a confidencialidade, utilizamos processo de criptografia de informações.

11.1.4 Autenticidade

A Autenticidade garante o autor de uma informação, ou seja, por meio dela podemos confirmar se uma mensagem é de autoria de quem diz. Assim como a confidencialidade, a autenticidade é garantida por meio de criptografia.

---

1 Assinatura de vírus: é uma sequência de caracteres que identifica a presença do vírus em um arquivo.

SEGURANÇA DA INFORMAÇÃO

11.2 Criptografia

A criptografia é a arte ou ciência de escrever em códigos, quer dizer, transformar um texto em algo ilegível de forma que possa ser armazenado ou enviado por um canal de comunicação. Assim, se alguém interceptá-lo, não conseguirá entender o que está escrito e o destinatário, ao receber a informação, deve fazer o processo inverso: decifrar o dado, para que consiga lê-lo.

Há dois principais métodos de criptografia: a de chave simétrica e a de chaves assimétricas.

11.2.1 Criptografia de chave simétrica

Uma chave de criptografia é uma informação a partir da qual seja possível transcrever uma mensagem criptografada.

A de chave simétrica é também conhecida como criptografia de chave única, em que a mesma chave é usada tanto para codificar uma mensagem quanto para decifrá-la. Um bom exemplo desse modelo é a criptografia maçônica.

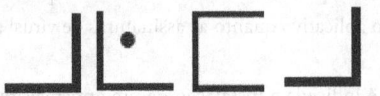

A informação apresentada está criptografada. Para decifrar o que ela diz, precisamos da chave de criptografia que, na simétrica, é a mesma usada para gerar a mensagem. A seguir, temos a chave que abre a mensagem.

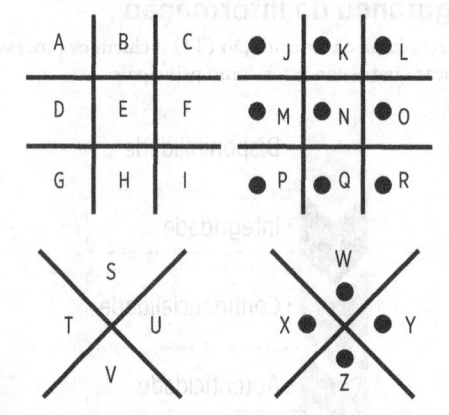

Ao substituirmos os símbolos pelas letras correspondentes, obtemos a palavra ALFA.

11.2.2 Criptografia de chaves assimétricas

Na criptografia de chaves assimétricas, em vez de uma chave como na simétrica, são usadas duas chaves que são diferentes entre si. Elas são chamadas de **Chave Pública** e a outra de **Chave Privada**, por conta da característica de cada uma.

A Chave Pública é uma informação (código) que fica disponível em um servidor de Chaves Públicas na internet, para quem precisar dela, enquanto a Chave Privada é um código que somente o dono deve conhecer.

O par de Chaves é único e correspondente, ou seja, uma mensagem/dado cifrada pela chave pública de um usuário só pode ser aberta pela chave privada do mesmo usuário. E o inverso também, uma mensagem cifrada com a chave privada de um usuário só pode ser descriptografada pela chave pública dele próprio.

11.2.3 Certificado digital

Um certificado digital é um documento eletrônico assinado digitalmente e cumpre o papel de associar um usuário a uma chave pública, pode ser comparado ao CPF ou CNPJ para empresas.

Ele também apresenta junto com a chave pública algumas informações essenciais como:

▷ Nome do dono da chave pública;
▷ Prazo de validade do certificado, que varia de 1 a 3 anos dependendo da classe contratada;
▷ Um número de série, critério de correspondência para identificar o usuário;
▷ E, juntamente, o certificado possui a assinatura da entidade de certificação, para comprovar sua validade.

Para adquirir um certificado digital, o usuário ou entidade deve procurar uma Autoridade Certificadora (AC), é a responsável por criar o par de Chaves de um usuário, ou uma Autoridade de Registro (AR), que é um intermediário entre o usuário e uma AC. Cabe a AR a responsabilidade de verificar os dados do usuário e encaminhar o pedido do certificado para a AC, entretanto, o usuário também pode se dirigir direto à AC. A Caixa Econômica Federal é a única instituição financeira que é uma AC.

11.2.4 Assinatura digital

Uma Assinatura Digital é um procedimento similar a uma assinatura de um documento impresso. Quando assinamos um contrato, normalmente ele possui mais de uma página, rubricamos[2] todas elas exceto a última, pois a assinatura precisa ser completa. A rubrica não prova que o documento foi lido, mas sim para que aquela folha não seja substituída. Além disso, é preciso recorrer a um cartório para reconhecer e certificar a assinatura na última página.

Esse procedimento realizado no papel, juntamente com as garantias, foi adaptado para o mundo digital, afinal, papel ocupa espaço.

---

2 Rubrica: assinatura abreviada.

Quando falamos sobre a rubrica garantir a não alteração de um documento, citamos o princípio da Integridade. Portando, uma Assinatura Digital deve garantir também esse princípio, enquanto a certificação de quem assinou é o princípio da Autenticidade, que também deve ser garantido pela Assinatura Digital. Ou seja, garante os princípios da Autenticidade e da Integridade.

11.3 Ataques

Nem todos os ataques são realizados por malwares, atualmente existem duas práticas muito comuns utilizadas pelos criminosos cibernéticos para obter dados do usuário e realizar invasões.

11.3.1 Phishing

Phishing é uma expressão derivada do termo "pescar" em inglês, pois o que esse tipo de ataque faz é induzir o usuário a informar seus dados pessoais por meio de páginas da internet ou e-mails falsos.

Podemos identificar a página do tipo Phishing pelo endereço do site na barra de endereços do navegador, porque a página de phishing possui um endereço parecido, mas ligeiramente diferente do que o endereço desejado. Por exemplo, você certamente já deve ter visto ou ouvido falar de alguém que teve sua conta do Facebook[3] hackeada[4]; esse ataque procede a partir de um recado que o usuário recebe em sua conta.

Imagine o seguinte cenário: um usuário está navegando no site www.facebook.com.br, conectado em sua conta e clica no recado que normalmente traz um anúncio chamativo como "veja as fotos/vídeos do fim de semana passado", "cara, olha o que vc aprontou no fds", entre outros tantos. Quando clicado, uma nova aba ou janela é carregada no navegador, apenas como uma distração para o usuário, pois, enquanto ele fica vendo a nova aba carregar, a anterior muda, ligeiramente, para um endereço do gênero www.facebooks.com.br ou www.facebooki.com.br e mostra uma página idêntica à página de login de usuário do Facebook.

Sem perceber, ao clicar no recado, acabou saindo de sua conta e redigita seu usuário e senha novamente e é redirecionado novamente para sua conta, porém, o usuário em nenhum momento havia saído. A página de login que lhe foi mostrada era uma página falsa que capturou suas informações de login; cerca de dois dias depois o perfil invadido começa a enviar propagandas para os amigos e o mesmo recado etc., até o usuário não conseguir mais entrar na conta.

11.3.2 Pharming

O Pharming é uma evolução do Phishing, uma forma de deixar este mais difícil de ser identificado. O Pharming, na maioria das questões, é cobrado com relação aos seus sinônimos: DNS Poisoning, Cache Poisoning, sequestro de DNS, sequestro de Cache, Envenenamento de DNS e Envenenamento de Cache.

11.3.3 Negação de serviço (DoS e DDoS)

Um ataque de negação de serviço se dá quando um servidor ou serviço recebe mais solicitações do que é capaz de suprir.

▷ **DoS** (Denial of Service) é um ataque individual, geralmente com o intuito de tornar um serviço inoperante para o usuário.
▷ **DDoS** (Distributed Denial of Service) é um ataque realizado em massa. Utiliza-se de vários computadores contaminados com um malware que dispara solicitações de acesso a determinados serviços ou sites, derrubando o serviço. Muitas vezes, enquanto o servidor tenta suprir a demanda, ele se torna vulnerável a inserções de códigos maliciosos. Um grupo intitulado Anonymous realizou vários ataques de DDoS em sites de governos em protesto às suas ações, por exemplo, em retaliação à censura do WikiLeaks[5] e do The Pirate Bay.[6]

---

3 Facebook: mídia social, definida erroneamente como rede social, assim como as demais.
4 Hackear: termo utilizado como sinônimo para invasão ou roubo.
5 WikiLeaks: portal com postagens de fontes anônimas com documentos, fotos e informações confidenciais, vazadas de governos ou empresas, sobre assuntos sensíveis.
6 The Pirate Bay: um dos maiores portais de compartilhamento, *peer to peer*.

12 G SUITE

O G Suite (antigo Google Apps) foi criado por Rajen Sheth, um funcionário da Google que mais tarde desenvolveria os Chromebooks, e é um serviço do Google que oferece versões de vários produtos Google, que podem ser personalizados de forma independente, com o nome de domínio do cliente. Ele oferece vários aplicativos da web com recursos similares aos de pacotes de escritório tradicionais, inclusive Gmail, Hangouts, Google Agenda, Drive, Docs, Planilhas, Apresentações, Groups, News, Play, Sites e Vault.

É gratuito por 14 dias e, depois disso, passa a custar, no pacote básico, US$5 por conta de usuário por mês (ou US$ 50 por usuário por ano). O G Suite for Education e o G Suite for non-profits (para entidades sem fins lucrativos com a certificação 501) são gratuitos e oferecem o mesmo espaço de armazenamento que o Google Apps for Work.

Além dos aplicativos compartilhados (agenda, docs etc.), a Google oferece o G Suite Marketplace, uma loja de aplicativos para usuários do G Suite. Ela contém vários aplicativos, gratuitos e pagos, que podem ser instalados para personalizar a experiência do G Suite para o usuário.

Os recursos pagos do Gmail incluem: e-mail personalizado (@suaempresa.com) – em que usuário pode ter vários endereços de e-mail por meio da criação de aliases, podendo adicionar até 30 aliases de e-mail para cada usuário-, endereços de e-mail de grupo ilimitados, o dobro do armazenamento do Gmail pessoal, nenhum anúncio, suporte 24 horas por dia e 7 dias por semana, Google Apps Sync for Microsoft Outlook e muito mais.

12.1 Funcionamento do Google

Segundo a própria definição da empresa Google Inc. em suas páginas, o PageRank é um algoritmo utilizado pela ferramenta de busca Google para posicionar na listagem de relevância entre os resultados de suas buscas.

O PageRank mede a importância de uma página contabilizando a quantidade e qualidade de links apontando para ela em outras páginas da internet.

Comandos avançados do Google:
- Busca Exata – Comando: entre aspas.
- Excluir Termo – Comando: – (um simples sinal de menos).
- Coringa/Wildcard - Comando: * (asterisco).
- Sinônimos - Comando: OR.

Comandos:
- inurl: (termo no endereço das páginas)
- intitle: (termo no título)
- intext: (termo no texto)
- inanchor: (termo com texto âncora)Definição - Comando: define:
- Páginas Indexadas / Conteúdo de um site específico - Comando: site:
- Inbound Links - Comando: link:site.com.brTipo de Arquivo - Comando: filetype:.pdf (pode ser ".gif, .jpg etc)Cálculos e Conversões - (5*9) + 3

Além de todos os comandos, para alguns temas o Google possui buscas direcionadas:
- Imagens – http://images.google.com.br
- Vídeos – http://video.google.com.br/
- Livros – http://www.google.com.br/books/
- Notícias – http://news.google.com.br/
- Blogs – http://www.google.com.br/blogsearch/

12.2 Gerenciamento do G Suite

Como administrador da conta do G Suite, é possível gerenciar os serviços para usuários na nuvem de uma nova forma. Basta adicionar os usuários à conta, ativar os e-mails e permitir que eles usem os serviços. Mas o G Suite também oferece controles adicionais sobre os dados e a segurança dos seus usuários que são recomendados. Vejamos abaixo algumas dicas importantes para gerenciar o G Suite:

- **Adicionar usuários e gerenciar serviços no Google Admin console:** para permitir que as pessoas na organização comecem a usar o G Suite, é preciso que sejam adicionadas a uma conta principal. Isso pode ser feito em qualquer computador ou até em um dispositivo móvel usando o "Google Admin" console. Em qualquer navegador da Web, é preciso acessar o "admin.google.com"e fazer login com o nome de administrador e senha. Também é possível usar o "Admin Console" para gerenciar os serviços dos usuários, as senhas e todos os outros aspectos da sua conta.
- **Adicionar camadas de privacidade e segurança:** o G Suite inclui diversos recursos de segurança essenciais que foram criados para manter os dados seguros e protegidos nos sistemas Google. É sugerido que sigam as práticas recomendadas de segurança para adicionar camadas de segurança, como a verificação em duas etapas para aumentar a proteção das senhas e medidas contra spoofing para combater e-mails abusivos.
- **Controlar o acesso dos usuários a recursos e serviços:** inicialmente, a maioria dos serviços é ativada para todos os usuários. No entanto, é possível usar o "Admin Console" para desativar os serviços que não deverão ser usados ou mesmo personalizar o modo de funcionamento deles. É possível padronizar as configurações para todos ou aplicar políticas para grupos de usuários. Por exemplo, é possível ativar o Hangouts apenas para uma equipe de suporte ou permitir que apenas o departamento de marketing compartilhe sites Google públicos.
- **Mudar o e-mail de uma empresa para o Gmail:** os usuários adicionados à conta do G Suite passam a ter um endereço de e-mail no domínio escolhido pelo administrador ao criar a conta. Desse modo, poderão usar com o e-mail com o serviço Gmail do G Suite.
- **Conceder privilégios de administrador à sua equipe de TI:** independentemente do tamanho da organização, é recomendado que seja distribuído a responsabilidade do gerenciamento de usuários e serviços entre usuários confiáveis selecionados. Quando um administrador fizer login na conta do G Suite, ele será direcionado para o Admin console como se fosse o administrador principal. Os usuários que não forem administradores não verão o Admin console quando fizerem login e serão direcionados para a própria lista de serviços gerenciados.

INFORMÁTICA

▷ **Gerenciar lançamentos de recursos para os usuários:** o G Suite é 100% baseado na Web, por isso seus usuários recebem os novos recursos e as atualizações automaticamente, *sem precisar* instalar nem atualizar softwares.

▷ **Gerenciar dispositivos móveis remotamente:** com o Admin Console é possível gerenciar os dispositivos móveis dos usuários e aplicar políticas de segurança em todos os dispositivos móveis, podendo fazer a limpeza remota de dispositivos perdidos ou roubados e muito mais.

12.3 Motor de pesquisa ou ferramenta de busca

Caracteriza-se como um motor de pesquisa ou ferramenta de busca, que é desenvolvido com o objetivo de procurar palavras-chave que são fornecidas pelos usuários do serviço e realizar a busca desejada em documentos e bases de dados de sites.

Na aplicação de seu contexto para a internet, um motor de pesquisa possibilita procurar palavras-chave na World Wide Web, como palavras que se encontram armazenadas em sites e inclusive nos arquivos internos existentes nestes.

12.4 Tipos de motores de pesquisa

▷ **Buscadores globais:** são denominados globais os motores de pesquisa que são buscadores de pesquisas em todos os documentos e sites da internet. Segue a listagem dos principais buscadores globais: Google, Yahoo!, Bing e Terra.

▷ **Buscadores verticais:** são buscadores que realizam pesquisas "especializadas", particulares, em bases de dados próprias de acordo com suas intenções e áreas de interesse que motivam tal busca. Geralmente, a inserção de um termo em um buscador vertical está vinculada à procura de algum produto ou mesmo ao pagamento de uma mensalidade ou de um valor por cliques na internet, migrando de um site para outro.

▷ **Guias locais:** são considerados guias locais os motores de busca ou buscadores que têm um escopo exclusivamente local ou regional. As informações dessas pesquisas se referem aos endereços de empresas ou prestadores de serviços da região solicitada. O resultado é priorizado na listagem pelo destaque de quem contrata o serviço, como melhor preço, data de publicação etc.

▷ **Guias de busca local ou buscador local:** são os motores de busca que são buscadores de abrangência nacional, restritos a um país, que lista as empresas e os prestadores de serviços próximos ao endereço do usuário que realiza tal pesquisa a partir de um texto digitado.

▷ **Diretórios de sites:** são índices para pesquisa internos de sites, geralmente organizados por categorias e por subcategorias. Têm como objetivo principal permitir ao usuário encontrar rapidamente sites que desejar, sempre listando a pesquisa por categorias, e não por palavras-chave.

ESTATUTO DA CRIANÇA E DO ADOLESCENTE

ESTATUTO DA CRIANÇA E DO ADOLESCENTE

1 LEI Nº 8.069/1990 - ESTATUTO DA CRIANÇA E DO ADOLESCENTE

1.1 Direito da criança e do adolescente

Inicialmente, o Estatuto da Criança e do Adolescente possui como conceito formal ser um conjunto de leis e princípios, que tem o objetivo de proteger de forma integral o melhor interessa a criança e ao adolescente.

Quando falamos do ponto de vista material, vemos o Estado exercendo um meio de garantir de forma efetiva a proteção dos direitos fundamentais da criança e do adolescente presentes no ECA. Assim, o ECA está inserido no âmbito do Direito Público, possuindo a competência concorrente.

1.2 Fases do direito da criança e do adolescente

O Direito da Infância e Juventude teve quatro fases principais:
1) fase da absoluta indiferença,
2) fase da mera imputação penal,
3) fase tutelar e
4) fase da proteção integral.

A seguir, veremos um resumo de cada uma dessas fases.

▷ **Fase da absoluta indiferença:** nesse momento, não havia preocupação direta com os direitos da criança e adolescentes por parte do Estado. Assim, não existiam normas regulamentadoras de direitos e deveres, tendo os pais o poder absoluto da vida de seus filhos, sem interferência legislativa ou social.

▷ **Fase da mera imputação penal:** aqui, o Direito veio como forma de reprimir os menores infratores. Dessa forma, em 1603 regiam as Ordenações Filipinas (o Código Legal português que possuía penalidade penal a partir de 7 anos); depois, entrou em vigor, em 1830, o Código Penal do império, no qual fixou a imputabilidade plena aos 14 anos, vindo assim o ordenamento de 1927, que imputou uma nova fase.

▷ **Fase da doutrina da situação irregular:** essa fase trouxe o menor como objeto do Direito, havendo uma discriminação gerada pela ligação de carência e delinquência, na qual o Estado intervia apenas com crianças e adolescentes em situação irregular.

É importante destacarmos que nesse momento ligava-se o menor carente (pobre ou abandonado) à condição de infrator, o que gerava ação apenas nessas condições, não havendo distinção entre os infantes. Assim, o Estado poderia retirar o menor do convívio de sua família, tendo em vista dificuldade financeira, ou seja, não se gerava meios de ajuda a família, retirava-se o menor do chamado "problema social".

Nesse momento, o destino desses menores caberia diretamente ao juiz, exercendo uma função judicial e normativa forte, uma vez que o juiz poderia editar atos normativos.

▷ **Fase da doutrina da proteção integral:** a Constituição Federal de 1988 (CF/88), junto ao ECA, trouxe a proteção integral da criança e do adolescente. O art. 1º do ECA diz que a lei trata da proteção integral da criança e do adolescente.

Ainda, o art. 227, caput, da CF/88 diz que:

> **Art. 227** É dever da família, da sociedade e do Estado assegurar à criança, ao adolescente e ao jovem, com absoluta prioridade, o direito à vida, à saúde, à alimentação, à educação, ao lazer, à profissionalização, à cultura, à dignidade, ao respeito, à liberdade e à convivência familiar e comunitária, além de colocá-los a salvo de toda forma de negligência, discriminação, exploração, violência, crueldade e opressão.

Dessa forma, uma nova luz pairou sobre direito da criança e do adolescente, não mais como objeto e, sim, como ente principal dos cuidados e proteção da sociedade.

Nessa fase, diferente das demais, as normas se ampliaram a todos os menores de 18 anos, não ocorrendo mais a discriminação de nascimento, situação familiar, idade, sexo, raça, etnia/cor, religião/crença, deficiência, condição pessoal de desenvolvimento e aprendizagem, condição econômica, ambiente social, região e local de moradia ou outra condição que diferencie as pessoas, as famílias ou a comunidade em que vivem, conforme o art. 3º do ECA.

Ainda nesse contexto, o art. 4º, parágrafo único do ECA, observa a garantia de prioridade, ou seja, a primazia de receber proteção e socorro em quaisquer circunstâncias, bem como a preferência na formulação e na execução das políticas sociais e destinação privilegiada de recursos públicos.

Aqui, busca-se o melhor interesse para criança e ao adolescente, analisando o caso concreto e aplicando o que melhor se adeque ao "menor" (expressão antiquada uma vez que é familiarizada ao código de menores) e não mais aos pais e familiares.

1.3 Conceito de criança e de adolescente

A definição de criança e adolescente encontra-se no art. 2º do ECA, no qual criança é a pessoa até 12 anos de idade incompletos; já o adolescente possui entre 12 e 18 anos de idade. A distinção realizada pelo ECA é importante tendo em vista a regulamentação dos institutos, por exemplo, a medida socioeducativa, a qual se aplica apenas aos adolescentes.

DIREITOS FUNDAMENTAIS

2 DIREITOS FUNDAMENTAIS

Com o novo olhar trazido pelo ECA, a criança e o adolescente passaram ser sujeitos de direito, gozando de direitos fundamentais da pessoa humana, além de direitos à pessoa em condição de desenvolvimento, sendo estes específicos a criança e ao adolescente. Vejamos:

▷ direito à liberdade, ao respeito e à dignidade;
▷ direito à convivência familiar e comunitária;
▷ direito à educação, à cultura, ao esporte e ao lazer;
▷ direito à profissionalização e proteção ao trabalho.

2.1 Direito à vida e à saúde

É o principal direito de todo ser humano, sendo um direito dos infantes. É o que garante a existência, separando a concepção da morte encefálica (morte cerebral), que, para a Medicina e o Judiciário, é o momento em que se encerrada a vida humana.

Assim, o direito à vida abraça a proteção da integridade corporal e psíquica, vedando os maus-tratos, a tortura, as penas degradantes e hediondas e protegendo a honra, a imagem e a privacidade. Para a criança e ao adolescente, o direito à vida é ampliado, uma vez que o infante necessita de acesso livre ao lazer e a convivência familiar.

O direito à saúde vem atrelado ao direito à vida, tendo em vista que ele preserva a integridade física e mental, prevenindo doenças e realizando tratamentos.

Para garantir o direito à vida e à saúde, é necessária a aplicação de políticas públicas que permitam condições dignas desde a concepção à maior idade, conforme o art. 7 do ECA.

Importante ressaltar que o direito à vida não é o direito a sobreviver. Para reconhecermos o direito à vida, devemos reconhecer o direito à saúde, ao lazer e à convivência em família, pois o direito à vida requer uma vida digna.

Nesse contexto, o legislador preocupou-se com os direitos da mulher, visando a uma gestação saudável e planejada, criando programas e políticas de saúde pública para a educação e o planejamento reprodutivo, criando ainda o acompanhamento gestacional do início ao puerpério, contando com a amplitude da alimentação ao conforto para o nascimento seguro e humanizado em hospitais públicos. Aqui, o direito ao pré-natal e perinatal são devidos ao nascituro, sendo implementados mesmo contra a vontade da gestante

Dessa forma, o ECA, em seu art. 9º, exigiu que o Poder Público garantisse condições adequadas ao aleitamento materno, incluindo mães em situação privativa de liberdade. Ainda, a CF/1988 em seu art. 5º, inciso L, estabelece que a mãe presidiária possa permanecer com seu filho durante o período de amamentação. Mais uma vez, destaca-se que o direito é do nascituro e não da mãe.

O art. 11 do ECA trata do acesso ao Sistema Único de Saúde, que inclui, além de atendimento médico e tratamentos, a vacinação, o fornecimento de medicamentos, próteses e qualquer outra tecnologia assistia, bem como a saúde odontológica.

Interligado ao art. 11, o art. 12 prevê o direito ao acompanhamento de um responsável ao infante em caso de internação, não abrangendo somente a figura dos pais ou tutor.

O art. 13 do ECA trata da suspeita de maus-tratos, segundo o qual é necessário comunicar obrigatoriamente o Conselho Tutelar em caso suspeita ou confirmação de castigo físico, de tratamento cruel ou degradante ou de maus tratos contra criança ou adolescente. A atual redação deu-se em razão ao caso do menino Bernardo,[1] (refere-se ao assassinato do menino de 11 anos Bernardo Ugolina, ocorrido em 4 de abril de 2014, por meio de superdose em do medicamento Midazolam, que lhe foi dado pela madrasta) sendo criada a Lei nº 13.010/2014, que ficou conhecida como Lei do Menino Bernardo ou Lei da Palmada, que resguarda o direito de a criança e o adolescente serem educados sem castigo físico ou tratamento degradante.

2.2 Direito à liberdade, ao respeito e à dignidade

2.2.1 Direito à liberdade

O art. 16 do ECA exemplifica os aspectos do direito à liberdade dos infantes:

> **Art. 16** O direito à liberdade compreende os seguintes aspectos:
> I - Ir e vir e estar nos logradouros públicos e espaços comunitários, ressalvadas as restrições legais;
> II - Opinião e expressão;
> III - Crença e culto religioso;
> IV - Brincar, praticar esportes e divertir-se;
> V - Participar da vida familiar e comunitária, sem discriminação;
> VI - Participar da vida política, na forma da lei;
> VII - Buscar refúgio, auxílio e orientação.

No que tange o direito de ir e vir, conforme explicito no art.16, I do ECA, deve-se observar as restrições legais, por exemplo, os arts. 83 a 85 do ECA, sendo restrições necessárias à integridade do infante. Já no inciso II, do mesmo artigo, vemos o direito à opinião e expressão, sendo este o direito a expressar-se intelectualmente, comunicar-se, inclusive artisticamente, expressando seus pensamentos e emitindo opiniões.

> **Fique ligado**
>
> A liberdade de crença e culto, abordada no inciso III do art. 16, compreende o direito de escolha à sua própria religião, incluindo o direito a não possuir fé ou crença religiosa.

Um assunto delicado, no entanto, são as testemunhas de Jeová, pois não aceitam receber transfusão de sangue. Aqui, vemos o direito à vida e à crença religiosa se encontrando; nesse caso, a maioria doutrinária entende que a religião não pode se sobrepor ao direito à vida, não podendo, assim, ocorrer a recusa dos pais ou responsáveis à realização da transfusão. No entanto, há uma corrente minoritária que entende que essa decisão caberia ao infante.

O inciso IV trata do direito de brincar, praticar esportes e divertir-se. Esse direito determina que o Estado proporcione lazer adequado aos infantes, como parques ou atividades gratuitas.

Quando falamos sobre participar da vida familiar e comunitária, sem discriminação, devemos entender que compreende a família natural e todos os demais, não apenas pai e mãe; quando falamos em comunidade, devemos entender que a criança deve ser acolhida por todos, e poder sair e socializar sem sofrer discriminações ou abusos.

No que tange a vida política, não falamos aqui de quando o pai ou a mãe leva o filho a urna para apertar o botão de votação e, sim, de quando o adolescente completa seus 16 anos e cria maturidade política, o que lhe faculta o direito de dar início a sua capacidade eleitoral.

Chegamos agora à liberdade ao refúgio, ao auxílio e à orientação. Isso significa que o infante tem o direito a sair de situações que lhe fazem mal e ser refugiado, auxiliado e orientado da melhor forma possível. Ex. o infante que sai de casa ao sofrer abusos. Nesse caso, o Estado deve lhe propiciar abrigo e auxílio com orientações de profissionais especializados, visando levar ao esclarecimento e melhor interesse.

---

1 Referente ao assassinato do menino Bernardo Ugolina, de 11 anos, ocorrido em 4 de abril de 2014, por meio de superdose do medicamento Midazolam, que lhe foi dado por sua madrasta.

2.2.2 Direito ao respeito

O art. 17 do ECA traz em seu texto os aspectos do direito ao respeito imposto aos infantes.

> **Art. 17** O direito ao respeito consiste na inviolabilidade da integridade física, psíquica e moral da criança e do adolescente, abrangendo a preservação da imagem, da identidade, da autonomia, dos valores, ideias e crenças, dos espaços e objetos pessoais.

Aqui, o legislador preocupou-se, mais uma vez, com a inviolabilidade física, psíquica e moral do infante, demonstrando assim o respeito aos direitos da personalidade, deixando expressa a inviolabilidade da imagem, da identidade, das ideias e crenças, dos objetos pessoais.

Vemos como exemplo do direito ao respeito, o segredo de justiça que é imposto em qualquer processo que tenha como parte infantes.

2.2.3 Direito à dignidade

Ao falamos sobre o direito à dignidade, é normal remetermos nosso pensamento diretamente aos direitos humanos e à dignidade da pessoa humana. No entanto, nesse momento "abraçamos" no ECA a proteção integral da criança e do adolescente, uma vez que o infante nessa fase passou a ser reconhecido e protegido pelo Estado.

O legislador passou a proteger o infante de qualquer forma de tratamento desumano, violento, que lhe cause medo ou sofrimento, até mesmo os que lhe causem vergonha.

Assim, não se admitem castigos físicos, humilhações, terror psicológico, nem mesmo se feito pelos pais, pois, como vimos anteriormente, a Lei nº 13.010/2014 inseriu no ECA a proibição a tais castigos.

Assim, em caso de castigo físico que cause lesão corporal, será o autor enquadrado no art. 129 do Código Penal e haverá punição com base neste, bem como se responsável pelo infante correrá o risco de perder sua guarda.

2.3 Direito à convivência familiar

Inicialmente, devemos destacar que quando falamos sobre convivência familiar, falamos apenas em pai e mãe; a convivência estende-se aos avós, tios, primos, entre outros. Essa convivência é a garantia de um ambiente adequado ao desenvolvimento do infante de forma integral.

Vejamos a classificação de família pelo art. 25 do ECA:

> **Art. 25** Entende-se por família natural a comunidade formada pelos pais ou qualquer deles e seus descendentes.
>
> **Parágrafo único.** Entende-se por família extensa ou ampliada aquela que se estende para além da unidade pais e filhos ou da unidade do casal, formada por parentes próximos com os quais a criança ou adolescente convive e mantém vínculos de afinidade e afetividade.

O ECA visa sempre ao melhor interesse da criança e do adolescente. Nessa linha, entende-se que se manter no núcleo família ou próximo a ele sempre será o melhor, sendo a preferência auxiliar a família e reestabelecer a convivência.

Aqui, podemos incluir família cujos pais estejam em situação privativa de liberdade, em que o ECA prevê a convivência por visitas.

Podemos ver que a diferença histórica é gigante, pois antigamente retirava-se o menor do problema e hoje resolve-se o núcleo do problema para manter o infante próximo à sua família.

Excepcionalmente, caso a convivência do núcleo familiar natural (pai e mãe) não seja o melhor interesse ao infante, ele será inserido no núcleo familiar extensivo ou, em último caso, em família substituta conforme art. 28 do ECA.

2.3.1 Família substituta

A família substituta é a solução temporária para retirar o infante de uma situação de risco, conforme art. 98 do ECA, sendo o acolhimento de forma familiar ou institucional, conforme art. 101, incisos VII e VIII.

> **Art. 101** Verificada qualquer das hipóteses previstas no art. 98, a autoridade competente poderá determinar, dentre outras, as seguintes medidas: [...]
>
> VII – Acolhimento institucional;
>
> VIII – Inclusão em programa de acolhimento familiar;

O acolhimento família é a retirada do infante de uma situação de risco, na qual o mesmo é levado para um lar de alguma família previamente cadastrada junto ao judiciário, como solução temporária para o manter em segurança, e posteriormente reintegrá-lo ao seio familiar. Durante o acolhimento a família acolhedora receberá um valor para cuidar do infante.

Já no acolhimento institucional, o infante é levado a um "abrigo" ou entidade de atendimento.

A permanência desses infantes no acolhimento é avaliada a cada 3 meses, em que há a tentativa de reintrodução no núcleo familiar.

2.3.2 Entrega de recém-nascido para adoção

Ocorre a entrega do recém-nascido para a adoção quando a gestante não se sente preparada para iniciar o vínculo materno. Dessa forma, a entrega da criança para a adoção visa inclui-la em um núcleo familiar seguro, no qual ela se desenvolverá integralmente. No entanto, o ECA, em seu art. 19-A, prevê hipóteses em que a adoção é irregular, como a escolha de um adotante específico.

Assim, quando a mãe manifesta seu interesse em entregar seu bebê à adoção, é feita uma avaliação psicológica com uma equipe profissional da vara da infância e juventude, no intuito de entender o motivo e identificar um possível estado puerperal.

Ainda, são analisadas a indicação paterna ou família extensa que tenha o interesse em cuidar do infante e receber sua guarda, uma vez que o ECA preza pelo melhor interesse da criança e do adolescente. Caso não ocorra interesse familiar, o infante será enviado ao acolhimento para futura adoção.

Tenha atenção – sempre – ao art. 48 do ECA, uma vez que ele trata do direito do adotado de conhecer sua origem. Vejamos:

> **Art. 48** O adotado tem direito de conhecer sua origem biológica, bem como de obter acesso irrestrito ao processo no qual a medida foi aplicada e seus eventuais incidentes, após completar 18 (dezoito) anos.

2.3.3 Programa de apadrinhamento

Existem duas formas de apadrinhamento: afetivo e financeiro.

▷ **Apadrinhamento afetivo:** tenta promover um vínculo afetivo entre o infante e as pessoas da comunidade que se interessam pelo apadrinhamento. Tem o intuito de criar um laço de carinho, segurança e amor, uma vez que o infante em situação de espera para adoção não possui um vínculo familiar estável. Assim, o apadrinhamento busca suprir esse vínculo afetivo, fazendo com que o infante socialize com a família do padrinho e habitue-se com datas comemorativas, passeios etc.

▷ **Apadrinhamento financeiro:** é o ato de ajudar com uma contribuição mensal para cobrir os gastos financeiros do infante, não sendo necessário o contato direto, apenas o custeio de seus gastos.

O ECA estabelece ainda as regras para apadrinhar:

> **Art. 19-B** A criança e ao adolescente em programa de acolhimento institucional ou familiar poderão participar de programa de apadrinhamento.

§ 1º O apadrinhamento consiste em estabelecer e proporcionar à criança e ao adolescente vínculos externos à instituição para fins de convivência familiar e comunitária e colaboração com o seu desenvolvimento nos aspectos social, moral, físico, cognitivo, educacional e financeiro.

§ 2º Podem ser padrinhos ou madrinhas pessoas maiores de 18 (dezoito) anos não inscritas nos cadastros de adoção, desde que cumpram os requisitos exigidos pelo programa de apadrinhamento de que fazem parte.

§ 3º Pessoas jurídicas podem apadrinhar criança ou adolescente a fim de colaborar para o seu desenvolvimento.

§ 4º O perfil da criança ou do adolescente a ser apadrinhado será definido no âmbito de cada programa de apadrinhamento, com prioridade para crianças ou adolescentes com remota possibilidade de reinserção familiar ou colocação em família adotiva.

§ 5º Os programas ou serviços de apadrinhamento apoiados pela Justiça da Infância e da Juventude poderão ser executados por órgãos públicos ou por organizações da sociedade civil.

§ 6º Se ocorrer violação das regras de apadrinhamento, os responsáveis pelo programa e pelos serviços de acolhimento deverão imediatamente notificar a autoridade judiciária competente.

2.3.4 Poder familiar

O poder familiar é o conjunto de direitos e deveres que tem o intuito de prezar pela proteção segurança, educação, e desenvolvimento integral da criança e do adolescente, sendo ele atribuído aos pais mesmo que de filhos adotados ou fora do casamento.

Dessa forma, o poder familiar é um múnus público, ou seja, é um poder-dever (é um poder que gera a obrigação de zelar pelo desenvolvimento integral do infante). Além disso, é irrenunciável, tendo em vista que não há como abrir mão dele; é inalienável, ou seja, não pode ser transferido; é imprescritível, tendo em vista que não possuem validade; e é incompatível com a tutela, ou seja, não pode ser nomeado algum tutor.

Vejamos o rol exemplificativo dos deveres inerentes ao poder familiar de acordo com o art. 1.634 do CC:

Art. 1.634 Compete a ambos os pais, qualquer que seja a sua situação conjugal, o pleno exercício do poder familiar, que consiste em, quanto aos filhos:

I – Dirigir-lhes a criação e a educação;

II – Exercer a guarda unilateral ou compartilhada nos termos do art. 1.584;

III – Conceder-lhes ou negar-lhes consentimento para casarem;

IV – Numera-lhes tutor por testamento ou documento autêntico, se o outro dos pais não lhe sobreviver, ou o sobrevivo não puder exercer o poder familiar;

V – Conceder-lhes ou negar-lhes consentimento para mudarem sua residência permanente para outro Município;

VI – Numera-lhes tutor por testamento ou documento autêntico, se o outro dos pais não lhe sobreviver, ou o sobrevivo não puder exercer o poder familiar;

VII – Representá-los judicial e extrajudicialmente até os 16 (dezesseis) anos, nos atos da vida civil, e assisti-los, após essa idade, nos atos em que forem partes, suprindo-lhes o consentimento;

VIII – Reclamá-los de quem ilegalmente os detenha;

IX – Exigir que lhes prestem obediência, respeito e os serviços próprios de sua idade e condição.

Ainda, neste mesmo raciocínio, perderá o poder familiar aquele que praticar algum dos atos descritos no art. 1.638 do CC:

Parágrafo único. Perderá também por ato judicial o poder familiar aquele que:

I - Praticar contra outrem igualmente titular do mesmo poder familiar:

a) Homicídio, feminicídio ou lesão corporal de natureza grave ou seguida de morte, quando se tratar de crime doloso envolvendo violência doméstica e familiar ou menosprezo ou discriminação à condição de mulher;

b) Estupro ou outro crime contra a dignidade sexual sujeito à pena de reclusão;

II - Praticar contra filho, filha ou outro descendente:

a) Homicídio, feminicídio ou lesão corporal de natureza grave ou seguida de morte, quando se tratar de crime doloso envolvendo violência doméstica e familiar ou menosprezo ou discriminação à condição de mulher;

b) Estupro, estupro de vulnerável ou outro crime contra a dignidade sexual sujeito à pena de reclusão.

Portanto, o poder familiar é destituído apenas em casos de crime doloso contra outro titular do poder familiar ou contra os filhos.

2.3.5 Família substituta

Quando falamos em família substituta, estamos falando da retirada de um infante da sua família natural para a inserção em uma nova família, sempre em prol do melhor interesse ao infante, podendo ser atribuída a guarda, a tutela ou a adoção àquela família.

Assim, quando possível, o infante é ouvido por uma equipe profissional, e sua opinião é respeitada. No entanto, sempre objetivando do melhor interesse e levando-se em conta a afinada de parentesco, e manter grupos de irmãos juntos, sempre observando o art. 29 do ECA, in versus:

Art. 29 Não se deferirá colocação em família substituta a pessoa que revele, por qualquer modo, incompatibilidade com a natureza da medida ou não ofereça ambiente familiar adequado.

2.3.6 Guarda

A guarda pode ser definida como um poder, temporário ou definitivo, de um adulto com um infante no intuito de prezar pelo bem-estar físico e psíquico do infante, bem como a responsabilidade quanto às necessidades dele, sendo o infante dependente do guardião para todos os fins. Existem diversas formas de guarda. Dentre elas, destacam-se pela doutrina:

▷ **Guarda de fato:** é a guarda sem autorização, o chamado guardião não possui nenhum vínculo formal com o infante e não é seu responsável legal.

▷ **Guarda provisória:** a guarda provisória é uma transição judicial decorrente do pedido de tutela ou adoção.

▷ **Guarda definitiva:** nesse caso, o processo judicial é simples e puramente de guarda, não objetivando uma tutela ou adoção, sendo comum em casos de avós que cuidam se seus netos.

▷ **Guarda subsidiada:** é a guarda concedida em casos de acolhimento regulamenta pelo art. 34 do ECA.

▷ **Guarda derivada:** deferida em casos de pedido de tutela. Uma vez que quem detém a tutela detém a guarda.

▷ **Guarda peculiar:** visa suprir a falta eventual dos pais e se encontra prevista no art. 33, § 2º do ECA.

2.3.7 Tutela

A tutela é o momento em que o infante passa a ser de total responsabilidade legal do tutor, ou seja, ocorre o fim do poder familiar, sendo por perda ou suspensão desse poder. Geralmente, a tutela ocorre em caso de falecimento dos pais, ou com pais ausentes.

O tutor poderá ser nomeado em testamento pelos pais ou até mesmo por declaração de vontade, possuindo após a abertura da sucessão 30 dias para se manifestar judicialmente, no entanto, o juiz irá decidir em face do melhor interesse ao infante.

2.3.8 Adoção

Na adoção, retira-se totalmente o vínculo familiar, inserindo o infante em família substituta, quando não há mais meios de manter o vínculo familiar, sendo um ato jurídico em sentido estrito, conferindo ao infante o direito ao sobrenome, herança e formação de vínculo irrevogável.

> **ATENÇÃO**
>
> Importante ressaltar que a adoção se dá apenas por meio judicial!

Dessa forma, existem as seguintes espécies de adoção:

- **Adoção conjunta ou bilateral:** quando há um casal para a adoção, havendo rompimento do vínculo familiar materno e paterno.
- **Adoção unilateral:** quando o companheiro da mãe ou a do pai adota o filho do cônjuge.
- **Adoção póstuma:** quando o adotante falece no decorrer do processo, no entanto, a adoção é finalizada, pois houve manifestação de vontade.
- **Adoção intuito personae:** quando os pais escolhem diretamente a família substituta para quem entregarão o infante (Lei nº 12.010/2009), visando evitar que ocorressem favorecimentos ou até mesmo promessas de recompensa pela entrega do infante, restringiu esta forma de adoção, sendo permitidas apenas nos casos do art. 50, § 13 do ECA.
- **Adoção internacional:** quando o adotante é domiciliado fora do Brasil.
- **Adoção à brasileira:** quando o adotante registra o filho de outro como próprio, sendo caracterizado como crime perante o art. 242 do CP/40.

O ECA também estabelece alguns requisitos em seus artigos para a adoção.

Art. 42 Podem adotar os maiores de 18 (dezoito) anos, independentemente do estado civil.

Art. 43 A adoção será deferida quando apresentar reais vantagens para o adotando e fundar-se em motivos legítimos.

Art. 45 A adoção depende do consentimento dos pais ou do representante legal do adotando.

§ 1º O consentimento será dispensado em relação à criança ou adolescente cujos pais sejam desconhecidos ou tenham sido destituídos do pátrio poder, poder familiar.

Art. 46 A adoção será precedida de estágio de convivência com a criança ou adolescente, pelo prazo máximo de 90 (noventa) dias, observadas a idade da criança ou adolescente e as peculiaridades do caso.

Além destes requisitos, é necessário o prévio cadastro do adotante no Cadastro Nacional de Adoção, passando por todas as etapas de preparação psicológica e jurídica.

Após as etapas, ocorrerá a sentença de deferimento da adoção, que possui natureza constitutiva, criando o vínculo com a nova família e destituindo o vínculo anterior, sendo feito um novo registro de nascimento, constando o nome dos adotantes e do infante.

2.4 Direito à educação, à cultura, ao esporte e ao lazer

Um dos principais direitos do infante, que lhe garante o desenvolvimento pleno, é o direito a educação. Tal direito consta no art. 205 da CF/1988, que prevê a educação como direito de todos e dever do Estado e da família, e no art. 6º do ECA, que prevê a educação como um direito fundamental.

Vejamos o art. 54 do ECA:

Art. 54 É dever do Estado assegurar à criança e ao adolescente:

I – Ensino Fundamental, obrigatório e gratuito, inclusive para os que a ele não tiveram acesso na idade própria;

II – Progressiva extensão da obrigatoriedade e gratuidade ao ensino médio;

III – Atendimento educacional especializado aos portadores de deficiência, preferencialmente na rede regular de ensino;

IV - (Revogado)

IV – Atendimento em creche e pré-escola às crianças de zero a cinco anos de idade;

V – Acesso aos níveis mais elevados do ensino, da pesquisa e da criação artística, segundo a capacidade de cada um;

VI – Oferta de ensino noturno regular, adequado às condições do adolescente trabalhador;

VII – Atendimento no Ensino Fundamental, através de programas suplementares de material didático-escolar, transporte, alimentação e assistência à saúde.

§ 1º O acesso ao ensino obrigatório e gratuito é direito público subjetivo.

§ 2º O não oferecimento do ensino obrigatório pelo poder público ou sua oferta irregular importa responsabilidade da autoridade competente.

§ 3º Compete ao poder público recensear os educandos no ensino fundamental, fazer-lhes a chamada e zelar, junto aos pais ou responsável, pela frequência à escola.

Dessa forma, vemos a importância da educação, sendo garantida a todos, sem distinção de qualquer natureza, não podendo ser vetada a inscrição do aluno na escola, consoante o art. 6º da Lei nº 7.716/1989, que constitui crime o ato de recusar a matrícula do aluno ou até mesmo seu ingresso na escola.

Já o direito à cultura é facilitado criando-se programas culturais e esportivos voltados para os infantes. Vemos em locais que há a política de meia entrada, como uma forma de facilitar o acesso do estudante ou do menor de 18 anos, bem como os centros esportivos públicos criados nos estados e municípios.

2.5 Direito à profissionalização e à proteção no trabalho

Inicialmente, nossa Constituição prevê que o trabalho infantil pode iniciar-se aos 14 anos em casos de jovem aprendiz, sendo em outras hipóteses previsto apenas aos 16 anos.

Importante lembrar que ao adolescente que trabalha são garantidos todos os direitos trabalhistas e previdenciários, devendo, no entanto, respeitar a necessidade de capacitação profissional adequada ao mercado, sendo aqui o trabalho uma forma de aprendizado.

Por essa razão, existem algumas proibições que visam à proteção do adolescente, como a proibição ao trabalho noturno, perigoso e insalubre, proibição de labor em locais que prejudiquem sua formação física, ou proibição de labor em horário escolar.

3 DA PREVENÇÃO

A prevenção instituída no ECA é o ato de prevenir, ou seja, promover formas de evitar a violação dos direitos do infante. Vejamos o art. 70 do ECA:

> **Art. 70** É dever de todos prevenir a ocorrência de ameaça ou violação dos direitos da criança e do adolescente.

Já o art. 70-A traz em seu texto um rol exemplificativo das prevenções necessárias:

> **Art. 70-A** A União, os Estados, o Distrito Federal e os Municípios deverão atuar de forma articulada na elaboração de políticas públicas e na execução de ações destinadas a coibir o uso de castigo físico ou de tratamento cruel ou degradante e difundir formas não violentas de educação de crianças e de adolescentes, tendo como principais ações:
>
> I – A promoção de campanhas educativas permanentes para a divulgação do direito da criança e do adolescente de serem educados e cuidados sem o uso de castigo físico ou de tratamento cruel ou degradante e dos instrumentos de proteção aos direitos humanos;
>
> II – A integração com os órgãos do Poder Judiciário, do Ministério Público e da Defensoria Pública, com o Conselho Tutelar, com os Conselhos de Direitos da Criança e do Adolescente e com as entidades não governamentais que atuam na promoção, proteção e defesa dos direitos da criança e do adolescente;
>
> III – A formação continuada e a capacitação dos profissionais de saúde, educação e assistência social e dos demais agentes que atuam na promoção, proteção e defesa dos direitos da criança e do adolescente para o desenvolvimento das competências necessárias à prevenção, à identificação de evidências, ao diagnóstico e ao enfrentamento de todas as formas de violência contra a criança e ao adolescente;
>
> IV – O apoio E o incentivo às práticas de resolução pacífica de conflitos que envolvam violência contra a criança e ao adolescente;
>
> V – A inclusão, nas políticas públicas, de ações que visem a garantir os direitos da criança e do adolescente, desde a atenção pré-natal, e de atividades junto aos pais e responsáveis com o objetivo de promover a informação, a reflexão, o debate e a orientação sobre alternativas ao uso de castigo físico ou de tratamento cruel ou degradante no processo educativo;
>
> VI – A promoção de espaços Inter setoriais locais para a articulação de ações e a elaboração de planos de atuação conjunta focados nas famílias em situação de violência, com participação de profissionais de saúde, de assistência social e de educação e de órgãos de promoção, proteção e defesa dos direitos da criança e do adolescente.
>
> **Parágrafo único.** As famílias com crianças e adolescentes com deficiência terão prioridade de atendimento nas ações e políticas públicas de prevenção e proteção.

Não obstante, o art. 70-B visa dar concretude à prevenção contra maus-tratos e violação de direitos de crianças e adolescentes, vejamos seu texto:

> **Art. 70-B** As entidades, públicas e privadas, que atuem nas áreas a que se refere o art. 71, dentre outras, devem contar, em seus quadros, com pessoas capacitadas a reconhecer e comunicar ao Conselho Tutelar suspeitas ou casos de maus-tratos praticados contra crianças e adolescentes.
>
> **Parágrafo único.** São igualmente responsáveis pela comunicação de que trata este artigo, as pessoas encarregadas, por razão de cargo, função, ofício, ministério, profissão ou ocupação, do cuidado, assistência ou guarda de crianças e adolescentes, punível, na forma deste Estatuto, o injustificado retardamento ou omissão, culposos ou dolosos.

Assim, podemos ver que a prevenção deve ser feita por todos da sociedade, englobando-se a responsabilidade social, política e judiciária para que o direito dos infantes seja respeitado, sem a ocorrência de violações e maus-tratos.

3.1 Prevenção especial referente à informação, à cultura, ao lazer, aos esportes, às diversões e aos espetáculos

Dentro da doutrina instituída na infância e juventude, há a prevenção especial que trata do acesso a eventos e espetáculos públicos, devendo regulamentar o acesso de qualificando sua natureza e indicando a faixa etária recomendada.

> **Art. 74** O poder público, através do órgão competente, regulará as diversões e espetáculos públicos, informando sobre a natureza deles, as faixas etárias a que não se recomendem, locais e horários em que sua apresentação se mostre inadequada.
>
> **Parágrafo único.** Os responsáveis pelas diversões e espetáculos públicos deverão afixar, em lugar visível e de fácil acesso, à entrada do local de exibição, informação destacada sobre a natureza do espetáculo e a faixa etária especificada no certificado de classificação.
>
> **Art. 75** Toda criança ou adolescente terá acesso às diversões e espetáculos públicos classificados como adequados à sua faixa etária.
>
> **Parágrafo único.** As crianças menores de dez anos somente poderão ingressar e permanecer nos locais de apresentação ou exibição quando acompanhadas dos pais ou responsável.

O STF entende que não é apenas o Estado que deve determinar o que é próprio ou não ao infante, sendo dever da família contribuir com a análise da programação correta, uma vez que os programas de rádio e televisão devem exibir os programas recomendados em horários adequados ao público infanta juvenil.

> **Art. 76** As emissoras de rádio e televisão somente exibirão, no horário recomendado para o público infanta juvenil, programas com finalidades educativas, artísticas, culturais e informativas.
>
> **Parágrafo único.** Nenhum espetáculo será apresentado ou anunciado sem aviso de sua classificação, antes de sua transmissão, apresentação ou exibição.

Já os proprietários e funcionários de empresas que explorem a venda ou aluguel de fitas[1] de programação em vídeo cuidarão para que não haja venda ou locação em desacordo com a classificação atribuída pelo órgão competente, bem como a comercialização de revistas contendo imagens improprias.

> **Art. 77** Os proprietários, diretores, gerentes e funcionários de empresas que explorem a venda ou aluguel de fitas de programação em vídeo cuidarão para que não haja venda ou locação em desacordo com a classificação atribuída pelo órgão competente.
>
> **Parágrafo único.** As fitas a que alude este artigo deverão exibir, no invólucro, informação sobre a natureza da obra e a faixa etária a que se destinam.
>
> **Art. 78** As revistas e publicações contendo material impróprio ou inadequado a crianças e adolescentes deverão ser comercializadas em embalagem lacrada, com a advertência de seu conteúdo.
>
> **Parágrafo único.** As editoras cuidarão para que as capas que contenham mensagens pornográficas ou obscenas sejam protegidas com embalagem opaca.
>
> **Art. 79** As revistas e publicações destinadas ao público infanto-juvenil não poderão conter ilustrações, fotografias, legendas, crônicas ou anúncios de bebidas alcoólicas, tabaco, armas e munições, e deverão respeitar os valores éticos e sociais da pessoa e da família.

O art. 80 trata dos estabelecimentos que explores jogos de azar ou apostas, que devem vetar a entrada de infantes.

> **Art. 80** Os responsáveis por estabelecimentos que explorem comercialmente bilhar, sinuca ou congênere ou por casas de jogos, assim entendidas as que realizem apostas, ainda que eventualmente, cuidarão para que não seja permitida a entrada e a permanência de crianças e adolescentes no local, afixando aviso para orientação do público.

---

1 Vale lembrar que o ECA é um estatuto antigo, da época em que existiam fitas cassetes, sendo hoje em dia o pensamento voltado para *sites*, *streaming* e DVDs.

3.2 Prevenção à venda de produtos e serviços

No âmbito do ECA, há diversas restrições de acesso a produtos e serviços, sendo seu rol exemplificativo no art. 81 do ECA:

> *Art. 81 É proibida a venda à criança ou ao adolescente de:*
> *I – Armas, munições E explosivos;*
> *II – Bebidas alcoólicas;*
> *III – Produtos cujos componentes possam causar dependência física ou psíquica ainda que por utilização indevida;*
> *IV – Fogos de estampido e de artifício, exceto aqueles que pelo seu reduzido potencial sejam incapazes de provocar qualquer dano físico em caso de utilização indevida;*
> *V – Revistas e publicações a que alude o art. 78;*
> *VI – Bilhetes lotéricos e equivalentes.*

No art. 82 do ECA, existe a restrição de hospedagem de criança ou adolescente, nos seguintes termos:

> *Art. 82 É proibida a hospedagem de criança ou adolescente em hotel, motel, pensão ou estabelecimento congênere, salvo se autorizado ou acompanhado pelos pais ou responsável. Assim, a lei deixou claro que somente acompanhado pelos pais ou responsável, a criança ou adolescente poderá se hospedar em hotel, motel, pensão ou estabelecimento congênere.*

3.3 Autorização para viajar

A Lei nº 13.812/2019 trouxe mudanças quanto à liberdade de trânsito de crianças e adolescentes sem os pais pelo País, sendo disposto no art. 83 do ECA que nenhuma criança ou adolescente menor de 16 anos poderá viajar para fora da comarca onde reside desacompanhado dos pais ou dos responsáveis sem expressa autorização judicial.

Ainda, o próprio art. 83 demonstra exceções em que não se exigirá autorização judicial:

> *Art. 83 Nenhuma criança poderá viajar para fora da comarca onde reside, desacompanhada dos pais ou responsável, sem expressa autorização judicial.*
> *§ 1º A autorização não será exigida quando:*
> *a) Tratar-se de comarca contígua à da residência da criança, se na mesma unidade da Federação, ou incluída na mesma região metropolitana;*
> *b) A criança estiver acompanhada:*
> *1) De ascendente ou colateral maior, até o terceiro grau, comprovado documentalmente o parentesco;*
> *2) De pessoa maior, expressamente autorizada pelo pai, mãe ou responsável.*
> *§ 2º A autoridade judiciária poderá, a pedido dos pais ou responsável, conceder autorização válida por dois anos.*

No entanto, em se tratando de viagem ao exterior, o art. 84 do ECA prevê algumas necessidades:

> *Art. 84 Quando se tratar de viagem ao exterior, a autorização é dispensável, se a criança ou adolescente:*
> *I - Estiver acompanhado de ambos os pais ou responsável;*
> *II - Viajar na companhia de um dos pais, autorizado expressamente pelo outro através de documento com firma reconhecida.*
> *Art. 85 Sem prévia e expressa autorização judicial, nenhuma criança ou adolescente nascido em território nacional poderá sair do País em companhia de estrangeiro residente ou domiciliado no exterior.*

Ainda a Resolução nº 131/2011, do Conselho Nacional de Justiça (CNJ), dispõe sobre a concessão de autorização de viagem para o exterior de crianças e adolescentes.

4 POLÍTICA DE ATENDIMENTO E ENTIDADES DE ATENDIMENTO

O art. 86 do ECA aborda que a política de atendimento dos direitos da criança e do adolescente deve ser feita por meio de um conjunto de ações governamentais e não governamentais. Vejamos:

> *Art. 86 A política de atendimento dos direitos da criança e do adolescente far-se-á através de um conjunto articulado de ações governamentais e não-governamentais, da União, dos estados, do Distrito Federal e dos municípios.*

Tendo em vista que existem diversas linhas de ações públicas, principalmente nos art. 87 e 88 do ECA, é importante nos atentarmos à leitura deles para não nos confundirmos.

> *Art. 87 São linhas de ação da política de atendimento:*
> *I – Políticas sociais básicas;*
> *II – Serviços, programas, projetos e benefícios de assistência social de garantia de proteção social e de prevenção e redução de violações de direitos, seus agravamentos ou reincidências;*
> *III – Serviços especiais de prevenção e atendimento médico e psicossocial às vítimas de negligência, maus-tratos, exploração, abuso, crueldade e opressão;*
> *IV – Serviço de identificação e localização de pais, responsável crianças e adolescentes desaparecidos;*
> *V – proteção jurídico-social por entidades de defesa dos direitos da criança e do adolescente.*
> *VI – Políticas e programas destinados a prevenir ou abreviar o período de afastamento do convívio familiar e a garantir o efetivo exercício do direito à convivência familiar de crianças e adolescentes*
> *VII – Campanhas de estímulo ao acolhimento sob forma de guarda de crianças e adolescentes afastados do convívio familiar e à adoção, especificamente inter-racial, de crianças maiores ou de adolescentes, com necessidades específicas de saúde ou com deficiências e de grupos de irmãos.*
>
> *Art. 88 São diretrizes da política de atendimento:*
> *I – Municipalização do atendimento;*
> *II – Criação de conselhos municipais, estaduais e nacional dos direitos da criança e do adolescente, órgãos deliberativos e controladores das ações em todos os níveis, assegurada a participação popular paritária por meio de organizações representativas, segundo leis federal, estaduais e municipais;*
> *III – Criação e manutenção de programas específicos, observada a descentralização político-administrativa;*
> *IV – Manutenção de fundos nacional, estaduais e municipais vinculados aos respectivos conselhos dos direitos da criança e do adolescente;*
> *V – Integração operacional de órgãos do Judiciário, Ministério Público, Defensoria, Segurança Pública e Assistência Social, preferencialmente em um mesmo local, para efeito de agilização do atendimento inicial a adolescente a quem se atribua autoria de ato infracional;*
> *VI – Integração operacional de órgãos do Judiciário, Ministério Público, Defensoria, Conselho Tutelar e encarregados da execução das políticas sociais básicas e de assistência social, para efeito de agilização do atendimento de crianças e de adolescentes inseridos em programas de acolhimento familiar ou institucional, com vista na sua rápida reintegração à família de origem ou, se tal solução se mostrar comprovadamente inviável, sua colocação em família substituta, em quaisquer das modalidades previstas no art. 28 desta Lei;*
> *VII – Mobilização da opinião pública para a indispensável participação dos diversos segmentos da sociedade;*
> *VIII – Especialização e formação continuada dos profissionais que trabalham nas diferentes áreas da atenção à primeira infância, incluindo os conhecimentos sobre direitos da criança e sobre desenvolvimento infantil;*
> *IX – Formação profissional com abrangência dos diversos direitos da criança e do adolescente que favoreça a intersetor alidade no atendimento da criança e do adolescente e seu desenvolvimento integral;*
> *X – Realização e divulgação de pesquisas sobre desenvolvimento infantil e sobre prevenção da violência.*

Insta salientarmos aqui que, em meio as diretrizes da política de atendimento a municipalização e a criação de conselhos nacionais, estaduais e municipais dos direitos da criança e do adolescente, temos uma função que é de interesse público, sendo a de membro do conselho nacional e dos conselhos estaduais e municipais.

4.1 Entidades de atendimento

As entidades de atendimento são as responsáveis por executar as políticas de atendimento, possuindo programas de proteção direcionados os infantes em situação de risco e programas de medidas sócio educativos

Destacamos a orientação e o apoio físico e psíquico necessários ao infante, bem como sua colocação em acolhimento familiar ou institucional.

O ECA diferencia as entidades governamentais e não governamentais, em seu art. 91:

> *Art. 91 As entidades não-governamentais somente poderão funcionar depois de registradas no Conselho Municipal dos Direitos da Criança e do Adolescente, o qual comunicará o registro ao Conselho Tutelar e à autoridade judiciária da respectiva localidade.*
> *§ 1º Será negado o registro à entidade que:*
> *I - Não ofereça instalações físicas em condições adequadas de habitabilidade, higiene, salubridade e segurança;*
> *II - Não apresente plano de trabalho compatível com os princípios desta Lei;*
> *III - Esteja irregularmente constituída;*
> *IV - Tenha em seus quadros pessoas inidôneas.*
> *V - Não se adequar ou deixar de cumprir as resoluções e deliberações relativas à modalidade de atendimento prestado expedidas pelos Conselhos de Direitos da Criança e do Adolescente, em todos os níveis.*
> *§ 2º O registro terá validade máxima de 4 (quatro) anos, cabendo ao Conselho Municipal dos Direitos da Criança e do Adolescente, periodicamente, reavaliar o cabimento de sua renovação, observado o disposto no § 1º deste artigo.*

4.1.1 Entidades de acolhimento institucional ou familiar

Os arts. 92 e 93 do ECA trazem as entidades de acolhimento institucional e familiar. Como vimos anteriormente, essas entidades visam acolher o infante para retorno a sua família ou em último caso adoção.

Para que os infantes sejam acolhidos deve-se haver uma decisão judicial, menos em casos urgentes em que não há tempo para tal ato, necessitando apenas da comunicação a vara de infância e juventude conforme art. 93 do ECA.

No máximo a cada 6 meses, o dirigente da entidade de acolhimento deverá enviar relatórios ao juiz, sobre a situação de cada infante.

Não obstante, o dirigente do acolhimento torna-se o guardião legal do infante, devendo cumprir o dever de zelar por ele. Em caso de descumprimento das obrigações o dirigente de entidade terá sua responsabilidade administrativa, civil e criminal apurada.

4.1.2 Entidades voltadas à internação

As entidades voltadas a internação visam à aplicação de medidas socioeducativa de aspecto pedagógico e punitivo.

O art. 94 do ECA institui observações necessárias as entidades:

Art. 94 As entidades que desenvolvem programas de internação têm as seguintes obrigações, entre outras:

I – Observar os direitos e garantias de que são titulares os adolescentes;

II – Não restringir nenhum direito que não tenha sido objeto de restrição na decisão de internação;

III – Oferecer atendimento personalizado, em pequenas unidades e grupos reduzidos;

IV – Preservar a identidade e oferecer ambiente de respeito e dignidade ao adolescente;

V – Diligenciar no sentido do restabelecimento e da preservação dos vínculos familiares;

VI – Comunicar à autoridade judiciária, periodicamente, os casos em que se mostre inviável ou impossível o reatamento dos vínculos familiares;

VII – Oferecer instalações físicas em condições adequadas de habitabilidade, higiene, salubridade e segurança e os objetos necessários à higiene pessoal;

VIII – Oferecer vestuário e alimentação suficientes e adequados à faixa etária dos adolescentes atendidos;

IX – Oferecer cuidados médicos, psicológicos, odontológicos e farmacêuticos;

X – Propiciar escolarização e profissionalização;

XI – Propiciar atividades culturais, esportivas e de lazer;

XII – Propiciar assistência religiosa àqueles que desejarem, de acordo com suas crenças;

XIII – Proceder a estudo social e pessoal de cada caso;

XIV – Reavaliar periodicamente cada caso, com intervalo máximo de seis meses, dando ciência dos resultados à autoridade competente;

XV – Informar, periodicamente, o adolescente internado sobre sua situação processual;

XVI – Comunicar às autoridades competentes todos os casos de adolescentes portadores de moléstias infectocontagiosas;

XVII – Fornecer comprovante de depósito dos pertences dos adolescentes;

XVIII – Manter programas destinados ao apoio e acompanhamento de egressos;

XIX – Providenciar os documentos necessários ao exercício da cidadania àqueles que não os tiverem;

XX – Manter arquivo de anotações onde constem data e circunstâncias do atendimento, nome do adolescente, seus pais ou responsável, parentes, endereços, sexo, idade, acompanhamento da sua formação, relação de seus pertences e demais dados que possibilitem sua identificação e a individualização do atendimento.

§ 1º Aplicam-se, no que couber, as obrigações constantes deste artigo às entidades que mantêm programas de acolhimento institucional e familiar.

§ 2º No cumprimento das obrigações a que alude este artigo as entidades utilizarão preferencialmente os recursos da comunidade.

4.2 Fiscalização das entidades

As entidades serão fiscalizadas pelo Judiciário, pelo Ministério Público e pelos Conselhos Tutelares, caso sejam encontradas irregularidades o art. 97 do ECA prevê as sanções aplicáveis administrativamente, sem prejuízo a responsabilidade civil e criminal pelas irregularidades.

5 MEDIDAS DE PROTEÇÃO

5.1 Conceito e princípio

As medidas de proteção visam evitar ou afastar o risco do infante, conforme a interpretação do art. 98 do ECA que nos traz as situações de risco.

Na aplicação das medidas de proteção, devem ser observadas as necessidades pedagógicas principalmente de vínculo familiar e social, conforme disposto no art. 100 do ECA.

> **Art. 100** Na aplicação das medidas levar-se-ão em conta as necessidades pedagógicas, preferindo-se aquelas que visem ao fortalecimento dos vínculos familiares e comunitários.
>
> **Parágrafo único.** São também princípios que regem a aplicação das medidas:
>
> I – Condição da criança e do adolescente como sujeitos de direitos: crianças e adolescentes são os titulares dos direitos previstos nesta e em outras Leis, bem como na Constituição Federal;
>
> II – Proteção integral e prioritária: a interpretação e aplicação de toda e qualquer norma contida nesta Lei deve ser voltada à proteção integral e prioritária dos direitos de que crianças e adolescentes são titulares;
>
> III – Responsabilidade primária e solidária do poder público: a plena efetivação dos direitos assegurados a crianças e a adolescentes por esta Lei e pela Constituição Federal, salvo nos casos por esta expressamente ressalvados, é de responsabilidade primária e solidária das 3 (três) esferas de governo, sem prejuízo da municipalização do atendimento e da possibilidade da execução de programas por entidades não governamentais;
>
> IV – Interesse superior da criança e do adolescente: a intervenção deve atender prioritariamente aos interesses e direitos da criança e do adolescente, sem prejuízo da consideração que for devida a outros interesses legítimos no âmbito da pluralidade dos interesses presentes no caso concreto;
>
> V – Privacidade: a promoção dos direitos e proteção da criança e do adolescente deve ser efetuada no respeito pela intimidade, direito à imagem e reserva da sua vida privada;
>
> VI – Intervenção precoce: a intervenção das autoridades competentes deve ser efetuada logo que a situação de perigo seja conhecida;
>
> VII – Intervenção mínima: a intervenção deve ser exercida exclusivamente pelas autoridades e instituições cuja ação seja indispensável à efetiva promoção dos direitos e à proteção da criança e do adolescente;
>
> VIII – Proporcionalidade e atualidade: a intervenção deve ser a necessária e adequada à situação de perigo em que a criança ou o adolescente se encontram no momento em que a decisão é tomada;
>
> IX – Responsabilidade parental: a intervenção deve ser efetuada de modo que os pais assumam os seus deveres para com a criança e ao adolescente;
>
> X – Prevalência da família: na promoção de direitos e na proteção da criança e do adolescente deve ser dada prevalência às medidas que os mantenham ou reintegrem na sua família natural ou extensa ou, se isso não for possível, que promovam a sua integração em família adotiva;
>
> XI – Obrigatoriedade da informação: a criança e o adolescente, respeitado seu estágio de desenvolvimento e capacidade de compreensão, seus pais ou responsável devem ser informados dos seus direitos, dos motivos que determinaram a intervenção e da forma como está se processa
>
> XII – Oitiva obrigatória e participação: a criança e ao adolescente, em separado ou na companhia dos pais, de responsável ou de pessoa por si indicada, bem como os seus pais ou responsável, têm direito a ser ouvidos e a participar nos atos e na definição da medida de promoção dos direitos e de proteção, sendo sua opinião devidamente considerada pela autoridade judiciária competente, observado o disposto nos §§ 1º e 2º do art. 28 desta Lei.

5.2 Medidas pertinentes aos pais e responsáveis

A situação de risco em sua maioria decorre de um problema familiar, dessa forma, a preocupação do ECA visa melhorar o núcleo familiar para o regresso do infante, assim o art. 129 do ECA prevê as medidas cabíveis aos pais.

> **Art. 129** São medidas aplicáveis aos pais ou responsável:
>
> I – Encaminhamento a serviços e programas oficiais ou comunitários de proteção, apoio e promoção da família;
>
> II – Inclusão em programa oficial ou comunitário de auxílio, orientação e tratamento a alcoólatras e toxicômanos;
>
> III – Encaminhamento a tratamento psicológico ou psiquiátrico;
>
> IV – Encaminhamento a cursos ou programas de orientação;
>
> V – Obrigação de matricular o filho ou pupilo e acompanhar sua frequência e aproveitamento escolar;
>
> VI – Obrigação de encaminhar a criança ou adolescente a tratamento especializado;
>
> VII – Advertência;
>
> VIII – Perda da guarda;
>
> IX – Destituição da tutela;
>
> X – Suspensão ou destituição do pátrio poder, poder familiar.
>
> **Parágrafo único.** Na aplicação das medidas previstas nos incisos IX e X deste artigo, observar-se-á o disposto nos artes. 23 e 24.

Vale ressaltar que não há aplicação de penalidades aos pais e responsáveis por ato infracional do infante.

5.3 Ato Infracional

Entrando na esfera criminal, é importante lembrar sempre que a criança e ao adolescente não cometem crimes, apenas ato infracional, não sendo criminalmente responsabilizados.

Assim, a criança que comete ato infracional fica sujeita a medidas de proteção elencadas no art. 101 do ECA; já os adolescentes, além de medidas de proteção, terão as medidas socioeducativas.

Quando o ato infracional é praticado pelo infante, o Estado é o responsável pela "reeducação". No entanto, o ECA, em seus art. 106 a 111, preocupou-se em garantir os direitos processuais e individuais do infante. (Importante realizar a leitura destes artigos!)

Importante mencionar que o adolescente só será privado de liberdade em casos de flagrante ou por ordem fundamentada do judiciário, devendo ser informado de seus direitos na apreensão.

O prazo máximo para a internação provisória é de 45 dias, não podendo esse prazo ser prorrogado, devendo a internação ser em entidade de internação específica.

5.4 Garantias processuais

As garantias processuais do adolescente, estão previstas no art. 111 do ECA:

> **Art. 111** São asseguradas ao adolescente, entre outras, as seguintes garantias:
>
> I – Pleno e formal conhecimento da atribuição de ato infracional, mediante citação ou meio equivalente;
>
> II – Igualdade na relação processual, podendo confrontar-se com vítimas e testemunhas e produzir todas as provas necessárias à sua defesa;
>
> III – Defesa técnica por advogado;
>
> IV – Assistência judiciária gratuita e integral aos necessitados, na forma da lei;
>
> V – Direito de ser ouvido pessoalmente pela autoridade competente;
>
> VI – Direito de solicitar a presença de seus pais ou responsável em qualquer fase do procedimento.

5.5 Medidas socioeducativas

As medidas socioeducativas são medidas que visam reeducar o infante que cometeu ato infracional, e decorre de uma sentença judicial.

Tem como objetivo, responsabilizar o adolescente quanto às consequências de seus atos, e incentivá-lo a reparar, bem como sua reintegração social e a garantia de seus direitos individuais.

Assim, no art. 112 do ECA, temos o rol taxativo das medidas socioeducacionais:

> *Art. 112 Verificada a prática de ato infracional, a autoridade competente poderá aplicar ao adolescente as seguintes medidas:*
> *I – Advertência;*
> *II – Obrigação de reparar o dano;*
> *III – prestação de serviços à comunidade;*
> *IV – Liberdade assistida;*
> *V – Inserção em regime de semiliberdade;*
> *VI – Internação em estabelecimento educacional;*
> *VII – Qualquer uma das previstas no art. 101, I a VI.*
> *§ 1º A medida aplicada ao adolescente levará em conta a sua capacidade de cumpri-la, as circunstâncias e a gravidade da infração.*
> *§ 2º Em hipótese alguma e sob pretexto algum, será admitida a prestação de trabalho forçado.*
> *§ 3º Os adolescentes portadores de doença ou deficiência mental receberão tratamento individual e especializado, em local adequado às suas condições.*

5.5.1 Medidas socioeducativas em espécie

▷ **Advertência**

De acordo com o art. 115 do ECA, a advertência é a repreensão verbal, que será escrita e assinada.

▷ **Obrigação de reparar o dano**

Caso o ato infracional tenha causado danos patrimoniais, poderá a autoridade determinar que seja restituída a coisa ou o dano, no entanto, tal ato só é possível se o infante possuir patrimônio próprio.

▷ **Prestação de serviços à comunidade**

Essa modalidade é a prestação gratuita de serviços pelo infante a entidades comunitárias, hospitais ou outros estabelecimentos do governo, tendo sua jornada no máximo 8 horas semanais.

▷ **Liberdade assistida**

Sendo umas das medidas mais difíceis, a liberdade assistida é a forma de evitar uma reincidência, sendo o adolescente assistido e acompanhado por uma assistência interdisciplinar. Seu prazo mínimo é de 3 meses e deve ser fixada por juiz.

▷ **Semiliberdade**

Essa medida priva a liberdade do infante em parte, como um regime semiaberto, podendo ser fixada em sentença ou em transição de regime.

▷ **Internação**

A internação é à medida que priva a liberdade do infante, e tem aspecto pedagógico com assistência ao infante. Essa internação terá prazo determinado, no entanto, podendo durar no máximo 3 anos, sendo possível apenas nas hipóteses do art. 122 do ECA.

5.6 Remissão

A remissão é o perdão ao adolescente que comete ato infracional, sendo aplicada a medida menos rigorosa ao caso ou nenhuma medida.

Há quatro formas de remissão:

▷ **Remissão simples:** quando o perdão é simples, ou seja, sem nenhuma medida aplicada.
▷ **Remissão imprópria:** quando o perdão vem com alguma medida socioeducativa menos gravosa.
▷ **Remissão ministerial:** quando o perdão é dado pelo Ministério Público antes do início do processo conforme art. 126 do ECA.
▷ **Remissão pela autoridade judiciária:** quando já instaurado o processo há o perdão judicial, que implicará na suspensão ou extinção do processo conforme art. 188 do ECA.

Importante lembrar que a remissão não implica no reconhecimento da responsabilidade, não servindo como antecedente.

6 CONSELHO TUTELAR

O Conselho Tutelar é um órgão que atua na promoção e fiscalização dos direitos dos infantes, sendo um órgão do Poder Executivo municipal, permanentemente autônomo.

O art. 132 do ECA dispõe que "em cada Município e em cada Região Administrativa do Distrito Federal haverá, no mínimo, 01 Conselho Tutelar como órgão integrante da administração pública local, composto de 5 (cinco) membros, escolhidos pela população local através de pleito eleitoral para mandato de 4 (quatro) anos, permitida recondução por novos processos de escolha."

Os membros do conselho tutelar são eleitos, as eleições acontecem de forma unificada no primeiro domingo após as eleições presidenciais no Brasil, sendo a posse no dia 10 de janeiro do subsequente.

São atribuições do Conselho Tutelar, dispostas no art. 136 do ECA:

> **Art. 136** *São atribuições do Conselho Tutelar:*
> *I – Atender as crianças e adolescentes nas hipóteses previstas nos artes. 98 e 105, aplicando as medidas previstas no art. 101, I a VII;*
> *II – Atender e aconselhar os pais ou responsável, aplicando as medidas previstas no art. 129, I a VII;*
> *III – Promover a execução de suas decisões, podendo para tanto:*
> *a) requisitar serviços públicos nas áreas de saúde, educação, serviço social, previdência, trabalho e segurança;*
> *b) Representar junto à autoridade judiciária nos casos de descumprimento injustificado de suas deliberações.*
> *IV – Encaminhar ao Ministério Público notícia de fato que constitua infração administrativa ou penal contra os direitos da criança ou adolescente;*
> *V – Encaminhar à autoridade judiciária os casos de sua competência;*
> *VI – Providenciar a medida estabelecida pela autoridade judiciária, dentre as previstas no art. 101, de I a VI, para o adolescente autor de ato infracional;*
> *VII – Expedir notificações;*
> *VIII – Requisitar certidões de nascimento e de óbito de criança ou adolescente quando necessário;*
> *IX – Assessorar o Poder Executivo local na elaboração da proposta orçamentária para planos e programas de atendimento dos direitos da criança e do adolescente;*
> *X – Representar, em nome da pessoa e da família, contra a violação dos direitos previstos no art. 220, § 3º, inciso II, da Constituição Federal;*
> *XI – Representar ao Ministério Público para efeito das ações de perda ou suspensão do poder familiar, após esgotadas as possibilidades de manutenção da criança ou do adolescente junto à família natural.*
> *XII – Promover e incentivar, na comunidade e nos grupos profissionais, ações de divulgação e treinamento para o reconhecimento de sintomas de maus-tratos em crianças e adolescentes.*
> **Parágrafo único.** *Se, no exercício de suas atribuições, o Conselho Tutelar entender necessário o afastamento do convívio familiar, comunicará incontinenti o fato ao Ministério Público, prestando-lhe informações sobre os motivos de tal entendimento e as providências tomadas para a orientação, o apoio e a promoção social da família.*

7 JUSTIÇA DA INFÂNCIA E DA JUVENTUDE

O art. 141 em seu texto trata do acesso à justiça dos infantes, bem como à Defensoria Pública, ao Ministério Público e ao Judiciário, por qualquer de seus órgãos.

O art. 142 do ECA traz a previsão legal de que os menores de 16 anos serão representados por seus pais; já os maiores de 16 anos e menores de 18 apenas serão assistidos dos mesmos.

Nessa mesma linha, o art. 145 dispõe sobre a possibilidade de os estados criarem varas especializadas na infância e juventude.

7.1 Competência da justiça da infância e da juventude

Iniciamos as competências, falando da competência material da justiça da infância e juventude, sendo prevista pelo art. 148 do ECA. Vemos aqui quando a competência será da vara da infância e juventude:

Art. 148 A Justiça da Infância e da Juventude é competente para:

I – Conhecer de representações promovidas pelo Ministério Público, para apuração de ato infracional atribuído a adolescente, aplicando as medidas cabíveis;

II – Conceder a remissão, como forma de suspensão ou extinção do processo;

III – Conhecer de pedidos de adoção e seus incidentes;

IV – Conhecer de ações civis fundadas em interesses individuais, difusos ou coletivos afetos à criança e ao adolescente, observado o disposto no art. 209;

V – Conhecer de ações decorrentes de irregularidades em entidades de atendimento, aplicando as medidas cabíveis;

VI – Aplicar penalidades administrativas nos casos de infrações contra norma de proteção à criança ou adolescente;

VII – Conhecer de casos encaminhados pelo Conselho Tutelar, aplicando as medidas cabíveis.

Parágrafo único. Quando se tratar de criança ou adolescente nas hipóteses do art. 98, é também competente a Justiça da Infância e da Juventude para o fim de:

a) Conhecer de pedidos de guarda e tutela;

b) Conhecer de ações de destituição do pátrio poder, poder familiar, perda ou modificação da tutela ou guarda;

c) Suprir a capacidade ou o consentimento para o casamento;

d) Conhecer de pedidos baseados em discordância paterna ou materna, em relação ao exercício do pátrio poder familiar;

e) Conceder a emancipação, nos termos da lei civil, quando faltarem os pais;

f) Designar curador especial em casos de apresentação de queixa ou representação, ou de outros procedimentos judiciais ou extrajudiciais em que haja interesses de criança ou adolescente;

g) Conhecer de ações de alimentos;

h) Determinar o cancelamento, a retificação e o suprimento dos registros de nascimento e óbito.

Já quando falamos da competência territorial que envolva a criança ou o adolescente, falamos do art. 147 do ECA:

Art 147 A competência será determinada:

I – Pelo domicílio dos pais ou responsável;

II – Pelo lugar onde se encontre a criança ou adolescente, à falta dos pais ou responsável.

§ 1º Nos casos de ato infracional, será competente a autoridade do lugar da ação ou omissão, observadas as regras de conexão, continência e prevenção.

§ 2º A execução das medidas poderá ser delegada à autoridade competente da residência dos pais ou responsável, ou do local onde sediar-se a entidade que abrigar a criança ou adolescente.

§ 3º Em caso de infração cometida através de transmissão simultânea de rádio ou televisão, que atinja mais de uma comarca, será competente, para aplicação da penalidade, a autoridade judiciária do local da sede estadual da emissora ou rede, tendo a sentença eficácia para todas as transmissoras ou retransmissoras do respectivo estado.

O art. 147 do ECA prevê duas hipóteses, porém, segundo a jurisprudência atual, em vias de regra, sempre será o judio mais próximo ao infante.

Já o art. 149 do ECA trata da competência da autoridade judiciária:

Art. 149 Compete à autoridade judiciária disciplinar, através de portaria, ou autorizar, mediante alvará:

I – A entrada e permanência de criança ou adolescente, desacompanhado dos pais ou responsável, em:

a) Estádio, ginásio e campo desportivo;

b) Bailes ou promoções dançantes;

c) Boate ou congêneres;

d) Casa que explore comercialmente diversões eletrônicas;

e) Estúdios cinematográficos, de teatro, rádio e televisão.

II – A participação de criança e adolescente em:

a) Espetáculos públicos e seus ensaios;

b) Certames de beleza.

§ 1º Para os fins do disposto neste artigo, a autoridade judiciária levará em conta, dentre outros fatores:

a) Os princípios desta Lei;

b) As peculiaridades locais;

c) A existência de instalações adequadas;

d) O tipo de frequência habitual ao local;

e) A adequação do ambiente a eventual participação ou frequência de crianças e adolescentes;

f) A natureza do espetáculo.

§ 2º As medidas adotadas na conformidade deste artigo deverão ser fundamentadas, caso a caso, vedadas as determinações de caráter geral.

7.2 Procedimentos

Primeiramente, vale ressaltarmos que o ECA utiliza-se do CPC e do CPP de modo subsidiário, nos casos de lacunas legislativas.

É importante ressaltar que os prazos são contados em dias corridos, excluído o dia do começo e incluído o dia do vencimento, sendo o prazo em dobro apenas para a Defensoria Pública.

7.2.1 Perda ou suspensão do poder familiar e destituição de tutela

A suspensão ou a perda do poder familiar será iniciada pelo Ministério Público ou por legítimo interessado. Em alguns casos, o juiz concederá liminarmente, dependendo da gravidade.

No curso do processo, caso tenha ocorrido a suspensão, a criança ou o adolescente deverá ser encaminhado a uma entidade de acolhimento.

Após receber a inicial, o juiz determinará a realização de um estudo social por equipe interprofissional para comprovar se há necessidade de destituir o poder familiar, sempre em prol do melhor interesse do infante. Depois, ocorrerá a citação do requerido para se manifestar em 10 dias; essa citação se dá de forma pessoal.

Quando concluído o estudo social, o Ministério Público será intimado para se manifestar em 5 dias, salvo quando este for o requerente, podendo ainda ser necessária a oitava do infante.

Após o prazo de 10 dias, caso os requeridos não se apresentem, ocorrerá à revelia; no entanto, for apresentada a resposta, será aberta vista ao MP novamente por 5 dias

Será, então, designada audiência, na qual serão ouvidas as testemunhas, abrindo o prazo para manifestação oral de 20 minutos ao MP prorrogável por mais 10 minutos, sendo a decisão judicial proferida em audiência ou com data para leitura da decisão proferida em, no máximo, 5 dias.

Assim, o prazo máximo para conclusão do processo será de 120 dias, cabendo ao juiz, em caso de impossibilidade de retorno do infante ao poder familiar, iniciar os preparativos para colocação em família substituta.

7.2.2 Colocação em família substituta

A colocação em família substituta se divide em dois procedimentos:

▷ **Procedimento simplificado:** quando há concordância dos pais, ocorrendo geralmente com pais falecidos, ou destituídos do poder familiar.

▷ **Procedimento litigioso:** ocorre nos casos em que os pais se opõem à colocação do infante em família substituta.

7.2.3 Habilitação dos pretendentes à adoção

Para iniciar este tópico, devemos entender que para o adotante ser habilitado ao ato de adotar, há uma previa requisição judicial, bem como uma fila a ser seguida, dessa forma, o requerente deve segundo o art. 197-A do ECA, apresentar uma petição inicial.

Todo esse requerimento tem o intuito de verificar a vida do adotante, bem como se existe um bom núcleo para inserir o infante.

Vejamos um passo a passo da habilitação:

> Apresentação do requerimento inicial.
> – Aqui, os futuros adotantes apresentam a petição inicial para requisição.

↓

> O MP é intimado para se manifestar.
> – Após o recebimento da inicial, o Ministerio Público é intimado para se manifestar em 5 dias.

↓

> É realizado um estudo social.
> – A equipe interprofissional elaborará o estudo psicossocial com o intuito de verificar a capacidade dos postulantes.

↓

> Os postulantes participam de um programa oferecido pela vara da infância e juventude.

↓

> É designada a audiência na qual o juiz deferirá ou não a habilitação e inclusão dos postulantes na fila de adoção.

↓

> Se deferido, o postulante será inscrito nos cadastros de adoção, sendo sua convocação para a adoção feita de acordo com ordem cronológica e disponibilidade do infante.

7.2.4 Infiltração de policiais para investigar crimes contra a dignidade sexual de criança e de adolescente

A infiltração de agentes na internet visa combater os crimes virtuais contra a criança e ao adolescente. O ECA prevê em seus arts. 190-A a 190-F meios para regular os procedimentos de infiltração dos agentes.

Enquanto a infiltração estiver ocorrendo, o juiz ou o MP pode requerer relatórios de atualização da operação. Ao fim da operação, antes de sua conclusão, o juiz colocará os relatórios em sigilo com acesso apenas ao MP e ao delegado responsável.

7.2.5 Apuração de ato infracional – apreensão e encaminhamento

Quando falamos na apreensão de um adolescente, sabemos que ela se dá pelo flagrante de ato infracional ou por ordem judicial de apreensão.

Assim, o adolescente será enviado à entidade adequada (caso não possua repartição adequada o adolescente deverá se apresentar em uma dependência adequada no prazo máximo de 24 horas) pela autoridade policial. Caso o ato infracional tenha sido praticado mediante violência ou grave ameaça à pessoa, será lavrado um Auto de Apreensão em Flagrante, e as partes e testemunhas serão ouvidas.

No entanto, caso o ato infracional tenha sido praticado sem violência ou grave ameaça à pessoa, a autoridade policial poderá optar por realizar um Boletim de Ocorrência Circunstanciado (BOC).

Tomadas as providências, os pais ou o responsável legal deverão comparecer para levar o adolescente com um termo de responsabilidade, no qual constará que o adolescente se apresentará ao MP no primeiro dia útil subsequente.

8 RECURSOS NO ECA

O Recurso é um remédio jurídico, com o intuito de reformar, invalidar, esclarecer ou integrar a decisão judicial. Na justiça da infância e juventude, o recurso é disposto pelo art. 198 do ECA, no qual se adota o sistema recursal do Código de Processo Civil.

As ações que envolvem a infância ou juventude são isentas de forma geral de custas, emolumentos e preparo.

Importante mencionarmos que os prazos recursais do Ministério Público sempre serão de 10 dias, salvo os embargos de declaração que são 5 dias, sempre contados em dias corridos como todos os prazos do ECA.

Ao contarmos os prazos no ECA, contamos em dias corridos, excluindo o dia do começo e incluindo o dia do vencimento.

Tendo em vista a prioridade dos temas relativos ao infante, o relator deverá julgar o processo em, no máximo, 60 dias, contado da sua conclusão, sendo o MP intimado para se entender apresentar parecer oral.

Dessa forma, podemos observar que os recursos no ECA possuem as seguintes características:

▷ adoção do sistema do CPC;
▷ dispensa de preparo recursal;
▷ prioridade no julgamento;
▷ dispensa de revisor;
▷ prazo em dias corrido.

9 MINISTÉRIO PÚBLICO, ADVOCACIA E TUTELA DE DIREITOS

9.1 Ministério público

O Ministério Público (MP) exerce papel importantíssimo quando falamos sobre justiça da criança e do adolescente, atuando judicial e extrajudicialmente, atuando como fiscal. Suas atribuições constam no art. 201 do ECA, sendo este muito cobrado em concursos.

> *Art. 201 Compete ao Ministério Público:*
> *I – Conceder a remissão como forma de exclusão do processo;*
> *II – Promover e acompanhar os procedimentos relativos às infrações atribuídas a adolescentes;*
> *III – Promover e acompanhar as ações de alimentos e os procedimentos de suspensão e destituição do pátrio poder, poder familiar, nomeação e remoção de tutores, curadores e guardiães, bem como oficiar em todos os demais procedimentos da competência da Justiça da Infância e da Juventude;*
> *IV – Promover, de ofício ou por solicitação dos interessados, a especialização e a inscrição de hipoteca legal e a prestação de contas dos tutores, curadores e quaisquer administradores de bens de crianças e adolescentes nas hipóteses do art. 98;*
> *V – Promover o inquérito civil e a ação civil pública para a proteção dos interesses individuais, difusos ou coletivos relativos à infância e à adolescência, inclusive os definidos no art. 220, § 3º, inciso II, da Constituição Federal;*
> *VI – Instaurar procedimentos administrativos e, para instruí-los:*
> *a) Expedir notificações para colher depoimentos ou esclarecimentos e, em caso de não comparecimento injustificado, requisitar condução coercitiva, inclusive pela polícia civil ou militar;*
> *b) Requisitar informações, exames, perícias e documentos de autoridades municipais, estaduais e federais, da administração direta ou indireta, bem como promover inspeções e diligências investigatórias;*
> *c) Requisitar informações e documentos a particulares e instituições privadas;*
> *VII – Instaurar sindicâncias, requisitar diligências investigatórias e determinar a instauração de inquérito policial, para apuração de ilícitos ou infrações às normas de proteção à infância e à juventude;*
> *VIII – Zelar pelo efetivo respeito aos direitos e garantias legais assegurados às crianças e adolescentes, promovendo as medidas judiciais e extrajudiciais cabíveis;*
> *IX – Impetrar mandado de segurança, de injunção e habeas corpus, em qualquer juízo, instância ou tribunal, na defesa dos interesses sociais e individuais indisponíveis afetos à criança e ao adolescente;*
> *X – Representar ao juízo visando à aplicação de penalidade por infrações cometidas contra as normas de proteção à infância e à juventude, sem prejuízo da promoção da responsabilidade civil e penal do infrator, quando cabível;*
> *XI – Inspecionar as entidades públicas e particulares de atendimento e os programas de que trata esta Lei, adotando de pronto as medidas administrativas ou judiciais necessárias à remoção de irregularidades porventura verificadas;*
> *XII – Requisitar força policial, bem como a colaboração dos serviços médicos, hospitalares, educacionais e de assistência social, públicos ou privados, para o desempenho de suas atribuições.*
> *§ 1º A legitimação do Ministério Público para as ações cíveis previstas neste artigo não impede a de terceiros, nas mesmas hipóteses, segundo dispuserem a Constituição e esta Lei.*
> *§ 2º As atribuições constantes deste artigo não excluem outras, desde que compatíveis com a finalidade do Ministério Público.*
> *§ 3º O representante do Ministério Público, no exercício de suas funções, terá livre acesso a todo local onde se encontre criança ou adolescente.*
> *§ 4º O representante do Ministério Público será responsável pelo uso indevido das informações e documentos que requisitar, nas hipóteses legais de sigilo.*
> *§ 5º Para o exercício da atribuição de que trata o inciso VIII deste artigo, poderá o representante do Ministério Público:*
> *a) Reduzir a termo as declarações do reclamante, instaurando o competente procedimento, sob sua presidência;*
> *b) Entender-se diretamente com a pessoa ou autoridade reclamada, em dia, local e horário previamente notificados ou acertados;*
> *c) Efetuar recomendações visando à melhoria dos serviços públicos e de relevância pública afetos à criança e ao adolescente, fixando prazo razoável para sua perfeita adequação.*

9.2 Advocacia

O advogado poderá ser solicitado por qualquer uma das partes interessadas na lide, vindo a intervir nos procedimentos, podendo ser advogado particular ou gratuito.

No âmbito criminal, nenhum adolescente a quem se atribua ato infracional será processado sem a presença de advogado ou defensor a ser nomeado pelo juiz.

9.3 Tutela de direitos individuais, difusos e coletivos

O art. 208, em seu texto, dispõe que se regem pelas disposições do ECA as ações de responsabilidade por ofensa aos direitos assegurados à criança e ao adolescente, referentes ao não oferecimento ou oferta irregular. Vejamos:

> *Art. 208 Regem-se pelas disposições desta Lei as ações de responsabilidade por ofensa aos direitos assegurados à criança e ao adolescente, referentes ao não oferecimento ou oferta irregular:*
> *I – Do ensino obrigatório;*
> *II – De atendimento educacional especializado aos portadores de deficiência;*
> *III – De atendimento em creche e pré-escola às crianças de zero a cinco anos de idade;*
> *IV – De ensino noturno regular, adequado às condições do educando;*
> *V – De programas suplementares de oferta de material didático-escolar, transporte e assistência à saúde do educando do ensino fundamental;*
> *VI – De serviço de assistência social visando à proteção à família, à maternidade, à infância e à adolescência, bem como ao amparo às crianças e adolescentes que dele necessitem;*
> *VII – De acesso às ações e serviços de saúde;*
> *VIII – De escolarização e profissionalização dos adolescentes privados de liberdade;*
> *IX – De ações, serviços e programas de orientação, apoio e promoção social de famílias e destinados ao pleno exercício do direito à convivência familiar por crianças e adolescentes;*
> *X – De programas de atendimento para a execução das medidas socioeducativas e aplicação de medidas de proteção;*
> *XI – De políticas e programas integrados de atendimento à criança e ao adolescente vítima ou testemunha de violência;*
> *§ 1º As hipóteses previstas neste artigo não excluem da proteção judicial outros interesses individuais, difusos ou coletivos, próprios da infância e da adolescência, protegidos pela Constituição e pela Lei.*
> *§ 2º A investigação do desaparecimento de crianças ou adolescentes será realizada imediatamente após notificação aos órgãos competentes, que deverão comunicar o fato aos portos, aeroportos, Polícia Rodoviária e companhias de transporte interestaduais e internacionais, fornecendo-lhes todos os dados necessários à identificação do desaparecido.*

Aqui é importante mencionar que o rol do art. 208 é exemplificativo e não taxativo, não excluindo, assim, da proteção judicial outros interesses da infância e da adolescência.

Tendo em vista que ingressamos com os direitos coletivos, importante definir o que é um direito coletivo e um direito difuso.

▷ **Direito coletivo:** são direitos indivisíveis de um grupo, categoria ou classe de pessoas ligadas entre si ou contra a mesma parte.
▷ **Direito difuso:** são direitos indivisíveis de pessoas ligadas a um fato.

9.4 Legitimidade

A legitimidade poderá ser individual, ou seja, pelo próprio adolescente ou forma coletiva. Por meio de Ação Civil Pública, promovida por qualquer dos seus legitimados, admitindo o litisconsórcio entre eles. O art. 210 dispõe:

> *Art. 210 Para as ações cíveis fundadas em interesses coletivos ou difusos, consideram-se legitimados concorrentemente:*
> *I – O Ministério Público;*
> *II – A União, os estados, os municípios, o Distrito Federal e os territórios;*
> *III – a associação legalmente constituída há pelo menos um ano e que incluam entre seus fins institucionais a defesa dos interesses e direitos protegidos por esta Lei, dispensada a autorização da assembleia, se houver prévia autorização estatutária.*
> *§ 1º Admitir-se-á litisconsórcio facultativo entre os Ministérios Públicos da União e dos estados na defesa dos interesses e direitos de que cuida esta Lei.*
> *§ 2º Em caso de desistência ou abandono da ação por associação legitimada, o Ministério Público ou outro legitimado poderá assumir a titularidade ativa.*

Cabe destacar que a ADIN nº 3.943/2015, houve o reconhecimento do STF quanto à legitimidade da Defensoria Pública para propor ação civil pública.

9.5 Competência

A competência para as ações de tutela de direitos individuais e coletivos sempre será no foro do local onde ocorreu a ação ou omissão, conforme disposto pelo art. 209 do ECA.

10 CRIMES E INFRAÇÕES ADMINISTRATIVAS

Os crimes praticados contra a criança e ao adolescente, seja por ação ou omissão, estão previstos nos arts. 228 ao 244-B do ECA, aplicando-se concomitantemente as normas penais da parte geral do CP e do CPP para aplicação da pena.

Importante mencionar que todos os crimes previstos no ECA terão ação penal pública incondicionada, sendo sua titularidade do Ministério Público.

Vejamos alguns dos principais tipos de crime:

▷ **Quanto ao sujeito ativo**
- **Crime comum:** não exige qualidade específica do sujeito ativo para sua prática.
- **Crime próprio:** exige qualidade específica do sujeito ativo para sua prática.
- **Crime de mão própria:** é aquele que somente pode ser praticado pela própria pessoa.

▷ **Quanto à necessidade de resultado naturalístico para sua consumação**
- **Crime material:** prevê um resultado naturalístico para sua consumação.
- **Crime formal:** descreve um resultado naturalístico, do qual sua ocorrência é desnecessária para consumar o delito.
- **Crime de mera conduta:** quando o resultado naturalístico nem mesmo poderia ocorrer por ausência de descrição.

▷ **Quanto à necessidade de lesão ao bem jurídico para sua consumação**
- **Crime de dano:** necessita para ocorrer de lesão ou danos a um bem jurídico protegido penalmente.
- **Crime de perigo:** necessita para a consumação de exposição do bem jurídico a perigo.

▷ **Quanto à forma da conduta**
- **Crime comissivo:** é praticado por um ato positivo do agente, ou seja, o ato de fazer algo.
- **Crime omissivo:** é praticado por um ato negativo do agente, ou seja, o ato de não fazer algo.
- **Crime de conduta mista:** prevê a ação seguida de uma omissão.
- **Crime de esquecimento:** é um crime do qual o agente pratica sem prevê o resultado havendo a culpa inconsciente.

▷ **Quanto ao tempo da consumação**
- **Crime instantâneo:** consuma-se imediatamente.
- **Crime permanente:** a consumação se protrai no tempo.
- **Crime instantâneo de efeitos permanentes:** consuma-se imediatamente, mas os efeitos se prolongam no tempo.

▷ **Crime a prazo:** depende prazo para sua consumação.
- **Quanto à unicidade ou não do tipo penal**

▷ **Crime simples:** formado por um único tipo penal.

▷ **Crime complexo:** é formado pela junção ou fusão de outros tipos penais.

▷ **Crime de forma livre:** é aquele que não prevê uma forma específica de realização do núcleo do tipo, como o furto e o homicídio.

▷ **Crime de forma vinculada:** é aquele que tem forma ou formas de realização do núcleo do tipo especificamente previstas em lei. É o caso do curandeirismo, que possui algumas formas previstas nos incisos do art. 284 em que o núcleo do tipo pode ser realizado.

10.1 Crimes em espécie

O art. 228 do ECA tem como características principais que em o caput e o parágrafo único trazem infrações de menor potencial ofensivo. O tipo penal se refere as obrigações do art. 10 do ECA.

Os crimes descritos são omissivos próprios, formais, próprios e de perigo abstrato. Já o parágrafo único prevê a modalidade culposa.

Art. 228 Deixar o encarregado de serviço ou o dirigente de estabelecimento de atenção à saúde de gestante de manter registro das atividades desenvolvidas, na forma e prazo referidos no art. 10 desta Lei, bem como de fornecer à parturiente ou a seu responsável, por ocasião da alta médica, declaração de nascimento, onde constem as intercorrências do parto e do desenvolvimento do neonato:

Pena - detenção de 6 (seis) meses a 2 (dois) anos.

Parágrafo único. Se o crime é culposo:

Pena - detenção de 2 (dois) a 2 (seis) meses, ou multa.

Art. 229 Deixar o médico, enfermeiro ou dirigente de estabelecimento de atenção à saúde de gestante de identificar corretamente o neonato e a parturiente, por ocasião do parto, bem como deixar de proceder aos exames referidos no art. 10 desta Lei:

Pena - detenção de 6 (seis) meses a 2 (dois) anos.

Pena - detenção de 2 (dois) a 6 (seis) meses, ou multa.

O art. 229 do ECA, em seu caput e parágrafo único, trazem infrações de menor potencial ofensivo. O tipo penal refere-se as obrigações do art. 10 do ECA.

Os crimes descritos são omissivos próprios, formais, próprios e de perigo abstrato. Já o parágrafo único prevê a modalidade culposa.

Art. 230 Privar a criança ou o adolescente de sua liberdade, procedendo à sua apreensão sem estar em flagrante de ato infracional ou inexistindo ordem escrita da autoridade judiciária competente:

Pena - detenção de 6 (seis) meses a 2 (dois) anos.

Parágrafo único. Incide na mesma pena aquele que procede à apreensão sem observância das formalidades legais.

O caput e o parágrafo único do art. 230 trazem infrações de menor potencial ofensivo. O crime descrito é comum, material, doloso, permanente.

Art. 231 Deixar a autoridade policial responsável pela apreensão de criança ou adolescente de fazer imediata comunicação à autoridade judiciária competente e à família do apreendido ou à pessoa por ele indicada

Pena - detenção de 6 (seis) meses a 2 (dois) anos.

O art. 231 do ECA, em seu caput e no parágrafo único, trazem infrações de menor potencial ofensivo. O crime descrito é próprio, formal, omissivo, de perigo abstrato.

Art. 232 Submeter criança ou adolescente sob sua autoridade, guarda ou vigilância a vexame ou a constrangimento:

Pena - detenção de 6 (seis) meses a 2 (dois) anos.

O caput e o parágrafo único do art. 232 do ECA trazem infrações de menor potencial ofensivo. O crime descrito é próprio, material, comissivo, admite tentativa.

Art. 234 Deixar a autoridade competente, sem justa causa, de ordenar a imediata liberação de criança ou adolescente, tão logo tenha conhecimento da ilegalidade da apreensão:

Pena - detenção de 6 (seis) meses a 2 (dois) anos.

O art. 234 do ECA, em seu caput e no parágrafo único, trazem infrações de menor potencial ofensivo. O crime descrito é próprio, material, omissivo, permanente.

Art. 235 Descumprir, injustificadamente, prazo fixado nesta Lei em benefício de adolescente privado de liberdade:

Pena - detenção de 6 (seis) meses a 2 (dois) anos.

O art. 235 do ECA, em seu caput e no parágrafo único, trazem infrações de menor potencial ofensivo. O crime descrito é próprio, material, omissivo, permanente. Sendo ainda uma norma penal em branco, tendo em vista que exige que o agente descumpra os prazos fixados no ECA.

Art. 236 *Impedir ou embaraçar a ação de autoridade judiciária, membro do Conselho Tutelar ou representante do Ministério Público no exercício de função prevista nesta Lei:*

Pena - *detenção de 6 (seis) meses a 2 (dois) anos.*

O caput e o parágrafo único do art. 236 do ECA trazem infrações de menor potencial ofensivo. O crime descrito é comum, formal, omissivo, de perigo abstrato.

Art. 237 *Subtrair criança ou adolescente ao poder de quem o tem sob sua guarda em virtude de lei ou ordem judicial, com o fim de colocação em lar substituto:*

Pena - *reclusão de 2 (dois) a 6 (seis) anos, e multa.*

O crime descrito tem como características principais ser comum, formal, forma livre. Sendo uma norma penal em branco, tendo em vista que o conceito de lar substituto é retirado do ECA.

Art. 238 *Prometer ou efetivar a entrega de filho ou pupilo a terceiro, mediante paga ou recompensa: [...]*

Pena - *Reclusão de 1 (um) a 4 (quatro) anos, e multa.*

Parágrafo único. *Incide nas mesmas penas quem oferece ou efetiva a paga ou recompensa.*

O art. 235 do ECA tem como características principais ser infração de médio potencial ofensivo; no caput há um crime próprio, e no parágrafo único, um crime comum. O crime descrito é comissivo, formal e material, doloso e instantâneo.

Art. 239 *Promover ou auxiliar a efetivação de ato destinado ao envio de criança ou adolescente para o exterior com inobservância das formalidades legais ou com o fito de obter lucro:*

Pena - *reclusão de quatro a seis anos, e multa.*

Parágrafo único. *Se há emprego de violência, grave ameaça ou fraude:*

Pena - *reclusão, de 6 (seis) a 8 (oito) anos, além da pena correspondente à violência.*

O art. 236 do ECA tem como características principais ser crime comum, formal, de forma livre. Sendo norma penal em branco tendo em vista a referência à violação de formalidades legais de envio de criança ou adolescente ao exterior conforme previsto no ECA.

Art. 240 *Produzir, reproduzir, dirigir, fotografar, filmar ou registrar, por qualquer meio, cena de sexo explícito ou pornográfica, envolvendo criança ou adolescente:*

Pena – *reclusão, de 4 (quatro) a 8 (oito) anos, e multa.*

§ 1º Incorre nas mesmas penas quem agencia, facilita, recruta, coage, ou de qualquer modo intermedeia a participação de criança ou adolescente nas cenas referidas no caput deste artigo, ou ainda quem com esses contracena.

§ 2º Aumenta-se a pena de 1/3 se o agente comete o crime:

I - No exercício de cargo ou função pública ou a pretexto de exercê-la;

II - Prevalecendo-se de relações domésticas, de coabitação ou de hospitalidade; ou

III - prevalecendo-se de relações de parentesco consanguíneo ou afim até o terceiro grau, ou por adoção, de tutor, curador, preceptor, empregador da vítima ou de quem, a qualquer outro título, tenha autoridade sobre ela, ou com seu consentimento.

O art. 240 do ECA tem como finalidade punir qualquer um vinculado à produção de conteúdo sexual ou pornográfico envolvendo crianças ou adolescentes, mesmo que autorizado. É um crime comum, formal, doloso e instantâneo. Admite-se nesse crime o de erro de tipo, no que se refere à idade do infante.

Art. 241 *Vender ou expor à venda fotografia, vídeo ou outro registro que contenha cena de sexo explícito ou pornográfica envolvendo criança ou adolescente:*

Pena - *Reclusão, de 4 (quatro) a 8 (oito) anos, e multa.*

O presente artigo tem como alvo o comerciante de material de pornografia infantil, tendo como características do crime ser um crime comum, formal, comissivo, instantâneo.

Art. 241-A *Oferecer, trocar, disponibilizar, transmitir, distribuir, publicar ou divulgar por qualquer meio, inclusive por meio de sistema de informática ou telemático, fotografia, vídeo ou outro registro que contenha cena de sexo explícito ou pornográfica envolvendo criança ou adolescente:*

Pena - *Reclusão, de 3 (três) a 6 (seis) anos, e multa.*

§ 1º Nas mesmas penas incorre quem:

I - Assegura os meios ou serviços para o armazenamento das fotografias, cenas ou imagens de que trata o caput deste artigo;

II - Assegura, por qualquer meio, o acesso por rede de computadores às fotografias, cenas ou imagens de que trata o caput deste artigo.

§ 2º As condutas tipificadas nos incisos I e II do § 1º deste artigo são puníveis quando o responsável legal pela prestação do serviço, oficialmente notificado, deixa de desabilitar o acesso ao conteúdo ilícito de que trata o caput.

Neste artigo, a punição é ao dispersor de material pornográfico, incluindo para adquirir para si ou para compartilhar. Tem como classificação ser um crime comum, formal, comissivo.

Art. 241-B *Adquirir, possuir ou armazenar, por qualquer meio, fotografia, vídeo ou outra forma de registro que contenha cena de sexo explícito ou pornográfica envolvendo criança ou adolescente:*

Pena - *Reclusão, de 1 (um) a 4 (quatro) anos, e multa.*

§ 1º A pena é diminuída de 1 a 2/3 se de pequena quantidade o material a que se refere o caput deste artigo.

§ 2º Não há crime se a posse ou o armazenamento tem a finalidade de comunicar às autoridades competentes a ocorrência das condutas descritas nos arts. 240, 241, 241-A e 241-C desta Lei, quando a comunicação for feita por:

I - Agente público no exercício de suas funções;

II - Membro de entidade, legalmente constituída, que inclua, entre suas finalidades institucionais, o recebimento, o processamento e o encaminhamento de notícia dos crimes referidos neste parágrafo;

III - Representante legal e funcionários responsáveis de provedor de acesso ou serviço prestado por meio de rede de computadores, até o recebimento do material relativo à notícia feita à autoridade policial, ao Ministério Público ou ao Poder Judiciário.

§ 3º As pessoas referidas no § 2º deste artigo deverão manter sob sigilo o material ilícito referido.

O art. 241-B trata do criminoso, que é o consumidor da pornografia infantil. Tem como característica ser uma infração de potencial ofensivo, é crime comum, formal, comissivo, instantâneo na modalidade "adquirir" e permanente nas modalidades "armazenar e possuir".

Art. 241-C *Simular a participação de criança ou adolescente em cena de sexo explícito ou pornográfica por meio de adulteração, montagem ou modificação de fotografia, vídeo ou qualquer outra forma de representação visual:*

Pena - *Reclusão, de 1 a 3 anos, e multa.*

Parágrafo único. *Incorre nas mesmas penas quem vende, expõe à venda, disponibiliza, distribui, publica ou divulga por qualquer meio, adquire, possui ou armazena o material produzido na forma do caput deste artigo.*

Tem como características ser infração de médio potencial ofensivo, crime comum, formal, de forma livre, comissivo, instantâneo.

Art. 241-D *Aliciar, assediar, instigar ou constranger, por qualquer meio de comunicação, criança, com o fim de com ela praticar ato libidinoso:*

Pena - *Reclusão, de 1 a 3 anos, e multa.*

Parágrafo único. Nas mesmas penas incorre quem:
I - Facilita ou induz o acesso à criança de material contendo cena de sexo explícito ou pornográfica com o fim de com ela praticar ato libidinoso;
II - Pratica as condutas descritas no caput deste artigo com o fim de induzir criança a se exibir de forma pornográfica ou sexualmente explícita.

Neste artigo, o legislado engloba a conduta de quem, mesmo não produzindo o material pornográfico, recruta os infantes. Tem como características ser uma infração de médio potencial ofensivo, um crime comum, formal, de forma livre, comissivo e instantâneo.

10.1.1 Norma penal explicativa

Art. 241-E Para efeito dos crimes previstos nesta Lei, a expressão "cena de sexo explícito ou pornográfica" compreende qualquer situação que envolva criança ou adolescente em atividades sexuais explícitas, reais ou simuladas, ou exibição dos órgãos genitais de uma criança ou adolescente para fins primordialmente sexuais.

Aqui, o legislador quis evitar contrariedades de interpretação, definindo exatamente o contexto de cena de sexo explícito ou pornográfica, deixando, no entanto, de mencionar a exposição dos seios, uma vez que não são órgãos genitais.

Art. 242 Vender, fornece ainda que gratuitamente ou entregar, de qualquer forma, a criança ou adolescente arma, munição ou explosivo:
Pena - reclusão, de 3 (três) a 6 (seis) anos.

Assim, o art. 242 é um crime comum, formal, forma livre, comissivo e instantâneo.

Art. 243 Vender, fornecer, servir, ministrar ou entregar, ainda que gratuitamente, de qualquer forma, a criança ou a adolescente, bebida alcoólica ou, sem justa causa, outros produtos cujos componentes possam causar dependência física ou psíquica:
Pena - detenção de 2 (dois) a 4 (quatro) anos, e multa, se o fato não constitui crime mais grave.

O art. 243 tem como características principais ser um crime comum, doloso, comissivo, formal e uma infração penal subsidiária, incidindo apenas na falta de outro mais gravoso.

Art. 244 Vender, fornece ainda que gratuitamente ou entregar, de qualquer forma, a criança ou adolescente fogos de estampido ou de artifício, exceto aqueles que, pelo seu reduzido potencial, sejam incapazes de provocar qualquer dano físico em caso de utilização indevida:
Pena - detenção de 6 (seis) meses a 2 (dois) anos, e multa.

O art. 244 tem como características principais ser uma infração de menor potencial ofensivo, bem como ser um crime comum, formal, de forma livre, comissivo.

Art. 244-A Submeter criança ou adolescente, como tais definidos no caput do art. 2º desta Lei, à prostituição ou à exploração sexual:
Pena - reclusão de quatro a dez anos e multa, além da perda de bens e valores utilizados na prática criminosa em favor do Fundo dos Direitos da Criança e do Adolescente da unidade da Federação (Estado ou Distrito Federal) em que foi cometido o crime, ressalvado o direito de terceiro de boa-fé.
§ 1º Incorrem nas mesmas penas o proprietário, o gerente ou o responsável pelo local em que se verifique a submissão de criança ou adolescente às práticas referidas no caput deste artigo.
§ 2º Constitui efeito obrigatório da condenação a cassação da licença de localização e de funcionamento do estabelecimento.

O conteúdo do artigo em questão foi reproduzido pelo art. 218-B do Código Penal, sendo assim, o tipo do art. 244-A foi revogado pela alteração do Código Penal, segundo a doutrina em geral.

Art. 244-B Corromper ou facilitar a corrupção de menor de 18 (dezoito) anos, com ele praticando infração penal ou induzindo-o a praticá-la:
Pena - reclusão, de 1 (um) a 4 (quatro) anos.

§ 1º Incorre nas penas previstas no caput deste artigo quem pratica as condutas ali tipificadas utilizando-se de quaisquer meios eletrônicos, inclusive salas de bate-papo da internet.
§ 2º As penas previstas no caput deste artigo são aumentadas de um terço no caso de a infração cometida ou induzida estar incluída no rol do art. 1º da Lei nº 8.072/90.

Aqui encontramos o crime conhecido por corrupção de menores. Sendo um crime de médio potencial ofensivo, bem como um crime comum, formal, comissivo.

10.2 Infrações administrativas

Em primeiro lugar, quando falamos das infrações administrativas, não estamos falando de crime não havendo penas privativas de liberdade se sim penas de multa serão revertidas a fundos municipais dos direitos da criança e do adolescente. Ocorre a prescrição das infrações em 5 anos.

Art. 245 Deixar o médico, professor ou responsável por estabelecimento de atenção à saúde e de ensino fundamental, pré-escola ou creche, de comunicar à autoridade competente os casos de que tenha conhecimento, envolvendo suspeita ou confirmação de maus-tratos contra criança ou adolescente:
Pena - multa de 3 (três) a 20 (vinte) salários de referência, aplicando-se o dobro em caso de reincidência.

Este artigo tem como características um sujeito ativo é próprio e conduta omissiva.

Art. 246 Impedir o responsável ou funcionário de entidade de atendimento o exercício dos direitos de: [...] Peticionar diretamente a qualquer autoridade; avistar-se reservadamente com seu defensor; receber visitas, ao menos, semanalmente; corresponder-se com seus familiares e amigos; receber escolarização e profissionalização;
Pena - multa de 3 (três) a 20 (vinte) salários de referência, aplicando-se o dobro em caso de reincidência.

Aqui, o sujeito ativo é funcionário de entidade de medida socioeducativa.

Art. 247 Divulgar, total ou parcialmente, sem autorização devida, por qualquer meio de comunicação, nome, ato ou documento de procedimento policial, administrativo ou judicial relativo à criança ou adolescente a que se atribua ato infracional.
Pena - multa de 3 (três) a 20 (vinte) salários de referência, aplicando-se o dobro em caso de reincidência.
§ 1º Incorre na mesma pena quem exibe, total ou parcialmente, fotografia de criança ou adolescente envolvido em ato infracional, ou qualquer ilustração que lhe diga respeito ou se refira a atos que lhe sejam atribuídos, de forma a permitir sua identificação, direta ou indiretamente.
§ 2º Se o fato for praticado por órgão de imprensa ou emissora de rádio ou televisão, além da pena prevista neste artigo, a autoridade judiciária poderá determinar a apreensão da publicação ou a suspensão da programação da emissora até por 2 dias, bem como da publicação do periódico até por dois números. (Expressão declara inconstitucional pela ADIN 869-2).

Neste artigo, o sujeito é qualquer pessoa. A expressão riscada foi declarada inconstitucional pelo STF.

Art. 249 Descumprir, dolosa ou culposamente, os deveres inerentes ao poder familiar ou decorrente de tutela ou guarda, bem assim determinação da autoridade judiciária ou Conselho Tutelar.
Pena - multa de 3 (três) a 20 (vinte) salários de referência, aplicando-se o dobro em caso de reincidência.

Art. 250 Hospedar criança ou adolescente desacompanhado dos pais ou responsável, ou sem autorização escrita desses ou da autoridade judiciária, em hotel, pensão, motel ou congênere.
Pena – multa.

§ 1º Em caso de reincidência, sem prejuízo da pena de multa, a autoridade judiciária poderá determinar o fechamento do estabelecimento por até 15 dias.

§ 2º Se comprovada a reincidência em período inferior a 30 dias, o estabelecimento será definitivamente fechado e terá licença cassada.

Art. 251 Transportar criança ou adolescente, por qualquer meio, com inobservância do das regras de autorização de viagem.

Pena - multa de 3 (três) a 20 (vinte) salários de referência, aplicando-se o dobro em caso de reincidência.

Art. 252 Deixar o responsável por diversão ou espetáculo público de afixar, em lugar visível e de fácil acesso, à entrada do local de exibição, informação destacada sobre a natureza da diversão ou espetáculo e a faixa etária especificada no certificado de classificação.

Pena - multa de 3 (três) a 20 (vinte) salários de referência, aplicando-se o dobro em caso de reincidência.

Art. 253 Anunciar peças teatrais, filmes ou quaisquer representações ou espetáculos, sem indicar os limites de idade a que não se recomendem.

Pena - multa de 3 (três) a 20 (vinte) salários de referência, duplicada em caso de reincidência, aplicável, separadamente, à casa de espetáculo e aos órgãos de divulgação ou publicidade.

Art. 254 Transmitir, através de rádio ou televisão, espetáculo em horário diverso do autorizado ou sem aviso de sua classificação.

Pena - multa de 20 (vinte) a 100 (cem) salários de referência; duplicada em caso de reincidência, a autoridade judiciária poderá determinar a suspensão da programação da emissora por até 2 dias.

O STF, no bojo da ADI nº 2.404, julgou inconstitucional a limitação de horários, argumentando que o Estado não pode determinar que os programas possam ser exibidos somente em determinados horários, o que seria uma imposição, vedado pela CF/88. O Poder Público pode apenas recomendar horários adequados, sendo a classificação dos programas meramente indicativa.

Art. 255 Exibir filmes, trailer, peça, amostra ou congênere classificado pelo órgão competente como inadequado às crianças ou adolescentes admitidos ao espetáculo.

Pena - multa de 20 (vinte) a 100 (cem) salários de referência. Na reincidência, a autoridade poderá determinar a suspensão do espetáculo ou o fechamento do estabelecimento por até 15 dias.

Art. 256 Vender ou locar a criança ou adolescente fita de programação em vídeo, em desacordo com a classificação atribuída pelo órgão competente.

Pena - multa de 3 (três) a 20 (vinte) salários de referência. Em caso de reincidência, a autoridade judiciária poderá determinar o fechamento do estabelecimento por até 15 dias.

Art. 257 Descumprir obrigação de:

I - Comercializar revistas de material impróprio com embalagem lacrada e advertência de seu conteúdo;

II - Não conter em revistas e publicações destinadas ao público infanto-juvenil ilustrações, fotografias, legendas, crônicas ou anúncios de bebidas alcoólicas, tabaco, armas e munições, e respeitar os valores éticos e sociais da pessoa e da família.

Pena - multa de 3 (três) a 20 (vinte) salários de referência, duplicando-se a pena em caso de reincidência, sem prejuízo de apreensão da revista ou publicação.

Art. 258 Deixar o responsável pelo estabelecimento ou o empresário de observar o que dispõe esta Lei sobre o acesso de criança ou adolescente aos locais de diversão, ou sobre sua participação no espetáculo.

Pena - multa de 3 (três) a 20 (vinte) salários de referência. Em caso de reincidência, a autoridade judiciária poderá determinar o fechamento do estabelecimento por até 15 dias.

Art. 258-A Deixar a autoridade competente de providenciar a instalação e operacionalização dos:

I - Cadastro do registro de crianças e adolescentes em condições de serem adotados e Cadastro de pessoas interessadas na adoção

II - Cadastro que contenha informações atualizadas sobre as crianças e adolescentes em regime de acolhimento familiar e institucional sob sua responsabilidade.

Pena - multa de R$ 1.000,00 a R$ 3.000,00.

Parágrafo único. Incorre nas mesmas penas a autoridade que deixa de efetuar o cadastramento de crianças e de adolescentes em condições de serem adotados, de pessoas ou casais habilitados à adoção e de crianças e adolescentes em regime de acolhimento institucional ou familiar.

Art. 258-B Deixar o médico, enfermeiro ou dirigente de estabelecimento de atenção à saúde de gestante de efetuar imediato encaminhamento ao juiz de caso de que tenha conhecimento de mãe ou gestante interessada em entregar seu filho para adoção.

Pena - multa de R$ 1.000,00 a R$ 3.000,00.

Parágrafo único. Incorre na mesma pena o funcionário de programa oficial ou comunitário destinado à garantia do direito à convivência familiar que deixa de efetuar a comunicação referida no caput deste artigo.

Art. 258-C Descumprir a proibição de vender bebidas alcoólicas para crianças e adolescentes.

Pena - multa de R$ 3.000,00 a R$ 10.000,00.

Medida administrativa - interdição do estabelecimento comercial até o recolhimento da multa aplicada.

11 SISTEMA NACIONAL DE ATENDIMENTO SOCIOEDUCATIVO

O Sistema Nacional de Atendimento Socioeducativo (Sinase), instituído pela Lei nº 12.594/2012, tem como função regulamentar a execução e cumprimento das medidas socioeducativas, para que a reinserção dos adolescentes funcione de forma eficaz.

O conceito do Sinase encontra-se no art. 1º da Lei nº 12.594/2012:

> **Art. 1º** *Esta Lei institui o Sistema Nacional de Atendimento Socioeducativo (Sinase) e regulamenta a execução das medidas destinadas a adolescente que pratique ato infracional.*
>
> *§ 1º Entende-se por Sinapse o conjunto ordenado de princípios, regras e critérios que envolvem a execução de medidas socioeducativas, incluindo-se nele, por adesão, os sistemas estaduais, distrital e municipais, bem como todos os planos, políticas e programas específicos de atendimento a adolescente em conflito com a lei.*
>
> *§ 2º Entendem-se por medidas socioeducativas as previstas no art. 112 da Lei nº 8.069, de 13 de julho de 1990 (Estatuto da Criança e do Adolescente), as quais têm por objetivos:*
>
> *I - A responsabilização do adolescente quanto às consequências lesivas do ato infracional, sempre que possível incentivando a sua reparação;*
>
> *II - A integração social do adolescente e a garantia de seus direitos individuais e sociais, por meio do cumprimento de seu plano individual de atendimento; e*
>
> *III - a desaprovação da conduta infracional, efetivando as disposições da sentença como parâmetro máximo de privação de liberdade ou restrição de direitos, observados os limites previstos em lei.*
>
> *§ 3º Entendem-se por programa de atendimento a organização e o funcionamento, por unidade, das condições necessárias para o cumprimento das medidas socioeducativas.*
>
> *§ 4º Entende-se por unidade a base física necessária para a organização e o funcionamento de programa de atendimento.*
>
> *§ 5º Entendem-se por entidade de atendimento a pessoa jurídica de direito público ou privado que instala e mantém a unidade e os recursos humanos e materiais necessários ao desenvolvimento de programas de atendimento.*

Assim, é importante mencionarmos que recursos financeiros do Sinase dependem do Orçamento Fiscal, da Seguridade social e de outras fontes.

11.1 Programas de atendimento

Os programas de atendimento do Sinase serão executados por uma unidade de atendimento previamente inscritas conforme os requisitos obrigatórios do art. 11 da Lei nº 12.594/2012.

> **Art. 11** *Além da especificação do regime, são requisitos obrigatórios para a inscrição de programa de atendimento:*
>
> *I – A exposição das linhas gerais dos métodos e técnicas pedagógicas, com a especificação das atividades de natureza coletiva;*
>
> *II – A indicação da estrutura material, dos recursos humanos e das estratégias de segurança compatíveis com as necessidades da respectiva unidade;*
>
> *III – regimento interno que regule o funcionamento da entidade, no qual deverá constar, no mínimo:*
>
> *a) o detalhamento das atribuições e responsabilidades do dirigente, de seus prepostos, dos membros da equipe técnica e dos demais educadores;*
>
> *b) a previsão das condições do exercício da disciplina e concessão de benefícios e o respectivo procedimento de aplicação; e*
>
> *c) a previsão da concessão de benefícios extraordinários e enaltecimento, tendo em vista tornar público o reconhecimento ao adolescente pelo esforço realizado na consecução dos objetivos do plano individual;*
>
> *IV – A política de formação dos recursos humanos;*
>
> *V – A previsão das ações de acompanhamento do adolescente após o cumprimento de medida socioeducativa;*
>
> *VI – A indicação da equipe técnica, cuja quantidade e formação devem estar em conformidade com as normas de referência do sistema e dos conselhos profissionais e com o atendimento socioeducativo a ser realizado; e*
>
> *VII – a adesão ao Sistema de Informações sobre o Atendimento Socioeducativo, bem como sua operação efetiva.*
>
> **Parágrafo único.** *O não cumprimento do previsto neste artigo sujeita as entidades de atendimento, os órgãos gestores, seus dirigentes ou prepostos à aplicação das medidas previstas no art. 97 da Lei nº 8.069, de 13 de julho de 1990 (Estatuto da Criança e do Adolescente).*

11.2 Programas de meio aberto

Os programas de atendimento meio aberto são a liberdade assistida e a prestação de serviços à comunidade, sendo ambos executados pelo município. Vejamos os arts. 117 e 118 do ECA:

> **Art. 117** *A prestação de serviços comunitários consiste na realização de tarefas gratuitas de interesse geral, por período não excedente a seis meses, junto a entidades assistenciais, hospitais, escolas e outros estabelecimentos congêneres, bem como em programas comunitários ou governamentais.*
>
> **Parágrafo único.** *As tarefas serão atribuídas conforme as aptidões do adolescente, devendo ser cumpridas durante jornada máxima de oito horas semanais, aos sábados, domingos e feriados ou em dias úteis, de modo a não prejudicar a frequência à escola ou à jornada normal de trabalho.*
>
> **Art. 118** *A liberdade assistida será adotada sempre que se afigurar a medida mais adequada para o fim de acompanhar, auxiliar e orientar o adolescente.*
>
> *§ 1º A autoridade designará pessoa capacitada para acompanhar o caso, a qual poderá ser recomendada por entidade ou programa de atendimento.*
>
> *§ 2º A liberdade assistida será fixada pelo prazo mínimo de seis meses, podendo a qualquer tempo ser prorrogada, revogada ou substituída por outra medida, ouvido o orientador, o Ministério Público e o defensor.*

11.3 Programas em meio fechado

Já os programas de meio fechado são a semiliberdade e a internação, sendo a execução pelo Estado. Seus requisitos estão presentes no art. 15 da Lei nº 12.594/2012.

> **Art. 15** *São requisitos específicos para a inscrição de programas de regime de semiliberdade ou internação:*
>
> *I – A comprovação da existência de estabelecimento educacional com instalações adequadas e em conformidade com as normas de referência;*
>
> *II – A previsão do processo e dos requisitos para a escolha do dirigente;*
>
> *III – a apresentação das atividades de natureza coletiva;*
>
> *IV – A definição das estratégias para a gestão de conflitos, vedada a previsão de isolamento cautelar, exceto nos casos previstos no § 2º do art. 49 desta Lei; e*
>
> *V – A previsão de regime disciplinar nos termos do art. 72 desta Lei.*

11.4 Execução das medidas socioeducativas

A execução das medidas socioeducativas está disposta no art. 35 e 49 da Lei nº 12.594/2012. Vejamos:

> **Art. 35** *A execução das medidas socioeducativas reger-se-á pelos seguintes princípios:*
>
> *I - Legalidade, não podendo o adolescente receber tratamento mais gravoso do que o conferido ao adulto;*
>
> *II - Excepcionalidade da intervenção judicial e da imposição de medidas, favorecendo-se meios de auto composição de conflitos;*
>
> *III - prioridade a práticas ou medidas que sejam restaurativas e, sempre que possível, atendam às necessidades das vítimas;*
>
> *IV - Proporcionalidade em relação à ofensa cometida;*

ESTATUTO DA CRIANÇA E DO ADOLESCENTE

V - Brevidade da medida em resposta ao ato cometido, em especial o respeito ao que dispõe o art. 122 da Lei nº 8.069, de 13 de julho de 1990 (Estatuto da Criança e do Adolescente);

VI - Individualização, considerando-se a idade, capacidades e circunstâncias pessoais do adolescente;

VII - mínima intervenção, restrita ao necessário para a realização dos objetivos da medida;

VIII - não discriminação do adolescente, notadamente em razão de etnia, gênero, nacionalidade, classe social, orientação religiosa, política ou sexual, ou associação ou pertencimento a qualquer minoria ou status; e

IX - Fortalecimento dos vínculos familiares e comunitários no processo socioeducativo.

Art. 49 *São direitos do adolescente submetido ao cumprimento de medida socioeducativa, sem prejuízo de outros previstos em lei:*

I - Ser acompanhado por seus pais ou responsável e por seu defensor, em qualquer fase do procedimento administrativo ou judicial;

II - Ser incluído em programa de meio aberto quando inexistir vaga para o cumprimento de medida de privação da liberdade, exceto nos casos de ato infracional cometido mediante grave ameaça ou violência à pessoa, quando o adolescente deverá ser internado em Unidade mais próxima de seu local de residência;

III - ser respeitado em sua personalidade, intimidade, liberdade de pensamento e religião e em todos os direitos não expressamente limitados na sentença;

IV - Peticionar, por escrito ou verbalmente, diretamente a qualquer autoridade ou órgão público, devendo, obrigatoriamente, ser respondido em até 15 (quinze) dias;

V - Ser informado, inclusive por escrito, das normas de organização e funcionamento do programa de atendimento e também das previsões de natureza disciplinar;

VI - Receber, sempre que solicitar, informações sobre a evolução de seu plano individual, participando, obrigatoriamente, de sua elaboração e, se for o caso, reavaliação;

VII - receber assistência integral à sua saúde, conforme o disposto no art. 60 desta Lei; e

VIII - ter atendimento garantido em creche e pré-escola aos filhos de 0 (zero) a 5 (cinco) anos.

§ 1º As garantias processuais destinadas a adolescente autor de ato infracional previstas na Lei nº 8.069, de 13 de julho de 1990 (Estatuto da Criança e do Adolescente), aplicam-se integralmente na execução das medidas socioeducativas, inclusive no âmbito administrativo.

§ 2º A oferta irregular de programas de atendimento socioeducativo em meio aberto não poderá ser invocada como motivo para aplicação ou manutenção de medida de privação da liberdade.

A decisão decorrente da execução deve ser proferida após a manifestação do defensor e do Ministério Público.

11.5 Plano individual de atendimento

O Plano Individual de Atendimento (PIA) será necessário na execução de medidas socioeducativas como a prestação de serviços à comunidade, liberdade assistida, semiliberdade e internação.

O objetivo é prever e registrar as atividades que a adolescente realizará, devendo contemplar a participação dos pais ou responsáveis, com a meta de ressocializador o adolescente.

Vejamos os artigos que regulamentam o PIA:

> **Art. 53** *O PIA será elaborado sob a responsabilidade da equipe técnica do respectivo programa de atendimento, com a participação efetiva do adolescente e de sua família, representada por seus pais ou responsável.*
>
> **Art. 54** *Constarão do plano individual, no mínimo:*
>
> *I - Os resultados da avaliação interdisciplinar;*
>
> *II - Os objetivos declarados pelo adolescente;*
>
> *III - A previsão de suas atividades de integração social e/ou capacitação profissional;*
>
> *IV - Atividades de integração e apoio à família;*
>
> *V - Formas de participação da família para efetivo cumprimento do plano individual; e*
>
> *VI - As medidas específicas de atenção à sua saúde.*
>
> **Art. 55** *Para o cumprimento das medidas de semiliberdade ou de internação, o plano individual conterá, ainda:*
>
> *I - A designação do programa de atendimento mais adequado para o cumprimento da medida;*
>
> *II - A definição das atividades internas e externas, individuais ou coletivas, das quais o adolescente poderá participar; e*
>
> *III - a fixação das metas para o alcance de desenvolvimento de atividades externas.*
>
> **Parágrafo único.** *O PIA será elaborado no prazo de até 45 (quarenta e cinco) dias da data do ingresso do adolescente no programa de atendimento*
>
> **Art. 56** *Para o cumprimento das medidas de prestação de serviços à comunidade e de liberdade assistida, o PIA será elaborado no prazo de até 15 (quinze) dias do ingresso do adolescente no programa de atendimento.*
>
> **Art. 57** *Para a elaboração do PIA, a direção do respectivo programa de atendimento, pessoalmente ou por meio de membro da equipe técnica, terá acesso aos autos do procedimento de apuração do ato infracional e aos dos procedimentos de apuração de outros atos infracionais atribuídos ao mesmo adolescente.*
>
> *§ 1º O acesso aos documentos de que trata o caput deverá ser realizado por funcionário da entidade de atendimento, devidamente credenciado para tal atividade, ou por membro da direção, em conformidade com as normas a serem definidas pelo Poder Judiciário, de forma a preservar o que determinam os arts. 143 e 144 da Lei nº 8.069, de 13 de julho de 1990 (Estatuto da Criança e do Adolescente).*
>
> *§ 2º A direção poderá requisitar, ainda:*
>
> *I - Ao estabelecimento de ensino, o histórico escolar do adolescente e as anotações sobre o seu aproveitamento;*
>
> *II - Os dados sobre o resultado de medida anteriormente aplicada e cumprida em outro programa de atendimento; e*
>
> *III - os resultados de acompanhamento especializado anterior.*
>
> **Art. 58** *Por ocasião da reavaliação da medida, é obrigatória a apresentação pela direção do programa de atendimento de relatório da equipe técnica sobre a evolução do adolescente no cumprimento do plano individual.*
>
> **Art. 59** *O acesso ao plano individual será restrito aos servidores do respectivo programa de atendimento, ao adolescente e a seus pais ou responsável, ao Ministério Público e ao defensor.*

11.6 Direito de visita a adolescente em unidade de internação

O adolescente internado para aplicação de medida socioeducativa terá o direito a visitas familiares, de amigos e até mesmo conjugal desde que comprovadamente viva em união estável.

11.7 Extinção de medida socioeducativa

O art. 46 da Lei do Sinase regulamenta os motivos de extinção da medida socioeducativa.

> **Art. 46** *A medida socioeducativa será declarada extinta:*
>
> *I - Pela morte do adolescente;*
>
> *II - Pela realização de sua finalidade;*
>
> *III - pela aplicação de pena privativa de liberdade, a ser cumprida em regime fechado ou semiaberto, em execução provisória ou definitiva;*
>
> *IV - Pela condição de doença grave, que torne o adolescente incapaz de submeter-se ao cumprimento da medida; e*
>
> *V - Nas demais hipóteses previstas em lei.*

SISTEMA NACIONAL DE ATENDIMENTO SOCIOEDUCATIVO

§ 1º No caso de o maior de 18 (dezoito) anos, em cumprimento de medida socioeducativa, responder a processo-crime, caberá à autoridade judiciária decidir sobre eventual extinção da execução, cientificando da decisão o juízo criminal competente.

§ 2º Em qualquer caso, o tempo de prisão cautelar não convertida em pena privativa de liberdade deve ser descontado do prazo de cumprimento da medida socioeducativa.

11.8 Regimes disciplinares

O regime disciplinar das entidades é regulamentado pelos art. 71 a 75, devendo as entidades realizarem e obedecerem a seus princípios.

Art. 71 *Todas as entidades de atendimento socioeducativo deverão, em seus respectivos regimentos, realizar a previsão de regime disciplinar que obedeça aos seguintes princípios:*

I - Tipificação explícita das infrações como leves, médias e graves e determinação das correspondentes sanções;

II - Exigência da instauração formal de processo disciplinar para a aplicação de qualquer sanção, garantidos a ampla defesa e o contraditório;

III - obrigatoriedade de audiência do soco educando nos casos em que seja necessária a instauração de processo disciplinar;

IV - Sanção de duração determinada;

V - enumeração das causas ou circunstâncias que eximam, atenuem ou agravem a sanção a ser imposta ao socioeducando, bem como os requisitos para a extinção dessa;

VI - enumeração explícita das garantias de defesa;

VII - garantia de solicitação e rito de apreciação dos recursos cabíveis; e

VIII - apuração da falta disciplinar por comissão composta por, no mínimo, 3 (três) integrantes, sendo 1 (um), obrigatoriamente, oriundo da equipe técnica.

Art. 72 *O regime disciplinar é independente da responsabilidade civil ou penal que advenha do ato cometido.*

Art. 73 *Nenhum socioeducando poderá desempenhar função ou tarefa de apuração disciplinar ou aplicação de sanção nas entidades de atendimento socioeducativo.*

Art. 74 *Não será aplicada sanção disciplinar sem expressa e anterior previsão legal ou regulamentar e o devido processo administrativo.*

Art. 75 *Não será aplicada sanção disciplinar ao socioeducando que tenha praticado a falta:*

I - Por coação irresistível ou por motivo de força maior;

II - Em legítima defesa, própria ou de outrem.

SÚMULAS SOBRE DIREITO DA INFÂNCIA E JUVENTUDE

Súmula nº 605 – A superveniência da maioridade penal não interfere na apuração de ato infracional nem na aplicabilidade de medida socioeducativa em curso, inclusive na liberdade assistida, enquanto não atingida a idade de 21 anos.

Súmula nº 594 – O Ministério Público tem legitimidade ativa para ajuizar ação de alimentos em proveito de crianças e adolescentes independentemente do exercício do poder familiar dos pais ou do fato de o menor se encontrar nas situações de risco descritas no artigo 98 do ECA ou de quaisquer outros questionamentos acerca da existência ou eficiência da Defensoria Pública na comarca.

Súmula nº 500 – A configuração do crime do art. 244-B do ECA independe da prova da efetiva corrupção do menor, por se tratar de delito formal.

Súmula nº 492 – O ato infracional análogo ao tráfico de drogas, por si só, não conduz obrigatoriamente à imposição de medida socioeducativa de internação do adolescente.

Súmula nº 383 – A competência para processar e julgar as ações conexas de interesse de menor é, em princípio, do foro do domicílio do detentor de sua guarda.

Súmula nº 342 – No procedimento para aplicação de medida socioeducativa, é nula a desistência de outras provas em face da confissão do adolescente.

Súmula nº 338 – A prescrição penal é aplicável nas medidas socioeducativas.

Súmula nº 301 – Em ação investigatória, a recusa do suposto pai a submeter-se ao exame de DNA induz presunção juris tantum de paternidade.

Súmula nº 265 – É necessária a oitiva do menor infrator antes de decretar-se a regressão da medida socioeducativa.

Súmula nº 108 – A aplicação de medidas socioeducativas ao adolescente, pela prática de ato infracional, é da competência exclusiva do juiz.

Súmula nº 01 – O foro do domicílio ou da residência do alimentando é o competente para a ação de investigação de paternidade, quando cumulada com a de alimentos.

BASE NACIONAL COMUM CURRICULAR

1 BNCC – BASE NACIONAL COMUM CURRICULAR

1.1 Introdução

1.1.1 Definição

É um documento de caráter normativo que define o conjunto orgânico e progressivo de aprendizagens essenciais que todos os alunos devem desenvolver ao longo das etapas e modalidades da Educação Básica.

Direitos assegurados

- Plano Nacional de Educação (PNE);
- Lei de Diretrizes e Bases da Educação Nacional (LDB – Lei nº 9.394/1996);
- Diretrizes Curriculares Nacionais da Educação Básica (DCN).

1.1.2 Objetivo

Ajude a superar a fragmentação das políticas educacionais, enseje o fortalecimento do regime de colaboração entre as três esferas de governo e seja balizadora da qualidade da educação. Assim, para além da garantia de acesso e permanência na escola, é necessário que sistemas, redes e escolas garantam um **patamar comum de aprendizagens** a todos os estudantes – tarefa para a qual a BNCC é instrumento fundamental.

O que é competência?

É definida como a mobilização de conhecimentos (conceitos e procedimentos), habilidades (práticas, cognitivas e socioemocionais), atitudes e valores para resolver demandas complexas da vida cotidiana, do pleno exercício da cidadania e do mundo do trabalho.

Educação deve afirmar valores e estimular ações que contribuam para a transformação da sociedade, tornando-a mais humana, socialmente justa e, também, voltada para a preservação da natureza, mostrando-se também alinhada à Agenda 2030 da Organização das Nações Unidas (ONU).

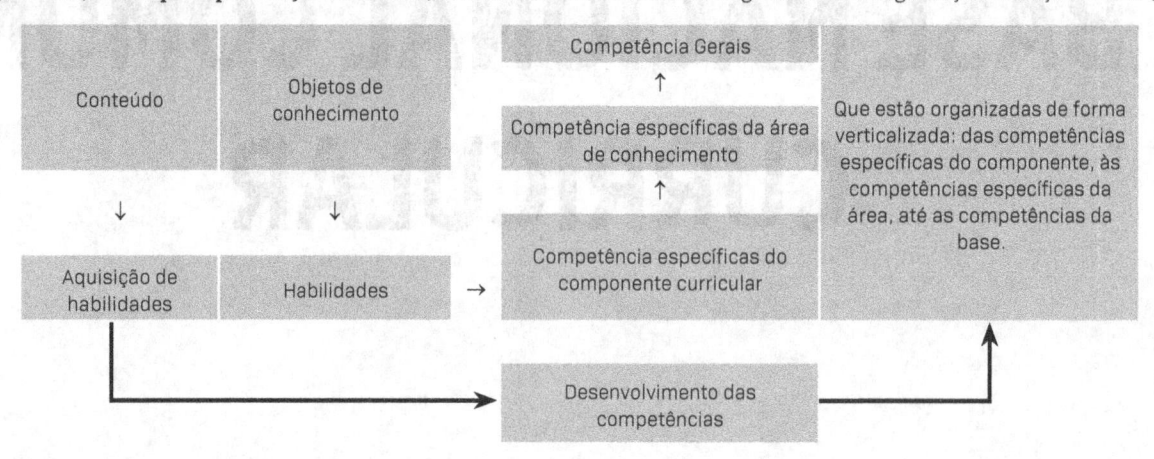

1.2 Competências gerais na BNCC

- Valorizar e utilizar os conhecimentos historicamente construídos sobre o mundo físico, social, cultural e digital para entender e explicar a realidade, continuar aprendendo e colaborar para a construção de uma sociedade justa, democrática e inclusiva;
- Exercitar a curiosidade intelectual e recorrer à abordagem própria das ciências, incluindo a investigação, a reflexão, a análise crítica, a imaginação e a criatividade, para investigar causas, elaborar e testar hipóteses, formular e resolver problemas e criar soluções (inclusive tecnológicas) com base nos conhecimentos das diferentes áreas;
- Valorizar e fruir as diversas manifestações artísticas e culturais, das locais às mundiais, e também participar de práticas diversificadas da produção artístico-cultural;
- Utilizar diferentes linguagens – verbal (oral ou visual-motora, como Libras, e escrita), corporal, visual, sonora e digital –, bem como conhecimentos das linguagens artística, matemática e científica, para se expressar e partilhar informações, experiências, ideias e sentimentos em diferentes contextos e produzir sentidos que levem ao entendimento mútuo;
- Compreender, utilizar e criar tecnologias digitais de informação e comunicação de forma crítica, significativa, reflexiva e ética nas diversas práticas sociais (incluindo as escolares) para se comunicar, acessar e disseminar informações, produzir conhecimentos, resolver problemas e exercer protagonismo e autoria na vida pessoal e coletiva;
- Valorizar a diversidade de saberes e vivências culturais e apropriar-se de conhecimentos e experiências que lhe possibilitem entender as relações próprias do mundo do trabalho e fazer escolhas alinhadas ao exercício da cidadania e ao seu projeto de vida, com liberdade, autonomia, consciência crítica e responsabilidade;
- Argumentar com base em fatos, dados e informações confiáveis, para formular, negociar e defender ideias, pontos de vista e decisões comuns que respeitem e promovam os direitos humanos, a consciência socioambiental e o consumo responsável em âmbito local, regional e global, com posicionamento ético em relação ao cuidado de si mesmo, dos outros e do planeta;
- Conhecer-se, apreciar-se e cuidar de sua saúde física e emocional, compreendendo-se na diversidade humana e reconhecendo suas emoções e as dos outros, com autocrítica e capacidade para lidar com elas;

- Exercitar a empatia, o diálogo, a resolução de conflitos e a cooperação, fazendo-se respeitar e promovendo o respeito ao outro e aos direitos humanos, com acolhimento e valorização da diversidade de indivíduos e de grupos sociais, seus saberes, identidades, culturas e potencialidades, sem preconceitos de qualquer natureza;
- Agir pessoal e coletivamente com autonomia, responsabilidade, flexibilidade, resiliência e determinação, tomando decisões com base em princípios éticos, democráticos, inclusivos, sustentáveis e solidários.

1.3 Marcos legais

A **Constituição Federal de 1988**, em seu **artigo 205**, reconhece a educação como direito fundamental compartilhado entre Estado, família e sociedade ao determinar que a educação, direito de todos e dever do Estado e da família, será promovida e incentivada com a colaboração da sociedade, visando ao pleno desenvolvimento da pessoa, seu preparo para o exercício da cidadania e sua qualificação para o trabalho.

O **art. 210** já reconhece a necessidade de que sejam "fixados conteúdos mínimos para o ensino fundamental, de maneira a assegurar formação básica comum e respeito aos valores culturais e artísticos, nacionais e regionais".

1.3.1 LDBEN

O **art. 9º** afirma que cabe à União: estabelecer, em colaboração com os Estados, o Distrito Federal e os Municípios, **competências e diretrizes** para a Educação Infantil, o Ensino Fundamental e o Ensino Médio, que nortearão os currículos e seus conteúdos mínimos, de modo a assegurar formação básica comum.

Ao dizer que os conteúdos curriculares estão a serviço do desenvolvimento de competências, a LDB orienta a definição das **aprendizagens essenciais, e não apenas dos conteúdos mínimos a ser ensinados**. Essas são duas noções fundantes da BNCC.

O **art. 26 da LDB:** *determina que os currículos da Educação Infantil, do Ensino Fundamental e do Ensino Médio devem ter base nacional comum, a ser complementada, em cada sistema de ensino e em cada estabelecimento escolar, por uma parte diversificada, exigida pelas características regionais e locais da sociedade, da cultura, da economia e dos educandos.*

Em 2010 o CNE promulgou novas DCN, ampliando e organizando o conceito de contextualização como "a inclusão, a valorização das diferenças e o atendimento à pluralidade e à diversidade cultural resgatando e respeitando as várias manifestações de cada comunidade", conforme destaca o Parecer CNE/CEB nº 7/2010.

1.3.2 Lei nº 13.005/2014

Plano Nacional de Educação (PNE): implantar, mediante pactuação interfederativa (União, Estados, Distrito Federal e Municípios), **diretrizes pedagógicas para a educação básica e a base nacional comum dos currículos**, com direitos e objetivos de aprendizagem e desenvolvimento dos(as) alunos(as) para cada ano do Ensino Fundamental e Médio, respeitadas as diversidades regional, estadual e local.

Em **2017**, com a alteração da LDB, por força da **Lei nº 13.415/2017**:

> *Art. 35-A A Base Nacional Comum Curricular definirá direitos e objetivos de aprendizagem do ensino médio, conforme diretrizes do Conselho Nacional de Educação, nas seguintes áreas do conhecimento [...]Art. 36. § 1º A organização das áreas de que trata o caput e das respectivas competências e habilidades será feita de acordo com critérios estabelecidos em cada sistema de ensino.*

1.4 Foco no desenvolvimento de competências

O foco no desenvolvimento de competências tem orientado a maioria dos estados e municípios brasileiros e diferentes países na construção de seus currículos. É esse também o enfoque adotado nas avaliações internacionais da **Organização para a Cooperação e Desenvolvimento Econômico (OCDE)**, que coordena o Programa Internacional de Avaliação de Alunos (Pisa, na sigla em inglês), e da Organização das Nações Unidas para a Educação, a Ciência e a Cultura (Unesco, na sigla em inglês), que instituiu o Laboratório Latino-americano de Avaliação da Qualidade da Educação para a América Latina (LLECE, na sigla em espanhol).

1.4.1 Como desenvolver competências?

Por meio da indicação clara do que os alunos devem "saber" (considerando a constituição de conhecimentos, habilidades, atitudes e valores), e, sobretudo, do que devem "saber fazer" (considerando a mobilização desses conhecimentos, habilidades, atitudes e valores para resolver demandas complexas da vida cotidiana, do pleno exercício da cidadania e do mundo do trabalho).

1.5 Educação integral

Reconhece, assim, que a Educação Básica deve visar à formação e ao desenvolvimento humano global, o que implica **compreender a complexidade e a não linearidade** desse desenvolvimento, **rompendo com visões reducionistas** que privilegiam ou a dimensão intelectual (cognitiva) ou a dimensão afetiva. Significa, ainda, assumir uma **visão plural, singular e integral da criança**, do adolescente, do jovem e do adulto – considerando-os como sujeitos de aprendizagem – e **promover uma educação voltada ao seu acolhimento, reconhecimento e desenvolvimento pleno, nas suas singularidades e diversidades**. Além disso, a escola, como espaço de aprendizagem e de democracia inclusiva, deve se **fortalecer na prática coercitiva de não discriminação, não preconceito e respeito às diferenças e diversidades**.

Independentemente da duração da jornada escolar, o conceito de educação integral com o qual a BNCC está comprometida se refere à construção intencional de processos educativos que promovam aprendizagens sintonizadas com as necessidades, as possibilidades e os interesses dos estudantes, e, também, com os desafios da sociedade contemporânea.

A BNCC propõe a **superação da fragmentação radicalmente disciplinar do conhecimento**, o estímulo à sua aplicação na vida, a importância do contexto para dar sentido ao que se aprende e o protagonismo do estudante em sua aprendizagem e na construção de seu projeto de vida.

1.6 Pacto interfederativo e a implementação da BNCC

No Brasil, um país caracterizado pela autonomia dos entes federados, acentuada diversidade cultural e profundas desigualdades sociais, os sistemas e **redes de ensino devem construir currículos, e as escolas precisam elaborar propostas pedagógicas que considerem as necessidades, as possibilidades e os interesses dos estudantes, assim como suas identidades linguísticas, étnicas e culturais**.

As **aprendizagens essenciais** são aquelas por meio das quais todos os estudantes devem se desenvolver, e expressam, portanto, a **igualdade** educacional sobre a qual as singularidades devem ser consideradas e atendidas. Essa igualdade deve valer também para as oportunidades de ingresso e permanência em uma escola de Educação Básica, sem o que o direito de aprender não se concretiza.

Para isso, os sistemas e redes de ensino e as instituições escolares devem se planejar com um claro foco na **equidade**, o que pressupõe reconhecer que as **necessidades dos estudantes são diferentes**.

Exige-se um claro compromisso de reverter a situação de exclusão histórica que marginaliza grupos – como os **povos indígenas originários e as populações das comunidades remanescentes de quilombos e demais afrodescendentes – e as pessoas que não puderam estudar ou completar sua escolaridade na idade própria**. Igualmente, requer-se o compromisso com os **alunos com deficiência**, por meio do reconhecimento da necessidade de práticas pedagógicas inclusivas e de diferenciação curricular, conforme estabelecido na Lei Brasileira de Inclusão da Pessoa com Deficiência (Lei nº 13.146/2015).

BNCC e currículos têm **papéis complementares** para assegurar as aprendizagens essenciais definidas para cada etapa da Educação Básica, uma vez que tais aprendizagens só se materializam mediante o conjunto de decisões que caracterizam o **currículo em ação**. São essas decisões

BNCC - BASE NACIONAL COMUM CURRICULAR

que vão **adequar as proposições da BNCC à realidade local**, considerando a autonomia dos sistemas ou das redes de ensino e das instituições escolares, como também o contexto e as características dos alunos. **Essas decisões, que resultam de um processo de envolvimento e participação das famílias e da comunidade, referem-se, entre outras ações, a:**

1	Contextualizar os conteúdos dos componentes curriculares, identificando —estratégias para apresentá-los, representá-los, exemplificá-los, conectá-los e torná-los significativos, com base na realidade do lugar e do tempo nos quais as aprendizagens estão situadas;
2	Decidir sobre formas de organização interdisciplinar dos componentes curriculares e fortalecer a competência pedagógica das equipes escolares para adotar estratégias mais dinâmicas, interativas e colaborativas em relação à gestão do ensino e da aprendizagem;
3	Selecionar e aplicar metodologias e estratégias didático-pedagógicas diversificadas, recorrendo a ritmos diferenciados e a conteúdos complementares, se necessário, para trabalhar com as necessidades de diferentes grupos de alunos, suas famílias e cultura de origem, suas comunidades, seus grupos de socialização etc.;
4	Conceber e pôr em prática situações e procedimentos para motivar e engajar os alunos nas aprendizagens;
5	Construir e aplicar procedimentos de avaliação formativa de processo ou de resultado que levem em conta os contextos e as condições de aprendizagem, tomando tais registros como referência para melhorar o desempenho da escola, dos professores e dos alunos;
6	Selecionar, produzir, aplicar e avaliar recursos didáticos e tecnológicos para apoiar o processo de ensinar e aprender;
7	Criar e disponibilizar materiais de orientação para os professores, bem como manter processos permanentes de formação docente que possibilitem contínuo aperfeiçoamento dos processos de ensino e aprendizagem;
8	Manter processos contínuos de aprendizagem sobre gestão pedagógica e curricular para os demais educadores, no âmbito das escolas e sistemas de ensino.

Temas Contemporâneos Transversais na BNCC

Meio ambiente Educação Ambiental Educação para o Consumo	**Economia** Trabalho Educação Financeira Educação Fiscal
Saúde Saúde Educação Alimentar e Nutricional	**Cidadania e Civismo** Vida Familiar e Social Educação para o trânsito Educação em Direitos Humanos Direitos da Criança e do Adolescente Processo de envelhecimento, respeito e valorização do idoso
Multiculturalismo Diversidade Cultural Educação para a valorização do multiculturalismo nas matrizes históricas e culturais Brasileiras	**Ciência e Tecnologia** Ciência e Tecnologia

1.7 Forma transversal e integrada

▷ **Direitos da criança e do adolescente** (Lei nº 8.069/1990);
▷ **Educação para o trânsito** (Lei nº 9.503/1997);
▷ **Educação ambiental** (Lei nº 9.795/1999, Parecer CNE/CP nº 14/2012 e Resolução CNE/CP nº 2/2012);
▷ **Educação alimentar e nutricional** (Lei nº 11.947/2009);
▷ **Processo de envelhecimento, respeito e valorização do idoso** (Lei nº 10.741/2003);
▷ **Educação em direitos humanos** (Decreto nº 7.037/2009, Parecer CNE/CP nº 8/2012 e Resolução CNE/CP nº 1/2012);
▷ **Educação das relações étnico-raciais e ensino de história e cultura afro-brasileira**, africana e indígena (Leis nº 10.639/2003 e 11.645/2008, Parecer CNE/CP nº 3/2004 e Resolução CNE/CP nº 1/2004).

Além de saúde, vida familiar e social, educação para o consumo, educação financeira e fiscal, trabalho, ciência e tecnologia e diversidade cultural (Parecer CNE/CEB nº 11/2010 e Resolução CNE/CEB nº 7/2010).

1.7.1 Regime de colaboração

A primeira tarefa de responsabilidade direta da União será a revisão da formação inicial e continuada dos professores para alinhá-las à BNCC. A ação nacional será crucial nessa iniciativa, já que se trata da esfera que responde pela regulação do ensino superior, nível no qual se prepara grande parte desses profissionais.

Compete ainda à União, como anteriormente anunciado, promover e coordenar ações e políticas em âmbito federal, estadual e municipal, referentes à avaliação; à elaboração de materiais pedagógicos e aos critérios para a oferta de infraestrutura adequada para o pleno desenvolvimento da educação; e monitorar o sistema, pelo MEC, em colaboração com os organismos nacionais da área – **CNE, Consed e Undime**.

Em um país com a dimensão e a desigualdade do Brasil, a permanência e a sustentabilidade de um projeto como a BNCC dependem da criação e do **fortalecimento de instâncias técnico-pedagógicas nas redes de ensino**, priorizando aqueles com menores recursos, tanto técnicos quanto financeiros.

1.8 Estrutura da BNCC

1.8.1 Educação básica

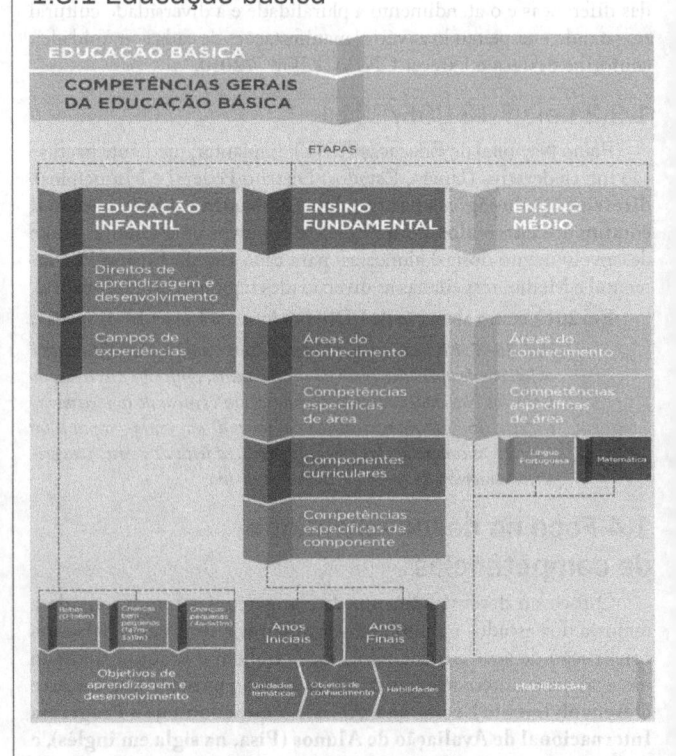

1.8.2 Competências gerais da educação básica

Ao longo da Educação Básica – na Educação Infantil, no Ensino Fundamental e no Ensino Médio –, os alunos devem desenvolver as dez competências gerais da Educação Básica, que pretendem assegurar, como resultado do seu processo de aprendizagem e desenvolvimento, uma formação humana integral que vise à construção de uma sociedade justa, democrática e inclusiva.

1.8.3 Educação infantil

Direitos de aprendizagem e desenvolvimento

Na primeira etapa da Educação Básica, e de acordo com os eixos estruturantes da Educação Infantil (interações e brincadeira), devem ser assegurados seis **direitos de aprendizagem e desenvolvimento**, para que as crianças tenham condições de aprender e se desenvolver:

▷ Conviver;
▷ Brincar;
▷ Participar;
▷ Explorar;
▷ Expressar;
▷ Conhecer-se.

Campos de experiências

Considerando os direitos de aprendizagem e desenvolvimento, a BNCC estabelece cinco **campos de experiências**, nos quais as crianças podem aprender e se desenvolver:

▷ O eu, o outro e o nós;
▷ Corpo, gestos e movimentos;
▷ Traços, sons, cores e formas;
▷ Escuta, fala, pensamento e imaginação;
▷ Espaços, tempos, quantidades, relações e transformações.

Em cada campo de experiências, são definidos **objetivos de aprendizagem e desenvolvimento** organizados em três **grupos por faixa etária**.

BEBÊS (0-1A6M)	CRIANÇAS BEM PEQUENAS (1A7M-3A11M)	CRIANÇAS PEQUENAS (4A-5A11M)
Objetivos de aprendizagem e desenvolvimento		

Em cada campo de experiências, são definidos **objetivos de aprendizagem e desenvolvimento** organizados em três **grupos por faixa etária**.

Portanto, na Educação Infantil, o quadro de cada campo de experiências se organiza em três colunas – relativas aos grupos por faixa etária –, nas quais estão detalhados os objetivos de aprendizagem e desenvolvimento. Em cada linha da coluna, os objetivos definidos para os diferentes grupos referem-se a um mesmo aspecto do campo de experiências, conforme ilustrado a seguir.

CAMPO DE EXPERIÊNCIAS "TRAÇOS, SONS, CORES E FORMAS"

OBJETIVOS DE APRENDIZAGEM E DESENVOLVIMENTO		
Bebês (zero a 1 ano e 6 meses)	Crianças bem pequenas (1 ano e 7 meses a 3 anos e 11 meses)	Crianças pequenas (4 anos a 5 anos e 11 meses)
(EI01TS01) Explorar sons produzidos com o próprio corpo e com objetos do ambiente.	(EI02TS01) Criar sons com materiais, objetos e instrumentos musicais, para acompanhar diversos ritmos de música.	(EI03TS01) Utilizar sons produzidos por materiais, objetos e instrumentos musicais durante brincadeiras de faz de conta, encenações, criações musicais, festas.

Os códigos alfanuméricos (exemplo: EI01TS01) servem para identificar os objetivos de aprendizagem. Eles ajudam a contextualizar qual é a etapa de ensino, a faixa etária e o campo de experiência relacionado ao objetivo.

Segundo esse critério, o código **EI02TS01** refere-se ao primeiro objetivo de aprendizagem e desenvolvimento proposto no campo de experiências **"Traços, sons, cores e formas" para as crianças bem pequenas (de 1 ano e 7 meses a 3 anos e 11 meses)**.

Cumpre destacar que a numeração sequencial dos códigos alfanuméricos não sugere ordem ou hierarquia entre os objetivos de aprendizagem e desenvolvimento.

1.8.4 Ensino fundamental

Áreas do conhecimento

Na BNCC, o Ensino Fundamental está organizado em **cinco áreas do conhecimento**. Essas áreas, como bem aponta o Parecer CNE/CEB nº 11/2010[24], "favorecem a comunicação entre os conhecimentos e saberes dos diferentes **componentes curriculares**" (BRASIL, 2010). Elas se intersectam na formação dos alunos, embora se **preservem as especificidades** e os saberes próprios construídos e sistematizados nos diversos componentes.

	COMPONENTES CURRICULARES	
	Anos Iniciais (1º ao 5º ano)	Anos Finais (6º ao 9º ano)
Linguagens	Língua Portuguesa	
	Arte	
	Educação Física	
		Língua Inglesa
Matemática	Matemática	
Ciências da Natureza	Ciências	
Ciências Humanas	Geografia	
	História	
Ensino Religioso	Ensino Religioso	

Competências específicas de componente

As competências específicas possibilitam a **articulação horizontal** entre as áreas, perpassando todos os componentes curriculares, e também a **articulação vertical**, ou seja, a **progressão** entre o **Ensino Fundamental – Anos Iniciais** e o **Ensino Fundamental – Anos Finais** e a continuidade das experiências dos alunos, considerando suas especificidades.

Para garantir o desenvolvimento das competências específicas, cada componente curricular apresenta um conjunto de:

▷ **Habilidades**. Essas habilidades estão relacionadas a diferentes

▷ **Objetos de conhecimento** – aqui entendidos como conteúdos, conceitos e processo, que, por sua vez, são organizados em

▷ **Unidades temáticas**.

Os **modificadores** devem ser entendidos como a explicitação da situação ou condição em que a habilidade deve ser desenvolvida, considerando a faixa etária dos alunos. Ainda assim, as habilidades **não descrevem ações ou condutas esperadas do professor, nem induzem à opção por abordagens ou metodologias**. Essas escolhas estão no âmbito dos currículos e dos projetos pedagógicos, que, como já mencionado, devem ser adequados à realidade de cada sistema ou rede de ensino e a cada instituição escolar, considerando o contexto e as características dos seus alunos.

> **Fique ligado**
>
> Os **códigos** alfanuméricos (exemplo: EI01TS01) servem para identificar os objetivos de aprendizagem. Eles ajudam a contextualizar qual é a etapa de ensino, a faixa etária e o campo de experiência relacionado ao objetivo.

Organização da habilidades

Não devem ser tomados como modelo obrigatório para o desenho dos currículos. A forma de apresentação adotada na BNCC tem por objetivo assegurar a **clareza**, a **precisão** e a **explicitação** do que se espera que todos os alunos aprendam na Educação Básica, fornecendo orientações para a elaboração de currículos em todo o País, adequados aos diferentes contextos.

1.8.5 Ensino médio

Na BNCC, o Ensino Médio está organizado em quatro áreas do conhecimento, conforme determina a LDB.

A organização por áreas, como bem aponta o Parecer CNE/CP nº 11/2009[25], "não exclui necessariamente as disciplinas, com suas especificidades e saberes próprios historicamente construídos, mas, sim, implica o **fortalecimento das relações** entre elas e a sua **contextualização para apreensão e intervenção na realidade**, requerendo trabalho conjugado e cooperativo dos seus professores no planejamento e na execução dos planos de ensino".

Em função das determinações da **Lei nº 13.415/2017**, são detalhadas as habilidades de Língua Portuguesa e Matemática, considerando que esses componentes curriculares devem ser oferecidos nos três anos do Ensino Médio.

	COMPONENTES CURRICULARES (1ª À 3ª SÉRIE)
Linguagens e suas Tecnologias	Língua Portuguesa
Matemática e suas Tecnologias	Matemática
Ciências da Natureza e suas Tecnologias	
Ciências Humanas e Sociais Aplicadas	

Habilidades

Para assegurar o desenvolvimento das competências específicas de área, a cada uma delas é relacionado um conjunto de **habilidades**, que representa as aprendizagens essenciais a ser garantidas no âmbito da BNCC a todos os estudantes do Ensino Médio.

Elas são descritas de acordo com a mesma estrutura adotada no Ensino Fundamental.

▷ Ciências da Natureza e suas Tecnologias (Biologia, Física e Química);
▷ Ciências Humanas e Sociais Aplicadas (História, Geografia, Sociologia, Filosofia);
▷ Matemática e suas Tecnologias (Matemática);
▷ Linguagens e suas Tecnologias (Arte, Educação Física, Língua Inglesa e Língua Portuguesa), além da apresentação das competências específicas e suas habilidades, são definidas habilidades para Língua Portuguesa.

1.9 Contextos

1.9.1 Linguagem

As atividades humanas realizam-se nas práticas sociais, mediadas por diferentes linguagens: **verbal (oral ou visual-motora, como Libras, e escrita), corporal, visual, sonora e, contemporaneamente, digital.** Por meio dessas práticas, as pessoas interagem consigo mesmas e com os outros, constituindo-se como sujeitos sociais. **Nessas interações, estão imbricados conhecimentos, atitudes e valores culturais, morais e éticos.**

Na BNCC, a área de Linguagens é composta pelos seguintes componentes curriculares: **Língua Portuguesa, Arte, Educação Física e, no Ensino Fundamental – Anos Finais, Língua Inglesa.** A finalidade é possibilitar aos estudantes participar de práticas de linguagem diversificadas, que lhes permitam ampliar suas capacidades expressivas em manifestações artísticas, corporais e linguísticas, como também seus conhecimentos sobre essas linguagens, em continuidade às experiências vividas na Educação Infantil.

As linguagens, antes articuladas, passam a ter *status* próprios de objetos de conhecimento escolar. O importante, assim, é que os estudantes se apropriem das especificidades de cada linguagem, **sem perder a visão do todo no qual elas estão inseridas.** Mais do que isso, é relevante que compreendam que **as linguagens são dinâmicas,** e que todos participam desse processo de constante transformação.

No Ensino Fundamental – Anos Iniciais, os componentes curriculares tematizam diversas práticas, considerando especialmente aquelas relativas às **culturas infantis tradicionais e contemporâneas**. Nesse conjunto de práticas, nos **dois primeiros anos desse segmento, o processo de alfabetização deve ser o foco da ação pedagógica.** Afinal, aprender a ler e escrever oferece aos estudantes algo novo e surpreendente: amplia suas possibilidades de construir conhecimentos nos diferentes componentes, por sua **inserção na cultura letrada**, e de participar com **maior autonomia e protagonismo na vida social.**

Por sua vez, no Ensino Fundamental – Anos Finais, as aprendizagens, nos componentes curriculares dessa área, ampliam as práticas de linguagem conquistadas no Ensino Fundamental – Anos Iniciais, **incluindo a aprendizagem de Língua Inglesa.** Nesse segmento, a diversificação dos contextos permite o **aprofundamento de práticas de linguagem artísticas, corporais e linguísticas** que se constituem e constituem a vida social.

É importante considerar, também, o aprofundamento da **reflexão crítica** sobre os conhecimentos dos componentes da área, dada a maior capacidade de abstração dos estudantes. Essa dimensão analítica é proposta não como fim, mas como meio para a compreensão dos modos de se expressar e de participar no mundo, constituindo práticas mais sistematizadas de formulação de **questionamentos, seleção, organização, análise e apresentação de descobertas e conclusões.**

1.9.2 Competências específicas

1. Compreender as linguagens como construção humana, histórica, social e cultural, de natureza dinâmica, reconhecendo-as e valorizando-as como formas de significação da realidade e expressão de subjetividades e identidades sociais e culturais.

2. Conhecer e explorar diversas práticas de linguagem (artísticas, corporais e linguísticas) em diferentes campos da atividade humana para continuar aprendendo, ampliar suas possibilidades de participação na vida social e colaborar para a construção de **uma sociedade mais justa, democrática e inclusiva.**

3. Utilizar diferentes linguagens – verbal (oral ou visual-motora, como Libras, e escrita), corporal, visual, sonora e digital –, para se expressar e partilhar informações, experiências, ideias e sentimentos em diferentes contextos e produzir sentidos que levem ao **diálogo, à resolução de conflitos e à cooperação.**

4. Utilizar diferentes linguagens para defender pontos de vista que respeitem o outro e promovam os direitos humanos, a consciência socioambiental e o consumo responsável em âmbito **local, regional e global,** atuando criticamente frente a questões do mundo contemporâneo.

5. Desenvolver o senso estético para reconhecer, fruir e respeitar as diversas manifestações artísticas e culturais, das locais às mundiais, inclusive aquelas pertencentes ao patrimônio cultural da humanidade, bem como participar de práticas diversificadas, individuais e coletivas, da produção artístico-cultural, com respeito à diversidade de saberes, identidades e culturas.

6. Compreender e utilizar tecnologias digitais de informação e comunicação de forma crítica, significativa, reflexiva e ética nas diversas práticas sociais (incluindo as escolares), para se comunicar por meio das diferentes linguagens e mídias, produzir conhecimentos, resolver problemas e desenvolver projetos autorais e coletivos.

1.10 Ensino fundamental

1.10.1 Língua portuguesa

O componente Língua Portuguesa da BNCC dialoga com documentos e orientações curriculares produzidos nas últimas décadas, buscando atualizá-los em relação às pesquisas recentes da área e às transformações das práticas de linguagem ocorridas neste século, devidas em grande parte ao desenvolvimento das tecnologias digitais da informação e comunicação (TDIC). Assume-se aqui a perspectiva **enunciativo-discursiva** de linguagem, já assumida em outros documentos, como os Parâmetros Curriculares Nacionais (PCN), para os quais a linguagem é "**uma forma de ação interindividual orientada para uma finalidade específica; um processo de interlocução que se realiza nas práticas sociais existentes numa sociedade, nos distintos momentos de sua história**".

Tal proposta assume a **centralidade do texto** como unidade de trabalho e as perspectivas enunciativo-discursivas na abordagem, de forma a sempre relacionar os **textos a seus contextos** de produção e o desenvolvimento de habilidades ao uso significativo da linguagem em atividades de leitura, escuta e produção de textos em várias mídias e semioses.

Os conhecimentos sobre os gêneros, sobre os textos, sobre a língua, sobre a norma-padrão, sobre as diferentes linguagens (semioses) devem ser mobilizados em favor do desenvolvimento das **capacidades de leitura, produção e tratamento das linguagens,** que, por sua vez, devem estar a serviço da ampliação das possibilidades de participação em práticas de diferentes esferas/ campos de atividades humanas.

Ao componente Língua Portuguesa cabe, então, proporcionar aos estudantes experiências que contribuam para a **ampliação dos letramentos**, de forma a possibilitar a participação significativa e crítica nas diversas práticas sociais permeadas/constituídas pela oralidade, pela escrita e por outras linguagens.

BNCC procura contemplar a cultura digital, diferentes linguagens e diferentes letramentos, desde aqueles basicamente lineares, com baixo nível de hipertextualidade, até aqueles que envolvem a hipermídia. Da mesma maneira, **imbricada à questão dos multiletramentos, essa proposta considera, como uma de suas premissas, a diversidade cultural.** Sem aderir a um raciocínio classificatório reducionista, que desconsidera as hibridizações, apropriações e mesclas, é importante contemplar o cânone, o marginal, o culto, o popular, a cultura de massa, a cultura das mídias, a cultura digital, as culturas infantis e juvenis, de forma a garantir uma ampliação de repertório e uma interação e trato com o diferente.

Ainda em relação à diversidade cultural, cabe dizer que se estima que mais de 250 línguas são faladas no país – indígenas, de imigração, de sinais, crioulas e afro-brasileiras, além do português e de suas variedades. Esse patrimônio cultural e linguístico é desconhecido por grande parte da população brasileira.

No Brasil com **a Lei nº 10.**436/ 2002, oficializou-se também a Língua Brasileira de Sinais (Libras), tornando possível, em âmbito nacional, realizar discussões relacionadas à necessidade do respeito às particularidades linguísticas da comunidade surda e do uso dessa língua nos ambientes escolares.

Considerando esse conjunto de princípios e pressupostos, os eixos de integração considerados na BNCC de Língua Portuguesa são aqueles já consagrados nos documentos curriculares da Área, correspondentes às práticas de linguagem: **oralidade, leitura/escuta, produção (escrita e multissemiótica) e análise linguística/semiótica** (que envolve conhecimentos linguísticos – sobre o sistema de escrita, o sistema da língua e a norma-padrão –, textuais, discursivos e sobre os modos de organização e os elementos de outras semioses).

Eixos da língua portuguesa

O **Eixo Leitura** compreende as práticas de linguagem que decorrem da interação ativa do **leitor/ouvinte/espectador** com os textos escritos, orais e multissemióticos e de sua interpretação, sendo exemplos as leituras para: fruição estética de textos e obras literárias; pesquisa e embasamento de trabalhos escolares e acadêmicos; realização de procedimentos; conhecimento, discussão e debate sobre temas sociais relevantes; sustentar a reivindicação de algo no contexto de atuação da vida pública; ter mais conhecimento que permita o desenvolvimento de projetos pessoais, dentre outras possibilidades.

O **Eixo da Produção de Textos** compreende as práticas de linguagem relacionadas à interação e à autoria (individual ou coletiva) do texto escrito, oral e multissemiótico, com diferentes finalidades e projetos enunciativos como, por exemplo, construir um álbum de personagens famosas, de heróis/heroínas ou de vilões ou vilãs; produzir um almanaque que retrate as práticas culturais da comunidade; narrar fatos cotidianos, de forma crítica, lírica ou bem-humorada em uma crônica; comentar e indicar diferentes produções culturais por meio de resenhas ou de playlists comentadas; descrever, avaliar e recomendar (ou não) um game em uma resenha, gameplay ou vlog;

O **Eixo da Oralidade** compreende as práticas de linguagem que ocorrem em situação oral com ou sem contato face a face, como aula dialogada, webconferência, mensagem gravada, spot de campanha, jingle, seminário, debate, programa de rádio, entrevista, declamação de poemas (com ou sem efeitos sonoros), peça teatral, apresentação de cantigas e canções, playlist comentada de músicas, vlog de game, contação de histórias, diferentes tipos de podcasts e vídeos, dentre outras.

O **Eixo da Análise Linguística/Semiótica** envolve os procedimentos e estratégias (meta)cognitivas de análise e avaliação consciente, durante os processos de leitura e de produção de textos (orais, escritos e multissemióticos), das materialidades dos textos, responsáveis por seus efeitos de sentido, seja no que se refere às formas de composição dos textos, determinadas pelos gêneros (orais, escritos e multissemióticos) e pela situação de produção, seja no que se refere aos estilos adotados nos textos, com forte impacto nos efeitos de sentido.

> **Fique ligado**
>
> A semiótica é o estudo da construção de significado, o estudo do processo de signo e do significado de comunicação. Não deve ser confundida com a tradição saussureana denominada semiologia, que é um subconjunto da semiótica.

Assim, na BNCC, a organização das práticas de linguagem (leitura de textos, produção de textos, oralidade e análise linguística/semiótica) por campos de atuação aponta para a importância da **contextualização do conhecimento escolar,** para a ideia de que essas práticas derivam de situações da vida social e, ao mesmo tempo, precisam ser situadas em contextos significativos para os estudantes.

Campos de atuação

São cinco os campos de atuação considerados: Campo da vida cotidiana (somente anos iniciais), Campo artístico-literário, Campo das práticas de estudo e pesquisa, Campo jornalístico-midiático e Campo de atuação na vida pública, sendo que esses dois últimos aparecem fundidos nos anos iniciais do Ensino Fundamental, com a denominação Campo da vida pública:

Anos Iniciais	Anos Finais
Campo da vida cotidiana	Campo artístico-literário
Campo artístico-literário	Campos das práticas de estudo e pesquisa
Campos das práticas de estudo e pesquisa	Campo jornalístico-midiático
Campo da vida pública	Campo de atuação na vida pública

Competências específicas de língua portuguesa

▷ Compreender a **língua como fenômeno cultural, histórico, social, variável, heterogêneo e sensível** aos contextos de uso, reconhecendo-a como meio de construção de identidades de seus usuários e da comunidade a que pertencem;

▷ **Apropriar-se da linguagem escrita**, reconhecendo-a como forma de interação nos diferentes campos de atuação da vida social e utilizando-a para ampliar suas possibilidades de participar da cultura letrada, de construir conhecimentos (inclusive escolares) e de se envolver com maior autonomia e protagonismo na vida social;

▷ **Ler, escutar e produzir textos orais, escritos e multissemióticos** que circulam em diferentes campos de atuação e mídias, com compreensão, autonomia, fluência e criticidade, de modo a se expressar e partilhar informações, experiências, ideias e sentimentos, e continuar aprendendo;

▷ **Compreender o fenômeno da variação linguística**, demonstrando atitude respeitosa diante de variedades linguísticas e rejeitando preconceitos linguísticos;

▷ **Empregar, nas interações sociais, a variedade e o estilo de linguagem adequados à situação comunicativa, ao(s) interlocutor(es) e ao gênero do discurso/gênero textual;**

▷ **Analisar informações, argumentos e opiniões** manifestados em interações sociais e nos meios de comunicação, posicionando-se ética e criticamente em relação a conteúdos discriminatórios que ferem direitos humanos e ambientais;

▷ **Reconhecer o texto como lugar de manifestação e negociação de sentidos, valores e ideologias;**

▷ **Selecionar textos e livros para leitura integral**, de acordo com objetivos, interesses e projetos pessoais (estudo, formação pessoal, entretenimento, pesquisa, trabalho etc.);

▷ **Envolver-se em práticas de leitura literária** que possibilitem o desenvolvimento do senso estético para fruição, valorizando a literatura e outras manifestações artístico-culturais como formas de acesso às dimensões lúdicas, de imaginário e encantamento, reconhecendo o potencial transformador e humanizador da experiência com a literatura;

▷ **Mobilizar práticas da cultura digital**, diferentes linguagens, mídias e ferramentas digitais para expandir as formas de produzir sentidos (nos processos de compreensão e produção), aprender e refletir sobre o mundo e realizar diferentes projetos autorais.

1.10.2 Artes

Ao ingressar no Ensino Fundamental – Anos Iniciais, os alunos vivenciam a transição de uma orientação curricular estruturada por campos de experiências da Educação Infantil, em que as interações, os jogos e as brincadeiras norteiam o processo de aprendizagem e desenvolvimento, para uma organização curricular estruturada por áreas de conhecimento e componentes curriculares.

Nessa nova etapa da Educação Básica, o ensino de Arte deve assegurar aos alunos a possibilidade de se **expressar criativamente em seu fazer investigativo,** por meio da ludicidade, propiciando uma experiência de continuidade em relação à Educação Infantil. Dessa maneira, é importante que, nas **quatro linguagens da Arte.**

No Ensino Fundamental, o componente curricular Arte está centrado nas seguintes Linguagens: **as Artes Visuais, a Dança, a Música e o Teatro**. Essas linguagens articulam saberes referentes a produtos e fenômenos artísticos e envolvem as práticas de criar, ler, produzir, construir, exteriorizar e refletir sobre formas artísticas. A sensibilidade, a intuição, o pensamento, as emoções e as subjetividades se manifestam como formas de expressão no processo de aprendizagem em Arte.

Dimensões do conhecimento

A BNCC propõe que a abordagem das linguagens articule seis dimensões do conhecimento que, de forma indissociável e simultânea, caracterizam a singularidade da experiência artística. Tais dimensões perpassam os conhecimentos das Artes Visuais, da Dança, da Música e do Teatro e as aprendizagens dos alunos em cada contexto social e cultural. **Não se trata de eixos temáticos ou categorias, mas de linhas maleáveis que se interpenetram, constituindo a especificidade da construção do conhecimento em Arte na escola.** Não há **nenhuma hierarquia** entre essas dimensões, tampouco uma ordem para se trabalhar com cada uma no campo pedagógico.

▷ **Criação:** refere-se ao fazer artístico, quando os sujeitos criam, produzem e constroem. Trata-se de uma atitude intencional e investigativa que confere materialidade estética a sentimentos, ideias, desejos e representações em processos, acontecimentos e produções artísticas individuais ou coletivas. **Essa dimensão trata do apreender o que está em jogo durante o fazer artístico, processo permeado por tomadas de decisão, entraves, desafios, conflitos, negociações e inquietações;**

▷ **Crítica:** refere-se às impressões que impulsionam os sujeitos em direção a novas compreensões do espaço em que vivem, com base no estabelecimento de relações, por meio do estudo e da pesquisa, entre as diversas experiências e manifestações artísticas e culturais vividas e conhecidas. Essa dimensão articula ação e pensamento propositivos, envolvendo aspectos estéticos, políticos, históricos, filosóficos, sociais, econômicos e culturais;

▷ **Estesia:** refere-se à experiência sensível dos sujeitos em relação ao espaço, ao tempo, ao som, à ação, às imagens, ao próprio corpo e aos diferentes materiais. Essa dimensão articula a sensibilidade e a percepção, tomadas como forma de conhecer a si mesmo, o outro e o mundo. Nela, o corpo em sua totalidade (emoção, percepção, intuição, sensibilidade e intelecto) é o protagonista da experiência;

▷ **Expressão:** refere-se às possibilidades de exteriorizar e manifestar as criações subjetivas por meio de procedimentos artísticos, tanto em âmbito individual quanto coletivo. Essa dimensão emerge da experiência artística com os elementos constitutivos de cada linguagem, dos seus vocabulários específicos e das suas materialidades;

▷ **Fruição:** refere-se ao deleite, ao prazer, ao estranhamento e à abertura para se sensibilizar durante a participação em práticas artísticas e culturais. Essa dimensão implica disponibilidade dos sujeitos para a relação continuada com produções artísticas e culturais oriundas das mais diversas épocas, lugares e grupos sociais;

▷ **Reflexão:** refere-se ao processo de construir argumentos e ponderações sobre as fruições, as experiências e os processos criativos, artísticos e culturais. É a atitude de perceber, analisar e interpretar as manifestações artísticas e culturais, seja como criador, seja como leitor.

No Ensino Fundamental – Anos Finais, é preciso assegurar aos alunos a ampliação de suas interações com manifestações artísticas e culturais nacionais e internacionais, de diferentes épocas e contextos. Essas práticas podem ocupar os mais diversos espaços da escola, espraiando-se para o seu entorno e favorecendo as relações com a comunidade.

Além disso, o diferencial dessa fase está na maior sistematização dos conhecimentos e na proposição de experiências mais diversificadas em relação a cada linguagem, considerando as culturas juvenis.

Desse modo, espera-se que o componente Arte contribua com o **aprofundamento das aprendizagens nas diferentes linguagens – e no diálogo entre elas e com as outras áreas do conhecimento –, com vistas a possibilitar aos estudantes maior autonomia nas experiências e vivências artísticas.**

Unidade temáticas

A **unidade temática**, na educação, são quadros de referência que funcionam como base para o planejamento e organização da experiência de aprendizagem e que levam em consideração tópicos unificadores.

O principal objetivo da unidade temática é permitir que o aluno seja capaz de abordar uma matéria, mas com base nas diferentes habilidades ou domínios da aprendizagem, como ciências, desenvolvimento da linguagem, arte e / ou matemática.

Características das unidades temáticas

Algumas características da unidade temática são:

▷ O método concentra-se em um tema de unidade ou unificação que abrange várias áreas do conhecimento;

▷ Procura acesso à informação para ser dividido e facilmente acessível a todos os alunos;

▷ Constitui uma forma hierárquica e organizada de apresentar o conteúdo, a fim de gerar experiências significativas nos alunos;

▷ Para alguns autores, a unidade temática faz parte da instrução temática, que por sua vez é chamada de Abordagem de Projeto ou Aprendizagem Baseada em Projetos;

▷ Cobre os domínios da aprendizagem, como matemática, ciências, arte, habilidades motoras (finas e grossas) e desenvolvimento verbal e da linguagem corporal;

▷ Os tópicos são explorados por vários dias ou até semanas e / ou meses;

▷ Por se basear em diferentes competências de conhecimento, o resultado é uma educação integral em que o indivíduo terá as ferramentas necessárias para resolver problemas no futuro;

▷ As unidades temáticas não podem ser submetidas a avaliações objetivas (exames, por exemplo), uma vez que as habilidades obtidas devem ser exploradas. É por isso que são recomendados formulários de avaliação dinâmicos e motivacionais.

1.10.3 Educação física

A Educação Física é o componente curricular que tematiza as práticas corporais em suas diversas formas de codificação e significação social, entendidas como manifestações das possibilidades expressivas dos sujeitos, produzidas por diversos grupos sociais no decorrer da história. Nessa concepção, o movimento humano está sempre inserido no âmbito da cultura e não se limita a um deslocamento espaço-temporal de um segmento corporal ou de um corpo todo.

Nas aulas, as práticas corporais devem ser abordadas como fenômeno cultural **dinâmico, diversificado, pluridimensional, singular e contraditório.** Desse modo, é possível assegurar aos alunos a (re)construção de um conjunto de conhecimentos que permitam ampliar sua consciência a respeito de seus movimentos e dos recursos para o cuidado de si e dos outros e desenvolver autonomia para apropriação e utilização da cultura corporal de movimento em diversas finalidades humanas, favorecendo sua participação de forma **confiante e autoral na sociedade.**

Há três **elementos fundamentais comuns às práticas corporais**:

▷ **Movimento corporal** como elemento essencial;
▷ **Organização interna** (de maior ou menor grau), pautada por uma lógica específica;
▷ **Produto cultural** vinculado com o lazer/entretenimento e/ou o cuidado com o corpo e a saúde.

Unidades temáticas

Na BNCC, cada uma das práticas corporais tematizadas compõe uma das **seis unidades temáticas** abordadas ao longo do Ensino Fundamental. Cabe destacar que a categorização apresentada não tem pretensões de universalidade, pois se trata de um entendimento possível, entre outros, sobre as denominações das (e as fronteiras entre as) manifestações culturais tematizadas na Educação Física escolar.

Brincadeiras e jogos

Explora aquelas atividades **voluntárias** exercidas dentro de determinados limites de tempo e espaço, caracterizadas pela criação e alteração de regras, pela obediência de cada participante ao que foi combinado coletivamente, bem como pela apreciação do ato de brincar em si. Essas práticas **não possuem um conjunto estável de regras** e, portanto, ainda que possam ser reconhecidos jogos similares em diferentes épocas e partes do mundo, esses são recriados, constantemente, pelos diversos grupos culturais. **Mesmo assim, é possível reconhecer que um conjunto grande dessas brincadeiras e jogos é difundido por meio de redes de sociabilidade informais, o que permite denominá-los populares.**

Esportes reúne tanto as manifestações mais formais dessa prática quanto as derivadas. O esporte como uma das práticas mais conhecidas da contemporaneidade, por sua grande presença nos meios de comunicação, caracteriza-se por ser orientado pela comparação de um determinado desempenho entre indivíduos ou grupos (adversários), regido por um conjunto de regras formais, institucionalizadas por organizações (associações, federações e confederações esportivas), as quais definem as normas de disputa e promovem o desenvolvimento das modalidades em todos os níveis de competição. No entanto, essas características não possuem um único sentido ou somente um significado entre aqueles que o praticam, especialmente quando o esporte é realizado no contexto do lazer, da educação e da saúde. Como toda prática social, **o esporte é passível de recriação por quem se envolve com ele.**

Fique ligado

São apresentadas sete categorias de esportes (note-se que as modalidades citadas na descrição das categorias servem apenas para facilitar a compreensão do que caracteriza cada uma das categorias. Portanto, não são prescrições das modalidades a ser obrigatoriamente tematizadas na escola).

Esportes

1. Marca
2. Precisão
3. Invasão
4. Campo e taco
5. Combate
6. Técnico-combinátorio
7. Rede/parede

▷ **Marca:** conjunto de modalidades que se caracterizam por comparar os resultados registrados em segundos, metros ou quilos (patinação de velocidade, todas as provas do atletismo, remo, ciclismo, levantamento de peso etc.).

▷ **Precisão: conjunto de modalidades que se caracterizam por arremessar/lançar um objeto, procurando acertar um alvo específico, estático ou em movimento, comparando-se o número de tentativas empreendidas, a pontuação estabelecida em cada tentativa (maior ou menor do que a do adversário) ou a proximidade do objeto arremessado ao alvo (mais perto ou mais longe do que o adversário conseguiu deixar), como nos seguintes casos:** bocha, *curling*, golfe, tiro com arco, tiro esportivo etc.

▷ **Técnico-combinatório:** reúne modalidades nas quais o resultado da ação motora comparado é a qualidade do movimento segundo padrões técnico-combinatórios (ginástica artística, ginástica rítmica, nado sincronizado, patinação artística, saltos ornamentais etc.).

▷ **Rede/quadra dividida ou parede de rebote:** reúne modalidades que se caracterizam por arremessar, lançar ou rebater a bola em direção a setores da quadra adversária nos quais o rival seja incapaz de devolvê-la da mesma forma ou que leve o adversário a cometer um erro dentro do período de tempo em que o objeto do jogo está em movimento. Alguns exemplos de esportes de rede são voleibol, vôlei de praia, tênis de campo, tênis de mesa, *badminton* e peteca. Já os esportes de parede incluem pelota basca, raquetebol, *squash* etc.

▷ **Campo e taco:** categoria que reúne as modalidades que se caracterizam por rebater a bola lançada pelo adversário o mais longe possível, para tentar percorrer o maior número de vezes as bases ou a maior distância possível entre as bases, enquanto os defensores não recuperam o controle da bola, e, assim, somar pontos (beisebol, críquete, *softbol* etc.).

▷ **Invasão ou territorial:** conjunto de modalidades que se caracterizam por comparar a capacidade de uma equipe introduzir ou levar uma bola (ou outro objeto) a uma meta ou setor da quadra/campo defendida pelos adversários (gol, cesta, *touchdown* etc.), protegendo, simultaneamente, o próprio alvo, meta ou setor do campo (basquetebol, *frisbee*, futebol, futsal, futebol americano, handebol, hóquei sobre grama, polo aquático, rúgbi etc.).

▷ **Combate:** reúne modalidades caracterizadas como disputas nas quais o oponente deve ser subjugado, com técnicas, táticas e estratégias de desequilíbrio, contusão, imobilização ou exclusão de um determinado espaço, por meio de combinações de ações de ataque e defesa (judô, boxe, esgrima, *tae kwon do* etc.).

Ginásticas são propostas práticas com formas de organização e significados muito diferentes, o que leva à necessidade de explicitar a classificação adotada:

- Ginástica geral;
- Ginásticas de condicionamento físico;
- Ginásticas de conscientização corporal.

▷ **Ginástica geral**, também conhecida como ginástica para todos, reúne as práticas corporais que têm como elemento organizador a exploração das possibilidades acrobáticas e expressivas do corpo, a interação social, o compartilhamento do aprendizado e a não competitividade. Podem ser constituídas de exercícios no solo, no ar (saltos), em aparelhos (trapézio, corda, fita elástica), de maneira individual ou coletiva, e combinam um conjunto bem variado de piruetas, rolamentos, paradas de mão, pontes, pirâmides humanas etc. Integram também essa prática os denominados jogos de malabar ou malabarismo.

▷ **As ginásticas de condicionamento físico** se caracterizam pela exercitação corporal orientada à melhoria do rendimento, à aquisição e à manutenção da condição física individual ou à modificação da composição corporal. Geralmente, são organizadas em sessões planejadas de movimentos repetidos, com frequência e intensidade definidas.

▷ **As ginásticas de conscientização corporal** reúnem práticas que empregam movimentos suaves e lentos, tal como a recorrência a posturas ou à conscientização de exercícios respiratórios, voltados para a obtenção de uma melhor percepção sobre o próprio corpo.

Danças exploram o conjunto das práticas corporais caracterizadas por movimentos rítmicos, organizados em passos e evoluções específicas, muitas vezes também integradas a coreografias. As danças podem ser realizadas de forma individual, em duplas ou em grupos, sendo essas duas últimas as formas mais comuns. Diferentes de outras práticas corporais rítmico-expressivas, elas se desenvolvem em **codificações particulares**, **historicamente constituídas**, que permitem identificar movimentos e ritmos musicais peculiares associados a cada uma delas.

Lutas focalizam as disputas corporais, nas quais os participantes empregam técnicas, táticas e estratégias específicas para imobilizar, desequilibrar, atingir ou excluir o oponente de um determinado espaço, combinando ações de ataque e defesa dirigidas ao corpo do adversário. Dessa forma, além das lutas presentes no contexto comunitário e regional, podem ser tratadas lutas brasileiras (**capoeira, huka-huka, luta marajoara etc.**), bem como lutas de diversos países do mundo (**judô,** *aikido*, **jiu-jítsu,** *muay thai*, **boxe,** *chinese boxing*, **esgrima,** *kendo* **etc.**).

Práticas corporais de aventura, exploram-se expressões e formas de experimentação corporal centradas nas perícias e proezas provocadas pelas situações de imprevisibilidade que se apresentam quando o praticante interage com um ambiente desafiador. Algumas dessas práticas costumam receber outras denominações, como esportes de risco, esportes alternativos e esportes extremos. Neste documento, optou-se por diferenciá-las com base no ambiente de que necessitam para ser realizadas: **na natureza e urbanas**.

> **Fique ligado**
>
> As **práticas de aventura na natureza** se caracterizam por explorar as incertezas que o ambiente físico cria para o praticante na geração da vertigem e do risco controlado, como em **corrida orientada, corrida de aventura, corridas de** *mountain bike*, **rapel, tirolesa,** *arborismo* **etc.**
> Já as **práticas de aventura urbanas** exploram a "paisagem de cimento" para produzir essas condições (vertigem e risco controlado) durante a prática de *parkour*, **skate, patins,** *bike* **etc.**

Ainda que não tenham sido apresentadas como uma das práticas corporais organizadoras da Educação Física na BNCC, é importante sublinhar a necessidade e a pertinência dos estudantes do país terem a oportunidade de experimentar **práticas corporais no meio líquido**, dado seu inegável valor para a segurança pessoal e seu potencial de fruição durante o lazer. Essa afirmação não se vincula apenas à ideia de vivenciar e/ou aprender, por exemplo, **os esportes aquáticos (em especial, a natação em seus quatro estilos competitivos), mas também à proposta de experimentar "atividades aquáticas"**.

Dimensões do conhecimento

Experimentação: refere-se à dimensão do conhecimento que se origina pela vivência das práticas corporais, pelo envolvimento corporal na realização das mesmas. São conhecimentos que não podem ser acessados sem passar pela vivência corporal, sem que sejam efetivamente experimentados. Trata-se de uma possibilidade única de apreender as manifestações culturais tematizadas pela Educação Física e do estudante se perceber como sujeito "de carne e osso". Faz parte dessa dimensão, além do imprescindível acesso à experiência, cuidar para que as sensações geradas no momento da realização de uma determinada vivência sejam positivas ou, pelo menos, não sejam desagradáveis a ponto de gerar rejeição à prática em si.

Uso e apropriação referem-se ao conhecimento que possibilita ao estudante ter condições de realizar de forma autônoma uma determinada prática corporal. Trata-se do mesmo tipo de conhecimento gerado pela experimentação (saber fazer), mas dele se diferencia por possibilitar ao estudante a competência necessária para potencializar o seu envolvimento com práticas corporais no lazer ou para a saúde. Diz respeito àquele rol de conhecimentos que viabilizam a prática efetiva das manifestações da cultura corporal de movimento não só durante as aulas, como também para além delas.

Fruição implica a apreciação estética das experiências sensíveis geradas pelas vivências corporais, bem como das diferentes práticas corporais oriundas das mais diversas épocas, lugares e grupos. Essa dimensão está vinculada com a apropriação de um conjunto de conhecimentos que permita ao estudante desfrutar da realização de uma determinada prática corporal e/ou apreciar essa e outras tantas, quando realizadas por outros.

Reflexão sobre a ação refere-se aos conhecimentos originados na observação e na análise das próprias vivências corporais e daquelas realizadas por outros. Vai além da reflexão espontânea, gerada em toda experiência corporal. Trata-se de um ato intencional, orientado a formular e empregar estratégias de observação e análise para:
▷ Resolver desafios peculiares à prática realizada;
▷ Apreender novas modalidades;
▷ Adequar as práticas aos interesses e às possibilidades próprios e aos das pessoas com quem compartilha a sua realização.

Construção de valores vincula-se aos conhecimentos originados em discussões e vivências no contexto da tematização das práticas corporais, que possibilitam a aprendizagem de valores e normas voltadas ao exercício da cidadania em prol de uma sociedade democrática. A produção e partilha de atitudes, normas e valores (positivos e negativos) são inerentes a qualquer processo de socialização. Por esse motivo, a BNCC se concentra mais especificamente na construção de valores relativos ao respeito às diferenças e no combate aos preconceitos de qualquer natureza.

Análise está associada aos conceitos necessários para entender as características e o funcionamento das práticas corporais (saber sobre). Essa dimensão reúne conhecimentos como a classificação dos esportes, os sistemas táticos de uma modalidade, o efeito de determinado exercício físico no desenvolvimento de uma capacidade física, entre outros.

Compreensão está também associada ao conhecimento conceitual, mas, diferentemente da dimensão anterior, refere-se ao esclarecimento do processo de inserção das práticas corporais no contexto sociocultural, reunindo saberes que possibilitam compreender o lugar das práticas corporais no mundo. Em linhas gerais, essa dimensão está relacionada a temas que permitem aos estudantes interpretar as manifestações da cultura corporal de movimento em relação às dimensões éticas e estéticas, à época e à sociedade que as gerou e as modificou, às razões da sua produção e transformação e à vinculação local, nacional e global.

Protagonismo comunitário refere-se às atitudes/ações e conhecimentos necessários para os estudantes participarem de forma confiante e autoral em decisões e ações orientadas a democratizar o acesso das pessoas às práticas corporais, tomando como referência valores favoráveis à convivência social. Contempla a reflexão sobre as possibilidades que eles e a comunidade têm (ou não) de acessar uma determinada prática no lugar em que moram, os recursos disponíveis (públicos e privados) para tal, os agentes envolvidos nessa configuração, entre outros, bem como as iniciativas que se dirigem para ambientes além da sala de aula, orientadas a interferir no contexto em busca da materialização dos direitos sociais vinculados a esse universo.

Competências específicas
▷ Compreender a origem da cultura corporal de movimento e seus vínculos com a organização da vida coletiva e individual.
▷ Planejar e empregar estratégias para resolver desafios e aumentar as possibilidades de aprendizagem das práticas corporais, além de se envolver no processo de ampliação do acervo cultural nesse campo.
▷ Refletir, criticamente, sobre as relações entre a realização das práticas corporais e os processos de saúde/doença, inclusive no contexto das atividades laborais.
▷ Identificar a multiplicidade de padrões de desempenho, saúde, beleza e estética corporal, analisando, criticamente, os modelos disseminados na mídia e discutir posturas consumistas e preconceituosas.
▷ Identificar as formas de produção dos preconceitos, compreender seus efeitos e combater posicionamentos discriminatórios em relação às práticas corporais e aos seus participantes.
▷ Interpretar e recriar os valores, os sentidos e os significados atribuídos às diferentes práticas corporais, bem como aos sujeitos que delas participam.
▷ Reconhecer as práticas corporais como elementos constitutivos da identidade cultural dos povos e grupos.
▷ Usufruir das práticas corporais de forma autônoma para potencializar o envolvimento em contextos de lazer, ampliar as redes de sociabilidade e a promoção da saúde.
▷ Reconhecer o acesso às práticas corporais como direito do cidadão, propondo e produzindo alternativas para sua realização no contexto comunitário.
▷ Experimentar, desfrutar, apreciar e criar diferentes brincadeiras, jogos, danças, ginásticas, esportes, lutas e práticas corporais de aventura, valorizando o trabalho coletivo e o protagonismo.

Assim como dormir e se alimentar bem, praticar exercícios é essencial para o desenvolvimento intelectual e físico dos alunos. Sendo assim, a disciplina da Educação Física não poderia ficar de fora da nova Base Nacional Comum Curricular (BNCC) do Ministério da Educação.

Mas você sabe o que é a BNCC e como ela direciona a Educação Física nas escolas? Se não sabe, vai descobrir agora! Além disso, separamos todo o conteúdo do Impulsiona de acordo com as unidades temáticas, para facilitar a vida do professor na hora de planejar as aulas.

Educação física no ensino fundamental – anos finais: unidades temáticas, objetos de conhecimento e habilidades

No Ensino Fundamental – Anos Finais, os estudantes se deparam com diversos docentes, o que torna mais complexas as interações e a sistemática de estudos. Ainda assim, os alunos nessa fase de escolarização têm **maior capacidade de abstração e de acessar diferentes fontes de informação**. Essas características permitem aos estudantes maior aprofundamento nos estudos das práticas corporais na escola.

Nesse contexto, e para **aumentar a flexibilidade** na delimitação dos currículos e propostas curriculares, tendo em vista a adequação às realidades locais, as habilidades de Educação Física para o Ensino Fundamental – Anos Finais, assim como no Ensino Fundamental – Anos Iniciais, estão sendo propostas na BNCC organizadas em **dois blocos (6º e 7º anos; 8º e 9º anos)** e se referem aos seguintes objetos de conhecimento, em cada unidade temática:

"A proposta é de que o aluno pense no significado social das práticas corporais, na origem histórica, nas relações de poder de que elas são fruto – e que validam ou não determinada prática, em detrimento de outra –, entre outros aspectos."

1.10.4 Língua inglesa

Aprender a língua inglesa propicia a criação de novas formas de engajamento e participação dos alunos em um mundo social cada vez mais **globalizado e plural,** em que as fronteiras entre países e **interesses pessoais, locais, regionais, nacionais e transnacionais** estão cada vez mais difusas e contraditórias. Assim, o estudo da língua inglesa pode possibilitar a todos o acesso aos saberes linguísticos necessários para engajamento e participação, contribuindo para o agenciamento crítico dos estudantes e para o exercício da cidadania ativa, além de ampliar as possibilidades de interação e mobilidade, abrindo novos percursos de construção de conhecimentos e de continuidade nos estudos. É esse caráter **formativo** que inscreve a aprendizagem de inglês em uma perspectiva de educação linguística, consciente e crítica, na qual as dimensões pedagógicas e políticas estão intrinsecamente ligadas.

BNCC – BASE NACIONAL COMUM CURRICULAR

Três implicações importantes

▷ A primeira é que esse caráter formativo obriga a rever as relações entre língua, território e cultura, na medida em que os falantes de inglês já não se encontram apenas nos países em que essa é a língua oficial. Esse fato provoca uma série de indagações, dentre elas, "Que inglês é esse que ensinamos na escola?".

Alguns conceitos parecem já não atender as perspectivas de compreensão de uma língua que "viralizou" e se tornou "miscigenada", como é o caso do conceito de língua estrangeira, fortemente criticado por seu viés eurocêntrico. Outras terminologias, mais recentemente propostas, também provocam um intenso debate no campo, tais como inglês como língua internacional, como língua global, como língua adicional, como língua franca, dentre outras. Em que pese as diferenças entre uma terminologia e outra, suas ênfases, pontos de contato e eventuais sobreposições, o tratamento dado ao componente na BNCC prioriza o foco da função social e política do inglês e, nesse sentido, passa a tratá-la em seu status de língua franca.

> **Fique ligado**
>
> **Língua franca** ou **língua de contato** é a língua que um grupo multilíngue de seres humanos intencionalmente adota ou desenvolve para que todos consigam sistematicamente comunicar-se uns com os outros. Essa língua é geralmente diferente de todas as línguas naturais faladas pelos membros do grupo.[4]

Línguas francas têm surgido ao longo da história humana, às vezes por razões comerciais, às vezes por razões de conveniência diplomática ou administrativa e recurso que possibilite o intercâmbio de informações entre cientistas e outros estudiosos de diferentes nacionalidades. A palavra *língua* aqui não deve, contudo, ser interpretada como necessariamente uma língua natural (conceito estrito), mas sim como qualquer linguagem (enquanto *sistema de comunicação baseado em signos*). Em outras palavras: uma língua franca pode ou ser uma língua natural ou uma língua artificial, e em ambos os casos ela pode ou não ser formal, ou seja, pode ou não possuir uma gramática, um conjunto predefinido de regras etc.

Mais ainda, o tratamento do inglês como língua franca o desvincula da noção de pertencimento a um determinado território e, consequentemente, a culturas típicas de comunidades específicas, legitimando os usos da língua inglesa em seus contextos locais. Esse entendimento favorece uma educação linguística voltada para a interculturalidade, isto é, para o reconhecimento das (e o respeito às) diferenças, e para a compreensão de como elas são produzidas nas diversas práticas sociais de linguagem, o que favorece a reflexão crítica sobre diferentes modos de ver e de analisar o mundo, o(s) outro(s) e a si mesmo.

A segunda implicação diz respeito à ampliação da visão de letramento, ou melhor, dos **multiletramentos**, concebida também nas práticas sociais do mundo digital – no qual saber a língua inglesa potencializa as possibilidades de participação e circulação – O conceito não é novo e tem sido recontextualizado por teóricos do campo em estudos recentes que analisam os usos da língua inglesa no mundo contemporâneo. Nessa proposta, a língua inglesa não é mais aquela do "estrangeiro", oriundo de países hegemônicos, cujos falantes servem de modelo a ser seguido, nem tampouco trata-se de uma variante da língua inglesa. Nessa perspectiva, são acolhidos e legitimados os usos que dela fazem falantes espalhados no mundo inteiro, com diferentes repertórios linguísticos e culturais, o que possibilita, por exemplo, questionar a visão de que o único inglês "correto" – e a ser ensinado – é aquele falado por estadunidenses ou britânicos.

▷ Que aproximam e entrelaçam diferentes semioses e linguagens (verbal, visual, corporal, audiovisual), em um contínuo processo de significação contextualizado, dialógico e ideológico. Concebendo a língua como construção social, o sujeito "interpreta", "reinventa" os sentidos de modo situado, criando novas formas de identificar e expressar ideias, sentimentos e valores. Nesse sentido, ao assumir seu *status* de língua franca – uma língua que se materializa em usos híbridos, marcada pela fluidez e que se abre para a invenção de novas formas de dizer, impulsionada por falantes pluri/multilíngues e suas características multiculturais –, a língua inglesa torna-se um bem simbólico para falantes do mundo todo.

▷ A terceira implicação diz respeito a abordagens de ensino. Situar a língua inglesa em seu *status* de língua franca implica compreender que determinadas crenças – como a de que há um "inglês melhor" para se ensinar, ou um "nível de proficiência" específico a ser alcançado pelo aluno – precisam ser relativizadas. Isso exige do professor uma **atitude** de acolhimento e legitimação de diferentes formas de expressão na língua, como o uso de *ain't* para fazer a negação, e não apenas formas "padrão" como *isn't ou aren't*. Em outras palavras, não queremos tratar esses usos como uma exceção, uma curiosidade local da língua, que foge ao "padrão" a ser seguido. Muito pelo contrário – é tratar usos locais do inglês e recursos linguísticos a eles relacionados na perspectiva de construção de um repertório linguístico, que deve ser analisado e disponibilizado ao aluno para dele fazer uso observando sempre a condição de inteligibilidade na interação linguística. Ou seja, o *status* de inglês como língua franca implica deslocá-la de um modelo ideal de falante, considerando a importância da cultura no ensino-aprendizagem da língua e buscando romper com aspectos relativos à "correção", "precisão" e "proficiência" linguística.

Eixos organizadores

Essas três implicações orientam os **eixos organizadores** propostos para o componente Língua Inglesa, apresentados a seguir.

▷ O eixo **Oralidade** envolve as práticas de linguagem em situações de uso oral da língua inglesa, com foco na compreensão (ou escuta) e na produção oral (ou fala), articuladas pela negociação na construção de significados partilhados pelos interlocutores e/ou participantes envolvidos, com ou sem contato face a face. Assim, as práticas de linguagem oral presenciais, com contato face a face – tais como debates, entrevistas, conversas/diálogos, entre outras –, constituem gêneros orais nas quais as características dos textos, dos falantes envolvidos e seus "modos particulares de falar a língua", que, por vezes, marcam suas identidades, devem ser considerados. Itens lexicais e estruturas linguísticas utilizados, pronúncia, entonação e ritmo empregados, por exemplo, acrescidos de estratégias de compreensão (compreensão global, específica e detalhada), de acomodação (resolução de conflitos) e de negociação (solicitação de esclarecimentos e confirmações, uso de paráfrases e exemplificação) constituem aspectos relevantes na configuração e na exploração dessas práticas. Em outros contextos, nos quais as práticas de uso oral acontecem sem o contato face a face – como assistir a filmes e programações via *web* ou TV ou ouvir músicas e mensagens publicitárias, entre outras –, a compreensão envolve escuta e observação atentas de outros elementos, relacionados principalmente ao contexto e aos usos da linguagem, às temáticas e a suas estruturas.

Além disso, a oralidade também proporciona o desenvolvimento de uma série de comportamentos e atitudes – como arriscar-se e se fazer compreender, dar voz e vez ao outro, entender e acolher a perspectiva do outro, superar mal-entendidos e lidar com a insegurança, por exemplo. Para o trabalho pedagógico, cabe ressaltar que diferentes recursos midiáticos verbo-visuais (cinema, internet, televisão, entre outros) constituem insumos autênticos e significativos, imprescindíveis para a instauração de práticas de uso/interação oral em sala de aula e de exploração de campos em que tais práticas possam ser trabalhadas. Nessas práticas, que articulam aspectos diversos das linguagens para além do verbal (tais como o visual, o sonoro, o gestual e o tátil), os estudantes terão oportunidades de vivência e reflexão sobre os usos orais/oralizados da língua inglesa.

▷ O eixo **Leitura** aborda práticas de linguagem decorrentes da interação do leitor com o texto escrito, especialmente sob o foco da construção de significados, com base na compreensão e interpretação dos gêneros escritos em língua inglesa, que circulam nos diversos campos e esferas da sociedade.

As práticas de leitura em inglês promovem, por exemplo, o desenvolvimento de estratégias de reconhecimento textual (o uso de pistas verbais e não verbais para formulação de hipóteses e inferências) e de investigação sobre as formas pelas quais os contextos de produção favoreçam processos de significação e reflexão crítica/problematização dos temas tratados.

O trabalho com gêneros verbais e híbridos, potencializados principalmente pelos meios digitais, possibilita vivenciar, de maneira significativa e situada, diferentes modos de leitura (ler para ter uma ideia geral do texto, buscar informações específicas, compreender detalhes etc.), bem como diferentes objetivos de leitura (ler para pesquisar, para revisar a própria escrita, em voz alta para expor ideias e argumentos, para agir no mundo, posicionando-se de forma crítica, entre outras). Além disso, as práticas leitoras em língua inglesa compreendem possibilidades variadas de contextos de uso das linguagens para pesquisa e ampliação de conhecimentos de temáticas significativas para os estudantes, com trabalhos de natureza interdisciplinar ou fruição estética de gêneros como poemas, peças de teatro etc.

A vivência em leitura a partir de práticas situadas, envolvendo o contato com gêneros escritos e multimodais variados, de importância para a vida escolar, social e cultural dos estudantes, bem como as perspectivas de análise e problematização a partir dessas leituras, corroboram para o desenvolvimento da leitura crítica e para a construção de um percurso criativo e autônomo de aprendizagem da língua.

Do ponto de vista metodológico, a apresentação de situações de leitura organizadas em pré-leitura, leitura e pós-leitura deve ser vista como potencializadora dessas aprendizagens de modo contextualizado e significativo para os estudantes, na perspectiva de um (re)dimensionamento das práticas e competências leitoras já existentes, especialmente em língua materna.

As práticas de produção de textos propostas no eixo **Escrita** consideram dois aspectos do ato de escrever. Por um lado, enfatizam sua natureza processual e colaborativa. Esse processo envolve movimentos ora coletivos, ora individuais, de planejamento-produção-revisão, nos quais são tomadas e avaliadas as decisões sobre as maneiras de comunicar o que se deseja, tendo em mente aspectos como o objetivo do texto, o suporte que lhe permitirá circulação social e seus possíveis leitores. Por outro lado, o ato de escrever é também concebido como prática social e reitera a finalidade da escrita condizente com essa prática, oportunizando aos alunos agir com protagonismo.

Trata-se, portanto, de uma escrita autoral, que se inicia com textos que utilizam poucos recursos verbais (mensagens, tirinhas, fotolegendas, adivinhas, entre outros) e se desenvolve para textos mais elaborados (autobiografias, esquetes, notícias, relatos de opinião, chat, fôlder, entre outros), nos quais recursos linguístico-discursivos variados podem ser trabalhados. Essas vivências contribuem para o desenvolvimento de uma escrita autêntica, criativa e autônoma.

▷ **O eixo Conhecimentos linguísticos consolida-se pelas práticas de uso, análise e reflexão sobre a língua, sempre de modo contextualizado, articulado e a serviço das práticas de oralidade, leitura e escrita. O estudo do léxico e da gramática, envolvendo formas e tempos verbais, estruturas frasais e conectores discursivos, entre outros, tem como foco levar os alunos, de modo indutivo, a descobrir o funcionamento sistêmico do inglês. Para além da definição do que é certo e do que é errado, essas descobertas devem propiciar reflexões sobre noções como "adequação", "padrão", "variação linguística" e "inteligibilidade", levando o estudante a pensar sobre os usos da língua inglesa, questionando, por exemplo: "Essa forma de usar o inglês estaria 'adequada' na perspectiva de quem? Quem define o que é o 'correto' na língua? Quem estaria incluído nesses usos da linguagem? Quem estaria silenciado?" De modo contrastivo, devem também explorar relações de semelhança e diferença entre a língua inglesa, a língua portuguesa e outras línguas que porventura os alunos também conheçam. Para além de uma comparação trivial, com vistas à mera curiosidade, o transitar por diferentes línguas pode se constituir um exercício metalinguístico frutífero, ao mesmo tempo em que dá visibilidade a outras línguas, que não apenas o inglês.**

▷ A proposição do eixo **Dimensão intercultural** nasce da compreensão de que as culturas, especialmente na sociedade contemporânea, estão em contínuo processo de interação e (re)construção. Desse modo, diferentes grupos de pessoas, com interesses, agendas e repertórios linguísticos e culturais diversos, vivenciam, em seus contatos e fluxos interacionais, processos de constituição de identidades abertas e plurais. Este é o cenário do inglês como língua franca, e, nele, aprender inglês implica problematizar os diferentes papéis da própria língua inglesa no mundo, seus valores, seu alcance e seus efeitos nas relações entre diferentes pessoas e povos, tanto na sociedade contemporânea quanto em uma perspectiva histórica. Nesse sentido, o tratamento do inglês como língua franca impõe desafios e novas prioridades para o ensino, entre os quais o adensamento das reflexões sobre as relações entre língua, identidade e cultura, e o desenvolvimento da competência intercultural.

É imprescindível dizer que esses eixos, embora tratados de forma separada na explicitação da BNCC, estão intrinsecamente ligados nas práticas sociais de usos da língua inglesa e devem ser assim trabalhados nas situações de aprendizagem propostas no contexto escolar. Em outras palavras, é a **língua em uso, sempre híbrida, polifônica e multimodal** que leva ao estudo de suas características específicas, não devendo ser nenhum dos eixos, sobretudo o de Conhecimentos linguísticos, tratado como pré-requisito para esse uso.

Cumpre destacar que os critérios de organização das habilidades na BNCC (com a explicitação dos objetos de conhecimento aos quais se relacionam e do agrupamento desses objetos em unidades temáticas) expressam um arranjo possível (dentre outros). Portanto, os agrupamentos propostos não devem ser tomados como modelo obrigatório para o desenho dos currículos.

Considerando esses pressupostos, e em articulação com as competências gerais da Educação Básica e as competências específicas da área de Linguagens, o componente curricular de Língua Inglesa deve garantir aos alunos o desenvolvimento de **competências específicas**[44].

Competências específicas

Identificar o lugar de si e o do outro em um mundo plurilíngue e multicultural, refletindo, criticamente, sobre como a aprendizagem da língua inglesa contribui para a inserção dos sujeitos no mundo globalizado, inclusive no que concerne ao mundo do trabalho.

Comunicar-se na língua inglesa, por meio do uso variado de linguagens em mídias impressas ou digitais, reconhecendo-a como ferramenta de acesso ao conhecimento, de ampliação das perspectivas e de possibilidades para a compreensão dos valores e interesses de outras culturas e para o exercício do protagonismo social.

Identificar similaridades e diferenças entre a língua inglesa e a língua materna/outras línguas, articulando-as a aspectos sociais, culturais e identitários, em uma relação intrínseca entre língua, cultura e identidade.

Elaborar repertórios linguístico-discursivos da língua inglesa, usados em diferentes países e por grupos sociais distintos dentro de um mesmo país, de modo a reconhecer a diversidade linguística como direito e valorizar os usos heterogêneos, híbridos e multimodais emergentes nas sociedades contemporâneas.

Utilizar novas tecnologias, com novas linguagens e modos de interação, para pesquisar, selecionar, compartilhar, posicionar-se e produzir sentidos em práticas de letramento na língua inglesa, de forma ética, crítica e responsável.

Conhecer diferentes patrimônios culturais, materiais e imateriais, difundidos na língua inglesa, com vistas ao exercício da fruição e da ampliação de perspectivas no contato com diferentes manifestações artístico-culturais.

A BNCC de Língua Inglesa para o Ensino Fundamental – Anos Finais está organizada por eixos, unidades temáticas, objetos de conhecimento e habilidades. As unidades temáticas, em sua grande maioria, repetem-se e são ampliadas as habilidades a elas correspondentes. Para cada unidade temática, foram selecionados objetos de conhecimento e habilidades a ser **enfatizados** em cada ano de escolaridade (6º, 7º, 8º e 9º anos), servindo de referência para a construção dos currículos e planejamentos de ensino, que devem ser complementados e/ou redimensionados conforme as especificidades dos contextos locais.

Tal opção de apresentação da BNCC permite, por exemplo, que determinadas habilidades possam ser trabalhadas em outros anos, se assim for conveniente e significativo para os estudantes, o que também atende a uma perspectiva de CURRÍCULO ESPIRAL.

1.10.5 Matemática

A chegada da BNCC se constituiu em uma conquista importante para a elaboração de currículo, a formação de professores, a organização de avaliações diversas e de livros didáticos visando à **equidade da aprendizagem dos alunos** em todas as áreas do conhecimento e componentes curriculares (disciplinas). Não se trata de uniformizar o que os alunos aprenderão, mas sim de criar um **documento normativo que possa auxiliar aos alunos para que tenham seus direitos de aprendizagem** garantidos em qualquer escola na qual realizarem seus estudos.

Experiências internacionais, em países que já alcançaram a qualidade e a equidade na Educação Básica, indicam que a clareza daquilo que se espera que os alunos aprendam ao longo da escola, em cada ano e em cada um dos componentes curriculares (disciplinas) que se estuda na escola, auxiliaram e muito nessa conquista. Como as expectativas de aprendizagem estão contidas na BNCC, a aposta é que, sabendo para onde se vai, de fato se chegue lá. Essa expectativa é especialmente alta na Matemática dos anos finais do Ensino Fundamental. Nessa disciplina, 70% dos alunos que finalizam o 9º ano apresentam aprendizagem insuficiente, segundo dados do SAEB 2017.

Dentre tudo que podemos destacar de inovação no que diz respeito à Matemática, destacamos três aspectos importantes: a meta de fazer com que a escola atue pelo letramento matemático como uma competência a ser desenvolvida pelos alunos ao longo da escolaridade básica, a alteração das áreas temáticas bem como seus focos específicos nos anos finais do Ensino Fundamental, e as implicações que ambas podem trazer para a sala de aula. Vejamos.

Na BNCC, a Matemática tem uma peculiaridade: ela é simultaneamente área de conhecimento e disciplina. Assim, para Matemática há um conjunto de competências esperadas que os alunos desenvolvam ao longo de sua trajetória escolar, bem como a descrição das habilidades previstas. Isso tudo está organizado separadamente em três grandes blocos: um texto introdutório da área/disciplina, uma descrição das áreas temáticas (anteriormente nomeadas de eixos ou campos) e, finalmente, as tabelas de conceitos e habilidades por ano.

No texto introdutório, o aspecto mais relevante está no compromisso assumido com o desenvolvimento integral do estudante. De fato, há um posicionamento de que a Matemática escolar esteja a serviço do letramento matemático,

> [...] *definido como as competências e habilidades de raciocinar, representar, comunicar e argumentar matematicamente, de modo a favorecer o estabelecimento de conjecturas, a formulação e a resolução de problemas em uma variedade de contextos, utilizando conceitos, procedimentos, fatos e ferramentas matemáticas. É também o letramento matemático que assegura aos alunos reconhecer que os conhecimentos matemáticos são fundamentais para a compreensão e a atuação no mundo e perceber o caráter de jogo intelectual da matemática, como aspecto que favorece o desenvolvimento do raciocínio lógico e crítico, estimula a investigação e pode ser prazeroso (fruição).*

A resolução de problemas, a formação do leitor e do escritor em Matemática, o desenvolvimento da capacidade de argumentar e justificar raciocínios são alguns aspectos diretamente relacionados ao letramento matemático que fazem com que a Matemática tenha valor a vida toda. Merece atenção especial ainda a ênfase na investigação, no desenvolvimento de projetos e na modelagem matemática, atividades associadas à resolução de problemas, todas voltadas ao letramento matemático e ao desenvolvimento integral do aluno.

A valorização do letramento matemático e dos processos matemáticos mencionados anteriormente, trazem a primeira implicação para o ensino que você vai desenvolver em suas aulas, ainda que a Base não trate de metodologia. De fato, se há um desejo de que os alunos resolvam problemas, argumentem, aprendam a ler, escrever e falar Matemática, então a aula deve estar pautada por atividades desafiadoras, problematizadoras, que favoreçam o trabalho em grupo, a articulação de pontos de vista e, também, ações de ler, escrever, representar pensamentos e conclusões. Esse é o ponto que merece toda a sua atenção, uma vez que desenvolver competências ou habilidades não se faz pelo conteúdo, mas pela metodologia.

É preciso uma mudança de cultura significativa nas suas aulas. Não se trata mais de primeiro ensinar ou se apresentar o conteúdo para depois aplicá-lo, mas de planejar aulas de investigação e de resolução de situações mais complexas que exigem do aluno mobilização e ação. Enquanto os estudantes apenas veem você resolvendo problemas eles não se tornam "resolvedores de problemas"; se eles não têm oportunidades para investigar uma regularidade, formular suas hipóteses e confrontá-las, sejam elas certas ou não, não desenvolvem habilidades de análise e tomada de decisão, que fazem parte do desenvolvimento integral previsto nas dez competências gerais e nas competências da área de Matemática. Isso ultrapassa muito a ideia de que saber Matemática é apenas dominar o conteúdo.

A forma das aulas, com práticas mais ativas e colaborativas, com muito espaço para o erro e a comunicação de ideias e estratégias de ação, é que permite o desenvolvimento de competências e a aquisição de habilidades. E, para isso, é preciso planejar, ter repertório de recursos e estratégias de ensino para além da aula expositiva; é preciso também conhecer como o aluno aprende e como ele pode ser movido em direção ao conhecimento.

Em suma, a BNCC exige o desenvolvimento profissional dos professores e não apenas o desenvolvimento dos estudantes. Será cada vez mais relevante que você assuma a formação do leitor e do escritor também nas aulas de Matemática e que, ao planejá-las, já preveja que os alunos necessitam se engajar em atividade que sejam possíveis, mas exijam esforço e defesa de pontos de vista para que a argumentação, o raciocínio e as representações sejam priorizadas.

Um segundo ponto de inovação trazido pela Base em Matemática está nas áreas temáticas, cujo desenvolvimento, como previsto no texto que apresenta cada uma delas, deve ser integrado. Se nos Parâmetros Curriculares Nacionais (PCN) tínhamos quatro grandes blocos/eixos/campos, agora temos cinco áreas temáticas: quatro mantidas dos PCN com alguma modificação de nome e outra introduzida pela Base. Assim estão nomeadas as áreas temáticas: Números (incluindo todos os campos numéricos e as operações); Grandezas e medidas; Geometria (antes Espaço e Forma); Probabilidade e Estatística (antes Tratamento da Informação); Álgebra, que aparece desde os anos iniciais.

As aprendizagens esperadas em cada uma dessas áreas, na etapa do Ensino Fundamental, estão organizadas ano a ano garantindo a progressão de complexidade e aprendizagem entre as etapas.

A progressão em Matemática na BNCC precisa ser compreendida em dois sentidos: no mais imediato, temos a progressão da aprendizagem dos conceitos, isto é, espera-se que aquilo que o aluno aprenda em um eixo temático em um ano seja mais simples do que aquilo que ele aprenderá no ano seguinte; um segundo sentido de progressão, mais sutil do que o primeiro, se dá na inter-relação entre as aprendizagens dos conceitos nas diferentes áreas temáticas e o tempo para que isso ocorra. Por isso, um mesmo conceito pode ser explorado ao longo de anos consecutivos (como é o caso das frações e decimais que se iniciam no 4º ano e se prolongam até o 7º ano), ou ainda de modo interligado, como acontece com o estudo dos números reais em relação ao que é explorado conjuntamente com medidas.

Outro ponto ainda relativo às habilidades que merece destaque é que elas correspondem aos direitos de aprendizagem dos alunos. Podemos ensinar mais, mas não podemos ensinar menos. No entanto, qualquer inserção precisa ser pensada no sentido da progressão que explicitamos aqui. Cabe considerar que a BNCC traz aprendizagens essenciais a todos, e não detalhamentos desnecessários para o ensino e a aprendizagem de Matemática.

Finalmente, há que se dizer que a BNCC não será implementada ano a ano começando pela Educação Infantil. Ela passa a ser implementada a partir de 2019 para toda a Educação Básica até o 9º ano e, a partir de 2020, no Ensino Médio. Como as habilidades traduzem exigentes expectativas, é possível que haja um desencaixe entre aquilo que seus alunos sabem e o que a BNCC prevê que eles aprendam em um ano. Isso poderá exigir algum alinhamento temporário até que toda a transição esteja realizada.

O conhecimento matemático é necessário para todos os alunos da Educação Básica, seja por sua grande aplicação na sociedade contemporânea, seja pelas suas potencialidades na formação de cidadãos críticos, cientes de suas responsabilidades sociais.

A Matemática não se restringe apenas à quantificação de fenômenos determinísticos – contagem, medição de objetos, grandezas – e das técnicas de cálculo com os números e com as grandezas, pois também estuda a incerteza proveniente de fenômenos de caráter aleatório. A Matemática cria sistemas abstratos, que organizam e inter-relacionam fenômenos do espaço, do movimento, das formas e dos números, associados ou não a fenômenos do mundo físico. Esses sistemas contêm ideias e objetos que são fundamentais para a compreensão de fenômenos, a construção de representações significativas e argumentações consistentes nos mais variados contextos.

Apesar de a Matemática ser, por excelência, uma ciência hipotético-dedutiva, porque suas demonstrações se apoiam sobre um sistema de axiomas e postulados, é de fundamental importância também considerar o papel heurístico das experimentações na aprendizagem da Matemática.

No Ensino Fundamental, essa área, por meio da articulação de seus diversos campos – Aritmética, Álgebra, Geometria, Estatística e Probabilidade –, precisa garantir que os alunos relacionem observações empíricas do mundo real a representações (tabelas, figuras e esquemas) e associem essas representações a uma atividade matemática (conceitos e propriedades), fazendo induções e conjecturas. Assim, espera-se que eles desenvolvam a capacidade de identificar oportunidades de utilização da matemática para resolver problemas, aplicando conceitos, procedimentos e resultados para obter soluções e interpretá-las segundo os contextos das situações. A dedução de algumas propriedades e a verificação de conjecturas, a partir de outras, podem ser estimuladas, sobretudo ao final do Ensino Fundamental.

Letramento matemático

O Ensino Fundamental deve ter compromisso com o desenvolvimento do **letramento matemático**, definido como as competências e habilidades de raciocinar, representar, comunicar e argumentar matematicamente, de modo a favorecer o estabelecimento de conjecturas, a formulação e a resolução de problemas em uma variedade de contextos, utilizando conceitos, procedimentos, fatos e ferramentas matemáticas. É também o letramento matemático que assegura aos alunos reconhecer que os conhecimentos matemáticos são fundamentais para a compreensão e a atuação no mundo e perceber o caráter de jogo intelectual da matemática, como aspecto que favorece o desenvolvimento do raciocínio lógico e crítico, estimula a investigação e pode ser prazeroso (fruição).

O desenvolvimento dessas habilidades está intrinsecamente relacionado a algumas formas de organização da aprendizagem matemática, com base na análise de situações da vida cotidiana, de outras áreas do conhecimento e da própria Matemática. Os **processos matemáticos** de resolução de problemas, de investigação, de desenvolvimento de projetos e da modelagem podem ser citados como formas privilegiadas da atividade matemática, motivo pelo qual são, ao mesmo tempo, objeto e estratégia para a aprendizagem ao longo de todo o Ensino Fundamental. Esses processos de aprendizagem são potencialmente ricos para o desenvolvimento de competências fundamentais para o letramento matemático (raciocínio, representação, comunicação e argumentação) e para o desenvolvimento do pensamento computacional.

Considerando esses pressupostos, e em articulação com as competências gerais da Educação Básica, a área de Matemática e, por consequência, o componente curricular de Matemática devem garantir aos alunos o desenvolvimento de **competências específicas**.

Competências específicas de matemática para o ensino fundamental

▷ Reconhecer que a Matemática é uma ciência humana, fruto das necessidades e preocupações de diferentes culturas, em diferentes momentos históricos, e é uma ciência viva, que contribui para solucionar problemas científicos e tecnológicos e para alicerçar descobertas e construções, inclusive com impactos no mundo do trabalho.

▷ Desenvolver o raciocínio lógico, o espírito de investigação e a capacidade de produzir argumentos convincentes, recorrendo aos conhecimentos matemáticos para compreender e atuar no mundo.

▷ Compreender as relações entre conceitos e procedimentos dos diferentes campos da Matemática (Aritmética, Álgebra, Geometria, Estatística e Probabilidade) e de outras áreas do conhecimento, sentindo segurança quanto à própria capacidade de construir e aplicar conhecimentos matemáticos, desenvolvendo a autoestima e a perseverança na busca de soluções.

▷ Fazer observações sistemáticas de aspectos quantitativos e qualitativos presentes nas práticas sociais e culturais, de modo a investigar, organizar, representar e comunicar informações relevantes, para interpretá-las e avaliá-las crítica e eticamente, produzindo argumentos convincentes.

▷ Utilizar processos e ferramentas matemáticas, inclusive tecnologias digitais disponíveis, para modelar e resolver problemas cotidianos, sociais e de outras áreas de conhecimento, validando estratégias e resultados.

▷ Enfrentar situações-problema em múltiplos contextos, incluindo-se situações imaginadas, não diretamente relacionadas com o aspecto prático-utilitário, expressar suas respostas e sintetizar conclusões, utilizando diferentes registros e linguagens (gráficos, tabelas, esquemas, além de texto escrito na língua materna e outras linguagens para descrever algoritmos, como fluxogramas, e dados).

▷ Desenvolver e/ou discutir projetos que abordem, sobretudo, questões de urgência social, com base em princípios éticos, democráticos, sustentáveis e solidários, valorizando a diversidade de opiniões de indivíduos e de grupos sociais, sem preconceitos de qualquer natureza.

▷ 8) Interagir com seus pares de forma cooperativa, trabalhando coletivamente no planejamento e desenvolvimento de pesquisas para responder a questionamentos e na busca de soluções para problemas, de modo a identificar aspectos consensuais ou não na discussão de uma determinada questão, respeitando o modo de pensar dos colegas e aprendendo com eles.

Ideias fundamentais

Com base nos recentes documentos curriculares brasileiros, a BNCC leva em conta que os diferentes campos que compõem a Matemática reúnem um conjunto de **ideias fundamentais** que produzem articulações, dentre eles: **equivalência, ordem, proporcionalidade, interdependência, representação, variação** e **aproximação**. Essas ideias fundamentais são importantes para o desenvolvimento do pensamento matemático dos alunos e devem se converter, na escola, em objetos de conhecimento. A proporcionalidade, por exemplo, deve estar presente no estudo de: operações com os números naturais; representação fracionária dos números racionais; áreas; funções; probabilidade etc. Além disso, essa noção também se evidencia em muitas ações cotidianas e de outras áreas do conhecimento, como vendas e trocas mercantis, balanços químicos, representações gráficas etc.

Unidades temáticas

Nessa direção, a BNCC propõe cinco **unidades temáticas**, correlacionadas, que orientam a formulação de habilidades a serem desenvolvidas ao longo do Ensino Fundamental. Cada uma delas pode receber ênfase diferente, a depender do ano de escolarização.

BNCC – BASE NACIONAL COMUM CURRICULAR

A unidade temática **Números** tem como finalidade desenvolver o pensamento numérico, que implica o conhecimento de maneiras de quantificar atributos de objetos e de julgar e interpretar argumentos baseados em quantidades. No processo da construção da noção de número, os alunos precisam desenvolver, dentre outras coisas, as ideias de aproximação, proporcionalidade, equivalência e ordem, noções fundamentais da Matemática. Para essa construção, é importante propor, por meio de situações significativas, sucessivas ampliações dos campos numéricos. No estudo desses campos numéricos, devem ser enfatizados registros, usos, significados e operações.

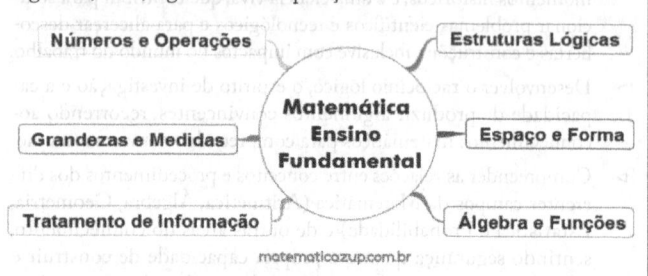

```
Números e Operações        Estruturas Lógicas
         Matemática
         Ensino
Grandezas e Medidas    Fundamental    Espaço e Forma

Tratamento de Informação         Álgebra e Funções
              matematicazup.com.br
```

Ensino Fundamental – **anos iniciais**, a expectativa em relação a essa temática é que os alunos resolvam problemas com números naturais e números racionais cuja representação decimal é finita, envolvendo diferentes significados das operações, argumentem e justifiquem os procedimentos utilizados para a resolução e avaliem a plausibilidade dos resultados encontrados. No tocante aos cálculos, espera-se que os alunos desenvolvam diferentes estratégias para a obtenção dos resultados, sobretudo por estimativa e cálculo mental, além de algoritmos e uso de calculadoras.

Nessa fase, espera-se também o desenvolvimento de habilidades no que se refere à leitura, escrita e ordenação de números naturais e números racionais por meio da identificação e compreensão de características do sistema de numeração decimal, sobretudo o valor posicional dos algarismos. Na perspectiva de que os alunos aprofundem a noção de número, é importante colocá-los diante de tarefas, como as que envolvem medições, nas quais os números naturais não são suficientes para resolvê-las, indicando a necessidade dos números racionais tanto na representação decimal quanto na fracionária.

Outro aspecto a ser considerado nessa unidade temática é o estudo de conceitos básicos de economia e finanças, visando à educação financeira dos alunos. Assim, podem ser discutidos assuntos como: taxas de juros, inflação, aplicações financeiras (rentabilidade e liquidez de um investimento) e impostos. Essa unidade temática favorece um estudo interdisciplinar envolvendo as dimensões culturais, sociais, políticas e psicológicas, além da econômica, sobre as questões do consumo, trabalho e dinheiro.

É possível, por exemplo, desenvolver um projeto com a História, visando ao estudo do dinheiro e sua função na sociedade, da relação entre dinheiro e tempo, dos impostos em sociedades diversas, do consumo em diferentes momentos históricos, incluindo estratégias atuais de *marketing*. Essas questões, além de promoverem o desenvolvimento de competências pessoais e sociais dos alunos, podem se constituir em excelentes contextos para as aplicações dos conceitos da Matemática Financeira e também proporcionar contextos para ampliar e aprofundar esses conceitos.

▷ **A unidade temática Álgebra, por sua vez, tem como finalidade o desenvolvimento de um tipo especial de pensamento: o pensamento algébrico – que é essencial para utilizar modelos matemáticos na compreensão, representação e análise de relações quantitativas de grandezas e, também, de situações e estruturas matemáticas, fazendo uso de letras e outros símbolos. Para esse desenvolvimento, é necessário que os alunos identifiquem regularidades e padrões de sequências numéricas e não numéricas, estabeleçam leis matemáticas que expressem a relação de interdependência entre grandezas em diferentes contextos, bem como criar, interpretar e transitar entre as diversas representações gráficas e simbólicas, para resolver problemas por meio de equações e inequações, com compreensão dos procedimentos utilizados. As ideias matemáticas fundamentais vinculadas a essa unidade são:** equivalência, variação, interdependência e proporcionalidade. Em síntese, essa unidade temática deve enfatizar o desenvolvimento de uma linguagem, o estabelecimento de generalizações, a análise da interdependência de grandezas e a resolução de problemas por meio de equações ou inequações.

Anos iniciais, como as ideias de regularidade, generalização de padrões e propriedades da igualdade. No entanto, nessa fase, não se propõe o uso de letras para expressar regularidades, por mais simples que sejam. A relação dessa unidade temática com a de Números é bastante evidente no trabalho com sequências (recursivas e repetitivas), seja na ação de completar uma sequência com elementos ausentes, seja na construção de sequências segundo uma determinada regra de formação. A relação de equivalência pode ter seu início com atividades simples, envolvendo a igualdade, como reconhecer que se 2 + 3 = 5 e 5 = 4 + 1, então 2 + 3 = 4 + 1. Atividades como essa contribuem para a compreensão de que o sinal de igualdade não é apenas a indicação de uma operação a ser feita. A noção intuitiva de função pode ser explorada por meio da resolução de problemas envolvendo a variação proporcional direta entre duas grandezas (sem utilizar a regra de três), como: "Se com duas medidas de suco concentrado eu obtenho três litros de refresco, quantas medidas desse suco concentrado eu preciso para ter doze litros de refresco?".

Ensino Fundamental – anos finais, os estudos de Álgebra retomam, aprofundam e ampliam o que foi trabalhado no Ensino Fundamental – anos iniciais. Nessa fase, os alunos devem compreender os diferentes significados das variáveis numéricas em uma expressão, estabelecer uma generalização de uma propriedade, investigar a regularidade de uma sequência numérica, indicar um valor desconhecido em uma sentença algébrica e estabelecer a variação entre duas grandezas. É necessário, portanto, que os alunos estabeleçam conexões entre variável e função e entre incógnita e equação. As técnicas de resolução de equações e inequações, inclusive no plano cartesiano, devem ser desenvolvidas como uma maneira de representar e resolver determinados tipos de problema, e não como objetos de estudo em si mesmos.

Outro aspecto a ser considerado é que a aprendizagem de Álgebra, como também aquelas relacionadas a Números, Geometria e Probabilidade e estatística, podem contribuir para o desenvolvimento do pensamento computacional dos alunos, tendo em vista que eles precisam ser capazes de traduzir uma situação dada em outras linguagens, como transformar situações-problema, apresentadas em língua materna, em fórmulas, tabelas e gráficos e vice-versa.

Associado ao pensamento computacional, cumpre salientar a importância dos algoritmos e de seus fluxogramas, que podem ser objetos de estudo nas aulas de Matemática. Um algoritmo é uma sequência finita de procedimentos que permite resolver um determinado problema. Assim, o algoritmo é a decomposição de um procedimento complexo em suas partes mais simples, relacionando-as e ordenando-as, e pode ser representado graficamente por um fluxograma. A linguagem algorítmica tem pontos em comum com a linguagem algébrica, sobretudo em relação ao conceito de variável. Outra habilidade relativa à álgebra que mantém estreita relação com o pensamento computacional é a identificação de padrões para se estabelecer generalizações, propriedades e algoritmos.

▷ **A Geometria envolve o estudo de um amplo conjunto de conceitos e procedimentos necessários para resolver problemas do mundo físico e de diferentes áreas do conhecimento. Assim, nessa unidade temática, estudar posição e deslocamentos no espaço, formas e relações entre elementos de figuras planas e espaciais pode desenvolver o pensamento geométrico dos alunos. Esse pensamento é necessário para investigar propriedades, fazer conjecturas e produzir argumentos geométricos convincentes. É importante, também, considerar o aspecto funcional que deve estar presente no estudo da Geometria: as transformações geométricas, sobretudo as simetrias. As ideias matemáticas fundamentais associadas a essa temática são, principalmente, construção, representação e interdependência.**

No Ensino Fundamental – **anos iniciais**, espera-se que os alunos identifiquem e estabeleçam pontos de referência para a localização e o deslocamento de objetos, construam representações de espaços conhecidos e estimem distâncias, usando, como suporte, mapas (em papel, tablets ou smartphones), croquis e outras representações. Com relação às formas, espera-se que os alunos indiquem características das formas geométricas tridimensionais e bidimensionais, associem figuras espaciais às suas planificações e vice-versa. Espera-se, também, que nomeiem e comparem polígonos, por meio de propriedades relativas aos lados, vértices e ângulos. O estudo das simetrias deve ser iniciado por meio da manipulação de representações de figuras geométricas planas em quadriculados ou no plano cartesiano, e com recurso de *softwares* de geometria dinâmica.

▷ As medidas quantificam grandezas do mundo físico e são fundamentais para a compreensão da realidade. Assim, a unidade temática **Grandezas e medidas**, ao propor o estudo das medidas e das relações entre elas – ou seja, das relações métricas –, favorece a integração da Matemática a outras áreas de conhecimento, como Ciências (densidade, grandezas e escalas do Sistema Solar, energia elétrica etc.) ou Geografia (coordenadas geográficas, densidade demográfica, escalas de mapas e guias etc.). Essa unidade temática contribui ainda para a consolidação e ampliação da noção de número, a aplicação de noções geométricas e a construção do pensamento algébrico.

Ensino Fundamental – **anos iniciais**, a expectativa é que os alunos reconheçam que medir é comparar uma grandeza com uma unidade e expressar o resultado da comparação por meio de um número. Além disso, devem resolver problemas oriundos de situações cotidianas que envolvem grandezas como comprimento, massa, tempo, temperatura, área (de triângulos e retângulos) e capacidade e volume (de sólidos formados por blocos retangulares), sem uso de fórmulas, recorrendo, quando necessário, a transformações entre unidades de medida padronizadas mais usuais. Espera-se, também, que resolvam problemas sobre situações de compra e venda e desenvolvam, por exemplo, atitudes éticas e responsáveis em relação ao consumo. Sugere-se que esse processo seja iniciado utilizando, preferencialmente, unidades não convencionais para fazer as comparações e medições, o que dá sentido à ação de medir, evitando a ênfase em procedimentos de transformação de unidades convencionais. No entanto é preciso considerar o contexto no qual a escola se encontra: em escolas de regiões agrícolas, por exemplo, as medidas agrárias podem merecer maior atenção em sala de aula.

▷ A incerteza e o tratamento de dados são estudados na unidade temática *Probabilidade e estatística*. Ela propõe a abordagem de conceitos, fatos e procedimentos presentes em muitas situações-problema da vida cotidiana, das ciências e da tecnologia. Assim, todos os cidadãos precisam desenvolver habilidades para coletar, organizar, representar, interpretar e analisar dados em uma variedade de contextos, de maneira a fazer julgamentos bem fundamentados e tomar as decisões adequadas. Isso inclui raciocinar e utilizar conceitos, representações e índices estatísticos para descrever, explicar e predizer fenômenos.

Merece destaque o **uso de tecnologias** – como calculadoras, para avaliar e comparar resultados, e planilhas eletrônicas, que ajudam na construção de gráficos e nos cálculos das medidas de tendência central. A consulta a páginas de institutos de pesquisa – como a do Instituto Brasileiro de Geografia e Estatística (IBGE) – pode oferecer contextos potencialmente ricos não apenas para aprender conceitos e procedimentos estatísticos, mas também para utilizá-los com o intuito de compreender a realidade.

No que concerne ao estudo de noções de probabilidade, a finalidade, no Ensino Fundamental – Anos Iniciais, é promover a compreensão de que nem todos os fenômenos são determinísticos. Para isso, o início da proposta de trabalho com probabilidade está centrado no desenvolvimento da noção de aleatoriedade, de modo que os alunos compreendam que há eventos certos, eventos impossíveis e eventos prováveis. É muito comum que pessoas julguem impossíveis eventos que nunca viram acontecer. Nessa fase, é importante que os alunos verbalizem, em eventos que envolvem o acaso, os resultados que poderiam ter acontecido em oposição ao que realmente aconteceu, iniciando a construção do espaço amostral. No Ensino Fundamental – anos finais, o estudo deve ser ampliado e aprofundado, por meio de atividades nas quais os alunos façam experimentos aleatórios e simulações para confrontar os resultados obtidos com a probabilidade teórica – probabilidade frequente. A progressão dos conhecimentos se faz pelo aprimoramento da capacidade de enumeração dos elementos do espaço amostral, que está associada, também, aos problemas de contagem.

Com relação à estatística, os primeiros passos envolvem o trabalho com a coleta e a organização de dados de uma pesquisa de interesse dos alunos. O planejamento de como fazer a pesquisa ajuda a compreender o papel da estatística no cotidiano dos alunos. Assim, a leitura, a interpretação e a construção de tabelas e gráficos têm papel fundamental, bem como a forma de produção de texto escrito para a comunicação de dados, pois é preciso compreender que o texto deve sintetizar ou justificar as conclusões. No Ensino Fundamental – anos finais, a expectativa é que os alunos saibam planejar e construir relatórios de pesquisas estatísticas descritivas, incluindo medidas de tendência central e construção de tabelas e diversos tipos de gráfico. Esse planejamento inclui a definição de questões relevantes e da população a ser pesquisada, a decisão sobre a necessidade ou não de usar amostra e, quando for o caso, a seleção de seus elementos por meio de uma adequada técnica de amostragem.

Cumpre destacar que os critérios de organização das habilidades na BNCC (com a explicitação dos objetos de conhecimento aos quais se relacionam e do agrupamento desses objetos em unidades temáticas) expressam um arranjo possível (dentre outros). Portanto, os agrupamentos propostos não devem ser tomados como modelo obrigatório para o desenho dos currículos. Essa divisão em unidades temáticas serve tão somente para facilitar a compreensão dos conjuntos de habilidades e de como eles se inter-relacionam. Na elaboração dos currículos e das propostas pedagógicas, devem ser enfatizadas as articulações das habilidades com as de outras áreas do conhecimento, entre as unidades temáticas e no interior de cada uma delas.

Na definição das habilidades, a progressão ano a ano se baseia na compreensão e utilização de novas ferramentas e também na complexidade das situações-problema propostas, cuja resolução exige a execução de mais etapas ou noções de unidades temáticas distintas. Os problemas de contagem, por exemplo, devem, inicialmente, estar restritos àqueles cujas soluções podem ser obtidas pela descrição de todos os casos possíveis, mediante a utilização de esquemas ou diagramas, e, posteriormente, àqueles cuja resolução depende da aplicação dos princípios multiplicativo e aditivo e do princípio da casa dos pombos. Outro exemplo é o da resolução de problemas envolvendo as operações fundamentais, utilizando ou não a linguagem algébrica.

Com base nos recentes documentos curriculares brasileiros, a BNCC leva em conta que os diferentes campos que compõem a Matemática reúnem um conjunto de **ideias fundamentais** que produzem articulações, dentre eles: **equivalência, ordem, proporcionalidade, interdependência, representação, variação** e **aproximação**. Essas ideias fundamentais são importantes para o desenvolvimento do pensamento matemático dos alunos e devem se converter, na escola, em objetos de conhecimento. A proporcionalidade, por exemplo, deve estar presente no estudo de: operações com os números naturais; representação fracionária dos números racionais; áreas; funções; probabilidade etc. Além disso, essa noção também se evidencia em muitas ações cotidianas e de outras áreas do conhecimento, como vendas e trocas mercantis, balanços químicos, representações gráficas etc.

Ensino Fundamental – anos iniciais, deve-se retomar as vivências cotidianas das crianças com números, formas e espaço, e também as experiências desenvolvidas na Educação Infantil, para iniciar uma sistematização dessas noções. Nessa fase, as habilidades matemáticas que os alunos devem desenvolver não podem ficar restritas à aprendizagem dos algoritmos das chamadas "quatro operações", apesar de sua importância. No que diz respeito ao cálculo, é necessário acrescentar, à realização dos algoritmos das operações, a habilidade de efetuar cálculos mentalmente, fazer estimativas, usar calculadora e, ainda, para decidir quando é apropriado usar um ou outro procedimento de cálculo.

Portanto, a BNCC orienta-se pelo pressuposto de que a aprendizagem em Matemática está intrinsecamente relacionada à compreensão, ou seja, à apreensão de significados dos objetos matemáticos, sem deixar de lado suas aplicações. Os significados desses objetos resultam das conexões que os alunos estabelecem entre eles e os demais componentes, entre eles e seu cotidiano e entre os diferentes temas matemáticos. Desse modo, recursos didáticos como malhas quadriculadas, ábacos, jogos, livros, vídeos, calculadoras, planilhas eletrônicas e *softwares* de geometria dinâmica têm um papel essencial para a compreensão e utilização das noções matemáticas. Entretanto esses materiais precisam estar integrados a situações que levem à reflexão e à sistematização, para que se inicie um processo de formalização.

Em todas as unidades temáticas, a delimitação dos objetos de conhecimento e das habilidades considera que as noções matemáticas são retomadas, ampliadas e aprofundadas ano a ano. No entanto é fundamental considerar que a leitura dessas habilidades não seja feita de maneira fragmentada. A compreensão do papel que determinada habilidade representa no conjunto das aprendizagens demanda a compreensão de como ela se conecta com habilidades dos anos anteriores, o que leva à identificação das aprendizagens já consolidadas e em que medida o trabalho para o desenvolvimento da habilidade em questão serve de base para as aprendizagens posteriores. Nesse sentido, é fundamental considerar, por exemplo, que a contagem até 100, proposta no 1º ano, não deve ser interpretada como restrição a ampliações possíveis em cada escola e em cada turma. Afinal, não se pode frear a curiosidade e o entusiasmo pela aprendizagem, tão comum nessa etapa da escolaridade, e muito menos os conhecimentos prévios dos alunos.

Na Matemática escolar, o processo de aprender uma noção em um contexto, abstrair e depois aplicá-la em outro contexto envolve capacidades essenciais, como formular, empregar, interpretar e avaliar – criar, enfim –, e não somente a resolução de enunciados típicos que são, muitas vezes, meros exercícios e apenas simulam alguma aprendizagem. Assim, algumas das habilidades formuladas começam por: "resolver e elaborar problemas envolvendo…". Nessa enunciação está implícito que se pretende não apenas a resolução do problema, mas também que os alunos reflitam e questionem o que ocorreria se algum dado do problema fosse alterado ou se alguma condição fosse acrescida ou retirada. Nessa perspectiva, pretende-se que os alunos também formulem problemas em outros contextos.

A chegada da Base Nacional Comum Curricular (BNCC) se constituiu em uma conquista importante para a elaboração de currículo, a formação de professores, a organização de avaliações diversas e de livros didáticos visando à **equidade da aprendizagem dos alunos** em todas as áreas do conhecimento e componentes curriculares (disciplinas). Não se trata de uniformizar o que os alunos aprenderão, mas sim de criar um **documento normativo que possa auxiliar a que os alunos tenham seus direitos de aprendizagem** garantidos em qualquer escola na qual realizarem seus estudos.

Experiências internacionais, em países que já alcançaram a qualidade e a equidade na Educação Básica, indicam que a clareza daquilo que se espera que os alunos aprendam ao longo da escola, em cada ano e em cada um dos componentes curriculares (disciplinas) que se estuda na escola, auxiliaram e muito nessa conquista. Como as expectativas de aprendizagem estão contidas na BNCC, a aposta é que, sabendo para onde se vai, de fato se chegue lá. Essa expectativa é especialmente alta na Matemática dos anos finais do Ensino Fundamental. Nessa disciplina, 70% dos alunos que finalizam o 9º ano apresentam aprendizagem insuficiente segundo dados do SAEB 2017.

A Matemática e as inovações para o Ensino Fundamental – Anos Finais

Dentre tudo que podemos destacar de inovação no que diz respeito à Matemática, destacamos três aspectos importantes: a meta de fazer com que a escola atue pelo letramento matemático como uma competência a ser desenvolvida pelos alunos ao longo da escolaridade básica, a alteração das áreas temáticas bem como seus focos específicos nos anos finais do Ensino Fundamental, e as implicações que ambas podem trazer para a sala de aula. Vejamos.

Na BNCC, a Matemática tem uma peculiaridade: ela é simultaneamente área de conhecimento e disciplina. Assim, para Matemática há um conjunto de competências esperadas que os alunos desenvolvam ao longo de sua trajetória escolar, bem como, a descrição das habilidades previstas. Isso tudo está organizado separadamente em três grandes blocos: um texto introdutório da área/disciplina, uma descrição das áreas temáticas (anteriormente nomeadas de eixos ou campos) e, finalmente, as tabelas de conceitos e habilidades por ano.

No texto introdutório, o aspecto mais relevante está no compromisso assumido com o desenvolvimento integral do estudante. De fato, há um posicionamento de que a Matemática escolar esteja a serviço do letramento matemático:

> *Definido como as competências e habilidades de raciocinar, representar, comunicar e argumentar matematicamente, de modo a favorecer o estabelecimento de conjecturas, a formulação e a resolução de problemas em uma variedade de contextos, utilizando conceitos, procedimentos, fatos e ferramentas matemáticas. É também o letramento matemático que assegura aos alunos reconhecer que os conhecimentos matemáticos são fundamentais para a compreensão e a atuação no mundo e perceber o caráter de jogo intelectual da matemática, como aspecto que favorece o desenvolvimento do raciocínio lógico e crítico, estimula a investigação e pode ser prazeroso (fruição).* (BRASIL, 2017, p. 266)

A resolução de problemas, a formação do leitor e do escritor em Matemática, o desenvolvimento da capacidade de argumentar e justificar raciocínios são alguns aspectos diretamente relacionados ao letramento matemático que fazem com que a Matemática tenha valor a vida toda. Merece atenção especial ainda a ênfase na investigação, no desenvolvimento de projetos e na modelagem matemática, atividades associadas à resolução de problemas, todas voltadas ao letramento matemático e ao desenvolvimento integral do aluno.

A valorização do letramento matemático e dos processos matemáticos mencionados anteriormente, trazem a primeira implicação para o ensino que você vai desenvolver em suas aulas, ainda que a Base não trate de metodologia. De fato, se há um desejo de que os alunos resolvam problemas, argumentem, aprendam a ler, escrever e falar Matemática, então a aula deve estar pautada por atividades desafiadoras, problematizadoras, que favoreçam o trabalho em grupo, a articulação de pontos de vista e, também, ações de ler, escrever, representar pensamentos e conclusões. Esse é o ponto que merece toda a sua atenção, uma vez que desenvolver competências ou habilidades não se faz pelo conteúdo, mas pela metodologia.

É preciso uma mudança de cultura significativa nas suas aulas. Não se trata mais de primeiro ensinar ou se apresentar o conteúdo para depois aplicá-lo, mas de planejar aulas de investigação e de resolução de situações mais complexas que exigem do aluno mobilização e ação. Enquanto os estudantes apenas veem você resolvendo problemas eles não se tornam "resolvedores de problemas"; se eles não têm oportunidades para investigar uma regularidade, formular suas hipóteses e confrontá-las, sejam elas certas ou não, não desenvolvem habilidades de análise e tomada de decisão, que fazem parte do desenvolvimento integral previsto nas dez competências gerais e nas competências da área de Matemática. Isso ultrapassa muito a ideia de que saber Matemática é apenas dominar o conteúdo.

A forma das aulas, com práticas mais ativas e colaborativas, com muito espaço para o erro e a comunicação de ideias e estratégias de ação, é que permite o desenvolvimento de competências e a aquisição de habilidades. E, para isso, é preciso planejar, ter repertório de recursos e estratégias de ensino para além da aula expositiva; é preciso também conhecer como o aluno aprende e como ele pode ser movido em direção ao conhecimento.

Em suma, a BNCC exige o desenvolvimento profissional dos professores e não apenas o desenvolvimento dos estudantes. Será cada vez mais relevante que você assuma a formação do leitor e do escritor também nas aulas de Matemática e que, ao planejá-las, já preveja que os alunos necessitam se engajar em atividade que sejam possíveis, mas exijam esforço e defesa de pontos de vista para que a argumentação, o raciocínio e as representações sejam priorizadas.

Um segundo ponto de inovação trazido pela Base em Matemática está nas áreas temáticas, cujo desenvolvimento, como previsto no texto que apresenta cada uma delas, deve ser integrado. Se nos Parâmetros Curriculares Nacionais (PCN) tínhamos quatro grandes blocos/eixos/campos, agora temos cinco áreas temáticas: quatro mantidas dos PCN com alguma modificação de nome e outra introduzida pela Base. Assim estão nomeadas as áreas temáticas: Números (incluindo todos os campos numéricos e as operações); Grandezas e medidas; Geometria (antes Espaço e Forma); Probabilidade e Estatística (antes Tratamento da Informação); Álgebra, que aparece desde os anos iniciais.

As aprendizagens esperadas em cada uma dessas áreas, na etapa do Ensino Fundamental, estão organizadas ano a ano garantindo a progressão de complexidade e aprendizagem entre as etapas.

A progressão em Matemática na BNCC precisa ser compreendida em dois sentidos: no mais imediato, temos a progressão da aprendizagem dos conceitos, isto é, espera-se que aquilo que o aluno aprenda em um eixo temático em um ano seja mais simples do que aquilo que ele aprenderá no ano seguinte; um segundo sentido de progressão, mais sutil do que o primeiro, se dá na inter-relação entre as aprendizagens dos conceitos nas diferentes áreas temáticas e o tempo para que isso ocorra. Por isso, um mesmo conceito pode ser explorado ao longo de anos consecutivos (como é o caso das frações e decimais que se iniciam no 4º ano e se prolongam até o 7º ano), ou ainda de modo interligado, como acontece com o estudo dos números reais em relação que é explorado conjuntamente com medidas.

Outro ponto ainda relativo às habilidades que merece destaque é que elas correspondem aos direitos de aprendizagem dos alunos. Podemos ensinar mais, mas não podemos ensinar menos. No entanto, qualquer inserção precisa ser pensada no sentido da progressão que explicitamos aqui. Cabe considerar que a BNCC traz aprendizagens essenciais a todos, e não detalhamentos desnecessários para o ensino e a aprendizagem de Matemática.

Finalmente, há de se dizer que a BNCC não será implementada ano a ano começando pela Educação Infantil. Ela passa a ser implementada a partir de 2019 para toda a Educação Básica até o 9º ano e, a partir de 2020, no Ensino Médio. Como as habilidades traduzem exigentes expectativas, é possível que haja um desencaixe entre aquilo que seus alunos sabem e o que a BNCC prevê que eles aprendam em um ano. Isso poderá exigir algum alinhamento temporário até que toda a transição esteja realizada.

O conhecimento matemático é necessário para todos os alunos da Educação Básica, seja por sua grande aplicação na sociedade contemporânea, seja pelas suas potencialidades na formação de cidadãos críticos, cientes de suas responsabilidades sociais.

A Matemática não se restringe apenas à quantificação de fenômenos determinísticos – contagem, medição de objetos, grandezas – e das técnicas de cálculo com os números e com as grandezas, pois também estuda a incerteza proveniente de fenômenos de caráter aleatório. A Matemática cria sistemas abstratos, que organizam e inter-relacionam fenômenos do espaço, do movimento, das formas e dos números, associados ou não a fenômenos do mundo físico. Esses sistemas contêm ideias e objetos que são fundamentais para a compreensão de fenômenos, a construção de representações significativas e argumentações consistentes nos mais variados contextos.

Apesar de a Matemática ser, por excelência, uma ciência hipotético-dedutiva, porque suas demonstrações se apoiam sobre um sistema de axiomas e postulados, é de fundamental importância também considerar o papel heurístico das experimentações na aprendizagem da Matemática.

No Ensino Fundamental, essa área, por meio da articulação de seus diversos campos – Aritmética, Álgebra, Geometria, Estatística e Probabilidade –, precisa garantir que os alunos relacionem observações empíricas do mundo real a representações (tabelas, figuras e esquemas) e associem essas representações a uma atividade matemática (conceitos e propriedades), fazendo induções e conjecturas. Assim, espera-se que eles desenvolvam a capacidade de identificar oportunidades de utilização da matemática para resolver problemas, aplicando conceitos, procedimentos e resultados para obter soluções e interpretá-las segundo os contextos das situações. A dedução de algumas propriedades e a verificação de conjecturas, a partir de outras, podem ser estimuladas, sobretudo ao final do Ensino Fundamental.

> **Apresentação**
> A matemática na BNCC tem como pressuposto pedagógico a ideia de que todos podem aprender matemática. Assim, a matemática na BNCC propõe o desenvolvimento de competências e habilidades que permitem ao aluno perceber a importância dessa área na vida pessoal e social, bem como ampliar as formas de pensar matematicamente para muito além dos cálculos numéricos
>
> **Quais as principais mudanças para o aluno e o professor?**
>
> **Letramento Matemático**
> A matemática na BNCC traz competências e habilidades ligadas a raciocinar, representar, comunicar e argumentar matematicamente. Aprender Matemática é, também, reconhecer que os conhecimentos matemáticos são fundamentais para a compreensão e atuação no mundo.
>
> **Processos matemáticos**
> A BNCC de matemática propõe processos de resolução de problemas, Investigação, desenvolvimento de projetos e modelagem como formas privilegiadas de desenvolver o letramento matemático. Esses processos, por sua vez, estão ligados às formas de ensinar matemática, pois são, ao mesmo tempo, objeto e estratégia para a apredinzagem da matemática na BNCC.
>
> **Foco na resolução de problemas**
> A BNCC propõe um ensino de matemática que, por meio da resolução de problemas, leve o aluno do Ensino Fundamental a articular os diversos campos da matemática – Aritimética, Álgebra, Geometria, Grandezas e Medidas, Estatística e Probabilidade – e, ainda, a desenvolver a capacidade de agir matematicamente nas mais diversas situações, dentro e fora da escola. O objetivo é ter cada vez mais autonomia para tomar decisões.

1.10.6 letramento matemático

O Ensino Fundamental deve ter compromisso com o desenvolvimento do **letramento matemático**, definido como as competências e habilidades de raciocinar, representar, comunicar e argumentar matematicamente, de modo a favorecer o estabelecimento de conjecturas, a formulação e a resolução de problemas em uma variedade de contextos, utilizando conceitos, procedimentos, fatos e ferramentas matemáticas. É também o letramento matemático que assegura aos alunos reconhecer que os conhecimentos matemáticos são fundamentais para a compreensão e a atuação no mundo e perceber o caráter de jogo intelectual da matemática, como aspecto que favorece o desenvolvimento do raciocínio lógico e crítico, estimula a investigação e pode ser prazeroso (fruição).

O desenvolvimento dessas habilidades está intrinsecamente relacionado a algumas formas de organização da aprendizagem matemática, com base na análise de situações da vida cotidiana, de outras áreas do conhecimento e da própria Matemática. Os **processos matemáticos** de resolução de problemas, de investigação, de desenvolvimento de projetos e da modelagem podem ser citados como formas privilegiadas da atividade matemática, motivo pelo qual são, ao mesmo tempo, objeto e estratégia para a aprendizagem ao longo de todo o Ensino Fundamental. Esses processos de aprendizagem são potencialmente ricos para o desenvolvimento de competências fundamentais para o letramento matemático (raciocínio, representação, comunicação e argumentação) e para o desenvolvimento do pensamento computacional.

Considerando esses pressupostos, e em articulação com as competências gerais da Educação Básica, a área de Matemática e, por consequência, o componente curricular de Matemática devem garantir aos alunos o desenvolvimento de **competências específicas**.

1.10.7 Competências específicas de matemática para o ensino fundamental

> 1 - Reconhecer que a Matemática é uma ciência humana, fruto das necessidades e preocupações de diferentes culturas, em diferentes momentos históricos, e é uma ciência viva, que contribui para solucionar problemas científicos e tecnológicos e para alicerçar descobertas e construções, inclusive com impactos no mundo do trabalho.

> 2 - Desenvolver o raciocínio lógico, o espírito de investigação e a capacidade de produzir argumentos convincentes, recorrendo aos conhecimentos matemáticos para compreender e atuar no mundo.

> 3 - Compreender as relações entre conceitos e procedimentos dos diferentes campos da Matemática (Aritmética, Álgebra, Geometria, Estatística e Probabilidade) e de outras áreas do conhecimento, sentindo segurança quanto à própria capacidade de construir e aplicar conhecimentos matemáticos, desenvolvendo a autoestima e a perseverança na busca de soluções.

> 4 - Fazer observações sistemáticas de aspectos quantitativos e qualitativos presentes nas práticas sociais e culturais, de modo a investigar, organizar, representar e comunicar informações relevantes, para interpretá-las e avaliá-las crítica e eticamente, produzindo argumentos convincentes.

> 5 - Utilizar processos e ferramentas matemáticas, inclusive tecnologias digitais disponíveis, para modelar e resolver problemas cotidianos, sociais e de outras áreas de conhecimento, validando estratégias e resultados.

> 6 - Enfrentar situações-problema em múltiplos contextos, incluindo-se situações imaginadas, não diretamente relacionadas com o aspecto prático-utilitário, expressar suas respostas e sintetizar conclusões, utilizando diferentes registros e linguagens (gráficos, tabelas, esquemas, além de texto escrito na língua materna e outras linguagens para descrever algoritmos, como fluxogramas, e dados).

> 7 - Desenvolver e/ou discutir projetos que abordem, sobretudo, questões de urgência social, com base em princípios éticos, democráticos, sustentáveis e solidários, valorizando a diversidade de opiniões de indivíduos e de grupos sociais, sem preconceitos de qualquer natureza.

> 8 - Interagir com seus pares de forma cooperativa, trabalhando coletivamente no planejamento e desenvolvimento de pesquisas para responder a questionamentos e na busca de soluções para problemas, de modo a identificar aspectos consensuais ou não na discussão de uma determinada questão, respeitando o modo de pensar dos colegas e aprendendo com eles.

1.10.8 Ideias fundamentais

Com base nos recentes documentos curriculares brasileiros, a BNCC leva em conta que os diferentes campos que compõem a Matemática reúnem um conjunto de **ideias fundamentais** que produzem articulações entre eles: **equivalência, ordem, proporcionalidade, interdependência, representação, variação e aproximação**. Essas ideias fundamentais são importantes para o desenvolvimento do pensamento matemático dos alunos e devem se converter, na escola, em objetos de conhecimento. A proporcionalidade, por exemplo, deve estar presente no estudo de: operações com os números naturais; representação fracionária dos números racionais; áreas; funções; probabilidade etc. Além disso, essa noção também se evidencia em muitas ações cotidianas e de outras áreas do conhecimento, como vendas e trocas mercantis, balanços químicos, representações gráficas etc.

1.10.9 Unidades temáticas

Nessa direção, a BNCC propõe cinco **unidades temáticas**, correlacionadas, que orientam a formulação de habilidades a ser desenvolvidas ao longo do Ensino Fundamental. Cada uma delas pode receber ênfase diferente, a depender do ano de escolarização.

A unidade temática **Números** tem como finalidade desenvolver o pensamento numérico, que implica o conhecimento de maneiras de quantificar atributos de objetos e de julgar e interpretar argumentos baseados em quantidades. No processo da construção da noção de número, os alunos precisam desenvolver, entre outras, as ideias de aproximação, proporcionalidade, equivalência e ordem, noções fundamentais da Matemática. Para essa construção, é importante propor, por meio de situações significativas, sucessivas ampliações dos campos numéricos. No estudo desses campos numéricos, devem ser enfatizados registros, usos, significados e operações.

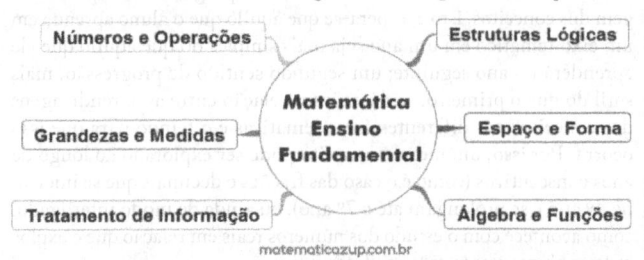

> **Fique ligado**
>
> Ensino Fundamental – **Anos Finais**, a expectativa é a de que os alunos resolvam problemas com números naturais, inteiros e racionais, envolvendo as operações fundamentais, com seus diferentes significados, e utilizando estratégias diversas, com compreensão dos processos neles envolvidos. Para que aprofundem a noção de número, é importante colocá-los diante de problemas, sobretudo os geométricos, nos quais os números racionais não são suficientes para resolvê-los, de modo que eles reconheçam a necessidade de outros números: os irracionais. Os alunos devem dominar também o cálculo de porcentagem, porcentagem de porcentagem, juros, descontos e acréscimos, incluindo o uso de tecnologias digitais. No tocante a esse tema, espera-se que saibam reconhecer, comparar e ordenar números reais, com apoio da relação desses números com pontos na reta numérica. Cabe ainda destacar que o desenvolvimento do pensamento numérico não se completa, evidentemente, apenas com objetos de estudos descritos na unidade Números. Esse pensamento é ampliado e aprofundado quando se discutem situações que envolvem conteúdos das demais unidades temáticas: Álgebra, Geometria, Grandezas e medidas e Probabilidade e estatística.

Outro aspecto a ser considerado nessa unidade temática é o estudo de conceitos básicos de economia e finanças, visando à educação financeira dos alunos. Assim, podem ser discutidos assuntos como taxas de juros, inflação, aplicações financeiras (rentabilidade e liquidez de um investimento) e impostos. Essa unidade temática favorece um estudo interdisciplinar envolvendo as dimensões culturais, sociais, políticas e psicológicas, além da econômica, sobre as questões do consumo, trabalho e dinheiro. É possível, por exemplo, desenvolver um projeto com a História, visando ao estudo do dinheiro e sua função na sociedade, da relação entre dinheiro e tempo, dos impostos em sociedades diversas, do consumo em diferentes momentos históricos, incluindo estratégias atuais de *marketing*. Essas questões, além de promover o desenvolvimento de competências pessoais e sociais dos alunos, podem se constituir em excelentes contextos para as aplicações dos conceitos da Matemática Financeira e também proporcionar contextos para ampliar e aprofundar esses conceitos.

▷ A unidade temática **Álgebra**, por sua vez, tem como finalidade o desenvolvimento de um tipo especial de pensamento – pensamento algébrico – que é essencial para utilizar modelos matemáticos na compreensão, representação e análise de relações quantitativas de grandezas e, também, de situações e estruturas matemáticas, fazendo uso de letras e outros símbolos. Para esse desenvolvimento, é necessário que os alunos identifiquem regularidades e padrões de sequências numéricas e não numéricas, estabeleçam leis matemáticas que expressem a relação de interdependência entre grandezas em diferentes contextos, bem como criar, interpretar e transitar entre as diversas representações gráficas e simbólicas, para resolver problemas por meio de equações e inequações, com compreensão dos procedimentos utilizados. As ideias matemáticas fundamentais vinculadas a essa unidade são: equivalência, variação, interdependência e proporcionalidade. Em síntese, essa unidade temática deve enfatizar o desenvolvimento de uma linguagem, o estabelecimento de generalizações, a análise da interdependência de grandezas e a resolução de problemas por meio de equações ou inequações.

> Ensino Fundamental – Anos Finais, os estudos de Álgebra retomam, aprofundam e ampliam o que foi trabalhado no Ensino Fundamental – Anos Iniciais. Nessa fase, os alunos devem compreender os diferentes significados das variáveis numéricas em uma expressão, estabelecer uma generalização de uma propriedade, investigar a regularidade de uma sequência numérica, indicar um valor desconhecido em uma sentença algébrica e estabelecer a variação entre duas grandezas. É necessário, portanto, que os alunos estabeleçam conexões entre variável e função e entre incógnita e equação. As técnicas de resolução de equações e inequações, inclusive no plano cartesiano, devem ser desenvolvidas como uma maneira de representar e resolver determinados tipos de problema, e não como objetos de estudo em si mesmos.

> Outro aspecto a ser considerado é que a aprendizagem de Álgebra, como também aquelas relacionadas a Números, Geometria e Probabilidade e estatística, podem contribuir para o desenvolvimento do pensamento computacional dos alunos, tendo em vista que eles precisam ser capazes de traduzir uma situação dada em outras linguagens, como transformar situações-problema, apresentadas em língua materna, em fórmulas, tabelas e gráficos e vice-versa.

> Associado ao pensamento computacional, cumpre salientar a importância dos algoritmos e de seus fluxogramas, que podem ser objetos de estudo nas aulas de Matemática. Um algoritmo é uma sequência finita de procedimentos que permite resolver um determinado problema. Assim, o algoritmo é a decomposição de um procedimento complexo em suas partes mais simples, relacionando-as e ordenando-as, e pode ser representado graficamente por um fluxograma. A linguagem algorítmica tem pontos em comum com a linguagem algébrica, sobretudo em relação ao conceito de variável. Outra habilidade relativa à álgebra que mantém estreita relação com o pensamento computacional é a identificação de padrões para se estabelecer generalizações, propriedades e algoritmos.

▷ A **Geometria** envolve o estudo de um amplo conjunto de conceitos e procedimentos necessários para resolver problemas do mundo físico e de diferentes áreas do conhecimento. Assim, nessa unidade temática, estudar posição e deslocamentos no espaço, formas e relações entre elementos de figuras planas e espaciais pode desenvolver o pensamento geométrico dos alunos. Esse pensamento é necessário para investigar propriedades, fazer conjecturas e produzir argumentos geométricos convincentes. É importante, também, considerar o aspecto funcional que deve estar presente no estudo da Geometria: as transformações geométricas, sobretudo as simetrias. As ideias matemáticas fundamentais associadas a essa temática são, principalmente, construção, representação e interdependência.

> No Ensino Fundamental – **Anos Finais**, o ensino de Geometria precisa ser visto como consolidação e ampliação das aprendizagens realizadas. Nessa etapa, devem ser enfatizadas também as tarefas que analisam e produzem transformações e ampliações/reduções de figuras geométricas planas, identificando seus elementos variantes e invariantes, de modo a desenvolver os conceitos de congruência e semelhança. Esses conceitos devem ter destaque nessa fase do Ensino Fundamental, de modo que os alunos sejam capazes de reconhecer as condições necessárias e suficientes para obter triângulos congruentes ou semelhantes e que saibam aplicar esse conhecimento para realizar demonstrações simples, contribuindo para a formação de um tipo de raciocínio importante para a Matemática, o raciocínio hipotético-dedutivo. Outro ponto a ser destacado é a aproximação da Álgebra com a Geometria, desde o início do estudo do plano cartesiano, por meio da geometria analítica. As atividades envolvendo a ideia de coordenadas, já iniciadas no Ensino Fundamental – Anos Iniciais, podem ser ampliadas para o contexto das representações no plano cartesiano, como a representação de sistemas de equações do 1º grau, articulando, para isso, conhecimentos decorrentes da ampliação dos conjuntos numéricos e de suas representações na reta numérica.

Assim, a Geometria não pode ficar reduzida a mera aplicação de fórmulas de cálculo de área e de volume nem a aplicações numéricas imediatas de teoremas sobre relações de proporcionalidade em situações relativas a feixes de retas paralelas cortadas por retas secantes ou do teorema de Pitágoras. A equivalência de áreas, por exemplo, já praticada há milhares de anos pelos mesopotâmios e gregos antigos sem utilizar fórmulas, permite transformar qualquer região poligonal plana em um quadrado com mesma área (é o que os gregos chamavam "fazer a quadratura de uma figura"). Isso permite, inclusive, resolver geometricamente problemas que podem ser traduzidos por uma equação do 2º grau.

▷ As medidas quantificam grandezas do mundo físico e são fundamentais para a compreensão da realidade. Assim, a unidade temática **Grandezas e medidas**, ao propor o estudo das medidas e das relações entre elas – ou seja, das relações métricas –, favorece a integração da Matemática a outras áreas de conhecimento, como Ciências (densidade, grandezas e escalas do Sistema Solar, energia elétrica etc.) ou Geografia (coordenadas geográficas, densidade demográfica, escalas de mapas e guias etc.). Essa unidade temática contribui ainda para a consolidação e ampliação da noção de número, a aplicação de noções geométricas e a construção do pensamento algébrico.

> Ensino Fundamental – **Anos Finais,** a expectativa é a de que os alunos reconheçam comprimento, área, volume e abertura de ângulo como grandezas associadas a figuras geométricas e que consigam resolver problemas envolvendo essas grandezas com o uso de unidades de medida padronizadas mais usuais. Além disso, espera-se que estabeleçam e utilizem relações entre essas grandezas e entre elas e grandezas não geométricas, para estudar grandezas derivadas como densidade, velocidade, energia, potência, entre outras. Nessa fase da escolaridade, os alunos devem determinar expressões de cálculo de áreas de quadriláteros, triângulos e círculos, e as de volumes de prismas e de cilindros. Outro ponto a ser destacado refere-se à introdução de medidas de capacidade de armazenamento de computadores como grandeza associada a demandas da sociedade moderna. Nesse caso, é importante destacar o fato de que os prefixos utilizados para byte (quilo, mega, giga) não estão associados ao sistema de numeração decimal, de base 10, pois um quilobyte, por exemplo, corresponde a 1024 bytes, e não a 1000 bytes.

▷ A incerteza e o tratamento de dados são estudados na unidade temática **Probabilidade e estatística**. Ela propõe a abordagem de conceitos, fatos e procedimentos presentes em muitas situações-problema da vida cotidiana, das ciências e da tecnologia. Assim, todos os cidadãos precisam desenvolver habilidades para coletar, organizar, representar, interpretar e analisar dados em uma variedade de contextos, de maneira a fazer julgamentos bem fundamentados e tomar as decisões adequadas. Isso inclui raciocinar e utilizar conceitos, representações e índices estatísticos para descrever, explicar e predizer fenômenos.

Merece destaque o **uso de tecnologias** – como calculadoras, para avaliar e comparar resultados, e planilhas eletrônicas, que ajudam na construção de gráficos e nos cálculos das medidas de tendência central. A consulta a páginas de institutos de pesquisa – como a do Instituto Brasileiro de Geografia e Estatística (IBGE) – pode oferecer contextos potencialmente ricos não apenas para aprender conceitos e procedimentos estatísticos, mas também para utilizá-los com o intuito de compreender a realidade.

No que concerne ao estudo de noções de probabilidade, a finalidade, no Ensino Fundamental – Anos Iniciais, é promover a compreensão de que nem todos os fenômenos são determinísticos. Para isso, o início da proposta de trabalho com probabilidade está centrado no desenvolvimento da noção de aleatoriedade, de modo que os alunos compreendam que há eventos certos, eventos impossíveis e eventos prováveis. É muito comum que pessoas julguem impossíveis eventos que nunca viram acontecer. Nessa fase, é importante que os alunos verbalizem, em eventos que envolvem o acaso, os resultados que poderiam ter acontecido em oposição ao que realmente aconteceu, iniciando a construção do espaço amostral. No Ensino Fundamental – Anos Finais, o estudo deve ser ampliado e aprofundado, por meio de atividades nas quais os alunos façam experimentos aleatórios e simulações para confrontar os resultados obtidos com a probabilidade teórica – probabilidade frequentista. A progressão dos conhecimentos se faz pelo aprimoramento da capacidade de enumeração dos elementos do espaço amostral, que está associada, também, aos problemas de contagem.

Com relação à estatística, os primeiros passos envolvem o trabalho com a coleta e a organização de dados de uma pesquisa de interesse dos alunos. O planejamento de como fazer a pesquisa ajuda a compreender o papel da estatística no cotidiano dos alunos. Assim, a leitura, a interpretação e a construção de tabelas e gráficos têm papel fundamental, bem como a forma de produção de texto escrito para a comunicação de dados, pois é preciso compreender que o texto deve sintetizar ou justificar as conclusões. No Ensino Fundamental – Anos Finais, a expectativa é que os alunos saibam planejar e construir relatórios de pesquisas estatísticas descritivas, incluindo medidas de tendência central e construção de tabelas e diversos tipos de gráfico. Esse planejamento inclui a definição de questões relevantes e da população a ser pesquisada, a decisão sobre a necessidade ou não de usar amostra e, quando for o caso, a seleção de seus elementos por meio de uma adequada técnica de amostragem.

Cumpre destacar que os critérios de organização das habilidades na BNCC (com a explicitação dos objetos de conhecimento aos quais se relacionam e do agrupamento desses objetos em unidades temáticas) expressam um arranjo possível (dentre outros). Portanto, os agrupamentos propostos não devem ser tomados como modelo obrigatório para o desenho dos currículos. Essa divisão em unidades temáticas serve tão somente para facilitar a compreensão dos conjuntos de habilidades e de como eles se inter-relacionam. Na elaboração dos currículos e das propostas pedagógicas, devem ser enfatizadas as articulações das habilidades com as de outras áreas do conhecimento, entre as unidades temáticas e no interior de cada uma delas.

Na definição das habilidades, a progressão ano a ano se baseia na compreensão e utilização de novas ferramentas e também na complexidade das situações-problema propostas, cuja resolução exige a execução de mais etapas ou noções de unidades temáticas distintas. Os problemas de contagem, por exemplo, devem, inicialmente, estar restritos àqueles cujas soluções podem ser obtidas pela descrição de todos os casos possíveis, mediante a utilização de esquemas ou diagramas, e, posteriormente, àqueles cuja resolução depende da aplicação dos princípios multiplicativo e aditivo e do princípio da casa dos pombos. Outro exemplo é o da resolução de problemas envolvendo as operações fundamentais, utilizando ou não a linguagem algébrica.

Com base nos recentes documentos curriculares brasileiros, a BNCC leva em conta que os diferentes campos que compõem a Matemática reúnem um conjunto de **ideias fundamentais** que produzem articulações entre eles: **equivalência, ordem, proporcionalidade, interdependência, representação, variação** e **aproximação**. Essas ideias fundamentais são importantes para o desenvolvimento do pensamento matemático dos alunos e devem se converter, na escola, em objetos de conhecimento. A proporcionalidade, por exemplo, deve estar presente no estudo de: operações com os números naturais; representação fracionária dos números racionais; áreas; funções; probabilidade etc. Além disso, essa noção também se evidencia em muitas ações cotidianas e de outras áreas do conhecimento, como vendas e trocas mercantis, balanços químicos, representações gráficas etc.

Portanto, a BNCC orienta-se pelo pressuposto de que a aprendizagem em Matemática está intrinsecamente relacionada à compreensão, ou seja, à apreensão de significados dos objetos matemáticos, sem deixar de lado suas aplicações. Os significados desses objetos resultam das conexões que os alunos estabelecem entre eles e os demais componentes, entre eles e seu cotidiano e entre os diferentes temas matemáticos. Desse modo, recursos didáticos como malhas quadriculadas, ábacos, jogos, livros, vídeos, calculadoras, planilhas eletrônicas e *softwares* de geometria dinâmica têm um papel essencial para a compreensão e utilização das noções matemáticas. Entretanto, esses materiais precisam estar integrados a situações que levem à reflexão e à sistematização, para que se inicie um processo de formalização.

Em todas as unidades temáticas, a delimitação dos objetos de conhecimento e das habilidades considera que as noções matemáticas são retomadas, ampliadas e aprofundadas ano a ano. No entanto, é fundamental considerar que a leitura dessas habilidades não seja feita de maneira fragmentada. A compreensão do papel que determinada habilidade representa no conjunto das aprendizagens demanda a compreensão de como ela se conecta com habilidades dos anos anteriores, o que leva à identificação das aprendizagens já consolidadas, e em que medida o trabalho para o desenvolvimento da habilidade em questão serve de base para as aprendizagens posteriores. Nesse sentido, é fundamental considerar, por exemplo, que a contagem até 100, proposta no 1º ano, não deve ser interpretada como restrição a ampliações possíveis em cada escola e em cada turma. Afinal, não se pode frear a curiosidade e o entusiasmo pela aprendizagem, tão comum nessa etapa da escolaridade, e muito menos os conhecimentos prévios dos alunos.

Na Matemática escolar, o processo de aprender uma noção em um contexto, abstrair e depois aplicá-la em outro contexto envolve capacidades essenciais, como formular, empregar, interpretar e avaliar – criar, enfim –, e não somente a resolução de enunciados típicos que são, muitas vezes, meros exercícios e apenas simulam alguma aprendizagem. Assim, algumas das habilidades formuladas começam por: "resolver e elaborar problemas envolvendo...". Nessa enunciação está implícito que se pretende não apenas a resolução do problema, mas também que os alunos reflitam e questionem o que ocorreria se algum dado do problema fosse alterado ou se alguma condição fosse acrescida ou retirada. Nessa perspectiva, pretende-se que os alunos também formulem problemas em outros contextos.

1.10.10 Ciências da natureza

A sociedade contemporânea está fortemente organizada com base no desenvolvimento científico e tecnológico. Da metalurgia, que produziu ferramentas e armas, passando por máquinas e motores automatizados, até os atuais *chips* semicondutores, ciência e tecnologia vêm se desenvolvendo de forma integrada com os modos de vida que as diversas sociedades humanas organizaram ao longo da história.

No entanto, o mesmo desenvolvimento científico e tecnológico que resulta em novos ou melhores produtos e serviços também pode promover desequilíbrios na natureza e na sociedade.

Para debater e tomar posição sobre alimentos, medicamentos, combustíveis, transportes, comunicações, contracepção, saneamento e manutenção da vida na Terra, entre muitos outros temas, são imprescindíveis tanto conhecimentos éticos, políticos e culturais quanto científicos. Isso por si só já justifica, na educação formal, a presença da área de Ciências da Natureza, e de seu compromisso com a formação integral dos alunos.

Portanto, ao longo do Ensino Fundamental, a área de Ciências da Natureza tem um compromisso com o desenvolvimento do **letramento científico**, que envolve a capacidade de compreender e interpretar o mundo (natural, social e tecnológico), mas também de transformá-lo com base nos aportes teóricos e processuais das ciências.

Em outras palavras, apreender ciência não é a finalidade última do letramento, mas, sim, o desenvolvimento da capacidade de atuação no e sobre o mundo, importante ao exercício pleno da cidadania.

Nessa perspectiva, a área de Ciências da Natureza, por meio de um olhar articulado de diversos campos do saber, precisa assegurar aos alunos do Ensino Fundamental o acesso à diversidade de **conhecimentos científicos** produzidos ao longo da história, bem como a aproximação gradativa aos principais **processos, práticas** e **procedimentos da investigação científica**.

Espera-se, desse modo, possibilitar que esses alunos tenham um novo olhar sobre o mundo que os cerca, como também façam escolhas e intervenções conscientes e pautadas nos princípios da sustentabilidade e do bem comum.

Para tanto, é imprescindível que eles sejam progressivamente estimulados e apoiados no planejamento e na realização cooperativa de atividades investigativas, bem como no compartilhamento dos resultados dessas investigações. Isso não significa realizar atividades seguindo, necessariamente, um conjunto de etapas predefinidas, tampouco se restringir à mera manipulação de objetos ou realização de experimentos em laboratório.

Ao contrário, pressupõe organizar as situações de aprendizagem partindo de questões que sejam desafiadoras e, reconhecendo a diversidade cultural, estimulem o interesse e a curiosidade científica dos alunos e possibilitem definir problemas, levantar, analisar e representar resultados; comunicar conclusões e propor intervenções.

Dessa forma, o processo investigativo deve ser entendido como elemento central na formação dos estudantes, em um sentido mais amplo, e cujo desenvolvimento deve ser atrelado a situações didáticas planejadas ao longo de toda a educação básica, de modo a possibilitar aos alunos revisitar de forma reflexiva seus conhecimentos e sua compreensão acerca do mundo em que vivem. Sendo assim, o ensino de Ciências deve promover situações nas quais os alunos possam:

Definição de problemas	• Observar o mundo a sua volta e fazer perguntas. • Analisar demandas, delinear problemas e planejar investigações. • Propor hipóteses.
Levantamento, análise e representação	• Planejar e realizar atividades de campo (experimentos, observações, leituras, visitas, ambientes virtuais etc.). • Desenvolver e utilizar ferramentas, inclusive digitais, para coleta, análise e representação de dados (imagens, esquemas, tabelas, gráficos, quadros, diagramas, mapas, modelos, representações de sistemas, fluxogramas, mapas conceituais, simulações, aplicativos etc.). • Avaliar informação (validade, coerência e adequação ao problema formulado). • Elaborar explicações e/ou modelos. • Associar explicações e/ou modelos à evolução histórica dos conhecimentos científicos envolvidos. • Selecionar e construir argumentos com base em evidências, modelos e/ou conhecimentos científicos. • Aprimorar seus saberes e incorporar, gradualmente, e de modo significativo, o conhecimento científico. • Desenvolver soluções para problemas cotidianos usando diferentes ferramentas, inclusive digitais.
Comunicação	• Organizar e/ou extrapolar conclusões. • Relatar informações de forma oral, escrita ou multimodal. • Apresentar, de forma sistemática, dados e resultados de investigações. • Participar de discussões de caráter científico com colegas, professores, familiares e comunidade em geral. • Considerar contra-argumentos para rever processos investigativos e conclusões.
Intervenção	• Implementar soluções e avaliar sua eficácia para resolver problemas cotidianos. • Desenvolver ações de intervenção para melhorar a qualidade de vida individual, coletiva e socioambiental.

Competências específicas de ciências da natureza para o ensino fundamental

▷ Compreender as Ciências da Natureza como empreendimento humano, e o conhecimento científico como provisório, cultural e histórico.

▷ Compreender conceitos fundamentais e estruturas explicativas das Ciências da Natureza, bem como dominar processos, práticas e procedimentos da investigação científica, de modo a sentir segurança no debate de questões científicas, tecnológicas, socioambientais e do mundo do trabalho, continuar aprendendo e colaborar para a construção de uma sociedade justa, democrática e inclusiva.

▷ Analisar, compreender e explicar características, fenômenos e processos relativos ao mundo natural, social e tecnológico (incluindo o digital), como também as relações que se estabelecem entre eles, exercitando a curiosidade para fazer perguntas, buscar respostas e criar soluções (inclusive tecnológicas) com base nos conhecimentos das Ciências da Natureza.

▷ Avaliar aplicações e implicações políticas, socioambientais e culturais da ciência e de suas tecnologias para propor alternativas aos desafios do mundo contemporâneo, incluindo aqueles relativos ao mundo do trabalho.

▷ Construir argumentos com base em dados, evidências e informações confiáveis e negociar e defender ideias e pontos de vista que promovam a consciência socioambiental e o respeito a si próprio e ao outro, acolhendo e valorizando a diversidade de indivíduos e de grupos sociais, sem preconceitos de qualquer natureza.

▷ Utilizar diferentes linguagens e tecnologias digitais de informação e comunicação para se comunicar, acessar e disseminar informações, produzir conhecimentos e resolver problemas das Ciências da Natureza de forma crítica, significativa, reflexiva e ética.

▷ Conhecer, apreciar e cuidar de si, do seu corpo e bem-estar, compreendendo-se na diversidade humana, fazendo-se respeitar e respeitando o outro, recorrendo aos conhecimentos das Ciências da Natureza e às suas tecnologias.

▷ Agir pessoal e coletivamente com respeito, autonomia, responsabilidade, flexibilidade, resiliência e determinação, recorrendo aos conhecimentos das Ciências da Natureza para tomar decisões frente a questões científico-tecnológicas e socioambientais e a respeito da saúde individual e coletiva, com base em princípios éticos, democráticos, sustentáveis e solidários.

Unidades temáticas

Ao estudar Ciências, as pessoas aprendem a respeito de si mesmas, da diversidade e dos processos de evolução e manutenção da vida, do mundo material – com os seus recursos naturais, suas transformações e fontes de energia –, do nosso planeta no Sistema Solar e no Universo e da aplicação dos conhecimentos científicos nas várias esferas da vida humana.

BNCC – BASE NACIONAL COMUM CURRICULAR

Há três **unidades temáticas** que se repetem ao longo de todo o Ensino Fundamental.

A unidade temática **Matéria e energia** contempla o estudo de materiais e suas transformações, fontes e tipos de energia utilizados na vida em geral, na perspectiva de construir conhecimento sobre a natureza da matéria e os diferentes usos da energia.

Dessa maneira, nessa unidade estão envolvidos estudos referentes à ocorrência, à utilização e ao processamento de recursos naturais e energéticos empregados na geração de diferentes tipos de energia e na produção e no uso responsável de materiais diversos. Discute-se, também, a perspectiva histórica da apropriação humana desses recursos, com base, por exemplo, na identificação do uso de materiais em diferentes ambientes e épocas e sua relação com a sociedade e a tecnologia.

Nos anos iniciais, as crianças já se envolvem com uma série de objetos, materiais e fenômenos em sua vivência diária e na relação com o entorno. Tais experiências são o ponto de partida para possibilitar a construção das primeiras noções sobre os materiais, seus usos e suas propriedades, bem como sobre suas interações com luz, som, calor, eletricidade e umidade, entre outros elementos. Além de prever a construção coletiva de propostas de reciclagem e reutilização de materiais, estimula-se ainda a construção de hábitos saudáveis e sustentáveis por meio da discussão acerca dos riscos associados à integridade física e à qualidade auditiva e visual. Espera-se também que os alunos possam reconhecer a importância, por exemplo, da água, em seus diferentes estados, para a agricultura, o clima, a conservação do solo, a geração de energia elétrica, a qualidade do ar atmosférico e o equilíbrio dos ecossistemas.

Em síntese, valorizam-se, nessa fase, os elementos mais concretos e os ambientes que os cercam (casa, escola e bairro), oferecendo aos alunos a oportunidade de interação, compreensão e ação no seu entorno.

A unidade temática **Vida e evolução** propõe o estudo de questões relacionadas aos seres vivos (incluindo os seres humanos), suas características e necessidades, e a vida como fenômeno natural e social, os elementos essenciais à sua manutenção e à compreensão dos processos evolutivos que geram a diversidade de formas de vida no planeta. Estudam-se características dos ecossistemas destacando-se as interações dos seres vivos com outros seres vivos e com os fatores não vivos do ambiente, com destaque para as interações que os seres humanos estabelecem entre si e com os demais seres vivos e elementos não vivos do ambiente. Abordam-se, ainda, a importância da preservação da biodiversidade e como ela se distribui nos principais ecossistemas brasileiros.

▷ Nos anos iniciais, as características dos seres vivos são trabalhadas a partir das ideias, representações, disposições emocionais e afetivas que os alunos trazem para a escola. Esses saberes dos alunos vão sendo organizados a partir de observações orientadas, com ênfase na compreensão dos seres vivos do entorno, como também dos elos nutricionais que se estabelecem entre eles no ambiente natural.

Outro foco dessa unidade é a percepção de que o corpo humano é um todo dinâmico e articulado, e que a manutenção e o funcionamento harmonioso desse conjunto dependem da integração entre as funções específicas desempenhadas pelos diferentes sistemas que o compõem. Além disso, destacam-se aspectos relativos à saúde, compreendida não somente como um estado de equilíbrio dinâmico do corpo, mas como um bem da coletividade, abrindo espaço para discutir o que é preciso para promover a saúde individual e coletiva, inclusive no âmbito das políticas públicas.

▷ Nos anos iniciais, pretende-se que, em continuidade às abordagens na Educação Infantil, as crianças ampliem os seus conhecimentos e apreço pelo seu corpo, identifiquem os cuidados necessários para a manutenção da saúde e integridade do organismo e desenvolvam atitudes de respeito e acolhimento pelas diferenças individuais, tanto no que diz respeito à diversidade étnico-cultural quanto em relação à inclusão de alunos da educação especial.

Pretende-se que os estudantes, ao terminarem o Ensino Fundamental, estejam aptos a compreender a organização e o funcionamento de seu corpo, assim como a interpretar as modificações físicas e emocionais que acompanham a adolescência e a reconhecer o impacto que elas podem ter na autoestima e na segurança de seu próprio corpo. É também fundamental que tenham condições de assumir o protagonismo na escolha de posicionamentos que representem autocuidado com seu corpo e respeito com o corpo do outro, na perspectiva do cuidado integral à saúde física, mental, sexual e reprodutiva. Além disso, os estudantes devem ser capazes de compreender o papel do Estado e das políticas públicas (campanhas de vacinação, programas de atendimento à saúde da família e da comunidade, investimento em pesquisa, campanhas de esclarecimento sobre doenças e vetores, entre outros) no desenvolvimento de condições propícias à saúde.

Na unidade temática **Terra e Universo**, busca-se a compreensão de características da Terra, do Sol, da Lua e de outros corpos celestes – suas dimensões, composição, localizações, movimentos e forças que atuam entre eles. Ampliam-se experiências de observação do céu, do planeta Terra, particularmente das zonas habitadas pelo ser humano e demais seres vivos, bem como de observação dos principais fenômenos celestes. Além disso, ao salientar que a construção dos conhecimentos sobre a Terra e o céu se deu de diferentes formas em distintas culturas ao longo da história da humanidade, explora-se a riqueza envolvida nesses conhecimentos, o que permite, entre outras coisas, maior valorização de outras formas de conceber o mundo, como os conhecimentos próprios dos povos indígenas originários.

Assim, ao abranger com maior detalhe características importantes para a manutenção da vida na Terra, como o efeito estufa e a camada de ozônio, espera-se que os estudantes possam compreender também alguns fenômenos naturais como vulcões, *tsunamis* e terremotos, bem como aqueles mais relacionados aos padrões de circulação atmosférica e oceânica e ao aquecimento desigual causado pela forma e pelos movimentos da Terra, em uma perspectiva de maior ampliação de conhecimentos relativos à evolução da vida e do planeta, ao clima e à previsão do tempo, entre outros fenômenos.

▷ Os estudantes dos anos iniciais se interessam com facilidade pelos objetos celestes, muito por conta da exploração e valorização dessa temática pelos meios de comunicação, brinquedos, desenhos animados e livros infantis. Dessa forma, a intenção é aguçar ainda mais a curiosidade das crianças pelos fenômenos naturais e desenvolver o pensamento espacial a partir das experiências cotidianas de observação do céu e dos fenômenos a elas relacionados. A sistematização dessas observações e o uso adequado dos sistemas de referência permitem a identificação de fenômenos e regularidades que deram à humanidade, em diferentes culturas, maior autonomia na regulação da agricultura, na conquista de novos espaços, na construção de calendários etc.

A partir de uma compreensão mais aprofundada da Terra, do Sol e de sua evolução, da nossa galáxia e das ordens de grandeza envolvidas, espera-se que os alunos possam refletir sobre a posição da Terra e da espécie humana no Universo.

▷ Essas três unidades temáticas devem ser consideradas sob a perspectiva da continuidade das aprendizagens e da integração com seus objetos de conhecimento ao longo dos anos de escolarização. Portanto, é fundamental que elas não se desenvolvam isoladamente.

Essa integração se evidencia quando temas importantes como a sustentabilidade socioambiental, o ambiente, a saúde e a tecnologia são desenvolvidos nas três unidades temáticas. Por exemplo, para que o estudante compreenda saúde de forma abrangente, e não relacionada apenas ao seu próprio corpo, é necessário que ele seja estimulado a pensar em saneamento básico, geração de energia, impactos ambientais, além da ideia de que medicamentos são substâncias sintéticas que atuam no funcionamento do organismo.

De forma similar, a compreensão do que seja sustentabilidade pressupõe que os alunos, além de entenderem a importância da biodiversidade para a manutenção dos ecossistemas e do equilíbrio dinâmico socioambiental, sejam capazes de avaliar hábitos de consumo que envolvam recursos naturais e artificiais e identifiquem relações dos processos atmosféricos, geológicos, celestes e sociais com as condições necessárias para a manutenção da vida no planeta.

Dessa forma, é importante salientar os múltiplos papéis desempenhados pela relação ciência-tecnologia-sociedade na vida moderna e na vida do planeta Terra como elementos centrais no posicionamento e na tomada de decisões frente aos desafios éticos, culturais, políticos e socioambientais.

▷ As unidades temáticas estão estruturadas em um conjunto de habilidades cuja complexidade cresce progressivamente ao longo dos anos. Essas habilidades mobilizam conhecimentos conceituais, linguagens e alguns dos principais processos, práticas e procedimentos de investigação envolvidos na dinâmica da construção de conhecimentos na ciência.

Antes de iniciar sua vida escolar, as crianças já convivem com fenômenos, transformações e aparatos tecnológicos em seu dia a dia. Além disso, na Educação Infantil, como proposto na BNCC, elas têm a oportunidade de explorar ambientes e fenômenos e também a relação com seu próprio corpo e bem-estar, em todos os campos de experiências.

Assim, ao iniciar o Ensino Fundamental, os alunos possuem vivências, saberes, interesses e curiosidades sobre o mundo natural e tecnológico que devem ser valorizados e mobilizados. Esse deve ser o ponto de partida de atividades que assegurem a eles construir conhecimentos sistematizados de Ciências, oferecendo-lhes elementos para que compreendam desde fenômenos de seu ambiente imediato até temáticas mais amplas.

Nesse sentido, não basta que os conhecimentos científicos sejam apresentados aos alunos. É preciso oferecer oportunidades para que eles, de fato, envolvam-se em processos de aprendizagem nos quais possam vivenciar momentos de investigação que lhes possibilitem exercitar e ampliar sua curiosidade, aperfeiçoar sua capacidade de observação, de raciocínio lógico e de criação, desenvolver posturas mais colaborativas e sistematizar suas primeiras explicações sobre o mundo natural e tecnológico e sobre seu corpo, sua saúde e seu bem-estar, tendo como referência os conhecimentos, as linguagens e os procedimentos próprios das Ciências da Natureza.

É necessário destacar que, em especial nos dois primeiros anos da escolaridade básica, em que se investe prioritariamente no processo de alfabetização das crianças, as habilidades de Ciências buscam propiciar um contexto adequado para a ampliação dos contextos de letramento.

1.10.11 Geografia

A área de Ciências Humanas contribui para que os alunos desenvolvam a cognição *in situ*, ou seja, levando em conta a contextualização marcada pelas noções de tempo e espaço, conceitos fundamentais da área. Cognição e contexto são, assim, categorias elaboradas conjuntamente, em meio a circunstâncias históricas específicas, nas quais a diversidade humana deve ganhar especial destaque, com vistas ao acolhimento da diferença. O raciocínio espaço-temporal baseia-se na ideia de que o ser humano produz o espaço em que vive, apropriando-se dele em determinada circunstância histórica. A capacidade de identificação dessa circunstância impõe-se como condição para que o ser humano compreenda, interprete e avalie os significados das ações realizadas no passado ou no presente, o que o torna responsável tanto pelo saber produzido quanto pelo controle dos fenômenos naturais e históricos dos quais é agente.

A **abordagem das relações espaciais** e o consequente desenvolvimento do raciocínio espaço-temporal no ensino de Ciências Humanas devem favorecer a compreensão, pelos alunos, dos tempos sociais e da natureza e de suas relações com os espaços. A exploração das noções de espaço e tempo deve se dar por meio de diferentes linguagens, de forma a permitir que os alunos se tornem produtores e leitores de mapas dos mais variados lugares vividos, concebidos e percebidos.

Na **análise geográfica,** os espaços percebidos, concebidos e vividos não são lineares. Portanto, é necessário romper com essa concepção para possibilitar uma leitura geo-histórica dos fatos e uma análise com abordagens históricas, sociológicas e espaciais (geográficas) simultâneas. Retomar o sentido dos espaços percebidos, concebidos e vividos nos permite reconhecer os objetos, os fenômenos e os lugares distribuídos no território e compreender os diferentes olhares para os arranjos desses objetos nos planos espaciais.

Embora o **tempo, o espaço e o movimento** sejam categorias básicas na área de Ciências Humanas, não se pode deixar de valorizar também a crítica sistemática à ação humana, às relações sociais e de poder e, especialmente, à produção de conhecimentos e saberes, frutos de diferentes circunstâncias históricas e espaços geográficos. O ensino de Geografia e História, ao estimular os alunos a desenvolver uma melhor compreensão do mundo, não só favorece o desenvolvimento autônomo de cada indivíduo, como também os torna aptos a uma intervenção mais responsável no mundo em que vivem.

As Ciências Humanas devem, assim, estimular uma **formação ética**, elemento fundamental para a formação das novas gerações, auxiliando os alunos a construir um **sentido de responsabilidade** para valorizar: os direitos humanos; o respeito ao ambiente e à própria coletividade; o fortalecimento de valores sociais, tais como a solidariedade, a participação e o protagonismo voltados para o bem comum e, sobretudo, a preocupação com as desigualdades sociais. Cabe, ainda, às Ciências Humanas cultivar a formação de alunos intelectualmente autônomos, com capacidade de articular categorias de pensamento histórico e geográfico em face de seu próprio tempo, percebendo as experiências humanas e refletindo sobre elas, com base na diversidade de pontos de vista. Os conhecimentos específicos na área de Ciências Humanas exigem clareza na definição de um conjunto de objetos de conhecimento que favoreçam o desenvolvimento de habilidades e que aprimorem a capacidade de os alunos pensarem diferentes culturas e sociedades, em seus tempos históricos, territórios e paisagens (compreendendo melhor o Brasil, sua diversidade regional e territorial).

Ademais, os conhecimentos em Ciências Humanas levam os alunos a refletir sobre sua inserção singular e responsável na história da sua família, comunidade, nação e mundo. Ao longo de toda a Educação Básica, o ensino das Ciências Humanas deve promover explorações sociocognitivas, afetivas e lúdicas capazes de potencializar sentidos e experiências com saberes sobre a pessoa, o mundo social e a natureza. Dessa maneira, a área contribui para o adensamento de conhecimentos sobre a participação no mundo social e a reflexão sobre questões sociais, éticas e políticas, fortalecendo a formação dos alunos e o desenvolvimento da autonomia intelectual, bases para uma atuação crítica e orientada por valores democráticos. Desde a Educação Infantil, os alunos expressam percepções simples, mas bem definidas, de sua vida familiar, seus grupos e seus espaços de convivência. No cotidiano, por exemplo, desenham familiares, identificam relações de parentesco, reconhecem a si mesmos em fotos (classificando-as como antigas ou recentes), guardam datas e fatos, sabem a hora de dormir e de ir para a escola, negociam horários, fazem relatos orais e revisitam o passado por meio de jogos, cantigas e brincadeiras ensinadas pelos mais velhos. Com essas experiências, começam a levantar hipóteses e a se posicionar sobre determinadas situações.

No decorrer do Ensino Fundamental, os procedimentos de investigação em Ciências Humanas devem contribuir para que os alunos desenvolvam a capacidade de observação de diferentes indivíduos, situações e objetos que trazem à tona dinâmicas sociais em razão de sua própria natureza (tecnológica, morfológica, funcional). A Geografia e a História, ao longo dessa etapa, trabalham o reconhecimento do Eu e o sentimento de pertencimento dos alunos à vida da família e da comunidade.

No **Ensino Fundamental – Anos Iniciais**, é importante valorizar e problematizar as vivências e experiências individuais e familiares trazidas pelos alunos, por meio do lúdico, de trocas, da escuta e de falas sensíveis, nos diversos ambientes educativos (bibliotecas, pátio, praças, parques, museus, arquivos, entre outros). Essa abordagem privilegia o trabalho de campo, as entrevistas, a observação e o desenvolvimento

BNCC – BASE NACIONAL COMUM CURRICULAR

de análises e de argumentações, de modo a potencializar descobertas e estimular o pensamento criativo e crítico. É nessa fase que os alunos começam a desenvolver procedimentos de investigação em Ciências Humanas, como a pesquisa sobre diferentes fontes documentais, a observação e o registro – de paisagens, fatos, acontecimentos e depoimentos – e o estabelecimento de comparações. Esses procedimentos são fundamentais para que compreendam a si mesmos e àqueles que estão em seu entorno, suas histórias de vida e as diferenças dos grupos sociais com os quais se relacionam. O processo de aprendizagem deve levar em conta, de forma progressiva, a escola, a comunidade, o Estado e o país. É importante também que os alunos percebam as relações com o ambiente e a ação dos seres humanos sobre o mundo que os cerca, refletindo sobre os significados dessas relações. Nesse período, o desenvolvimento da capacidade de observação e de compreensão dos componentes da paisagem contribui para a articulação do espaço vivido com o tempo vivido. O vivido é aqui considerado como espaço biográfico, que se relaciona com as experiências dos alunos em seus lugares de vivência.

Na passagem para o Ensino Fundamental – Anos Finais, os alunos vivenciam diversas mudanças biológicas, psicológicas, sociais e emocionais. Eles ampliam suas descobertas em relação a si próprios e às suas relações com grupos sociais, tornando-se mais autônomos para cuidar de si e do mundo ao seu redor.

No **Ensino Fundamental – Anos Iniciais**, o desenvolvimento da percepção está voltado para o reconhecimento do Eu, do Outro e do Nós, no **Ensino Fundamental – Anos Finais** é possível analisar os indivíduos como atores inseridos em um mundo em constante movimento de objetos e populações e com exigência de constante comunicação.

Nesse contexto, faz-se necessário o desenvolvimento de habilidades voltadas para o uso concomitante de diferentes linguagens (oral, escrita, cartográfica, estética, técnica etc.). Por meio delas, torna-se possível o diálogo, a comunicação e a socialização dos indivíduos, condição necessária tanto para a resolução de conflitos quanto para um convívio equilibrado entre diferentes povos e culturas. O desafio é grande, exigindo capacidade para responder de maneira crítica, propositiva e ética aos conflitos impostos pela história.

Progressivamente, ao longo do Ensino Fundamental – Anos Finais, o ensino favorece uma ampliação das perspectivas e, portanto, de variáveis, tanto do ponto de vista espacial quanto temporal. Isso permite aos alunos identificar, comparar e conhecer o mundo, os espaços e as paisagens com mais detalhes, complexidade e espírito crítico, criando condições adequadas para o conhecimento de outros lugares, sociedades e temporalidades históricas. Nessa fase, as noções de temporalidade, espacialidade e diversidade são abordadas em uma perspectiva mais complexa, que deve levar em conta a perspectiva dos direitos humanos. Essa é uma questão complexa, que envolve a compreensão do conceito de Estado e dos mecanismos institucionais dos quais as diferentes sociedades dispõem para fazer justiça e criar um novo campo republicano de direitos. Portanto, o desafio não está apenas no campo da produção e reprodução de uma memória histórica, mas nos questionamentos com vistas a uma posição ética dos indivíduos em relação ao passado e ao presente. Vários temas decorrem dessa reflexão, tais como a interculturalidade e a valorização das diferenças, em meio a um intenso movimento das populações e dos direitos civis.

Competências específicas

Considerando esses pressupostos, e em articulação com as competências gerais da Educação Básica, a área de Ciências Humanas deve garantir aos alunos o desenvolvimento de algumas competências específicas.

▷ Compreender a si e ao outro como identidades diferentes, de forma a exercitar o respeito à diferença em uma sociedade plural e promover os direitos humanos.

▷ Analisar o mundo social, cultural e digital e o meio técnico-científico-informacional com base nos conhecimentos das Ciências Humanas, considerando suas variações de significado no tempo e no espaço, para intervir em situações do cotidiano e se posicionar diante de problemas do mundo contemporâneo.

▷ Identificar, comparar e explicar a intervenção do ser humano na natureza e na sociedade, exercitando a curiosidade e propondo ideias e ações que contribuam para a transformação espacial, social e cultural, de modo a participar efetivamente das dinâmicas da vida social.

▷ Interpretar e expressar sentimentos, crenças e dúvidas com relação a si mesmo, aos outros e às diferentes culturas, com base nos instrumentos de investigação das Ciências Humanas, promovendo o acolhimento e a valorização da diversidade de indivíduos e de grupos sociais, seus saberes, identidades, culturas e potencialidades, sem preconceitos de qualquer natureza.

▷ Comparar eventos ocorridos simultaneamente no mesmo espaço e em espaços variados, e eventos ocorridos em tempos diferentes no mesmo espaço e em espaços variados.

▷ Construir argumentos, com base nos conhecimentos das Ciências Humanas, para negociar e defender ideias e opiniões que respeitem e promovam os direitos humanos e a consciência socioambiental, exercitando a responsabilidade e o protagonismo voltados para o bem comum e a construção de uma sociedade justa, democrática e inclusiva.

▷ Utilizar as linguagens cartográfica, gráfica e iconográfica e diferentes gêneros textuais e tecnologias digitais de informação e comunicação no desenvolvimento do raciocínio espaço-temporal relacionado a localização, distância, direção, duração, simultaneidade, sucessão, ritmo e conexão.

Raciocínio geográfico

Estudar Geografia é uma oportunidade para compreender o mundo em que se vive, na medida em que esse componente curricular aborda as ações humanas construídas nas distintas sociedades existentes nas diversas regiões do planeta. Ao mesmo tempo, a educação geográfica contribui para a formação do conceito de identidade, expresso de diferentes formas: na compreensão perceptiva da paisagem, que ganha significado à medida que, ao observá-la, nota-se a vivência dos indivíduos e da coletividade; nas relações com os lugares vividos; nos costumes que resgatam a nossa memória social; na identidade cultural; e na consciência de que somos sujeitos da história, distintos uns dos outros e, por isso, convictos das nossas diferenças.

Para fazer a leitura do mundo em que vivem, com base nas aprendizagens em Geografia, os alunos precisam ser estimulados a pensar espacialmente, desenvolvendo o raciocínio geográfico. O pensamento espacial está associado ao desenvolvimento intelectual que integra conhecimentos não somente da Geografia, mas também de outras áreas (como Matemática, Ciência, Arte e Literatura). Essa interação visa à resolução de problemas que envolvem mudanças de escala, orientação e direção de objetos localizados na superfície terrestre, efeitos de distância, relações hierárquicas, tendências à centralização e à dispersão, efeitos da proximidade e vizinhança etc.

O **raciocínio geográfico**, uma maneira de exercitar o pensamento espacial, aplica determinados princípios (Quadro 1) para compreender aspectos fundamentais da realidade: a localização e a distribuição dos fatos e fenômenos na superfície terrestre, o ordenamento territorial, as conexões existentes entre componentes físico-naturais e as ações antrópicas.

Essa é a grande contribuição da Geografia aos alunos da Educação Básica: desenvolver o pensamento espacial, estimulando o raciocínio geográfico para representar e interpretar o mundo em permanente transformação e relacionando componentes da sociedade e da natureza. Para tanto, é necessário assegurar a apropriação de conceitos para o domínio do conhecimento fatual (com destaque para os acontecimentos que podem ser observados e localizados no tempo e no espaço) e para o exercício da cidadania.

Ao utilizar corretamente os conceitos geográficos, mobilizando o pensamento espacial e aplicando procedimentos de pesquisa e análise das informações geográficas, os alunos podem reconhecer: a desigualdade dos usos dos recursos naturais pela população mundial; o impacto da distribuição territorial em disputas geopolíticas; e a desigualdade socioeconômica da população mundial em diferentes contextos urbanos e rurais. Desse modo, a aprendizagem da Geografia favorece o reconhecimento da diversidade étnico-racial e das diferenças dos grupos sociais, com base em princípios éticos (respeito à diversidade e combate ao preconceito e à violência de qualquer natureza). Ela também estimula a capacidade de empregar o raciocínio geográfico para pensar e resolver problemas gerados na vida cotidiana, condição fundamental para o desenvolvimento das competências gerais previstas na BNCC.

Nessa direção, a BNCC está organizada com base nos **principais conceitos** da Geografia contemporânea, diferenciados por níveis de complexidade. Embora o **espaço** seja o conceito mais amplo e complexo da Geografia, é necessário que os alunos dominem outros conceitos mais operacionais e que expressam aspectos diferentes do espaço geográfico: **território, lugar, região, natureza** e **paisagem**.

O conceito de espaço é inseparável do conceito de tempo e ambos precisam ser pensados articuladamente como um processo. Assim como para a História, o tempo é para a Geografia uma construção social, que se associa à memória e às identidades sociais dos sujeitos. Do mesmo modo, os tempos da natureza não podem ser ignorados, pois marcam a memória da Terra e as transformações naturais que explicam as atuais condições do meio físico natural. Assim, pensar a temporalidade das ações humanas e das sociedades por meio da relação tempo-espaço representa um importante e desafiador processo na aprendizagem de Geografia.

Para isso, é preciso superar a aprendizagem com base apenas na descrição de informações e fatos do dia a dia, cujo significado restringe-se apenas ao contexto imediato da vida dos sujeitos. A ultrapassagem dessa condição meramente descritiva exige o domínio de conceitos e generalizações. Estes permitem novas formas de ver o mundo e de compreender, de maneira ampla e crítica, as múltiplas relações que conformam a realidade, de acordo com o aprendizado do conhecimento da ciência geográfica.

Para dar conta desse desafio, o componente Geografia da BNCC foi dividido em cinco **unidades temáticas** comuns ao longo do Ensino Fundamental, em uma progressão das habilidades.

▷ Na unidade temática **O sujeito e seu lugar no mundo**, focalizam-se as noções de pertencimento e identidade. No Ensino Fundamental – Anos Iniciais, busca-se ampliar as experiências com o espaço e o tempo vivenciadas pelas crianças em jogos e brincadeiras na Educação Infantil, por meio do aprofundamento de seu conhecimento sobre si mesmas e de sua comunidade, valorizando-se os contextos mais próximos da vida cotidiana. Espera-se que as crianças percebam e compreendam a dinâmica de suas relações sociais e étnico-raciais, identificando-se com a sua comunidade e respeitando os diferentes contextos socioculturais. Ao tratar do conceito de espaço, estimula-se o desenvolvimento das relações espaciais topológicas, projetivas e euclidianas, além do raciocínio geográfico, importantes para o processo de alfabetização cartográfica e a aprendizagem com as várias linguagens (formas de representação e pensamento espacial).

Além disso, pretende-se possibilitar que os estudantes construam sua identidade relacionando-se com o outro (sentido de alteridade); valorizem as suas memórias e marcas do passado vivenciadas em diferentes lugares; e, à medida que se alfabetizam, ampliem a sua compreensão do mundo. Em continuidade, no Ensino Fundamental – Anos Finais, procura-se expandir o olhar para a relação do sujeito com contextos mais amplos, considerando temas políticos, econômicos e culturais do Brasil e do mundo. Dessa forma, o estudo da Geografia constitui-se em uma busca do lugar de cada indivíduo no mundo, valorizando a sua individualidade e, ao mesmo tempo, situando-o em uma categoria mais ampla de sujeito social: a de cidadão ativo, democrático e solidário. Enfim, cidadãos produtos de sociedades localizadas em determinado tempo e espaço, mas também produtores dessas mesmas sociedades, com sua cultura e suas normas.

▷ Em **Conexões e escalas**, a atenção está na articulação de diferentes espaços e escalas de análise, possibilitando que os alunos compreendam as relações existentes entre fatos nos níveis local e global. Portanto, no decorrer do Ensino Fundamental, os alunos precisam compreender as interações multiescalares existentes entre sua vida familiar, seus grupos e espaços de convivência e as interações espaciais mais complexas. A conexão é um princípio da Geografia que estimula a compreensão do que ocorre entre os componentes da sociedade e do meio físico natural. Ela também analisa o que ocorre entre quaisquer elementos que constituem um conjunto na superfície terrestre e que explicam um lugar na sua totalidade. Conexões e escalas explicam os arranjos das paisagens, a localização e a distribuição de diferentes fenômenos e objetos técnicos, por exemplo.

Dessa maneira, desde o Ensino Fundamental – Anos Iniciais, as crianças compreendem e estabelecem as interações entre sociedade e meio físico natural. No decorrer desse processo, os alunos devem aprender a considerar as escalas de tempo e as periodizações históricas, importantes para a compreensão da produção do espaço geográfico em diferentes sociedades e épocas.

▷ **Em Mundo do trabalho, abordam-se, no Ensino Fundamental – Anos Iniciais, os processos e as técnicas construtivas e o uso de diferentes materiais produzidos pelas sociedades em diversos tempos. São igualmente abordadas as características das inúmeras atividades e suas funções socioeconômicas nos setores da economia e os processos produtivos agroindustriais, expressos em distintas cadeias produtivas. No Ensino Fundamental – Anos Finais, essa unidade temática ganha relevância:** incorpora-se o processo de produção do espaço agrário e industrial em sua relação entre campo e cidade, destacando-se as alterações provocadas pelas novas tecnologias no setor produtivo, fator desencadeador de mudanças substanciais nas relações de trabalho, na geração de emprego e na distribuição de renda em diferentes escalas. A Revolução Industrial, a revolução técnico-científico-informacional e a urbanização devem ser associadas às alterações no mundo do trabalho. Nesse sentido, os alunos terão condição de compreender as mudanças que ocorreram no mundo do trabalho em variados tempos, escalas e processos históricos, sociais e étnico-raciais.

▷ Na unidade temática **Formas de representação e pensamento espacial**, além da ampliação gradativa da concepção de o que é um mapa e de outras formas de representação gráfica, são reunidas aprendizagens que envolvem o raciocínio geográfico. Espera-se que, no decorrer do Ensino Fundamental, os alunos tenham domínio da leitura e elaboração de mapas e gráficos, iniciando-se na alfabetização cartográfica. Fotografias, mapas, esquemas, desenhos, imagens de satélites, audiovisuais, gráficos, entre outras alternativas, são frequentemente utilizados no componente curricular. Quanto mais diversificado for o trabalho com linguagens, maior o repertório construído pelos alunos, ampliando a produção de sentidos na leitura de mundo. Compreender as particularidades de cada linguagem, em suas potencialidades e em suas limitações, conduz ao reconhecimento dos produtos dessas linguagens não como verdades, mas como possibilidades.

No Ensino Fundamental – Anos Iniciais, os alunos começam, por meio do exercício da localização geográfica, a desenvolver o pensamento espacial, que gradativamente passa a envolver outros princípios metodológicos do raciocínio geográfico, como os de localização, extensão, correlação, diferenciação e analogia espacial. No Ensino Fundamental – Anos Finais, espera-se que os alunos consigam ler, comparar e elaborar diversos tipos de mapas temáticos, assim como as mais diferentes representações utilizadas como ferramentas da análise espacial. Essa, aliás, deve ser uma preocupação norteadora do trabalho com mapas em Geografia. Eles devem, sempre que possível, servir de suporte para o repertório que faz parte do raciocínio geográfico, fugindo do ensino do mapa pelo mapa, como fim em si mesmo.

▷ Na unidade temática **Natureza, ambientes e qualidade de vida**, busca-se a unidade da geografia, articulando geografia física e geografia humana, com destaque para a discussão dos processos físico-naturais do planeta Terra. No Ensino Fundamental – Anos Iniciais, destacam-se as noções relativas à percepção do meio físico natural e de seus recursos. Com isso, os alunos podem reconhecer de que forma as diferentes comunidades transformam a natureza, tanto em relação às inúmeras possibilidades de uso ao transformá-la em recursos quanto aos impactos socioambientais delas provenientes. No Ensino Fundamental – Anos Finais, essas noções ganham dimensões conceituais mais complexas, de modo a levar os estudantes a estabelecer relações mais elaboradas, conjugando natureza, ambiente e atividades antrópicas em distintas escalas e dimensões socioeconômicas e políticas. Dessa maneira, torna-se possível a eles conhecer os fundamentos naturais do planeta e as transformações impostas pelas atividades humanas na dinâmica físico-natural, inclusive no contexto urbano e rural.

Em todas essas unidades, destacam-se aspectos relacionados ao **exercício da cidadania** e à aplicação de conhecimentos da Geografia diante de situações e problemas da vida cotidiana, tais como: estabelecer regras de convivência na escola e na comunidade; discutir propostas de ampliação de espaços públicos e propor ações de intervenção na realidade, tudo visando à melhoria da coletividade e do bem comum.

No Ensino Fundamental – Anos Iniciais, as crianças devem ser desafiadas a reconhecer e comparar as realidades de diversos lugares de vivência, assim como suas semelhanças e diferenças socioespaciais, e a identificar a presença ou ausência de equipamentos públicos e serviços básicos essenciais (como transporte, segurança, saúde e educação). No Ensino Fundamental – Anos Finais, espera-se que os alunos compreendam os processos que resultaram na desigualdade social, assumindo a responsabilidade de transformação da atual realidade, fundamentando suas ações em princípios democráticos, solidários e de justiça. Dessa maneira, possibilita-se o entendimento do que é Geografia, com base nas práticas espaciais, que dizem respeito às ações espacialmente localizadas de cada indivíduo, considerado como agente social concreto. Ao observar e analisar essas ações, visando a interesses individuais (práticas espaciais), espera-se que os alunos estabeleçam relações de alteridade e de modo de vida em diferentes tempos.

Assim, com o aprendizado de Geografia, os estudantes têm a oportunidade de trabalhar com conceitos que sustentam ideias plurais de natureza, território e territorialidade. Dessa forma, eles podem construir uma base de conhecimentos que incorpora os segmentos sociais culturalmente diferenciados e também os diversos tempos e ritmos naturais.

Essa dimensão conceitual permite que os alunos desenvolvam aproximações e compreensões sobre os saberes científicos – a respeito da natureza, do território e da territorialidade, por exemplo – presentes nas situações cotidianas. Quanto mais um cidadão conhece os elementos físico-naturais e sua apropriação e produção, mais pode ser protagonista autônomo de melhores condições de vida. Trata-se, nessa unidade temática, de desenvolver o conceito de ambiente na perspectiva geográfica, o que se fundamenta na transformação da natureza pelo trabalho humano. Não se trata de transferir o conhecimento científico para o escolar, mas, por meio dele, permitir a compreensão dos processos naturais e da produção da natureza na sociedade capitalista. Nesse sentido, ao compreender o contexto da natureza vivida e apropriada pelos processos socioeconômicos e culturais, os alunos constroem criticidade, fator fundamental de autonomia para a vida fora da escola.

Para tanto, a abordagem dessas unidades temáticas deve ser realizada integradamente, uma vez que a **situação geográfica** não é apenas um pedaço do território, uma área contínua, mas um conjunto de relações. Portanto, a análise de situação resulta da busca de características fundamentais de um lugar na sua relação com outros lugares. Assim, ao se estudarem os objetos de aprendizagem de Geografia, a ênfase do aprendizado é na posição relativa dos objetos no espaço e no tempo, o que exige a compreensão das características de um lugar (localização, extensão, conectividade, entre outras), resultantes das relações com outros lugares. Por causa disso, o entendimento da situação geográfica, pela sua natureza, é o procedimento para o estudo dos objetos de aprendizagem pelos alunos. Em uma mesma atividade a ser desenvolvida pelo professor, os alunos podem mobilizar, ao mesmo tempo, diversas habilidades de diferentes unidades temáticas.

Cumpre destacar que os critérios de organização das habilidades na BNCC (com a explicitação dos objetos de conhecimento aos quais se relacionam e do agrupamento desses objetos em unidades temáticas) expressam um arranjo possível (dentre outros). Portanto, os agrupamentos propostos não devem ser tomados como modelo obrigatório para o desenho dos currículos.

Considerando esses pressupostos, e em articulação com as competências gerais da Educação Básica e com as competências específicas da área de Ciências Humanas, o componente curricular de Geografia também deve garantir aos alunos o desenvolvimento de **competências específicas**.

Competências específicas de geografia para o ensino fundamental

▷ Utilizar os conhecimentos geográficos para entender a interação sociedade/natureza e exercitar o interesse e o espírito de investigação e de resolução de problemas.

▷ Estabelecer conexões entre diferentes temas do conhecimento geográfico, reconhecendo a importância dos objetos técnicos para a compreensão das formas como os seres humanos fazem uso dos recursos da natureza ao longo da história.

▷ Desenvolver autonomia e senso crítico para compreensão e aplicação do raciocínio geográfico na análise da ocupação humana e produção do espaço, envolvendo os princípios de analogia, conexão, diferenciação, distribuição, extensão, localização e ordem.

▷ Desenvolver o pensamento espacial, fazendo uso das linguagens cartográficas e iconográficas, de diferentes gêneros textuais e das geotecnologias para a resolução de problemas que envolvam informações geográficas.

▷ Desenvolver e utilizar processos, práticas e procedimentos de investigação para compreender o mundo natural, social, econômico, político e o meio técnico-científico e informacional, avaliar ações e propor perguntas e soluções (inclusive tecnológicas) para questões que requerem conhecimentos científicos da Geografia.

▷ Construir argumentos com base em informações geográficas, debater e defender ideias e pontos de vista que respeitem e promovam a consciência socioambiental e o respeito à biodiversidade e ao outro, sem preconceitos de qualquer natureza.

▷ Agir pessoal e coletivamente com respeito, autonomia, responsabilidade, flexibilidade, resiliência e determinação, propondo ações sobre as questões socioambientais, com base em princípios éticos, democráticos, sustentáveis e solidários.

No contexto da aprendizagem do Ensino Fundamental – Anos Iniciais, será necessário considerar o que as crianças aprenderam na Educação Infantil.

O estudo da Geografia permite atribuir sentidos às dinâmicas das relações entre pessoas e grupos sociais, e desses com a natureza, nas atividades de trabalho e lazer. É importante, na faixa etária associada a essa fase do Ensino Fundamental, o desenvolvimento da capacidade de leitura por meio de fotos, desenhos, plantas, maquetes e as mais diversas representações. Assim, os alunos desenvolvem a percepção e o domínio do espaço.

Nessa fase, é fundamental que os alunos consigam saber e responder algumas questões a respeito de si, das pessoas e dos objetos: Onde se localiza? Por que se localiza? Como se distribui? Quais são as características socioespaciais? Essas perguntas mobilizam as crianças a pensar sobre a localização de objetos e das pessoas no mundo, permitindo que compreendam seu lugar no mundo.

"Onde se localiza?" é uma indagação que as leva a mobilizar o pensamento espacial e as informações geográficas para interpretar as paisagens e compreender os fenômenos socioespaciais, tendo na alfabetização cartográfica um importante encaminhamento.

"Por que se localiza?" permite a orientação e a aplicação do pensamento espacial em diferentes lugares e escalas de análise.

"Como se distribui?" é uma pergunta que remete ao princípio geográfico de diferenciação espacial, que estimula os alunos a entender o ordenamento territorial e a paisagem, estabelecendo relações entre os conceitos principais da Geografia.

"Quais são as características socioespaciais?" permite que reconheçam a dinâmica da natureza e a interferência humana na superfície terrestre, conhecendo os lugares e estabelecendo conexões entre eles, sejam locais, regionais ou mundiais, além de contribuir para a percepção das temáticas ambientais.

A ênfase nos lugares de vivência, dada no Ensino Fundamental – Anos Iniciais, oportuniza o desenvolvimento de noções de pertencimento, localização, orientação e organização das experiências e vivências em diferentes locais.

Essas noções são fundamentais para o trato com os conhecimentos geográficos. Mas o aprendizado não deve ficar restrito apenas aos lugares de vivência. Outros conceitos articuladores, como paisagem, região e território, vão se integrando e ampliando as escalas de análise.

De maneira geral, na abordagem dos objetos de conhecimento, é necessário garantir o estabelecimento de relações entre conceitos e fatos que possibilitem o conhecimento da dinâmica do meio físico, social, econômico e político. Dessa forma, deve-se garantir aos alunos a compreensão das características naturais e culturais nas diferentes sociedades e lugares do seu entorno, incluindo a noção espaço-tempo.

Assim, é imprescindível que os alunos identifiquem a presença e a sociodiversidade de culturas indígenas, afro-brasileiras, quilombolas, ciganas e dos demais povos e comunidades tradicionais para compreender suas características socioculturais e suas territorialidades. Do mesmo modo, é necessário que eles diferenciem os lugares de vivência e compreendam a produção das paisagens e a inter-relação entre elas, como o campo/cidade e o urbano/rural, no que tange aos aspectos políticos, sociais, culturais, étnico-raciais e econômicos.

Essas aprendizagens servem de base para o desenvolvimento de atitudes, procedimentos e elaborações conceituais que potencializam o reconhecimento e a construção das identidades e a participação em diferentes grupos sociais.

Esse processo de aprendizado abre caminhos para práticas de estudo provocadoras e desafiadoras, em situações que estimulem a curiosidade, a reflexão e o protagonismo. Pautadas na observação, nas experiências diretas, no desenvolvimento de variadas formas de expressão, registro e problematização, essas práticas envolvem, especialmente, o trabalho de campo.

Nessa fase final do Ensino Fundamental, pretende-se garantir a continuidade e a progressão das aprendizagens do Ensino Fundamental – anos iniciais em níveis crescentes de complexidade da compreensão conceitual a respeito da produção do espaço. Para tanto, é preciso que os alunos ampliem seus conhecimentos sobre o uso do espaço em diferentes situações geográficas regidas por normas e leis historicamente instituídas, compreendendo a transformação do espaço em território usado – espaço da ação concreta e das relações desiguais de poder, considerando também o espaço virtual proporcionado pela rede mundial de computadores e das geotecnologias. Desenvolvendo a análise em diferentes escalas, espera-se que os estudantes demonstrem capacidade não apenas de visualização, mas que relacionem e entendam espacialmente os fatos e fenômenos, os objetos técnicos e o ordenamento do território usado.

▷ No 6º ano, propõe-se a retomada da identidade sociocultural, do reconhecimento dos lugares de vivência e da necessidade do estudo sobre os diferentes e desiguais usos do espaço, para uma tomada de consciência sobre a escala da interferência humana no planeta. Aborda-se também o desenvolvimento de conceitos estruturantes do meio físico natural, destacadamente, as relações entre os fenômenos no decorrer dos tempos da natureza e as profundas alterações ocorridas no tempo social. Ambas são responsáveis pelas significativas transformações do meio e pela produção do espaço geográfico, fruto da ação humana sobre o planeta e sobre seus elementos reguladores.

Trata-se, portanto, de compreender o conceito de natureza; as disputas por recursos e territórios que expressam conflitos entre os modos de vida das sociedades originárias e/ou tradicionais; e o avanço do capital, todos retratados na paisagem local e representados em diferentes linguagens, dentre elas o mapa temático. O entendimento dos conceitos de paisagem e transformação é necessário para que os alunos compreendam o processo de evolução dos seres humanos e das diversas formas de ocupação espacial em diferentes épocas. Nesse sentido, espera-se que eles compreendam o papel de diferentes povos e civilizações na produção do espaço e na transformação da interação sociedade/natureza.

▷ No 7º ano, os objetos de conhecimento abordados partem da formação territorial do Brasil, sua dinâmica sociocultural, econômica e política. Objetiva-se o aprofundamento e a compreensão dos conceitos de Estado-nação e formação territorial, e também dos que envolvem a dinâmica físico-natural, sempre articulados às ações humanas no uso do território. Espera-se que os alunos compreendam e relacionem as possíveis conexões existentes entre os componentes físico-naturais e as múltiplas escalas de análise, como também entendam o processo socioespacial da formação territorial do Brasil e analisem as transformações no federalismo brasileiro e os usos desiguais do território.

Nesse contexto, as discussões relativas à formação territorial contribuem para a aprendizagem a respeito da formação da América Latina, em especial da América portuguesa, que são apresentadas no contexto do estudo da geografia brasileira. Ressalta-se que o conceito de região faz parte das situações geográficas que necessitam ser desenvolvidas para o entendimento da formação territorial brasileira.

▷ Nos dois últimos anos do Ensino Fundamental – anos finais, o estudo da Geografia se concentra no espaço mundial. Para isso, parte da compreensão de que, na realidade atual, a divisão internacional do trabalho e a distribuição da riqueza tornaram-se muito mais fluídas e complexas do ponto de vista das interações espaciais e das redes de interdependência em diferentes escalas. Por esse motivo, no estudo dos países de diferentes continentes (América, Europa, Ásia, África e Oceania), são tematizadas as dimensões da política, da cultura e da economia.

Nessa direção, explora-se, no 8º ano, uma análise mais profunda dos conceitos de território e região, por meio dos estudos da América e da África. Pretende-se, com as possíveis análises, que os estudantes possam compreender a formação dos Estados Nacionais e as implicações na ocupação e nos usos do território americano e africano. As relações entre como ocorreram as ocupações e as formações territoriais dos países podem ser analisadas por meio de comparações, por exemplo, de países africanos com países latino-americanos, inserindo, nesse contexto, o processo socioeconômico brasileiro. Destaca-se também a relevância do estudo da América do Norte, com ênfase no papel dos Estados Unidos da América na economia do pós-guerra e em sua participação na geopolítica mundial na contemporaneidade. Nos estudos regionais, sejam da América, sejam da África, as informações geográficas são fundamentais para analisar geoespacialmente os dados econômicos, culturais e socioambientais – tais como: GINI, IDH, saneamento básico, moradia, dentre outros –, comparando-os com eventos de pequenas e grandes magnitudes, como terremotos, *tsunamis* e desmoronamentos devidos a chuvas intensas e falta da cobertura vegetal. Considera-se que os estudantes precisam conhecer as diferentes concepções dos usos dos territórios, tendo como referência diferentes contextos sociais, geopolíticos e ambientais, por meio de conceitos como: classe social, modo de vida, paisagem e elementos físicos naturais, que contribuem para uma aprendizagem mais significativa, estimulando o entendimento das abordagens complexas da realidade, incluindo a leitura de representações cartográficas e a elaboração de mapas e croquis.

▷ Por fim, no 9º ano é dada atenção para a constituição da nova (des)ordem mundial e a emergência da globalização/mundialização, assim como suas consequências. Por conta do estudo do papel da Europa na dinâmica econômica e política, é necessário abordar a visão de mundo do ponto de vista do Ocidente, especialmente dos países europeus, desde a expansão marítima e comercial, consolidando o Sistema Colonial em diferentes regiões do mundo. É igualmente importante abordar outros pontos de vista, seja o dos países asiáticos na sua relação com o Ocidente, seja o dos colonizados, com destaque para o papel econômico e cultural da China, do Japão, da Índia e do Oriente Médio. Entender a dimensão sociocultural e geopolítica da Eurásia na formação e constituição do Estado Moderno e nas disputas territoriais possibilita uma aprendizagem com ênfase no processo geo-histórico, ampliando e aprofundando as análises geopolíticas, por meio das situações geográficas que contextualizam os temas da geografia regional.

Espera-se, assim, que o estudo da Geografia no Ensino Fundamental – anos finais possa contribuir para o delineamento do projeto de vida dos jovens alunos, de modo que eles compreendam a produção social do espaço e a transformação do espaço em território usado. Anseia-se, também, que entendam o papel do Estado-nação em um período histórico cuja inovação tecnológica é responsável por grandes transformações socioespaciais, acentuando ainda mais a necessidade de conjecturarem as alternativas de uso do território e as possibilidades de seus próprios projetos para o futuro. Espera-se, também, que nesses estudos sejam utilizadas diferentes representações cartográficas e linguagens para que os estudantes possam, por meio delas, entender o território, as territorialidades e o ordenamento territorial em diferentes escalas de análise.

1.10.12 História

Todo conhecimento sobre o passado é também um conhecimento do presente elaborado por distintos sujeitos. O historiador indaga com vistas a identificar, analisar e compreender os significados de diferentes objetos, lugares, circunstâncias, temporalidades, movimentos de pessoas, coisas e saberes. As perguntas e as elaborações de hipóteses variadas fundam não apenas os marcos de memória, mas também as diversas formas narrativas, ambos expressão do tempo, do caráter social e da prática da produção do conhecimento histórico.

As questões que nos levam a pensar a História como um saber necessário para a formação das crianças e jovens na escola são as originárias do tempo presente. O passado que deve impulsionar a dinâmica do ensino-aprendizagem no Ensino Fundamental é aquele que dialoga com o tempo atual.

A relação passado/presente não se processa de forma automática, pois exige o conhecimento de referências teóricas capazes de trazer inteligibilidade aos objetos históricos selecionados. Um objeto só se torna documento quando apropriado por um narrador que a ele confere sentido, tornando-o capaz de expressar a dinâmica da vida das sociedades. Portanto, o que nos interessa no conhecimento histórico é perceber a forma como os indivíduos construíram, com diferentes linguagens, suas narrações sobre o mundo em que viveram e vivem, suas instituições e organizações sociais. Nesse sentido, "O historiador não faz o documento falar: é o historiador quem fala e a explicitação de seus critérios e procedimentos é fundamental para definir o alcance de sua fala. Toda operação com documentos, portanto, é de natureza retórica.".

A história não emerge como um dado ou um acidente que tudo explica: ela é a correlação de forças, de enfrentamentos e da batalha para a produção de sentidos e significados, que são constantemente reinterpretados por diferentes grupos sociais e suas demandas – o que, consequentemente, suscita outras questões e discussões.

O exercício do "fazer história", de indagar, é marcado, inicialmente, pela constituição de um sujeito. Em seguida, amplia-se para o conhecimento de um "Outro", às vezes semelhante, muitas vezes diferente.

Depois, alarga-se ainda mais em direção a outros povos, com seus usos e costumes específicos. Por fim, parte-se para o mundo, sempre em movimento e transformação. Em meio a inúmeras combinações dessas variáveis – do Eu, do Outro e do Nós –, inseridas em tempos e espaços específicos, indivíduos produzem saberes que os tornam mais aptos para enfrentar situações marcadas pelo conflito ou pela conciliação.

Entre os saberes produzidos, destaca-se a capacidade de comunicação e diálogo, instrumento necessário para o respeito à pluralidade cultural, social e política, bem como para o enfrentamento de circunstâncias marcadas pela tensão e pelo conflito. A lógica da palavra, da argumentação, é aquela que permite ao sujeito enfrentar os problemas e propor soluções com vistas à superação das contradições políticas, econômicas e sociais do mundo em que vivemos.

Para se pensar o ensino de História, é fundamental considerar a utilização de diferentes fontes e tipos de documento (escritos, iconográficos, materiais, imateriais) capazes de facilitar a compreensão da relação tempo e espaço e das relações sociais que os geraram. Os registros e vestígios das mais diversas naturezas (mobiliário, instrumentos de trabalho, música etc.) deixados pelos indivíduos carregam em si mesmos a experiência humana, as formas específicas de produção, consumo e circulação, tanto de objetos quanto de saberes. Nessa dimensão, o objeto histórico transforma-se em exercício, em laboratório da memória voltado para a produção de um saber próprio da história.

A utilização de objetos materiais pode auxiliar o professor e os alunos a colocar em questão o significado das coisas do mundo, estimulando a produção do conhecimento histórico em âmbito escolar. Por meio dessa prática, docentes e discentes poderão desempenhar o papel de agentes do processo de ensino e aprendizagem, assumindo, ambos, uma "atitude historiadora" diante dos conteúdos propostos, no âmbito de um processo adequado ao Ensino Fundamental.

Os **processos** de identificação, comparação, contextualização, interpretação e análise de um objeto estimulam o pensamento.

De que material é feito o objeto em questão? Como é produzido? Para que serve? Quem o consome? Seu significado se alterou no tempo e no espaço? Como cada indivíduo descreve o mesmo objeto? Os procedimentos de análise utilizados são sempre semelhantes ou não? Por quê? Essas perguntas auxiliam a **identificação** de uma questão ou objeto a ser estudado.

Diferentes formas de percepção e interação com um mesmo objeto podem favorecer uma melhor compreensão da história, das mudanças ocorridas no tempo, no espaço e, especialmente, nas relações sociais. O pilão, por exemplo, serviu para preparar a comida e, posteriormente, transformou-se em objeto de decoração. Que significados o pilão carrega? Que sociedade o produziu? Quem o utilizava e o utiliza? Qual era a sua utilidade na cozinha? Que novos significados lhe são atribuídos? Por quê?

A **comparação** em história faz ver melhor o Outro. Se o tema for, por exemplo, pintura corporal, a comparação entre pinturas de povos indígenas originários e de populações urbanas pode ser bastante esclarecedora quanto ao funcionamento das diferentes sociedades. Indagações sobre, por exemplo, as origens das tintas utilizadas, os instrumentos para a realização da pintura e o tempo de duração dos desenhos no corpo esclarecem sobre os deslocamentos necessários para a obtenção de tinta, as classificações sociais sugeridas pelos desenhos ou, ainda, a natureza da comunicação contida no desenho corporal. Por meio de uma outra linguagem, por exemplo, a matemática, podemos comparar para ver melhor semelhanças e diferenças, elaborando gráficos e tabelas, comparando quantidades e proporções (mortalidade infantil, renda, postos de trabalho etc.) e, também, analisando possíveis desvios das informações contidas nesses gráficos e tabelas.

A **contextualização** é uma tarefa imprescindível para o conhecimento histórico. Com base em níveis variados de exigência, das operações mais simples às mais elaboradas, os alunos devem ser instigados a aprender a contextualizar. Saber localizar momentos e lugares específicos de um evento, de um discurso ou de um registro das atividades humanas é tarefa fundamental para evitar atribuição de sentidos e significados não condizentes com uma determinada época, grupo social, comunidade ou território. Portanto, os estudantes devem identificar, em um contexto, o momento em que uma circunstância histórica é analisada e as condições específicas daquele momento, inserindo o evento em um quadro mais amplo de referências sociais, culturais e econômicas.

Distinguir contextos e localizar processos, sem deixar de lado o que é particular em uma dada circunstância, é uma habilidade necessária e enriquecedora. Ela estimula a percepção de que povos e sociedades, em tempos e espaços diferentes, não são tributários dos mesmos valores e princípios da atualidade.

O exercício da **interpretação** – de um texto, de um objeto, de uma obra literária, artística ou de um mito – é fundamental na formação do pensamento crítico. Exige observação e conhecimento da estrutura do objeto e das suas relações com modelos e formas (semelhantes ou diferentes) inseridas no tempo e no espaço. Interpretações variadas sobre um mesmo objeto tornam mais clara, explícita, a relação sujeito/objeto e, ao mesmo tempo, estimulam a identificação das hipóteses levantadas e dos argumentos selecionados para a comprovação das diferentes proposições. Um exemplo claro são as pinturas de El Greco. Para alguns especialistas, tratam-se de obras que abandonam as exigências de nitidez e harmonia típicas de uma gramática acadêmica renascentista com a qual o pintor quis romper; para outros, tais características são resultado de estrabismo ou astigmatismo do olho direito do pintor.

O exercício da interpretação também permite compreender o significado histórico de uma cronologia e realizar o exercício da composição de outras ordens cronológicas. Essa prática explicita a dialética da inclusão e da exclusão e dá visibilidade ao seguinte questionamento: "O que torna um determinado evento um marco histórico?". Entre os debates que merecem ser enunciados, destacam-se as dicotomias entre Ocidente e Oriente e os modelos baseados na sequência temporal de surgimento, auge e declínio. Ambos pretendem dar conta de explicações para questões históricas complexas. De um lado, a longa existência de tensões (sociais, culturais, religiosas, políticas e econômicas) entre sociedades ocidentais e orientais; de outro, a busca pela compreensão dos modos de organização das várias sociedades que se sucederam ao longo da história.

A **análise** é uma habilidade bastante complexa porque pressupõe problematizar a própria escrita da história e considerar que, apesar do esforço de organização e de busca de sentido, trata-se de uma atividade em que algo sempre escapa. Segundo Hannah Arendt[48], trata-se de um saber lidar com o mundo, fruto de um processo iniciado ao nascer e que só se completa com a morte. Nesse sentido, ele é impossível de ser concluído e incapaz de produzir resultados finais, exigindo do sujeito uma compreensão estética e, principalmente, ética do objeto em questão.

Nesse contexto, um dos importantes objetivos de História no Ensino Fundamental é estimular a **autonomia de pensamento** e a capacidade de reconhecer que **os indivíduos agem de acordo com a época e o lugar nos quais vivem**, de forma a preservar ou transformar seus hábitos e condutas. A percepção de que existe uma grande diversidade de sujeitos e histórias estimula o pensamento crítico, a autonomia e a formação para a cidadania.

A busca de autonomia também exige reconhecimento das **bases da epistemologia da História**, a saber: a **natureza compartilhada do sujeito e do objeto de conhecimento**, o conceito de **tempo histórico** em seus diferentes ritmos e durações, a concepção de **documento** como suporte das relações sociais, as várias **linguagens** por meio das quais o ser humano se apropria do mundo. Enfim, percepções capazes de responder aos desafios da prática historiadora presente dentro e fora da sala de aula.

Todas essas considerações de ordem teórica devem considerar a experiência dos alunos e professores, tendo em vista a realidade social e o universo da comunidade escolar, bem como seus referenciais históricos, sociais e culturais. Ao promover a diversidade de análises e proposições, espera-se que os alunos construam as próprias interpretações, de forma fundamentada e rigorosa. Convém destacar as temáticas voltadas para a diversidade cultural e para as múltiplas configurações identitárias, destacando-se as abordagens relacionadas à história dos povos indígenas originários e africanos. Ressalta-se, também, na formação da sociedade brasileira, a presença de diferentes povos e culturas, suas contradições sociais e culturais e suas articulações com outros povos e sociedades.

A inclusão dos temas obrigatórios definidos pela legislação vigente, tais como a história da África e das culturas afro-brasileira e indígena, deve ultrapassar a dimensão puramente retórica e permitir que se defenda o estudo dessas populações como artífices da própria história do Brasil. A relevância da história desses grupos humanos reside na possibilidade de os estudantes compreenderem o papel das alteridades presentes na sociedade brasileira, comprometerem-se com elas e, ainda, perceberem que existem outros referenciais de produção, circulação e transmissão de conhecimentos, que podem se entrecruzar com aqueles considerados consagrados nos espaços formais de produção de saber.

Problematizando a ideia de um "Outro", convém observar a presença de uma percepção estereotipada naturalizada de diferença, ao se tratar de indígenas e africanos. Essa problemática está associada à produção de uma história brasileira marcada pela imagem de nação constituída nos moldes da colonização europeia.

Por todas as razões apresentadas, espera-se que o **conhecimento histórico** seja tratado como uma forma de pensar, entre várias; uma forma de indagar sobre as coisas do passado e do presente, de construir explicações, desvendar significados, compor e decompor interpretações, em movimento contínuo ao longo do tempo e do espaço. Enfim, trata-se de transformar a história em ferramenta a serviço de um discernimento maior sobre as experiências humanas e as sociedades em que se vive.

Retornando ao ambiente escolar, a BNCC pretende estimular ações nas quais professores e alunos sejam sujeitos do processo de ensino e aprendizagem. Nesse sentido, eles próprios devem assumir uma **atitude historiadora** diante dos conteúdos propostos no âmbito do Ensino Fundamental.

Cumpre destacar que os critérios de organização das habilidades na BNCC (com a explicitação dos objetos de conhecimento aos quais se relacionam e do agrupamento desses objetos em unidades temáticas) expressam um arranjo possível (dentre outros). Portanto, os agrupamentos propostos não devem ser tomados como modelo obrigatório para o desenho dos currículos.

Considerando esses pressupostos, e em articulação com as competências gerais da Educação Básica e com as competências específicas da área de Ciências Humanas, o componente curricular de História deve garantir aos alunos o desenvolvimento de **competências específicas**.

Competências específicas de história para o ensino fundamental

▷ Compreender acontecimentos históricos, relações de poder e processos e mecanismos de transformação e manutenção das estruturas sociais, políticas, econômicas e culturais ao longo do tempo e em diferentes espaços para analisar, posicionar-se e intervir no mundo contemporâneo.

▷ Compreender a historicidade no tempo e no espaço, relacionando acontecimentos e processos de transformação e manutenção das estruturas sociais, políticas, econômicas e culturais, bem como problematizar os significados das lógicas de organização cronológica.

▷ Elaborar questionamentos, hipóteses, argumentos e proposições em relação a documentos, interpretações e contextos históricos específicos, recorrendo a diferentes linguagens e mídias, exercitando a empatia, o diálogo, a resolução de conflitos, a cooperação e o respeito.
▷ Identificar interpretações que expressem visões de diferentes sujeitos, culturas e povos com relação a um mesmo contexto histórico, e posicionar-se criticamente com base em princípios éticos, democráticos, inclusivos, sustentáveis e solidários.
▷ Analisar e compreender o movimento de populações e mercadorias no tempo e no espaço e seus significados históricos, levando em conta o respeito e a solidariedade com as diferentes populações.
▷ Compreender e problematizar os conceitos e procedimentos norteadores da produção historiográfica.
▷ Produzir, avaliar e utilizar tecnologias digitais de informação e comunicação de modo crítico, ético e responsável, compreendendo seus significados para os diferentes grupos ou estratos sociais.

A BNCC de História no Ensino Fundamental – Anos Iniciais contempla, antes de mais nada, a construção do sujeito. O processo tem início quando a criança toma consciência da existência de um "Eu" e de um "Outro". O exercício de separação dos sujeitos é um método de conhecimento, uma maneira pela qual o indivíduo toma consciência de si, desenvolvendo a capacidade de administrar a sua vontade de maneira autônoma, como parte de uma família, uma comunidade e um corpo social.

Esse processo de constituição do sujeito é longo e complexo. Os indivíduos desenvolvem sua percepção de si e do outro em meio a vivências cotidianas, identificando o seu lugar na família, na escola e no espaço em que vivem. O aprendizado, ao longo do Ensino Fundamental – Anos Iniciais, torna-se mais complexo à medida que o sujeito reconhece que existe um "Outro" e que cada um apreende o mundo de forma particular. A percepção da distância entre objeto e pensamento é um passo necessário para a autonomia do sujeito, tomado como produtor de diferentes linguagens. É ela que funda a relação do sujeito com a sociedade. Nesse sentido, a História depende das linguagens com as quais os seres humanos se comunicam, entram em conflito e negociam.

A existência de diferentes linguagens pode ser explicada pela análise, por exemplo, de sistemas numéricos utilizados por distintas culturas. Compreender a enorme variedade de sistemas (com base um, com base dois, com base dez etc.) é um bom exercício, assim como refletir sobre as ideias de adição, subtração, multiplicação e divisão, evitando um olhar universalizante para os números.

Em determinadas culturas, o número usado para contar seres humanos pode ser diferente do número que se usa para contar mandiocas, como acontece com os membros da etnia *palikur*. O que isso significa? Se na tradição de matriz grega, a unidade é o um (1), para muitos povos indígenas originários, a unidade é o dois (2). Para os xavantes, por exemplo, a ideia de paridade é um princípio ordenador, pois em torno dela existe uma espécie de modelagem do mundo. Identificar essas diferenças significa tomar consciência de que existem várias formas de apreensão da realidade.

Não são apenas os sistemas numéricos que explicam variações de linguagem. Existem inúmeras maneiras de se comunicar por meio de expressões corporais, sonoras ou gustativas – como o que se come ou não se come. No Brasil, por exemplo, não se comem cachorros; prefere-se carne de vaca ou uma dieta à base de vegetais. Por quê? E a cobra, é uma boa opção para quem? Essas descobertas simples resultam em um aprimoramento dos mecanismos de comunicação e se constituem, posteriormente, no substrato para a elaboração do diálogo e da resolução de conflitos.

Aprender a identificar códigos variados é tarefa necessária para o desenvolvimento da cognição, comunicação e socialização, competências essenciais para o viver em sociedade.

Retomando as grandes temáticas do Ensino Fundamental – Anos Iniciais, pode-se dizer que, do 1º ao 5º ano, as habilidades trabalham com diferentes graus de complexidade, mas o objetivo primordial é o reconhecimento do "Eu", do "Outro" e do "Nós". Há uma ampliação de escala e de percepção, mas o que se busca, de início, é o conhecimento de si, das referências imediatas do círculo pessoal, da noção de comunidade e da vida em sociedade. Em seguida, por meio da relação diferenciada entre sujeitos e objetos, é possível separar o "Eu" do "Outro". Esse é o ponto de partida.

No 3º e no 4º ano contemplam-se a noção de lugar em que se vive e as dinâmicas em torno da cidade, com ênfase nas diferenciações entre a vida privada e a vida pública, a urbana e a rural. Nesse momento, também são analisados processos mais longínquos na escala temporal, como a circulação dos primeiros grupos humanos.

Essa análise se amplia no 5º ano, cuja ênfase está em pensar a diversidade dos povos e culturas e suas formas de organização. A noção de cidadania, com direitos e deveres, e o reconhecimento da diversidade das sociedades pressupõem uma educação que estimule o convívio e o respeito entre os povos.

Para evitar uma visão homogênea, busca-se observar que, no interior de uma sociedade, há formas de registros variados, e que cada grupo produz suas memórias como elemento que impulsiona o estabelecimento de identidades e o reconhecimento de pertencimento a um grupo social determinado. As memórias podem ser individuais ou coletivas e podem ter significações variadas, inserindo-se em uma lógica de produção de patrimônios (materiais ou imateriais) que dizem respeito a grupos ou povos específicos.

Convém observar que é pressuposto dos objetos de conhecimento, no Ensino Fundamental – Anos Iniciais, analisar como o sujeito se aprimorou na **pólis**, tanto do ponto de vista político quanto ético. Entretanto, respondendo aos desafios contemporâneos marcados por grandes movimentos populacionais e pela globalização, considerou-se uma nova dimensão para o projeto pedagógico.

Nessa perspectiva, emerge um sujeito coletivo mais desenraizado, seja por contingências históricas (migrações), seja, ainda, em razão de viver em uma época em que se buscam múltiplos referenciais identitários que questionam as antigas construções do ideário do Estado-nação. Seja como for, em ambos os casos, os indivíduos devem se preparar para enfrentar os desafios do mundo contemporâneo.

1.10.13 Ensino religioso

Ao longo da história da educação brasileira, o Ensino Religioso assumiu diferentes perspectivas teórico-metodológicas, geralmente de viés **confessional ou interconfessional.** A partir da década de 1980, as transformações socioculturais que provocaram mudanças paradigmáticas no campo educacional também impactaram no Ensino Religioso. Em função dos promulgados ideais de democracia, inclusão social e educação integral, vários setores da sociedade civil passaram a reivindicar a abordagem do conhecimento religioso e o reconhecimento da diversidade religiosa no âmbito dos currículos escolares.

A Constituição Federal de 1988 (art. 210) e a **LDB nº 9.394/1996** (art. 33, alterado pela Lei nº 9.475/1997) estabeleceram os princípios e os fundamentos que devem alicerçar epistemologias e pedagogias do Ensino Religioso, cuja função educacional, enquanto parte integrante da formação básica do cidadão, **é assegurar o respeito à diversidade cultural religiosa, sem proselitismos**. Mais tarde, a Resolução CNE/CEB nº 04/2010 e a Resolução CNE/CEB nº 07/2010 reconheceram o **Ensino Religioso como uma das cinco áreas de conhecimento do Ensino Fundamental de 09 (nove) anos**[51].

Estabelecido como componente curricular de **oferta obrigatória** nas escolas públicas de Ensino Fundamental, com **matrícula facultativa**, em diferentes regiões do país, foram elaborados propostas curriculares, cursos de formação inicial e continuada e materiais didático-pedagógicos que contribuíram para a construção da área do Ensino Religioso, cujas natureza e finalidades pedagógicas são distintas da confessionalidade.

BASE NACIONAL COMUM CURRICULAR

Competências gerais

Considerando os marcos normativos e, em conformidade com as **competências gerais** estabelecidas no âmbito da BNCC, o Ensino Religioso deve atender os seguintes objetivos:

▷ Proporcionar a aprendizagem dos conhecimentos religiosos, culturais e estéticos, a partir das manifestações religiosas percebidas na realidade dos educandos;

▷ Propiciar conhecimentos sobre o direito à liberdade de consciência e de crença, no constante propósito de promoção dos direitos humanos;

▷ Desenvolver competências e habilidades que contribuam para o diálogo entre perspectivas religiosas e seculares de vida, exercitando o respeito à liberdade de concepções e o pluralismo de ideias, de acordo com a Constituição Federal;

▷ Contribuir para que os educandos construam seus sentidos pessoais de vida a partir de valores, princípios éticos e da cidadania.

O **conhecimento religioso**, objeto da área de Ensino Religioso, é produzido no âmbito das diferentes áreas do conhecimento científico das Ciências Humanas e Sociais, notadamente da(s) Ciência(s) da(s) Religião(ões). Essas Ciências investigam a manifestação dos fenômenos religiosos em diferentes culturas e sociedades enquanto um dos bens simbólicos resultantes da busca humana por respostas aos enigmas do mundo, da vida e da morte. De modo singular, complexo e diverso, esses fenômenos alicerçaram distintos sentidos e significados de vida e diversas ideias de divindade(s), em torno dos quais se organizaram cosmovisões, linguagens, saberes, crenças, mitologias, narrativas, textos, símbolos, ritos, doutrinas, tradições, movimentos, práticas e princípios éticos e morais. Os fenômenos religiosos em suas múltiplas manifestações são parte integrante do substrato cultural da humanidade.

Cabe ao Ensino Religioso tratar os **conhecimentos religiosos a partir de pressupostos éticos e científicos**, sem privilégio de nenhuma crença ou convicção. Isso implica abordar esses conhecimentos com base nas diversas culturas e tradições religiosas, **sem desconsiderar a existência de filosofias seculares de vida.**

No Ensino Fundamental, o Ensino Religioso adota a **pesquisa e o diálogo como princípios mediadores e articuladores dos processos de observação**, identificação, análise, apropriação e ressignificação de saberes, visando o desenvolvimento de competências específicas. **Dessa maneira, busca problematizar representações sociais preconceituosas sobre o outro, com o intuito de combater a intolerância, a discriminação e a exclusão.**

Por isso, a **interculturalidade e a ética da alteridade constituem fundamentos teóricos e pedagógicos do Ensino Religioso**, porque favorecem o reconhecimento e respeito às histórias, memórias, crenças, convicções e valores de diferentes culturas, tradições religiosas e filosofias de vida.

O Ensino Religioso busca construir, por meio do estudo dos conhecimentos religiosos e das filosofias de vida, atitudes de reconhecimento e respeito às alteridades. Trata-se de um espaço de aprendizagens, experiências pedagógicas, intercâmbios e diálogos permanentes, que visam o acolhimento das identidades culturais, religiosas ou não, na perspectiva da interculturalidade, direitos humanos e cultura da paz. Tais **finalidades se articulam aos elementos da formação integral dos estudantes**, na medida em que fomentam a aprendizagem da convivência democrática e cidadã, princípio básico à vida em sociedade.

Considerando esses pressupostos, e em articulação com as competências gerais da Educação Básica, a área de Ensino Religioso – e, por consequência, o componente curricular de Ensino Religioso –, devem garantir aos alunos o desenvolvimento de **competências específicas**.

Unidades temáticas

O ser humano se constrói a partir de um conjunto de relações tecidas em determinado contexto histórico-social, em um movimento ininterrupto de apropriação e produção cultural. Nesse processo, o sujeito se constitui enquanto ser de **imanência** (dimensão concreta, biológica) e de **transcendência** (dimensão subjetiva, simbólica).

Ambas as dimensões possibilitam que os humanos se relacionem entre si, com a natureza e com a(s) divindade(s), percebendo-se como iguais e diferentes.

A percepção das diferenças (**alteridades**) possibilita a distinção entre o **"eu" e o "outro", "nós" e "eles"**, cujas relações dialógicas são mediadas por referenciais simbólicos (representações, saberes, crenças, convicções, valores) necessários à construção das **identidades**.

Tal experiência é uma construção subjetiva alimentada por diferentes **práticas espirituais** ou **ritualísticas**, que incluem a realização de cerimônias, celebrações, orações, festividades, peregrinações, entre outras. Enquanto linguagem gestual, os **ritos** narram, encenam, repetem e representam histórias e acontecimentos religiosos. Desta forma, se o símbolo é uma coisa que significa outra, o rito é um gesto que também aponta para outra realidade.

Os rituais religiosos são geralmente realizados coletivamente em **espaços** e **territórios sagrados** (montanhas, mares, rios, florestas, templos, santuários, caminhos, entre outros), que se distinguem dos demais por seu caráter simbólico. Esses espaços constituem-se em lócus de apropriação simbólico-cultural, onde os diferentes sujeitos se relacionam, constroem, desenvolvem e vivenciam suas identidades religiosas.

Esse conjunto de elementos (símbolos, ritos, espaços, territórios e lideranças) integra a **unidade temática Manifestações religiosas**, em que se pretende proporcionar o conhecimento, a valorização e o respeito às distintas experiências e manifestações religiosas, e a compreensão das relações estabelecidas entre as lideranças e denominações religiosas e as distintas esferas sociais.

Na **unidade temática Crenças religiosas e filosofias de vida**, são tratados aspectos estruturantes das diferentes tradições/movimentos religiosos e filosofias de vida, particularmente sobre mitos, ideia(s) de divindade(s), crenças e doutrinas religiosas, tradições orais e escritas, ideias de imortalidade, princípios e valores éticos.

Os **mitos** são outro elemento estruturante das tradições religiosas. Eles representam a tentativa de explicar como e por que a vida, a natureza e o cosmos foram criados. Apresentam histórias dos deuses ou heróis divinos, relatando, por meio de uma linguagem rica em simbolismo, acontecimentos nos quais as divindades agem ou se manifestam.

O mito é um texto que estabelece uma relação entre imanência (existência concreta) e transcendência (o caráter simbólico dos eventos). Ao relatar um acontecimento, o mito situa-se em um determinado tempo e lugar e, frequentemente, apresenta-se como uma história verdadeira, repleta de elementos imaginários.

No enredo mítico, a criação é uma obra de **divindades**, seres, entes ou energias que transcendem a materialidade do mundo. São representados de diversas maneiras, sob distintos nomes, formas, faces e sentidos, segundo cada grupo social ou tradição religiosa.

O mito, o rito, o símbolo e as divindades alicerçam as **crenças**, entendidas como um conjunto de ideias, conceitos e representações estruturantes de determinada tradição religiosa. As crenças fornecem respostas teológicas aos enigmas da vida e da morte, que se manifestam nas práticas rituais e sociais sob a forma de orientações, leis e costumes.

Esse conjunto de elementos originam **narrativas** religiosas que, de modo mais ou menos organizado, são preservadas e passadas de geração em geração pela **oralidade**. Desse modo, ao longo do tempo, cosmovisões, crenças, ideia(s) de divindade(s), histórias, narrativas e mitos sagrados constituíram **tradições** específicas, inicialmente **orais**. Em algumas culturas, o conteúdo dessa tradição foi registrado sob a forma de textos **escritos**.

No processo de sistematização e transmissão dos textos sagrados, sejam eles orais, sejam eles escritos, certos grupos sociais acabaram por definir um conjunto de princípios e valores que configuraram **doutrinas** religiosas. Estas reúnem afirmações, dogmas e verdades que procuram atribuir sentidos e finalidades à existência, bem como orientar as formas de relacionamento com a(s) divindade(s) e com a natureza.

No conjunto das crenças e doutrinas religiosas encontram-se **ideias de imortalidade** (ancestralidade, reencarnação, ressurreição, transmigração, entre outras), que são norteadoras do sentido da vida dos seus seguidores. Essas informações oferecem aos sujeitos referenciais tanto para a vida terrena quanto para o pós-morte, cuja finalidade é direcionar condutas individuais e sociais, por meio de **códigos éticos** e morais. Tais códigos, em geral, definem o que é certo ou errado, permitido ou proibido. Esses princípios éticos e morais atuam como balizadores de comportamento, tanto nos ritos como na vida social.

Também as **filosofias de vida** se ancoram em princípios cujas fontes não advêm do universo religioso. Pessoas sem religião adotam princípios éticos e morais cuja origem decorre de fundamentos racionais, filosóficos, científicos, entre outros. Esses princípios, geralmente, coincidem com o conjunto de valores seculares de mundo e de bem, tais como: o respeito à vida e à dignidade humana, o tratamento igualitário das pessoas, a liberdade de consciência, crença e convicções, e os direitos individuais e coletivos.

▷ Cumpre destacar que os critérios de organização das habilidades na BNCC (com a explicitação dos objetos de conhecimento aos quais se relacionam e do agrupamento desses objetos em unidades temáticas) expressam um arranjo possível (dentre outros). Portanto, os agrupamentos propostos não devem ser tomados como modelo obrigatório para o desenho dos currículos.

1.11 Ensino médio no contexto da educação básica

O Ensino Médio é a etapa final da Educação Básica, direito público subjetivo de todo cidadão brasileiro. Todavia, a realidade educacional do País tem mostrado que essa etapa representa um gargalo na garantia do direito à educação. Para além da necessidade de universalizar o atendimento, tem-se mostrado crucial garantir a permanência e as aprendizagens dos estudantes, respondendo às suas demandas e aspirações presentes e futuras.

Como bem identificam e explicitam as Diretrizes Curriculares Nacionais do Ensino Médio de 2011:

> *Com a perspectiva de um imenso contingente de **adolescentes, jovens e adultos que se diferenciam por condições de existência e perspectivas de futuro desiguais**, é que o Ensino Médio deve trabalhar. Está em jogo a recriação da escola que, embora não possa por si só resolver as desigualdades sociais, pode ampliar as condições de inclusão social, ao possibilitar o **acesso à ciência, à tecnologia, à cultura e ao trabalho** (Parecer CNE/ CEB nº 5/2011[52]; ênfases adicionadas).*

1.11.1 Juventudes e o ensino médio

Na direção de atender às expectativas dos estudantes e às demandas da sociedade contemporânea para a formação no Ensino Médio, as DCNEM/2011 explicitam a necessidade de não caracterizar o público dessa etapa – constituído predominantemente por adolescentes e jovens – como um grupo homogêneo, nem conceber a "juventude" como mero rito de passagem da infância à maturidade. Ao contrário, defendem ser fundamental reconhecer

> *A juventude como condição sócio-histórico-cultural de uma categoria de sujeitos que necessita ser considerada em suas múltiplas dimensões, com especificidades próprias que não estão restritas às dimensões biológica e etária, mas que se encontram articuladas com uma multiplicidade de atravessamentos sociais e culturais, produzindo **múltiplas culturas juvenis ou muitas juventudes**.*

Considerar que há muitas juventudes implica organizar uma **escola que acolha as diversidades**, promovendo, de modo intencional e permanente, o respeito à pessoa humana e aos seus direitos. E mais, que garanta aos estudantes ser **protagonistas** de seu próprio processo de escolarização, reconhecendo-os como interlocutores legítimos sobre currículo, ensino e aprendizagem. Significa, nesse sentido, assegurar-lhes uma formação que, em sintonia com seus percursos e histórias, permita-lhes definir seu **projeto de vida**, tanto no que diz respeito ao estudo e ao trabalho como também no que concerne às escolhas de estilos de vida saudáveis, sustentáveis e éticos.

1.11.2 Finalidades do ensino médio na contemporaneidade

A dinâmica social contemporânea nacional e internacional, marcada especialmente pelas rápidas transformações decorrentes do desenvolvimento tecnológico, impõe desafios ao Ensino Médio. Para atender às necessidades de formação geral, indispensáveis ao exercício da cidadania e à inserção no mundo do trabalho, e responder à diversidade de expectativas dos jovens quanto à sua formação, a **escola que acolhe as juventudes** tem de estar comprometida com a **educação integral** dos estudantes e com a construção de seu **projeto de vida**.

Para orientar essa atuação, torna-se imprescindível recontextualizar as finalidades do Ensino Médio, estabelecidas pela Lei de Diretrizes e Bases da Educação (LDB, art. 35)[53]: há mais de vinte anos, em 1996:

> *I – a consolidação e o aprofundamento dos conhecimentos adquiridos no ensino fundamental, possibilitando o prosseguimento de estudos;*
>
> *II – a preparação básica para o trabalho e a cidadania do educando, para continuar aprendendo, de modo a ser capaz de se adaptar com flexibilidade a novas condições de ocupação ou aperfeiçoamento posteriores;*
>
> *III – o aprimoramento do educando como pessoa humana, incluindo a formação ética e o desenvolvimento da autonomia intelectual e do pensamento crítico;*
>
> *IV – a compreensão dos fundamentos científico-tecnológicos dos processos produtivos, relacionando a teoria com a prática, no ensino de cada disciplina.*

Garantir a **consolidação e o aprofundamento dos conhecimentos adquiridos** no Ensino Fundamental é essencial nessa etapa final da Educação Básica. Além de possibilitar o prosseguimento dos estudos a todos aqueles que assim o desejarem, o Ensino Médio deve atender às necessidades de formação geral indispensáveis ao exercício da cidadania e construir "aprendizagens sintonizadas com **as necessidades, as possibilidades e os interesses** dos estudantes e, também, com os **desafios da sociedade contemporânea**", como definido na Introdução desta BNCC (p. 14; ênfases adicionadas).

Para atingir essa finalidade, é necessário, em primeiro lugar, assumir a firme convicção de que todos os estudantes podem aprender e alcançar seus objetivos, independentemente de suas características pessoais, seus percursos e suas histórias. Com base nesse compromisso, a **escola que acolhe as juventudes** deve:

▷ Favorecer a atribuição de sentido às aprendizagens, por sua vinculação aos desafios da realidade e pela explicitação dos contextos de produção e circulação dos conhecimentos;

▷ Garantir o protagonismo dos estudantes em sua aprendizagem e o desenvolvimento de suas capacidades de abstração, reflexão, interpretação, proposição e ação, essenciais à sua autonomia pessoal, profissional, intelectual e política;

▷ Valorizar os papéis sociais desempenhados pelos jovens, para além de sua condição de estudante, e qualificar os processos de construção de sua(s) identidade(s) e de seu projeto de vida;

▷ Assegurar tempos e espaços para que os estudantes reflitam sobre suas experiências e aprendizagens individuais e interpessoais, de modo a valorizarem o conhecimento, confiarem em sua capacidade de aprender, e identificarem e utilizarem estratégias mais eficientes a seu aprendizado;

▷ Promover a aprendizagem colaborativa, desenvolvendo nos estudantes a capacidade de trabalharem em equipe e aprenderem com seus pares;

▷ Estimular atitudes cooperativas e propositivas para o enfrentamento dos desafios da comunidade, do mundo do trabalho e da sociedade em geral, alicerçadas no conhecimento e na inovação.

BASE NACIONAL COMUM CURRICULAR

Essas experiências, como apontado, favorecem **a preparação básica para o trabalho e a cidadania**, o que não significa a profissionalização precoce ou precária dos jovens ou o atendimento das necessidades imediatas do mercado de trabalho. Ao contrário, supõe o desenvolvimento de competências que possibilitem aos estudantes Para tanto, a **escola que acolhe as juventudes** precisa se estruturar de maneira a:

▷ Garantir a contextualização dos conhecimentos, articulando as dimensões do trabalho, da ciência, da tecnologia e da cultura;

▷ Viabilizar o acesso dos estudantes às bases científicas e tecnológicas dos processos de produção do mundo contemporâneo, relacionando teoria e prática – ou o conhecimento teórico à resolução de problemas da realidade social, cultural ou natural;

▷ Revelar os contextos nos quais as diferentes formas de produção e de trabalho ocorrem, sua constante modificação e atualização nas sociedades contemporâneas e, em especial, no Brasil;

▷ Proporcionar uma cultura favorável ao desenvolvimento de atitudes, capacidades e valores que promovam o empreendedorismo (criatividade, inovação, organização, planejamento, responsabilidade, liderança, colaboração, visão de futuro, assunção de riscos, resiliência e curiosidade científica, entre outros), entendido como competência essencial ao desenvolvimento pessoal, à cidadania ativa, à inclusão social e à empregabilidade; e

▷ Prever o suporte aos jovens para que reconheçam suas potencialidades e vocações, identifiquem perspectivas e possibilidades, construam aspirações e metas de formação e inserção profissional presentes e/ou futuras, e desenvolvam uma postura empreendedora, ética e responsável para transitar no mundo do trabalho e na sociedade em geral.

Nessa mesma direção, é também finalidade do Ensino Médio **o aprimoramento do educando como pessoa humana**, considerando sua formação ética e o desenvolvimento da autonomia intelectual e do pensamento crítico. Tendo em vista a construção de uma sociedade mais justa, ética, democrática, inclusiva, sustentável e solidária, a **escola que acolhe as juventudes** deve ser um espaço que permita aos estudantes:

▷ Conhecer-se e lidar melhor com seu corpo, seus sentimentos, suas emoções e suas relações interpessoais, fazendo-se respeitar e respeitando os demais;

▷ compreender que a sociedade é formada por pessoas que pertencem a grupos étnico-raciais distintos, que possuem cultura e história próprias, igualmente valiosas, e que em conjunto constroem, na nação brasileira, sua história;

▷ Promover o diálogo, o entendimento e a solução não violenta de conflitos, possibilitando a manifestação de opiniões e pontos de vista diferentes, divergentes ou opostos;

▷ Combater estereótipos, discriminações de qualquer natureza e violações de direitos de pessoas ou grupos sociais, favorecendo o convívio com a diferença;

▷ Valorizar sua participação política e social e a dos outros, respeitando as liberdades civis garantidas no estado democrático de direito; e

▷ Construir projetos pessoais e coletivos baseados na liberdade, na justiça social, na solidariedade, na cooperação e na sustentabilidade.

Subjacente a todas essas finalidades, o Ensino Médio deve garantir aos estudantes **a compreensão dos fundamentos científico-tecnológicos dos processos produtivos**, relacionando a teoria com a prática. Para tanto, a **escola que acolhe as juventudes**, por meio da articulação entre diferentes áreas do conhecimento, deve possibilitar aos estudantes:

▷ Compreender e utilizar os conceitos e teorias que compõem a base do conhecimento científico-tecnológico, bem como os procedimentos metodológicos e suas lógicas;

▷ Conscientizar-se quanto à necessidade de continuar aprendendo e aprimorando seus conhecimentos;

▷ Apropriar-se das linguagens científicas e utilizá-las na comunicação e na disseminação desses conhecimentos; e

▷ Apropriar-se das linguagens das tecnologias digitais e tornar-se fluentes em sua utilização.

Para atender a todas essas demandas de formação no Ensino Médio, mostra-se imperativo repensar a organização curricular vigente para essa etapa da Educação Básica, que apresenta excesso de componentes curriculares e abordagens pedagógicas distantes das culturas juvenis, do mundo do trabalho e das dinâmicas e questões sociais contemporâneas.

Na direção de substituir o modelo único de currículo do Ensino Médio por um modelo diversificado e flexível, a Lei nº 13.415/2017[54] alterou a LDB, estabelecendo que

O **currículo do ensino médio** será composto pela **Base Nacional Comum Curricular e por itinerários formativos**, que deverão ser organizados por meio da oferta de diferentes arranjos curriculares, conforme a relevância para o contexto local e a possibilidade dos sistemas de ensino, a saber:

I – linguagens e suas tecnologias;
II – matemática e suas tecnologias;
III – ciências da natureza e suas tecnologias;
IV – ciências humanas e sociais aplicadas;
V – formação técnica e profissional.

Essa nova estrutura do Ensino Médio, além de ratificar a organização por áreas do conhecimento – sem desconsiderar, mas também sem fazer referência direta a todos os componentes que compunham o currículo dessa etapa –, prevê a oferta de variados itinerários formativos[55], seja para o aprofundamento acadêmico em uma ou mais áreas do conhecimento, seja para a formação técnica e profissional. Essa estrutura adota a **flexibilidade** como princípio de **organização curricular**, o que permite a construção de currículos e propostas pedagógicas que atendam mais adequadamente às especificidades locais e à multiplicidade de interesses dos estudantes, estimulando o exercício do **protagonismo juvenil** e fortalecendo o desenvolvimento de seus projetos de vida.

Competências gerais

A BNCC do Ensino Médio se organiza em continuidade ao proposto para a Educação Infantil e o Ensino Fundamental, centrada no desenvolvimento de competências e orientada pelo princípio da educação integral. Portanto, as **competências gerais da Educação Básica** orientam igualmente as aprendizagens dessa etapa, como ilustrado no esquema a seguir, sejam as aprendizagens essenciais definidas nesta **BNCC**, sejam aquelas relativas aos diferentes **itinerários formativos** – cujo detalhamento é prerrogativa dos diferentes sistemas, redes e escolas, conforme previsto na Lei nº 13.415/2017.

As aprendizagens essenciais definidas na **BNCC do Ensino Médio** estão organizadas por **áreas do conhecimento** (Linguagens e suas Tecnologias, Matemática e suas Tecnologias, Ciências da Natureza e suas Tecnologias, Ciências Humanas e Sociais Aplicadas), conforme estabelecido no art. 35-A da LDB. Desde que foram introduzidas nas DCNEM/1998 (Parecer CNE/CEB nº 15/1998[56]), as áreas do conhecimento têm por finalidade integrar dois ou mais componentes do currículo, para melhor compreender a complexa realidade e atuar nela. Essa organização

Não exclui necessariamente as disciplinas, com suas especificidades e saberes próprios historicamente construídos, mas, sim, implica o fortalecimento das relações entre elas e a sua contextualização para apreensão e intervenção na realidade, requerendo trabalho conjugado e cooperativo dos seus professores no planejamento e na execução dos planos de ensino.

Na BNCC, para cada área do conhecimento, são definidas **competências específicas**, articuladas às respectivas competências das áreas do Ensino Fundamental, com as adequações necessárias ao atendimento das especificidades de formação dos estudantes do Ensino Médio. Essas competências específicas de área do Ensino Médio também devem orientar a proposição e o detalhamento dos itinerários formativos relativos a essas áreas.

BNCC – BASE NACIONAL COMUM CURRICULAR

Relacionadas a cada uma dessas competências, são descritas **habilidades** a ser desenvolvidas ao longo da etapa, além de habilidades específicas de Língua Portuguesa – componente obrigatório durante os três anos do Ensino Médio, da mesma maneira que Matemática (LDB, art. 35-A, § 3º). Todas as habilidades da BNCC foram definidas tomando-se como referência o limite de **1.800 horas** do total da carga horária da etapa (LDB, art. 35-A, § 5º).

As competências e habilidades da BNCC constituem a **formação geral básica**. Os **currículos do Ensino Médio** são compostos pela formação geral básica, articulada aos **itinerários formativos** como um **todo indissociável**, nos termos das DCNEM/2018 (Parecer CNE/CEB nº 3/2018 e Resolução CNE/CEB nº 3/2018[58]).

Progressão das aprendizagens essenciais do ensino fundamental para o ensino médio

O conjunto das competências específicas e habilidades definidas para o Ensino Médio concorre para o desenvolvimento das competências gerais da Educação Básica e está articulado às aprendizagens essenciais estabelecidas para o Ensino Fundamental. Com o objetivo de **consolidar, aprofundar e ampliar a formação integral**, atende às finalidades dessa etapa e contribui para que os estudantes possam construir e realizar seu projeto de vida, em consonância com os princípios da justiça, da ética e da cidadania.

A área de Linguagens, no **Ensino Fundamental**, está centrada no conhecimento, na compreensão, na exploração, na análise e na utilização das diferentes linguagens (visuais, sonoras, verbais, corporais), visando estabelecer um repertório diversificado sobre as práticas de linguagem e desenvolver o senso estético e a comunicação com o uso das tecnologias digitais. No **Ensino Médio**, o foco da área de **Linguagens e suas Tecnologias** está na ampliação da autonomia, do protagonismo e da autoria nas práticas de diferentes linguagens; na identificação e na crítica aos diferentes usos das linguagens, explicitando seu poder no estabelecimento de relações; na apreciação e na participação em diversas manifestações artísticas e culturais; e no uso criativo das diversas mídias.

A área de Matemática, no **Ensino Fundamental**, centra-se na compreensão de conceitos e procedimentos em seus diferentes campos e no desenvolvimento do pensamento computacional, visando à resolução e formulação de problemas em contextos diversos. No **Ensino Médio**, na área de **Matemática e suas Tecnologias**, os estudantes devem consolidar os conhecimentos desenvolvidos na etapa anterior e agregar novos, ampliando o leque de recursos para resolver problemas mais complexos, que exijam maior reflexão e abstração. Também devem construir uma visão mais integrada da Matemática, da Matemática com outras áreas do conhecimento e da aplicação da Matemática à realidade.

A área de Ciências da Natureza, no **Ensino Fundamental**, propõe aos estudantes investigar características, fenômenos e processos relativos ao mundo natural e tecnológico, explorar e compreender alguns de seus conceitos fundamentais e suas estruturas explicativas, além de valorizar e promover os cuidados pessoais e com o outro, o compromisso com a sustentabilidade e o exercício da cidadania. No **Ensino Médio**, a área de **Ciências da Natureza e suas Tecnologias** oportuniza o aprofundamento e a ampliação dos conhecimentos explorados na etapa anterior. Trata a investigação como forma de engajamento dos estudantes na aprendizagem de processos, práticas e procedimentos científicos e tecnológicos, e promove o domínio de linguagens específicas, o que permite aos estudantes analisar fenômenos e processos, utilizando modelos e fazendo previsões. Dessa maneira, possibilita aos estudantes ampliar sua compreensão sobre a vida, o nosso planeta e o universo, bem como sua capacidade de refletir, argumentar, propor soluções e enfrentar desafios pessoais e coletivos, locais e globais.

A área de Ciências Humanas, tanto no **Ensino Fundamental** como no **Ensino Médio**, define aprendizagens centradas no desenvolvimento das competências de identificação, análise, comparação e interpretação de ideias, pensamentos, fenômenos e processos históricos, geográficos, sociais, econômicos, políticos e culturais. Essas competências permitirão aos estudantes elaborar hipóteses, construir argumentos e atuar no mundo, recorrendo aos conceitos e fundamentos dos componentes da área. No Ensino Médio, com a incorporação da Filosofia e da Sociologia, a área de **Ciências Humanas e Sociais Aplicadas** propõe o aprofundamento e a ampliação da base conceitual e dos modos de construção da argumentação e sistematização do raciocínio, operacionalizados com base em procedimentos analíticos e interpretativos. Nessa etapa, como os estudantes e suas experiências como jovens cidadãos representam o foco do aprendizado, deve-se estimular uma leitura de mundo sustentada em uma visão crítica e contextualizada da realidade, no domínio conceitual e na elaboração e aplicação de interpretações sobre as relações, os processos e as múltiplas dimensões da existência humana.

Projeto de vida

Na BNCC, o protagonismo e a autoria estimulados no Ensino Fundamental traduzem-se, no Ensino Médio, como suporte para a construção e viabilização do projeto de vida dos estudantes, eixo central em torno do qual a escola pode organizar suas práticas.

Ao se orientar para a construção do projeto de vida, a escola que acolhe as juventudes assume o compromisso com a formação integral dos estudantes, uma vez que promove seu desenvolvimento pessoal e social, por meio da consolidação e construção de conhecimentos, representações e valores que incidirão sobre seus processos de tomada de decisão ao longo da vida. Dessa maneira, o projeto de vida é o que os estudantes almejam, projetam e redefinem para si ao longo de sua trajetória, uma construção que acompanha o desenvolvimento da(s) identidade(s), em contextos atravessados por uma cultura e por demandas sociais que se articulam, ora para promover, ora para constranger seus desejos.

Logo, é papel da escola auxiliar os estudantes a aprender a se reconhecer como sujeitos, considerando suas potencialidades e a relevância dos modos de participação e intervenção social na concretização de seu projeto de vida. É, também, no ambiente escolar que os jovens podem experimentar, de forma mediada e intencional, as interações com o outro, com o mundo, e vislumbrar, na valorização da diversidade, oportunidades de crescimento para seu presente e futuro.

Tecnologias digitais e a computação

A contemporaneidade é fortemente marcada pelo desenvolvimento tecnológico. Tanto a computação quanto as tecnologias digitais de informação e comunicação (TDIC) estão cada vez mais presentes na vida de todos, não somente nos escritórios ou nas escolas, mas nos nossos bolsos, nas cozinhas, nos automóveis, nas roupas etc. Além disso, grande parte das informações produzidas pela humanidade está armazenada digitalmente. Isso denota o quanto o mundo produtivo e o cotidiano estão sendo movidos por tecnologias digitais, situação que tende a se acentuar fortemente no futuro.

Essa constante transformação ocasionada pelas tecnologias, bem como sua repercussão na forma como as pessoas se comunicam, impacta diretamente no funcionamento da sociedade e, portanto, no mundo do trabalho. A dinamicidade e a fluidez das relações sociais – seja em nível interpessoal, seja em nível planetário – têm impactos na formação das novas gerações. É preciso garantir aos jovens aprendizagens para atuar em uma sociedade em constante mudança, prepará-los para profissões que ainda não existem, para usar tecnologias que ainda não foram inventadas e para resolver problemas que ainda não conhecemos. Certamente, grande parte das futuras profissões envolverá, direta ou indiretamente, computação e tecnologias digitais.

A preocupação com os impactos dessas transformações na sociedade está expressa na BNCC e se explicita já nas competências gerais para a Educação Básica. Diferentes dimensões que caracterizam a computação e as tecnologias digitais são tematizadas, tanto no que diz respeito a conhecimentos e habilidades quanto a atitudes e valores:

▷ **Pensamento computacional:** envolve as capacidades de compreender, analisar, definir, modelar, resolver, comparar e automatizar problemas e suas soluções, de forma metódica e sistemática, por meio do desenvolvimento de algoritmos;

▷ **Mundo digital:** envolve as aprendizagens relativas às formas de processar, transmitir e distribuir a informação de maneira segura e confiável em diferentes artefatos digitais – tanto físicos (computadores, celulares, tablets etc.) como virtuais (internet, redes sociais e nuvens de dados, entre outros) –, compreendendo a importância contemporânea de codificar, armazenar e proteger a informação;

▷ **Cultura digital:** envolve aprendizagens voltadas a uma participação mais consciente e democrática por meio das tecnologias digitais, o que supõe a compreensão dos impactos da revolução digital e dos avanços do mundo digital na sociedade contemporânea, a construção de uma atitude crítica, ética e responsável em relação à multiplicidade de ofertas midiáticas e digitais, aos usos possíveis das diferentes tecnologias e aos conteúdos por elas veiculados, e, também, à fluência no uso da tecnologia digital para expressão de soluções e manifestações culturais de forma contextualizada e crítica.

Em articulação com as competências gerais, essas dimensões também foram contempladas nos objetivos de aprendizagem e desenvolvimento da Educação Infantil e nas competências específicas e habilidades dos diferentes componentes curriculares do Ensino Fundamental, respeitadas as características dessas etapas. No Ensino Médio, por sua vez, dada a intrínseca relação entre as culturas juvenis e a cultura digital, torna-se imprescindível ampliar e aprofundar as aprendizagens construídas nas etapas anteriores.

Afinal, os jovens estão dinamicamente inseridos na cultura digital, não somente como consumidores, mas se engajando cada vez mais como protagonistas. Portanto, na BNCC dessa etapa, o foco passa a estar no reconhecimento das potencialidades das tecnologias digitais para a realização de uma série de atividades relacionadas a todas as áreas do conhecimento, a diversas práticas sociais e ao mundo do trabalho. São definidas competências e habilidades, nas diferentes áreas, que permitem aos estudantes:

▷ Buscar dados e informações de forma crítica nas diferentes mídias, inclusive as sociais, analisando as vantagens do uso e da evolução da tecnologia na sociedade atual, como também seus riscos potenciais;

▷ Apropriar-se das linguagens da cultura digital, dos novos letramentos e dos multiletramentos para explorar e produzir conteúdos em diversas mídias, ampliando as possibilidades de acesso à ciência, à tecnologia, à cultura e ao trabalho;

▷ Usar diversas ferramentas de *software* e aplicativos para compreender e produzir conteúdos em diversas mídias, simular fenômenos e processos das diferentes áreas do conhecimento, e elaborar e explorar diversos registros de representação matemática; e

▷ Utilizar, propor e/ou implementar soluções (processos e produtos) envolvendo diferentes tecnologias, para identificar, analisar, modelar e solucionar problemas complexos em diversas áreas da vida cotidiana, explorando de forma efetiva o raciocínio lógico, o pensamento computacional, o espírito de investigação e a criatividade.

Currículos: BNCC e itinerários

As recentes mudanças na LDB, em função **da Lei nº 13.415/2017**, substituem o modelo único de currículo do Ensino Médio por um modelo diversificado e flexível:

O currículo do ensino médio será composto pela **Base Nacional Comum Curricular** e por **itinerários formativos**, que deverão ser organizados por meio da oferta de diferentes arranjos curriculares, conforme a relevância para o contexto local e a possibilidade dos sistemas de ensino, a saber:

I – linguagens e suas tecnologias;
II – matemática e suas tecnologias;
III – ciências da natureza e suas tecnologias;
IV – ciências humanas e sociais aplicadas;
V – formação técnica e profissional.

Nesse contexto, é necessário **reorientar currículos e propostas pedagógicas** – compostos, indissociavelmente, por **formação geral básica** e itinerário formativo (Resolução CNE/CEB nº 3/2018, Art. 10). Nesse processo de reorientação curricular, é imprescindível aos sistemas de ensino, às redes escolares e às escolas:

▷ Orientar-se pelas competências gerais da Educação Básica e assegurar as competências específicas de área e as habilidades definidas na BNCC do Ensino Médio em até 1.800 horas do total da carga horária da etapa, o que constitui a formação geral básica, nos termos do Artigo 11 da Resolução CNE/CEB nº 3/2018;

▷ Orientar-se pelas competências gerais da Educação Básica para organizar e propor itinerários formativos (Resolução CNE/CEB nº 3/2018, Art. 12), considerando também as competências específicas de área e habilidades no caso dos itinerários formativos relativos às áreas do conhecimento.

Assim, na formação geral básica, os currículos e as propostas pedagógicas devem garantir as aprendizagens essenciais definidas na BNCC. Conforme as DCNEM/2018, devem contemplar, sem prejuízo da integração e articulação das diferentes áreas do conhecimento, estudos e práticas de:

I - língua portuguesa, assegurada às comunidades indígenas, também, a utilização das respectivas línguas maternas;
II - matemática;
III - conhecimento do mundo físico e natural e da realidade social e política, especialmente do Brasil;
IV - arte, especialmente em suas expressões regionais, desenvolvendo as linguagens das artes visuais, da dança, da música e do teatro;
V - educação física, com prática facultativa ao estudante nos casos previstos em Lei;
VI - história do Brasil e do mundo, levando em conta as contribuições das diferentes culturas e etnias para a formação do povo brasileiro, especialmente das matrizes indígena, africana e europeia;
VII - história e cultura afro-brasileira e indígena, em especial nos estudos de arte e de literatura e história brasileiras;
VIII - sociologia e filosofia;
IX - língua inglesa, podendo ser oferecidas outras línguas estrangeiras, em caráter optativo, preferencialmente o espanhol, de acordo com a disponibilidade da instituição ou rede de ensino.

Os **itinerários formativos** – estratégicos para a flexibilização da organização curricular do Ensino Médio, pois possibilitam opções de escolha aos estudantes – podem ser estruturados com foco em uma área do conhecimento, na formação técnica e profissional ou, também, na mobilização de competências e habilidades de diferentes áreas, compondo **itinerários integrados**, nos seguintes termos das DCNEM/2018:

I – linguagens e suas tecnologias: aprofundamento de conhecimentos estruturantes para aplicação de diferentes linguagens em contextos sociais e de trabalho, estruturando arranjos curriculares que permitam estudos em línguas vernáculas, estrangeiras, clássicas e indígenas, Língua Brasileira de Sinais (LIBRAS), das artes, design, linguagens digitais, corporeidade, artes cênicas, roteiros, produções literárias, dentre outros, considerando o contexto local e as possibilidades de oferta pelos sistemas de ensino;

II – matemática e suas tecnologias: aprofundamento de conhecimentos estruturantes para aplicação de diferentes conceitos matemáticos em contextos sociais e de trabalho, estruturando arranjos curriculares que permitam estudos em resolução de problemas e análises complexas, funcionais e não-lineares, análise de dados estatísticos e probabilidade, geometria e topologia, robótica, automação, inteligência artificial, programação, jogos digitais, sistemas dinâmicos, dentre outros, considerando o contexto local e as possibilidades de oferta pelos sistemas de ensino;

III – ciências da natureza e suas tecnologias: aprofundamento de conhecimentos estruturantes para aplicação de diferentes conceitos em contextos sociais e de trabalho, organizando arranjos curriculares

que permitam estudos em astronomia, metrologia, física geral, clássica, molecular, quântica e mecânica, instrumentação, ótica, acústica, química dos produtos naturais, análise de fenômenos físicos e químicos, meteorologia e climatologia, microbiologia, imunologia e parasitologia, ecologia, nutrição, zoologia, dentre outros, considerando o contexto local e as possibilidades de oferta pelos sistemas de ensino;

IV – ciências humanas e sociais aplicadas: aprofundamento de conhecimentos estruturantes para aplicação de diferentes conceitos em contextos sociais e de trabalho, estruturando arranjos curriculares que permitam estudos em relações sociais, modelos econômicos, processos políticos, pluralidade cultural, historicidade do universo, do homem e natureza, dentre outros, considerando o contexto local e as possibilidades de oferta pelos sistemas de ensino;

V – formação técnica e profissional: desenvolvimento de programas educacionais inovadores e atualizados que promovam efetivamente a qualificação profissional dos estudantes para o mundo do trabalho, objetivando sua habilitação profissional tanto para o desenvolvimento de vida e carreira quanto para adaptar-se às novas condições ocupacionais e às exigências do mundo do trabalho contemporâneo e suas contínuas transformações, em condições de competitividade, produtividade e inovação, considerando o contexto local e as possibilidades de oferta pelos sistemas de ensino.

Assim, a oferta de diferentes itinerários formativos pelas escolas deve considerar a realidade local, os anseios da comunidade escolar e os recursos físicos, materiais e humanos das redes e instituições escolares de forma a propiciar aos estudantes possibilidades efetivas para construir e desenvolver seus projetos de vida e se integrar de forma consciente e autônoma na vida cidadã e no mundo do trabalho. Para tanto, os itinerários devem garantir a apropriação de procedimentos cognitivos e o uso de metodologias que favoreçam o protagonismo juvenil, e organizar-se em torno de um ou mais dos seguintes eixos estruturantes:

I – investigação científica: supõe o aprofundamento de conceitos fundantes das ciências para a interpretação de ideias, fenômenos e processos para serem utilizados em procedimentos de investigação voltados ao enfrentamento de situações cotidianas e demandas locais e coletivas, e a proposição de intervenções que considerem o desenvolvimento local e a melhoria da qualidade de vida da comunidade;

II – processos criativos: supõem o uso e o aprofundamento do conhecimento científico na construção e criação de experimentos, modelos, protótipos para a criação de processos ou produtos que atendam a demandas para a resolução de problemas identificados na sociedade;

III – mediação e intervenção sociocultural: supõem a mobilização de conhecimentos de uma ou mais áreas para mediar conflitos, promover entendimento e implementar soluções para questões e problemas identificados na comunidade;

IV – empreendedorismo: supõe a mobilização de conhecimentos de diferentes áreas para a formação de organizações com variadas missões voltadas ao desenvolvimento de produtos ou prestação de serviços inovadores com o uso das tecnologias.

O conjunto dessas aprendizagens (formação geral básica e itinerário formativo) deve atender às finalidades do Ensino Médio e às demandas de qualidade de formação na contemporaneidade, bem como às expectativas presentes e futuras das juventudes. Além disso, deve garantir um diálogo constante com as realidades locais – que são diversas no imenso território brasileiro e estão em permanente transformação social, cultural, política, econômica e tecnológica –, como também com os cenários nacional e internacional. Portanto, essas aprendizagens devem assegurar aos estudantes a capacidade de acompanhar e participar dos debates que a cidadania exige, entendendo e questionando os argumentos que apoiam as diferentes posições.

Para que a **organização curricular** a ser adotada – áreas, interáreas, componentes, projetos, centros de interesse etc. – responda aos diferentes contextos e condições dos sistemas, das redes e das escolas de todo o País, é fundamental que a **flexibilidade** seja tomada como princípio obrigatório. Independentemente da opção feita, é preciso destacar a necessidade de "romper com a centralidade das disciplinas nos currículos e substituí-las por aspectos mais globalizadores e que abranjam a complexidade das relações existentes entre os ramos da ciência no mundo real" (Parecer CNE/CEB nº 5/2011). Para tanto, é fundamental a adoção de tratamento metodológico que favoreça e estimule o protagonismo dos estudantes, como também que:

> *Evidencie a contextualização, a diversificação e a transdisciplinaridade ou outras formas de interação e articulação entre diferentes campos de saberes específicos, contemplando vivências práticas e vinculando a educação escolar ao mundo do trabalho e à prática social e possibilitando o aproveitamento de estudos e o reconhecimento de saberes adquiridos nas experiências pessoais, sociais e do trabalho.*

1.12 A área de linguagens e suas tecnologias

A Base Nacional Comum Curricular da área de Linguagens e suas Tecnologias busca consolidar e ampliar as aprendizagens previstas na BNCC do Ensino Fundamental nos componentes **Língua Portuguesa, Arte, Educação Física e Língua Inglesa** – observada a garantia dos direitos linguísticos aos diferentes povos e grupos sociais brasileiros. Para tanto, prevê que os estudantes desenvolvam competências e habilidades que lhes possibilitem mobilizar e articular conhecimentos desses componentes simultaneamente a dimensões socioemocionais, em situações de aprendizagem que lhes sejam significativas e relevantes para sua **formação integral**.

Nessa direção, considera os fundamentos básicos de ensino e aprendizagem das Linguagens, que, ao longo de mais de três décadas, têm se comprometido com uma formação voltada a possibilitar uma **participação mais plena dos jovens nas diferentes práticas socioculturais que envolvem o uso das linguagens**.

No Ensino Médio, a área tem a responsabilidade de propiciar oportunidades para **a consolidação e a ampliação das habilidades de uso e de reflexão sobre as linguagens** – artísticas, corporais e verbais (oral ou visual-motora, como Libras, e escrita) –, que são objeto de seus diferentes componentes (Arte, Educação Física, Língua Inglesa e Língua Portuguesa).

1.12.1 Artes

A **Arte**, enquanto área do conhecimento humano, contribui para o desenvolvimento da autonomia reflexiva, criativa e expressiva dos estudantes, por meio da conexão entre o pensamento, a sensibilidade, a intuição e a ludicidade. Ela é, também, propulsora da ampliação do conhecimento do sujeito sobre si, o outro e o mundo compartilhado. É na aprendizagem, na pesquisa e no fazer artístico que as percepções e compreensões do mundo se ampliam e se interconectam, em uma perspectiva crítica, sensível e poética em relação à vida, que permite aos sujeitos estar abertos às percepções e experiências, mediante a capacidade de imaginar e ressignificar os cotidianos e rotinas.

O trabalho com a Arte no Ensino Médio deve promover o entrelaçamento de culturas e saberes, possibilitando aos estudantes o acesso e a interação com as distintas manifestações culturais populares presentes na sua comunidade. O mesmo deve ocorrer com outras manifestações presentes nos centros culturais, museus e outros espaços, de modo a propiciar o exercício da crítica, da apreciação e da fruição de exposições, concertos, apresentações musicais e de dança, filmes, peças de teatro, poemas e obras literárias, entre outros, garantindo o respeito e a valorização das diversas culturas presentes na formação da sociedade brasileira, especialmente as de matrizes indígena e africana.

Nesse sentido, é fundamental que os estudantes possam assumir o papel de protagonistas como apreciadores e como artistas, criadores e curadores, de modo consciente, ético, crítico e autônomo, em saraus, performances, intervenções, *happenings*, produções em videoarte, animações, *web* arte e outras manifestações e/ou eventos artísticos e culturais, a ser realizados na escola e em outros locais. Assim, devem poder fazer uso de materiais, instrumentos e recursos convencionais, alternativos e digitais, em diferentes meios e tecnologias.

1.12.2 Educação física

Na área de Linguagens e suas Tecnologias, a **Educação Física** possibilita aos estudantes explorar o movimento e a gestualidade em práticas corporais de diferentes grupos culturais e analisar os discursos e os valores associados a elas, bem como os processos de negociação de sentidos que estão em jogo na sua apreciação e produção. Nesse sentido, estimula o desenvolvimento da curiosidade intelectual, da pesquisa e da capacidade de argumentação.

Na BNCC para o Ensino Fundamental, a Educação Física procurou garantir aos estudantes oportunidades de compreensão, apreciação e produção de brincadeiras, jogos, danças, ginásticas, esportes, lutas e práticas corporais de aventura. As práticas foram trabalhadas visando: à identificação de suas origens e dos modos como podem ser aprendidas; ao reconhecimento dos modos de viver e perceber o mundo a elas subjacentes; ao compartilhamento de valores, condutas e emoções nelas expressos; à percepção das marcas identitárias e à desconstrução de preconceitos e estereótipos nelas presentes; e, também, à reflexão crítica a respeito das relações práticas corporais, mídia e consumo, como também quanto a padrões de beleza, exercício, desempenho físico e saúde.

No Ensino Médio, além da experimentação de novos jogos e brincadeiras, esportes, danças, lutas, ginásticas e práticas corporais de aventura, os estudantes devem ser desafiados a refletir sobre essas práticas, aprofundando seus conhecimentos sobre as potencialidades e os limites do corpo, a importância de se assumir um estilo de vida ativo, e os componentes do movimento relacionados à manutenção da saúde. É importante também que eles possam refletir sobre as possibilidades de utilização dos espaços públicos e privados que frequentam para desenvolvimento de práticas corporais, inclusive as aprendidas na escola, de modo a exercer sua cidadania e seu protagonismo comunitário. Esse conjunto de experiências, para além de desenvolver o autoconhecimento e o autocuidado com o corpo e a saúde, a socialização e o entretenimento, favorece o diálogo com as demais áreas de conhecimento, ampliando a compreensão dos estudantes a respeito dos fenômenos da gestualidade e das dinâmicas sociais associadas às práticas corporais.

1.12.3 Língua inglesa

Essa reflexão sobre as vivências também contribuem para a formação de sujeitos que possam analisar e transformar suas práticas corporais, tomando e sustentando decisões éticas, conscientes e reflexivas em defesa dos direitos humanos e dos valores democráticos.

Por sua vez, a **Língua Inglesa**, cujo estudo é obrigatório no Ensino Médio (LDB, art. 35-A, § 4º), continua a ser compreendida como língua de caráter global – pela multiplicidade e variedade de usos, usuários e funções na contemporaneidade –, assumindo seu viés de língua franca, como definido na BNCC do Ensino Fundamental – Anos Finais.

Naquela etapa, além dessa visão intercultural e "desterritorializada" da língua inglesa – que, em seus usos, sofre transformações oriundas das identidades plurais de seus falantes –, consideraram-se também as práticas sociais do mundo digital, com ênfase em multiletramentos. Essa perspectiva já apontava para usos cada vez mais híbridos e miscigenados do inglês, característicos da sociedade contemporânea. Do mesmo modo, a relevância da língua inglesa na mediação de práticas sociais e interculturais, individuais e de grupo, orientou o início de sua aprendizagem, focalizando o processo de construção de repertórios linguísticos dos estudantes.

No Ensino Médio, a contextualização das práticas de linguagem nos diversos campos de atuação permite aos estudantes explorar a presença da multiplicidade de usos da língua inglesa na cultura digital, nas culturas juvenis e em estudos e pesquisas, como também ampliar suas perspectivas em relação à sua vida pessoal e profissional. Além disso, abrem-se possibilidades de aproximação e integração desses estudantes com grupos multilíngues e multiculturais no mundo globalizado, no qual a língua inglesa se apresenta como língua comum para a interação.

Assim, as aprendizagens em inglês permitirão aos estudantes usar essa língua para aprofundar a compreensão sobre o mundo em que vivem, explorar novas perspectivas de pesquisa e obtenção de informações, expor ideias e valores, argumentar, lidar com conflitos de opinião e com a crítica, entre outras ações. Desse modo, eles ampliam sua capacidade discursiva e de reflexão em diferentes áreas do conhecimento.

1.12.4 Língua portuguesa

Por fim, o componente **Língua Portuguesa** – tal como Matemática – deve ser oferecido nos três anos do Ensino Médio (Lei nº 13.415/2017). Assim sendo, as habilidades desse componente são apresentadas adiante, organizadas por campos de atuação social, como no Ensino Fundamental, mas sem indicação de seriação. Essa decisão permite orientar possíveis progressões na definição anual dos currículos e das propostas pedagógicas de cada escola.

Para orientar uma abordagem integrada dessas linguagens e de suas práticas, a área propõe que os estudantes possam **vivenciar experiências significativas com práticas de linguagem em diferentes mídias** (impressa, digital, analógica), situadas em **campos de atuação social** diversos, vinculados com o enriquecimento cultural próprio, as práticas cidadãs, o trabalho e a continuação dos estudos.

Dando continuidade à perspectiva investigativa e de abstração adotada no Ensino Fundamental, a pesquisa e a produção colaborativa precisam ser o modo privilegiado de tratar os conhecimentos e discursos abordados no Ensino Médio. Particularmente na área de Linguagens e suas Tecnologias, mais do que uma investigação centrada no desvendamento dos sistemas de signos em si, trata-se de assegurar um conjunto de iniciativas para qualificar as intervenções por meio das práticas de linguagem. A produção de respostas diversas para o mesmo problema, a relação entre as soluções propostas e a diversidade de contextos e a compreensão dos valores éticos e estéticos que permeiam essas decisões devem se tornar foco das atividades pedagógicas.

Para isso, é fundamental que sejam garantidas aos estudantes oportunidades de experienciar fazeres cada vez mais próximos das práticas da vida acadêmica, profissional, pública, cultural e pessoal e situações que demandem a articulação de conhecimentos, o planejamento de ações, a auto-organização e a negociação em relação a metas. Tais oportunidades também devem ser orientadas para a criação e o encontro com o inusitado, com vistas a ampliar os horizontes éticos e estéticos dos estudantes.

Considerando que uma semiose é um sistema de signos em sua organização própria, é importante que os jovens, ao explorarem as possibilidades expressivas das diversas linguagens, possam realizar reflexões que envolvam o exercício de **análise de elementos discursivos, composicionais e formais de enunciados nas diferentes semioses** – visuais (imagens estáticas e em movimento), sonoras (música, ruídos, sonoridades), verbais (oral ou visual-motora, como Libras, e escrita) e corporais (gestuais, cênicas, dança). Afinal, muito por efeito das novas tecnologias digitais da informação e da comunicação (TDIC), os textos e discursos atuais organizam-se de maneira híbrida e multissemiótica[59], incorporando diferentes sistemas de signos em sua constituição.

Em que pese o potencial participativo e colaborativo das TDIC, a abundância de informações e produções requer, ainda, que os estudantes desenvolvam habilidades e critérios de curadoria e de apreciação ética e estética, considerando, por exemplo, a profusão de notícias falsas (*fake news*), de pós-verdades, do *cyberbullying* e de discursos de ódio nas mais variadas instâncias da internet e demais mídias.

1.12.5 Campos de atuação social

Considerando esses aspectos, a BNCC da área de Linguagens e suas Tecnologias no Ensino Médio prioriza cinco **campos de atuação social**.

O **campo da vida pessoal** organiza-se de modo a possibilitar uma reflexão sobre as condições que cercam a vida contemporânea e a condição juvenil no Brasil e no mundo e sobre temas e questões que afetam os jovens. As vivências, experiências, análises críticas e aprendizagens propostas nesse campo podem se constituir como suporte para os processos de construção de identidade e de projetos de vida, por meio do mapeamento e do resgate de trajetórias, interesses, afinidades, antipatias, angústias, temores etc., que possibilitam uma ampliação de referências e experiências culturais diversas e do conhecimento sobre si.

O **campo das práticas de estudo e pesquisa** abrange a pesquisa, recepção, apreciação, análise, aplicação e produção de discursos/textos expositivos, analíticos e argumentativos, que circulam tanto na esfera escolar como na acadêmica e de pesquisa, assim como no jornalismo de divulgação científica. O domínio desse campo é fundamental para ampliar a reflexão sobre as linguagens, contribuir para a construção do conhecimento científico e para aprender a aprender.

O **campo jornalístico-midiático** caracteriza-se pela circulação dos discursos/ textos da mídia informativa (impressa, televisiva, radiofônica e digital) e pelo discurso publicitário. Sua exploração permite construir uma consciência crítica e seletiva em relação à produção e circulação de informações, posicionamentos e induções ao consumo.

O **campo de atuação na vida pública** contempla os discursos/ textos normativos, legais e jurídicos que regulam a convivência em sociedade, assim como discursos/textos propositivos e reivindicatórios (petições, manifestos etc.). Sua exploração permite aos estudantes refletir e participar na vida pública, pautando-se pela ética.

O **campo artístico** é o espaço de circulação das manifestações artísticas em geral, contribuindo para a construção da apreciação estética, significativa para a constituição de identidades, a vivência de processos criativos, o reconhecimento da diversidade e da multiculturalidade e a expressão de sentimentos e emoções. Possibilita aos estudantes, portanto, reconhecer, valorizar, fruir e produzir tais manifestações, com base em critérios estéticos e no exercício da sensibilidade.

Competências específicas de linguagens e suas tecnologias para o ensino médio

▷ Compreender o funcionamento das diferentes linguagens e práticas culturais (artísticas, corporais e verbais) e mobilizar esses conhecimentos na recepção e produção de discursos nos diferentes campos de atuação social e nas diversas mídias, para ampliar as formas de participação social, o entendimento e as possibilidades de explicação e interpretação crítica da realidade e para continuar aprendendo.

▷ Compreender os processos identitários, conflitos e relações de poder que permeiam as práticas sociais de linguagem, respeitando as diversidades e a pluralidade de ideias e posições, e atuar socialmente com base em princípios e valores assentados na democracia, na igualdade e nos Direitos Humanos, exercitando o autoconhecimento, a empatia, o diálogo, a resolução de conflitos e a cooperação, e combatendo preconceitos de qualquer natureza.

▷ Utilizar diferentes linguagens (artísticas, corporais e verbais) para exercer, com autonomia e colaboração, protagonismo e autoria na vida pessoal e coletiva, de forma crítica, criativa, ética e solidária, defendendo pontos de vista que respeitem o outro e promovam os Direitos Humanos, a consciência socioambiental e o consumo responsável, em âmbito local, regional e global.

▷ Compreender as línguas como fenômeno (geo)político, histórico, cultural, social, variável, heterogêneo e sensível aos contextos de uso, reconhecendo suas variedades e vivenciando-as como formas de expressões identitárias, pessoais e coletivas, bem como agindo no enfrentamento de preconceitos de qualquer natureza.

▷ Compreender os processos de produção e negociação de sentidos nas práticas corporais, reconhecendo-as e vivenciando-as como formas de expressão de valores e identidades, em uma perspectiva democrática e de respeito à diversidade.

▷ Apreciar esteticamente as mais diversas produções artísticas e culturais, considerando suas características locais, regionais e globais, e mobilizar seus conhecimentos sobre as linguagens artísticas para dar significado e (re)construir produções autorais individuais e coletivas, exercendo protagonismo de maneira crítica e criativa, com respeito à diversidade de saberes, identidades e culturas.

▷ Mobilizar práticas de linguagem no universo digital, considerando as dimensões técnicas, críticas, criativas, éticas e estéticas, para expandir as formas de produzir sentidos, de engajar-se em práticas autorais e coletivas, e de aprender a aprender nos campos da ciência, cultura, trabalho, informação e vida pessoal e coletiva.

1.13 A área de matemática e suas tecnologias

A BNCC da área de Matemática e suas Tecnologias propõe **a consolidação, a ampliação e o aprofundamento das aprendizagens essenciais** desenvolvidas no Ensino Fundamental. Para tanto, propõe colocar em jogo, de modo mais inter-relacionado, os conhecimentos já explorados na etapa anterior, a fim de possibilitar que os estudantes construam uma visão mais integrada da Matemática, ainda na perspectiva de sua aplicação à realidade.

Na BNCC de Matemática do Ensino Fundamental, as habilidades estão organizadas segundo unidades de conhecimento da própria área (**Números, Álgebra, Geometria, Grandezas e Medidas, Probabilidade e Estatística**).

Em relação aos **números**, os estudantes do Ensino Fundamental têm a oportunidade de desenvolver habilidades referentes ao pensamento numérico, ampliando a compreensão a respeito dos diferentes campos e significados das operações. Para isso, propõe- se a resolução de problemas envolvendo números naturais, inteiros, racionais e reais, em diferentes contextos (do cotidiano, da própria Matemática e de outras áreas do conhecimento).

▷ **Pensamento algébrico**, tendo em vista as demandas para identificar a relação de dependência entre duas grandezas em contextos significativos e comunicá-la, utilizando diferentes escritas algébricas, além de resolver situações-problema por meio de equações e inequações.

▷ **Pensamento geométrico**, eles desenvolvem habilidades para interpretar e representar a localização e o deslocamento de uma figura no plano cartesiano, identificar transformações isométricas e produzir ampliações e reduções de figuras. Além disso, são solicitados a formular e resolver problemas em contextos diversos, aplicando os conceitos de congruência e semelhança.

▷ **Grandezas e Medidas**, os estudantes constroem e ampliam a noção de medida, pelo estudo de diferentes grandezas, e obtêm expressões para o cálculo da medida da área de superfícies planas e da medida do volume de alguns sólidos geométricos.

▷ **Pensamento proporcional.** Isso pode ser feito pela exploração de situações que oportunizem a representação, em um sistema de coordenadas cartesianas, da variação de grandezas, além da análise e caracterização do comportamento dessa variação (diretamente proporcional, inversamente proporcional ou não proporcional).

A **Probabilidade**, os estudantes do Ensino Fundamental têm a possibilidade, desde os anos iniciais, de construir o espaço amostral de eventos equiprováveis, utilizando a árvore de possibilidades, o princípio multiplicativo ou simulações, para estimar a probabilidade de sucesso de um dos eventos.

Além disso, a BNCC propõe que os estudantes utilizem tecnologias, como calculadoras e planilhas eletrônicas, desde os anos iniciais do Ensino Fundamental. Tal valorização possibilita que, ao chegarem aos anos finais, eles possam ser estimulados a desenvolver o pensamento computacional, por meio da interpretação e da elaboração de algoritmos, incluindo aqueles que podem ser representados por fluxogramas.

Para que esses propósitos se concretizem nessa área, os estudantes devem desenvolver habilidades relativas aos **processos de investigação, de construção de modelos e de resolução de problemas**. Para tanto, eles devem mobilizar seu modo próprio de raciocinar, representar, comunicar, argumentar e, com base em discussões e validações conjuntas, aprender conceitos e desenvolver representações e procedimentos cada vez mais sofisticados.

Assim, para o desenvolvimento de competências que envolvem **raciocinar**, é necessário que os estudantes possam, em interação com seus colegas e professores, investigar, explicar e justificar as soluções apresentadas para os problemas, com ênfase nos processos de argumentação matemática. Embora todos esses processos pressuponham o raciocínio matemático, em muitas situações são também mobilizadas habilidades relativas à representação e à comunicação para expressar as generalizações, bem como à construção de uma argumentação consistente para justificar o raciocínio utilizado.

As competências que estão diretamente associadas a **representar** pressupõem a elaboração de registros para evocar um objeto matemático. Apesar de essa ação não ser exclusiva da Matemática, uma vez que todas as áreas têm seus processos de representação, em especial nessa área é possível verificar de forma inequívoca a importância das representações para a compreensão de fatos, ideias e conceitos, uma vez que o acesso aos objetos matemáticos se dá por meio delas. Nesse sentido, na Matemática, o uso dos registros de representação e das diferentes linguagens é, muitas vezes, necessário para a compreensão, a resolução e a comunicação de resultados de uma atividade. Por esse motivo, espera-se que os estudantes conheçam diversos registros de representação e possam mobilizá-los para modelar situações diversas por meio da linguagem específica da matemática – verificando que os recursos dessa linguagem são mais apropriados e seguros na busca de soluções e respostas – e, ao mesmo tempo, promover o desenvolvimento de seu próprio raciocínio.

Após resolverem os problemas matemáticos, os estudantes precisam apresentar e justificar seus resultados, interpretar os resultados dos colegas e interagir com eles. É nesse contexto que a competência de **comunicar** ganha importância. Nas comunicações, os estudantes devem ser capazes de justificar suas conclusões não apenas com símbolos matemáticos e conectivos lógicos, mas também por meio da língua materna, realizando apresentações orais dos resultados e elaborando relatórios, entre outros registros.

Com relação à competência de **argumentar**, seu desenvolvimento pressupõe também a formulação e a testagem de conjecturas, com a apresentação de justificativas, além dos aspectos já citados anteriormente em relação às competências de raciocinar e representar.

1.13.1 Competências específicas de matemática e suas tecnologias para o ensino médio

Utilizar estratégias, conceitos e procedimentos matemáticos para interpretar situações em diversos contextos, sejam atividades cotidianas, sejam fatos das Ciências da Natureza e Humanas, das questões socioeconômicas ou tecnológicas, divulgados por diferentes meios, de modo a contribuir para uma formação geral.

Propor ou participar de ações para investigar desafios do mundo contemporâneo e tomar decisões éticas e socialmente responsáveis, com base na análise de problemas sociais, como os voltados a situações de saúde, sustentabilidade, das implicações da tecnologia no mundo do trabalho, entre outros, mobilizando e articulando conceitos, procedimentos e linguagens próprios da Matemática.

Utilizar estratégias, conceitos, definições e procedimentos matemáticos para interpretar, construir modelos e resolver problemas em diversos contextos, analisando a plausibilidade dos resultados e a adequação das soluções propostas, de modo a construir argumentação consistente.

Compreender e utilizar, com flexibilidade e precisão, diferentes registros de representação matemáticos (algébrico, geométrico, estatístico, computacional etc.), na busca de solução e comunicação de resultados de problemas.

Investigar e estabelecer conjecturas a respeito de diferentes conceitos e propriedades matemáticas, empregando estratégias e recursos, como observação de padrões, experimentações e diferentes tecnologias, identificando a necessidade, ou não, de uma demonstração cada vez mais formal na validação das referidas conjecturas.

1.14 A área de ciências da natureza e suas tecnologias

Nas sociedades contemporâneas, muitos são os exemplos da presença da Ciência e da Tecnologia, e de sua influência no modo como vivemos, pensamos e agimos: do transporte aos eletrodomésticos; da telefonia celular à internet; dos sensores óticos aos equipamentos médicos; da biotecnologia aos programas de conservação ambiental; dos modelos submicroscópicos aos cosmológicos; do movimento das estrelas e galáxias às propriedades e transformações dos materiais.

Todavia, poucas pessoas aplicam os conhecimentos e procedimentos científicos na resolução de seus problemas cotidianos (como estimar o consumo de energia de aparelhos elétricos a partir de suas especificações técnicas, ler e interpretar rótulos de alimentos etc.). Tal constatação corrobora a necessidade de a Educação Básica – em especial, a área de Ciências da Natureza – comprometer-se com o letramento científico da população.

É importante destacar que aprender Ciências da Natureza vai além do aprendizado de seus conteúdos conceituais. Nessa perspectiva, a BNCC da área de Ciências da Natureza e suas Tecnologias – por meio de um olhar articulado da **Biologia, da Física e da Química** – define competências e habilidades que permitem a ampliação e a sistematização das aprendizagens essenciais desenvolvidas no Ensino Fundamental no que se refere: aos conhecimentos conceituais da área; à contextualização social, cultural, ambiental e histórica desses conhecimentos; aos processos e práticas de investigação e às linguagens das Ciências da Natureza.

Na área de Ciências da Natureza, os **conhecimentos conceituais** são sistematizados em leis, teorias e modelos. A elaboração, a interpretação e a aplicação de modelos explicativos para fenômenos naturais e sistemas tecnológicos são aspectos fundamentais do fazer científico, bem como a identificação de regularidades, invariantes e transformações. Portanto, no Ensino Médio, o desenvolvimento do pensamento científico envolve aprendizagens específicas, com vistas a sua aplicação em contextos diversos.

Na definição das competências específicas e habilidades da área de Ciências da Natureza e suas Tecnologias foram privilegiados conhecimentos conceituais considerando a continuidade à proposta do Ensino Fundamental, sua relevância no ensino de Física, Química e Biologia e sua adequação ao Ensino Médio. Dessa forma, a BNCC da área de Ciências da Natureza e suas Tecnologias propõe um aprofundamento nas **temáticas Matéria e Energia, Vida e Evolução e Terra e Universo**.

▷ **Matéria e Energia**, no Ensino Médio, diversificam-se as situações-problema, referidas nas competências específicas e nas habilidades, incluindo-se aquelas que permitem a aplicação de modelos com maior nível de abstração e que buscam explicar, analisar e prever os efeitos das interações e relações entre matéria e energia (por exemplo, analisar matrizes energéticas ou realizar previsões sobre a condutibilidade elétrica e térmica de materiais, sobre o comportamento dos elétrons frente à absorção de energia luminosa, sobre o comportamento dos gases frente a alterações de pressão ou temperatura, ou ainda sobre as consequências de emissões radioativas no ambiente e na saúde).

▷ **Vida, Terra e Cosmos**, resultado da articulação das unidades temáticas Vida e Evolução e Terra e Universo desenvolvidas no Ensino Fundamental, propõe-se que os estudantes analisem a complexidade dos processos relativos à origem e evolução da Vida (em particular dos seres humanos), do planeta, das estrelas e do Cosmos, bem como a dinâmica das suas interações, e a diversidade dos seres vivos e sua relação com o ambiente. Isso implica, por exemplo, considerar modelos mais abrangentes ao explorar algumas aplicações das reações nucleares, a fim de explicar processos estelares, datações geológicas e a formação da matéria e da vida, ou ainda relacionar os ciclos biogeoquímicos ao metabolismo dos seres vivos, ao efeito estufa e às mudanças climáticas.

A **contextualização social, histórica e cultural da ciência e da tecnologia** é fundamental para que elas sejam compreendidas como empreendimentos humanos e sociais. Na BNCC, portanto, propõe-se também discutir o papel do conhecimento científico e tecnológico na organização social, nas questões ambientais, na saúde humana e na formação cultural, ou seja, analisar as relações entre ciência, tecnologia, sociedade e ambiente.

Os **processos e práticas de investigação** merecem também destaque especial nessa área. Portanto, a dimensão investigativa das Ciências da Natureza deve ser enfatizada no Ensino Médio, aproximando os estudantes dos procedimentos e instrumentos de investigação, tais como: identificar problemas, formular questões, identificar informações ou variáveis relevantes, propor e testar hipóteses, elaborar argumentos e explicações, escolher e utilizar instrumentos de medida, planejar e realizar atividades experimentais e pesquisas de campo, relatar, avaliar e comunicar conclusões e desenvolver ações de intervenção, a partir da análise de dados e informações sobre as temáticas da área.

Diante da diversidade dos usos e da divulgação do conhecimento científico e tecnológico na sociedade contemporânea, torna-se fundamental a apropriação, por parte dos estudantes, de **linguagens específicas** da área das Ciências da Natureza e suas Tecnologias. Aprender tais linguagens, por meio de seus códigos, símbolos, nomenclaturas e gêneros textuais, é parte do processo de letramento científico necessário a todo cidadão.

Considerando esses pressupostos, e em articulação com as competências gerais da Educação Básica e com as da área de Ciências da Natureza do Ensino Fundamental, no Ensino Médio, a área de Ciências da Natureza e suas Tecnologias deve garantir aos estudantes o desenvolvimento de **competências específicas**. Relacionadas a cada uma delas, são indicadas, posteriormente, **habilidades** a ser alcançadas nessa etapa.

Competências específicas de ciências da natureza e suas tecnologias para o ensino médio

▷ Analisar fenômenos naturais e processos tecnológicos, com base nas interações e relações entre matéria e energia, para propor ações individuais e coletivas que aperfeiçoem processos produtivos, minimizem impactos socioambientais e melhorem as condições de vida em âmbito local, regional e global.

▷ Analisar e utilizar interpretações sobre a dinâmica da Vida, da Terra e do Cosmos para elaborar argumentos, realizar previsões sobre o funcionamento e a evolução dos seres vivos e do Universo, e fundamentar e defender decisões éticas e responsáveis.

▷ Investigar situações-problema e avaliar aplicações do conhecimento científico e tecnológico e suas implicações no mundo, utilizando procedimentos e linguagens próprios das Ciências da Natureza, para propor soluções que considerem demandas locais, regionais e/ou globais, e comunicar suas descobertas e conclusões a públicos variados, em diversos contextos e por meio de diferentes mídias e tecnologias digitais de informação e comunicação (TDIC).

1.15 A área de ciências humanas e sociais aplicadas

A BNCC da área de Ciências Humanas e Sociais Aplicadas – integrada por Filosofia, Geografia, História e Sociologia – propõe a ampliação e o aprofundamento das aprendizagens essenciais desenvolvidas no Ensino Fundamental, sempre orientada para uma formação ética. Tal compromisso educativo tem como base as ideias de justiça, solidariedade, autonomia, liberdade de pensamento e de escolha, ou seja, a compreensão e o reconhecimento das diferenças, o respeito aos direitos humanos e à interculturalidade, e o combate aos preconceitos de qualquer natureza.

Portanto, no Ensino Médio, a BNCC da área de Ciências Humanas e Sociais Aplicadas propõe que os estudantes desenvolvam a capacidade de estabelecer **diálogos** – entre indivíduos, grupos sociais e cidadãos de diversas nacionalidades, saberes e culturas distintas –, elemento essencial para a aceitação da alteridade e a adoção de uma conduta ética em sociedade. Para tanto, define habilidades relativas ao **domínio** de conceitos e metodologias próprios dessa área. As operações de identificação, seleção, organização, comparação, análise, interpretação e compreensão de um dado objeto de conhecimento são procedimentos responsáveis pela construção e desconstrução dos significados do que foi selecionado, organizado e conceituado por um determinado sujeito ou grupo social, inserido em um tempo, um lugar e uma circunstância específicos.

De posse desses instrumentos, espera-se que os jovens elaborem **hipóteses** e **argumentos** com base na seleção e na sistematização de dados, obtidos em fontes confiáveis e sólidas. A elaboração de uma hipótese é um passo importante tanto para a construção do **diálogo** como para a investigação científica, pois coloca em prática a **dúvida sistemática** – entendida como questionamento e autoquestionamento, conduta contrária à crença em verdades absolutas.

É necessário, ainda, que a Área de Ciências Humanas e Sociais Aplicadas favoreça o **protagonismo juvenil** investindo para que os estudantes sejam capazes de mobilizar diferentes linguagens (textuais, imagéticas, artísticas, gestuais, digitais, tecnológicas, gráficas, cartográficas etc.), valorizar os trabalhos de campo (entrevistas, observações, consultas a acervos históricos etc.), recorrer a diferentes formas de registros e engajar-se em práticas cooperativas, para a formulação e resolução de problemas.

Considerando as aprendizagens a ser garantidas aos jovens no Ensino Médio, a BNCC da área de Ciências Humanas e Sociais Aplicadas está organizada de modo a **tematizar e problematizar algumas categorias da área**, fundamentais à formação dos estudantes: Tempo e Espaço; Territórios e Fronteiras; Indivíduo, Natureza, Sociedade, Cultura e Ética; e Política e Trabalho. Cada uma delas pode ser desdobrada em outras ou ainda analisada à luz das especificidades de cada região brasileira, de seu território, da sua história e da sua cultura.

▷ **Tempo e Espaço** explicam os fenômenos nas Ciências Humanas porque permitem identificar contextos, sendo categorias difíceis de se dissociar. No Ensino Médio, a análise de acontecimentos ocorridos em circunstâncias variadas torna possível compará-los, observar suas semelhanças e diferenças, assim como compreender processos marcados pela continuidade, por mudanças e por rupturas.

▷ **Território e Fronteira**, por sua vez, são categorias cuja utilização, na área de Ciências Humanas, é bastante ampla.

Território é uma categoria usualmente associada a uma porção da superfície terrestre sob domínio de um grupo e suporte para nações, estados, países. É dele que provêm alimento, segurança, identidade e refúgio. Engloba as noções de lugar, região, fronteira e, especialmente, os limites políticos e administrativos de cidades, estados e países, sendo, portanto, esquemas abstratos de organização da realidade. Associa-se território também à ideia de poder, jurisdição, administração e soberania, dimensões que expressam a diversidade das relações sociais e permitem juízos analíticos.

A discussão a respeito das categorias **Indivíduo, Natureza, Sociedade, Cultura e Ética**, bem como de suas relações, marca a constituição das chamadas Ciências Humanas. O esclarecimento teórico dessas categorias tem como base a resposta à questão que a tradição socrática, nas origens do pensamento grego, introduziu: O que é o ser humano?

Na busca da unidade, de uma natureza (*physis*), os primeiros pensadores gregos sistematizaram questões e se indagaram sobre as finalidades da existência, sobre o que era comum a todos os seres da mesma espécie, produzindo uma visão essencializada e metafísica sobre os seres humanos. A identificação da condição humana como animal político – e animal social – significa que, independentemente da singularidade de cada um, as pessoas são essencialmente capazes de se organizar para uma vida em comum e de se governar. Ou seja, os seres humanos têm uma necessidade vital da convivência coletiva.

▷ As categorias **Política e Trabalho** também ocupam posição de centralidade nas Ciências Humanas. A vida em sociedade pressupõe ações individuais e coletivas que são mediadas pela política e pelo trabalho.

A política é entendida enquanto ação e inserção do indivíduo na pólis, na sociedade e no mundo, incluindo o viver coletivo e a cidadania. As discussões em torno do bem comum e do público, dos regimes políticos e das formas de organização em sociedade, as lógicas de poder estabelecidas em diferentes grupos, a micropolítica, as teorias em torno do Estado e suas estratégias de legitimação e a tecnologia interferindo nas formas de organização da sociedade são alguns dos temas que estimulam a produção de saberes nessa área.

Considerando esses pressupostos, e em articulação com as competências gerais da Educação Básica e com as da área de Ciências Humanas do Ensino Fundamental, no Ensino Médio, a área de Ciências Humanas e Sociais Aplicadas deve garantir aos estudantes o desenvolvimento de **competências específicas**. Relacionadas a cada uma delas, são indicadas, posteriormente, **habilidades** a ser alcançadas nessa etapa.

1.15.1 Competências específicas de ciências humanas e sociais aplicadas para o ensino médio

▷ Analisar processos políticos, econômicos, sociais, ambientais e culturais nos âmbitos local, regional, nacional e mundial em diferentes tempos, a partir da pluralidade de procedimentos epistemológicos, científicos e tecnológicos, de modo a compreender e posicionar-se criticamente em relação a eles, considerando diferentes pontos de vista e tomando decisões baseadas em argumentos e fontes de natureza científica.

▷ Analisar a formação de territórios e fronteiras em diferentes tempos e espaços, mediante a compreensão das relações de poder que determinam as territorialidades e o papel geopolítico dos Estados-nações.

▷ Analisar e avaliar criticamente as relações de diferentes grupos, povos e sociedades com a natureza (produção, distribuição e consumo) e seus impactos econômicos e socioambientais, com vistas à proposição de alternativas que respeitem e promovam a consciência, a ética socioambiental e o consumo responsável em âmbito local, regional, nacional e global.

▷ Analisar as relações de produção, capital e trabalho em diferentes territórios, contextos e culturas, discutindo o papel dessas relações na construção, consolidação e transformação das sociedades.

▷ Identificar e combater as diversas formas de injustiça, preconceito e violência, adotando princípios éticos, democráticos, inclusivos e solidários, e respeitando os Direitos Humanos.

▷ Participar do debate público de forma crítica, respeitando diferentes posições e fazendo escolhas alinhadas ao exercício da cidadania e ao seu projeto de vida, com liberdade, autonomia, consciência crítica e responsabilidade.

CONHECIMENTOS PEDAGÓGICOS

1 CONHECIMENTOS PEDAGÓGICOS

1.1 Conhecimento pedagógico do conteúdo

"No âmbito da formação de professores, uma questão central tem definido os rumos das investigações nas últimas décadas, sobre quais os conhecimentos que o professor necessita dominar para poder ensinar.

As preocupações com esta questão têm levado grande parte dos investigadores a adotar o conceito de "conhecimento de base". Em termos gerais, refere-se ao conhecimento que os professores devem possuir para realizar um bom ensino ou para alcançar um estágio de competência no ensino.

A utilização do termo "conhecimento de base" resulta da influência da área de Sociologia do Trabalho nas discussões mais recentes, nomeadamente a respeito das formas de organização das profissões e de suas características essenciais.

Nesta perspectiva, Christensen, Corrigan e Haberman, Doyle, Mizukami, Reali, Reyes, Martucci, Lima, Tancredi e Mello têm situado o conhecimento de base para o ensino como uma característica importante e definidora de uma profissão.

Os principais debates, associando a formação de professores à ideia de um conhecimento profissional, surgiram no contexto das reformas educacionais nos Estados Unidos na década de 1980. Nesse período, a profissionalização se convertia numa forma de elevar o "*status*" do professor, tornando sua atividade mais respeitada e valorizada.

No entanto, essa profissionalização está condicionada à definição de um conhecimento de base para o ensino, de responsabilidade coletiva e passível de ser classificado ou codificado cientificamente.

O conhecimento de base ou conhecimento profissional, como também tem sido denominado, compreende uma categoria de conhecimento que diz respeito a capacidade de se realizar um diagnóstico e decidir quais os procedimentos disponíveis para resolver um problema singular. De fato, é um conhecimento útil na definição das formas de aprendizagem e ensino mais adequadas para diferentes problemas e indivíduos.

Na formação de professores, Tom e Valli destacam que o conhecimento de base é mais complexo do que obter conhecimentos sobre o ensino, sobre os estudantes, sobre a escola ou contexto social da escola. Os autores acrescentam que possuir o conhecimento de base para o ensino não significa apenas ter conhecimento por si só, mas também o discernimento de como este conhecimento é convertido adequadamente para atender as exigências da prática. Shulman estabelece sete categorias de conhecimento de base para o ensino, contemplando o conhecimento do conteúdo, o conhecimento pedagógico geral (que são os princípios ou estratégias de gestão e organização de classe, úteis para ensinar o conteúdo), o conhecimento curricular (referente ao conhecimento do professor para selecionar e organizar os programas, bem como os meios que dispõe para isso), o conhecimento pedagógico do conteúdo (que é uma "amalgama" ou combinação especial entre conteúdo e pedagogia, típico do professor), o conhecimento dos alunos e de suas características, o conhecimento dos contextos educacionais (ambiente de trabalho, região e características culturais da comunidade) e o conhecimento dos fins educacionais (valores sociais, propósitos e bases filosóficas e históricas).

O autor destaca a singularidade do conhecimento pedagógico do conteúdo, também denominado de PCK ("*Pedagogical Content Knowledge*") diante das outras categorias e propõe esta categoria como a mais provável para distinguir entre o conhecimento do conteúdo de um especialista de uma determinada área e o conhecimento de um professor nessa mesma área. Ou seja, o professor possui um conhecimento especializado do conteúdo que deverá ensinar, tornando-o mais compreensível ao aluno. Esse conhecimento especializado do conteúdo é, portanto, o conhecimento típico do professor.

O PCK, conforme Fenstermacher, é um tipo de conhecimento do professor que faz a interligação entre um conhecimento formal sobre o ensino, elaborado e validado a partir de pesquisas universitárias convencionais, e um conhecimento de natureza prática, desenvolvido pelo professor através da experiência do trabalho docente. A questão que ainda permanece é se o PCK é um conhecimento mais formal ou mais prático ou ainda a combinação de ambos.

Embora a designação de conhecimento didático do conteúdo, apresentada por GARCIA, seja equivalente ao que Shulman denomina de conhecimento pedagógico do conteúdo, Amadeescot aponta para a distinção entre a linha de investigação iniciada nos Estados Unidos da América (PCK) e a corrente europeia de investigação didática em Educação Física. A principal diferença entre estas duas correntes está no fato de que os estudos no PCK tem como base os processos cognitivos de transformação da matéria, enquanto os estudos na didática tradicionalmente enfatizam o conteúdo e o seu papel no ensino. Por outro lado, o uso de métodos qualitativos de pesquisa, a preocupação com o processo da preparação e implementação do conteúdo de ensino e de como se processa a interação conteúdo e aluno, são as semelhanças mais evidentes nestas correntes de investigação.

Acredita-se que a discussão entre estes termos seja ainda parte de um processo de adoção ou mesmo de readequação de abordagens tradicionais às recentes concepções epistemológicas sobre o ensino.

Ao buscar a "superação do paradigma da quantidade da oferta em favor de um modelo que priorize a qualidade da formação" inicial em Educação Física, torna-se oportuno destacar a proposta de Shulman a respeito do PCK, como um conhecimento típico do professor capaz de mediar a transformação de conhecimentos mais gerais, conceituais, disciplinares, em conhecimentos ou conteúdos programáticos mais compreensíveis aos futuros professores. Cabe privilegiar, portanto, uma forma de conhecimento útil ao professor na transformação dos conhecimentos científicos em programas ou conteúdos curriculares.

Nesta perspectiva, o presente ensaio teórico tem o objetivo de esclarecer alguns aspectos relacionados ao PCK, nomeadamente a forma como tem sido definido e a estruturação mais aceita na literatura da área, de modo que possa ser levado em consideração nas discussões atuais a respeito das propostas pedagógicas para a formação do profissional na área da Educação Física.

Com este propósito, o ensaio está organizado em três tópicos. Inicialmente procurou-se definir este tipo de conhecimento e discutir alguns pontos importantes para a formação de professores. Na sequência, houve a preocupação de apresentar o conjunto de conhecimentos que estão na base da estrutura do PCK, estabelecendo relação com a área da Educação Física.

2 LIBERALISMO E PENSAMENTO PROGRESSISTA

2.1 Pensamento liberal

Discurso proferido na 10ª cerimônia anual de graduação do programa básico de educação liberal para adultos, em 6 de junho de 1959.

Vocês obtiveram uma educação liberal. Eu os parabenizo por essa conquista. Se fosse minha única obrigação, faria apenas elogios pela conquista. Mas não estaria cumprindo com o dever que assumi se não complementasse minhas felicitações com um alerta. A educação liberal que obtiveram vai evitar o perigo de que tal advertência seja compreendida como um conselho desesperado.

Educação liberal é educação em cultura ou para a cultura. O produto acabado da educação liberal é um ser humano de cultura. "Cultura" significa primariamente agricultura: o cultivo do solo e seus produtos, o cuidado do solo, a melhoria da terra de acordo com sua natureza. Derivadamente, "cultura" significa hoje principalmente o cultivo da mente, o cuidado e a melhoria das faculdades natas da mente de acordo com a natureza da mente. Assim como o solo precisa de cultivadores, a mente precisa de professores. Mas não é tão fácil encontrar professores quanto é encontrar agricultores. os próprios professores são pupilos e devem ser pupilos.

Porém, não pode haver uma regressão infinita: em última instância, deve haver professores que não são, por sua vez, pupilos. Esses professores que não são, por sua vez, alunos são as grandes mentes ou, para evitar qualquer ambiguidade num tema de tamanha importância, as maiores mentes. Tais homens são extremamente raros. provavelmente não encontraremos nenhum deles na sala de aula.

Provavelmente não os encontraremos em lugar nenhum. É uma questão de sorte se houve um deles vivo durante sua época. Para todos os fins práticos, os pupilos, em qualquer nível de proficiência, só têm acesso aos professores que não são, por sua vez, pupilos, ou às grandes mentes, por intermédio das grandes obras. A educação liberal, então, consiste em estudar com o devido cuidado as grandes obras deixadas pelas maiores mentes – um estudo no qual os alunos mais experientes ajudam os menos experientes, incluindo os iniciantes.

Não é uma tarefa fácil, como poderia parecer se considerássemos a fórmula que acabo de mencionar. Essa fórmula requer um longo comentário. Muitas vidas foram gastas e ainda podem ser gastas na elaboração desses comentários. Por exemplo, o que significa dizer que as grandes obras devem ser estudadas "com o devido cuidado"?

No momento, menciono apenas uma dificuldade que é óbvia para todos vocês: nem todas as maiores mentes nos dizem as mesmas coisas em relação aos temas mais importantes; a comunidade dessas maiores mentes é rasgada pela discórdia, até por vários tipos de discórdia. Independentemente das consequências que isso possa gerar, uma dessas consequências certamente é que a educação liberal não pode ser simplesmente uma doutrinação. E aqui eu menciono mais uma dificuldade.

"A educação liberal é educação em cultura." Que cultura? Nossa resposta é: cultura no sentido da tradição ocidental. Mas a cultura ocidental é apenas uma entre muitas. Ao nos limitarmos à ocidental, não condenamos a educação liberal a um tipo de paroquialismo? E o paroquialismo não é incompatível com o liberalismo, a generosidade, a mente aberta da educação liberal? Nossa ideia de educação liberal não parece se encaixar numa época consciente do fato de que não existe a cultura da mente humana, mas uma variedade de culturas.

Obviamente, "cultura", se suscetível a ser usada no plural, não é o mesmo que "*culture*", que é *singulare tantum*, só podendo ser usada no singular. A "cultura" já não é mais absoluta, ela se tornou relativa. Não é fácil dizer o que significa a cultura suscetível a ser usada no plural. Como consequência dessa obscuridade, as pessoas sugerem, explícita ou implicitamente, que a "cultura" é qualquer padrão de conduta comum a qualquer grupo humano.

Assim, não hesitamos em falar de cultura de subúrbios, cultura das gangues juvenis, delinquentes ou não. Em outras palavras, todo ser humano fora do hospício é um ser humano culto, pois ele participa de uma cultura. Nas fronteiras da pesquisa surge a questão sobre se há ou não culturas entre os membros de um hospício. Se contrastarmos o uso atual de "cultura" com seu significado original, é como se alguém dissesse que o cultivo de um jardim pode consistir no jardim sendo sujado por latas vazias, garrafas de uísque e papeis amassados jogados pelo jardim de forma aleatória. Tendo chegado a esse ponto, percebemos que perdemos nosso caminho de alguma forma. Vamos então começar de novo, levantando a seguinte questão: o que a educação pode significar aqui e agora?

A educação liberal é a alfabetização de certo tipo: algum tipo de educação em letras e através das letras. Não há necessidade de justificar a alfabetização – todos os eleitores sabem que a democracia moderna se mantém ou cai pela alfabetização. Para entender isso, precisamos refletir sobre a democracia moderna. O que é a democracia moderna? Antes dizia-se que a democracia é o regime que se mantém ou entra em colapso em função da virtude: uma democracia é um regime no qual todos, ou a maioria dos adultos, são homens de virtude. Como a virtude parece exigir conhecimento, é um regime no qual todos, ou a maioria dos adultos, são virtuosos e sábios, ou a sociedade na qual todos, ou a maioria dos adultos, desenvolveram sua razão a um nível alto – ou a sociedade racional. A democracia deveria ser uma aristocracia que se ampliou para uma aristocracia universal.

Antes do surgimento da democracia moderna, havia dúvidas sobre se a democracia entendida dessa forma era possível. Como colocou uma das mentes mais brilhantes entre os teóricos da democracia: "se houvesse um povo composto por deuses, ele seria governado de forma democrática. Um governo de tal perfeição não é para seres humanos."

Essa opinião discreta hoje se tornou um alto-falante de alta potência. Existe toda uma ciência – a ciência que eu, entre milhares, professo ensinar, a ciência política – cujo tema é o contraste entre a concepção original de democracia, ou o que se pode chamar de ideal de democracia, e a democracia como ela é. Segundo um pensamento extremo, predominante na profissão, o ideal de democracia foi uma completa ilusão, e a única coisa que importa é o comportamento das democracias e o comportamento dos homens em democracias.

A democracia moderna, muito longe de ser uma aristocracia universal, seria o domínio das massas, se não fosse pelo fato de que a massa não pode dominar, mas é dominada pelas elites (por exemplo, grupos de homens que, por qualquer razão, estão no topo ou contam com uma boa chance de chegar ao topo). Uma das virtudes mais importantes exigidas para o funcionamento sem trancos da democracia, no que se refere às massas, é a apatia eleitoral, ou a falta de espírito público.

Certamente não o "sal da terra", mas o sal da democracia moderna são os cidadãos que não leem nada, exceto a página de esportes e os quadrinhos. A democracia é, portanto, realmente, não o domínio das massas, mas a cultura de massas. Uma cultura de massa é uma cultura que pode ser apropriada pela capacidade média sem qualquer esforço intelectual ou moral, a um preço monetário muito baixo. mas até mesmo uma cultura de massa, e precisamente uma cultura de massa, exige uma oferta constante do que se chama de novas ideias, que são os produtos do que se chama de mentes criativas: até mesmo músicas de comerciais perdem seu apelo se não variarem de tempos em tempos.

Mas a democracia, mesmo se só for considerada a concha que protege a cultura de massa, exige, no longo prazo, qualidades de um tipo totalmente diferente: qualidades de dedicação, concentração, amplitude e profundidade. Assim, entendemos mais facilmente o que significa a educação liberal aqui e agora. A educação liberal é o antídoto para a cultura de massa, para os efeitos corrosivos da cultura de massa, para sua tendência inerente de produzir nada, a não ser "especialistas sem espírito ou visão e apreciadores do prazer sem coração".

A educação liberal é a escada pela qual tentamos subir da democracia das massas à democracia em seu sentido original. A educação liberal é o esforço necessário para fundar uma aristocracia dentro da sociedade de democracia de massa. A educação liberal lembra aos membros de uma democracia de massa que tenham ouvidos para ouvir sobre a grandiosidade humana.

Algumas pessoas podem afirmar que essa ideia de educação liberal é meramente política, que assume dogmaticamente que a democracia moderna é boa. Não podemos virar as costas para a sociedade moderna? Não podemos voltar à natureza, à vida em tribos não alfabetizadas? Não estamos esmagados, nauseados, degradados pelo material impresso massivo, cemitério de tantas florestas belas e majestosas?

Não é suficiente dizer que isso é mero romantismo, que hoje não podemos voltar à natureza: as próximas gerações, depois de um cataclismo forjado pelo homem, não podem se sentir atraídas por viver em tribos não alfabetizadas? Nossos pensamentos sobre guerras termonucleares não serão afetados por essas possibilidades?

Certamente os horrores da cultura de massa (que inclui passeios guiados pela natureza intacta) tornam inteligível o anseio pela volta à natureza. uma sociedade analfabeta, no melhor dos casos, é uma sociedade governada por antigos costumes ancestrais que derivam dos fundadores originais, deuses, filhos de deuses ou pupilos de deuses. Como não há letras numa sociedade assim, os herdeiros não podem estar em contato direto com os fundadores originais; eles não sabem se os pais ou avós desviaram-se do que os fundadores queriam dizer originalmente, se transformaram a mensagem divina com adições ou subtrações humanas. assim, uma sociedade não alfabetizada não consegue agir de forma consistente sobre seu princípio de que o melhor é o mais antigo.

Apenas letras que vieram dos fundadores podem permitir que os fundadores falem diretamente aos últimos herdeiros. É contraditório querer retornar à não alfabetização. Somos obrigados a viver com livros. Mas a vida é curta demais para viver com quaisquer livros que não sejam os melhores. Nesse sentido, fazemos bem em tomar como nosso modelo aquele entre as maiores mentes que, por causa do seu senso comum, é o mediador entre nós e as grandes mentes. Sócrates nunca escreveu um livro, mas os lia.

Permitam-me citar uma frase de Sócrates que diz quase tudo que há para ser dito sobre o nosso tema, com a nobre simplicidade e a tranquila grandiosidade dos antigos: "assim como os outros se agradam com um bom cavalo, cachorro ou pássaro, eu me agrado ainda mais com bons amigos... e os tesouros dos homens sábios de antigamente, que eles deixaram por escrito em livros, eu desvendo e percorro com meus amigos.

Se vemos algo bom, selecionamos e consideramos um ótimo ganho se, dessa forma, nos tornamos úteis um para o outro." O homem que faz esse discurso acrescenta um comentário: "Quando ouvi isso, me pareceu que Sócrates era abençoado e que ele liderava os homens que os escutavam em direção a um perfeito cavalheirismo." Esse relato é falho, pois não nos diz nada sobre o que Sócrates fazia em relação àquelas passagens nos livros dos homens sábios antigos que ele não sabia se eram boas. em outro relato, aprendemos que Eurípedes deu a Sócrates os escritos de Heráclito, e então pediu a opinião dele. Sócrates disse: "o que eu entendi é grandioso e nobre; acredito que o mesmo se aplique ao que eu não entendi; mas certamente é necessária uma ferramenta para entender esses escritos."

Educação para um cavalheirismo perfeito, para a excelência humana, a educação liberal consiste em lembrar a pessoa da grandiosidade humana. De que formas a educação liberal nos lembra a grandiosidade humana?

Não podemos ter pensamento mais elevado sobre o que a educação liberal significa. Ouvimos falar da sugestão de Platão de que a educação é o sentido mais alto na filosofia. A filosofia é a busca por sabedoria ou a busca por conhecimento das coisas mais importantes, mais altas, mais abrangentes; esse conhecimento, como ele sugeriu, é a virtude e a felicidade. Mas a sabedoria é inacessível ao homem e, portanto, a virtude e a felicidade sempre serão imperfeitas. apesar disso, o filósofo – que, como tal, não é simplesmente sábio – é declarado como o único rei verdadeiro.

Declara-se que ele tem todas as excelências das quais a mente humana é capaz, no mais alto nível. A partir disso, concluímos que não podemos ser filósofos – não podemos adquirir a forma mais alta de educação. Não devemos nos deixar enganar pelo fato de que encontramos muitas pessoas que se dizem filósofos. Elas empregam uma expressão vaga, talvez por conveniência administrativa. Muitas vezes, querem dizer que são membros de departamentos de filosofia. É tão absurdo esperar que membros de departamentos de filosofia sejam filósofos quanto é absurdo esperar que membros de departamentos de arte sejam artistas.

Podemos não ser filósofos, mas podemos amar a filosofia, podemos tentar filosofar. Essa filosofia consiste primariamente e, de certa forma, principalmente em escutar a conversa entre os grandes filósofos ou, de forma mais geral e cautelosa, entre as maiores mentes, portanto estudar as grandes obras.

As maiores mentes a quem devemos ouvir não são, de forma alguma, exclusivamente as grandes mentes do ocidente. É simplesmente uma contingência infeliz que nos impede de ouvir as maiores mentes da Índia e da China: não entendemos sua linguagem, e não podemos aprender todos os idiomas. De novo, a educação liberal consiste em escutar a conversa entre as maiores mentes.

Mas aqui somos confrontados com a grande dificuldade de que essa conversa não ocorre sem nossa ajuda – o fato de que devemos fazer essa conversa acontecer. As maiores mentes fazem monólogos. Devemos transformar seus monólogos num diálogo, seus "lado a lado" num "juntos". As maiores mentes produzem monólogos até quando escrevem diálogos.

Quando observamos os diálogos platônicos, vemos que nunca existe um diálogo entre mentes da ordem mais alta: todos os diálogos de Platão são diálogos entre um homem superior e um homem inferior a ele. Platão aparentemente achava que não era possível escrever um diálogo entre dois homens da ordem mais alta.

Devemos, então, fazer algo que as maiores mentes não puderam fazer. Vamos encarar essa dificuldade – uma dificuldade tão grande que parece condenar a educação liberal como um absurdo. Como as maiores mentes se contradizem umas às outras em relação aos temas mais importantes, nos obrigam a julgar seus monólogos; não podemos confiar no que nenhuma delas diz. Por outro lado, não podemos deixar de notar que não somos competentes para sermos juízes. Esse estado das coisas é disfarçado por uma série de ilusões superficiais.

De alguma forma acreditamos que nosso ponto de vista é superior, melhor que o das maiores mentes – ou porque o nosso ponto de vista é o do nosso tempo, e nosso tempo, sendo mais recente que o das maiores mentes, é presumido como superior; ou porque acreditamos que cada uma das maiores mentes estava certa a partir de seu ponto de vista, mas não absolutamente certa.

Nós sabemos que não pode haver uma visão simplesmente verdadeira, mas apenas uma visão formal verdadeira; essa visão formal consiste na ideia de que toda visão abrangente é relativa a uma perspectiva específica, ou que todas as visões abrangentes são mutuamente exclusivas e nada pode ser simplesmente verdadeiro. As ilusões que nos enganam quanto à nossa situação verdadeira correspondem a isso: que nós somos, ou podemos ser, mais sábios do que os mais sábios homens do passado.

Assim, somos induzidos a interpretar o papel não de ouvintes atentos e dóceis, mas de agentes e domadores de leões. Mesmo assim, devemos encarar nossa impressionante situação, criada pela necessidade de tentarmos ser ouvintes mais atentos e dóceis, quer dizer, juízes, ainda que não competentes para sê-lo. Para mim, a causa dessa situação é que perdemos todas as tradições simplesmente autorizadas nas quais poderíamos confiar, o nomos que nos deu orientação, porque nossos professores imediatos e professores dos professores acreditavam na possibilidade de uma sociedade simplesmente racional. Cada um de nós aqui se vê inclinado a encontrar sua própria orientação por esforço próprio, apesar das falhas.

Não temos conforto a não ser por aquele inerente a essa atividade. A filosofia, como aprendemos, deve estar alerta contra o desejo de ser edificante – a filosofia só pode ser intrinsecamente edificante. Não podemos exercer nosso conhecimento sem, de tempos em tempos, entender algo de importância; e esse ato de entendimento pode ser acompanhado pela conscientização do nosso entendimento, pelo entendimento do entendimento, por *noesis noeseos*.

É uma experiência tão alta, tão pura, tão nobre que Aristóteles a atribuía ao seu Deus. Essa experiência é inteiramente independente de se o que entendemos primariamente é agradável ou desagradável, bonito ou feio. Isso nos leva a perceber que todos os males são, de certa forma, necessários para o entendimento. Isso nos permite aceitar todos os males que nos ocorrem e que podem nos ferir no espírito de bons cidadãos da cidade de Deus. Ao tomar consciência da dignidade da mente, percebemos a verdadeira base da dignidade do homem e, com isso, a bondade do mundo, que é o lar do homem porque é lar da mente humana.

A educação liberal, que consiste na permanente troca com as maiores mentes, é um treinamento na forma mais alta de modéstia, para não dizer de humildade. É, ao mesmo tempo, um treinamento de ousadia: ela exige de nós uma ruptura total com o silêncio, a pressa, o descuido, o barato da feira de vaidades dos intelectuais e dos seus inimigos. Exige de nós a ousadia implícita na determinação de considerar as visões aceitas apenas como opiniões, ou considerar as opiniões médias como extremas, pois têm no mínimo a mesma probabilidade de estarem erradas que as opiniões mais estranhas ou menos populares. A educação liberal é a libertação da vulgaridade.

Os gregos tinham uma bela palavra para "vulgaridade"; eles diziam *apeirokalia*, falta de experiência em coisas bonitas. a educação liberal nos oferece experiência em coisas bonitas.

2.2 Pensamento progressista

2.2.1 Tendências pedagógicas progressistas

Segundo Libâneo, a pedagogia progressista designa as tendências que, partindo de uma análise crítica das realidades sociais, sustentam implicitamente as finalidades sociopolíticas da educação.

2.2.2 Tendência progressista libertadora

As tendências progressistas libertadora e libertária têm em comum a defesa da autogestão pedagógica e o antiautoritarismo. A escola libertadora, também conhecida como a pedagogia de Paulo Freire, vincula a educação à luta e organização de classe do oprimido. Segundo Gadotti, Paulo Freire não considera o papel informativo, o ato de conhecimento na relação educativa, mas insiste que o conhecimento não é suficiente se, ao lado e junto deste, não se elabora uma nova teoria do conhecimento e se os oprimidos não podem adquirir uma nova estrutura do conhecimento que lhes permita reelaborar e reordenar seus próprios conhecimentos e apropriar-se de outros.

Assim, para Paulo Freire, no contexto da luta de classes, o saber mais importante para o oprimido é a descoberta da sua situação de oprimido, a condição para se libertar da exploração política e econômica, através da elaboração da consciência crítica passo a passo com sua organização de classe. Por isso, a pedagogia libertadora ultrapassa os limites da pedagogia, situando-se também no campo da economia, da política e das ciências sociais, conforme Gadotti.

Como pressuposto de aprendizagem, a força motivadora deve decorrer da codificação de uma situação-problema que será analisada criticamente, envolvendo o exercício da abstração, pelo qual se procura alcançar, por meio de representações da realidade concreta, a razão de ser dos fatos. Assim, como afirma Libâneo, aprender é um ato de conhecimento da realidade concreta, isto é, da situação real vivida pelo educando, e só tem sentido se resulta de uma aproximação crítica dessa realidade. Portanto o conhecimento que o educando transfere representa uma resposta à situação de opressão a que se chega pelo processo de compreensão, reflexão e crítica.

No ensino da leitura, Paulo Freire, numa entrevista, sintetiza sua ideia de dialogismo: "Eu vou ao texto carinhosamente. De modo geral, simbolicamente, eu puxo uma cadeira e convido o autor, não importa qual, a travar um diálogo comigo".

2.2.3 Tendência progressista libertária

A escola progressista libertária parte do pressuposto de que somente o vivido pelo educando é incorporado e utilizado em situações novas, por isso o saber sistematizado só terá relevância se for possível seu uso prático. A ênfase na aprendizagem informal, via grupo, e a negação de toda forma de repressão, visam a favorecer o desenvolvimento de pessoas mais livres. No ensino da língua, procura valorizar o texto produzido pelo aluno, além da negociação de sentidos na leitura.

2.2.4 Tendência progressista crítico-social dos conteúdos

Conforme Libâneo, a tendência progressista crítico-social dos conteúdos, diferentemente da libertadora e libertária, acentua a primazia dos conteúdos no seu confronto com as realidades sociais. A atuação da escola consiste na preparação do aluno para o mundo adulto e suas contradições, fornecendo-lhe um instrumental, por meio da aquisição de conteúdos e da socialização, para uma participação organizada e ativa na democratização da sociedade.

Na visão da pedagogia dos conteúdos, admite-se o princípio da aprendizagem significativa, partindo do que o aluno já sabe. A transferência da aprendizagem só se realiza no momento da síntese, isto é, quando o aluno supera sua visão parcial e confusa e adquire uma visão mais clara e unificadora.

3 SOCIALISMO E ESCOLA NOVISTA

3.1 Educação na revolução russa

As experiências de educação nos modelos socialistas e iniciou-se no início do século passado com a Revolução Russa dando início a União das Repúblicas Socialistas Soviéticas, e desde os primeiros passos e decisões de mudanças do então novo modelo socialista estão as mudanças na educação, que sofreu com a centralidade o centralismo característico dos primeiros anos do modelo soviético.

Uma importante disputa teórica na educação se deu entre dois importantes líderes da Leon Trotsky e Josef Stalin, que divergiam sobre a questão da coletivização da terra e esta polêmica se deu basicamente na educação, enquanto o Stalin defendia a imediata coletivização da terra com a desapropriação das pequenas propriedades rurais em nome da revolução da coletivização dos meios de produção tanto industriais quanto agrícolas, Trotsky defendia que era necessário primeiro criar uma geração com pensamento de funcionário para só então depois realizar-se a coletivização da terra afinal de contas quem no campo associou-se a Luta dos então bolcheviques, defendiam a sua pequena propriedade rural.

Este debate ideológico se deu no campo da educação, defendendo que se criassem novas escolas, com novos conceitos pedagógicos, baseados unicamente na ideia do bem comum e que após algumas gerações da criação do novo pensamento socialista, criariam-se as condições de se discutir a questão da coletivização da terra.

A disputa ideológica trouxe direta consequência na educação, e esta polêmica foi vencida por Stalin, e aconteceu a coletivização da terra de forma forçada o que gerou uma disputa do exército vermelho, ironicamente controlado por Trotsky, e ocorreu a coletivização em lugar da produção rural.

3.2 Experiência do leste europeu

Quando, após a Segunda Guerra Mundial, verificou-se a formação da chamada cortina de ferro com os países do leste europeu fazendo parte do bloco socialista, a educação na Alemanha na Polônia e na própria URSS se mostrou muito ideologizada com os princípios marxistas, o que gerou uma ruptura nesses países com educação tradicional que era representada tanto pelo fato da guerra fria não possibilitar que houvesse troca de informações culturais entre os países capitalistas ocidentalizadas e os países da chamada Cortina de Ferro, havendo prejuizo na educação em ambos os lados do conflito, pois análise geopolítica dos educandos ficou limitada ao campo ideológico ao curso país fazia parte, este processo só começou a ser revertido após o fim da União das Repúblicas Socialistas Soviéticas nos anos 90, e com a reunificação da Alemanha onde países que tinham uma tradição socialista e países que tinham orientação capitalismo começaram a troca com o ocidente capitalista tendo uma clara influência do capitalismo ocidental nesta unificação.

3.3 Revolução cubana

A Revolução Cubana liderada por Fidel Castro e Che Guevara em outros importantes líderes revolucionários, também teve um forte impacto na educação da pequena Ilha que se tornava socialista e o conceito da educação universalizada de acesso a todos principalmente no ensino superior e na área da saúde, fez Cuba se caracterizar como um importante destaque na educação em particular na medicina, onde os avanços da Medicina nas décadas seguintes se tornaram referência para o mundo todo e esse destaque que era o conceito da coletivização do acesso à educação superior, foi um importante marco na relação entre o socialismo e a educação.

3.4 Experiências no Brasil

O Brasil nunca teve ao longo da sua história um governo socialista oficialmente, tendo os governos que tinham algumas bandeiras de esquerda, mas não gerando uma revolução no país que o levasse ao socialismo.

Das experiências progressistas que o Brasil teve destacam-se duas em particular a primeira experiência do governo João Goulart, que foi deposto pela ditadura militar e que era um governo fortemente influenciado por Darcy Ribeiro que tinha os elementos da nova escola presentes, em particular no que tange a reforma curricular, a escola como Espaço Aberto, e a criação de universidades públicas, mantidas pelo estado, ensino pesquisa e extensão porém as experiências foi abruptamente interrompida com a depois lição de João Goulart e o início do governo militar em 1964.

Os governos Lula e Dilma nos anos 2000 não foram governos socialistas e estavam no marco do capital, apesar desses governos terem implementado bandeiras progressistas com espelho na educação houve a ampliação do acesso ao ensino superior através do primeiro-ministro do governo Lula que era Cristovam Buarque, ex-reitor da Universidade de Brasília e um educador conhecido, antes disso em São Paulo na prefeitura de Luiza Erundina então do partido dos trabalhadores nos anos 80 o ministro foi Paulo Freire depois sucedido pelo educador e filósofo Mario Sérgio Cortella a experiência Educacional ocorrido em São Paulo durante o governo foi o da escola com conselhos de escola e ampliação da comunidade escolar nas decisões sobre os futuros da escola.

Voltando ao governo Lula uma das mais importantes decisões foi ampliar a pesquisa acadêmica na universidade, além da criação de programa de financiamento estudantil que possibilitou que a classe baixa tivesse acesso ao ensino superior em um aumento percentual de acesso ao ensino superior, em particular das camadas mais pobres da população nunca antes vistos este programa era chamado FIES.

3.5 Socialismo e educação

Karl Marx pouco refletiu sobre a educação de forma pontual e específica, mas seus estudos nortearam os trabalhos de outros pesquisadores que se dedicaram a estabelecer uma correlação desta com os objetivos do socialismo visando estabelecer uma conformidade de ações que libertaria o homem do fracionalismo da atividade laboral imposta pelo capitalismo de forma alusiva à linha de montagem e aos métodos de produção industrial. Segundo Marx o homem seria capacitado de uma forma holística e conscienciosa a fim de poder atuar participativamente na sociedade.

Este artigo propõe uma profunda reflexão acerca dos desafios de universalização de um direito social cada vez mais convertido em mercadoria – a educação.

Na visão de Marx, a educação oferecida pelo Estado Burguês-Capitalista e o currículo pedagógico no formato como é composto e lecionado, visa basicamente alienar o cidadão transformando-o em instrumento subalterno e submisso às vontades da classe dominante.

A verdadeira função política da escola socialista deve ser o de criar nas pessoas o espírito comunitário e de participação efetiva nos desígnios desta proporcionando o surgimento de um cidadão mais comprometido com a coletividade.

Apesar de ter incentivado a educação compulsória, Marx era ferrenho opositor a todo currículo que incitasse à distinção de classes, pois, pregava a educação técnica e industrial, em detrimento de um processo vocacional delimitado pela burguesia.

SOCIALISMO E ESCOLA NOVISTA

No próprio "Manifesto", Marx e Engels pontuam que, através da educação seriam elaborados meios de superação das relações sociais burguesas e que é preciso extirpar de seu cerne o ponto de vista burguês sob pena de transformar os infantes em simples objetos de comércio e instrumentos de trabalho.

Tais ideais remetem a construção da sociedade comunista onde foram implementadas ações com vistas à concepção de uma nova educação de caráter público, gratuito e universal e consonante a utopia revolucionária desembocando na emancipação do cidadão e sua libertação do jugo capitalista.

Tendo como parâmetro norteador, as ideias de Marx, buscou-se poder compreender que educar é um desafio social onde repensar a possibilidade de reforma do sistema político e econômico atual que percebe a educação enquanto mercadoria, além de abrir espaço para a emancipação do proletariado, historicamente subjugado e explorado abre também espaço para uma nova percepção de mundo.

A dialética marxista pode representar a materialização destes propósitos revelando aos educandos a necessidade da atividade racional e um sentido de responsabilidade social com fins de proporcionar uma existência mais equânime, arguindo contra a alienação e a desumanização.

Marx era defensor da escola politécnica e da integração trabalho-escola sendo imprescindível instruir-se sobre competências que visem a compreensão do mundo físico e social.

E estava constantemente alertando para o risco de a escola doutrinar teores submissos a interpretações de partidos ou classes, além de, valorizar a gratuidade da educação e sua independência quanto à vinculação com políticas de Estado, o que equivaleria a subordinar o ensino à religião ou outros dogmas.

Estas são questões que o empreendimento deste artigo pretendeu debater ao longo de sua elaboração envolvendo extensa leitura e pesquisa a fontes documentais bibliográficas e eletrônicas com o emprego de metodologias científicas de análise de conteúdo.

Quanto à metodologia empregada nesta investigação, aponta-se que segundo Lakatos e Marconi, com relação à ciência podem ser enfatizadas duas dimensões Inseparáveis, a contextual e a metodológica.

3.5.1 Bases do pensamento socialista

▷ Expropriação dos grandes meios de produção;
▷ Coletivização da terra;
▷ Universalização da educação pública;
▷ Governança como forma;
▷ Inclusão pelo consumo.

4 FENOMENOLÓGICO-EXISTENCIALISTA, ANTIAUTORITÁRIO, CRÍTICO

4.1 Fenomenologia

Consiste basicamente na observação e descrição rigorosa de um conjunto de fenômenos tais como se manifestam no tempo ou no espaço, isto é, como se manifestam, aparecem e se oferecem aos sentidos ou à consciência, em oposição às leis abstratas e fixas desses fenômenos.

▷ Preocupação antropológica;
▷ Método de descrição interpretação dos fenômenos, dos processos e das coisas pelo que eles são, sem preconceitos;
▷ Atitude (ir à coisa mesma – Husserl);
▷ Fenomenologia e práxis.

4.2 Existencialismo

Tendência filosófica do século XX com uma visão dramática da existência humana (condição específica do homem concreto como ser no mundo).

Concepções básicas: o homem representa uma realidade aberta, inacabada, "lançada" no mundo. A vida humana não é um caminho linear para o êxito. Frequentemente é marcada pelo sofrimento, pela angústia, pelo desespero.

▷ **Sören Kierkegaard (1813-1855):** considerado o "pai do existencialismo"; analisou os problemas da relação existencial do homem com o mundo, consigo mesmo e com Deus; a relação com Deus superaria a angústia.
▷ **Friedrich Nietzsche (1844-1900):** o conjunto de sua obra tem como preocupação básica desferir uma crítica profunda e impiedosa à civilização ocidental; desenvolveu um niilismo baseado na afirmação da "morte de Deus".
▷ **Edmund Husserl (1859-1938):** criador da fenomenologia (investigação da consciência e seus objetivos); desenvolveu o conceito de intencionalidade da consciência.
▷ **Martin Heidegger (1889-1976): descreveu as características básicas da existência inautêntica, na qual o eu humano é destruído e arruinado pelos outros. A angústia é o sentimento profundo que faz o homem despertar da existência inautêntica. Tornando-se si mesmo, o homem pode transcender, atribuir um sentido à vida. Obra filosófica mais importante: Ser e tempo.**
▷ **Jean-Paul Sartre (1905-1980): na análise do ser distingue o ente em-si (compacto, rígido, imóvel) e o ente para-si (não estático, não cheio, acessível às possibilidades). O homem é um ente para-si, possuidor de consciência e liberdade. Defende que não devemos falar na existência de uma natureza universal, mas, sim, de uma condição humana. A liberdade é o valor fundamental da condição humana. O homem é absoluto, não havendo nada de espiritual acima dele, não havendo nada superior a ele, sua marcha se depara com o nada. Lutou pelo socialismo. Obra filosófica mais importante: O ser e o nada.**

4.3 Educadores existencialistas

▷ **Martin Buber (1878-1966):** Pedagogia do diálogo;
▷ **Janusz Korczak (1878-1942):** Como amar uma criança;
▷ **Georges Gusdorf (1912-2000):** Relação mestre-discípulo. A busca da verdade;
▷ **Paul Ricoeur (1913-):** Voluntariedade e problema do mal;
▷ **Maurice Merleau-Ponty (1908-1961):** Ser humano. Percepção. Conhecimento.

4.4 Bases do pensamento antiautoritário – crítico

▷ Sistemas abertos;
▷ Relações horizontalizadas;
▷ Descentralização;
▷ Liderança;
▷ Sistemas informais;
▷ Governança como método;
▷ Valorização do empirismo.

4.5 Teste base

4.5.1 Fenomenologia existencial em Paulo Freire

A fenomenologia existencial é uma corrente filosófica que considera o ser no mundo e entende o sujeito como resultado de relações intersubjetivas. O trabalho buscou identificar nos escritos do educador e filósofo Paulo Freire aspectos dessa corrente pautando-se, principalmente, em Simone de Beauvoir e Jean-Paul Sartre sem, contudo, limitar o autor ao paradigma, mas compreender possíveis diálogos. Em sua obra detectaram-se referências ao existencialismo fenomenológico, em especial ao que se refere à atitude de entender o processo de ensino-aprendizagem pautado na dialogicidade e criticidade em via horizontal, que depende das relações que os sujeitos estabelecem com o mundo e com o outro.

Confundir subjetividade com subjetivismo, com psicologismo, e negar-lhe a importância que tem no processo de transformação do mundo, da história, é cair num simplismo ingênuo. É admitir o impossível: um mundo sem homens, tal qual a outra ingenuidade, a do subjetivismo, que implica homens sem mundo.

Na passagem citada, Freire defende um equilíbrio entre subjetividade e objetividade. Mais do que isso, defende a não exclusão da subjetividade no conhecimento do mundo. Entende as relações humanas subjetivas como fundamentais no processo de construção do mundo e da história. Ainda, compreende como um mundo sem seres humanos não existe assim como seres humanos sem mundo também não, ambos estão, para ele, em permanente integração, pois "não se pode pensar em objetividade sem subjetividade. Não há uma sem a outra, que não podem ser dicotomizadas.

Ainda, em seus pressupostos, Sartre afirma que "a existência precede a essência", assim, a essência é construída na concretude, não há nada que preceda essa existência como algo transcendental. Nada pode ser justificado como uma referência à natureza humana, assim, não existem determinismos. Segundo Beauvoir, ainda, a condição humana é existência. Dessa forma, é preciso primeiramente existir para que se construa o eu; é preciso haver a existência concreta para que a essência seja produzida entre e com os seres humanos. Sem a existência não há humanidade ou essência.

Pode-se fazer um paralelo nesse sentido com o que se tem na educação convencional. Freire, ao falar sobre isso, critica a postura educacional de que comumente não se trocam ideias, mas apenas se ditam.

FENOMENOLÓGICO-EXISTENCIALISTA, ANTIAUTORITÁRIO, CRÍTICO

As aulas são discursadas e não debatidas ou discutidas. É um trabalho exercido sobre o educando e não com ele, de uma maneira impositiva, não há promoção de uma pensar autêntico. Definem-se *a priori*. Nesse sentido, a noção de processo educativo está entendida como está para o positivismo, de uma maneira que existe uma transcendência no conhecimento e que o conhecimento é impessoal e neutro. Freire defende uma educação que seja dialogada e construída coletivamente, ou seja, que as essências sejam construídas mutuamente e ativamente pelos próprios sujeitos e não transmitidas de um sujeito a outro.

Além do mais, Freire reconhece uma educação com fins de prática libertadora. Para tal, não se deve entender os seres humanos como seres vazios que se encham de conteúdo. A consciência não é especializada e nem mecanicista. É preciso, na prática educativa, que se entendam os seres humanos "como 'corpos conscientes' e na consciência como consciência intencionada ao mundo".

Defendendo, então, uma educação problematizada como contraposição de uma educação "bancária", esta irá responder "à essência do ser da consciência, que é a sua intencionalidade".

Dessa forma irá negar os comunicados e prezar a comunicação, ou seja, o diálogo com o outro. Paulo Freire afirma que a educação problematizadora "identifica-se com o próprio da consciência que é sempre ser consciência de, não apenas quando se intenciona a objetos, mas também quando se volta sobre si mesma". Logo, já não pode ser um ato de depositar ou transferir ideias de um sujeito ao outro, pois, dessa forma, o outro seria um não sujeito, mas um objeto.

5 CORRENTES E TENDÊNCIAS NA PRÁTICA ESCOLAR

5.1 Corrente pedagógica tradicional

A corrente pedagógica tradicional é caracterizada pela transmissão de conhecimentos com o uso frequente da exposição e exercícios repetitivos. Isso quer dizer que o centro da aula está na exposição do professor e tudo gira à volta desta exposição, partindo do princípio de que é suficiente escutar, ouvir o que os outros explicam para adquirir conhecimentos.

Contudo, dado que a pura transmissão oral não atinge o objetivo da aprendizagem, deve dizer-se que aprendemos verdadeiramente quando o novo conhecimento é de tal maneira integrado e incluído na experiência passada e presente que alterou o comportamento e transformou a percepção do mundo e dos outros.

Aprender é evoluir e não apenas acumulação de dados, de informações que permanecem bem catalogadas no cérebro, mas como exteriores à personalidade sem a tocarem nem a alterarem, dando lugar a que, em certos momentos, o contraste surja flagrante entre o pensamento e a ação.

Ora, para que aprender assim seja possível, é imprescindível "viver" o que se aprende, mergulhar na ação, quer seja exercida com as mãos, quer com o intelecto.

O que se observa é que a pedagogia tradicional, fixando-se no método expositivo, permanece enraizada na sua gênese, no antes da escrita, onde os conhecimentos transmitiam-se de geração em geração por via oral. E, hoje em dia, a exposição do professor pode ainda ser apoiada por meio de ilustração e de demonstrações, mas permanecendo sempre uma maior atividade visível do professor.

Uma outra característica da pedagogia tradicional é a separação entre o "pensamento" e a "ação". A ideia é que os alunos aprendam, primeiro, a teoria, esperando que depois a possam aplicar. Por isso, hoje em dia, é à volta do problema de integração da ação e do pensamento que gira a revolução pedagógica. E um dos aspectos fundamentais da pedagogia moderna é o da revalorização da ação: ou seja, do jogo dialético ação-pensamento, pensamento-ação, que conduzirá à educação integral do homem.

Do ponto de vista psicológico, a pedagogia tradicional considera a vontade uma força que existiria independentemente dos outros elementos da vida mental. Tudo aconteceria como o indivíduo quisesse, e como se este querer fosse um absoluto desligado do condicionamento da vida e da história do indivíduo.

A pedagogia tradicional implica a concepção da existência de uma separação rígida entre os diferentes aspectos da vida mental e, assim, a afetividade, a ação e o pensamento seriam âmbitos bem definidos e bem distintos uns dos outros, sem interrelações recíprocas. Mas como se sabe, a Psicologia explica que o pensamento e a ação podem ser completamente inibidos, perturbados por acidentes da vida afetiva e, inversamente, a ação e o pensamento podem influenciar a afetividade.

A pedagogia tradicional funciona como se a vida mental obedecesse a um processo psíquico logicamente encadeado. Tudo se passa como se fosse possível prestar sempre atenção no momento desejado; ouvisse-se, a memória registasse, compreendesse-se; e se fosse logo capaz de exprimir por palavras próprias, mas corretamente o pensamento alheio, que ficaria em nós integrado. E, assim, o professor, detentor do saber, expõe e, porque expõe e se expõe bem, deve ser compreendido. Do aluno, exige-se que escute, passivo, porque toda a aprendizagem dependerá do seu querer aprender inicial.

Nesses termos, a pedagogia tradicional, além da exposição magistral, privilegia a lição decorada, porque se atribui à memória um papel preponderante, como se o fixar uma ideia implicasse a sua compreensão e, como meios de controle, os questionamentos, os exames e os exercícios. Quer dizer, o professor expõe e, em seguida, controla o grau de reprodução da sua exposição pelos alunos. O aluno toma notas ou estuda no manual escolar a lição que o professor acaba de expor, depois responde a perguntas orais ou escritas para provar que aprendeu ou que não aprendeu, conforme a sua exposição se aproxima ou se afasta da do mestre ou do livro.

No geral, diríamos que o professor tem o papel mais dominante, agindo como detentor de conhecimentos. O professor fala e o aluno ouve e aprende, assumindo um papel passivo, receptivo e obediente. Esta concepção de ensino predominou até finais do século XIX, um período que se caracterizou por um sistema hierárquico, autoritário e conservador.

Por isso, as organizações da sala de aulas são, normalmente, feitas de maneira que o professor esteja posicionado de frente aos alunos para os quais dirige a palavra simultaneamente, esperando que todos os alunos estejam atentos. O professor dialoga pouco com os alunos e não cria espaços de participação. Mesmo quando organiza a turma em grupos, não realiza atividades com seus alunos de forma interativa e motivadora.

5.2 Corrente pedagógica moderna

No século XX, a evolução científica e tecnológica deu origem a várias correntes e movimentos, a destacar a Escola Nova. Em oposição à escola tradicional, a Escola Nova guia-se por princípios de uma aprendizagem por descoberta e estabelece uma atitude e visão educacionais centradas no aluno, em que o professor passa a ser um facilitador do processo de aprendizagem. Os grandes percursores desta corrente surgiram no final do século XIX, princípio do século XX, tais como Maria Montessori, Olvide Decroly, Ferrire Cousinet, Célestin Freinet, John Dewey e outros.

Considera-se que a pedagogia ativa, da Escola Nova, teve como fatores principais do seu desenvolvimento, os seguintes:

▷ Revolução Industrial, que acentuou o desenvolvimento da técnica, o desenvolvimento da prática. A prática foi valorizada e a civilização que dela derivou possui uma base técnica, assente na ação do homem que se torna mais importante que o pensamento abstrato, divorciado do concreto;

▷ A importância do trabalho de grupo, no qual valoriza-se a comunicação e a colaboração. O trabalho individual, isolado, passa a não ser mais suficiente e, por toda a parte, na indústria, na investigação científica, no ensino, na medicina, o trabalho de equipa toma lugar do trabalho individual, dado que, em virtude da complexidade dos conhecimentos atuais, se tornou impossível um só homem abranger todos os dados necessários e realizar sozinho a tarefa total.

Assim, existe implicitamente, em toda a pedagogia ativa, uma psicologia que nos diz que se aprende melhor o que se faz por si próprio, que é o "aprender fazendo" de Dewey, a interpretar num sentido mais amplo. Quer dizer, quando se diz fazendo, não se refere apenas ao trabalho manual, à ação física.

Quando se fala de atividade, queremos dizer atividade global, uma atividade funcional, uma atividade que corresponde a uma necessidade profunda de ser, que se traduz em todos os aspectos da vida, quer se trate de trabalho intelectual de investigação, trabalho manual de criação, ou modo de expressão verbal, escrito, plástico ou qualquer outro.

Uma das características do ensino moderno é a disposição dos alunos na sala de aulas, que pode ser em grupos, e pela forma como esta facilita a interação entre os sujeitos (professor –alunos, aluno – aluno).

Num ensino moderno, a atividade é, por conseguinte, compreendida num sentido amplo e o papel da escola será o de colocar o aluno em condições de investigação e de pluralidade de interações, entre os alunos e estes com o professor. Essa atividade deve suscitar, e estimular os seus interesses dos alunos, a partir das suas necessidades. Quando se fala de necessidades, refere-se às necessidades de compreender, de exprimir, de agir, de realizar, que todo o indivíduo normal sente, se uma educação falsa não as destruiu.

A atitude do professor embutido nesta corrente pedagógica é, portanto, não a de impor ao aluno um conhecimento, mas a de o colocar em condições de modo que, a partir dos seus interesses e das suas necessidades, possa-o adquirir e satisfazer a sua curiosidade instintiva. O que se crê é no acesso ao saber, em vez de ser ouvindo, deve ser agindo, o que se ajusta com os estudos dos psicólogos sobre a aprendizagem e sobre a personalidade, que mostraram que é a partir da experiência que uma se adquire e a outra se estrutura.

Deste modo, na base da pedagogia moderna, para que o professor possa desempenhar o seu papel com sucesso, sugere-se que tenha opiniões positivas a respeito de si próprio e dos alunos, que seja empático e capaz de criar um bom clima para ir ao encontro das necessidades dos alunos e ajudá-los a aprender.

6 EDUCAÇÃO COMO PROCESSO SOCIAL

6.1 Características apresentadas pelos fatos sociais

▷ **Objetividade:** os fatos sociais são objetivos e são exteriores à consciência individual, provêm da sociedade e não do indivíduo, são próprios do grupo. O indivíduo os adquire para viver em sociedade, são anteriores e superiores ao indivíduo. Ex.: modo de vestir, língua, religião.

▷ **Coerção:** os fatos sociais se impõem ao indivíduo, exercem pressão social. Se o indivíduo tentar desviar-se do grupo social, sofre sanções aprovativas ou reprovativas.

▷ **Generalidade e diversidade:** os fatos sociais são gerais, pois existem em todas as sociedades. Mas ao mesmo tempo, não são uniformes. Todo o fato social depende do grupo, da época, do local.

▷ **Solidariedade mecânica e orgânica:** nas sociedades onde predominam a solidariedade mecânica, os indivíduos participam de uma consciência coletiva comum. A solidariedade mecânica tem sua origem na semelhança dos membros individuais e o estado é de consciência coletiva. Nas sociedades de solidariedade mecânica existe um total predomínio da sociedade sobre o indivíduo. A semelhança é muito forte entre os indivíduos e o espaço individual é menor. Na sociedade de solidariedade orgânica, os indivíduos estão integrados na sociedade e cada um depende do outro. Isto deve-se à especialização de funções e ao crescimento da divisão social do trabalho e a heterogeneidade entre os indivíduos, diminuindo a consciência coletiva.

Nas sociedades arcaicas, a diferenciação dos indivíduos se traduz por uma solidariedade de tipo mecânico, "por similitude"; todos os indivíduos sã semelhantes, fazem as mesmas coisas. Em nossas sociedades complexas, em que a divisão do trabalho é mais acentuada, a diferenciação se faz por solidariedade orgânica: o vínculo social repousa na separação das atividades, repartidas de maneira complementar e mais ou menos parcelar. Assim, a sociedade cria o "indivíduo", a pessoa.

▷ **Anomia e Patologia:** significa ausência de normas. Segundo Durkheim, os problemas sociais tinham sua origem na ausência de normas. O mundo moderno, que trouxe liberdade aos indivíduos, trouxe também excesso de egoísmo e individualismo. Os códigos morais entraram em declínio, e a falta de orientações morais gerou a falta de regras. A anomia moderna tem por origem uma nova forma de divisão do trabalho social – separação das atividades de concepção e de execução, e especialização das tarefas – que favorece o individualismo.

As partes da sociedade que não estavam integradas e não contribuíam para o bom funcionamento do todo eram, para Durkheim, chamadas de fatos sociais patológicos. Os comportamentos patológicos (regras sociais falhas) representam "doenças". Tais comportamentos representam a falta de cumprimento de função de cada um e atrapalham o bom andamento do todo.

▷ **Funcionalismo:** a ideia funcionalista não tem origem com Durkheim, mas ele a tomou de Darwin e Spencer. O funcionalismo compara a sociedade com um organismo vivo em que cada parte desempenha sua função. Se cada parte desempenha bem sua função, o todo vai bem. Se uma parte do organismo falha, todo o organismo se ressente.

No modo de ver funcionalista, a sociedade é como um organismo integrado em que cada parte deve cumprir sua função. E, se existem problemas na sociedade, é porque as partes não estão suficientemente integradas. Cabe à Sociologia localizar as partes que não estão bem integradas e restaurar o funcionamento normal.

▷ **Sociedade e indivíduo:** para Durkheim, a sociedade é superior e tem precedência sobre o indivíduo. A vida social se explica pela sociedade e não pelo indivíduo. As estruturas sociais funcionam independentemente dos indivíduos e condicionam suas ações. A sociedade age sobre os indivíduos e modela suas formas de agir, pensar e sentir.

▷ **Metodologia:** tendo como pressuposto que a sociedade é superior ao indivíduo e que as ciências sociais devem imitar as ciências da natureza, para Durkheim, uma ciência madura deve se assentar no método. Ele buscava uma Sociologia com as mesmas características da física, química, astronomia. Em As Regras do Método Sociológico estabeleceu as condições de investigação científica e positiva. Partia do pressuposto de que a realidade social é idêntica à realidade da natureza, e assim como as "coisas" da natureza funcionam independentemente da ação da natureza, assim também as "coisas" da sociedade independem da ação humana. Os fatos sociais devem ser tratados como coisas, isto é, de maneira totalmente objetiva.

▷ **Reconhecimento do fato social:** É possível reconhecer o fenômeno social porque ele se impõe ao indivíduo, fatos sociais exercem coerção sobre os comportamentos individuais, (Ex.: moda, casamento, correntes de opiniões). Para Durkheim, só existe um modo de conhecer os fatos que estão à nossa volta, a saber, gerando uma representação mental, uma chave interpretativa que construímos para lidar com aquilo que a princípio desconhecemos. As representações podem ser individuais (pessoais) ou coletivas (compartilhadas).

As representações sobre os fatos sociais são representações coletivas; é como se existisse dois em nós mesmos, um ser individual (com estados mentais apenas nossos), e ao mesmo tempo um ser social, com uma cabeça social onde habitam um conjunto de crenças, hábitos, valores, os quais não revelam coisas que pensamos com nossa própria mente; tais crenças e valores não revelam uma personalidade privada e sim, o quanto há dos outros em nós. "[...] não apenas o indivíduo faz parte da sociedade, uma parte da sociedade faz parte dele".

As representações coletivas são exteriores às consciências individuais, não derivam do indivíduo considerado isoladamente, mas de sua cooperação. A consciência coletiva, a sociedade ao mesmo tempo individual e coletiva que a obriga a comportar-se conforme o desejo da sociedade, não existe individualmente, mas pela cooperação entre os indivíduos. Segundo essa existência social, essa vida coletiva é obra não apenas dos indivíduos que cooperam entre si num dado momento da vida da sociedade, mas também de gerações passadas, que ajudaram a formar crenças, valores e regras que ainda hoje perduram.

Para Durkheim, o meio moral é produzido pela cooperação entre os indivíduos através de um processo de interação na divisão do trabalho social, que é determinado conforme a predominância na vida coletiva de uma época específica. E este tipo diferente de cooperação dá origem a uma vida moral diferente, em forma de crenças, valores e normas que se seguem geração para geração; e esta vida moral é perpetuada na forma de educação.

7 BASES SOCIOLÓGICAS

7.1 Instituições sociais

As instituições sociais atuam como organizações da sociedade que existem para que haja a organização, ordem e coesão social. As instituições sociais atuam no processo de socialização com vistas à adequação de cada indivíduo no grupo social.

▷ Família;
▷ Escola;
▷ Trabalho;
▷ Igreja;
▷ Estado.

7.2 Pesquisa IBGE mostra que educação brasileira ainda não é para todos

40% dos brasileiros com mais de 25 anos não tem ensino fundamental, 2/3 das crianças está fora da creche e analfabetismo, que persiste, é três vezes maior entre os negros.

O módulo de Educação da Pesquisa Anual por Amostra de Domicílios Contínua (Pnad-Contínua), que teve seus dados divulgados nesta quarta-feira (19), mostrou, entre outros pontos, que a educação brasileira continua longe de ser para todos. Coletados pelo Instituto Brasileiro de Geografia e Estatística (IBGE) em 2018, os dados pintam o retrato de um sistema público que, mesmo perto de universalizar o atendimento no ensino fundamental, ainda não foi capaz de atender às necessidades educacionais de brasileiros de todas as idades.

Direito estabelecido pela Constituição a toda a população, o ensino fundamental ainda não é garantido a todos. Tanto que o analfabetismo ainda persiste. No ano passado, havia 11,3 milhões de pessoas com 15 anos ou mais ainda não alfabetizadas, o que perfaz uma taxa de 6,8%. Quanto mais velha a população, maior o índice de analfabetismo.

A dívida histórica do país com a educação de seu povo é ainda maior com a população negra. Enquanto 3,9% da população branca com 15 anos ou mais é iletrada, o percentual sobe para 9,1% entre os negros. Entre os brasileiros analfabetos com mais de 60 anos, 10,3% são brancos. E 27,5% são negros.

Entre outros dados negativos, 40% das pessoas com mais de 25 anos não chegaram a concluir essa etapa da educação básica; 30,7% dos alunos do ensino médio estavam defasados em relação idade/série ou fora da escola. E outros 46% não trabalhavam, não se qualificavam para o trabalho e muito menos trabalhavam.

Embora tenha aumentado de 46,2% para 47,4% o índice de pessoas com 25 anos ou mais que tenham finalizado o ensino médio, essa variação não foi acompanhada de redução na desigualdade racial. Enquanto os brancos constituem 55,5% desse universo, os negros correspondem a 40,3%.

Parte integrante do ensino básico, a educação infantil ainda é para poucos. Segundo o IBGE, 34,3% das crianças de 0 a 3 anos frequentavam creches. E da faixa etária de 4 a 5 anos, 92,4% frequentavam a pré-escola.

8 EDUCAÇÃO E SOCIEDADE NO BRASIL

8.1 Educação e transformação da sociedade

Falar de Educação é uma oportunidade riquíssima para nos debruçarmos sobre uma discussão em que tomam parte diversas pessoas e vários setores da sociedade. É perceptível que este é um tema bastante comentado, e, por isso, as opiniões e conceitos elaborados não são homogêneos. Eu diria: "que bom, por não ser", já que a perspectiva que abordaremos neste trabalho parte do indivíduo para o meio, do particular para o geral, e não o inverso. O caminho para essa compreensão é longo, e a proposta é a transformação, desde a concepção que temos por educação, o processo de ensino-aprendizagem e a mudança social.

Possivelmente, a abordagem da temática sobre Educação e mudança pode causar estranheza em boa parte da sociedade, em pessoas que, por algum motivo, sejam favorecidas pela reprodução social. No entanto, como educadores, somos impreterivelmente convocados pela própria consciência a estabelecer novas metas para a Educação e para a sociedade. Do modo como as coisas estão postas, não é possível continuar: precisamos ter coragem e mudar.

O intuito deste trabalho foi tornar as hipóteses que trazíamos latentes em nossa história ainda maiores, e provocar maior alcance à nossa percepção crítica quanto ao que já mencionamos sobre Educação. O projeto de perpetuação do ensino tecnicista tem cada vez mais se enraizado e estabelecido suas metas no processo de ensino-aprendizagem. Cabe lembrar que essa estrutura de ensino traz consigo a perpetuação do status *quo*, e seu alcance é maior do que o que superficialmente enxergamos.

Este trabalho tem por objetivo proporcionar uma reflexão acerca da constatação da necessidade da transformação da sociedade e do próprio processo de ensino-aprendizagem por meio da Educação, e, como objetivo geral, trazemos a proposta de diagnosticar elementos que corroboram a necessidade da conscientização do ensino crítico para a transformação social. Como objetivos específicos, propomos apresentar práticas educacionais que são contrárias ao processo de mudança da sociedade; analisar elementos que orientam a percepção do homem como sujeito; e destacar dados que norteiam a mudança dos indivíduos e da sociedade.

Utilizamos como fonte para a pesquisa livros físicos e digitais. A presente temática suscitou um olhar crítico sobre o assunto e nos conduziu à percepção de que o homem, para alcançar a transformação de si e do que está à sua volta, precisa compreender-se como sujeito, potencializando novas perspectivas para a Educação e para a sociedade. É perceptível que a temática é de grande importância para professores, estudantes e toda a comunidade acadêmica.

8.1.1 Referencial

O debate em torno do processo de ensino-aprendizagem é antigo e não pouco comentado. Sabemos de seu caráter benfazejo na seara da discussão e do crescimento da sociedade – já que é tão discutido, deve ter grande importância. Muitas são as opiniões em torno da Educação, e os direcionamentos são diversos, muito embora existam alguns pontos satisfatórios de convergência. Ao tratar da temática Educação e transformação da sociedade, trazemos um dado importante: ressaltamos a importância do seu caráter dinâmico. Desse modo, é inadmissível, com esta perspectiva, pensar o contrário de Freire, que defende que a Educação possui caráter permanente e que não existem seres educados e não educados. Entretanto, estamos paulatinamente educando-nos. Mesmo existindo graus na educação, eles não são absolutos. O homem, por ser incompleto, também não é absoluto.

Ainda em relação à dimensão de que ninguém é absoluto e quanto à ideia de que somos seres inacabados a ponto de termos a autossuficiência de incorporar a nós o poder de ensinar, ou a simples sina de apenas aprender, de acordo com Freire, de fato é impressionante o quanto a tradição pedagógica insiste em alimentar ditames como este, difundindo que a relação entre educador e educando se dá como o que ensina e o que aprende. Dessa forma, questionamos: será que essa prática, também ideológica, não tem a pretensão de manter sob as rédeas da opressão o menos favorecido? Ainda podemos pontuar o fato de que a Educação vai além dos muros das escolas e universidades. Quanto ao projeto de manutenção da educação tecnicista, afirma Freire:

> Na concepção 'bancária' que estamos criticando, para a qual a educação é o ato de depositar, de transferir, de transmitir valores e conhecimentos, não se verifica nem pode verificar-se essa superação. Pelo contrário, refletindo a sociedade opressora, sendo dimensão da 'cultura do silêncio', a 'educação bancária' mantém e estimula a contradição.

Os que detêm o poder econômico e, consequentemente, controlam as outras esferas, como a política, a educação, a cultura e a sociedade de modo geral, beneficiam-se da reprodução dos velhos ditames: a velha aparência de um ensino qualificado, promissor e inquestionável. Na verdade, tudo isso é um projeto de perpetuação de poder que não quer ceder para os diversos grupos marginalizados da sociedade. Desse modo, perpetuam o ensino tecnicista, alimentando a aparência de benefício e sufocando a possibilidade de ser contrariado, matando, assim, o conhecimento com base numa educação crítica dos indivíduos.

Deformados pela criticidade, não são capazes de ver o homem na sua totalidade, no seu fazer-ação-reflexão, que sempre se dá no mundo e sobre ele. Pelo contrário, será mais fácil, para conseguir seus objetivos, ver o homem como uma "lata" vazia que vão enchendo com seus "depósitos" técnicos. Mas ao desenvolver dessa forma sua ação, que tem sua incidência nesse "homem lata", podemos melancolicamente perguntar: "onde está seu compromisso verdadeiro com o homem, com sua humanização?"

Compreendamos que é inadmissível construir uma formação humana condizente com a humanização matando a possibilidade de questionar e achar que a formação que recebe nos bancos das escolas lhes é suficiente para a vida. Nessa linha de raciocínio, veja que, para Freire, a educação é possível para o homem, porque este é inacabado e sabe-se inacabado. Isso o leva à sua perfeição e realização. A Educação, desse modo, impulsiona a busca por um sujeito que é o homem. Assim, este homem deve ser o sujeito de sua própria Educação, do caminho que escolheu para si – não pode ser o objeto dela. Por isso, a máxima: ninguém educa ninguém. Outro ponto importante a ser refletido nessa mesma linha de raciocínio é que é preciso ter os pés no chão da realidade para que, de fato, a educação seja verdadeira.

Não é possível um compromisso verdadeiro com a realidade e com os homens concretos que nela e com ela estão se desta realidade e destes homens se tem uma consciência ingênua. Não é possível um compromisso autêntico se, àquele que se julga comprometido, a realidade se apresenta como algo dado, estático e imutável. Se este olha e percebe a realidade enclausurada em departamentos estanques.

Tanto professores como estudantes devem ter consciência deste ponto que Freire defendeu: a educação deve estimular a opção e afirmar o homem como homem. Adaptar é acomodar, não transformar. Não só não damos oportunidade ao estudante para que ele tenha condições de optar como também lhe negamos a possibilidade de participar de um processo que lhe dê autonomia. Ainda ressaltando a importância da Educação, gostaria de relatar o modelo empreendido pelos gregos, o modo como eles compreendiam a educação contrapondo-se às práticas em nosso país.

É uma satisfação relembrar a formação grega, pois o indivíduo que era privilegiado em tê-la possuía a formação física e espiritual. Detinha, por exemplo: a experiência e o conhecimento físico (corpo), social, político, econômico e religioso. Não era apenas a preparação para a prova do Enem (Exame Nacional do Ensino Médio), mas um processo que contemplava o indivíduo em sua totalidade. Infelizmente, parece-nos que a preocupação de nossas redes de ensino atualmente é se preparar tendo em vista o campo competitivo do mercado educacional apenas. Esquecem o caráter e o peso dessa sublime atividade que é engendrar os indivíduos ao caminho de formação e busca da autonomia, da realização e, por que não dizer também, da felicidade.

Se fôssemos sensíveis a essas prerrogativas de formação na totalidade, obviamente dando oportunidade de que os indivíduos sempre tivessem a liberdade de optar por decisões ancoradas em sua emancipação, teríamos com certeza uma formação mais humana. Além disso, daríamos oportunidade para que os indivíduos fossem criativos. Segundo Freire, em todo homem existe um ímpeto criador. O ímpeto de criar nasce da inconclusão do homem. A educação é mais autêntica quanto mais desenvolve esse ímpeto ontológico de criar. A educação deve ser desinibidora e não restritiva.

O que percebemos em nosso país, e em tantos outros que cultivam o ensino tradicional, é que há inércia na esfera da criatividade, consequentemente, em muitos outros setores, pois, para Freire: a consciência bancária 'pensa que quanto mais se dá mais se sabe'. Mas a experiência revela que com esse mesmo sistema só se formam indivíduos medíocres, porque não há estímulo para a criação. Mas precisamos mudar! E essa prerrogativa não é de modo algum desconfigurada da escola, mas concomitante com a sociedade para o início de uma nova linguagem.

Não é puro idealismo, acrescente-se: não se deve esperar que o mundo mude radicalmente para que se vá mudando a linguagem. Mudar a linguagem faz parte do processo de mudar o mundo. A relação entre linguagem, pensamento e mundo é uma relação dialética, processual, contraditória. É claro que a superação do discurso machista, como a superação de qualquer discurso autoritário, exige ou nos coloca a necessidade de, concomitantemente com o novo discurso, democrático, antidiscriminatório, nos engajar em práticas também democráticas.

A linguagem é importantíssima no processo de mudança, pois é o patamar em que as pessoas poderão se encontrar e traçar as mudanças que lhes sejam necessárias, na arte do diálogo, na construção política que permeia todas as esferas sociais. Para Alves, as pessoas andam desacreditadas da política devido ao egoísmo e à sede de poder exagerado de muitos. Desse modo, o autor classifica esse problema como algo cultural. O que é preciso no momento é a tomada de consciência, a saída da ingenuidade e a compreensão de que não há como querer uma vida satisfatória se ela não estiver enquadrada numa perspectiva social.

Precisamos dar passos significativos. A princípio, devemos começar a sonhar, idealizar a nova política que queremos alcançar. O avanço para mudança só ocorrerá quando dermos o primeiro passo, e ele poderá ser agora. É importantíssimo o nosso envolvimento nas configurações políticas nos quais estivermos inseridos. Se não propusermos, discutirmos e escolhermos, outros farão por nós. Por isso, o cultivo por uma prática nova parte do desejo de formar consciência para o coletivo. Se formos egoístas, o mundo jamais poderá mudar. E a mudança é uma exigência que se impõe frente aos tempos difíceis.

A Educação é o caminho para a mudança das pessoas, e as pessoas serão as transformadoras do meio em que estão. Não podemos continuar alimentando as estruturas antigas que se perpetuam no poder e encontram no ensino tradicional o meio de manter as pessoas sob seu jugo. Entende-se que o processo de ensino-aprendizagem se torna cada vez mais viável quando abre a oportunidade para o olhar crítico da realidade que cerca – é o caminho para a mudança de que tanto falamos, que queremos e, urgentemente, necessitamos.

O resultado em relação à nossa pesquisa é bastante positivo, já que conseguimos estabelecer a comprovação de nossa hipótese inicial em relação à necessidade de estabelecer, para a transformação da sociedade, um ensino pautado na perspectiva crítica, em que os indivíduos sejam realmente configurados ao processo e sejam conscientes de tudo aquilo em que estão envolvidos. Em *Pedagogia do Oprimido*, Paulo Freire destaca exatamente o que ocorre em nossa Educação e que justamente não queremos mais que aconteça: "A narração de que o educador é o sujeito que conduz os educandos à memorização mecânica do conteúdo narrado. Mais ainda, a narração os transforma em 'vasilhas', em recipientes a serem 'enchidos' pelo educador. Quanto mais vá 'enchendo' os recipientes com seus 'depósitos', tanto melhor educador será. Quanto mais se deixem docilmente 'encher', tanto melhores educandos serão.

Constatamos também que o indivíduo precisa sair da condição de objeto, assumindo uma nova postura, que é a de sujeito. Consequentemente, com essa nova visão, o indivíduo que encontra a sua realização na sociedade como ser político que é, como afirmara Aristóteles, pode desenvolver a sua realização como indivíduo social tendo uma prática reflexiva, fugindo da atuação cega e mecânica que é imposta pelo famigerado sistema capitalista e tradicional.

Afirmamos anteriormente que a primeira condição para que um ser pudesse exercer um ato comprometido era a sua capacidade de atuar e refletir. É exatamente essa capacidade de atuar, operar, de transformar a realidade de acordo com finalidades propostas pelo homem, à qual está associada sua capacidade de refletir, que o faz um ser da práxis (Freire, 1979, p. 8).

Tem-se em vista também que a partir da práxis (teoria e prática) percebemos a importância de passos significativos no campo da Educação que viabilizarão o processo de transformação da sociedade. Embora existam controvérsias, a mudança no campo da linguagem e, simultaneamente, em outros aspectos obviamente poderá favorecer o processo de ensino-aprendizagem; o caminho para a inauguração de uma nova sociedade em que começa a se pensar a partir do coletivo e pela autonomia.

O processo de ensino-aprendizagem é muito mais amplo do que emergencialmente possamos acreditar que seja, por meio de uma visão superficial. Por isso há a indispensabilidade de poder parar e refletir sobre outras esferas que, de forma direta ou indireta, têm incidência sobre esse processo. Esta pesquisa foi concluída com resultados satisfatórios no campo da Educação e da transformação da sociedade, mas não a ponto de esgotar a totalidade da temática, já que isso seria muita pretensão de nossa parte. Entretanto, temos convicção de que ela pôde atingir sua meta de forma positiva.

O ensino acrítico tem cada vez mais causado transtornos e alienação às pessoas e à sociedade em sua quase totalidade, pois a ideia de que o homem é apenas um ser no qual deve ser introduzido o conhecimento acumulado ao longo dos séculos, desprestigiando toda a sua experiência e as formas de conhecimento que traz consigo, é uma verdadeira negação da sua existência. A tradição do ensino bancário é um desserviço à sociedade e às pessoas: é mais um projeto de alienação satisfatório e poderoso nas mãos de quem detém o poder por meio da perpetuação de um projeto de dominação.

É urgente e perceptível a necessidade de uma transformação no modo como está sendo conduzida a Educação e os projetos ocultos que tomam vida dia após dia. É preciso que o homem tenha consciência de que é sujeito de sua própria história, e alcance, por meio da luta no campo político nas diversas esferas, um modo satisfatório de conscientizar outras pessoas e segmentos, partindo, desse modo, para a luta, não apenas no campo ideológico, mas por meio de atitudes concretas que favoreçam a liberdade das pessoas e a sua realização individual e social.

9 RELAÇÃO DESENVOLVIMENTO/APRENDIZAGEM

9.1 Teoria de Piaget sobre a linguagem e o pensamento

A psicologia deve muito a Jean Piaget. Não é exagero dizer que ele revolucionou o estudo da linguagem e do pensamento infantis, pois desenvolveu o método clínico de investigação das ideias das crianças que posteriormente tem sido generalizadamente utilizado. Foi o primeiro a estudar sistematicamente a percepção e a lógica infantis; além disso, trouxe ao seu objeto de estudo uma nova abordagem de amplitude e arrojo invulgares. Em lugar de enumerar as deficiências do raciocínio infantil quando comparado com o dos adultos, Piaget centrou a atenção nas características distintivas do pensamento das crianças, quer dizer, centrou o estudo mais sobre o que as crianças têm do que sobre o que lhes falta. Por essa abordagem positiva demonstrou que a diferença entre o pensamento das crianças e dos adultos era mais qualitativa do que quantitativa.

Como muitas outras grandes descobertas, a ideia de Piaget é tão simples que parece evidente. Já tinha sido expressa nas palavras de Rousseau, citadas pelo próprio Piaget, segundo as quais uma criança não é um adulto em miniatura e o seu cérebro não é um cérebro de adulto em ponto reduzido. Por detrás desta verdade, que Piaget escorou com provas experimentais, está outra ideia simples – a ideia de evolução, que ilumina todos os estudos de Piaget com uma luz brilhante.

No entanto, apesar de toda a sua grandeza, a obra de Piaget sofre da dualidade comum a todas as obras pioneiras da psicologia contemporânea. Essa clivagem é correlativa da crise que a psicologia está atravessando à medida que se transforma numa ciência no verdadeiro sentido da palavra. A crise decorre da aguda contradição entre a matéria prima factual da ciência e as suas premissas metodológicas e teóricas, que há muito são alvo de disputa entre as concepções materialista e idealista do mundo. Na psicologia, a luta é talvez mais aguda do que em qualquer outra disciplina.

Enquanto nos faltou um sistema generalizadamente aceite que incorpore todo o conhecimento psicológico disponível, qualquer descoberta factual importante conduzirá à criação de uma nova teoria conforme aos fatos novos observados. Freud, Levy-Bruhl, Blondel, todos eles criaram os seus próprios sistemas de psicologia.

A dualidade predominante reflete-se na incongruência entre essas estruturas teóricas, com os seus tons carregados de metafísica e idealismo, e as bases empíricas sobre as quais foram construídas. Na moderna psicologia fazem-se diariamente grandes descobertas, descobertas essas que, no entanto, logo são envolvidas em teorias *ad hoc* pré-científicas e semimetafísicas. Piaget tenta escapar a essa dualidade fatal atendo-se aos fatos. Evita deliberadamente fazer generalizações mesmo no seu próprio campo de estudo, pondo especial cuidado em não invadir os domínios correlatos da lógica, da teoria do conhecimento da História da filosofia. Para ele, o empirismo puro parece-lhe o único terreno seguro. O seu livro, escreve ele, é, antes do mais e acima de tudo uma coleção de fatos e documentos. Os elos que unem entre si os diversos capítulos são os elos fornecidos por um método único a várias descobertas e de maneira nenhuma os de uma exposição sistemática.

Na verdade, o seu forte consiste em desenterrar novos fatos, analisá-los e classificá-los penosamente, quer dizer, na capacidade de escutar a sua mensagem, como dizia Claparède. Das páginas de Piaget cai uma avalanche de grandes e pequenos fatos sobre a psicologia infantil.

O seu método clínico revela-se como uma ferramenta verdadeiramente inestimável para o estudo dos todos estruturais complexos do pensamento infantil nas suas transformações genéticas. É um método que unifica as suas diversas investigações e nos proporciona um quadro coerente, pormenorizado e vivo do pensamento das crianças.

Os novos fatos e o novo método conduzem-nos a muitos problemas; alguns são inteiramente novos para a psicologia científica, outros aparecem-nos a uma luz diferente. Os problemas dão origem a teorias, apesar de Piaget estar determinado a evitá-las atendo-se estreitamente aos fatos experimentais – e passando, de momento, por cima do fato de que a própria escolha das experiências é determinada por certas hipóteses. Mas os fatos são sempre examinados à luz de uma qualquer teoria, não podendo, por conseguinte, ser totalmente destrinçados da filosofia. Tal é particularmente verdade para os fatos relativos ao pensamento.

Para encontrarmos a chave do manancial de fatos coligidos por Piaget teremos que começar por explorar a filosofia que está por detrás da sua investigação dos fatos – e por detrás da sua interpretação, que só é exposta no fim do seu segundo livro, num resumo do conteúdo. Piaget aborda esta tarefa levantando a questão do inter-relacionamento objetivo de todos os traços característicos do pensamento infantil por ele observados. Serão tais traços fortuitos e independentes, ou formarão um conjunto organizado, com uma lógica própria, em torno de um fato central unificador? Piaget crê que assim é. Ao responder à pergunta, passa dos fatos à teoria e incidentalmente mostra o quanto a sua análise dos fatos se encontrava influenciada pela teoria, muito embora, na sua exposição, a teoria venha a seguir aos fatos.

Segundo Piaget, o elo que liga todas as características específicas da lógica infantil é o egocentrismo do pensamento das crianças. Ele reporta todas as outras características que descobriu, quais sejam, o realismo intelectual, o sincretismo e a dificuldade de compreender as relações, a este traço nuclear e descreve o egocentrismo como ocupando uma posição intermédia, genética, estrutural e funcionalmente entre o pensamento autístico e o pensamento orientado.

9.2 Fases do aprendizado

▷ **Período sensório-motor (do nascimento até os 2 anos de idade): esse período inicia-se com uma vida mental reduzida aos reflexos e aos instintos, os quais também vão se aperfeiçoando com o passar do tempo. A partir daí, a criança vai adquirindo cada vez mais autonomia motora e sensitiva:** por volta dos cinco meses, já consegue coordenar os movimentos das mãos e pegar objetos. Nessa fase, o crescimento orgânico acelerado é o suporte para o surgimento das novas habilidades, já que é o crescimento ósseo e muscular que dá sustentação aos novos comportamentos.

Ao final dos dois anos, a criança evolui de uma completa passividade para uma atitude ativa e participativa em relação ao ambiente: já se locomove, reconhece as pessoas, demonstra e reconhece os afetos, e em alguns casos já consegue esboçar as primeiras palavras.

▷ **Período pré-operatório (dos 2 aos 7 anos):** esse período é marcado pelo aparecimento da linguagem, o que acelera a comunicação e faz surgir o pensamento. No início, a criança ainda é completamente anímica, ou seja, transforma a realidade em função de suas fantasias e desejos. Esse é o período em que os pais observam seus filhos inventando diálogos com seus brinquedos, "transformando", na sua imaginação, uma velha caixa em um fabuloso brinquedo, criando amigos imaginários.

RELAÇÃO DESENVOLVIMENTO/APRENDIZAGEM

O final dessa fase é a famosa fase dos "porquês", quando o pensamento começa a se adaptar ao real e a criança precisa de explicações, às vezes até com questões que não sabemos responder.

▷ **Período das operações concretas (dos 7 aos 11 anos):** nessa fase, surge a capacidade de executar operações, ou seja, a criança é capaz de realizar uma operação física com um objetivo e revertê-la ao seu início. Assim, por exemplo, se em meio a um jogo descobre que ocorreu um erro, é capaz de desmanchá-lo e refazer a partir de onde errou. Vale lembrar que essas operações ainda só são possíveis quando relacionadas a objetos concretos e reais, ainda não há a capacidade de abstração.

Por exemplo, se lhes é pedida uma definição de um conceito abstrato como Deus, elas tendem a responder com a imagem, a figura de um santo. Nessa fase, são capazes ainda de trabalhar com ideias a partir de dois pontos de vista diferentes, de estabelecer relações de causa e efeito e de adquirir o conceito de número.

▷ **Período das operações formais (dos 11 anos em diante):** nessa fase ocorre a passagem do pensamento concreto para o pensamento abstrato e desenvolve-se a capacidade de generalização própria do pensamento adulto. Já são capazes de lidar com conceitos como justiça e liberdade, de criar teorias a respeito do mundo e têm a tendência a ler a realidade de acordo com seus próprios sistemas de interpretação.

10 CRESCIMENTO E DESENVOLVIMENTO

Durante muito tempo, os termos crescimento e desenvolvimento foram considerados como conceitos separados: o primeiro contemplava os aspectos físicos, e o segundo os aspectos mentais. Era mais uma demonstração da dicotomia mente e corpo, herdada das ideias de Descartes, como vimos na aula anterior. Atualmente, tende-se a considerar ambos os aspectos como parte do desenvolvimento, o que abrangeria o crescimento orgânico e o desenvolvimento mental.

Considera-se crescimento orgânico um processo dinâmico, que se expressa de uma forma mais visível pelo aumento do tamanho corporal. Todo ser humano nasce com um potencial genético de crescimento que poderá ou não ser alcançado, dependendo das condições de vida a que esteja exposto desde a concepção até a idade adulta. Portanto, o processo de crescimento está influenciado por fatores intrínsecos (genéticos) e extrínsecos (ambientais), entre os quais se destacam a alimentação, a saúde, a higiene, a habitação e os cuidados gerais com a criança – atuam acelerando ou retardando esse processo. Vemos, pois, que, apesar de expressar componentes biológicos, a forma como esse crescimento vai ocorrer depende em muito de fatores ambientais.

10.1 A fome e as consequências no desenvolvimento

A distribuição regional da desnutrição na infância praticamente se superpõe à distribuição descrita para a pobreza, reproduzindo, ainda com maior intensidade, as desvantagens das regiões Norte e Nordeste e, de um modo geral, das populações rurais do país. Crianças com baixa estatura se mostram duas a três vezes mais frequentes no Norte (16,2%) e Nordeste (17,9%) do que nas regiões do Centro-Sul (5,6%), sendo que, internamente, às regiões, tanto no Nordeste como no Centro-Sul, o problema se apresenta duas vezes mais frequente no meio rural do que no meio urbano.

O risco de desnutrição chega a ser quase seis vezes maior no Nordeste rural, onde uma em cada três crianças apresenta baixa estatura, do que no Centro-Sul urbano, onde apenas uma em cada vinte crianças se encontra na mesma situação. [...] A carência de ferro pode causar atraso no crescimento, reduzir a resistência às doenças e prejudicar a longo prazo o desenvolvimento mental, motor e das funções reprodutivas; ao mesmo tempo provoca aproximadamente 20 por cento das mortes relacionadas com a gravidez.

A carência de iodo pode causar danos cerebrais irreparáveis, retardamento mental, distúrbios nas funções reprodutivas, diminuição da expectativa de vida infantil e bócio, e numa mulher gestante poderá determinar diferentes graus de retardamento mental da criança que vai nascer.

10.2 Desenvolvimento

A Psicologia do Desenvolvimento cuida do estudo das mudanças de comportamento relacionadas à idade durante a vida de uma pessoa. Este campo do conhecimento propõe questões como: as crianças são qualitativamente diferentes dos adultos ou apenas têm menos experiência? As crianças nascem com comportamentos inatos ou os moldam de acordo com o que experienciam? O que direciona o desenvolvimento do ser humano?

Basicamente, dois modelos advindos das ciências naturais dominam a cena nessa discussão: o modelo mecanicista-ambientalista e o modelo organicista-individualista.

O modelo mecanicista-ambientalista representa a criança e todos os seus fenômenos como uma lousa em branco – uma massa a ser moldada. O desenvolvimento infantil seria o resultado de uma programação, de uma manipulação por forças externas do ambiente, que o condicionaria. Assim, o ambiente, ao moldar mecanicamente o cérebro pelo condicionamento, determinaria a maneira como se organizariam as suas funções psíquicas. Tais concepções refletem-se nas práticas sociais voltadas para o desenvolvimento e a educação da criança.

Sem se darem conta, muitos professores, pautados na visão mecanicista, consideram que o seu papel é programar/condicionar o comportamento e a aprendizagem dos seus alunos. O profissional torna-se, então, revestido de uma autoridade absoluta, procurando criar hábitos e atitudes por meio de treinamento de funções e de métodos explícita ou implicitamente coercitivos, como castigos e ameaças.

Já o modelo organicista não considera a criança como máquina, mas como um "ser vivo", um organismo biológico, no qual a herança genética e a maturação do organismo comandam o processo de desenvolvimento. O pedagogo alemão com forte traços religiosos Friedrich Fröbel, criador da ideia do "jardim de infância", é um exemplo desse pensamento. Ele propunha que as crianças fossem educadas com respeito às suas naturezas, de modo a desenvolver suas potencialidades de acordo com sua condição – a de ser filho de Deus. Para ele, como Deus está presente na natureza, ela é sempre boa, por ser obra divina.

Ainda, observam-se muitos estudiosos que mantêm a crença de que o desenvolvimento depende das potencialidades individuais inatas e de que a inteligência e os talentos são "dons" do próprio cérebro, determinados biologicamente e estimulados pelo ambiente. Na educação, a consequência do modelo organicista é a subordinação da aprendizagem ao ritmo individual e natural da criança. Quando o aluno apresenta alguma dificuldade no seu desenvolvimento e aprendizagem, isso é atribuído à imaturidade neurológica ou emocional.

10.3 Fatores que influenciam o desenvolvimento

Depois de vermos os diversos métodos de estudo do desenvolvimento humano, vamos agora analisar, de um modo geral, os fatores que o influenciam. Recordemos sempre que esses fatores não atuam isoladamente, mas em interação permanente.

▷ **Hereditariedade:** como este fator é importante para o crescimento biológico, mas é preciso entender os aspectos genéticos como bagagem potencial herdada pelo indivíduo, que pode vir a desenvolver-se ou não, dependendo dos demais fatores. Sabemos que a inteligência, por exemplo, é uma capacidade que pode ser transmitida geneticamente. No entanto, essa capacidade é potencial – ela pode desenvolver-se além ou aquém desse potencial, dependendo das condições do meio.

▷ **Crescimento orgânico:** a partir do momento em que seu organismo se desenvolve, o indivíduo começa a adquirir mais domínio sobre seu meio ambiente – mais autonomia e maiores possibilidades de descobertas. Além disso, os fatores que interferem no pleno desenvolvimento do organismo podem acarretar dificuldades no desenvolvimento mental, como vimos anteriormente.

▷ **Amadurecimento neurofisiológico: nascemos com cerca de 100 bilhões de neurônios, que se intercomunicam em redes. No entanto, a estabilidade das redes neuronais e o aumento de suas complexidades vão se estabelecendo ao longo do desenvolvimento, a partir das experiências trazidas pelas interações sociais. Veremos melhor esses aspectos na aula 7 (Como se aprende: o papel do cérebro),** quando discutiremos as implicações neurológicas da aprendizagem.

CRESCIMENTO E DESENVOLVIMENTO

- O meio: as influências e os estímulos ambientais alteram significativamente os padrões de comportamento. Crianças estimuladas mais intensamente em determinados comportamentos, desenvolvem-nos mais intensamente. A estimulação precoce, por exemplo, é um tipo de terapia utilizada em crianças que, ao nascerem, tenham tido problemas, como: infecções congênitas, prematuridade ou transtornos na hora do parto – como a paralisia cerebral. Esses recém-nascidos, em função do risco, precisam ser estimulados mais intensa e precocemente, a fim de prevenir ou atenuar possíveis atrasos no seu desenvolvimento.

10.4 A teoria de Stern sobre o desenvolvimento da linguagem

A parte do sistema de Wilhelm Stern que é mais conhecida – e que tem vindo a ganhar terreno com o passar dos anos – é a sua concepção intelectualista sobre o desenvolvimento da linguagem na criança. Contudo, é esta mesma concepção que mais claramente revela as limitações e as incoerências do personalismo filosófico e psicológico de Stern – os seus fundamentos idealistas e a sua ausência de validade científica.

É o próprio Stern quem descreve o seu ponto de vista como "personalista-genético". Analisaremos o princípio personalista mais à frente. Para já, vamos ver como Stern trata do aspecto genético. Afirmaremos já de partida que esta teoria, tal como todas as teorias intelectualistas, é, pela sua própria natureza, anti-genética.

Stern estabelece uma distinção entre três raízes da linguagem: a tendência expressiva, a tendência social e a tendência "intencional". Enquanto as duas primeiras estão também subjacentes aos rudimentos de linguagem observados nos animais, a terceira é especificamente humana. Stern define intencionalidade nesse sentido como uma orientação para um certo conteúdo ou significado: "Em determinado estádio do seu desenvolvimento psíquico, afirma ele, o homem adquire a capacidade de significar algo proferindo palavras, de se referir a algo objetivo. Em substância, tais atos intencionais são já atos de pensamento – o seu surgimento denota uma intelectualização e uma objetificação do discurso.

Em consonância com um certo número de autores que representam a nova psicologia do pensamento (embora em menor grau do que alguns deles), Stern sublinha a importância do fator no desenvolvimento da linguagem.

Não temos nada a obstar à afirmação segundo a qual a linguagem humana desenvolvida possui um significado objetivo, pressupondo, portanto, certo grau de desenvolvimento do pensamento, e estamos de acordo de que é necessário tomar em linha de conta a relação estreita que existe entre a linguagem e o pensamento lógico.

O problema está em que Stern encara a intencionalidade característica do discurso desenvolvido, que exige explicação genética (isto é, que exige se explique como foi gerada no processo evolutivo) como uma das raízes do desenvolvimento da linguagem: como uma força motora, uma tendência inata, quase como um impulso, mas, de qualquer forma, como algo primordial, geneticamente equiparada às tendências expressiva e comunicativa – as quais, na verdade, são detectáveis já nos primeiros estágios da linguagem.

Ao ver a intencionalidade desta maneira ("die intentionale Triebfeder des Sprachdranges"), substitui a explicação genética por uma explicação intelectualista.

Este método de explicar uma coisa pela própria coisa que há de se explicar é o erro fundamental de todas as teorias intelectualistas, e, em particular, da de Stern – daí a sua vacuidade geral e o seu caráter anti-genético (pois se relegam para os primeiros estágios de desenvolvimento da linguagem características que pertencem aos seus estágios mais avançados). Stern responde à questão de como e porque a linguagem adquire significado afirmando que a linguagem adquire significado pela sua tendência intencional, isto é, pela tendência à significação. Isso faz-nos recordar o médico de Molière, que explicava os efeitos soporíferos do ópio pelas suas propriedades dormitivas.

Da famosa descrição que Stern nos dá da grande descoberta feita pelas crianças por volta de um ano e meio ou dois anos de idade podemos ver a que exageros pode conduzir uma acentuação exagerada dos aspectos lógicos. Por essa idade, a criança descobre pela primeira vez que cada objeto tem o seu símbolo permanente, uma configuração sonora que o identifica – quer dizer que cada coisa tem o seu significado. Stern crê que, pelo segundo ano da sua vida, uma criança pode tomar consciência dos símbolos e da sua necessidade, e considera que essa descoberta é já um processo de pensamento no sentido próprio do termo:

A compreensão da relação entre o signo e o significado que desponta na criança por esta altura é algo diferente em princípio da simples utilização de imagens sonoras, de imagens de objetos e da sua associação. É a exigência de que todos os objetos, sejam eles quais forem, tenham o seu nome próprio pode considerar-se como uma verdadeira generalização levada a cabo pela criança.

Haverá algum fundamento teórico ou factual para presumir que uma criança de um ano e meio ou dois anos de idade tem consciência de uma regra geral, de um conceito geral? Todos os estudos realizados sobre este problema nos últimos vinte anos indicam-nos que a resposta é negativa.

11 O BIOLÓGICO, O PSICOLÓGICO E O SOCIAL

11.1 Concepções de desenvolvimento

▷ **Inatismo:** parte do pressuposto de que os eventos ocorridos após o nascimento não são relevantes para o desenvolvimento. Este seria influenciado apenas pelas qualidades e capacidades básicas do ser humano, praticamente prontas, desde o nascimento.

Ainda presente nas escolas nos dias atuais, essa concepção se expressa muitas vezes na fala de educadores, ao verem alguns alunos como incapazes de aprender, por serem filhos de analfabetos ou de pessoas marginalizadas. Neste sentido, acreditam que essas crianças não têm como mudar, pois suas dificuldades foram herdadas geneticamente.

▷ **Empirismo ou ambientalismo:** atribui grande poder ao ambiente como fator interveniente no desenvolvimento humano. O Homem é visto ao nascer como uma folha em branco a ser escrita pelo ambiente, ou seja, como um ser flexível, que desenvolve suas características apenas em função das condições presentes no meio no qual se encontra. Essa visão do ser humano como passivo e moldado pelo ambiente tem como consequência uma definição mecanicista do desenvolvimento e de aprendizagem. Ainda presente no cenário educacional, está marcada por um ensino tecnicista, no qual o professor é aquele que detém o conhecimento e o aluno deve apenas recebê-lo.

▷ **Interacionismo:** Essa perspectiva considera que são múltiplos os fatores constituintes do desenvolvimento humano, ou seja, entende o sujeito como ser ativo e interativo no mundo, com diversas influências em sua trajetória. Por conseguinte, é ser que constrói e é construído na permanente interação dos aspectos biológicos com o meio no qual está inserido. Tal concepção tem estado presente no âmbito educacional brasileiro, a partir difusão das ideias de Piaget, Vigotski e Wallon. As escolas passaram a buscar metodologia mais ativas, e críticas, preocupando-se com o processo de conhecer e com as interações e mediações presentes em sala de aula.

11.2 Teoria psicossocial de Erik Erikson

Nascido na Alemanha em 1902 e falecido em 1994, nos Estados Unidos, Erikson tornou-se psicanalista, tendo trabalhado com Anna Freud. Contudo, em seus estudos, não tomou o inconsciente como foco central. Deste modo, criou sua própria teoria. Dedicou-se ao tema da crise do ego no problema da identidade e a investigação das influências culturais no desenvolvimento psicológico das crianças.

Erikson destacou a adolescência como etapa fundamental no percurso do desenvolvimento humano. Para este teórico, o desenvolvimento se dá em direção à formação da identidade através de diferentes estágios que ele denominou de "oito idades do Homem". Cada uma das idades está caracterizada, essencialmente, pela resolução de uma importante "crise", através da qual o indivíduo evolui buscando um equilíbrio.

As quatro primeiras idades se referem à infância, a quinta à adolescência e as três últimas à vida adulta. Nesse processo, o indivíduo psicologicamente saudável é aquele que constituiu um forte sentido de identidade, entendida a partir da integração dos sistemas biológico, social e individual.

▷ **Confiança básica *versus* desconfiança básica:** está relacionada, especialmente, à relação bebê e mãe nos dois primeiros anos de vida. O bebê experimenta situações que devem gerar segurança e confiança, como ser suprido quando tem fome, ser acalentado quando chora, saber que a mãe vai e volta etc. O lado negativo é quando a vivência com a mãe ou cuidadora não ocorre dessa forma, gerando um sentimento de desconfiança.

▷ **Autonomia *versus* vergonha e dúvida:** por volta do segundo e terceiro anos de vida a criança começa a ter necessidade de autocontrole e de aceitar o controle de outros, vivenciando um rudimentar sentido de autonomia. Aqui também a relação com os pais é fundamental, posto que eles irão ajudá-la a internalizar normas, e isto pode se ocorrer de forma negativa quando usam a vergonha como punição.

▷ **Iniciativa *versus* culpa:** dos três aos seis anos a criança, agora com mais autonomia, explora o mundo usando o corpo e a imaginação. Há uma destreza maior para poder fazer, manipular e buscar alcançar suas metas. Porém, ao mesmo tempo em que deseja ser como os adultos, convive com as expectativas que eles têm sobre ela, levando-a ao medo do fracasso e da punição.

▷ **Diligência *versus* inferioridade:** este é o período que geralmente coincide com o ingresso da criança no Ensino Fundamental, quando suas tarefas se tornam mais complexas e, por conseguinte, aumentam as expectativas com relação ao seu êxito. Embora vivencie novas conquistas, conforme as exigências dos pais e professores, pode experimentar sentimento de inferioridade por não conseguir dar conta dos novos desafios.

▷ **Identidade *versus* confusão/difusão:** embora a resolução do conflito básico de cada fase seja fundamental para a seguinte, esta idade, compreendida entre 12 e 18/20 anos, traz uma crise fundamental: a aquisição de uma identidade psicossocial pelo adolescente, ou seja, a compreensão de quem ele é e de qual o seu papel no mundo.

Nessa etapa, a sociedade vai conceder ao adolescente um "tempo" para que ele possa vivenciar esses conflitos na busca pelo seu espaço e sua função no meio em que vive. É o que Erikson denominou de moratória social. O adolescente, agora, com mais recursos cognitivos, pode se preparar para assumir as responsabilidades que a vida adulta trará. É um período de pausa e de experimentação, antes dos compromissos futuros, que no polo oposto é marcado pela confusão de papéis e pela dificuldade de saber quem é e o que quer em relação à sua vida. Assim, o jovem tem dificuldades em fazer escolhas.

▷ **Intimidade *versus* isolamento:** até os 30 anos, os jovens adultos vão se deparar com a tarefa de construir relações afetivas de intimidade com os outros no plano do amor e da amizade. A vertente negativa aparece na dificuldade de partilhar intimidade e de estabelecer vínculos, levando o sujeito ao isolamento.

▷ **Generatividade *versus* estagnação:** nesse período, que vai dos 30 aos 60 anos, o indivíduo experimenta maior descentramento do ego, e passa a preocupar-se com o sentido criativo, produtivo de sua vida e com o seu legado para as gerações futuras. O aspecto negativo é quando o sujeito fica estagnado, centrado apenas em suas preocupações e nas posses de bens materiais.

▷ **Integridade *versus* desespero:** a última idade é caracterizada por uma avaliação do que o indivíduo fez ao longo de sua vida, isto é, uma retrospectiva, identificando se o que ele viveu teve sentido. Quando esta avaliação é negativa, ou seja, a pessoa tem a sensação de tempo perdido, de que não valeu à pena, pode haver um sentimento de desesperança. Quando é positiva, há um sentimento de integridade, serenidade e reconciliação com suas experiências.

12 O DESENVOLVIMENTO COGNITIVO E AFETIVO

Piaget destaca a unidade entre afetividade e cognição, defendendo a necessidade de averiguar a interferência da afetividade em nossas ações cotidianas. Para ele, os conhecimentos são construídos na interação entre emoção e razão, na medida em que defende a existência de uma relação direta entre o conhecimento e a afetividade. É esta interligação que pretendemos analisar e que utilizamos para abordar experiências educativas.

Wallon formulou uma teoria da afetividade definida como teoria da emoção e do caráter. A afetividade, para este autor, tem papel fundamental no desenvolvimento da personalidade, pois é o primeiro domínio funcional percorrido pela criança. O recém-nascido e a criança, no seu primeiro ano de vida, utilizam gestos e expressões carregadas de significados afetivos, anteriores à inteligência. Conforme cita Almeida, "a afetividade manifesta-se primitivamente no comportamento, nos gestos expressivos da criança".

Assim, no intuito de compreender a formação da pessoa, Wallon constrói uma teoria do desenvolvimento da personalidade compreendida a partir da afetividade e da inteligência, segundo a qual, de forma dinâmica, a afetividade se volta para a construção da pessoa, do sujeito, e a inteligência como construção do objeto. Existe, portanto, uma integração entre afetividade e inteligência, e ambas apresentam mudanças e se desenvolvem.

Para Vygotsky, diferentemente da psicologia tradicional, que separava os aspectos intelectuais e os volitivos e afetivos, o pensamento nasce na esfera da motivação, que inclui afeto, emoção, impulsos, interesses, inclinações e necessidades. Só é possível compreender o pensamento humano quando se concebe e se compreende a sua base no aspecto afetivo volitivo. Vygotsky defende a indivisibilidade entre as dimensões afetiva e cognitiva. Comenta que o legado deixado por Descartes afetou tanto os estudos das emoções quanto a psicologia como um todo. A nossa forma de pensar, imposta socialmente, exclui os sentimentos. O sentimento pode ser percebido pelo ciúme, pela cólera, pelo ultraje, pela ofensa, e mudam quando nominados, por receberem a influência dos pensamentos. Destaca-se da sua contribuição a relação direta entre os modos de vida culturalmente elaborados e o desenvolvimento das dimensões cognitiva e afetiva.

Na pedagogia, diversas foram as posturas quanto ao processo de ensino e aprendizagem e sua relação com os aspectos afeto-cognitivos. De uma maneira geral, a pedagogia chamada tradicional – ainda bastante presente nos bancos escolares atuais – baseia-se nos filósofos da Grécia Antiga, os quais consideravam a emoção e o sentimento como empecilhos para o desenvolvimento da razão e, portanto, do desenvolvimento cognitivo. Na educação tradicional, ao professor não interessa a experiência de vida do aluno, o seu estado emocional, pois o objetivo primeiro e último é a transmissão de conteúdo.

Entretanto, surgiram, desde então, pedagogos que tentam mudar esse modo de ver a educação e trazem contribuições de outra ordem, entre elas o estabelecimento, no cotidiano escolar, da emoção que o educando sentia, da experiência de vida deste, do seu estado emocional e do vínculo entre afeto e cognição.

12.1 Motivação e qualidade de vida

A motivação pode afetar diretamente a qualidade de vida dos estudantes, principalmente dos adolescentes, influenciando, inclusive, sua continuidade nos estudos e a escolha por esta ou aquela área, este ou aquele curso, ou mesmo por esta ou aquela profissão, a partir da identificação com um ou mais professores estimuladores do processo de aquisição do conhecimento. O Pisa conclui que "O interesse por alguma disciplina em especial afeta tanto a intensidade quanto a continuidade do envolvimento com a aprendizagem e a profundidade do conhecimento adquirido. Esse efeito é bastante independente da motivação geral em aprender".

A preocupação com o desenvolvimento da autonomia para aprender se faz presente em documentos que destacam o aprender a viver não só como uma habilidade individual, mas que se constitui nas interações sociais e se volta para a sociedade. É o "conhecimento do outro e a percepção das interdependências, de modo a permitir a realização de projetos comuns ou a gestão inteligente dos conflitos inevitáveis". Trata-se do aprender a viver juntos.

É nessa interação com o outro que se dá a construção da própria identidade. A desigualdade social, relações burocratizadas e estigmatizadas, indiferença e agressão moral, entre outras, interferem e prejudicam o desenvolvimento adequado dos alunos. Necessário se faz que a escola procure formas de trabalhar a educação formal, contextualizando seu ensino e incorporando nele os aspectos afetivos, não só a razão, pois assim valoriza a multiplicidade dos saberes humanos, e, em consequência, estabelece uma visão dinâmica do processo do saber aprender.

Conforme destacado por Moreno: A falta de educação da própria vida afetiva e o desconhecimento das formas de interpretação e de respostas adequadas perante as atitudes, condutas e manifestações emotivas das demais pessoas deixa os alunos e alunas à mercê do ambiente que os rodeia. Sabendo que o aluno está inserido numa realidade na qual constantemente está recebendo modelos de resposta agressiva, o que mostra descontrole e ineficácia das pessoas diante dos seus próprios conflitos sociais, é que a escola precisa estar atenta a este contexto.

Após apresentarmos como a relação objetivo-subjetivo, cognitivo/afetivo foram tratados em algumas ciências e na realidade da educação brasileira, passaremos a apresentar o mesmo conteúdo na visão específica de Piaget e de seus seguidores, priorizando a relação afeto cognição. Antes, porém, faremos uma breve explicitação da psicanálise.

Razão e emoção, consideradas na prática pedagógica, contribuem para a solução de problemas na educação e na formação do professor. Trabalhar nesta perspectiva exige dos professores capacidade para perceber o aluno inserido num contexto social com multiplicidade de interações, entre as quais a expressão de sentimentos e emoções.

12.2 A afetividade e a cognição na psicanálise e na teoria piagetiana

As lembranças e as representações são realidades qualitativas, com traços não muito precisos, mas nem por isso devem ter suas influências ignoradas ou consideradas como negativas na construção do conhecimento. Se, de um lado, a afetividade é mais difícil de ser identificada e descrita do que a cognição, de outro, a maior facilidade em determinar o que é cognitivo não se constitui numa atividade livre de pontos sujeitos a reparos constantes, pois a afetividade está presente, subjacente e coesa a toda atividade racional.

Quando se abordam as dificuldades de aprendizagem apresentadas pelos educandos, observa-se que elas podem ser de origem corporal, orgânica, desiderativa e de inteligência. Entretanto, aos problemas de lesões cerebrais, demência ou metabólicos somam-se os de natureza cognitiva e os de origem afetiva, e, assim, os afetos e as emoções, quando não considerados adequadamente, travam o aprender. A utilização de uma metáfora cinética permite-nos afirmar que a afetividade age como o motor da existência humana e, por estar associada à cognição, mobiliza o processo de construção do conhecimento.

13 A FORMAÇÃO DO PROFESSOR; A AVALIAÇÃO COMO PROCESSO

13.1 Currículo

Discussões sobre currículo vêm assumindo importância e ocupando cada vez mais espaço no campo das pesquisas em educação neste país. Associada a esta centralidade, perante o conhecimento que representa, o currículo afirma-se como um campo de investigação e uma multiplicidade cada vez mais crescente de referências teóricas para o campo curricular.

Ressalta-se que em qualquer conceituação de currículo, este sempre está comprometido com algum tipo de poder, pois não existe neutralidade no currículo, ele é o veículo de ideologia, da filosofia e da intencionalidade educacional que se origina a partir da experiência e depois teorizado e submetido à reflexão.

O currículo é uma práxis antes que um objeto estático emanado de um modelo coerente de pensar a educação ou as aprendizagens necessárias das crianças e dos jovens, que tampouco se esgota na parte explícita do projeto de socialização cultural nas escolas. É uma prática, expressão, da função socializadora e cultural que determinada instituição tem, que reagrupa em torno dele uma série de subsistemas ou práticas diversas, entre as quais se encontra a prática pedagógica desenvolvida em instituições escolares que comumente chamamos de ensino. O currículo é uma prática na qual se estabelece diálogo, por assim dizer, entre agentes sociais, elementos técnicos, alunos que reagem frente a ele, professores que o modelam.

Com base nessa ideia, entendemos o currículo como campo político-pedagógico no qual as diversas relações entre os sujeitos, conhecimento e realidade constroem novos saberes e reconstroem-se a partir dos saberes produzido. Neste processo dinâmico e dialético, a realidade é o chão sobre o qual o educador e educando constroem seus processos de aprendizagens. Nesta perspectiva, o currículo como componente pedagógico significativo, deve ser elaborado e implementado, a partir das necessidades concretas que a realidade (social, econômica, política e cultural) propõe como desafios e necessidades históricas (situadas num determinado tempo e lugar). Contudo a contextualização deixa de ser um adjetivo do currículo e passa a ser um substantivo. Ambos o currículo e a contextualização são elementos tão intimamente associados, que o entendimento de um, leva ao aprofundamento do outro e vice-versa.

13.2 Avaliação

Nossas práticas avaliativas geralmente expressam certo modo de ver o mundo que está embutido na ação do professor, traz para nossas ações reflexos de nossa cultura e de nossas práticas vividas, que ainda estão muito impregnados pela lógica da classificação e da seleção, no que tange à avaliação escolar.

Um exemplo diz respeito ao uso das notas escolares que colocam os avaliados em uma situação classificatória. Em termos de educação escolar, os melhores seguirão em frente, os piores voltarão para o início da fila, refazendo todo o caminho percorrido ao longo de um período de estudos.

Avaliar, para o senso comum, aparece como sinônimo de medida, de atribuição de um valor em forma de nota ou conceito. Entretanto, cabe-nos não confundir o termo avaliar com medir. A avaliação existe para tentar manter ou melhorar nossa atuação futura. Essa é a base da distinção entre medir e avaliar.

Medir se refere ao presente e ao passado e visa obter informações a respeito do progresso efetuado pelos estudantes.

A educação escolar é cheia de intenções, visa a atingir determinados objetivos educacionais, sejam estes relativos a valores, atitudes ou aos conteúdos escolares. A avaliação é uma das atividades que ocorre dentro de um processo.

13.3 Formação do professor

A importância do papel do professor na pesquisa, situando-o como sujeito real concreto de um fazer docente, no que este guarda de complexidade, o seu relevante papel social e especificidade, inclui dar-lhe a voz que precisa ter na produção de conhecimento sobre sua prática. Nessa perspectiva, as possibilidades de rompimento do tradicional modelo dos cursos de formação de professores rumo à inserção na realidade escolar.

A influência da formação inicial, assume relevante papel na (re)significação de contextos e práticas culturalmente definidas e defendidas, às vezes sob a aparência libertadora e democratizante, por discursos supostamente renovadores, que se esquecem dos principais protagonistas das mudanças, os professores, e, sobretudo, de sua imprescindível autonomia.

Como salienta Paiva, a questão da formação para o exercício de uma prática docente reflexiva tornou-se um tema recorrente nas duas últimas décadas, quando das discussões sobre formação de professores. Deste modo, defendido por Freire, na formação permanente dos professores, o momento fundamental é o da reflexão crítica sobre a prática. Dessa forma, o que se apresenta é uma proposta de pesquisa em que a reflexão crítica sobre a prática torna-se central nas três atividades intrínsecas e indissociáveis: ensino, pesquisa e extensão. No entanto, há sempre a preocupação de que os temas discutidos, as experiências realizadas, as propostas alternativas aplicadas ou elaboradas originem-se da própria realidade educacional que caracteriza o processo ensino aprendizagem.

Entretanto, o professor que desenvolve uma relação de parceria com a escola que encontra um espaço aberto para o trabalho de seus alunos no desenvolvimento de projetos, normalmente direcionados a feiras de ciências e cultura. E os alunos encontram o apoio e orientação para a definição e execução de projetos de cunho científico, social e/ou ambiental. A construção e a apresentação desses trabalhos no ambiente escolar promovem a divulgação do conhecimento produzido, tendo um efeito multiplicador na escola.

E a tarefa de desenvolver esta construção e de formação de professores e funcionários voltados às novas necessidades atuais da educação? Certamente a todo o universo de profissionais do sistema escolar: professores, coordenadores pedagógicos, diretores, dirigentes municipais e estaduais, profissionais das Secretarias de Educação Municipais, Estaduais e Federais, planejar encontros, espaços para estudo, debates, pesquisar práticas educativas que se indagam e buscam respostas fazem parte dessa tarefa.

No desafio de preparar os novos professores, a formação também deve incorporar a tecnologia e as novas linguagens, pois professor deve estar preparado para conhecer e utilizar no seu cotidiano os equipamentos que podem oferecer uma aprendizagem diferenciada para os alunos. Em face dessas novas competências e habilidades necessárias ao professor e aos educadores em geral, os professores estarão mais aptos para lidar com a realidade da sala de aula.

13.4 Metodologia

Com o intuito de melhor elucidar a presente pesquisa, buscou-se primeiramente o referencial teórico que pudesse subsidiar este estudo.

A FORMAÇÃO DO PROFESSOR; A AVALIAÇÃO COMO PROCESSO

Para tanto, apresentou-se uma revisão de literatura realizada por meio de pesquisa bibliográfica sobre a forma como são trabalhados os conteúdos curriculares, qual o verdadeiro papel da avaliação escolar e qual a importância do professor como sujeito do fazer docente, o seu papel social e o que é necessário a sua formação.

Foram consultados livros e artigos de referência no campo do currículo e avaliação educacional além de documentos oficiais que regulamentam a educação brasileira, como os Parâmetros Curriculares Nacionais (PCNs) e a Lei de Diretrizes e Bases da Educação Nacional (LDB)

Na abordagem do trabalho utilizam-se os procedimentos qualitativos, embasado na pesquisa exploratória que de acordo com Gil, significa proporcionar maior familiaridade com o problema com um único objetivo, adquirir informações sobre um determinado grupo em qualquer tempo – passado ou presente. O questionário tem que ser simples e claro para que os indivíduos não tenham dificuldades na hora de responder.

A sistematização e análises obedecem às seguintes etapas:

▷ Realização de pesquisa bibliográfica;
▷ Aplicação dos questionários aos 07 (sete) professores de Língua Portuguesa, todos atuando no ensino médio no Instituto Federal do Amazonas–IFAM, no turno vespertino, no 2º semestre de 2016 objetivando buscar conhecimento, reflexão e compreensões sobre currículo e avaliação escolar;
▷ Após a coleta de informações, mediante a aplicação dos questionários junto aos professores, optamos por organizar as informações e fazer com que os dados "falem" para, a partir desses elementos, obter informações que viessem responder nossas questões e o problema de pesquisa.

CONHECIMENTOS PEDAGÓGICOS

14 OS OBJETIVOS EDUCACIONAIS, OS CONTEÚDOS DE APRENDIZAGEM

14.1 Objetivos gerais da educação infantil

A prática da Educação Infantil deve se organizar de modo que as crianças desenvolvam as seguintes capacidades:

▷ Desenvolver uma imagem positiva de si, atuando de forma cada vez mais independente, com confiança em suas capacidades e percepção de suas limitações;

▷ Descobrir e conhecer progressivamente seu próprio corpo, suas potencialidades e seus limites, desenvolvendo e valorizando hábitos de cuidado com a própria saúde e bem-estar;

▷ Estabelecer vínculos afetivos e de troca com adultos e crianças, fortalecendo sua autoestima e ampliando gradativamente suas possibilidades de comunicação e interação social;

▷ Estabelecer e ampliar cada vez mais as relações sociais aprendendo aos poucos a articular seus interesses e pontos de vista com os demais, respeitando a diversidade e desenvolvendo atitudes de ajuda e colaboração;

▷ Observar e explorar o ambiente com atitude de curiosidade, percebendo-se cada vez mais como integrante, dependente e agente transformador do meio ambiente e valorizando atitudes que contribuam para sua conservação;

▷ Brincar, expressando emoções, sentimentos, pensamentos, desejos e necessidades;

▷ Utilizar as diferentes linguagens (corporal, musical, plástica, oral e escrita) ajustadas às diferentes intenções e situações de comunicação, de forma a compreender e ser compreendido;

▷ Expressar suas ideias, sentimentos, necessidades e desejos e avançar no seu processo de construção de significados, enriquecendo cada vez mais sua capacidade expressiva;

▷ Conhecer algumas manifestações culturais, demonstrando atitudes de interesse, respeito e participação frente a elas e valorizando a diversidade.

14.2 Objetivos educacionais e resultados mensuráveis

De maneira ideal, os objetivos educacionais devem ser acompanhados de resultados mensuráveis, que descrevam formas através das quais os alunos deverão demonstrar terem alcançado os objetivos de aprendizado. Os métodos de avaliação do aprendizado dos alunos podem assumir diferentes formas: provas (orais ou escritas), artigos, apresentações orais, ou projetos em equipe. Os critérios de avaliação de sucesso (frequentemente chamados de rubricas) devem ser estabelecidos de modo que os alunos entendam o que se espera deles, e que possam usar feedback para identificar onde precisam fortalecer seu desempenho.

É melhor identificar as habilidades, conhecimento e atitudes que os alunos devem adquirir durante o curso por meio de frases que se iniciem da seguinte forma:

Ao concluir o curso, os alunos deverão ser capazes de... E inserir um verbo de ação forte. Alguns exemplos de verbos que definem o desempenho de alunos em uma área específica incluem:

▷ Explicar;
▷ Elencar;
▷ Descrever;
▷ Demonstrar;
▷ Calcular;
▷ Relatar;
▷ Comparar;
▷ Analisar.

15 O PAPEL DOS PROFESSORES E DOS ALUNOS

15.1 Missão de professor

O papel do professor, muito mais do que simplesmente transmitir o conhecimento, de forma unilateral de via única sendo educando simplesmente o recebedor do conteúdo ministrado o termo, está relacionado a uma cultura da escola clássica da educação, não existe a troca de saberes em que não existiam uma relação de Mão Dupla de geração do conhecimento, horizontalidade entre a relação dos alunos.

Com as novas abordagens educacionais e em particular no Brasil com o crescimento do conceito nova escola, e mais para os anos 70 e 80 com a influência africana o papel do professor passou a ser de educar para além da sala de aula para além do conteúdo ministrado mesmo senso crítico sobre o objeto em estrado e fazendo com que o educando tem a compreensão crítica sobre aquilo que havia passado irmã com a tarefa de traduzir para a sociedade para sua realidade todo conhecimento adquirido.

Este novo papel do professor na educação contemporânea o coloca em um lugar que vai além da sala de aula, vai além da reunião pais e mestres, da simples aferição de notas Para evolução nos anos escolares, e coloca o professor como um verdadeiro mentor dos alunos, ao menos no aspecto teórico, com professor se preocupando não só com o desenvolvimento intelectual com o desenvolvimento biológico e mais um particular para que aquilo foi ministrado possibilite ao educando consiga ser um agente de transformação da sua própria realidade e da sociedade pontos.

Muitas vezes o desejo do professor e além da sala de aula e ser um agente transformador da realidade se deparam com uma estrutura mecanicista e que simplesmente cumprir a sua tinas mais básicas da Educação de luz que a forma unilateral passar o conhecimento regula isso não significa que a educação contemporânea ficou engessada com os preceitos clássicos da educação grega Mas significa que ainda existem e precisam ser combatido de cima a baixo desde a secretaria de educação e Ministério de Educação e Cultura escolar, direção da escola, secretaria da escola e em particular culminando na sala de aula com uma relação mais democratizante por parte do educador.

O distanciamento social e o aumento do ensino à distância na educação pública em todos os níveis por conta da pandemia de coronavírus castrou o mundo Brasil em 2020, fizeram com que os professores precisassem se Reinventar não só na forma de dicionário, quanto a sala de aula que passou a ser virtual, mais em particular uma preocupação cada vai cada vez mais vista nas declarações dos educadores e, que foi a preocupação com o acesso à internet parte dos alunos, Lembrando que é um percentual muito grande dos Municípios brasileiros não tem acesso a banda larga não tem acesso a condições mínimas de acompanhamento de vídeo aulas.

Caso a postura de professores por conta da educação em tempos de pandemia baseada única e exclusivamente na escola clássica da Educação na chamada educação tradicional vir um pouco importaria a presença dos alunos no que tange as condições reais de acesso as videoaulas, mas como hoje o papel do educador vai muito além de simplesmente transmitir conhecimento, vários professores engajaram sim buscar facilitações para o acesso dos alunos.

15.2 A escola na berlinda

Talvez nunca tenha se falado, questionado e discutido sobre escola, e os caminhos da educação, como nos dias de hoje. Essa é uma pauta recorrente no discurso de partidos políticos, de líderes comunitários, dos responsáveis pelas muitas instâncias do Ministério e das Secretarias da Educação, de pedagogos e consultores – dos que pensam caminhos para o futuro. Curiosamente, talvez, seja a própria escola que não encontre tempo para discutir seus rumos. Mas parece ser um consenso, hoje, que a instituição escolar precisa ser entendida não apenas como o lugar em que se realiza a construção do conhecimento, mas, muito além, ser pensada como um espaço em que se reflete criticamente acerca das implicações políticas desse conhecimento. Os conteúdos culturais que a escola trabalha e atualiza se referem ao conhecimento, destrezas e habilidades que os formandos (cidadãos) usam para construir e interpretar a vida social.

Dificilmente se pode afirmar que as tarefas escolares que se colocam frente aos alunos nas salas de aula os capacitem para refletir e analisar criticamente a sociedade de que fazem parte, preparando-os para nela intervir e participar de forma mais democrática, responsável e solidária. É difícil dizer que os processos de ensino e aprendizagem que ocorrem em nossas escolas sirvam para motivar o aluno para envolver-se ativamente em processos tendentes a eliminar situações de opressão. A escola deve realizar uma reflexão profunda sobre essa falha.

Além disso, assistimos nos últimos anos a uma explosão de centros universitários. Por um lado, isso é uma imposição dos tempos atuais e ocorre em todo o mundo, num momento em que a educação é vista como o passaporte para o desenvolvimento, e de algum modo se torna também um grande negócio – um negócio mundial que movimenta algo em torno de 300 bilhões de reais ao ano. Não é por acaso que países como Austrália, Nova Zelândia e Estados Unidos envidam esforços para incluir a educação entre as "commodities" discutidas no âmbito da Organização Mundial do Comércio (OMC), como já denunciou o professor Arthur Roquete de Macedo, reitor da Fiam-Faam.

Nesse contexto, cabe a nós acompanhar criticamente o que ocorre a nosso redor, como o surgimento desses "novos templos do saber", essas novas universidades com seus edifícios envidraçados, que lembram sintomaticamente shopping centers. Se em 1993, tínhamos 873 IES, elas ultrapassaram a marca dos 1.859 em 2003. Hoje temos 32.000 cursos de graduação, oferecidos por 2.400 instituições de ensino superior – 301 públicas e 2 mil particulares. As universidades são responsáveis por 53,4% das matrículas, enquanto as faculdades concentram 29,2%.

Ou seja, em duas décadas as universidades e centros universitários triplicaram. Há uma oferta de cursos de terceiro grau em qualquer bairro da cidade de São Paulo. E, além dos cursos de graduação, pululam os cursos de especialização e os MBAs, seja lá o que isso queira dizer no atual panorama nacional de ensino. As propagandas desses cursos louvam a alta qualificação dos professores, "profissionais renomados no mercado". Apenas como exemplo, pode-se reproduzir o texto testemunhal de um aluno (retirado do site http://www.ibta.com.br/): "A pós-graduação em Segurança da Informação está além das minhas expectativas, é muito bem administrada, os professores são de altíssima competência, sem falar no coordenador que é um profissional experiente e reconhecido no mercado".

No entanto, a maioria dos 321.000 docentes da educação superior possui mestrado ou doutorado. Considerando-se que o mesmo professor pode atuar em mais de uma instituição, em 2013, havia 367 mil funções docentes, sendo 70% mestres ou doutores. Nos últimos dez anos, o número de mestres e doutores na rede pública cresceu 90% e 136%, respectivamente, segundo o relatório do Inep/MEC 2013.

Ou seja, com os movimentos de reengenharia e downsizing (enxugamento de estruturas) das grandes corporações, que aconteceram de forma mais acelerada nos últimos trinta anos, muitos profissionais migraram de seus postos de executivos para o magistério, ocupando as salas de aula da crescente implantação de faculdades. Esse movimento atende o que pedem muitos dirigentes de empresas: mão-de-obra preparada, treinada para produzir. Os papas do novo "new management" clamam justamente por uma "escola responsável", como se referiu a Peter Drucker. Querem uma universidade que se preocupe e ocupe de preparar profissionais prontos para "atuar no mercado". Revelam, assim, uma preocupação pragmática e utilitarista, mas ao mesmo tempo uma visão de pouco alcance. Afinal, como ensina o pesquisador Carlos Henrique Brito Cruz, diretor-científico da Fapesp (Fundação de Amparo à Pesquisa do Estado de São Paulo), se a universidade fosse medida pelo parâmetro de "formar mão-de-obra para o mercado", o Instituto Tecnológico da Aeronáutica (ITA) não teria sido criado. "Quando o Brasil resolveu criar o ITA, em 1947, a intenção era formar engenheiros aeronáuticos. Qual era o mercado, então? O país não tinha nem indústria aeronáutica. Esta foi resultado da criação daquela escola. Ou seja, uma ação de Estado, no Brasil, formou um mercado, criou a terceira maior fábrica de aviões do mundo. Como? Proporcionando bom ensino superior nessa área. Hoje até o Canadá vem buscar engenheiros formados pelo ITA".

O professor Muniz Sodré, ao discorrer sobre o lugar e o papel da escola e do educador em seu livro A antropológica do espelho. Uma teoria da comunicação linear e em rede, utiliza como exemplo um antigo conto sufi, que mostra a diferença entre o arqueiro desinteressado (distendido e com o domínio de toda a sua habilidade) e o arqueiro interessado (em busca do prêmio e da utilidade). No primeiro caso, o arqueiro desfruta da liberdade de com sua flecha atingir o alvo pelo prazer do ato bem feito (poético), da prática sem automatismo; no segundo, ele é limitado pelo interesse e pela pressão de acertar e ganhar o prêmio, e terá aumentadas as chances de errar. Essa imagem ilustraria a diferença entre hexis e ethos, a busca do fazer bem feito ou do fazer por seguir a norma. Educar implica ir além da repetição de um costume, valorizando os impulsos da liberdade que transformam o ethos em hexis. Para ele, o processo pedagógico é precisamente o contrário do mero treinamento utilitarista que se busca na contemporaneidade. Daí a valorização humanista, no passado e no presente, do processo de aprendizagem.

Educação, mais que adestramento para a eternização de valores estabelecidos, é um processo. E nesse processo, há o encontro com o incerto, eclodem as mudanças, surge o novo. A consciência moderna do processo educacional – e é ainda Muniz Sodré quem nos guia – surgiu nos séculos XVII e XVIII: quando a educação universal passa a ser vista como exigência radical de uma visão humanista. "O homem deve ser educado para se tornar humano", dizia o pedagogo checo Jan Amos Comenius (1592-1670). A educação logo mais passa a ser entendida com um viés da formação da identidade nacional e como formação para a vida em comunidade. O processo de educação é a recriação (ético-política) inteligente do passado, a imaginação (cri) ativa do futuro e a ampliação do espaço público, ensina Muniz Sodré.

As instituições escolares são lugares de luta, e a pedagogia pode e tem que ser uma forma de luta político-cultural. As escolas, instituições de socialização, têm como missão expandir as capacidades humanas, favorecer análises e processos de reflexão em comum da realidade, desenvolver nas alunas e nos alunos os procedimentos e destrezas imprescindíveis para sua atuação responsável, crítica, democrática e solidária na sociedade.

16 A SALA DE AULA E SUA PLURALIDADE

16.1 Pluralidade cultural na sala de aula: da formação do brasil à valorização das múltiplas culturas no contexto educacional

O multiculturalismo no Brasil começou a se configurar no período pós-colonização, ainda no século XV, devido à gama de etnias com suas representações culturais que foram se miscigenando gradativamente ao longo dos séculos. Marcadamente, tivemos forte presença de portugueses, holandeses e franceses nesse processo, junto às etnias indígenas e durante as invasões e alianças, deixando suas representações e raízes culturais que passaram a ser incorporadas. Por volta de 1535, somam-se no Brasil os africanos, infelizmente escravizados, que serviam à monocultura inicialmente canavieira, indo o tráfico até aproximadamente a década de 1850.

Desse processo de múltiplas etnias e seus costumes, nasce a cultura brasileira, com aspectos marcadamente registrados em cada região do país, mas com outros que são generalistas a toda a sua população. Portanto, em virtude dessa construção histórico-étnica, o Brasil tornou-se singular, por incorporar nas comunidades expressões linguísticas, religiosidade, vestimentas, alimentação, artesanato, música, folclores, comportamentos e muito mais.

No início do século XIX, tem-se na política do Brasil um programa de imigração dirigida e livre para expansão do território agrícola, que atraiu alemães, italianos e japoneses, passando a somar com sua cultura, folclore, modo de vida e idioma. Os japoneses e sua cultura chegaram no ano de 1908, representando 4% de todos os imigrantes que chegaram ao país desde o início do século XIX.

Cada grupo étnico trouxe para somar à cultura em desenvolvimento do Brasil seus aspectos étnicos próprios quanto a três componentes que constituem uma comunidade com expressão étnico-cultural própria: o *corpus*, a *praxis* e o *kosmos* teorizado pelos pesquisadores em etnociência Toledo e Barrera-Bassols.

O **corpus** significa todos os conhecimentos adquiridos e transmitidos em uma comunidade, representados pelo contato e pelas vivências com a natureza ao longo das gerações, com o desenvolvimento de uma linguagem própria e da formação de sua estrutura de social; o **kosmos** são todas as crenças, mitos, lendas e a misticidade espiritual que pertence à comunidade; por fim, a **praxis**, que representa todas as práticas desenvolvidas pela comunidade expressas no artesanato, nas construções de edificações e instrumentos para uso cotidiano e nos comportamentos marcadamente representativos das pessoas que a constituem.

Assim floresce a cultura do Brasil, com sua diversidade étnica; em meio a essa diversidade, a legislação brasileira tenta evoluir na garantia de direitos e deveres, expressa desde o final do século passado como "pluralidade cultural".

16.2 Pluralidade cultural no âmbito legal

A pluralidade cultural é definida, segundo o MEC, como o "conhecimento e a valorização de características étnicas e culturais dos diferentes grupos sociais que convivem no território nacional", sendo as comunidades indígenas – os nativos – sua expressão maior na nossa cultura.

Como a base da sociedade brasileira, apesar de origem europeia, se deu pelo contato direto com as comunidades indígenas e que já habitavam estas terras há séculos, só tiveram garantidos seus direitos culturais e étnicos a partir de 1973, com a promulgação do Estatuto do Índio, pela Lei nº 6.001.

Em 1988, a Constituição Nacional trouxe, em seu art. 216:

Constituem patrimônio cultural brasileiro os bens de natureza material e imaterial, tomados individualmente ou em conjunto, portadores de referência à identidade, à ação, à memória dos diferentes grupos formadores da sociedade brasileira, nos quais se incluem:

I - as formas de expressão;
II - os modos de criar, fazer e viver;
III - as criações científicas, artísticas e tecnológicas;
IV - obras, objetos, documentos, edificações e demais espaços destinados às manifestações artístico-culturais;
V - os conjuntos urbanos e sítios de valor histórico, paisagístico, artístico, arqueológico, paleontológico, ecológico e científico.

A Lei de Diretrizes e Bases da Educação Nacional (Lei nº 9.394/1996) trouxe em seu art. 26:

Os currículos da Educação Infantil, do Ensino Fundamental e do Ensino Médio devem ter base nacional comum, a ser complementada, em cada sistema de ensino e em cada estabelecimento escolar, por uma parte diversificada, exigida pelas características regionais e locais da sociedade, da cultura, da economia e dos educandos;

No seu § 4º está:

O ensino da História do Brasil levará em conta as contribuições das diferentes culturas e etnias para a formação do povo brasileiro, especialmente das matrizes indígena, africana e europeia.

Em 2003, tem-se a criação da Lei nº 10.639, que "estabelece as diretrizes e bases da educação nacional, para incluir no currículo oficial da rede de ensino a obrigatoriedade da temática 'História e Cultura Afro-Brasileira'". Com ela, a cultura de matriz africana e sua história no país passam a ser valorizadas e lembradas, pois foram esses povos trazidos à força do continente africano que alicerçaram o Brasil, mas que foram massacrados e explorados ao extremo na forma de escravidão, pela sua força de trabalho. E, apesar de tudo que passaram e vêm passando, tornaram-se corpo desta nação e promoveram e promovem todo o desenvolvimento econômico, social e cultural do país.

Com o Decreto nº 5.753/2006, foi promulgada a Convenção para a Salvaguarda do Patrimônio Cultural Imaterial, o que impulsiona a valorização, o registro e a preservação da cultura nacional em suas diversas expressões em todo o território.

Em 2007, foi instituído o Decreto nº 6.040 sobre a Política Nacional de Desenvolvimento Sustentável dos Povos e Comunidades Tradicionais, que em seu art. 3, I, define povos e comunidades tradicionais como:

Grupos culturalmente diferenciados e que se reconhecem como tais, que possuem formas próprias de organização social, que ocupam e usam territórios e recursos naturais como condição para sua reprodução cultural, social, religiosa, ancestral e econômica, utilizando conhecimentos, inovações e práticas gerados e transmitidos pela tradição

Em 2008, a Lei nº 11.645 fez incorporar na Lei nº 10.639/2003, a cultura indígena, como conteúdo curricular a ser ministrados em todas as disciplinas do currículo escolar.

16.3 Pluralidade cultural e ensino

Com o amparo legal, a diversidade cultural – pluralidade cultural – ganha corpo e forma material e imaterial, mantendo-se vívida em todo o território nacional graças ao sistema nacional de ensino. Para tanto, é garantida constitucionalmente, pelo art. 210, que traz em seu texto que "serão fixados conteúdos mínimos para o Ensino Fundamental, de maneira a assegurar formação básica comum e respeito aos valores culturais e artísticos, nacionais e regionais".

Com os Parâmetros Curriculares Nacionais do Ensino Fundamental, retoma-se novo arcabouço pedagógico para tratar da temática, explicitando em suas orientações transversais que a temática da pluralidade cultural diz respeito ao conhecimento e à valorização de características étnicas e culturais dos diferentes grupos sociais que convivem no território nacional, às desigualdades socioeconômicas e à crítica às relações sociais discriminatórias e excludentes que permeiam a sociedade brasileira, oferecendo ao aluno a possibilidade de conhecer o Brasil como um país complexo, multifacetado e algumas vezes paradoxal.

Segundo Capellini e Macena, a cultura se estratifica e se manifesta em diversas formas na sociedade, em que:

> *A cultura, portanto, é parte constituinte das práticas sociais e precisa ser observada a partir de seus significados e das relações que estabelece no ambiente. Se essa relação é hierárquica, observamos uma sociedade em que a presença do preconceito é inevitável.*

Para reverter esse paradigma dos preconceitos está a escola como formadora de cidadãos críticos, reflexivos e atuantes na reestruturação social.

O tema pluralidade cultural possibilita aos estudantes se reconhecerem como grupo social, como compreender suas origens étnicas e a estruturação de sua cultura, dentro dos aspectos geográficos e históricos. Assim, compreendendo suas ancestralidades e a comunidade onde estão inseridos, fortalecerão seus laços de cooperação, de união, pertencimento e valorizarão as diferenças que constituem a população brasileira.

As autoras Santana, Santos e Silva, afirmam que,

> *Através da escola, é possível adquirir conhecimentos e vivências que ajudam a conscientizar os alunos quanto a injustiças e manifestações de preconceito e discriminação. As diferenças culturais devem ser reconhecidas estabelecendo o respeito, a ética e a garantia dos direitos sociais.*

Como tema transversal, a pluralidade cultural promove o meio pelo qual os estudantes possam desenvolver a ética, o entendimento e o conhecimento necessários para expressarem-se cultural e etnicamente. Com base nas representações culturais, os sujeitos passam a construir sua identidade cultural e a valorizá-la, perpetuando-a ao longo do tempo pelas próximas gerações.

Vários itens devem estar inseridos nos componentes curriculares quanto aos aspectos multiculturais brasileiros, dentre eles aqueles com relação às matrizes africanas e indígenas que marcadamente compõem a nossa cultura. Eles permitem a ruptura de preconceitos que ainda reverberam em nossa sociedade e que muitas vezes são culturalmente inseridos na educação doméstica das novas gerações, que acabam replicando algo que aprendem no seio familiar. É na escola que tabus são quebrados, preconceitos são desmistificados e novos conceitos são construídos de forma cidadã, com respeito, responsabilidade, ética e compromisso com uma sociedade igualitária e justa.

LEI DE DIRETRIZES E BASES DA EDUCAÇÃO NACIONAL

1 LEI DE DIRETRIZES E BASES DA EDUCAÇÃO NACIONAL

A **Lei de Diretrizes e Bases da Educação** ou LDB é a legislação que define e regulamenta o sistema educacional brasileiro, seja ele público ou privado. Esta legislação foi criada com base nos princípios presentes na Constituição Federal, que reafirma o direito à educação desde a educação básica até o ensino superior.

1.1 Breve histórico

- 1930 – Criação do Ministério da Educação e Saúde Pública
- 1932 – Publicação do Manifesto dos Pioneiros da Educação Nova
- 1934 – A educação passa a ser vista, pela constituição, como direito de todos
- 1934 a 1945 – Reformas no ensino secundário e universitário
- 1953 – Desmembramento do ministério da saúde e da educação, nascendo assim o Ministério da Educação e Cultura (MEC)
- 1960 – Sistema de ensino centralizado no MEC
- 1948 a 1961 – debates para a aprovação da Lei de Diretrizes e Bases (LDB)
- 1961 – Aprovação da 1ª Lei de Diretrizes e Bases da Educação Nacional (LDB) – Lei 4024/61
- 1962 – Criação do salário Educação, fonte de recursos para a educação
- 1968 – Reforma universitária na LDB
- 1971 – Aprovação da 2ª LDB – Lei 5692/71, na qual foi incluso a obrigatoriedade da educação dos 7 aos 14 anos
- 1985 – Criação do Ministério da Cultura
- 1992 – O MEC vira o Ministério da Educação e do Desporto
- 1995 – O MEC passa a ser responsável somente pela educação
- 1996 – Aprovação da 3ª e atual LDB – Lei 9394/96, onde passa a constar a educação infantil e a formação do profissional da educação;2006 – o Fundef (Fundo de Manutenção e Desenvolvimento do Ensino Fundamental e de Valorização do Magistério) vira Fundeb (Fundo de Manutenção e Desenvolvimento da Educação Básica)
- 2007 – Criação do PDE

1.2 Educação

Art. 1º A educação abrange os processos formativos que se desenvolvem na vida familiar, na convivência humana, no trabalho, nas instituições de ensino e pesquisa, nos movimentos sociais e organizações da sociedade civil e nas manifestações culturais.

§ 1º Esta Lei disciplina a educação escolar, que se desenvolve, predominantemente, por meio do ensino, em instituições próprias.

§ 2º A educação escolar deverá vincular-se ao mundo do trabalho e à prática social.

1.3 Princípios e fins da educação nacional

Art. 2º A educação, dever da família e do Estado, inspirada nos princípios de liberdade e nos ideais de solidariedade humana, tem por finalidade o pleno desenvolvimento do educando, seu preparo para o exercício da cidadania e sua qualificação para o trabalho.

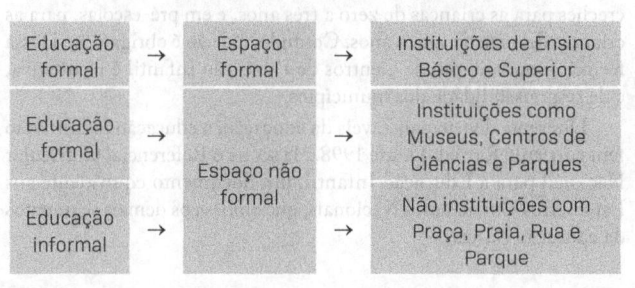

Educação formal	→ Espaço formal →	Instituições de Ensino Básico e Superior
Educação formal	→	Instituições como Museus, Centros de Ciências e Parques
Educação informal	→ Espaço não formal →	Não instituições com Praça, Praia, Rua e Parque

Art. 3º O ensino será ministrado com base nos seguintes princípios:

I - igualdade de condições para o acesso e permanência na escola;

II - liberdade de aprender, ensinar, pesquisar e divulgar a cultura, o pensamento, a arte e o saber;

III - pluralismo de ideias e de concepções pedagógicas;

IV - respeito à liberdade e apreço à tolerância;

V - coexistência de instituições públicas e privadas de ensino;

VI - gratuidade do ensino público em estabelecimentos oficiais;

VII - valorização do profissional da educação escolar;

VIII - gestão democrática do ensino público, na forma desta Lei e da legislação dos sistemas de ensino;

IX - garantia de padrão de qualidade;

X - valorização da experiência extra-escolar;

XI - vinculação entre a educação escolar, o trabalho e as práticas sociais.

XII - consideração com a diversidade étnico-racial.

XIII - garantia do direito à educação e à aprendizagem ao longo da vida.

1.4 Direito à educação e do dever de educar

Art. 4º O dever do Estado com educação escolar pública será efetivado mediante a garantia de:

I - educação básica obrigatória e gratuita dos 4 (quatro) aos 17 (dezessete) anos de idade, organizada da seguinte forma:

a) pré-escola;
b) ensino fundamental;
c) ensino médio;

II - educação infantil gratuita às crianças de até 5 (cinco) anos de idade;

III - atendimento educacional especializado gratuito aos educandos com deficiência, transtornos globais do desenvolvimento e altas habilidades ou superdotação, transversal a todos os níveis, etapas e modalidades, preferencialmente na rede regular de ensino;

IV - acesso público e gratuito aos ensinos fundamental e médio para todos os que não os concluíram na idade própria;

V - acesso aos níveis mais elevados do ensino, da pesquisa e da criação artística, segundo a capacidade de cada um;

VI - oferta de ensino noturno regular, adequado às condições do educando;

VII - oferta de educação escolar regular para jovens e adultos, com características e modalidades adequadas às suas necessidades e disponibilidades, garantindo-se aos que forem trabalhadores as condições de acesso e permanência na escola;

VIII - atendimento ao educando, em todas as etapas da educação básica, por meio de programas suplementares de material didático-escolar, transporte, alimentação e assistência à saúde;

IX - padrões mínimos de qualidade de ensino, definidos como a variedade e quantidade mínimas, por aluno, de insumos indispensáveis ao desenvolvimento do processo de ensino-aprendizagem.

X - vaga na escola pública de educação infantil ou de ensino fundamental mais próxima de sua residência a toda criança a partir do dia em que completar 4 (quatro) anos de idade.

Art. 4º-A. É assegurado atendimento educacional, durante o período de internação, ao aluno da educação básica internado para tratamento de saúde em regime hospitalar ou domiciliar por tempo prolongado, conforme dispuser o Poder Público em regulamento, na esfera de sua competência federativa.

É importante entender que há:

Art. 5º O acesso à educação básica obrigatória é direito público subjetivo, podendo qualquer cidadão, grupo de cidadãos, associação comunitária, organização sindical, entidade de classe ou outra legalmente constituída e, ainda, o Ministério Público, acionar o poder público para exigi-lo.

§ 1o O poder público, na esfera de sua competência federativa, deverá:

I - recensear anualmente as crianças e adolescentes em idade escolar, bem como os jovens e adultos que não concluíram a educação básica;

II - fazer-lhes a chamada pública;

III - zelar, junto aos pais ou responsáveis, pela freqüência à escola.

LEI DE DIRETRIZES E BASES DA EDUCAÇÃO NACIONAL

§ 2º Em todas as esferas administrativas, o Poder Público assegurará em primeiro lugar o acesso ao ensino obrigatório, nos termos deste artigo, contemplando em seguida os demais níveis e modalidades de ensino, conforme as prioridades constitucionais e legais.

§ 3º Qualquer das partes mencionadas no caput deste artigo tem legitimidade para peticionar no Poder Judiciário, na hipótese do § 2º do art. 208 da Constituição Federal, sendo gratuita e de rito sumário a ação judicial correspondente.

O direito público subjetivo consiste em instituto que põe o seu titular em situação dotada de determinadas faculdades jurídicas que são garantidas através de normas. Daí a sua relevância quanto à efetivação dos direitos fundamentais, principalmente de cunho social, por parte do Estado que figura como sujeito passivo da obrigação. Com vistas à compreensão do instituto, o presente artigo se propõe a analisar as teorias desenvolvidas para conceituar o direito subjetivo, bem como as razões da dicotomia entre direito subjetivo e direito objetivo, a fim de chegar a uma delimitação conceitual satisfatória do direito público subjetivo.

§ 4º Comprovada a negligência da autoridade competente para garantir o oferecimento do ensino obrigatório, poderá ela ser imputada por crime de responsabilidade.

§ 5º Para garantir o cumprimento da obrigatoriedade de ensino, o Poder Público criará formas alternativas de acesso aos diferentes níveis de ensino, independentemente da escolarização anterior.

Art. 6o É dever dos pais ou responsáveis efetuar a matrícula das crianças na educação básica a partir dos 4 (quatro) anos de idade.

Art. 7º O ensino é livre à iniciativa privada, atendidas as seguintes condições:

▷ REDE PRIVADA

I - cumprimento das normas gerais da educação nacional e do respectivo sistema de ensino;

II - autorização de funcionamento e avaliação de qualidade pelo Poder Público;

III - capacidade de autofinanciamento, ressalvado o previsto no art. 213 da Constituição Federal.

Art. 7º-A Ao aluno regularmente matriculado em instituição de ensino pública ou privada, de qualquer nível, é assegurado, no exercício da liberdade de consciência e de crença, o direito de, mediante prévio e motivado requerimento, ausentar-se de prova ou de aula marcada para dia em que, segundo os preceitos de sua religião, seja vedado o exercício de tais atividades, devendo-se-lhe atribuir, a critério da instituição e sem custos para o aluno, uma das seguintes prestações alternativas, nos termos do inciso VIII do caput do art. 5º da Constituição Federal:

1.5 A liberdade e a liberdade de crença no texto constitucional

O art. 5º da Constituição Federal de 1988, além de conter a previsão da liberdade de ação, que é a base das demais, confere fundamento jurídico às liberdades individuais e coletivas e correlaciona liberdade e legalidade. Liberdade é o direito de fazer tudo o que as leis não proíbem. Pelo princípio da legalidade fica certo que qualquer comando jurídico impondo comportamentos forçados há de provir de uma das espécies normativas devidamente elaboradas conforme as regras do processo legislativo constitucional.

I - prova ou aula de reposição, conforme o caso, a ser realizada em data alternativa, no turno de estudo do aluno ou em outro horário agendado com sua anuência expressa;

II - Trabalho escrito ou outra modalidade de atividade de pesquisa, com tema, objetivo e data de entrega definidos pela instituição de ensino.

Observação importante

▷ Não há prejuízo nos conteúdos
▷ Não há prejuízo na avaliação
▷ Não há prejuízo na frequência

§ 1º A prestação alternativa deverá observar os parâmetros curriculares e o plano de aula do dia da ausência do aluno.

§ 2º O cumprimento das formas de prestação alternativa de que trata este artigo substituirá a obrigação original para todos os efeitos, inclusive regularização do registro de frequência.

§ 3º As instituições de ensino implementarão progressivamente, no prazo de 2 (dois) anos, as providências e adaptações necessárias à adequação de seu funcionamento às medidas previstas neste artigo.

§ 4º O disposto neste artigo não se aplica ao ensino militar a que se refere o art. 83 desta Lei.

1.6 Organização nacional

1.6.1 O que é regime de colaboração?

O termo regime de colaboração é usado para o trabalho articulado, coordenado e institucionalizado entre entes federados (União, estados, Distrito Federal e municípios) para garantir o direito à Educação Básica. Com ele, as esferas de governo têm responsabilidade conjunta pelos estudantes daquele território, e não apenas por redes ou sistemas educacionais específicos.

1.6.2 O regime de colaboração está previsto na lei?

O regime de colaboração está indicado no art. 211 da Constituição Federal de 1988, e na Lei de Diretrizes e Bases da Educação Nacional (LDB), de 1996. Os Arranjos de Desenvolvimento da Educação (ADEs) são citados em Artigos da Resolução CNE/CEB 1, de 23 de janeiro de 2012, e nos Consórcios, na Lei de Consórcios, de 6 de abril de 2005, além do Decreto nº 6.017, de 17 de janeiro de 2007.

O assunto está presente, ainda, no art. 7º do Plano Nacional de Educação (PNE) (Lei nº 13.005, de 25 de junho de 2014), que diz: "A União, os Estados, o Distrito Federal e os Municípios atuarão em regime de colaboração, visando ao alcance das metas e à implementação das estratégias objeto deste Plano".

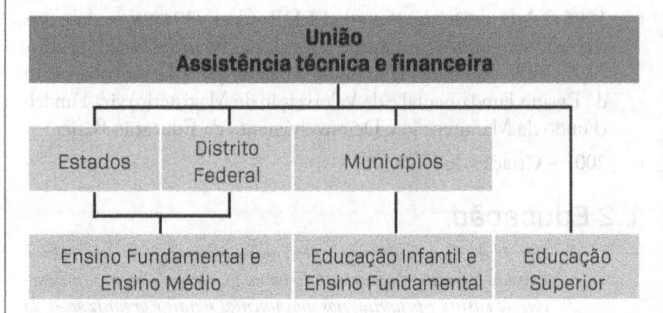

```
                    União
         Assistência técnica e financeira
        ┌──────────────┬──────────────┐
     Estados       Distrito      Municípios
                   Federal
        │                            │
  Ensino Fundamental e     Educação Infantil e      Educação
    Ensino Médio            Ensino Fundamental      Superior
```

1.7 Educação infantil

Desde 1996, com a nova Lei de Diretrizes e Bases da Educação Nacional (Lei nº 9.394/96), a educação infantil passou a integrar a Educação Básica, juntamente com o ensino fundamental e o ensino médio. Segundo a LDB, em seu art. 29:

A educação infantil, primeira etapa da educação básica tem como finalidade o desenvolvimento integral da criança até seis anos de idade, em seus aspectos físico, psicológico, intelectual e social, complementando a ação da família e da comunidade.

De acordo com a Lei, a educação infantil deve ser oferecida em creches para as crianças de zero a três anos, e em pré-escolas, para as crianças de quatro e cinco anos. Contudo, ela não é obrigatória. Dessa forma, a implantação de Centros de Educação Infantil é facultativa, e de responsabilidade dos municípios.

Diferente dos demais níveis da educação, a educação infantil não tem currículo formal. Desde 1998, ela segue o Referencial Curricular Nacional para a Educação Infantil, um documento equivalente aos Parâmetros Curriculares Nacionais, que embasa os demais segmentos da educação Básica.

Segundo os Referenciais, o papel da educação infantil é o CUIDAR da criança em espaço formal, contemplando a alimentação, a limpeza e o lazer (brincar). Também é seu papel EDUCAR, sempre respeitando o caráter lúdico das atividades, com ênfase no desenvolvimento integral da criança.

Não cabe à educação infantil alfabetizar a criança. Nesta fase ela não tem maturidade neural para isso, salvo os casos em que a alfabetização é espontânea. Segundo os Referenciais, devem ser trabalhados os seguintes eixos com as crianças: Movimento, Música, Artes Visuais, Linguagem Oral e Escrita, Natureza e Sociedade e Matemática.

O objetivo é desenvolver algumas capacidades, como: ampliar relações sociais na interação com outras crianças e adultos, conhecer seu próprio corpo, brincar e se expressar das mais variadas formas, utilizar diferentes linguagens para se comunicar, entre outros.

Alguns aspectos previstos nos Referenciais para adequar as escolas de educação infantil às necessidades das crianças são desconhecidos à maioria dos pais, tais como: as escolas devem ter duas cozinhas, uma para as crianças de zero a três anos e outra para crianças de quatro e cinco anos; o espaço físico deve ser de 2 m² por criança em sala; e, inclusive, deve ter fraldário e lactário independentes da sala de aula.

A ênfase da educação infantil é ESTIMULAR as diferentes áreas de desenvolvimento da criança e aguçar sua curiosidade, sendo que, para isso, é imprescindível que a criança esteja feliz no espaço escolar.

1.8 Educação profissional técnica de nível médio

1.8.1 Educação profissional técnica de nível médio

Art. 36-A Sem prejuízo do disposto na Seção IV deste Capítulo, o ensino médio, atendida a formação geral do educando, poderá prepará-lo para o exercício de profissões técnicas.

A formação geral compreende os treze componentes curriculares básicos e comuns ao ensino médio: Língua Portuguesa, Artes, Inglês, Espanhol, Educação Física, História, Geografia, Filosofia, Sociologia, Matemática, Biologia, Física e Química.

A carga horária total nos três anos do ensino médio é de 2.620 horas.

Para cada curso há sempre uma ou duas disciplinas que, por apresentarem mais afinidade com as disciplinas técnicas, são disponibilizadas com maior carga horária. É o caso, por exemplo, da disciplina de Biologia para os cursos da área da Saúde.

Parágrafo único. A preparação geral para o trabalho e, facultativamente, a habilitação profissional poderá ser desenvolvidas nos próprios estabelecimentos de ensino médio ou em cooperação com instituições especializadas em educação profissional.

Art. 36-B A educação profissional técnica de nível médio será desenvolvida nas seguintes formas

I - articulada com o ensino médio;

II - Subsequente, em cursos destinados a quem já tenha concluído o ensino médio.

Formas da educação profissional técnica de nível médio

Articulada	Concomitante	Interna
		Externa
	Integrado	Ensino médio regular
		Ensino médio EJA (PROEJA)
Subsequente		

Parágrafo único. A educação profissional técnica de nível médio deverá observar:

I - os objetivos e definições contidos nas diretrizes curriculares nacionais estabelecidas pelo Conselho Nacional de Educação;

II - as normas complementares dos respectivos sistemas de ensino;

III - as exigências de cada instituição de ensino, nos termos de seu projeto pedagógico.

Art. 36-C. A educação profissional técnica de nível médio articulada, prevista no inciso I do caput do art. 36-B desta Lei, será desenvolvida de forma:

I - integrada, oferecida somente a quem já tenha concluído o ensino fundamental, sendo o curso planejado de modo a conduzir o aluno à habilitação profissional técnica de nível médio, na mesma instituição de ensino, efetuando-se matrícula única para cada aluno;

II - concomitante, oferecida a quem ingresse no ensino médio ou já o esteja cursando, efetuando-se matrículas distintas para cada curso, e podendo ocorrer:

a) na mesma instituição de ensino, aproveitando-se as oportunidades educacionais disponíveis;

b) em instituições de ensino distintas, aproveitando-se as oportunidades educacionais disponíveis;

c) em instituições de ensino distintas, mediante convênios de intercomplementaridade, visando ao planejamento e ao desenvolvimento de projeto pedagógico unificado.

Cursos Técnicos de Nível Médio

Para os **Cursos Técnicos de Nível Médio** na oferta **Integrada** a seleção é feita na classificação do candidato pelo seu *desempenho (notas/conceitos) no Ensino Fundamental*. — INTEGRADO

Para os **Cursos Técnicos de Nível Médio** na oferta **Concomitante** a seleção é feita na classificação do candidato pelo seu *desempenho (notas/conceitos) no Ensino Fundamental*. — CONCOMITANTE

Para os **Cursos Técnicos de Nível Médio** na oferta **Subsequente** a seleção é feita na classificação do candidato pelo seu *desempenho (notas/conceitos) no Ensino Médio*. — SUBSEQUENTE

Art. 36-D Os diplomas de cursos de educação profissional técnica de nível médio, quando registrados, terão validade nacional e habilitarão ao prosseguimento de estudos na educação superior.

Parágrafo único. Os cursos de educação profissional técnica de nível médio, nas formas articulada concomitante e subsequente, quando estruturados e organizados em etapas com terminalidade, possibilitarão a obtenção de certificados de qualificação para o trabalho após a conclusão, com aproveitamento, de cada etapa que caracterize uma qualificação para o trabalho.

1.8.2 Educação de jovens e adultos

A Educação de Jovens e Adultos - EJA é uma modalidade de ensino criada pelo Governo Federal que perpassa todos os níveis da Educação Básica do país, destinada aos jovens, adultos e idosos que não tiveram acesso à educação na escola convencional na idade apropriada. Permite que o aluno retome os estudos e os conclua em menos tempo e, dessa forma, possibilitando sua qualificação para conseguir melhores oportunidades no mercado de trabalho.

A EJA é ofertada tanto no ensino presencial, como à distância (EAD), com o objetivo principal de democratizar o ensino da rede pública no Brasil. Anteriormente, a EJA era conhecida como supletivo. Hoje, é o programa é dividido em etapas, com abrangência do ensino fundamental ao médio. Confira:

EJA Ensino Fundamental: destinada a jovens a partir de 15 anos que não completaram a etapa entre o 1º e o 9° ano. Nessa etapa, os alunos imagem em novas formas de aprender e pensar. Tem duração média de 2 anos para a conclusão.

EJA Ensino Médio: destinada a alunos maiores de 18 anos que não completaram o Ensino Médio, que completa a Educação Básica no Brasil. Ao concluir essa etapa, o aluno está preparado para realizar provas de vestibular e Enem, para ingressar em universidades. O tempo médio de conclusão é de 18 meses

Art. 37 A educação de jovens e adultos será destinada àqueles que não tiveram acesso ou continuidade de estudos nos ensinos fundamental e médio na idade própria e constituirá instrumento para a educação e a aprendizagem ao longo da vida.

§ 1º Os sistemas de ensino assegurarão gratuitamente aos jovens e aos adultos, que não puderam efetuar os estudos na idade regular, oportunidades educacionais apropriadas, consideradas as características do alunado, seus interesses, condições de vida e de trabalho, mediante cursos e exames.

§ 2º O Poder Público viabilizará e estimulará o acesso e a permanência do trabalhador na escola, mediante ações integradas e complementares entre si.

§ 3º A educação de jovens e adultos deverá articular-se, preferencialmente, com a educação profissional, na forma do regulamento.

A certificação da EJA era chamada, até alguns anos atrás, de Exame Supletivo. A prova avalia as competências dos estudantes para a obtenção do certificado de conclusão do Ensino Fundamental ou do Ensino Médio. Quem estudou por contra própria ou por outros programas, que não tenham ligação com a EJA, também pode inscrever-se nesses exames para conquistar o certificado.

Art. 38 Os sistemas de ensino manterão cursos e exames supletivos, que compreenderão a base nacional comum do currículo, habilitando ao prosseguimento de estudos em caráter regular.

§ 1º Os exames a que se refere este artigo realizar-se-ão:

I - No nível de conclusão do ensino fundamental, para os maiores de quinze anos;

II - No nível de conclusão do ensino médio, para os maiores de dezoito anos.

§ 2º Os conhecimentos e habilidades adquiridos pelos educandos por meios informais serão aferidos e reconhecidos mediante exames.

1.9 Educação profissional e tecnológica

1.9.1 Educação profissional e tecnológica

Art. 39 A educação profissional e tecnológica, no cumprimento dos objetivos da educação nacional, integra-se aos diferentes níveis e modalidades de educação e às dimensões do trabalho, da ciência e da tecnologia.

1.9.2 Por que desenvolver uma educação tecnológica?

Pesquisas científicas já confirmaram que a utilização de tecnologia facilita a aprendizagem escolar. As ferramentas tecnológicas, além de auxiliar o professor nas atividades realizadas em sala de aula, estimulam os alunos a buscar novos conhecimentos e se socializarem com os recursos e colegas.

A educação tecnológica pode transformar assuntos mais complicados em algo útil e simples, apenas acessando, por exemplo, páginas que exemplificam o que está sendo ensinado. A absorção das novas tecnologias nas aulas poderá, ainda, aumentar a participação, a criatividade e a proatividade.

§ 1º Os cursos de educação profissional e tecnológica poderão ser organizados por eixos tecnológicos, possibilitando a construção de diferentes itinerários formativos, observadas as normas do respectivo sistema e nível de ensino.

O eixo tecnológico é uma forma de caracterizar os cursos técnicos de nível médio com suas informações científicas e tecnológicas. Ou seja, todas as áreas de trabalho que possuem cursos técnicos estão regulamentadas pelo Ministério da Educação (MEC) pelo catálogo nacional de cursos técnicos.

§ 2º A educação profissional e tecnológica abrangerá os seguintes cursos:
I – de formação inicial e continuada ou qualificação profissional;
II – de educação profissional técnica de nível médio;
III – de educação profissional tecnológica de graduação e pós-graduação.

§ 3º Os cursos de educação profissional tecnológica de graduação e pós-graduação organizar-se-ão, no que concerne a objetivos, características e duração, de acordo com as diretrizes curriculares nacionais estabelecidas pelo Conselho Nacional de Educação.

Art. 40 A educação profissional será desenvolvida em articulação com o ensino regular ou por diferentes estratégias de educação continuada, em instituições especializadas ou no ambiente de trabalho.

A formação continuada de professores tem sido entendida hoje como um processo permanente e constante de aperfeiçoamento dos saberes necessários à atividade dos educadores. Ela é realizada após a formação inicial e tem como objetivo assegurar um ensino de qualidade cada vez maior aos alunos.

Art. 41 O conhecimento adquirido na educação profissional e tecnológica, inclusive no trabalho, poderá ser objeto de avaliação, reconhecimento e certificação para prosseguimento ou conclusão de estudos.

Art. 42 As instituições de educação profissional e tecnológica, além dos seus cursos regulares, oferecerão cursos especiais, abertos à comunidade, condicionada a matrícula à capacidade de aproveitamento e não necessariamente ao nível de escolaridade.

1.10 Profissionais da educação

Art. 61 Consideram-se profissionais da educação escolar básica os que, nela estando em efetivo exercício e tendo sido formados em cursos reconhecidos, são:

I – professores habilitados em nível médio ou superior para a docência na educação infantil e nos ensinos fundamental e médio;

II – trabalhadores em educação portadores de diploma de pedagogia, com habilitação em administração, planejamento, supervisão, inspeção e orientação educacional, bem como com títulos de mestrado ou doutorado nas mesmas áreas;

III – trabalhadores em educação, portadores de diploma de curso técnico ou superior em área pedagógica ou afim.

IV - profissionais com notório saber reconhecido pelos respectivos sistemas de ensino, para ministrar conteúdos de áreas afins à sua formação ou experiência profissional, atestados por titulação específica ou prática de ensino em unidades educacionais da rede pública ou privada ou das corporações privadas em que tenham atuado, exclusivamente para atender ao inciso V do caput do art. 36;

V – profissionais graduados que tenham feito complementação pedagógica, conforme disposto pelo Conselho Nacional de Educação.

Parágrafo único. A formação dos profissionais da educação, de modo a atender às especificidades do exercício de suas atividades, bem como aos objetivos das diferentes etapas e modalidades da educação básica, terá como fundamentos:

LEI DE DIRETRIZES E BASES DA EDUCAÇÃO NACIONAL

BASE NACIONAL COMUM CURRICULAR		
Educação Infantil	Ensino Fundamental	Ensino Médio

I – a presença de sólida formação básica, que propicie o conhecimento dos fundamentos científicos e sociais de suas competências de trabalho;

II – a associação entre teorias e práticas, mediante estágios supervisionados e capacitação em serviço;

III – o aproveitamento da formação e experiências anteriores, em instituições de ensino e em outras atividades.

Art. 62 *A formação de docentes para atuar na educação básica far-se-á em nível superior, em curso de licenciatura plena, admitida, como formação mínima para o exercício do magistério na educação infantil e nos cinco primeiros anos do ensino fundamental, a oferecida em nível médio, na modalidade normal.*

§ 1º A União, o Distrito Federal, os Estados e os Municípios, em regime de colaboração, deverão promover a formação inicial, a continuada e a capacitação dos profissionais de magistério.

§ 2º A formação continuada e a capacitação dos profissionais de magistério poderão utilizar recursos e tecnologias de educação a distância.

§ 3º A formação inicial de profissionais de magistério dará preferência ao ensino presencial, subsidiariamente fazendo uso de recursos e tecnologias de educação a distância.

§ 4º A União, o Distrito Federal, os Estados e os Municípios adotarão mecanismos facilitadores de acesso e permanência em cursos de formação de docentes em nível superior para atuar na educação básica pública.

§ 5º A União, o Distrito Federal, os Estados e os Municípios incentivarão a formação de profissionais do magistério para atuar na educação básica pública mediante programa institucional de bolsa de iniciação à docência a estudantes matriculados em cursos de licenciatura, de graduação plena, nas instituições de educação superior.

§ 6º O Ministério da Educação poderá estabelecer nota mínima em exame nacional aplicado aos concluintes do ensino médio como pré-requisito para o ingresso em cursos de graduação para formação de docentes, ouvido o Conselho Nacional de Educação - CNE.

§ 7º (VETADO).

§ 8º Os currículos dos cursos de formação de docentes terão por referência a Base Nacional Comum Curricular.

Art. 62-A *A formação dos profissionais a que se refere o inciso III do art. 61 far-se-á por meio de cursos de conteúdo técnico-pedagógico, em nível médio ou superior, incluindo habilitações tecnológicas.*

Parágrafo único. *Garantir-se-á formação continuada para os profissionais a que se refere o caput, no local de trabalho ou em instituições de educação básica e superior, incluindo cursos de educação profissional, cursos superiores de graduação plena ou tecnológicos e de pós-graduação.*

Art. 62-B *O acesso de professores das redes públicas de educação básica a cursos superiores de pedagogia e licenciatura será efetivado por meio de processo seletivo diferenciado*

§ 1º Terão direito de pleitear o acesso previsto no caput deste artigo os professores das redes públicas municipais, estaduais e federal que ingressaram por concurso público, tenham pelo menos três anos de exercício da profissão e não sejam portadores de diploma de graduação.

§ 2º As instituições de ensino responsáveis pela oferta de cursos de pedagogia e outras licenciaturas definirão critérios adicionais de seleção sempre que acorrerem aos certames interessados em número superior ao de vagas disponíveis para os respectivos cursos.

§ 3º Sem prejuízo dos concursos seletivos a serem definidos em regulamento pelas universidades, terão prioridade de ingresso os professores que optarem por cursos de licenciatura em matemática, física, química, biologia e língua portuguesa.

Art. 63 *Os institutos superiores de educação manterão:*

I - cursos formadores de profissionais para a educação básica, inclusive o curso normal superior, destinado à formação de docentes para a educação infantil e para as primeiras séries do ensino fundamental;

II - programas de formação pedagógica para portadores de diplomas de educação superior que queiram se dedicar à educação básica;

III - programas de educação continuada para os profissionais de educação dos diversos níveis.

Art. 64 *A formação de profissionais de educação para administração, planejamento, inspeção, supervisão e orientação educacional para a educação básica, será feita em cursos de graduação em pedagogia ou em nível de pós-graduação, a critério da instituição de ensino, garantida, nesta formação, a base comum nacional.*

Art. 65 *A formação docente, exceto para a educação superior, incluirá prática de ensino de, no mínimo, trezentas horas.*

Art. 66 *A preparação para o exercício do magistério superior far-se-á em nível de pós-graduação, prioritariamente em programas de mestrado e doutorado.*

Parágrafo único. *O notório saber, reconhecido por universidade com curso de doutorado em área afim, poderá suprir a exigência de título acadêmico.*

De acordo com o parágrafo único do art. 66 da Lei nº 9.394/1996, o "notório saber", reconhecido por universidade com curso de doutorado em área afim, poderá suprir a exigência de título acadêmico. Não incumbe ao Conselho Nacional de Educação conceder qualquer título acadêmico, a ele cabendo apenas a audiência em grau de recurso. No caso de instituições isoladas de ensino superior, os candidatos ao "notório saber" deverão se dirigir a universidades que satisfaçam os requisitos estabelecidos no Art. 1o desta resolução.

Art. 67 *Os sistemas de ensino promoverão a valorização dos profissionais da educação, assegurando-lhes, inclusive nos termos dos estatutos e dos planos de carreira do magistério público:*

I - ingresso exclusivamente por concurso público de provas e títulos;

II – aperfeiçoamento profissional continuado, inclusive com licenciamento periódico remunerado para esse fim;

III – piso salarial profissional;

IV – progressão funcional baseada na titulação ou habilitação, e na avaliação do desempenho;

V – período reservado a estudos, planejamento e avaliação, incluído na carga de trabalho;

VI – condições adequadas de trabalho.

§ 1º A experiência docente é pré-requisito para o exercício profissional de quaisquer outras funções de magistério, nos termos das normas de cada sistema de ensino.

§ 2º Para os efeitos do disposto no § 5º do art. 40 e no § 8o do art. 201 da Constituição Federal, são consideradas funções de magistério as exercidas por professores e especialistas em educação no desempenho de atividades educativas, quando exercidas em estabelecimento de educação básica em seus diversos níveis e modalidades, incluídas, além do exercício da docência, as de direção de unidade escolar e as de coordenação e assessoramento pedagógico.

§ 3º A União prestará assistência técnica aos Estados, ao Distrito Federal e aos Municípios na elaboração de concursos públicos para provimento de cargos dos profissionais da educação.

1.11 Educação especial

A Educação Especial é o ramo da educação voltado para o atendimento e educação de pessoas com alguma deficiência. Preferencialmente em instituições de ensino regulares ou ambientes especializados (como por exemplo, escolas para surdos, escolas para cegos ou escolas que atendem a pessoas com deficiência intelectual).

São também considerados público-alvo dessas escolas crianças com transtornos globais de desenvolvimento ou com altas habilidades/superdotação de acordo com o art. 58 da Lei de Diretrizes e Bases da Educação Nacional – Lei nº 9.394/1996 –, que diz:

Art. 58 *Entende-se por educação especial, para os efeitos desta Lei, a modalidade de educação escolar oferecida preferencialmente na rede regular de ensino, para educandos com deficiência, transtornos globais do desenvolvimento e altas habilidades ou superdotação.*

O AEE foi criado para atender o público-alvo da Educação especial, que são as crianças com deficiências, transtorno do espectro autista, altas habilidades e superdotação. Ele é um serviço de apoio à sala de aula comum, para que se ofereça meios e modos que efetive o real aprendizado dos estudantes.

§ 1º *Haverá, quando necessário, serviços de apoio especializado, na escola regular, para atender às peculiaridades da clientela de educação especial.*

§ 2º *O atendimento educacional será feito em classes, escolas ou serviços especializados, sempre que, em função das condições específicas dos alunos, não for possível a sua integração nas classes comuns de ensino regular.*

É importante que os profissionais tenham especialização em Educação inclusiva, o que é ainda mais completo do que as formações especializadas em determinadas deficiências, como auditiva ou visual.

§ 3º *A oferta de educação especial, nos termos do caput deste artigo, tem início na educação infantil e estende-se ao longo da vida, observados o inciso III do art. 4º e o parágrafo único do art. 60 desta Lei.*

Educação Básica	Educação	Educação especial	Superior
	Ensino		Médio
	Educação		Fundamental
	Educação		Infantil

Art. 59. Os sistemas de ensino assegurarão aos educandos com deficiência, transtornos globais do desenvolvimento e altas habilidades ou superdotação:

I – Currículos, métodos, técnicas, recursos educativos e organização específicos, para atender às suas necessidades;

II – Terminalidade específica para aqueles que não puderem atingir o nível exigido para a conclusão do ensino fundamental, em virtude de suas deficiências, e aceleração para concluir em menor tempo o programa escolar para os superdotados;

III – professores com especialização adequada em nível médio ou superior, para atendimento especializado, bem como professores do ensino regular capacitados para a integração desses educandos nas classes comuns;

IV – Educação especial para o trabalho, visando a sua efetiva integração na vida em sociedade, inclusive condições adequadas para os que não revelarem capacidade de inserção no trabalho competitivo, mediante articulação com os órgãos oficiais afins, bem como para aqueles que apresentam uma habilidade superior nas áreas artística, intelectual ou psicomotora;

V – Acesso igualitário aos benefícios dos programas sociais suplementares disponíveis para o respectivo nível do ensino regular.

Art. 59-. *O poder público deverá instituir cadastro nacional de alunos com altas habilidades ou superdotação matriculados na educação básica e na educação superior, a fim de fomentar a execução de políticas públicas destinadas ao desenvolvimento pleno das potencialidades desse alunado.*

Parágrafo único. *A identificação precoce de alunos com altas habilidades ou superdotação, os critérios e procedimentos para inclusão no cadastro referido no caput deste artigo, as entidades responsáveis pelo cadastramento, os mecanismos de acesso aos dados do cadastro e as políticas de desenvolvimento das potencialidades do alunado de que trata o caput serão definidos em regulamento.*

Art. 60 *Os órgãos normativos dos sistemas de ensino estabelecerão critérios de caracterização das instituições privadas sem fins lucrativos, especializadas e com atuação exclusiva em educação especial, para fins de apoio técnico e financeiro pelo Poder Público.*

Parágrafo único. *O poder público adotará, como alternativa preferencial, a ampliação do atendimento aos educandos com deficiência, transtornos globais do desenvolvimento e altas habilidades ou superdotação na própria rede pública regular de ensino, independentemente do apoio às instituições previstas neste artigo.*

1.12 Recursos financeiros

Para financiar a política de educação, em sua abrangência, missão e princípios, o Estado instituiu a estrutura e as fontes de financiamento no art. 212 da CF, vinculando recursos para a educação e garantindo percentuais mínimos da receita resultantes de impostos à manutenção e desenvolvimento do ensino (MDE).

Os recursos públicos destinados à educação têm origem em:

Receita de impostos próprios da União, dos Estados, do Distrito Federal e dos Municípios;

Receita de transferências constitucionais e outras transferências;

Receita da contribuição social do salário-educação e de outras contribuições sociais.

Os patamares, no mínimo, são de 18% da receita de impostos da União e 25% da receita de impostos dos estados, Distrito Federal e municípios, incluindo as transferências entre esferas de governo. A CF estabeleceu, ainda, que a educação básica teria o salário-educação como fonte suplementar de recursos.

A avaliação, que testa alunos de 15 anos em 70 países, mostrou que o gasto acumulado do Brasil por aluno foi de US$ 38.190 por ano, ou seja, o equivalente a 42% da média de US$ 90.294 de investimento feito por estudante em países da OCDE (Organização para a Cooperação e Desenvolvimento Econômico), responsável pelo levantamento. O Pisa é considerado a avaliação educacional mais importante do mundo.

Em 2012, última versão do estudo, essa proporção correspondia a 32%. Esse salto de 10%, no entanto, não se refletiu em uma melhora efetiva no ensino.

O Fundo de Manutenção e Desenvolvimento da Educação Básica e de Valorização dos Profissionais da Educação – Fundeb é um fundo especial, de natureza contábil e de âmbito estadual (um fundo por estado e Distrito Federal, num total de vinte e sete fundos), formado, na quase totalidade, por recursos provenientes dos impostos e transferências dos estados, Distrito Federal e municípios, vinculados à educação por força do disposto no art. 212 da Constituição Federal.

Além desses recursos, ainda compõe o Fundeb, a título de complementação, uma parcela de recursos federais, sempre que, no âmbito de cada Estado, seu valor por aluno não alcançar o mínimo definido nacionalmente. Independentemente da origem, todo o recurso gerado é redistribuído para aplicação exclusiva na educação básica.

QUESTÕES COMENTADAS

01. (FGV – 2022 – CBM/AM – SOLDADO) As cidades A, B e C são ligadas por três estradas. De A até B são 12 km, de B até C são 16 km e de C até A são 10 km. Não há outros caminhos.

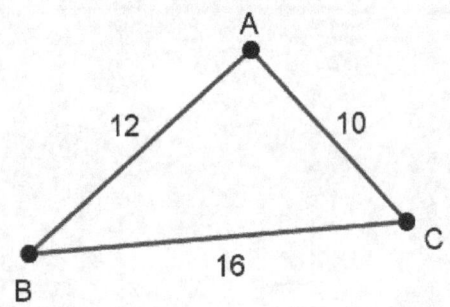

Mário está na estrada BC em um ponto tal que, para ir à cidade A é indiferente passar por B ou por C, pois percorrerá a mesma distância.

Jorge está na estrada AB em um ponto tal que, para ir à cidade C é indiferente passar por B ou por A, pois percorrerá a mesma distância.

Para que Mário encontre Jorge deverá percorrer, no mínimo:
a) 9 km.
b) 10 km.
c) 11 km.
d) 12 km.
e) 13 km.

Calculando o perímetro temos que a distância total percorrida:

12 + 10 + 16 = 38 km.

Márcio está em determinado ponto de BC, que independente de qual seja o trajeto, percorrerá a mesma distância.

Logo:

x + 12 = y + 10

Se a distância é a mesma, ele está em um ponto médio do perímetro.

x + 12 = y + 10 = 19

x + 12 = 19

x = 7

y + 10 = 19

y = 9.

Jorge também está em determinado ponto, porém de AB, que independente de qual seja o trajeto, percorrerá a mesma distância.

x' + 16 = y' + 10 = 19

x' + 16 = 19

x' = 3

y' + 10 = 19

y' = 10.

Portanto, a distância mínima será de 10 km.

GABARITO: B.

02. (FGV – 2022 – CBM/AM – SOLDADO) Doze amigos foram a um restaurante e resolveram dividir a conta igualmente entre eles. Como um deles estava sem dinheiro, cada um dos outros onze amigos teve que pagar um adicional de R$ 5,40.

O valor total da conta foi de:
a) R$ 724,80.
b) R$ 712,80.
c) R$ 684,00.
d) R$ 674,40.
e) R$ 653,40.

Como cada amigo pagou R$ 5,40 por conta do amigo que estava sem dinheiro, basta calcular quanto esse amigo deveria ter pago:

5,40 · 1 = 59,40.

Multiplicando o valor pelos doze amigos:

59,40 · 12 = 712,80.

GABARITO: B.

03. (FGV – 2022 – CBM/AM – SOLDADO) A soma de 8 números inteiros consecutivos é 5764.

O maior desses números é:
a) 724.
b) 723.
c) 720.
d) 717.
e) 707.

Se os números são consecutivos temos:

x; x + 1; x + 2; ...; x + 7.

Somando esses números:

x + x + 1 + x + 2 + x + 3 + x + 4 + x + 5 + x + 6 + x + 7 = 5764

8x + 28 = 5764

8x = 5736

x = 5736/8

x = 717.

Como queremos o maior número:

717 + 7 = 724.

GABARITO: A.

04. (FGV – 2022 – CBM/AM – SOLDADO) Em uma Unidade Estudantil há 3 turmas de aprendizes: Turma A, Turma B e Turma C. A razão entre o número de aprendizes da Turma A e o número de aprendizes da Turma B é $\frac{6}{5}$. A razão entre o número de aprendizes da Turma A e o número de aprendizes da Turma C é $\frac{5}{4}$.

O número mínimo de aprendizes nessa Unidade Estudantil é:
a) 76.
b) 77.
c) 78.
d) 79.
e) 80.

Calculando as razões e isolando B e C:

A/B = 6/5

5A = 6B

B = 5A/6

A/C = 5/4

4A = 5C

C = 4A/5.

Somando todos os valores:

A + B + C

A + 5A/6 + 4A/5.

Somando tudo em função de A:

A(30 + 25 + 24)/30

79A/30.

Logo, o número mínimo será 79.

GABARITO: D.

---

05. (FGV – 2022 – CBM/AM – SOLDADO) Um número inteiro positivo N de 2 algarismos é tal que quando somado ao número obtido invertendo-se a ordem dos seus algarismos o resultado da soma é 143. O número de valores possíveis de N é:
a) 7.
b) 6.
c) 5.
d) 4.
e) 3.

Utilizando propriedades de soma, temos:

x y + y x = 143.

Como se trata de um número composto:

x = 10 dezenas

y = 10 unidades.

Somando as grandezas:

11d + 11u = 143

d + u = 13.

As opções que, somando, obtemos 13 são:

9 e 4;

4 e 9;

8 e 5;

5 e 8;

7 e 6;

6 e 7.

Logo, são 6 opções.

GABARITO: B.

---

06. (FGV – 2022 – CBM/AM – SOLDADO) Márcia tem uma ficha amarela, uma ficha verde e duas vermelhas. Joana tem duas fichas amarelas e uma ficha verde. Cada uma delas escolhe aleatoriamente uma de suas fichas e mostra para a outra.

A probabilidade de que as fichas mostradas tenham a mesma cor é:

a) $\dfrac{1}{12}$.

b) $\dfrac{1}{7}$.

c) $\dfrac{1}{6}$.

d) $\dfrac{1}{4}$.

e) $\dfrac{1}{3}$.

Calculando o espaço amostral:

3 · 4 = 12 possibilidades.

Calculando as possibilidades de fichas iguais:

(Amarela, Amarela) (Amarela, Amarela) (Verde, Verde).

3 possibilidades.

Calculando a probabilidade:

P = 3/12

P = 1/4.

GABARITO: D.

---

07. (FGV – 2022 – PC/AM – ESCRIVÃO) Em muitas frases estabelecemos comparações entre elementos do texto, tanto de forma objetiva como de forma figurada.

Assinale a frase que não exemplifica qualquer tipo de comparação:
a) O disco luminoso do sol se destacava no céu da manhã.
b) O goleiro da seleção alemã foi um paredão no jogo.
c) A chuva levou a reboque uma montanha de galhos.
d) Uma fila de ônibus buzinava sem parar.
e) A noite caiu mais cedo, ocultando as formas.

A: Incorreta. Nessa oração a comparação acontece por meio do verbo "destacar", já que quando algo se destaca, se destaca em relação a outro.

B: Incorreta. Nessa oração há uma comparação implícita, metafórica, ou seja, o goleiro é comparado com um paredão (sentido figurado).

C: Incorreta. Na oração, há uma comparação entre a montanha e uma coisa grandiosa – de galhos (sentido figurado).

D: Correta. Na oração, nenhum elemento é colocado em comparação a outro.

E: Incorreta. A ideia de "mais cedo" ("do que outras") denota uma comparação implícita.

GABARITO: D.

---

08. (FGV – 2022 – PC/AM – ESCRIVÃO) Muitos escritores reformulam imagens bastante repetidas em nosso idioma, dando-lhes novos valores.

Assinale a frase a seguir em que isso ocorre.
a) A polícia prendeu o gastrônomo em flagrante delícia.
b) O ouro negro do petróleo jorrou no Kuwait.
c) Para todos a água é um precioso líquido.
d) Todos foram à praia em pleno verão.
e) Os elefantes mostram uma força descomunal.

A: Correta. É comum dizer que a polícia prendeu alguém em "flagrante delito". Nessa oração, o escritor teve uma boa imaginação em criar uma palavra que pertence à família semântica da gastronomia ("delícia").

B: Incorreta. A expressão "ouro negro" é comum em nosso idioma, visto que já está no dicionário.

C: Incorreta. Expressão comum: "a água é um líquido precioso".

D: Incorreta. Expressão comum: "pleno verão, pleno inverno…".

E: Incorreta. A expressão "força descomunal" é uma força gigante, que também é uma expressão comum.

GABARITO: A.

---

09. (FGV – 2022 – PC/AM – ESCRIVÃO) Assinale a frase publicitária que não se utiliza de um duplo sentido.
a) Nesta padaria, os donos também metem a mão na massa.
b) Neste livro, as páginas de memórias ruins estão em branco.
c) Nesta livraria, os livros estão empilhados nos balcões.
d) Nesta confeitaria, tudo é doce.
e) Este é um vinho seco, não molha a garganta.

A: Incorreta. A expressão "mete a mão na massa", sendo em uma padaria, pode ser denotativa ou conotativa, indicando que os donos trabalham.

B: Incorreta. A oração pode indicar a ausência de memórias ruins ou a simples omissão dessas lembranças.

C: Correta. A oração não apresenta duplo sentido.

D: Incorreta. A expressão "tudo é doce" quer dizer que são doces produzidos com açúcar ou, de forma conotativa, que na confeitaria tudo está em harmonia.

E: Incorreta. O vinho seco pode ser visto como crítica por não molhar a garganta, ou seja, sem um bom sabor. Ou, até mesmo, como um trocadilho ("não molha a garganta"), sendo resultado do adjetivo seco.

GABARITO: C.

10. **(FGV – 2022 – PC/AM – ESCRIVÃO)** Nos dicionários, as palavras dos verbetes são geralmente definidas e essas definições começam por um termo de valor geral (hiperônimo).

    Identifique a definição a seguir em que o termo inicial de caráter geral foi bem escolhido.
    a) O caderno é um utensílio escolar.
    b) O jogador é um personagem do futebol.
    c) O martelo é um objeto do carpinteiro.
    d) O cachorro é um réptil muito amado.
    e) O grafiteiro é um escultor mal compreendido.

A: Incorreta. Segundo o dicionário Michaelis, a palavra "utensílio" quer dizer "qualquer instrumento de trabalho próprio para a fabricação de um produto ou para o exercício de uma arte, profissão etc.; ferramenta". Logo, o caderno não é um instrumento para a fabricação de um produto.

B: Correta. Segundo o dicionário Michaelis, a palavra "personagem" quer dizer "pessoa que desfruta de atenção por suas qualidades, habilidades ou comportamento singular e diferenciado".

C: Incorreta. Apesar de o "hiperônimo" ser um termo mais genérico do que outro, nesse caso, o termo "objeto" é extremamente genérico ao seu campo semântico.

D: Incorreta. O cachorro não é um réptil, mas, sim, um mamífero.

E: Incorreta. O grafiteiro não é um escultor, mas, sim, um pintor, um desenhista.

GABARITO: B.

11. **(FGV – 2022 – PC/AM – ESCRIVÃO)** Um fenômeno bastante comum em nossa língua é o emprego numeroso de anglicismos, ou seja, vocábulos provenientes da língua inglesa.

    Assinale a frase em que o estrangeirismo está adequadamente substituído por palavra portuguesa.
    a) O shopping tem horário de funcionamento colocado em pequeno cartaz na porta / loja.
    b) Os comerciantes deviam fazer estudos de marketing, antes de abrirem seus estabelecimentos / economia.
    c) A modelo dizia jamais ter usado shampoo brasileiro, por sua má qualidade / sabonete bactericida.
    d) Os meninos de hoje trocam qualquer atividade por um game / jogo de cartas.
    e) Obtive todas essas informações no site da própria empresa / sítio.

A: Incorreta. O "shopping" é um conjunto de lojas, logo, a substituição está incorreta.

B: Incorreta. A palavra "marketing" não quer dizer "economia", já que nem sempre ele pode influenciar a economia, pois pode ser um marketing negativo também.

C: Incorreta. A palavra "shampoo", no dicionário brasileiro, é escrita como "xampu".

D: Incorreta. A palavra *game* quer dizer "jogo eletrônico", e não de cartas.

E: Correta. A palavra, em inglês, é "*site*" e equivale à palavra "sítio", em português.

GABARITO: E.

12. **(FGV – 2022 – PC/AM – ESCRIVÃO)** Observe a seguinte frase:
    "O neurótico constrói um castelo no ar. O psicótico mora nele. O psiquiatra cobra o aluguel."

    (Jerome Lawrence)

    Se trocarmos a pontuação entre as frases por conectivos, a forma adequada será:
    a) O neurótico constrói um castelo no ar, mas o psicótico mora nele ao passo que o psiquiatra cobra o aluguel.
    b) O neurótico constrói um castelo no ar enquanto o psicótico mora nele e o psiquiatra cobra o aluguel.
    c) O neurótico constrói um castelo no ar embora o psicótico more nele, mas o psiquiatra cobra o aluguel.
    d) O neurótico constrói um castelo no ar e o psicótico mora nele, contudo o psiquiatra cobra o aluguel.
    e) O neurótico constrói um castelo no ar ainda que o psicótico more nele, enquanto o psiquiatra cobra o aluguel.

A: Incorreta. Não há uma ideia de oposição entre as frases do texto. Além disso, o conectivo "ao passo que" traz uma ideia de concomitância, e não há esse sentido entre as frases.

B: Correta. Há duas condições, ou seja, enquanto um constrói, o outro mora. Na oração "[...] e o psiquiatra cobra o aluguel", há ideia de adição e de que o psiquiatra se beneficia dessa relação.

C: Incorreta. A ideia de oposição entre o neurótico e o psicótico não está no texto, além da ideia de oposição do psiquiatra.

D: Incorreta. Não há essa relação de oposição do psiquiatra com o neurótico e o psicótico.

E: Incorreta. "Ainda que" traz uma ideia de concessão, como a de "embora", na assertiva C.

GABARITO: B.

13. **(FGV – 2022 – PC/AM – ESCRIVÃO)** Observe a pequena fábula a seguir:
    "Um cão atravessava um pequeno rio com um pedaço de carne na boca. Ao ver a sua imagem refletida na água, pensou que se tratava de um outro cão, com um pedaço de carne muito maior do que o seu. Abandonou o seu pedaço e, por ganância, perdeu o seu almoço."

    (Esopo)

    O segmento sublinhado corresponde a uma explicação, que tem a função no texto de:
    a) dar uma informação nova ao leitor.
    b) criar uma sensação de realidade e não de ficção.
    c) atrasar a ação da fábula, para criar suspense.
    d) justificar outra ação da narrativa.
    e) caracterizar o cão como ganancioso.

A: Incorreta. A cada período o texto traz uma informação nova, mas serve também para justificar outra ação da narrativa.

B: Incorreta. Não, a própria questão revela que é uma fábula.

C: Incorreta. O segmento sublinhado não atrasa a ação da fábula, visto que traz uma informação nova, e não repete a mesma ideia.

D: Correta. A informação nova serve para justificar outra ação da narrativa, ou seja, explicar por que o cão perdeu a sua carne.

E: Incorreta. O que caracteriza o cão como ganancioso é o fato de ele largar a carne para pegar outra maior, e não a oração em destaque.

GABARITO: D.

14. **(FGV – 2022 – PC/AM – ESCRIVÃO)** O raciocínio a seguir é construído a partir de uma estratégia:

"Examinando as jabuticabeiras de seu terreno, chegou à conclusão de que o melhor seria contratar um engenheiro agrônomo que pudesse auxiliá-lo no controle de pragas".

A estratégia utilizada pode ser explicada do seguinte modo:
a) vai do particular para o geral.
b) parte do todo para as partes.
c) estabelece uma relação de causa e efeito.
d) se fundamenta em experiências pessoais.
e) cria uma analogia entre ideias.

Primeiro, o autor olhou as suas jabuticabas, ou seja, partiu de algo particular. Depois, ele chegou à conclusão de que precisava de um engenheiro agrônomo para cuidar do restante do seu terreno. Logo, ele partiu do particular para o geral.

GABARITO: A.

15. **(FGV – 2022 – PC/AM – ESCRIVÃO)** Assinale a frase em que se comete um erro de grafia.
a) A seção em que trabalho é a mais procurada.
b) A adolescência é uma fase difícil.
c) Essas coisas nunca passam despercebidas.
d) Nunca mais vi aqueles facínoras.
e) Chegaram as encomendas atravez do correio.

A: Correta. Seção: deriva de "secionar, dividir em partes, seções".

B: Correta. Sem erros de grafia.

C: Correta. Sem erros de grafia.

D: Correta. O termo "facínora" delimita "o criminoso cruel".

E: Incorreta. O termo "através" é escrito com "s".

GABARITO: E.

16. **(FGV – 2022 – PC/AM – ESCRIVÃO)** Uma frase de Nietzche diz: "O aumento da sabedoria pode ser medido com exatidão pela diminuição do mau humor".

Essa frase significa que:
a) quanto mais sabemos, mais aumentamos nosso mau humor.
b) quanto menos sabemos, mais aumentamos nosso mau humor.
c) quanto menos sabemos, menos diminui nosso mau humor.
d) o aumento da sabedoria está em relação direta com o mau humor.
e) há uma relação inversa entre o aumento da sabedoria e o do mau humor.

A: Incorreta. Há uma relação direta, logo o correto seria "quanto mais sabemos, mais diminuímos nosso mau humor".

B: Incorreta. Nessa alternativa, os fatos foram invertidos, porém é uma conclusão óbvia dos fatos. A questão pede até uma inversão, realmente, mas a banca não considera por ser uma conclusão.

C: Incorreta. A banca pede a relação inversa, então deveria ser: "quanto menos sabemos, mais aumenta o nosso mau humor".

D: Incorreta. O aumento da sabedoria está em relação inversa com o mau humor.

E: Correta. Enquanto um aumenta, o outro diminui. Dessa forma, temos a grandeza proporcional.

GABARITO: E.

17. **(FGV – 2022 – PC/AM – ESCRIVÃO)** Numa planilha nova do Excel 2010, Mariana digitou o valor 1 na célula A1, e digitou a fórmula "=A1+A1" na célula B2. Em seguida, copiou a célula B2 e colou na região C3:J10.

Assinale o valor exibido na célula J10 após essas operações.
a) 0 (zero).
b) 10.
c) 20.
d) 64.
e) 512.

	A	B	C
1	1		
2		=A1+A1	

Logo B2 passa a valer 2 ⋅ 1+1 = 2;

Depois Mariana copiou a célula contida em B2 ⋅ = A1+A1 e colou no intervalo de C3:J10.

	A	B	C	D	E	F	G	H	I	J	K
1											
2											
3			4	0	0	0	0	0	0	0	
4			0	8	0	0	0	0	0	0	
5			0	0	16	0	0	0	0	0	
6			0	0	0	32	0	0	0	0	
7			0	0	0	0	64	0	0	0	
8			0	0	0	0	0	128	0	0	
9			0	0	0	0	0	0	256	0	
10			0	0	0	0	0	0	0	512	

A questão pergunta qual é o valor contido em J10; nesse caso, 512.

GABARITO: E.

18. **(FGV – 2022 – PC/AM – ESCRIVÃO)** O navegador Google Chrome permite a configuração de um item importante na utilização da Internet; ao configurá-lo, as opções usuais são as que seguem:
- Google.
- Bing.
- Yahoo!Brasil.
- DuckDuckGo.
- Ecosia.

Assinale o objeto dessa configuração.
a) Aparência.
b) E-mail.
c) Máquina de busca.
d) Menus PopUp.
e) Navegador padrão.

Todas os itens exemplificam motores de busca ou ferramentas de pesquisas, que servem para facilitar a vida do usuário dando uma maior dinamicidade e otimizando suas buscas.

GABARITO: C.

19. (VUNESP – 2022 – PC/SP – ESCRIVÃO) A sequência a seguir foi criada com um padrão lógico e é ilimitada.

1, 3, 5, 7, 10, 11, 13, 15, 17, 20, 21, 23, 25, 27, 30, 31, 33, 35, 37, 40, 41, ...

Identifique os seguintes números que pertencem a esta sequência:

- O número que antecede o 90.
- O número que é o sucessor do 127.
- O número que antecede o 503.

A soma desses três números identificados apresenta como algarismo da unidade, o algarismo

a) 1.
b) 9.
c) 6.
d) 8.
e) 3.

Vamos resolver essa questão de uma forma bem simples.

Se separarmos por termos, teremos:

T1 = 1, 3, 5, 7, 10

T2 = 11, 13, 15, 17, 20

T3 = 21, 23, 25, 27, 30

T4 = 31, 33, 35, 37, 40.

Perceba que cada termo possui 5 elementos, e perceba também que a diferença entre o primeiro elemento do T1 e o primeiro do T2 é de 10 elementos, assim como o segundo elemento, o terceiro, o quarto e o quinto.

Além disso, perceba que o primeiro elemento do termo anterior, é sempre 1 a mais (T1 = 1, 3, 5, 7, 10 — T2 = 11, 13...).

Agora, para achar o número que antecede ao 90 é simples.

Se T4 = 31, 33, 35, 37, 40, então

T5 = 41, 43, 45, 47, 50

T6 = 51........60.

Agora, observa-se também que, o número do termo é sempre a décima parte do último elemento desse mesmo termo (T6 = último elemento / 10 — 60 / 10 = 6).

Agora fica simples. Se o número do termo é a décima parte do último elemento do mesmo, então T9 = ... 90.

Agora vamos completar o termo.

T9 = 81, 83, 85, 87, 90.

Portanto, o número que antecede ao 90 é o 87.

Da mesma forma, o número que sucede ao 127 é:

T130 = 121, 123, 125, 127, 130.

Da mesma forma, o que antecede ao 503 é:

T510 = 501, 503, 505, 507, 510.

Agora, a questão a soma dos algarismos da unidade, ou seja, somente os últimos números, que são a casa da unidade, ou seja:

87

130

501

Portanto, somamos 7 + 0 + 1 = 8.

GABARITO: D.

20. (VUNESP – 2022 – PC/SP – ESCRIVÃO) Foi realizada uma enquete em que se deveria assinalar com um X o alimento que a pessoa respondente comia:

☐ Brócolis

☐ Jiló

Foram 63 pessoas que responderam a enquete. Brócolis foi assinalado 42 vezes; Jiló, 44 vezes; e todas as pessoas assinalaram pelo menos um dos alimentos.

O número dessas pessoas que come apenas um desses alimentos é igual a:

a) 40.
b) 43.
c) 47.
d) 54.
e) 51.

Essa é uma questão que envolve conjuntos, portanto, vamos representar com diagramas:

Pessoas que comem Brócolis – B = 42

Pessoas que comem Jiló – J = 44

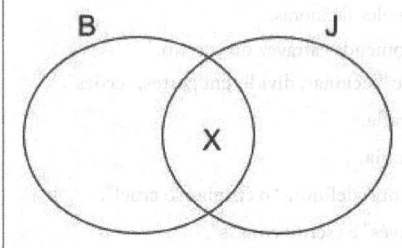

Já temos que B = 42 e J = 44, e a intersecção, ou seja, os que comem os dois, é igual a X.

Portanto:

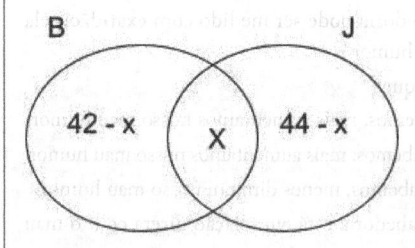

Para sabermos o valor de X, temos de Somar os termos:

42 – X + X + 44 – X = 63

86 – 63 = x

X = 23

42 – 23 = 19 pessoas que comem somente brócolis.

44 – 23 = 21 pessoas que comem Jiló.

21 + 19 = 40 pessoas que comem somente um deles.

GABARITO: A.

QUESTÕES COMENTADAS

21. (VUNESP – 2022 – PC/SP – ESCRIVÃO) A partir das afirmações:
- Todo estudioso tem muito conhecimento.
- Algumas pessoas que têm muito conhecimento são geniais.

É correto concluir que:
a) todos que tem muito conhecimento são estudiosos.
b) algum genial tem muito conhecimento.
c) todo genial é estudioso.
d) nenhum genial tem muito conhecimento.
e) qualquer estudioso é genial.

Para esta questão, vamos montar o diagrama para a melhor visualização.

C = Tem muito conhecimento
E = É estudioso
G = São Geniais

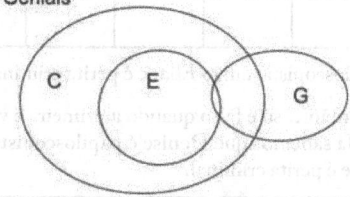

Agora é simples de visualizar.

A: Incorreta. Todo que é estudioso tem conhecimento, mas não o contrário.
B: Correta. Algum Genial tem muito conhecimento, mas não todos.
C: Incorreta. Nem todo genial é estudioso.
D: Incorreta. Algum genial tem conhecimento, mas não todos.
E: Incorreta. Alguns estudiosos são geniais.

GABARITO: B.

22. (VUNESP – 2022 – PC/SP – ESCRIVÃO) Esta sequência de figuras é cíclica com 8 elementos em cada ciclo e é ilimitada.

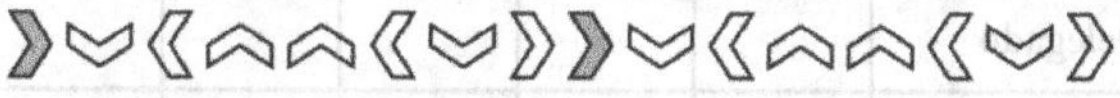

As figuras que estão nas posições de 106 a 109 formam a sequência que está na alternativa:

a) 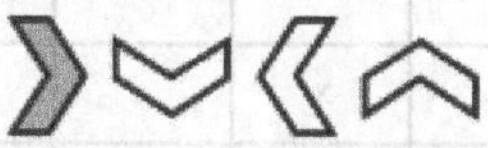
b) 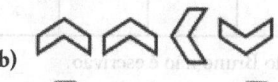
c) 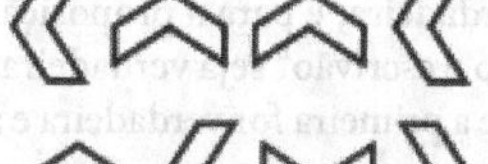
d) 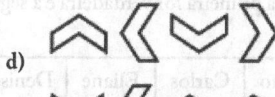 
e)

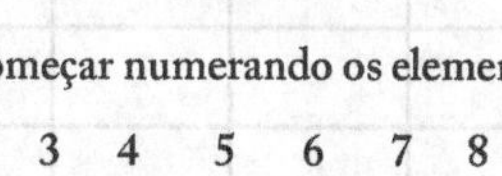

Vamos começar numerando os elementos:

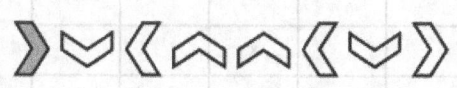

1 2 3 4 5 6 7 8

A partir daqui se repete.

Vamos achar a figura 106 primeiro.

106/8 = 13 com o resto 2.

Isso significa que ele completou o ciclo 13 vezes e ainda andou mais 2 casas a frente.

A figura 106 será a de 2 casas a frente do fim do ciclo, ou seja ∨.

Portanto, as figuras serão:

106 107 108 109

GABARITO: E.

23. (VUNESP – 2022 – PC/SP – ESCRIVÃO) Considere as afirmações:
I. Todos os alunos da sala são destros.
II. Alguns alunos da sala são destros.
III. Nenhum aluno da sala é destro.

Observe as representações por meio de diagramas lógicos:

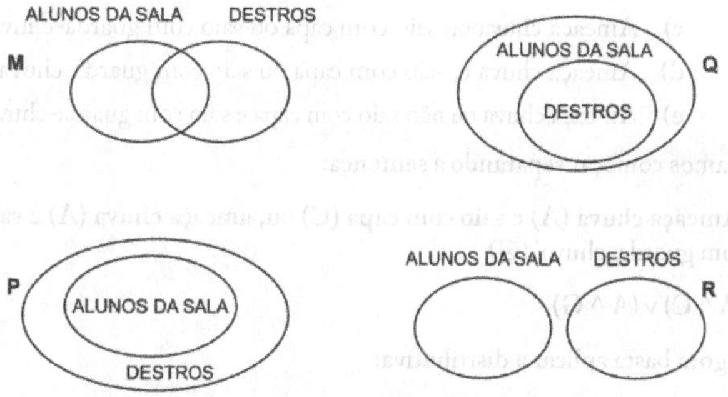

A alternativa que corretamente relaciona cada afirmação com uma das representações propostas é:
a) I e R; II e M; III e P.
b) I e P; II e M; III e R.
c) I e Q; II e P; III e M.
d) I e M; II e Q; III e R.
e) I e Q; II e R; III e M.

Essa questão é uma das mais simples da prova.

I - Todos os alunos da sala são destros, quer dizer que nenhum aluno da sala não é destro, ou seja, alunos da sala está dentro de destros.

II - Alguns alunos da sala são destros, quer dizer que existem alunos que não são destros, ou seja, existem alunos que não destros, e existem alguns que não são:

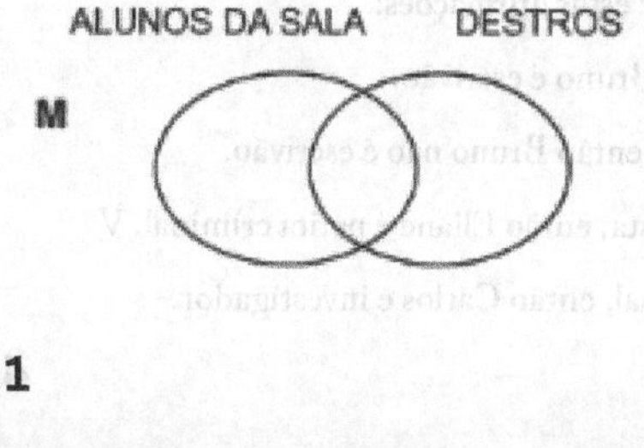

III - Nenhum aluno da sala é destro, quer dizer que alunos da sala e destros são conjuntos diferentes que não possuem elementos em comum, ou seja, não existem alunos destros na sala:

ALUNOS DA SALA   DESTROS
                              R

Das alternativas, facilmente podemos ver que a única que condiz com as afirmações é a alternativa B.

GABARITO: B.

---

24. (VUNESP – 2022 – PC/SP – ESCRIVÃO) Assinale a alternativa que apresenta uma afirmação logicamente equivalente à seguinte afirmação:

'Ameaça chuva e saio com capa ou, ameaça chuva e saio com guarda-chuva'

a) Se não ameaça chuva, saio com capa e não saio com guarda-chuva.
b) Não ameaça chuva e não saio com capa ou saio com guarda-chuva.
c) Ameaça chuva ou saio com capa ou saio com guarda-chuva.
d) Ameaça chuva e, saio com capa ou saio com guarda-chuva.
e) Ameaça chuva ou não saio com capa e saio com guarda-chuva.

Vamos começar separando a sentença:

'Ameaça chuva (A) e saio com capa (C) ou, ameaça chuva (A) e saio com guarda-chuva' (G)

$(A \wedge C) \vee (A \wedge G)$

Agora basta aplicar a distributiva:

$A \wedge (C \vee G)$.

Agora, essa expressão está equivalente.

"Ameaça chuva e saio com capa ou saio com guarda-chuva".

GABARITO: D.

---

25. (VUNESP – 2022 – PC/SP – ESCRIVÃO) Considere as afirmações:
I. Se Ana é delegada, então Bruno é escrivão.
II. Se Carlos é investigador, então Bruno não é escrivão.
III. Se Denise é papiloscopista, então Eliane é perita criminal.
IV. Se Eliane é perita criminal, então Carlos é investigador.
V. Denise é papiloscopista.

A partir dessas afirmações, é correto concluir que:
a) Eliane não é perita criminal e Carlos é investigador.
b) Bruno é escrivão ou Eliane não é perita criminal.
c) Se Denise é papiloscopista, então Ana é delegada.
d) Carlos não é investigador e Ana é delegada.
e) Ana não é delegada ou Bruno é escrivão.

Vamos separar corretamente estas afirmações:

I. Se Ana é delegada, então Bruno é escrivão.

II. Se Carlos é investigador, então Bruno não é escrivão.

III. Se Denise é papiloscopista, então Eliane é perita criminal. V

IV. Se Eliane é perita criminal, então Carlos é investigador.

V. Denise é papiloscopista. V

Agora vamos separar as afirmações verdadeiras das falsas:

Temos Ana, Bruno, Carlos, Denise e Eliane.

Vamos começar com as afirmações:

V - Denise é papiloscopista

	Ana	Bruno	Carlos	Eliane	Denise
Delegado					
Perito					
Escrivão					
Investigador					
Papiloscopista					x

III. Se Denise é papiloscopista, então Eliane é perita criminal

No conectivo Se...Então... só é falso quando a primeira é verdadeira e a segunda é falsa. Já sabemos que Denise é papiloscopista. Vamos considerar que Eliane é perita criminal.

	Ana	Bruno	Carlos	Eliane	Denise
Delegado					
Perito				x	
Escrivão					
Investigador					
Papiloscopista					x

IV. Se Eliane é perita criminal, então Carlos é investigador.

Considerando que Eliane é perita criminal, Carlos será investigador.

	Ana	Bruno	Carlos	Eliane	Denise
Delegado					
Perito				x	
Escrivão					
Investigador			x		
Papiloscopista					x

II. Se Carlos é investigador, então Bruno não é escrivão.

Aqui, Carlos é investigador é verdadeira, e para a proposição ser verdadeira, é preciso que "Bruno não é escrivão" seja verdadeira também, pois no Se...Então..., só é falso se a primeira for verdadeira e a segunda for falsa, o resto é verdadeiro.

	Ana	Bruno	Carlos	Eliane	Denise
Delegado					
Perito				x	
Escrivão					
Investigador			x		
Papiloscopista					x

I. Se Ana é delegada, então Bruno é escrivão.

Se consideramos "Bruno é escrivão" como falso, para que essa proposição seja falsa, é preciso que a primeira seja falsa também, ou seja, Ana não é delegada.

	Ana	Bruno	Carlos	Eliane	Denise
Delegado		x			
Perito				x	
Escrivão	x				
Investigador			x		
Papiloscopista					x

Portanto:

- Ana é escrivã;

- Bruno é delegado;

- Carlos é investigador;

- Eliane é perito;

- Denise é papiloscopista.

A: Incorreta. No conectivo "e", é necessário que tudo seja verdadeiro, Eliane é perita e Carlos é investigador.

B: Incorreta. No conectivo "ou", só é falso quando tudo é falso, Bruno é escrivão é falso e Eliane não é perita criminal também é falso, portanto, alternativa falsa.

C: Incorreta. No "se então", só será falso quando o primeiro for verdadeiro e o segundo for falso. Denise é papiloscopista, porém, Ana não é delegada, ou seja, alternativa falsa.

D: Incorreta. No conectivo "e", só será verdadeiro quando tudo for verdadeiro. Carlos não é investigador é falso e Ana é delegada também é falso, portanto, alternativa falsa.

E: Correta. No conectivo "ou", só é falso quando tudo for falso. Ana não é delegada é verdadeiro, Bruno é escrivão é falso. Então, alternativa verdadeira, pois a primeira é V e a segunda é F, e no conectivo "ou", só é falso quando tudo for F.

GABARITO: E.

26. **(VUNESP – 2022 – PC/SP – ESCRIVÃO)** A sequência numérica: 1000, 900, 801, 703, 606, 510, ..., foi criada com um padrão. O número 92 não faz parte dessa sequência. O número da sequência que é mais próximo do número 92 ocupa, na sequência, a posição de número:
   a) 11.
   b) 12.
   c) 10.
   d) 9.
   e) 8.

Vamos organizar a sequência:

1000, 900, 801, 703, 606, 510.

Primeiramente definimos um padrão:

de 1000 para 900 diminuiu 100;

de 900 para 801 diminuiu 99;

de 801 para 703 diminuiu 98.

Portanto, observamos um padrão de diminuição de 1 em 1.

Portanto, 510 – 95 = 415

415 – 94 = 321

321 – 93 = 228

228 – 92 = 136

136 – 91 = 45

Agora definimos qual está mais próximo ao 92, o qual, no caso, é o 136, que ocupa a posição de número 10.

GABARITO: C.

27. **(VUNESP – 2022 – PC/SP – ESCRIVÃO)** O diagrama mostra a distribuição de pessoas em relação aos atributos F, G, H e J. Sabe-se que, em todos os atributos, há o mesmo número de pessoas.

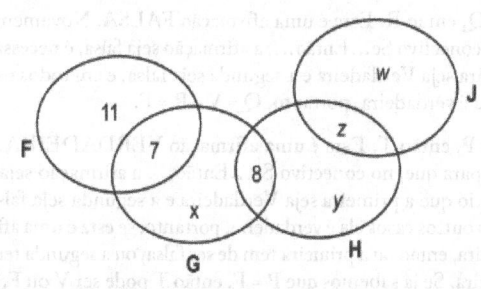

A soma x + y + z + w pode ser igual a:
   a) 17.
   b) 25.
   c) 37.
   d) 32.
   e) 20.

Se em todos os atributos há o mesmo número de pessoas, então:

F = 11 + 7 = 18

g = 7 + x + 8

x = 18 – 15 = 3

h = 8 + y + z

y + z = 10

j = z + w = 18

Soma = z + y + x + w

S = 21 + y

Agora temos 2 possibilidades.

Quando y = 0, S = 21

Quando y = 10, S = 31

X + Y + Z + W.

A maior soma possível é 31 e a menor 21. Assim, o único número que se encaixa entre esses valores é 25.

GABARITO: B.

28. **(VUNESP – 2022 – PC/SP – ESCRIVÃO)** Considere N, P, Q, R e T afirmações simples para as afirmações compostas apresentadas a seguir. Considere também o valor lógico atribuído a cada uma das afirmações compostas.
   I. Se N, então P. Esta é uma afirmação FALSA.

II. Se Q, então R. Esta é uma afirmação FALSA.

III. Se P, então T. Esta é uma afirmação VERDADEIRA.

A partir dessas informações, é correto concluir que:
a) Q ou T é uma afirmação VERDADEIRA.
b) P e Q é uma afirmação VERDADEIRA.
c) N e R é uma afirmação VERDADEIRA.
d) Se R, então N é uma afirmação FALSA.
e) Se Q, então T é uma afirmação FALSA.

Vamos começar entendendo o porquê as afirmações são verdadeiras ou falsas:

I - Se N, então P. De acordo com o enunciado, isso é falso.

Para que, no conectivo Se...Então..., a afirmação seja falsa, é necessário que a primeira seja Verdadeira e a segunda seja falsa, e em todos os outros casos ela é verdadeira, portanto, sabemos que N = V e P = F.

II - Se Q, então R. Esta é uma afirmação FALSA. Novamente, para que, no conectivo Se...Então..., a afirmação seja falsa, é necessário que a primeira seja Verdadeira e a segunda seja falsa, e em todos os outros casos ela é verdadeira, portanto, Q = V e R = F.

III - Se P, então T. Esta é uma afirmação VERDADEIRA. Novamente, para que, no conectivo Se...Então..., a afirmação seja falsa, é necessário que a primeira seja Verdadeira e a segunda seja falsa, e em todos os outros casos ela é verdadeira, portanto, se esta é uma afirmação verdadeira, então ou a primeira tem de ser falsa, ou a segunda tem de ser verdadeira. Se já sabemos que P = F, então T pode ser V ou F.

Agora vamos às alternativas:

A: Correta. No conectivo OU, o único jeito de ser falso é se tudo for falso. Sabemos que Q é verdadeiro, então, independentemente de T ser V ou F, a afirmação é verdadeira.

B: Incorreta. No conectivo E, só é verdadeiro se tudo for verdadeiro. P é falso, então a afirmativa já se torna falsa.

C: Incorreta. N é verdadeiro, mas R é falsa, e no conectivo E, só é verdadeiro quando tudo for verdadeiro.

D: Incorreta. Para isso ser falso é necessário que R seja verdadeira e N seja falsa, porém, R é falsa, então, automaticamente, a alternativa se torna verdadeira.

E: Incorreta. Q é verdadeiro e T pode ser Verdadeiro ou falso. Como não sabemos se T é V ou F, então não podemos dizer que essa afirmação é falsa.

GABARITO: A.

29. **(VUNESP – 2022 – PC/SP – ESCRIVÃO)** A seguir estão os seis primeiros termos de uma sequência cíclica desses seis termos, infinita, em que cada termo é um quadriculado com uma bolinha.

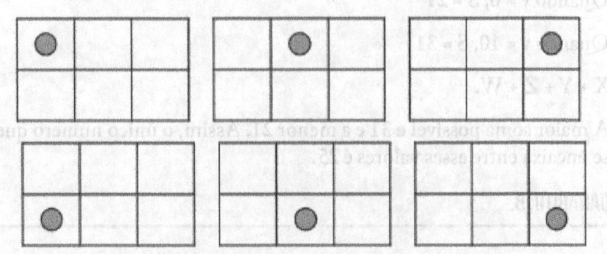

Identifique os termos das posições de número 32, 47 e 64. Se as bolinhas desses termos fossem colocadas em um único quadriculado, nas respectivas posições em que ocorrem, o quadriculado resultante seria:

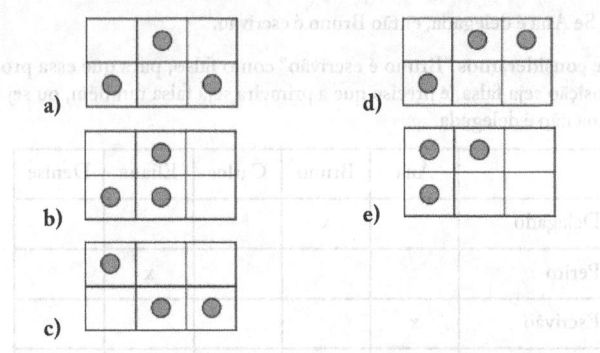

a)
b)
c)
d)
e)

A figura de 32 ocupará a posição definida por 32 / número de figuras (6).

Portanto, 32/6 = 5 com resto 2, ou seja, após 5 grupos completos, ele ocupará a posição 2. Agora 47/6 = 7 com resto 5, ou seja, a posição de número 5 após 7 ciclos.

Por fim, 64/6 = 10 com resto 4, ou seja, após 10 grupos de 6, ocupará a posição nº 4.

GABARITO: B.

30. **(VUNESP – 2022 – PC/SP – ESCRIVÃO)** Assinale a alternativa que apresenta uma afirmação logicamente equivalente à seguinte afirmação:

'Se os catadores coletaram todas as latinhas, então a sacola arrebenta ou fica pesada'

a) Se a sacola arrebenta e não fica pesada, então os catadores coletaram todas as latinhas.
b) Os catadores coletaram todas as latinhas e a sacola arrebenta e fica pesada.
c) A sacola arrebenta ou fica pesada e os catadores coletaram todas as latinhas.
d) Se a sacola não arrebenta e não fica pesada, então os catadores não coletaram todas as latinhas.
e) Se a sacola não arrebenta e fica pesada, então os catadores não coletaram todas as latinhas.

A equivalência de Se...Então... é feita pela disjunção ou pela contrapositiva.

Para realizar essa questão, precisamos identificar as partes:

P = os catadores coletaram todas as latinhas;

Q = a sacola arrebenta;

R = a sacola fica pesada.

Agora vamos organizar.

"Se os catadores coletaram todas as latinhas(P), então a sacola arrebenta(Q) ou fica pesada(R)".

Representando: $P \to (Q \vee R)$.

Agora, precisamos lembrar que, a equivalência se Se...Então... é feita pela disjunção ou contrapositiva. Para esta questão, vamos usar a contrapositiva, ou seja, troca e nega.

Além disso, precisamos lembrar que o conectivo "ou" possui equivalência com o conectivo E.

Agora basta trocar e negar fazendo as equivalências corretas.

$P \to (Q \vee R)$

$(\sim Q \wedge \sim R) \to \sim P$.

Se a sacola **não** arrebenta e **não** fica pesada, então os catadores **não** coletaram todas as latinhas.

GABARITO: D.

31. **(VUNESP – 2022 – PC/SP – ESCRIVÃO)** Para abrilhantar uma festa na empresa, inscreveram-se 122 pessoas. As habilidades necessárias para a inscrição eram: saber cantar, tocar algum instrumento musical, saber dançar. Cinco pessoas disseram que tinham as 3 habilidades. Um número **x** de pessoas declarou ter apenas uma dessas habilidades, isto em cada uma delas. Declararam possuírem duas e apenas duas habilidades um número **y** de pessoas, isto em cada par de habilidades. Sabendo que **x** é exatamente o dobro de **y**, o número de pessoas que dizem que sabem cantar ou dançar é igual a:
    a) 65.
    b) 81.
    c) 96.
    d) 86.
    e) 91.

Vamos montar um diagrama para entender melhor

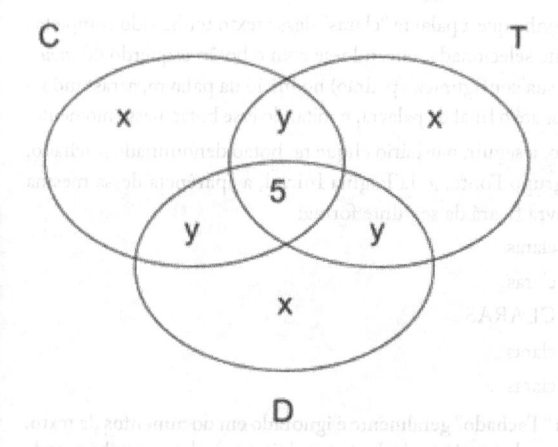

$x = 2y$

$3 \cdot x + 3y + 5 = 122$

$9y + 5 = 122$

$9y = 122 - 5$

$9y = 117$

$y = 117/9 = 13$

Agora basta substituir o y pelo 26.

A questão pede as pessoas que sabem cantar e dançar, ou seja: C ∪ D.

Para facilitar, ao invés de unirmos C e D, vamos pegar o total, que é 122, e retirar T, que é X.

C ∪ D = 122 – 26 = 96 pessoas.

GABARITO: C.

32. **(VUNESP – 2022 – PC/SP – ESCRIVÃO)** Para realizar um treinamento, as pessoas envolvidas foram separadas em 4 grupos distintos: K com 9 participantes, L com 13 participantes, M com 12 participantes e N com 15 participantes. Os participantes dos grupos K e L, ficaram reunidos juntos na sala 1, e o mesmo aconteceu com os participantes dos grupos M e N na sala 2. Será retirada, aleatoriamente, certa quantidade de pessoas da sala 1, de modo a se ter certeza de que, pelo menos, duas dessas pessoas sejam do grupo L. Será também retirada, da sala 2, certa quantidade de pessoas, de modo a se ter certeza de que, pelo menos, três dessas pessoas sejam do grupo N. Sendo assim, o número total de pessoas a serem retiradas das duas salas será igual a:
    a) 30.
    b) 13.
    c) 21.
    d) 5.
    e) 26.

Vamos separar os grupos para organizar:

K = 9;

L = 13;

M = 12;

N = 15.

Na sala 1 temos os participantes de K e L, e sala 2 temos M e N.

Retirando da sala 1 uma quantidade de pessoas aleatoriamente, de forma que pelo menos 2 delas sejam do grupo L, e na sala dois pelo menos 3 de N.

O total de pessoas que devemos retirar é dado por:

K = 9

L = 13

K + L = 22.

Se pedirmos para sair 9 pessoas da sala, pode ser que as 9 sejam do K.

Para retirar com garantia 2 pessoas de L, retiraremos 11 pessoas, pois as 2 que sobram, serão de L.

Da mesma forma acontece na sala 2. Se tirarmos 12 pessoas de M + 3, estas 3 serão de N.

Portanto, o total de pessoas a serem retiradas das salas terá de ser 26 pessoas.

GABARITO: E.

33. **(VUNESP – 2022 – PC/SP – ESCRIVÃO)** O sistema operacional Windows 10 permite que alguns de seus arquivos permaneçam ocultos. Normalmente, esses arquivos são:
    a) relacionados com sistema operacional e ficam ocultos, pois, caso sofram alterações, podem danificar esse sistema.
    b) de programas de instalação executados pelo usuário, e que podem ser reutilizados em caso de problemas.
    c) temporários associados ao uso do computador, e que são removidos sempre que o computador é desligado.
    d) de atualização do sistema operacional, que podem ser utilizados para a reversão de uma atualização que apresentar problemas.
    e) de estatística de problemas do sistema operacional, enviados periodicamente à Microsoft para melhorias.

Geralmente, os arquivos ocultos no sistema operacional são muito importantes e, por este motivo, assim permanecem.

O Windows oculta muitos arquivos e pastas por padrão, impedindo que sejam modificados ou excluídos pelo usuário. Contudo, é possível fazer o Windows exibir arquivos ocultos alterando uma única configuração.

Além disso, é fácil ocultar qualquer arquivo. Basta clicar com o botão direito do mouse, selecionar "Propriedades" > aba Geral e ativar ou desativar o atributo "Oculto". No Explorador de Arquivos, clicar na aba Exibir > "Ocultar itens selecionados" para tornar rapidamente ocultos ou visíveis arquivos e pastas.

GABARITO: A.

---

34. (VUNESP – 2022 – PC/SP – ESCRIVÃO) As pastas podem receber diversos tipos de nome, desde que algumas regras sejam obedecidas. Em relação ao sistema operacional Windows 10, a alternativa que apresenta apenas nomes de pastas válidos é:
a) Funcionários/Contratados e Funcionários_Demitidos
b) Textos Diversos? e Textos Classificados!
c) Aula&1 e Exercícios Corrigidos!
d) Contratos Assinados* e Contratos Pendentes...
e) Pagamentos-Março e Recebimentos\Janeiro

A, B, D e E: Incorretas. Apresentam caracteres não suportados na concepção de nomes de arquivos e pastas no Windows 10.

C: Correta. Os caracteres não suportados para criação desses nomes são: \ / : * ? < > |

Esses caracteres não podem ser utilizados porque símbolos como, por exemplo, \ /, na maioria dos sistemas operacionais, representam caminho de diretório. Além disso, algumas regras são aplicadas para os demais símbolos mencionados.

Todos os sistemas de arquivos seguem as mesmas convenções gerais de nomenclatura para um arquivo individual: um nome de arquivo base e uma extensão opcional, separados por um período.

GABARITO: C.

---

35. (VUNESP – 2022 – PC/SP – ESCRIVÃO) Comparando-se as unidades de armazenamento externo para computadores de tecnologia HD e SSD, tem-se que, tipicamente,
a) a vida útil média de um HDs é de 3000 ciclos de gravação, enquanto que a de um SSD é de 200000 ciclos.
b) os SSDs permitem transferência de dados com maior rapidez do que os HDs.
c) os HDs, mesmo possuindo partes móveis, são mais resistentes, pois possuem redundância, o que não ocorre com os SSDs.
d) o SSD é mais sensível às vibrações do computador (ventilador, digitação etc.) do que os HDs.
e) o custo por bit de armazenamento dos HDs é mais alto do que o dos SSDs.

Os SSDs têm taxas de transferência de dados muito superiores aos HDs.

O SSD é uma tecnologia de armazenamento de dados considerada como a evolução dos HDs, por oferecer melhor performance. O SSD (*Solid State Drive*) se diferencia principalmente por não possuir partes móveis em sua estrutura interna, como as peças mecânicas e os discos rotativos existentes nos HDs. Isto é de extrema importância, pois não havendo nenhum componente se movimentando internamente, eliminam-se as possíveis falhas mecânicas.

Com certeza, o mais impressionante nos SSDs é a velocidade. Apesar de a taxa de transferência dos SSDs superar a de um disco rígido que trabalha entre 60MB/s e 100MB/s, o ponto de destaque é a sua velocidade para abertura de arquivos. Enquanto um HD demora cerca de 10 milissegundos para completar a ação, os SSDs fazem a mesma tarefa em 0,1 milissegundo.

Outro ponto interessante se dá devido a sua estrutura interna. Como já mencionado, o SSD não possui internamente os pratos magnéticos girando em alta velocidade, como é o caso do HD. Com isso, além de os SSDs não produzirem ruído, o seu nível de calor gerado também é bem menor.

GABARITO: B.

---

36. (VUNESP – 2022 – PC/SP – ESCRIVÃO) Considere o texto entre aspas a seguir, presente em um documento que está sendo editado no editor de texto MS-Word 2016, em português e em sua configuração padrão.

"Em uma observação mais apurada, percebeu-se que havia evidências claras mostrando que a porta do carro, do lado do passageiro, tinha sido arrombada."

Suponha que a palavra "claras" desse texto tenha sido completamente selecionada, clicando-se com o botão esquerdo do *mouse* (em sua configuração padrão) no início da palavra, arrastando o *mouse* até o final da palavra, e soltando esse botão nesse momento.

Caso, a seguir, o usuário clique no botão denominado Tachado, do grupo Fonte, guia Página Inicial, a aparência dessa mesma palavra ficará da seguinte forma:
a) claras
b) claras
c) CLARAS
d) claras
e) claras

O recurso "Tachado" geralmente é ignorado em documentos de texto. O recurso, embora seja equivalente a excluir uma palavra, também pode ser usado para enfatizar uma palavra ou dar tempo ao autor para reconsiderar seu lugar no documento.

Para utilizar esse recurso no Word, selecionar a palavra desejada no menu Página Inicial, ou Início > clicar no botão "Tachado", que tem as letras "abc" com um traço por cima, na seção Fonte.

A: Incorreta. A palavra está sublinhada.

B: Incorreta. A palavra está sobrescrita.

C: Incorreta. A palavra está em maiúscula.

D: Incorreta. A palavra está em negrito.

E: Correta. Foi utilizado o tachado.

GABARITO: E.

---

37. (VUNESP – 2022 – PC/SP – ESCRIVÃO) No editor de texto MS-Word 2016, em português e em sua configuração padrão, um usuário clicou no botão Formas, do grupo Ilustrações, presente na guia Inserir do aplicativo. Assinale a alternativa que contém elementos disponíveis para inserção no documento por meio desse recurso.
a) Linhas, Retângulos e Formas básicas.
b) Fotos, Sons e Filmes.
c) Tabelas, Caixas de Texto e Comentários.
d) WordArt, SmartArt e FreeArt.
e) Gráficos de Linha, Gráficos de Colunas e Pizzas.

Ao clicar no botão Formas, aparecem Linhas, Retângulos, Formas básicas, dentre outras opções, como Setas Largas, Formas de Equação, Fluxograma etc.

Para utilizar esse recurso, clicar no menu Inserir > clicar no botão Formas, depois, selecionar o item desejado e clicar sobre ele.

GABARITO: A.

---

38. (VUNESP – 2022 – PC/SP – ESCRIVÃO) Deseja-se, em um documento criado no editor de texto MS-Word 2016, em português e em sua configuração padrão, criar colunas. Por meio do botão Colunas, acessível no grupo Configurar Página da guia Layout, na janela que se abre ao se escolher "Mais colunas...", pode-se utilizar recursos práticos para a configuração das colunas. Dois desses recursos diretamente disponíveis são:

a) Cor de fundo das colunas e Espessura de borda das colunas.
b) Estilo de borda das colunas e Animação de fundo das colunas.
c) Linha entre colunas e Colunas de mesma largura.
d) Largura das colunas e Visualização das colunas em 3D.
e) Marca d'água das colunas e Cor de fundo das colunas.

Na opção "Mais colunas", encontramos a caixa de seleção: Linha entre colunas e Colunas de mesma largura, que servem, respectivamente, para adicionar uma linha de divisão entre as colunas e definir larguras idênticas para ambas as colunas existentes.

Para acessar esse recurso, clicar no menu Layout de Página ou Layout > clicar em Colunas, na parte inferior da lista, escolher > Mais Colunas.

GABARITO: C.

---

39. (VUNESP – 2022 – PC/SP – ESCRIVÃO) No editor de texto MS-Word 2016, em português e em sua configuração padrão, o usuário selecionou a opção Imprimir, por meio da guia Arquivo. Na tela que se abre, no item Configurações, o primeiro botão permite selecionar a opção Impressão Personalizada, que possibilita, por exemplo, a impressão:

a) no modo rascunho e no modo normal.
b) do documento em um tipo de papel especial.
c) de intervalos específicos de páginas do documento.
d) em baixa, média e alta qualidade.
e) somente das figuras do documento.

Ao selecionar Imprimir > Configurações, acessa-se a seleção de intervalo de páginas.

Para ter acesso a essa configuração, o usuário seleciona o menu Arquivo > Imprimir > Configurações e, na lista que se abre, terá acesso aos intervalos de páginas desejados.

GABARITO: C.

---

40. (VUNESP – 2022 – PC/SP – ESCRIVÃO) No editor de planilha eletrônica MS-Excel 2016 (em português e em sua configuração padrão), a seguinte planilha foi elaborada. Nela estão presentes três cotações para alguns itens (caneta, lápis, borracha e apontador), bem como a quantidade de itens que se deseja comprar.

	A	B	C	D	E	F
1		Quantidade	Cotação 1	Cotação 2	Cotação 3	Preço Mínimo
2	Caneta	100	R$ 1,00	R$ 1,50	R$ 1,20	R$ 100,00
3	Lápis	200	R$ 0,50	R$ 0,40	R$ 0,60	R$ 80,00
4	Borracha	50	R$ 0,30	R$ 0,40	R$ 0,35	R$ 15,00
5	Apontador	20	R$ 3,00	R$ 2,50	R$ 3,00	R$ 50,00

Nessa planilha, as células da coluna F (Preço Mínimo) apresentam fórmulas para calcular, automaticamente, quanto será gasto com a compra de cada item, considerando as quantidades desejadas, e sempre utilizando o valor mínimo cotado para cada item.

Diante do exposto, uma fórmula correta para a célula **F4** é:

a) =MÍNIMO(C4-E4*B4)
b) =MÍNIMO(C4:E4*B4)
c) =MÍNIMO[C4-E4*B4]
d) =MÍNIMO(C4:E4)*B4
e) =MÍNIMO(C4-E4)*B4

A função "MÍNIMO" retorna o menor número na lista de argumentos.

A sintaxe da função MÍNIMO tem os seguintes argumentos:

MÍNIMO(número1, [número2], ...)

- Núm1, núm2,... Núm1 é obrigatório, números subsequentes são opcionais. De 1 a 255 números, cujo valor MÍNIMO se deseja saber.

GABARITO: D.

---

41. (VUNESP – 2022 – PC/SP – ESCRIVÃO) No editor de planilha eletrônica MS-Excel 2016 (em português e em sua configuração padrão), pode-se inserir diversos tipos de gráficos. Três desses tipos são:

a) Ações, Ferramentas e Suplementos.
b) Pizza, Barras e Área.
c) Dispersão, Convergência e Caótica.
d) Superfície, 3D e 4D.
e) Colunas, Linhas e Diagonais.

Pizza, Barras e Área são alguns dos tipos de gráficos do Excel 2016.

O Microsoft Excel é um dos softwares mais usados no mundo e que está presente na maioria das empresas nos dias de hoje.

Um dos principais recursos visados pelos usuários no Excel é o que permite que todos os dados sejam analisados de forma fácil e visual.

Os gráficos possibilitam extrair conclusões sobre processos, produtos ou serviços que, antes, não eram visíveis pela organização e que se tornam o insumo para ações estratégicas a serem implementadas.

Assim, dispõe de diversos tipos de gráficos para que o usuário possa escolher o que melhor se ajuste aos tipos de dados com os quais pretenda lidar.

Entretanto, para realmente facilitar a visualização de dados e possibilitar conclusões apropriadas, é necessário fazer essa escolha de forma certa, e saber quais gráficos estão disponíveis.

Estes são os 15 tipos de gráficos mais utilizados no Microsoft Excel:

- Gráficos de colunas agrupadas;

- Gráficos de colunas empilhadas;

- Gráficos de colunas 100% empilhadas;

- Gráficos de colunas 3D;

- Gráficos de linhas;

- Gráficos de pizza;

- Gráficos de barras;

- Gráficos de áreas;

- Gráficos de dispersão (XY);

- Gráficos de ações;

- Gráficos de rosca;
- Gráficos de bolhas;
- Gráficos de radar;
- Gráficos de histograma;
- Gráficos *Box Plot* ou de caixa estreita.

GABARITO: B.

---

42. (VUNESP – 2022 – PC/SP – ESCRIVÃO) Ao se preparar uma mensagem por meio do *software* de correio eletrônico Gmail, na janela correspondente, é exibido o seguinte botão:

[Enviar ▼]

Ao se clicar na seta para baixo, exibida nesse botão, é possível:

a) anexar arquivos à mensagem.
b) programar o envio da mensagem.
c) cancelar o envio da mensagem.
d) excluir destinatários da mensagem.
e) inserir outros destinatários à mensagem.

O Gmail tem uma função que permite programar o envio do *e-mail* para quando se desejar. Ele possibilita o agendamento de até 100 mensagens. É uma ferramenta bem prática, para quando não se quer incomodar alguém em determinado horário, por exemplo, ou quando se precisa entrar em contato com uma pessoa, mas vai ter um compromisso ao mesmo tempo.

GABARITO: B.

---

43. (VUNESP – 2022 – PC/SP – ESCRIVÃO) Um usuário de correio eletrônico preparou uma mensagem e anexou um arquivo .docx, criptografado com uma senha. Para que o destinatário da mensagem possa abrir e examinar o conteúdo do arquivo, ele deve:

a) baixar o arquivo recebido, abri-lo com o Microsoft Word e digitar a senha desse arquivo, que deve ter sido previamente combinada com o remetente da mensagem.
b) enviar a mensagem para um endereço especial da Microsoft para obter a liberação remota do acesso ao arquivo.
c) baixar e salvar o arquivo recebido em uma pasta especial do computador e enviar mensagem ao remetente da mensagem para liberar remotamente a criptografia do arquivo.
d) baixar o arquivo recebido em uma pasta especial do computador, que possui a propriedade de quebrar senhas de seus arquivos.
e) baixar o arquivo recebido e obter a senha para abri-lo, por meio do envio de uma mensagem para um site centralizado da Microsoft.

Para proteger um documento com senha no Microsoft Word:

1. Ir para Arquivo > Informações > Proteger Documentos > Criptografar com Senha.
2. Digitar uma senha e digitá-la novamente para confirmá-la.
3. Salvar o arquivo para garantir que a senha entre em vigor.

Para remover uma senha de um documento no Microsoft Word:

A remoção de uma senha de um documento é um processo simples, mas é necessário saber a senha original.

1. Abrir o documento e inserir a senha.
2. Ir para Arquivo > Informações > Proteger Documentos > Criptografar com Senha.
3. Limpar a senha na caixa Senha e clicar em OK.

GABARITO: A.

---

44. (VUNESP – 2022 – PC/SP – ESCRIVÃO) Uma forma bastante utilizada de comunicação é o VoIP (Voz sobre IP), que apresenta como característica:

a) ter um custo de utilização muito superior ao custo da telefonia tradicional por centrais telefônicas tradicionais comutadas.
b) a qualidade de voz, que não é afetada por questões de perdas de pacotes de voz e pelo efeito denominado jitter.
c) não apresentar qualquer perda de pacotes originados da transformação da voz em dados digitais, ao trafegar pela Internet.
d) utilizar a rede convencional de telefonia, buscando circuitos menos congestionados.
e) transformar a voz, que é um sinal analógico, em um sinal digital, e transmitir ou trafegar esse sinal digital pela Internet.

O VoIP vem do termo em inglês *Voice Over Internet Protocol* ou, traduzindo, "Voz sobre o Protocolo da Internet". O modelo de protocolo usado na Internet, o TCP/IP (*Transmission Control Protocol – Internet Protocol*), foi desenvolvido pelo Departamento de Defesa dos Estados Unidos, em 1972. Esta tecnologia unifica dois mundos – telefonia e dados – em uma só rede convergente, na qual o tráfego telefônico é levado para as redes de dados. É um sistema que possibilita a transmissão de voz sobre o protocolo IP, que é o mecanismo de envio de informações pela Internet.

A voz é transformada em informações, agrupadas em pacotes, que passam pela Internet, em vez de usar a estrutura telefônica convencional. Desta forma, as chamadas telefônicas por meio do VoIP são tratadas da mesma forma, independentemente de serem locais ou internacionais.

O VoIP consiste na entrega da voz digitalmente em pequenos pacotes de comunicação. Na telefonia convencional, isto é feito por meio de circuitos comutados presentes em sistemas de redes das operadoras de telefonia.

GABARITO: E.

---

45. (VUNESP – 2022 – PC/SP – ESCRIVÃO) Alguns navegadores possuem o modo anônimo (ou navegação privada), que apresenta como algumas de suas características:

a) substituir o e-mail do usuário por outro fictício e inexistente, para evitar que, futuramente, o usuário receba spams relacionados a sites que foram visitados em navegações realizadas.
b) não salvar, ao sair de todas as janelas de navegação anônima, o histórico de páginas visitadas, mantendo apenas os cookies e outros dados associados à navegação.
c) limitar o acesso a informações e recursos dos sites, por questões de segurança, impedindo a execução de programas e downloads, abertura de vídeos e ativação de links.
d) permitir navegar na internet como se fosse um novo visitante em cada site acessado, pois, ao término da navegação, serão removidas do computador as informações sobre a navegação realizada, como histórico de navegação e de pesquisas, cookies etc.
e) remover as permissões concedidas a sites após o usuário sair das janelas de navegação anônima, mantendo as informações inseridas em formulários para facilitar o uso futuro.

Janela anônima, aba anônima ou guia anônima é um modo de navegação disponível em quase todos os navegadores da atualidade, seja em computadores ou em dispositivos móveis. Supostamente, ela serve para que você não deixe rastros de seus passos pela internet.

Assim, dados como histórico de navegação e *cookies* não são salvos no dispositivo. Todos os dados anteriores, como as buscas gravadas, também não aparecem em tal guia.

A principal diferença da aba anônima para a comum, portanto, é o anonimato.

GABARITO: D.

46. (VUNESP – 2022 – PC/SP – ESCRIVÃO) A utilização de aplicativos de videoconferências é cada vez mais intensa, sendo correto afirmar que os *softwares* aplicativos para a realização de videoconferências oferecem diversas alternativas, sendo certo que:
   a) algumas das plataformas mais utilizadas para videoconferências são Quick Time Player e Safari.
   b) além da comunicação por vídeo e áudio, é possível o envio de mensagens escritas por meio do recurso de chat.
   c) o convite para a participação em uma videoconferência deve ser enviado, exclusivamente, por intermédio de aplicativos com tal especialização.
   d) não é possível habilitar que participantes da videoconferência possam exibir ou apresentar, por exemplo, uma apresentação do PowerPoint.
   e) em uma videoconferência, não é possível aos participantes desativar seus microfones e câmeras.

A: Incorreta. Algumas das plataformas mais utilizadas para videoconferências são Google Meet, Zoom, Microsoft Teams e Skype.

B: Correta.

C: Incorreta. Os convites podem ser enviados de outras formas, também.

D: Incorreta. As apresentações são possíveis.

E: Incorreta. É possível a desabilitação de áudio e vídeo nas videoconferências.

GABARITO: B.

Texto para as próximas 4 questões.

A força das renováveis

Energia eólica deve continuar ampliando a participação na matriz elétrica nos próximos anos

Um dos maiores parques eólicos da América do Sul começou a operar em junho de 2021 em pleno sertão piauiense. Situado 500 quilômetros (km) ao sul da capital Teresina, o complexo Lagoa dos Ventos é formado por 230 aerogeradores, responsáveis por converter a força dos ventos em eletricidade, instalados no alto de torres de 118 metros (m) de altura. O empreendimento - fruto de um investimento de R$ 3 bilhões da empresa italiana Enel Green Power - vai gerar 3,3 terawatts-hora (TWh) de energia por ano, volume suficiente para abastecer 1,6 milhão de residências. A energia limpa e renovável gerada no local evitará a emissão de mais de 1,9 milhão de toneladas de dióxido de carbono (CO2) na atmosfera, quando comparado a uma usina termelétrica, segundo a companhia. Uma expansão em curso, ainda sem data para entrar em operação, elevará a atual capacidade de geração para 5 TWh por ano.

Ao ser inaugurado, o complexo eólico piauiense somou-se a outras 750 centrais similares em operação no país, 90% delas localizadas na região Nordeste. De acordo com a Associação Brasileira de Energia Eólica (AbEEólica), essa infraestrutura, composta por 8,8 mil geradores, produziu no ano passado energia para atender a demanda de 28,8 milhões de moradias, o equivalente a 86,4 milhões de pessoas. Desde 2019, a fonte eólica é a segunda da matriz elétrica nacional e a que mais tem se expandido. Com 20 gigawatts (GW) de potência instalada operacional, é superada pela energia hidráulica, com cerca de 103 GW.

"O Brasil foi o terceiro país que mais instalou energia eólica no mundo no ano passado", informa Elbia Gannoum, presidente-executiva da AbEEólica. Em 2020, foram inaugurados 66 novos parques e este ano, até novembro, outros 54 entraram em operação. "Fomos responsáveis por 43% da nova capacidade instalada adicionada à matriz brasileira e já somos o sétimo país no ranking mundial de geração eólica." O potencial de geração no país é estimado em cerca de 500 GW, quantidade suficiente para atender o triplo da demanda atual de energia dos brasileiros. O número é três vezes superior ao atual parque nacional de energia elétrica, incluindo todas as fontes disponíveis (hidrelétrica, solar, biomassa, gás natural, óleo diesel, carvão mineral e nuclear).

Embora seja uma energia limpa e renovável, a eólica causa impactos ambientais e sociais: altera a paisagem onde é instalada, as turbinas geram ruído, provocando desconforto nas comunidades vizinhas, e suas pás colocam em risco pássaros e morcegos que vivem no local. Os desafios tecnológicos a serem enfrentados dizem respeito à intermitência da geração e à dificuldade de estocar a energia gerada nos parques.

Uma novidade do setor é a previsão de instalação nos próximos anos dos primeiros parques eólicos no mar, a chamada geração offshore, já em operação em outros países, como Reino Unido, Alemanha e China. O governo do Rio Grande do Norte firmou em setembro um memorando de entendimento com a empresa Internacional Energias Renováveis (IER) e quer ser o estado pioneiro a gerar energia a partir turbinas instaladas no meio do mar. O Complexo Eólico Offshore Ventos Potiguar deverá ser constituído por cinco usinas com 207 aerogeradores. Localizado a 8 km da costa, terá capacidade instalada de 2,7 GW.

Retirado e adaptado de: VASCONCELOS, Yuri. A força das renováveis. Revista Pesquisa FAPESP, ed. 310, dez. 2021. Disponível em: https://revistapesquisa.fapesp.br/a-forca-das-renovaveis/. Acesso em: 31 mar. 2022.

47. (FURB – 2022 – PREF. ITAPEMA/SC – GUARDA CIVIL MUNICIPAL) A respeito das funções e objetivos do texto "A força das renováveis", analise as afirmações a seguir:
   I. O texto apresenta e discute as possibilidades da instalação de energia eólica no Brasil.
   II. O texto objetiva argumentar em favor da instalação de energia eólica no Brasil, a partir do uso de dados empíricos.
   III. O texto apresenta pontos positivos e negativos a respeito da instalação da energia eólica no Brasil, dando ênfase aos primeiros.

   É correto o que se afirma em:
   a) II e III, apenas.
   b) III, apenas.
   c) I, apenas.
   d) I, II e III.
   e) II, apenas.

I: Incorreta. O texto apresenta casos concretos e reais de instalações já existentes.

II e III: Corretas.

GABARITO: A.

48. (FURB – 2022 – PREF. ITAPEMA/SC – GUARDA CIVIL MUNICIPAL) A respeito da pontuação empregada no texto "A força das renováveis", associe as colunas a seguir:

Primeira coluna: Sinal de pontuação **Segunda coluna:** Função

1. Aspas   ( ) Adicionar informações.
2. Parênteses   ( ) Inserir um aposto, uma explicação.
3. Travessão   ( ) Indicar inserção de discurso direto.

Assinale a alternativa que apresenta a correta associação entre as colunas:
a) 3 - 2 - 1.
b) 1 - 2 - 3.
c) 2 - 1 - 3.
d) 3 - 1 - 2.
e) 2 - 3 - 1.

(2) Adicionar informações - marca um momento intercalado no texto, em que há acréscimo de informação acessória.

(3) Inserir um aposto, uma explicação - o travessão ou as vírgulas podem ser usados para inserir um aposto.

(1) Indicar inserção de discurso direto - indica a fala do personagem no discurso direto.

GABARITO: E.

49. (FURB – 2022 – PREF. ITAPEMA/SC – GUARDA CIVIL MUNICIPAL) A partir das informações disponíveis no texto "A força das renováveis", assinale a alternativa correta:
a) A instalação de parques eólicos no mar, os chamados offshore, é uma tentativa de driblar o alto investimento da instalação de parques em terra.
b) Se o Brasil acessasse todo o seu potencial em criação de energia eólica, não apenas poderia atender toda a demanda por energia de sua população atual, como excederia esse valor.
c) O Brasil já é o terceiro país no ranking mundial de geração de energia eólica.
d) A energia eólica é uma energia limpa e renovável e tem seu ponto negativo nos impactos ambientais que causa onde é instalada.
e) 90% das centrais eólicas brasileiras está localizada no Nordeste, e o maior parque eólico nacional foi inaugurado em 2021, no sertão piauiense.

De acordo com o texto, "O potencial de geração no país é estimado em cerca de 500 GW, quantidade suficiente para atender o triplo da demanda atual de energia dos brasileiros. O número é três vezes superior ao atual parque nacional de energia elétrica, incluindo todas as fontes disponíveis (hidrelétrica, solar, biomassa, gás natural, óleo diesel, carvão mineral e nuclear). Sendo assim, se o Brasil acessasse todo o seu potencial em criação de energia eólica, não apenas poderia atender toda a demanda por energia de sua população atual, como excederia esse valor.

GABARITO: B.

50. (FURB – 2022 – PREF. ITAPEMA/SC – GUARDA CIVIL MUNICIPAL) Assinale a alternativa que apresenta o correto emprego da concordância verbal.
a) Fazem dez meses que o parque Lagoa dos Ventos foi instalado.
b) A busca por energias renováveis se tornaram essenciais neste momento para o país.
c) Haviam muitos estudos a respeito dos impactos sociais da instalação de energia eólica no país.
d) Foram realizados projetos para a instalação de novos parques eólicos no Brasil.
e) Poderá acontecer mais incentivos à implementação de energia eólica no Brasil.

A: Incorreta. Faz dez meses que o parque Lagoa dos Ventos foi instalado ("fazer" com sentido de tempo).

B: Incorreta. A busca por energias renováveis se tornou essencial neste momento para o país (o verbo concorda com o sujeito - a busca por energias renováveis).

C: Incorreta. Havia muitos estudos a respeito dos impactos sociais da instalação de energia eólica no país - verbo "haver" no sentido de "existir" fica no singular.

D: Correta. O que "foram realizados"? Projetos para a instalação de novos parques eólicos no Brasil.

E: Incorreta. Poderão acontecer mais incentivos à implementação de energia eólica no Brasil - concorda com o sujeito.

GABARITO: D.

51. (FURB – 2022 – PREF. ITAPEMA/SC – GUARDA CIVIL MUNICIPAL) Qual dos navegadores a seguir foi desenvolvido pela Microsoft?
a) Safari.
b) Opera.
c) Firefox.
d) Chrome.
e) Edge.

O mais recente navegador de internet da Microsoft, é o Edge, que veio para substituir depois de anos, o Internet Explorer.

A Microsoft lançou o Edge em 2015 com Windows 10 e Xbox One. O Edge substituiu o Microsoft Internet Explorer como o navegador padrão, e ainda este ano (2022), o IE será aposentado completamente.

O Edge era originalmente um navegador baseado em HTML, mas em 2020 a Microsoft lançou uma nova versão do Edge baseada no Chromium, o mesmo software de código aberto do Google que o Chrome usa. A mudança da Microsoft para o Chromium, tornou o Edge muito mais competitivo.

O Microsoft Edge está disponível para Windows, macOS, Android, iOS e Linux.

GABARITO: E.

52. (FURB – 2022 – PREF. ITAPEMA/SC – GUARDA CIVIL MUNICIPAL) O armazenamento em nuvem tem se tornado uma realidade para muitas empresas na atualidade.

Assinale a alternativa que apresenta uma vantagem desse tipo de serviço.
a) Necessita de instalação de software para funcionar.
b) Uso de mais hardware.
c) Mobilidade.
d) Aumento dos custos.
e) Não permite que se trabalhe de modo colaborativo.

Dentre as vantagens do armazenamento em nuvem para as empresas, a **mobilidade** com certeza é um grande diferencial, já que a empresa não tem a preocupação de interrupção de seus serviços, por conta de mudança de sede, desastres, falhas, etc. Sem contar ainda, com a facilidade de acesso de seus colaboradores de qualquer lugar.

Na computação em nuvem, os serviços de armazenamento em nuvem funcionam como uma rede de servidores de dados conectados coletivamente, utilizada para compartilhar e acessar seus arquivos de vários dispositivos. Provedores de armazenamento em nuvem detêm e mantêm os servidores externos que formam esta rede em seus centros de processamento de dados. Usuários podem enviar arquivos para os servidores e acessar dados na nuvem pelo site, app para desktop e aplicativo móvel.

GABARITO: C.

53. **(FURB – 2022 – PREF. ITAPEMA/SC – GUARDA CIVIL MUNICIPAL)** A figura a seguir apresenta a guia "Personalizar e Controlar" do navegador Chrome:

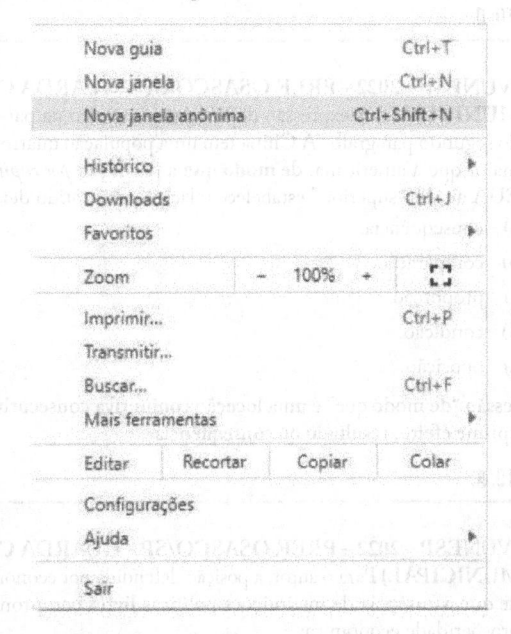

Qual alternativa melhor define a opção "Nova janela anônima"?
a) Permite abrir uma nova janela do navegador, mostrando quem está logado.
b) Permite abrir uma nova janela do navegador, salvando as informações de usuário.
c) Permite abrir uma nova janela do navegador, que ficará oculta aos invasores.
d) Permite abrir uma nova janela do navegador e esta não será armazenada no histórico do navegador.
e) Permite abrir uma nova janela do navegador junto às janelas já abertas.

No Google Chrome, ao abrir uma "Nova janela anônima" no navegador, o usuário irá usar sem que haja o armazenamento do histórico. Se você não quer manter registros da sua atividade no Google Chrome, pode navegar na Web com privacidade usando o modo de navegação anônima. Neste modo, o Chrome não salva seu histórico de navegação, cookies e dados do site ou informações inseridas em formulários.

Os arquivos transferidos por download e sites adicionados aos "favoritos" são mantidos e sua atividade permanece visível para os sites que você visita.

GABARITO: D.

54. **(FURB – 2022 – PREF. ITAPEMA/SC – GUARDA CIVIL MUNICIPAL)** A Intranet é uma rede interna, fechada e exclusiva, com acesso somente para os funcionários de uma determinada empresa e muitas vezes liberado somente no ambiente de trabalho e em computadores registrados na rede. Baseado nos conhecimentos acerca da Intranet, analise as afirmativas:

I. O acesso à Intranet pode ser realizado por computadores da empresa, por computadores externos e dispositivos móveis através de um login e senhas de acesso.
II. O conjunto de protocolos de rede IPX/SPX é o padrão adotado pela Intranet.
III. A Intranet é uma rede privada que utiliza os protocolos TCP/IP.
IV. O protocolo SMTP tem como função aumentar a velocidade da transmissão na intranet.

Estão corretas:
a) Apenas as afirmativas II e IV estão corretas.
b) Apenas as afirmativas II e III estão corretas.
c) Apenas as afirmativas I e IV estão corretas.
d) Apenas as afirmativas I, II e IV estão corretas.
e) Apenas as afirmativas I e III estão corretas.

A Intranet é uma rede interna que utiliza os protocolos TCP/IP, os meus utilizados pela própria Internet. É uma rede fechada e exclusiva, com acesso somente para os funcionários e colaboradores, de uma determinada empresa ou organização e muitas vezes liberado somente no ambiente de trabalho e em computadores registrados na rede. Seu acesso pode ser ainda, realizado por computadores externos e dispositivos móveis através de um login e senhas de acesso.

A intranet facilita a comunicação e centraliza as informações da empresa em apenas um ambiente, proporcionando maior agilidade nos processos e na interação entre os funcionários.

As empresas podem disponibilizar em sua intranet informações sobre: a rotina da empresa, pagamento dos funcionários, abertura de vagas internas, eventos promovidos pela empresa e orientações sobre os processos e fluxos de trabalho, por exemplo.

Também é possível que se crie na intranet um chat para conversas instantâneas entre os funcionários, tornando o ambiente empresarial mais dinâmico e ágil.

GABARITO: E.

Texto para as próximas 6 questões.

China ultrapassa os EUA na produção científica

Pela primeira vez, a China superou os EUA em produção científica. Em 2020, instituições chinesas publicaram 788 mil artigos contra 767 mil das americanas. É possível relativizar esse dado.

A China tem uma população quatro vezes maior que a americana, de modo que a produção *per capita* dos EUA ainda é superior. A China também não tem ganhado tantos prêmios Nobel quanto os EUA, o que faz supor que, nas áreas mais relevantes, os americanos liderem. Tudo isso é verdade, mas o fato é que a ciência chinesa vem evoluindo de forma robusta. Nada indica que um apagão esteja próximo.

A questão é relevante para os economistas liberais, particularmente os da escola institucionalista*. Para eles, o crescimento sustentável só é possível quando as instituições políticas de um país são inclusivas e seus cidadãos gozam de liberdade para decidir o que farão de suas vidas e recursos. Isso ocorre porque a prosperidade duradoura depende de um fluxo constante de inovações, que resulte em ganhos de produtividade.

Ainda segundo os institucionalistas, regimes autoritários, como o chinês, não asseguram a liberdade necessária para que ciência e tecnologia se desenvolvam.

É possível que tais economistas tenham razão e que a China, por um *déficit* de liberdade, não consiga manter o ritmo. Já vimos ditaduras colapsarem porque ficaram para trás na corrida tecnológica. O caso mais notório é o da URSS, que, embora tenha chegado a liderar a ciência espacial, não foi capaz de manter-se competitiva em outras áreas, com reflexos na economia.

Mas não dá para descartar a hipótese de que os institucionalistas estejam errados. Não me parece em princípio impossível para um regime assegurar as liberdades necessárias para manter a ciência e a economia funcionando sem estendê-las à política. Ditaduras podem se reinventar.

*Corrente de pensamento econômico que analisa o papel das instituições para o comportamento da economia.

(Hélio Schwartsman. https://www1.folha.uol.com.br/colunas/helioschwartsman/2021/12/china-ultrapassa-os-eua-na-producao-cientifica.shtml. 31.12.2021. Adaptado)

55. **(VUNESP – 2022 – PREF. OSASCO/SP – GUARDA CIVIL MUNICIPAL)** O autor do texto discute a:
    a) disputa acirrada pela hegemonia no desenvolvimento científico, que já compromete o crescimento sustentável dos Estados Unidos.
    b) decadência econômica e científica dos Estados Unidos, cada vez menos relevantes comparados a países como Rússia e China.
    c) evolução da China no campo da produção científica, que ultrapassou as publicações norte-americanas em números absolutos.
    d) produção científica chinesa, que parece caminhar para o mesmo destino da antiga URSS, em vista de decisões políticas equivocadas.
    e) maneira como mudanças profundas no regime político tiveram papel preponderante para o atual avanço científico na China.

De acordo com o primeiro parágrafo do texto, o autor aborda a evolução da China no campo da produção científica, que ultrapassou as publicações norte-americanas em números absolutos, ou seja, "Em 2020, instituições chinesas publicaram 788 mil artigos contra 767 mil das americanas".

GABARITO: C.

56. **(VUNESP – 2022 – PREF. OSASCO/SP – GUARDA CIVIL MUNICIPAL)** Para o autor, embora a produção científica chinesa tenha:
    a) atingido bons resultados, eles poderiam ser muito mais expressivos se a análise dos dados não viesse de instituições americanas.
    b) obtido certo avanço, o país vive uma realidade socioeconômica que inviabiliza a manutenção desse quadro de desenvolvimento.
    c) estagnado, a ampliação das liberdades da população poderia reconduzir o país a uma situação sustentável de progressos.
    d) superado em quantidade a norte-americana, estes últimos ainda estariam na dianteira em relação à produção mais importante.
    e) alcançado resultados expressivos, ela só será sustentável se esse avanço for acompanhado de mudanças no regime político do país.

A: Incorreta. O texto não aponta que os dados foram de instituições americanas.

B: Incorreta. A crise, para os institucionalistas, está na privação de liberdade ao povo chinês, embora o autor não descarte que eles estejam errados: "É possível que tais economistas tenham razão e que a China, por um déficit de liberdade, não consiga manter o ritmo […] Mas não dá para descartar a hipótese de que os institucionalistas estejam errados".

C: Incorreta. Se a produção chinesa superou a americana, ela não está estagnada.

D: Correta. De acordo com o texto, temos "Pela primeira vez, a China superou os EUA em produção científica" e "A China também não tem ganhado tantos prêmios Nobel quanto os EUA, o que faz supor que, nas áreas mais relevantes, os americanos liderem".

E: Incorreta. Na oração do texto "É possível que tais economistas tenham razão e que a China, por um *déficit* de liberdade, não consiga manter o ritmo", a opinião é dos economistas, e não do autor.

GABARITO: D.

57. **(VUNESP – 2022 – PREF. OSASCO/SP – GUARDA CIVIL MUNICIPAL)** A expressão destacada em negrito na passagem do segundo parágrafo "A China tem uma população quatro vezes maior que a americana, **de modo que** a produção *per capita* dos EUA ainda é superior." estabelece relação com sentido de:
    a) consequência.
    b) comparação.
    c) proporção.
    d) condição.
    e) oposição.

A expressão "de modo que" é uma locução conjuntiva consecutiva, ou seja, exprime efeito, resultado ou consequência.

GABARITO: A.

58. **(VUNESP – 2022 – PREF. OSASCO/SP – GUARDA CIVIL MUNICIPAL)** Para o autor, a posição defendida por economistas de que a ausência de instituições políticas livres compromete a prosperidade econômica:
    a) mostra-se acertada, dada a dificuldade que a China já demonstra para conseguir manter o crescimento vigoroso de sua economia.
    b) é refutável, já que as barreiras ao progresso científico são da mesma natureza em ditaduras e em nações em que se tem liberdade.
    c) é equivocada, ao vaticinar que, via de regra, a prosperidade econômica de uma nação demandaria inovação científica permanente.
    d) despreza o fato de que, justamente por se tratar de regimes fechados, os dados econômicos de tais países não refletem a realidade.
    e) é discutível, sendo possível a um governo conceder liberdades apenas o suficiente para manter a produção econômica e científica.

No último parágrafo do texto, o autor expõe que a posição defendida por economistas sobre a ausência de instituições políticas livres compromete a prosperidade econômica é discutível: "É possível que tais economistas tenham razão e que a China, por um déficit de liberdade, não consiga manter o ritmo […] Mas não dá para descartar a hipótese de que os institucionalistas estejam errados".

GABARITO: E.

QUESTÕES COMENTADAS

59. (VUNESP – 2022 – PREF. OSASCO/SP – GUARDA CIVIL MUNICIPAL) A forma verbal destacada na frase "Mas não dá para descartar a hipótese de que os institucionalistas **estejam** errados" exprime a ideia de possibilidade, assim como a forma verbal destacada em:
- a) "Pela primeira vez, a China superou os EUA em produção científica."
- b) "...o que faz supor que, nas áreas mais relevantes, os americanos **liderem**."
- c) "Isso ocorre porque a prosperidade duradoura depende de um fluxo constante de inovações..."
- d) "...não asseguram a liberdade necessária para que ciência e tecnologia se desenvolvam."
- e) "Já vimos ditaduras colapsarem porque ficaram para trás na corrida tecnológica."

A: Incorreta. O verbo está no pretérito perfeito do indicativo, indicando certeza, e não hipótese.

B: Correta. A correlação verbal de uma hipótese, de uma possibilidade é feita com um verbo no modo subjuntivo. Dessa forma, o verbo "liderem" está no presente do subjuntivo.

C: Incorreta. O verbo está no presente do indicativo, indicando certeza.

D: Incorreta. O verbo está no presente do indicativo, indicando certeza.

E: Incorreta. O verbo está no pretérito perfeito do indicativo, indicando certeza.

GABARITO: B.

---

60. (VUNESP – 2022 – PREF. OSASCO/SP – GUARDA CIVIL MUNICIPAL) Substituindo-se a expressão destacada por um pronome, a frase "A China também não tem ganhado **tantos prêmios Nobel**..." atende à norma-padrão de uso e de colocação dos pronomes em:
- a) "A China também não os tem ganhado..."
- b) "A China também não tem-lhes ganhado..."
- c) "A China também não tem ganhado-lhes..."
- d) "A China também não tem ganhado-os..."
- e) "A China também não lhes tem ganhado..."

"A China também não tem ganhado tantos prêmios Nobel…" - No caso de locução verbal com ter ou haver + verbo no particípio (tem ganhado) e vier antecedida de palavra atrativa de próclise (não), o pronome fica antes da locução. O verbo "ganhar" é transitivo direto, e seu objeto direto é o pronome "os". Logo, a oração correta é "A China também não os tem ganhado…".

GABARITO: A.

Texto para as próximas 4 questões.

Direto da Zona Fantasma

Leio que a TV a cabo será o novo telefone fixo. Má notícia para os que, como eu, ainda veem nela uma alternativa aos programas de auditório que infestam a TV aberta. O telefone fixo, por sua vez, já é um fóssil paleozoico contemporâneo.

Nada como o avanço da tecnologia para redefinir as relações sociais. Há décadas na praça, acumulei uma razoável quantidade de amigos com quem continuei mais ou menos em contato pelos canais convencionais – telefone, e-mail, telegrama, uma ou outra carta e, em caso de viagem, o querido cartão postal. Mas todos esses amigos devem ter se mudado para a Zona Fantasma, porque telegramas, cartas e cartões postais são coisas que não recebo há 20 anos. E só agora me dou conta de que também não os envio, donde, para eles, já devo ter sido despachado, idem, para a Zona Fantasma.

Estamos aprendendo a dispensar coisas que até há pouco eram corriqueiras no cotidiano. Faz tempo que, por falta de ofertas, não compro um CD ou DVD. Por sorte, ainda tenho milhares, mas não sei até quando existirá equipamento para tocá-los.

Há pouco, na rua, perguntei as horas a uma jovem com um relógio de pulso. Em vez de consultá-lo, ela tirou do bolso um celular e olhou para a tela. Eram 9h30. Seu relógio deve estar na categoria de seus brincos e pulseiras.

(Ruy Castro. https://www1.folha.uol.com.br/colunas/ruycastro/2022/01/direto-da-zona-fantasma.shtml. 30.01.2022. Adaptado)

---

61. (VUNESP – 2022 – PREF. OSASCO/SP – GUARDA CIVIL MUNICIPAL) No texto, o autor trata:
- a) da obsolescência da TV aberta, que vem perdendo direito de transmissão inclusive de programas de auditório.
- b) do avanço da tecnologia, destacando a forma como tal evolução o reaproximou de antigos amigos.
- c) da opção pessoal por adotar a tecnologia em substituição ao antigo hábito de se comunicar por cartas.
- d) das mudanças no que diz respeito à forma como nos relacionamos com objetos de uso cotidiano.
- e) do descaso com que pessoas sem habilidade com a tecnologia são tratadas, especialmente pelos mais jovens.

O autor fala da forma como as pessoas lidam com os objetos e comportamentos presentes no cotidiano, mudando-os constantemente, como o relógio, que foi trocado pela tela do celular, telegrama, carta… Desse modo, o texto explora como as pessoas mudam de postura ao longo ao longo do tempo, correlacionando o passado e o presente.

GABARITO: D.

---

62. (VUNESP – 2022 – PREF. OSASCO/SP – GUARDA CIVIL MUNICIPAL) A frase "O telefone fixo, por sua vez, já é um fóssil paleozoico contemporâneo." é empregada pelo autor para expressar a ideia de que, no tempo atual:
- a) as pessoas ainda apreciam o telefone fixo.
- b) a dependência do telefone fixo persiste.
- c) o telefone fixo é um objeto antiquado.
- d) o telefone fixo conseguiu reinventar-se.
- e) o fim do uso do telefone fixo é injustificável.

Quando se fala que um objeto é um "fóssil paleozoico contemporâneo", quer dizer que é um objeto velho, antiquado, ou seja, que está ou se encontra obsoleto; fora de uso; antigo, desusado.

GABARITO: C.

---

63. (VUNESP – 2022 – PREF. OSASCO/SP – GUARDA CIVIL MUNICIPAL) Assinale a alternativa em que o termo em destaque expressa ideia de causa.
- a) ...ainda veem nela uma alternativa aos programas de auditório...
- b) ...amigos com quem continuei mais ou menos em contato pelos canais convencionais...
- c) Faz tempo que, por falta de ofertas, não compro um CD ou DVD.
- d) ...ainda tenho milhares, mas não sei até quando existirá equipamento para tocá-los...
- e) Há pouco, na rua, perguntei as horas a uma jovem com um relógio de pulso...

A: Incorreta. O conectivo "ainda" expressa ideia de tempo.

B: Incorreta. A expressão "pelos canais convencionais" possui sentido de meio, ou seja, os meios pelos quais a comunicação acontecia.

C: Correta. A expressão "por falta de ofertas" (por causa disso) expressa a causa de o enunciador não comprar um CD ou um DVD.

D: Incorreta. A preposição "para" possui sentido de finalidade.

E: Incorreta. A preposição "com" indica que o jovem estava usando o relógio naquele momento.

GABARITO: C.

---

64. (VUNESP – 2022 – PREF. OSASCO/SP – GUARDA CIVIL MUNICIPAL) Assinale a alternativa em que, na frase redigida a partir do texto, o uso do acento indicativo da crase está em conformidade com a norma-padrão.

a) O uso do telefone fixo tem sido reduzido à um número cada vez menor de pessoas.

b) Em geral, integrar-se às novas tecnologias de comunicação é algo bastante natural.

c) Parece ainda haver muita resistência em aderir à algumas formas de comunicação digital.

d) Algumas pessoas têm voltado à se comunicar empregando meios antigos como cartas.

e) Atualmente, a internet é uma ferramenta acessível à todas as pessoas que queiram usá-la.

A: Incorreta. Não se usa crase antes de pronome indefinido.

B: Correta. O verbo "integrar-se" é transitivo indireto (integrar-se a alguém), logo existe a fusão do artigo com a preposição, portanto, há crase.

C: Incorreta. Não há crase antes de pronome indefinido.

D: Incorreta. Não há crase antes do verbo.

E: Incorreta. Não há crase antes de pronome indefinido.

GABARITO: B.

Texto para as próximas 5 questões.

A perda da privacidade

Um dos problemas do nosso tempo, uma obsessão mais ou menos generalizada, é a privacidade. Para dizer de maneira muito, mas muito simples, significa que cada um tem o direito de tratar da própria vida sem que todos fiquem sabendo. Por isso, é preocupante que, através dos nossos cartões de crédito, alguém possa ficar sabendo o que compramos, em que hotel ficamos e onde jantamos.

Parece, portanto, que a privacidade é um bem que todos querem defender a qualquer custo.

Mas a pergunta é: as pessoas realmente se importam tanto com a privacidade? Antes, a ameaça à privacidade era a fofoca, e o que temíamos na fofoca era o atentado à nossa reputação pública. No entanto, talvez por causa da chamada sociedade líquida, na qual todos estão em crise de identidade e de valores e não sabem onde buscar os pontos de referência para definir-se, o único modo de adquirir reconhecimento social é "mostrar-se" – a qualquer custo.

E assim, os cônjuges que antigamente escondiam zelosamente suas divergências participam de programas de gosto duvidoso para interpretar tanto o papel do adúltero quanto o do traído, para delírio do público.

Foi publicado recentemente um artigo de Zygmunt Bauman revelando que as redes sociais, que representam um instrumento de vigilância de pensamentos e emoções alheios, são realmente usadas pelos vários poderes com funções de controle, graças também à contribuição entusiástica de seus usuários. Bauman fala de "sociedade confessional que eleva a autoexposição pública à categoria de prova eminente e mais acessível, além de verossimilmente mais eficaz, de existência social". Em outras palavras, pela primeira vez na história da humanidade, os espionados colaboram com os espiões, facilitando o trabalho destes últimos, e esta rendição é para eles um motivo de satisfação porque afinal são vistos por alguém enquanto levam a vida – e não importa se às vezes vivam como criminosos ou como imbecis.

A verdade também é que, já que todos podem saber tudo de todos, o excesso de informação não pode produzir nada além de confusão, rumor e silêncio. Mas, para os espionados, parece ótimo que eles mesmos e seus segredos mais íntimos sejam conhecidos pelo menos pelos amigos, vizinhos, e possivelmente até pelos inimigos, pois este é o único modo de sentirem-se vivos, parte ativa do corpo social.

(Umberto Eco. **Pape Satàn Aleppe**: crônicas de uma sociedade líquida. Editora Record, Rio de Janeiro: 2017. Adaptado)

---

65. (VUNESP – 2022 – PREF. OSASCO/SP – GUARDA CIVIL MUNICIPAL) Conforme o autor, a obsessão mais ou menos generalizada pela privacidade:

a) tem aumentado o temor das pessoas quanto à forma como empresas que dispõem de dados pessoais lidam com eles.

b) é condizente com a tendência de abandono à exposição em redes sociais e de maior cuidado com a reputação pública.

c) destoa do objetivo das redes sociais, que lucram justamente quando usuários se expõem a um público cada vez maior.

d) obriga as redes sociais a buscarem novos meios para que os usuários voltem a sentir satisfação em expor sua vida pessoal.

e) vai de encontro à predisposição das pessoas para expor a própria intimidade em busca de reconhecimento social.

De acordo com o autor, "Um dos problemas do nosso tempo, uma obsessão mais ou menos generalizada, é a privacidade", ou seja, a privacidade sempre foi uma preocupação das pessoas. A partir do terceiro parágrafo, o autor passa a discutir por que as pessoas tomam uma atitude contrária a essa postura, indo de encontro à (em oposição a) predisposição das pessoas para expor a própria intimidade em busca de reconhecimento social.

GABARITO: E.

---

66. (VUNESP – 2022 – PREF. OSASCO/SP – GUARDA CIVIL MUNICIPAL) O termo destacado na frase "...os cônjuges que antigamente escondiam **zelosamente** suas divergências..." exprime circunstância de:

a) modo, podendo ser substituído por "diligentemente".

b) dúvida, podendo ser substituído por "rigorosamente".

c) negação, podendo ser substituído por "obstinadamente".

d) afirmação, podendo ser substituído por "cautelosamente".

e) intensidade, podendo ser substituído por "indiferentemente".

De que modo os cônjuges escondiam suas divergências? De modo zeloso - advérbio de modo. O termo "zelosamente" quer dizer "cuidar de algo ou alguém". Com origem no termo grego *zélos*, a palavra "zelo" expressa interesse, desvelo, **diligência**, afeição íntima.

GABARITO: A.

QUESTÕES COMENTADAS

67. (VUNESP – 2022 – PREF. OSASCO/SP – GUARDA CIVIL MUNICIPAL) Para o autor, a necessidade que as pessoas têm de expor-se:
a) é legítima, na medida em que cada pessoa tem o direito de tratar da própria vida como julgar apropriado.
b) surge da constatação de que expor intimidades da rotina pessoal ajuda a construir boa reputação pública.
c) desponta, num contexto de crise de identidade e de valores, como único meio de alcançar a aceitação social.
d) é uma maneira razoável de se estabelecerem laços sociais entre pessoas que compartilham dos mesmos valores.
e) deu vazão a ideias desarrazoadas, como a de que as redes sociais pudessem servir para vigilância dos usuários.

De acordo o texto, o autor expõe: "No entanto, talvez por causa da chamada sociedade líquida, na qual todos estão em crise de identidade e de valores e não sabem onde buscar os pontos de referência para definir-se, o único modo de adquirir reconhecimento social é "mostrar-se" (alcançar a aceitação social) – a qualquer custo, isto é, o ato de se expor de forma exacerbada está relacionado a um momento de crise de identidade e de valores.

GABARITO: C.

68. (VUNESP – 2022 – PREF. OSASCO/SP – GUARDA CIVIL MUNICIPAL) Assinale a alternativa em que a frase redigida a partir do texto atende à norma-padrão de concordância verbal e nominal.
a) Bastante difundido, a ideia de privacidade acabou se configurando em uma verdadeira obsessão.
b) As empresas são capazes de traçar perfis de consumo por meio das compras realizada no cartão de crédito.
c) O internauta, ao expor a vida nas redes sociais, fornecem espontaneamente os dados que as empresas buscam.
d) Alvo de inúmeros debates, o hábito de expor a rotina pessoal tornou-se um fenômeno com as redes sociais.
e) A internet constituiu-se um instrumento de vigilância perfeitamente ajustados aos propósitos comerciais atuais.

A: Incorreta. O termo "difundido" refere-se à ideia, logo, "Bastante difundida, a ideia de ..." ou "A ideia bastante difundida...".

B: Incorreta. O que é realizado do cartão de crédito? As compras. Logo, "[...] compras realizadas no cartão de crédito".

C: Incorreta. Quem fornece espontaneamente os dados que as empresas buscam? O internauta – "O internauta, ao expor a vida nas redes sociais , fornece espontaneamente…".

D: Correta. Quem é alvo de inúmeros debates e quem se tornou um fenômeno nas redes sociais? O hábito de expor a rotina pessoal.

E: Incorreta. Quem é perfeitamente ajustado aos propósitos comerciais atuais? Um instrumento de vigilância - "A internet constituiu-se um instrumento de vigilância perfeitamente ajustado aos propósitos comerciais…".

GABARITO: D.

69. (VUNESP – 2022 – PREF. OSASCO/SP – GUARDA CIVIL MUNICIPAL) Na frase – Bauman fala de "sociedade confessional que eleva a autoexposição pública à categoria de prova eminente e mais acessível, além de verossimilmente mais eficaz, de existência social" –, as aspas são empregadas para:
a) fazer referência ao título de uma obra.
b) distinguir uma citação do restante do texto.
c) realçar ironicamente palavras e expressões.
d) acentuar o valor significativo de palavras e expressões.
e) fazer sobressair expressões estranhas à linguagem comum.

As aspas foram usadas para isolar uma fala que foi dita por Bauman no texto de Umberto Eco, ajudando a diferenciar a fala dos dois autores, ou seja, distinguir uma citação do restante do texto.

GABARITO: B.

70. (VUNESP – 2022 – PREF. OSASCO/SP – GUARDA CIVIL MUNICIPAL) Em um depósito, há 120 caixas, das quais $\frac{3}{5}$ são de papelão, 33 são de plástico e as demais, de madeira. Em relação ao número total de caixas, as de madeira correspondem a:

a) $\frac{7}{8}$.

b) $\frac{3}{4}$.

c) $\frac{2}{5}$.

d) $\frac{1}{4}$.

e) $\frac{1}{8}$.

$\frac{3}{5}$ de 120 = papelão

$\frac{3.120}{5}$ = papelão

72 = papelões

72 + 33 = 105 caixas

120 – 105 = 15 caixas de madeira

$\frac{15}{120} = \frac{3}{24} = \frac{1}{8}$.

GABARITO: E.

71. (VUNESP – 2022 – PREF. OSASCO/SP – GUARDA CIVIL MUNICIPAL) Em uma empresa, 30% dos funcionários têm idade superior a 60 anos e, entre eles, 20% está de licença médica. Dos demais funcionários, apenas 6 estão de licença médica, o que corresponde a 4% do total de funcionários da empresa. O número de funcionários com idade superior a 60 anos que estão de licença médica é:
a) 10.
b) 9.
c) 8.
d) 7.
e) 6.

Estão de licença médica $\frac{4}{100}$.

Total de funcionários = 6

Total de funcionários = $\frac{100 \cdot 6}{4}$

Total de funcionários = 150

$\frac{30}{100} \cdot 150$ = funcionários com idade superior a 60 anos

Funcionários com idade superior a 60 anos = $\dfrac{30 \cdot 150}{100}$

Funcionários com idade superior a 60 anos = 45

$\dfrac{20}{100} \cdot 45$ = acima de 60 anos com laudo

9 = acima de 60 anos com laudo

GABARITO: B.

72. **(VUNESP – 2022 – PREF. OSASCO/SP – GUARDA CIVIL MUNICIPAL)** Uma determinada máquina produz 8 m de fio em 3 minutos. O tempo necessário para essa máquina produzir 520 m desse fio será de:
   a) 4 horas e 5 minutos.
   b) 3 horas e 40 minutos.
   c) 3 horas e 25 minutos.
   d) 3 horas e 15 minutos.
   e) 2 horas e 50 minutos.

Metros   Minutos
8   —   3
520   —   x

$\dfrac{8}{520} = \dfrac{3}{x}$

$8x = 520 \cdot 3$

$x = \dfrac{520 \cdot 3}{8}$

$x = \dfrac{1560}{8}$

x = 195 minutos

195 | 60
180   3 horas
 15 minutos

GABARITO: D.

73. **(VUNESP – 2022 – PREF. OSASCO/SP – GUARDA CIVIL MUNICIPAL)** Para contratar novos funcionários, uma empresa realizou uma prova de seleção para os 80 candidatos interessados. Se a razão do número de candidatos aprovados para o número de candidatos reprovados nessa prova foi $\dfrac{3}{5}$, então o número de candidatos aprovados foi:
   a) 30.
   b) 32.
   c) 35.
   d) 38.
   e) 40.

$\dfrac{Aprovados}{Reprovados} = \dfrac{3}{5}$

(considerando a razão, temos um total de 8 candidatos)

$\dfrac{3}{8} = \dfrac{A}{80}$

$8A = 3 \cdot 80$

$A = \dfrac{3 \cdot 80}{8}$

A = 30.

GABARITO: A.

74. **(VUNESP – 2022 – PREF. OSASCO/SP – GUARDA CIVIL MUNICIPAL)** No auditório de uma empresa, estão reunidos menos de 80 funcionários, que serão divididos em grupos, de modo que cada grupo fique com o mesmo número de funcionários e que nenhum funcionário fique fora dos grupos. Nessas condições, é possível formar grupos com 4 funcionários em cada um deles, ou com 5 funcionários em cada um, ou com 6 funcionários em cada um. O número de funcionários presentes neste auditório é:
   a) 70.
   b) 65.
   c) 60.
   d) 55.
   e) 50.

x < 80

Grupo de 4

$\dfrac{x}{4}$

Grupo de 5

$\dfrac{x}{5}$

Grupo de 6

$\dfrac{x}{6}$

Se temos que dividir o número "x" por 4, 5 e 6 de modo que não sobre, então, o número "x" deve ser múltiplo de 4, 5 e 6, logo, basta fazermos o MMC.

4, 5, 6 | 2
2, 5, 3 | 2
1, 5, 3 | 3
1, 5, 1 | 5
1, 1, 1

MMC = $2 \cdot 2 \cdot 3 \cdot 5 = 60$

GABARITO: C.

75. **(VUNESP – 2022 – PREF. OSASCO/SP – GUARDA CIVIL MUNICIPAL)** A distância entre as cidades A e B é 154 km. Entre elas, há um posto da polícia rodoviária (PR) e um posto de combustíveis (PC), conforme mostra a figura.

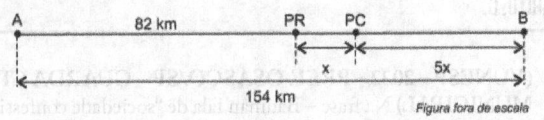

A —— 82 km —— PR — PC —————— B
                        x   5x
|←——————— 154 km ———————→|
Figura fora de escala

Sabendo que a distância entre o posto de combustíveis e a cidade B é 5 vezes a distância entre o posto da polícia rodoviária e o posto de combustíveis, então a distância entre o posto de combustíveis e a cidade B é igual a:
   a) 12 km.

b) 24 km.
c) 36 km.
d) 48 km.
e) 60 km.

82 + x + 5x = 154

82 + 6x = 154

6x = 154 – 82

6x = 72

x = 12

Distância entre PC e a Cidade B: 5x = 5 · 12 = 60 km.

GABARITO: E.

76. **(VUNESP – 2022 – PREF. OSASCO/SP – GUARDA CIVIL MUNICIPAL)** Uma pessoa comprou garrafas de suco e de refrigerante, no total de 15 unidades. Se o número de garrafas de suco foi igual a $\frac{2}{3}$ do número de garrafas de refrigerante, então o número de garrafas de refrigerante superou o número de garrafas de suco em:
    a) 1 unidade.
    b) 2 unidades.
    c) 3 unidades.
    d) 4 unidades.
    e) 5 unidades.

I) S + R = 15

II) S = $\frac{2}{3}$ R

I) S = 15 – R

II) 15 – R = $\frac{2}{3}$ R

$\frac{45 - 3R}{3} = 2R$

45 = 2R + 3R

45 = 5R

R = 9

I) S = 15 – R

S = 15 – 9

S = 6

9 – 6 = 3 garrafas a mais de refrigerante.

GABARITO: C.

77. **(VUNESP – 2022 – PREF. OSASCO/SP – GUARDA CIVIL MUNICIPAL)** Uma família comprou determinado número de litros de álcool gel nos 5 primeiros meses do ano de 2020. O gráfico mostra algumas informações sobre o número de litros comprados por mês.

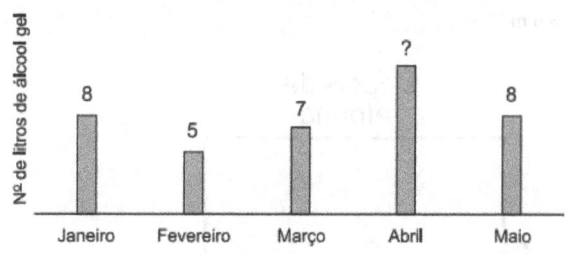

Na média, foram comprados 8 litros por mês. O número de litros comprados em abril superou o número de litros comprados em fevereiro em:
a) 7 litros.
b) 6 litros.
c) 5 litros.
d) 4 litros.
e) 3 litros.

M = $\frac{8 + 5 + 7 + x + 8}{5}$

8 = $\frac{8 + 5 + 7 + x + 8}{5}$

40 = 28 + x

40 – 28 = x

12 = x

12 – 5 = 7 Litros a mais em abril em relação a fevereiro.

GABARITO: A.

78. **(VUNESP – 2022 – PREF. OSASCO/SP – GUARDA CIVIL MUNICIPAL)** Uma sala quadrada, com 36 m² de área, foi reformada, tornando-se uma sala retangular, de modo que sua largura permaneceu a mesma, mas seu comprimento foi aumentado, conforme mostra a figura.

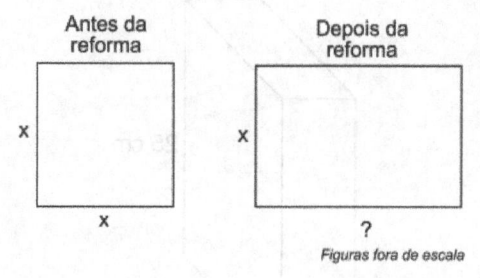

Se após a reforma o perímetro da sala aumentou 4 m, então sua área aumentou:
a) 6 m2.
b) 8 m2.
c) 10 m2.
d) 12 m2.
e) 14 m2.

$A = l^2$

$36 = l^2$

$\sqrt{36} = 1$

$l = 6$ m

Depois da reforma

x

6 m   ?   y

Figuras fora de escala

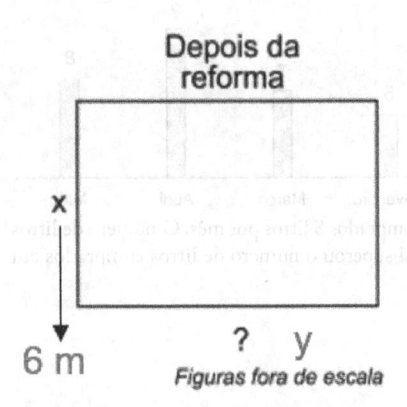

Perímetro do quadrado: 6 + 6 + 6 + 6 (6 · 4) = 24 m.

Se o perímetro aumentar 4m, então 24 + 4 = 28 m (sala retangular).

A largura tem 6 m, logo:

28 = 6 + 6 + y + y

28 = 12 + 2y

28 – 12 = 2y

16 = 2y

y = 8 m

A = 6 · 8 = 48 m2

48 m2 – 36 m2 = 12 m2.

GABARITO: D.

79. **(VUNESP – 2022 – PREF. OSASCO/SP – GUARDA CIVIL MUNICIPAL)** Uma caixa de papelão, na forma de um prisma reto de base retangular, tem suas medidas indicadas na figura.

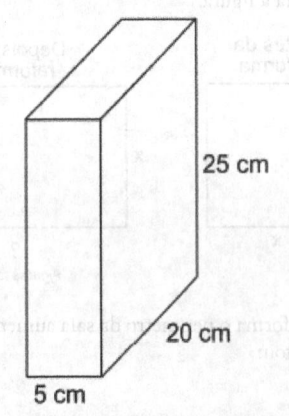

25 cm

20 cm

5 cm

Figura fora de escala

Essa caixa está com $\frac{3}{5}$ de sua capacidade total preenchida com sabão em pó. Se todo esse sabão for dividido em porções de 125 cm3 cada uma, o número de porções obtidas será:

a) 8.

b) 12.

c) 15.

d) 18.

e) 20.

Volume = comprimento · largura · altura

V = 5 · 20 · 25

V = 2500 cm³

$\frac{3}{5} \cdot 2500$

3 · 500 = 1.500 cm3 (quantidade de sabão dentro da caixa).

$\frac{1500}{125}$ = 12 porções.

GABARITO: B.